Dietrich Schulze-Marmeling
Hubert Dahlkamp

Die Geschichte der Fußball-Weltmeisterschaft

Die Weltmeister

1930 Uruguay
1934 Italien
1938 Italien
1950 Uruguay
1954 Deutschland
1958 Brasilien
1962 Brasilien
1966 England
1970 Brasilien
1974 Deutschland
1978 Argentinien
1982 Italien
1986 Argentinien
1990 Deutschland
1994 Brasilien
1998 Frankreich
2002 Brasilien
2006 Italien
2010 Spanien

Dietrich Schulze-Marmeling
Hubert Dahlkamp

Die Geschichte der Fußball-Weltmeisterschaft

VERLAG DIE WERKSTATT

Die Autoren

Dietrich Schulze-Marmeling

Jahrgang 1956, lebt als Autor und Lektor in Altenberge bei Münster. Zahlreiche Veröffentlichungen zu fußballhistorischen Themen, u.a. „Hakenkreuz und rundes Leder – Fußball im Nationalsozialismus" (2008, zusammen mit Lorenz Pfeiffer), Geschichtsbände über die Fußball-Nationalmannschaft und die Fußballeuropameisterschaft sowie über die Vereine Borussia Dortmund (u.a. Jubiläumsband 2009, zusammen mit Gerd Kolbe) und Bayern München (4. Auflage 2009). 2010 erschien außerdem sein vielbeachtetes Buch über den FC Barcelona „Barça oder: Die Kunst des schönen Spiels", das von der Deutschen Akademie für Fußballkultur für das „Fußballbuch des Jahres 2010" nominiert wurde.

Hubert Dahlkamp

Jahrgang 1954, lebt und arbeitet als Lehrer und freier Autor in Albersloh bei Münster. Co-Autor u.a. der Bücher „Die Geschichte der Fußball-Nationalmannschaft" (2004) sowie „Nicht alle Helden tragen Gelb. Die Geschichte der Tour de France" (3. Aufl. 2005, mit Ralf Schröder).

Bibliografische Information der Deutschen Nationalbibliothek:
Die Deutsche Nationalbibliothek verzeichnet diese Publikation in der
Deutschen Nationalbibliografie; detaillierte bibliografische
Daten sind im Internet über http://dnb.d-nb.de abrufbar.

Copyright © 2010 Verlag Die Werkstatt GmbH
Lotzestraße 22a, D-37083 Göttingen
www.werkstatt-verlag.de
Alle Rechte vorbehalten.
Satz und Gestaltung: Verlag Die Werkstatt
Druck und Bindung: Westermann Druck Zwickau

ISBN 978-3-89533-753-6

Inhalt

Vorwort 9

Die Vorgeschichte
Pioniere & Olympioniken 11

WM 1930
Europa im Abseits 29

WM 1934
Ein hässlicher Weltmeister 43
▷ Einwurf: Das „Wunderteam", das nie Weltmeister wurde 59

WM 1938
Im Schatten der Diktatoren 65

WM 1950
Die Niederlage der Zauberer 81

WM 1954
Das kalkulierte Wunder 101
▷ Einwurf: Ungarischer Traumfußball 124

WM 1958
Samba in Stockholm 129
▷ Einwurf: Pelé – Fußballer des 20. Jahrhunderts 147

WM 1962
Turnier der Treter 151
▷ Einwurf: Catenaccio – Gift für den Fußball? 169

WM 1966
Swinging Wembley 173

WM 1970
Ein Sieg der Kreativität 197

WM 1974
Ein Drama in Oranje 219
▷ Einwurf: Fußball total – *totaal voetbal* 240

WM 1978
Fußball ja, Folter nein 243

WM 1982
Turnier in der Krise 263

WM 1986
Maradonas Gala 291
▷ Einwurf: Maradona – Goldjunge aus dem Getto 318

WM 1990
Des Kaisers zweite Krönung 321
▷ Einwurf: Franz Beckenbauer – der „Kaiser". 347

WM 1994
Im Soccer-Entwicklungsland 351

WM 1998
Triumph der Farben. 377
▷ Einwurf: Zinedine Zidane – „die weiße Katze" aus der Vorstadt 404

WM 2002
Premiere in Asien 407
▷ Einwurf: „Mini-WM" – der FIFA Confederations Cup 450

WM 2006
Ein globales Fest 455

WM 2010
„Cruyffismo" am Kap. 541

Anhang
WM-Lexikon: Spieler, Trainer, Funktionäre. 623
Die Weltmeisterschaften in der Statistik:
Alle Qualifikations- und Endrundenspiele 1930-2006. 660
Qualifikationsspiele 2010 691
Endrundenspiele 2010 694
Die WM-Endrunden im Überblick 696
WM-Rekordspieler und -torschützen 697
Erdteilvergleich 697
Die Länder-Rangliste 698
Literatur 701
Fotonachweis 702

Auch ohne Vuvuzelas bester Laune: Fans von *Bafana, Bafana*.

Mit drei WM-Titelgewinnen war Pelé nicht nur der beste, sondern auch der erfolgreichste Fußballer des 20. Jahrhunderts.

Vorwort

Die Fußball-Weltmeisterschaft präsentiert sich rund um den Globus als mediales Großereignis wie kaum ein anderes, und es ist heute nur noch schwer vorstellbar, dass dieses Turnier einst umstritten war und gemieden wurde.

Als 1930 in Montevideo der erste World Cup angepfiffen wurde, zählte die FIFA nicht mehr als 41 Mitglieder. Lediglich 13 Länder hatten sich für den Wettbewerb gemeldet. Qualifikationsspiele waren deshalb nicht notwendig, vielmehr fehlten viele prominente Mannschaften. Von den europäischen Fußballnationen traten lediglich Frankreich, Rumänien, Jugoslawien und Belgien die Reise nach Südamerika an. Den anderen war das Unternehmen zu kostspielig, beschwerlich und zu unbedeutend. In Deutschland sprach die *Fußballwoche* vom „Märchen von der Weltmeisterschaft". Afrikanische und asiatische Teams waren überhaupt nicht vertreten. Auch beim ersten World Cup auf europäischem Boden, 1934 in Italien, betrug die Zahl der Meldungen erst 31, drei dann doch nicht angetretene Nationen mitgerechnet. Immerhin waren erstmals Qualifikationsspiele nötig, von denen 27 ausgetragen wurden.

Im September 2005 gehörten der FIFA 207 Nationalverbände an. Für den World Cup 2006 hatten sich 198 Länder eingeschrieben, die über 900 Qualifikationsspiele bestritten, um die 32 Endrundenplätze zu besetzen, von denen nun bei der Endrunde zehn von Afrika (5), Asien (4) und Ozeanien (1) eingenommen werden. Erstmals seit 1982 waren wieder sämtliche Kontinentalverbände vertreten. Und niemals zuvor war die Präsenz der Länder außerhalb Europas und Südamerikas so stark wie 2006.

Die ersten Qualifikationsspiele wurden am 6. September 2003 in Südamerika angepfiffen. Das Finale fand am 9. Juli 2006 in Berlin statt. Betrug die Dauer des ersten World Cups lediglich 18 Tage, so sind es bei seiner 18. Auflage – vom ersten Qualifikationsspiel bis zum Abpfiff des Finales – gut 34 Monate.

Bis 1966 fanden die Weltturniere in Europa oder Südamerika statt, den traditionellen Säulen der FIFA und des World Cups. 1970 war dann mit Mexiko erstmals Mittelamerika an der Reihe. 1994 verließ der World Cup die traditionellen Fußball-Hochburgen Europa und Lateinamerika, indem das Turnier in die USA vergeben wurde, nach allgemeinem Verständnis ein „Fußball-Niemandsland". Mit Südkorea und Japan 2002 wurde eine weitere Premiere gefeiert: Erstmals fand das Turnier auf asiatischem Boden statt. Der World Cup ist längst nicht mehr an die traditionellen Fußball-Hochburgen gebunden, sondern lässt sich heute überall inszenieren, wo die technischen und infrastrukturellen Voraussetzungen für ein derartiges Großereignis existieren.

Der Fußball ist vielleicht die Erfolgsstory des 20. Jahrhunderts schlechthin. Kein anderer Sport wurde so populär, groß und einflussreich wie das „englische Spiel". Fußball etabliert sich überall, auch dort, wo die klimatischen Bedingungen für das Spiel nicht eben geeignet sind. Heute versucht selbst ein Land wie Grönland, durch das „Tor zur Welt", das der Fußball darstellt, zu drängen. Fußball erlangte auf allen Kontinenten gesellschaftliche Bedeutung, und alle vier Jahre verwandeln die Weltturniere die Menschheit zu Bewohnern eines globalen Dorfes. Wie kein anderes Ereignis ist der World Cup auch ein Festival der internationalen Kommunikation, an dem nicht nur die traditionell Fußballinteressierten teilnehmen. Der World Cup interessiert und fasziniert auch Menschen, die ansonsten das Fußballgeschehen nur am Rande verfolgen. Kein anderes sportliches und kulturelles Ereignis kann global ein so großes Publikum mobilisieren wie der World Cup.

Die Gründe für diese Erfolgsstory sind vielfältig. Zuerst ist natürlich die Faszination des Spiels zu nennen. Aber ohne die Verbesserung der globalen Transportmöglichkeiten und Kommunikation wäre der World Cup über das Stadium der ersten Turniere kaum hinausgekommen.

In großem Maße wurde der globale Eroberungszug des Lederballes durch kommerzielle Interessen befördert, wobei insbesondere die global operierenden Mediennetzwerke und Konzerne wie Coca Cola oder die Sportgiganten adidas und Nike zu nennen sind. Die Politik hatte den World Cup von Anfang an entdeckt. Der World Cup 1930 fiel mit Uruguays Hundertjahrfeier zusammen; die Regierung finanzierte den Bau einer gigantischen Arena in Montevideo. Die Ausrichtung des Turniers sollte dem bevölkerungsarmen südamerikanischen Land seinen Platz auf der Weltkarte sichern.

Die enormen Anstrengungen der Regierungen Frankreichs, Deutschlands und Englands um die Austragung der Turniere 1998 bzw. 2006 dokumentieren, dass auch im heutigen Europa das globale Fußballfest als politisches Instrument gesehen wird: als nationaler Kitt, zur Imagepflege auf internationaler Bühne – zuweilen, wie in Frankreich 1998 und auch in Deutschland 2006, darüber hinaus zur Definition eines neuen Selbstverständnisses.

Die Pioniere der Fußball-Weltmeisterschaften sahen das globale Turnier einst als Beitrag zur Völkerverständigung und zum Abbau nationaler Vorurteile. Wer auch immer das Fußballfest heute wirtschaftlich oder politisch ausfüllen und instrumentalisieren mag – er sollte diesen Ausgangspunkt nicht vergessen.

Dietrich Schulze-Marmeling, August 2006

Die Vorgeschichte

Pioniere & Olympioniken

Der Aufbau internationaler Strukturen im Weltfußball, die Gründung der FIFA und die Initiative für ein Weltturnier gingen vor allem von Frankreich aus. Dies mag überraschen, denn Fußball wurde bei den Franzosen erst relativ spät populär, und das Mutterland dieses Sports liegt bekanntlich jenseits des Kanals. Doch die Pioniere von der Insel hielten zunächst wenig davon, sich mit ihren einstigen Schülern an einen Tisch zu setzen.

Zweifellos ist England in vielfacher Hinsicht der Wegbereiter des modernen Fußballspiels. Hier finden sich seine urtümlichen Wurzeln, hier wurde sein Regelwerk entwickelt, betraten die ersten Profis den Rasen und griffen erstmals Geschäftsleute ins Spielgeschehen ein. In England wurde der Fußball zum Massenspektakel, und von hier aus trat er seinen Siegeszug rund um die Welt an. Das 20. Jahrhundert wurde auch das Jahrhundert des Fußballs. Kein anderer Sport wurde so populär, groß und einflussreich wie das „englische Spiel".

Länderspiel zwischen England und Schottland im Jahr 1879.

Der Ball geht um die Welt

1863 wurde im Londoner Gasthaus Freemason's Tavern mit der Football Association (FA) der weltweit erste nationale Fußballverband gegründet. Die *Times* wusste die historische Tragweite dieser Zusammenkunft nicht einzuschätzen und widmete ihr ganze 35 Zeilen. Den Engländern folgten die Schotten (1873), Waliser (1876) und Iren (1880). Noch heute wird der britische Staat auf der internationalen Fußballbühne von vier Verbänden bzw. vier Nationalmannschaften repräsentiert – eine Besonderheit, die die historische Rolle Britanniens bei der Verbreitung des Spiels berücksichtigt.

Dass der Fußball sich binnen einer Generation rund um den Globus verbreitete und zu einem Weltspiel avancierte, liegt in der Existenz des britischen Empires begründet. Die Briten hatten ein Kolonialreich errichtet, wie es dies zuvor nie gegeben hatte und danach nicht mehr geben sollte. Auf etwa einem Drittel des Weltterritoriums flatterte der Union Jack, und wo sie keine direkte Kontrolle ausübten, verbreitete sich der Fußball „auf den industriellen und kommerziellen Flügeln des Empires" (Sugden/ Tomlinson 1998). Das Spiel kam nicht nur in die Länder, wo der britische Imperialismus direkt herrschte, sondern vor allem auch dorthin, wo Briten lediglich lebten und arbeiteten und einen eher informellen Einfluss ausübten.

Die Vormachtstellung des britischen Empires manifestierte sich über die Grenzen des Empires hinaus in britischem Kapital, Gütern und Arbeitskräften, die bis in den hintersten Winkel des Erdballs vordrangen. Damit korrespondierte eine kulturelle Führungsrolle Britanniens. Englische Verhaltensweisen und Traditionen hatten auch in den bürgerlichen Kreisen vieler anderer entwickelter Länder Konjunktur. Fußballerisch gesehen: Man war anspielbereit.

Der Kick begann in Hafenstädten

Die ersten Teams auf dem europäischen Kontinent wurden entweder von dort lebenden Briten oder von anglophilen Bürgern dieser Länder gegründet. Häufig waren es Seehafenstädte, in denen viele Ausländer „strandeten", darunter natürlich auch Engländer, wo das Gekicke begann. Dies gilt insbesondere für den Mittelmeerraum, aber auch für Frankreich (Le Havre), Deutschland (Bremen und Hamburg) oder Schweden (Göteborg).

In Südamerika waren die ersten Kicker britische Seeleute, die in den Häfen von Rio de Janeiro, Santos, Montevideo oder Buenos Aires an Land gingen. Und auch in Afrika und Asien waren es die Briten, die das Spiel einführten. „Wo immer in Afrika und Asien die britische Flagge eingepflanzt wurde, folgte die Bibel mit einem Ball zu deren Unterstützung." (Murray 1994)

Einige Nationen – in Europa namentlich Italien – strapazierten zwar eigene Volksspiele als Vorläufer des modernen Soccer. Wohl in der Absicht, die nationale Akzeptanz zu erhöhen und den Eindruck zu vermeiden, man folge einer ausländischen

Mode. Doch spricht vieles dafür, dass die lokalen Traditionen beim Siegeszug des Soccer eine eher untergeordnete Rolle spielten. Fußball war ein britisches Erzeugnis und wurde Britanniens erfolgreichstes und dauerhaftestes Exportprodukt.

Eine bedeutende Rolle bei der Verbreitung des Association Football spielten die Verbesserungen im Transportwesen, insbesondere die Einführung des Dampfschiffs, das die Emigration nach Übersee erleichterte und intensivierte. Aber auch der Fährverkehr zwischen der britischen Insel und Kontinentaleuropa erfuhr einen erheblichen Aufschwung. Die Zahl der Passagiere, die auf den Kontinent reisten, verzehnfachte sich zwischen 1830 und der Jahrhundertwende.

Zwar verbreitete sich das Spiel rund um den Globus, jedoch in unterschiedlicher Intensität. Trotz der historischen Verbindungen zum Fußball-Mutterland waren dem Spiel bei seiner Ausbreitung in den USA und Australien Grenzen gesetzt. In den USA existierte zwar eine große industrielle Arbeiterschaft, Voraussetzung für die soziale Ausbreitung des Spiels und für seine Professionalisierung. Doch wurde hier an einer eigenen Fußballvariante gebastelt, die bald zum nationalen „Wintersport" wurde, während Baseball anstelle des Crickets zum amerikanischen „Sommersport" aufstieg. „Wo sich einheimische Sportarten aus den charakteristischen kulturellen Wurzeln einer Region entwickelt hatten, erwies sich ihre Ablösung durch den eher künstlichen Import auswärtiger Spiele als unmöglich." (Walvin 1994) Ähnlich war die Situation in Australien, wo man ebenfalls die Rugby-Variante des Fußballs zu einem Spiel nach eigenen natonalen Regeln weiterentwickelte. Und auch in Kanada, Südafrika und Neuseeland, wie Australien „weiße Dominions", sah sich Soccer mit dem Problem konfrontiert, dass bereits andere Spiele populär waren.

Am 30. November 1872 fand im West of Scotland Cricket Ground in Glasgow ein erstes offizielles Länderspiel statt, bei dem sich Gastgeber Schottland und England gegenüberstanden. Vor 4.000 Zuschauern endete die Begegnung mit einem torlosen Remis. Bis 1990 sollte nun jedes Jahr ein Vergleich zwischen den beiden Ländern stattfinden. Der Fußballkampf England gegen Schottland wurde somit zur ältesten internationalen Begegnung in der Geschichte des Sports. Das Mutterland zeichnete auch für den ersten internationalen Wettbewerb verantwortlich, denn 1883 trugen die britischen Verbände erstmals die britische Meisterschaft aus, die erst 1984 eingestellt wurde.

Es sollte 30 Jahre dauern, bis zwei andere Länder die Idee kopierten: Am 12. Oktober 1902 trafen in Wien Österreich und Ungarn aufeinander. Das Spiel, das als erste Länderbegegnung auf dem Kontinent gilt, bei dem sich aber de facto die Stadtauswahlen von Wien und Budapest gegenüberstanden, endete mit einem 5:0-Sieg für die Gastgeber. Drei Jahre zuvor, im November 1899, war auf Betreiben des süddeutschen Fußballpioniers Walther Bensemann eine FA-Auswahl zu inoffiziellen Länderspielen durchs Deutsche Reich getourt. Die Lehrmeister fertigten ihre Schüler meist mit zweistelligen Ergebnissen ab.

Ein Weltverband wird gegründet

England war zwar das Mutterland des modernen Soccer, doch den Aufbau internationaler Strukturen überließ man in einer Mischung aus imperialer Arroganz und insularer Beschränktheit den Niederländern, vor allem aber den Franzosen.

Die französische Republik wurde somit nicht nur zum Geburtsort einer Welt nach bürgerlichen Maßstäben, sondern auch der internationalen Fußballwettbewerbe. Denn auch beim Aufbau der UEFA und der Einführung europäischer Wettbewerbe sollte das Land als Initiator und Pate wirken. Die französische Revolution war der Ausgangspunkt eines spezifischen bürgerlichen Sendungsbewusstseins, das keine nationalen Grenzen kannte und auch vor dem englischen Spiel nicht Halt machte.

Die treibende Kraft hinter der Gründung eines Fußball-Weltverbands war Robert Guérin, der dem vom Vater der modernen Olympischen Spiele, Pierre de Coubertin, gegründeten französischen Sportverband Union des Sociétés Françaises des Sports Athlétiques (USFSA) angehörte und dessen Fußballsektion vorstand. Guérin war ein gelernter Diplom-Ingenieur, der später für den *Matin* als Zeitungskorrespondent arbeitete. Gleichfalls beteiligt war der Holländer Carl Anton Willem Hesselmann vom Nederlandse Voetbal Bond (NVB, heute Koninklijke Nederlandse Voetbal Bond / KNVB).

1902 waren Willem Hesselmann und Gleichgesinnte an die FA mit dem Vorschlag herangetreten, eine Reihe von Freundschaftsspielen zwischen den Teams der beiden Länder auszutragen, eine internationale Meisterschaft einzuführen sowie ein internationales Kontrollsystem für den Fußball zu entwerfen. Doch die FA-Funktionäre zeigten Hesselmann und Co. die kalte Schulter. Im Antwortschreiben des FA-Council hieß es, man könne nicht die Vorteile einer internationalen Föderation sehen.

Guérin wollte nicht länger auf die Engländer warten und entschied sich für den eigenständigen Weg: Am 1. Mai 1904 war das Stade Vivier d'Oie in Brüssel Schauplatz des ersten Länderspiels zwischen Belgien und Frankreich. Für das anschließende Champagner-Bankett hatte Guérin eine Reihe interessierter Persönlichkeiten mobilisiert. Guérin und der Belgier Louis Muhlinghaus, später erster FIFA-Generalsekretär, nutzten die Zusammenkunft, um den Anwesenden in flammenden Plädoyers die Notwendigkeit der Gründung eines Fußball-Weltverbands zu verdeutlichen.

Am 21. Mai 1904 wurde in einem Hinterhaus an der Pariser Rue de St.-Honoré, dem Sitz der USFSA, die Fédéracion Internationale de Football Association (FIFA) aus der Taufe gehoben. Am Gründungsakt waren folgende Delegierte und Verbände beteiligt: Robert Guérin (USFSA), Louis Muhlinghaus und Max Kahn (Union Belge des Sociétés de Sports / UBSSA), Ludvig Sylow (Dansk Boldsil Union / DBU), Carl Anton Willem Hesselmann (NVB), Victor E. Schneider (Association Suisse de Football / ASF), André Espir (Madrid Football Club) und ein Vertreter des Svenska Bollspells Förbundet / SFB. Von den sieben Gründungsmitgliedern verfügten Frankreich und Schweden zu diesem Zeitpunkt nicht über anerkannte nationale Fußballverbände, während Spanien mit dem 1902 gegründeten FC Madrid (ab 1920 FC Real Madrid) durch einen Verein repräsentiert wurde.

Die USFSA, der die französischen Initiatoren angehörten, war ausgesprochen antiklerikal orientiert. Von den 350 Fußballmannschaften, die 1906 in Frankreich gezählt wurden, unterstanden 204 der USFSA und 81 dem katholischen Verband Fédération de Gymnastique Sportiv des Patronages Catholiques (FGSPF). Bis 1914 sollten beide Verbände getrennte Meisterschaften organisieren. Die USFSA war ein fanatischer Verfechter des Amateurismus. 1907 hatte sich in England ein eigenständiger Amateur-Verband (Amateur Football Association / AFA) gegründet, der eine Zulassung zur FIFA begehrte. Als die FIFA 1908 in Wien tagte, unterstützten die französischen Delegierten die englischen „Separatisten", denen im Übrigen kein langes Leben beschieden war, und drohten gar mit der Gründung einer Konkurrenzorganisation. Doch die von ihnen angesprochenen Schweizer, Ungarn und Italiener verweigerten die Gefolgschaft. Den USFSA-Delegierten blieb nichts anderes übrig, als die FIFA zu verlassen, wovon die FGSPF profitieren sollte. 1907 hatte der katholische Verband mit einigen Regionalverbänden und anderen Organisationen den Dachverband Comité Français Interfédéral (CFI) gegründet, der 1910 von der FIFA aufgenommen wurde. Erster Präsident des CFI war Charles Simon, Namensgeber des ersten französischen Pokalwettbewerbs.

Robert Guérin

In Anbetracht ihres schmalen und zweifelhaften nationalen Unterbaus existierte die FIFA zunächst nur auf dem Papier. Dennoch veranstaltete der neue Verband bereits am 23. Mai 1904 seinen ersten Kongress, der Robert Guérin zum ersten FIFA-Präsidenten wählte. Seine Stellvertreter wurden Victor E. Schneider und Carl Anton Willem Hesselmann. Louis Muhlinghaus übernahm das Amt des Schatzmeisters und Sekretärs, assistiert von Ludvig Sylow. Der Kongress verabschiedete die ersten FIFA-Statuten, die Klubs und Spielern untersagten, für mehrere nationale Verbände aufzulaufen, und die Spielregeln der englischen FA für allgemein verbindlich erklärten.

Zum Überleben bedurfte es nun der Gründung und des Beitritts weiterer nationaler Verbände. Daneben bemühte sich die FIFA um die Integration der Engländer, von deren Mitwirken man sich eine erhebliche Stärkung der eigenen Autorität versprach. Die FA war beim Hinterhaustreffen in der Pariser Rue Saint-Honoré nicht

England im Schmollwinkel

vertreten gewesen. Die FA-Funktionäre verachteten die Initiatoren als unfähige kontinentale Hochstapler, die man nicht weiter fürchten musste. Die FA hielt es nicht einmal für nötig, die Einladung in die französische Hauptstadt zu beantworten.

Mit dem International FA Board (IFAB), dem die Verbände Englands, Schottlands, Wales und Irlands angehörten, verfügten die Briten bereits seit 1886 über ihre „eigene FIFA". Der IFAB, hervorgegangen aus den seit 1882 jährlich stattfindenden Tagungen der britischen Verbände, hatte die Aufgabe, „Änderungen zu diskutieren und zu entscheiden, die generelle Angelegenheiten des Association Football und seine internationalen Beziehungen betreffen". Das Gremium bestand zunächst aus acht Mitgliedern. Jeder der britischen Verbände entsandte zwei Repräsentanten.

Die Briten hatten den Fußball erfunden und den gesamten Globus damit beglückt. Folglich betrachteten sie die Kontrolle des Spiels als ihr natürliches Recht, das sie mit niemandem abstimmen und teilen mussten. Dem Rest der Welt wurde diesbezüglich jegliche Kompetenz abgesprochen.

Auch Deutschland, die Donau-Monarchien und Italien verhielten sich zunächst bedeckt oder offen ablehnend. In London war man allerdings von der unerwartet forschen Entwicklung ziemlich überrascht und entschied sich eilig zum Kurswechsel. Am 14. April 1905 wurde die FIFA auch durch die FA anerkannt. Als Vermittler hatte insbesondere Baron Edouard de Laveleye gewirkt, Präsident des belgischen Sportverbands. Dem Baron war es gelungen, Unbehagen und Zweifel der Engländer zu beseitigen. Das Hauptmotiv der Engländer war allerdings weniger ein ehrliches Interesse an der Organisation des Weltfußballs als vielmehr eine Kontrolle der äußerst agilen Franzosen.

Der zweite FIFA-Kongress fand vom 10. bis 12. Juni 1905 statt. Tagungsort war erneut Paris. Außer den Engländern waren mittlerweile auch die Deutschen, Österreicher, Italiener und die Ungarn dem Verband beigetreten, der somit einen erheblichen Autoritätszuwachs verzeichnen konnte.

Zum dritten FIFA-Kongress 1906 in Bern entsandte die FA eine starke Delegation, und mit Daniel Burley Woolfall, einem Regierungsbeamten aus der nordenglischen Profifußball-Hochburg Blackburn, wurde ein Engländer Nachfolger Guérins. 1910/11 wurden auch Schottland, Wales und Irland in die FIFA aufgenommen. 1913 wurde der IFAB durch zwei FIFA-Repräsentanten erweitert. Doch es sollte noch viele Jahre dauern, bevor die Briten die FIFA wirklich als höchstes Gremium des Weltfußballs anerkannten.

In ihren Anfangsjahren war die FIFA eine ausschließlich europäische Organisation. Die ersten Überseemitglieder wurden Südafrika (1909/1910), Argentinien und Chile (1912) sowie die USA (1913).

WM-Pioniere: Hirschmann und Rimet

Die Idee, eine Weltmeisterschaft auszurichten, wurde erstmals vom Niederländer Carl Anton Willem Hirschmann auf der zweiten FIFA-Versammlung 1905 vorgetragen. Austragungsland sollte die Schweiz sein. Hirschmann hatte in Bern sogar schon einen Spielplan in der Tasche. Auch für die Trophäe war bereits gesorgt, gespendet vom Schweizer FIFA-Vizepräsidenten Victor E. Schneider.

Zu diesem Zeitpunkt befanden sich zwölf nationale Verbände unter dem Dach der FIFA, allesamt mit europäischer Adresse. Hirschmanns Weltmeisterschaft wäre somit eine rein europäische Angelegenheit gewesen. Sein Spielplan sah drei Vorrundengruppen à vier Teams vor. Der ersten Gruppe sollten die Teams Englands, Schottlands, Wales und Irlands angehören, also die vier „british home nations". Der zweiten Gruppe wurden Spanien, Frankreich, Belgien und Holland zugeteilt, der dritten Schweiz, Italien, Österreich und Ungarn. Dem Enthusiasmus, mit dem Hirschmanns Idee begrüßt wurde, folgten jedoch keine Taten. So meldete sich keines der FIFA-Mitgliedsländer für das Turnier auch tatsächlich an. Erst nachdem Hirschmann zum Generalsekretär des Weltverbands aufgestiegen war, gelangte das Thema erneut auf die Tagesordnung.

Der Erste Weltkrieg bereitete dann dem Internationalismus der FIFA-Macher zunächst ein jähes Ende. Ein ideologischer Richtungswandel war im internationalen Fußball bereits vor dem Ausbruch der Völkerschlacht zu registrieren gewesen. Der „unbefangene Kosmopolitismus" (Eisenberg), der noch bei den Anfängen des internationalen Sportverkehrs Pate stand, war mehr und mehr durch einen aggressiven Fußball-Nationalismus zurückgedrängt worden. Beim Trostrundenfinale des olympischen Turniers zwischen Österreich und Ungarn 1912 in Stockholm war es erstmals bei einer internationalen Begegnung in Europa zu schweren nationalistischen Ausschreitungen gekommen.

Dass die FIFA die Weltkriegsjahre überlebte, war das Verdienst von Carl Anton Hirschmann, der von seinem Amsterdamer Büro aus die Geschäfte des Weltverbands unbeirrt weiterführte. 1919 lud Hirschmann die Mitgliedsverbände nach Brüssel ein. Die Initiative zu diesem Treffen war vom französischen Fußballfunktionär Jules Rimet ausgegangen. Doch die Wunden, die der Weltkrieg hinterlassen hatte, waren noch zu frisch. Insbesondere die Engländer artikulierten ihren Unwillen, mit den Deutschen an einem Tisch zu sitzen.

1920 wurde in Antwerpen ein weiterer Anlauf unternommen, den Scherbenhaufen zwischen den Nationen zu beseitigen. Diesmal wurde immerhin eine neue FIFA-Administration gebildet, die allerdings zunächst nur auf provisorischer Basis operierte. Mit Jules Rimet wurde erneut ein Franzose an die Spitze gewählt. Sein Stellvertreter wurde der Däne Louis Odestrup, während Carl Anton Willem Hirschmann das Amt des Generalsekretärs behielt. Am 1. März 1921 wurde Jules Rimet offiziell

Präsident der FIFA, die nun 20 Mitgliedsverbände zählte.

Im Gegensatz zu seinem Landsmann Guérin entstammte Rimet der katholischen Bewegung, und sein Aufstieg an die FIFA-Spitze hätte wohl kaum stattgefunden, wäre da nicht der Streit zwischen USFSA und FIFA gewesen, in dem er sich als scharfer Kritiker der französischen FIFA-Delegierten profilierte und somit als Alternative empfahl. Rimet sorgte dafür, dass sein Verein Red Star Paris die USFSA verließ. Die USFSA verlor nun zunehmend an Einfluss im französischen Fußball.

Jules Rimet

Rimet sollte als „Vater der Weltmeisterschaft" in die Fußballannalen eingehen. Der Rechtsanwalt war erster Präsident des erst 1919 gegründeten französischen Verbands Fédération Française de Football Association (FFFA, später FFF). Sein engster Mitstreiter, auf nationaler wie internationaler Ebene, war dessen Generalsekretär Henri Delaunay. „Rimet war der Überzeugungskünstler, der Diplomat – manchmal unnachgiebig, aber stets dem Spiel ergeben; Delaunay war der Arbeiter, visionär und energisch. Zuweilen stritten sie sich, aber sie waren die Pioniere des französischen Fußballs, des europäischen Fußballs und des World Cups." (Glanville 1997)

Fußball bei den Olympischen Spielen

Unter Rimets Regentschaft wurde nun die schrittweise Loslösung von den Olympischen Spielen betrieben. Die Olympiniken hatten sich mit dem Fußball stets schwer getan, denn ihres Erachtens sollten nur echte Wettkampf-Sportarten Berücksichtigung finden, nicht aber Spiele. Der Fußball wurde mehr oder weniger nur als Showeinlage betrachtet. Hinzu kam das (wachsende) Problem des Profitums.

Bei der Premiere 1896 in Athen kam der Fußball überhaupt nicht vor. Bei den folgenden beiden olympischen Veranstaltungen wurde zwar gekickt, aber von einem richtigen Turnier ließ sich kaum sprechen. Eher handelt es sich um Demonstrationsspiele. 1900 in Paris und 1904 in St. Louis war der Fußball bestenfalls Beiprogramm. 1900 gab es mit England, Frankreich und Belgien nur drei Teilnehmer, wobei die Kicker von der Insel siegten. 1904 war der Fußball zwar erstmals offizieller Programmpunkt, doch lediglich eine kanadische sowie jeweils eine amerikanische Klub- und College-Mannschaft bewarben sich um olympisches Gold. Die Europäer blieben dem „Turnier" fern.

1908: Das erste große Turnier

Das erste richtige olympische Fußballturnier fand somit erst 1908 in London statt, und mit seiner Organisation hatte man die FA beauftragt. Der Fußball hatte seit den ersten olympischen Versuchen erheblich an Popularität gewonnen. Hinzu kam, dass der Austragungsort das „Mutterland" des Fußballs war, und die Engländer waren daran interessiert, der Welt ihre fußballerische Führungsposition unter Beweis zu stellen. Das Turnier zählte sechs Teilnehmer aus fünf Ländern. Anders als bei späteren WM-Turnieren wurde Großbritannien nur durch ein Team vertreten. Außer dem Gastgeber waren noch Dänemark, Schweden, Niederlande und Frankreich, das zwei Teams entsandte, mit von der Partie. Zum Auftakt schlugen die britischen Amateure das französische B-Team mit 9:0. Frankreichs A-Team sollte es mit einer 1:17-Niederlage noch schlimmer ergehen. Schweden wurde mit 12:1 abgefertigt, während sich die Niederlande beim 0:4 noch recht achtbar hielten. Ein ernsthafter Gegner waren aber nur die Dänen, damals das beste Team auf dem Kontinent. Nach einem spannenden und über weite Strecken ausgeglichenen Spiel siegten die Briten mit 2:0 und gingen somit als erster „echter" Sieger in die Geschichte der olympischen Fußballturniere ein.

Für das Turnier 1912 in Stockholm hatten sich 13 Länder gemeldet. Die Briten konnten ihren Titel verteidigen. Erneut hieß der härteste Herausforderer Dänemark, das mit 2:4 unterlag. 25.000 Zuschauer dokumentierten ein gestiegenes Interesse am Fußball.

Zu einem Meilenstein wurde dann der FIFA-Kongress 1914 im italienischen Christiania, der das olympische Turnier 1916 in Berlin, „unter der Voraussetzung, dass das olympische Turnier in Übereinstimmung mit den Regularien der FIFA ausgetragen wird", zur Fußball-Weltmeisterschaft der Amateurfußballer erklärte. Der Erste Weltkrieg verhinderte allerdings diese Spiele, so dass erst wieder 1920 um olympische Ehren gerungen werden durfte.

Die englische Olympia-Elf, die 1908 das Turnier gewann.

Beim olympischen Turnier 1920 in Antwerpen waren dann bereits 14 Teams am Start. Zwischenzeitlich hatten die Engländer die FIFA aus politischen Gründen verlassen. Die Engländer bemängelten, dass sich der Weltverband von den Verlierern des Ersten Weltkriegs, deren Ausschluss sie forderten, nicht deutlich genug distanziert hatte. Dass die „Feindstaaten" trotzdem beim olympischen Turnier spielberechtigt waren, provozierte den Protest der USA, die dem Turnier fernblieben. Auch die Schweiz sagte ab.

Favorit England verlor bereits in der ersten Runde gegen Norwegen überraschend mit 1:3. Auch Dänemark scheiterte frühzeitig. Dank eines überragenden Torwarts Ricardo Zamora kam Spanien zu einem 1:0-Sieg. Das Finale bestritten Gastgeber Belgien und die Tschechoslowakei. Nach zwei umstrittenen Treffern für die Belgier und einem Platzverweis verließen die Tschechoslowaken unter Protest vorzeitig das Spielfeld. Belgien wurde zum Sieger erklärt, die Tschechoslowakei hingegen disqualifiziert. Holland und Spanien durften anschließend um olympisches Silber ringen, wobei die Spanier es erneut ihrem Keeper zu verdanken hatten, dass sie hierbei die Oberhand behielten.

Ballzauber aus Südamerika

1924 übernahm die FIFA die Aufgabe, die olympischen Fußballturniere zu organisieren. Das Turnier in Paris wurde zu einem großen Erfolg. 22 Nationen nahmen teil, darunter mit den USA und Uruguay nun auch Teams aus Übersee, so dass man erstmals von einer globalen Veranstaltung sprechen konnte. Die Turniere in London und Stockholm waren noch rein europäische Angelegenheiten gewesen. In Antwerpen war immerhin Ägypten mit von der Partie. Südamerika wurde zur ersten außereuropäische Ergänzung der FIFA, was mit der politischen Entwicklung auf dem Subkontinent korrespondierte. Denn die Nord-, Mittel- und Südamerikaner waren auch unter den Ersten gewesen, die sich aus der europäischen Kolonialherrschaft befreit hatten. In Südamerika war 1916 mit der Confederacion Sudamericana de Fútbol (CONMEBOL) der erste Regionalverband der Welt gegründet worden. Dennoch wurde die Existenz eines südamerikanischen Fußballs selbst von den Experten in Europa bis zum Pariser Turnier kaum wahrgenommen.

Die „Urus" waren das erste Nationalteam Südamerikas überhaupt, das Europa besuchte. Als das IOC einen Seidenschal mit den Fahnen der teilnehmenden Nationen herausgab, vergaß es allerdings die Farben Uruguays.

Obwohl von den IOC-Oberen unverändert mit Skepsis betrachtet, war der Fußball zu einer der populärsten Sportarten der Spiele avanciert. Insgesamt 280.000 Zuschauer sahen die 22 Begegnungen in Paris. Mit den Briten und Deutschen fehlten zwar zwei wichtige Nationen, aber de facto hatte sich das olympische Fußballturnier zu einer Weltmeisterschaft entwickelt.

José Leandro Andrade, der Star der 1920er Jahre in Uruguay.

Uruguay begann mit einem furiosen 7:0-Sieg über Jugoslawien. Es hätten noch mehr Treffer sein können, doch die Südamerikaner gaben virtuosen Tricksereien gegenüber der Torausbeute den Vorzug. In der folgenden Runde wurden die USA mit 3:1 geschlagen. Im Viertelfinale trafen die Südamerikaner auf die Gastgeber. Die Franzosen konnten gegen die technisch wie taktisch überlegenen „Urus" nur eine Halbzeit mithalten. Nach dem Wiederanpfiff wurden sie nur noch vorgeführt, und am Ende stand es 5:1 für Uruguay. Im Halbfinale besiegte Uruguay ein starkes niederländisches Team, das beim Halb-

◆ Die schwarzen Stars

Mit „Perucho" Patrone, der acht Treffer erzielte, stellte Uruguay den erfolgreichsten Torschützen beim olympischen Turnier 1924. Die französische Öffentlichkeit liebte indes noch mehr den Läufer José Leandro Andrade, der zur noch heute verehrten Kultfigur und zum ersten schwarzen Starfußballer avancierte. In Andrades Person kulminierten die beiden Leidenschaften des kleinen Landes am Rio de la Plata: Fußball und Tango. Denn Andrade war auch ein begnadeter Tänzer, der nach dem olympischen Turnier noch eine Zeitlang in Paris blieb und dort in Nachtclubs und Varietés auftrat.

Ein weiterer schwarzer Star blieb dem Pariser Publikum vorenthalten: Isabelino Gradin, der zu den daheim gebliebenen Penarol-Spielern gehörte und dem von einigen Experten attestiert wurde, noch stärker als Andrade zu sein. Immerhin blieb ihm der Ruhm, wohl der erste Fußballer gewesen zu sein, dem ein populäres Gedicht gewidmet wurde. „Gradin, du grün-blaue Kugel" schrieb der peruanische Dichter Evaristo Parra del Riego über den Star des grün-blauen Penarol-Teams.

---

zeitpfiff sogar in Führung lag, mit 2:1. Zum Finale gegen die Schweiz pilgerten 60.000 Zuschauer ins Colombes-Stadion. Uruguay gewann problemlos mit 3:0. Eine neue Fußballmacht war geboren, die zum bassen Erstaunen vieler Europäer nicht vom alten Kontinent kam, sondern eine Reise von 10.000 Meilen zurückgelegt hatte.

Die Uruguayer lehrten die Europäer eine völlig andere Spielweise, die im Gegensatz zur britischen Schule stand und bei der Ballgefühl, Individualismus, Improvisationsgeist und Leidenschaft anstatt Kraft und schablonenhaftem Agieren dominierten. Doch auch in taktischer Hinsicht wussten die Südamerikaner zu beeindrucken.

Die wegen ihrer himmelblauen Spielkleidung „Celeste" genannten Südamerikaner eroberten die europäische Fußballöffentlichkeit im Sturm. Der französische Sportjournalist Gabriel Hanot, später Motor bei der Einführung europäischer Wettbewerbe, notierte tief beeindruckt: „Das beste der 22 Teams hat die Meisterschaft gewonnen." Hanot pries die Ballsicherheit der Südamerikaner, die es ihnen ermöglichen würde, in Ruhe die Positionierung ihrer Mitspieler wahrzunehmen. Die englischen Profis würden exzellent eine geometrische Spielweise praktizieren und seien bemerkenswerte Landvermesser, die Uruguayer hingegen eher geschmeidige Schüler des Fitnessgeistes denn der Geometrie. Die fintenreichen Südamerikaner hätten die Kunst des Hakenschlagens bis zur Perfektion entwickelt, aber sie wüssten auch, wie man schnell und direkt spielt. „Sie haben einen wunderschönen Fußball kreiert, elegant, aber zugleich abwechslungsreich, schnell, kraftvoll und effektiv…" Zur Spielweise der englischen Profis würden sich diese großartigen Athleten „wie arabische Vollblüter zu Bauernpferden" verhalten. Nie zuvor war in dieser Deutlichkeit eine ästhetische Rivalität zwischen dem südamerikanischen und dem „englischen" Fußball aufgezeigt worden.

Daheim in Montevideo kannte die Begeisterung keine Grenzen. Die Regierung erklärte einen nationalen Feiertag, beschenkte die Amateurspieler reichlich und gab drei Sonderbriefmarken mit der Aufschrift „Uruguay Campeón de Football" heraus.

Mit dem Sieg Uruguays wurde Südamerika neben Europa zur zweiten Säule des Weltfußballs. Der Sieg besaß aber auch noch eine über den Fußball hinausgehende Symbolkraft: „Die neue Welt hatte der alten Welt gezeigt, dass sie diese in einer modernen, zivilen Aktivität übertreffen konnte." (Mason 1985)

Enwicklungshilfe aus dem Süden

Nach dem Ersten Weltkrieg hatten europäische Teams wiederholt den amerikanischen Subkontinent besucht. Nun verlief die Reisetätigkeit in umgekehrte Richtung. Südamerikanische Teams waren nicht mehr nur Exoten, sondern eine sportliche Attraktion. 1925 überquerten drei Teams den Atlantik, um durch Europa zu touren. Nacional Montevideo, für das sieben oder acht Olympiasieger kickten, wurde von französischen Promotern engagiert. Das Team verließ die uruguayische Hauptstadt im Februar 1925 und kehrte erst fünf Monate später zurück. Auf Grund der Europa-Expedition musste die uruguayische Meisterschaft abgesagt werden. Nacional spielte in 160 Tagen in neun Ländern und 23 Städten, verfolgt von insgesamt 700.000 Menschen, was einem Schnitt von fast 20.000 Zuschauern pro Spiel entsprach.

Die Europa-Tourneen der südamerikanischen Klubs waren eine lukrative Angelegenheit, was den dichten Spielplan erklärte. Nacional bestritt 38 Spiele. 26 wurden gewonnen, sieben endeten mit einem Remis und nur fünf gingen verloren. Die Torausbeute betrug 130:30. Das argentinische Team Boca Juniors absolvierte 19 Spiele in Spanien, Deutschland und Frankreich, von denen nur drei – allesamt in Spanien – mit einer Niederlage endeten. Die argentinische Meisterschaft fand zwar trotzdem statt, aber ohne Boca Juniors.

Mit AC Paulistano kreuzte erstmals auch ein brasilianisches Team den Ozean. Die Brasilianer liefen vor allem in Frankreich und der Schweiz auf, wo sie von zehn Spielen nur eines verloren. Zum Auftakt in Paris schlugen sie bei kaltem und regnerischem Wetter eine französische Nationalauswahl vor 25.000 Zuschauern mit 7:2. Die Zeitung *Le Journal* taufte die Gäste daraufhin „Les Rois du Football" („Die Könige des Fußball"), obwohl dieser Titel eigentlich bereits den Uruguayern gebührte. *Le Miroir des Sports* gelangte zu der Einschätzung, die Brasilianer seien noch ausgewogener als die Uruguayer, deren Verteidigung allerdings besser sei. *Le Soir* sah eine „zauberhafte und brillante" Darbietung. Die Begeisterung der französischen Presse galt insbesondere dem Spieler Artur Friedenreich, auch „El Tigre" genannt.

Mit dem Gewinn von vier Südamerikameisterschaften und dem olympischen Titel präsentierte sich Uruguay stolz als das beste Team der Welt. Ein Status, dessen Rechtmäßigkeit vom argentinischen Nachbarn angezweifelt wurde. Schließlich habe sich Uruguay in Paris nicht mit Argentinien messen müssen. Die Argentinier luden deshalb den Olympiasieger zu einem Freundschaftsspiel ein. Die Uruguayer nahmen an, was sich als strategischer Fehler herausstellen sollte. Denn Argentinien gewann durch einen direkt verwandelten Eckball des für Huracán stürmenden Onzari mit 1:0 und rühmte sich nun als wahrer „Weltbester".

Amsterdam 1928: Uruguay contra Argentinien

Am Olympischen Fußballturnier 1928 in Amsterdam nahmen nur 17 Nationen teil. Nach den Briten hatten weitere Länder den Professionalismus legalisiert, was ihre Teilnahme verhinderte. Trotzdem war die Konkurrenz dichter als vier Jahre zuvor. Südamerika wurde nun durch Titelverteidiger Uruguay sowie durch Argentinien und Chile repräsentiert.

1924 umgab das uruguayische Team noch die Aura mysteriöser Exoten. Vier Jahre später waren die Südamerikaner in aller Munde und wurden zu den Favoriten gezählt. Der Titelverteidiger traf beim Auftakt auf das Gastgeberland. Das Spiel mobilisierte ein enormes Interesse. Aus allen Teilen der Niederlande kamen Fans in Sonderzügen angereist. Auf dem Schwarzmarkt wurden die Tickets zum zwölffachen Preis ihres offiziellen Werts gehandelt. 40.000 Zuschauer, darunter auch die Mitglieder des Amsterdamer Stadtrats, sahen schließlich einen knappen 2:1-Sieg der Südamerikaner. Im zweiten Vorrundenspiel wurden die Deutschen mit 4:1 besiegt.

Im Halbfinale traf Uruguay auf die aufsteigende kontinentaleuropäische Fußballmacht Italien. Nach einer brillanten Vorstellung beider Teams gewann der Olympiasieger mit 3:2. Der zweite Finalist hieß ausgerechnet Argentinien, so dass es in Amsterdam zu einem rein südamerikanischen Endspiel kam. Die Argentinier hatten die USA mit 12:1 und Belgien mit 6:3 besiegt. Im Halbfinale trafen sie mit dem Überraschungsteam Ägypten auf einen deutlich einfacheren Gegner als ihr südamerikanischer Nachbar. Argentinien besiegte die Nordafrikaner mit 6:0.

Das Finale war bereits die 102. Begegnung zwischen den beiden Ländern seit dem 15. August 1888, als es erstmals zu einem Aufeinandertreffen einer uruguayischen und argentinischen Auswahl gekommen war. Anlass war der Geburtstag der britischen Königin Viktoria gewesen. Die beiden Teams hatten noch nicht aus Südamerikanern, sondern aus beiderseits des River Plate lebenden britischen Gentlemen bestanden. Noch 1902, als Argentinien Uruguay mit 6:0 besiegte, hießen die argentinischen Torschützen Dickinson, Brown, Morgan und Anderson und waren samt und sonders Briten.

Allein zwischen 1901 und 1914 kam es zu 41 Begegnungen zwischen den beiden Ländern. Die nur durch den Rio de la Plata voneinander getrennten Hauptstädte Montevideo und Buenos Aires waren die ersten Fußballzentren Südamerikas, und die Rivalität zwischen ihnen wirkte als Katalysator der fußballerischen Entwicklung am Südzipfel des Kontinents.

Lautsprecher in Buenos Aires

In den beiden südamerikanischen Republiken wurde das olympische Turnier mit enormer Anteilnahme verfolgt. Dem Finale widmeten die meisten der in Buenos Aires und Montevideo erscheinenden Zeitungen gleich mehrere Seiten. In Buenos Aires waren auf allen öffentlichen Plätzen Lautsprecher installiert worden, aus denen über den Spielstand informiert wurde. Auch vor den Radiogeschäften kam es zu Massenaufläufen.

Gegenspieler: Hugo Meisl (rechts), Teamchef der Österreicher, war vehementer Befürworter einer Weltmeisterschaft, während FA-Sekretär Frederick Wall (links) den englischen Verband isolierte.

Die größte Menge versammelte sich vor dem Büro der Zeitung *La Prensa*. Die Menge verhielt sich, als sei sie im Stadion. Für das Finale hätten die Veranstalter mühelos 250.000 Tickets verkaufen können. Die Anfragen kamen vom gesamten Kontinent.

Es bedurfte zweier Finalspiele, um den Olympiasieger zu ermitteln. Denn die erste Begegnung, bei der beide Teams sehr vorsichtig agierten, endete mit einem Remis (1:1). Im Wiederholungsspiel behielt der Titelverteidiger mit 2:1 die Oberhand. Das uruguayische Siegtor erzielte Scarone. Das Prunkstück der „Urus" war allerdings die Abwehr mit Kapitän Nasazzi, dem brillanten Keeper Mazali und Arispe. Die Sympathien des niederländischen Publikums gehörten allerdings dem „Underdog" Argentinien, der über das gesamte Turnier betrachtet einen stärkeren Eindruck als Uruguay hinterließ. Argentiniens Aufstieg in die Weltspitze war bis zum Amsterdamer Turnier durch eine zu starke Vorliebe für Schönspielerei gebremst worden. In Amsterdam sah das Publikum nun ein Team, das die ästhetische Dimension um Athletik und Durchschlagskraft ergänzt hatte.

Die Weltmeisterschaft wird beschlossen

Trotz des erfolgreichen Amsterdamer Turniers fühlten sich die Fußballfunktionäre von den IOC-Bossen missachtet und benachteiligt. Diese hatten den Fußball an den Rand des Programmes geschoben. In Amsterdam wurde das olympische Fußballturnier Monate vor den eigentlichen Spielen ausgetragen. Hatte man 1924 noch einen Melderekord verzeichnen können, waren 1928 nur noch 17 Teams dabei.

Ein weiteres Problem war, dass die fortschreitende Professionalisierung des Fußballs mit dem olympischen Amateurideal kollidierte. Neben den Briten konnten mittlerweile auch die mitteleuropäischen Topadressen Österreich, Ungarn und Tschechoslowakei nicht länger mit ihren besten Akteuren an den Spielen teilnehmen, da in diesen Ländern der Profifußball legalisiert worden war. Das olympische Turnier erfuhr somit eine sportliche Entwertung. Außerdem drohte beim Amateurstatus der Teilnehmer ein heilloses Durcheinander. Denn südamerikanische Teams wie Uruguay entsprachen kaum dem olympischen Amateurideal, verdienten doch die Spieler bei ihren bisweilen monatelangen Aufenthalten in Europa ihren Lebensunterhalt mit dem Fußball.

Zugleich dokumentierte das große Zuschauerinteresse bei den olympischen Turnieren die Realisierbarkeit eines eigenständigen Turniers. Zumal, wenn die Profis zugelassen wären und sich damit tatsächlich die weltweit besten Spieler und Mannschaften versammeln würden.

Während Österreichs Fußball-Boss Hugo Meisl zu den vehementesten Befürwortern eines eigenständigen WM-Turniers unter Einschluss der Profis gehörte, führten der DFB und sein Präsident Felix Linnemann diesbezüglich die Opposition an. Ausschlaggebend hierfür war vor allem nationalistische Engstirnigkeit, die eine generelle Abneigung gegenüber internationalen Turnieren, noch dazu solchen im Zeichen von Völkerverständigung und Internationalismus, begründete. Hinzu kam ein ideologisch gefärbtes Festhalten am Amateurismus. Der DFB schreckte sogar vor einem Boykott gegen die österreichischen Profis nicht zurück.

Auf ihrem Kongress am 28. Mai 1928 in Amsterdam beschloss die FIFA schließlich mit großer Mehrheit, ab 1930 alle vier Jahre ein Weltturnier auszutragen. Bereits nach dem olympischen Turnier von 1924 war ein spezielles Komitee eingerichtet worden, das die Durchführbarkeit eines eigenständigen FIFA-Turniers sondieren sollte. 1926 hatte Henri Delaunay erklärt: „Der internationale Fußball kann nicht länger innerhalb der Beschränkungen der Olympischen Spiele existieren; viele Länder, in denen der Professionalismus nun anerkannt und organisiert ist, können nicht länger durch ihre besten Spieler repräsentiert werden."

Der DFB enthielt sich in Amsterdam der Stimme. Dennoch wurde Linnemann in die dreiköpfige Vorbereitungskommission berufen, der außer ihm noch Hugo Meisl und Delaunay angehörten. Das Interesse an einer Ausrichtung der WM war noch nicht sonderlich ausgeprägt. Viele gingen von einer Bewerbung Deutschlands und Österreichs aus. Doch der DFB wusste noch nicht einmal, ob seine Nationalmannschaft an einer WM, bei der auch Profis kickten, überhaupt teilnehmen würde, wenngleich die Zeitschrift *Fußball* „Her mit der Fußballweltmeisterschaft nach Deutschland" forderte und deren ökonomischen und propagandistischen Wert pries. Österreich nahm von einer Bewerbung Abstand, weil die Hauptstadt Wien noch über kein großes Stadion verfügte. Einige europäische Länder schlugen vor, die erste Phase des Turniers in verschiedenen Regionen auszutragen und lediglich die Finalspiele in einem einzigen Land stattfinden zu lassen, was bei der FIFA jedoch auf Ablehnung stieß.

Uruguay in der Offensive

Als Bewerber fanden sich schließlich Spanien, Niederlande, Schweden, Ungarn, Italien und Uruguay. Die europäischen Bewerbungen fielen allerdings mehr oder weniger halbherzig aus, ganz im Gegensatz zu der Uruguays. Enrique Buero, uruguayischer Botschafter in Frankreich, versuchte Rimet davon zu überzeugen, dass sein Land der ideale Austragungsort sei. Uruguay erfreute sich damals eines relativ hohen Lebensstandards. Das Land war ein bedeutender Exporteur von Fleisch und Wolle, und die politischen Verhältnisse im Land waren stabil. Die Regierung hatte eine Art von Wohlfahrtsstaat errichtet. Als erstes Land der westlichen Hemisphäre hatte Uruguay den Acht-Stunden-Tag eingeführt.

Trotzdem wurde das Land international kaum wahrgenommen. Auf einigen Karten war Uruguay, mit einer Fläche von 186.000 Quadratkilometern lediglich so groß wie einer von Brasiliens kleinsten Bundesstaaten, als argentinische Provinz eingezeichnet.

Die Ausrichtung des Weltturniers sollte Uruguay einen Platz auf der Weltkarte sichern und passte somit wunderbar ins Konzept der Regierung, zumal für das Jahr 1930 auch Uruguays Hundertjahrfeier anstand. Schon damals also versuchte man, große fußballerische Ereignisse für politische, sprich: national(istisch)e Projekte zu instrumentalisieren. Die Südamerikaner versprachen den Bau eines gigantischen Stadions in Montevideo sowie die Übernahme der Reise- und Unterbringungskosten für die Europäer. Die Niederlande und Schweden zogen bald zugunsten von Italien zurück, auf dem nun die Hoffnungen der Europäer ruhten. Nach einem flammenden Plädoyer des argentinischen Delegierten Adrian Beccar Varela zugunsten seines Nachbarlandes traten auch Italien und Ungarn den Rückzug an. Die Entscheidung fiel Pfingsten 1929, als die FIFA in Barcelona tagte und Uruguay offiziell den Zuschlag erteilte.

Bevor die erste Fußball-Weltmeisterschaft angepfiffen wurde, durften die Chronisten des Spiels noch ein anderes historisches Ereignis notieren: Am 15. Mai 1929 unterlag England in Madrid der spanischen Nationalmannschaft mit 3:4 – die erste Niederlage einer Profi-Auswahl des Lehrmeisters gegen ein nicht-britisches Team.

◆ WM 1930

Austragungsland: Uruguay

Austragungsstadt und Spielstätten: Montevideo (Estadio Pocitos Montevideo, Parque Central Montevideo, Estadio Centenario Montevideo)

Dauer: 13. Juli bis 30. Juli 1930

Eröffnungsspiel: Frankreich – Mexiko 4:1 (3:0) (13. Juli 1930, Estadio Pocitos Montevideo)

Gemeldete Länder: 13

Endrundenteilnehmer: 13
Europa (4): Frankreich, Jugoslawien, Rumänien, Belgien
Nord- und Mittelamerika (2): USA, Mexiko
Südamerika (7): Argentinien, Bolivien Brasilien, Chile, Paraguay, Peru, Uruguay

Qualifikationsspiele: 0

Endrundenspiele: 18

Modus: Gruppenspiele (3 Gruppen mit jeweils 3 Mannschaften, 1 Gruppe mit 4 Mannschaften, Gruppensieger für das Halbfinale qualifiziert), Halbfinale, Finale

Zuschauer: 447.500
Zuschauerschnitt: 24.861

Tore: 70
Torschnitt pro Spiel: 3,9

Die besten Torschützen: Guillermo Stabile (Argentinien), 8 Tore
Pedro Cea (Uruguay), 5 Tore
Guillermo Subiabre (Chile), 4 Tore

Finale: Uruguay – Argentinien 4:2 (1:2) (Estadio Centenario Montevideo, 30. Juli 1930)

Uruguay: Ballesteros; Nasazzi, Mascheroni, Andrade, Fernández, Gestido, Dorado, Scarone, Castro, Cea, Iriarte.

Argentinien: Botasso; Della Torre, Paternoster, J. Evaristo, Monti, Suarez, Peucelle, Varallo, Stabile, Ferreira, M. Evaristo.

Schiedsrichter: Langenus (Belgien)

Tore: 1:0 Dorado (12.), 1:1 Peucelle (20.), 1:2 Stabile (37.), 2:2 Cea (58.), 3:2 Iriarte (68.), 4:2 Castro (89.)

Zuschauer: 93.000

WM 1930

Europa im Abseits

Fußball in Uruguay: Eine britische Filiale

Als das erste WM-Turnier nach Uruguay vergeben wurde, war es erst wenige Jahre her, dass sich der Fußball in dem kleinen Staat vom Einfluss des englischen Mutterlandes abgenabelt hatte. Auch in Uruguay war Fußball anfänglich ein Spiel der gesellschaftlichen Elite und Ausdruck einer britischen Präsenz. Am Ende des 19. Jahrhunderts befand sich das Empire auf dem Zenit seiner Macht. Südamerika war zwar niemals formell Teil des britischen Herrschaftsbereichs (mit Ausnahme von British Guyana und den Falkland-Inseln), doch wirtschaftlich war die Region fest in das Empire integriert. In den 1880ern betrug Südamerikas Anteil an den britischen Auslandsinvestitionen immerhin 20 Prozent, wobei der ökonomische Einfluss besonders in Argentinien stark ausgeprägt war. Uruguay, Argentinien und Chile handelten mit Weizen, Rindfleisch, Kupfer und Salpeter und wiesen viele Gemeinsamkeiten mit den weißen Dominions Kanada, Australien und Südafrika auf.

Die beiderseits des Rio de la Plata angesiedelte britische Community führte die „englischen Disziplinen" Cricket, Rudern, Polo, Tennis und Fußball ein. In Montevideo riefen junge britische Angestellte zunächst Cricket- und Ruderklubs ins Leben. Der erste Sportverein Uruguays war der am 3. Dezember 1842 in Montevideo gegründete Victoria Cricket Club. Bei den ersten überlieferten Fußballspielen zwischen zwei uruguayischen Mannschaften standen sich im Juni 1881 der Montevideo Cricket Club und der Montevideo Rowing Club gegenüber. Die Cricketer gewannen Hin- wie Rückspiel. Allerdings soll bereits im Oktober 1878 eine dem heutigen Rugbyspiel ähnliche freundschaftliche Begegnung ausgetragen worden sein.

Für die Etablierung und Verbreitung des Fußballs sorgten in der Hauptstadt vor allem die dort angesiedelten britischen Bildungsinstitutionen wie die English High School und die British School, die 1874 bzw. 1885 gegründet wurden. Im Mai 1891 rief der English-High-School-Lehrer William Leslie Poole den Albion Cricket Club ins Leben, der ab 1893 auch eine Fußballsektion unterhielt. Albion trat bald gegen britische Klubs in Buenos Aires an. Nur wenige Monate später, am 28. September 1891, folgten junge britische Ingenieure mit dem Central Uruguay Railway Cricket

Club (CURCC). Der Klub hatte 118 Gründungsmitglieder und Sektionen in Cricket, Tennis und Fußball.

Viele der ersten Klubs formierten sich um britische Unternehmen und Fabriken herum. Erster CURCC-Präsident war der Engländer Frank Hudson, zugleich auch Chefverwalter der Eisenbahngesellschaft. Mitglied konnten nur Personen englischer Abstammung werden. 1899 entstand durch Fusion von Uruguay Athletic Club und Montevideo Football Club der C.A. Nacional, der zum schärfsten Konkurrenten von CURCC wurde. Im Gegensatz zu CURCC setzte Nacional von Anfang an auf uruguayische Spieler. Unterschiede bestanden aber auch im sozialen Charakter der beiden Klubs. CURCC war „proletarischer" als Nacional, an dessen Wiege Collegestudenten gestanden hatten, die bis 1911 auch auf dem Feld den Ton angaben. Die Anhänger Nacionals wurden wegen der Stehkragen, die die jungen Gentlemen damals als Ausweis ihrer Klassenzugehörigkeit trugen, „cuelludos" genannt.

Die Ausbreitung des Fußballs in der Hauptstadt erfuhr einen Schub, als im Mai des Jahres 1900 eine lokale Straßenbahn-Gesellschaft den Grand Central Park für die Kicker öffnete. Ganz uneigennützig erfolgte dieser Schritt allerdings nicht. Um zum Park zu gelangen, mussten die Kicker und ihre Zuschauer mit den Bahnen der Gesellschaft fahren.

Im März 1900 gründeten die vier Klubs CURCC, Albion und Central Uruguay Railway, allesamt britische Adressen, sowie der Deutsche Fußballklub die Uruguyan Association Football League. Einer der Hauptinitiatoren war CURCC-Kapitän A.C. Lichtenberger, dessen Vater Brasilianer und Mutter Engländerin war. Erster Präsident wurde William Leslie Poole. 1905 wurde der englische Verbandsname – vom Wort „Football" abgesehen – durch Liga Uruguaya del Football abgelöst. Erster Meister wurde CURCC. Die Eisenbahner gewannen auch im Jahr darauf den Titel und blieben 1905 sogar unbesiegt und ohne Gegentor.

Auch ein deutscher Klub ist dabei

Bis 1913 war der CURCC-Vorsitzende in Personalunion auch Verwalter der Eisenbahngesellschaft. Deren Londoner Zentrale empfand das sportliche Engagement jedoch mehr und mehr als finanzielle Belastung und störende Ablenkung, weshalb sie die Führung des Klubs an Einheimische übergab. Außerdem war es nach den Spielen wiederholt zu Ausschreitungen gekommen, bei denen Fans die Waggons der Gesellschaft zerstört hatten.

Am 12. März 1914 erfolgte die Umbenennung von CURCC in Club Atlético Penarol, wobei die Vorstadt, in der CURCC und das Gelände der Eisenbahngesellschaft beheimatet waren, als Namensgeberin Pate stand. Die Vereinsführung wurde an Einheimische übertragen; Umbenennung und Führungswechsel waren sicherlich auch Ausdruck einer allgemeinen „Kreolisierung", die der uruguayische Fußball in diesen Jahren erfuhr. Die Briten zogen sich mehr und mehr zurück und übergaben den Ball an die im Land sesshaften Nachfahren europäischer Einwanderer, die Kreolen. Für die Anhänger Nacionals blieben die Penarol-Akteure und -Fans jedoch weiterhin „die Engländer".

Zwei Jahre nach der WM sollte Uruguay den Professionalismus einführen, der seit 1922 ein steter Streitpunkt im uruguayischen Fußball gewesen war. Damals hatte Penarol eine Spaltung des Verbands provoziert. Anlass war die Bezahlung von Spielern gewesen. Ohne die Legalisierung des Profitums hätten Uruguay und seine beiden Groß-Klubs mit den Nachbarländern nicht mehr mithalten können. Aber außer Penarol und Nacional besaß kein Klub die Voraussetzung für die Einführung des Profis. Und auch diese beiden Klubs sollten häufig nicht in der Lage sein, die finanziellen Erwartungen ihrer Spieler zu erfüllen.

Eine nationale Auswahl von hoher spielerischer Klasse konnte Uruguay bereits 1912 präsentieren. Star der später „del 12" getauften Formation war der legendäre José Piendibene, ein fußballerischer Autodidakt. Zu seinen Schülern zählte u.a. Angel Romano, für manche der beste Fußballspieler seines Landes aller Zeiten. Romano gehörte auch zu den herausragenden Akteuren, die bei der Olympiade 1924 für Furore gesorgt und den südamerikanischen Fußball in den Blickpunkt der Soccer-Welt des „alten Kontinents" gerückt hatten.

Europäisches Misstrauen und Boykott

Das Vertrauen der europäischen FIFA in die organisatorischen Fähigkeiten der Südamerikaner war allerdings gering, auch wenn diese auf eine beeindruckende Geschichte internationaler Wettbewerbe verweisen konnten.

Die Südamerikameisterschaft ist seit dem Dahinscheiden der britischen Meisterschaft 1984 der weltweit älteste internationale Fußballwettbewerb. 1905 war das uruguayisch-argentinische Derby durch die Stiftung eines alljährlich ausgespielten Cups institutionalisiert worden. Der Stifter hieß Sir Thomas Lipton, war ein englischer Tee-Baron und begeisterter Sportsmann. Der Lipton-Cup wurde abwechselnd in Montevideo und Buenos Aires ausgetragen.

Die Inbetriebnahme der Transandine Railway zwischen Argentinien und Chile ermutigte die Argentinier, noch einen Schritt weiter zu gehen. An die Stelle des argentinisch-uruguayischen Derbys sollte ein Turnier treten, mit Chile und Brasilien als weiteren Teilnehmern. Brasilien zierte sich 1910 noch. Erster, noch inoffizieller Südamerikameister wurde Argentinien.

Das nächste Turnier wurde 1916 ausgetragen und fiel mit dem 100. Geburtstag der argentinischen Unabhängigkeit zusammen. Diesmal war auch Brasilien dabei. Bis zur WM 1930 hießen die Sieger der Südamerikameisterschaft fünfmal Argentinien und sechsmal Uruguay. Nur 1919 ging der Titel mit Brasilien an ein anderes Land.

Die sportlichen Meriten des kleinen Landes waren auch ein Grund für seine erfolgreiche Bewerbung als WM-Ausrichter. Hinzu kamen großzügige Planungen für Orga-

◆ Südamerikas erstes Fußball-Kolosseum

Eigens für die WM wurde in Montevideo mit immensem Aufwand das Centenario-Stadion gebaut. 160.000 Kubikmeter Erde wurden ausgegraben und 14.000 Kubikmeter Stahlbeton verbaut. Das offizielle Fassungsvermögen der ersten Beton-Arena Südamerikas sollte nach kompletter Fertigstellung 100.000 betragen. Das Centenario-Stadion war damit das größte auf dem Subkontinent, und auch in Europa kannte es kaum Konkurrenz. Das Stadion entstand in der Mitte eines Parks im Zentrum der uruguayischen Hauptstadt. Mit dem Bau wurde erst im Februar 1930 begonnen, so dass die Arena beim Anpfiff der WM noch eine Baustelle war. Seine Architektur erinnerte an Roms Kolosseum. FIFA-Präsident Jules Rimet verschlug der Anblick des mächtigen Runds fast den Atem: „Als sie mir von dem großen Centenario-Stadion erzählten, dachte ich, es würde eines von den vielen sein, die ständig gebaut werden. Aber als ich es sah und mir selbst ein Urteil bilden konnte, kam ich zu dem Schluss, dass es die Nummer Eins in der Welt ist... Es gibt größere Stadien in anderen Ländern, aber die sind für alle Sportarten ausgelegt, so dass ich nicht übertreibe, wenn ich sage, dass es das beste der Welt ist, das ausschließlich für Fußball ausgelegt ist... Fußball sollte ganz nah gesehen werden können, um ihn im Ganzen richtig einschätzen zu können, und im Centenario-Stadion kann man das Spiel von jedem Standort aus verfolgen."
Rimet taufte das Stadion einen „Tempel des Fußballs". Die drei Tribünen hießen „Colombes", „Amsterdam" und „Montevideo". Die ersten beiden Tribünen wurden nach den olympischen Triumphen benannt, die dritte im Vorgriff auf den erwarteten WM-Sieg.

nisation und Infrastruktur, mit denen die europäischen Bewerber nicht mithalten konnten oder wollten. Das Votum der FIFA für Uruguay resultierte aber letztlich eher aus Angst vor der Blamage, falls das Weltturnier gänzlich ausfallen würde.

Die europäischen FIFA-Mitgliedsländer reagierten auf die Wahl Uruguays mit Desinteresse bis Ablehnung. Viele von ihnen wollten nun plötzlich von einer WM-Teilnahme nichts mehr wissen. Die Niederlande, Italien, Spanien, Schweden und Ungarn sagten definitiv ab. Auch aus Österreich, Ungarn, Deutschland, Schweiz und der Tschechoslowakei kam ein klares Nein. Frederick J. Wall, dem Sekretär der englischen FA, war die schriftliche Absage seines Verbands gerade zwei Sätze wert, die keine Begründung enthielten. Rumänien, Belgien, Frankreich und Jugoslawien konnten sich nicht entscheiden.

Zwei Monate vor Beginn des Turnieres war noch kein europäischer Teilnehmer gemeldet. Als Argument wurde vielfach die lange und finanziell aufwändige Reise ins ferne Südamerika angeführt, worauf der Ausrichter mit finanziellen Angeboten an einige europäische Länder reagierte. Außerdem wurde das ungewohnte Klima problematisiert. Einige der angesprochenen Länder verlangten zusätzlich zur Übernahme der Reise- und Unterbringungskosten ein Antrittsgeld von 60.000 Mark. Bei den Olympischen Spielen in Europa hatten die Uruguayer nur die Hälfte dieser Summe kassiert. Besonders erbost war man in Montevideo über die Absage der Niederländer, hatten doch Uruguay und Argentinien nur zwei Jahre zuvor deren Stadien gefüllt. Eine aufgebrachte Menschenmenge zog vor die niederländische Botschaft, verbrannte niederländische Fahnen und skandierte Schmährufe gegen die niederländische Königin. Die anderen nationalen Verbände Südamerikas solidarisierten sich mit Uruguay, drohten mit dem FIFA-Austritt und dem Boykott zukünftiger Veranstaltungen in Europa.

Dem unter Druck geratenen Jules Rimet gelang es immerhin, seine Franzosen sowie Belgier, Jugoslawen und Rumänen zur langen Schiffsreise nach Südamerika zu bewegen. Im Falle Rumäniens half König Carol II. nach, der die WM-Teilnahme seines Landes zur Chefsache erklärte. Der deutschsprachige König genoss zwar keine Popularität bei seinem Volk, war aber sportbegeistert und förderte den Sport in seinem Land. Eine seiner ersten Amtshandlungen bestand im Erlass einer Amnestie für alle suspendierten rumänischen Fußballer. Der König ließ es sich nicht nehmen, den rumänischen WM-Kader persönlich zu nominieren. Anschließend sorgte er dafür, dass die Kicker von ihren Arbeitgebern für die Zeit der WM freigestellt wurden.

Zu den europäischen Topadressen zählten Rumänien, Belgien, Jugoslawien und Frankreich natürlich nicht. Bei der Olympiade 1924 hatte Uruguay Jugoslawien mit 7:0 und Frankreich mit 5:1 deklassiert. 1928 unterlag Belgien Argentinien mit 3:6, und drei der besten belgischen Spieler blieben zudem der WM fern.

Abgesehen von Jugoslawien traten die Europäer die Reise gemeinsam an. Am 18. Juni 1930 verließ der italienische Dampfer „Conte Verde" den Hafen der französischen Stadt Villefranche sur Mer. An Bord befanden sich die Nationalmannschaften Frankreichs und Rumäniens sowie die Schiedsrichter Langenus aus Belgien und Fischer aus Ungarn. Drei Tage später legte das Schiff in Barcelona an, wo auch die Belgier, die mit der Eisenbahn von Brüssel nach Barcelona gefahren waren, und Jules Rimet an Bord gingen. Im Gepäck Rimets befand sich jener Pokal, der später einmal seinen Namen tragen sollte. Während der Fahrt wurde die Trophäe im Schiffssafe eingeschlossen. Die Überfahrt dauerte zehn Tage. Die Mannschaften trainierten auf dem Achterdeck des Schiffs, das der Kapitän den exotischen Reisegästen zur Verfügung gestellt hatte. Der nächste Landgang erfolgte in Rio de Janeiro, wo die Europäer im Stadion von Fluminense zum ersten Mal eine Flutlichtanlage bestaunen konnten. In Rio bestiegen auch die Brasilianer die „Conte Verde", verabschiedet von 10.000 begeisterten Fans. Als die Scheinwerfer des Schiffes erloschen, wurden am Kai Tausende von Fackeln angezündet. Bei der Ankunft in Montevideo wurden die Mannschaften von sämtlichen Würdenträgern der Stadt und des Staats empfangen – und von der uruguayischen Bevölkerung enthusiastisch begrüßt.

Auf der „Conte Verde" trainierten die Mannschaften auf dem Achterdeck. Hier das belgische Nationalteam nach dem Frühsport.

Vorrunde: Erste Skandale

Zu den vier Europäern gesellten sich mit dem Gastgeber, Argentinien, Chile, Bolivien, Peru, Brasilien und Paraguay sieben südamerikanische Länder, das mittelamerikanische Mexiko sowie die USA. Das US-Team, dessen Manager Jack Coll von den Brooklyn Wanderers war, bestand hauptsächlich aus englischen und schottischen Profis.

Zwei Drittel der Teilnehmer kamen somit vom amerikanischen Kontinent. Die WM 1930 sollte auch bis heute die einzige bleiben, an der mehr südamerikanische als europäische Mannschaften teilnahmen. Von den zu dieser Zeit 41 FIFA-Mitgliedern waren lediglich elf beim ersten WM-Turnier vertreten. In Deutschland sprach die *Fußballwoche* nur vom „Märchen von der Weltmeisterschaft". Doch allen europäischen Unkenrufen zum Trotz sollte die WM zu einem sportlichen und finanziellen Erfolg werden.

Erklärter Favorit war der Gastgeber, wenngleich einige Spieler im uruguayischen Team den Zenit ihres Könnens bereits überschritten hatten. Trotzdem hielt man den zweifachen Olympiasieger für noch ausreichend stark, um das Turnier gewinnen zu können. Zumal er Heimvorteil besaß und die europäischen Top-Teams daheim geblieben waren.

Ursprünglich war ein K.o.-System vorgesehen. Für die europäischen Teilnehmer wäre dies ein weiterer Grund gewesen, dem Turnier fernzubleiben. Niemand wollte die lange Reise antreten, um dann nach nur einem Spiel erneut die Koffer packen zu müssen. Das kleine Teilnehmerfeld gestattete die Einteilung von vier Gruppen, eine Vierer- und drei Dreier-Gruppen, die jedem Teilnehmer mindestens zwei Spiele garantierte. Die jeweils Gruppenersten qualifizierten sich fürs Halbfinale. Da das Centenario-Stadion noch seiner Fertigstellung harrte, mussten die ersten Spiele in den Arenen der Montevideo-Klubs Penarol und Nacional ausgetragen werden.

Der Anstoß zur ersten WM erfolgte am Nachmittag des 13. Juni 1930, einem Sonntag. Die Gegner hießen Frankreich und Mexiko, die in der einzigen Vierer-Gruppe spielten. Die Franzosen behielten mit 4:1 die Oberhand. Kapitän des französischen Teams war Alex Villaplane, der später von der französischen Resistance wegen seiner Kollaboration mit dem NS-Regime erschossen wurde. Lediglich 1.000 Zuschauer wohnten der WM-Premiere bei.

Zwei Tage später mussten die Franzosen gegen Argentinien antreten und verloren unglücklich mit 0:1. Die Begegnung ging als erstes Skandalspiel in die WM-Annalen ein. 81 Minuten konnte der überragende französische Keeper Thépot seinen Kasten sauber halten, dann erhielt Argentinien einen Freistoß zugesprochen. Der Schütze hieß Monti und war zuvor wiederholt durch unfaires Spiel aufgefallen. Als Monti schoss, bewegte sich der Franzose Pinel einen Schritt nach rechts, wodurch er seinem Keeper die Sicht versperrte.

Zu früh abgepfiffen

Die Argentinier brachten den Vorsprung über die Zeit, nicht zuletzt dank einer fragwürdigen Vorstellung des brasilianischen Schiedsrichters Rego. Als der Franzose Marcel Langiller allein aufs argentinische Tor zulief, pfiff Rego die Partie völlig überraschend ab. Die argentinischen Fans stürmten das Spielfeld, während die französischen Spieler den Schiedsrichter attackierten. Rego konsultierte seine Uhr und seine Linienrichter. Als er sich seines Irrtums bewusst wurde, pfiff er das Spiel wieder an. Doch in den letzten Minuten passierte nichts mehr. Die im Stadion anwesenden Spieler Uruguays erklärten anschließend, die Franzosen hätten den Sieg verdient gehabt. Thépot und Pinel wurden auf Schultern vom Platz getragen, gefeiert vom uruguayischen Publikum, das die Franzosen angefeuert hatte. Die Argentinier beklagten sich beim Organisationskomitee über die feindselige Stimmung und drohten mit ihrer Abreise. Der Präsident Uruguays sah sich genötigt, persönlich für die Sicherheit der argentinischen Gäste zu bürgen.

Argentinien gewann auch gegen Mexiko (6:3) und Chile (3:1) und wurde somit verlustpunktfrei Gruppensieger. Im Spiel gegen Mexiko verhängte der bolivianische Schiedsrichter Ulysses Saucedo fünf Elfmeter, von denen allerhöchstens zwei gerechtfertigt waren. Argentinien musste in diesem Spiel auf Manuel Ferreira verzichten, der in einem Universitätsexamen steckte. Neu in der Mannschaft war Guillermo Stabile, genannt „El Enfiltrado", der zum Torschützenkönig des Turniers avancieren sollte.

Schlägerei bei Chile-Argentinien

Beim Spiel gegen Chile war es erneut zu unschönen Szenen gekommen. Die uruguayischen Zuschauer hatten sich erneut hinter dem Gegner formiert. Kurz vor dem Halbzeitpfiff hatte Monti den Chilenen Torres gefoult, der sich hierfür wenig später mit einem Schlag auf Montis Nase revanchierte. Daraufhin brach eine Schlägerei zwischen den beiden Mannschaften aus, an der sich auch einige Zuschauer beteiligten. Polizei und einige WM-Funktionäre mussten eingreifen, um die ordnungsgemäße Fortsetzung des Spiels zu garantieren.

Am 18. Juli wurde dann erstmals auch im Centenario-Stadion gekickt, als der WM-Gastgeber Peru empfing. Mit über 100.000 Zuschauern war die Arena hoffnungslos überfüllt. Es herrschten chaotische Zustände. Uruguay gewann mit 1:0. Das Tor des Tages erzielte Hector „Linker" Castro, der bei einem Unfall mit einer Elektrosäge eine Hand verloren hatte. Castro behauptete anschließend, der Gegner habe ihn bestechen wollen. Im zweiten Gruppenspiel gegen Rumänien landete Uruguay einen klaren 4:0-Sieg, der zugleich das Halbfinale bedeutete.

Als einziger der europäischen Teilnehmer überstand Jugoslawien die Vorrunde. Gegen Brasilien gewannen die Jugoslawen etwas überraschend mit 2:1. Allerdings waren die Brasilianer zu diesem Zeitpunkt noch keine Fußballmacht. Schwarze Kicker waren erst seit kurzem als Ligaspieler zugelassen. Der heimische Spielbetrieb war noch von Chaos gekennzeichnet. Als viertes Team konnten sich die USA für das Halbfinale qualifizieren, denen zwei glatte 3:0-Siege gegen Belgien und Paraguay gelangen.

Halbfinale: Massenhysterie

Die Halfinalpaarungen lauteten Argentinien gegen USA sowie Uruguay gegen Jugoslawien. Die Argentinier hatten gegen die Nordamerikaner leichtes Spiel und gewannen mit 6:1. Mehrere tausend Argentinier benutzten die regelmäßig auf dem River Plate zwischen Argentinien und Uruguay verkehrenden Dampfboote, um der Begegnung beizuwohnen. In Buenos Aires verfolgten 20.000 das Spiel über Lautsprecher, die vor den Redaktionen der Zeitungen aufgestellt waren.

Auch Uruguay gewann sein Halbfinale gegen die Jugoslawen klar mit 6:1, kassierte dabei aber sein erstes Gegentor, als Vujdanovic die Gäste mit 1:0 in Führung brachte. Wenig später erhöhte derselbe Spieler sogar auf 2:0, doch der brasilianische Schiedsrichter Gilberto de Almeida Rego, dessen Land zuvor gegen die Jugoslawen ausgeschieden war, erkannte den Treffer wegen angeblicher Abseitsstellung nicht an. Hingegen ging dem Ausgleich tatsächlich eine irreguläre Handlung voraus. Der Ball war bereits im Toraus, doch ein Polizist schoss den Ball zurück ins Feld, direkt vor das jugoslawische Tor. Dort musste ihn Juan Anselmo nur noch über die Torlinie schieben. Trotz dieser Ungereimtheiten war der Sieg der Uruguayer am Ende vollauf verdient. Beim letzten europäischen Vertreter wirkten sieben Spieler mit, die in Frankreich als Profis gekickt hatten.

Polizist gibt die Vorlage

In Buenos Aires und Montevideo brach nun eine regelrechte Fußballhysterie aus. Argentinien hatte sein Halbfinale an einem Samstag bestritten. Sofort nach dem Schlusspfiff orderten viele Fans Tickets für die River-Plate-Fähren, die bald ausgebucht waren. Am Montag belagerten trotzdem mehrere Zehntausende fast den ganzen Tag über die Büros der Fährgesellschaften. Die Zeitungen waren voll mit Berichten und Bildern vom Massenexodus. 15.000 kreuzten tatsächlich den River Plate, verabschiedet von Tausenden, von denen nicht wenige hofften, dass der eine oder andere Ticketbesitzer nicht auftauchen würde und sie dann seinen Platz einnehmen könnten. Einige erklommen die Kräne, um patriotische Lieder anzustimmen und „Argentina si, Uruguay no – victory or death" zu skandieren.

In Montevideo angekommen, wurden die argentinischen Fans von Zollbeamten nach Revolvern durchsucht. Vor den Eingangstoren des Centenario-Stadions mussten sie die gleiche Prozedur noch einmal über sich ergehen lassen. Die argentinische Mannschaft stand Tag und Nacht unter Polizeischutz. Rund um das Stadion waren Soldaten mit aufgepflanzten Bajonetten postiert.

Am Finaltag blieben die meisten Büros und Firmen in Buenos Aires geschlossen. Die Abgeordnetenkammer vertagte ihre Sitzung, da sich die meisten Mitglieder in der uruguayischen Hauptstadt befanden oder aber vor irgendeinem Radio hockten. 50.000 versammelten sich dieses Mal vor den Büros der Zeitungen, um das Spiel über Lautsprecher zu verfolgen.

Finale der WM 1930: Héctor Castro (2. v. r.) erzielt das 4:2, Argentiniens Torhüter Juan Botasso reckt sich vergeblich.

Das erste WM-Finale

Obwohl der Anpfiff des Finales erst um 14.00 Uhr erfolgte, hatte das Centenario-Stadion seine Tore bereits um 8.00 Uhr in der Früh geöffnet. Aufgrund der Vorfälle beim Spiel des Gastgebers gegen Peru wurden nur 90.000 Zuschauer zugelassen, 10.000 weniger als das offizielle Fassungsvermögen der Arena.

Schiedsrichter des ersten WM-Finales war der Belgier Jan Langenus, der sein Auflaufen allerdings an eine Bedingung knüpfte: Die Veranstalter mussten für seine und die Sicherheit seiner Linienrichter garantieren. Bevor Langenus die Partie anpfeifen konnte, war zunächst die Wahl des Spielballs zu klären. Die Regularien hatten diese Frage ignoriert. Beide Teams bestanden auf einheimischen Produkten. Langenus entschied die Ballfrage schließlich durch das Werfen einer Münze, wobei Argentinien gewann.

Uruguay war nicht mehr so souverän wie noch bei den Olympiasiegen von 1924 und 1928. Argentiniens Stärke war sein exzellentes Offensivspiel, bei dem insbesondere Stabile zu glänzen wusste. Der argentinische Schwachpunkt war der Torwart. Der unsichere Angelo Bossi hatte vor dem Semifinale Juan Botasso weichen müssen, der aber keine große Verstärkung bedeutete.

In einem erstaunlich fairen Spiel ohne nennenswerte atmosphärische Störungen startete die Heimmannschaft schwungvoll und mutig. Rechtsaußen Pablo Dorado brachte seine Elf bereits nach zwölf Minuten in Führung, als er ein Zuspiel von Castro gekonnt annahm und direkt durch die Beine des argentinischen Keepers weiterleitete. Auch anschließend kontrollierten die Uruguayer noch für einige Zeit das Spiel, wobei ihre Angriffsbemühungen nachließen. In der 20. Minute konnte Dorados argentinisches Pendant Peucelle aus kurzer Distanz ausgleichen. In der 37. Minute schoss Stabile die Argentinier mit einer „Bogenlampe" sogar in Führung. Uruguays Kapitän Nasazzi war mitten in einer Rückwärtsbewegung stehen geblieben, um eine Abseitsstellung anzuzeigen. Doch nach Konsultation seines Linienrichters gab der belgische Schiedsrichter, der bei dieser Situation ungünstig stand, den Treffer. Beim uruguayischen Publikum regte sich kaum Protest. Vielmehr machten sich unter den Anhängern Angst und Verzweiflung breit. Die eigene Mannschaft wurde mit Pfiffen und Beschimpfungen in die Kabine entlassen.

In den ersten Minuten nach Wiederanpfiff wirkten die Argentinier wie der kommende Weltmeister. Leicht und locker durchquerten sie ein ums andere Mal die uruguayischen Reihen. Doch angeführt vom überragenden Regisseur Leandro Andrade, der das Spiel immer mehr an sich riss, leitete der Gastgeber die Wende ein. In der 58. Minute erzielte Cea mit einem Flachschuss in die linke Ecke zunächst den Ausgleich. Die Stimmung im Stadion kippte nun, ohnmächtige Angst wich ungläubi-

Während des Endspiels versammeln sich die Massen vor dem Redaktionsbüro der *La Prensa*, um sich über den Spielverlauf zu informieren.

ger Hoffnung. In der 68. Minute brachte Santos Iriarte Uruguay mit einem wuchtigen Schuss aus 20 Metern Entfernung mit 3:2 in Führung. Den möglichen Ausgleich durch Varallo verhinderten Andrade und Keeper Ballesteros gemeinschaftlich. Eine Minute vor dem Schlusspfiff setzte Castro mit seinem Kopfball zum 4:2 den Schlusspunkt unter das erste WM-Finale.

José Nasazzi durfte als erster Nationalmannschaftskapitän den 50.000 Francs teuren Weltmeisterpokal, ein Werk des französischen Bildhauers Abel Lafleur, in Empfang nehmen. Die Trophäe bestand aus einer Nachbildung der Siegesgöttin, die ein Gefäß hochhielt. Sie war aus purem Gold gefertigt und 23 cm hoch. Ihr Sockel, auf dem die Schilder der Gewinner angebracht wurden, bestand aus Halbedelsteinen.

„Bis ins Innerste der Erde…"

Im Centenario-Stadion herrschte überschäumende Begeisterung; „über den Äther", so ein Journalist, „wurde selbst bis ins Innerste der Erde verkündet, dass die Uruguayer den Titel errungen hatten". In Buenos Aires dagegen wurde das uruguayische Konsulat mit Steinen beworfen. Der frustrierte Mob löste sich erst auf, nachdem die Polizei mehrere Schüsse abgegeben hatte.

Star des Turniers war erneut José Leandro Andrade gewesen. Die europäischen Journalisten waren erstaunt darüber, dass ein Schwarzer so gut Fußball spielen konnte. In der Zeitschrift *Fußball* schrieb F. Richter: „Bei den Läufern vertrat ein waschechter Neger namens Andrade die exotische Note mit Couleur. Aber der Mann kann mehr, als nur dadurch die Aufmerksamkeit auf sich zu lenken. Ein zielbewussteres, taktisch vollendeteres Spiel lässt sich kaum denken. Sein fabelhaftes Können rief spontan Beifall hervor. Der lange Andrade fällt bei Uruguay durch sein bevorzugtes Kopfballspiel auf. Die Neger scheinen Schädel wie Kokosnüsse zu haben." Im Spiel gegen Frankreich (5:1) legte der hagere und unscheinbar wirkende Spieler ein 75-Meter-Solo hin, bei dem er sieben Gegenspieler austrickste und so das 4:0 der „Urus" einleitete.

Die wirtschaftliche Bilanz des ersten Weltturnieres gestaltete sich positiv: 200.000 Pesos hatte man investiert, 255.000 wurden eingenommen. Zwar mobilisierte das Turnier insgesamt 447.500 Zuschauer, doch fast 93 % von ihnen entfielen auf nur fünf der insgesamt 17 Spiele. Lediglich die Spiele des Gastgebers sowie Argentiniens Halbfinale gegen die USA trieben die Massen in die Stadien. Fünf Spiele wurden von weniger als 1.000 Zuschauern besucht. Rumäniens 3:1-Sieg über Peru wollten nur 300 Zuschauer sehen, bis heute WM-Minusrekord. Neben den erwähnten fünf Begegnungen befand sich nur noch der Zuschauerzuspruch des Spiels USA gegen Belgien (3:0) im fünfstelligen Bereich.

Die erste Fußball-WM veränderte das Klima im Weltfußball. Das Turnier stärkte den sportlichen Nationalismus, was einem liberalen und kosmopolitanen Klima zwar abträglich war, die Attraktivität des Wettbewerbs jedoch erhöhte. Die Organisation eines Weltturniers und die Existenz nationalistischer Rivalität standen somit

Weltmeister 1930 wurde das Team von Uruguay: (St. v. l.) Alvaro Gestido, José Nasazzi, Enrique Ballesteros, Ernesto Mascheroni, José Leandro Andrade, Lorenzo Fernández; (vorn v. l.) Pablo Dorado, Héctor Scarone, Héctor Castro, Pedro Cea, Santos Iriarte.

nur scheinbar in einem Widerspruch zueinander. Die Idee international organisierter Kräftevergleiche hatte sich durchgesetzt – nur unter ideologisch etwas anderen Vorzeichen als von den kosmopolitisch gesonnenen Pionieren gedacht. Sie hatten durch internationale Begegnungen vor allem nationale Vorurteile abbauen und Völkerfreundschaften schmieden wollen. Doch in der Realität diente der Fußball vor allem bei internationalen Wettbewerben immer stärker dazu, nationale Identitäten zu verstärken und die Überlegenheit „nationaler Eigenschaften" zu demonstrieren.

Außerdem bewirkte die WM die Ausweitung des bis dahin auf Europa beschränkten internationalen Spielermarktes. Hier ist vor allem die „den Ozean überspannende argentinisch-italienische ‚connection'" (Eisenberg) zu nennen, die den Ausgang des folgenden Turniers erheblich beeinflussen sollte.

Den kapitalschwachen Ländern Südamerikas drohte ein Spieler-Exodus. Die Einführung des Professionalismus in diesen Ländern wurde – wie später auch in der Bundesrepublik – als ein Mittel gesehen, die fähigsten Fußballer in der Heimat zu binden.

◆ WM 1934

Austragungsland: Italien

Austragungsstädte und Spielstätten: Bologna (Stadio del Littoriate), Genua (Stadio Communale Luigi Ferraris Genova), Florenz (Stadio Communale Giovanni Berta Firenze), Mailand (Stadio Calcistico di San Siro Milano), Neapel (Stadio Communale Giorgio Ascarelli Napoli), Rom (Stadio Nazionale del Partito Fascista Roma), Turin (Stadio Municipale Benito Mussolini Torino)

Dauer: 27. Mai bis 10. Juni 1934

Eröffnungsspiel: Italien – USA 7:1 (3:0)
(27. Mai 1934, Stadio Nazionale del Partito Fascista Roma)

Gemeldete Länder: 32

Endrundenteilnehmer: 16
Europa (12): Belgien, Deutschland, Frankreich, Italien, Niederlande, Österreich, Rumänien, Schweden, Schweiz, Spanien, Tschechoslowakei, Ungarn
Nord- und Mittelamerika (1): USA
Südamerika (2): Argentinien, Brasilien
Afrika (1): Ägypten

Qualifikationsspiele: 26
Endrundenspiele: 17

Modus: K.o.-System

Zuschauer: 390.000
Zuschauerschnitt pro Spiel: 22.942

Tore insgesamt: 70
Torschnitt pro Spiel: 4,1

Beste Torschützen: Oldrich Nejedly (Tschechoslowakei), 5 Tore
Angelo Schiavio (Italien), 4 Tore
Edmund Conen (Deutschland), 4 Tore

Finale: Italien – Tschechoslowakei 2:1 (0:0, 1:1) n.V.
(Stadio Nazionale del Partito Fascista Roma, 10. Juni 1934)

Italien: Combi; Monzeglio, Allemandi, Ferraris IV, Monti, Bertolini, Guaita, Meazza, Schiavio, Ferrar, Orsi.
Tschechoslowakei: Plánicka; Zenisek, Ctyroky, Kostalek, Cambal, Lrcil, Junek, Svoboda, Sobotka, Nejedly, Puc.

Schiedsrichter: Eklind (Schweden)

Tore: 0:1 Puc (69.), 1:1 Orsi (80.), 2:1 Schiavio (97.)

Zuschauer: 55.000

WM 1934

Ein hässlicher Weltmeister

Fußball in Italien: Rebellen und Magnaten

Das zweite WM-Turnier fand in Italien statt und somit erstmals auf dem europäischen Kontinent.

Auch in Italien hatte der Eroberungszug des Fußballs in den kosmopolitan ausgerichteten Hafenstädten begonnen. Daneben existierte aber noch ein zweiter Verbreitungsweg, der indirekt ebenfalls englischen Ursprungs war, jedoch nicht übers Meer, sondern über die Alpen führte. Der männliche Nachwuchs der Oberschicht besuchte zahlreich die schweizerischen und französischen Internate. Zu den neuen kulturellen Errungenschaften, die sie von ihren Aufenthalten mitbrachten, gehörte auch das jenseits der Alpen bereits bekanntere englische Spiel. Insbesondere der Schweiz sollte bei der Verbreitung des Fußballs in Südeuropa eine Scharnier-Funktion zukommen. Die Schweizer Fachschulen wurden seit den 1880ern von zahlreichen angehenden Ingenieuren, Kaufleuten und Bankiers besucht, die das Land zu einem „kleinen England auf dem Kontinent" (Lanfranchi 1997) werden ließen. Englische Sportkultur wurde hier zur Mode. Zu den vom Fußball Infizierten gehörte auch Vittorio Pozzo, der als Trainer die Italiener in den 1930er Jahren zweimal zum WM-Titel führen sollte. Pozzo hatte das Fußballspielen an den Fachschulen von Winterthur und Zürich erlernt, wo er 1908 ein Diplom in Fremdsprachen und Welthandel erwarb.

Wie in vielen Hafenstädten des Mittelmeerraumes, so existierte auch in Genua eine „englische Kolonie", die vornehmlich aus Kolonialbeamten und international tätigen Geschäftsleuten bestand. Am 7. September 1893 gründeten in Genua lebende Briten den Genoa Cricket and Athletic Club. Beim Gründungsakt war auch der englische Konsul Sir Charles Alfred Payton zugegen. Der Klub hatte zunächst nur Cricket im Sinn, doch mit der Zeit trat das englische Nationalspiel mehr und mehr zugunsten des Fußballs in den Hintergrund.

Italiener waren zum späteren FC Genua bis 1897 nicht zugelassen. Dies änderte sich mit dem Eintritt des englischen Mediziners Dr. James R. Spensley (1896), der als eigentlicher Pionier des Fußballs in Italien gilt und zum ersten Starspieler des Klubs avancierte. Spensley, Arzt der englischen Kolonie Genuas, plädierte für eine Öff-

◆ Italiens erster Verein

Italiens frühester einheimischer Fußballpionier war der Turiner Kaufmann Eduardo Bosio. Als Handelsvertreter pendelte Bosio zwischen der norditalienischen Industriestadt und London. Von einer seiner Englandreisen brachte er 1887 den ersten richtigen Fußball mit. Auf der Insel hatte Bosio einige Fußballspiele besucht, die ihn hellauf begeistert hatten. Daheim versuchte er seine Kollegen für das Spiel zu gewinnen und rief Turins erste Fußballmannschaft ins Leben. Zwei Jahre später gründete eine Gruppe Turiner Patrizier, an ihrer Spitze der Herzog von Abruzzen, der der herrschenden Familie der Savoyer angehörte, ein zweites Team in der Stadt. 1891 fusionierten die beiden Teams zum Foot Ball Club Internazionale Turin, Italiens erstem reinen Fußballverein.

---

nung des Klubs, die dann auch nach einer stürmischen Versammlung beschlossen wurde. Allerdings wurde die Zahl der „Inländer" zunächst auf 50 beschränkt. Für die Entwicklung des lokalen Fußballs dennoch ein wichtiger Schritt, denn er ermöglichte die soziale Ausbreitung des Fußballs in die Unterschichten hinein. Der FC Genua avancierte zur führenden Adresse des italienischen Fußballs vor dem Ersten Weltkrieg.

1898 organisierte Dr. Spensley das erste offizielle Match. Gegner war der FC Torino, der das Spiel durch ein Tor des Engländers Savage gewann. Turin entwickelte sich in diesen Jahren zur Hochburg des italienischen Fußballgeschehens. Am 1. November 1897 wurde in der Hauptstadt Piemonts von Schülern des Gymnasiums Massimo D'Azeglio der Klub Juventus aus der Taufe gehoben. Ursprünglich wollte man in Rot spielen. Doch die erste Spielkleidung kam aus England, hatte schwarze und weiße Längsstreifen und entsprach der des englischen Klubs Nottingham County. Ein Mitglied des Vorstands war nach England gereist, wo er einem Spiel der Nottinghamer beiwohnte. Der Juve-Tourist war so beeindruckt, dass er als Mitbringsel für seinen Klub umgehend einen Satz Trikots erwarb.

Im Dezember 1899 formierte sich in Mailand der Milan Cricket and Football Club, dessen Fußballabteilung sich wenig später in AC Milan umbenannte. Bei den Gründern handelte es sich um englische und italienische Geschäftsleute. Unter Letzteren befand sich Dr. Piero Pirelli, der zur gleichnamigen Reifenfirma gehörte und später einer der bekanntesten Vereinspräsidenten im europäischen Fußball werden sollte. Erster Präsident wurde Mr. Alfred Edwards.

Rebellen gründeten Inter Mailand

1908 verließen ca. 45 Mitglieder den Klub, um im Restaurant Orlogio, einem berühmten Mailänder Künstlertreff, den Lokalrivalen Footballclub Internazionale zu gründen. Die Rebellen protestierten gegen den autoritären Führungsstil der mächtigen Camperio Brüder sowie die Zurückdrängung und Entrechtung von Ausländern beim AC Milan. Ihre „Anführer" waren das Vorstandsmitglied Giovanni Paramithiotti, der Schweizer Enrico Hintermann sowie der Kunstmaler Giorgio Muggiani.

Juventus, Milan und Inter sind bis heute die „großen Drei" des italienischen Fußballs. Nur diesen Dreien gebührt bislang das Privileg, auf dem Trikot oberhalb des Klubemblems einen goldenen Stern anzubringen, inoffiziell *Scudetto* genannt. Den *Scudetto* bekommt verliehen, wer zehnmal die nationale Meisterschaft gewinnt.

Am 15. März 1898 wurde in Turin die Federazione Italiana del Football gegründet. Aus dem Titel wird ersichtlich, wie stark der organisierte italienische Fußball zu dieser Zeit noch unter dem Einfluss von Engländern stand. Die Mannschaft Alessandrias, die ausschließlich aus italienischen Spielern bestand, blieb dem Verband aus Protest fern, da ihrer Auffassung nach in vielen Vereinen die einheimischen Akteure gegenüber den Ausländern benachteiligt wurden. Alessandria war nur eines von mehreren Teams der Provinz Piemont, die bewusst auf einheimische Kräfte setzten.

Mit Juventus Turin wurde der Weltklasse-Torhüter Gianpiero Combi zwischen 1926 und 1934 fünfmal italienischer Meister.

Erst 1905 wurde der Verband in Federazione Italiana Giuoco Calcio umbenannt. Im gleichen Jahr erfolgte der Beitritt zur FIFA. Die erste *Campionato Nazionale* war bereits 1898 ausgetragen worden. Um den ersten Meister zu ermitteln, bedurfte es allerdings lediglich dreier Spiele. Sieger wurde Genua, das Internazionale Torino im „Finale" 2:1 besiegte. Es dauerte bis 1909, bevor man mit Pro Vercelli den ersten italienischen Meister ermitteln konnte, der nur „waschechte" Einheimische in seinen Reihen hatte.

Am 15. Mai 1910 betrat erstmals eine italienische Nationalmannschaft die Bühne. Erster Gegner waren die Franzosen, die in Mailand mit 6:2 geschlagen wurden. Dem fulminanten Debüt folgten eher bescheidene Resultate. Bei der Olympiade 1912 war bereits gegen den ersten Gegner Finnland Endstation.

1923 wurde der Profifußball eingeführt. Fußball entwickelte sich nun in Italien zu einer Unterhaltungsindustrie, die große Massen mobilisierte und in die bereits in diesen Jahren erkleckliche Mengen an Kapital investiert wurde. 1929 war mit der Lega Calcio erstmals eine nationale Liga eingeführt worden. Bis dahin hatte das Ligenwesen nicht die Provinzebene überschritten. Die nationale Liga sollte erheblich zur Qualitätsverbesserung beitragen.

Mussolini und der Fußball

Die Entscheidung zugunsten Italiens fiel auf dem FIFA-Kongress in Stockholm 1932. Neben Italien hatte sich auch noch Schweden für die Austragung beworben. Das WM-Turnier sollte nicht mehr, wie noch 1930 mit Montevideo, nur in einer Stadt stattfinden, was die italienische Kandidatur entscheidend begünstigte. Nur ein Land, wo sich auch die Regierung zur Ausrichtung des Weltturniers bekannte, schien dazu in der Lage zu sein, den organisatorischen Mehraufwand zu bewältigen. Die italienischen Organisatoren, Mauro und Barassi, sowie Vittorio Pozzo, *Commissario Technico* des italienischen Teams, durften sich der Unterstützung durch die politisch Mächtigen sicher sein.

In Italien regierte seit 1922 der faschistische Diktator Benito Mussolini. Mussolini war fußballbegeistert und sympathisierte mit dem römischen Klub Lazio, dessen Fan-Kurve in Teilen noch heute dem „Duce" huldigt. Inter Mailand musste in den Jahren des Faschismus eine Namensänderung vornehmen, da „Internazionale" den faschistischen Machthabern zu „internationalistisch" und „leninistisch" klang. In den Jahren 1926 bis 1946 firmierten die Mailänder unter SS Ambrosiana bzw. Ambrosiana-Inter (nach dem Mailänder Schutzpatron St. Ambrose, im 4. Jahrhundert Bischof der Stadt). Auch Genua 1893 und der FC Turin wurden zur Namensänderung gezwungen, da das Regime die englischen Bezeichnungen nicht mochte. Aus Genua 1893 wurde Genova 1893, während es statt Football Club Torino fortan Associazione Calcio (AC) Torino hieß.

Die Ausrichtung des WM-Turniers sollte Italiens internationales Renomee polieren sowie Stärke und Überlegenheit des Faschismus gegenüber den demokratischen Systemen demonstrieren. Die politische Instrumentalisierung des Ereignisses, die bereits 1930 in Uruguay begonnen hatte, fand in Italien eine deutliche Steigerung und sollte sogar vor der Manipulation des sportlichen Geschehens nicht zurückschrecken.

Die Regierung investierte enorme Summen in die Turniervorbereitung. In Turin, Florenz, Neapel, Rom und Mailand entstanden neue Arenen oder wurden bereits existierende umfassend renoviert. Nicht nur in Italien, auch in Deutschland, Spanien und Portugal wurde die Errichtung monumentaler Stadien und anderer Versammlungsplätze gigantischen Ausmaßes von den dort herrschenden Faschisten als Instrument zur Förderung nationalistischer und faschistischer Empfindungen betrachtet. Was für Mussolini das (nach der faschistischen Partei benannte) Stadion in Rom war, sollte später für Hitler das Berliner Olympiastadion, für Franco das Bernabéu-Stadion in Madrid und für Salazar das Estádio da Luz in Lissabon sein.

Den italienischen Faschisten kam zugute, dass bereits seit zwei Jahrzehnten auf dem Kontinent die Tendenz existierte, die anglophile und kosmopolitische Kultur aus dem Fußballbetrieb zu verdrängen. In Deutschland, Italien und anderen kontinentaleuropäischen Ländern war der Fußball nicht länger ein „englisches Spiel", was u.a. auch in der Abkehr von der Verwendung englischer Begriffe seinen Ausdruck fand. Fußball wurde schon vor Mussolini zu einer Angelegenheit von nationaler Bedeutung.

Qualifikation: Aus 13 werden 32

Hatte man 1930 mit Mühe und Not nur 13 Teilnehmer mobilisieren können, so meldeten sich für das zweite Turnier bereits 32 Länder. Nicht gemeldet hatte der amtierende Weltmeister – eine Retourkutsche auf das italienische Fernbleiben vier Jahre zuvor. Außerdem plagte das Land mal wieder ein Spielerstreik. Uruguay rückte den Coupe de Rimet kampflos heraus. Es war das erste und einzige Mal in der Geschichte des Weltcups, dass der Weltmeister nicht zur Verteidigung seines Titels antrat.

Da für die Endrunde nur 16 Teams vorgesehen waren, mussten erstmals Qualifikationsspiele ausgetragen werden. Auch das Gastgeberland musste durch diese Prozedur. Das erste Qualifikationsspiel auf europäischem Boden wurde am 11. Juni 1933 in Stockholm angepfiffen, wo sich Schweden und Estland gegenüberstanden. Zu den wenigen Überraschungen in diesen Spielen zählte das Ausscheiden Jugoslawiens, was bedeutete, dass zwei der Semifinalisten von 1930 bei der WM nicht vertreten sein würden.

Im ersten WM-Qualifikationsspiel auf afrikanischem Boden besiegte am 16. März 1934 in Kairo Ägypten das Team Palästinas mit 7:1. Asiens Premiere erfolgte drei Wochen später beim Rückspiel in Tel Aviv. Erneut behielt Ägypten mit 4:1 die Oberhand. Somit befand sich erstmals ein Land, das weder amerikanischer noch europäischer Herkunft war, unter den Endrundenteilnehmer. Die Teilnahme eines afrikanischen Landes sollte jedoch für lange Zeit eine Ausnahme bleiben.

Die USA absolvierten die Qualifikation erst drei Tage vor Turnierbeginn, als sie in Rom Mexiko mit 4:2 schlugen. Dass die beiden amerikanischen Teams nach Europa reisen mussten, um ihr Qualifikationsspiel auszutragen, gehört zu den Kuriositäten der WM-Geschichte. Die Mexikaner hatten zuvor eine aus ihnen selbst, Haiti und Kuba bestehende mittelamerikanische Qualifikationsgruppe gewonnen.

Von vornherein nicht dabei waren erneut die Briten, die das Turnier noch immer ignorierten. Das selbst gepflegte Image von der unverletzbaren Führungsmacht erlitt bereits zu diesem Zeitpunkt erste derbere Kratzer. Zwei Wochen vor dem WM-Turnier unterlag England den Ungarn in Budapest und den Tschechen in Prag mit jeweils 1:2. Und die Schotten waren bei ihrem letzten Trip auf den Kontinent 1931 von Italien (0:3) und Österreich (0:5) geradezu deklassiert worden.

Italien plündert in Argentinien

Argentinien, der „Vize" von 1930, schickte nur eine drittklassige Garnitur. Das Land hatte mit Monti, Orsi und Guaita gleich drei prominente Spieler an Italien verloren. Orsi hatte 1928 mit Argentinien olympisches Silber gewonnen, Monti hatte sogar noch beim WM-Finale von 1930 die argentinischen Farben getragen. Die Spieler wurden in Italien geboren, bevor ihre Eltern 1918 nach Argentinien auswanderten. So galten sie in ihrem Geburtsland als *Oriundu*, denen Zugang zur italienischen Staatsbürgerschaft gewährt wurde. Die reibungslose „Naturalisierung" der drei Argentinier war aber nur möglich, weil sich der fußballbegeisterte Duce hierfür persönlich verwandte. Damit das Spielerreservoir des südamerikanischen Einwanderungslandes nicht noch weiter geplündert wurde, schickte man anstatt der Besten eine Amateurauswahl nach Europa, die in keinster Weise das tatsächliche Niveau des argentinischen Fußballs repräsentierte.

Das Turnier wurde von der ersten Runde an nach dem K.o.-System ausgetragen. Länder wie Argentinien und Brasilien gingen also das Risiko ein, eine Anreise von gut 8.000 Meilen für ein einziges Spiel zurückzulegen.

Als Titelanwärter wurden Italien, Ungarn, Österreich, Tschechoslowakei und Brasilien gehandelt. Die Tschechoslowaken hatten England im Mai 1934 mit 2:1 besiegt. Im Fußball-Mutterland wurden sie daraufhin zum WM-Favoriten gekürt. Zwei Jahre zuvor hätten wohl viele Experten ein Finale Italien gegen Österreich vorausgesagt. Doch zum Zeitpunkt des Anpfiffs der WM war das österreichische „Wunderteam" bereits in die Jahre gekommen und hatte den Zenit seines Könnens überschritten, wenngleich es nur wenige Monate vor dem WM-Start Italien in Turin mit 4:2 besiegt hatte. Die WM-Vorbereitung der Wiener Profis – Österreich hatte 1924 den Profifußball legalisiert – verlief äußerst amateurhaft. Den deutschen Amateuren war es zur gleichen Zeit, so die Fachzeitschrift *Fußball*, dank der Unterstützung durch den NS-Staat vergönnt, „wie englische Profis sich wochenlang auf die Weltmeisterschaft zu konzentrieren". Doch die Wiener Vereine zeigten wenig Interesse für die Nationalmannschaft, und die Kassen des Verbandes waren so leer, dass man sich bei der WM nicht einmal einen Masseur und hauptamtlichen Trainer leisten konnte. So musste der Vater des Wunderteams, Hugo Meisl, das Team im „Nebenjob" trainieren. Denn Meisls eigentliche Mission war die eines Mitglieds im WM-Organisationskomitee, so dass sich der Wiener dem Team nicht im notwendigen Maße widmen konnte. Meisl war wie sein italienischer Gegenspieler Vittorio Pozzo eine autoritäre und anglophil angehauchte Erscheinung. Beide teilten die Freundschaft mit Herbert Chapman, dem legendären „Mr. Arsenal" und Erfinder des „W-M-Systems".

Vorrunden: Die Krieger der Nation

Sowohl Italien wie Österreich überstanden die erste Runde. Während Italien beim 7:1 über die USA keine Probleme hatte, musste Österreich gegen das überraschend starke Frankreich in die Verlängerung, bevor es – dank eines dubiosen Tores – mit 3:2 gewann. Die Deutschen lagen gegen Belgien zur Halbzeit zunächst mit 1:2 zurück. Doch eine enorme Leistungssteigerung nach dem Wiederanpfiff und ein überragender Edmund Conen, dem ein Hattrick gelang, bedeuteten am Ende einen glatten 5:2-Sieg. Überraschend schwer tat sich Ungarn gegen Ägypten, bevor es mit 4:2 die Oberhand behielt. Die Schweiz schlug die Niederlande mit 3:2, die Tschechoslowakei Rumänien mit 2:1. Die beiden südamerikanischen Vertreter Argentinien (2:3 gegen Schweden) und Brasilien (1:3 gegen Spanien) durften tatsächlich nach nur einem Spiel wieder die Heimreise antreten. Da auch die USA und Ägypten verloren hatten, war das Turnier nach nur einem Tag auf eine rein europäische Angelegenheit geschrumpft.

Nennenswerte Überraschungen gab es in dieser Runde nicht. Das Interesse des italienischen Publikums hielt sich zunächst in Grenzen. Viele sportbegeisterte Italiener widmeten sich noch dem Giro d'Italia, der mit der ersten WM-Phase kollidierte. Die Zuschauerzahlen, die von den ersten Spielen vermeldet wurden, waren enttäuschend. Die zweite Runde hielt mit den Paarungen Italien gegen Spanien und Österreich gegen Ungarn allerdings gleich zwei „Mega-Hits" parat, in denen auch unterschiedliche Spielauffassungen aufeinander trafen.

Die verschiedenen Regionen Europas hatten mittlerweile ihre eigene Fußballkultur entwickelt. In Britannien und im Norden Europas (einschließlich Deutschland) war das Spiel vornehmlich ein robuster Freiluftsport für „harte" Männer, im mediterranen Raum eine Demonstration der Leidenschaft, während in Zentraleuropa (insbesondere Österreich, Ungarn, Tschechoslowakei) eine eher laue und artistische Haltung dominierte. Die Briten favorisierten ein schnelles Spiel, das den körperlichen Einsatz betonte, technische und artistische Aspekte hingegen gering schätzte. Die Unterschiede zwischen dem britischen Fußball und dem der süd- und zentraleuropäischen Länder lagen auch in den jeweiligen Bodenverhältnissen begründet: Auf einem tiefen Boden eignet man sich eine andere Spielweise an als auf einem Geläuf, das trocken und eben ist. Außerdem betonte das Spiel der Briten die Kollektivität, die Süd- und Zentraleuropäer liebten indes kultiviertere und individualistisch geprägte Darbietungen.

Chapmans „W-M-System"

Erste taktische Überlegungen gingen auf den bereits erwähnten Herbert Chapman zurück, den Vater eines von Taktik bestimmten modernen Fußballs und ersten Profi der Trainerbranche. Sie zielten auf größere Effizienz und Rationalisierung des Spiels und wurden vom Druck des Professionalismus motiviert. Chapman beorderte die beiden Innenstürmer ins Mittelfeld, wo sie die Verbindung zwischen Abwehr und Angriff herstellten. Zusammen mit den Außenläufern bildeten sie ein Viereck. Auch der Mittelläufer, bis dahin quasi ein zusätzlicher Stürmer, wurde zurückgezogen und ergänzte nun die Abwehr durch einen „Stopper". So entstand eine Formation, die aussah wie ein W, das auf ein M gesetzt worden war. Chapmans deckungsorientiertem „W-M-System" lag folgende Überlegung zugrunde: „Wenn es uns gelingt, ein Tor zu verhindern, haben wir einen Punkt gewonnen. Schießen wir zudem ein Tor, dann haben wir beide Punkte." Neben einer ausgefeilten Taktik waren methodisches Planen und die Pflege von Teamgeist die wichtigsten Bausteine der Chapman-Philosophie. Während in England viele Kritiker das W-M-System als „negativ" brandmarkten, hatte der mit Huddersfield Town und Arsenal London erfolgreiche Trainer auf dem Kontinent zahlreiche enthusiastische Nachahmer.

Die spanische Torwartlegende Ricardo Zamora.

Die Italiener und Spanier hatten in den 1930er Jahren die bis dahin üblichen zwei Verteidiger um einen dritten ergänzt. Chef der Abwehrformation war ein primär destruktiv agierender Stopper. In Italien taufte man dieses System *il metodo*. *Il metodo* bedeutete eine Verstärkung der Defensive und verpasste dem Land erstmals das Image eines Horts des Defensivfußballs. Einige italienische Teams praktizierten *sistemo*, wo der *centre half* weiterhin im Mittelfeld verankert blieb. Die taktische Auseinandersetzung wurde zehn Jahre lang geführt. Florenz und Genua adaptierten schließlich das englische W-M-System, und die Tage von *il metodo* waren gezählt. Defensive war ohnehin nicht das einzige Charakteristikum des italienischen Fußballs dieser Jahre. Mit seinem entschlossenen, technikbetonten Kurzpassspiel präsentierte Italien gewissermaßen einen Gegenentwurf zum „langen Ball" der Engländer.

Für manche Beobachter repräsentierte dieses System die faschistische Denkweise von Fußballern als (unbewaffnete) Krieger der Nation. Das Viertelfinale Italien gegen Spanien sollte zur beeindruckendsten Demonstration dieser Philosophie werden. Viele Experten sahen in dem Aufeinandertreffen ein vorweggenommenes Finale. Vor 35.000 Zuschauern in Florenz scheiterten die überhart agierenden Italiener immer wieder an der überragenden spanischen Torwartlegende Ricardo Zamora. Spanien war nach 30 Minuten durch Regueiro in Führung gegangen. Der Ausgleich fiel, nachdem Zamora von einem italienischen Spieler gerempelt worden war. Auch die Verlängerung änderte nichts am Spielstand von 1:1, so dass für den kommenden Tag eine Wiederholung anberaumt wurde, die dann zum Skandal geriet.

Die Spanier mussten erheblich ersatzgeschwächt antreten. Eine Reihe von Spielern war verletzt, neben dem mittlerweile 38-jährigen Wunderkeeper Zamora, der durch den jungen Nogues allerdings gut vertreten wurde, auch die Star-Stürmer Langara und Irrargori. Im spanischen Team befanden sich nicht weniger als sieben Neue. Anstatt des Belgiers Baert, der das erste Spiel recht ordentlich geleitet hatte, war der Tessiner Mercet mit der Leitung der Begegnung betraut worden. Dieser benachtei-

Gegen Ungarn gewann Österreich mit 2:1. Hier Smistik (rechts) im Kampf um den Ball.

ligte die Spanier nach allen Regeln der Kunst und wurde hierfür später vom eigenen Verband auf Lebenszeit gesperrt. Den Spaniern half dies nicht mehr. Italien gewann durch ein irreguläres Kopfballtor von Meazza (nach Ecke von Orsi), dem Monsieur Mercet indes die Anerkennung erteilte. Der Inter-Star hatte den Ball nur deshalb mit der Stirn erwischt, weil er sich mit beiden Händen beim spanischen Tormann abstützte. Zum Zeitpunkt des Tores waren sieben Spanier verletzt, einer von ihnen lag außerhalb des Spielfelds. Linksaußen Bosch musste sein Engagement bereits nach vier Minuten verletzungsbedingt einstellen.

Für die Italiener wurde der Sieg zum Wendepunkt ihrer Titelkampagne. Pozzo hatte nun endlich seine Idealbesetzung gefunden, allerdings auf Kosten der Techniker im Team, die er nach und nach gegen robuste Spieler ausgetauscht hatte. Die Betonung lag nun auf Kampfgeist und Härte.

In Bologna zeigte Österreich gegen Ungarn in der ersten Halbzeit noch einmal Fußball wie zu seinen besten Zeiten. Der tiefe Boden kam an diesem Tag den Wiener Technikern durchaus gelegen, während das schnellere ungarische Spiel darunter litt. Hugo Meisl hatte den umtriebigen Innenstürmer Hansi Horvath aufgeboten. Eine Maßnahme, die sich bereits nach sieben Minuten auszahlte, als Horvath das 1:0 für sein Team markierte.

Beim Halbzeitpfiff stand es immer noch 1:0. Das einzige Manko der Österreicher war ihre mangelhafte Chancenauswertung. Sechs Minuten nach Wiederanpfiff erhöhte Zischek auf 2:0. Die Österreicher verlegten sich nun auf die Verteidigung ihrer Führung. Als Sarosi für die Ungarn vom Elfmeterpunkt auf 1:2 verkürzte, wurde die Partie noch einmal spannend. Der Elfmeter war allerdings Sarosis einzige Glanzleistung an diesem Tag. Der Ferencvraros-Mittelläufer blieb weit unter seinen Möglichkeiten, was wohl auch einer längeren Spielpause geschuldet war. Nach dem Anschlusstreffer wurde die Partie zusehends unansehnlicher und härter. Als die Ungarn dem Ausgleich nahe schienen, verloren sie ihren Rechtsaußen Markos durch Platzverweis. Auch in Unterzahl berannten die Ungarn weiterhin das österreichische Tor. Doch die größte Chance hatte Sindelar, dessen Schuss von Szabó großartig pariert wurde. Österreich gewann das 76. Aufeinandertreffen der beiden Nationalmannschaften mit 2:1, verdientermaßen, denn Meisls Team wirkte taktisch reifer und praktizierte ein besseres Zusammenspiel.

In Mailand gewann Deutschland gegen Schweden durch zwei Treffer von Hohmann mit 2:1. Für den verletzten Düsseldorfer Paul Janes kam der junge Frankfurter Rudi Gramlich zum Einsatz, der eine glänzende Partie lieferte. Ein Teil der deutschen Fans war mit Hakenkreuzfahnen angereist.

Das beste Spiel der zweiten Runde fand in Turin statt, wo die Tschechoslowakei die Schweiz nach einem höchst abwechslungsreichen Spiel mit 3:2 aus dem Rennen warf und damit Revanche für die schmerzhafte Niederlage beim olympischen Turnier von 1924 nahm. In punkto Ballsicherheit erwiesen sich die Tschechoslowaken gegenüber den Eidgenossen als deutlich überlegen. Der Vater des Sieges stand mit Plánicka allerdings zwischen Pfosten. Der Mann von Slavia Prag war der überragende Zerberus dieses Turniers. Die Tschechen hatten einen derartigen Keeper auch bitter nötig, denn ihre beiden Abwehrspieler zeigten eklatante Schwächen. Auch dieses Spiel ging nicht ohne Härte über die Bühne, wofür vor allem der Tscheche Svoboda verantwortlich war.

Die Halbfinalpaarungen lauteten somit Italien gegen Österreich sowie Deutschland gegen Tschechoslowakei.

Halbfinale: Das Ende des „Wunderteams"

Nachdem das „Wunderteam" gegen Ungarn eine Art Wiederauferstehung gefeiert hatte, sahen viele die Österreicher in der Favoritenrolle. Hinzu kam, dass die Italiener durch die beiden Spanien-Spiele bereits ihr drittes Match innerhalb von vier Tagen bestreiten mussten, was Zweifel an ihrem Kräftehaushalt aufkommen ließ. Hugo Meisl sah indes die Hausherren im Vorteil: Die Italiener würden über ein größeres Potential an guten Spielern und folglich über die besseren Reserven verfügen, seien besser vorbereitet und könnten sich überdies der Unterstützung des heimischen Publikums sicher sein. Meisl musste auf Horwath verzichten, der gegen Ungarn das österreichische Spiel belebt hatte.

Diesmal erwies sich der tiefe Boden in Mailand als eher nachteilig für die Wiener Schule. Namentlich Zischek und der auf Schritt und Tritt von Monti verfolgte und wiederholt brutal traktierte Sindelar hatten ihre Probleme. Das österreichische Team wirkte ausgelaugt, die Italiener hingegen überraschend frisch. In der 18. Minute markierte Italiens „Argentinier" Guaita das 1:0. Anschließend konzentrierten sich die Italiener darauf, das Ergebnis zu halten, wobei ihnen jedes Mittel recht war. Es dauerte bis zur 42. Minute, bevor die Österreicher erstmals auf Combis Kasten schossen. Eine Minute vor dem Abpfiff nahm Zischek eine Abwehr seines Keepers Peter Platzer auf und marschierte mit dem Ball zum Entsetzen der Zuschauer unbehelligt durch die italienischen Reihen. Doch sein Schuss verfehlte das Ziel. Italien hatte das Endspiel erreicht.

„Schiebung" gegen Österreich?

Die Österreicher sprachen anschließend von Schiebung. Von den drei italienischen Argentiniern Luis Monti, Enrique Guaita und Raimundo Orsi waren zwei, nämlich die Torschützen Monti und Guaita, nicht spielberechtigt. Der schwedische Referee Eklind, dem eine Einladung von Mussolini vorlag, glänzte durch merkwürdige Entscheidungen. Der österreichische Spieler Josef „Pepi" Bican erinnerte sich noch viele Jahre später an eine Szene, „als eine Flanke auf den rechten Flügel zu Karl Zischek kam, der allein auf das italienische Tor laufen konnte. Da hat der Schiedsrichter, der

Deutschland unterliegt der Tschechoslowakei 1:3. Hier köpft Nejedly aufs deutsche Tor, vor ihm Willy Busch, links Szepan.

> ◆ **Turnier der Torhüter**
>
> Die WM 1934 sollte als das Turnier der Torhüter in die Fußball-Geschichte eingehen. Zu den Stars zählten der Tschechoslowake Frantisek Plánicka, der Spanier Ricardo Zamora sowie Italiens Gianpiero Combi, der während des Turniers zum Volkshelden aufstieg. Aber auch der Franzose Thépot, der Österreicher Platzer und der Schwede Rydberg boten beeindruckende Vorstellungen. Bezeichnend für das Turnier von 1934 und bis heute einzigartig in der WM-Geschichte: Mit Combi und Plánicka waren die Kapitäne der beiden Finalteams auch deren Torhüter.

gerade dort stand, den Ball absichtlich mit einem Kopfball weggeköpft. Unglaublich! (…) Und bei dem italienischen Tor waren ein, zwei Spieler klar im Abseits gewesen. Die daraus resultierende Eingabe hat Peter Patzer gefangen, aber mehrere Italiener sind auf ihn und haben ihn drei Meter vor der Torlinie umgestoßen, und dann hat der Schwede das Goal gegeben. Unglaublich!" Bereits im Februar 1934 soll Vittorio Pozzo gegenüber Hugo Meisl und in Anwesenheit einiger österreichischer Spieler geäußert haben, Italien dürfe niemals verlieren, sonst würde das italienische Volk sich gegen Mussolini stellen.

Zwei Torhüter entschieden das zweite Halbfinale in Rom. Während Deutschlands Keeper Willibald Kress einen rabenschwarzen Tag erwischte, wusste sein Gegenüber Plánicka erneut zu brillieren. Der *Kicker* titelte anschließend: „Deutschland verlor gegen Plánicka. Mit vertauschten Torhütern hätten wir gewonnen." Vor den Augen des Duce erwischten die Tschechoslowaken zunächst den besseren Start. Doch mit der Zeit wurden die Deutschen, die in Italien das W-M-System praktizierten und gut organisiert wirkten, immer überlegener.

Die deutschen Stürmer scheiterten jedoch ein ums andere Mal an Plánicka sowie ihrer eigenen Abschlussschwäche. Mitten in den deutschen Offensivdrang gelang dem tschechischen Halblinken Nejedly die 1:0-Führung, nachdem Deutschlands Keeper Kress einmal mehr bei diesem Turnier den Ball nicht aus der Gefahrenzone befördern konnte. In der zweiten Halbzeit gelang dem Hamburger Noack mit einem Distanzschuss, der über den in dieser Situation überraschend regungslosen Plánicka hinweg segelte, der Ausgleich. Doch zwei weitere Treffer von Nejedly, bei denen Kress erneut keine gute Figur machte, bedeuteten am Ende einen 3:1-Sieg für die Tschechen.

Im Spiel um den dritten Platz siegte Deutschland dann im deutsch-österreichischen Duell mit 3:2, was die Fachzeitschrift *Fußball* über das „Wunder von Neapel" jubeln ließ. Die Österreicher, die auf Sindelar verzichten mussten, standen noch sichtlich unter dem Eindruck der verpassten Finalteilnahme. Das erste Tor durch Lehner fiel bereits nach 24 Sekunden. Nur 7.000 Zuschauer wollten die Begegnung in Neapel sehen. Beide Teams spielten zunächst im gleichen Dress – weißes Hemd, schwarze Hosen. Die italienischen Zuschauer glaubten deshalb, bei den besser spielenden Deutschen würde es sich um das berühmte „Wunderteam" handeln. Als das Publikum nach einer halben Stunde seinen Irrtum bemerkte, reagierte es mit wütenden Protesten. Der Schiedsrichter unterbrach die Partie und klärte das Trikotproblem per

Losentscheid. Die Deutschen mussten sich umziehen und setzten die Begegnung in Rot fort. Der deutsche Sieg läutete das Ende der Überlegenheit des Wiener Fußballs gegenüber dem großen Nachbarn ein.

Europäisches Finale

Bestritten in Uruguay 1930 mit dem Gastgeber und Argentinien zwei südamerikanische Teams das Finale, so waren es beim ersten Turnier auf europäischem Boden mit Italien und der Tschechoslowakei zwei europäische. Auch in anderer Hinsicht geriet das zweite Weltturnier zur Kopie des ersten: Sieger wurde das Gastgeberland.

In der italienischen Hauptstadt hatte man das Turnier bis dahin mit aus heutiger Sicht erstaunlichem Gleichmut verfolgt, trotz des Vormarsches des eigenen Teams. Den höchsten Zuschauerzuspruch hatte man beim Halbfinale Italien gegen Österreich registriert, als 35.000 die Tore des Mailänder Stadions passierten und dank der hohen Eintrittspreise eine Einnahme von 808.000 Lire bescherten. Mit dem Enthusiasmus, der in Uruguay 1930 herrschte, war die Haltung der italienischen Öffentlichkeit nicht vergleichbar. Auch beim Finale war das Stadion in Rom mit rund 50.000 Zuschauern keineswegs ausverkauft.

Die vom schwedischen Schiedsrichter Eklind geleitete Partie entwickelte sich zu einem verbissenen Kampf. Das von Sobotka und Svoboda dirigierte Spiel der Tschechoslowaken wirkte reifer, während die italienische Darbietung zunächst unter der Nervosität der italienischen Elf und ihrer Überbetonung von Kraft litt, die spielerische Eleganz verdrängte. In der ersten Halbzeit bestimmten die Gäste das Spiel, blieben aber genauso erfolglos wie die Gastgeber. Nach dem Wiederanpfiff lief das italienische Spiel flüssiger, doch den ersten Treffer erzielten die Tschechoslowaken, als deren Linksaußen Puc in der 69. Minute das 1:0 markierte. Der Führungstreffer war zu diesem Zeitpunkt überraschend, da die Kräfte der Tschechen bereits sichtbar erlahmten. Kurz darauf besaßen Nejedly und Svoboda sogar die Chance, die Führung auszubauen, doch Letzterer traf nur den Pfosten. Nur wenige Zentimeter fehlten zum tschechoslowakischen WM-Sieg. Stattdessen fiel auf der anderen Seite der viel umjubelte Ausgleich. In der 80. Minute passte Guaita den Ball zu seinem „argentinischen Landsmann" Orsi. Der Linksaußen rannte durch die gegnerische Abwehr, täuschte einen Schuss mit dem linken Fuß an, um den Ball dann aber mit dem rechten aufs Tor zu hämmern. Das Ergebnis war ein für Plánicka kaum auszurechnender „Flatterschuss". Der Keeper berührte den Ball zwar noch mit seinen Fingern, konnte dessen Einschlag aber nicht verhindern. Am nächsten Tag sollte Orsi sein Tor noch einmal für die Pressefotografen wiederholen – ohne Torwart. Nach dem zwanzigsten erfolglosen Versuch gab der Schütze entnervt auf.

Die italienischen Fans waren nach dem Ausgleichstor ihrer Elf nicht mehr zu halten und versuchten auf das Spielfeld vorzudringen, woran sie jedoch von Carabinieri

Siegtreffer für die Italiener: Der überragende tschechoslowakische Torhüter Plánicka ist machtlos.

und Uniformierten der faschistischen Miliz gehindert wurden. Die letzten zehn Minuten der regulären Spielzeit wurden von Tumulten begleitet. Beide Teams besaßen noch die Chance zum Siegtreffer, wobei Plánicka mit einer weiteren Riesenparade glänzte.

In der Verlängerung waren die Italiener das klar bessere Team. Von der Begeisterung auf den Rängen getragen, berannten die Italiener das tschechische Tor, wodurch sich für den Gegner allerdings gute Konterchancen ergaben. Der italienische Siegtreffer fiel in der 97. Minute durch Schiavio, erneut nach Zuspiel von Guaita.

Zwar überstanden die südamerikanischen Teams nicht einmal die erste Runde, aber mit den argentinischen Flügelstürmern Orsi und Guaita und dem Stopper Monti zählten drei Südamerikaner zu den strahlenden Siegern. Die drei Argentinier spielten im italienischen Team und in Pozzos taktischen Vorstellungen eine zentrale Rolle. Die enorm schnellen und mit überragender Technik ausgestatteten Orsi und Guaita garantierten Eleganz und Spielkultur und ermöglichten Pozzo die Umsetzung seiner Philosophie vom Spiel über die Flügel. Pozzo: „Ich hatte ihnen den englischen Stil verordnet, natürlich italienisch modifiziert: freies Spiel über die Flügel. Ich glaube, das war die Grundlage des Erfolgs." Diesbezüglich unterschieden sich die Italiener vom kontinentaleuropäischen Mainstream, der noch immer im offensiven Mittelläufer die spielbeherrschende Figur sah. Indes verkörperte Monti die zuweilen schon die Grenzen zur Brutalität überschreitende Härte des italienischen Spiels.

Aufgrund seiner rüden Spielweise geriet der neue Weltmeister rasch in die Kritik. Selbst der deutsche *Kicker*, gemäß den damaligen politischen Verhältnissen dem WM-Gastgeber durchaus wohl gesonnen, titelte anschließend empört: „Rohheit triumphiert!" Weiter hieß es: „Monti und einige andere Italiener gehören einfach nicht aufs Spielfeld. Das, was sich auf dem Rasen abspielte, hatte mit Fußball und mit Sport nichts mehr zu tun."

„Rohheit triumphiert"

Der Weltmeister von 1934 war ein hässlicher Weltmeister, sowohl aufgrund der politischen Umstände wie seines Verhaltens auf dem Rasen, das die Grenzen minimalster Fairness wiederholt missachtete. Außerdem wurde Italiens Triumph vom Verdacht der (politisch motivierten) Manipulation begleitet. Nicht wenige Beobachter waren der Auffassung, dass Pozzos Team nur im eigenen Land den WM-Titel erringen konnte. Es blieb der unangenehme Nachgeschmack, dass die WM 1934 keinen anderen Sieger als den Gastgeber kennen durfte. Gerieten die Italiener in Schwierigkeiten, antworteten sie mit Brachialgewalt. Zur Not half auch noch der Schiedsrichter mit. So deutlich wie noch niemals zuvor enthüllte das Turnier die schmutzige Seite des schönen Spiels. Der berühmte belgische Schiedsrichter Jan Langenus resümierte später: „In der Mehrheit der Länder wurde die Weltmeisterschaft als sportliches Fiasko bezeichnet. Denn abgesehen von dem Wunsch, das Turnier zu gewinnen, waren alle anderen sportlichen Überlegungen beim Gastgeber nicht existent. Über den gesamten Wettbewerb brütete ein gewisser Geist. Die Italiener wollten gewinnen, was natürlich war, aber sie gaben dies zu deutlich zu erkennen."

Auch Pozzo müssen Zweifel geplagt haben, ob alles mit rechten Dingen zugegangen sei. Wohl deshalb kündigte er an: „1938 in Frankreich werden wir beweisen, wer der wahre (!) Weltmeister ist."

Nicht alle italienischen Spieler folgten dem nationalistischen Wahn des Mussolini-Regimes. Drei der Argentinien-Importe, Guaita, Scopelli und Stagnaro, wurden später bei dem Versuch verhaftet, ins Ausland zu flüchten, um sich so ihrer Rekrutierung für den Krieg in Abessinien zu entziehen. Die Regime-Presse verschwieg den wahren Grund ihrer Festnahme und sprach stattdessen von finanziellen Unregelmäßigkeiten, derer sich die Spieler schuldig gemacht hätten.

Obwohl die Zuschauer erst relativ spät durch die Stadiontore strömten, konnte der wirtschaftliche Erfolg des ersten Turniers übertroffen werden. Die Gesamteinnahme betrug 3,6 Mio. Lire. Davon gingen 1,4 Mio. an die teilnehmenden Verbände. Erstmals wurde versucht, die Rundfunkübertragungsrechte für das Weltturnier zu verkaufen. Doch nur die Niederländer bissen an. Auf Grund diverser anderer Deals konnten am Ende aber trotzdem 15 Nationen die WM an ihren Rundfunkgeräten verfolgen.

Blieb der WM-Tourismus 1930 noch auf Uruguays Nachbarland Argentinien beschränkt, so mobilisierte das erste WM-Turnier auf europäischem Boden die Fans mehrerer Länder. Nicht weniger als 7.000 Niederländer und 10.000 Schweizer mach-

Vittorio Pozzo (mit Cup) und sein Team nach dem WM-Triumph.

ten sich auf den Weg nach Rom, um die Begegnung zwischen ihren Ländern zu sehen. Das Halbfinale Italien gegen Österreich wurde von 10.000 Österreichern besucht. Die Fans der Tschechoslowakei kamen zum Finale in zwei Sonderzügen und drei Bussen angereist. Die Fußball-Weltmeisterschaft war nun auch in Europa zu einem Groß-Ereignis geworden.

Im November 1934 reiste der frisch gebackene Weltmeister nach England, um sich im Arsenal-London-Stadion Highbury mit dem Mutterland zu messen. England gewann mit 3:2 und sah sich folglich als den „wahren Weltmeister" und in seiner Führungsrolle bestätigt. Das Spiel markierte den Anfang der Karriere des italienischen Radioreporters Nicolo Carosio. Auf den öffentlichen Plätzen Italiens lauschten Tausende dem Kommentar des Sohnes eines sizilianischen Vaters und einer englischen Mutter, der die italienische Radioreportage für die nächsten 30 Jahre beherrschen sollte und bis zu seinem Tode 1984 am Mikrophon saß.

▶ **Einwurf**

Das „Wunderteam", das nie Weltmeister wurde

Hätte die zweite Weltmeisterschaft nicht 1934, sondern bereits 1932 stattgefunden, der Weltmeister hätte vermutlich Österreich geheißen. Neben Weltmeister Uruguay und dem österreichischen „Wunderteam" hätte es keinen anderen ernsthaften Anwärter auf den Titel gegeben. Zwei Jahre später hatte das „Wunderteam" bereits den Zenit seines Könnens überschritten, wenngleich manche Experten behaupten, Österreich sei 1934 lediglich daran gescheitert, dass das Austragungsland Italien geheißen habe. 1938 gab es Österreich nicht mehr.

Der Vater des „Wunderteams" hieß Hugo Meisl, Sohn einer wohlhabenden jüdischen Familie in Wien. Für den Fußball opferte Hugo Meisl eine mögliche Bankerkarriere und damit viel Geld. Stattdessen wurde Meisl zur treibenden Kraft der Popularisierung des Fußballs auf dem Kontinent.

1912 brachte Meisl Jimmy Hogan nach Wien, mit seinem u.a. für den FC Bayern München tätigen Landsmann W. J. Townley einer der ersten englischen Trainer auf dem Kontinent. Hogan, vor dem Ersten Weltkrieg der bekannteste der britischen Coachs auf dem Kontinent, sollte das österreichische Team auf die Olympiade in Stockholm vorbereiten. Der englische Entwicklungshelfer widmete sich anschließend MTK Budapest und weiteren europäischen Klubs, bevor er Meisl beim Aufbau des „Wunderteams" assistierte. Hogans größter Triumph sollte die Finalteilnahme mit einem Team österreichischer Amateure bei den Olympischen Spielen 1936 sein, wo man Italien mit 1:2 unterlag. Es blieb bis heute das einzige Finale, das Österreich bei einem bedeutenden internationalen Turnier erreichte.

Meisl selbst war 1927 Generalsekretär und Trainer des Österreichischen Fußball-Bundes (ÖFB) geworden. Mit seinem italienischen Kollegen Vittorio Pozzo sollte Meisl nun zum Genius des europäischen Fußballs der 1930er Jahre aufsteigen.

Der österreichische Fußball war dem Deutschen damals deutlich überlegen. Österreichs Altinternationaler Karl „Vogerl" Geyer: „Soweit ich mich zurückerinnern kann, waren das anfangs keine Gegner." Und Ludwig Stecewicz, ehemaliger Pressesprecher des ÖFB: „Die waren einfach hintennach, der österreichische Fußball war mehr entwickelt, in anderen Sportarten war's umgekehrt, aber beim Fußball waren wir vorn, Lehrspiele haben wir gegeben."

1924 war Österreich das erste Land auf dem Kontinent gewesen, das den Berufsfußball eingeführt hatte, woraufhin der DFB zunächst einen „ethisch" begründeten

Länderspielboykott gegen das Nachbarland erließ. Meisls „Wunderteam" blieb vom 12. April 1931 bis 23. Oktober 1932 14 Spiele in Folge ungeschlagen (elf Siege, drei Unentschieden). Höhepunkt dieser Serie war der sensationelle 5:0-Sieg über Schottland am 16. Mai 1931 in Wien, die erste Niederlage für die Schotten auf dem europäischen Kontinent. Deutschland wurde mit 6:0 (Berlin) und 5:0 (Wien) gleich zweimal deklassiert. Den Schweizern erging es mit einem 2:0 (Wien) und 8:1 (Basel) nicht viel besser. Italien schlug man mit 2:1 (Wien), Ungarn mit 8:2 (Wien). Ein 3:4 gegen das Fußball-Mutterland England am 7. Dezember 1933 an der Londoner Stamford Bridge beendete schließlich die Serie ungeschlagener Spiele. Die Presse berichtete von einem einmaligen Fußballfest, bei dem sich robuste Kollektivkämpfer (England) und individualistische Filigrantechniker (Österreich) gegenübergestanden hätten und beide Teams sich als Sieger fühlen durften.

Nur vier Tage später schlug das „Wunderteam" Belgien in Brüssel mit 6:1. Bis zum Halbfinale der WM 1934 sollten Meisls Kicker nur noch eine Niederlage kassieren (1:2 gegen die Tschechoslowakei). Das 0:1 gegen WM-Gastgeber Italien läutete dann das Ende des „Wunderteams" ein, das vom 12. April 1931 bis zum 3. Juni 1934 in 31 Länderspielen 21-mal als Sieger den Platz verließ, nur drei Niederlagen kassierte und 101 Tore schoss. Österreich war gewissermaßen das Brasilien jener Jahre. Was Spielwitz und Technik anbetraf, so gab es keinen besseren Fußball als den österreichischen. Wien gehörte zu den Metropolen des Weltfußballs, und wie später in Brasilien fiel dem Fußball die Aufgabe zu, einen Zustand relativer wirtschaftlicher Unterentwicklung zu kompensieren. Die große Zeit des österreichischen Fußballs fiel in die Jahre einer schlimmen Wirtschaftskrise. Die Mehrzahl der Akteure des „Wunderteams" waren Söhne von Immigranten aus Böhmen, Ungarn und Moldawien.

Aber auch der österreichische Vereinsfußball sorgte in diesen Jahren international für Furore. Die Wiener Klubs SK Rapid und FK Austria zählten zur Creme des europäischen Vereinsfußballs. 1927 war der Mitropa-Cup eingeführt worden, ein Wettbewerb der Meister und Pokalsieger der zentraleuropäischen Länder Italien, Jugoslawien, Tschechoslowakei, Ungarn und Österreich, die damals das Leistungszentrum des kontinentalen Fußballs bildeten. Rapid gewann die begehrte Trophäe 1930, Austria 1933 und 1936. Gastspiele österreichischer Teams waren in Europa, aber auch auf der anderen Seite des Atlantiks, hochbegehrt.

Österreichischer Fußball war gleichbedeutend mit Wiener Fußball sowie dem Wiener „Scheiberlspiel", das das schottische Kurzpassspiel um Individualität, Listigkeit und Technik bereicherte und zuweilen geradezu Showcharakter annahm. Der „Donaufußball", wie er auch in Prag und Budapest, das mit Wien eine gemeinsame Geschichte in der Habsburger Monarchie verband, praktiziert wurde, galt gewissermaßen als Gegenentwurf zum englisch beeinflussten preußisch-deutschen Spiel, das den langen Ball vorzog und die Betonung auf Athletik, Kraft, Kollektivität und strategische Planung legte. Neben dem „Wunderteam" repräsentierte insbesondere der

Österreichs Fußball-Legende: Matthias Sindelar.

FK Austria, der gewissermaßen als Keimzelle des „Wunderteams" fungierte, diesen Stil. „Tore nie gewaltsam schießen", lautete Austrias Motto auf dem Spielfeld. Der berühmte Aggressionsforscher Friedrich Hacker ergötzte sich am „lustvoll-spielerischen Element" der „Violetten", über die er urteilte: „In der Begeisterung künstlerisch, in der Verzweiflung dilettantisch." Austria galt als typischer Vertreter des „intellektuellen Spiels".

Im Wiener Fußball mischten sich jüdische und tschechische Elemente mit Arbeiterkultur und Boheme. Während Rapid das Image eines proletarischen Vorstadtklubs anhaftete, repräsentierte Austria die Wiener „Kaffeehauskultur". Das Kaffeehaus war die Heimat des mit dem liberalen (jüdischen) Wiener Bürgertum assoziierten Klubs, hier stritten sich Spieler, Anhänger und Funktionäre, unter ihnen zahlreiche Intellektuelle und Kaufleute, über Taktik, Technik und Spielanlage. In Wien, Budapest und Prag, den drei großen Städten des ehemaligen österreichisch-ungarischen Reiches, die eine Unmenge talentierter Kicker gebaren, wurde das Spiel in einem weitaus stärkeren Maße von den Mittelklassen verfolgt als etwa im „Altreich".

Ein letztes Glanzstück gegen das „Altreich"

Ein letztes fußballerisches Glanzstück, dazu noch eines von hoher politischer Brisanz, vollbrachten Österreichs Fußballer am 3. April 1938, kurz vor der so genannten „Volksabstimmung" über den „Anschluss" des Landes an Nazi-Deutschland. Den Österreichern wurde letztmalig die Gelegenheit gegeben, sich mit einem eigenen Fußballteam zu präsentieren. Der Gegner hieß Deutschland, und offiziell wurde das Spiel als „Deutschösterreich gegen Altreich" angesetzt. 60.000 Zuschauer wurden in Wien Zeugen eines 2:0-Sieges ihres Teams.

Das 1:0 erzielte Matthias Sindelar, auf Grund seiner schmächtigen Erscheinung vom Volksmund „der Papierene" getauft. Sindelar war die zentrale Figur im „Wunderteam" und repräsentierte die spezifischen Eigenschaften des österreichischen Fußballs dieser Jahre wie kein anderer. „Er spielte stets, er kämpfte nie…" dichtete später der jüdische Schriftsteller und Sportenthusiast Friedrich Torberg über den „denkenden Fußballer", der spielerische Intelligenz und Technik dem kraftvollen Einsatz vorzog und seine körperlich überlegenen Gegenspieler mit einer nahezu körperlosen Spielweise düpierte. Der internationale Marktwert des Austria-Profis wurde auf 40.000 britische Pfund geschätzt. Mit dem für viele Experten weltbesten Fußballer dieser Jahre wurde u.a. für Molkereiprodukte und Uhren geworben.

Für Sindelars Austria brachen nach dem „Anschluss" schwere Zeiten an. Die Situation der Austria dokumentiert ein Bericht des damaligen Klubsekretärs Egon Ulbrich vom Tag der Annexion. Der gesamte Vorstand traf sich im Wiener Ring-Café, wo auch Meisl seine Sitzungen abzuhalten pflegte. Als Ulbrich ankam, „waren dort schon der Robert Lang, der damals Manager war, der Kolisch, der Gero, der Poppovich, der Lang, der Nazi Brum, der Erwin Müller – lauter Juden. Bei uns, also bei der Austria, da waren fast lauter Juden. ‚Also, die müssen hier alle weg', haben wir gedacht."

Die Mitglieder des „Wunderteams" 1933 in Schottland. Stehend v.l. Trainer Hogan, Nausch, Braun, Gall, Vogel, Zischek, Wesselik, Sindelar, Mock, Rainer. Vorn: Hiden, Platzer, Janda, Sesta, Schall, Gschweidl, Smistik.

Als Erster musste Austrias legendärer jüdischer Präsident, Emmanuell Schwarz, das Land sofort verlassen. Aber auch der übrige Vorstand emigrierte fast geschlossen nach Frankreich und in die Schweiz. Austria-Kapitän Walter Nausch sah sich zur Emigration gezwungen, weil er mit einer Jüdin verheiratet war. Nausch wechselte zu Grasshoppers Zürich. Sein jüdischer Mitspieler Camillo Jerusalem flüchtete nach Frankreich. Matthias Sindelar wurde am Morgen des 23. Januar 1939 leblos in seinem Bett aufgefunden, neben seiner bewusstlosen Lebensgefährtin Camilla Castagnola. Die „halbjüdische" Italienerin katholischen Glaubens starb wenige Tage später ebenfalls. Polizeibericht und Sachverständigengutachten sprachen anschließend von „Tod durch Kohlendioxydvergiftung infolge Rohrgebrechens". Ob Mord, Selbstmord, Doppelselbstmord oder nur ein Unglücksfall, konnte bis heute nicht mit letzter Gewissheit geklärt werden. Zu Sindelars Beisetzung am 28. Januar 1939 kamen 15.000 Menschen auf den Wiener Zentralfriedhof.

Das Favoritener Arbeiterkind hatte mit der Sozialdemokratie sympathisiert, aber in der Öffentlichkeit gab sich Sindelar unpolitisch. Der „deutsch-preußische" Nationalsozialismus war Sindelar völlig fremd, doch seine Abneigung und Verachtung für das neue Regime blieben eine passive Einstellung. Im August 1938 erwarb Sindelar ein „arisiertes" Café in der Wiener Laxenburgerstraße. Allerdings zahlte er dem ihm gut bekannten jüdischen Vorbesitzer Leopold Simon Drill mit 20.0000 RM eine Summe, die dem tatsächlichen Wert der Liegenschaft entsprach.

Hugo Meisl blieben sowohl die Annexion wie der Tod seines Schützlings erspart. Der Vater des „Wunderteams" erlag am 17. Februar 1937 einem Herzinfarkt. Meisl schrieb gerade einen Brief, in dem er einen Spieler zum Länderspiel einlud. ∎

◆ WM 1938

Austragungsland: Frankreich

Austragungsstädte und Spielstätten: Antibes (Stade Fort Carré), Bordeaux (Parc de Lescure), Le Havre (Stade Communal Carée Verte), Lille (Stade Victor Boucquey), Marseille (Stade Vélodrome), Paris (Parc des Princes, Stade des Colombes), Reims (Stade Municipal), Strasbourg (Stade de la Meinau), Toulouse (Stade des Amidonieus)

Dauer: 4. Juni bis 19. Juni 1938

Eröffnungsspiel: Deutschland – Schweiz 1:1 n.V. (1:1, 1:1) (4. Juni 1938, Parc des Princes, Paris)

Gemeldete Länder: 35

Endrundenteilnehmer: 15
Europa (12): Schweiz, Deutschland, Schweden, Rumänien, Tschechoslowakei, Niederlande, Frankreich, Belgien, Ungarn, Polen, Italien, Norwegen
Nord- und Mittelamerika (1): Kuba
Südamerika (1): Brasilien
Asien (1): Niederländisch Indien

Qualifikationsspiele: 21

Endrundenspiele: 18

Modus: K.o.-System

Zuschauer: 445.500
Zuschauerschnitt: 25.310

Tore insgesamt: 84
Torschnitt pro Spiel: 4,7

Beste Torschützen: Leónidas da Silva (Brasilien), 8 Tore
Gyulla Zsengeller (Ungarn), 7 Tore
Silvio Piola (Italien), 4 Tore

Finale: Italien – Ungarn 4:2 (3:1) (Stade des Colombes, Paris, 19. Juni 1938)

Italien: Olivieri; Foni, Rava, Serantoni, Andreolo, Locatelli, Biavati, Meazza, Piola, Ferrari, Colaussi.

Ungarn: Szabó; Polgár, Biró, Szalay, Szücs, Lazar, Sas, Vincze, Dr. Sárosi, Zsengeller, Titkos.

Schiedsrichter: Capdeville (Frankreich)

Tore: 1:0 Colaussi, 1:1 Titkos, 2:1 Piola (15.), 3:1 Colaussi (35.), 3:2 Dr. Sárosi (70.), 4:2 Piola (72.)

Zuschauer: 55.000

WM 1938

Im Schatten der Diktatoren

Während der Olympischen Spiele 1936 in Berlin tagte der 23. FIFA-Kongress. Die anwesenden 24 FIFA-Vertreter einigten sich darauf, Frankreich den Zuschlag für die Ausrichtung der dritten Fußball-WM 1938 zu erteilen. Damit honorierte die FIFA die französische Pionierrolle bei der Schaffung internationaler Strukturen.

Allerdings war die Wahl Frankreichs umstritten. Nicht nur, weil Deutschland eigentlich an der Reihe gewesen wäre, allerdings auf Wunsch von Rimet verzichtete. Rimet hatte Felix Linnemann, den Chef des Fachamtes Fußball im Deutschen Reichsbund für Leibesübungen (DLR), u.a. mit dem Versprechen ködern können, dass die WM 1942 in Deutschland stattfinden würde.

Die FIFA fürchtete zunächst, dass die Franzosen nicht genügend turniertaugliche Stadien präsentieren könnten, weshalb zeitweise über eine gemeinsame Austragung durch Belgien und die Niederlande nachgedacht wurde. Die Sorge war durchaus nicht unbegründet, denn der Fußball hatte im FIFA-Gründungsland Frankreich einen schweren Stand. Rimet wollte das Turnier auf 1937 vorverlegen, damit es mit der Pariser Weltausstellung zusammenfalle. Der FIFA-Präsident hoffte, das Ausstellungskomitee würde finanzielle Garantien größeren Ausmaßes übernehmen. Doch die Messemacher lehnten ab, was heute wohl – angesichts der Mobilisierungskraft und des Vermarktungspotentials einer Weltmeisterschaft – kaum denkbar wäre.

FIFA-intern gab es zudem Streit mit den Südamerikanern, die auf einem Wechsel-Rhythmus zwischen Europa und dem Subkontinent bestanden. Nach ihrem Willen sollte Argentinien das WM-Turnier veranstalten. Die Entscheidung von Berlin wurde von acht lateinamerikanischen Verbänden, darunter auch Uruguay und Argentinien, damit quittiert, dass sie ihre Anmeldungen zum Turnier zurückzogen.

Das WM-Turnier von 1938 sollte dem Association Football in Frankreich einen gewissen Schub bringen. Die populärste Sportart war er jedoch nicht. Der ländliche Südwesten Frankreichs blieb lange Zeit eine Hochburg des „männlicheren" Rugbys, während Soccer im Westen und im Zentrum des Landes unter der Popularität des Radsports zu leiden hatte. Diese Tradition war auch mit ein Grund dafür, warum sich der französische Fußball auf der internationalen Bühne erst relativ spät in Szene setzen konnte und noch bis weit in das 20. Jahrhundert hinein Akzeptanzprobleme hatte.

Fußball in Frankreich: Rugby contra Soccer

Frankreichs Fußballgeschichte begann in den Hafenstädten am Ärmelkanal und im industrialisierten Norden. Der erste Fußballklub des Landes wurde 1872 in der Hafenstadt Le Havre gegründet, wo hauptsächlich Schiffe aus England anlegten. Der Le Havre Athletic Club war das Werk englischer Angestellter von Textil- und Waffenfabriken. George Washington, der erste Vorsitzende des Klubs, war ein englischer Klerikaler. Das vom Athletic Club gepflegte Spiel war eine Mischform von Association Football und Rugby und wurde folglich *combinaison* genannt. Frankreich konnte sich lange nicht zwischen den beiden Fußball-Varianten entscheiden, weshalb nicht nur die Pioniere aus Le Havre zunächst *combinaison* praktizierten. Erst 1890 erfolgte die Trennung der beiden Spielcodes. Zwei Jahre später entstand im Havre Athletic Club eine eigenständige Soccer-Sektion. Auch im Umfeld dieser Sportart bemerkte man noch die englische Handschrift: So spielte man beispielsweise nicht am Sonntag.

Anfang der 1890er wurde dann auch in den Gymnasien von Rouen, Cambrai, Bayeux, Roubaix und Cherbourg gekickt. Der Nordwesten, und hier vor allem die England direkt gegenüberliegende Normandie, wurde somit zur ersten Fußballhochburg Frankreichs.

Engländer als französische Meister

In der Hauptstadt wurde die erste Fußballvereinigung mit dem Paris Football Club erst 1879 gegründet. Auch der Football Club, dessen Gründer Engländer waren, verhielt sich gegenüber den beiden Fußballvarianten indifferent und spielte sie abwechselnd. Zwar löste sich der Klub nach nur fünf Jahren wieder auf, aber Paris hatte nun diese Sportart für sich entdeckt. Nacheinander entstanden in Paris verschiedene Klubs wie 1891 The White Rovers oder der Gordon Football-Club, denen eines gemeinsam war: Es waren nur wenige Franzosen am Ball, vielmehr majorisierten die Briten das Spiel. Der Gordon FC, der sich im März 1892 wieder auflöste und aus dem etwa zeitgleich der Standard Athletic Club hervorging, sowie die White Rovers waren die ersten Adressen, die sich ausschließlich für den Association Football entschieden.

1894 spielten die sechs Pariser Klubs Standard Athletic Club de Paris, The White Rovers, Club Français de Paris, CA Neuilly-Paris, Cercle Pédestre d'Asinières-Paris und International AC de Paris erstmals ein Championat de France aus. Sieger wurde der Standard Athletic Club. Im Finale waren 20 der 22 Kicker Engländer. Standard AC de Paris blieb bis zum Ausbruch des Ersten Weltkrieges 1914 der berühmteste Verein Frankreichs.

Das Championat 1895 wurde durch das Bereitstellen eines Silberpokals im Wert von 1.250 Franc bereits deutlich aufgewertet. Sein erster Besitzer war Titelverteidiger Standard AC. Dass der Wettbewerb inzwischen auch größere, publizistische Aufmerksamkeit erfuhr, zeigt die Person des Pokal-Stifters: Es war Gordon Bennett, Direktor des *New York Herald*.

1898 spielte eine süddeutsche Auswahl in Paris gegen die White Rovers sowie eine Stadtauswahl – der erste bedeutsame Sportkontakt zwischen Frankreich und Deutschland.

Als es im Februar 1895 zu einem ersten internationalen Vergleich zwischen einer Pariser Stadtauswahl und einem Klub aus dem englischen Folkestone kam, sahen 1.500 Zuschauer einen 3:0-Sieg der Engländer. Die Fans der ersten Stunde entrichteten für einen Tribünenplatz einen Franc und zahlten die Hälfte für einen Stehplatz. Im April des gleichen Jahres gastierte eine französische Mannschaft erstmals im Ausland. In drei Spielen auf der britischen Insel kassierte die Kombination der drei Pariser Klubs Standard AC, White Rovers und Club Français drei Niederlagen, 22 Tore und erzielte keinen einzigen Treffer. Der Ärmel-Kanal trennte Fußball-Welten. Bis zum ersten offiziellen Länderspiel (3:3 gegen Belgien in Brüssel) sollte es noch bis zum 1. Mai 1904 dauern. Dafür veranstalteten die Franzosen mit dem französisch-belgischen Challenge International de Tourcoing (du Nord) den ersten internationalen Wettbewerb auf dem Kontinent.

Trotz der freundschaftlichen Beziehungen zu Fußball-England überlegte man vor dem Hintergrund des europaweit aufkeimenden Patriotismus auch in Frankreich immer lauter, wie die französischen Anteile im Spiel gesteigert werden könnten. Eine Ausländerbegrenzung wurde erwogen und sogar ein Pokal für Mannschaften ausgelobt, die mit mindestens acht Franzosen auflaufen konnten. Als Reaktion stiftete man eine Trophäe für Mannschaften, die international offen waren…

Der Sonderweg des französischen Fußballs, gekennzeichnet von der starken Konkurrenz durch das Rugby, die der landesweiten Ausbreitung des Association-Spiels Grenzen setzte, bedingte allerdings, dass Fußball in Frankreich weitgehend „abseits des zwischen 1905 und dem Beginn des Ersten Weltkrieges stattfindenden Prozesses der Nationalisierung des Spiels stand. Beredter Ausdruck dieses Sonderwegs ist die Beibehaltung des englischen Namens: ,le football'" (Lanfranchi 1997).

Ende des 19. Jahrhunderts gab es in Frankreich rund 30 Fußballklubs und etwa 2.000 Fußballspieler. Mit dem inzwischen zum Havre AC umbenannten „Grandpère de football" gewann 1899 zum ersten Mal ein Klub aus der Provinz das Championat.

Anders als in den übrigen Ländern des Kontinents wurde in Frankreich Rugby als ernsthafte Alternative zum Association Spiel angenommen. Als die englische FA den Professionalismus legalisierte, entschieden sich mit Racing Club de France und Stade Français die wichtigsten Pariser Klubs ausschließlich fürs Rugby. Bis dahin hatten in Frankreich beide Fußballvarianten „jenes sportliche Ideal des zu Ende gehenden Jahrhunderts repräsentiert, das sich in den drei A's zusammenfassen ließ: ‚Amateurisme, Athlétisme, Anglophilie'." Beide Klubs hatten sich „die Sportkultur der englischen Oberschicht zum Vorbild genommen. Sie wandten sich vom ‚Proletensport' Soccer ab und blieben auch längerfristig beim angeblich ‚ursprünglicheren' Sport." (Lanfranchi 1997) Rugby blieb zur Jahrhundertwende in Frankreich die eindeutig populärere Variante.

Rangeleien der Verbände

Ein wichtiger Meilenstein in der Entwicklung der französischen Fußballgeschichte war 1887 die Gründung eines nationalen Sportverbandes, der so genannten l'Union des Sociétés Françaises de Sports Athlétiques (USFSA). Die USFSA war Schirmherr des Championats von 1894, und 1895 gelang ihr die frühe Etablierung eines neutralen Schiedsrichters. Nur ein Jahr später organisierte der Verband das Championat in Gruppenspielen und legte nach englischem Muster fest, dass es für Siege zwei Punkte, für ein Remis einen Zähler gab und der Verlierer leer ausging. Bis 1905 war die USFSA die unumstrittene Nummer eins im französischen Fußball, doch dann bekam sie Konkurrenz, in deren Folge die erste große Fußballkrise in Frankreich entstand. 1905 bildete sich die katholische Fédération de Gymnastique Sportive des Patronages de France (FGSPF), die ihr eigenes Championat durchführte. In den 1880ern war Frankreichs Bildungs- und Erziehungswesen einigen säkularisierenden Reformen unterzogen worden. Sehr zum Unwillen des Klerus, der mit dem Ausbau kirchlicher Freizeitaktivitäten reagierte. Diese richteten sich vornehmlich an junge Männer. Mit Unterstützung aus der Pariser Mittelschicht entschieden sich die „Patronages" für Association Football statt Rugby als Teamsport und leisteten damit einen erheblichen Beitrag zur nationalen Verbreitung des Spiels. Auch in der Armee gehörte Fußball zu den favorisierten Freizeitaktivitäten, und die allgemeine Wehrpflicht forcierte seine Beliebtheit unter den jungen Männern des Landes.

1906 etablierte sich ein dritter Verband, der Féderation Cycliste et Athlétique (FCAF), natürlich ebenfalls mit eigenem Championat. Schließlich präsentierten von der USFSA abtrünnige Vereine ihren eigenen Verband, der sich ausschließlich dem Fußball widmete und selbstredend ein Championat durchführte. Somit konkurrierten nicht weniger als vier nationale Fußballverbände miteinander. Der an der Gründung der FGSPF beteiligte Chirurg Dr. Paul Michaux bemühte sich mit Erfolg, die Champion-Inflation zu stoppen, indem er alle Championatssieger um die Trophée de France spielen ließ. Präsentiert wurde dieser Pokal von keinem Geringeren als Baron Pierre Coubertin. Der Zustand der Zersplitterung wurde erst 1908 beendet, als FCAF und FGSPF gemeinsam das Comité Français Interféderal (CFI) aus der Taufe hoben.

Vor dem Hintergrund ihrer schleichenden Entmachtung zog die USFSA die Konsequenzen und verließ im Juni 1908 die FIFA. Die Auswirkungen waren für den französischen Fußball katastrophal, denn kein Team durfte mehr im Ausland spielen oder ausländische Mannschaften empfangen. Ende des Jahres bat das CFI bei der FIFA um Zulassung, die bis auf Weiteres gewährt und 1910 endgültig wurde. Eine der wichtigsten Entscheidungen traf das CFI unmittelbar nach dem Weihnachtsfest 1912. Von jetzt an widmete sich das Comité nur noch dem Fußballsport. Noch vor dem Ausbruch des Ersten Weltkriegs gab die USFSA ihre Eigenständigkeit auf und trat dem CFI bei, in dessen Reihen sich auch ein gewisser Jules Rimet befand.

1911 wurden im französischen Fußball immerhin schon 2.000 Klubs gezählt. Trotzdem hatte das Spiel unverändert mit Akzeptanzproblemen zu kämpfen. Obwohl doppelt so viele Fußball- wie Rugby-Teams existierten, widmete die weit verbreitete Sportzeitung *L'Auto* ihre Titelseite regelmäßig dem Rugby.

> ◆ **Der Coupe de France**
>
> Maßgeblich an den Einigungsbemühungen im französischen Fußball beteiligt waren Henri Delaunay und Charles Simon, der später im Ersten Weltkrieg fiel. Delaunay hatte sich schon in unterschiedlichsten Funktionen um den französischen Fußball verdient gemacht. Als Spieler war der 1883 Geborene bei Étoile des Deux Lacs aktiv, später fungierte der leidenschaftliche Pfeifenraucher als Pfeifenmann. Als Funktionär war England-Bewunderer Delaunay mit unterschiedlichen Aufgaben betraut. Auf ihn ging die Idee zurück, einen nationalen Pokal auszuloben, der für alle Vereine offen war. Gespielt werden sollte im K.o.-System. Bis zum Ende des Krieges trug dieser Pokal den Namen des gefallenen Charles Simon, dann erhielt er den Namen Coupe de France. Gewonnen wurde er zum ersten Mal 1918 von Olympique de Patin.

Die Kampfhandlungen des Ersten Weltkriegs brachten den Spielbetrieb nicht nur in Frankreich zum Erliegen. Erst 1919 ging die Entwicklung des französischen Fußballs weiter, als das CFI seine Statuten denen einer Fédération anpasste, um sich endlich am 7. April 1919 einstimmig in die Fédération Française de Football Association (FFFA, heute: Fédération Française de Football / FFF) umzuwandeln.

Der Fußball erfuhr nun einen raschen Aufschwung. Bis zum Ersten Weltkrieg war das Spiel vornehmlich eine Beschäftigung der sozialen Elite gewesen, aber zwischen 1921 und 1926 stieg die Zahl der registrierten Spieler von 37.780 auf ca. 100.000, was seine soziale Ausbreitung dokumentierte. „Der militärische Geist der Gymnastik und der Schützenvereine war beim einfachen Volk aus der Mode gekommen; der Mannschaftsgeist, der an die Kameradschaft in den Schützengräben erinnerte, und die Organisation lokaler, aber im Rahmen eines einheitlichen nationalen Verbandes abgehaltenen Meisterschaften verstärkten die Anziehungskraft des Fußballs." (Lanfranchi 1997) *L'Auto* berichtete nun nicht mehr nur über Rugby, Radsport und Boxen, sondern auch über Fußball.

Die Einführung des Professionalismus erfolgte 1932. Etwa gleichzeitg entstand beim FC Sochaux, der von Peugeot unterstützt wurde, die Idee, einen nationalen Vergleich im Fußballsport zu installieren, eine Art Einladungsturnier, das zunächst acht hochkarätige französische Mannschaften umfasste. Zwölf weitere kamen bei der zweiten Ausgabe dieses Vorläufers einer französischen Meisterschaft hinzu. Die hohe Beteiligung zeugte vom großen Interesse der bedeutenden Vereine, einen aussagekräftigen, internen Vergleich um die Fußball-Vorherrschaft in Frankreich zu schaffen. Am 11. September 1932 erfolgte der Anstoß zur neuen Liga. Am 30. April 1933 stand der erste französische Profi-Meister fest: Mit 4:3 schlug Olympique Lille im Endspiel den Zweitplatzierten der Parallelgruppe, AS Cannes (der Erste in dieser Gruppe, FC Antibes, wurde disqualifiziert). Später gab man die Teilung der Liga auf und ermittelte den Champion in einer eingleisigen Liga.

Auch international wurde die *Onze de France* immer stärker. Am 19. Mai 1935 beispielsweise schlug man das starke ungarische Team in Paris mit 2:0, wenig später die Schweden mit dem gleichen Resultat. Die Länderspielbilanz 1936 war ausgeglichen, ein Jahr vor der Weltmeisterschaft gab es aber unerwartete Rückschläge, so die 1:3-Niederlage gegen Belgien. Die unmittelbare Vorbereitungsphase auf die Weltmeisterschaft im eigenen Lande verlief durchaus positiv, lediglich eine 2:4-Niederlage gegen die schier übermächtigen Engländer trübte die Bilanz. Rein sportlich konnte man dem „Coupe du monde 1938" aus französischer Sicht gelassen entgegensehen, denn Favorit war man 1938 auch im eigenen Lande nicht. Die Stadionfrage übrigens löste man dank der Radsport-Tradition des Landes: Einige der WM-Arenen waren kombinierte Rad- und Fußballstadien. Der berühmte Parc des Princes beispielsweise war 1897 als Radstadion eingeweiht worden, und auch Rugby wurde dort gespielt.

Diktatoren spielen mit

Als im Juni 1938 die dritte Fußball-WM angepfiffen wurden, ging in Europa bereits die Kriegsangst um. Adolf Hitlers aggressive Expansionspolitik und sein dumpfer Rassenwahn bedrohten die Völker und ließen das Schlimmste befürchten.

Auch auf die Besetzung des Weltmeisterschaftsturniers hatte dies Auswirkungen. Österreich hatte sich zwar sportlich am 5. Oktober 1937 mit einem 2:1-Sieg über Lettland qualifiziert, war aber in Frankreich nicht eigenständig vertreten. Bedingt durch den deutschen Einmarsch in das Alpenland und der Liquidation der selbstständigen österreichischen Verwaltung, musste sich der österreichische Fußballverband auflösen und seine Nationalmannschaft vom WM-Turnier zurückziehen. Ein letztes Länderspiel zwischen Österreich und Deutschland diente als Trostpflaster und ist auch nur deswegen erwähnenswert, weil der DFB bis heute diese Begegnung nicht als Länderspiel in seinen Annalen führt.

Sowohl Deutschlands wie Österreichs Nationalteams zählten zu den besten in Europa. Aber hinsichtlich ihrer jeweiligen Spielanlage existierten erhebliche Unterschiede. Dem deutschen Nationaltrainer, Sepp Herberger, war es jetzt überlassen, aus zwei Mannschaften ein Auswahlteam zu formen – ein Unterfangen, das schier unmöglich war. Zumal die politische Führung, um die Integration Österreichs ins Großdeutsche Reich zu erleichtern, vom Trainer eine Aufstellung verlangte, bei der das Verhältnis deutscher zu österreichischer Spieler 6:5 oder 5:6 betragen sollte.

Herberger beabsichtigte, den Österreicher Matthias Sindelar als Regisseur in das Team einzubauen, doch wollte der torgefährliche Spieler auf diese sportliche Herausforderung lieber verzichten, als mit den Nazis zu kooperieren. Erwartungsgemäß gelang Herberger das von der deutschen Reichssportführung verordnete Integrations-Kunststück nicht, so dass er mit einer schlecht eingespielten Mannschaft nach Frankreich aufbrechen musste. Noch vor der Grenze, nämlich in Aachen, bezog das Team Quartier, weil man in Frankreich politische Kundgebungen von Gegnern des Nazi-Regimes befürchtete. Nicht zu Unrecht, wie sich zeigen sollte.

Spanien, das 1934 nur knapp am späteren Weltmeister Italien im Viertelfinale gescheitert war, konnte nicht am WM-Turnier teilnehmen, weil auf der iberischen Halbinsel der blutige Bürgerkrieg zwischen demokratisch gesinnten Republikanern und den Anhängern des faschistischen Diktators Franco tobte. Die interessierte Fußballgemeinde musste somit auf die spanische Torwartlegende Ricardo Zamora, genannt „El Magnifico", verzichten.

Als nicht-europäische Mannschaften nahmen die Teams aus Kuba, Brasilien und Niederländisch Indien an den WM-Spielen teil. Neben Uruguay und Argentinien fehlte erneut das Mutterland des Fußballs. Mit steifer Oberlippe beschieden die Verantwortlichen des englischen Fußballverbandes auch die Einladung zum dritten Weltturnier mit einem schlichten „No". Mit nur drei nicht-europäischen Teilnehmern, von denen auch nur Brasilien in die Kategorie internationaler Erstklassigkeit fiel, ging das Turnier von 1938 als das am wenigsten repräsentative in die WM-Annalen ein.

Vorrunde: Nazi-Deutschland blamiert sich

Das Turnier wurde von der ersten Runde an nach dem K.o.-System bestritten. Durch den Ausfall Österreichs erhielten die Schweden ein Freilos. Fünf der sieben Begegnungen der ersten Runde mussten in die Verlängerung oder sogar wiederholt werden.

Das Auftaktspiel zur dritten Fußball-WM, bei der die Spieler immer noch ohne Rückennummern auf ihren Trikots aufliefen, bestritten am 4. Juni 1938 die Teams aus Deutschland und der Schweiz. 40.000 Zuschauer waren in den Pariser Parc des Princes gekommen. Den deutschen Spielern schlug der blanke Hass entgegen, als sie vor dem Publikum mit dem „deutschen Gruß" salutierten. Während des ganzen Spiels ebbten die Proteste gegen Nazi-Deutschland nicht ab; Flaschen, Eier und Tomaten wurden

Verschnaufpause vor der Verlängerung im WM-Spiel Deutschland gegen die Schweiz. Herberger, Linnemann und Szepan (stehend) beraten, wie eine Blamage abzuwehren ist. Auf dem Rasen (von links): Sportwart Wolz, Gauchel, Kupfer (oben), Kitzinger, Gellesch (liegend), Lehner, Schmaus, Streitle (darüber).

geworfen. Als der Wiener Pesser nach einem Revanchefoul des Feldes verwiesen wurde, bereiteten ihm die Zuschauer einen feuchten Abgang. Das Endresultat hatte nur sekundäre Bedeutung: 1:1 hieß es auch nach Verlängerung. Gauchel hatte die Deutschen in Führung gebracht, der Halblinke Trello Abegglen, dem französischen Publikum aufgrund seiner Erfolge mit Sochaux bestens bekannt, den Ausgleich geköpft.

Als die beiden Teams fünf Tage später zum Wiederholungsspiel aufliefen, machte Herberger erneut die unsägliche 5-plus-6-Formel zu schaffen. Für den gesperrten Wiener Pesser brachte er den Wiener Neumer. Die Positionen der Wiener Schmaus und Moch nahmen die Deutschen Goldbrunner und Streitle vom FC Bayern München ein. Dies bedeutete aber, dass er zwei andere Deutsche opfern musste. Für den Schweinfurther Kitzinger und den Koblenzer Gauchel kamen die Wiener Skourmal und Stroh ins Team.

Die Kulisse blieb indes nahezu identisch: Einige wenige Deutsche schwenkten Hakenkreuzfahnen, der große Rest, bestehend aus Schweizern und Franzosen, reagierte seine ganze Empörung über Nazi-Deutschland an der Nationalmannschaft ab. Obwohl die deutsche Mannschaft sich zunächst eine 2:0-Führung erspielte, konnten die Schweizer das Blatt noch wenden und 4:2 gewinnen. Zwei der eidgenössischen Treffer markierte der bestens aufgelegte Publikumsliebling Abegglen. Resigniert glaubte sich Herberger nach Spielschluss eher an „eine furchtbare Schlacht" denn an ein Fußballspiel erinnert. Die *Neue Züricher Zeitung* notierte ein über sportliche Kreise hinaus bestehendes Interesse an dieser Begegnung und meinte, der Spielverlauf könne „wegen der psychologischen Rückwirkung auf das Pariser Publikum auch unter der politischen Rubrik" verzeichnet werden.

Mit dem sportlichen Abschneiden der deutschsprachigen Nationalmannschaft war auch zahlenmäßig belegt, dass die einfache Gleichung, zwei gute Nationalmannschaften gleich ein Superteam, weniger als eine Milchmädchenrechnung war. Das politische Diktat der deutschen Reichssportführung hatte eine sportliche Blamage heraufbeschworen. Das deutsche Team, das 1934 noch Dritter war, durfte bereits nach der ersten Runde die Heimreise antreten. Nie wieder scheiterte ein deutsches Team bei einer WM so früh.

Kuba schlägt Rumänien

Die größte Überraschung in der ersten Runde ereignete sich allerdings in Toulouse, wo sich Kuba, das seine Teilnahme nur Mexikos Verzicht zu verdanken hatte, mit Rumänien messen musste. Zunächst trotzten die Kubaner den klar favorisierten Rumänen, in deren Reihen noch drei WM-Teilnehmer von 1930 standen, ein 3:3 ab. Zum Erstaunen der Fachwelt wurde Kubas Keeper Carvajales für das Wiederholungsspiel nicht nominiert. Carvajales berief eine eigene Pressekonferenz ein, auf der er einen Sieg seines Teams prophezeite: „Im rumänischen Spiel gibt es keine Geheimnisse mehr für uns. Wir werden zwei Tore schießen, sie eins." Der Keeper sollte Recht behalten, wenngleich der kubanische Siegtreffer nach Auffassung des unter den Zuschauern weilenden späteren Finalschiedsrichters Georges Capdeville aus einer Abseitsposition fiel. Die Spieler von der Zuckerrohrinsel deuteten an, welche Möglichkeiten der Fußball in Übersee besaß. Eine Torflut brach dagegen über die eher kleinwüchsigen Kicker aus Niederländisch Indien herein, die sich in Reims den übermächtigen Ungarn 0:6 geschlagen geben mussten.

Noch torreicher ging es in Straßburg zu, wo Brasilien das polnische Auswahlteam in der Verlängerung mit 6:5 schlug. Acht der elf Treffer entfielen auf zwei Spieler: Der Brasilianer Leónidas und der Pole Willimowski, der nach dem deutschen Überfall auf Polen das deutsche Nationaltrikot tragen sollte, erzielten jeweils vier Tore. Die Brasilianer bestritten das Spiel mit nicht weniger als sechs Debütanten. In der zweiten Halbzeit zog Leónidas seine Fußballschuhe aus, um sie mit dramatischer Geste seinem Trainer zuzuwerfen. Der Brasilianer wollte die Partie barfuß fortsetzen, was ihm der schwedische Schiedsrichter Eklind aber untersagte.

Norwegen, das bei der Olympiade 1936 Bronze gewonnen hatte, entpuppte sich einmal mehr als Favoritenschreck. Im Spiel gegen den haushohen Favoriten und Titelverteidiger Italien, der unverändert von Vittorio Pozzo trainiert wurde, stand es nach 90 Minuten 1:1. Insbesondere die norwegischen Stürmer Brunyldsen und Brustad stellten die italienische Abwehr vor Probleme. Dreimal trafen die Norweger Pfosten oder Latte, bevor Brustad der verdiente Ausgleich gelang. Wenig später traf Brustad erneut ins Netz, doch der deutsche Schiedsrichter Beranek erkannte auf

♦ **Der „Franzosen-Henker"**

Lange Zeit stand Italiens Stürmerstar Silvio Piola im Schatten des Mailänders Giuseppe Meazza, ehe Nationaltrainer Pozzo das Experiment wagte, beide Spieler aufzubieten. Zunächst spielte Piola für US Pro Vercelli, was ihm die Bezeichnung „Adler von Vercelli" eintrug. Später ging er für Lazio Rom auf Torejagd. Sein Markenzeichen war das Erahnen von torreifen Situationen. Piola erzielte seine Treffer nicht irgendwie, sondern bereitete den Zuschauern mit seinen artistischen Einlagen Grund zur Freude. Seine legendären Fallrückzieher sind in Italien noch heute ein Begriff. Als er bei der WM 1938 gegen Frankreich zwei Tore erzielte, gab ihm die französische Presse den Beinamen „Bourreau des Français" (Franzosen-Henker).

Abseits. Unmittelbar vor dem Schlusspfiff rettete Italiens Keeper Olivieri mit einer Glanzparade gegen Brunyldsen. In der Verlängerung behielt das Pozzo-Team dann durch ein Tor von Piola mit 2:1 die Oberhand. Was die Azzurri zu diesem Zeitpunkt noch nicht wissen konnten: Mit den Norwegern hatten sie die schwierigste Hürde auf ihrem Weg zur Titelverteidigung genommen.

Die Tschechoslowakei setzte sich gegen die damals noch unbedeutenden Niederländer mit 3:0 durch, musste aber ebenfalls in die Verlängerung. Gastgeber Frankreich, in dessen erfahrenem Team mit Delfour, Aston und Mattler noch drei WM-Teilnehmer von 1934 standen, konnte den Erfolg über Belgien aus der Vorbereitungsphase wiederholen und setzte sich 3:1 gegen den Nachbarn durch. Nicolas traf zweimal, den weiteren Treffer steuerte Veinante bei, der den Ball bereits 40 Sekunden nach dem Anpfiff im gegnerischen Netz versenkte. Dieses wurde von Badjou gehütet, wie Veinante ein Veteran des ersten WM-Turniers von 1930.

Viertelfinale: Brasiliens Aufstieg

Das Viertelfinale war mit den Teams aus Frankreich, Italien, Schweden, Kuba, Ungarn, Brasilien, der Schweiz und Tschechoslowakei exzellent besetzt. Mit der Auslosung des Spiels Italien gegen Frankreich erlebte das Turnier am 12. Juni 1938 in Paris seinen ersten Hit. Vor der Rekordkulisse von ca. 60.000 Zuschauern im Stade de Colombe (anderen Schätzungen zufolge waren es sogar über 70.000 Fans), die für eine Einnahme von knapp einer Million Francs sorgten, entwickelte sich von der ersten Minute an ein Kampf auf Biegen und Brechen. Bereits in der 6. Minute erzielte Colaussi die 1:0-Führung der Italiener, doch Heisserer konnte postwendend egalisieren. Die zweite Halbzeit gehörte dann Italiens Sturmtank Silvio Piola, der die Azzurri mit zwei wunderschönen Toren ins Halbfinale schoss.

Dramatisch ging es in Bordeaux während des Viertelfinalspiels Brasilien gegen die Tschechoslowakei zu. Die Brasilianer hatten eine eigene Spielart konzipiert. Diese sah das schnelle Überbrücken des Mittelfeldes vor, aber zugleich waren die Südamerikaner auch Meister des Kurzpassspiels und sicher in der Ballbeherrschung. Wie die Italiener hatten die Brasilianer in ihren Reihen einen Wunderstürmer: Leónidas da Silva. Der damals 27-jährige dunkelhäutige Brasilianer spielte für Flamenco Rio de Janeiro und erwarb sich schnell den Spitznamen „Diamante Negro". Auch Brasiliens Abwehrchef war mit Domingos da Guia ein Farbiger.

Auf die übrigen Teams wirkte dieses brasilianische Spiel fremdartig, weil man in Europa die Entscheidung vornehmlich im Zweikampf suchte. Trotz ihrer balltechnischen Überlegenheit ließen sich die Kicker vom Zuckerhut im Viertelfinale immer wieder zu Fouls und anderen Unsportlichkeiten hinreißen. So kam es schon kurz nach dem Anpfiff zu einem Platzverweis für Zezé, nachdem dieser Nejedly brutal gefoult

Mit acht Treffern bester Torschütze der WM 1938: der Brasilianer Leónidas da Silva.

hatte, wodurch der Torschützenkönig von 1934 einen Beinbruch erlitt. Aber auch die Osteuropäer vermochten auszuteilen. Nachdem Leónidas das 1:0 besorgt hatte, wurde er von einem Gegenspieler ausgeknockt und musste minutenlang behandelt werden. Noch vor dem Halbzeitpfiff verhängte der ungarische Schiedsrichter Hertzka die Platzverweise Nummer zwei und drei: Der Brasilianer Machado und der Tschechoslowake Ríha mussten vorzeitig das Feld verlassen, wobei der Südamerikaner nur mit Mühe und Not „überredet" werden konnte, den Platz zu räumen. Zur zweiten Halbzeit lief er wieder auf, und erst nachdem seine Mannschaftskameraden ihn dringend aufgefordert hatten, seine Bemühungen um Brasilien einzustellen, zog sich Machado zurück.

Logischerweise fiel der Ausgleich für die Tschechoslowakei durch einen verwandelten Elfmeter. Dass es bei diesem Remis blieb, verdankten die Osteuropäer vor allem ihrem Torwart Frantisek Plánicka, der auch die „unmöglichsten Bälle" abwehrte. „Wunder-Torwart oder Torwart-Wunder" hatte sich einst die in der Schweiz erscheinende Zeitung *Sport* gefragt und damit den Nagel auf den Kopf getroffen. Während des Spiels erlitt Plánicka einen Armbruch, spielte aber trotzdem noch die Verlängerung und hielt seinen Kasten sauber, so dass ein Wiederholungsspiel notwendig wurde.

Zwei Tage später kam es an gleicher Stelle zur Neuauflage, die überraschend fair verlief. Vielleicht lag es am Austausch des Personals, denn als Schiedsrichter amtierte nun der souveräne Franzose Georges Capdeville, und die Mannschaften traten gegenüber ihrer ersten Begegnung mit neun (Brasilien) bzw. sechs (Tschechoslowakei) neuen Akteuren an. Die Südamerikaner waren sich ihres Weiterkommens völlig sicher, weshalb der Rest der brasilianischen Delegation bereits nach Marseille fuhr, dem Austragungsort des Semifinales. Tatsächlich siegte ihre Elf, wenn auch knapp, mit 2:1. In Frankreich begann der Aufstieg des brasilianischen Fußballs zur Weltspitze, und mit Leónidas da Silva wurde bereits zum zweiten Male ein farbiger Akteur zum Star der Veranstaltung.

Ausgeglichen verlief die Viertelfinalbegegnung zwischen Ungarn und der Schweiz, die die Magyaren mit 2:0 für sich entscheiden konnten.

Die kampflos in die zweite Runde vorgerückten Schweden trafen auf die WM-Überraschung Kuba. Die Insulaner waren noch ziemlich ausgelaugt von ihren zwei Spielen gegen Rumänien. Im südfranzösischen Antibes gingen sie im schwedischen Angriffswirbel mit Pauken und Trompeten unter: 0:8 hieß es nach 90 Minuten. Als Kapitän der Schweden amtierte der 35-jährige Torre Keller, der bereits im Olympia-Team von 1924 gestanden hatte. Die Hälfte der schwedischen Tore schoss Gustav Wetterstroem, „Bombardier von Norrköping" genannt. Nachdem die Schweden zum fünften Male getroffen hatten, verschloss der französische Journalist Emmanuel Gambardella seine Schreibmaschine mit den Worten: „Bis zu fünf Toren ist es Journalismus, jenseits davon wird es Statistik."

Die erste Titelverteidigung

Am 16. Juni 1938 trafen in der südfranzösischen Hafenstadt Marseille die damals vielleicht besten Auswahlmannschaften aufeinander. Überraschend verzichteten die Brasilianer gegen Italien auf den „Katzenmenschen" Leónidas, den ihr siegesgewisser Coach Pimenta für das Finale schonen wollte. Gegenüber dem zweiten Viertelfinalspiel wurde die Mannschaft auf acht Positionen neu besetzt. So kehrten u.a. die des Platzes verwiesenen Zezé und Machados ins Team zurück. Für den Fall eines Sieges waren jedem brasilianischen Spieler ein Haus und ein Teil der Finaleinnahmen versprochen worden.

Für seine Kicker waren die verwirrenden Wechselspielchen des Trainers Pimenta zwar nichts Neues, doch diesmal ging die Nebel-Taktik nicht auf. Brasilien spielte zu verhalten und entwickelte nur wenig Tordrang. Auffallend war die rustikale Gangart der beiden Mannschaften, die in ihrer Konsequenz den Brasilianern zum Nachteil gereichte. Für Domingos da Guia, dessen Sohn Ademir 30 Jahre später ins brasilianische Nationaltrikot schlüpfen sollte, geriet das Halbfinale zum schwarzen Tag in seiner Laufbahn. Beim italienischen Führungstor düpierte ihn der flinke Colaussi. Auch das folgende Tor ging auf da Guias Konto. Der Brasilianer, gegen den großen und kräftigen Piola hoffnungslos überfordert, brachte den italienischen Sturmtank im Strafraum zu Fall. Den fälligen Elfmeter verwandelte Meazza kühl zur 2:0-

Führung. Den Brasilianern gelang nur noch in der 87. Minute der Anschlusstreffer durch Romeo.

Sehr zum Verdruss der 36.000 Zuschauer, die nicht vergessen hatten, wer ihre *Onze de France* scheitern ließ, und mehrheitlich zu den Südamerikanern hielten, standen die Italiener also im Finale – und das in überzeugenderer Manier, als es das knappe Ergebnis von 2:1 nahelegen mag. Für die Brasilianer war der spätere Gewinn des dritten Platzes ein schwacher Trost.

Im zweiten Halbfinalspiel standen sich im Pariser Parc des Princes die Auswahlmannschaften Schwedens und Ungarns gegenüber.

Ungarn deklassiert die Schweden

Der Kantersieg über Kuba war nicht aussagekräftig genug, um den exakten Standort der „das Team aus Stahl" getauften Skandinavier zu bestimmen. Umso überraschter war man, dass die Schweden schon nach 35 Sekunden durch Nyberg mit 1:0 in Führung gingen. Doch das ungarische Team um ihren Kapitän und Mittelstürmer Dr. Sárosi ließ sich nicht beeindrucken. Die Magyaren zogen ihr hinlänglich bekanntes Flachpassspiel auf und wurden in ihren Aktionen immer zwingender. Der Ausgleich fiel in der 18. Spielminute, bei Halbzeit führten die Ungarn mit 3:1. Nach dem Wiederanpfiff waren die Ungarn dermaßen überlegen, dass die Partie aus ihrer Sicht mehr und mehr einem Trainingsspiel glich. Als der Franzose Leclerq die Partie abpfiff, hatten dreimal Zsengeller und je einmal Titkos und Dr. Sárosi einen 5:1-Sieg für ihr Team herausgeschossen. Für die Schweden war dieses Ergebnis sogar noch schmeichelhaft. So mussten sich die Nordeuropäer um ein anderes Präsent für ihren König Gustav V. bemühen, der an diesem Tag Geburtstag hatte und dem man eigentlich den Einzug ins Finale schenken wollte.

Halbfinale Ungarn – Schweden 5:1. Der schwedische Torwart Abrahamsson hatte einen schweren Stand.

Vor dem Endspiel: die Spielführer Italiens und Ungarns mit dem französischen Schiedsrichter Capdeville.

Die Fachwelt war sich grundsätzlich einig, dass mit der *Squadra Azzurra* die beste Mannschaft des Turniers im Endspiel stand. Vittorio Pozzos Mannen trafen 15 Tage nach der Eröffnung des Turniers im Pariser Stade des Colombes auf ein ungarisches Team, das zwar als Geheimtipp gehandelt wurde, aber noch nicht die Qualität des späteren „Wunderteams" um Puskas und Co. besaß. Die Ungarn versammelten zwar schon damals technisch brillante Einzelspieler in ihren Reihen – Zsengeller, Sárosi und Tikos wurden zu den besten Fußballern auf dem Kontinent gezählt –, doch galt das Team als recht statisch. Außerdem verfügte es noch nicht über die enorme Torgefährlichkeit seiner Nachfolger in den 1950er Jahren.

Die Ungarn mussten auf ihren wichtigen Verteidiger Korányi verzichten. Erschwerend kam hinzu, dass sie bereits seit 13 Jahren gegen Italien sieglos waren. Trainer

Alfred Schaffer, der als Spieler 1920 mit dem 1. FC Nürnberg Deutscher Meister geworden war, musste also vor allem in psychologischer Hinsicht Aufbauarbeit leisten.

Unter den Blicken des französischen Präsidenten Lebrun pfiff der französische Schiedsrichter Capdeville am 19. Juni 1938 in Paris das dritte und vorläufig letzte WM-Finale an. Schon nach wenigen Spielminuten war klar, wer Herr im Hause war. Die Italiener erwiesen sich als dynamischer, geradliniger und durchschlagskräftiger. Auch in taktischer Hinsicht stellten sie das modernere Team. Zur Halbzeit führte der Titelverteidiger bereits mit 3:1. Einmal noch keimte ungarische Hoffnung auf, als dem besten Spieler der Magyaren, Dr. Sárosi, der Anschlusstreffer gelang. Doch nahezu postwendend war es einmal mehr Silvio Piola, der mit seinem zweiten Treffer (die anderen beiden Tore markierte Colaussi) in diesem Spiel den alten Abstand wiederherstellte. Beim 4:2 blieb es dann auch.

Von Palermo bis Bolzano freute sich Italien, das als erstes Land in der WM-Geschichte erfolgreich den Titel verteidigte, was nach ihnen nur noch den Brasilianern gelingen sollte. Und im Gegensatz zum Turnier von 1934 bezweifelte diesmal auch niemand die Rechtmäßigkeit des italienischen Sieges. Vittorio Pozzo hatte sein Team komplett verjüngt. In Frankreich waren nur noch drei Spieler aus dem '34er-Team dabei, darunter Dirigent Ferraris und Giuseppe Meazza.

Weltmeister für zwölf Jahre

Den Italienern hätten wohl auch die 1940er Jahre gehört, zumindest in Europa, vielleicht sogar weltweit. Wenngleich unübersehbar war, dass mit Brasilien eine neue Fußballmacht heranreifte, die daheim über ein schier grenzenloses Spielerpotential verfügte. Mit einer weniger von Chaos und Selbstüberschätzung geprägten Aufstellungspolitik wäre für die Brasilianer vermutlich bereits beim Turnier in Frankreich mehr möglich gewesen. Trotzdem widersprach kaum jemand Vittorio Pozzo, als dieser für 1942 den dritten und endgültigen Gewinn des Weltpokals prophezeite.

Dass daraus nichts wurde, lag am nationalsozialistischen Terror und dem Zweiten Weltkrieg. Am 1. September 1939 hatte Nazi-Deutschland seinen Überfall auf Polen gestartet. Die WM 1942, die eigentlich in Deutschland stattfinden sollte, wurde abgesagt, das designierte Austragungsland aus der FIFA ausgeschlossen.

Statt der italienischen Blauhemden auf dem Fußballplatz marschierten jetzt Hitlers Braunhemden durch die Länder und überzogen Europa mit einem Leichentuch. Es sollte nun bis 1950, also zwölf Jahre, dauern, ehe ein neues WM-Turnier ausgelobt wurde, fernab von Europa in Brasilien. Während der Kriegswirren soll der italienische FIFA-Vizepräsident Dr. Barassi den Weltcup unter seinem Bett versteckt gehalten haben, um ihn dem Zugriff der Besatzungsmacht zu entziehen.

◆ WM 1950

Austragungsland: Brasilien

Austragungsstädte und Spielstätten: Rio de Janeiro (Estádio Maracanã), Belo Horizonte (Estádio Sete de Setembro, Estádio Mineiro), Sao Paulo (Estádio Pacaebu), Porto Alegre (Estádio Beira Rio), Recife (Estádio Ilha do Retiro), Curitiba (Estádio Brito)

Dauer: 24. Juni bis 16. Juli 1950

Eröffnungsspiel: Brasilien – Mexiko 4:0 (1:0)
(24. Juni 1950, Estádio Maracanã, Rio de Janeiro)

Gemeldete Länder: 32

Endrundenteilnehmer: 13
Europa (6): England, Italien, Jugoslawien, Schweden, Schweiz, Spanien
Nord- und Mittelamerika (2): USA, Mexiko
Südamerika (5): Bolivien, Brasilien, Chile, Paraguay, Uruguay

Qualifikationsspiele: 26
Endrundenspiele: 22

Modus: Vorrundengruppen, Finalgruppe (kein K.o.-System)

Zuschauer: 1.091.490
Zuschauerschnitt: 49.613

Tore insgesamt: 88
Torschnitt pro Spiel: 4

Die besten Torschützen: Ademir Menezes (Brasilien), 9 Tore
Juan Schiaffino (Uruguay), 5 Tore
Estanislao Basora (Spanien), 5 Tore

Entscheidendes Spiel der Finalrunde: Uruguay – Brasilien 2:1 (0:0)
(Estádio Maracanã, Rio de Janeiro, 16. Juli 1950)

Uruguay: Maspoli; M. Gonzales, Tejera, Gambetta, Varela, Andrade, Ghiggia, Perez, Miguez, Schiaffino, Moran

Brasilien: Barbosa; Augusto, Juvenal, Bauer, Danilo, Bigode, Friaca, Zizinho, Ademir, Jair, Chico

Schiedsrichter: Reader (England)

Tore: 0:1 Friaca (48.), 1:1 Schiaffino (66.), 2:1 Ghiggia (79.)

Zuschauer: 199.854

WM 1950

Die Niederlage der Zauberer

Die Vergabe der WM nach Brasilien dokumentierte einen weiteren Bedeutungszuwachs für den südamerikanischen Fußball innerhalb der FIFA. Seit 1946 gehörte Spanisch zu den drei offiziellen Sprachen des Weltverbands. Trotz des Zweiten Weltkriegs und der Zerwürfnisse zwischen den Nationen war Jules Rimet der Realisierung seiner Vision von einer globalen Fußballfamilie ein weiteres Stück näher gekommen.

Rimet regierte den Fußball-Weltverband seit mittlerweile 25 Jahren, und ihm zu Ehren wurde dem Weltpokal nun der Zusatz „Coupe de Rimet" verliehen. Als am 1. Juli 1946 in Luxemburg der FIFA-Kongress tagte, waren 34 Verbände vertreten. Für die WM 1949, die aus Zeitgründen dann auf 1950 verschoben wurde, gab es mit Brasilien nur einen Bewerber, dem der Kongress einstimmig den Zuschlag erteilte. Brasiliens Bewerbung besaß den Vorteil, dass auf dem südamerikanischen Subkontinent der Fußballbetrieb während des Zweiten Weltkrieges nicht zum Erliegen gekommen war. In den Kriegsjahren war es der brasilianischen Wirtschaft glänzend ergangen, wovon auch der heimische Fußball profitiert hatte.

In Rio de Janeiro wurde am Ufer des Flusses Maracanã die weltgrößte Fußballarena errichtet, die etwa 200.000 Menschen fassen konnte. Das Maracanã war sogar bereits mit einer Flutlichtanlage ausgestattet, obwohl WM-Spiele bei künstlichem Licht zu dieser Zeit noch untersagt waren. Der *Spiegel* 50 Jahre später über das berühmteste Fußballstadion der Welt: „Von oben sieht die Schüssel aus wie eine überdimensionierte Lupe, und darunter liegt die brasilianische Seele offen. Hier wird gebetet, geschluchzt und gefeiert wie nirgends sonst – im Maracanã ist die Übertreibung der Regelfall. Das Spielfeld ist größer, die Zuschauerzahl gewaltiger, die Hitze brüllender, der Sieg schöner, der Absturz schrecklicher." Pelé, der hier erstmals als 16-Jähriger auflief, über die Arena: „Ohne das Maracanã wäre ich nicht der geworden, der ich bin." Und sein Landsmann Zico, der 320 von den 701 Toren seiner Karriere im Maracanã schoss: „Das Maracanã hat immer das Beste aus mir herausgeholt."

Die Einweihung der Arena erfolgte am 16. Juni 1950 mit einem Spiel zweier Auswahlmannschaften von Rio de Janeiro und Sao Paulo. Der erste Kicker, der hier ins Netz traf, war Didi. Beim Anpfiff des Weltturniers war das Maracanã-Stadion, wie Montevideos Centenario-Stadion 1930, allerdings noch eine Baustelle.

Fußball in Brasilien: Weiß kontra Schwarz

In Brasilien verlief die Entwicklung des Fußballs langsamer und komplizierter als in den übrigen südamerikanischen Fußballhochburgen. Anders als in Argentinien und Uruguay waren hier nicht nur die Briten, sondern bald auch andere europäische Einwanderungsgruppen für die Etablierung des Spiels verantwortlich. Als Brasiliens Fußballpionier gilt der 1875 in Sao Paulo geborene Charles Miller, dessen Eltern aus England stammten. Miller spielte in England für Southampton, bevor er 1894 mit zwei Fußbällen und einem Fußballdress im Gepäck in sein Geburtsland zurückkehrte. 1895 trat Miller auch in Sao Paulo erstmals gegen den Ball. Bei der von ihm organisierten Begegnung, von der es heißt, sie sei das erste richtige Fußballspiel auf brasilianischem Boden gewesen, standen sich Engländer gegenüber, die für die lokale Gas-Gesellschaft, die London und Brazilian Bank bzw. die Sao Paulo Railway Company arbeiteten. Bereits 1888 hatten Briten den Sao Paulo Athletic Club gegründet, vornehmlich um Cricket zu spielen. Dieser Verein erweiterte nun seine Aktivitäten um Fußball.

Doch nicht nur Sao Paulos Briten interessierten sich für Fußball. Der erste Klub für Brasilianer hatte seine Wiege am Mackenzie College, das von aus den USA stammenden methodistischen Missionaren gegründet worden war. Auch Deutsche, Franzosen und Portugiesen leisteten ihren Beitrag zur Etablierung des Spiels. 1897 traf der Hamburger Hans Nobiling in Sao Paulo ein. Nobiling brachte einen Fußball und die Regeln seines deutschen Vereins mit. In Sao Paulo existierte bereits ein deutscher Gymnastikklub. Nobiling schloss sich diesem an und konnte einige seiner Mitglieder von den Vorzügen des Fußballspiels überzeugen.

Bis 1914 waren alle heute noch bedeutenden Klubs Sao Paulos und Rio de Janeiros gegründet, und jeder dieser Klubs wies Verbindungen zu einer der weißen europäischen Einwanderergemeinden auf. FC Fluminense, der aristokratischste aller brasilianischen Klubs, wurde 1902 vom Engländer Oscar Cox gegründet. Vasco da Gama (Rio), gegründet 1898, war zunächst ein Segelklub portugiesischer Einwanderer. Die Corinthians (Sao Paulo), die sich nach dem berühmten englischen Vorbild nannten, wurden 1910 von fünf Brasilianern portugiesischer Herkunft ins Leben gerufen. Se Palmeiras (Sao Paulo) hieß zunächst Palestra Italia und wurde 1914 von vier italienischen Emigranten gegründet, die im gleichen Jahr Zeugen eines Gastspiels der italienischen Teams Pro Vercelli und Turin geworden waren. Die Vereinsfarben Grün-Weiß-Rot waren zunächst mit denen der italienischen Nationalflagge identisch. Die Umbenennung erfolgte während des Zweiten Weltkriegs, als sich das Land auf die Seite der Alliierten schlug und in Brasilien eine starke anti-italienische Stimmung herrschte.

1899 gründeten in Sao Paulo 25 junge Männer unterschiedlicher Nationalität, darunter Brasilianer, Franzosen, Portugiesen, Engländer und Deutsche, den Sport

Club Internacional, der im Zentrum der Stadt ein nobles Klubhaus mit Leseräumen, Spielräumen, Bars, einem Gymnastiksaal etc. errichtete. Doch Konflikte zwischen den Nationalitäten führten dazu, dass der bereits erwähnte Nobiling mit seinen Landsleuten Internacional verließ und seinen eigenen Sportclub Germania bildete. Brasiliens Fußball war zu diesem Zeitpunkt noch eine Spielwiese der weißen Elite. Weitgehend davon ausgeschlossen waren die Nachfahren der drei bis sechs Millionen afrikanischen Sklaven, die einst ins Land verschleppt worden waren, um dort auf den Zuckerrohr- und Tabakplantagen oder in den Gold- und Diamantenminen zu arbeiten.

> ◆ **Sonderfall Brasilien**
>
> Brasilien ist gleich in mehrfacher Hinsicht ein Sonderfall auf dem amerikanischen Subkontinent. Das fünftgrößte Land der Welt ist das einzige Süd- wie Lateinamerikas, in dem nicht Spanisch, sondern Portugiesisch gesprochen wird. Vor allem aber leben in dem riesigen Land erheblich mehr Farbige als in irgendeinem anderen Teil Lateinamerikas. Schwarze und Mischlinge (größtenteils Mulatten) stellen fast die Hälfte der ca. 165 Millionen Einwohner Brasiliens.

Anders als in Uruguay und Argentinien konzentrierte sich der brasilianische Spitzenfußball nicht nur in einer Stadt. Sao Paulo und Rio de Janeiro waren die ersten Fußballzentren, aber schon bald wurde auch in anderen Städten gespielt, wobei hier insbesondere Belo Horizonte, Porto Alegre, Bahia, Recife, Curitiba und Fortaleza zu nennen sind. Der argentinische Fußball wurde und wird von den Buenos-Aires-Klubs River Plate, Boca Juniors und Atletico Independiente dominiert, während in Uruguay die Montevideo-Klubs Nacional und C.A. Pernarol seit jeher das Sagen haben. Die brasilianische Fußballgeschichte dagegen kann mit Atletico Mineiro Belo Horizonte, Botafago (Rio de Janeiro), Vasco da Gama (Sao Paulo), Corinthians (Sao Paulo), Cruzeiro Belo Horizonte, FC Fluminense (Rio de Janeiro), FC Santos, FC Sao Paulo, Flamengo (Rio de Janeiro), Gremio (Porto Alegre), Palmeiras (Sao Paulo) und Sport Club Internacional (Porto Alegre) eine erheblich größere geografische Streuung sowie eine ganze Reihe starker Klubs präsentieren, von denen einige auch auf der internationalen Bühne für Furore sorgten.

Angesichts der gigantischen Größe des Landes und der daraus resultierenden logistischen Probleme sowie seiner politisch-administrativen Aufsplitterung in 27 Staaten gestaltete sich die nationale Organisation des Spiels äußerst schwierig. 1914 hatte Brasilien zwar mit der Confereracao Brasileira de Futebol (CBF) einen nationalen Fußballverband erhalten, aber noch 1920 hatten 15 der brasilianischen Staaten eigene Ligen. Vor diesem Hintergrund war auch die Aufstellung einer Nationalelf ein kompliziertes Unterfangen. Das Team musste aus Spielern diverser Ligen zusammengestellt werden, die für einen gemeinsamen Auftritt erhebliche Distanzen zu überwinden hatten. Das erste Spiel einer nationalen Auswahl fand erst am 21. Juli 1914 statt. Gegner war das englische Team Exeter City, das zu dieser Zeit den Subkontinent bereiste. Zwei Monate später trat man in Buenos Aires zum ersten Länderspiel an, das die im internationalen Fußball erfahreneren Argentinier mit 3:0 gewannen. Zuvor wurde Brasilien lediglich durch Auswahlmannschaften der Städte repräsentiert.

Der erste Star: ein deutschstämmiger Farbiger

Der erste Superstar des brasilianischen Fußballs war der deutschstämmige Arthur Friedenreich, bis heute mit 1.329 von der FIFA anerkannten Toren vor seinem Landsmann Pelé der erfolgreichste Torschütze aller Zeiten. Der 1892 in Sao Paulo geborene Friedenreich spielte bereits mit 17 Jahren in der ersten Liga. Mit 43 Jahren bestritt er hier sein letztes Spiel. Friedenreich machte sich nicht nur als Torjäger einen Namen, sondern wird auch als Erfinder der Körpertäuschung und des Effetschusses gehandelt. Sein größter Erfolg war aber vielleicht das Durchbrechen der Rassenschranken im brasilianischen Fußball, denn Friedenreich war ein Farbiger. Brasilien war ein durch und durch rassistisches Land. Erst 1888 schaffte Brasilien als das weltweit letzte Land offiziell die Sklaverei ab, womit der Rassismus allerdings noch lange nicht beseitigt war. Friedenreichs Aufstieg wurde dadurch erleichtert, dass er als Sohn eines deutschen Kaufmanns und einer afrobrasilianischen Wäscherin eine sehr helle Haut hatte.

1919 gewann Brasilien die Südamerikameisterschaft, den ersten internationalen Titel für das Land. Im Stadion Laranjeiras von Rio de Janeiro erzielte Friedenreich vor 28.000 Zuschauern nach 150 Minuten (!) den Treffer zum 1:0-Sieg über Uruguay. Der Gegner taufte ihn anschließend ehrfurchtsvoll „El Tigre". Der einzige farbige Spieler auf dem Platz wurde zum Volkshelden, dessen Schuh man in Prozessionen durch die Straßen trug. Der Gewinn der Copa America hatte zur Folge, dass Fußball die exklusiveren Sportarten Cricket und Rudern an der Spitze der Popularitätsskala ablöste.

Doch die Herrschenden ließen sich in ihrem Rassismus nicht beirren. Zum Schaden des brasilianischen Fußballs verfügte Staatspräsident Epitácio Pessoa, dass künftig nur noch weiße Spieler das Land bei Südamerikameisterschaften vertreten dürften. Im Selbstverständnis der Herrschenden war Brasilien das weißeste und zivilisierteste Land des Subkontinents, weshalb Pessoa befürchtete, ein farbiger Repräsentant Brasiliens könne Schande über das Land bringen. Dass Friedenreich in seiner langen Karriere auf lediglich 22 Länderspiele kam, war allein dieser Diskriminierung geschuldet. 1920 und 1921 kassierte Brasilien ohne Friedenreich bei der Copa Americana gegen Uruguay jeweils Niederlagen. Anders 1922, als Friedenreich als Mittelstürmer wieder auf dem Feld stand und Brasilien den zweiten Copa-Titel holte. Die WM 1930 fand indes wieder ohne Friedenreich statt.

Der Ausschluss von Schwarzen aus der weißen Sportwelt dauerte bis in die 1920er Jahre hinein, weshalb sie eigene Athletikklubs gründeten. Einige von ihnen hatten gute Fußballteams. Am 13. Mai 1927, dem Jahrestag der Abschaffung der Sklaverei, fand auf Initiative einiger Schwarzenführer ein Spiel „Schwarze gegen Weiße" statt. Zur Überraschung einiger Journalisten gewannen die Schwarzen, was das Interesse der führenden weißen Klubs an der Rekrutierung von Schwarzen steigen ließ.

Für das WM-Turnier 1950 wurde das berühmte Maracanã-Stadion erbaut, das seinerzeit rund 200.000 Zuschauer fasste.

Zuvor hatte bereits Vasco da Gama die „Nützlichkeit" schwarzer Spieler unter Beweis gestellt. Der Klub stand zunächst im Schatten anderer Fußballadressen Rio de Janeiros, bis er als erster Klub seine Tore auch für schwarze Spieler öffnete. Mit deren Hilfe gewann der Klub 1923 die Rio-Meisterschaft. Der brasilianische Fußball befand sich längst auf dem Weg vom weißen Elitesport zum Massensport und gewann somit zusehends an Farbe. Der bedeutende brasilianische Soziologe Gilberto Freyre gelangte zu der Erkenntnis, dass Fußball mehr als alles andere – die Kirche ausgenommen – zur Emanzipation der Farbigen beigetragen habe. Dem Nachwuchs aus den Elendsvierteln, den Favelas, bot er die Möglichkeit, den Slums zu entrinnen, zumal nach Einführung des Professionalismus 1933. Die Professionalisierung und der Einzug der Schwarzen wurden durch den Umstand beschleunigt, dass nach der WM 1930 viele argentinische, uruguayische, aber auch brasilianische Spieler nach Italien gelockt wurden. Einige Kicker besorgten sich sogar gefälschte Papiere, um sich als Italiener ausgeben zu können. Zurück blieben jene Akteure, denen aufgrund ihrer Hautfarbe diese Möglichkeit verwehrt war.

1938 schickte Brasilien erstmals ein Team aus Profis zum Weltturnier, das den spielerischen Reichtum dokumentierte, den die soziale Öffnung des brasilianischen Fußballs gegenüber den Unterschichten bedeutete. Die Darbietungen von Leónidas und Domingos da Guia hatten einen enormen Prestigegewinn für schwarze Spieler zur Folge. Doch einige der mit der weißen Elite assoziierten Klubs wie Fluminense,

Botafago, Palmeiras und Gremio lehnten bis in die 1950er Jahre hinein schwarze Spieler ab. Der Druck der Ergebnisse veranlasste sie schließlich zum Kurswechsel. Fluminense verpflichtete Didi und weitere schwarze Kicker, Botafago den Stürmer Garrincha, der bis dahin für ein Werksteam kickte, und später Didi von Fluminense.

Absagen aus 19 Ländern

Die WM in Brasilien war das zweite WM-Turnier in Südamerika. Wie Uruguay 1930 wurde auch Brasilien 1950 von zahlreichen Absagen überschattet. Zwar gab es 32 Bewerber, doch nach der chaotischsten WM-Qualifikation aller Zeiten blieben von den anvisierten 16 Endrundenteilnehmern, die in vier Vorrundengruppen à vier Mannschaften beginnen sollten, nur 13 übrig. Nicht weniger als 19 Länder (Argentinien, Bulgarien, Burma, Belgien, Dänemark, Ecuador, Frankreich, Indien, Norwegen, Niederlande, Österreich, Peru, Portugal, Rumänien, Schottland, Sowjetunion, Tschechoslowakei, Türkei, Ungarn) sagten nach und nach aus unterschiedlichen Gründen ab. Deutschland und Japan konnten nicht teilnehmen, weil sie immer noch aus der FIFA verbannt waren. Als am 23. Juni 1950, dem Vorabend des Eröffnungsspiels, in Rio de Janeiro der FIFA-Kongress tagte, lag den 92 Delegierten aus 34 Mitgliedsländern ein Antrag des Schweizer Verbandes vor, in dem die „Wiederaufnahme der sportlichen Beziehungen mit dem Deutschen Fußball-Bund und seinen Vereinen" gefordert wurde. Die endgültige Entscheidung darüber wurde allerdings auf den Herbst verschoben.

Immerhin war Uruguay 20 Jahre nach seinem Titelgewinn zurückgekehrt, und erstmals war auch England vertreten, nachdem das Mutterland bei drei Weltturnieren eine Teilnahme abgelehnt hatte. 1946 hatten die britischen Verbände ihre Rückkehr in die FIFA beschlossen. Im Mai 1947 kam es im Glasgower Hampden Park zu einem Benefizspiel für den finanziell in Schwierigkeiten geratenen Weltverband, bei dem sich eine britische Auswahl und eine FIFA-Auswahl gegenüberstanden. Letztere, deren Kapitän der bei Manchester United unter Vertrag stehende irische Nationalspieler John Carey war, bestand ausschließlich aus europäischen Akteuren. 134.000 Zuschauer sahen einen 6:1-Sieg der Briten über das zusammengewürfelte Team aus neun Nationen. Vor allem die Engländer verleitete die sportliche Momentaufnahme zu der fatalen Fehlannahme, dass ihnen nach wie vor keine Nation der Welt fußballerisch das Wasser reichen könnte.

England ist erstmals dabei

Dabei hatten die *News of the World* schon 1937, nachdem England die Tschechoslowakei in London nur dank eines Hattricks von Stanley Matthews knapp mit 5:4 bezwungen hatte, geschrieben, dass es nicht der Weisheit Salomons bedürfe, um Englands erste Heimniederlage gegen ein kontinentales Team vorauszusagen. Dies sei so sicher, wie dass auf die Nacht der Tag folge. Ein Jahr zuvor hatte Stanley Rous, der

der FA seit 1934 vorstand und eine offenere Politik gegenüber dem europäischen Kontinent einleitete, einen Report vorgelegt, in dem er sich mit der Frage befasste, wie Englands internationale Position zu sichern sei. Doch die FA ignorierte Rous' Vorschläge.

Die Engländer behielten zwar im Zeitraum 1930 bis 1950 weiterhin bei Vergleichen mit Mannschaften vom Kontinent die Oberhand: 1947 wurde Portugal mit 10:0 geschlagen und 1948 gewann man in Turin gegen den letzten Weltmeister Italien mit 4:0. Aber in technischer Hinsicht waren ihnen ihre Gegner ein ums andere Male überlegen – eine Tendenz, die geflissentlich ignoriert wurde.

Den britischen Verbänden waren seitens der FIFA großzügig zwei Plätze bei der Endrunde garantiert worden, indem man die britische Meisterschaft zu einer WM-Qualifikationsgruppe erklärt hatte. Nicht nur der Meister, sondern auch der Zweitplatzierte sollte ein WM-Ticket erhalten. Doch die Schotten erklärten, sie würden nur als Erster reisen. Da England die Meisterschaft gewann und die Schotten zu ihrem Wort standen, wurde der britische Fußball in Südamerika nur durch das englische Team vertreten. Statt der Schotten sollten die Portugiesen spielen, die jedoch ebenfalls ablehnten.

> ◆ **Der Streik der argentinischen Profis**
>
> 1944 hatten argentinische Profis die Spielergewerkschaft Fútbolistas Argentinos Agremiados (FAA) gegründet. Die FAA forderte vom nationalen Fußballverband Asociacíon de Futbol Argentino (AFA) die Einführung eines Mindestlohns sowie die freie Wahl des Arbeitsplatzes. Als der Verband nicht reagierte, rief die Gewerkschaft im April 1948 zum Streik auf. Die argentinische Regierung intervenierte, aber erst mit Beginn der Saison 1949 wurde eine Übereinkunft erreicht. Zwischenzeitlich hatten nicht weniger als 105 Profis das Land verlassen, um in Kolumbien und in Europa vor den Ball zu treten. 1949 wurden in Kolumbien 109 ausländische Profis gezählt, 75 von ihnen waren Argentinier, darunter auch der spätere Real-Madrid-Star Alfredo di Stéfano. Bei der Nationalmannschaft fielen die Emigranten in Ungnade.

Österreich verzichtete, weil es sein Team für zu jung hielt. Vier Jahre später war es allerdings zu alt, um eine ernsthafte Rolle zu spielen. Auch die Türkei, die in der Qualifikation Syrien mit 7:0 besiegt hatte, sagte ihre Teilnahme ab. Anstelle der Türkei sollte dann Frankreich anreisen, das in der Qualifikation an Jugoslawien erst nach drei Spielen und einer Verlängerung gescheitert war. Die Franzosen sagten zunächst auch zu, korrigierten jedoch ihre Entscheidung nach zwei Testspielniederlagen in Belgien und daheim gegen Schottland. Außerdem missfielen ihnen Gruppeneinteilung und Spielplan. Frankreichs Gruppengegner wären Uruguay und Bolivien gewesen, und die beiden Spielorte hätten Porto Alegre und Recife geheißen. Zwischen diesen Städten lagen allerdings nicht weniger als 2.000 Meilen. Der Gedanke, die Spiele einer Gruppe an einem Ort zu konzentrieren, war den Organisatoren offensichtlich fremd – mit der Ausnahme des eigenen Teams (davon später).

Auch Argentinien zeigte dem Turnier die kalte Schulter, obwohl das Regime Juan Peróns dem Fußball erhebliche Bedeutung zumaß. Im peronistischen Regierungsapparat saßen zahlreiche Fußballfanatiker. Der bekannteste von ihnen war Finanzminister Ramón Cereijo, ein passionierter Fan des Buenos-Aires-Klubs Racing, für den er Spielertransfers verhandelte. Sein neues Stadion taufte der Klub auf den Namen von Juan Péron, dem auch die Präsidentschaft des Klubs übertragen wurde. Offiziell wurde die Absage mit Querelen zwischen den Verbänden Argentiniens und Brasiliens begründet. Bedeutender war aber wohl, dass der argentinische Fußball durch einen Spielerstreik und einen Exodus seiner Stars geschwächt war.

Der nun geschlossen kommunistisch regierte Osten Europas war aus politischen Gründen überhaupt nicht vertreten. Dies bedeutete, dass mit Ungarn und der Tschechoslowakei zwei Länder fehlten, die aufgrund ihrer Teilnahmen 1934 und 1938 schon fast zum festen Inventar eines WM-Turniers gehörten. Zum ersten Mal hatte sich der Ferne Osten fürs Turnier angemeldet, doch Burma und Indien zogen später zurück. Im Falle Indiens soll der Grund das fehlende Schuhwerk gewesen sein. Bei der Olympiade 1948 waren die Inder nur mit Bandagen an den bloßen Füßen angetreten. Die FIFA forderte für die WM „ordentliches" Schuhwerk, das sich die indischen Fußballer jedoch finanziell nicht leisten konnten. In Indien stand der Fußball klar im Schatten des erheblich finanzstärkeren Hockeysports.

Die Favoriten: England und Brasilien

Als Favoriten wurden England und Brasilien gehandelt. Im englischen Team standen mit Alf Ramsey, Billy Wright, Stan Mortenson, Tom Finney und Stanley Matthews internationale Hochkaräter. Matthews trug bereits seit 1934 das Nationaltrikot und zählte in Brasilien 35 Lenze.

1946 hatte die FA mit Walter Winterbottom erstmals einen *director of coaching* eingestellt, der zugleich auch für das Nationalteam verantwortlich war. Der ehemalige Manchester-United-Spieler traf bei seinen Profis zunächst auf Skepsis. Stanley Matthews hielt den Modernisierer und Strategen für mehr oder weniger überflüssig: Er erklärte, einem Nationalspieler solle selbst überlassen bleiben, wie er spiele.

Bis dahin war das Nationalteam von FA-Funktionären aufgestellt worden. Dies sollte trotz Winterbottoms Ernennung zunächst auch so bleiben. Erst in den späteren Jahren seiner bis 1962 dauernden Tätigkeit wurde Winterbottom gestattet, seine Spieler selbst auszusuchen, wobei seine Entscheidungen noch immer der Absegnung durch ein *selection committee* bedurften. Auch die populäre Presse mochte sich nicht mit der neuen Position anfreunden. Stattdessen porträtierte sie Winterbottom als weltfremden Professor, der mit der Kreide auf einer Tafel herummale, während sich die Spieler hinter seinem Rücken amüsieren würden. In der WM-Berichterstattung tauchte Winterbottoms Name kaum auf, was ihn immerhin vor Schuldzuweisungen für die nun folgende sportliche Pleite bewahrte.

Die Vorbereitung der Engländer erweckte den Eindruck, als würden sie das Ereignis eher auf die leichte Schulter nehmen. Auf dem Weg nach Brasilien absolvierte man noch eine anstrengende Kanada-Tournee, und einer Reihe wichtiger Spieler – wie Aston und Cockburn (Manchester United), Jim Taylor (Fulham) und Stanley Matthews (Blackburn) – wurde gestattet, mit ihren Klubs zunächst noch auf einträgliche Gastspielreisen zu gehen.

Gastgeber Brasilien dagegen ging mit hohen Ambitionen in das Turnier. 1949 hatte man im eigenen Land die Südamerikameisterschaft gewonnen, den organisatorischen Testlauf für das WM-Turnier. In gerade mal acht Spielen hatten Ademir, Jair und Co. 46 Tore erzielt. Im Team gab es kaum Schwachpunkte. Die Abwehr mit Keeper Barbosa, Augusto, Juvenal, Bauer und Danilo wurde als beste Südamerikas bezeichnet. Im Mittelfeld führte Bigode Regie, und im Sturm war vor allem Torjäger Ademir zu nennen. Jeder Spieler war technisch versiert und verfügte über Spielwitz.

46 Tore in acht Spielen

Trainiert wurde das Team von Flavio Costa, der auf zwei der besten Spieler Brasiliens verzichtete. Verteidiger Mauro scheiterte an Costas Vorliebe für den eingespielten Vereinsblock von Vasco da Gama, während der als „bester Mittelstürmer des Landes" gepriesene Heleno schlichtweg ignoriert wurde, woraufhin dieser nach Kolumbien emigrierte. Costa kam vom Rio-Klub Vasco da Gama, sein Assistent Vicente Feola indes aus Sao Paulo. Auch bei der Betreuung der Nationalmannschaft musste der Verband der Rivalität zwischen den beiden Städten bzw. „Cariocas" und „Paulistas" Rechnung tragen.

Um eine optimale Vorbereitung zu gewährleisten, kasernierte Flavio Costa, der ein für damalige Verhältnisse beträchtliches Monatsgehalt von 1.000 Pfund bezog, seine Spieler vier Monate lang auf einer luxuriös eingerichteten Hacienda mit Swimmingpool am Rande Rios. Verheiratete Spieler durften keinen Kontakt mit ihren Frauen pflegen. Um 22 Uhr war strikte Bettruhe angesagt. Zuvor musste jeder Spieler einen Vitamintrunk einnehmen.

Der Spielplan begünstigte klar den Gastgeber. Von ihren sechs Spielen durften die Brasilianer fünf in Rio austragen, während andere Teams die Strapazen langer Reisen durch das riesige Land auf sich nehmen mussten. Das in Rio herrschende Klima bedeutete ein zusätzliches Handicap für die Gegner Brasiliens. Insbesondere Jugoslawien, Brasiliens härtester Konkurrent in der Gruppe 1, fühlte sich benachteiligt. Zunächst mussten die Jugoslawen in Belo Horizonte antreten, vier Tage später dann in Porto Alegre und nur zwei Tage danach zum „Gruppenfinale" gegen den Gastgeber in Rio. Das einzige Gästeteam, das in einer Stadt verweilen durfte, war Italien.

Vorrunde: USA schlagen England

Die Vorrunde wurde in vier Gruppen gespielt, deren Auslosung im brasilianischen Außenministerium und im Beisein der diplomatischen Vertreter der teilnehmenden Länder vorgenommen wurde. Die Gruppenersten bildeten dann eine neue Gruppe, in der erneut jeder gegen jeden kickte. Das WM-Turnier von 1950 blieb bis heute das einzige, das zu keinem Zeitpunkt im K.o.-System gespielt wurde und somit kein offizielles Finale vorsah.

Aufgrund der zahlreichen Absagen waren die Vorrundengruppen unterschiedlich groß. Brasilien und England spielten in den beiden Vierergruppen, wo sie sich gegen Jugoslawien, die Schweiz und Mexiko bzw. Spanien, Chile und die USA durchsetzen mussten. Schweden, Olympiasieger von 1948, der zweifache Weltmeister Italien sowie Paraguay bildeten eine Dreiergruppe. Die vierte Gruppe bestand mit Uruguay und Bolivien nur aus zwei Mannschaften. Folglich gab es in dieser Gruppe auch nur ein Spiel.

Gruppe 1

Den Auftakt machte die Gruppe 1 mit dem Spiel des Gastgebers gegen Mexiko. 81.000 kamen am 24. Juni 1950 auf die Baustelle Maracanã-Stadion, wo sie mit 21 Salutschüssen und einem Feuerwerk begrüßt wurden. Brasilien gewann souverän mit 4:0, wobei Ademir zwei Tore erzielte. Die

Brasilien – Jugoslawien 2:0. Die Gastgeber sahen sich als Favoriten auf den Titel.

erste Ernüchterung erfolgte beim zweiten Auftritt gegen die Schweizer, die sich ein 2:2-Remis erkämpfen konnten. Kurz vor dem Abpfiff vergab der Eidgenosse Friedländer sogar noch die Riesenchance zum 3:2-Sieg seiner Mannschaft. Die Begegnung offenbarte eine Schwäche der Brasilianer, die sich auch Uruguay später zu Nutze machen sollte. Die Brasilianer liebten das pausenlose Offensivspiel, das bei Kontern anfällig war.

Da Jugoslawien die Schweiz und Mexiko mit 3:0 und 4:1 jeweils klar geschlagen hatte, mussten die Brasilianer ihr letztes Vorrundenspiel gegen die Jugoslawen unbedingt gewinnen. Zum Gruppenfinale strömten 147.000 Zuschauer ins Maracanã-Stadion, was einen neuen Zuschauerrekord für ein WM-Spiel bedeutete. Bereits in der 3. Minute konnte Ademir sein Team in Führung bringen. In der 60. Minute erhöhte Zizinho auf 2:0, wobei es bis zum Schlusspfiff blieb.

Gruppe 2

In der Gruppe 2 startete England planmäßig mit einem 2:0-Sieg über Chile. Doch bereits das folgende Gruppenspiel gegen die USA hielt eine böse Überraschung parat: In Belo Horizonte verlor England vor lediglich 10.000 Zuschauern sensationell mit 0:1. Wie wenig die Engländer den Gegner ernst genommen hatten, wird schon daraus ersichtlich, dass Winterbottom zunächst seine Stars Finney, Mortensen, Mannion, Wright und Ramsey nicht einsetzen wollte, um sie für das letzte Gruppenspiel gegen Spanien zu schonen. Doch FA-Präsident Arthur Drewry bestand auf einer Beibehaltung der Formation aus dem Chile-Spiel, weshalb Stanley Matthews, der mittlerweile in Brasilien eingetroffen war, zuschauen musste.

Kapitän des US-Teams war Walter Bahr, der später ein Angebot von Manchester United erhielt. Das US-Team war ein Spiegelbild der Einwanderung in die „Neue Welt". Eddi McIlvenny war Schotte und hatte noch 18 Monate zuvor für den Drittligisten Wrexham gespielt, bevor er in die „Neue Welt" emigrierte. Außenverteidiger Maca war belgischer Abstammung, Mittelstürmer Larry Gaetjens kam aus Haiti. Doch im Gegensatz zum Halbfinalisten von 1930 waren fast alle US-Spieler, mit der Ausnahme Gaetjens, in den USA geboren.

Die Engländer berannten und beschossen unaufhörlich das US-Tor, doch in der 37. Minute ging der Underdog durch einen eher zufälligen Treffer eben jenes Gaetjens in Führung. Ein langer Ball von Bahr traf Gaetjens über dem linken Ohr, von wo der Ball ins englische Netz abgefälscht wurde. Kurz vor dem Abpfiff verhinderte Colombo mit einer Notbremse gegen Stan Mortenson den Ausgleich. Der anschließende Freistoß wurde von Jimmy Mullen mit dem Kopf verlängert, aber der exzellente Keeper Frank Borghi rettete einhändig. Die Engländer wollten den Ball bei dieser Rettungstat bereits hinter der Linie gesehen haben.

Nach dem Abpfiff wurde Gaetjens auf den Schultern jubelnder Brasilianer vom Platz getragen, die die Engländer als Haupthindernis auf dem Weg ihres Teams zum erhofften Titelgewinn betrachtet hatten. Dem völlig konsternierten FA-Präsident Drewry kam nur ein „unglaublich" über die Lippen. US-Keeper Borghi interpretierte

Die erste Sensation der WM 1950: Die USA besiegen die englischen Lehrmeister. Hier erzielt US-Mittelstürmer Gaetjens das einzige Tor des Spiels. Die Miene des englischen Keepers Williams drückt das Entsetzen über diese Schmach aus.

den Sieg des US-Soccer-Teams als Rache für die Niederlage der Yankees gegen England 1927 im Baseball.

Die Niederlage des Lehrmeisters gegen die „schottisch" spielende ehemalige Kolonie ging als erste große Sensation in die WM-Geschichte ein. Trainer des wild zusammengewürfelten Teams war der Schotte Bill Jeffrey, der 30 Jahre zuvor in die USA ausgewandert war. Dessen Vorbereitung beschränkte sich auf drei Freundschaftsspiele. Ein gemeinsames Training fand nicht statt. Alle Akteure waren berufstätig. 100 Dollar erhielt jeder US-Spieler zur WM, während das englische Team mit drei Millionen Dollar bei Lloyds versichert war. Am Vorabend der Begegnung hatten Jeffreys unternehmungslustige Akteure noch einen Nachtklub aufgesucht, wo sie bis in die frühen Morgenstunden tanzten und tranken.

In England mochte man der Schreckensnachricht aus Belo Horizonte zunächst keinen Glauben schenken. Einige britische Zeitungen unterstellten einen Druckfehler bei der Übermittlung des Ergebnisses und meldeten deshalb anstatt einer 0:1-Niederlage einen 10:1-Sieg. Als die Engländer auch noch mit 0:1 gegen Spanien unterlagen, durften sie mit mageren zwei Punkten im Gepäck vorzeitig nach Hause fahren. Der Arroganz tat dies zunächst keinen Abbruch. Nach dem vorzeitigen Ausscheiden verließen die englischen Journalisten und Fußballfunktionäre Brasilien in Scharen. Offenbar war man der Auffassung, dass die folgenden Runden ohne das Mutterland keine interessanten Darbietungen und Erkenntnisse bringen würden. Dass die WM 1950 kein Ausrutscher war, sollten jedoch die folgenden Jahre beweisen.

Sieger der Gruppe 2 wurde Spanien mit der makellosen Bilanz von sechs Punkten aus drei Spielen. Die USA wurden trotz des historischen Sieges über

> ◆ **Englische Schiedsrichter**
>
> In einer Hinsicht bewahrten die ansonsten enttäuschenden Engländer auch beim WM-Turnier 1950 ihre alte Dominanz: Zehn der 22 Spiele wurden von englischen Referees gepfiffen, Ausdruck der hohen Anerkennung, die England noch genoss, wenn es um die Regeln des Spiels und die Einhaltung von Fair Play ging. Auch das faktische Endspiel zwischen Brasilien und Uruguay wurde vom Engländer Reader geleitet.

England nur Gruppenletzter, denn in den anderen beiden Gruppenspielen gegen Chile (2:5) und Spanien (1:3) war der Außenseiter unterlegen. Die Spanier gewannen allerdings nur mit Glück, denn bis zur 80. Minute hatte es nicht unverdient 1:0 für die USA geheißen. Da England, Chile und die USA über die gleiche Punktzahl verfügten, entschied das Torverhältnis über deren Platzierung.

Die Gruppe 3 war zumindest auf dem Papier die ausgeglichenste. Die Schweden hatten das olympische Turnier 1948 gewonnen, Paraguay war bei der Südamerikameisterschaft 1949 bis ins Finale vorgestoßen und hatte dort Brasilien im ersten der beiden Finalspiele mit 2:1 besiegt. Der zweifache Weltmeister Italien, der noch einige Jahre zuvor zum engsten Favoritenkreis gezählt hätte, fuhr angeschlagen nach Südamerika. Vittorio Pozzo hatte das Amt des Nationaltrainers 1948 abgegeben und war in seinen alten Beruf als *La-Stampa*-Redakteur zurückgekehrt. Pozzo war enttäuscht von der Ablösung seiner *metodo*-Taktik durch die *sistema*-Philosophie und unzufrieden mit der fortschreitenden Kommerzialisierung des italienischen Fußballs.

Gruppe 3

Pozzos Abgang war indes nicht das einzige Problem. Der zweifache Weltmeister hatte bei einem tragischen Flugzeugunglück wichtige Stars verloren. In den Nachkriegsjahren hatte die dominierende Kraft im italienischen Fußball AC Turin geheißen, der 1943, 1946, 1947 und 1948 Meister wurde. Das von Trainer Lievesley und dem Technischen Direktor Erbstein geführte Team griff häufig mit sieben Spielern gleichzeitig an und stellte auch das Rückgrat der italienischen Nationalelf. Auch 1949 führte Turin die Konkurrenz an, doch den Gewinn des fünften Meistertitels sollte das Team nicht mehr miterleben. Die Mannschaft befand sich am 4. Mai 1949 auf dem Rückflug von einem Spiel bei Benfica Lissabon (4:3), als die Maschine direkt in die Basilika des Turiner Vororts Superga raste, zerschellte und in Flammen geriet. 31 Passagiere starben, darunter sämtliche Turiner Spieler, Lievesley und Erbstein. Unter den Opfern befanden sich so klangvolle Namen wie Ossola, der gefährliche Linksaußen, Valentin Mazzola, dessen Sohn Sandro in den 1960er Jahren zu einem Weltstar reifen sollte, Torjäger Gabetto, der in 175 Ligaspielen 118 Tore erzielt hatte, Menti, der französische Nationalspieler Bongiorni und der tschechische Nationalspieler Schubert. Zehn der ums Leben gekommenen Spieler waren italienische Nationalspieler. Es sollte seine Zeit dauern, bis sich die Nationalelf von der Tragödie von Superga erholt hatte.

Auf Grund des Desasters von 1946 mochten einige italienische Stammspieler wie Parola, Carapellese, Giovannini und Bertucelli nicht auf dem Luftweg nach Brasilien reisen, wie es ihr Verband plante, und drohten deshalb mit einem Boykott. Die Reise wurde schließlich zur See angetreten, mit dem Ergebnis, dass die Mannschaft gesundheitlich angeschlagen in Südamerika eintraf. Es blieb ihr nicht genügend Zeit, um die notwendige Fitness wiederzuerlangen. Pozzos Nachfolger waren Ferrucio Novo, Präsident des AC Turin, und der toskanische Journalist Aldo Bardelli, die allerdings wie Hund und Katze zueinander standen. Noch vor dem ersten WM-Auftritt wurde Bardelli von seinen Aufgaben entbunden.

Die vom Engländer George Raynor trainierten Schweden, in deren Team nur drei der Olympiasieger von 1948 standen, besiegten im Auftaktspiel der Gruppe 3 Italien mit 3:2. Nicht wenige sahen den Grund für die italienische Niederlage in Novos chaotischer Aufstellungspolitik, die von einer gewissen Unterschätzung des Gegners zeugte. Das Spiel fand in Sao Paulo statt, dem Zentrum der italienischen Einwanderung nach Brasilien, was das große Zuschauerinteresse an der Begegnung erklärte. Ein 2:2 der Schweden gegen Paraguay bedeutete die vorzeitige und überraschende Qualifikation der Skandinavier für die Finalrunde. Die letzte Begegnung Italien gegen Paraguay (2:0) war damit nur noch von statistischem Wert.

Gruppe 4

In der Gruppe 4 nahm die Entscheidung lediglich 90 Minuten in Anspruch. Uruguay, dessen Trainer Juan Lopez noch zwei Monate vor dem Turnier keine Mannschaft beisammen hatte, weshalb man dem Land kaum Chancen auf den Titel einräumte, gewann gegen Bolivien in einer äußerst einseitigen Partie mit 8:0. Beim höchsten Sieg des Turniers traf Juan Alberto Schiffiano gleich viermal ins bolivianische Gehäuse.

Mit jeweils zwei Teilnehmern aus Südamerika und Europa (Brasilien und Uruguay sowie Spanien und Schweden) war die Finalrunde komplett.

Finalrunde: Ein gekrönter und ein ungekrönter Weltmeister

In der Finalrunde schien alles auf einen brasilianischen Triumph programmiert. In der ersten Begegnung am 3. Juli 1950 besiegte Brasilien die Schweden vor 138.000 Zuschauern mit 7:1. Vierfacher Torschütze war Ademir. Der Journalist Willy Meisl geriet anschließend ins Schwärmen und wollte den neuen Weltmeister gesehen haben: „Da war wohl niemand im Stadion, der nicht gewusst hätte, dass wir die Weltmeister spielen sahen! Das war Fußball, wie er gespielt werden soll... Kein dritter Verteidiger, keine Mechanisierung, nichts Roboterartiges, kein Schweiß und Blut, kein Fußexerzieren, nein, mitreißendes, flüssiges Spiel mit dem Ball, vorgeführt von begeisterten Virtuosen, die eine Weltrekordzuschauermenge in Begeisterung versetzten."

Brasiliens folgender Auftritt gegen Spanien wurde von vielen Experten vor seinem Anpfiff als das eigentliche Finale betrachtet. Schließlich trafen an diesem Tag zwei Teams aufeinander, die man für die besten Südamerikas und Europas hielt. Doch 152.000 Zuschauer sahen einen klaren 6:1-Sieg der brasilianischen Mannschaft. Friedebert Becker notierte anschließend im *Kicker:* „Vor unseren Augen zog ein ans Märchenhafte grenzendes Fußballschauspiel vorüber. Brasilien, von Treffer zu Treffer stärker werdend, wirbelte den Repräsentanten Europas 6:1 nieder. (…) Beinahe wie im Lehrfilm lief das unwiderstehliche Kombinationsspiel der Brasilianer, sprühte von Witz, artistischen Einlagen und kunstvollen Zügen. Eine Spielregie, wie sie dieser Zizinho vorzauberte, eine dynamische Wucht und Akrobatik, wie sie ein Ademir entfesselte, eine schlaue Verknüpfung von Angriff und Abwehr, wie sie ein Jair zu flechten verstand – ein Ballzauber, wie ihn dieses Innentrio Zizinho, Ademir, Jair entfaltete – das sah die Welt noch nie." Noch Jahre später erklärte Becker Brasiliens Siege gegen Schweden und Spanien zu „unübertroffenen Glanzdemonstrationen aller Fußballzeiten".

Mit Brasiliens offensiver Spielweise kamen die europäischen Teams, die sich in der Regel immer noch an Chapmans W-M-System orientierten, nicht zurecht. Brasiliens Trainer Flavio Costa nach dem zweiten Kantersieg in Folge: „Die großen brasilianischen Erfolge haben der Welt eindeutig bewiesen, dass auch heute noch technische Virtuosität, glänzende Einfälle und individuelles Können der einzelnen Fußballer weit höher einzuschätzen sind als der von den Anhängern des gepredigten W-M-Systems starre, defensive Schablonenfußball, wie er von vielen Nationen Europas gespielt wird. Wenn man über wirkliche Klassefußballer verfügt, so wird der Offensivfußball über den in erster Linie auf Verteidigung bedachten noch immer stets Triumphe feiern."

Vor dem letzten Gruppenspiel der Brasilianer führten die Gastgeber die Tabelle mit vier Punkten an, gefolgt von Uruguay, das nach einem Remis gegen Spanien (2:2) und einem knappen Sieg über Schweden (3:2) drei Punkte verbuchen konnte. Gegen Spanien hatten die „Urus" bis zur 72. Minute zurückgelegen, bevor Mittelfeldveteran Obdulio Valera mit einem Weitschuss noch das 2:2 gelang. Die Begegnung gegen die Schweden, die späteren WM-Dritten, war mit noch mehr Mühen verbunden. Die Schweden gingen zweimal in Führung. Bis zur 77. Minute stand es 2:1 für die Skandinavier. Ihr überragender Mann bei diesem Turnier war der junge Halblinke Lennart Skoglund, der anschließend – wie so viele andere Spieler aus den Teams von 1948 und 1950 – nach Italien wechselte, wo er für Inter Mailand, Genua und Palermo spielte. Dank eines Doppelschlags von Miguez konnte das Team des glänzenden Taktikers Juan Lopez dann doch noch seine Titelchancen wahren. Doch mit jener Leichtigkeit,

Der Moment des Entsetzens im Maracanã-Stadion: Der uruguayische Rechtsaußen Ghiggia (ganz links) überrascht den brasilianischen Torwart Barbosa.

mit der die Brasilianer in Richtung WM-Titel stoben, hatten die Spiele gegen Spanien und Schweden nichts zu tun.

Somit kam die WM 1950 doch noch zu ihrem Finale. Den Brasilianern genügte ein Remis zum Gewinn der Weltmeisterschaft, während die Uruguayer unbedingt siegen mussten. Kaum jemand zweifelte daran, dass der neue Weltmeister Brasilien heißen würde, am allerwenigsten die Brasilianer selbst. Die Zeitung *A Nota Illustrada* brachte zum Finale eine Sonderausgabe heraus, in der die Mannschaft unter

der Überschrift „Das sind die Meister der Welt" vorgestellt wurde. Brasilien plante die größte Feier seit der Erringung der nationalen Unabhängigkeit im Jahre 1821.

Brasilien plante schon die Feier

Am 16. Juli 1950 waren die Ränge des Maracanã-Stadions bereits drei Stunden vor dem Anpfiff fast vollständig gefüllt. 199.854 kamen in die Arena, bis heute Weltrekord für ein WM-Endrundenspiel.

Die erste Halbzeit endete torlos. Brasilien begann vorsichtig, und Uruguays stabile Abwehr mauerte erfolgreich. Drei Minuten nach dem Wiederanpfiff schoss Friaca die Heimmannschaft mit einem für Keeper Roque Maspoli unhaltbaren Flachschuss in Führung. Brasilien wurde nun mutiger, versuchte nachzulegen, doch die Volksfeststimmung auf den Rängen währte nur bis zur 68. Minute, als Schiffiano eine Flanke von Ghiggia per Direktabnahme zum Ausgleich ins Netz beförderte. Die Brasilianer waren bei diesem Spielstand zwar immer noch Weltmeister, doch auf den Rängen wich der Jubel nun lähmender Angst. Eine gespenstische Stille breitete sich im weiten Rund aus, die die brasilianischen Spieler irritierte. So kam es, wie es kommen musste: Das Spiel bestimmten nun die „Urus", die immer stärker wurden. Insbesondere Ghiggia machte den Brasilianern zu schaffen, und in der 79. Minute versetzte der wuselige Rechtsaußen den Gastgebern den Knockout. Nach Zuspiel von Spielmacher Perez stürmte Ghiggia aufs brasilianische Tor zu. Keeper Barbosa erwartete wohl erneut eine Flanke, doch stattdessen drosch Ghiggia den Ball aus spitzem Winkel ins kurze Eck. Elf Minuten später durfte Uruguay seinen zweiten WM-Titel feiern, und mit Obdulio Varela nahm erstmals in der Geschichte des Weltturniers ein farbiger Spielführer die Trophäe entgegen.

Brasiliens hohe Erwartungen waren aufs Bitterste enttäuscht worden. Drei Zuschauer erlagen im Maracanã noch während des Finales einem Herzinfarkt, ein vierter nahm sich nach dem Abpfiff das Leben. Brasilien war am „Finaltag" in weißen Trikots aufgelaufen. Es sollte das letzte Mal gewesen sein. Das Land fiel in eine tiefe

Das Weltmeisterteam aus Uruguay: Varela, Tejera, Gambetta, M. Gonzales, Torwart Maspoli, Andrade, (hinten von links, nur Spieler), Ghiggia, Perez, Miguez, Schiaffino, Moran (vorn von links).

Depression. Die Nationalmannschaft lief erst wieder im April 1952 auf. In das Maracanã-Stadion kehrte das Team sogar erst im März 1954 zurück.

Brasilien hatte sich seiner Sache zu sicher gefühlt. Dem brasilianischen Ballzauber setzten die „Urus" taktisches Geschick und Disziplin entgegen. Den „Urus" gelang es, das von den Brasilianern so geliebte Tempo aus dem Spiel zu nehmen. Brasiliens Torjäger Ademir, der zuvor eine Serie von Traumtoren erzielt hatte, wurde von Varela gut bewacht und kam zu keinem Treffer. Die Brasilianer spielten zwar längst den schönsten Fußball auf dem Subkontinent, aber in taktischer Hinsicht waren ihnen die „europäischer" agierenden Uruguayer (und später auch zeitweise die Argentinier) überlegen.

Bei seiner Rückkehr nach Montevideo wurde der neue Weltmeister von 400.000 Menschen empfangen. Die Regierung erklärte den Montag nach dem Finale zum arbeitsfreien Tag. Betriebe zahlten ihren Angestellten und Arbeitern das zwei- bis dreifache Gehalt aus, damit diese angemessen feiern konnten.

Ein Sieg von „La Garra Charrúa"

War Uruguays erster WM-Titel noch von Schönheit und Dynamik geprägt, so dominierte beim zweiten Titelgewinn die Kampfkraft. Wobei Kampfkraft im uruguayischen Fußball schon immer eine größere Rolle gespielt hatte als im brasilianischen. Die Einheimischen sprachen diesbezüglich von „La Garra Charrúa". „Garra" bedeutet Mumm, Kampfgeist, Wildheit; „Charrúa" ist ein Synonym für Uruguayos, die Ureinwohner auf dem Territorium des späteren Uruguays. Diese wurden von den europäischen Immigranten getötet oder mussten deren Lebensform annehmen. Die letzten echten Charrúas wurden Mitte des 19. Jahrhunderts von den neuen Uruguayos ausgerottet, was diese aber nicht daran hinderte, das Selbstverständnis der Ureinwohner als unbezwingbare Kämpfer zu übernehmen.

Ein Trauma für Brasilien

Als einziges Land war Brasilien bei allen vier Turnieren dabei gewesen, aber bis zum ersten WM-Titel des späteren Rekordweltmeisters sollte es noch weitere zwei Turniere dauern. In der kriegsarmen Geschichte der brasilianischen Nation geriet das Finale von 1950 zum Trauma, das bis heute nicht überwunden wurde. Zumal nicht wenige der Auffassung waren, nicht die Weltmeister von 1958, 1962, 1970 oder 1994, sondern die Vizeweltmeister von 1950 seien Brasiliens beste Mannschaft gewesen. Viele stimmten Willy Meisl zu, als dieser Brasilien als „ungekrönten Weltmeister" bezeichnete.

Das Scheitern Brasiliens war Wasser auf die Mühlen der Rassisten in Sport und Politik. Als Schuldige für die Tragödie wurden die drei schwarzen Spieler Bigode, Barbosa und Juvenal ausgemacht, denen ein Mangel an Charakter, Persönlichkeit und Disziplin vorgehalten wurde. Von Bigode wurde kolportiert, er sei ein Säufer. Im Falle Barbosas wurde eine alte Geschichte aus dem Jahr 1945 hervorgekramt. Bei seinem Debüt gegen die UdSSR hatte Barbosa binnen zehn Minuten zweimal hinter sich greifen müssen. Der Torhüter war so erschrocken, dass er seine Hose wechseln musste.

Mit insgesamt 1.091.490 Zuschauern wurde erstmals bei einer WM die Millionengrenze überschritten – dank des gigantischen Maracanã-Stadions und des Interesses, das die brasilianische Elf mobilisierte. 69 % des Zuschauerzuspruchs entfielen auf die sechs Spiele der Heimmannschaft, die von 757.592 Zuschauern gesehen wurden, was einem Schnitt von 126.265 pro Spiel entsprach. Die restlichen 16 Spiele des Turniers wurden hingegen im Schnitt von „lediglich" knapp 21.000 gesehen. Neben den Spielen Brasiliens konnten noch die Begegnungen Spanien gegen England (74.462), Schweden gegen Italien (56.502), Spanien gegen Uruguay (44.802), England gegen Chile (29.703) und Italien gegen Paraguay (25.811) einen überdurchschnittlichen Zuschauerzuspruch verbuchen. Für den Minusrekord sorgte mit 3.850 Zuschauern die Begegnung Schweiz gegen Mexiko.

Die Europäer wurden mit einem für sie bis dahin unbekannten Zuschauerverhalten konfrontiert. Die Spiele Brasiliens glichen einem großen Karneval. Im Stadion explodierten häufiger Feuerwerkskörper, und die Ränge waren in Rauchschwaden gehüllt.

◆ WM 1954

Austragungsland: Schweiz

Austragungsstädte und Spielstätten: Basel (Stadion Sankt Jakob), Bern (Wankdorfstadion), Genf (Stade les Charmilles), Lausanne (Stade de la Pontaise), Lugano (Stadio Conaredo), Zürich (Hardturmstadion)

Dauer: 16. Juni bis 4. Juli 1954

Eröffnungsspiel: Jugoslawien – Frankreich 1:0 (1:0) (Stade de la Pontaise, Lausanne, 16. Juni 1954)

Gemeldete Länder: 36

Endrundenteilnehmer: 16
Europa (12): Belgien, BR Deutschland, England, Frankreich, Italien, Jugoslawien, Österreich, Schottland, Schweiz, Tschechoslowakei, Türkei, Ungarn;
Nord- und Mittelamerika (1): Mexiko;
Südamerika (2): Uruguay, Brasilien;
Asien (1): Südkorea

Qualifikationsspiele: 57

Endrundenspiele: 26

Modus: Vorrunde als Punktspiele, pro Gruppe zwei gesetzte Teams, die nicht gegeneinander spielten. Ab Viertelfinale K.o.-System.

Zuschauer: 879.500
Zuschauerschnitt: 33.827

Tore: 140
Torschnitt pro Spiel: 5,4

Die besten Torschützen: Sandor Koscis (Ungarn), 11 Tore
Max Morlock (Deutschland), 6 Tore
Josef Hügi (Schweiz), 6 Tore

Finale: Bundesrepublik Deutschland – Ungarn 3:2 (2:2) (Wankdorfstadion, Bern, 4. Juli 1954)

Ungarn: Grosics; Buzánszky, Lantos, Bozsik, Lorant, Zakariás, Czibor, Kocsis, Hidegkuti, Puskas, Toth

Deutschland: Turek; Posipal, Kohlmeyer, Eckel, Liebrich, Mai, Rahn, Morlock, O. Walter, F. Walter, Schäfer

Schiedsrichter: W. Ling (England)

Tore: 0:1 Puskas (6.), 0:2 Czibor (8.), 1:2 Morlock (9.), 2:2 Rahn (18.), 3:2 Rahn (84.)

Zuschauer: 60.000

WM 1954

Das kalkulierte Wunder

Schon beim FIFA-Kongress 1946 in Luxemburg hatten sich die Eidgenossen interessiert gezeigt, die Weltmeisterschaft 1950 auszurichten. Die FIFA fand es aber wenig geschickt, nach 1934 und 1938 zum dritten Mal in Folge die WM-Endrunde in Europa stattfinden zu lassen und damit in Übersee Empfindlichkeiten zu provozieren. Auch politische Überlegungen dürften eine Rolle gespielt haben, denn fünf Jahre Waffenstillstand in Europa bedeuteten keinesfalls bereits Völkerverständigung. Immerhin erhielt die Schweiz eine Option auf das Turnier 1954.

Auf ihrem Kongress 1948 in London löste die FIFA ihr Wort ein: Die Schweiz wurde mit der Ausrichtung der fünften Weltmeisterschaft beauftragt. Als neutrales Land erfüllte die Schweiz eine wichtige Funktion für die FIFA, die ihre Zelte mittlerweile in Zürich aufgeschlagen hatte. Die WM fiel mit dem 50. Geburtstag des Weltverbands zusammen.

Die unmittelbare Reaktion auf den WM-Zuschlag bestand in der Gründung eines „Vereins Fußballweltmeisterschaft in der Schweiz", dessen Vorsitzender Ernst B. Thommen, Präsident des Schweizer Fußball-Verbandes (SFV), wurde. Mit der Vereinsgründung sollte der Fußballverband vor einem möglichen finanziellen Defizit bewahrt werden. Mit viel Phantasie entwickelten die Vereinsmitglieder ein regelrechtes Marketing-Konzept und sorgten mit dem Verkauf verschiedener WM-Souvenirs und der Vergabe von Übertragungsrechten an Funk und Fernsehen für eine fette Einnahme. Auch die Schweizer Tourismusindustrie sprang auf den WM-Zug.

Das Fernsehen tritt auf

Der Vermarktungserfolg war eng an die rasche Verbreitung des neuen Mediums Fernsehen gekoppelt, das in diesen Tagen seinen Siegeszug in Europa antrat und zu einem wichtigen Multiplikator wirtschaftlicher Entwicklung wurde. Über 30 Länder entsandten Berichterstatter zum Turnier, die Schweiz war mit knapp 400 akkreditierten Medienvertretern am stärksten vertreten, gefolgt von den Deutschen. Australien, die UdSSR und Norwegen schickten jeweils einen Vertreter. Für einen warmen Geldregen sorgten vor allem die vielen kommerziellen Sender; die europäischen Anstalten konnten in der Regel kostenlos berichten, wenn sie Mitglied der „Union européene des sociétés de radiodiffusion" waren. Sporadisch hatte es schon früher Übertragungen von großen Veranstaltungen gegeben, die Weltmeisterschaft 1954 markierte indes den Beginn einer systematischen medialen Präsentation der Ware Fußball. Wilhelm Hackforth schrieb später: „Die Übertragungen von der Fußball-Weltmeisterschaft 1954 sind gleichbedeutend mit dem Aufbau des europäischen Fernsehnetzes. Wieder einmal hat der Sport dem Massenmedium Fernsehen wertvolle Impulse gegeben und trat als Innovator, diesmal in Bezug auf die Organisation ‚Eurovision' auf. (…) Das Zuschauerinteresse insgesamt war riesengroß. Ca. 90 Millionen Menschen an 4 Mill. Fernsehgeräten verfolgten die Fußballspiele. (…) Der Verkauf an Fernsehgeräten nahm – sehr zur Freude der Hersteller – vor und während dieser Zeit bis zu 200 % zu. Der ‚Run' auf die Geräte räumte die gesamten Lagerbestände bei Telefunken, Saba und Mende. (…) Jetzt hat das Fernsehen wirklich begonnen." (Hackforth 1975)

Deutschland (West) vor Deutschland (Ost)

Politisch hatte sich in Europa mit dem Ende der Kriegshandlungen einiges verändert. Bedingt durch die Konkurrenz zweier gesellschaftlicher Systeme teilte sich Europa in zwei Lager, das westliche mit marktwirtschaftlicher Ausrichtung und das östliche mit einer sozialistisch geprägten Planwirtschaft. Deutlichster Ausdruck dieser europäischen Spaltung war Deutschland, das nun durch zwei Staaten repräsentiert wurde, der sozialistischen und planwirtschaftlichen Deutschen Demokratischen Republik (DDR) und der bürgerlich-demokratischen und marktwirtschaftlichen Bundesrepublik (BRD). Beide deutsche Staaten hatten eigene Fußballverbände. Im Westen blieb es beim Deutschen Fußball-Bund (DFB), während im Osten später der Deutsche Fußball-Verband (DFV) gegründet wurde. Die DDR wurde erst auf dem FIFA-Kongress 1952 in Helsinki in den Weltverband aufgenommen. Zu spät, um sich noch für das Turnier in der Schweiz qualifizieren zu können.

Anders verhielt es sich mit dem DFB, der sich bereits am 10. Juli 1949 im Stuttgarter Staatstheater rekonstruiert hatte und formell seit dem 21. Januar 1950 erneut existierte. Ein wichtiges Datum auf dem Weg zurück in die internationale Fußballgemeinschaft war der Mai 1949 gewesen, als die FIFA das Spielverbot gegen deutsche Mannschaften aufhob. Den Fußballverbänden der USA und besonders der Schweiz hatten die Deutschen es zu verdanken, dass die BRD eine Mannschaft für die Weltmeisterschaft melden konnte. Auf deren Drängen beschloss nämlich die FIFA die Wiederaufnahme der Westdeutschen. Bereits zwei Monate später trug die DFB-Mannschaft ihr erstes offizielles Nachkriegsländerspiel aus, natürlich gegen die Schweiz. Entscheidender Motor dieser Aussöhnungsgeste war einmal mehr Ernst B. Thommen, der große Sportereignisse als Mittel zur Völkerverständigung betrachtete und im Jahr des WM-Turniers auch in die FIFA-Führung gewählt wurde.

Erstmals gab es bei der WM 1954 eine breit angelegte Fernseh-Berichterstattung.

Schweiz: Wiege des kontinentalen Fußballs

Die seehafenlose Schweiz war auf dem europäischen Kontinent das erste Land überhaupt, das sich dem Fußball zugewandt hatte. In der Schweiz lebten damals viele Engländer, insbesondere im französischsprachigen Teil um Lausanne und Genf. Das Spiel wurde in den 1860ern von englischen Schülern eingeführt, die Schweizer Privatschulen besuchten. Die zukünftigen Ingenieure, Kaufleute und internationalen Bankiers machten die Schweiz zu „einem kleinen England auf dem Kontinent" (Lanfranchi 1997). 1860 erfolgte die Gründung des Lausanne Football & Cricket Club. 1879 formierten englische Studenten den FC St. Gallen, der in administrativer Hinsicht eine führende Rolle spielen sollte. Erster Landesmeister wurde 1898 der 1886 gegründete Züricher Klub Grasshoppers, dessen Namensgeber der englische Biologiestudent Tom Griffith gewesen war.

Einen Namen machte sich die Schweiz allerdings zunächst vor allem als Exporteur von Trainern und Spielern nach Italien, Frankreich und Spanien. In den frühen Tagen des französischen Fußballs hieß eines der erfolgreichsten Teams Marseilles Stade Helvétique. Das Team bestand ausschließlich aus Schweizern. In Paris zählte um die Jahrhundertwende die Union Sportive Suisse zu den führenden Adressen. In Mailand kam es beim Milan Cricket und Football Club 1908 zu einem Disput zwischen Einheimischen und Ausländern, wobei sich unter Letzteren einige Schweizer befanden.

Enrico Hintermann wurde zum Motor einer Abspaltung, die sich dann FC Internazionale – kurz: Inter – nannte. Auch der ruhmreiche CF Barcelona verdankt seine Existenz einem Schweizer: Hans „Juan" Gamper, der vom Züricher Klub Excelsior kam und sich zunächst dem Radsport und Rugby gewidmet hatte. Gamper, der zwischen 1901 und 1903 103 Tore für die Katalanen schoss, wurde von den „Barca"-Mitgliedern bis 1930 fünfmal zum Präsidenten gewählt. Der Schweizer hatte das Spiel am Technischen Institut in Winterthur erlernt. An diesen Schulen wurde Fußball besonders gern gespielt, was „den Zusammenhang zwischen technisch-kommerzieller und englischer Kultur belegt" (Lanfranchi 1997).

Elf Vereine, deren Namen teilweise auf die britischen Wurzeln des Spiels verwiesen, gründeten am 7. April 1895 einen Verband, der anfangs unter der Bezeichnung Football Association Schweiz firmierte und sich 1913 in Schweizer Fußball-Verband (SFV) bzw. Association Suisse de Football (ASF) umbenannte. Zu den Gründungsvereinen zählten Anglo-American FC Zürich, Lausanne Football und Cricket Club, FC La Villa Ouchy, FC Basel, Grasshoppers Club Zürich, Neuchatel Rovers FC, Yverdon FC, FC Excelsior Zürich, FC Chatelaine Geneve, Villa Longchamp Lausanne und der FC St. Gallen. Erster Präsident dieses Verbandes wurde in einem britisch angehauchten Vorstand Emil J. Westermann, der aber sein Amt nur kurz ausübte. Bedeutender für die Entwicklung des Schweizer Fußballs war Francois J. Dégerine, der ebenfalls ein Amt im Verband bekleidete. Bereits 1897 hatte er die Idee, eine Schweizer Meisterschaft zu organisieren und trieb hierfür sogar einen Förderer auf. Die Champagner-Handlung „Ruinart" stiftete eine Trophäe und ging als einer der ersten Sponsoren nicht nur in die Schweizer Fußballgeschichte ein.

Die deutschsprachige Ostschweiz dominierte in dieser Frühphase den Schweizer Fußball. Nur langsam wurde auch in der übrigen Schweiz das Spiel beliebter, wobei in den westlichen Landesteilen lange Zeit das Rugbyspiel eine wichtige Konkurrenz bildete. Der Schweizer Fußball dümpelte vor sich hin. Noch 1901 zählte der Verband lediglich 15 Vereine, die sich bei ihm organisiert hatten, obwohl sich bereits 1897 ein erster Zeitungsbericht mit dem Derby Excelsior Zürich gegen FC Winterthur (0:1) beschäftigte, dem kein Geringerer als der Schriftsteller Paul Ilg vorstand, der den literarischen Naturalismus in der Schweiz prägte.

Profis schon seit 1931

Einem Meilenstein gleich kam der 18. Juli 1931. An diesem Tag beschloss der SFV die Einführung einer landesweiten Nationalliga. Noch wichtiger als diese Neustrukturierung war jedoch der Beschluss, künftig Halb- und Vollprofis zuzulassen. Es folgte ein regelrechter Fußballboom, da sich durch die Neueinteilung der Spielklassen völlig neue Spielpaarungen ergaben. Von den Profigehältern wurden nun viele Ausländer in die Schweiz gelockt, so dass sich der SFV schon bald Gedanken machen musste, wie dieser Zustrom zu steuern sei. Schließlich wurde beschlossen, dass nur noch drei Ausländer in einer Mannschaft eingesetzt werden dürften. Ausnahmen machte man bei ausländischen Studenten, die an einer Schweizer Universität eingeschrieben waren, und bei in der Schweiz Geborenen. Die Vereine versuchten prompt diese Bestimmung zu unterlaufen. So wurde der Österreicher Karl Rappan „erwischt", lediglich an einer Handelshochschule eingeschrieben gewesen zu sein.

Die erste „National"vertretung der Schweiz bestand noch aus sehr vielen Briten. Wie im Falle Deutschlands und Österreichs handelte es sich bei den ersten „Länderspielen" lediglich um Städtevergleiche. Eine waschechte Schweizer Nationalelf schlug dann am Weihnachtstag 1898 sensationell den französischen Vorzeigeklub Racing Club de France aus Paris. Das erste

Ernst B. Thommen, Präsident des SFV.

offizielle Länderspiel bestritt das FIFA-Gründungsmitglied am 12. Februar 1905 im Pariser Prinzenpark. Die Schweizer unterlagen dem westlichen Nachbarn mit 0:1. Ein anderes Länderspiel hätte um ein Haar den Schweizer Fußball-Verband gespalten. Anlässlich des siebten Länderspiels, das 1920 gegen Deutschland stattfand, kam es zum offenen Aufstand der Westschweiz, die es ablehnte, gegen diesen Kriegsverursacher und -verlierer anzutreten. Die deutschsprachige Ostschweiz hatte keine Bedenken. Nur knapp konnte ein Bruch des Verbandes abgewendet werden. Sportlich wiederholte sich, was auch schon während des Krieges zu beobachten war. Die Schweiz durchzog ein ideologischer und linguistischer Riss, der auch vor dem Sport nicht Halt machte: Deutschfreundliche auf der einen Seite, Anhänger Frankreichs auf der anderen. Vorher schon hatten Deutschschweizer für einen Olympiaboykott votiert (1920 in Antwerpen), weil sie nicht einsehen mochten, dass Deutschland als Kriegsverlierer nicht teilnehmen durfte.

Als eines der wenigen Länder Europas konnte die Schweiz ihren Spielbetrieb auch während des Zweiten Weltkriegs aufrechthalten. Nach dem Waffenstillstand und Deutschlands Ächtung durch die Völkergemeinschaft waren es wie 1920 erneut die Ostschweizer, die versuchten, mit den vom allgemeinen Spielbetrieb ausgeschlossenen Deutschen ins Gespräch zu kommen. Mit Fußball-Vergleichen zwischen Schweizer und deutschen Städten bereiteten sie peu à peu den Weg für Deutschlands Rückkehr in die FIFA, obwohl Jules Rimet dieses Ansinnen damals noch strikt ablehnte.

Bis zum heutigen Tag ist die Schweizer Nationalequipe bei den Landsleuten recht beliebt, obwohl sie noch nie einen internationalen Titel erringen konnte. Ihr größter Erfolg bleibt der Gewinn der Silbermedaille bei den Olympischen Spielen 1924 in Paris. Da der Sieger damals Uruguay hieß, gibt es bis heute Schweizer Fußballfans, die das olympische Silber mit dem Gewinn eines Europameistertitels gleichsetzen.

Der größte Favorit aller Zeiten

36 Länder waren für das Turnier 1954 gemeldet. Ursprünglich waren es sogar mehr gewesen, doch Indien, Peru, Vietnam, Kuba, Island, Bolivien und Costa Rica erhielten eine Absage, da ihre Meldung bei der FIFA zu spät eingegangen war. Die UdSSR, Polen und China waren aus politischen Gründen nicht dabei, doch ansonsten war die kommunistische Welt mit der Tschechoslowakei, Rumänien, Bulgarien, Ungarn und Jugoslawien erstmals stark vertreten. Argentinien fühlte sich immer noch benachteiligt und verfolgt, weshalb man erneut verzichtete.

Von den 16 Mannschaften, die sich schließlich qualifizierten, kamen mit Brasilien und Uruguay nur zwei aus Südamerika. Insgesamt waren nur vier außereuropäische Länder vertreten. Mit Südkorea war dieses Mal auch Asien dabei. Die Südkoreaner hatten sich gegen Japan durchgesetzt. Der einzige Afrika-Bewerber war Ägypten gewesen, noch immer das einzige afrikanische Land, das über eine funktionierende Fußballorganisation verfügte. Doch mussten die Ägypter den Italienern den Vortritt lassen, die die beiden Qualifikationsspiele mit 2:1 und 5:1 gewannen.

Haushoher Favorit war das Team Ungarns, das keine Qualifikationsspiele bestreiten musste, da die Polen verzichtet hatten. Die Ungarn hatten 1952 olympisches Gold gewonnen und reisten mit der Empfehlung einer unglaublichen Serie in die Schweiz: Von 27 Länderspielen war nicht ein einziges verloren gegangen. Lediglich vier hatten mit einem Unentschieden geendet. 114 Tore hatte das Team geschos-

Sieg in Wembley: Die ungarischen Traumfußballer besiegten England 1953 mit 6:3. Hier fängt Torhüter Grosics einen englischen Angriff ab.

sen, was einem Schnitt von vier Toren pro Spiel entsprach. Den Ungarn war die Quadratur des Kreises gelungen: die Versöhnung der charakteristischen Merkmale des „Donaufußballs" mit denen des englischen Fußballs.

In taktischer Hinsicht brach der ungarische Trainer Gustav Sebes das „magische Viereck", das Herzstück des W-M-Systems, auf, das er als zu uneffektiv empfand. Stattdessen unterschied Sebes zwischen einem ausschließlich defensiven und einem explizit offensiven Außenläufer, die mit einem zurückhängenden Stürmer den Angriff aufbauen sollten. Außerdem hatten seine Spieler vielseitig zu sein. Jeder Spieler musste in die Rolle eines anderen schlüpfen können. Sebes taktische Vorstellung war sowohl ein Vorgriff auf das vier Jahre später durch Brasilien praktizierte 4-2-4-System wie auf den niederländischen *totaal voetball* der frühen 1970er Jahre.

> ♦ „Spiel des Jahrhunderts"
>
> Über den 6:3-Sieg der Ungarn in Wembley 1953 schrieb Jahre später der Fußball-Autor Karl-Heinz Huba: „Für mich als Augenzeuge bleibt es das Spiel des Jahrhunderts, und ich kann mir nicht vorstellen, dass jene Kunst, die damals von Bozsik, Kocsis, Hidegkuti, Puskas und Co. zelebriert wurde, wiederholt oder gar übertroffen werden kann.
> In den WM-Endspielen 1954 bis 1974, die ich alle miterlebt habe, gab es oft vielleicht mehr Dramatik und Kampf, niemals aber das Nonplusultra der Fußball-Kunst, jene l'art pour l'art, die die Ungarn 1953 in Wembley in so unvergleichlicher Weise zeigten."
> (Huba 1997)

Mit ihrer meisterlichen Spielweise hatten die Ungarn sogar Englands Wembley-Nimbus zerstört. Am 25. November 1953 hatte der Lehrmeister auf Wembleys heiligem Rasen den Olympiasieger empfangen. Das ungarische Team um Puskas und Co. war seit drei Jahren ungeschlagen und überstand auch die Reise auf die Insel schadlos. Die Ungarn gewannen mit 6:3 und zerstörten den Glauben an die unsterbliche Überlegenheit des englischen Fußballs. „Zeigt ihnen, wer der Lehrmeister ist, Boys", hatten die britischen Gazetten noch vor dem Spiel geschrieben. Dabei war das 3:6 aus englischer Sicht sogar noch schmeichelhaft, so überlegen waren die Ungarn.

In Budapest bereiteten Hunderttausende ihrer Mannschaft einen triumphalen Empfang. Im ganzen Land wurden Feste gefeiert. Und von offizieller Seite wurde nun alles unternommen, um eine optimale Vorbereitung auf das WM-Turnier zu gewährleisten. Im Mittelpunkt stand Ferenc Puskas, zum Major befördert und mit einer Villa ausgestattet. Hans Blickensdörfer: „Ferenc Puskas hatte in den sechs Monaten, die zwischen dem Londoner Triumph und der Schweizer Weltmeisterschaft lagen, in Budapest mehr zu sagen als ein Minister. Er glich dem Kapitän eines Schiffes, der nicht nur der Mannschaft, sondern auch dem Reeder seine Befehle erteilt, und wenn ein hoher Regierungsbeamter, aus welchem Grunde auch immer, sich gegen die Nationalmannschaft stellte, dann genügte eine Intervention von Puskas, um ihn zum Schweigen zu bringen, denn der Kapitän befand sich mit seinen Mannen auf dem Weg zur Weltmeisterschaft." (Blickensdörfer 1965)

Die britische Presse erwies sich als schlechter Verlierer, als sie die staatliche Unterstützung, die die vorgeblichen ungarischen Amateure genossen, thematisierte. Die Mannschaft sei eine Art Staatszirkus, deren einziger Zweck es sei, das nationale Image des kommunistisch regierten Landes aufzupolieren. Mit dem Aufwand, der in Ungarn um den Fußball angestellt würde, könne man sogar aus Australien eine große Fußballnation machen. Der ungarische Sieg war allerdings durchaus im Sinne des FA-Präsidenten Stanley Rous, der die Olympiasieger eingeladen hatte. Für den Modernisierer war es allerhöchste Zeit, seinen ignoranten Landsleuten zu demonstrieren, dass der sich auf Kraft und Kondition und weniger auf Technik und Spielintelligenz stützende englische Fußball einer grundlegenden Überholung bedürfe. Es folgten weitere Auswärtsniederlagen gegen Jugoslawien (0:1) und erneut Ungarn (1:7). Ein Artikel im FA Yearbook 1952/53 gelangte schließlich zu der Einsicht: „Die Schüler haben zum Lehrmeister aufgeschlossen." Die Realität war noch brutaler: Die Machtzentren des Weltfußballs lagen auf dem europäischen Kontinent und in Südamerika, während England sowohl auf wie außerhalb des Spielfelds größte Mühe hatte, auch nur den Anschluss zu halten. Der internationale Fußball hatte auch ohne englische Unterstützung eine funktionierende Administration entwickeln können, und um eine spielstarke und attraktive WM zu garantieren, bedurfte es nicht unbedingt der englischen Teilnahme. Die Niederlagen hatten immerhin zur Folge, dass nun Presse und Öffentlichkeit ihre Meinung über die Notwendigkeit eines Trainers änderten.

Vorrunde: Proteste gegen Herberger

Durch den Austragungsmodus fühlten sich die kleineren Fußballnationen benachteiligt. Offensichtlich wollte man schon damals verhindern, dass zugkräftige Favoriten vorzeitig scheiterten. Bereits das letzte Weltmeisterschaftsturnier hatte man nicht mehr im reinen K.o.-Modus gespielt, sondern zunächst das Gruppen- und Punktesystem favorisiert. Nun glaubte man, den Auswahlmannschaften nicht so viele Gruppenspiele zumuten zu können. Insgesamt acht Teams – in jeder Gruppe zwei – wurden gesetzt, was bedeutete, dass diese während der Gruppenspiele nicht gegeneinander anzutreten hatten.

Gruppe 1 In der Gruppe 1 stritten sich Frankreich, Brasilien, Jugoslawien und Mexiko um die Qualifikation für das Viertelfinale, wobei Frankreich und Brasilien gesetzt waren. Franzosen und Jugoslawen bestritten auch am 16. Juni 1954 in Lausanne das Eröffnungsspiel des Turniers. Bemerkenswerterweise war das La-Pontaise-Stadion mit 27.000 Zuschauern nicht ausverkauft. Vielleicht lag es an den Eintrittspreisen, die mit 14 Mark für einen Sitzplatz für damalige Verhältnisse horrend waren. 15 Minuten vor dem Anpfiff hatten Bundespräsident Dr. Rudolf Rubattel und FIFA-Präsident Jules Rimet die Endrunde der fünften Weltmeisterschaft offiziell eröffnet. Beide äußerten in ihren Reden die Hoffnung, dass der Fußballsport zur Völkerverständigung beitragen könne. Frankreich verlor 0:1 gegen ein jugoslawisches Team, das fast identisch war mit dem olympischen Silbermedaillengewinner von Helsinki 1952. Für die Jugoslawen kickten so bekannte Namen wie Caikovski, Horvat, Zebec oder Milutinovic, die später alle auch als Trainer Prominenz erlangten. Gegen den krassen Außenseiter Mexiko gewannen die Franzosen nur mühevoll mit 3:2. Den Siegtreffer erzielte Raimond Kopa vom Elfmeterpunkt, woraufhin einige aufgebrachte mexikanische Akteure den Schiedsrichter attackierten.

Trotzdem musste *Onze de France* nach nur zwei Spielen wieder die Heimreise antreten. Denn Brasilien schlug die Mittelamerikaner mit 5:0 und spielte gegen Jugoslawien remis (1:1). *Le Monde* diagnostizierte eine Krise des französischen Fußballs und bemängelte das Fehlen von „Männern mit Charakter".

Gruppe 2

In der Gruppe 2, in der sich Deutschland, Ungarn, Südkorea und die Türkei befanden, waren die Magyaren und die Bosporus-Kicker gesetzt. Die in Sachen Fußball damals bestenfalls zweitklassigen Türken kamen nur deshalb in diesen Genuss, weil die Verantwortlichen schon lange vor dem Ende der Qualifikationsspiele bestimmt hatten, wer als Favorit anzusehen war und wer nicht. Anstelle der Türken hatte man die Spanier erwartet. In der Qualifikation hatte Spanien die Türkei zunächst mit 4:1 geschlagen, verlor aber das Rückspiel in Istanbul sensationell mit 0:1, so dass eine dritte Begegnung anberaumt wurde. Aber auch in Rom konnte trotz 120-minütiger Spieldauer kein Sieger ermittelt werden. Schließlich entschied das Los zugunsten der Türkei. Das DFB-Team hatte sich in der Qualifikation gegen Norwegen und das damals noch eigenständige Saarland durchgesetzt, dessen Vertretung sich fast komplett aus Spielern des 1. FC Saarbrücken rekrutierte und dessen Trainer Helmut Schön hieß.

Als Punktelieferant galt in der Gruppe 2 Südkorea und bestätigte diese Erwartung voll und ganz. Den Ungarn unterlagen die Asiaten mit 0:9, und auch beim 0:7 gegen die Türkei gab's für sie nichts zu holen. Da das deutsche Team mit einem 4:1-Erfolg die Türken distanzieren konnte, hätte ein Sieg über Ungarn bereits das sichere Erreichen des Viertelfinales bedeutet. Doch daran mochte der deutsche Coach Herberger nicht glauben. Offensichtlich hatte er eine sichere Niederlage einkalkuliert und spekulierte bereits auf ein Entscheidungsspiel gegen die Türkei, das er mit einer möglichst ausgeruhten Mannschaft bestreiten wollte. Folgerichtig lief er mit einer besseren B-Nationalmannschaft gegen Ungarn auf und kassierte prompt eine deutliche 3:8-Niederlage, womit die Ungarn nach nur zwei Spielen bereits 17 Tore auf ihrem Konto verbuchten. Allein Kocsis traf viermal ins deutsche Netz, und obwohl Puskas mit einem verletzten Knöchel eine Stunde nur zuschauen konnte, tat dies der ungarischen Überlegenheit keinen Abbruch.

Das wenig zuschauerorientierte Verhalten der Deutschen stieß daheim auf heftige Proteste. „Beschämende Vorstellung", entrüstete sich die *Welt*, und die damals noch einen Groschen billige *Bild* befand: „Schwerster Schlag für Deutschlands Fußball". Viel wichtiger war indes, dass die Ungarn die Deutschen fortan unterschätzten und ihr Star Puskas die nächsten Spiele verletzt zuschauen musste. Puskas war durch überharten Einsatz von Werner Liebrich außer Gefecht gesetzt worden. Trotz aller Kritik ging Herbergers Taktik auf. Im alles entscheidenden Spiel gegen die Türkei behielten seine Schützlinge mit 7:2 die Oberhand und brachten den „türkischen Halbmond zum Erlöschen", wie der Berichterstatter für die „Wochenschau" etwas martialisch formulierte. Dreifacher Torschütze war der Nürnberger Max Morlock.

Gruppe 3

Sportlich glatt gingen die Spiele in der Gruppe 3 über die Bühne. Die gesetzten Uruguayer und Österreicher gewannen ihre Spiele souverän und ließen dabei noch nicht einmal einen Gegentreffer zu. Die Tschechoslowakei und die erstmals bei einem WM-Turnier vertretenen Schotten fuhren neben Südkorea ohne Punkte und Tore nach den Gruppenspielen wieder nach Hause. Gegen Österreich hatten sich die Schotten noch achtbar geschlagen und etwas unglücklich mit 0:1 verloren. Doch die Uruguayer zerlegten den zweiten britischen Vertreter nach allen Regeln der Fußballkunst. Der Weltmeister gewann mit 7:0, wobei insbesondere der siebte Treffer durch Abbadie, bei dem dieser sowohl die beiden schottischen Verteidiger wie Keeper Martin umdribbelte, in Erinnerung blieb. Die Schotten hatten einst das Kurzpassspiel kreiert, doch dessen Meister waren bei diesem Turnier die Ungarn und Uruguayer. Zuvor hatten die „Urus" die Tschechoslowakei mit 2:0 besiegt, wobei sie auf dem für sie ungewohnten tiefen Boden des Berner Wankdorfstadions wenig überzeugend wirkten.

Gruppe 4

Die vierte Vorrundengruppe bestand aus England, Belgien, Italien und der Schweiz. Die Mannschaft des Gastgebers wurde vom Österreicher Karl Rappan trainiert, einem der großen Strategen der Trainergeschichte. Rappan, der nach 1937-1938 und 1942-1949 bereits seine dritte Amtszeit bei der Schweizer Nationalmannschaft absolvierte, galt als Erfinder des so genannten „Riegels", eines Verteidigungssystems, das versuchte, mit Ausputzer und strengster Manndeckung gegnerische Angriffe zu zerstören. Das Spiel nach vorn wurde vom Mittelläufer entwickelt, der in diesem System der Ballverteiler war. Oft genug bissen sich die Gegner an dieser Defensivvariante die Zähne aus, weshalb Rappans Team den Ruf eines „Favoritenkillers" genoss.

Gesetzt waren England und Italien, aber nur die Engländer kamen auch tatsächlich weiter. In Lausanne versetzten die Schweizer nicht nur Berge, sondern die Alpen, und rangen Italien mit 2:1 nieder, trotz eines Eckenverhältnisses von 12:1 für den zweifachen Weltmeister. „Kläglich", kommentierte *Gazetto dello Sport* die Leistung der Azzurri. Überraschend holten die Belgier gegen England einen Punkt (4:4), mussten sich aber gegen Italien geschlagen geben. England setzte sich gegen die Schweiz erwartungsgemäß mit 2:0 durch, so dass am Ende der Gruppenspiele Italien und die Schweiz die gleiche Punktzahl aufwiesen. So kam es in Basel zum Entscheidungsspiel zwischen dem Gastgeber und Italien, das die Südeuropäer sang- und klanglos mit 1:4 abgaben. Nach Frankreich und der Türkei war Italien somit das dritte der acht gesetzten Länder, das diesen Vorteil nicht nutzen konnte und vorzeitig ausschied.

Österreichs Sturmführer Stojaspal (rechts) führte seine Elf zum 5:0-Erfolg über die Tschechoslowakei.

Viertelfinale: Tore wie vom Fließband

Im Viertelfinale ging es nach dem K.o.-System weiter. Einmal mehr sorgte der Gastgeber für Furore und Dramatik. Die Schweiz traf auf ihren Nachbarn Österreich, in dessen Reihen ein gewisser Ernst Happel kickte. Die Österreicher waren haushoher Favorit. Nach 18 Minuten rieben sie sich allerdings verwundert die Augen, denn der vermeintliche Underdog führte sage und schreibe mit 3:0! Doch die Österreicher bewiesen Moral und drehten ein schon so gut wie verlorenes Spiel noch um. Innerhalb von 20 Minuten landete der Ball fünfmal im gegnerischen Netz, drei der fünf Treffer fielen in drei Minuten. Bei einigen Toren machte der eidgenössische Keeper Parlier eine unglückliche Figur. Später hieß es, er sei durch einen Sonnenstich beeinträchtigt worden.

Aber auch Kapitän Roger Bocquet war am gegnerischen Torreigen nicht schuldlos. Bocquet, der vielleicht meist gefeierte Schweizer Fußballer dieser Jahre, lieferte eine ungewöhnlich schwache Vorstellung. Der Kapitän litt an einem Tumor, und die sengende Hitze, die an diesem Tag in Lausanne herrschte, war alles andere als dazu geeignet, seinen Gesundheitszustand zu verbessern. Bocquets Arzt hatte den Spieler von einem Einsatz abgeraten, doch dieser hatte nur geantwortet: „Anschließend werde ich ins Krankenhaus gehen und mich einer Operation unterziehen. Und ich weiß nicht, ob ich überleben werde." Rappan versuchte Bocquet während des Spiels zu einem Wechsel auf eine weniger zentrale Position zu überzeugen, was dieser jedoch mit der Bemerkung „es ist alles in Ordnung" verweigerte. Bocquet spielte wie in einem Trance-Zustand und registrierte kaum, was sich auf dem Spielfeld abspielte.

7:5 im Duell der Nachbarn

Die Fans beider Seiten durchlitten an diesem Tag im Stade Olympique zu Lausanne ein Wechselbad der Gefühle, denn die Schweizer legten nach: Der überragende Ballamann konnte in der 38. Minute auf 5:4 verkürzen. Mit diesem Stand wurden die Seiten gewechselt. Auch während der zweiten Halbzeit blieb das Spiel auf des Messers Schneide: Der Österreicher Wagner baute zunächst mit seinem dritten Treffer den Vorsprung seiner Mannschaft auf 6:4 aus, doch ebenfalls mit seinem dritten Tor verkürzte Hügi in der 57. Minute auf 6:5. Noch einmal bäumte sich die Schweizer Mannschaft auf, unterstützt von ihren zahlreichen restlos begeisterten Fans. Die Eidgenossen berannten unaufhörlich das Tor der Österreicher, indes erfolglos. Die Öffnung ihres bewährten Abwehrriegels hatte zur Folge, dass sich den Österreichern gute Konterchancen ergaben. Eine davon nutzte Probst in der 76. Minute zum alles entscheidenden 7:5-Treffer. Der Gastgeber resignierte nun, zumal sich mit fortlaufender Spielzeit das Entscheidungsspiel gegen Italien bemerkbar machte.

Trotz der Niederlage ging Rappans Team in die WM-Annalen ein, denn ein torreicheres Spiel wurde bis heute in einem Endrundenturnier nicht mehr abgepfiffen. Das Dutzend Tore in diesem Viertelfinalspiel trug erheblich dazu bei, dass das WM-Turnier von 1954 mit einem Schnitt von 5,4 Toren pro Spiel das bis heute torreichste bleibt.

Wesentlich undramatischer ging es in der Partie England gegen Uruguay zu. Die Insulaner mussten mit 2:4 die Segel streichen und nahmen die Erkenntnis mit nach Hause, nicht mehr bzw. noch nicht wieder zur engeren Weltspitze zu gehören, obwohl sie mit dem mittlerweile 39-jährigen Stan Matthews einen Ausnahmespieler in ihren Reihen hatten.

Nominell war die Begegnung Ungarn gegen Brasilien das vorweggenommene Finale. In Bern erhofften sich 50.000 Zuschauer ein Match der Extraklasse – und wurden bitter enttäuscht. Während der gesamten 90 Minuten entwickelte sich nichts anderes als eine unglaubliche Treterei, an deren Ende drei Platzverweise – zwei gegen Brasilien, einer gegen Ungarn – standen und die Schweizer Polizei eingreifen musste. Der ungarische Delegationschef wurde von Wurfgeschossen verletzt. Nach dem Schluss-

Brasiliens Keeper Castilho stürzt sich auf den Ball, Verteidiger Santos blockt den Ungarn Toth ab. Szene aus der Viertelfinal-Begegnung, die viele Erwartungen enttäuschte.

pfiff kam es zu einer regelrechten Prügelei unter den Spielern, die noch in den Kabinen fortgesetzt wurde. Ferenc Puskas, auf Grund seiner Verletzung aus dem Deutschland-Spiel zum Zuschauen verdammt, soll dabei eine unrühmliche Rolle gespielt haben. So berichtete der italienische *Corrierre della Sera,* Puskas habe den Brasilianer Pinheiro auf dem Weg in die Kabine mit einer Flasche ins Gesicht geschlagen. „Irrenhäusler", erregte sich der *Sport,* „durch die Fairnessprüfung gerasselt", schimpfte die *Neue Zürcher Zeitung* über ein Spiel, das fortan als „Schlacht von Bern" firmierte. Dass auch noch gespielt wurde, war dem hervorragenden Schiedsrichter Arthur Ellis und dessen entschlossenem Durchgreifen zu verdanken. Ellis ließ sich auch nicht erweichen, als der des Platzes verwiesene Brasilianer Humberto vor ihm weinend niederkniete und um „Gnade" bat. Die Ungarn triumphierten mit 4:2 über die Kicker vom Zuckerhut. Doch geriet der Titelfavorit erstmals ins Wanken. Der ungarische Sieg lag nicht, wie ansonsten üblich, in überlegener Technik begründet, sondern basierte auf einer geschlosseneren Mannschaftsleistung. Die Brasilianer, bei denen unverändert der Individualismus dominierte, sollten aus diesem Spiel einige heilsame Lehren ziehen, wenngleich sie die Schuld für ihr Scheitern zunächst dem Schiedsrichter gaben. In einem offiziellen Protestschreiben an die FIFA wurde Ellis „Parteilichkeit" unterstellt. Der Schiedsrichter sei Teil einer kommunistischen Verschwörung zugunsten der Ungarn.

Die „Schlacht von Bern"

Sportlich fair ging es in der Begegnung BRD gegen Jugoslawien zu. Der Sturm der Balkan-Kicker hatte bislang bei der Weltmeisterschaft enttäuscht. Lediglich zwei Treffer standen zu Buche. Trotzdem musste sich die deutsche Abwehr auf Schwerstarbeit einstellen und gleichzeitig darauf hoffen, dass vorne die Sturmreihe die wenigen zu erwartenden Chancen nutzen möge. Spielerisch waren die Jugoslawen weiter als die Deutschen, was diese jedoch durch Kampfkraft zu kompensieren wussten. Bereits nach zehn Minuten unterlief Horvat ein Eigentor. Dies war gleichzeitig auch der Auftakt zu einem nur durch die Halbzeitpause unterbrochenen jugoslawischen Sturmlauf, der jedoch immer wieder in der deutschen Abwehr mit dem überragenden Kaiserslauterner Kohlmeyer hängen blieb. Vorne interpretierte sein Vereinskollege Fritz Walter die Rolle des Dirigenten virtuos und wusste seine Mitspieler geschickt in Szene zu setzen. Drei Minuten vor Spielende sorgte Helmut Rahn nach Vorarbeit von Schäfer für das 2:0, das zugleich auch der Endstand war. Einige Beobachter sahen den Schützen im Abseits. Der deutsche Sieg wurde gemeinhin als „glücklich" bezeichnet, und ein italienischer Kritiker schrieb, es sei absurd, dass ein Team wie das deutsche im Halbfinale stehen würde, während die Brasilianer ausgeschieden seien. Die Deutschen hatten sich bereits jetzt zur großen Überraschung des Turniers gemausert.

Halbfinale: Kantersieg eines Außenseiters

Die Halbfinalpaarungen lauteten also Ungarn gegen Uruguay sowie Deutschland gegen Österreich. In Lausanne taten sich die Magyaren sehr schwer gegen den Titelverteidiger. Die Ungarn mussten immer noch auf Puskas verzichten, aber auch auf Seiten der Uruguayer fehlte mit Valera eine zentrale Figur. Zwar lag Ungarn durch Treffer von Czibor und Hidegkuti nach 47 Minuten mit 2:0 in Führung, doch anschließend waren sie sich ihrer Sache zu sicher und ließen die Zügel schleifen. So konnten die „Urus" noch durch zwei Treffer des naturalisierten Argentiniers Juan Hohberg den Ausgleich schaffen und eine Verlängerung erzwingen. Am Ende obsiegte die größere Abgebrühtheit der Osteuropäer, die dank ihres Torjägers Kocsis, der in der Verlängerung zweimal traf, 4:2 gewannen. Bei seinem Führungstreffer waren die „Urus" in Unterzahl, denn Andrade musste sich nach einem Tackling behandeln lassen. Ungarns Coach Gyula Mandi zollte dem Gegner anschließend höchste Anerkennung: „Wir haben das beste Team geschlagen, gegen das wir jemals gespielt haben."

Das Halbfinale von Lausanne sollte der letzte wirklich große WM-Auftritt der „Urus" gewesen sein und das Ende der uruguayischen Fußballherrlichkeit markieren. Die 43.000 Zuschauer waren Zeugen eines der besten Spiele in der WM-Geschichte geworden.

Der Ausverkauf des uruguayischen Fußballs hatte bereits nach dem Titelgewinn von 1930 begonnen. Damals wechselten die Spieler allerdings noch nicht nach Europa, sondern ins benachbarte Argentinien, wo 1931 der Professionalismus legalisiert wor-

Traumtor durch den ungarischen Linksaußen Czibor im Halbfinale gegen Uruguay. Torhüter Maspoli springt vergeblich.

den war. Im Gegenzug emigrierten eine Reihe von argentinischen Spielern, die sich in den nun international hochkarätig besetzten Buenos-Aires-Klubs nicht etablieren konnten, nach Uruguay. Einer von ihnen war Atilio Garcia, für den sich kein Verein seines Heimatlandes interessierte. 1938 heuerte Garcia bei Nacional an, wo er mit 464 Toren zum erfolgreichsten Torschützen Uruguays aller Zeiten aufstieg. Der Torjäger erwarb später die uruguayische Staatsbürgerschaft. Nach dem WM-Sieg von 1950 lockte Europa. Die Weltmeister und Penarol-Spieler Acide Ghiggia und Juan Alberto Schiffiano verließen das Land Richtung Italien. Ghiggia wurde 1953 vom AS Rom unter Vertrag genommen, Schiffiano ein Jahr später vom AC Mailand. In dem vorzeitigen Ausscheiden beim '54er Turnier sahen manche die Quittung für den Exodus.

So richtig auf der Rechnung hatte man das deutsche Team eigentlich immer noch nicht. Zu den deutschen Erfolgen trugen einige Schachzüge des erfahrenen Bundestrainers Herberger bei. So ließ er den als sensibel geltenden und zu Selbstzweifeln neigenden Fritz Walter mit dem lebensfrohen Ruhrgebietsmenschen Helmut Rahn das Zimmer teilen und schuf so den mentalen Rahmen, in dem der nach Franz Beckenbauer vielleicht beste deutsche Spieler aller Zeiten seine Fähigkeiten umsetzen konnte. Die deutsche Equipe präsentierte sich in der Schweiz zudem innovativ. Als erste Nationalmannschaft trug sie einen Fußballschuh, der von Adolf „Adi" Dassler (adidas) mit Schraubstollen versehen worden war. Persönliche Vorlieben bezüglich der Standfestigkeit, besonders aber sofortiges Anpassen des Schuhwerks an den Zustand des jeweiligen Geläufs waren wichtige Vorteile, über die das deutsche Team verfügte.

Halbfinalgegner Österreich wurde immer noch zur europäischen Spitze gezählt, hatte im bisherigen Turnierverlauf überzeugender gespielt und in nur drei Spielen 13 Tore erzielt. In Österreich erwartete man einen lockeren Sieg des eigenen Teams. Trotzdem waren Hanappi, Ocwirk und Co. in Verlegenheit zu bringen, die Schweizer hatten es bewiesen.

Fritz Walter wirbelt: 6:1

Die deutsche Mannschaft begann am 30. Juni vor 58.000 Zuschauern im Baseler St.-Jakob-Stadion nervös, doch mit der Zeit steigerten sich Herbergers Mannen in einen Spielrausch hinein. Ein Treffer des Kölners Hans Schäfer bedeutete die 1:0-Pausenführung. Nach dem Anpfiff zur zweiten Halbzeit brachen dann sämtliche österreichischen Dämme. Der überragende Fritz Walter wirbelte alles durcheinander, was sich ihm in den Weg stellte. 6:1 hieß es nach 90 Minuten für die deutsche Elf. An allen Treffern war Walter beteiligt, zweimal traf er selbst. Die Torhüter hatten einen nicht unwesentlichen Anteil am Ergebnis. Sepp Herberger hatte mit Toni Turek hart trainiert. Für seinen Geschmack hatte Kohlmeyer zu häufig für seinen Keeper auf der Linie retten müssen. Die Sonderschichten trugen Früchte. Auf der anderen Seite begingen die Österreicher den Kardinalfehler, Schmied gegen den legendären Walter Zeman auszutauschen. Noch heute gilt Zeman als Österreichs bester Keeper der Nachkriegsgeschichte, aber zur Zeit des WM-Turniers befand er sich außer Form, weshalb man bisher Schmied den Vorzug gegeben hatte. Besonders bei Flanken reagierte Zeman gegen die Deutschen konfus. Nicht von ungefähr fielen vier Tore nach Flanken bzw. Ecken. Die anderen beiden Treffer resultierten aus Foulelfmetern.

Die österreichische Presse schüttete einen Kübel Mist über ihre Nationalspieler, denen sie samt und sonders die Klasse absprach. Ernst Happel mochte unter diesen Prämissen nicht weiter in seiner österreichischen Heimat spielen und wechselte nach Paris.

Im kleinen Finale standen sich am 3. Juli 1954 in Zürich somit Österreich und Uruguay gegenüber. In beiden Lagern war die Motivation nicht sonderlich hoch, zu groß war die jeweilige Enttäuschung über das verpasste Finale. Trotzdem zogen sie ein ansprechendes Spiel auf, in dem Österreich nach Treffern von Stojaspal, Ocwirk und einem Eigentor von Cruz mit 3:1 die Oberhand behielt und so für eine etwas bessere Stimmung in der Heimat sorgte. Dieser dritte Platz ist bis heute der größte WM-Erfolg einer österreichischen Nationalelf.

Der Stratege und sein Vollstrecker: Sepp Herberger im Disput mit Fritz Walter.

Finale: Das „Wunder von Bern"

Die Deutschen standen zum ersten Male in einem WM-Finale, für die Ungarn war es hingegen nach 1938 bereits der zweite Versuch. Niemand zweifelte an einem Sieg der Magyaren, zumal angesichts der einseitigen Vorrundenbegegnung. Allenfalls die Höhe des Sieges wurde kontrovers diskutiert.

Absoluter Star der Ungarn war unverändert Ferenc Puskas, der schon zu seiner Zeit als Spieler eine Legende war und nach der WM bei Real Madrid zusammen mit Alfredo di Stéfano für Furore sorgte. Mit Sandor Kocsis besaßen die Magyaren den erfolgreichsten Stürmer des Turniers, mit Nandor Hidegkuti einen genialen Angriffsführer. Gyula Grosics galt als zuverlässiger Torwart, der seine Vorderleute um Verteidiger Jenö Buzánsky geschickt zu dirigieren wusste. In den Reihen der Ungarn befand sich überdies ein gewisser Gyula Lorant, der später in der Bundesliga verschiedene Vereine coachte und 1973 in Griechenland aus Freude über einen Treffer seiner Mannschaft tot auf der Trainerbank zusammenbrach.

Zwei Gesichtspunkte konnten die Deutschen in die Waagschale werfen. Einmal wies die ungarische Torbilanz der letzten Spiele durchschnittlich einen Gegentreffer pro Spiel aus, die Hintermannschaft war also verwundbar. Zweitens konnten die Deutschen aus dem Verlauf des Turniers Selbstvertrauen schöpfen. Sie hatten sich von Spiel zu Spiel gesteigert. Die WM 1954 sollte ihren Ruf begründen, eine typische Turniermannschaft zu sein. Die Ungarn hatten zweifellos die besseren Einzelspieler, doch mannschaftlich geschlossener und engagierter wirkten die Herberger-Mannen. Für die Elf um Kapitän Fritz Walter und „Boss" Rahn galt die Parole: „Wir haben keine Chance, doch die wollen wir nutzen!"

Als am 4. Juli 1954 gegen 17 Uhr im Berner Wankdorfstadion das fünfte WM-Finale angepfiffen wurde, regnete es in Strömen. Derartige Witterungsverhältnisse wurden fortan „Fritz-Walter-Wetter" genannt, und tatsächlich spricht einiges dafür, dass der Dauerregen und der tiefe Boden den spielerisch und technisch weniger beschlagenen, aber besser beschuhten Deutschen zum Vorteil wurden. Bei den Ungarn war Puskas wieder dabei, der im Finale unter keinen Umständen fehlen wollte. Ob seine Verletzung aus der ersten Begegnung mit den Deutschen wirklich ausgestanden war, bleibt bis heute umstritten. So richtig ins Spiel fand Puskas jedenfalls an diesem Tag nicht.

2:2 nach 18 Minuten

64.000 Zuschauer, die allermeisten aus Deutschland, erlebten den erwarteten Ansturm der Ungarn, die Puskas bereits in der 6. Minute in Führung brachte. Als nur 120 Sekunden später Czibor nach einem Missverständnis zwischen Kohlmeyer und Torwart Turek auf 2:0 erhöhte, schien sich für die Deutschen eine Wiederholung des Vorrunden-Desasters anzubahnen. Doch nur drei Minuten später sah die Fußballwelt schon wieder ganz anders aus, denn Max Morlock gelang der Anschlusstreffer. Auf deutscher Seite keimte Hoffnung auf, die regelrechter Begeisterung wich, als Rahn in der 18. Minute sogar der Ausgleich gelang. Die Deutschen kamen nun besser ins Spiel, und es schien, als würden sie den gesamten deutschen Turnierverlauf in diesem Finale noch einmal Revue passieren lassen. Die Ungarn hingegen wirkten geschockt. Wie schon gegen Uruguay hatten sie einen respektablen Vorsprung nicht halten können. In der ungarischen Kabine herrschte während der Pause eine unsichere und skeptische Stimmung. „In dieser Halbzeit spürten wir das erste Mal, dass diese Mannschaft auch verlieren könnte, und das war eine seelische Belastung für die zweiten 45 Minuten", beschrieb Buzánski später seine Eindrücke. Entschlossener verhielt man sich auf deutscher Seite. Als es auf dem Gang in die Kabine zu Mosereien wegen des Turek/Kohlmeyer-Fehlers kam, ging Herberger dazwischen und ermahnte seine Schützlinge: „Männer, spart euch die Luft für die zweite Halbzeit, die braucht ihr noch."

Turek ist ein „Fußballgott"

Die Befürchtungen der Ungarn waren nicht unbegründet. Nach dem Wiederanpfiff wurden die deutschen Aktionen von Minute zu Minute sicherer und damit auch gefährlicher. Zwar berannten die Ungarn weiter das deutsche Tor, doch was die Abwehrreihen passieren konnte, wurde vom gut aufgelegten Toni Turek entschärft. In der legendären Reportage von Herbert Zimmermann hörte sich das bisweilen so an: „Turek, du bist ein Teufelskerl – Turek, du bist ein Fußballgott…!" Zweimal musste allerdings der Pfosten für den Keeper retten, einmal klärte Kohlmeyer auf der Linie.

Dann kam die 84. Minute: Schäfer schlägt eine Flanke in den ungarischen Strafraum, die zu kurz abgewehrt wird und Rahn vor die Füße springt. Der überlegt nicht lange, zieht aus 14 Metern ab und trifft zum 3:2. Berichterstatter Zimmermann überschlägt sich vor Freude, während sich sein ungarischer Kollege

Die Deutsche Elf im Endspiel von Bern. Von links: F. Walter, T. Turek, Eckel, Rahn, O. Walter, Liebrich, Posipal, Schäfer, Kohlmeyer, Mai, Morlock.

Die Entscheidung im Finale: Helmut Rahn erzielt das 3:2.

György Szepesi seiner Tränen nicht schämt. Kurz vor Schluss ist die Spannung auf dem Höhepunkt, als die Ungarn einen Treffer erzielen. Aber der englische Schiedsrichter Ling entscheidet auf Abseits und verwehrt dem Tor die Anerkennung. Vier Minuten später ist es amtlich: Die noch junge BRD stellt den fünften Fußballweltmeister. Für die Ungarn, die viele Experten für das beste Team hielten, das bis dahin an Weltmeisterschaften teilgenommen hatte, war es die erste Niederlage nach 31 Spielen. Hans Blickensdörfer schrieb später: „Die größte Mannschaft aller Zeiten musste ein Meister ohne Krone bleiben. Dass sie zu stolz gewesen war, nach ihrer frühen 2:0-Führung im Berner Endspiel ‚Sicherheitsmaßnahmen' zu ergreifen, wie sie später von Inter Mailand mit geradezu deprimierender Perfektion vorgeführt wurden, war echte magyarische Tradition und ehrt eine Mannschaft, deren jähes Ende so außergewöhnlich sein sollte wie die Serie ihrer Erfolge." (Blickensdörfer 1965)

Der Triumph von Wembley hatte sich als Gift erwiesen, verführte er doch zu einer gewissen Überheblichkeit. An die Stelle von Begeisterung war zusehends Routine getreten, und das Team wirkte häufiger satt. Auch die Auswahl des Quartiers, ein Solothurner Hotel, „für den feuchtfröhlichen Ausflug eines Kegelvereins besser geeignet als für das Standquartier einer Mannschaft, die Weltmeister werden wollte" (Blickensdörfer), war nicht dazu angetan, das tatsächliche Leistungsvermögen zu mobilisieren.

Das Echo von Bern

Die mitgereisten deutschen Fans konnten es kaum fassen, als Fritz Walter die Jules-Rimet-Trophäe überreicht wurde. Als die deutsche Nationalhymne intoniert wurde, stimmten die anwesenden Deutschen aus alter Gewohnheit den chauvinistischen Text der ersten Strophe an, der schon längere Zeit im Papierkorb der Geschichte bestens aufgehoben war. „Deutschland, Deutschland über alles…" klang es vieltausendfach im Rund des Berner Wankdorfstadions. Neun Jahre nach Kriegsende war das (nicht nur) gegenüber dem Ausland eine schreckliche Entgleisung, die ein Kommentator in der französischen Zeitung *Le Monde* so quittierte: „Die Erde zittert. Jung, fest, begeistert singen die Deutschen. Machtvoll, auf dass es die ganze Welt höre und wisse, dass Deutschland wieder einmal über alles erhaben ist. Nun fröstelt mich mehr und mehr, und ich sage mir ‚Achtung'!"

Peco Bauwens mit „Sieg-Heil-Rede"

DFB-Präsident Peco Bauwens trug ein Übriges dazu bei, Vorbehalte und Ängste zu schüren. Bereits am 5. Oktober 1952, als die BRD in Paris zu einem Freundschaftsspiel gegen Frankreich weilte, war Bauwens negativ aufgefallen. Beim Bankett verstörte der DFB-Präsident die Gastgeber mit einer Rede, in der betonte, wie sehr sich seine Spieler in Paris zu Hause fühlen würden. Die Befreiung der französischen Hauptstadt von der nationalsozialistischen Besatzung lag erst knappe zehn Jahre

Mit dem Jules-Rimet-Pokal in der Hand: Fritz Walter und Horst Eckel auf den Schultern deutscher „Schlachtenbummler".

zurück. Jetzt, nach dem WM-Triumph, verstieg er sich in München zu einer „Sieg-Heil-Rede" *(Süddeutsche Zeitung),* in der er die Endspiel-Mannschaft als „Repräsentanz besten Deutschtums im Ausland" bezeichnete.

Insgesamt aber wirkte die große Euphorie in der Bundesrepublik deutlich ziviler. Für die Menschen hier hatte dieser unerwartete Fußball-Triumph erhebliche Auswirkungen für ihr Selbstwertgefühl. Zwar konnte der Erfolg der Nationalmannschaft Stalingrad und Auschwitz nicht vergessen machen. Aber nach Jahren subjektiv empfundener Depression und vergeblicher Identitätssuche schien es der Herberger-Elf gelungen zu sein, den Deutschen zumindest vorübergehend ein spontanes „Wir-Gefühl" zu verleihen. Neben den Verdiensten Ludwig Erhards und Konrad Adenauers um die wirtschaftliche und politische Konsolidierung der Bundesrepublik war zum ersten Mal ein Hauch von Nationalgefühl auszumachen, der sich nicht primär auf Stiefeltritt und Uniform gründete.

Auch in Ungarn zeitigte der Ausgang des Finales politische Folgen. In Budapest verdammte die Bevölkerung die einst gefeierten Helden in Grund und Boden. Die Proteste gegen die verhätschelten „Staatsamateure" trugen teilweise antisemitische Züge. Nicht wenige glaubten, dass das Finale an den deutschen Autohersteller Mercedes-Benz verkauft worden wäre. Der Hintergrund war, dass sich Puskas während des

WM-Turniers in den Medien als Fahrer einer Stuttgarter Nobelkarosse darstellen ließ, und dass ruchbar wurde, auch Trainer Gustav Sebes wolle sich einen Daimler zulegen. In Budapest brodelte es heftig, als sich die Ungarn auf den Heimweg machten. 60 Kilometer vor der Hauptstadt zogen es die Verantwortlichen vor, die Heimreise zu unterbrechen, weil es in Budapest mittlerweile zu gefährlich geworden war. Nicht wenige neigen heute zu der Auffassung, die Niederlage der ungarischen Nationalelf sei 1954 für viele Ungarn lediglich der Vorwand gewesen, ihre Unzufriedenheit mit der sozialistischen Staatsführung zu demonstrieren. Die Reaktionen des ungarischen Volkes auf die Niederlage von Bern zeigten den Beginn einer Protestbewegung an, die 1956 im Ungarn-Aufstand gipfelte und dann blutig zerschlagen wurde.

Die offizielle Seite ortete in Keeper Gyula Grosics und Gustav Sebes die Schuldigen, an Puskas traute man sich nicht heran. 1955 wurde Grosics eine Schmuggelaffäre angehängt. Dass die Nationalspieler Westwaren schmuggelten, hatte bis dahin niemanden gestört, schon gar nicht den ungarischen Zoll. Ferenc Puskas war überzeugt, dass dem Keeper der Koffer mit der Schmuggelware untergeschoben worden war. Grosics wurde zum Provinzverein Tatabanya verbannt, was zugleich seinen Ausschluss aus der Nationalmannschaft bedeutete. Nach einigen Niederlagen des einstigen „Wunderteams" holte der Sebes-Nachfolger Marton Bukovi Grosics jedoch 1956 aus der Verbannung zurück.

In der Bundesrepublik wurde Puskas zeitweise zur persona non grata erklärt. Schuld war ein Interview, das Puskas im Januar 1957 in Paris der Fachzeitschrift *France Football* gegeben hatte, bei dem allerdings einiges an Alkohol geflossen war und dessen Authentizität der Fußballer anschließend bestritt. Puskas bezichtigte das DFB-Team mit Verweis auf seine in der ersten Begegnung erlittene Verletzung, es habe wie ein Exekutionskommando agiert. Noch schwerer wog der Vorwurf, die Deutschen hätten sich des Dopings schuldig gemacht. Der DFB reagierte mit einer Sperre gegen den Ungarn für sämtliche Fußballplätze in der Bundesrepublik und drohte mit einer Verleumdungsklage. Puskas entschuldigte sich später beim DFB, und im Sommer 1964 wurden Millionen von Fernsehzuschauern Zeugen einer Versöhnungsgeste des Ungarn mit Herberger auf dem Frankfurter Flughafen.

Doping-Vorwürfe gegen Herberger-Team

Die Doping-Gerüchte um das Herberger-Team hielten sich allerdings. Unbestritten war, dass man im deutschen Lager zur Spritze gegriffen hatte. Die offizielle Version, dabei habe es sich lediglich um Vitamin- oder Traubenzucker-Injektionen gehandelt, wurde zwar nicht widerlegt, aber auch nicht von jedermann als plausibel angesehen.

Neben einem unerwarteten Weltmeister brachte das Turnier von 1954 noch weitere wichtige Entscheidungen: Zum einen legte FIFA-Patriarch Jules Rimet nach 33-jähriger Amtszeit die Präsidentschaft nieder. Eine andere Ära dagegen begann in Basel. Dort gründeten Vertreter von 30 europäischen Nationalverbänden den europäischen Regionalverband Union Européenne de Football Association (UEFA, heute steht das

Neues Wir-Gefühl in der Bundesrepublik: Die Weltmeister werden auf dem Münchner Marienplatz empfangen.

Kürzel für Union des Associations Européennes de Football). Erneut hatten sich Franzosen als treibende Kräfte profiliert, und erneut blieb England zunächst außen vor. Die Südamerikaner besaßen eine derartige Dachorganisation mit der Conféderacion Sudamericana de Fútbol (CONMEBOL) bereits seit 1916.

Die alte Welt formiert sich

Anlass der UEFA-Gründung war die wachsende Zahl außereuropäischer FIFA-Mitglieder, die die Europäer um ihren Einfluss fürchten ließ. Als die FIFA ihren 50. Geburtstag feierte, zählte sie 85 eingetragene Mitglieder. Davon kamen 18 aus Asien, wo sich ebenfalls 1954 mit der Asian Football Confederation (AFC) ein Regionalverband gegründet hatte, und fünf aus Afrika. Doch die Dritte-Welt-Präsenz sollte noch weiter steigen. Die Dekolonialisierung Afrikas und Asiens hatte zur Folge, dass die Zahl souveräner Staaten wuchs und die FIFA nun kräftig expandierte. Damit erfuhr die Zusammensetzung des Weltverbands eine nachhaltige Veränderung. Erst in der zweiten Hälfte des 20. Jahrhunderts erhielt die FIFA tatsächlich ein globales Profil. Die Folge war, dass die Hegemonie der europäischen Nationalverbände ins Wanken geriet. Die Bündelung der europäischen Kräfte sollte diesem Prozess Einhalt gebieten. 1957 entstand mit der Confédération Africaine de Football (CAF) auch ein afrikanischer Regionalverband, 1961 konstituierte sich die Confederatión Norte-/Centroamericana y del Caribe de Fútbol (CONCAF). Als letzter Regionalverband wurde 1966 die Oceania Football Confederation ins Leben gerufen.

▶ Einwurf

Ungarischer Traumfußball

Als charakteristische Merkmale des ungarischen Fußballs galten über viele Jahre Intelligenz, Geschicklichkeit und Raffinesse sowie ein romantisches Moment, das den Drang zum Risiko beinhaltet.

Schon in den Jahren vor, während und nach dem Ersten Weltkrieg machten die ungarische Nationalmannschaft und die Budapester Klubs MTK und Ferencvaros international von sich reden. Die Stars der Nationalmannschaft hießen damals Imre Schlosser, der 58 Tore für Ungarn schoss, und Alfred „Spezi" Schaffer, Mittelstürmer und Torjäger in der „goldenen Ära" von MTK Budapest. 1919 verließ Schaffer Ungarn, um für den 1. FC Nürnberg, FC Barcelona, Wacker München, Austria Wien und Sparta Prag zu spielen. Schaffer, den die Anhänger der Nürnberger „Fußballkönig" tauften, war der erste Vollprofi im kontinental-europäischen Fußball.

Nach dem Ersten Weltkrieg kriselte es im ungarischen Fußball, zumal viele der besten Kicker das Land verließen, um im Ausland für Geld zu spielen. Doch mit der Einführung des Professionalismus 1926 erfuhren Klubs und Nationalteam einen neuerlichen Aufschwung. Viele der Legionäre kehrten wieder heim und bewirkten dadurch eine erhebliche Qualitätsverbesserung des ungarischen Fußballs. 1927 wurde Frankreich mit 13:1 geschlagen. Herausragender Spieler dieser Mannschaft war Jozsef Tarkacs, der in diesem Spiel sechs Treffer markierte. Ferencvaros erhielt als erste Vereinsmannschaft Kontinentaleuropas eine Einladung nach Südamerika. Dort schlugen die Budapester Olympiasieger Uruguay mit 3:2.

Bei der WM 1934 zählte Ungarn zu den Favoriten, scheiterte aber im Viertelfinale an Österreich. Drei Jahre später deklassierte das Team den amtierenden Vize-Weltmeister Tschechoslowakei in Budapest mit 8:3. 1938 gelangte man zwar bis ins Finale des Weltturniers, unterlag dort allerdings Italien. Die großen Stars dieser Jahre waren Dr. Gyorgy Sarosi, siebenfacher Torschütze beim legendären Sieg über die Tschechoslowaken, und Gyulla Zsengeller.

Das beste aller ungarischen Nationalteams, vielleicht sogar das bislang beste Nationalteam in der europäischen Fußballgeschichte überhaupt, war allerdings das von Puskas und Co. 1952 gewann Ungarn olympisches Gold, 1954 wurde man Vizeweltmeister.

Es begann am 20. November 1949, als Ungarn den Olympiasieger Schweden in Budapest mit 5:0 besiegte, woraufhin einige Experten die Elf zum „besten Team Europas" deklarierten. Als der brasilianische Journalist Da Silva vor der WM 1950 in London weilte und dort vom ungarischen Wunder-Sturm vernahm, telegraphierte er eine dringende Warnung in seine Heimat. Denn zu diesem Zeitpunkt stand noch nicht fest, ob Ungarn am Turnier in Brasilien teilnehmen würde. Das kommunistisch regierte und im sowjetischen Machtbereich befindliche Ungarn war dann aus politischen Gründen nicht dabei. Das Wunderteam hätte möglicherweise verhindern können, dass der WM-Titel zwischen zwei südamerikanischen Teams ausgemacht wurde.

Ende 1949 hatte der ungarische Fußballverband Gustav Sebes zum Nationaltrainer ernannt. Der als Gustav Scharenbeck geborene Nachfahre ungarischer Schwaben in Budapest hatte als Aktiver für MTK Budapest gegen den Ball getreten, wo er jedoch neben den vielen dort versammelten Stars nicht sonderlich auffiel.

Nach dem Finale von 1954: Max Morlock tröstet den enttäuschten Puskas.

Sebes, dessen Wurzeln in der Arbeitersportbewegung lagen – weshalb er dem Regime als ideologisch gefestigt erschien –, hatte sich eingehend mit der taktischen Entwicklung des Fußballs befasst. Das Ergebnis war eine Revolutionierung des W-M-Systems.

Sebes offizielles Debüt als Nationaltrainer verlief keineswegs vielversprechend. Am 14. Mai 1950 unterlagen die Ungarn den Österreichern in Wien mit 2:4. Es sollte für lange Zeit die letzte Niederlage sein. Im Zeitraum Juni 1950 bis November 1955 bestritt das Team 50 Länderspiele, von denen es nur eines verlor. Siebenmal erreichte der Gegner immerhin ein Remis. Die einzige Niederlage ereignete sich allerdings ausgerechnet im wichtigsten aller Spiele, dem WM-Finale 1954 gegen die Bundesrepublik Deutschland. So blieb dem in diesen Jahren zweifellos weltbesten Team der ganz große Triumph verwehrt. 215 Tore schossen die Ungarn in diesen 50 Spielen, was einen Schnitt von 4,3 Toren pro Spiel bedeutete.

Die Stärken des Teams lagen im Angriffsspiel, während die Deckung unübersehbare Schwächen aufwies, die im Finale von Bern zum Verhängnis wurden. Prunkstück des Teams war die Angriffsreihe mit Puskas, Czibor, Kocsis und dem Mittelstürmer Hidegkuti. Seinen defensiven Außenläufer fand Sebes in Zakariás, während Biszik den Part des offensiven Außenläufers übernahm. Die Einführung eines ausschließlich defensiven sowie eines explizit offensiv orientierten Außenläufers, die gemeinsam mit einem zurückhängenden Stürmer den Angriff aufbauen sollten, war die entscheidende Neuerung zum W-M-System.

Das ungarische „Wunderteam" im WM-Finale 1954 (von links): Puskas, Grosics, Lorant, Hidegkuti, Bozsik, Zakariás, Lantos, Buzánsky, Toth, Kocsis, Czibor.

Viele der Spieler trugen das Trikot von Honved Budapest. Von den elf Spielern, die am 25. November 1953 den Engländern vor 105.000 Zuschauern im Londoner Wembleystadion die erste Heimniederlage beibrachten und dabei ein halbes Dutzend Tore schossen, waren nicht weniger als sieben – nämlich Groscis, Lorant, Bozsik, Budai, Kocsis, Puskas und Czibor – Honved-Akteure. Komplettiert wurde das Team mit Buzanszky, Lantos, Zakariás und Hidegkuti durch vier Spieler vom Lokalrivalen MTK, so dass ein für Nationalmannschaften ungewöhnlich hohes Maß an Homogenität garantiert war. Nach einer 2:5-Niederlage gegen die Tschechoslowakei im Frühjahr 1949 war entschieden worden, den Kader der Nationalmannschaft künftig auf 20 bis 22 Spieler zu begrenzen. Den Spielern gab dies eine gewisse Sicherheit, mussten sie doch nicht befürchten, bereits bei ersten Anzeichen von Formschwäche aus dem Team geschmissen zu werden. Tatsächlich gab es über die Jahre wenig Fluktuation im Kader. Außerdem ermöglichte dieses Vorgehen dem Trainer und seinen Spielern eine Perfektionierung der Taktik bis hin zur Routine. Die Nationalmannschaft funktionierte somit nach den Regeln eines Klubteams.

Honved war eine Kreation des Sportministers Farkas, der ein ebenso fanatischer KP-Politiker wie Fußballfan war. Am 18. Dezember 1949 hatte Farkas Ministerium den Vorstadtklub Kispesti AC übernommen und in Honved SE Budapest umgetauft. Der Klub wurde der Kontrolle der Armee unterstellt, und seine Mitglieder waren in der Regel

Armeeangehörige. Die Regierung sorgte dafür, dass sich die besten Spieler des Landes bei Honved versammelten. Fast zehn Jahre war Honved ein „Kollektiv" derselben Spieler. „Wenn Grosics abschlug, wusste jeder, wie der Ball weiterwandern würde. Der Improvisationskunst waren deshalb keine Grenzen gesetzt, und die Varianten waren unerschöpflich, weil jeder die Absichten des anderen erahnte und auf sie einging, ehe der Gegner Zeit hatte zu reagieren. Überraschungsmomente schaffen und blitzschnell ausnützen, das war das Geheimnis Honveds gewesen, ein Geheimnis, das weniger in körperlicher und geistiger Schnelligkeit begründet war." (Blickensdörfer 1965)

Die kommunistische Herrschaft erklärte zwar den Profifußball für abgeschafft, aber an seine Stelle trat ein Staatsamateurismus, der für eine kleine Kaste von Fußballern die Professionalisierung eher noch vorantrieb. Obwohl die Spieler offiziell Amateure waren und einen Beruf ausübten, konnten sie ihrem Hobby mit der gleichen Intensität nachgehen wie die Profis im westlichen Ausland. Offiziell verdienten sie ihr Geld als Armeeoffiziere, de facto mit dem Fußball. Hinzu kamen eine perfekte Rundumversorgung sowie weitere Annehmlichkeiten. So wurden von Auslandsreisen umfangreiche Schmuggelwaren ins Land gebracht, wobei der Zoll beide Augen zudrückte.

Das Ende des Teams kam mit dem Ungarn-Aufstand 1956. Die Mannschaft befand sich gerade im Trainingslager, als sie die Nachricht vom Ende der stalinistischen Diktatur ereilte. Zurück in Budapest, bat Puskas um eine Audienz beim neuen Regierungschef Imre Nagy, die ihm auch gewährt wurde. Nagy gestattete der Honved-Mannschaft eine bis zum 20. Dezember befristete Ausreisegenehmigung, damit sie ihren Europapokalverpflichtungen nachkommen konnte. Noch am gleichen Tag brach die Mannschaft nach Bilbao auf. Anschließend bestritt sie Freundschaftsspiele in Antwerpen, Essen, Paris, Barcelona und Madrid. Während der Tournee wurde der Aufstand in Ungarn von der sowjetischen Armee niedergewalzt. Als die Mannschaft zurück nach Budapest beordert wurde, spaltete sie sich in zwei Lager. Während Puskas, dessen Frau sich mit der kleinen Tochter nach Wien abgesetzt hatte, und Czibor im Westen bleiben wollten, plädierten Boszik und andere für die Rückkehr in die Heimat. Die Puskas-Fraktion setzte sich schließlich durch, woraufhin Honved Anfang Januar 1957 eine Südamerikareise antrat, von der das Team erst im März nach Wien zurückkehrte.

Der größte Teil der Mannschaft ging anschließend mit Boszik nach Budapest zurück, während Puskas, Czibor, Kocsis und einige andere in der österreichischen Hauptstadt blieben. Nach Ablauf einer FIFA-Sperre begann Puskas eine zweite Karriere bei Real Madrid, der damals besten Vereinsmannschaft Europas. Czibor kam bei AS Rom unter, Kocsis zunächst für kurze Zeit bei Young Fellows Zürich und anschließend beim FC Barcelona.

◆ WM 1958

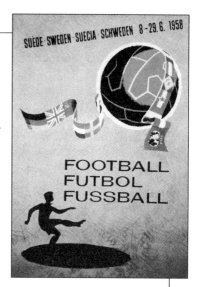

Austragungsland: Schweden

Austragungsstädte und Spielstätten: Boras (Ryavallen), Eskilstuna (Tunavallen), Göteborg (Nya Ullevi), Halmstad (Örjans Vall), Helsingborg (Olympiastadion), Malmö (Stadium), Norrköping (Idrottsparks), Örebo (Eyravallen), Sandviken (Jernvallen), Stockholm (Rasunda), Uddevalla (Rimnersvallen), Västerås (Arasvallen)

Dauer: 8. Juni bis 29. Juni 1958

Eröffnungsspiel: Schweden – Mexiko 3:0 (1:0) (Rasunda-Stadion, Stockholm, 8. Juni 1958)

Gemeldete Länder: 52

Endrundenteilnehmer: 16
Europa (12): BRD, CSSR, England, Frankreich, Jugoslawien, Nordirland, Österreich, Schottland, Schweden, UdSSR, Ungarn, Wales
Nord- und Mittelamerika (1): Mexiko
Südamerika (3): Argentinien, Brasilien, Paraguay

Qualifikationsspiele: 88
Endrundenspiele: 35

Modus: Vorrunde als Punktspiele. Ab Viertelfinale K.o.-System.

Zuschauer: 821.500
Zuschauerschnitt: 23.472

Tore: 126
Torschnitt pro Spiel: 3,6

Die besten Torschützen: Just Fontaine (Frankreich), 13 Tore
Pelé (Brasilien), Helmut Rahn (BR Deutschland) 6 Tore
Peter McParland (Nordirland), Vavá (Brasilen), 5 Tore

Finale: Brasilien – Schweden 5:2 (2:1) (Rasunda-Stadion, Stockholm, 29. Juni 1958)

Brasilien: Gilmar; D. Santos, Bellini, Orlando, N. Santos, Zito, Didi, Garrincha, Vava, Pelé, Zagalo
Schweden: Svensson; Bergmark, Gustavsson, Axbon, Börjesson, Parling, Hamrin, Gren, Simonsson, Liedholm, Skoglund

Schiedsrichter: M. Guigue, Frankreich

Tore: 0:1 Liedholm (5.), 1:1 Vava (8.), 2:1 Vava (31.), 3:1 Pelé (54.), 4:1 Zagalo (68.), 4:2 Simonsson (79.), 5:2 Pelé (90.)

Zuschauer: 49.737

WM 1958

Samba in Stockholm

Mit Schweden war zum zweiten Mal in Folge ein europäisches Land mit der Austragung des Weltturniers beauftragt worden, womit der Wechsel zwischen Südamerika und Europa unterbrochen wurde. Das Teilnehmerfeld wurde erneut von Europa dominiert, das zwölf der 16 Teams stellte, denn die Distanzen zwischen den Kontinenten waren immer noch ein Problem. Auch die gegenseitigen Vorbehalte existierten weiterhin. Innerhalb der FIFA gaben die Europäer noch relativ unangefochten den Ton an. Doch auf dem Platz sollte bei dieser WM der Stern eines südamerikanischen Teams aufgehen.

Fußball in Schweden: Exportschlager

Der Fußballsport hatte für die Schweden nicht den herausragenden Stellenwert wie in anderen europäischen Ländern. Er befindet sich bis heute in harter Konkurrenz zum Eishockey und anderen Wintersportarten. Umso bemerkenswerter, dass Schweden 1904 zu den Gründungsmitgliedern der FIFA zählte. Noch im gleichen Jahr wurde der Svenska Fotboll foerbundet (SF) ins Leben gerufen. Schon ab 1896 trugen verschiedene Vereine Spiele untereinander aus, an deren Ende der schwedische Cup gewonnen wurde. Der erste Champion Schwedens war der Göteborger Stadtteilklub Örgryte IS, 1887 gegründet und damit der älteste Verein Schwedens, wobei die ersten Meisterschaftsrunden lediglich den Charakter einer Stadtmeisterschaft besaßen. Erst 1900 wurde der Wettbewerb auch für die Stockholmer Klubs geöffnet.

Wie in anderen europäischen Ländern war der Fußball auch in Schweden auf dem Seeweg eingeschleust worden. Die Hafenstadt Göteborg war Schwedens erste Fußballhochburg und blieb dies bis heute. 1925 nahm die schwedische Liga ihren Spielbetrieb auf, und 1941 wurde der schwedische Verbandspokal eingeführt.

Im ersten Länderspiel einer schwedischen Nationalelf schlug man am 12. Juni 1908 in Göteborg den Nachbarn Norwegen mit 11:3. In der Nationalmannschaftsgeschichte Schwedens nimmt diese Länderspielpaarung vor den Auseinandersetzungen gegen Dänemark die Spitzenposition ein. In den ersten beiden Dekaden des 20. Jahrhunderts hieß Skandinaviens Nummer eins Dänemark, das enge ökonomische

Beziehungen zu Britannien unterhielt und zu den ersten kontinentaleuropäischen Ländern gehörte, die das Association Game übernahmen. Im Mai 1889 war Dänemark auch das erste Land auf dem Kontinent gewesen, das sich mit der Dansk Boldspil Union (DBU) einen nationalen Fußballverband gab. Der südliche Nachbar übte einen starken Einfluss auf Schwedens Fußball aus. In den 1920er Jahren übernahm dann Schweden die Führung im skandinavischen Raum und sollte diese auch bis zur dänischen Renaissance in den Achtzigern behalten.

Im Oktober 1908 gehörte Schweden zu den lediglich fünf Ländern, die am Olympischen Fußballturnier in London teilnahmen. Dort unterlag man dem Gastgeber England mit 1:12. Bei Olympia 1912 waren die Schweden erneut dabei, schieden jedoch bereits in der Vorrunde gegen die Niederlande aus (3:4), während der Erzrivale Dänemark ausgerechnet in Stockholm bis ins Finale vordrang. Ihren ersten internationalen Erfolg verbuchten die Skandinavier 1924 in Paris, als sie im kleinen Finale des olympischen Fußballturniers dieses Mal die Niederländer besiegten (1:1 und 3:1) und damit die Bronzemedaille gewannen. Bei der WM 1934 war im Viertelfinale Endstation. Seinen größten internationalen Erfolg landete der schwedische Fußball bei der Olympiade 1948, als die Nationalmannschaft durch einen 3:1-Sieg über Jugoslawien olympisches Gold gewann. Mit Gunnar Gren, Gunnar Nordahl und Nils Liedholm besaß das Team eine der besten Sturmreihen der Fußballgeschichte.

Furore in Mailand

Das Gre-No-Li getaufte Trio wechselte 1949 zum AC Mailand. Der schwedische Innensturm sorgte auch hier für Furore und bewirkte mit seinem eleganten, intelligenten und variablen Passspiel eine völlige Veränderung der Mailänder Spielweise. In seinem ersten gemeinsamen Jahr in der Lombardei erzielte das Trio 71 Tore, im dritten Jahr gewannen die Mailänder mit den drei Schweden die Meisterschaft. Um den Wundersturm zu stoppen, führte Paduas Trainer Nereo Rocco den so genannten „Catenaccio" ein. Gre-No-Li bildeten nur den Auftakt eines regelrechten Exodus schwedischer Spieler vornehmlich nach Italien. Aufgrund der strikten Amateurbestimmungen des schwedischen Verbands durften Gren, Liedholm und Nordahl am WM-Turnier 1950 nicht teilnehmen. Doch die Schweden waren immer noch ausreichend stark, um den dritten Platz zu belegen, womit sie das beste europäische Team bei diesem Turnier stellten. Der schwedische 3:2-Sieg über Italien sollte Folgen haben: Die italienischen Klubs waren so beeindruckt, dass sie gleich acht Schweden verpflichteten. Im Zeitraum 1949 bis 1951 wanderten insgesamt 19 schwedische Nationalspieler aus, 16 von ihnen Teilnehmer der Olympiade 1948 und/oder der WM 1950, um sich bei ausländischen Profiklubs, vornehmlich in Italien, zu verdingen.

Anlässlich des WM-Turniers im eigenen Lande änderte der schwedische Verband seine Politik. Nun durften auch Profis bzw. Legionäre mitspielen. Als das Turnier angepfiffen wurde, standen mit Liedholm, Hamrin, Skoglund und Gustavsson noch vier Spieler bei ausländischen Klubs unter Vertrag, während Gren und

Simonsson inzwischen aus Italien zurückgekehrt waren. Liedholm und Gren waren mittlerweile 35 bzw. 36 Jahre alt.

Ausländische Trainer besaßen am Aufstieg des schwedischen Fußballs einen gewichtigen Anteil. Die Teams von 1948, 1950 und 1958 wurden vom Engländer George Raynor trainiert, ein Anhänger der lückenlosen Defensive. Vor Raynor war bereits der ungarische Top-Trainer Lajos Czeizler in Schweden tätig gewesen, der mit IFK Norrköping 1943 Meister wurde und später die schwedische Staatsbürgerschaft annahm. Auch österreichische Trainer, wie Pepi Stroh, Walter Probst und Karl Adamek, arbeiteten in Schweden erfolgreich.

Ein Turnier ohne Favoriten

Vier Jahre nach dem Abpfiff der 5. Weltmeisterschaft in der Schweiz hatten sich die Kräfteverhältnisse im europäischen Fußball gründlich verschoben. Titelverteidiger BRD konnte sein WM-Niveau zunächst nicht halten. Dem Triumph von Bern folgte eine Reihe von Niederlagen, so dass die Herberger-Mannen zunächst zwar als kampfstark, nicht aber technisch versiert eingestuft wurden. Mit dem Einbau neuer Spieler sollte sich dieses Missverhältnis noch ändern. In Schweden waren sieben der Weltmeister von 1954 nicht mehr dabei. Dafür hatte Herberger u.a. mit Karl-Heinz Schnellinger, Horst Szymaniak und dem Hamburger Mittelstürmer Uwe Seeler drei viel versprechende junge Spieler an Bord. Schnellinger, der einige Jahre später nach Italien wechseln sollte, zählte erst 19 Lenze. Aus dem Weltmeisterteam gehörten noch der mittlerweile 37-jährige Kapitän Fritz Walter, Horst Eckel, Helmut Rahn und Hans Schäfer zum Stammpersonal. Das ungarische Wunderteam war auseinandergebrochen, weil Puskas, Koscis, Czibor oder Groscis in den Folge des Ungarn-Aufstands von 1956 das Land verlassen hatten und eine vom ungarischen Fußballverband gesetzte Rückkehrfrist für die WM-Teilnahme verstreichen ließen. In der Qualifikation wurstelte man sich mehr oder weniger durch. Auch der WM-Dritte von 1954, Österreich, der sich nur knapp qualifizieren konnte, besaß längst nicht mehr das Potential, um als ernsthafter Titelaspirant gehandelt zu werden. Italien, das in seinen Vereinsmannschaften viele Ausländer beschäftigte, war in der Qualifikation an Nordirland gescheitert und schien seinen internationalen Abwärtstrend fortzusetzen. Auch Spanien, das an Schottland scheiterte, konnte bei weitem nicht an die internationalen Erfolge seiner Vereinsmannschaften anknüpfen – ein Missverhältnis, das bis heute anhalten sollte.

Anders Frankreich, das erstmals auf sich aufmerksam machte, als die *Équipe Tricolore* den frisch gebackenen Weltmeister Deutschland in Hannover mit 3:1 besiegte. Auch in der Qualifikation sorgte das offensivfreudige Team mit 19 Treffern in vier Spielen für Furore. Trotzdem hatte niemand die Franzosen auf der Rechnung, zumal sie im Jahr der WM noch kein Spiel gewonnen hatten. In Schweden konnten sie auf Raymond Kopa zurückgreifen, der von Real Madrid freigestellt wurde und im franzö-

Vier britische Teams dabei

sischen Sturm mit Just Fontaine eine äußerst fruchtbare Partnerschaft eingehen sollte.

Die Vertreter der britischen Insel setzten sich samt und sonders durch, womit erstmals bei einer WM alle vier britischen Nationen präsent waren. Über die abenteuerlichen Wege von Wales wird noch zu berichten sein. Bevor die Nordiren nach Schweden reisen durften, stellte sich ihnen noch ein heimischer Gegner in den Weg. Protestantische Fundamentalisten, und davon gab es in dem konfessionellen Apartheidsstaat nicht gerade wenige, demonstrierten dagegen, dass beim Weltturnier auch am „Tag des Herrn" gespielt werden sollte. Die Engländer waren durch ein Flugzeugunglück geschwächt worden. Die Mannschaft von Manchester United, die damals zu den viel versprechendsten Europas zählte und einen für englische Verhältnisse modernen Fußball spielte, hatte sich am 6. Februar 1958 auf der Rückreise von einem Europapokalspiel in Belgrad befunden. Beim Zwischenstart in München war die Maschine in eine Böschung gerast und in Flammen aufgegangen. Unter den 21 Todesopfern befanden sich auch acht United-Spieler. Das prominenteste Opfer war das 22-jährige Mittelfeldgenie Duncan Edwards, für viele noch heute der beste United-Spieler aller Zeiten. Edwards war englischer Nationalspieler und ein sicherer WM-Kandidat, ebenso Tommy Taylor sowie Roger Byrne, der Kapitän des nach ihrem Trainer Matt Busby „Busby Babes" getauften Teams.

Während Europa drei Viertel der Endrundenteilnehmer stellte, kamen aus dem gesamten Südamerika mit Brasilien, Argentinien und überraschenderweise Paraguay lediglich drei Verbände. Paraguay hatte das Kunststück fertig gebracht, die hoch favorisierten Uruguayer aus dem Rennen zu werfen. 5:0 hieß es am Ende des Hinspiels, was in Uruguay dazu führte, dass ein Untersuchungsausschuss installiert wurde, der das Zustandekommen des Debakels aufklären sollte. Man einigte sich auf den Trainer als Ursache.

Die Brasilianer wollten nicht nach Schweden reisen, um ein weiteres Mal in Schönheit zu sterben. Aus dem Team von 1954 waren mit Djalmar und Nilton Santos sowie Didi nur noch drei Spieler dabei. Die Zuschauer sollten das best organisierte brasilianische Team sehen, das bis dahin den europäischen Kontinent betreten hatte. Trainer Vicente Feola verordnete dem brasilianische Spiel mehr Effizienz. Zunächst stabilisierte er die Abwehrreihe vor Torwart Gilmar. Die kaum zu bändigende Spielfreude kultivierte der Coach, indem er die Flügel mit zwei klassischen Außenstürmern (Zagalo und Garrincha) besetzte, die versuchten, mit langen Hereingaben die in der Mitte lauernden Vava oder Pelé zu bedienen. Diese etwas britisch anmutende Spielauffassung erhielt zusätzliche Unterstützung durch ein offensiv ausgerichtetes Mittelfeld (Didi, Orlando, Bellini, Zito), das bei Bedarf den Druck auf die gegnerischen Abwehrreihen erhöhen konnte, aus dem sich aber Orlando und Zito auch in die Abwehrkette zurückfallen ließen. Auf eine Kurzformel gebracht, sah eine interessierte Fußball-Öffentlichkeit 1958 die perfekte Umsetzung des 4-2-4 Systems.

Für Argentinien, das viele Jahre in Selbstisolation verharrt hatte, war es die erste WM-Teilnahme seit 1934. Allerdings begab sich das Team geschwächt nach Schweden, auch wenn man nur ein Jahr zuvor die Südamerikameisterschaft gewonnen hatte. Insbesondere die Sturmreihe mit Corbatta, Maschio, Angelillo, Sivori und Cruz hatte die Zuschauer dort begeistert. Doch einmal mehr fielen die italienischen Klubs über Argentiniens Talente her. Bologna verpflichtete Maschio, Juventus Sivori und Inter Mailand Angelillo. Da alle drei Spieler „Oriundi" waren, trugen sie bald anstelle des argentinischen das italienische Nationaltrikot.

Erstmals meldete der sowjetische Fußballverband ein Nationalteam für die Weltmeisterschaft, das sich auch prompt für Schweden qualifizierte. Kaum jemand wusste die Mannschaft so recht einzuschätzen. Dem schwedischen Publikum war der sowjetische Fußball indes nicht unbekannt. 1945 hatte Dynamo Moskau einige beeindruckende Freundschaftsspiele in Schweden und Großbritannien absolviert, mit denen man Europas Sieg über den Faschismus zu feiern gedachte. Bei dieser Gelegenheit hatten die sehr methodisch wirkenden Sowjets IFK Norköpping mit 5:0 geschlagen. 1955 hatte die Nationalmannschaft Weltmeister Deutschland in Moskau mit 3:2 besiegt, und bei der Olympiade 1956 in Melbourne hatten die Sowjets Gold gewonnen. Allerdings war das Turnier nur schwach besetzt gewesen und galt deshalb als wenig aussagekräftig. Die bekanntesten Namen des Teams waren Kapitän Igor Netto, Valentin Ivanov, Nikita Simonyan und der phantastische Keeper Lew Jaschin.

Gegen Mexiko spielte Gastgeber Schweden stark auf und gewann mit 3:0. Hier rettet der mexikanische Torhüter Cardajal.

Politischer Zwist um Israel

Für Gesprächsstoff sorgten die Asien/Afrika-Gruppen, weil hier nicht das Spiel, sondern die Politik das Geschehen diktierte. Zunächst zog Nationalchina seine Meldung zurück, weil es nicht mit der verfeindeten Volksrepublik China in einer Gruppe kicken wollte. Zypern wollte zwar zum Auswärtsspiel nach Ägypten fahren, erhielt aber nicht die notwendige Erlaubnis der Briten. Damit war der zypriotische Traum von einer WM-Teilnahme jäh geplatzt. In der Gruppe 2 traf Israel auf die Türkei, die sich aber weigerte, gegen die jüdische Nationalmannschaft anzutreten. Israel wurde kampflos zum Gruppensieger erklärt. Für die Israelis kam es aber noch skurriler. Da Asien und Afrika damals nur einen Vertreter nach Schweden schicken durften, mussten sich die Ersten von insgesamt vier Qualifikationsgruppen noch einmal untereinander messen. Neben Israel waren dies noch Indonesien, Sudan und Ägypten. Doch auch diese drei Verbände weigerten sich, gegen Israel zu spielen. Indonesien war bereit, auf fremden Plätzen gegen die israelische Mannschaft anzutreten, was wiederum von den Israelis verständlicherweise abgelehnt wurde. Somit hätte sich Israel als erster Teilnehmer für eine WM-Endrunde qualifiziert, ohne ein einziges Spiel bestritten zu haben. Das war der FIFA dann doch zu viel. Deshalb ordnete der Weltverband ein Ausscheidungsspiel für Israel an und loste dem Mittelmeeranrainer das britische Wales als Gegner zu. Die Waliser waren eigentlich in ihrer Gruppe bereits an der Tschechoslowakei gescheitert. Zwei Siege gegen Israel (in beiden Spielen jeweils 2:0) ermöglichten Wales dann doch noch die WM-Endrundenteilnahme – als Asien/Afrika-Vertreter.

Den Zuschauerrekord in den Qualifikationsspielen hielt übrigens die DDR, deren Fußballnationalmannschaft mittlerweile spielberechtigt war, aber von vier Qualifikationsspielen drei verlor und nur eines (2:1 gegen Wales) gewann. Beide Heimspiele im Leipziger Zentralstadion gegen die CSSR und Wales mobilisierten jeweils 110.000 Zuschauer.

Für die WM-Endrunde wurde das Reglement nach den schlechten Erfahrungen, die man in der Schweiz mit dem „Setzen" gemacht hatte, wieder revidiert. Die Vorrunde wurde erneut in vier Vierergruppen gespielt, allerdings musste nun „jeder gegen jeden" antreten. Die beiden Erstplatzierten qualifizierten sich für das Viertelfinale. Über das Verfahren zur Zusammensetzung der Lostöpfe wurde noch bis kurz vor Ziehungsbeginn am 8. Februar 1958 hinter verschlossenen Türen heftig diskutiert, so dass sich viele Beobachter der Ziehung an die Geheimniskrämerei eines römischen Konklaves erinnert fühlten. Schließlich einigte man sich auf den ungarischen Vorschlag, der vorsah, vier geographische Blöcke zu bilden, aus denen reihum jeweils ein Land gezogen wurde. Neben dem westeuropäischen Block bildeten sich der osteuropäische, dem Jugoslawien zusortiert wurde, der britische und der südamerikanische. So wurde verhindert, dass sich britische oder südamerikanische Mannschaften bereits in der Vorrunde untereinander ausschalteten. In der Gruppe 1 bekam die BRD mit Argentinien, der CSSR und Nord-Irland überwindbare Gegner zugelost und durfte an ein Weiterkommen glauben. In Österreich, das der Gruppe 4 angehörte, zog man indessen lange Gesichter, denn die Alpenrepublik musste sich mit Brasilien, England und der Sowjetunion messen. Gastgeber Schweden bildete mit Mexiko, Wales und Ungarn die Gruppe 3. Am ausgeglichensten erschien die Gruppe 2 mit Frankreich, Paraguay, Jugoslawien und Schottland.

Vorrunde: Geringes Zuschauerinteresse

Am 8. Juni 1958 eröffnete König Gustav VI. Adolf von Schweden vor 35.000 Zuschauern im bei weitem nicht ausverkauften Stockholmer Rasunda-Stadion in englischer und schwedischer Sprache die Endrunde der 6. Fußball-Weltmeisterschaft. Keineswegs heißblütige Leidenschaft, sondern eher eine freundliche Gelassenheit begleitete die kommenden 35 Endrundenspiele, von Ausnahmen abgesehen. In der ersten Phase des Turniers war kein einziges Stadion ausverkauft, obwohl die schwedischen Medien sehr ausführlich über das bevorstehende Ereignis berichteten. In Südschweden, dem Spielort der deutschen Mannschaft, erschienen die Zeitungen sogar in deutscher Sprache. Die Zuschauerzahlen spiegelten einmal mehr die fehlende Spitzenposition des Fußballs innerhalb des schwedischen Sports wider. Minusrekord gab's beim Entscheidungsspiel um den Einzug ins Viertelfinale zwischen Ungarn und Wales. Lediglich 2.823 Fans hatten sich Eintrittskarten besorgt, die das Organisationskomitee mit dem gleichen Sicherheitsstandard hatte anfertigen lassen, der auch bei der Herstellung der schwedischen Währung galt. Die Tickets besaßen einen Gesamtwert von damals 13 Mio. Kronen, entsprechend 10,4 Mio. DM. Durchschnittlich 23.500 Zuschauer besuchten die Spiele, gegenüber der Schweiz ein Rückgang um ca. 10.000 Fans pro Spiel. Publikumsmagnete waren natürlich die Spiele der schwedischen Elf. Aber auch Brasilien, England und das deutsche Team bewegten die Massen.

Der Schwedenstart verlief reibungslos, obwohl der in der Öffentlichkeit hitzig diskutierte Einbau der Profis zunächst einen Verlust an spielerischer Harmonie bedeutete. 3:0 hieß es im Eröffnungsspiel nach 90 Minuten gegen eine harmlose mexikanische Mannschaft. Auch Ungarn wurde von den Schweden mit 2:1 besiegt, so dass die Gastgeber vorzeitig für das Viertelfinale qualifiziert waren und sich mit einem Reserveteam ein 0:0 gegen Wales erlauben konnten. Für die Waliser war dies aber nicht genug. Nach zwei Remis gegen Mexiko und Ungarn, das 4:0 gegen die Mittelamerikaner gewonnen hatte, benötigten die britischen *Dragons* ein Entscheidungsspiel gegen die Magyaren, das 2:1 endete. Spätestens jetzt wurde alle Welt gewahr, dass Ungarns Vorherrschaft in Europa nicht mehr existierte, sondern sich der Fußball dort eher zu einem Aschenbrödel-Dasein entwickelte.

Eine faustdicke Überraschung hielt die „deutsche" Gruppe bereit, in der die Argentinier lediglich ein Spiel gewinnen konnten (3:1 gegen Nordirland). Ähnlich wie bei den Engländern hatte auch die Selbstisolation der Argentinier dazu geführt,

Randale in Argentinien

dass man den eigenen fußballerischen Stellenwert maßlos überschätzte. In Schweden wurde Argentinien brutal auf den Boden der Tatsachen zurückgeholt. Zum Auftakt unterlagen die Südamerikaner dem deutschen Team mit 1:3. Nach der sang- und klanglosen 1:6-Niederlage im letzten Spiel gegen die CSSR kam es in Argentinien zu schweren Ausschreitungen und Straßenschlachten, so dass sich die argentinische Delegationsleitung überlegte, die Rückreise in Uruguay zunächst zu unterbrechen. Den Tschechoslowaken um ihren besten Stürmer Masopoust nutzte dieser Kantersieg nichts. Bedingt durch ein Remis gegen die BRD (2:2) und eine Niederlage gegen Nordirland (0:1) mussten die Osteuropäer sich einem Entscheidungsspiel gegen den Kleinsten der britischen Vertreter stellen, das sie 1:2 verloren.

Die Nordiren konnten sich damit fürs Viertelfinale qualifizieren. Gegen Deutschland hatten sie ein 2:2 erreicht, wobei sie zweimal durch McParland in Führung gingen. Rahn und Seeler konnten jeweils ausgleichen. Eine fantastische Leistung bot Nordirlands Keeper Harry Gregg von Manchester United, einer der Überlebenden der München-Katastrophe vom Februar 1958, als acht Spieler von ManU nach einem misslungenen Start ihres Flugzeugs ums Leben kamen.

In der Gruppe 2 bestätigte Schottland seinen Ruf, nicht über eine WM-Vorrunde hinauszukommen. Niederlagen gegen Frankreich (1:2) und Paraguay (2:3) bedeuteten bei einem Remis gegen Jugoslawien (1:1) das vorzeitige Ausscheiden. Frankreich hingegen untermauerte die Erwartungen eindrucksvoll mit einem 7:3-Sieg über Paraguay, brach dann aber überraschend gegen Jugoslawien mit 2:3 ein. Trotzdem konnten sich die Franzosen für das Viertelfinale qualifizieren, für das sich ebenfalls Jugoslawien bereit halten durfte.

Mit der Abreise Paraguays war nur noch ein südamerikanischer Vertreter im Rennen: Brasilien. In der schwierigsten Gruppe mussten sich die Sambakicker mit Österreich, England und der UdSSR auseinandersetzen. Gegen Österreich gab es ein ungefährdetes 3:0. Zweifacher Torschütze war José Giuseppe Altafani, der in Schweden allerdings unter dem Namen „Mazzola" spielte. Der 19-Jährige sollte nach dem Turnier zum AC Mailand wechseln und 1961 – nach erfolgter Naturalisierung – erstmals für Italien auflaufen. Gegen die Engländer musste sich der Favorit indes mit einem torlosen Remis begnügen, im Übrigen das erste in der Geschichte der WM-Endrunden! Das Ergebnis sorgte im brasilianischen Lager für Unruhe und Nervosität. Trainer Vicente Feola, genannt „El Gordo" („der Dicke"), kam unter Druck, auch seitens der Mannschaft, endlich den dribbelstarken Rechtsaußen Garrincha und den Wunderstürmer Edson Arantes do Nascimento – kurz: Pelé – zu bringen. Letzterer war erst 17 Jahre alt und damit der zu diesem Zeitpunkt jüngste Spieler in der WM-Geschichte. Zu seiner Unerfahrenheit kam noch das Problem, dass er sich kurz vor dem Aufbruch nach Europa eine Knieverletzung zugezogen hatte. Auf Garrincha hatte „El Gordo" bislang verzichtet, weil er der Meinung war, dass der säbelbeinige Außenstürmer mit

Die Leichtigkeit des Fußballspiels, perfekt verkörpert vom jungen Pelé.

seinen Dribblings nicht nur den Gegner, sondern noch mehr sich selbst und seine Mannschaft verrückt machen würde.

Gegen die UdSSR durften Garrincha und Pelé dann erstmals auflaufen. Pelé war der mannschaftsdienlichere und effektivere der beiden Genies, aber die größere Aufmerksamkeit gebührte in diesem Spiel Garrincha mit seinen Solonummern. Brasilien gewann durch zwei Tore von Vava mit 2:0 und stand als Gruppensieger im Viertelfinale.

Der zweite Qualifikant musste nun zwischen dem punktgleichen England und der Sowjetunion ermittelt werden. Die erste Begegnung zwischen den beiden Ländern hatte unentschieden (2:2) geendet. Die Sowjets hatten die bedauernswerten Österreicher mit 2:0 geschlagen. Ihren einzigen Punkt holte die einstige Fußballmacht beim 2:2 gegen England.

Im Entscheidungsspiel behielten die Sowjets dank eines Tores von Iljin aus der 57. Minute mit 1:0 die Oberhand. Von ursprünglich vier britischen Teams waren somit nur die vermeintlich schwächeren weitergekommen: Wales und Nordirland.

Viertelfinale: Brasilien gegen den Rest

Die Besetzung des Viertelfinales glich eher einem europäischen Championat, denn mit Brasilien war lediglich ein Nichteuropäer vertreten. Der Zufall wollte es, dass Deutschland wie schon 1954 auf das jugoslawische Auswahlteam traf. Noch immer glaubte man im Tito-Staat, dass der deutsche Fußball spielerische Mängel offenbare. Trainer Tirnanic urteilte beispielsweise: „Die Deutschen haben ihren Stil kaum geändert. Er beruht auf Kraft und Härte. Einige von ihren wichtigsten Spieler wie Fritz Walter, Rahn, Schäfer und Eckel sind vier Jahre älter geworden." An dieser Analyse stimmte immerhin die Jahresaddition, doch das verhinderte nicht den Sieg der Deutschen. Die 1:0-Führung aus der 12. Minute durch Rahn wurde tapfer und rustikal über die Zeit gerettet, auch wenn die Abwehrreihen um Pädagogentorwart Herkenrath zuweilen wankten.

Scheinbar die leichtesten Aufgaben mussten Frankreich (gegen Nordirland) und Brasilien (gegen Wales) lösen. Doch obwohl die Brasilianer alle spielerischen Register zogen, wollte gegen die äußerst defensiv agierenden Waliser, die ihre einzige Chance in der Zerstörung des brasilianischen Spiels sahen, ein Tor nicht gelingen. Walisische Konter sorgten sogar für Gefahr vor dem Tor Gilmars, doch machte sich hier schmerzlichst das Fehlen des hühnenhaften Mittelstürmers John Charles bemerkbar, der sich im Spiel gegen Ungarn verletzt hatte. Der fast zwei Zentner schwere und knapp zwei Meter große Kicker wäre möglicherweise der richtige Mann gewesen, die brasilianische Abwehr aufzubrechen. Mitte der zweiten Halbzeit wurden die Südamerikaner immer überlegener. In der 65. Minute gelang Pelé schließlich das 1:0. Die Waliser steckten nicht auf und drängten auf den Ausgleich. Doch mitten in diese Bemühungen fiel der Abpfiff des österreichischen Schiedsrichters Seipelt, laut Stadionuhr vier Minuten zu früh. Trotz vieler Proteste blieb der Unparteiische bei seiner Entscheidung und vertraute seiner Stoppuhr. Zu Recht, denn es stellte sich heraus, dass das Stadionchronometer während des Spiels zeitweilig ausgefallen war.

War es in Göteborg die Stadionuhr, die für Gesprächsstoff sorgte, so erregte

> ◆ **„Pelé ist zu infantil"**
>
> Vor der Abreise nach Schweden hatte der brasilianische Teampsychiater, Joao Carvalhaes, ausdrücklich davon abgeraten, die beiden späteren WM-Stars Pelé und Garrincha überhaupt mitzunehmen. Carvalhaes, der zu den Renommiertesten seiner Zunft in Brasilien gehörte, notierte über Pelé: „Pelé ist zu infantil. Ihm fehlt offensichtlich der nötige Kampfgeist. Er ist zu jung, um Aggression zu spüren und in einer angemessenen Art darauf zu reagieren. Außerdem hat er auch nicht das notwendige Gefühl für Teamgeist." Über Garrincha fiel des Psychiaters Urteil noch vernichtender aus. Bei einem Test war der für viele noch heute beste Rechtsaußen der Fußballgeschichte nur auf 38 von 123 möglichen Punkten gekommen, was ihn nicht einmal dazu befähigte, einen Bus zu fahren.

in Norrköping die Musikkapelle Aufsehen, zumindest in Frankreich. Dort warf man den Blechbläsern vor, die „Marseillaise" zu getragen interpretiert und sie somit ihres forschen und entschlossenen Charakters beraubt zu haben. Nachdem der letzte Ton verklungen war, leisteten die französischen Kicker, bei denen sich Goalgetter Just Fontaine immer mehr in den Vordergrund spielte, Kompensationsarbeit. In der Vorrunde hatte er bereits sechsmal getroffen. Fontaine war eher zufällig mit nach Schweden gefahren, nachdem sich der etatmäßige Stürmer Raimond Blair kurz zuvor verletzt hatte. Selbstredend traf er auch zweimal gegen die beklagenswerten Nordiren, denen nach ihrem Entscheidungsspiel gegen die CSSR nur 48 Stunden Erholung gewährt wurden. In dieser Zeit hatten sie 500 Kilometer Wegstrecke von Stockholm nach Norrköping zu bewältigen. Stehend K.o. mussten sie eine bittere 0:4-Niederlage hinnehmen. In Frankreich hingegen herrschte eitel Sonnenschein, denn zum ersten Mal war es einer *Équipe Tricolore* gelungen, ein WM-Halbfinale zu erreichen.

„Der Austragungsmodus war gegen uns", lautete der lakonische Kommentar des sowjetischen Trainers Katschalin zum Ausscheiden seines Teams. Genau wie Wales und Nordirland gehörte die UdSSR zu den Mannschaften, die ein Entscheidungsspiel benötigten, um das Viertelfinale zu erreichen. Bedingt durch eine nur kurze Regenerationsphase waren diese Mannschaften konditionell gegenüber ihren Gegnern im Nachteil und schieden alle drei aus. Eine Halbzeit konnten die Sowjets im Rasunda-Stadion trotz fanatischer Anfeuerungsrufe des schwedischen Publikums mithalten. Dann war es einmal mehr Hamrin, der seine Farben auf die Gewinnerstraße brachte. Das sowjetische Team hatte nicht mehr die Kraft, das Steuer noch einmal herumzuwerfen, und kassierte am Ende noch das zweite Tor durch Simonsson. Mit 32.000 Zuschauern war das Rasunda-Stadion nicht annähernd ausverkauft.

Fußball-Schweden stand Kopf. Plötzlich war mit dem Erreichen des Halbfinales auch der Griff nach der Fußballkrone möglich. Doch galt es zunächst, das deutsche Team auszuschalten.

Halbfinale: Skandal in Göteborg, Samba in Stockholm

Am Abend des 24. Juni 1958 pfiff der ungarische Schiedsrichter Zsolt im Göteborger Ullevi-Stadion eines der denkwürdigsten und folgenreichsten Spiele einer deutschen Nationalelf an. Bereits im Vorfeld der Begegnung war es zu Unstimmigkeiten gekommen, als die schwedischen Veranstalter den deutschen Fans zunächst keine Plätze reservieren wollten. DFB-Präsident Bauwens drohte daraufhin mit dem Rückzug seines Teams, woraufhin die Schweden einlenkten. Schon während des Spiels gegen die Sowjets war zu beobachten gewesen, dass so genannte „Einpeitscher", mit Megaphon oder Mikrophon bewehrt, die Stimmung auf den Rängen nicht nur koordinierten, sondern regelrecht anheizten. Die Stimmung war natürlich gegen das gegnerische Team eingenommen, im Grunde ein ganz normaler Vorgang. Vorübergehend kehrte sogar Ruhe ein, weil Schäfer in der 24. Minute die deutsche 1:0-Führung gelang. Aber nur zehn Minuten später glich Skoglund für die Schweden aus. Das war gleichzeitig auch der Halbzeitstand.

Zwei Schlüsselszenen sorgten im zweiten Durchgang für die Entscheidung. Zunächst trat ein frustrierter Juskowiak gegen den überragenden schwedischen Flügelstürmer Kurt „Kurre" Hamrin nach. Dem Unparteiischen blieb nichts anderes übrig, als den Düsseldorfer vom Platz zu stellen. Das wusste auch Herberger, der diese Szene kühl kommentierte und darauf hinwies, dass es nicht Juskowiaks Aufgabe gewesen wäre, „seinen Gegner für ein Foul zu bestrafen". Dann verletzte sich auch noch Fritz Walter in seinem letzten Nationalmannschaftseinsatz so schwer, dass er vom Platz getragen werden musste. Der Kapitän wurde minutenlang behandelt und kam noch einmal humpelnd zurück. Für die Mannschaft konnte er aber nichts mehr tun. Mittlerweile schäumte die Stimmung auf den Rängen über und beeindruckte die in Unterzahl spielenden deutschen Spieler. Zwei späte Tore durch Gren und Hamrin besiegelten das deutsche Schicksal und beförderten Schweden zum ersten Mal in seiner Fußballgeschichte in ein WM-Finale.

Die deutsche Mannschaft erwies sich als fairer Verlierer, nicht dagegen Teile der deutschen Öffentlichkeit, die in dieser Niederlage einen empfindlichen Prestigeverlust erblickten. Unstrittig war das Verhalten des schwedischen Publikums alles andere als objektiv. Natürlich gab es einige Entscheidungen des Schiedsrichters, die zweifelhaft waren. Zudem mussten sich einige schwedische Medien fragen lassen, ob ihre Berichterstattung angemessen war. Die Schweizer Zeitung *La Suisse* behauptete, dass für die Schweden „die Fußballweltmeisterschaft weniger eine Möglichkeit ist, erstklassigen Fußball zu sehen, als eine Gelegenheit, ihre ultrapatriotische Gesinnung zu demonstrieren". Ausgerechnet DFB-Chef Dr. Peco Bauwens forderte, „dieses Pflaster nicht mehr zu betreten". Das obligatorische WM-Abschlussbankett wurde von der deutschen Delegation ignoriert.

„Der Hass eines Volkes"

Geradezu moderat erschienen diese Reaktionen aber gegenüber dem, was sich jetzt in der BRD selbst abspielte. Schwedischen Autos wurden die Reifen zerschnitten, schwedische Menüs verschwanden von den Speisekarten, und schwedischen Künstlern wurde mitunter ihr Auftritt storniert. Höhepunkt dieser Anti-Schweden-Kampagne war der Kommentar eines Journalisten der *Saar-Zeitung,* dessen geistige Ausstattung sich seit 1933 nicht weiterentwickelt hatte: „Das offizielle Schweden hat hämisch genießend zugelassen, dass rund 40.000 Repräsentanten dieses mittelmäßigen Volkes, das sich nie über nationale und völkische Durchschnittsleistungen erhoben hat, den Hass über uns auskübelte, der nur aus Minderwertigkeitskomplexen kommen kann." Und weiter: „Es ist der Hass eines Volkes, dem man das Schnapstrinken verbieten muss, weil es sonst zu einem Volk von maßlosen Säufern würde." Das Göteborger Halbfinale führte zu einer nachhaltigen Abkühlung in den bis dahin guten sportlichen Beziehun-

Ein schwedischer Fahnenschwenker heizt die Stimmung im Göteborger Ullevi-Stadion an – die deutsche Presse schäumt vor Wut.

gen zwischen Deutschen und Schweden. In den folgenden zwölf Jahren kam es nur zu drei Länderspielen zwischen den beiden Ländern, von denen zwei unumgängliche Pflichtspiele waren.

Etwa zeitgleich zum deutsch-schwedischen Match tanzten im Rasunda-Stadion zu Stockholm die Brasilianer mit den überraschend starken Franzosen eine heiße Samba. Brasilien und Frankreich stellten die unterhaltsamsten Teams bei diesem Turnier, dennoch waren nur 27.000 Zuschauer gekommen. Die Brasilianer gingen zwar bereits in der 2. Minute durch Vava in Führung, doch nur sieben Minuten später gelang Fontaine nach einem „brasilianischen" Solo von Kopa der Ausgleich, der erste

Juskowiak muss vom Platz – Auftakt eines politischen Skandalstücks nach Deutschlands Ausscheiden im Halbfinale.

Just Fontaine (rechts) wurde mit 13 Treffern der bisher beste Torschütze eines WM-Turniers. Allein im „kleinen Finale" schoss der Franzose (hier attackiert vom jungen Schnellinger) gegen die deutsche Elf vier Tore.

Gegentreffer, den Gilmar in diesem Turnier kassieren musste. Im Anschluss daran gelang den Brasilianern zunächst überhaupt nichts mehr. Der Knackpunkt des Spiels war die 30. Minute, als sich Frankreichs Kapitän und Mittelfeldspieler Robert Jonquet bei einem unglücklichen Zusammenprall mit Vava das Schienbein brach und vom Platz getragen werden musste. Da Auswechslungen noch nicht gestattet waren, mussten die Franzosen das Spiel mit nur zehn Spielern fortsetzen. Fortan spielte nur noch Brasilien. In der 39. Minute brachte Brasiliens Regisseur Didi seine Elf erneut in Führung. In der zweiten Halbzeit gelang Pelé binnen etwas mehr als 20 Minuten ein Hattrick, womit er den Grundstein zu seinem eigenen Mythos legte. Frankreich konnte nur noch in der 83. Minute durch Piantoni auf 2:5 verkürzen.

Im schon traditionell wenig geliebten Finale der „Verlierer" setzte sich Frankreich mit 6:3 gegen Deutschland durch, das mit dieser Niederlage seine schwarze Serie gegen den westlichen Nachbarn fortsetzte. Fontaine erzielte vier Tore und erhöhte sein Konto auf 13 Treffer, was ihm den Titel des Torschützenkönigs einbrachte.

Finale: „Neue" gegen „alte" Welt

Brasilien gegen Schweden bedeutete, dass sich erstmals in einem WM-Finale die „neue" und die „alte" Welt gegenüberstanden. Für ganz Brasilien war klar: Diesmal kommt die Jules-Rimet-Trophäe ins eigene Land. Auch in der brasilianischen Equipe herrschte Zuversicht. Aber auch die Schweden gaben sich optimistisch, zumal es am Tag des Finales aus Eimern goss, ein Wetter so gar nicht nach dem Geschmack der Südamerikaner. Inzwischen hatte die FIFA auf die so genannten „Einpeitscher" reagiert und das Einheizen mit Mega- oder Mikrophonen verboten.

50.000 Zuschauer bevölkerten am 29. Juni 1958 das Rasunda-Stadion und gerieten außer sich, als Liedholm bereits in der 6. Minute das 1:0 für Schweden gelang. George Raynor hatte prophezeit, dass die Brasilianer bei einem frühen Gegentor in Panik geraten würden, doch stattdessen begannen sie nun ihre spielerischen Möglichkeiten zu demonstrieren. Die Folge war das 1:1 durch Vava nur zwei Minuten später. Dies war der Auftakt zu einem spielerischen Wirbelsturm, bei dem den Schweden Hören und Sehen verging. Garrincha auf rechts oder Zagalo am linken Flügel gaben die Bälle nach innen, wo Didi, Vava und Pelé auf ihre Gelegenheiten lauerten. Nach 30 Minuten war es mal wieder Garrincha, der den Ball hereingab und erneut in Vava den Vollstrecker fand. Mit 2:1 wurden die Seiten gewechselt. Die zweite Halbzeit begann, wie die erste geendet hatte, und gehörte – wie schon gegen Frankreich – Pelé. Zunächst sorgte er in der 54. Minute mit einem der schönsten Tore in der WM-Geschichte für das 3:1. Einen hohen Pass von Santos ließ Pelé mit dem Rücken zum Tor auf dem Oberschenkel abtropfen, jonglierte den Ball über den eigenen Kopf, um ihn dann vorbei an den Schweden Gustavsson und Parling mit einem Volleyschuss im Netz zu versenken. 13 Minuten später besorgte Zagalo im Fallen das 4:1, was

Pelé als Ballartist

die Entscheidung war. Zwar gelang Simonssen völlig überraschend zehn Minuten vor dem Abpfiff der Anschlusstreffer, doch an eine Wende mochte niemand mehr ernsthaft glauben. Dafür waren die Brasilianer an diesem Tag einfach zu überlegen. In der letzten Minute stellte Pelé per Kopf den alten Abstand wieder her.

Als Zagalo den französischen Referee Guigue nach dem Schlusspfiff bat, ihm den Endspielball zu überlassen, winkte dieser etwas indigniert ab. Dass das Spielgerät dennoch in brasilianischen Besitz überging, verdankten sie ihrem „Medizinmann" Mario Americo, der dem Spielleiter den Ball kurz entschlossen aus der Hand schlug und mit dem Leder im allgemeinen Trubel verschwand.

Zum ersten Mal in seiner Fußballgeschichte war Brasilien Weltmeister. Die Freude kannte keine Grenzen, und am Zuckerhut tanzten die Menschen auf den Straßen. Doch auch die Schweden waren von dem südamerikanischen Ballzauber begeistert. Selten schlug einem Team beim gegnerischen Publikum so viel Respekt und Bewunderung entgegen wie dem brasilianischen im WM-Finale. Die Brasilianer bedankten sich beim Gastgeber, indem sie mit einer riesigen schwedischen Fahne über das Spielfeld liefen.

Mit den Brasilianern hatte eine Mannschaft die Fußball-Weltbühne betreten, die das Zeug hatte, nach Italien als zweites Team den Titel zu verteidigen, und schon damals ahnten viele, dass sich die Fußballwelt auf einen längeren Zeitraum brasilianischer Dominanz einstellen durfte. Mit Pelé war zudem der erste globale Superstar des modernen Fußballs geboren, über den der uruguayische Schriftsteller Eduardo Galaeno schrieb: „Dieser junge Mann von 17 Jahren stieg in der Kunst des Fußballspiels zum König der Welt auf."

Zurück in seinem Heimatdorf bekam Pelé von den örtlichen Honoratioren einen dreirädrigen „Romisetta" mit Fronteinstieg geschenkt. In der damaligen Zeit ein Konsumartikel, den sich die meisten seiner Landsleute nicht leisten konnten.

Erfolgsrezepte

Bis jetzt hatte als Gesetz gegolten: Der Weltmeister kommt aus einem Land des Kontinents, auf dem die WM stattfindet. 1930 und 1950 war dies Uruguay, dessen Titelgewinn von Kritikern damit relativiert wurde, dass die stärksten europäischen Teams in diesen Turnieren gefehlt hatten. In allen WM-Finals, die in Europa stattfanden, standen sich sogar ausschließlich europäische Mannschaften gegenüber. Erst das überlegene Team der Weltmeister von 1958 konnte diese Serie brechen. Die brasilianische Mannschaft zeigte Fußball so schön wie nie – und zugleich den erfolgreichsten.

Der *Frankfurter Rundschau* fehlten beim Anblick der brasilianischen Fußballkunst die Worte: Eine Schilderung der Ballbehandlung der Brasilianer sei „mit europäischen Vokabeln nicht möglich, weil es für die ständigen Tricks und Täuschungen keine Worte gibt, da sie selbst in Europas Fußball nicht vorkommen".

Die Weltmeister von 1958: Trainer Feola, Djalma Santos, Zito, Bellini, Nilton Santos, Orlando, Gilmar, (stehend von links); Garrincha, Didi, Pelé, Vava, Zagalo, Trainer-Assistent Anaral (vorne von links).

Der neue Weltmeister war seinen Gegnern nicht nur balltechnisch überlegen, sondern auch taktisch. Mit ihrem 4-2-4-System eroberten die Brasilianer die Fußballwelt im Sturm und erwischten die Europäer, die in ihrer Mehrheit noch am alten 3-2-5-System festhielten, auf dem falschen Fuß. Der Fußball war am „Wendepunkt von der Manndeckung zur Raumdeckung angekommen. Diese variable Spielweise im Raum setzte eine neue Art von Verteidigern voraus, die sich nicht nur auf einen Gegner orientierten, sondern schnell und beweglich waren, taktisch geschult, aufmerksam und gut am Ball. Und das zu einer Zeit, als die Verteidiger eher durch Kraft und Härte überzeugen wollten. (…) Die Brasilianer hatten das 2-3-5-System und das W-M-System beerdigt, denn sie hatten der Fußballwelt eine neue Option für die Organisation von Verteidigungsreihen anzubieten: das Spiel im Raum. Mit der Veränderung der Abseitsregel 1925 und dem W-M-System war der Fußball zur Manndeckung übergegangen, in Südamerika wurde die Raumdeckung wiederentdeckt." (Biermann/Fuchs 1999)

Die Geburt des 4-2-4-Systems

Die Brasilianer spielten nicht nur gekonnten Offensivfußball, sondern hatten mit ihrem System auch die Defensive verstärkt. Die meisten Tore schoss nicht Brasilien, sondern Frankreich, das 23-mal ins gegnerische Gehäuse traf, was sieben Tore mehr waren, als die Südamerikaner geschossen hatten. Allerdings kassierten die Brasilianer die wenigsten Gegentreffer. In sechs Spielen musste Gilmar lediglich viermal hinter sich greifen, sein französischer Kollege Remetter hingegen ein Dutzend Mal.

Noch nach dem Ausscheiden 1954 hatte Brasiliens Nationaltrainer die Ursachen des Scheiterns im „Rassenmix" geortet: „Dem Brasilianer fehlt, was den Brasilianern allgemein fehlt. Die Übel liegen tiefer als nur im taktischen Bereich. Sie gehen auf die Gene selbst zurück." Der Triumph in Schweden führte diesen rassistischen Unsinn ad absurdum. Der Weltmeister von 1958 war ein multikultureller. Garrincha und Vava waren Nachfahren von Indianern, Didi, Santos und Pelé Schwarze. Der brasilianische Soziologe Gilberto Freyre schrieb über die Fußballkultur der Schwarzen und Farbigen: „Der Mestize von Bahia bis Rio, der untersetzte Mulatte von der Küste, sie treiben Fußball nicht mehr nur als das apollinische Spiel der Briten, sie spielen Fußball wie einen dionysischen Tanz… Im Fußball wie in der Politik erkennen wir die Eigenschaften des brasilianischen Mulattentums, das Wendigkeit liebt, die große Geste und das Galeriespiel, aber dessen Seele sich noch der Tanzschritte erinnert in den dunklen Urwäldern – vor allen an den Tanz…"

Neben derartigen eher anthropologischen Erklärungsversuchen erkannte man noch einen profanen Grund für die brasilianische Überlegenheit. Kein anderes Team hatte sich auch nur annähernd so professionell auf das Turnier vorbereitet wie die Südamerikaner, die bereits zwei Monate vor WM-Beginn in Europa eintrafen. Die Schweden-Expedition wurde bis ins kleinste Detail geplant. Bereits 1957 hatte der Verband einen Mediziner nach Schweden entsandt, um in 25 Städten nach geeigneten Quartieren und Trainingsmöglichkeiten zu suchen. Dabei galt es Wetter, Unterbringung, Einrichtung, Transport, Essen, Unterhaltung und Gesundheitsversorgung zu berücksichtigen. Vor Antritt der Reise trainierte die Mannschaft einen Monat an zwei Plätzen im Staate Minas Gerais, die den im schwedischen Quartier vorzufindenden Verhältnissen ähnlich waren.

Früher als in anderen Ländern war in Brasilien der psychologischen, physiologischen und medizinischen Betreuung von Fußballern Beachtung geschenkt worden. Bei Vasco da Gama, Klub des legendären Ademir, wurde Trainer Flavio Costa schon in den späten 1940ern durch Hilfstrainer, Masseure und einen Arzt unterstützt. Der Verein hatte seinen eigenen Koch, der für die unter sportlichen Gesichtspunkten korrekte Ernährung sorgte. Im Stadion war sogar ein zahnärztliches Laboratorium untergebracht.

Das WM-Team von 1958 hatte eine gute medizinische Versorgung allerdings auch bitter nötig. Eine Untersuchung war nämlich zu erschreckenden Resultaten gelangt, deren Ursache wohl in der sozialen Herkunft der Spieler lag: Bei den 33 untersuchten Akteuren fand man 470 Zähne, die einer Behandlung bedurften. 32 davon mussten gezogen werden. Die meisten Spieler plagten Würmer oder Parasiten. Viele litten unter Blutarmut, einer hatte sogar Syphilis. Hinzu kamen Verdauungs- und Kreislaufprobleme.

▶ **Einwurf**

Pelé:
Fußballer des 20. Jahrhunderts

Mit richtigem Name heißt der als „Fußballer des Jahrhunderts" ausgezeichnete Brasilianer Edson Arantes do Nascimento. Pelé taufte das Wunderkind ein Mitspieler beim Straßenfußball, dem der richtige Name zu lang war. Der Name hat keine Bedeutung.

Geboren wurde Pelé 1940 in einem kleinen staubigen Nest im Bundesstaat Minas Gerais, Tres Coracoes genannt. Als kleiner Junge verdiente er sich in den Favelas von Bauru als Schuhputzer und Nussverkäufer Geld. Sein Vater Jorge Ramos war Halbprofi gewesen, wurde jedoch stets von Meniskusproblemen geplagt. Pelés erstes Team bestand aus „Barfuß-Fußballern" und firmierte als „7. September".

Edson Arantes do Nascimento, genannt Pelé.

Von 1952 bis 1954 spielte Pelé für Setima de Sétembro, Amerquinha und America Rio, von 1954 bis 1956 beim AC Bauro, dessen Trainer Valdemar Briton war, WM-Teilnehmer 1938. Anschließend wechselte er zum legendären FC Santos, für den er bis 1974 am Ball war und 1.114 Spiele (1.088 Tore) bestritt. Mit dem FC Santos gewann er 1962 den Weltpokal. Drei Jahre zuvor schon hatte man ihn erstmals zum weltbesten Fußballer gewählt – im Alter von nur 18 Jahren. Anfang der 1960er Jahre war Pelé der best bezahlte Athlet weltweit. Und er war der erste Schwarze, der auf dem Titel des Magazins Life erschien.

Von 1975 bis 1977 kickte er mit anderen alternden Weltstars (u.a. Franz Beckenbauer) für Cosmos New York in der North American Soccer League (NASL). Als Pelé 1977 seine aktive Karriere beendete, hatte er 1.363 Pflichtspiele absolviert, in denen er 1.281 Tore schoss. Er ist bis heute der einzige Spieler, der drei WM-Titel errang.

Bei seinem Debüt als Profifußballer für den FC Santos war Pelé erst 15 Jahre alt. Pelé wurde 30 Minuten vor dem Abpfiff eingewechselt und erzielte prompt den Ausgleich zum 1:1 gegen Corinthians de Santo Andre. Dabei schob er dem gegnerischen Keeper den Ball durch die Beine. Seinen Einstand in der Nationalmannschaft gab er

Pelé war auch im WM-Finale 1958 der herausragende Spieler.

16-jährig am 7. Juli 1957 gegen Argentinien (1:2). Auch bei dieser Gelegenheit konnte er sich auf Anhieb in die Torschützenliste eintragen.

Sein 1000. Tor hatte Pelé am 19. November 1969 bei einem Spiel seines Klubs gegen Vasco da Gama vom Elfmeterpunkt aus erzielt. Das Spiel musste elf Minuten unterbrochen werden. Auf den Schultern seiner Mitspieler wurde Pelé eine Ehrenrunde getragen und hatte dabei ein gegnerisches Trikot mit der Nummer „1000" übergestreift. In ganz Brasilien wurden anschließend die Kirchenglocken geläutet. Die Kinder bekamen schulfrei, die Post gab eine Sondermarke heraus, der Staatspräsident verordnete einen Feiertag, und an einigen Orten wurden Denkmäler enthüllt. Der Schriftsteller Carlos Drummond de Andrade schrieb über dieses Ereignis: „1000 Tore zu schießen, wie Pelé es schaffte, ist nicht so schwierig, wie ein Tor wie Pelé zu schießen." Sein genialstes Tor erzielte der dribbelstarke und fintenreiche Jahrhundertfußballer 1961 gegen Fluminense Rio de Janeiro, als er aus dem eigenen Strafraum startend sieben Gegenspieler und auch noch den Torwart umkurvte. Das Tor wurde ein Jahr lang täglich im brasilianischen Fernsehen gezeigt.

Im zerstrittenen Brasilien übernahm Pelé wie kein anderer seiner Landsleute die Rolle einer Integrationsfigur. 1960 erhielt er aus dem Ausland ein Transfer-Angebot über eine Million Dollar, für die damalige Zeit eine unvorstellbare Summe für einen Fußballspieler. Doch der brasilianische Nationalkongress erklärte das Idol kurzerhand zum „nicht exportierbaren National-Schatz". Bei einer Umfrage sprachen sich 76% der Bevölkerung (bei den unteren Schichten waren es gar 82%) gegen einen Wechsel ins Ausland aus. Pelé gehörte dem brasilianischen Volk.

Mit Anekdoten über Pelés Fußballkünste ließen sich mühelos dicke Bücher füllen. Der Torwart Senegals ließ sich weinend auswechseln, nachdem ihn Pelé zweimal düpiert hatte. Die in einen blutigen Bürgerkrieg verwickelten Nigerianer und Biafraner vereinbarten eine 48-stündige Waffenruhe, um einen Auftritt Pelés in Nigeria genießen zu können. In Kolumbien wurde ein Platzverweis gegen Pelé wieder zurückgenommen, nachdem die gegnerischen Spieler und das heimische Publikum heftig protestiert hatten. Niemand wollte seine Fußballkünste missen.

Die brasilianischen Pelé-Teams der Jahre 1958 bis 1970 gelten noch heute als das Beste, was der Fußball im 20. Jahrhundert zu bieten hatte. Pelé wurde zum Repräsentanten einer noch von Straßen-, Hinterhof- und Strandfußballern geprägten Ära, die heute mehr oder weniger verschwunden ist – zumindest aus den großen Stadien.

Ein letztes Mal trug Pelé das gelb-grüne Trikot mit der Nummer 10 am 18. Juli 1971 im Maracanã-Stadion gegen Jugoslawien. Für Fans, Mitspieler und Trainer kam der Rücktritt verfrüht. Noch vor der WM 1974 bot Mario Zagalo Pelé die Rückkehr ins Nationalteam an: „Wenn Pelé es wünscht, kann er jederzeit in die Nationalmannschaft zurückkehren." Doch selbst eine persönliche Intervention von Staatspräsident Medici blieb erfolglos.

Franz Beckenbauer, der mit dem Brasilianer für Cosmos New York spielte, über das Idol: „Pelé war der Größte der Fußball-Geschichte und ist es immer noch. Er hat Fußball in einer Erstklassigkeit gespielt, die niemand mehr erreichen wird. Pelé – diese vier Buchstaben stehen einfach unverrückbar für die schönsten Seiten des Fußballs." Sein ehemaliger Mitspieler Garrincha erblickte in ihm gar „ein Monster, das aus einer anderen Welt kommt".

Die FIFA-Experten wählten Pelé im Dezember 2000 zum „Weltfußballer des Jahrhunderts". Pelé bestritt deutlich mehr Spiele als sein argentinischer Konkurrent Maradona. Auch in Sachen Fairness und Seriosität verfügt Pelé, vielfach als moralische Instanz des Weltfußballs betrachtet, über die weitaus bessere Reputation: Der Brasilianer wurde außerhalb seines Landes niemals vom Platz gestellt. Und während Maradona mit Drogen und der Unterwelt in Kontakt kam, holte Pelé sein Abitur nach, wurde ein erfolgreicher Geschäftsmann und führte ein skandalfreies Leben.

1994 ging der Sozialist und gläubige Katholik Pelé vorübergehend in die Politik und wurde Sportminister seines Landes. Sein Hauptaugenmerk richtete sich gegen die Korruption im brasilianischen Fußball, wobei er sich mit dem Verbandspräsidenten Texeira, Schwiegersohn des damaligen FIFA-Präsidenten Joao Havelange, sowie mit dem „Paten" selbst anlegte.

◆ WM 1962

Austragungsland: Chile

Austragungsstädte und Spielstätten: Arica (Estadio Municipal Carlos Dittborn), Rancagua (Estadio Braden), Santiago (Estadio Sausalito Nacional), Vina del Mar

Dauer: 30. Mai bis 17. Juni 1962

Eröffnungsspiel: Chile – Schweiz 3:1 (1:1)
(30. Mai 1962, Estadio Nacional, Santiago)

Gemeldete Länder: 56

Endrundenteilnehmer: 16
Europa (10): Bulgarien, Bundesrepublik Deutschland, England, Italien, Jugoslawien, Schweiz, Sowjetunion, Spanien, Tschechoslowakei, Ungarn
Nord- u. Mittelamerika (1): Mexiko
Südamerika (5): Argentinien, Brasilien, Chile, Kolumbien, Uruguay

Qualifikationsspiele: 89
Endrundenspiele: 32

Modus: Vorrundengruppen (Punktspiele), ab Viertelfinale K.o.-System

Zuschauer: 919.501
Zuschauerschnitt: 28.734

Tore insgesamt: 89
Torschnitt pro Spiel: 2,78

Die besten Torschützen: Florian Albert (Ungarn), 4 Tore, Garrincha (Brasilien), 4 Tore, Valentin Ivanov (UdSSR), 4 Tore, Drazan Jerkovic (Jugoslawien), 4 Tore, Leonel Sánchez (Chile), 4 Tore, Vava (Brasilien), 4 Tore

Finale: Brasilien – Tschechoslowakei 3:1 (1:1)
(17. Juni 1962, Estadio Nacional, Santiago)

Brasilien: Gilmar; Djalma Santos, Mauro Ramos de Oliveira, Zózimo Alves Calazans, Nilton Santos, Zito, Garrincha, Didi, Vava, Amarildo Travares de Silveira, Zagalo

Tschechoslowakei: Schroijf; Novák, Tichy, Pluskal, Populhár, Masopoust, Pospichal, Scherer, Kvacnák, Kadraba, J. Jelinek

Schiedsrichter: Latychev (UdSSR)

Tore: 0:1 Masopoust (15.), 1:1 Amarildo (17.), 2:1 Zito (68.), 3:1 Vava (78.)

Zuschauer: 68.679

WM 1962

Turnier der Treter

Als 1962 die siebte Fußballweltmeisterschaft angepfiffen wurde, hieß der FIFA-Präsident Sir Stanley Rous. Der Engländer Rous war 1961 als Nachfolger seines Landsmannes Arthur Drewry an die Spitze des Weltfußballverbands gewählt worden. Bereits seit 1945 galt der langjährige FA-Sekretär als einflussreiche Kraft im internationalen Fußball. Rous hatte auch in den Jahren, in denen die Engländer nicht der FIFA angehörten, den Kontakt zum Weltfußballverband aufrecht erhalten.

Nach dem Zweiten Weltkrieg war Britanniens politisches Empire weiter dramatisch geschrumpft. Im Fußball sah Rous die Chance, wenigstens in kultureller Hinsicht einen gewissen Einfluss Britanniens in einer sich verändernden Welt zu wahren. Rous war traditionalistisch und innovativ zugleich. Sein Leben und seine Philosophie waren ein Bündel von Widersprüchen, was sein späterer Rivale und Nachfolger, Joao Havelange, konsequent auszunutzen verstand. Vor dem politischen Hintergrund einer weltweiten Dekolonialisierung befürwortete auch Rous die Neuaufnahme der zahlreichen Dritte-Welt-Staaten in die FIFA. Aber als ein Mann, der der alten englischen Mittelklasse entstammte und von deren Weltsicht und deren Werten geprägt war, wollte er nichtsdestotrotz die europäische Hegemonie behaupten.

Die Vergabe des WM-Turniers an Chile war am 9. Juni 1956 während des FIFA-Kongresses im Palacio de Bellas Artes zu Lissabon erfolgt. Chile als Austragungsort war ein Ergebnis des schlechten FIFA-Gewissens gegenüber Südamerika, denn bereits 1958 hätte die WM-Endrunde turnusgemäß dort hingehört. Aber auch dieses Mal gab es genügend Bedenkenträger, die das Turnier lieber in Europa gesehen hätten. Spanien, England und Deutschland hatten bereits Interesse signalisiert, wurden aber auf später vertröstet.

Bedenken wurden schon deshalb angemeldet, weil Chile auf dem südamerikanischen Kontinent hinter den „großen Drei" Brasilien, Argentinien und Uruguay nur als zweitklassiges Fußballland galt. Uruguay und Brasilien hatten bereits als Ausrichter fungiert. Fehlte also noch Argentinien mit seiner ruhmreichen Fußballgeschichte, seiner fußballbegeisterten Bevölkerung und seinen Stadien. Chile hatte diesbezüglich nichts Vergleichbares vorzuweisen. Umso überraschender, dass nicht die siegesgewissen Argentinier, sondern die Chilenen den Zuschlag erhielten.

◆ **Fußball in Chile**

Auch in Chile war der Fußball von den Briten eingeführt worden: im Hafen von Valparaiso und dem benachbarten Vina del Mar. Chiles erster Fußballklub war der 1889 gegründete Valparaiso FC. 1895 riefen neun Klubs, die größtenteils britischen Ursprungs waren, die Federación de Fútbol de Chile ins Leben. Der Beitritt zur FIFA erfolgte 1912, und 1916 gehörte Chile zu den Gründungsmitgliedern der CONMEBOL. Eine chilenische Nationalmannschaft betrat erstmals 1910 in Buenos Aires das Feld, wo sie Argentinien mit 1:3 unterlag. Erst 1926 bzw. im 34. Länderspiel konnte Chiles Auswahl den ersten Sieg erringen (7:1 über Bolivien). Nur einmal (1930) hatte sich das schmale, lange Land zwischen Kordilleren und Pazifik für ein WM-Turnier qualifizieren können. 1934 und 1938 hatten die Offiziellen erst gar nicht gemeldet, 1950 erhielt der Verband die Tickets für die Endrunde nur deshalb, weil die Argentinier auf ihre Teilnahme verzichteten. 1954 und auch 1958 scheiterten Chiles Elite-Kicker bereits in der Qualifikation.

Einen herben Rückschlag für Chile bedeutete das verheerende Erdbeben, das am 21. Mai 1960 das Land verwüstete. Auch die geplanten WM-Städte Concencion und Talca wurden von der Naturkatastrophe heimgesucht. Die Befürworter einer in Europa ausgerichteten Weltmeisterschaft unternahmen daraufhin einen letzten Versuch, das Fußballereignis den Südamerikanern doch noch wegzuschnappen. „Wir müssen den World Cup haben, weil wir nichts haben", begründete Chiles Fußballpräsident Carlos Dittburn die Standhaftigkeit seines Landes. Sein politischer Vorgesetzter, Staatspräsident Dr. Allessandri, sah dies ähnlich und erklärte den Wiederaufbau des Landes zur nationalen Angelegenheit.

Das Teilnehmerfeld spiegelte einmal mehr europäische Vorherrschaft. Zehn Europäern standen sechs Nichteuropäer gegenüber, die samt und sonders vom amerikanischen Kontinent stammten. Asien, Afrika oder der Karibik/Pazifik-Raum galten als Fußball-Nobodys und wurden entsprechend behandelt.

Erstmals für ein WM-Endrundenturnier qualifizierten sich Bulgarien und Kolumbien. Ein ganz anderes Novum durfte der österreichische Fußballverband für sich reklamieren, der zum dritten Mal nicht für eine Weltmeisterschaft meldete, deren Endausscheidung in Südamerika stattfinden sollte. Neun der 16 Chile-Qualifikanten waren auch schon 1958 in Schweden dabei und bildeten eine Art „harter Kern".

In der Qualifikation gab es einige Überraschungen. Frankreich beispielsweise galt nach der letzten Weltmeisterschaft als perspektivenreiches Team, dem man einiges zutraute. Doch in der Qualifikation benötigten die Franzosen ein Entscheidungsspiel gegen Bulgarien, das mit 0:1 verloren ging und die Entwicklung des französischen Fußballs deutlich zurückwarf. Bei den Franzosen machte sich das Fehlen von Just Fontaine bitter bemerkbar, der seine Karriere verletzungsbedingt vorzeitig beenden musste.

Noch schlimmer erwischte es Schweden, immerhin amtierender Vize-Weltmeister. Belgien und die Schweiz waren die Mitstreiter für die Chile-Qualifikation. Am

Gemessen und gewogen: die WM-Bälle für Chile.

Ende benötigten die Nordeuropäer wie die Franzosen einen Stichkampf gegen die Schweiz, den die FIFA nach Berlin vergab. Ebenso gut hätte der Weltverband das Match direkt in die Schweiz verlegen können, denn nach den Vorkommnissen während und besonders nach der WM-Halbfinalbegegnung 1958 zwischen Schweden und Deutschland war wohl kaum mit einem ausgewogen urteilenden Publikum im Berliner Olympiastadion zu rechnen. Erwartungsgemäß standen die Berliner wie ein Mann hinter der Schweiz und pfiffen die Schweden gnadenlos aus. Die Eidgenossen gewannen mit 2:1. Schwedische Zeitungen warfen den Schweizern anschließend vor, sie würden ihre Gastgeberrolle für FIFA und UEFA dazu nutzen, die Schiedsrichter zu manipulieren. Der bis dahin als Kosmopolit bekannte, renommierte schwedische Journalist Torsten Tegner, der vor der WM 1950 Brasilien und Argentinien aufgerufen hatte, ihren Streit zu begraben, um eine argentinische Teilnahme zu ermöglichen, riet seinem Verband nun, in Zukunft nicht mehr gegen die Schweiz zu spielen.

„Weltmeisterschaft" ohne Asien und Afrika

Geradezu ausgegrenzt mussten sich Israel, Marokko und Südkorea vorkommen, die alle in ihren Gruppen den ersten Rang holten und trotzdem nicht nach Chile reisen durften. Die FIFA hatte die asiatischen, afrikanischen und nordamerikanischen Gruppen als Untergruppen klassifiziert, deren Sieger starke europäische Mannschaften ausschalten mussten – ein Unterfangen, das aussichtslos erschien und auch war. Das von seinen Nachbarn geschnittene Israel, das nach dem Desaster von 1958 erstmals einer europäischen Qualifikationsgruppe zugeteilt wurde, besaß gegen Italien (2:4 und 0:6) nicht den Hauch einer Chance. Marokko unterlag Spanien überraschend knapp (0:1, 2:3). Südkorea war von seiner Statistenrolle so überzeugt, dass es mehrmaliger Aufforderungen seitens der FIFA bedurfte, die Asiaten zum Verlieren gegen die Jugoslawen (1:5 und 1:3) zu bewegen. Die Austragung von Qualifikationsspielen auf interkontinentaler Basis hatte somit zur Folge, dass die beiden Kontinente Afrika und Asien, in denen die Mehrheit der Weltbevölkerung lebte, beim WM-Turnier nicht vertreten waren.

Auch die Vertreter Nordamerikas, des Pazifikraumes und der Karibik wurden in einer Untergruppe zusammengefasst, deren Sieger sich mit Südamerika auseinanderzusetzen hatte. Mexiko schaffte schließlich diesen Gang durchs Nadelöhr nach acht Qualifikationsspielen, die die Azteken-Nachfolger von Paraguay bis Kalifornien führten.

Der Titelverteidiger als Titelfavorit

Die WM 1958 hatte die brasilianische Nationalelf an die Weltspitze befördert. Im Gegensatz zu den bisherigen Nachkriegsweltmeistern konnten die Südamerikaner ihr spielerisches Niveau halten. Zur Gefahr konnte ihnen nur eine aus ihrer Überlegenheit resultierende Überheblichkeit werden. Getrost durfte schon vor dem Turnier davon ausgegangen werden, dass keine Nationalmannschaft den Kickern von der Copacabana Paroli bieten könnte, weil niemand auch nur annähernd den brasilianischen Spielwitz sowie deren taktische und technische Potentiale kopieren konnte. Im Gegenteil: Die WM 1962 sollte den Beweis erbringen, dass besonders in Europa als Antwort auf das offensiv ausgerichtete Spiel der Brasilianer eine destruktive Spielweise etabliert wurde. Die einzige Aufgabe eines so genannten Zerstörers bestand darin, das gegnerische Kombinationsspiel im Keim zu ersticken. Strengste Manndeckung bei einer insgesamt defensiv ausgerichteten Mannschaft und kompromissloseste Härte hießen die Instrumentarien dieser Spielauffassung. Personell vertraten auf deutscher Seite der Fürther Herbert Erhardt oder der Schalker Willy Schulz diesen Spielertyp, in England war dies u.a. Nobby Stiles.

Die besten Fußballer kamen in den späten 1950er, 1960er und frühen 1970er Jahren eher aus Südamerika denn aus Europa. Die Straßen und Strände Brasiliens brachten nicht weniger Talente hervor als die Arbeiterviertel Manchesters, Liverpools oder Glasgows. Da die Stars Südamerikas in diesen Jahren noch in ihrer Heimat blieben, galt Brasiliens Überlegenheit auch für den Klubfußball. Schon vor der WM 1958 waren Europatourneen lateinamerikanischer Teams zu einer regelrechten Mode geworden. Wanderzirkusgleich führten sie ihre Künste einem faszinierten europäischen Publikum vor. In den frühen 1960er Jahren trat Pelés FC Santos die Nachfolge Real Madrids als weltbester Verein an. Die Sao Paulo vorgelagerte Hafenstadt avancierte zum Nabel der Fußballwelt. Das Stadion des FC Santos, Vila Belmiro, konnte gerade mal 20.000 Zuschauer aufnehmen, weshalb die Mannschaft häufiger in Sao Paulos Pacaembu-Stadion ausweichen musste. 1962 und 1963 gewann der Klub den Weltcup der Vereinsmannschaften. Außerhalb Brasiliens war die Nachfrage nach den Fußballkünstlern so groß, dass der FC Santos täglich drei Freundschaftsspiele hätte bestreiten können. Das Programm einer Europatournee aus dem Jahre 1959: 23. und 24. Mai: Sofia, 26. Mai: Lüttich, 27. Mai: Brüssel, 30. Mai: Gent, 3. Juni: Rotterdam, 5. Juni: Mailand, 6. Juni: Düsseldorf, 7. Juni: Nürnberg, 9. Juni: Genf, 11. Juni: Hamburg, 13. Juni: Hannover, 15. Juni: Enschede, 17. Juni: Madrid, 19. und 21. Juni: Lissabon, 24. Juni: Valencia, 26. Juni: erneut Mailand, 28. Juni: Barcelona, 30. Juni: Genua, 2. Juli: Wien und 5. Juli: Sevilla.

Brasilianischer Wanderzirkus

Der FC Santos trat in 125 Ländern an. Anfang der 1970er Jahre wurde Santos als Harlem Globetrotters des Weltfußballs kritisiert. Klub und Spieler seien nur noch an Zuschauereinnahmen interessiert, nicht aber am Erringen von Titeln. In Brasilien spielte die Mannschaft kaum noch. Ein gemeinsames Training fand nicht mehr statt. Die Spieler kamen nur noch anlässlich ihrer Welttourneen zusammen. Die Globetrotterei fand ein Ende, als Pelé den Klub 1974 verließ.

Doch in den frühen 1960er Jahren bestand die Mehrheit der brasilianischen Nationalmannschaft noch aus Spielern des FC Santos. Vor dem WM-Turnier geriet Trainer Vicente Feola in die Kritik, da die von ihm nominierten Spieler Nilton Santos, Djalma Santos, Didi und Zito als zu alt betrachtet wurden. Im unerschöpflichen Talentereservoir des Landes seien jüngere und bessere Akteure zu finden. Feola setzte jedoch unbeirrt auf Disziplin und Erfahrung.

◆ Höhentraining und Bordell

Die Turniervorbereitung des Weltmeisterteams war für die damaligen Verhältnisse extrem professionell. Die Brasilianer praktizierten Höhentraining, um ihr Lungenvolumen und den Anteil roter Blutkörperchen zu erhöhen. Von den Füßen der Spieler ließ man Kohleabdrücke abnehmen, um Schuhe und Stollen individuell anzupassen. Tatsächlich konnten die Brasilianer dank dieser Methode die Häufigkeit von Zerrungen reduzieren. Mannschaftsarzt Dr. Gosling suchte im Vorrundenspielort Vina del Mar sogar ein Bordell auf, um sich die Gesundheit von 24 Prostituierten bescheinigen zu lassen.

Vorrunde: Fußball brutal

1962 befand sich die Welt mitten im kalten Krieg. Die Ost-West-Konkurrenz missbrauchte den Sport als politisches Vehikel. Auch vor dem Fußball machte die Ideologisierung des Sports nicht Halt. Schon vor dem Anpfiff der WM-Endrunde hatte Italiens Fußballpräsident Barassi auf die Folgen eines vorzeitigen Scheiterns hingewiesen: „Die Ausscheidungsspiele lasten wie ein Alpdruck auf den Verantwortlichen der beteiligten Länder. Wenn eine der favorisierten Nationen in der Qualifikation hängen bleibt, so hat das schwerwiegende Folgen: Man sehe sich nur einmal das französische Beispiel an. Die öffentliche Meinung sieht darin ein nationales Fußballunglück." Die Offiziellen des sowjetischen Fußballs erklärten das WM-Unternehmen Chile 1962 zum nationalen Prestigeobjekt. Seit Januar des Jahres hatte Cheftrainer Katschalin ungehinderten Zugriff auf seine Nationalspieler, der Ausgang der UdSSR-Meisterschaft war von untergeordneter Bedeutung. Die Sowjets hatten 1960 die erstmals ausgespielte Europameisterschaft gewonnen. Allerdings fehlten beim EM-Auftakt so renommierte Adressen wie England, Schottland, Italien, Belgien, Schweiz und Bundesrepublik Deutschland. Nur in den osteuropäischen Ländern mobilisierte der Wettbewerb bei seinem ersten Durchgang Massen. Das Finale zwischen der UdSSR und Jugoslawien am 10. Juli 1960 in Paris wollten nur 17.966 Zuschauer sehen.

Die politischen Begleitumstände sowie die destruktive Spielweise der meisten europäischen Teams zeigten ihre Wirkung: Die WM 1962 geriet zum brutalsten Turnier der WM-Geschichte. Bereits am zweiten WM-Tag sah sich die FIFA zur Aufforderung genötigt, zu den Gesetzen der Fairness zurückzukehren. Schon die militärisch pompöse Eröffnungsfeier am 30. Mai 1962 im Estadio Nacional zu Santiago gab dem Turnier ein richtungsweisendes Ambiente: Von Anfang an wurden die meisten Spiele wie eine Kriegshandlung angegangen.

Gruppe 1 In der Gruppe 1 fanden sich die UdSSR, Jugoslawien, Kolumbien und Uruguay wieder. Für die uruguayische Nationalmannschaft stand ihr Auftaktspiel gegen Kolumbien im nordchilenischen Glutofen Arica unter einem schlechten Stern. Das lag nicht nur daran, dass die 65.000 Einwohner zählende Stadt über 2.000 Kilometer von Santiago entfernt in der Atacama-Wüste lag und fast an Peru grenzte. Auch das Geläuf war gerade noch rechtzeitig fertig geworden, nachdem sechs Einsaaten dem salzhaltigen Sand in dieser Region zum Opfer fielen. Schließlich hatte man den Boden ausgetauscht und den Lauca-Fluss umgeleitet, der Richtung Bolivien fließt. Diplomatische Animositäten mit dem Nachbarn hatte man für eine grüne Spielfläche in Kauf genommen.

Ein anderer Grund hatte den „Urus" die Laune verhagelt: Zum ersten Mal in ihrer Nationalmannschaftsgeschichte mussten sie auf ihr berühmtes *Camiseta celeste* verzichten. Dieses blass-blau gestreifte Trikot sah der kolumbianischen Spielkleidung zu ähnlich. Uruguay schien tatsächlich vom Glück verlassen, denn die kolumbianische

Konkurrenz ging 1:0 in Führung, weil die Kolumbianer einen von Troche verschuldeten Elfmeter verwandeln konnten. Doch in der zweiten Halbzeit nahmen die „Urus" endlich den Kampf an und rissen das Spiel noch mit 2:1 aus dem Feuer. Das Zuschauerinteresse an diesem Spiel war mit 7.900 Zuschauern im 25.000 Mann fassenden Estadio Municipal eher gering, die Härte dafür umso größer. Allein dem kolumbianischen Torschützen Zuluaga wurden während der Partie drei Rippen gebrochen.

Nicht viel mehr Fans, nämlich keine 10.000, sahen das „Spiel" UdSSR gegen Jugoslawien. Der Russe Dubinsky musste mit einem Beinbruch ins Krankenhaus, seinem Mannschaftskameraden Metreveli wurde ein Riss an der Schläfe genäht. Die Umkleidekabinen glichen einem Hauptverbandsplatz. 2:0 gewannen die Sowjets diesen Fußballkrieg. Somit mussten die Jugoslawen die nächste Begegnung gegen Uruguay unbedingt gewinnen. Jugoslawiens Trainer Ciric baute die nicht immer sattelfeste Abwehr um, doch erneut geriet sein Team zunächst in Rückstand. Dass die Jugoslawen dann doch noch als Sieger den Platz verließen, hatten sie dem Umstand zu verdanken, dass der Gegner zu übertrieben rustikalen Mitteln griff. Sasia attackierte den Jugoslawen-Keeper äußerst übel. Popovic wartete erst gar nicht auf eine Schiedsrichter-Reaktion, sondern rächte seinen Torwart am nächstbesten Gegenspieler und flog dafür vom Platz. Cabrera aus Uruguay folgte, doch der Initiator der Prügelei blieb im Spiel. Pfeifenmann Galba aus der CSSR erwies sich als ein eher schwacher Schiedsrichter.

Umkleidekabine als Verbandsplatz

Das torreichste Spiel (4:4) dieses Turniers lieferten die UdSSR und Kolumbien ab. Nach elf Minuten führten die Sowjets bereits mit 3:0, ehe Aceros nach 21 Minuten der Anschlusstreffer gelang. Der Russe Ponedelnik stellte zwar in der 56. Spielminute den alten Abstand wieder her und wiegte die Sowjets in Sicherheit; doch in einer trügerischen, wie sich herausstellen sollte. Denn jetzt begannen die acht kolumbianischen Minuten, die den Goliath UdSSR schwer wanken ließen. Zwischen der 68. und 76. Minute überwanden die kolumbianischen Spieler dreimal den schon damals legendären sowjetischen Keeper Jaschin und sorgten mit diesem erkämpften Remis für eine große Sensation bei dieser Weltmeisterschaft. Kolumbiens Trainer Pedernera kommentierte zutreffend: „Es ist (dies) der Sieg des klassischen Fußballs."

Die Sowjets hatten nur zwei Tage Zeit, um diese Blamage zu verdauen, dann kreuzten sie die Klingen mit Uruguay. Mental gut erholt, entwickelten die Russen ein verhaltenes 4-2-4-System und sicherten sich zunächst nach hinten ab. Spielentscheidend wurde die 30. Minute, als sich der Uruguayer Eliseo Alvarez das Wadenbein brach und trotzdem mit einer Betäubungsspritze gegen die Schmerzen weiterspielte und dazu beitrug, dass das Spiel bis zur 89. Minute auf des Messers Schneide stand, weil Mamykin für die UdSSR und Sasia für Uruguay getroffen hatten. Die knapp 10.000 Fans hatten sich schon mit dem Remis abgefunden, als Ivanov aus unmöglichem Winkel doch noch der entscheidende Treffer zum sowjetischen 2:1-Sieg gelang.

„Aus der Geschichte lernen und siegen" lautete die jugoslawische Maxime vor dem letzten Vorrundenspiel gegen Kolumbien. Gewarnt durch das überraschende Remis gegen die UdSSR nahmen die Jugoslawen die Kolumbianer sehr ernst und gingen konzentriert ins Spiel. Mit einem auch in dieser Höhe verdienten 5:0-Kantersieg wurden sie für ihr professionelles Auftreten belohnt und qualifizierten sich wie die UdSSR für das Achtelfinale.

Gruppe 2 Die Deutschen hatten mit ihren Gegnern der Gruppe 2 mal wieder Glück. Denn die Schweiz, Italien und Gastgeber Chile bedeuteten lösbare Aufgaben. Zunächst trafen aus dieser Gruppe im Eröffnungsspiel Chile und die Schweiz aufeinander. Die Schweizer gingen sogar in Führung, doch zehn Minuten Traumfußball in der zweiten Halbzeit genügten den Südamerikanern, um ihr Land mit einem 3:1-Sieg in einen Freudentaumel zu versetzen. Mit großem Respekt traten die Deutschen zu ihrem Auftaktspiel gegen Italien an. Einer Überraschung gleich kam Herbergers Entscheidung für den relativ unerfahrenen Torwart Wolfgang Fahrian, der gegenüber dem damaligen Keeper von Westfalia Herne, Hans Tilkowski, den Vorzug erhielt. Der auf diese Art Ausgebootete geriet über Herbergers Personalpolitik so in Rage, dass er das Mobiliar seines Zimmers zerdepperte. Der Spielverlauf zwischen diesen beiden großen europäischen Fußballnationen zeigte nur allzu deutlich, wie kläglich sich der Fußball in der „alten Welt" weiterentwickelt hatte. Es galt um jeden Preis Tore zu verhindern und vorne Standardsituationen zu suchen oder einfach auf Kommissar Zufall zu warten. 0:0 lautete die Bilanz nach 90 Minuten eiserner Defensive gepaart mit zerstörerischer Härte.

Das schlimmste aller Spiele fand in der deutschen Gruppe zwischen Chile und Italien statt. Vorausgegangen waren böse Berichte italienischer Korrespondenten für ihre Heimatredaktionen, die bereits im Vorfeld für Gereiztheiten in Chile sorgten. Dass bei den Italienern mit Altafani (Brasilien), Sivori und Maschio (beide Argentinien) drei gebürtige Südamerikaner mitwirkten, mag ebenfalls zur schlechten Stimmung beigetragen haben. Die Begegnung selbst hatte nichts mehr mit dem Fußballsport zu tun, sondern bestand über weite Strecken aus Akten der Körperverletzung. Zunächst teilten die Azzurri aus, so dass der englische Schiedsrichter Ken Aston bereits in der 8. Minute Ferrini des Feldes verwies. So ermuntert, schlugen jetzt die Chilenen unter dem Gejohle von 70.000 fanatisierten Fans zurück. Nicht Fouls, Rempler oder Grätschen bestimmten die Auseinandersetzung, sondern Schläge ins Gesicht des Gegners, Tritte in die Waden oder ans Schienbein. Einige Statistiker errechneten, dass von den ersten zwanzig Minuten lediglich ein Viertel der Zeit dem Ball gewidmet wurde. Mindestens zwei Chilenen hätten ebenfalls vom Platz gehört, vor allem Sanchez, der seinem Gegenspieler Maschio gezielt das Nasenbein brach, doch Aston tat nichts und sah zu, wie das Spiel immer schlimmer ausuferte. Statt eines Chilenen stellte er in der 38. Minute mit David einen weiteren Italiener vom Platz, womit der Weg für den Gastgeber frei war. Dass Chile 2:0 gewann, war am Ende statistisches Beiwerk. Die Italiener äußerten den Verdacht,

Gegen Chile kam Deutschland (hier mit Uwe Seeler) zu einem 2:0-Erfolg.

> ♦ **„Der Fußball stirbt an solchen Spielen"**
>
> FIFA-Präsident Rous erwog nach der brutalen Partie zwischen Italien und Chile ernsthaft, auf die Austragung weiterer Turniere zu verzichten, denn wieder einmal war der alte europäisch-südamerikanische Gegensatz ausgebrochen. Rous: „Wir kommen nicht mehr zueinander, es hat keinen Sinn mehr. Ich halte es für das Beste, wenn in Zukunft die Südamerikaner ihre Meisterschaft ausmachen und wir Europäer unsere. Wir ersparen uns Verdruss, Blamagen und vermeiden das Risiko, dass der Fußball stirbt, dass er zugrunde geht an solchen Spielen."

Aston sei bestochen worden und wollten das Turnier vorzeitig verlassen.

Die Schweiz musste nach ihrer Auftaktniederlage unbedingt gegen Deutschland gewinnen, um die Chance auf die nächste Runde zu wahren. Doch die Zeichen der Zeit standen schlecht für die Eidgenossen, denn seit dem Ende des Zweiten Weltkriegs war es ihnen nur einmal in sechs Begegnungen gelungen, den Platz als Sieger zu verlassen. Auch diesmal lief alles wie gehabt, denn die Deutschen führten eine Viertelstunde vor Schluss mit 2:0. Dann gelang Wütherich der Anschlusstreffer, der beide Seiten noch einmal wachrüttelte und einen offenen Schlagabtausch auslöste, der den 65.000 Zuschauern endlich einmal Strafraumszenen präsentierte – aber keine weiteren Tore.

Im letzten Spiel ging es für die bereits qualifizierten Chilenen im Treffen gegen Deutschland nur noch darum, auch den Gruppensieg zu erringen, um sich den Glutofen Arica als Spielort zu ersparen, was das deutsche Team ebenfalls anstrebte. Sachlich kühl, strategisch durchdacht, nicht schön, aber effektiv begegnete man dem Angriffswirbel der Chilenen und konterte bei Gelegenheit. Die Deutschen gingen durch einen von Szymaniak verwandelten Elfmeter in Führung, die Uwe Seeler in der 82. Minute zum 2:0-Endstand ausbaute. Da sich die deutschen Spieler zu keinen Unsportlichkeiten hinreißen ließen, sich sogar etwas devot vor den chilenischen Zuschauern verneigten, genossen die ohnehin schon gut Gelittenen fortan beim Publikum die höchsten Sympathien nach der eigenen Mannschaft. Italien wäre nur bei einer deutschen Niederlage und einem eigenen Sieg über die Schweiz weitergekommen, der mit 3:0 auch eingefahren wurde, letztlich jedoch nicht reichte.

Gruppe 3

Weltmeister Brasilien war der Gruppe 3 zugeteilt worden und traf hier auf Mexiko, die CSSR und Spanien. Die Küstenstadt Vina del Mar galt als sehr beliebter Ferienort und war während der Sommerzeit mehr oder weniger von Touristen überlaufen. Doch trotz dieser günstigen Rahmenbedingungen und obwohl das chilenische Organisationskomitee die Spielstätte modernisieren und auf 35.000 Zuschauerplätze aufstocken ließ, herrschte auch hier lähmendes Desinteresse an den Gruppenspielen. Lediglich 10.500 Fans sahen einen glanzlosen 2:0-Sieg der Brasilianer über Mexiko, das sich bis zur 56. Minute gewehrt hatte, ehe Zagalo und Pelé trafen.

Zum ersten Mal seit 1950 waren die Spanier wieder in einem Endrundenturnier vertreten. Spaniens Kader war mit der Creme de la Creme des europäischen Fußballs bestückt, weshalb das Land als Geheimfavorit gehandelt wurde. Einige bedeutende Spieler hatten die spanische Staatsbürgerschaft angenommen. So auch Ferenc Puskas, der nun die spanische Diktatur der ungarischen vorgezog und in Chile in den Farben Spaniens auflief. Auch der argentinische Weltstar Alfredo di Stéfano hatte die spanische Staatsbürgerschaft angenommen, genauso wie der aus Paraguay stammende Martinez und Uruguays Santamaria. Gecoacht wurde das Team vom italienischen Defensivarchitekten Helenio Herrea, an dem sich die Geister schieden: „Eine Fußballmannschaft lässt sich nicht nach demokratischen Prinzipien formieren", lautete seine Devise, die ihm in Spielerkreisen den Titel „Diktator" eintrug.

Das erste Spiel der Spanier führte sie gegen das Team der CSSR. 12.700 Zuschauer wurden bitter enttäuscht. Statt technischer Kabinettstückchen sahen sie hässlichen Fußball, der keinen noch so unfairen Einsatz scheute, um den Gegner nicht ins Spiel kommen zu lassen. Martinez verprügelte den CSSR-Torwart Schroijf und wurde dafür vom Schiedsrichter Steiner aus Österreich milde aufgefordert, doch „bittschön von dererlei Attacken abzusehen". Seine charmanten Ratschläge verhalten ungehört. Die gesamten 90 Minuten waren durchsetzt mit Brutalitäten, die samt und sonders konsequenzenlos blieben. Zehn Minuten vor dem Abpfiff besorgte Stibrany den 1:0-Endstand für die CSSR.

Verschärft wurde die spielerische Niveaulosigkeit dieses WM-Turniers durch den Ausfall des Megastars Pelé im Spiel der Brasilianer gegen die CSSR (0:0). Ein Muskelriss im Oberschenkel setzte den Ausnahmespieler schachmatt, und zwar für den gesamten Rest des Turniers, obwohl vor jedem der folgenden Spiele Brasiliens heftige Diskussionen aufbrachen, ob Pelé vielleicht doch noch auflaufen würde. Aber Feola vermied den Fehler seines ungarischen Kollegen Sebes, der 1954 einen verletzten Puskas aufs Feld schickte. Anstelle Pelés kam der junge Amarildo zum Einsatz. Auch ohne ihren Weltstar schlug der Weltmeister Spanien mit 2:1. Zuvor hatten die Spanier die Mexikaner mit 1:0 besiegt. Damit war in dieser Gruppe bereits alles klar. Neben Brasilien erreichte auch die CSSR das Viertelfinale, deren letzter Vorrundenauftritt nur noch statistischen Wert besaß. Entsprechend verhalten gingen die Osteuropäer das Spiel an. Obwohl sie schon in der 1. Minute in Führung gingen, verloren sie noch 1:3 und ermöglichten den Mexikanern ihren ersten WM-Triumph. Die mit viel Vorschusslorbeer ins Turnier gestarteten Spanier endeten auf dem letzten Platz, Alfredo di Stéfano, der als Vereinsspieler so ziemlich alle Fußballtrophäen der Welt gewann, kam aufgrund einer Verletzung überhaupt nicht zum Einsatz und ging als eine Art tragischer Fußball-Don-Quichotte, der nie ein WM-Endrundenspiel bestritt, in die Fußball-Annalen ein.

Die Spiele der Gruppe 4 wurden in Rancagua ausgetragen. Die Stadt lag nur ca. 80 Kilometer von Santiago entfernt, zählte damals lediglich 40.000 Einwohner, war aber trotzdem mit über 60 Prozent an den gesamten chilenischen Exporten beteiligt. Möglich wurde diese glänzende wirtschaftliche

Gruppe 4

Entwicklung durch große Kupfervorkommen in der Region. Die Kupferminen, in denen die allermeisten Menschen aus Rancagua arbeiteten, gehörten der nordamerikanischen Braden Copper Co., die sich beim Ausbau des örtlichen Stadions nicht lumpen ließ, beträchtliche Teile der Finanzierung übernahm und somit als ein früher WM-Sponsor auftrat.

Der Gruppe 4 hatte die FIFA Argentinien, Bulgarien, Ungarn und England zugelost. Auch hier ging es zu, als stände die Existenz der Nation auf dem Spiel. Gleich im ersten Spiel, Argentinien gegen Bulgarien, setzte es kräftige Hiebe. Der argentinische Verteidiger Navarro trat blindlings um sich, beim Bulgaren Dieff wurde eine schwere Schädelprellung diagnostiziert, Mannschaftskamerad und Linksaußen Kostov jammerte über eine Platzwunde am Knie, während Velischkov jemandem ähnelte, an dem die Prügelstrafe exekutiert worden war. Argentinien gewann die Rauferei mit 1:0.

Das Spiel Ungarn gegen England bot ein wohltuendes Kontrastprogramm zum allgemeinen Fußball-Gemetzel. Bei den Magyaren stand als Letzter aus dem einstigen „Wunderteam" noch Torwart Groscis auf dem Platz, während die Briten in der Absicht nach Chile gekommen waren, in ihrem dritten Anlauf endlich weiter vorne zu landen. Englands Coach Walter Winterbottom präsentierte sein Team in körperlich ausgezeichneter Verfassung und darüber hinaus auch geistig frisch. Ins Spiel gegen Ungarn gingen die Engländer hoch motiviert, galt es doch, die demütigende Niederlage von 1953 wettzumachen. Doch auch diesmal reichte es nicht. Die keinesfalls enttäuschenden Engländer unterlagen den Magyaren mit 1:2. Nur zwei Tage später standen die Winterbottom-Schützlinge im Spiel gegen Argentinien bereits mit dem Rücken zur Wand, denn nur ein Sieg eröffnete der englischen Elf noch die Chance auf ein Weiterkommen. Moore, Charlton, Wilson und Co. gingen hoch konzentriert ins Spiel und wurden mit einem 3:1-Sieg belohnt. Damit war das Tor zum Viertelfinale weit aufgestoßen.

Die Ungarn machten weiter von sich reden, als sie Bulgarien mit einem 6:1-Kantersieg, dem höchsten Erfolg dieses Turniers, abfertigten und sich vorzeitig für die nächste Runde qualifizierten. Wer die Ungarn ins Viertelfinale begleitete, England oder Argentinien, musste sich am letzten Gruppenspieltag entscheiden. Die Südamerikaner trafen auf Gruppensieger Ungarn, der es gemächlich angehen ließ und trotzdem ein 0:0 erreichte. England, das auf die bereits ausgeschiedenen Bulgaren traf, benötigte somit nur ein Remis gegen Bulgarien, weil die englische Tordifferenz gegenüber Argentinien besser war. Aus einer gesicherten Abwehr heraus gestalteten die Engländer ihr Spiel, doch ein erlösender Treffer wollte nicht gelingen. Einziger Höhepunkt in diesem Spiel war ein streunender Hund, der auf das Spielfeld lief und längere Zeit Bobby Charlton anbellte. Es blieb beim 0:0, das England das Viertelfinale bescherte.

Viertelfinale: Friedhof der Gruppensieger

Die Bilanz nach Abschluss der Gruppenspiele war vernichtend. Mit Ausnahme der Spiele der Gruppe 2, in der die chilenische Mannschaft auftrat, war das Zuschauerinteresse äußerst gering. Dieses Desinteresse stand im krassen Gegensatz zur Aufmerksamkeit, die in Europa den Spielen entgegengebracht wurde. Die europäischen Rundfunk- und Fernsehanstalten hatten weder Kosten noch Mühen gescheut, um ihre Hörer und Zuschauer möglichst schnell und umfassend vom aktuellen Geschehen in Chile zu informieren. In Chile hatten die Menschen offensichtlich ganz andere Sorgen.

Sportlich allerdings stagnierte der Fußball weltweit, sah man von Brasilien ab. Rein numerisch hielten die europäischen Teams ihre Vormachtstellung, wie die Besetzung des WM-Viertelfinales mit sechs europäischen und nur zwei südamerikanischen Teams bewies. Als Überraschung war zu werten, dass von den sechs Europäern mit der UdSSR, Jugoslawien, Tschechoslowakei und Ungarn nicht weniger als vier aus dem so genannten „Ostblock" kamen.

Und dieses Viertelfinale hatte es in sich, denn gleich drei Gruppensieger mussten am 10. Juni die Segel streichen. Zunächst erwischte es die leicht favorisierten Sowjets, die im ausverkauften Carlos-Dittborn-Stadion in Arica auf Gastgeber Chile trafen. Der sowjetische Keeper Lew Jaschin galt zwar mittlerweile als weltbester Torwart, patzte aber in diesem Spiel gleich zweimal, wodurch die Angelegenheit mit 2:1 zugunsten der Chilenen entschieden wurde.

Freudenfeier auf Chiles Straßen: Der Gastgeber hat das Halbfinale erreicht.

Deutschland scheitert an Jugoslawien

Der Zufall wollte es, dass nach 1954 und 1958 Deutschlands Viertelfinalgegner erneut Jugoslawien hieß. Das deutsche Team hatte bereits stark unter den kräftezehrenden Spielen der Vorrunde gelitten, so dass technisch versierte Spieler wie Horst Szymaniak nur noch ein Schatten ihrer selbst waren. Trotzdem begannen Herbergers Mannen offensiv und hatten gute Chancen, in Führung zu gehen. Die beste bot sich Uwe Seeler, dessen Schuss aber nur den jugoslawischen Pfosten traf. Als die Deutschen unvermittelt auf Defensive umschalteten, offensichtlich auf direkte Anordnung Herbergers, entwickelte sich das Spiel zusehends zugunsten der Jugoslawen, die nun immer gefährlicher vor Fahrians Tor auftauchten. Lediglich Uwe Seeler stand noch in der gegnerischen Hälfte, sporadisch unterstützt durch Schnellinger, der mit Einzelaktionen die deutsche Abwehr zu entlasten trachtete. Als auf den Rängen bereits die Möglichkeit einer Verlängerung diskutiert wurde, geschah aus deutscher Sicht das Unfassbare. In der 86. Spielminute machte sich auf dem rechten Flügel Galic auf und davon. Von Willy Schulz verfolgt, kam er dennoch zur Flanke, die Radakovic in 15 Metern Entfernung zum deutschen Tor aufnahm und mit einem scharfen Schuss ins Netz beförderte. Die verbleibenden vier Minuten retteten sich die Jugoslawen über die Zeit, danach war es amtlich: Die Deutschen mussten ihre Koffer packen. Herberger, der wegen seiner defensiven Taktik daheim kräftig gescholten wurde, trug schließlich der Tatsache Rechnung, dass seine Zeit als Bundestrainer abgelaufen war. Er demissionierte zugunsten seines Assistenztrainers Helmut Schön.

Auch die Ungarn, die von einem Halbfinale gegen Deutschland und einer Revanche für Bern 1954 geträumt hatten, schieden aus. Zwar schoben die Magyaren ihre 0:1-Niederlage im „Ostblock-Duell" gegen die Tschechoslowakei dem sowjetischen Schiedsrichter Latychev in die Schuhe, der Scherers Abseitsstellung bei dessen Siegtreffer übersehen habe und darüber hinaus einem eigenen, regulären Treffer die Anerkennung verweigert hätte. Zutreffender war allerdings die schlichte Feststellung, dass die Ungarn auch hochkarätigste Chancen ungenutzt verstreichen ließen und sich somit selbst um das Halbfinale brachten.

Unterdessen zog Brasilien weiter einsam seine Kreise, auch ohne Pelé. Im Viertelfinale trafen sie jetzt auf die Engländer, deren Hoffnungen auf Mittelstürmer Gerry Hitchens ruhten. Hitchens stand bei Inter Mailand unter Vertrag und galt als ausgesprochener Spezialist für das Aufbrechen gegnerischer Abwehrreihen. Die Engländer gingen offensiv in das Spiel, obwohl sie als krasser Außenseiter anzusehen waren. Mit ihrem bekannten Flügelspiel versuchten sie in den brasilianischen Strafraum vorzudringen, doch die routinierten brasilianischen Abwehrspieler entschärften jede gefährliche Situation und bauten konsequent ihr Spiel nach vorne auf. In der 31. Minute entstand aus einem Eckstoß die längst überfällige 1:0-Führung der Brasilianer durch Garrincha, der in diesem Spiel endgültig aus dem Schatten Pelés trat. Doch so einfach wollten sich die Engländer nicht abspeisen lassen. Nur wenig später nutzte Hitchens eine Unsicherheit in der brasilianischen Abwehr und wuchtete den Ball zum 1:1-Ausgleich ins Netz. Die Brasilianer zeigten sich gänzlich unbeeindruckt. In der zweiten Halbzeit inszenierten sie eine Fußballgala, an deren Ende nach Toren von Vava und Garrincha ein sicherer 3:1-Triumph stand.

Halbfinale: Ein vorgezogenes Endspiel

Im Halbfinale kam es nun jeweils zu einem südamerikanischen und einem europäischen Duell. Das Semifinalspiel Brasilien gegen Chile galt als vorweggenommenes Endspiel. Zum ersten und letzten Mal war ein Stadion bei diesem WM-Turnier ausverkauft. 76.594 Zuschauer strömten in Santiagos Estadio Nacional, und nur an diesem Tag florierte der Schwarzmarkt. In Chiles Hauptstadt drohte die Begeisterung überzukochen. Aus dem brasilianischen Sao Paulo kamen die Fans in 2.000 Privatwagen und 40 Bussen angerollt. Das brasilianische Parlament setzte eine Sitzung ab, und in den Krankenhäusern kamen Ärzte und Patienten überein, Operationen zu verschieben. Leonidas da Silva, Brasiliens legendärer Stürmer und Torschützenkönig der WM von 1938 in Frankreich, war mittlerweile beim Rundfunk untergekommen und beim Anpfiff bereits heiser.

Die Chilenen begannen die Partie übermotiviert und mal wieder knüppelhart. Doch der spielerisch haushoch überlegene Weltmeister ließ sich nicht beeindrucken und zog sein bewährtes Spiel auf. Mit Erfolg, denn schon in 9. Minute war es Garrincha, der sein Team in Front brachte. Der gleiche Spieler erhöhte in der 32. Minute auf 2:0. Die Chilenen gaben nicht auf, versuchten nun mitzuspielen und trugen so dazu bei, dass wenigstens einmal bei diesem Turnier das technische Kombinationsspiel über das Kämpferisch-Athletische siegte. Auf chilenischer Seite fiel besonders Verteidiger Eyzaguirre auf, dessen Ballbehandlung glauben machen konnte, er sei mit dem Spielgerät verwachsen. Das viel umjubelte Anschlusstor durch Toro in der 42. Minute war der gerechte Lohn für die chilenischen Bemühungen. Die erhoffte Wende blieb allerdings aus, denn die Brasilianer demonstrierten nun, dass sie neben ihren fußballerischen Fähigkeiten auch über eine gehörige Portion Kaltschnäuzigkeit verfügten. Nur zwei Minuten nach dem Seitenwechsel gelang Brasiliens Vava in einer Arena, in der sich die Fans der Heimmannschaft noch im Freudentaumel über den Anschlusstreffer befanden, die 3:1-Führung. Besiegt war Chile damit aber immer noch nicht. Von den Fans unermüdlich angetrieben, konnte Sanchez in der 62. Minute noch einmal auf 3:2 verkürzen. 16 Minuten lang durfte eine ganzen Nation vom scheinbar Unmöglichen träumen, dann war es erneut Vava, der mit seinem Treffer zum 4:2 den Endstand markierte. Das hochklassige Spiel wurde gegen Ende von Rüpeleien auf beiden Seiten überschattet. Der entschlossene Schiedsrichter Yamasaki verwies zunächst den Chilenen Landa und später auch Brasiliens Garrincha des Feldes.

Das europäische Halbfinale nahm sich gegenüber dem südamerikanischen geradezu erbärmlich aus. Lediglich 5.890 Zuschauer wollten in Vina del Mar die Paarung CSSR gegen Jugoslawien sehen, was Minusrekord für dieses Turnier bedeutete. Der Spielort selbst glich an diesem Tag einer Geisterstadt, weil viele Bewohner ins 150 Kilometer entfernte Santiago abgereist waren, um ihre Nationalmannschaft gegen Brasilien zu unterstützen. Wer sich den Trip nicht leisten konnte, verfolgte die Partie vor dem Transistorradio.

Die Begegnung war von taktischen Winkelzügen geprägt. Die Tschechoslowaken spulten ihr bewährtes Programm ab. Die Abwehr igelte sich ein, so dass die Jugoslawen den Eindruck bekamen, gegen ein Bollwerk zu spielen. Der tschechische Sicherungsaspekt ging so weit, dass die etatmäßigen Stürmer im Mittelfeld positioniert waren. Nachdem sich die jugoslawischen Stürmer als Weltmeister im Auslassen von Torchancen präsentiert hatten, gingen die CSSR in der 48. Minute durch Kadraba überraschend in Führung. In der 68. Minute gelang Jerkovic zwar noch der Ausgleich, doch die Jugoslawen bauten nun physisch stark ab. Die zurückliegenden Spiele forderten offensichtlich ihren Tribut. Der Gegner nutzte diese Schwäche eiskalt aus und erzielte in der 80. und 84. Minute durch Scherer weitere Treffer zum 3:1-Endstand. Die Tschechoslowaken hatten damit nach 1934 zum zweiten Male das WM-Finale erreicht.

Zu einem Langweiler geriet einmal mehr das Spiel der Halbfinal-Verlierer um den dritten Platz. Sowohl Chile als auch Jugoslawien standen die Strapazen des zurückliegenden Turniers deutlich ins Gesicht geschrieben, so dass keiner mehr die Moral und Kraft aufbringen konnte, das Spiel an sich zu reißen. Beide Teams begnügten sich mit Abwarten. 66.697 Zuschauer wurden Zeugen einer schwachen und langatmigen Auseinandersetzung, in der bis zur Schlussminute auch keine Treffer fielen. Da erst gelang es dem Chilenen Rojas den Ball irgendwie über die jugoslawische Torlinie zu stochern. Als wenige Sekunden später der spanische Schiedsrichter Gardeazabal die Partie beendete, hatte Chile mit diesem dritten Platz für eine große Überraschung gesorgt. Die chilenischen Fans feierten ihre Spieler wie Weltmeister. Bis heute ist diese Platzierung der größte internationale Fußballerfolg der Chilenen, und bis heute wird die Nationalmannschaft von 1962 als die größte aller Zeiten gelobt.

Finale: Ein alter Weltmeister

Der Papierform nach sprach vor dem Finale Brasilien gegen Tschechoslowakei alles für den Titelverteidiger. Selbst der tschechoslowakische Außenstürmer Masopoust antwortete auf entsprechende Fragen: „Natürlich ist auch für mich Brasilien Favorit." Niemand mochte daran glauben, dass beim dritten WM-Turnier auf südamerikanischem Boden erstmals ein europäisches Team den Coupe de Rimet gewinnen würde.

Immerhin lockerte die CSSR ihre Defensive und begann das Endspiel offensiv, wohl wissend, dass die Brasilianer bislang noch jeden Abwehrriegel geknackt hat-

Gegen die starken Brasilianer waren die Tschechoslowaken im WM-Finale chancenlos. Die Südamerikaner feiern ihre Titelverteidigung.

ten. Bei den Brasilianern war der Einsatz von Garrincha, der längst zum Star dieses WM-Turniers avanciert war, sich aber im Halbfinale verletzt hatte, bis kurz vor dem Anpfiff ungewiss.

Nach dem Motto „Angriff ist die beste Verteidigung" preschten die Tschechoslowaken vor 68.679 Zuschauern im Estadio Nacional in Richtung brasilianisches Tor und wurden prompt in der 15. Minute durch einen Masopoust-Treffer belohnt. Wie der große Plánicka war auch der aktuelle CSSR-Keeper Schroijf ein begnadeter Ballfänger, aber am 17. Juni 1962 hatte er nicht seinen besten Tag erwischt. Nur zwei Minuten nach der CSSR-Führung gelang Pelé-Vertreter Amarildo der Ausgleich. Das Spiel blieb bis weit in die zweite Halbzeit offen. Daran änderte sich auch nichts, als dem Brasilianer Zito in der 68. Minute nach einem Schroijf-Fehler die Führung gelang. Die brasilianischen Fans sahen das anders, denn auf den Rängen feierte mittlerweile der Wahnsinn fröhliche Urstände. Als Schroijf in 78. Minute eine Flanke von Djalma Santos falsch berechnete, daneben griff und Vava zur Stelle war, war die Entscheidung tatsächlich gefallen. 3:1 hieß es auch nach 90 Minuten. Nach Italien hatte es die brasilianische Nationalmannschaft als zweites Team der Welt geschafft, den WM-Titel zu verteidigen.

Der Weltmeister von 1962 war gegenüber dem von 1958 auf nur wenigen Positionen neu besetzt und bestens eingespielt. Bei aller Freude allerdings konnte auch die Virtuosität des Teams nicht darüber hinwegtäuschen, dass es seinen Zenit erreicht, wenn nicht gar bereits überschritten hatte. Allein sieben Spieler des alten und neuen Weltmeisters waren zum Teil deutlich über 30 und kamen für die kommende Weltmeisterschaft eigentlich nicht mehr in Frage.

Das WM-Turnier von 1962 war eines der Negativschlagzeilen: Es dominierten Härte, Brutalität und ein spielerisch dürftiger Defensivfußball. Mit lediglich 2,78 Toren im Schnitt pro Spiel wurde ein neuer Minusrekord aufgestellt. Um Torschützenkönig zu werden, musste man nur viermal ins gegnerische Netz treffen, was immerhin gleich sechs Spielern gelang. Die Zuschauerränge waren häufiger leer, was an einer verhältnismäßig geringen Fußballbegeisterung im Land, an unattraktiven Darbietungen sowie an den immens hohen Eintrittspreisen lag. Letztere sorgten dafür, dass das Turnier trotzdem mit einem Gewinn abschließen konnte.

Zwar lag der Schnitt mit gut 28.000 über dem von Schweden 1958, aber nur dank der großen Arena in Santiago und der Massen, die die Spiele des Heimteams mobilisierten. Nach den Chilenen verzeichneten die Spiele der Deutschen und Italiener den besten Zuspruch. In zwei Vorrundengruppen lag der Zuschauerschnitt mit 8.600 (Gruppe 1) und 7.660 (Gruppe 4) unter der 10.000-Marke. Auch die Gruppe 3 mit Brasilien kam lediglich auf 13.220 Zuschauer pro Spiel. Hingegen betrug der Zuschauerschnitt der Santiago-Gruppe mit Chile, Deutschland, Italien und der Schweiz 64.758. Die sechs Spiele dieser Gruppe wurden von 388.547 Zuschauern besucht, was gut 42 % des gesamten Zuschauerzuspruchs bei dieser WM entsprach.

▶ **Einwurf**

Catenaccio: Gift für den Fußball?

Wer geglaubt hatte, der WM-Sieg der Brasilianer in Schweden 1958 würde eine Ära des Offensivfußballs einläuten, sah sich spätestens vier Jahre später getäuscht. Beim WM-Turnier in Chile wurden lediglich 2,78 Tore pro Spiel erzielt. Längst ging das Gespenst des Catenaccio um die Welt: die Verkörperung einer Defensivstrategie, deren Motive Effizienzdenken und Ergebnisorientierung waren.

In den frühen 1960er Jahren war es erneut der italienische Fußball gewesen, der durch eine taktische Revolution von sich reden gemacht hatte. Helenio Herrera, geboren am 17. April 1916 in Buenos Aires, der in den Fünfzigern in Spanien mit Atletico Madrid und dem FC Barcelona die nationale Meisterschaft gewonnen hatte und während seiner Trainerlaufbahn mit Frankreich (1947), Spanien (1958/59 und 1962) und Italien (1966/67) drei Nationalmannschaften betreute, führte diesen

Catenaccio, wie er nicht sein soll: Eines der schlimmsten und unfairsten Spiele der WM-Geschichte leisteten sich 1962 die Mannschaften Chiles und Italiens. Der vom Platz gestellte italienische Verteidiger David wurde in die Kabine „eskortiert".

Catenaccio ein. Der eigentliche Erfinder des Systems war allerdings Nereo Rocco, der Mitte der 1950er Jahre als Trainer von Padua mithilfe des Catenaccio die Überlegenheit der großen Vereine zu parieren versuchte. Herrera, erster Millionär unter den Fußballtrainern und mit dem Ruf eines Sklaventreibers ausgestattet („Ein Spieler muss nur drei Dinge können – laufen, spielen und denken"), heuerte 1960 bei Inter Mailand an, dessen Präsident der reiche Ölmagnat Angelo Moratti war. Von Moratti ließ sich der selbstbewusste Herrera („Ich bin die populärste Persönlichkeit Italiens gleich nach Sophia Loren") ein Blankokonto zum Ankauf neuer Spieler einrichten. Erst mit Inter durfte Herrera auch auf der internationalen Bühne Erfolge feiern. 1964 und 1965 gewann Herrera mit Inter Mailand den Europapokal der Landesmeister sowie den Weltpokal.

Der Catenaccio verbannte den Libero hinter die Abwehr, nahm die gegnerischen Angriffsspitzen in Manndeckung und formte so ein Vorhängeschloss vor dem eigenen Gehäuse. In gewisser Weise war Catenaccio eine Weiterentwicklung des Rappan'schen Riegels. Der Perfektionist Herrera hatte beim W-M-System eine empfindliche Schwachstelle entdeckt. Der zentrale Verteidiger sah häufig ziemlich hilflos aus, wenn zwei gegnerische Stürmer „durch die Mitte" auf das Tor vordrangen.

Catenaccio bedeutete Ergebnisorientierung par excellence und wurde zum Synonym für unattraktiven Defensivfußball. „Es war eine ganz einfache Entdeckung, eine Binsenweisheit, das Ei des Kolumbus. Sie lautete: Letzten Endes schätzen die Massen nur das Resultat, es hat eine magnetische Anziehungskraft. Alles Gerede von Schönspielerei, gefälligem Offensivspiel ist nichts als Geschwätz. Nur das Ergebnis zählt, und zwar das positive. Wer das nicht begreift, muss scheitern. (...) Die Welt liebt nun einmal keine Verlierer, sie schätzt die Sieger!"

Die Kritiker konzentrierten sich auf die destruktiven Elemente des Systems und sahen in Herrera einen „Totengräber des Fußballs". Der legendäre italienische Nationaltrainer Vittorio Pozzo, der selbst die Defensive gestärkt hatte: „Der Mut ist es, der dem heutigen Fußball so sehr fehlt. Catenaccio ist Gift für den Fußball, er wird seinen Tod bereiten." Herrera wurde zum verhasstesten Fußballtrainer der Fußballgeschichte. Und sein Inter-Team genoss keinen besseren Ruf.

Dabei verlangte Catenaccio durchaus intellektuelle und kreative Fähigkeiten. Außerdem waren keineswegs vorrangig „Klopper" gefragt, sondern vor allem gute Techniker und ballsichere Verteiler, die zur schnellen und exakten Überbrückung des Mittelfelds in der Lage waren. Herreras Catenaccio sah Verteidiger vor, die nicht nur hart decken, sondern auch angreifen konnten. Catenaccio löste ein taktisches Kardinalproblem: Mit Herreras Taktik gelang es, gefährliche Angriffe aufzubauen, ohne zugleich die Sicherheit der Abwehr zu gefährden. Gerade dies machte sein Team Inter Mailand so unangenehm.

Der erste italienische Catenaccio-Libero war Inters Armando Picchi, der fähigste indes Gaetano Scirea von Juventus Turin, der während der WM 1982 komplette Spiele

War bei der WM 1962 ein eisenharter Defensivspieler, dessen spätere Philosophie als Trainer vom Catenaccio mitgeprägt wurde: Giovanni Trapattoni.

in der eigenen Hälfte verbrachte. Zum Prototyp des stürmenden Verteidigers wurde Giacinto Facchetti aus Herreras großem Inter-Team.

Einige Theoretiker vertraten die Auffassung, Catenaccio würde praktiziert, um die für italienische Spieler typischen physischen Schwächen auszugleichen. Der Vater des Systems widersprach dieser Sichtweise. So wie der Kosmopolit Herrera überhaupt jeden Zusammenhang zwischen seinem System und der Mentalität seiner Landsleute bestritt. Tatsächlich blieb die Philosophie keineswegs auf Italien begrenzt. Auch in anderen Ländern wurden Anleihen beim Catenaccio genommen. Der Trend zur Defensivstrategie war vor dem Hintergrund einer anhaltenden Professionalisierung des Fußballs und eines zunehmenden Erfolgsdrucks zu verstehen. Negative Resultate waren immer mehr auch mit wirtschaftlichen Einbußen verbunden. Nicht die ästhetischen Dimensionen, sondern die pure Ergebnisorientierung dominierte. Es überwog die Angst vor der Niederlage. Der ästhetische Genuss, den Angriffsfußball bieten konnte, rückte gegenüber seinen Risiken in den Hintergrund. Ein Fußballspiel war nicht primär ansehnlich und unterhaltsam zu gestalten, sondern erfolgreich. ■

♦ WM 1966

Austragungsland: England

Austragungsstädte und Spielstätten: London (Wembley Stadium und White City Stadium), Birmingham (Villa Park), Liverpool (Godison Park), Manchester (Old Trafford), Middlesborough (Ayresome Park), Sheffield (Hillsborough Stadium), Sunderland (Roker Park)

Dauer: 11. bis 30. Juli 1966

Eröffnungsspiel: England – Uruguay 0:0 (0:0) (11. Juli 1966, Wembley Stadium, London)

Gemeldete Länder: 70

Endrundenteilnehmer: 16
  Europa (10): Bulgarien, Bundesrepublik Deutschland, England, Frankreich, Italien, Portugal, Schweiz, Spanien, UdSSR, Ungarn
  Südamerika (4): Argentinien, Brasilien, Chile, Uruguay
  Nord- und Mittelamerika (1): Mexiko
  Asien (1): Nordkorea

Qualifikationsspiele: 129
Endrundenspiele: 32

Modus: Vier Vorrundengruppen à vier Teams; ab Viertelfinale K.-o.-System

Zuschauer: 1.674.946
Zuschauerschnitt: 52.342

Tore: 89, Torschnitt pro Spiel: 2,78

Die besten Torschützen: Eusebio Ferreira da Silva (Portugal), 9 Tore
  Helmut Haller (BR Deutschland), 6 Tore
  Franz Beckenbauer (BR Deutschland), Ferenc Bene (Ungarn), Geoffrey Hurst (England), Valeri Porkujan (UdSSR), 4 Tore

Finale: England – Bundesrepublik Deutschland 4:2 n.V. (1:1, 2:2) (Wembley Stadium, London, 30. Juli 1966)

England: Banks; Cohen, Wilson, Stiles, J. Charlton, Moore, Ball, Hunt, B. Charlton, Hurst, Peters

Deutschland: Tilkowski; Höttges, Schulz, Weber, Schnellinger, Haller, Beckenbauer, Overath, Seeler, Held, Emmerich

Schiedsrichter: Dienst (Schweiz)

Tore: 0:1 Haller (12.), 1:1 Hurst (18.), 2:1 Peters (78.), 2:2 Weber (89.), 3:2 Hurst (102.), 4:2 Hurst (119.)

Zuschauer: 96.924

WM 1966

Swinging Wembley

1963 feierte die englische Football Association (FA) ihren 100. Geburtstag. Als weltweit erster nationaler Fußballverband sah die FA keinen Anlass für eine Landesbezeichnung in ihrem Namen. Mit der Vergabe des WM-Turniers 1966 würdigte die FIFA die historischen Verdienste des Mutterlandes. Zugleich dokumentierte der Austragungsort, dass England nun endgültig in der globalen Fußballfamilie angekommen war.

Allerdings war die Vergabe keineswegs selbstverständlich. Für die Austragung hatten sich mit England, der Bundesrepublik Deutschland und Spanien erstmals nach dem Zweiten Weltkrieg drei der großen europäischen Fußballnationen beworben. Spanien zog seine Bewerbung im letzten Moment wieder zurück, so dass der 1960 in Rom tagende FIFA-Kongress zwischen den Engländern und Deutschen zu entscheiden hatte. Die Versammlung stimmte mit knapper Mehrheit zugunsten des „Fußball-Mutterlandes". Natürlich hoffte der Gastgeber, dass die WM mit einen englischen Titelgewinn zum späten Höhepunkt der Jubiläums-Feierlichkeiten geraten und den unverändert existierenden, aber arg ins Wanken geratenen englischen Führungsanspruch untermauern würde.

England in Aufbruchstimmung

Bisher war Englands WM-Bilanz äußerst bescheiden und stand im krassen Widerspruch zum Selbstbildnis: Bei vier WM-Teilnahmen war England zweimal bereits in der Vorrunde ausgeschieden. 1954 und 1962 kam das „Aus" jeweils im Viertelfinale. Selbst innerhalb Europas gestaltete sich Englands Nachkriegsbilanz damit schlechter als die der Bundesrepublik Deutschland, Ungarns, der Tschechoslowakei oder Schwedens.

Das Desaster beim ersten WM-Auftritt 1950 in Brasilien und folgende Niederlagen – insbesondere gegen Ungarn 1953 – hatten jene Reformkräfte gestärkt, die eine Integration des britischen Fußballs in das internationale Fußballsystem forderten. Der britische Isolationismus hatte sich als klassisches Eigentor erwiesen. Die Abkoppelung vom Rest der Welt, die Ignoranz gegenüber taktischen und technischen Entwicklungen auf dem Kontinent sowie der weitgehende Verzicht auf Kräftemessen

◆ „Soccer Revolution" für England?

1955 veröffentlichte der aus Wien stammende Sportjournalist Willy Meisl sein Buch „Soccer Revolution", eine brillante Analyse der Entwicklung des englischen Fußballs wie des Spiels überhaupt. Meisl, der britischer Staatsbürger geworden war, kritisierte u.a. die starke Konzentration der englischen Fußballphilosophie auf Tempo bei gleichzeitiger Vernachlässigung der Bedeutung von Ballkontrolle. Präzision sei Geschwindigkeit geopfert worden. Fehlpässe würden aber längere Laufwege erfordern. Nicht wenige von Meisls englischen Kollegen sahen die Gründe für die Niederlagen gegen Ungarn 1953 in der größeren Schnelligkeit und Schusskraft der Magyaren. Meisl hingegen kam zu dem Schluss, dass der Gegner schlicht und einfach die besseren Fußballer besessen hätte. Außerdem diagnostizierte er einen Mangel an Intelligenz im englischen Spiel. Bei den Duellen mit Ungarn hätte „Hirn über Muskeln" triumphiert.

---

mit nicht-britischen Teams hatten dazu geführt, dass der britische Fußball nur noch zweitklassig war.

1954 hatte der englische Meister Wolverhampton Wanderers die europäischen Topteams von Spartak Moskau und Honved Budapest mit 4:0 bzw. 5:2 geschlagen. Das Boulevardblatt *Daily Mirror* kürte die Nordengländer daraufhin zur „besten Vereinsmannschaft der Welt", was jedoch bei Gabriel Hanot, Fußball-Chef der französischen Sport-Tageszeitung *L'Équipe*, auf Skepsis stieß. Im Dezember 1954 veröffentliche *L'Équipe* einen Plan Hanots für eine „Europameisterschaft der Klubs", an dem die europäischen Landesmeister teilnehmen sollten. 1955/56 wurde erstmals der Europapokal der Landesmeister ausgespielt. Es fehlte Englands Champion Chelsea, denn die League begegnete Europa zunächst unverändert mit Arroganz. Die Funktionäre des Management Committee befürchteten, dass der Anblick kontinentaler Mannschaften und deren Spielweise beim heimischen Publikum nur die Ansprüche an den eigenen Fußball steigen lassen würde. In der Isolation, so ihre stille Hoffnung, würde sich der Mythos von der führenden Fußballnation noch am besten fortschreiben lassen.

Anders die FA und deren Sekretär Stanley Rous, die mittlerweile eine internationalistische Position verfolgten. Von der FA und Rous ermutigt, nahm 1956/57 mit Manchester United erstmals auch ein englischer Vertreter am Europapokal teil. In Uniteds Manager Matt Busby besaß Rous einen Verbündeten. Busby hatte schon frühzeitig erkannt, dass der englische Fußball sich in die Auseinandersetzung mit kontinentalen Mannschaften begeben musste, um die Stagnation zu beenden und nicht den Anschluss an die allgemeine Entwicklung zu verpassen. Die nationale Borniertheit der Funktionärskaste war ihm völlig fremd. Außerdem erkannte der Manager die enormen Einnahmemöglichkeiten durch europäische Wettbewerbe.

War der Europapokal in seinen ersten Jahren eine Domäne der romanischen Länder gewesen, so begann sich dies nun zu ändern. 1965 hatte der Londoner Klub West Ham United, der mit Moore und Hurst zwei Schlüsselspieler der Nationalelf von 1966 stellen sollte, den Europapokal der Pokalsieger gewonnen. Der zweite Finalist war der

TSV 1860 München gewesen. Im Jahr der Weltmeisterschaft gewann mit Borussia Dortmund erstmals ein deutsches Team diesen Wettbewerb, zugleich die erste europäische Trophäe überhaupt für einen deutschen Klub. Diesmal kam der zweite Finalist mit dem FC Liverpool aus England. 1968 sollte mit Manchester United erstmals ein englisches Team den Europapokal der Landesmeister erobern, nachdem dies im Jahr zuvor bereits den Schotten von Glasgow Celtic gelungen war. Der WM-Verlauf sollte die Herausbildung einer englisch-deutschen Dominanz in den Europapokalen, die sich einige Jahre später zu einer englisch-deutsch-niederländischen weiterentwickelte, widerspiegeln.

England befand sich zum Zeitpunkt des Weltturniers auch in kultureller und politischer Hinsicht in Aufbruchstimmung. London „swingte" und avancierte zur Metropole eines neuen Zeitgeistes. Was Paris für die Zwanziger und Rom für die Fünfziger gewesen war, bildete nun die britische Kapitale für die Sechziger – genauer: die „swinging sixties". 1964 war die Labour Party nach 13 Jahren konservativer Herrschaft wieder in die Regierung zurückgekehrt. Labours Reformversprechen zielten auf eine Liberalisierung der Gesellschaft und größere soziale Gerechtigkeit. Überall im Land machten sich Optimismus und Idealismus breit, wovon auch der Fußball nicht unberührt blieb. Die „swinging sixties" waren zugleich die „golden sixties" des englischen Fußballs. Labour-Premier Harold Wilson behauptete nach der WM einen unauflöslichen Zusammenhang zwischen der Politik der Regierung und dem englischen WM-Triumph: „Habt ihr bemerkt, dass England nur unter einer Labour Regierung den World Cup gewinnen kann?"

London in den „swinging sixties"

Qualifikation: Afrika boykottiert

Vier Monate vor Anpfiff des Turniers ereilte die WM-Organisatoren die Nachricht vom Diebstahl des Coupe de Rimet. Die „goldene Göttin" war in Westminster ausgestellt gewesen. Selbst die legendären Scotland-Yard-Detektive konnten die Trophäe nicht wieder herbeischaffen. Erfolgreicher war ein kleiner Köter namens „Pickles", der das kostbare Stück eine Woche nach seinem Verschwinden in einem Londoner Vorort unter einem Busch aufspürte. Zur Belohnung wurden Pickles und sein Besitzer David Korber zur folgenden WM in Mexiko eingeladen. Doch kurz vor der Abreise verstarb das Tier.

Obwohl sich 70 Länder für das Turnier anmeldeten und der World Cup nun endlich auch außerhalb Europas und Amerikas auf Interesse stieß, blieben die beiden traditionellen Fußballhochburgen Europa und Südamerika fast unter sich. Die FIFA zählte zu diesem Zeitpunkt 130 Mitglieder, von denen nur noch 32 (knapp 24%) aus Europa kamen. Doch in England waren 10 (also 62,5%) der Nationalmannschaften europäischer Herkunft. Fünf kamen aus Süd- bzw. Mittelamerika. Für Afrika und Asien hatte die eurozentristische FIFA-Führung nur einen Platz reserviert. Die zunächst gemeldeten 15 afrikanischen Länder Algerien, Ägypten, Äthiopien, Gabun, Ghana, Guinea, Kamerun, Liberia, Libyen, Mali, Marokko, Nigeria, Senegal, Sudan und Tunesien traten daraufhin den Rückzug an, während Südafrika wegen seiner Apartheidspolitik von der FIFA boykottiert wurde. In Asien fand sich mit dem kommunistisch regierten und von der Außenwelt weitgehend abgeschotteten Nordkorea lediglich ein Bewerber, nachdem Südkorea verzichtet hatte. Nach zwei Siegen über Ozeanien-Vertreter Australien (6:1 und 3:1) auf neutralem Boden in der kambodschanischen Hauptstadt Phnom Penh durfte der Fußball-Nobody dann auch tatsächlich nach England reisen.

In Europa konnten sich mit Vize-Weltmeister Tschechoslowakei und dem WM-Vierten Jugoslawien zwei traditionell starke europäische Fußballländer nicht qualifizieren. Sie scheiterten an Belgien bzw. Frankreich. Österreichs Nationalteam war nur noch ein Schatten früherer Tage und landete in seiner Qualifikationsrunde hinter Ungarn und der DDR nur auf dem dritten Platz. Hingegen konnte sich die Schweiz mit einer Serie knapper Siege überraschenderweise gegenüber Nordirland und den Niederlanden durchsetzen. Keine Probleme mit der Qualifikation hatten die UdSSR und Italien, während die Spanier noch durch die Mühle eines Entscheidungsspiels gegen die Republik Irland gehen mussten, das sie in Paris knapp mit 1:0 gewannen.

Die Bundesrepublik Deutschland musste sich mit Schweden und Zypern messen. Da Zypern die erwartete Statistenrolle spielte und in den vier Qualifikationssspielen tor- wie punktlos ausging, blieb das Duell mit Schweden bis zum Schluss eng. Die erste Begegnung zwischen den beiden Teams in Berlin endete mit einem aus deutscher Sicht enttäuschenden Remis (1:1). Die Entscheidung musste somit im Stockholmer Rasunda-Stadion fallen. Die vom Herberger-Nachfolger Helmut Schön systematisch verjüngte deutsche Elf kam zu einem 2:1-Sieg, der erste Sieg der Deutschen in Schweden seit 1911. Bei dieser Gelegenheit feierte der 19-jährige Münchner Franz Beckenbauer sein Länderspieldebüt. Den Siegtreffer erzielte Uwe Seeler, über dessen Einsatz die deutsche Öffentlichkeit im Vorfeld heftig gestritten hatte. Einige Monate zuvor war Seelers Achillessehne gerissen, ein schwerer Schock für Bundestrainer Helmut Schön. Doch der Mittelstürmer betrieb zäh seine Rekonvaleszenz. In Stockholm lief Seeler mit einem Spezialschuh auf.

Ohne Überraschungen verliefen die Qualifikationsrunden in Südamerika sowie Mittel- und Nordamerika. Neben Titelverteidiger Brasilien durften noch Argentinien, Chile, Uruguay und Mexiko nach England reisen.

Favoriten: England und Brasilien

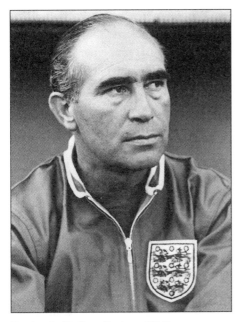

Englands Nationaltrainer Alf Ramsey.

Der Gastgeber und der Titelverteidiger gingen als Favoriten in das Turnier. Beim amtierenden Weltmeister hatte Vicente Feola wieder das Zepter übernommen. Nach England reiste ein relativ altes Team. Nicht nur, dass viele Spieler vom letzten Turnier erneut dabei waren, sondern mit Bellini und Orlando hatte Feola sogar zwei zwischenzeitlich aussortierte Veteranen von 1958 reaktiviert. Pelé befand sich mit 25 Jahren im Zenit seines Könnens. Garrincha hatte einen schweren Unfall erlitten, von dessen Folgen er sich nur langsam erholte. Trotz der damit verbundenen Einschränkungen wurde er nach England mitgenommen. Aus dem Team von 1958 waren außerdem noch Djalma Santos und Keeper Gilmar mit dabei. Bei so vielen Routiniers im Team und angesichts der Dominanz, die man seit 1958 genoss, hielt man eine intensive Vorbereitung auf die WM dieses Mal für überflüssig.

Seit Ende 1962 hieß Englands Nationalcoach Alf Ramsey. Im Oktober war die Nationalmannschaft in der Qualifikation zur Europameisterschaft gegen Frankreich über ein Remis (1:1) nicht hinauskommen, woraufhin Walter Winterbottom nach 16 Jahren gehen musste. Als Aktiver hatte der Rechtsverteidiger Ramsey 32-mal für England gespielt und dabei einen eher unenglischen Fußball verkörpert. Als Trainer machte er sich einen Namen, in dem er den Drittligisten Ipswich Town von der dritten in die erste Liga führte und dort bereits im ersten Jahr zur Meisterschaft. Der Sohn umherziehender Zigeuner, der nach seiner Geburt in die Obhut der Familie eines Heu- und Strohhändlers gegeben wurde, pflegte ein schwieriges Verhältnis zur Presse, der er sich nicht gewachsen fühlte. Sein Umgang mit der Öffentlichkeit wurde durch Arroganz und Zurückgezogenheit geprägt. Bei einem seiner ersten Interviews als Nationaltrainer hatte Ramsey verkündet, der nächste Weltmeister würde England heißen. Die Presse griff die wohl eher unbedacht getätigte Äußerung begierig auf und setzte den Trainer damit die folgenden vier Jahre permanent unter einen geradezu unmenschlichen Druck.

Ramsey hatte aber nicht nur bei der Presse Feinde, sondern auch innerhalb der alten Garde der Verbandsfunktionäre. Seit 1872 war das Nationalteam nicht vom

Nationaltrainer, sondern vom „Selection committee" der Funktionäre aufgestellt worden. Ramsey beendete diese Praxis und führte damit de facto auch bei der Nationalmannschaft professionelle Verhältnisse ein. Völlig anders als zur Presse und zu den Funktionären gestaltete sich sein Verhältnis zu den Spielern. Ramsey gelang es, eine verschworene Gemeinschaft zu bilden, wobei ihm die Existenz einer „feindlichen Außenwelt" durchaus behilflich war. Ramsey war „ein Mann seiner Spieler, ihr Befürworter und Verteidiger … er war ihr distanzierter Freund, eine Art gütiger Diktator." (Ludger Schulze 1989) Die Spieler honorierten dies, indem sie für ihren Manager durch dick und dünn gingen.

Ramseys Kritiker arbeiteten sich vor allem an der unattraktiven, aber effektiven Spielweise seines Teams ab. Aus der Not, dass England in diesen Jahren über keine brillanten Flügelstürmer verfügte, hatte der Manager eine Tugend geformt, die das „flügellose Wunder" getauft wurde. Ramseys defensiv orientiertes „wingless" 4-3-3-System, das wenig Unterhaltungswert besaß, erforderte ausgesprochen konditions- und laufstarke Spieler, denn das Fehlen von Außenstürmern wurde durch offensiv orientierte Außenverteidiger kompensiert. Die hierdurch entstehenden Lücken in der Abwehr musste ein defensiv agierendes, notfalls auch den eigenen Strafraum abschirmendes Mittelfeld schließen. Im Angriff versammelten sich höchstens drei Spieler.

In Ramseys Kader dominierten folgerichtig die konditionsstarken Renner und Kämpfer. Zu den rühmlichen Ausnahmen zählte Bobby Charlton. Repräsentativer für Ramseys Team war dessen Manchester-United-Mannschaftskamerad Nobby Stiles, der mit seiner häufig an Brutalität grenzenden Spielweise zum Alptraum jedes gegnerischen Spielmachers avancierte.

Mit Gordon Banks von Stoke City besaß England einen der besten Keeper im internationalen Fußball; die Presse taufte ihn „Banks of England". Die Abwehr wurde vom majestätisch wirkenden Bobby Moore organisiert. Im Mittelfeld wurde Charlton vom unermüdlichen Ballschlepper Alan Ball unterstützt. Mit dem Tottenhamer Jimmy Greaves verfügte der englische Fußball über einen Stürmer von Weltformat. Doch Ramsey hatte für den technisch begabten und intelligenten Greaves nichts übrig, zumal nachdem dieser die Bedeutung von Länderspielen hinterfragt hatte. Im Laufe des Turniers musste der Volksheld Greaves seinen eher konventionellen Sturmkollegen Geoffrey Hurst und Roger Hunt weichen. Hätte England am Ende nicht den WM-Titel gewonnen, wäre diese Maßnahme wohl mit einem Aufstand von Presse und Fans quittiert worden. So aber wurde ein Trend vorgegeben, der den englischen Fußball bis ins folgende Jahrtausend hinein verfolgen sollte.

Vorrunde: 15 Etablierte und ein Außenseiter

Im Eröffnungsspiel am 11. Juli traf England auf Uruguay. 87.148 Zuschauer, unter ihnen auch die Queen, sahen ein Spiel, das zu einer Quintessenz des „modernen Fußballs" und seiner „safety first"-Ideologie geriet. Von der einstigen Spielfreude der Uruguayer war nichts mehr übrig geblieben. Stattdessen verlegte man sich auf eine Catenaccio-Strategie. Die Engländer rannten erfolglos gegen eine blau-weiße Mauer an. So blieb es bei einem enttäuschenden torlosen Remis.

Gruppe 1

Auch in den folgenden Spielen gegen Mexiko (1:0) und Frankreich (2:0) wusste das Gastgeberland kaum zu überzeugen. Doch fünf Punkte bedeuteten den Gruppensieg vor Uruguay, das Frankreich im Londoner White-City-Stadion, der ehemaligen Olympiaarena, die wenige Jahre später abgerissen wurde, mit 2:1 besiegte. Gegen Mexiko produzierten die Südamerikaner ein weiteres torloses Remis. Von den vier Vorrundengruppen war die Gruppe 1 die torärmste. In sechs Spielen wurden lediglich neun Treffer erzielt. England und Uruguay genügten drei bzw. zwei Treffer zum Einzug ins Viertelfinale. Trotz der Ereignisarmut und des schwachen Niveaus mobilisierte die Gruppe 1 mit 453.999 Zuschauern, was einem Schnitt von 75.666 pro Spiel entsprach, den mit Abstand größten Zuschauerzuspruch aller Vorrundengruppen – dank der Beteiligung Englands und des Wembley-Stadions.

In der Gruppe 2 begannen die Deutschen mit einem 5:0-Sieg über die Schweiz, zu dem Beckenbauer und Haller je zwei Treffer beisteuerten. Helmut Schön hatte mittlerweile eine perfekte Mischung von Alt und Jung um sich versammelt.

Gruppe 2

In der folgenden Begegnung gegen die Argentinier dominierten die Abwehrreihen. Folgerichtig hieß es auch hier am Ende 0:0. Bei den überhart agierenden Argentiniern flog der deutschstämmige Albrecht vom Platz. Für die Argentinier galt nichts anderes als für die Uruguayer: Catenaccio statt Spielkunst und Spielfreude. Argentiniens klägliches Scheitern in Schweden 1958 sowie eine 1:2-Heimniederlage gegen die UdSSR im November 1961 hatten zu einer Umorientierung im argentinischen Fußball geführt. Bis dahin hatten die Argentinier einen eigenen Stil namens *la nuestra* gepflegt. *La nuestra* kultivierte das Dribbling und den Kurzpass und bevorzugte Spieler, die über perfekte Ballkontrolle und brillante Technik verfügten. An die Stelle von Artistik war nun rauer körperlicher Einsatz getreten. Außerdem konzentrierte man sich auf die Defensive und die Zerstörung des gegnerischen Spiels, obwohl Akteure wie Artime, Rattin, Onega, Albrecht und Mas die Fähigkeit zu einem ganz anderen Fußball besaßen.

Um im Viertelfinale den Engländern zu entgehen, mussten die Deutschen gegen Spanien unbedingt gewinnen. Das DFB-Team geriet zunächst mit 0:1 in Rückstand. Die deutsche Boulevardpresse hatte nach der Null-Diät gegen Argentinien vehement den Einsatz des Bundesligatorschützenkönigs Lothar Emmerich gefordert, der bei seinem Verein Borussia Dortmund mit dem flinken und dribbelstarken Vorbereiter Siggi Held eine erfolgreiche Partnerschaft pflegte. Die englische Presse taufte die beiden, auf deren Konto nicht weniger als 14 Treffer der erfolgreichen Dortmunder Europapokal-Kampagne gingen, „the terrible twins". Gegen die Spanier durfte „Emma" nun erstmals auflaufen, und in der 39. Minute gelang dem Linksfuß mit einem spektakulären Gewaltschuss aus spitzem Winkel der Ausgleich.

Es sollte allerdings Emmerichs einzige Glanztat bei diesem Turnier bleiben. Uwe Seeler markierte sieben Minuten vor dem Abpfiff auch noch den Siegtreffer zum 2:1. Argentinien hatte Spanien mit dem gleichen Ergebnis besiegt, aber dank des besseren Torverhältnisses gebührte den Deutschen der Gruppensieg. Denn gegen die Schweiz hatten die Südamerikaner lediglich ein 2:0 zustande gebracht.

Gruppe 3 In der Gruppe 3 schlug Brasilien die Bulgaren in einem recht ruppigen Spiel zunächst erwartungsgemäß mit 2:0, wobei beide Treffer aus Standardsituationen fielen. Pelé und Garrincha verwandelten jeweils einen Freistoß. Brasilien bezahlte den Sieg mit dem verletzungsbedingten Ausfall ihres Weltstars im folgenden Spiel. Portugal schlug Ungarn mit 3:1, das nur eine Begegnung später für die erste Überraschung sorgte. Die Magyaren gewannen gegen die Brasilianer, bei denen Pelé schmerzlich vermisst wurde, hochverdient mit 3:1. Zehn Jahre nach dem Auseinanderbrechen ihres „Wunderteams" gehörte Ungarn wieder zu den besten Fußballnationen Europas. Bei der Europameisterschaft 1964 hatte das Land bereits mit einem dritten Platz aufhorchen lassen, und 1968 sollte Ungarn in Mexiko den Olympiasieg erringen.

Für Brasilien war dies die erste Niederlage seit dem WM-Turnier von 1954. Auch damals hieß der Gegner Ungarn. Dazwischen lagen 13 WM-Spiele mit elf Siegen und zwei Unentschieden.

Der Weltmeister musste somit sein letztes Gruppenspiel gewinnen, wollte er noch das Viertelfinale erreichen. Gegen Portugal konnte Feola wieder auf Pelé zurückgreifen. Doch die Portugiesen boten eine grandiose Vorstellung und gewannen verdient mit 3:1. Zweifacher Torschütze war Eusebio, Europas Antwort auf Pelé, der immer deutlicher zum Star des Turniers avancierte. Der farbige Stürmerstar aus der portugiesischen Kolonie Mosambik war ein anderer Spielertyp als der Filigrantechniker Pelé: schnell, geradlinig, schussstark aus allen Lagen und extrem torgefährlich.

Der Sieg der Portugiesen wurde allerdings durch ein übles „Doppelfoul" gegen Pelé begünstigt. Während der englische Referee McCabe den Übeltäter Morais weiterspielen ließ, musste Pelé längere Zeit am Spielfeldrand behandelt werden. Zwar kehrte Pelé ins Spiel zurück, humpelte allerdings mehr über den Rasen als dass er lief. Zu den negativen Erinnerungen an das WM-Turnier in England gehören die Hetzjagden, die gegnerische Spieler auf Pelé veranstalteten, um diesen im wahrsten Sinne des Wortes auszuschalten. Es waren nicht zuletzt diese brutalen Attacken, die Brasili-

Aus nahezu unmöglichem Winkel erzielte Lothar Emmerich gegen Spanien den Ausgleich.

ens Träume von einem Hattrick bereits in der Vorrunde zerplatzen ließen. Das Opfer schwor anschließend, nie wieder an einem WM-Turnier teilzunehmen, doch glücklicherweise machte Pelé seine Drohung nicht wahr.

Zweiter in dieser Gruppe hinter Portugal wurde Ungarn, das Bulgarien mit 3:1 besiegte. Bei dieser Gelegenheit erzielten die Bulgaren ihren einzigen WM-Treffer.

Gruppe 4 In der Gruppe 4 schlugen die körperlich robusten Sowjets die schmächtigen Nordkoreaner zum Auftakt erwartungsgemäß deutlich mit 3:0. Ein beliebtes Thema waren die täglich 7.000 Kalorien, mit denen jeder sowjetische Akteur angeblich aufgepäppelt wurde. Nordkorea schien seiner krassen Außenseiterrolle gerecht zu werden. Doch in der folgenden Begegnung gegen Chile erreichten die Asiaten ein überraschendes Remis (1:1). Kaum ein anderes Team hatte sich so intensiv auf das Turnier vorbereitet wie das nordkoreanische, das zu diesem Zweck monatelang kaserniert wurde. Die Sowjets behielten auch gegen Italien mit 1:0 die Oberhand und waren damit bereits vorzeitig fürs Viertelfinale qualifiziert, während die Italiener noch einen Sieg gegen Nordkorea benötigten.

Niemand zweifelte daran, dass Italien dies gelingen würde. Doch stattdessen erlebten die nur 18.727 Zuschauer, die in Middleboroughs Ayresome Park gekommen waren, eine der größten Sensationen der WM-Geschichte, denn die Nordkoreaner schlugen den zweifachen Weltmeister durch ein Tor von Pak Doo Ik aus der 41. Minute mit 1:0. Gegen die emsig stürmenden Soldatenfußballer fand die Mannschaft von Trainer Edmondo Fabbri nie zu ihrem Spiel.

Nordkoreas Trainer Myung Re Hyung, ein Armeeoberst, erklärte den fassungslosen Journalisten, die „angebliche Sensation" sei nur eine logischen Folge seiner jahrelangen Aufbauarbeit in der Sozialistischen Volksrepublik Nordkorea. Im Viertelfinale würde man sich noch über seine Mannschaft wundern.

Die 0:1-Niederlage gegen den Fußballzwerg ging als die größte Blamage in die Geschichte der *Squadra Azzurra* ein, die bei ihrer Rückkehr in die Heimat von erbosten Tifosi mit einem Tomatenhagel begrüßt wurde. Viele sahen in der großen Zahl ausländischer Spieler, die bei italienischen Klubs unter Vertrag standen, die Hauptursache für den Niedergang der italienischen Nationalmannschaft.

Die italienische Bilanz aus den fünf WM-Turnieren nach dem Zweiten Weltkrieg war niederschmetternd: Viermal (1950, 1954, 1962, 1966) scheiterte man bereits in der Vorrunde, einmal (1958) konnte man sich nicht einmal für das Turnier qualifizieren. Die hohen Gehälter, die südlich der Alpen bereits in den 1950er Jahren bezahlt wurden, hatten zahlreiche Kicker aus Schweden, Dänemark, Argentinien, Uruguay, Brasilien, Deutschland und Großbritannien nach Italien gelockt. Tatsächlich konnten die Klubs auf der internationalen Bühne eine weitaus bessere Bilanz vorweisen als das Nationalteam. 1961 hatten italienische Klubs gleich in drei europäischen Wettbewerben die Nase vorn: Der FC Florenz gewann den erstmals ausgespielten Europapokal der Pokalsieger, der AS Rom den Messe-Pokal, aus dem 1971 der UEFA-Cup wurde,

Gegen Italien erkämpften die Kicker aus Nordkorea einen sensationellen 1:0-Sieg.

und der FC Bologna den Mitropa-Cup. 1963 gewann der AC Mailand als erster italienischer Klub den Europapokal der Landesmeister und beendete damit die Dominanz von Real Madrid und Benfica Lissabon. 1964 und 1965 triumphierte Lokalrivale Inter in diesem Wettbewerb. Beide Mailänder Teams verdankten ihren Aufstieg an die europäische Spitze nicht zuletzt ausländischen Stars.

1964 wurde der Import weiterer Ausländer untersagt. Der Bann blieb 20 Jahre in Kraft, in denen eine neue Generation einheimischer Stars heranwuchs. Nun waren es die Klubs, die sich beklagten, da sie ihre internationale Konkurrenzfähigkeit gefährdet sahen. Anstelle der Italiener und Spanier übernahmen in den Jahren des Importstopps deutsche, niederländische und englische Klubs die Führung im Landesmeisterwettbewerb.

Viertelfinale: Europa schlägt Südamerika

Fünfmal Europa, zweimal Südamerika und einmal Asien lautete die Besetzung des Viertelfinales, das mit einem totalen europäischen Triumph enden sollte.

Nach Nordkoreas Remis gegen Chile hatte die FIFA beschlossen, der folgenden Begegnung gegen Italien besondere Aufmerksamkeit zu widmen. Bei der anschließenden Kontrolle wurde entdeckt, dass die Asiaten reichlich von einer „Wurzel-

Droge" namens „Ginzeng" konsumiert hatten. Für das Viertelfinale gegen Portugal wurde ihnen dies untersagt.

Die überwiegende Mehrheit der über 50.000 Zuschauer im Liverpooler Goodison Park stand hinter dem Überraschungsteam. Es waren gerade mal 22 Minuten gespielt, da führten die Nordkoreaner bereits mit 3:0 und schienen auf dem besten Wege ins Halbfinale zu sein. Doch Eusebios Können und Nordkoreas Mangel an internationaler Erfahrung verhinderten die Sensation. Zwischen der 27. und 59. Minute traf Portugals „schwarze Perle" viermal ins gegnerische Netz. Zweimal wurde Keeper Chan-Myung dabei vom Elfmeterpunkt bezwungen. In der 78. Minute setzte Augusto mit dem 5:3 den Schlusspunkt unter eine Beinahe-Sensation. Der weitsichtige Hennes Weisweiler schrieb später über das Auftreten der Asiaten: „Mit Nordkorea sind wir auf die Zukunft hingewiesen. In einem Jahrzehnt werden sicher noch andere Fußballnationen in der Welt meisterhaft mitsprechen. Die jungen Völker Asiens und Afrikas lieben den Ball und das Spiel. Für den Sport kann es nur gut sein, wenn viele Völker auf der Erde Fußball spielen."

„Dampfwalze" gegen „Künstler"

Mit der UdSSR und Ungarn hatten zwei osteuropäische Mannschaften das Viertelfinale erreicht, die sich nun direkt gegenüberstanden. Das Duell der beiden führenden Fußballmächte des „Ostblocks" gehörte zu den besten Darbietungen bei diesem Turnier. Die Ungarn hatten mehr vom Spiel, doch am Ende besiegte die „Dampfwalze" die „Künstler" mit 2:1. Die besseren Defensivarbeiter behielten die Oberhand. Während die Sowjets mit Lew Jaschin einen glänzenden Keeper zwischen den Pfosten hatten, sah sein Gegenüber Gelei bei beiden sowjetischen Treffern unglücklich aus.

Mit Deutschland gegen Uruguay und England gegen Argentinien trafen die beiden späteren Finalisten auf die letzten Vertreter Südamerikas. Als die Delegierten Argentiniens und Uruguays bei der Schiedsrichterauslosung auftauchten, war die Entscheidung bereits gefallen. Mit Finney sollte ein Engländer die Partie Deutschland gegen Uruguay leiten, mit dem Stuttgarter Rudolf Kreitlein ein Deutscher das Spiel des Gastgebers gegen Argentinien. Ein mehr als unglücklicher Vorgang. Die Südamerikaner vermuteten später eine europäische Absprache.

Direkte Duelle unterschiedlicher Fußballkulturen werden nicht selten zu unvergesslichen Sternstunden des Spiels – oder zum genauen Gegenteil, nämlich zu abgrundtief negativen Vorstellungen. Beim WM-Turnier 1966 sollte Letzteres der Fall sein. In beiden Viertelfinalspielen demonstrierte der südamerikanische Fußball seinen Jekyll-&-Hyde-Charakter. Nicht immer zelebrierten die Südamerikaner den Fußball in kunstvoller Weise, und auf den Rängen herrschte nicht immer nur Samba-Stimmung. Daneben kam es immer wieder auch zu ausgesprochen hässlichen, ja gewalttätigen Erscheinungen. Im Spiel gegen Deutschland sollte die Elf aus Uruguay dafür ein Beispiel geben.

Die Südamerikaner hatten den besseren Start, als sie bereits nach wenigen Minuten das Gebälk trafen. Bei einer Schnellinger-Aktion war die Hand mit im Spiel, aber Finney verweigerte den Südamerikanern den fälligen Elfmeter. Die Schön-Elf wirkte orientierungslos und drohte im Kombinationswirbel der „Urus" unterzugehen. Doch in der 12. Minute gingen die Deutschen überraschend in Führung, als Haller einen harmlosen Schuss von Held unhaltbar abfälschte. Die „Urus" reagierten mit einer an Brutalität grenzenden Härte.

Vier Minuten nach dem Wiederanpfiff foulte Troche weitab vom Spielgeschehen Emmerich, der wie ein gefällter Baum umfiel. Von seinem Linienrichter informiert, zückte Finney die rote Karte. Bevor der Kapitän der „Urus" den Platz verließ, verpasste er Seeler noch eine Ohrfeige. Als etwas später auch noch Silva nach einem Foul gegen Haller vorzeitig unter die Dusche geschickt wurde, weigerte sich der Sünder mehrere Minuten lang, den Platz zu verlassen, und musste schließlich von Bobbys abgeführt werden. Nun war der Weg für die Deutschen frei. In der 70. Minute gelang Beckenbauer nach einem leichtfüßigen Solo das 2:0. Weitere Treffer von Haller und Seeler bedeuteten schließlich einen klaren 4:0-Sieg. In vier WM-Spielen hatten die „Urus" nur zweimal ins gegnerische Tor getroffen.

> ### ◆ Der Star aus Mosambik
>
>
>
> Mit Eusebio war der Star der Portugiesen nicht zufällig ein Spieler aus Mosambik. Einige der ambitionierteren portugiesischen Fußballklubs hatten die afrikanischen Kolonien als ergiebige Talentquelle entdeckt. Benfica und Sporting Lissabon sowie Porto investierten in Mosambik und dem benachbarten Angola in den Bau von Trainingsgeländen und schickten Fußballtrainer in die Kolonien. War das Talent identifiziert und vor Ort ausreichend ausgebildet, erfolgte sein Export in den portugiesischen Ligafußball. Zu den profiliertesten Befürwortern dieses Konzepts gehörte Benfica-Trainer Bela Guttmann. Den Kern des Benfica-Teams, das 1961 erstmals den Europapokal der Landesmeister gewann, bildeten Afrikaner.

Das Image des uruguayischen Fußballs erlitt in den 1960er Jahren schweren Schaden. Das ruhmreiche *Garra Charrúa* wurden nur noch mit Foulen, Treten, Beinstellen, Am-Trikot-Festhalten, Spucken und Spielverzögerung übersetzt. Uruguay wurde nun zum Repräsentanten der hässlichen Seiten des südamerikanischen Fußballs schlechthin.

Mit dem Nachbarland Argentinien konnte Uruguay längst nicht mehr konkurrieren. Seit 1930, als der Fußball noch nicht so verbreitet war und Einwohnerzahlen keine so große Rolle spielten, hatte sich viel verändert. Uruguay gewann seitdem kaum noch an Bevölkerung hinzu, vielmehr entschlossen sich viele Menschen – zumal in den Jahren der Militärdiktatur – zur Emigration. Das einstmals so fortschrittliche Land wurde nun durch Stagnation gekennzeichnet. Der englische Journalist und Lateinamerika-Kenner Chris Taylor schrieb später über die einstige Fußball-Weltmacht, dem Land fehle „eine gewisse Dynamik und das Gefühl, an einem zukunftsgewandten Ort zu sein. Uruguay hat eines der am schlechtesten funktionierenden Rentensysteme der Welt und lässt seine jungen Menschen, einschließlich der Fußballer, ziehen. Die Folge ist, dass der Anteil arbeitender Menschen kontinuierlich schrumpft und das Durchschnittsalter kontinuierlich steigt. All das trägt zu einem Gefühl bei, an einem Ort zu sein, der seine goldene Zukunft in der Vergangenheit hat." (Taylor 1998) Diese Krise prägte offensichtlich auch den Fußball in Uruguay.

Beim Spiel der Engländer gegen Argentinien stand der Schiedsrichter im Mittelpunkt. Beim Stande von 0:0 stellte der überforderte Kreitlein in der 60. Minute den argentinischen Abwehrrecken Antonio Ulbalso Rattin vom Platz. Nach einer der umstrittenen Entscheidungen, von denen sich Kreitlein in diesem Spiel eine ganz Reihe leistete, war der Deutsche von argentinischen Spielern belagert worden. Die meisten Zuschauer nahmen an, Rattin habe Kreitlein beleidigt, was der vermeintliche Übeltäter indes noch Jahre später vehement bestritt. In seiner Funktion als Kapitän habe er den Schiedsrichter lediglich um eine Erklärung gebeten und dabei auf seine Kapitänsbinde gedeutet. Eine Beleidigung Kreitleins sei allein schon aus sprachlichen Gründen nicht möglich gewesen: „Er verstand kein Spanisch, und ich sprach kein Wort Deutsch." Auch Rattin weigerte sich zunächst minutenlang, das Spielfeld zu verlassen. Als er schließlich auf dem roten Teppich vor der königlichen Loge angekommen war, unterbrach der Argentinier seinen Abgang und setzte seine Beschwerde lautstark und gestikulierend fort. Keith Aston, der Schiedsrichterbeauftrage des Turniers, befürchtete eine weitere Eskalation: Spielabbruch und Wertung für England, was dem Ruf des Turniers erheblichen Schaden zugefügt und den ohnehin bereits brüchigen Frieden in der FIFA restlos zerstört hätte. Aston konnte Rattin schließlich davon überzeugen, dass es für ihn und sein Land das Beste wäre, in die Kabine zu verschwinden.

Das unansehnliche Spiel stand lange Zeit auf Messers Schneide. Das Tor des Tages fiel erst in der 77. Minute, als Geoffrey Hurst, der erstmals anstelle von Greaves aufgelaufen war, aus abseitsverdächtiger Position eine Flanke von Peters einköpfte. Nach vier Spielen hatten die Engländer noch immer kein Tor zugelassen, aber überzeugen konnten sie auch im Viertelfinale nicht.

Tumulte um Kreitlein

Nach dem Schlusspfiff musste Kreitlein mit Polizeischutz vom Spielfeld geleitet werden. Im Tunnel kam es zu tumultartigen Szenen. Einige argentinische Spieler traten gegen den englischen Mannschaftsbus, und dem FIFA-Offiziellen Harry Cavan spuckte der Spieler Onega eine angebissene Orange ins Gesicht. Onega wurde später gesperrt, ebenso sein Mannschaftskamerad Ferreiro, der Kreitlein tätlich angegriffen hatte. Die FIFA hielt es für klüger, keine argentinischen Spieler für die Dopingkontrolle auszulosen, zumal das Team ohnehin ausgeschieden war. Alf Ramsey schüttete zusätzliches Öl ins Feuer, als er das schwache Spiel seiner Mannschaft mit den Worten kommentierte: „Wir müs-

Im Team der UdSSR war Torhüter Lew Jaschin der überragende Mann. Hier rettet er im Halbfinale gegen Uwe Seeler.

sen noch zeigen, was wir wirklich können. Das wird nur gegen einen richtigen Gegner gelingen, gegen eine Mannschaft, die Fußball spielt und deren Spieler sich nicht wie Tiere aufführen." Mit seiner überheblichen Haltung gegenüber dem Fußball Südeuropas und Südamerikas stand Ramsey nicht allein. Der Trainer gab nur wieder, was viele seiner englischen Kollegen, aber auch Spieler und FA-Offizielle dachten.

Das Spiel sorgte für eine erhebliche Verstimmung in den englisch-argentinischen Beziehungen. In Buenos Aires erhielt die britische Botschaft Hunderte von beleidigenden Anrufen, und bei einer Handelsmesse stürmten empörte argentinische Jugendliche den britischen Stand. Bei seiner Rückkehr nach Buenos Aires wurde das Team demonstrativ vom argentinischen Präsidenten, Junta-General Juan Carlos Ongania, empfangen. Die populäre Tageszeitung *Crónica* titelte: „Zunächst stahlen uns die Engländer die Malvinen, und nun auch noch den World Cup." Stanley Rous, der in England zugleich als Chairman der FIFA-Referee-Kommission agierte, wurde in Südamerika anschließend sogar als „zweiter Hitler" denunziert.

Auch die nicht ganz abwegigen Manipulationsvermutungen konnten nicht darüber hinwegtäuschen, dass sich Südamerikas Fußball auf dem Tiefpunkt befand. Brasilien und Chile waren bereits in der Vorrunde ausgeschieden, und mit Argentinien und Uruguay hatten sich zwei Teams ins Viertelfinale gemogelt, die alles andere als die Schönheit des südamerikanischen Fußballs repräsentierten.

Halbfinale: Europa unter sich

Mit England, Portugal, UdSSR und der Bundesrepublik Deutschland war das Halbfinale erstmals seit dem Turnier von 1934 wieder eine rein europäische Angelegenheit. Klima, Verpflegung, Bodenverhältnisse und Schiedsrichterentscheidungen waren den Europäern entgegengekommen.

Die Deutschen trafen auf die UdSSR, was bei der deutschen Boulevardpresse dumpfe antirussische Ressentiments mobilisierte. Die Sympathien der englischen Zuschauer waren in der Arbeiterstadt Liverpool klar auf Seiten der Sowjets. Der Goodison Park hatte zuvor mit Ungarn gegen Brasilien und Portugal gegen Nordkorea zwei exzellente Begegnungen gesehen. Das Halbfinale war dagegen in spielerischer Hinsicht eher eine Enttäuschung.

Hatten die Deutschen gegen Spanien und Uruguay zunächst mehr reagiert als agiert, so wählten sie nun die umgekehrte Vorgehensweise, scheiterten aber immer wieder am Mann zwischen den Pfosten. In einem eher schwachen Halbfinale avancierte Lew Jaschin zum besten Mann auf dem Platz. Erst kurz vor dem Halbzeitpfiff gelang Haller die Führung für die Deutschen. Nur wenig später verübte der sowjetische Rechtsaußen Tschislenko ein Revanchefoul gegen den ballosen Held, wofür ihn der italienische Unparteiische Lo Bello des Platzes verwies. Bereits zum dritten Mal in diesem Turnier durften die Deutschen ein Spiel in Überzahl beenden. Dennoch tat man sich schwer. Auch das 2:0 durch Beckenbauer, in der 68. Minute mit einem Kunstschuss erzielt, brachte nicht mehr Sicherheit in das Spiel der wie gelähmt wirkenden Deutschen. In der 88. Minute konnte Porkujan auf 1:2 verkürzen. Von „England, England"-Rufen angefeuert, mobilisierten die Sowjets ihre letzten Kraftreserven, indes erfolglos.

Im zweiten Halbfinale standen sich mit England und Portugal das abwehrstärkste und das angriffslustigste Team gegenüber. Die Engländer hatten bis dahin erst vier Tore erzielt, aber auch noch als einziges Team keinen Gegentreffer kassieren müssen. Die Portugiesen hatten hingegen bereits 14-mal ins gegnerische Netz getroffen, so häufig wie kein anderer der Turnierteilnehmer.

Die Begegnung, in der die Engländer erstmals voll und ganz überzeugen konnten, geriet in spielerischer Hinsicht zum Highlight des Turniers. Bobby Charlton befand sich in überragender Form. In der 30. Minute brachte Charlton seine Farben in Führung, wobei der unsichere Keeper Pereira nicht gut aussah. Die erste Halbzeit wurde von den viel zu langsam agierenden Portugiesen schlicht und einfach verschlafen. Gegen die schnellen Engländer war mit dieser Spielweise nichts auszurichten. Erst nach dem Wiederanpfiff kamen die Portugiesen besser ins Spiel, scheiterten aber wiederholt am reaktionsschnellen Banks. In der 79. Minute war es erneut Charlton, der einen Pass von Hurst aus vollem Lauf zum 2:0 in die Maschen drosch. Einige portugiesische Spieler waren so beeindruckt, dass sie dem Schützen per Handschlag gratu-

England gegen Portugal: Die Halbfinalbegegnung war das spielerische Highlight des Turniers. Hier hält Portugals Torwart Pereira einen Schuss von Hurst.

lierten. Das Spiel schien gelaufen zu sein, doch drei Minuten später konnte Eusebio einen Elfmeter verwandeln. Vorausgegangen war ein Handspiel von Jackie Charlton, dem jüngeren der Charlton-Brüder, der eher die biederen Tugenden des englischen Fußballs verkörperte und von dem mancher behauptete, er sei nur dank der Fürsprache seines Bruders ins Team gekommen. Die Portugiesen drehten nun noch einmal mächtig auf, doch für eine Wende war es zu spät. Eusebio verließ das Spielfeld mit Tränen in den Augen, enttäuscht und gerührt zugleich, denn das englische Publikum verabschiedete den Star und seine Elf mit herzlichem Beifall.

Im Spiel der Verlierer behielt Portugal gegenüber der UdSSR mit 2:1 die Oberhand. Die portugiesische 1:0-Führung resultierte aus einem von Eusebio verwandelten Elfmeter. Es war bereits der neunte Treffer des Portugiesen, der damit Torschützenkönig des Turniers wurde.

Finale: Das umstrittenste Tor der Fußballgeschichte

Erstmals seit 54 Jahren stand England wieder in einem internationalen Finale. Das letzte Mal war dies bei der Olympiade 1912 gewesen. Der Reiz der Partien zwischen England und Deutschland bestand gerade darin, dass beide Länder durchaus ähnliche Fußballphilosophien verfolgten, deren Basis traditionell der Kampf war.

Die Engländer waren favorisiert. Noch nie hatten sie ein Länderspiel gegen Deutschland verloren. Und außerdem genossen sie den Heimvorteil des Wembley-Stadions, das an diesem Tag mit 96.924 Zuschauern gefüllt war, unter ihnen die Queen und Cassius Clay. Am Finaltag wurde das legendäre Stadion wie keine Fußballarena vor ihm zum Mittelpunkt der Welt, denn in 52 Ländern verfolgten ca. 400 Millionen Menschen das Finale vor Fernsehgeräten. Die Einführung des Synchronsatelliten schuf die technischen Voraussetzungen für eine Live-Übertragung rund um den Globus.

Die Engländer liefen erstmals bei diesem Turnier im roten Dress auf. In spielerischer Hinsicht war das Finale eine eher bescheidene Veranstaltung, doch in puncto Kampf und Tempo, vor allem aber Dramatik bot es mehr als sämtliche Endspiele zuvor. Bei den Deutschen wurde Beckenbauer mit der Bewachung von Charlton betraut. Ein möglicherweise spielentscheidender Fehler, denn dadurch neutralisierte sich die kreativste Kraft im deutschen Mittelfeld selbst.

In der 12. Minute wurde Gordon Banks erstmals in diesem Turnier aus dem Spiel heraus bezwungen, als Haller die 1:0-Führung für die Deutschen markierte. Nur fünf Minuten später gelang Hurst der Ausgleich, als er einen Freistoß von Moore ungehindert einköpfen konnte. Nach ihrer Führung hatten die Deutschen den Engländern zu sehr das Feld überlassen. In der zweiten Halbzeit blieb das Spiel über weite Strecken ausgeglichen. Einen Patzer von Höttges nutzte Peters in der 78. Minute zur englischen Führung. Die Engländer spielten nun auf Zeit, zum Unwillen des eigenen Publikums. Das Spiel schien bereits entschieden zu sein, als Weber in der letzten Spielsekunde doch noch der Ausgleich zum 2:2 gelang. Zum zweiten Mal nach 1934 musste ein WM-Finale in die Verlängerung. Ramseys Anweisung an seine

---

◆ **Empire-Legende: das Wembley-Stadion**

Das 1922/23 aus Anlass der British Empire Exhibition entstandene Stadion genoss bereits vor dem Anpfiff des WM-Finales einen legendären Ruf. Das Projekt eines nationalen Sportstadions war zunächst auf nur geringes Interesse gestoßen, was sich aber änderte, als Wembley zum zukünftigen Austragungsort des nationalen Pokalfinales (FA-Cup) erklärt wurde. Die Töpfe der Hilfsfonds quollen nun plötzlich über. Wembleys Wahrzeichen wurden die beiden Art-Deco-Türme („twin towers") an der Nordseite, die Macht und Glanz des britischen Empires symbolisieren sollten. Wembley wurde zu einem Ort der britischen Mythologie, Herzstück nationaler Identität und Stolz der Londoner Arbeiterschaft.

Englands Fußball-Heiligtum: das Wembley-Stadion 1966. An der Nordseite (rechts) sind die „twin towers" zu erkennen.

Spieler fiel kurz und knapp aus: „Ihr hattet schon gesiegt. Jetzt geht wieder auf den Platz und schlagt sie noch einmal."

In den folgenden 30 Minuten wurde Wembley zur Bühne eines der größten Dramen des modernen Fußballs. Das Spiel stand bei Minute 101, als Geoffrey Hurst eine Flanke von Alan Ball unbedrängt aufnehmen konnte und das Leder aus halbrechter Position auf Tilkowskis Kasten wuchtete. Der Ball knallte an die Unterkante der Latte und sprang von dort zurück auf den Rasen. Während Hurst jubelnd die Arme hochriss, köpfte der herbeigeeilte Weber das Leder über die Querlatte ins Toraus. Der Schweizer Schiedsrichter Dienst war sich unschlüssig, ob der Ball vor oder hinter der Torlinie aufgesprungen war, und konsultierte seinen russischen Linienrichter Gospodin Tokif Bachramow, der außer Russisch nur Türkisch sprach. Der Mann aus Baku gab dem Schweizer zu verstehen, dass er ein Tor gesehen habe. Jahre später beichtete Bachramow einem Journalisten allerdings, dass er nicht gesehen habe, ob der Ball hinter der Linie war. Doch habe er beobachtet, „wie der Engländer Hunt nach dem Schuss von Hurst seine Arme hochriss. Ich sah auch, dass der deutsche Torwart einen untröstlichen Eindruck machte. Deshalb muss es Tor gewesen sein."

Der Schön-Elf blieben noch knappe 20 Minuten, um erneut den Ausgleich zu erzielen. Doch der cleveren englischen Abwehr bereiteten die von Erschöpfung und Verzweiflung geprägten Angriffsbemühungen der Deutschen keine Probleme. Für acht deutsche Akteure war das Finale das sechste Spiel über die volle Distanz binnen 18 Tagen. Als alle mit dem Abpfiff rechneten, brach Hurst auf dem linken Flügel durch und erhöhte auf 4:2.

Der DFB nahm die umstrittene Niederlage mit erstaunlicher Gelassenheit zur Kenntnis, und für Kapitän Uwe Seeler war England ein würdiger Weltmeister. Das „Mutterland" befand sich im siebten Fußballhimmel. Für Bobby Charlton war der Gewinn des World Cups noch viele Jahre später der „größte Moment in der britischen Sportgeschichte".

Alf Ramsey, der Vater des Erfolgs, hatte nach dem Triumph nur das eine zu sagen: „Wenn heute jemand fragt, was England der Welt zu bieten hat, so kann ich antworten: Fußball, guten, harten, sauberen, intelligenten englischen Fußball."

In England bestärkte der Erfolg die nationalistische Boulevardpresse und ihr Massenpublikum in der Auffassung, dass England, die Nation, die der Welt das Spiel geschenkt hatte, einen gottgegebenen Anspruch auf Erfolg besitze. So besehen bewirkte der WM-Triumph eher einen Rückschritt im englischen Fußball. Eine Mischung aus imperialem und insularem Bewusstsein, das alles mit Skepsis betrachtete, was vom Kontinent kam, erschwerte eine ernsthafte Debatte über unverändert existierende Defizite im englischen Fußball. England war wieder „top", folglich gab es auch keinen Grund, über eine Weiterentwicklung der eigenen Fußballkünste nachzudenken.

„English way" als Sackgasse?

Die Art und Weise, in der der größte Triumph der englischen Nationalmannschaftsgeschichte errungen wurde, sollte bis ins folgende Jahrtausend hinein die Entwicklungsrichtung des englischen Nationalmannschaftsfußballs bestimmen und für taktische wie spielerische Stagnation sorgen. Wie erwähnt, bestand Ramseys Team vornehmlich aus kampfstarken, schnellen Akteuren, die ihre Gegner häufig mit einer Härte traktierten, die sich gerade noch im Rahmen des Erlaubten bewegte. Die Balance zwischen eigener Spielgestaltung und der Notwendigkeit, den Gegner nicht zur Entfaltung kommen zu lassen, geriet mehr und mehr ins Wanken – zugunsten der destruktiveren Option. Mut und Einsatzbereitschaft waren wichtiger als der technische Umgang mit dem Spielgerät. Kreativspieler sollten es fortan schwer haben.

Der Stil von 1966 wurde rund um den Globus zum „english way" erklärt. Letztendlich erwies sich dieser Weg als Sackgasse. Lediglich englische Vereinsmannschaften erlebten in den Siebzigern „goldene Jahre". Die Nationalelf aber konnte sich nicht für die Turniere 1974, 1978 und 1994 qualifizieren. Der einzige erwähnenswerte Erfolg nach 1966 blieb ein vierter Platz beim WM-Turnier 1990.

So mancher Beobachter war ohnehin der Auffassung, dass England die WM nur deshalb gewinnen konnte, weil diese im eigenen Land stattfand. Als Indizien hierfür

WM-Finale: Siggi Held überspielt Bobby Charlton (oben).
Tor oder nicht? Eine der berühmtesten Szenen der Fußballgeschichte (unten).

Der englische Kapitän Bobby Moore mit der WM-Trophäe. Links neben ihm Hurst, rechts Wilson und Cohen.

galten nicht nur das Skandalspiel gegen Argentinien und das umstrittene Tor im Finale, sondern auch die Tatsache, dass die Vorrunden-Gruppe 1 die deutlich schwächste war und der Gastgeber seine Spiele komplett im Wembley-Stadion austragen durfte, wo ein chauvinistisch eingestimmtes Publikum das eigene Team nach vorn peitschte und die Gegner demütigte. Nicht nur in Südamerika, sondern auch in Europa wurde Rous' Agieren mittlerweile als „zu englisch" betrachtet und ein zu starker englischer Einfluss innerhalb der FIFA beklagt.

Dr. Alfredo Foni, ein ehemaliger italienischer Nationalspieler und 1964 bis 1968 Schweizer Nationaltrainer, kam in einer Studie für die FIFA zu dem Ergebnis, dass bei Turnieren in Südamerika stets die Spitzenteams der Südamerikaner und bei Turnieren in Europa stets die Spitzenteams der Europäer in irgendeiner Weise bevorteilt würden, u.a. durch leichte Auftaktgegner oder günstige Spielpläne. England habe den WM-Titel sportlich mit seinen letzten beiden Spielen gewonnen. Die Voraussetzungen für den Titelgewinn wären jedoch schon weit im Voraus geschaffen worden: durch die Auswahl eines bestimmten Stadions, längere Spielpausen und zweifelhafte Schiedsrichterentscheidungen.

Foni plädierte außerdem für eine globalere Struktur der WM-Turniere. De facto war der World Cup immer noch eine Angelegenheit von Europa und Südamerika, während der Rest der Welt mehr oder weniger zum Zuschauen verdammt war. Foni: „Der Jules Rimet Cup wird sein Ziel nur erreichen, wenn alle fünf Kontinente effektiv repräsentiert sind."

Die große Entdeckung des Turniers, in dem viele Stars untergingen, hieß Franz Beckenbauer, über dessen Interpretation der Libero-Rolle Hennes Weisweiler später schrieb: „Selbst der Deckungsorganisator, der ‚freie Mann' oder ‚Libero', wird sich zuweilen, wie Franz Beckenbauer es mustergültig demonstrierte, in das Angriffsspiel einschalten und versuchen, zum Torschuss zu kommen." (Weisweiler 1974) In England dominierte das 4-3-3-System, praktiziert mit einer Kombination aus enger Manndeckung und Raumdeckung, unter Einbeziehung herausragender Individualisten. Das Spiel hatte eine weitere Verlagerung ins Mittelfeld erfahren.

Was die Torausbeute anbetraf, so fand der Trend von Chile in England eine Fortsetzung. Zwar wurde der Abwehr mehr Bedeutung zugemessen, ein Turnier der Defensive war der World Cup 1966 aber trotzdem nicht.

Elastische Abwehr statt banaler Defensive

So war eine neue Entwicklung erkennbar, wenn aus der gestärkten Abwehr heraus Versuche unternommen wurden, das Spiel nach vorne zu entwickeln. Man hatte sich gewissermaßen zurückgezogen, um anschließend zum kontrollierten Angriff zu blasen. So konnte man gegenüber dem Tiefpunkt von 1962 durchaus Verbesserungen registrieren. „Was 1962 noch in den Kinderschuhen steckte, war jetzt ausgereift, was damals primitiv und infantil wirkte, wurde jetzt gekonnt demonstriert. Aus banaler Defensive war elastische Abwehr geworden, aus sinnloser Zusammenballung von Spielern ein System, in dem jeder alles zu spielen vermochte. Und brutale Härte hatte sich in athletische Physis verwandelt, die körperlichen Einsatz keineswegs als Alternative zu hohem technischen Niveau verstand. England gebar den Stromlinienfußball. Opas Spiel war tot, zu Grabe getragen von Überlebenden, die gar nicht so traurig aussahen. Denn nicht der Fußball starb hier, sondern Erscheinungsformen, die auch auf anderen Gebieten des Sports überholt waren." (Huba 1999)

◆ WM 1970

Austragungsland: Mexiko

Austragungsstädte und Spielstätten: Guadalajara (Estadio Jalisco), León (Estadio Monumental), Mexiko City (Estadio Azteca), Puebla (Estadio Cuauhtemoc), Toluca (Estadio Depotivo und Estadio Luis Dosal)

Dauer: 31. Mai bis 21. Juni 1970

Eröffnungsspiel: Mexiko – UdSSR 0:0 (0:0)
(31. Mai 1970, Azteca-Stadion, Mexiko City)

Gemeldete Länder: 70
Europa: 30, Südamerika: 10,
Zentral- und Nordamerika: 13,
Afrika: 11, Asien und Ozeanien: 6

Endrundenteilnehmer: 16
Europa (9): Belgien, Bulgarien, Bundesrepublik Deutschland, England, Italien, Rumänien, Schweden, Sowjetunion, Tschechoslowakei
Südamerika (3): Brasilien, Peru, Uruguay
Nord- u. Mittelamerika (2): El Salvador, Mexiko
Afrika (1): Marokko, *Asien* (1): Israel

Modus: Vorrunde als Punktspiele, ab Viertelfinale K.o.-System

Endrundenspiele: 32

Zuschauer: 1.546.400
Zuschauerschnitt: 48.325

Tore: 95, Torschnitt pro Spiel: 2,97

Erfolgreichste Torschützen: Gerd Müller (Deutschland), 10 Tore
Jair Ventura Filho Jairzinho (Brasilien), 7 Tore
Teófilo Cubillas (Peru), 5 Tore

Finale: Brasilien – Italien 4:1 (1:1)
(Azteca-Stadion, Mexiko City, 20. Juni 1970)

Brasilien: Felix Mielli Venerando; Carlos Alberto Torres, Hercules Brito Ruas, Wilso Piazza da Silva, Everaldo Marques da Silva, Clodoaldo, Gérson Nunes de Olivéira, Roberto Rivelino, Jair Venutura Filho Jairzinho, Tostao, Pelé.

Italien: Enric Albertosi; Pierluigi Cera, Tarcisio Burgnich, Mario Bertini (75. Antonio Juliano), Roberto Rosato, Giacinto Facchetti, Angelo Domenghini, Giancarlo de Sisti, Alessandro Mazzola, Roberto Boninsegna (85. Gianni Rivera), Luigi Riva

Schiedsrichter: R. Glöckner, DDR

Tore: 1:0 Pelé (18.), 1:1 Boninsegna (37.), 2:1 Gérson (65.), 3:1 Jairzinho (70.), 4:1 Carlos Alberto (86.).

Zuschauer: 107.000

WM 1970

Ein Sieg der Kreativität

Zwei Tage bevor der japanische Kaiser Hirohito die Olympiade 1964 in Tokio eröffnete, trafen sich in der japanischen Hauptstadt die Delegierten der FIFA, um das Land zu benennen, das 1970 das Endrundenturnier der Weltmeisterschaft austragen sollte. Sie bereiteten dem Bewerber Argentinien erneut eine schwere Enttäuschung.

Da Uruguay, Brasilien und auch das kleine Chile bereits als Austragungsland in Südamerika fungiert hatten, war nun eigentlich und endlich Argentinien an der Reihe. Daneben bewarb sich aber auch noch Mexiko. Das Abstimmungsergebnis war überraschend eindeutig: Viele Delegierte hatten sich wohl von den sehr unsicheren politischen Verhältnissen in Argentinien abschrecken lassen und für Mexiko votiert. Dass sich Argentinien in der Vergangenheit gegenüber dem World Cup und der FIFA ambivalent verhalten hatte, war seiner Bewerbung ebenfalls nicht dienlich. Außerdem erwiesen sich die mexikanischen Delegierten als geschickte und überzeugende Lobbyisten. Eine besondere Rolle spielte diesbezüglich der Mediengigant Televisa, der mit der Aussicht lockte, die WM erstmals über Satellit und damit auch erstmals weltweit zu übertragen. 56 Stimmen konnte das Azteken-Land auf sich vereinigen, nur 32 trauten den argentinischen Peronisten die Durchführung des Turniers zu. Sieben Delegierte enthielten sich der Stimme. Televisa erwarb die Übertragungsrechte für 1,8 Mrd. Dollar und verkaufte diese an ausländische TV-Anstalten weiter, die dafür auf ein Dollarkonto des Unternehmens in den USA überweisen mussten.

Auch der Austragungsort Mexiko war mit Problemen behaftet. Kritiker verwiesen insbesondere auf die schlechte Infrastruktur und die erheblichen Höhenunterschiede. Und von politischer Stabilität konnte auch bei Mexiko keine Rede sein.

1962 hatten die Argentinier den chilenischen Nachbarn den Vortritt lassen müssen, 1970 nun Mexiko. Nicht nur in Buenos Aires reagierte man auf diese Entscheidung mit Unverständnis. Und es sollte für Argentinien noch schlimmer kommen.

Mexiko wurde mit dem glatten Abstimmungsergebnis für sein treues Engagement während fast aller WM-Turniere belohnt. Fußball wurde in Mexiko bereits seit Ende des 19. Jahrhunderts gespielt, insbesondere in Mexiko City, schon damals eine der weltweit größten Städte. 1903 wurde die erste Liga-Meisterschaft ausgespielt, aber erst 1927 kam es zur Gründung eines nationalen Verbandes mit dem Namen Federación Mexicana de Fútbol Asociación. 1929 erfolgte der Beitritt zur FIFA. Beim ersten WM-Turnier 1930 war Mexiko dabei. Auch für 1934 hatten die Mexikaner gemeldet, scheiterten jedoch in der Qualifikation an den USA. 1938 waren die Mexikaner nicht beteiligt, aber nach dem Zweiten Weltkrieg hatten sie ausnahmslos an allen Endrunden teilgenommen, allerdings ohne nennenswerte Erfolge verbuchen zu können. Mit den USA im Norden, den kleinen zentralamerikanischen Staaten im Süden und den karibischen Inseln im Osten war das fußballbegeisterte Mexiko in eine fußballerische Niemandsregion eingebettet. Erst bei ihrer fünften WM-Teilnahme gelang den Mexikanern ihr erster Sieg, als sie 1962 die CSSR mit 3:1 bezwangen.

Nach den Olympischen Spielen 1968 sollte diese WM das zweite sportliche Großereignis im Land werden. Sport wurde in Mexiko groß geschrieben, und Fußball war nur eine Sportart unter vielen, die die begeisterungsfähigen Mittelamerikaner in die Arenen trieb. Der traditionelle Stierkampf lockte von Woche zu Woche Hunderttausende in die Stadien. Ebenfalls weit verbreitet war der Pferdesport und hier besonders die Charreadas, eine im traditionellen Outfit veranstaltete Kombination aus Reitveranstaltung und Dressur. Eine Abart des baskischen Pelota-Spiels, von den Mexikanern „Jai Alai" genannt, zeigte schon damals einen erstaunlich hohen Professionalisierungsgrad und ließ seine Betreiber so manchen Dollar einstreichen. Bei dieser allgemeinen Sportbegeisterung konnte man sich eines guten Besuchs der WM-Spiele sicher sein.

Qualifikation: Fünf Kontinente am Ball

Erstmals sollten die 16 Endrundenteilnehmer von fünf verschiedenen (Sub-)Kontinenten kommen. Lediglich Ozeanien war in Mexiko nicht vertreten.

Europa wurde in acht Qualifikationsgruppen eingeteilt, in denen es zu einigen faustdicken Überraschungen kam. Der WM-Dritte von 1966, Portugal, scheiterte an Rumänien, obwohl die Portugiesen halb Benfica Lissabon inklusive Eusebio aufboten. In der Qualifikationsgruppe 2 trafen die alten Rivalen Ungarn und Tschechoslowakei aufeinander. Nach sechs Punktspielen lagen beide Teams mit 9:3 Zählern vorn, so dass ein Entscheidungsspiel auf neutralem Boden anberaumt werden musste. Obwohl Ungarn als Favorit betrachtet wurde, setzte sich die CSSR in Marseille überraschend deutlich mit 4:1 durch.

Nach den Erfahrungen der Italiener bei der WM 1966, als sie von Fußballzwerg Nordkorea eliminiert worden waren, ging man jenseits der Alpen die Qualifikation für das Turnier in Mexiko sehr ernsthaft an. Die Azzurri spielten in einer Gruppe mit Wales und der DDR. Besonders vor den „real-sozialistischen" Deutschen hatte man in Italien großen Respekt. Beide Nationalteams gewannen ihre Hin- und Rückspiele gegen Wales, so dass die Entscheidung im direkten Vergleich fallen musste. Das Hinspiel in Ost-Berlin hatte den Italienern ein 2:2-Remis gebracht. Das Rückspiel in Nea-

Nachdem bei der WM 1966 der Coupe Jules Rimet zeitweise abhandengekommen war, versteckten ihn die Mexikaner vorsichtshalber im schwer bewachten Tresor der Handelsbank.

pel verloren Harald Seegers Schützlinge mit 0:3. Die *Squadra Azzurra* war mit hohen Prämien von bis zu 20.000 DM pro Spieler motiviert worden.

Locker setzte sich in Gruppe 4 die Sowjetunion durch, während es in Gruppe 5 eng wurde. Hier konnte sich Schweden gegenüber Frankreich knapp durchsetzen und bestand damit erstmals seit 1950 eine WM-Qualifikationsrunde erfolgreich. Die *Équipe Tricolore* musste sich ähnlich wie Ungarn eingestehen, den Anschluss an die Weltspitze verloren zu haben. Dies traf auch auf Spanien zu, das in der Gruppe 6 Belgien vorbeiziehen lassen musste. Auch Jugoslawien konnte den belgischen Erfolg nicht verhindern.

Einsame Kreise zog an der Spitze der Gruppe 7 die bundesdeutsche Mannschaft. Weder Österreich noch Schottland, von Zypern einmal völlig abgesehen, konnten ihr gefährlich werden. 11:1 Punkte, weil Schottland daheim einen Zähler erstritt, und 20:3 Tore lautete die Qualifikationsbilanz, die die Schön-Elf als besten europäischen Qualifikanten auswies und andeutete, dass sich hier eine der besten deutschen Nationalmannschaften aller Zeiten formierte. In der Gruppe 8 gelang Bulgarien zum dritten Mal hintereinander die Qualifikation, wobei es die nicht geraden schwachen Teams aus Polen und den Niederlanden distanzierte.

Brasilien, in England als Weltmeister entthront und gedemütigt, schien sich konsolidiert zu haben. Mit 12:0 Punkten und 23:2 Toren setzten sich die Spieler von Trainer Saldanha gegen Paraguay, Kolumbien und Venezuela souverän durch. Als weitere südamerikanische Vertreter kamen Peru und Uruguay hinzu. Die „Urus" schalteten dabei sogar Argentinien aus.

Ein Plätzchen für Afrika

14 Plätze waren damit für das WM-Turnier vergeben. Um die verbleibenden zwei Plätze bemühten sich nicht weniger als 30 Nationen, die geografisch die Kontinente Afrika, Australien, Teile Mittelamerikas, ganz Nordamerika und den japanisch-koreanischen Raum umspannten. Die FIFA sah zwar dieses Missverhältnis, mochte aber noch nicht über die Ausweitung des Teilnehmerfeldes bei der Endrunde entscheiden, obwohl dies immer wieder und besonders von den afrikanischen Verbänden gefordert wurde. Immerhin ersparte der Weltverband den teilnehmenden Mannschaften lange Anreisen in der Qualifikation, indem er Turniere zuließ.

In Seoul traten Japan, Australien und Südkorea gegeneinander an. Australien gewann dieses Turnier und musste sich anschließend mit Rhodesien messen, das wegen seiner Apartheidspolitik von den afrikanischen Nachbarn ignoriert wurde und ebenfalls scheiterte. Australien war damit aber immer noch nicht am Ziel. Etwa gleichzeitig fand in Israel ein Turnier statt, an dem neben dem Gastgeber noch Neuseeland und Nordkorea teilnehmen sollten. Doch die Überraschungself von 1966 zog wegen Israel ihre Bewerbung wieder zurück. Im eigenen Land hatte Israel keine Mühe, sich gegen Neuseeland durchzusetzen. Anschließend kam es zu zwei Finalbegegnungen zwischen Australien und Israel, die die Mittelmeeranrainer knapp (1:0; 1:1) für sich entscheiden konnten. Das australische Nationalteam hatte in der Qualifikation die halbe Welt bereist, der Anblick der Pyramiden von Tehuantepec blieb ihm trotzdem vorenthalten. Das erfolgreiche Israel konnte auf eine Fußballtradition aufbauen, die von den Briten vor dem Ersten Weltkrieg im damaligen Palästina begründet und durch die Einwanderung europäischer Juden befördert worden war. Trotz seiner politischen Isolation wurde Israel nach 1948 zu einer der erfolgreichsten Fußballnationen Asiens. Die Nationalmannschaft von 1970 wurde vornehmlich von Juden europäischer Herkunft gestellt. Die Idole hießen Motty Spiegler, Giora Spiegel und Keeper Yitzak Vissoker.

Afrika, wo sich der Fußball in den ehemaligen englischen und französischen Kolonien erheblich weiterentwickelt hatte, wurde erstmals der direkte Qualifikationsweg gestattet, womit die Teilnahme eines afrikanischen Teams garantiert war. Die Afrika-Gruppe 16 war in sechs Untergruppen aufgeteilt, in denen elf afrikanische Nationen vertreten waren und Ghana, das als Favorit auf den Platz in Mexiko gehandelt wurde, ein Freilos zugesprochen bekam. Beteiligt waren vor allem nordafrikanische Teams wie Marokko, Algerien, Tunesien und Libyen. Im Halbfinale A konnte sich schließlich Marokko per Losentscheid nach einem Entscheidungsspiel gegen Tunesien in Marseille durchsetzen, in dem es auch nach Verlängerung keinen Sieger gegeben hatte. Im

Halbfinale B war der Sudan erfolgreich, während Nigeria im Halbfinale C überraschend Ghana schlug. Alle drei traten jetzt in einer Endrunde gegeneinander an, in der die Marokkaner die Oberhand behielten.

Was für Asien und Afrika galt, hatte auch für Nord- und Mittelamerika sowie den Karibikraum Gültigkeit. In Untergruppen organisiert, mussten die Mannschaften zunächst den Gruppensieg erringen, um dann über eine Zwischenrunde die Endausscheidung zu erreichen. El Salvador hieß der viel umjubelte Gewinner, der nach zehn Spielen (zum Vergleich: Italien brauchte nur viermal anzutreten) und einem Krieg gegen Qualifikationsgegner Honduras, der 200 Menschen das Leben kostete, die Reise nach Mexiko antreten konnte. Die Ursachen für diese militärische Auseinandersetzung lagen allerdings tiefer und wurden durch eine honduranische Abschiebeaktion gegen illegale Siedler ausgelöst, die über die Grenze nach El Salvador verbracht werden sollten.

> ◆ **Bobby Moore als Juwelendieb**
>
> Auf dem Weg nach Mexiko legte die englische Nationalmannschaft einen Zwischenstopp in Bogota ein, um ein Testspiel gegen Kolumbien zu bestreiten und sich somit an die Höhenluft zu gewöhnen. Bobby Charlton und Kapitän Bobby Moore wurden dort als Juwelendiebe bezichtigt. Moore wurde zunächst verhaftet und verhört und später unter Hausarrest gestellt. Seine WM-Teilnahme erforderte eine diplomatische Intervention. Die absurden Beschuldigungen stellten sich Monate später als konstruiert heraus.

Gespannt schaute die fußballbegeisterte Welt am 10. Januar 1970 nach Mexiko City, als die damals 10-jährige Tochter des amtierenden mexikanischen Fußballverbandspräsidenten Guillermo Canedo im Hotel Maria Isabel Sheraton die Auslosung der WM-Endrundengruppen vornahm. Wie immer war der Modus umstritten, obwohl sich die Verantwortlichen alle Mühe gaben, ein Aufeinandertreffen spielstarker Mannschaften bereits in der Vorrunde zu vermeiden. Dass dies nicht durchgehend gelang, zeigte die Zusammensetzung der Gruppe 3, in der sich neben den Rumänen auch Titelverteidiger England sowie der zweimalige Weltmeister Brasilien und der Doppel-Finalist CSSR wiederfanden. Mexiko, das in Gruppe 1 gesetzt war, um im Azteken-Stadion der Hauptstadt spielen zu können, bekam die UdSSR, Belgien und El Salvador zugelost. Der Gastgeber hatte mit diesem Los berechtigte Aussichten, das Viertelfinale zu schaffen. In etwa ausgeglichen stellte sich die Gruppe 2 dar. Neben Außenseiter Israel kämpften noch Uruguay, Italien und Schweden um den Einzug in die nächste Runde. Das Glück gepachtet hatten mal wieder die Deutschen, die in der vierten Gruppe auf Peru, Bulgarien und Marokko trafen.

Nachdem die Gruppenauslosung gelaufen war, sorgte FA-Sekretär Andrew Stephen dafür, dass sich ganz Mexiko für einen Moment zum Träumen zurücklehnen durfte, als er den Coupe Jules Rimet zurückgab und wenig später Mexikos lebende Fußballlegende Antonio Canedo den Goldpokal vor den laufenden Kameras in die Höhe reckte, als wäre Mexiko soeben Weltmeister geworden…

Die Favoriten

Die Brasilianer galten als Favoriten auf den WM-Titel, denn ihnen war mittlerweile der Umbruch ihrer Mannschaft gelungen. Von den alten Kämpen war lediglich Pelé übrig geblieben und… Mario Zagalo – der allerdings nun als Trainer. 1969 hatte der Weltmeister von 1958 und 1962 auf Geheiß des damaligen CBF-Präsidenten und späteren FIFA-Bosses Joao Havelange Nationalcoach Joao Saldanha abgelöst. Saldanha hatte nie höherklassig gespielt, aber als Trainer Botofago 1957 zur Rio-Meisterschaft geführt. Prominenz und Popularität hatte er vor allem als Radioreporter und TV-Kommentator erlangt. Saldanhas Ernennung zum Nationalcoach war bei Sao Paulos Fußball-Establishment auf Widerspruch gestoßen. Auch die Militärjunta mochte den überzeugten Kommunisten nicht, dessen politischen Radikalismus sie fürchtete. Zu den ersten Amtshandlungen seines Nachfolgers Zagalo gehörte die Berufung des von Saldanha verschmähten, doch vom Juntachef Médici verehrten Stürmers Dario. Saldanha-Anhänger und Junta-Gegner interpretierten dies als politisches Statement. Saldanha-Biograph Joao Máximo: „Die Presse stand unter starker Zensur. Wir konnten nichts über die Regierung sagen. Wir benutzten manchmal den Fußball. Er war der Code, um über Politik zu reden. (…) Wir sahen in diesem Tausch Saldanha-Zagalo einen Wechsel der Politik… Wir hassten Zagalo." In Mexiko saß Dario dann allerdings nicht einmal auf der Reservebank. Máximo: „Ich liebe Joao Saldanha, aber die Wahrheit ist, es hätte bei der Weltmeisterschaft schlechte Leistungen gesetzt, wenn wir damals Joao Saldanha als Trainer gehabt hätten."

Umstritten: Brasiliens Trainer Zagalo, der als Spieler 1958 und 1962 Weltmeister wurde.

Neben Brasilien galt vor allem Titelverteidiger England als Turnierfavorit. Im englischen Team hatte es gegenüber 1966 kaum Veränderungen gegeben. Ein selbstbewusster Alf Ramsey äußerte die Überzeugung, dass seinem Team in Mexiko der Titelgewinn viel leichter fallen würde als im eigenen Land.

Ferner wurden den Deutschen und Italienern gewisse Chancen eingeräumt. In beiden Fußballnationen waren überragende Spielerpersönlichkeiten herangewachsen wie beispielsweise Overath, Beckenbauer, Müller und Maier bzw. Bonisegna, Riva und Rivera. Außenseiterchancen räumte man besonders der

UdSSR und mit Abstrichen auch Mexiko ein. Auch Argentinien-Bezwinger Uruguay wurde schon mal genannt, doch musste man bei dieser Nationalmannschaft immer befürchten, dass sie sich selbst durch unnötige und übertriebene Härte sowie Disziplinlosigkeiten um den Erfolg bringen würde.

Zu den stärksten Gegnern der Europäer wurde die Höhenluft gezählt, die bei den europäischen Teilnehmern die Vorbereitungskosten in die Höhe schnellen ließ und die bis dahin eher im Verborgenen wirkenden Sportmediziner ins Rampenlicht rückte. Dort, wo der Fußball eine staatspolitische Angelegenheit war, fiel die Vorbereitung besonders intensiv aus. Die sowjetischen und bulgarischen Staatsamateure reisten bereits ein halbes Jahr vor WM-Beginn in die Region, um ein Höhentraining zu absolvieren und sich mit den außergewöhnlichen klimatischen Verhältnissen vertraut zu machen.

> ◆ **Erstmals gibt's die rote Karte**
>
> Als der deutsche Schiedsrichter Kurt Tschenscher das Eröffnungsspiel der WM anpfiff, führte der Sohn Mannheims neben Pfeife und Notizblock erstmalig noch Buntes mit sich. Die FIFA hatte für dieses Turnier beschlossen, die Verwarnung auf „non-verbalem" Wege kenntlich zu machen, um den theatralisch anmutenden Unverständlichkeitsriten betroffener Spieler ein Ende zu bereiten. Eine Verwarnung war ab sofort so leicht und international zu erkennen wie das Rote Kreuz. Sah ein Kicker für seine Aktion sogar eine rote Karte, bedeutete dies fortan auf allen Plätzen der Welt den Spielausschluss (wobei in Mexiko die rote Karte nicht ein einziges Mal verhängt werden musste). Vorbei waren auch die Zeiten, in denen ein verletzter Spieler weiterspielte, um seiner Mannschaft das Unterzahlspiel zu ersparen. Seit Mexiko war der Auswechselspieler etabliert.

Vorrunde: Aus für den Donaufußball

Der 31. Mai 1970 markierte das Ende aller Spekulationen, denn im Azteken-Stadion zu Mexiko, das mit 112.000 Zuschauern bis auf den letzten Platz gefüllt war, eröffnete Mexikos Präsident Gustavo Diaz Ordaz im Beisein von FIFA-Präsident Sir Stanley Rous die neunte Endrunde einer Fußball-Weltmeisterschaft. Marinesoldaten trugen die Nationalfahnen der mittlerweile über 100 FIFA-Mitgliedstaaten, während die Mannschaften der 16 Teilnehmerverbände durch mexikanische Schüler dargestellt wurden. International erreichte das Fernsehen weltweit knapp 800 Millionen Fußballinteressierte, eine Quote, die so manchen Wirtschaftsmagnaten auf neue Ideen bringen sollte.

Das Eröffnungsspiel zwischen Mexiko und UdSSR hielt nicht die hohen Erwartungen, die man auf mexikanischer Seite hegte. 0:0 hieß es nach 90 Minuten, die nur zu deutlich von der Devise des Nicht-Verlierens geprägt waren.

Gruppe 1

Mit gesamtdeutscher Beteiligung ging das zweite Spiel der Gruppe 1 zwischen Belgien und El Salvador über die Bühne. An den Linien assistierten dem rumänischen Schiedsrichter Radulescu der BRD-Bürger Tschenscher und der DDR-Bürger Rudi Glöckner. Die Belgier besiegten die Mittelamerikaner erwartungsgemäß glatt mit 3:0. Manche meinten, mit Belgien einen weiteren Geheimfavoriten entdeckt zu haben. Doch im nächsten Spiel unterlagen die belgischen „Roten Teufel" der UdSSR sang- und klanglos mit 1:4. El Salvador bewies unterdessen im Spiel gegen Mexiko seinen Status als Punktelieferant. Artig ließen die Fußballzwerge die Punkte im Azteken-Stadion und ermöglichten den heimischen Fans mit einer 0:4-Niederlage eine nicht enden wollende „Fiesta mexicana". Im letzten Gruppenspiel trotzte El Salvador eine Halbzeit dem sowjetischen Team, das dann aber doch noch 2:0 gewann. Während sich der mittelamerikanische Fußballzwerg ohne Punkte und Tore wieder auf den Heimweg machen musste, hatten sich die Sowjets mit 5:1 Punkten für das Viertelfinale qualifiziert.

Um den zweiten Platz in dieser Gruppe kämpften jetzt Mexiko (3:1 Punkte) und Belgien (2:2 Punkte). Mexiko wollte nicht nur eine Runde weiterkommen, sondern auch den Gruppensieg erringen, der ein Weiterspielen in Mexiko City garantierte. 105.000 Zuschauer waren ins Stadion gepilgert, um ihren „Nationalhelden" beizustehen und den Rücken zu stärken. Mit dem argentinischen Schiedsrichter Coerazza hatten die Mexikaner noch einen weiteren Verbündeten im Spiel, der den Gastgebern schon in der 15. Minute einen Elfmeter zusprach, der beim besten Willen keiner war und den Pena sicher verwandelte. Danach machte Mexiko hinten dicht und ließ die Belgier 75 Minuten vergeblich anrennen. Punktgleich mit der Sowjetunion und bei gleicher Tordifferenz musste laut Reglement das Los über den Gruppensieg entscheiden. Fortuna entschied sich für die UdSSR, die somit in Mexiko City bleiben durfte, während das mexikanische Team ins 65 Kilometer entfernte Toluca umziehen musste. Mit 555.000 Zuschauern, mehr als einem Drittel der Zuschauerzahl des gesamten Turniers, mobilisierte die Gruppe 1 das größte öffentliche Interesse – dank Gastgeber Mexiko, dessen drei Spiele im Azteca-Stadion von jeweils über 100.000 Zuschauern besucht wurden.

Gruppe 2 In Gruppe 2 nahm das israelische Auswahlteam die Rolle des Punktelieferanten ein, für den die Qualifikation der eigentliche Erfolg war. Im mit 2.680 Metern am höchsten gelegenen Spielort, Toluca, traf Israels Nationalmannschaft auf Uruguay, das bereits nach 22 Minuten in Führung ging. Der zweifache Weltmeister und Olympiasieger teilte sich das Spiel sehr geschickt ein, agierte kraftsparend und kontrollierte trotzdem das Geschehen. Am Ende stand ein ungefährdeter 2:0-Sieg der „Urus". Italien plagten vor seinem WM-Debüt gegen Schweden Sorgen, die in Deutschland nur allzu leicht nachvollziehbar waren. Trainer Ferruccio Valcareggi stand vor der schwierigen Frage, wie Mazzola und Rivera in der Nationalmannschaft integriert werden konnten. Auf deutscher Seite grübelte nicht nur Helmut Schön über der Frage, ob Seeler *und* Müller oder Seeler bzw. Müller allein aufgeboten werden sollten. In Absprache mit Italiens Verbandspräsidenten fuhr Valca-

112.000 Zuschauer kamen zur Eröffnungsfeier ins Azteken-Stadion.

reggi einen ausschließenden Kurs und verbannte Rivera zunächst auf die Ersatzbank, während sich sein deutscher Kollege für ein Integrationsmodell entschied und beide Stürmer nebeneinander aufbot.

Elf Minuten präsentierten die Italiener gegen Schweden Offensiv-Fußball und erspielten sich durch Domenghini eine 1:0-Führung, dann verfielen sie in ihren altbekannten Catenaccio und verurteilten den gegnerischen Keeper Ronnie Hellström zur Arbeitslosigkeit. Ohne großen Glanz retteten sie den hauchdünnen Vorsprung über die Zeit. Auch in ihrem zweiten Spiel gegen Uruguay enttäuschte die *Squadra Azzurra* maßlos. Viele Fans hatten dieses Spiel mit großer Spannung erwartet, auch weil beide Doppelweltmeister vor der WM angekündigt hatten, durch einen dritten Titelgewinn die Jules-Rimet-Trophäe endgültig nach Hause zu bringen. Der von den Abwehrreihen geprägte und ziemlich langweilige Kick endete torlos. Einen mageren Zuschauerzuspruch (5.000) erfuhr die Partie Israel gegen Schweden. Die Nordeuropäer diskutierten vor dem Spiel lediglich die Höhe ihres Sieges und übersahen vollkommen, dass Israels Coach Schaffer bei Hennes Weisweiler in Deutschland sein Diplom bestanden hatte. Schaffer, der in Recklinghausen geboren wurde, hatte sich als Spieler u.a. Meriten in der polnischen Nationalmannschaft erworben. Seine Stärken hießen Taktik und Psychologie. Die Israelis trotzten den Skandinaviern einen Punkt ab. Für Schweden bedeutete das unerwartete Remis (1:1) bereits fast das Ende aller Viertelfinalträume. Der Vize-Weltmeister von 1958 musste jetzt deutlich gegen Uruguay gewinnen oder auf eine Sensation im Spiel Israel gegen Italien hoffen. Die Schweden schlugen Uruguay nur knapp mit 1:0, während den Söhnen Davids immerhin ein 0:0 gegen den Goliath Italien gelang. Die Italiener qualifizierten sich für das Viertelfinale als Gruppenerster mit einem einzigen Treffer, den sie gegen Schweden erzielt hatten. Den Nordeuropäern brach genau dieses Tor das Genick, weil damit die Torbilanz bei Punktgleichheit zu Uruguay um einen Treffer schlechter war und sie die Heimreise antreten mussten. Auch Israels Auftritt war beendet. Mit zwei Unentschieden und nur einer Niederlage durften die Israelis allerdings erhobenen Hauptes nach Hause fahren.

Gruppe 3 Mehr als dreimal so viele Zuschauer wie in der Gruppe 2, nämlich 53.850 pro Spiel, strömten in der Gruppe 3 ins Stadion von Guadalajara, um die großen Mannschaften von Brasilien, England und der Tschechoslowakei zu sehen. Rumänien spielte in dieser Gruppe nominell den Außenseiter. Aber auch der tschechische Fußball hatte seit dem letzten internationalen Erfolg bei der WM 1962 den Anschluss an das internationle Niveau verloren. Dafür war man umso überraschter, dass Rumänien ein sehr modernes Spiel aufzog und durchaus in der Lage schien, mit den so genannten ersten Adressen im Fußball mitzuhalten. Im ersten Match trafen sie auf Titelverteidiger England, der lange Zeit gegen das Spiel der Rumänien machtlos erschien, ehe in der 64. Minute Hurst die englische Führung gelang. Hurst, der Englands letztes Tor bei der WM 1966 erzielt hatte, war somit zugleich auch Schütze des ersten englischen Treffers vier Jahre später.

Zu einer Neuauflage des 62er Finales kam es mit der Begegnung Brasilien gegen die CSSR. Nach seiner Entlassung wurde Saldanha mit der Behauptung zitiert, Pelé sei kurzsichtig und für eine WM-Teilnahme nicht fit genug. Der Geschasste stand mit dieser Auffassung keineswegs allein. Einige Journalisten gingen sogar noch weiter und erklärten Pelés Fußballkarriere für beendet. Doch der Jahrhundertfußballer widerlegte seine Kritiker in Mexiko eindrucksvoll. Zagalos Mannen präsentierten sich virtuos, angriffslustig und als Team. Was die Abwehrarbeit anbetraf, so gab es zweifellos bessere Teams. Doch das wurde durch ein Mittelfeld mit Gerson, Rivelino und Clodoaldo und eine Sturmreihe mit Tostao, Jairzinho und Pelé mehr als aufgewogen. Jairzinho war auch 1966 schon dabei gewesen und schickte sich nun an, den mittlerweile ausgemusterten Garrincha zu beerben: Er belebte die brasilianische Offensive und erzielte im Verlauf des Turniers sieben Treffer. Zwei davon gelangen ihm im Auftaktspiel gegen die CSSR, das Brasilien mit 4:1 gewann.

Absolutes Highlight der Vorrunde war natürlich die Begegnung England gegen Brasilien, die 72.000 Zuschauer ins Jalisco-Stadion von Guadalajara trieb, das damit zum ersten Mal ausverkauft war. Die Fans mussten ihr Kommen nicht bereuen, denn beide Mannschaften suchten ihr Heil in der Offensive, so dass sich der englische Keeper Banks und sein brasilianischer Kollege Felix mehrfach auszeichnen konnten. Eine schöne Kombination zwischen Tostao, Pelé und Jairzinho als Vollstrecker brachte nach einer Stunde bereits die Entscheidung zugunsten der Südamerikaner. Die englische Abwehr sah bei diesem Angriff alles andere als sattelfest aus. „Man sieht sich…!" lautete der übereinstimmende Kommentar nach dem Spiel. Gemeint war das Finale.

Dabei konnte sich England vor dem letzten Gruppenspiel nicht einmal sicher sein, das Viertelfinale zu erreichen. Gemeinsam mit Rumänien, das 2:1 gegen die CSSR gewonnen hatte, wies der Titelverteidiger 2:2 Punkte aus, hatte aber im Gegensatz zum Balkanvertreter, der gegen Brasilien punkten musste, in der CSSR den leichteren Gegner. Doch die Rumänen waren ehrgeizig. Zwar brannten die Sambakicker ihr gewohntes spielerisches Feuerwerk ab und gingen in den ersten 20 Minuten 2:0 in Führung, doch abschütteln konnten sie ihren rumänischen Gegner nicht. Verbissen kämpften sie um jeden Zentimeter Boden. Der Anschlusstreffer in der 32. Minute war der gerechte Lohn für ihren kämpferischen Einsatz, der auch nicht nachließ, als Pelé auf 3:1 erhöhte. Acht Minuten vor Schluss verkürzte Dembrowski auf 2:3, zu mehr reichte es nicht mehr.

Um weiterzukommen, mussten die Rumänen jetzt auf einen knappen tschechischen Sieg über England hoffen. An Motivation sollte es der CSSR nicht mangeln, denn mit einem hohen Sieg konnten die Osteuropäer sogar selbst noch ins Viertelfinale einziehen. Bis zur 44. Minute durfte im Konjunktiv gedacht werden, ehe Clarke mit einem Elfmeter das englische 1:0 markierte, was gleichzeitig auch der Endstand war und den Weltmeister ins Viertelfinale bugsierte. Die CSSR trat die Heimreise mit 0:6 Punkten und 2:7 Toren an und war damit vor El Salvador und noch hinter Israel und Marokko zweitschlechtestes Team. Nach Ungarn und Österreich hatte ein weiterer großer, traditionsreicher und erfolgreicher Fußballverband den Anschluss an die Weltspitze verloren. Die ruhmreichen Zeiten des tschechisch-ungarisch-österreichischen „Donaufußballs" gehörten endgültig der Vergangenheit an.

Gruppe 4: Hattrick durch Gerd Müller

Die deutsche Equipe hatte sich etwa 30 Kilometer außerhalb ihres Spielorts León im Hotel Balneario de Comanjillo einquartiert. Helmut Schön glaubte, die schlagkräftigste Truppe zusammen zu haben, die die Bundesliga 1970 bot. Das deutsche Aufgebot war eine Mischung aus altbewährten Spielern wie Seeler, Höttges, Schulz oder Schnellinger und jungen Kickern wie Maier, Vogts, Beckenbauer, Gerd Müller oder Einwechseljoker Grabowski. Minutiös preußisch hatte der DFB das Unternehmen Mexiko geplant und war auch nicht vor dem Gedanken zurückgeschreckt, eigene Lebensmittel mit auf den amerikanischen Kontinent zu schleppen. Zwölf Zentner deutsches Fleisch beschlagnahmte der mexikanische Zoll genauso konsequent wie er den Engländern ihre importierten Frühstückswürstchen abnahm. Doch auch ohne „Fleisch aus deutschen Landen frisch auf den Tisch" galt die *Equipo Aleman* als haushoher Favorit in der Gruppe 4.

Zunächst trafen in León die Auswahlmannschaften Perus und Bulgariens aufeinander. Trotz der Klimaprophylaxe, die die Südosteuropäer mit Schnuppereinheiten an Sauerstoffflaschen betrieben hatten, ging ihnen bereits in der Vorrunde die Luft aus. Auch ihre Devisenbestände führten ein eher kümmerliches Dasein. So mussten die Bulgaren frühzeitig ihre Heimat verlassen, um in Mittel- und Südamerika in Freundschaftsspielen ausreichend Bares zusammenzuspielen. Anders waren die mexikanischen Rechnungen nicht zu bezahlen. Das scheinbar gut eingespielte Team führte zwar nach knapp einer Stunde mit 2:0, doch anschließend brachen die Bulgaren fürchterlich ein und erlaubten den vom brasilianischen Doppelweltmeister Didi trainierten Peruanern noch einen 3:2-Erfolg. Lediglich 12.000 Fans waren Zeugen dieser Begegnung.

Noch weniger, nämlich nur 8.000, interessierten sich für das deutsche Auftaktspiel gegen den WM-Neuling Marokko. Die Nordafrikaner wuchsen über sich hinaus und erzielten in der 21. Minute die Führung. Die deutschen Profis wirkten jetzt noch gelähmter und mussten bis zur 56. Minute zittern, ehe Uwe Seeler der Ausgleich gelang. Gerd Müller schließlich bewahrte die deutsche Elf vor einer Blamage, als er zehn Minuten vor Schluss das 2:1 besorgte. Seeler und Müller hatten als Torschützen ihren Coach bestätigt, der trotz massivster Pressekampagnen zugunsten des einen oder anderen an beiden festhielt und ihnen sogar ein gemeinsames Zimmer zuwies. Hingegen neigte sich Hallers große Karriere unübersehbar ihrem Ende zu. Schöns erfolgreichster Torschütze bei der WM 1966 wurde im Spiel durch Grabowski ersetzt und lief nie wieder für die Nationalelf auf.

Auch die Peruaner taten sich schwer gegen die Afrikaner, die mit ihrem Torwart Allal einen überragenden Spieler in ihren Reihen wussten. Über eine Stunde lang berannten die Südamerikaner erfolglos das gegnerische Tor. Erst in der 66. Minute brachen die Dämme. Mit drei Toren im Drei-Minuten-Takt versetzte Peru Marokko den WM-Knockout. Zweifacher Torschütze war Teofilo Cubillas, der überragende Mann im Team der Südamerikaner.

In der Partie Deutschland gegen Bulgarien machte sich in der 12. Minute lähmendes Entsetzen bei den Fans und Verantwortlichen des DFB-Teams breit, als Nikodimov die bulgarische Führung gelang. Erneut lagen die Schön-Schützlinge hinten. Jetzt zeigte sich, wie wertvoll die älteren Spieler für das deutsche Team waren. Insbesondere Uwe Seeler appellierte unentwegt an seine Mitspieler, nicht zu resignieren und das Heil in der Offensive zu suchen. Diesen Rat nahm sich vor allem Libuda zu Herzen, der an diesem Tag eines seiner besten Spiele im Nationaldress absolvierte und auch den Ausgleich besorgte. Dreimal Goalgetter Müller, einmal „uns Uwe" bei

Dreimal traf Gerd Müller gegen die Peruaner – ein klassischer Hattrick.

einem weiteren Gegentor durch Kolev in der Schlussminute rückten dann doch noch die Maßstäbe wieder zurecht.

Auch im Topspiel der Gruppe gegen Peru traf Müller gleich dreimal, diesmal aber in einer Halbzeit und hintereinander – ein klassischer Hattrick also. Der 3:1-Sieg, der dritte Sieg im dritten Gruppenspiel, bedeutete den Sprung ins Viertelfinale. Mit zwei Siegen waren auch die Peruaner eine Runde weiter. Das Treffen zwischen Bulgarien und Marokko war nur noch von statistischer Bedeutung und endete mit einem 1:1-Remis, das die Bilanz der Nordafrikaner ein wenig aufpolierte.

Mit nur 79.400 Zuschauern bzw. einem Zuschauerschnitt von nur 13.250 verzeichnete die Gruppe 4 den geringsten Zuspruch.

Die Vorrunde offenbarte, dass der Weltfußball das Spiel wiederentdeckt hatte. Waren noch in Chile 1962 Körpereinsatz und Tacklings am Rande einer Straftat an der Tagesordnung, so gehörten die 90 Minuten nun wieder den Filigrantechnikern, eine Entwicklung, die sich bereits während der WM 1966 in England angedeutet hatte. Overath oder Riva, der Peruaner Cubillas oder der Mexikaner Pulido verkörperten am ehesten die neue Spielauffassung, in der ein raumgreifender, öffnender Pass im Mittelpunkt stand und der spielende Libero à la Beckenbauer Hochkonjunktur erlangte. Dieses eher körperlose Spiel hatte zur Folge, dass während der WM 1970 kein einziger Platzverweis ausgesprochen

Turnier der Fairness

werden musste. Selbst die Neulinge Israel und Marokko ließen ihre spielerische Klasse durchblicken – mit Mannschaften aus diesen Erdteilen musste zukünftig gerechnet werden. Eine Entwicklung, die die FIFA-Verantwortlichen immer stärker dazu animierte, über eine Ausweitung des Endrundenturniers auf mehr als 16 Mannschaften nachzudenken.

Viertelfinale: Des Dramas erster Akt

Für das Viertelfinale hatten sich vier Teams aus Südamerika und vier europäische Mannschaften qualifiziert, eine Balance zwischen südamerikanischem und europäischem Fußball, wie sie seit der WM 1950 nicht mehr erreicht worden war und nach Mexiko 1970 nicht mehr erreicht wurde. Alle acht Weltmeistertitel entfielen auf diese Teams, von denen nur Mexiko, Peru und die UdSSR noch nie World-Champion gewesen waren. Die kommenden vier Begegnungen versprachen somit knisternde Spannung.

Das Reglement sah vor, dass Spiele, die nach 90 Minuten remis standen, in eine zweimal 15 Minuten lange Verlängerung gingen. War dann immer noch keine Entscheidung gefallen, so sollte am nächsten Tag das Los über das Weiterkommen bestimmen. Nur zwei Minuten trennten Uruguay und die UdSSR von dieser unsportlichsten aller Entscheidungen. In einem enttäuschenden Spiel vor 70.000 Zuschauern benötigten die „Urus" 118 Minuten, ehe dem erst kurz zuvor eingewechselten Esparrago das goldene, aber auch umstrittene Tor gelang. Viele, nicht nur sowjetische Fans hatten den Ball vorher im Seitenaus gesehen, doch der niederländische Schiedsrichter van Ravens erkannte auf Tor. Mit der UdSSR schied eine Mannschaft aus dem Turnier aus, die von Anfang an bei den mexikanischen Fans zutiefst unbeliebt war. Wie schon bei den Olympischen Spielen 1968 wurden die russischen Sportler für die Unterdrückungspolitik Breschnjews, die sich in der Besetzung der ČSSR manifestierte, verantwortlich gemacht. Nicht gerade publikumswirksam gestaltete sich auch das oft verschlossene und distanzierte Auftreten der sowjetischen Delegationsleitung.

„Es geht leider nicht anders, ich muss Didi Ärger machen." Solche Skrupel beschlichen Pelé gegenüber seinem Ex-Mannschaftskameraden vor dem „Derby" seiner Elf gegen das Team Perus. Auch Brasiliens Coach Mario Zagalo hatte zusammen mit Didi und Pelé in einer Mannschaft gespielt und war zweimal Weltmeister geworden, so dass nicht wenige dieses Treffen mit einem Familientreffen verglichen. Die Kicker vom Zuckerhut gingen höchst konzentriert in die Begegnung. Die peruanischen Spieler wussten zu genau, dass sie es mit dem vermutlich stärksten Team der Welt zu tun hatten, an dem man nur wachsen konnte. Folgerichtig versuchten sie, den brasilianischen Spielfluss anzunehmen und mitzuhalten, so dass sich für die 60.000 Zuschauer ein höchst ansehnliches, abwechslungsreiches Fußballspiel ergab. Erwartungsgemäß ging Brasilien in Führung, nach einer Viertelstunde stand es sogar bereits 2:0. Die Brasilianer schalteten jetzt erkennbar einen Gang zurück, sicherlich um Kräfte zu schonen. Trotzdem behielten sie die Spielkontrolle, auch als Gallardo der Anschlusstreffer für Peru gelang. In der zweiten Halbzeit erhöhte Brasiliens überragender Tostao auf 3:1, ehe Cubillas noch einmal verkürzen konnte. Den Schlusspunkt in dieser Partie setzte Jairzinho, der 15 Minuten vor dem Abpfiff mit seinem Treffer den alten Abstand wieder herstellte.

Gastgeber Mexiko musste gegen den zweifachen Weltmeister Italien antreten. Der italienische Fußball befand sich in einer Regenerationsphase, nachdem er bei den Weltmeisterschaftsturnieren seit 1950 regelmäßig, zum Teil drastisch, eingebrochen war. Der

Squadra Azzurra als Buhmänner

Vereinsfußball florierte südlich der Alpen und führte so manches Talent an die *Squadra Azzurra*. Doch in den Gruppenspiele hatte man sich wieder weitgehend mit Catenaccio begnügt, so dass niemand so recht wusste, wo dieses Team wirklich stand. Mexiko vertraute auf sein Publikum als zwölften Mann, musste aber in Kauf nehmen, durch den verlorenen Losentscheid das Azteca-Stadion gegen die wesentlich kleinere Anlage in Toluca zu tauschen. Für den mexikanischen Verband bedeutete dieser Umzug den Ausfall mehrerer hunderttausend Dollars, da das Luis-Dosal-Stadion nur 24.000 Zuschauer aufnehmen konnte. Die aber gerieten außer sich, als in der 14. Minute Gonzales die Führung gelang. Doch es handelte sich dabei nur um ein Strohfeuer, denn noch vor dem Halbzeitpfiff gelang Domenghini der Ausgleich. Im zweiten Durchgang kam es dann noch dicker für die Mexikaner, die nach zwei Riva-Treffern und einem Tor des für Mazzola eingewechselten Rivera mit 1:4 verloren und unsanft aus allen Weltmeisterträumen gerissen wurden. Nach dem Ausscheiden der unbeliebten UdSSR waren jetzt die Italiener als „Mexiko-Killer" die Buhmänner des Turniers.

Dramatisch ging es in León zu, wo es mit der Partie Deutschland gegen England zu einer Neuauflage des Finales von 1966 kam. Nicht dabei war der englische Torhüter Banks. Der Weltmeister von 1966 pendelte zwischen Bett und Toilettenanlage, Montezumas Rache hatte ihn schachmatt gesetzt. Statt seiner hütete Peter Bonetti das Tor, dessen letztes Spiel schon Monate zurücklag und der noch niemals in einem solch wichtigen Länderspiel die Nr. 1 gewesen war.

Die Partie sollte als „Hitzeschlacht von León" in die WM-Annalen eingehen. Als um 12 Uhr Ortszeit der Anpfiff erfolgte, wurden mehr als 50 Grad in der Sonne gemessen. In Deutschland saß der Stachel des dritten „Tores" von Wembley immer noch tief, und viele sahen in dieser Viertelfinalbegegnung den würdigen Rahmen für eine Revanche. Taktisch stand Schön vor der wichtigen Frage, wie er die beinharte Manndeckung der Engländer knacken konnte, die den deutschen Spielfluss behindern sollte. In der Offensive zogen die Briten ihr altbekanntes Spiel über die Flügel auf und stellten die deutsche Abwehr vor viele Probleme. Die Engländer schlugen vom Anpfiff an ein hohes Tempo ein. Nach einer halben Stunde wurden ihre kraftraubenden Bemühungen durch ein Tor von Mullery belohnt. Als Peters nach 50 Minuten sogar das 2:0 gelang, verstummten die 4.000 mitgereisten BRD-Fans.

Schön versuchte nun seinen Joker Grabowski ins Spiel zu bringen, der für Libuda kam und tatsächlich die Offensive belebte. 20 Minuten vor Schluss stieß Beckenbauer überraschend mit nach vorne. Während die Engländer die Räume eng stellten, um den erwarteten Pass auf Gerd Müller zu verhindern, fasste sich der „Kaiser" ein Herz, zog ab und traf zum 1:2. Die deutsche Mannschaft war zurück im Spiel, und auch die Fans glaubten wieder an ihre Elf. Ungewollt wurden die deutschen Angriffsbemühungen durch Englands Coach Ramsey unterstützt, der kurz nach dem Anschlusstreffer Bobby Charlton aus der Mannschaft nahm, der mit seiner 106. Berufung in diesem Spiel einen Weltrekord aufstellte. Dem englischen Spiel fehlte nun der Denker und Lenker. Wie vier Jahre zuvor, gelang den Deutschen noch der Ausgleich, als Uwe Seeler in der 81. Minute mit dem Hinterkopf ins gegnerische Netz traf. In der fälligen Verlängerung verfügten die Deutschen über die größeren physischen Reserven und erzielten ganze Serien von Eckbällen. Zwar bäumten sich die Engländer noch einmal auf, doch Gerd Müller markierte mit seinem achten Turniertreffer das 3:2, den Endstand.

In Deutschland überschlugen sich nach diesem dramatischen Match, das Millionen live am Fernseher verfolgt hatten, die Kommentatoren vor Begeisterung. Sie konnten nicht ahnen, dass sie nur den ersten Akt des Dramas gesehen hatten und der zweite noch spannender werden würde.

Halbfinale: Ein Jahrhundertspiel

Die Halbfinal-Begegnung Deutschland gegen Italien in Mexiko City sollte in die Annalen der deutschen Fußballgeschichte als „Jahrhundertspiel" eingehen. Angepfiffen wurde dieses Spiel am 17. Juni vom mexikanischen Schiedsrichter Yamasaki. Schon nach sieben Minuten traf Boninsegna für Italien, die deutsche Nationalelf blieb ihrer Tradition treu und rannte einem Rückstand hinterher. Schlimmer wog aber die Tatsache, dass die Italiener nun ihren schier unüberwindlichen Catenaccio aufziehen konnten. Vergeblich berannten die deutschen Spieler das Tor von Albertosi und mussten dabei aufpassen, dass sie von den Italienern nicht ausgekontert wurden. Kurz vor dem Abiff, als alles schon verloren schien, schlug Grabowski eine Flanke in den italienischen Strafraum, die nicht sonderlich gefährlich aussah. Doch der in Mailänder Diensten stehende Schnellinger grätschte instinktiv in den Ball, überwand Albertosi und erzwang eine Verlängerung. Es begannen die legendären 30 Minuten von Mexiko City.

Die Deutschen, beflügelt vom überraschenden Ausgleich, stürmten in die Verlängerung hochmotiviert und zwangen der italienischen Elf ihr gefürchtetes Kampfspiel auf. Die Azzurri wurden immer weiter in die Defensive gedrängt. In der 94. Minute gelang Müller die verdiente Führung. Plötzlich waren die Schön-Schützlinge auf der Siegerstraße, trennten sie noch 26 Minuten vom Finale. Der Kräfteverschleiß aus dem

Franz Beckenbauer spielte gegen Italien über weite Strecken mit festgebundenem Oberarm: Er hatte sich eine schmerzhafte Schlüsselbeinverletzung zugezogen. Rechts DFB-Arzt Schoberth.

England-Spiel und die brütende Hitze verursachten allerdings unübersehbare Konzentrationsschwächen. Erschwerend kam hinzu, dass sich Beckenbauer eine schmerzhafte Schlüsselbeinverletzung zugezogen hatte und als Dreh- und Angelpunkt im deutschen Spiel nicht mehr uneingeschränkt zur Verfügung stand. Die Schwächen der deutschen Mannschaft wurden zu Stärken der Italiener, die jetzt zweimal eiskalt zuschlugen und aus dem 1:2-Rückstand eine 3:2-Führung machten.

Noch einmal wurden die Seiten gewechselt, noch einmal rafften sich 22 Akteure auf, mehr als alles zu geben, um das Finale zu erreichen. Zunächst war es wieder einmal Gerd Müller, der in eine Libuda-Flanke sprang und das Leder zum Ausgleich ins italienischen Tor bugsierte. Die Entscheidung blieb Italiens Ausnahme-Fußballer Gianni Rivera vorbehalten, der in der 112. Minute eine gekonnte Kombination mit dem Siegtreffer zum 4:3-Endstand abschloss. Stehend k.o. tauschten die Kicker ihre Trikots, irgendwie ahnend, dass dieses Match neben Italien einen weiteren Sieger kannte: das Spiel, das an diesem Tag phasenweise in seiner Reinform präsentiert wurde, ohne Verbiegungen und taktischen Zwänge.

Das Spiel in seiner reinsten Form

Längst nicht so dramatisch ging es im zweiten Halbfinale zwischen Brasilien und Uruguay in Guadalajara zu. Mit den beiden südamerikanischen Teams trafen zwei Spielauffassungen aufeinander, die konträrer nicht sein konnten. Das grundsätzlich offensive brasilianische Spiel war geprägt durch eine perfekte Ballbehandlung und blindes Verständnis untereinander, das überraschende und intelligente Kombinationen ermöglichte. Ganz anders verhielt sich das uruguayische Team, das häufiger die raue Gangart vorzog und sich auf die Zerstörung des gegnerischen Spiels beschränkte. Zagalo hatte seiner Elf eingeimpft, die massive Abwehr der „Urus", die teilweise alle Spieler im eigenen Strafraum versammelt hatten, mit langen Bällen aufzubrechen und auch mal Distanzschüsse zu wagen. Doch zunächst musste Brasilien einem Rückstand hinterherlaufen, als Cubilla in der 18. Minute die uruguayische Führung besorgte. Psychologisch wertvoll und von den Spielanteilen verdient war Brasiliens Ausgleich kurz vor dem Seitenwechsel durch Clodoaldo. Im zweiten Durchgang erhöhte das Pelé-Team noch den Druck, dem sich die „Urus" immer öfter nur durch Foulspiel entziehen konnten. Trotzdem ließ sich der brasilianische Sieg nicht verhindern, denn Jairzinho und sein Mannschaftskamerad Rivelino trafen in der 69. Minute sowie kurz vor Schluss zum verdienten 3:1-Endstand.

Noch gezeichnet von den beiden letzten Partien gegen England und besonders gegen Italien zog das deutsche Team ins kleine Finale von Mexiko. Für die anstehende Partie gegen Uruguay hatte Schön das Team auch aus psychologischen Überlegungen ein wenig verändert. Im Tor stand der Braunschweiger Horst Wolter, für Beckenbauer wurde Fichtel aufgeboten, und während des Spiels kam noch Lorenz für Schnellinger zum Einsatz. Beide Teams ließen von Anfang an erkennen, dass sie trotz des Frustes über das verpasste Finale sehr wohl noch motiviert waren. Die Deutschen gewannen glücklich und hauchdünn mit 1:0. Gerd Müller hatte eine Flanke einmal nicht selbst verwandelt, sondern geschickt den Kölner Wolfgang Overath in Szene gesetzt, der sicher verwandelte. 85.000 Zuschauer wollten Zeuge dieser Begegnung sein und honorierten mit ihrem Besuch die ansprechenden und spannenden Leistungen dieser Mannschaften während des Turniers.

Finale: Offensivgeist und Ästhetik

1974 würde der Sieger des WM-Turniers in der BRD nicht mehr die Jules-Rimet-Trophäe überreicht bekommen, sondern einen neuen Weltpokal erhalten, denn im Finale trafen mit Brasilien und Italien zwei Doppelweltmeister aufeinander. Dem Sieger und damit dreimaligen WM-Gewinner sollte der Jules-Rimet-Pokal endgültig überlassen bleiben.

Die italienische Nationalmannschaft hatte erstaunlich schnell aus der für sie blamablen Vorrunde gelernt und ihrem Catenaccio abgeschworen. In den Spielen gegen Mexiko und Deutschland hatten die Azzurri achtmal getroffen, mussten aber auch öfter als sonst den Ball aus den eigenen Maschen holen. Gegen Brasilien blieb den Italienern nur eine Möglichkeit: Wenn sie bestehen wollten, mussten sie im Finale den offenen Schlagabtausch annehmen und eine offensive Gangart wählen. Allerdings durfte bezweifelt werden, ob die Italiener die dafür nötigen Kraftreserven noch besaßen. Brasilien dagegen war nicht nur ausgeruhter, sondern wusste zusätzlich noch 110.000 Zuschauer hinter sich.

18 Minuten konnten die Schützlinge von Valcareggi das Endspiel offen halten und sich sogar die eine oder andere Chance erspielen. Dann gelang Pelé, für den das WM-Finale zugleich das Ende einer grandiosen Karriere im grün-gelben Dress markierte, mit einem

Pelé krönt seine Karriere

wunderschönen Kopfball die viel umjubelte 1:0-Führung. Die Italiener mobilisierten noch einmal die verbliebenen Kräfte und kamen in der 37. Minute durch Boninsegna zum Ausgleichstreffer. Mit diesem Spielstand ließ Schiedsrichter Rudi Glöckner die Seiten wechseln.

Nachdem eine Stunde gespielt worden war, brachen die Italiener ein. Als Folge ihres konditionellen Abbaus hatten die Südeuropäer auf das ökonomischere Defensivspiel umschalten müssen, wodurch die Brasilianer immer häufiger und gefährlicher vor Torwart Albertosi auftauchten. Gegen diese Brasilianer half selbst kein Catenaccio. Zunächst versenkte Gerson in der 65. Minute das Leder im italienischen Netz. Damit waren die Italiener auch psychisch gebrochen, die Brasilianer hingegen suchten

Jairzinho, der in jedem seiner WM-Spiele ein Tor schoss, erzielte das 3:1 im Finale gegen Italien. Im Hintergrund jubelt Pelé.

Der Brasilianer Gérson (rechts) nach dem WM-Sieg im Gebet.

selbstbewusst die endgültige Entscheidung. Zunächst traf Jairzinho mit seinem siebten Turniertreffer zum 3:1. Jairzinho sollte als der Spieler in die Geschichte der Fußball-Weltmeisterschaften eingehen, der als erster und einziger in jedem Turnierspiel erfolgreich war. Den Endstand von 4:1 markierte wenige Minuten vor dem Abpfiff Carlos Alberto, nachdem der Ball von Jairzinho zu Pelé gewandert war, der das Spielgerät mit faszinierender Leichtigkeit in den Lauf des Kapitäns spielte.

Auf seinem Weg zum Titel hatte Brasilien sieben Gegentreffer kassiert, mehr als alle folgenden Weltmeister. Brasiliens Durchmarsch wurde dadurch zu keinem Zeitpunkt ernsthaft gefährdet, denn mit 19 selbst erzielten Treffern sollte der Weltmeister von 1970 als einer der torhungrigsten aller Titelträger in die WM-Geschichte eingehen.

Für einen Moment durfte man rund um den Zuckerhut die undemokratischen Herrschaftsformen des brasilianischen Diktators Médici vergessen, der den Erfolg der Nationalequipe für sich und seine Junta vereinnahmte. Stattdessen bejubelte ganz Brasilien Mario Zagalo und sein Team. Der brasilianische Coach war übrigens der erste Fußballer der Welt, der als Spieler und Nationaltrainer Weltmeister wurde. Und als erstes Land hatte Brasilien zum dritten Mal die Weltmeistertrophäe gewonnen.

Die WM 1970 geriet zu einem Triumph des „Positiven über das Negative und des Kreativen über das Destruktive" (Glanville 1997). Mexiko ging als das spielerisch beste Turnier in die WM-Geschichte ein. Brasilien hatte demonstriert, dass Ästhetik und Offensivgeist mit Erfolg vereinbar waren, vorausgesetzt, man verfügte über das hierfür notwendige Talent. Zum spielerischen Niveau passte auch, dass nicht ein einziger Platzverweis verhängt wurde. Anstatt des kraftvollen körperlichen Einsatzes dominierte die Technik.

Für Hennes Weisweiler belegte Brasiliens Titelgewinn, „dass auf die Dauer nur der Angriffsfußball erfolgreich ist. (…) Mit nur zwei Spitzen gelang es den Italienern nur selten, die Schwächen in der Abwehr der Lateinamerikaner auszunutzen. (…) Diese

Weltmeisterschaft hat bewiesen, dass man ohne Außenstürmer nicht erfolgreich stürmen kann, auch wenn ein Flügel aus dem Mittelfeld nach vorne drängt, wie es Rivelino zum Beispiel praktizierte. (…) Die Weltmeisterschaft 1954 in der Schweiz hatte die höchste Torquote, weil die Abwehr im alten W-M-System nicht mehr den Angriffen gewachsen war. Der World Cup 1958 brachte uns das 4-2-4-System durch die Brasilianer. Nur Pelé ist von dieser Mannschaft übrig geblieben, aber die Taktik des dreimaligen Weltmeisters änderte sich nicht. Mein erfreulichstes Fazit für diese Weltmeisterschaft 1970 in Mexiko: Die Trainer lassen ihre Fußballer wieder stürmen!"

Doch wer glaubte, mit Brasiliens Bezwingung des italienischen Catenaccios sei eine neue Ära des Offensivfußballs angebrochen, sah sich schon ein WM-Turnier später getäuscht. Andere Entwicklungen erwiesen sich dagegen als zukunftsprägender: Weltweit etwa 800 Millionen Erdenbürger hatten die WM an den Bildschirmen verfolgt. Erstmals wurde eine WM in Farbe übertragen. Die hohen Einschaltquoten hatten zur Folge, dass nun immer mehr Unternehmen das Weltturnier als ideales Transportmittel für die globale Verbreitung ihrer Messages betrachteten. Das Fernsehen begann seinen Aufstieg vom indirekten zum direkten Organisator sportlicher Großereignisse. So richtete sich der Spielplan erstmals nach den Wünschen der europäischen Sendeanstalten. Um in Europa möglichst hohe Einschaltquoten zu garantieren, wurden alle Sonntagsspiele – darunter auch die „Hitzeschlacht" von León – in brütender Mittagshitze angepfiffen, ohne Rücksicht auf die Gesundheit der Akteure, denen bereits die Höhenluft Probleme bereitete.

Weltmeister 1970 (von links): Carlos Alberto, Brito, Gérson, Piazza, Everaldo, Tostao, Clodoaldo, Rivelino, Pelé, Jairzinho, Felix.

◆ WM 1974

Austragungsland: Bundesrepublik Deutschland

Austragungsstädte und Spielstätten: Berlin (Olympiastadion), Dortmund (Westfalenstadion), Düsseldorf (Rheinstadion), Frankfurt (Waldstadion), Gelsenkirchen (Parkstadion), Hamburg (Volksparkstadion), Hannover (Niedersachsenstadion), München (Olympiastadion), Stuttgart (Neckarstadion)

Dauer: 13. Juni bis 7. Juli 1974

Eröffnungsspiel: Brasilien – Jugoslawien 0:0 (0:0)
(13. Juni 1974, Waldstadion Frankfurt)

Gemeldete Länder: 96
Europa: 33, Südamerika: 9, Zentral- und Nordamerika: 13, Afrika: 24, Asien und Ozeanien: 17

Endrundenteilnehmer: 16
Europa (9): Bundesrepublik Deutschland, Bulgarien, Deutsche Demokratische Republik, Italien, Jugoslawien, Niederlande, Polen, Schottland, Schweden
Südamerika (4): Argentinien, Brasilien, Chile, Uruguay
Nord- u. Mittelamerika (1): Haiti; *Afrika* (1): Zaire
Asien/Ozeanien/Naher Osten (1): Australien

Qualifikationsspiele: 226, **Endrundenspiele:** 38

Modus: Erste Finalrunde in vier Gruppen zu vier Mannschaften als Punktspiele. Zweite Finalrunde in zwei Gruppen zu vier Mannschaften als Punktspiele. Gruppensieger bestreiten das Endspiel, die Zweiten spielen um Platz drei.

Zuschauer: 1.907.765, **Zuschauerschnitt:** 50.200

Tore: 97, **Torschnitt pro Spiel:** 2,6

Die besten Torschützen: Grzegorz Lato (Polen), 7 Tore
Andrzej Szarmach (Polen), Johannes Neeskens (Niederlande): 5 Tore
Müller (BR Deutschland), Edström (Schweden), Rep (Niederlande): 4 Tore

Finale: Bundesrepublik Deutschland – Niederlande 2:1 (2:1)
(7. Juli 1974, Olympiastadion München)

Deutschland: Josef Maier; Georg Schwarzenbeck, Hans-Hubert Vogts, Franz Beckenbauer, Paul Breitner, Rainer Bonhof, Uli Hoeneß, Wolfgang Overath, Jürgen Grabowski, Gerd Müller, Bernd Hölzenbein

Niederlande: Jan Jongbloed; Willem Suurbier, Willem Rijsbergen (68. Theo de Jong), Ari Haan, Ruud Krol, Willem Jansen, Johannes Neeskens, Willem van Hanegem, Johannes Rep, Johannes Cruyff, Rob Rensenbrink (46. Rene van der Kerkhof)

Schiedsrichter: Keith Taylor, England

Tore: 0:1 Neeskens (1., Foulelfmeter), 1:1 Breitner (25., Foulelfmeter), 2:1 Müller (43.)

Zuschauer: 77.833

WM 1974

Ein Drama in Oranje

Als in der Bundesrepublik Deutschland die zehnte Weltmeisterschaft vorbereitet wurde, besaß der bundesdeutsche Fußball einen zwiespältigen Leumund. Sportlich konnte man sicherlich hoch zufrieden sein, immerhin hatte die Nationalmannschaft 1972 den Europameister-Titel gewonnen und spielte dabei auf einem ästhetisch hohen, bis heute nicht wieder erreichten Niveau. Auch im Vereinsfußball landeten deutsche Klubs in den europäischen Wettbewerben immer häufiger auf den vorderen Rängen. Im Jahr des WM-Turniers gelang dem FC Bayern München als erstem deutschen Verein der Gewinn des Europapokals der Landesmeister. Trotzdem war in Deutschland die Fußballwelt alles andere als in Ordnung, nachdem ruchbar geworden war, dass in der Bundesliga Punktspiele verkauft worden waren. Die Fans quittierten diese Machenschaften, indem sie die Stadien mieden.

So war es kein Wunder, dass in der deutschen Bevölkerung vehement gestritten wurde, wie sinnvoll eigentlich der Neu- bzw. Ausbau der neun WM-Stadien sei, auch wenn der Vorsitzende des Organisationskomitees, Hermann Neuberger, nicht müde wurde zu betonen, dass sich das WM-Turnier finanziell selbst tragen würde. Schließlich stellten die Stadträte in Düsseldorf, München, Berlin, Dortmund, Gelsenkirchen Hamburg, Hannover und, nach heftigstem Streit, der sich durch alle politischen Parteien und Gremien zog, auch in Frankfurt ihre Bedenken hinten an und schalteten die Ampeln für die Endspiele der zehnten Weltmeisterschaft auf Grün.

Alle Stadien mussten unter einem medialen Aspekt konzipiert werden. Passé waren die Zeiten, in denen eine einzige Kamera das Spiel aus der Sicht eines Tribünengastes übertrug. Sechs Schwenkbereiche wurden in jedem Stadion installiert, um jede Spielsituation sicher zu erfassen und einer genaueren Analyse zugänglich zu machen. In der Kalkulation der Zuschauerkapazitäten wurde die Medienpräsenz minutiös erfasst: Grundsätzlich mussten 400 Medienplätze vorgehalten werden, bei Spielen mit deutscher Beteiligung kamen noch einmal 200 hinzu. Für die Finalspiele und die Eröffnung konnte diese Zahl auf 1.200 gesteigert werden. Das enorme Medieninteresse dokumentierte auch die Anzahl der Akkreditierungen: 3.520 Medienvertretern aus 66 verschiedenen Ländern wurde erlaubt, in Bild, Ton und Schrift die Welt über das Ereignis zu unterrichten. Technisch war kein Aufwand zu groß, um live und in Farbe von diesem Fußballspektakel zu berichten. Um in Haiti oder Zaire Bilder zeitgleich empfangen zu können, wurde eigens eine Satellitenbodenstation gebaut. Soviel Medienpräsenz lockte natürlich die Wirtschaft auf den Plan, die in diesen Tagen entdeckte, welch ungeheures ökonomisches Potential der Fußball in sich barg. Die Werbeträger in den Stadien waren schnell belegt, Spieler und Trainer warben im Fernsehen, Radio, im Kino oder in Zeitschriften. Für die Verantwortlichen des öffentlich-rechtlichen Fernsehens war die Schmerzgrenze längst überschritten. Sie überlegten, wie sie werbende Hinweise während einer Übertragung vermeiden konnten und kamen auf zum Teil groteske Ideen, indem sie auf Großeinstellungen verzichten wollten, wenn Werbung zu sehen war, oder beabsichtigten, das Kamerabild an den oberen oder unteren Rändern künstlich zu verkleinern.

Im kalten Architekturstil der 1970er Jahre und ähnlich den damals weit verbreiteten neuen Trabantenstädten wie der Berliner Gropiusstadt entstanden jetzt Reißbrettarenen, die funktionell, aber seelenlos waren. Berücksichtigt wurden bei der Planung ebenfalls polizeiliche Sicherheitsaspekte, galt es doch einen weiteren Anschlag zu vermeiden, nachdem bei den Olympischen Spielen 1972 in München israelische Sportler ums Leben gekommen waren. Stacheldraht-bewehrte Absicherungen zum Spielfeld, Kameraüberwachung und Aufenthaltsräume für Polizeihundertschaften wurden nun zum Stadionstandard. 30 Jahre nach dem Abpfiff des Turniers galten diese Stadien nur nach radikalen Umbaumaßnahmen noch als zeitgemäß. Das Gelsenkirchener Parkstadion wurde 2001 sogar zugunsten eines kompletten Neubaus aufgegeben.

Mit der WM-Vergabe in die Bundesrepublik erkannte die FIFA den zentralen Stellenwert des Fußballs in der BRD an. Der DFB hatte mit Ausnahme der Turniere 1930 und 1950 für alle Weltmeisterschaften eine Mannschaft gemeldet und stets die Endrunde erreicht. Enorme Schwierigkeiten hatte dem DFB allerdings die Einführung einer zentralen Liga und die damit fast zwangsläufig verbundene Legalisierung des Berufsspielertums bereitet. Der Anpfiff zur Bundesliga erfolgte erst 1963, d.h. 90 Jahre später als in England. Die Bundesrepublik war damit das letzte Land in Europa, das eine zentrale Liga einrichtete. Mit der Bundesliga wurde auch der Vollprofi eingeführt, der in England bereits seit 1885 existierte. Allerdings durfte dessen Monatsgehalt zunächst DM 1.200 nicht übersteigen, weshalb im ersten Jahr der Bundesliga lediglich 34 Spieler den Fußball zu ihrem Beruf erklärten. Erst der Bestechungsskandal der Saison 1970/71 bewirkte die Beseitigung sämtlicher Geldbeschränkungen. Ablösesummen, Spielergehälter und Prämien konnten fortan frei ausgehandelt werden.

Den Anstoß für die Einführung der Bundesliga und die Legalisierung des Professionalismus gab die Befürchtung, der bundesdeutsche Fußball könne seine internationale Konkurrenzfähigkeit verlieren. Das romanische Vollprofitum hatte zur Abwanderung einer Reihe qualifizierter Spieler in diese Länder, vornehmlich nach Italien, geführt, weshalb der damalige Bundestrainer Sepp Herberger die Spielstärke der Nationalmannschaft schwinden sah.

Qualifikation: „Englands Nacht der Tragik"

Für die Teilnahme an der Endrunde bewarb sich die Rekordzahl von 96 Nationen, wofür die dramatisch gestiegene Anzahl von Meldungen aus Asien und Ozeanien sowie Afrika verantwortlich war. Die Zahl der asiatisch-ozeanischen Bewerber stieg von 6 auf 17, die Afrikas von 11 auf 24. Zu den arabischen Ländern Nordafrikas gesellte sich erstmals auch eine größere Zahl schwarzafrikanischer Bewerber.

Europaweit wurde in neun Qualifikationsgruppen die Fußballspreu vom Weizen getrennt. Die größte Sensation war das Scheitern Englands, das den Polen den Vortritt gewähren musste. Für das „Mutterland" kam das Ausscheiden in der Gruppe 5 einer nationalen Katastrophe gleich: „Ende der Welt", „Englands Nacht der Tragik" oder „Wenn jemals eine Nation lernen musste ... dann England", titelte die englische Boulevardpresse. Ein 1:1-Remis in Wembley bedeutete für Polen die nach 1938 zweite WM-Endrundenteilnahme. Die polnische Presse erhob die Kicker um Trainer Gorski in den Rang von Nationalhelden.

Spannend gestaltete sich das Rennen um die WM-Plätze in der Gruppe 1, in der am Ende Schweden, Österreich und Ungarn punktgleich vorne lagen, während Malta abgeschlagen mit 0:12 Punkten ausgeschieden war. Die Endrunde verpasste Ungarn nur wegen der um zwei Tore schlechteren Tordifferenz, die bei Schweden und Österreich identisch war und ein Entscheidungsspiel nötig werden ließ, das im Gelsenkirchener Parkstadion stattfand und von den Nordeuropäern 2:1 gewonnen wurde.

Geradezu langweilig verlief dagegen die Entscheidung in der Gruppe 2, in der sich Italien unangefochten mit vier Punkten Vorsprung vor der Türkei und einem bemerkenswerten Torverhältnis von 12:0 durchsetzte.

Europarekorde stellte in der Qualifikation die Niederlande auf, deren fußballerische Bilanz bis dahin bescheiden ausfiel: 9:0 besiegten die Holländer das norwegische Auswahlteam. Hartnäckigster Verfolger war in dieser Gruppe Belgien, das auf die gleiche Punktzahl kam, aber das „schlechtere" Torverhältnis auswies. 24:2 Tore lautete die Bilanz der Niederländer aus sechs Spielen, und trotzdem wären sie um ein Haar gescheitert. Beim Spiel zwischen den Niederlanden und Belgien in Amsterdam gelang dem Belgier Jan Verheyen in letzter Sekunde ein Freistoßtor, dessen Anerkennung das „Aus" für die Heimmannschaft bedeutet hätte. Doch der russische Schiedsrichter Khazakov entschied fälschlicherweise auf Abseits. Amsterdam, Rotterdam und Den Haag versanken in „Oranje boven"-Gesängen, während den Belgiern nur der schwache Trost blieb, neben den Italienern als einziger Qualifikationsteilnehmer keinen Gegentreffer kassiert zu haben. Erstmals seit 36 Jahren hatten sich die Niederlande wieder für ein WM-Endrundenturnier qualifiziert.

Holland wäre fast gescheitert

Der niederländische Fußball hatte Anfang der 1970er Jahre enorm an Reputation gewonnen. 1970 holte Feyenoord Rotterdam als erste niederländische Vereinsmann-

> ◆ **Ein „Feldspieler" im Oranje-Tor**
>
> Mit Erstaunen registrierte die Fachwelt die Wahl des holländischen Torwarts: Als bester Keeper seines Landes wurde gemeinhin Jan van Beveren betrachtet, der jedoch leicht verletzt war und im Konflikt mit Johan Cruyff stand. Auf Cruyffs Anraten stellte Michels den 34-jährigen Jan Jongbloed vom FC Amsterdam zwischen die Pfosten. Jongbloed hatte bis dahin nur ein einziges Mal das Nationaltrikot getragen, nämlich bei der 1:4-Niederlage seines Landes gegen Dänemark im Jahre 1962. Der Torwartveteran wurde nun zum ersten Vertreter seines Faches, der nicht aufgrund seiner Qualitäten als Torwart, sondern als Feldspieler nominiert wurde. Für einen Torwart der damaligen Zeit konnte Jongbloed auch mit den Füßen erstaunlich gut mit dem Ball umgehen. Befand sich sein Klub im Rückstand, was häufiger der Fall war, pflegte Jongbloed in der Schlussphase des Spiels mit in den Angriff zu gehen. Michels suchte einen Keeper, der wie ein Libero agieren konnte, anstatt auf der Torlinie zu kleben.

schaft den Europapokal der Landesmeister. 1971, 1972 und 1973 hieß der Sieger in diesem Wettbewerb Ajax Amsterdam. Mit dem schmächtigen Kettenraucher Johan Cruyff verfügten Ajax und die Nationalmannschaft über den in diesen Jahren wohl weltweit besten Fußballer. Trotz der gelungenen Qualifikation kam es einige Monate vor der WM im niederländischen Lager zu einem heftigen Streit. Die selbstbewusste Mannschaft, die wie keine andere Nationalmannschaft im Europa dieser Zeit den Aufbruch der jungen Generation gegen das Establishment repräsentierte, verweigerte sich den taktischen Anweisungen ihres tschechischen Trainers Dr. Frantisek Fadrhonc, der drei Monate vor der WM vom „General" Rinus Michels abgelöst wurde. Michels, dessen Fußballphilosophie englische Kondition mit südamerikanischer Technik und mitteleuropäischer Taktik zu verbinden trachtete, stand zu dieser Zeit beim FC Barcelona unter Vertrag, nachdem er zuvor Ajax zu einer europäischen Spitzenmannschaft geformt hatte. Als Ajax-Trainer hatte Michels ein offensiv ausgerichtetes System kreiert, das *totaal voetbal* getauft wurde und von seinen Spielern ein Höchstmaß an Vielseitigkeit verlangte. Bei laufendem Spiel rotierten die Spieler auf ihren Positionen, Angreifer wurden zu Verteidigern und Verteidiger zu Angreifern. Mit Johan Cruyff, der Michels 1973 in die katalanische Metropole gefolgt war, bildete der „General" ein unzertrennliches Gespann. Beim WM-Turnier musste Michels allerdings auf einige Ajax-Akteure verzichten. Barry Hulshoff war verletzt, Gerrie Muhren fuhr nicht mit, weil sein Sohn erkrankt war, Rinus Israel blieb zu Hause, weil sein Vater gestorben war.

Erstmals dabei war der andere deutsche Staat. In allen möglichen Sportarten dominierten DDR-Sportler schon seit Jahren, nur ausgerechnet im Fußball, auch zwischen Rostock und Dresden Volkssport Nummer eins, führte das sozialistische Deutschland ein Mauerblümchen-Dasein. Zwar gewannen die DDR-Fußballer 1972 in München eine Bronzemedaille, doch die Qualifikation für eine Europameisterschafts- oder Weltmeisterschaftsendrunde war der Nationalelf um Spielmacher Jürgen Sparwasser bislang versagt geblieben. Nach einem 4:1-Sieg gegen Albanien in Tirana konnte die von Georg Buschner trainierte DDR-Auswahl mit einem Punkt Vorsprung vor Rumänien die Reise zum Klassenfeind antreten. 18 erzielte Treffer ließen die Fußballwelt aufhorchen.

Bulgarien sicherte sich zum vierten Mal in Folge das WM-Ticket und verwies dabei Nordirland und Portugal auf die Plätze. Wie Schweden benötigte auch Jugoslawien ein Entscheidungsspiel, weil am Ende der Qualifikation die Punktausbeute und Tordifferenz gegenüber Mitbewerber Spanien identisch waren. In Frankfurt unterlagen die Südeuropäer allerdings 0:1 und kultivierten ungewollt ihren Ruf, zwar über exzellente Vereinsmannschaften zu verfügen, aber noch nie eine entsprechende Nationalelf besessen zu haben.

Schottland qualifizierte sich mit einem Zähler vor der CSSR für die WM-Endrunde. Die UdSSR wurde zwar vor der Republik Irland und Frankreich Gruppensieger, war aber damit noch nicht qualifiziert. Weil die südamerikanische Gruppe 3 lediglich aus den Mannschaften Perus und Chiles bestand, hatte die FIFA beschlossen, den Sieger dieser Gruppe in Hin- und Rückspielen gegen den Sieger der Europagruppe 9 antreten zu lassen. In Moskau trennten sich die UdSSR und Chile torlos. Ende September 1973 sollte das Rückspiel im chilenischen Nationalstadion zu Santiago stattfinden, das auch schon die Spiele der WM 1962 gesehen hatte. Doch mittlerweile nutzten die Chilenen ihr Stadion zu ganz anderen Zwecken. Nachdem Militärs die demokratisch

Fußball im Folterstadion

gewählte Regierung um den Sozialisten Salvadore Allende in einem blutigen Putsch gestürzt hatten, überzogen sie das Land mit einer Welle des Terrors. Tausende von „Verdächtigen" wurden in den Katakomben oder auf den Rängen des Nationalstadions gefangen gehalten und auch gefoltert. Die UdSSR mochte angesichts der Menschenrechtsverletzungen nicht in Chile und schon gar nicht in diesem Stadion spielen, ein Ansinnen, das die Weltöffentlichkeit weitgehend verstand, nicht jedoch die FIFA. Diese entschied nach einer Platzbesichtigung, dass die Partie im Nationalstadion angepfiffen werden könne. Um deren Austragung zu ermöglichen, hatten die Militärs die Gefangenen in andere Lager umquartiert. Doch die UdSSR weigerte sich weiterhin, im Estadio Nacional anzutreten, und bat um eine Verlegung in eine andere Arena, was jedoch abgelehnt wurde. Am 21. November 1973 wurde das Spiel tatsächlich angepfiffen, dauerte aber nur wenige Sekunden. Die Chilenen schoben den Ball in das leere gegnerische Tor. Da kein Gegner auf dem Feld stand, der den Toranstoß hätte ausführen können, wurde das Spiel anschließend abgebrochen und mit 2:0 Toren und Punkten für Chile gewertet.

Neben dem automatisch qualifizierten Weltmeister, Brasilien, und Chile schafften aus Südamerika noch Argentinien, das ungeschlagen blieb, und Uruguay, das sich nur dank der besseren Tordifferenz gegenüber Kolumbien durchsetzen konnte, den Sprung über den Teich. In der Nord-/Mittelamerika-/Karibik-Gruppe machte überraschend nicht Mexiko, sondern Haiti das Rennen. Die Kicker aus der Karibik bestritten zehn Qualifikationsspiele, bevor sie nach Deutschland reisen durften. Um die verbleibenden zwei freien Plätze bemühten sich nicht weniger als 41 Länder Asiens, Ozeaniens und Afrikas, die hierfür 90 Qualifikationsspiele bestreiten mussten. Zum Vergleich: Europa ermittelte seine acht Teilnehmer (minus dem bereits qualifizierten Gastgeber Deutschland) in 87 Spielen. Am engsten wurde das Gerangel in der afrikanischen Gruppe, in der sich mit Zaire nach neun Spielen erstmals ein schwarzafrikanischer Vertreter für die WM-Endrunde qualifizieren konnte. Die Kicker des zentralafrikanischen Staates schalteten u.a. die hoch favorisierten Marokkaner aus. Drei Monate vor dem Start der WM gewann Zaire auch noch durch einen 2:0-Sieg über Sambia erstmals den African Cup of Nations.

Australien benötigte elf Spiele, um nach Deutschland zu gelangen, womit erstmals auch der ozeanische Kontinent bei einer WM-Endrunde vertreten war. Der 1:0-Sieg im entscheidenden Spiel gegen Südkorea in Hongkong wurde in Sydney frenetisch gefeiert. Begünstigt wurde Australiens Vormarsch durch den Rückzug einer Reihe arabischer Länder, die den politischen Spannungen in ihrer Region Rechnung tragen mussten.

Erwartungsgemäß löste die Auslosung der WM-Endrunde ein weltweit großes Interesse aus. Via Satellit wurde das Zusammensetzen der Gruppen als grandioses Medienspektakel in aller Herren Länder übertragen. Im Topf eins lagen die Papierhülsen mit den Namen von vier Weltmeistern, die als Favorit für diese WM angesehen wurden und allesamt im 70er Halbfinale standen: Brasilien, Deutschland, Italien und Uruguay. Das zweite Behältnis konnte als „Sozialistentöpfchen" bezeichnet werden: Polen, Bulgarien, die DDR und Jugoslawien waren hier versammelt. Die WM-Novizen Haiti, Zaire und Australien wurden zusammen mit den Schweden zur Loseinheit drei zusammengefasst, während Argentinien, Chile, die Niederlande und Schottland die Einheit „Unberechenbar" bildeten und sich im Topf vier wiederfanden. So vorstrukturiert, wurde verhindert, dass Supergruppen entstanden, in denen dann zwei lukrative Mannschaften auf der Strecke blieben, was für die Einschaltquote und damit auch den Kommerz ungünstig gewesen wäre. Unwahrscheinlich war aber auch, dass ein schwächeres Team die Gruppenspiele überstehen würde. Als am 5. Januar 1974 der Schöneberger Sängerknabe, Detlef Lange aus Berlin, neben FIFA-Generalsekretär Dr. Kaeser die Auslosung der Gruppen in Frankfurt vornahm, lief alles wie am Schnürchen. Lediglich einmal ging ein Raunen durchs Publikum: In der Gruppe 1 sollten am 22. Juni 1974 die Auswahlmannschaften der DDR und der BRD zum ultimativen Systemvergleich antreten.

Aus ökonomischen Gründen hatte die FIFA den Austragungsmodus der WM-Endrunde erstmals seit 1958 wieder verändert. Nach den Gruppenspielen, die in der bislang bewährten Form ausgetragen wurden, ging es nicht wie früher im K.o.-System weiter. Die ersten beiden Platzierten der vier Gruppen fanden sich in einer so

Nachdem der alte Jules-Rimet-Cup endgültig an Brasilien gegangen war, spielten die Teams beim Turnier 1974 erstmals um den neuen Pokal. Auch die Vermarktung wurde modernisiert: Die WM-Maskottchen Tip und Tap erwiesen sich als Verkaufsschlager.

genannten zweiten Finalrunde wieder, die zwei Gruppen mit jeweils vier Mannschaften umfasste und in der weitere drei Punktspiele bestritten werden mussten. Die Sieger dieser beiden Gruppen stießen ins Finale vor, während die jeweiligen Zweiten das Spiel um den dritten Platz bestreiten mussten. Die Veränderung bedeutete eine Erhöhung der Endrundenspiele von 32 auf 38 und damit eine Verbesserung der Einnahmeseite. Da das K.o.-System jetzt nur noch für das Finale galt, waren die Chancen für Sensationen deutlich geringer geworden.

Geschäftsmann kontra Lehrer

Noch während des WM-Turniers musste Sir Stanley Rous, der Mann aus dem öffentlichen Dienst, die FIFA-Präsidentschaft an den brasilianischen Unternehmer und Großgrundbesitzer Joao Havelange abtreten. Erstmals war der FIFA-Präsident kein Europäer, und erstmals war der oberste Fußballfunktionär ein Quereinsteiger. Verkörperte Stanley Rous noch den klassischen Funktionär, so agierte sein Nachfolger als Fußballunternehmer. Havelanges Wahl markierte somit gleich in mehrfacher Hinsicht einen Einschnitt in die FIFA-Geschichte. Die Mitgliedschaft des Weltverbands hatte sich erheblich verändert. Die Länder außerhalb der traditionellen FIFA-Säulen Europa und Lateinamerika bildeten mittlerweile die Mehrheit. Zwischen 1954 und 1974 hatte

> ◆ **„Fest in der Welt des Kapitalismus"**
>
> Die FIFA-Analytiker John Sugden und Alan Tomlinson über Havelanges Strategie: „Havelanges Erfolg verdeutlicht eine wunderbare Ironie der FIFA-Geschichte. Die Herausforderung der entwickelten Welt durch die Entwicklungsländer wurde von einer schillernden Figur der Moderne angeführt und ökonomisch abgesichert durch Geld aus den kapitalistischen Zentren Mitteleuropas und Nordamerikas. Die Dritte Welt befand sich fußballerisch auf dem Vormarsch; machtpolitisch verbanden die FIFA-internen Allianzen die aufstrebenden Nationen mit den marktpolitischen Absichten von multinationalen und transnationalen Interessengruppen, die noch immer fest in der Ersten Welt des Kapitalismus verankert waren." (Sugden/Tomlinson 1998)

sich die Zahl der FIFA-Mitglieder nahezu verdoppelt. 39 der FIFA-Mitglieder kamen aus Afrika, 33 aus Asien. Die Dekolonialisierung der Dritten Welt kam in dieser Dekade zu ihrem Abschluss und manifestierte sich auch in der Zusammensetzung des Fußball-Weltverbands.

Für Havelange war bereits die Tatsache, ein Brasilianer zu sein, Qualifikation genug für den Job des FIFA-Bosses. Schon als kleines Kind habe er mit Angehörigen unterschiedlicher „Rassen" zusammengelebt und dabei Verständnis für unterschiedliche Mentalitäten entwickelt. Brasilien sei außerdem Mittelpunkt und Mikrokosmos der Welt: ein führendes Mitglied der blockfreien Nationen, das Eigenschaften der Ersten, Zweiten und Dritten Welt in sich vereine.

Gegen Havelanges dynamischen Wahlkampf besaß Rous keine Chance. Havelanges Buhlen um Stimmen führte ihn in 86 FIFA-Länder, wobei der Kandidat vor allem Afrika und Asien bereiste, da es hier die meisten Stimmen zu holen gab. Afrikanischen und asiatischen Delegierten wurde die Reise zur Präsidentenkür aus Havelanges Privatschatulle finanziert. Der Brasilianer präsentierte sich als Champion der Dritten Welt und versprach dieser u.a. eine Verdoppelung der nichtamerikanischen, nicht-europäischen Finalrundenteilnehmer, Hilfe beim Bau und der Modernisierung von Stadien, technische und medizinische Unterstützung sowie Maßnahmen zur Verbesserung der Qualität des Fußballs in diesen Ländern. Realisieren ließen sich diese Versprechungen allerdings nur mit Hilfe von internationalen Konzernen wie Coca Cola, adidas, dem Elektroriesen JVC und McDonalds, die nun im Windschatten des von Havelange betriebenen FIFA-Expansionismus neue Märkte durchdrangen und Imageverbesserung betrieben. Die westlichen Industrieländer versprachen zudem enorme Steigerungen bei den Einnahmen aus dem Verkauf von TV-Übertragungsrechten.

Unter Havelanges Regie steuerte der Weltverband in die moderne Welt des Sponsorentums. 1974 gab es nur den World Cup. 1996, als Havelange seinen Verzicht auf eine weitere Kandidatur bekannt gab, kontrollierte die FIFA gleich eine Reihe internationaler Wettbewerbe wie die Weltturniere für Jugend, Junioren und Frauen. Entwicklungspolitische und kommerzielle Interessen gingen Hand in Hand. Mit Afrika,

Asien, der UdSSR und den arabischen Golfstaaten wurden die neuen Wettbewerbe vorzugsweise in Regionen ausgetragen, die sowohl für die FIFA wie für den Sponsor Coca Cola bis dahin mehr oder weniger Neuland bedeuteten. „Havelanges Programm funktionierte traumhaft. Der Fußball weitete seine Spielbasis aus, Coca Cola dehnte seine Marktdurchdringung aus und die FIFA wurde reicher und reicher." (Sugden/ Tomlinson 1999)

Ein wichtiger Wahlkampfhelfer des Herausforderers war adidas-Besitzer Horst Dassler, der sich von der Politik Havelanges Vorteile für sein Imperium versprach. Dassler sollte später auch die Kampagne des Spaniers Juan Antonio Samaranch um die IOC-Präsidentschaft sponsern, der in dieser Position 1980 den Anglo-Iren Lord Killanin

Joao Havelange

ablöste. Sowohl Havelange wie Samaranch agierten wie Monarchen. Den Brasilianer Havelange und den Spanier Samaranch verband mit dem Deutschen Dassler neben verbandspolitischen und geschäftlichen Interessen auch die Ablehnung der „Anglos" und deren Hegemonie in der internationalen Sportpolitik. Unter dem Fußballunternehmer Joao Havelange sollte die FIFA nun zur weltweit reichsten Sportautorität avancieren, deren Funktionäre in den teuersten Hotels logierten, bei den Staatsoberhäuptern stets auf offene Türen stießen und mit den Fürsten der Regionalverbände eine neue Aristokratie bildeten.

1. Finalrunde: Deutschland-Ost besiegt Deutschland-West

Im Eröffnungsspiel standen sich am 13. Juni 1974 im Frankfurter Waldstadion Weltmeister Brasilien und Jugoslawien gegenüber. Die Begegnung endete – wie schon 1962 und 1966 – torlos. Trotzdem wurden die 62.000 Zuschauer Zeugen eines Novums in der mittlerweile 44-jährigen WM-Geschichte: Wegen des schlechten Wetters erfolgte der Anpfiff unter Flutlicht. Den Zuschauern blieb nicht verborgen, dass der amtierende Weltmeister an Glanz eingebüßt hatte und ähnlich wie 1966 in einer Umbruchphase steckte. Aus dem Siegerteam von 1970 war nur noch Jairzinho geblieben, doch auch er blieb gegen die geschickte Raumdeckung der Jugoslawen wirkungslos.

Gruppe 1

Die bundesdeutsche Equipe hatte sich traditionell in der Sportschule Malente auf das Turnier vorbereitet. Wie bei den Niederländern tobte auch bei den Deutschen der Prämienstreit. Die Kinder der Weltmeister von 1954 waren allein mit „Ehre" und „Vaterland" nicht mehr zu ködern. Der DFB fühlte sich von den Spielerforderungen brüskiert und überlegte allen Ernstes, den gesamten Kader zu entlassen und neue Spieler zu nominieren. Doch schließlich lenkten die Funktionäre ein.

Nach so viel Hick-Hack zwischen Spielern und Funktionären verwunderte es niemanden, dass die Nationalmannschaft ihr Auftaktspiel in Berlin gegen Chile nur knapp mit 1:0 gewann. Das Tor des Tages erzielte Breitner mit einem Sonntagsschuss. Regisseur Overath wurde vom eigenen Publikum ob seiner nur durchwachsenen Leistungen ausgepfiffen. Das Verhältnis zwischen Fans und Mannschaft war zu Beginn des Turniers nicht das beste. Einige Hundert nutzten das Spiel und seine mediale Präsentation, um gegen die chilenischen Putschisten mit Transparenten und Sprechchören zu demonstrieren.

Das Auswahlteam der DDR startete am selben Tag. In Hamburg setzten sich die Ostdeutschen in einer überaus hart geführten Partie gegen den WM-Neuling Australien mit 2:0 durch. Lediglich 15.000 Fans wollten den ersten WM-Auftritt der DDR verfolgen.

Niemand zweifelte daran, dass die deutsche Nationalmannschaft West den Gruppensieg erringen und Australien ausscheiden würde. Offen war dagegen die Frage, ob die DDR oder Chile weiterkämen. Deshalb kam dem zweiten Auftritt beider Teams in Berlin eine vorentscheidende Rolle zu, doch trennten sie sich schiedlich, friedlich vor 30.000 Zuschauern 1:1. Den Chilenen genügte das Remis, da man mit einem sicheren Sieg der BRD über die DDR rechnete. Die Ost-Kicker versäumten es an diesem Tag, den Sack zuzumachen, während sich ihre Fußballkollegen West mit einem ungefährdeten 3:0-Sieg über die australische Mannschaft vorzeitig für die zweite Finalrunde qualifizierten. Dennoch waren die 55.000 Zuschauer im nicht ausverkauften Hamburger Volksparkstadion unzufrieden mit dem Auftritt ihres Teams. Gerd Müllers Aktivitäten kommentierten sie mit „Uwe, Uwe"-Rufen, und Beckenbauer rotzte verärgert Richtung Publikum.

Der WM-Neuling aus Übersee war also nach nur zwei Spielen bereits aus dem Rennen. Am letzten Spieltag knöpften die Australier den favorisierten Chilenen allerdings noch einen Punkt ab und verbauten den Südamerikanern damit, unabhängig vom Ausgang der deutsch-deutschen Partie, ein Weiterkommen.

Rein rechnerisch ging es beim ersten und letzten A-Ländervergleich zwischen den beiden deutschen Staaten am 22. Juni 1974 in Hamburg nur noch um den Gruppensieg. Trotzdem barg das Match jede Menge Zündstoff, ging es doch nicht „nur" um Punkte, sondern vor allem um Prestige und gesellschaftliche Reputation. Das DDR-Team wurde im Westen milde belächelt. Mit ihren ungelenken Auftritten und in ihren

Torwart Croy ist geschlagen, aber Müllers Schuss landet nur am Pfosten. Das DDR-Team siegte gegen die Brüder aus dem Westen mit 1:0.

schlichten Trainingsanzügen erinnerten die Spieler von Trainer Georg Buschner die Westdeutschen an den als grau und verschroben empfundenen DDR-Alltag. Die offizielle DDR wiederum sah in den bundesdeutschen Kickern kurzbehoste Apologeten des westdeutschen Kapitalismus, die als Feinde des Arbeiter- und Bauernstaates einzustufen waren.

Die Westdeutschen vergaßen an diesem Samstagnachmittag über ihren technischen Fähigkeiten, dass Fußball auch ein Kampfspiel ist – eine Tatsache, die die DDR-Kicker auf ihrer Rechnung hatten und die sie auch umsetzten. Elf Minuten vor Schluss war es an Jürgen Sparwasser, für die ganz große Fußballsensation und die nicht minder gewaltige westdeutsche Depression zu sorgen, als ihm das entscheidende Tor zum 1:0-Endstand gelang. Auch der vom Publikum lautstark geforderte Spanien-Legionär Günter Netzer, der erst in der 69. Minute für den aufgeriebenen Wolfgang Overath eingewechselt wurde, konnte das Blatt nicht mehr wenden. Torschütze Sparwasser 24 Jahre später: „Auf meinem Sarg müsste nur stehen, ‚Hamburg, WM '74', und schon wüsste jeder Bescheid. (…) Es gab keine große Ehre und auch keine besondere Prämie. Es war eben das Spiel der Funktionäre."

In Hamburg siegte auch die bessere Vorbereitung: Georg Buschner und sein Team hatten sich mit dem Gegner und dessen Stärken und Schwächen akribisch auseinandergesetzt. Durch die westdeutsche Boulevardpresse der BRD tobte nach dem Abpfiff ein Sturm der Entrüstung. So erschien die *Bild* zwei Tage nach der Niederlage mit dem anklagend ketzerischen Aufmacher „Die schweren Fehler des Herrn Schön", um dann in ein nationales Pathos zu verfallen: „Noch ist Deutschland nicht verloren". Zurück in Malente, wurden Konsequenzen gezogen: Kapitän Franz Beckenbauer stieg zum Neben-Bundestrainer auf. Was immer Helmut Schön nun unternahm, war mit dem kommenden Kaiser abgesprochen. Auf dem Spielfeld erfolgte der Abschied von jenem Angriffsfußball, mit dem das DFB-Team 1972 die Europameisterschaft gewonnen und die Herzen der Fußball-Ästheten erobert hatte. Die Personalie „Overath oder Netzer" wurde zugunsten des Kölners entschieden. Für Günter Netzer bedeutete somit der Kurzeinsatz in Hamburg den einzigen WM-Auftritt seiner ruhmreichen Karriere. Für den Rest des Turniers hatte Netzer nur noch die Aufgabe, für seinen ehemaligen Mönchengladbacher Mannschaftskameraden Berti Vogts Johan Cruyff zu doublen.

Gruppe 2 In der Gruppe 2 begannen die Schotten das Turnier mit einem lockeren 2:0-Sieg über die Auswahlkicker von Zaire, die wegen des Raubtiers im Trikotemblem „die Leoparden" genannt wurden. „Die spielen ja Handball mit denen", ulkte ein jugoslawischer Fan während der Begegnung seiner Mannschaft gegen die „Leoparden", die ziemlich ohne Biss blieben. Jugoslawiens 9:0-Sieg bedeutete die Einstellung des alten Rekordergebnisses von 1954, als Ungarn Südkorea mit dem gleichen Resultat besiegte. Auch spielerisch wussten die Balkankicker von Torwart Enver Maric bis zum Angreifer Branko Oblak zu gefallen, so dass ihnen einiges zugetraut wurde.

Brasilien kam auch gegen Schottland über ein 0:0 nicht hinaus, womit der noch vier Jahre zuvor für seinen Offensivgeist gepriesene und belohnte Weltmeister bereits seit 180 Minuten ohne Torerfolg war. Zwar konnten die Brasilianer ihr drittes Gruppenspiel erwartungsgemäß 3:0 gegen Zaire gewinnen und sich somit für die zweite Finalrunde qualifizieren, den Gruppensieg aber trug Jugoslawien davon, das gegen Schottland remis (1:1) spielte. Schottland musste nach einem Sieg und zwei Unentschieden ungeschlagen die Heimreise antreten. Punktgleich mit Brasilien fehlte Bremner und Co. ein einziger Treffer, um die nächste Runde zu erreichen.

Gruppe 3 In der Gruppe 3 starteten die Niederländer mit einem ungefährdeten 2:0-Sieg über Uruguay, das sich des holländischen Spielflusses nur mit Härte zu erwehren wusste. Die Leistung der Niederländer war so beeindruckend, dass viele Experten sie anschließend zu Titelanwärtern erkoren. Das 2:0 war übrigens der erste holländische Sieg überhaupt in einem WM-Endrundenturnier. Europas Kicker-Exporteur Nummer eins, Schweden, und Bulgarien trennten sich torlos. Im Team von Trainer Ericsson waren mit Torstensson (Bayern München), Sandberg und Magnusson (1. FC Kaiserslautern) drei Bundesligaprofis dabei. Der starke Keeper Ronnie Hellström sollte nach der WM ebenfalls zum Lauterer Betzenberg wechseln. Auch die Partie der Schweden gegen die Niederlande endete als Nulldiät, da Cruyff, Neeskens und Co. ihre faktische Überlegenheit nicht in Tore umzumünzen verstanden. Das niederländische Publikum quittierte den Auftritt ihrer Idole mit Pfiffen. Nur 10.000 Zuschauer kamen zum Spiel Bulgarien gegen Uruguay, bei dem

Durch ein 4:1 gegen Haiti kam Argentinien eine Runde weiter. Auf den Rängen feierten die Fans.

bereits das dritte Remis (1:1) in dieser Gruppe registriert wurde. Den Bulgaren fehlten nur drei Minuten zu ihrem ersten WM-Endrundensieg. Beide Teams konnten den Beweis für ihre WM-Tauglichkeit nicht erbringen.

So war es am dritten Spieltag auch keine Überraschung, als sich Schweden mit 3:0 über Uruguay durchsetzte, während die Niederlande einen 4:1-Sieg über Bulgarien landeten. Die Nähe der Spielorte Hannover und Dortmund zu den Niederlanden sicherte den Oranjes von Trainer Rinus Michels einen gewaltigen Zuschauerzuspruch. Jeweils über 50.000 sahen die drei Vorrunden-Auftritte der Niederländer.

„Die Chance Haitis, ein Tor bei der WM zu schießen, ist ebenso groß, wie die Aussicht, mit Pfeil und Bogen den Mond zu treffen", witzelte Max Merkel, Erfinder des verbalen Flachpasses, vor der WM-Endrunde. Genau **Gruppe 4**
eine Halbzeit hatte der Merkel-Vergleich in der Gruppe 4 Bestand, da strafte ihn Haitis Emanuel Sanon Lügen, als ihm im Spiel gegen Vizeweltmeister Italien die sensationelle 1:0-Führung gelang. Haitis Torwart Francillon wuchs über sich hinaus und wurde vom Publikum mit Beifall überschüttet. Trotzdem konnten die Italiener im Münchner Olympiastadion ein zweites Middlesborough noch einmal abwenden. Am Ende gewannen Rivera und Co. mit 3:1, aber in die Herzen der Fans hatte sich der karibische Fußballzwerg gespielt.

Die Polen reisten als amtierender Olympiasieger zum Turnier. Gegen Argentinien lagen Lato, Deyna, Gadocha und Co. bereits nach sieben Minuten mit 2:0 in Führung. Zwar bäumten sich die Argentinier noch einmal auf, doch am Ende hieß es 3:2 für Polen, das jetzt ebenfalls zum Favoritenkreis gezählt wurde.

Im Spiel gegen Haiti untermauerten sie diese Erwartung mit einem 7:0-Kantersieg. Italien dagegen blieb im Leistungstief hängen, obwohl in der Mannschaft so ausgezeichnete Einzelkönner wie Facchetti, Zoff, Riva, Rivera und immer noch Mazzola agierten. Die Mannschaft erwies sich als völlig überaltert. Das 1:1 gegen Argentinien kam einem geschenkten Punkt gleich, denn die argentinische 1:0-Führung durch Houseman glichen die Südamerikaner höchstpersönlich aus. Weil Argentinien glatt mit 4:1 gegen Haiti gewann und Italien fast schon erwartungsgemäß gegen die immer besser aufspielenden Polen 1:2 verlor, konnten sich die Kicker vom River Plate hinter Polen für die nächste Runde qualifizieren. Der blamierte Vizeweltmeister verabschiedete sich hingegen mit nur einem Sieg von der WM.

2. Finalrunde: Loch in der DDR-Mauer

Von den beiden Finalrundengruppen wurde die Gruppe A mit Argentinien, Brasilien und besonders den Niederlanden als die stärkere betrachtet. Dem DDR-Team wurde hier eine Außenseiterrolle attestiert. Die Mannschaft des Gastgebers fand sich mit Jugoslawien, Schweden und Polen in der Gruppe B und galt hier als leicht favorisiert.

Gruppe A Die Niederländer trumpften nun groß auf. Nichts und niemand schien Cruyff, Krol, Neeskens, van Hanegem, Rep und Haan am Titelgewinn hindern zu können. Argentinien wurde vor 55.000 Zuschauern im Gelsenkirchener Parkstadion mit 4:0 abgebürstet. Cruyff, zweimal Krol und Rep hießen die Torschützen. An der Mannschaft der DDR war es nun zu zeigen, wo der ostdeutsche Fußball wirklich stand. Im Spiel gegen Brasilien hätten sie mit Tempospiel den südamerikanischen Filigrantechnikern möglicherweise beikommen können, denn diese machten an diesem Tag überhaupt keine Anstalten, das Match als Laufspiel zu interpretieren. Doch die Buschner-Mannen ließen sich vom Zeitlupenfußball ihres Gegners anstecken und langweilten die meisten der 53.000 Zuschauer in Hannover. Bezeichnenderweise kam der Knockout für die DDR nach einer Standardsituation. Rivelino versenkte einen Freistoß aus 17 Metern, weil die Defensive der DDR einem brasilianischen Spieler den Aufenthalt in der eigenen Mauer gestattete. Prompt ließ dieser sich fallen und riss ein Loch in die Mauer. Auch gegen die Niederlande gab's für die DDR-Kicker nichts zu holen. Neeskens und Rensenbrink sorgten für einen 2:0-Sieg ihrer Mannschaft. Gegen Argentinien wussten die Brasilianer dann ein einziges Mal spielerisch aufzutrumpfen und gewannen mit 2:1. In der argentinischen Auswahl suchte man an diesem Tag vergeblich Roberto Perfumo, der sich stumpf verweigert hatte. In dem bedeutungslos gewordenen Spiel zwischen Argentinien und der DDR trennten sich beide Mannschaften 1:1 und packten ihre Koffer.

Im letzten Spiel der Gruppe A musste die Entscheidung fallen, ob Brasilien oder die Niederlande ins Endspiel einziehen würden. Den Niederländern reichte bei Punktgleichheit zwischen den beiden Kontrahenten angesichts eines Torverhältnisses von 6:0 gegenüber 3:1 bereits ein Remis. Die Begegnung fand im Dortmunder Westfalenstadion statt. Stadt und Stadion wurden an diesem Tag von der Farbe Orange beherrscht. Unter den kritischen Blicken des amerikanischen Außenministers Henry Kissinger und seines deutschen Amtskollegen Hans-Dietrich Genscher sowie zahlreicher weiterer Prominenter schossen Neeskens und Cruyff die Niederlande mit einem 2:0-Sieg ins Finale. Nicht wenige glaubten, den neuen gegen den alten Weltmeister gesehen zu haben. Die holländische Abwehr vor Torwart Jongbloed ließ in den drei Spielen der zweiten Finalrunde keinen einzigen Treffer zu, so dass die Niederlande mit 6:0 Punkten und 8:0 Toren durchmarschierten.

Gruppe B

In der Finalgruppe B setzten die Polen ihren Siegeszug zunächst fort. In Stuttgart schlugen sie das schwedische Team knapp mit 1:0. Einmal mehr Lato drückte in der 42. Minute einen Kopfball an Hellström vorbei in die schwedischen Maschen. Für den Schweden-Keeper war es der erste Gegentreffer bei diesem Turnier. Spannend wurde es noch einmal, als der Schiedsrichter den Schweden einen Elfmeter zusprach. Mit einem unglaulichen Reflex konnte aber Polens Torwart Tomaszewski den Ball abwehren.

In der Sportschule Kaiserau waren nach der DDR-Pleite viele, auch böse Worte gefallen, so dass gegen die Jugoslawen ein DFB-Team auflief, das bis in die Haarspitzen motiviert war. Ein überragender Overath, der den formschwachen Netzer vergessen machte, führte seine Mannschaft in Düsseldorf zu einem verdienten 2:0-Erfolg, dessen Tore die Bayernspieler Müller und Breitner erzielten. Der Mönchengladbacher Rainer Bonhof erlangte bei seinem WM-Debüt auf Anhieb das Prädikat Weltklasse. Das Spiel wurde zum Wendepunkt für die bundesdeutsche Elf. Helmut Schön: „Die deutsche Mannschaft hat beherzigt, was man ihr wohl mit Recht vorgeworfen hat. Sie hat heute diesen Sieg mit Kampf aus dem Feuer gerissen und verdient gewonnen." Das in Zürich erscheinende Fußballmagazin *Sport* ging einen Schritt weiter: „Düsseldorf erlebte die Geburt einer neuen deutschen Mannschaft. Wer weiß, vielleicht war es die Geburt des Weltmeisters."

Die Jugoslawen mussten nun Polen besiegen, um noch das Endspiel zu erreichen. Beide Teams suchten ihr Heil in der Offensive, so dass die 55.000 Zuschauer im Frankfurter Waldstadion ein Spiel zu sehen bekamen, das an Dramatik und Torraumszenen alle anderen bis dahin absolvierten Vorführungen übertraf. Im Mittelpunkt des Geschehens standen die beiden Torhüter, Maric und Tomaszewski, die an diesem Tag bewiesen, dass sie zu Recht zu den Besten ihres Fachs zählten. Bis zur Halbzeit hatten

Die polnischen Spieler Szymanowski, Chikiewicz und Lato (von links) jubeln: Ihr Team schlug sich ausgezeichnet und errang am Ende den dritten Platz.

sie jeweils einmal hinter sich greifen müssen, ehe Lato in der 64. Minute die 2:1-Führung für die Rot-Weißen gelang, die bis zum Abpfiff Bestand hatte.

Acht Wochen vor dem Turnierbeginn hatte die deutsche Nationalmannschaft in Freundschaft gegen Schweden gespielt und in einem mäßigen Spiel 2:0 gewonnen. Seither hatten sich die Schweden allerdings deutlich steigern können. Im Düsseldorfer Rheinstadion hatten die Nordeuropäer zunächst mehr vom Spiel und gingen verdient mit 1:0 in Führung. Auf den Rängen mischte sich unter die Begeisterung wieder der altbekannte Zweifel am Spiel der deutschen Mannschaft, der sich akustisch in Pfiffen bemerkbar machte. Englands *Daily Telegraph* charakterisierte „diese deutschen Fans" als einen „wankelmütigen Haufen". Schwedens Abwehr stand sattelfest, doch der deutschen Mannschaft gelang es jetzt immer besser, sie mit spielerischen Mitteln in Verlegenheit zu bringen. Trotzdem blieben die Skandinavier bei Kontern brandgefährlich. In der 50. Minute gelang Overath der Ausgleich. Nun entwickelte sich ein Fußballkrimi, der erst endete, als die Kräfte der Schweden erlahmten. Der Jubel über das Overath-Tor war kaum verklungen, als Bonhof nur 60 Sekunden später die 2:1-Führung gelang. Aber nur zwei Minuten nach der deutschen Führung überwand Sandberg Sepp Maier und gestaltete das Spiel erneut offen.

Infolge des Düsseldorfer Dauerregens war der Platz mittlerweile extrem tief und forderte von den 22 Akteuren ein Höchstmaß an Körpereinsatz. Helmut Schön berücksichtigte den Substanzverlust seiner Spieler und wechselte in der 66. Minute Grabowski für Herzog ein. Wenig später bedankte sich der Frankfurter für das in ihn gesetzte Vertrauen und markierte die erneute Führung. Kurz darauf brachte Schön noch Flohe für den ausgepowerten Hölzenbein. Der Schweden-Coach verzichtete dagegen auf eine Auffrischung seiner Mannschaft, obwohl deren konditionelle Probleme offensichtlich waren. Das DFB-Team kontrollierte nun das Spiel, während den Schweden nur noch sporadische Konter blieben. Den Schlusspunkt in einem der spannendsten Spiele dieses Turniers setzte Uli Hoeneß, der in der Schlussminute einen Elfmeter zum 4:2-Endstand verwandelte.

Somit kam es auch in der Gruppe B zu einem Endspiel und De-facto-Halbfinale, denn mit Deutschland und Polen standen sich am letzten Spieltag zwei Teams gegenüber, die über jeweils vier Punkte verfügten. Den Deutschen genügte allerdings – wie in der Gruppe A den Niederländern – auf Grund des besseren Torverhältnisses bereits ein Remis. Vor der Partie im Frankfurter Waldstadion regierte zunächst der Wettergott. Zwei sintflutartige Wolkenbrüche hatten das Spielfeld in einen See verwandelt. Mit Walzen versuchte man die Wassermassen zu verdrängen. Als das Spiel mit 30-minütiger Verspätung angepfiffen wurde, konnte von regulären Verhältnissen noch immer keine Rede sein, aber der Fahrplan des Organisationskomitees kannte kein Erbarmen.

„Wasserschlacht" in Frankfurt

So waren dem Zufall Tür und Tor geöffnet: Mal blieb der Ball in einer Pfütze stecken, mal nahm er unverhofft Fahrt auf. Zunächst gaben die taktisch exzellent eingestellten und technisch brillanten Polen den Ton an. Dass die Partie bis zum Halbzeitpfiff torlos blieb, war in erster Linie dem phantastisch aufgelegten Sepp Maier zu verdanken. Nach dem Wiederanpfiff kamen die Gastgeber besser ins Spiel. Anders als noch beim Turnierauftakt in Berlin stand jetzt das Publikum wie ein Mann hinter dem Team um Kapitän Franz Beckenbauer. Auch als Uli Hoeneß, sicherer Torschütze gegen Schweden, mit einem Strafstoß an Tomaszewski scheiterte, tat dies der Stimmung keinen Abbruch. Die deutschen Fans mussten sich noch bis zur 76. Minute gedulden, ehe Gerd Müller eine Bonhof-Flanke zur 1:0-Führung versenken konnte. Doch bedurfte es noch zweier Glanzparaden von Sepp Maier, bevor das DFB-Team nach 1954 und 1966 seinen dritten Finaleinzug bei einer WM feiern durfte.

Beim Spiel um den dritten Platz zwischen Polen und Brasilien waren beiden Teams die konditionellen und mentalen Strapazen sowie die Enttäuschung über den verpassten Finaleinzug anzumerken. Die 79.000 Zuschauer im Münchner Olympiastadion skandierten bereits „Deutschland, Deutschland", als Lato in der 77. Minute die polnische 1:0-Führung gelang, die die Osteuropäer geschickt über die Zeit schaukelten. Die Polen unterstrichen mit diesem dritten Platz, dass sie im Fußballsport der Ostblockstaaten die UdSSR als Nummer eins abgelöst und Anschluss an das europäische Spitzenniveau gefunden hatten.

Finale: Requiem für ein Ideal

„Endspiel – Irre, Klasse, danke!" jubelte die *Bild*, die während des Turniers den Zusatz „Größte WM-Zeitung des Kontinents" in ihrem Logo führte.

Das bundesdeutsche Team hatte mit der vor den Toren Münchens gelegenen Sportschule Grünwald bereits sein drittes Quartier bezogen, während die Niederländer weiter bei Münster verweilten und erst zum Spiel von dort aufbrachen.

München bereitete sich unterdessen auf den großen Tag vor. Etwa im Minuten-Abstand flogen Maschinen der holländischen Fluggesellschaft KLM die niederländischen Fans in die Bayernmetropole, wo eine gigantische Party in Orange begann.

Pünktlich um 16 Uhr pfiff der englische Fleischermeister John Keith Taylor das Endspiel vor 80.000 Zuschauern im Olympiastadion an. Vor den Fernsehgeräten, so schätzte man, verfolgten weltweit 500 Millionen Fußballbegeisterte das Finale. Die Niederländer gingen favorisiert in das Finale, das auch ein Duell Ajax kontra FC Bayern war. Sechs Oranje-Akteure (Cruyff, Haan, Krol, Neeskens, Rep und Suurbier) kamen aus dem Ajax-Stall, sechs Akteure des DFB-Teams (Maier, Beckenbauer, Schwarzenbeck, Breitner, Hoeneß und Müller) vom FC Bayern. Bei Spielen zwischen den beiden Top-Adressen des jeweiligen nationalen Fußballs hatte Ajax stets die Oberhand behalten. 1972 hatte Ajax die Bayern in einem Freundschaftsspiel in München mit 5:0 regelrecht deklassiert. Ebenso im März 1973, als Ajax im Viertelfinale des Europapokals der Landesmeister auf die Bayern traf und diese mit 4:0 abfertigte.

Das Gefühl der Unschlagbarkeit

Bernd Hölzenbein über die Atmosphäre im Tunnel des Münchner Olympiastadions: „Wir nahmen uns vor, ihnen in die Augen zu schauen und so zu zeigen, dass wir genauso groß wie sie waren. Sie hatten das Gefühl, unschlagbar zu sein – man konnte es ihren Blicken ansehen. Ihre Haltung uns gegenüber war: ‚Mit wie vielen Toren Unterschied wollt ihr heute verlieren, Jungs?'"

Dabei gingen die Oranjes mit Problemen ins Finale. Rob Rensenbrink lief angeschlagen auf und musste dann auch zur Halbzeit gegen René van der Kerkhof ausgewechselt werden. Dass er überhaupt spielte, war einem Kontrakt des Spielers mit einem Schuhhersteller geschuldet. Außerdem war den Niederländern eine Musikkassette auf mysteriöse Weise abhanden gekommen. Die Mannschaft pflegte sich auf ihre Auftritte mit Musik der niederländischen Rockgruppe „The Cats" einzustimmen. Am Tag des Finales musste sie mit David Bowie's „Sorrow" vorlieb nehmen…

Und schließlich war da noch die ominöse „Pool-Affäre". *Bild* berichtete aus dem Quartier der Oranjes in Münster-Hiltrup über Pool-Partys mit nackten Mädchen, woraufhin sich Johan Cruyffs Ehefrau Danny zur Intervention genötigt sah. Mit katastrophalen Folgen, denn Johan Cruyff soll die komplette Nacht vor dem Finale mit seiner aufgebrachten Frau telefoniert haben. Das berühmteste Telefonat der Fußballgeschichte soll über den Ausgang von gleich zwei WM-Finals entschieden haben.

Müller schießt ... und Deutschland ist Weltmeister!
Von links, hinten: Flohe, Müller, Grabowski, Breitner, Schwarzenbeck, Mannschaftsarzt Dr. Heß, Cullmann; vorn: Heynckes, Bonhof, Schön, Beckenbauer, Hölzenbein, Vogts, Overath.

Der unausgeschlafene Cruyff konnte in München nicht seine volle Leistung bringen. In Argentinien 1978 war Cruyff nicht mit dabei, angeblich ebenfalls eine Folge des nächtlichen Marathontelefonats mit Ehefrau Danny.

Trotzdem verging um 16.01 Uhr Fußball-Deutschland erst einmal das Lachen, als Uli Hoeneß den anfangs nicht zu bremsenden Superstar Cruyff elfmeterreif foulte und Neeskens den fälligen Strafstoß in die Maschen jagte. Als Sepp Maier den Ball aus dem Netz holte, war dies der erste Ballkontakt eines deutschen Spielers. Die Niederländer kontrollierten nun das Geschehen. Über seinen Kapitän und Mitspieler Cruyff hatte Neeskens einmal gesagt: „Wenn er den Ball hat, mache ich die Augen zu und laufe. Der Ball kommt dann automatisch." Das Finale schien dies zu bestätigen. Vogts, der Cruyffs Kreise stören sollte, gelang dies zunächst nur durch wiederholtes Foulspiel, was ihm schon in der vierten Minute die gelbe Karte eintrug und ihn an den Rand eines Platzverweises brachte.

Doch allmählich konnten sich die Deutschen vom Druck der Niederländer befreien. In der 25. Minute zeigte der Schiedsrichter erneut auf den ominösen Punkt, doch dieses Mal im holländischen Strafraum, nachdem er ein Foul von Jansen an Hölzenbein gesehen haben wollte. Die Oranjes beschuldigten Hölzenbein einer „Schwalbe". 1997 gestand Taylor in einer TV-Dokumentation seine Fehlentscheidung ein. Doch am Tag des Finales verwandelte Breitner zunächst einmal eiskalt zum 1:1-Ausgleich. Dieser Strafstoß brachte die Wende. Fortan rollte Angriffswelle auf Angriffswelle Richtung Jongbloed. Cruyff-Bewacher Vogts, der nun zum besten deutschen Akteur avancierte, vergab freistehend, Grabowski tauchte plötzlich vor dem holländischen Tor auf, Hoeneß verzog aus aussichtsreicher Position, einen Beckenbauer-Freistoß konnte Jongbloed gerade noch parieren. Dann brach die 43. Minute an. Bonhof nahm an der Mittellinie den Ball auf, setzte sich auf dem rechten Flügel durch und spielte Müller an. Der scheiterte mit seinem Schuss zunächst an der holländischen Abwehr, rappelte sich aber irgendwie noch einmal hoch, war einen Tick schneller mit seiner Stiefelspitze am Ball und zirkelte ihn an Jongbloed vorbei zur 2:1-Führung ins Netz.

Mit diesem Spielstand wurden auch die Seiten gewechselt. Zu Beginn des zweiten Durchgangs bot sich der deutschen Mannschaft die Chance, auf 3:1 davonzuziehen, doch Bonhof vergab knapp. Dann begann der holländische Sturmlauf auf das deutsche Tor, das von Sepp Maier wie gewohnt ausgezeichnet gehütet wurde. Doch auch der Bayern-Keeper musste sich dreimal geschlagen geben und konnte von Glück reden, dass Breitner, Beckenbauer und Bonhof für ihn retteten. In der 59. Minute traf Müller zwar ein zweites Mal, doch Taylor erkannte den Treffer wegen einer Abseitsstellung nicht an. So blieb es beim überaus glücklichen 2:1-Sieg für das DFB-Team.

Die Niederländer waren an ihrer eigenen Arroganz gescheitert. Johnny Rep: „Wir wollten die Deutschen vorführen. Wir dachten nicht darüber nach, aber wir taten es. Wir schoben den Ball hin und her. Wir vergaßen das zweite Tor zu schießen." Und Wim van Hanegem: „Es störte uns nicht, wenn wir nur mit 1:0 gewannen, so lange wir sie demütigen konnten." Vom angeschlagenen Rensenbrink über die „Pool-Affäre" bis zur Arroganz auf dem Spielfeld: Die Einstimmung der Niederländer auf das Finale war von einem Mangel an Professionalität und Unterschätzung des Gegners

In München begann das niederländische Fußballdrama

gekennzeichnet. In München wurde eine riesige Chance leichtfertig vergeben, was die bis heute anhaltende Frustration über die Finalniederlage erklärt. Über das gesamte Turnier besehen waren die Niederländer die eindeutig beste Mannschaft. Uli Hoeneß später: „Sie waren ein besseres Team als wir." Und obwohl die Niederländer in München nicht ihren besten Tag erwischt hatten und trotz ihrer unprofessionellen Herangehensweise stellten sie auch im Finale das spielerisch bessere Team und besaßen die Mehrzahl an Torchancen.

In München begann das niederländische Fußballdrama. Der Historiker Bastiaan Bommeljé maß der Niederlage später eine kulturelle Bedeutung bei, die weit über den Fußball hinaus ging. München habe das Ende des euphorischen Aufbruchs der späten 1960er Jahre markiert. In München sei nicht nur ein Fußballideal gestorben. „Das Finale sollte zur Krönung der Sechziger werden. Stattdessen wurde es zu deren Requiem."

Bis München hatte der Erzfeind der Oranjes Belgien geheißen. Nun wurden die Belgier von den Deutschen abgelöst. Unvermeidlich wurden Parallelen mit der politischen Geschichte beider Länder strapaziert. In den 1930er Jahren habe niemand daran geglaubt, dass die Deutschen die Niederländer eines Tages überfallen würden. Schließlich seien sie Nachbarn gewesen und hätten versprochen, nicht anzugreifen. 1974 habe es sich ähnlich verhalten. Die Niederländer hätten das Spiel kontrolliert, während die Deutschen den Eindruck erweckt hätten, sie gewähren zu lassen. Folglich habe man sich schlafen gelegt. Aber wie 1940 hätten die Deutschen auch 1974 dann doch noch angegriffen.

Zwanzig Jahre und drei Tage nach Bern war eine deutsche Nationalmannschaft wieder Fußball-Weltmeister. Gegenüber dem Titelgewinn von 1954 fiel der Jubel allerdings bescheiden aus. Die Bundesrepublik schwelgte im Wohlstand, und Patriotismus war out. Für Italiens *Corriere dello sport* hatte die Schön-Elf das Spiel „auf teutonische Art gewonnen". Hennes Weisweiler sprach von einem „Sieg der Abwehr". In sieben Spielen hatte das DFB-Team 13 Treffer erzielt, allerdings auch nur vier zugelassen und viermal „zu Null" gespielt. Die Niederländer kamen immerhin auf 15 Treffer. Eine Halbzeit des Finales hatte das deutsche Team Fußball „gearbeitet", wie Breitner später einmal formulierte. In München gewann eine „perfekt funktionierende Maschine" (Huba 1999). Die spielerische Brillanz des Europameisters von 1972 hingegen war nur noch eine schöne Erinnerung.

▶ Einwurf

Fußball total – *totaal voetbal*

Die WM 1974 ging auch als das Turnier des „totalen Fußballs" in die Annalen ein. Assoziiert wurde dieser „totale Fußball" (englisch: „total football", niederländisch: *totaal voetbal*) insbesondere mit dem Team der Niederlande, mit Abstrichen aber auch der Deutschen.

Die dem „totalen Fußball" zugrunde liegende Philosophie wurde bereits vom legendären österreichisch-jüdischen Fußballautor Willy Meisl propagiert. In seinem Werk „Soccer Revolution" (1955) prognostizierte Meisl eine Zukunft des Fußballs, in der Verteidiger auch stürmen und Stürmer auch verteidigen könnten. Der Fußball der Zukunft würde von permanenten Positionswechseln geprägt. Meisls Ideen stießen allerdings zunächst auf wenig Resonanz. Der erste Verteidiger, der in der gegnerischen Hälfte auch als Flügelstürmer auftauchte, war in den frühen 1960er Jahren Inter Mailands Giacinto Facchetti. Einige Jahre später kreierte Franz Beckenbauer den modernen Libero, der sich ins eigene Angriffsspiel einschaltete.

Der „totale Fußball" ist aufs engste mit den Namen Rinus Michels und Johan Cruyff verknüpft. Der Trainer Rinus Michels hatte 1965 Ajax Amsterdam und zum WM-Turnier die niederländische Nationalmannschaft übernommen und war ein Förderer des hageren Genies Johan Cruyff. Michels ermunterte seine Verteidiger und Mittelfeldspieler, sich am Angriffsspiel zu beteiligen.

Totaal voetbal, ein Begriff, den der Architekt des Konzepts selber nicht strapazierte, basierte auf einer Theorie vom „flexiblen Raum". Die Bewegungen eines Teams könnten das Ausmaß des Spielfelds „vergrößern" oder „verkleinern". Im Ballbesitz, versuchten Ajax und das niederländische Team das Spielfeld so groß wie möglich zu gestalten, durch Flügelspiel und andere Bewegungen, mit denen Raum erobert oder das Spiel auseinandergezogen wurde. Hingegen wurde bei Ballverlust der Raum für den Gegner verengt bzw. das Spielfeld „verkleinert". Der *Times*-Journalist David Miller taufte Johan Cruyff „Pythagoras in Fußballschuhen".

Dessen damaliger Mannschaftskamerad Ruud Krol über das System: „Wir unterhielten uns über ‚Raum' stets in praktischer Weise. Wenn wir verteidigten, hatten die Lücken zwischen uns sehr klein zu sein. Griffen wir an, strömten wir aus und nutzten die Flügel. Unser System war auch eine Lösung für ein physisches Problem. Die Fitness muss hundertprozentig stimmen, aber wie kann man sie über 90 Minuten konservieren? Wenn ich als linker Verteidiger 70 Meter die Außenbahn hochlaufe, ist es nicht gut, wenn ich unmittelbar darauf diese 70 Meter wieder zurücklaufen muss, um

Johan Cruyff im WM-Finale 1974.

meine Ausgangsposition wieder einzunehmen. Aber wenn der linke Mittelfeldspieler meine Position übernimmt und der linke Flügelstürmer die Position des linken Mittelfeldspielers, verkürzen sich die Distanzen." Verließ ein Spieler seine Ausgangsposition, ersetzte ihn dort ein anderer. Für Gegner mit einem starren Deckungsschema kam dies einem Verwirrspiel gleich. Die Außenverteidiger Suurbier und Krol konnten plötzlich im Angriff auftauchen, möglicherweise sogar nicht einmal auf ihrer Seite. Ein Johan Cruyff konnte sich zurückfallen lassen, während ein Vorstopper Rijsbergen plötzlich tief in der gegnerischen Hälfte auftauchte.

Offiziell spielte Cruyff einen Mittelstürmer, de facto jedoch einen offensiven Spielmacher. „Verkörperte Johan Cruyff für Holland den 'totalen Fußball', so hatte das am ehesten zu vergleichende Konzept in Deutschland seinen Kristallisationspunkt in Franz Beckenbauer. Wie Cruyff die Position des Mittelstürmers neu erfand, sorgte Beckenbauer auf der anderen Seite des Spielfelds für eine taktische Revolution." (Biermann/Fuchs 1999).

Über einen längeren Zeitraum ließen sich folgende Merkmale von *totaal voetbal* registrieren: ein Torwart, der wie ein Feldspieler agieren kann; Verteidiger, deren Zuständigkeitsräume sich überschneiden, die auf der linken wie rechten Seite defensiv und offensiv agieren können; die Existenz von Flügelstürmern; eine sehr starke Betonung des präzisen Passspiels; eine ausgeprägte Spielintelligenz.

Anfang der 1980er Jahre übernahm Kees Rijvers das niederländische Team und wollte die Niederländer wie Brasilien spielen lassen. Ajax-Coach Aad de Mos empfahl indes eine holländische Variante des Catenaccio. Das Resultat dieser Abkehr vom niederländischen Stil war trostlos. Die Niederlande konnten sich weder 1982 noch 1986 für die WM-Endrunde qualifizieren.

Danach kehrte man zum *totaal voetbal* zurück. Johan Cruyff war Trainer bei Ajax geworden, und Michels übernahm erneut die Nationalmannschaft. Seither wandelte jeder niederländische Coach in den Fußstapfen von *totaal voetbal*. Veränderungen gab es nur im Detail. Grundvoraussetzung für die Nominierung eines Spielers blieb dessen Fähigkeit zum sauberen Passspiel. Niemand wurde nur aufgrund seiner athletischen oder kämpferischen Fähigkeiten berücksichtigt.

◆ WM 1978

Austragungsland: Argentinien

Austragungsstädte und Spielstätten: Buenos Aires (Estadio Monumental River Plate), Córdoba (Estadio Córdoba), Mar del Plata (Estadio Mar del Plata), Mendoza (Estadio San Martin), Rosario (Estadio Rosario Central), Sarsfield (Estadio José Amalfitani).

Dauer: 1. Juni bis 25. Juni 1978

Eröffnungsspiel: Polen – Deutschland 0:0 (0:0)
(1. Juni 1978, Estadio Monumental River Plate)

Gemeldete Länder: 101
Europa: 32, Südamerika: 13, Zentral- und Nordamerika: 18, Afrika: 21, Asien-Ozeanien: 17

Endrundenteilnehmer: 16
Europa (10): Bundesrepublik Deutschland, Frankreich, Italien, Niederlande, Österreich, Polen, Schottland, Schweden, Spanien, Ungarn
Südamerika (3): Argentinien, Brasilien, Peru
Zentral- und Nordamerika (1). Mexiko
Afrika (1): Tunesien
Asien und Ozeanien (1): Iran

Qualifikationsspiele: 252, **Endrundenspiele:** 38

Modus: Erste Finalrunde in vier Gruppen zu vier Mannschaften als Punktspiele. Zweite Finalrunde in zwei Gruppen zu vier Mannschaften als Punktspiele. Gruppensieger bestreiten das Endspiel, die Zweiten spielen um Platz drei.

Zuschauer: 1.660.702, **Zuschauerschnitt:** 43.703

Tore: 102, **Torschnitt pro Spiel:** 2,7

Die besten Torschützen: Mario Kempes (Argentinien): 6 Tore
Teófilo Cubillas (Peru) und Rob Rensenbrink (Niederlande): 5 Tore
Leopoldo Luque (Argentinien) und Hans Krankl (Österreich): 4 Tore

Finale: Argentinien – Niederlande 3:1 n.V. (1:0, 1:1)
(25. Juni 1978, Estadio Monumental River Plate, Buenos Aires)

Argentinien: Ubaldo Matildo Fillol; Jorge Olguin, Luis Galván, Daniel Passarella, Alberto Tarantini, Osvaldo Ardiles (66. Omar Larrosa), Américo Gallego, Mario Kempes, Daniel Bertoni, Leopoldo Luque, Oscar Ortiz (75. René Houseman)

Niederlande: Jan Jongbloed; Willem Jansen (73. Willem Suurbier), Ernie Brandts, Ruud Krol, Jan Poortvliet, Arie Haan, Willy van de Kerkhof, Johan Neeskens, René van de Kerkhof, Johan Rep (59. Dick Nanninga), Rob Rensenbrink

Schiedsrichter: Gonella (Italien)

Tore: 1:0 Kempes (38.), 1:1 Nanninga (82.), 2:1 Kempes (105.), 3:1 Bertoni (115.)

Zuschauer: 77.260

WM 1978

Fußball ja, Folter nein

Erst 1978 fand ein WM-Turnier im Geburtsland des südamerikanischen Fußballs statt. Buenos Aires war die älteste Fußballkapitale des Kontinents, was auf den dort seinerzeit starken britischen Einfluss zurückging. Bereits 1867 gründeten die englischen Bürger Thomas Hogg, dessen Bruder James und William Herald mit dem Buenos Aires FC den ersten Fußballklub Südamerikas, der allerdings bald zum Rugby konvertierte. 1887 folgte Quilmes FC, gegründet von britischen Eisenbahnarbeitern, 1899 schließlich Rosario Central FC. 1891 wurde erstmals eine nationale Meisterschaft ausgespielt.

Besonders ein Schotte namens Alexander Watson Hutton betätigte sich als treibende Kraft. Hutton hatte 1884 in Buenos Aires die English High School gegründet, in deren Unterrichtsplan Sportspiele eine bedeutende Rolle einnahmen. Der Schotte war 1893 auch an der Gründung der Argentini Association Football League (AAFL) beteiligt, aus der 1903 die Argentini Football Association (AFA) wurde, die sich der englischen FA angliederte. Bis 1906 war die offizielle Sprache des Verbands Englisch. Die erste „Spanisierung" des Verbandsnamens erfolgte mit Asociación Argentina de Football (AAF) 1912.

Ab der Jahrhundertwende hatte die britische Hegemonie zu bröckeln begonnen. In den 1920ern wurden viele der einst von Briten gegründeten Klubs von italienischen Immigranten übernommen. 1930 waren etwa ein Drittel der drei Millionen Einwohner Buenos Aires europäische Einwanderer. Die meisten von ihnen stammten aus Italien. Der 1904 gegründete Klub Atletico Independiente ging aus einer Mannschaft einer Herrenbekleidungsfirma hervor, deren Belegschaft aus Einheimischen sowie Zuwanderern aus Italien und Spanien bestand. Independiente war das Produkt des sozialen Konfliktes zwischen diesen Arbeitern sowie besser gestellten und besitzenden Briten. Der Name „Independiente" sollte die Unabhängigkeit von den mittlerweile verhassten Briten dokumentieren.

CA Boca Juniors wurde zwar 1905 vom irischen Lehrer Patrick McCarthy ins Leben gerufen, aber die Wiege des Klubs war der am Hafenbecken gelegene Arbeiterstadtteil Boca, wo viele genuesische Einwanderer lebten. Der Klub sollte in der Hauptstadt zu der italienischen Fußballadresse schlechthin avancieren. Auch der 1901 gegründete Lokalrivale River Plate, bei dem Alfredo di Stéfano groß wurde, hatte seine Wurzeln in Boca, wechselte aber später ins schicke Belgrano-Viertel und wurde zum „Klub der Wohlhabenden". Während Boca vorwiegend für „Kampf", „Kraft" und „Charakter" stand, legte man bei River Plate mehr Wert auf Spielkultur.

1934 erhielt der Fußballverband schließlich seinen heute noch gültigen Namen Associación del Fútbol Argentino (AFA). Zum ersten Mal tauchte das spanische Wort für Fußball im Titel auf.

Von den Engländern übernahmen die Argentinier den Hang zum Isolationismus. Wie der europäische Pionier machte sich auch der Pionier des südamerikanischen Fußballs bei internationalen Turnieren rar. Bis zur WM 1958 standen lediglich zwei WM-Teilnahmen (1930 und 1934) und eine Olympiateilnahme zu Buche. Hätte das Land seine isolationistische Haltung eher aufgegeben – Argentinien hätte wohl nicht bis 1978 auf den ersten WM-Titel warten müssen. Denn kaum ein anderes Land gebar mehr Fußballtalente.

Die Junta und die FIFA

Bereits 1966 war Argentinien provisorisch zum Austragungsort der WM 1978 ernannt worden. 1975 bestätigte die FIFA nochmals diese Entscheidung. Zwischenzeitlich waren Zweifel aufgekommen, ob das wirtschaftlich marode und politisch ins Chaos abgleitende Land zu einer Veranstaltung dieser Größenordnung in der Lage sei. Im März 1976 wurde die peronistische Regierung durch einen Militärputsch beseitigt und jede politische Opposition durch brutalen Terror zum Schweigen gebracht. Einige Mitglieder der neuen Regierung waren der Auffassung, das Land könne sich das Turnier finanziell nicht leisten, doch die dreiköpfige Junta unter Führung von General Jorge Videla sah das anders. Im Juli 1976 wurde die WM zu einer Angelegenheit von nationalem Interesse erklärt und ein Organisationskomitee namens Ente Autárquico Mundial '78 (EAM 78) gegründet. Fortan übernahmen die Militärs die Federführung.

Allerdings erwischte EAM 78 einen katastrophalen Start, als der Präsident des Organisationskomitees, General Actis, auf dem Weg zu seiner ersten Pressekonferenz einem Attentat zum Opfer fiel. Actis befand sich nicht nur im Schussfeld von Regimegegnern, sondern auch der eigenen Regierung sowie der FIFA, nachdem er eine sparsamere Investitionspolitik in Sachen WM angemahnt hatte.

Ungeachtet der Proteste internationaler Menschenrechtsorganisationen und der Rückzugsdrohungen in einigen Ländern, die zeitweise sogar eine Verlegung des Turniers nach Belgien und in die Niederlande als möglich erscheinen ließen, entschloss sich die FIFA zur Kollaboration mit den Machthabern. Für die FIFA-Führung war der Putsch ein Geschenk des Himmels, beendete er doch sämtliche Unsicherheiten bezüglich des Turniers. FIFA-Boss Havelange stattete den Junta-General Lacoste mit dem Posten eines FIFA-Vizepräsidenten aus sowie mit einem Kredit über 500.000 Dollar.

Zehn Prozent des nationale Budgets wurden der Modernisierung der Arenen in Buenos Aires, Sarsfield und Rosario sowie dem Bau neuer Stadien in Córdoba, Mar del Plata und Mendoza gewidmet. Außerdem wurde ein neues Pressezentrum für die erwarteten 2.500 Journalisten gebaut, das Erscheinungsbild von Buenos Aires aufpoliert, der Flughafen der Hauptstadt renoviert und last but not least ein neues TV-System für Farbbilder installiert. Für die Refinanzierung sollten nicht zuletzt die WM-Touristen sorgen, doch anstatt der erhofften 50.000 fanden lediglich 10.000 den Weg ins Land.

Die faschistische Junta wollte der Weltöffentlichkeit mit Hilfe des Turniers ein Land präsentieren, in dem von Protesten und Unterdrückung nichts zu sehen war, sondern die pure Fußballbegeisterung herrschte. Junta-Chef Videla taufte das Turnier „Weltcup des Friedens". Den FIFA-Funktionären war der störungsfreie Ablauf des Turniers allemal wichtiger als das Schicksal der Verschleppten, Gefolterten und Ermordeten. Hermann Neuberger, WM-Organisationschef und DFB-Präsident, profilierte sich als Anwalt der Putschisten, indem er öffentlich behauptete, dass mit der Machtübernahme der Militärs eine „Wende zum Besseren" eingetreten sei.

Als die Junta im Vorfeld des Turniers ihren Terror verschärfte, wussten die Militärs mit der FIFA eine bedeutende internationale Organisation und mit Coca Cola einen bedeutenden Konzern an ihrer Seite, die rund um den Globus eifrig politische Desinformation betrieben. Ihre Hauptgegner waren dabei Menschenrechtsorganisationen wie amnesty international, deren Petition gegen die Zustände in Argentinien u.a. vom deutschen Nationaltorwart Sepp Maier und von Italiens Star Paulo Rossi unterzeichnet wurde. In den Niederlanden wurde sogar ein Verzicht des eigenen Teams erwogen.

Dass das Turnier dann weitgehend störungsfrei verlief, war nicht zuletzt das Ergebnis einer für die Zeit der Spiele vereinbarten Waffenruhe zwischen Regierung und Guerilla. Die Begeisterung für den Fußball war der einzige Berührungspunkt zwischen den Militärs und den Monteneros.

> ◆ **Hässliche Zwischenfälle**
>
> Neben der politischen Situation im Land existierten noch weitere Bedenken gegen das Austragungsland. In den Sechzigern war der argentinische Fußball international in Verruf geraten, nachdem es auf dem Spielfeld wie auf den Rängen wiederholt zu gewalttätigen Ausschreitungen gekommen war. Vor diesem Hintergrund wurde die Befürchtung geäußert, die Schiedsrichter könnten sich massiven Einschüchterungen ausgesetzt sehen. Im Juni 1977 waren sowohl England wie Schottland im Boca Stadion zu Gast gewesen. Beide Spiele wurden von hässlichen Zwischenfällen überschattet. Der Engländer Trevor Cherry war vom Argentinier Daniel Bertoni, der Schotte Willie Johnston vom Argentinier Pernia niedergeschlagen worden. In beiden Fällen schickten die Schiedsrichter nicht nur den Täter, sondern auch das Opfer vom Platz.

Favoriten und Außenseiter

Wie ungleich die Gewichte im Weltfußball noch immer verteilt waren, dokumentieren folgende Zahlen: Europa ermittelte neun Teilnehmer (die Bundesrepublik Deutschland war als Weltmeister automatisch startberechtigt) in 80 Qualifikationsspielen. Asien/Ozeanien sowie Nord- und Mittelamerika bestritten addiert 151 Qualifikationsspiele, um lediglich drei Teilnehmer zum Turnier zu schicken. Mexiko musste neunmal, Tunesien zehnmal und der Iran sogar zwölfmal antreten, bevor sie ihre WM-Fahrkarten eingelöst hatten. Die europäischen Vertreter hatten indes – mit der Ausnahme Ungarns – nur sechs Qualifikationsspiele zu bestreiten. Angesichts des Wachstums der FIFA und der gestiegenen Zahl von Bewerbern für den World Cup war das bisherige Auswahlsystem, das die Regionen außerhalb Europas und Südamerikas weitgehend ignorierte, nicht mehr zeitgemäß. Die WM-Endrunde 1978 sollte die letzte sein, die die Teilnehmerzahl auf 16 beschränkte.

Von den britischen Verbänden war nur Schottland vertreten, das überraschend den Europameister CSSR ausschaltete. England konnte sich bereits zum zweiten Mal in Folge nicht für das WM-Turnier qualifizieren, weil es gegenüber Italien am schlechteren Torverhältnis gescheitert war. Die Engländer beschwerten sich über die in der Tat unglückliche Gruppeneinteilung. Während in der Gruppe 2 vier Teams um einen Platz in Argentinien stritten, darunter zwei Ex-Weltmeister, bestand die Gruppe 6 beispielsweise nur aus drei Teams, die zudem mit Schweden, Norwegen und Schweiz zu diesem Zeitpunkt als bestenfalls zweitklassig galten.

Neben der CSSR war mit der UdSSR ein weiteres starkes osteuropäisches Team nicht vertreten. Die Sowjets scheiterten an Ungarn, das sich anschließend noch durch ein Entscheidungsspiel gegen den Drittplatzierten der Südamerika-Finalgruppe qualifizieren musste. Dieser hieß Bolivien und hatte zuvor Uruguay ausgeschaltet, eine der größten Sensationen in der südamerikanischen Fußballgeschichte. Die Ungarn behielten in beiden Entscheidungsspielen mit 6:0 und 3:2 die Oberhand und waren damit seit zwölf Jahren erstmals wieder für eine WM-Endrunde qualifiziert.

„El Flaco" und die Militärs

Als Gastgeber mussten die Argentinier zu den Titelanwärtern gerechnet werden. Seit 1974 wurde die Nationalmannschaft von Cesar Luis Menotti trainiert, genannt „El Flaco" (der Dünne). Der zur politischen Linken zählende Menotti war ein couragierter Regimegegner, der allerdings mit der Junta einen Berührungspunkt hatte: das gemeinsame Interesse am Gewinn des WM-Titels, wenngleich Menotti natürlich andere Motive verfolgte. Kritikern aus den eigenen Reihen pflegte der Trainer zu entgegnen: „Ich arbeite mit der Junta so zusammen wie ein Bauer oder ein Stahlarbeiter. Generelle Arbeitsverweigerung ist keine Form der Bekämpfung einer Regierung. Würden die Mechaniker plötzlich ihre Autos schlecht reparieren oder ich meine Länderspiele verlieren, davon änderten sich die Verhältnisse nirgendwo."

Fußball-Turnier im Zeichen der Militärs: Die argentinische Junta demonstrierte während der WM mit Truppenparaden Stärke.

Unter Menotti erfuhr der argentinische Fußball eine Modernisierung und Rückkehr zu besseren Zeiten. Der Trainer propagierte einen technisch hoch stehenden Offensivfußball. Auch erhielt das in den letzten Jahre häufig lahme argentinische Spiel wieder mehr Tempo, wobei Menotti Tempo mit Präzision übersetzte. Menottis Idee war es, die feinsten Traditionen des argentinischen Fußballs zu reaktivieren und diese durch europäische Elemente zu bereichern. Der Trainer betonte zwar die Freiheit des technisch brillanten und intelligenten Fußballers, forderte aber zugleich dessen Einordnung in das Kollektiv und eine stärkere Zweckorientierung.

Nach der WM 1974 hatte erneut ein Exodus in Richtung Europa und hier insbesondere Spanien eingesetzt. Menotti kündigte an, er würde nicht mehr als drei Legionäre nominieren und stattdessen auf die im Lande verbliebenen Kräfte setzen. Lediglich Mario Kempes, bei Valencia unter Vertrag und gefährlichster Torjäger der spanischen Liga, Wolff von Real Madrid und Piazza von St. Etienne sollten berücksichtigt werden. Menotti verlangte von seinen Legionären, ab April in Buenos Aires zur Verfügung zu stehen. Da Wolffs Klub die Freigabe zu diesem Zeitpunkt verweigerte und Piazzas Frau und Kind bei einem Autounfall in Frankreich verletzt wurden, blieb als einziger Legionär Kempes übrig. Der Linksfuß bildete mit dem Rechtsfuß Luque ein prächtig miteinander harmonisierendes Sturmduo.

Als weitere Anwärter wurden die Finalgegner von 1974 gehandelt, Deutschland und Niederlande, wenngleich beide wichtige Akteure verloren hatten. Die Niederländer wurden inzwischen vom Österreicher Ernst Happel trainiert, den der Verband als „Teilzeit-" bzw. „Aushilfskraft" verpflichtet hatte. Happel, seit 1975 Vereinstrainer beim FC Brügge, waltete nur wenige Monate seines Amtes. Im niederländischen Fußball war der Wiener kein Unbekannter. Unter seiner Regie hatte Feyenoord Rotterdam 1970 den Europapokal der Landesmeister und 1971 den Weltpokal gewonnen. Zuvor hatte Happel von 1962 bis 1969 ADO Den Haag trainiert.

Bei den Niederländern war Johan Cruyff nicht dabei, trotz inständigen Bittens und Bettelns. Cruyff hatte sich gegen eine WM in Argentinien ausgesprochen. Offiziell hieß es allerdings, er habe seine internationale Karrierre beendet.

Des Weiteren musste das Team auf Van Beveren, zu diesem Zeitpunkt der beste Keeper seines Landes, Ruud Geels und Wim Van Hanegem verzichten, die aus unterschiedlichen Gründen absagten. Van Hanegems Absage ereilte den Trainer erst im Mai, nachdem er dem 34-Jährigen keinen Stammplatz in Argentinien zusagen wollte. Vom Vizemeister-Team waren noch Keeper Jongbloed, Rep, Rensenbrink, Haan und Neeskens dabei. In seiner Ausstrahlungskraft blieb das Team allerdings hinter dem von 1974 deutlich zurück.

Die Deutschen kamen ohne Franz Beckenbauer, der im April 1977 zu Cosmos New York gewechselt war, nach Argentinien. Beckenbauers Nationalspielerkarriere war vom Verband beendet worden: DFB-Chef Neuberger mochte keine Legionäre, die er in die Ecke von „Vaterlandsverrätern" stellte. Dagegen hatten Torjäger Gerd Müller und Mittelfeldregisseur Wolfgang Overath ihren Rücktritt selbst erklärt. Beim EM-Turnier 1976 waren die Deutschen der CSSR erst im Elfmeterschießen unterlegen gewesen, und im Juni 1977 hatte man Argentinien in Buenos Ares mit 3:1 geschlagen. Nach zwölf Spielen ohne Niederlage wurden die deutschen Erwartungen dann allerdings doch noch etwas gedämpft, denn von den letzten drei Begegnungen vor der Abreise gingen die beiden gegen Brasilien (0:1) und Schweden (1:3) verloren, und auch gegen Polen reichte es lediglich zu einem torlosen Remis.

1. Finalrunde: Talentierte Franzosen scheiden aus

Gruppe 1 Gastgeber Argentinien gehörte der Gruppe 1 an und musste sich hier mit Ungarn, Italien und Frankreich messen. Die als Geheimfavoriten gehandelten Franzosen zeigten sich über diese Gruppeneinteilung, für die sie Organisationschef Neuberger verantwortlich machten, erbost. Bei der Auslosung waren sie in einen Topf mit Tunesien, Iran und Österreich geworfen worden, was dazu führte, dass sie in der stärksten Gruppe landeten. Die Italiener wurden hingegen gesetzt, obwohl sie beim Turnier von 1974 nur Achter geworden waren. Hintermann dieser Aktion war der italienische UEFA-Präsident Artemio Franchi, Leidtragender vor allem das Team Polens, das 1974 Dritter geworden war.

Zum Auftakt gegen Ungarn wurde Menottis Team im ausverkauften River-Plate-

Eröffnungsfeier im River-Plate-Stadion von Buenos Aires.

Stadion von einem bereits vor dem Anpfiff ekstatischen Publikum mit einer Konfetti-Parade empfangen. Den besseren Start erwischten allerdings die frech aufspielenden Magyaren, die bereits in der 9. Minute durch Csapó in Führung gingen. Doch nur fünf Minuten später gelang Luque der Ausgleich, nachdem Ungarns Keeper Gujdár einen Kempes-Freistoß lediglich abklatschen konnte. Die Argentinier bliesen nun zum Sturmlauf, den die ungarische Abwehr häufiger nur mit unfairen Mitteln stoppen konnte. In der 82. Minute erzielte Bertoni den Siegtreffer zum 2:1. Wenig später verlor Ungarn mit Torocsik und Nyilasi zwei Spieler durch Platzverweise. Trainer Lajos Baroti entschuldigte sich später für die Fouls seiner Spieler: „Zwei von ihnen haben Kopf, Nerven und Spiel verloren. Sie haben dem ungarischen Fußball und der Mannschaft geschadet."

Italien geriet gegen Frankreich zwar bereits unmittelbar nach Anpfiff in Rückstand, durfte aber am Ende ebenfalls einen 2:1-Sieg verbuchen. Die Italiener wurden von Enzo Bearzot trainert, auch der „Schweiger aus Friaul" genannt, den die Tifosi nach Argentinien mit Schmährufen verabschiedeten. „Die Italiener haben uns eine Lektion in eiskaltem Profifußball erteilt", analysierte anschließend Bearzots Gegenüber Michel Hidalgo. Im französischen Lager herrschte eine gespannte Atmosphäre. Die Spieler hatten die berühmten drei Streifen auf ihren Schuhen überstrichen und verlangten mehr Geld. Der junge Michel Platini beschwerte sich über mangelhafte Unterstützung im Mittelfeld, wo er Dominique Bathanay vermisste.

Im nächsten Spiel gegen Argentinien war Bathanay wieder dabei, ebenso wie sein St-Etienne-Kollege Dominique Rocheteau. Bathanay und Rocheteau waren durch Verletzungen gehandicapt nach Argentinien gereist, wie auch Marius Trésor, der schwarze Libero aus Guadeloupe, der dennoch zu den beeindruckendsten Abwehrspielern dieses Turniers gehörte. Argentinien gewann auch sein zweites Spiel mit 2:1, dank tatkräftiger Mithilfe des Schweizer Schiedsrichters Dubach. Zunächst verhängte er einen fragwürdigen Elfmeter gegen die Franzosen, Trésor hatte im Zweikampf mit Luque den Ball im Fallen mit der Hand berührt. Als der überragende französische Linksaußen Six elf Minuten vor dem Ende zu Fall gebracht wurde, blieb ein Elfmeterpfiff hingegen aus. Die Franzosen konnten bei diesem Turnier zwar nur einen Sieg verbuchen (3:1 gegen Ungarn, das die Heimreise somit punktlos antreten musste), hinterließen aber insbesondere in spielerischer Hinsicht einen guten Eindruck. Experten bedauerten das französische Ausscheiden und attestierten der *Équipe Tricolore* einen zukunftsweisenden Fußball.

Um den Gruppensieg zu erringen, musste Argentinien gegen die punktgleichen, aber um einen Treffer besseren Italiener gewinnen. Die Argentinier wollten den Gruppensieg, um in Buenos Aires bleiben zu können. Die Hauptstadt verfügte gegenüber Rosario über den nicht zu unterschätzenden Vorteil eines erheblich größeren Stadions und damit einer massiveren Unterstützung durch das eigene Publikum. Während ins Estadio Monumental River Plate rund 77.000 Zuschauer hineinpassten, betrug die Kapazität des Estadio Rosario Central lediglich 40.000.

Das Tor des Abends schossen allerdings die Italiener, für die Bettega in der 67. Minute den Treffer zum 1:0-Sieg markierte. Sofern sich für die Argentinier Chancen auftaten, wurden diese von dem 36-jährigen Torwartdenkmal Dino Zoff zunichte gemacht.

Schiedsrichter der Begegnung war der Israeli Abraham Klein. Das argentinische Publikum beschuldigte Klein, dem Heimteam einen Strafstoß verweigert zu haben. Die Experten und das Ausland sahen dies anders und bescheinigten dem Referee eine durchweg exzellente Vorstellung. „Diesmal kein Heimschiedsrichter" und „Ganz groß, Herr Klein!" lauteten zwei Schlagzeilen in der deutschen Presse. In England schrieb Brian Glanville in der *Sunday Times*: „Ich hoffe, der tapfere, kleine israelische Referee, Abraham Klein, bekommt das Finale." Den Argentiniern blieb der Trost, dass ihre Zwischenrundengruppe als die etwas leichtere eingeschätzt wurde.

Gruppe 2 Das Eröffnungsspiel hatten am 1. Juni 1978 im Estadio Monumental River Plate mit der Bundesrepublik Deutschland und Polen zwei Teams aus der Vorrundengruppe 2 bestritten. Wie schon bei einigen Turnieren zuvor sahen die Zuschauer eine über weite Strecken langweilige Partie, in dem beide Seiten das Risiko scheuten. Helmut Schön hatte seine geplante Angriffsformation mit zwei Flügel- und einem Mittelstürmer überraschend auf einen Zwei-Mann-Sturm reduziert. Die Polen waren einem Sieg näher, scheiterten aber an Sepp Maier im deutschen Tor.

Das 6:0 über Mexiko, bei dem Karl-Heinz Rummenigge zwei Tore erzielte, täuschte über die wahre Stärke des deutschen Teams.

Auf Drängen einiger Spieler kehrte Schön in der kommenden Begegnung gegen Mexiko in Cordoba wieder zur „Dreier-Reihe" zurück. Mit Erfolg, denn die Deutschen gewannen mit 6:0. In ihrem letzten Gruppenspiel traf die Schön-Elf auf den krassen Außenseiter Tunesien, der allerdings beim 3:1 über Mexiko bereits für eine faustdicke Überraschung gesorgt hatte. Bei einer (unglücklichen) Niederlage gegen Polen (0:1) hatten die insbesondere in technischer Hinsicht überraschenden Afrikaner nur einen Punkt weniger auf ihrem Konto als der Weltmeister und somit im Falle eines Sieges die Chance, an diesem vorbei in die nächste Runde einzuziehen. Das Spiel endete torlos, für den Weltmeister eine Blamage, zumal der Underdog den besseren Eindruck hinterließ. Vor allem das deutsche Mittelfeld war nur noch ein Schatten seiner glorreichen Tage. Mit Dhiab war der beste Mittelfeldakteur an diesem Tag ein Tunesier. Die Zeiten, in denen europäische Teams die Vertretungen des schwarzen Kontinents mit Kantersiegen abfertigten, so wie vier Jahre zuvor Jugoslawien bei seinem 9:0-Sieg über Zaire, gehörten der Vergangenheit an. Gruppensieger wurde Polen, das Mexiko in seinem letzten Vorrundenspiel mit 3:1 schlug, vor der Bundesrepublik.

In der Gruppe 3 begann Brasilien mit einem enttäuschenden 1:1-Remis gegen Schweden, der einzige Punktgewinn für die Skandinavier bei diesem Turnier. Pech für die Südamerikaner, dass der walisische Schiedsrichter Clive Thomas ihrem Siegtreffer die Anerkennung verweigerte, da er just in

Gruppe 3

dem Moment zum Abpfiff blies, als Zico einen Eckball per Kopf im gegnerischen Netz versenkte. Die Brasilianer protestierten, während die Schweden den Pfiff genau gehört haben wollten und damit ihre Nachlässigkeit erklärten, mit der sie den über ihren Häuptern hinwegsegelnden Eckball begleiteten.

Die folgende Vorstellung gegen Spanien fiel noch schwächer aus. Die Begegnung endete torlos, wobei die Spanier einem Sieg sogar näher waren. Doch Cardenosa versagten die Nerven, als er den Ball nur noch im leeren brasilianischen Tor unterbringen musste. Die meisten Spieler werden berühmt für die Tore, die sie schießen. Cardenosa wurde berühmt für das Tor, das er schießen musste, aber nicht schoss.

Der dreifache Weltmeister, der vom 39-jährigen Claudio Coutinho, einem polyglotten Armeekapitän, trainiert wurde, stolperte mehr in die zweite Runde, als dass er spielte. Coutinho betrieb eine Europäisierung des brasilianischen Spielstils, indem er seinem Team vor allem Fitness und Härte verordnete. Wie weit dieses Team von seinen besten Tagen entfernt war, wurde schon daraus ersichtlich, dass der Trainer auf der Rechtsaußen-Position, wo einst Julinho, Garrincha und Jairzinho Fußballgeschichte geschrieben hatten, mit Toninho einen gelernten Verteidiger nominierte.

Erst im dritten Vorrundenspiel kamen die Brasilianer zu ihrem ersten Sieg. Der Gegner hieß Österreich und hatte bereits durch Siege gegen Spanien (2:1) und Schweden (1:0) die nächste Runde erreicht. Mit 1:0 fiel der Sieg recht mager aus. Torschütze war der bullige Mittelstürmer Roberto, der für den zweimal enttäuschenden Reinaldo in die Mannschaft gekommen war. Nicht auf Geheiß des Trainers, sondern auf Befehl von „ganz oben", nämlich des Fußballverbandsvorsitzenden Heleno Nunes. Der Admiral war zugleich einer der einflussreichsten Politiker in Rio. Durch den Sieg über Österreich konnte Coutinho seinen Stuhl vorerst retten, nachdem brasilianische Fans in den Straßen von Mar del Plata bereits Strohpuppen verbrannt hatten.

Die von Helmut Senekowitsch trainierten Österreicher, die durch gekonntes Spiel aus der Defensive und kluges Ballhalten auffielen und mit Hans Krankl einen Mann für entscheidende Tore besaßen, feierten mit dem Einzug unter die „letzten Acht" nach 20-jähriger WM-Abstinenz ein gelungenes Comeback.

Gruppe 4 In der Gruppe 4 hieß das Überraschungsteam Peru, das vor den Niederlanden den Gruppensieg errang und als einziges Team seiner Gruppe ungeschlagen blieb. Die Schotten und Iraner wurden klar mit 3:1 bzw. 4:1 besiegt. Perus überragender Mann war der mittlerweile 29-jährige Teofilio Cubillas, der 1970 noch als Stürmer glänzte, mittlerweile aber zum Mittelfeldspieler mutiert war. Die Niederländer erreichten nur knapp die nächste Runde, während die Schotten – wie bereits 1974 – nur aufgrund eines schlechteren Torverhältnisses ausschieden. Den Iran schlugen die Niederländer mit 3:0, wobei der Underdog eine durchaus ansprechende Leistung bot, die seine Anwesenheit rechtfertigte. Von den drei Rensenbrink-Toren wurden zwei vom Elfmeterpunkt erzielt. Gegen Peru musste sich die Happel-Elf mit einem torlosen Remis begnügen, und gegen die bis dahin enttäuschenden Schotten, die von der lokalen Presse als schwere Trinker denunziert wurden und die gegen den Iran nur ein 1:1-Remis erreicht hatten, kassierten die Oranjes sogar eine 2:3-Niederlage. Um noch in die nächste Runde einzuziehen, hätten die von Ally MacLeod trainierten Schotten mit drei Toren Unterschied gewinnen müssen. Nach 68 Minuten führten die Briten, bei denen Kenny Dalglish eine überragende Vorstellung bot, mit 3:1. Die niederländische WM-Expedition war somit ernsthaft in Gefahr, zumal ein vierter Treffer förmlich in der Luft lag. Doch stattdessen konnte Rep auf 2:3 verkürzen. Schottland, das laut Ally MacLeod nach Argentinien gekommen war, um den WM-Titel zu holen, musste somit bereits nach der Vorrunde die Heimreise antreten.

Die Niederlage gegen Schottland zeigte überdeutlich, wie sehr den Niederländern ein Mann mit den Fähigkeiten Johan Cruyffs fehlte. Rensenbrink vermochte die Rolle nicht auszufüllen. Hinzu kamen Spannungen im niederländischen Lager. Namentlich Kapitän Ruud Krol opponierte gegen den Trainer und dessen taktische Maßnahmen. Auch seitens der heimischen Presse musste sich Happel bittere Vorwürfe gefallen lassen. Im Nachhinein beklagten einige Oranje-Akteure, Happel habe kaum mit ihnen geredet, und warfen ihm autoritäres Verhalten vor. Vom Finale sprach nach der Niederlage gegen die Schotten jedenfalls niemand mehr im niederländischen Lager.

2. Finalrunde: Gastgeber unter Bestechungs-Verdacht

Die Vorrundenplatzierungen ergaben zwei Finalgruppen, die fast exakt nach Kontinenten getrennt waren. Die Gruppe A, die in Buenos Aires und Cordoba spielte, war mit Deutschland, Österreich, Niederlande und Italien eine rein europäische Angelegenheit. Die drei südamerikanischen Vertreter Argentinien, Brasilien und Peru gehörten samt und sonders der in Rosario und Mendoza auflaufenden Gruppe B an, die von Polen komplettiert wurde.

Bereits die Vorrunde hatte offenbart, dass die Deutschen und Polen bei weitem nicht mehr so stark waren wie beim Turnier von 1974, insbesondere in spielerischer Hinsicht. Das Team der Niederlande hatte ebenfalls enttäuscht und wurde von Happel umgekrempelt. Nach der Niederlage gegen Schottland musste Keeper Jongbloed, mit 38 Jahren der älteste Spieler des Turniers, seinen Posten für den übergewichtigen Jan Schrijvers räumen. Für die angeschlagenen Neeskens, Suurbier und Rijsbergen kamen mit Brandts, Pootvliet und Wildschut drei junge Spieler ins Team, die alle Defensivkräfte waren. Happels Verjüngungskur wurde belohnt. Gegen den Favoritenschreck Österreich demonstrierten die Niederlande *totaal voetbal* wie zu ihren besten Zeiten, ließen Johan Cruyff für 90 Minuten vergessen und gewannen mit 5:1. Bester Spieler war Rob Rensenbrink.

Gruppe A

Die Begegnung Italien gegen Deutschland brachte lediglich eine Nulldiät. Für die Deutschen war es im vierten Spiel dieser WM bereits das dritte torlose Remis. In der 24.

Minute konnte Dino Zoff mit einer phantastischen Parade einen Schuss von Hölzenbein aus dem Winkel fischen, aber nach dem Wiederanpfiff spielte nur noch Italien.

In der folgenden Begegnung kam es zur Neuauflage des Finales von 1974. Den Deutschen fehlten lediglich sechs Minuten, um die Niederländer mit dem gleichen Ergebnis zu besiegen wie vier Jahre zuvor in München. Durch Rene van der Kerkhofs Treffer zum 2:2-Endstand erhielten die deutschen Träume vom Finale und einer erfolgreichen Titelverteidigung einen herben Dämpfer. Das deutsch-niederländische Duell gehörte zu den besten Spielen des Turniers.

Da Italien die Österreicher mit 1:0 schlug, erhielt das Spiel zwischen Niederlande und Italien fast den Charakter eines Halbfinales. Aufgrund des besseren Torverhältnisses der Niederländer mussten die Italiener unbedingt gewinnen, während den Oranjes wahrscheinlich bereits ein Unentschieden reichte. Aber auch die Deutschen besaßen bei zwei Punkten noch eine kleine Chance auf das Finale. Vorausgesetzt, die Partie Niederlande gegen Italien endete mit einem Remis, während man selbst die Österreicher mit fünf Toren Differenz schlug. Für die noch punktlose Alpenrepublik war das Turnier bereits gelaufen, weshalb man im deutschen Lager von einem Spaziergang ausging. „Klar, die putzen wir weg, 5:0 oder 6:0", tönte Kapitän Berti Vogts.

Die Österreicher fühlten sich durch derartige Prognosen in ihrer Ehre getroffen und herausgefordert. Zur Halbzeit führten die Deutschen im Stadion von Cordoba zwar durch einen Treffer von Karl-Heinz Rummenigge mit 1:0, aber als der Kapitän seinen eigenen Torwart bezwang, nahm das Unheil seinen Lauf. Österreich gewann gegen ein ideenloses und schwerfälliges deutsches Team mit 3:2, der erste Sieg über den großen Nachbarn seit 47 Jahren. Die Tore zwei und drei gingen auf das Konto des überragenden Hans Krankl, um dessen Dienste eine Reihe internationaler Topklubs buhlten und der daheim in Österreich zum nationalen Heros avancierte.

Die Niederländer besiegten Italien mit 2:1 und standen somit zum zweiten Male hintereinander im WM-Finale. Der italienischen Anfangsoffensive hatten die Niederländer zunächst wenig entgegenzusetzen. Als Brandts in der 19. Minute ein Eigentor fabrizierte und dabei seinen eigenen Torwart so schwer verletzte, dass dieser vom Platz getragen werden musste, schien alles zu Gunsten der *Squadra Azzurra* zu laufen. Das Spiel erfuhr eine Wende, als die Niederländer die deutsche Führung in Cordoba vernahmen. Zu diesem Zeitpunkt wäre das Happel-Team nicht einmal für das „kleine Finale" qualifiziert gewesen. Happel beorderte Neeskens, den er zunächst mit der Bewachung von Rossi betraut hatte, nach vorne. In der 49. Minute gelang dem Unglücksraben Erny Brandts mit einem unhaltbaren Schuss in den Winkel der Ausgleich. In der 74. Minute markierte Arie Haan mit einem seiner gefürchteten Weitschüsse auch noch den Siegtreffer.

Gruppe B In der Gruppe B begannen die Favoriten Argentinien und Brasilien mit Siegen. Argentinien schlug Polen mit 2:0, wobei der WM-Dritte von 1974 sein bestes Spiel bei diesem Turnier zeigte. Pechvogel des Abends war Polens

Gegen den *totaal voetbal* der Holländer hatte Österreich keine Chance und unterlag 1:5. Auch Hans Krankl (links) blieb ohne Torerfolg. Dafür schlug er später gegen Deutschland umso erfolgreicher zu.

Kazimierz Deyna, der in seinem 100. Länderspiel beim Stande von 0:1 einen Elfmeter verschoss. Trainer Jaczek Gmoch machte Argentiniens „zwölften Mann" für den Vormarsch der Heimmannschaft verantwortlich: „Wir haben heute nicht nur gegen elf, sondern gegen 40.000 Argentinier gespielt. Diese Zuschauer trieben die eigene Mannschaft nach vorne. Jeder Gegner wird irritiert. Irgendwann ist man stehend k.o." Brasilien gewann gegen Peru mit 3:0. Die 40.000 Zuschauer in Mendoza sahen das bis dahin technisch beste Spiel des Turniers.

Der Schwarzmarkt hatte Hochkonjunktur, als Argentinien und Brasilien aufeinandertrafen, denn nur gut 40.000 durften dem Duell der beiden südamerikanischen Fußballgiganten in Rosario live beiwohnen. Es wurde ein Spiel voller Kampf, Dynamik, aber auch vieler versteckter und offener Fouls, das sich einer souveränen Leitung durch den Ungarn Karoly Palotai erfreute. Einzig Tore fehlten. Die Argentinier, deren gewohntes Angriffsspiel unter der vorzeitigen Auswechslung ihres Mittelfeldmotors, Osvaldo Ardiles, litt, registrierten das 0:0 mit Enttäuschung, während die Brasilianer mit dem Resultat zufrieden waren.

Vor dem letzten Spiel verfügten Argentinier wie Brasilianer über jeweils drei Punkte. Brasilien musste gegen Polen antreten, Argentinien gegen Peru. Anstatt die beiden Spiele zeitgleich auszutragen, wurde Brasiliens Spiel auf den Nachmittag vorverlegt. Angeblich wollte man so vermeiden, dass zum Spiel der Brasilianer keine Zuschauer im Stadion erscheinen würden, da das argentinische Publikum dann die TV-Übertragung des Spiels der eigenen Mannschaft vorziehen würde.

Die Vorverlegung bedeutete, dass Menottis Elf bei Anpfiff ihres Spiels exakt wusste, mit welcher Tordifferenz sie zu siegen hatte. Da Brasilien die Polen mit 3:1 geschlagen hatte, mussten die Argentinier vier Tore mehr als der Gegner schießen. Brasiliens Torverhältnis betrug nach drei Spielen 6:1, das der Argentinier nach zwei Spielen 2:0. Die Argentinier gewannen gegen die müden Andenstaatler mit 6:0, wobei Kempes und Luque jeweils zwei Tore gelangen. Zu Beginn sah es durchaus nicht nach einem klaren Sieg der Argentinier aus. Vielmehr hätten die Peruaner mit 2:0 in Führung gehen können. Als das vierte Tor fiel, explodierte vor dem Haus des Innenministers Alemann eine Bombe.

Getreide für ein Gastgeschenk?

Die Journalistin Maria-Jaura Avignolo wusste später zwei argentinische Fußballfunktionäre sowie einen Mitarbeiter der Junta mit der Behauptung zu zitieren, die Begegnung sei auf höchster politischer Ebene verschoben worden. Die Generäle hätten der peruanischen Regierung als Gegenleistung 35.000 Tonnen Getreide geschickt sowie einen bis dahin eingefrorenen 50-Mio.-Dollar-Kredit freigegeben. Auch Waffen sollen ihren Weg in den Andenstaat gefunden haben. Perus Starspieler Jaan Carlos Oblitas bezeichnete den denkwürdigen Abend Jahre später als „eigenartig".

22 Jahre danach nahm der britische Enthüllungsautor David Yallop die Manipulationsgerüchte wieder auf. In einem Beitrag für die peruanische Tageszeitung *El Commercio* berichtete Yallop über eine Zahlung von 50 Mio. Dollar der argentinischen Junta an Perus Machthaber. Der Artikel bestätigte auch die Spekulationen über eine kostenlose Lieferung von 35.000 Tonnen Getreide aus Argentinien nach Peru. Junta-Chef Videla soll nach Yallops Recherchen persönlich die Anordnung zum Bestechungsversuch erteilt haben. Die Abwicklung des Vorgangs habe bei WM-Organisationschef Carlos Lacoste gelegen. Drei peruanische Spieler, die nicht genannt werden wollten, erzählten Yallop von einem Angebot von jeweils 20.000 Dollar „zur Sicherung des richtigen Ergebnisses".

Wie dem auch tatsächlich gewesen sein mag: Erstmals seit 1930 stand die älteste südamerikanische Fußballnation wieder im WM-Finale. Auf den Straßen von Buenos Aires feierte die Bevölkerung diesen Erfolg. Mit 245.667 gegenüber 261.000 Zuschauern in der Gruppe A verbuchte die Gruppe des Gastgebers den geringeren Zuschauerzuspruch, was allein an der Tatsache lag, dass die Argentinier nicht in Buenos Aires spielen durften.

Italiens Torjäger Paolo Rossi konnte die Niederlage der *Squadra Azzurra* im kleinen Finale gegen Brasilien nicht verhindern. Seine große Stunde schlug vier Jahre später.

Im Spiel um den dritten Platz besiegte Brasilien Italien mit 2:1. Die Italiener waren zwar zunächst durch ein Tor von Causio in Führung gegangen, aber in der zweiten Halbzeit ließen sie sich, wie schon gegen die Niederlande, das Heft aus der Hand nehmen. Zunächst erzielte Nelinho den Ausgleich. Unmittelbar danach betrat Rivelino das Spielfeld, der mittlerweile an Gewicht ab- und an Schnelligkeit zugenommen hatte. Rivelino übernahm sofort das Kommando, explodierte förmlich und wurde zum Ausgangspunkt des entscheidenden Treffers von Dirceu. Brasiliens Trainer Coutinho verklärte das „kleine Finale" zum „wahren Finale". Die Brasilianer hatten zwar ihr Ziel nicht ganz erreicht, aber immerhin blieben sie als einziges Team bei diesem Turnier ungeschlagen.

Finale: „Den Terror der Systeme besiegt"

Das trübe Wetter, das am Finaltag herrschte, stand im krassen Kontrast zur Stimmung im Stadion. Ganz Argentinien trug an diesem Sonntagnachmittag himmelblau. Was die Kulisse anbetraf, so sollte das Finale der WM 1978 als das stimmungsvollste in die Annalen des Turniers eingehen. Die 76.609 Zuschauer verwandelten das natürlich ausverkaufte Estado River Plate in einen Hexenkessel.

> ### ◆ Antisemitische Ressentiments
>
> Als Schiedsrichter des Finales war Abraham Klein in der Diskussion, der die Partie Argentinien gegen Italien so brillant geleitet hatte. Die Argentinier aber hatten sich von ihm benachteiligt gefühlt und akzeptierten Klein noch aus einem anderen Grund nicht. Die Militärjunta war gegenüber Juden alles andere als freundlich gesinnt, wie überhaupt der Antisemitismus in dem Land eine Basis hatte. Vor dem Spiel des Gastgebers gegen Italien hatte Klein Argentiniens Jüdische Gemeinde besucht. „1978 war eine schlimme Zeit für die Juden in Argentinien. Und ich weiß, obwohl sie es mir nicht so erzählten, dass sie wirklich Angst hatten, weil ich das Spiel zugeteilt bekommen hatte." (zit. n. Simon Kuiper 2000) Klein wurde von argentinischer Seite Voreingenommenheit unterstellt, denn Israelis und Juden würden mit den Niederlanden sympathisieren. In den Augen vieler Israelis waren die Niederlande in der Tat ein besonderes Land, weil es ihrer Auffassung nach den Juden in den Jahren der Verfolgung durch die Nazis beigestanden habe. Mit Rud Krol trug ein Mann die Kapitänsbinde der Oranjes, dessen Vater Kuki Krol Juden das Leben gerettet hatte. Als „Kriegswaise" hatte Klein ein Jahr im niederländischen Apeldoorn verbracht. Aufgrund der argentinischen Vorbehalte musste sich Klein mit dem „kleinen Finale" begnügen. Für das „große Finale" erhielt der Italiener Sergio Gonella den Zuschlag.

Das Finale stand für die Niederländer von Anfang an unter keinem guten Stern. Zunächst ließen die Gastgeber die Niederländer warten, indem sie erst mit minutenlanger Verspätung das Spielfeld betraten, begleitet von einem dichten blau-weißen Konfettiregen. Als nächstes beschwerte sich ihr Kapitän, Daniel Passarella, über eine Handmanschette René van de Kerkhofs, die dieser seit dem Iran-Spiel trug und die seither noch von niemandem bemängelt worden war. Nun verschwanden die Niederländer in den Katakomben, begleitet von einem gellenden Pfeifkonzerts des Publikums, und kehrten erst nach sieben Minuten aufs Feld zurück. Zwischenzeitlich war van de Kerkhofs Manschette mit Mull umwickelt worden.

Bei den Niederländern hütete wieder Jongbloed für den verletzten Schrijvers das Tor. Im Blickpunkt stand allerdings zunächst sein Gegenüber Fillol. In der 27. Minute verhinderte der Weltklassemann mit einer tollen Parade die fast sichere Führung durch Johnny Rep.

Der Verlauf des Finales bestätigte die Erkenntnis, dass die WM 1978 ein Turnier ohne jene Regisseure war, wie sie sich noch vier Jahre zuvor in der Gestalt eines Johan Cruyff oder Wolfgang Overath präsentiert hatten. Im Mittelpunkt standen andere Spieler, insbesondere Mario Kempes. Der Stürmer mit der wehenden schwarzen Mähne bestritt an diesem trüben Sonntagnachmittag das Spiel seines Lebens. In der 38. Minute brachte Kempes nach einer Vorlage von Ardiles, der ansonsten an diesem Tag im Mittelfeld im Schatten von Arie Haan stand, Argentinien in Führung. In der 43. Minute hatte Bertoni das 2:0 auf dem Fuß, nur eine Minute später Rensenbrink den Ausgleich. Doch der Niederländer traf den Ball nicht richtig, so dass Fillol retten konnte.

Der Argentinier Mario Kempes war zweifacher Torschütze im WM-Finale gegen die Niederlande.

Nach dem Wiederanpfiff blies Happel zur hemmungslosen Offensive, doch zunächst scheiterten die Oranjes wiederholt an Fillol, argentinischem Foulspiel und dem gegenüber den Gastgebern auffällig großzügigen Schiedsrichter Gonella, der eine ganz schwache Leistung ablieferte. Im ersten Durchgang hatten die Niederländer bereits mit dem österreichischen Linienrichter Linemayr gehadert, der zweimal fälschlicherweise Abseits angezeigt hatte. In der 80. Minute gelang dem langen Dick Nanninga, der zwischenzeitlich für den ausgelaugten Rep ins Spiel gekommen war, dann doch der hochverdiente Ausgleich. Nanninga wuchtete eine Flanke Rene van der Kerkhofs, der zuvor die argentinische Abseitsfalle überlaufen hatte, mit dem Kopf ins Netz. In der letzten Minute der regulären Spielzeit verpassten die Niederländer den Siegtreffer nur um Zentimeter. Rensenbrinks Schlenzer endete am linken Torpfosten.

Auch in der Verlängerung waren die Niederländer zunächst das bessere Team. Menottis Mannen wirkten erschöpft – mit der Ausnahme von Mario Kempes, der den Ball über das halbe Feld trieb, im ersten Versuch zwar an Jongbloed scheiterte, aber den Abpraller zum 2:1 verwandelte. Das Stadion, in dem seit dem niederländischen Ausgleich Totenstille geherrscht hatte, tobte vor Begeisterung. Die Niederländer stemmten sich der drohenden Niederlage mit dem Mut der Verzweiflung

Luis Cesar Menotti, genannt „El Flaco" („Der Dünne").

entgegen, doch als Bertoni in der 115. Minute, nach Vorarbeit von Kempes, auf 3:1 erhöhen konnte, war das Finale gelaufen.

Die Verlierer verschwanden nach dem Schlusspfiff wortlos in der Kabine. Die Siegerehrung fand ohne die Niederländer statt. Etwaige politische Motive wurden von Jacques Hogewoning, dem Vizepräsidenten des KNVB, verneint.

Die Niederlande hatte das gleiche Schicksal ereilt wie zuvor bereits die Tschechoslowakei und Ungarn. Zweimal im Finale, zweimal verloren. Und beide Male scheiterten die Niederländer am Gastgeber. Hätte eines der beiden Finale auf neutralem Boden stattgefunden, hätten die Annalen des niederländischen Fußballs heute möglicherweise mehr als nur den Titel eines Europameisters (1988) aufzuweisen. Mit ihrer Meinung, die Argentinier hätten nur aufgrund ihres Heimrechtes das Turnier gewonnen, standen die Verlierer nicht allein. Giovanni Trapattoni, damals Trainer von Juventus Turin, ging noch einen Schritt weiter: An jedem anderen Ort der Erde hätte das argentinische Team nicht einmal die Vorrunde überlebt. Doch trotz der offensichtlichen Manipulationen war Argentiniens Sieg über den gesamten Turnierverlauf besehen durchaus verdient.

Für die Experten markierte das Turnier in Argentinien einen Rückschritt gegenüber 1970 und auch 1974. Taktik und Kampfkraft schienen der Technik und Spielfreude endgültig den Rang abgelaufen zu haben. Spielkultur und Risikobereitschaft mussten den kompakten Abwehrreihen, taktischen Winkelzügen und strategischen Finessen weichen. Mit Argentinien und den Niederlanden bestritten immerhin zwei Teams das Finale, die sich am wenigsten dem Offensivfußball widersetzten.

Menotti verweigert den Handschlag

Der Vater des Triumphes, Luis Cesar Menotti, ließ sich von den Machthabern nicht vereinnahmen. Als Junta-Chef General Videla ihm den Pokal überreichen wollte, verweigerte „El Flaco" ihm den Handschlag. Der Regimegegner kommentierte den Sieg seines Teams bewusst zweideutig: „Meine talentierten klugen Spieler haben die Diktatur der Taktik und den Terror der Systeme besiegt. Sie praktizieren das Alles-oder-Nichts. Sie müssen dem Fußball das Beste ihrer Veranlagung geben, das heißt, ihre Begeisterung und Großzügigkeit." Der deutsche Sportjournalist Ludger Schulze kommentierte: „Cesar

Die Sieger von 1978 (von links): Passarella, Gallego, Bertoni, Fillol, Luque, Olguin, Galván, Ardiles, Tarantini, Ortiz und Kempes.

Luis Menotti hatte dem Volk, dem er sich aufs engste verpflichtet fühlte, zwei Dinge vermittelt mit diesem Triumph. Er hatte ihm den Glauben an seinen Fußball zurückgegeben, was dort nicht unwichtig ist, und den Argentiniern, die sich von ihren Machthabern wie Sklaven behandeln lassen mussten, ein Stück ihrer Menschenwürde verschafft."

Die Junta profitierte nur kurzfristig vom WM-Sieg. Insbesondere die Person Menotti sollte sich zum Fluch entwickeln. Mit der Autorität und Unantastbarkeit des nationalen Helden ausgestattet, übte Menotti in den folgenden Jahren heftige Kritik am Regime. Dass sich Argentinien 1983 endlich seiner Diktatoren entledigen konnte, war auch das Verdienst von „El Flaco".

Das Turnier offenbarte einmal mehr die schönen wie die hässlichen Seiten des Fußballs. Über die Jahrzehnte besehen wusste keine andere Fußballnation diesen janusköpfigen Charakter des Spiels in derartiger Perfektion zu repräsentieren wie die Argentinier. Die WM 1978 brachte die kompletten Widersprüche des Spiels auf einen Punkt. Der Weltmeister wurde von einem Mann trainiert, der den Ruf eines Fußballphilosophen und -ästheten genoss, dessen Team allerdings nicht nur technisch hoch stehenden Offensivfußball zelebrieren konnte, sondern zuweilen auch recht ruppig zur Sache ging und überdies möglicherweise von Manipulationen profitierte. Und auf den Rängen herrschte eine Begeisterung, wie sie die Europäer noch niemals zuvor erlebt hatten, die aber auch einen bedrohlichen Charakter annehmen konnte.

◆ WM 1982

COPA DEL MUNDO DE FUTBOL ESPAÑA 82

Austragungsland: Spanien

Austragungsstädte und Spielstätten: Alicante (Estadio José Vico Pérez), Barcelona (Estadio RCD Espanol und Nou Camp), Bilbao (San Mamés), Elche (Nuevo Estadio), Gijón (Estadio E. Molinon), La Coruna (Estadio Riazzor), Madrid (Santiago Bernabeu und Estadio Vicente Caldéron), Malaga (Estadio La Rosaleda), Oviedo (Estadio Carlos Tartiere), Saragossa (Estadio La Romareda), Sevilla (Estadio Sánchez Pizjuan und Estadio Benito Villamarin), Valencia (Estadio Luis Casanova), Valladolid (Estadio El Prado), Vigo (Estadio Balaidos)

Dauer: 13. Juni bis 11. Juli 1982

Eröffnungsspiel: Belgien – Argentinien 1:0 (0:0)
(13. Juni 1982, Nou Camp, Barcelona)

Gemeldete Länder: 105
Europa: 34, Südamerika: 10, Nord- und Mittelamerika: 15, Afrika: 26, Asien/Ozeanien: 20

Endrundenteilnehmer: 24
Europa (14): Belgien, Deutschland, England, Frankreich, Italien, Jugoslawien, Nordirland, Österreich, Polen, Schottland, Sowjetunion, Spanien, Tschechoslowakei, Ungarn;
Südamerika (4): Argentinien, Brasilien, Chile, Peru;
Nord- und Mittelamerika (2): El Salvador, Honduras; *Afrika* (2): Algerien, Kamerun;
Asien (1): Kuwait; *Ozeanien* (1): Neuseeland

Qualifikationsspiele: 306, **Endrundenspiele:** 52

Modus: 1. und 2. Finalrunde als Punktspiele, ab Halbfinale im K.o.-System

Zuschauer: 2. 102.214, Zuschauerschnitt: 40.427
Tore: 146, Torschnitt pro Spiel: 2,8

Die erfolgreichsten Torschützen: Paolo Rossi (Italien), 6 Tore
Karl-Heinz Rummenigge (BR Deutschland), 5 Tore
Zbigniew Boniek (Polen), Zico (Brassilien), 4 Tore

Finale: Italien – Bundesrepublik Deutschland 3:1 (0:0)
(11. Juli 1982, Santiago Bernabéu, Madrid)

Italien: Zoff; Scirea, Gentille, Collovati, Cabrini, Bergomi, Oriali, Tardelli, Conti, Rossi, Graziani, (8. Altobelli, 88. Causio)

Deutschland: Schumacher; Stielike, Kaltz, K.-H. Förster, B. Förster, Dremmler (63. Hrubesch), Breitner, Briegel, Rummenigge (70. H. Müller), Fischer, Littbarski

Schiedsrichter: Arnaldo D. C. Coelho, Brasilien

Tore: 1:0 Rossi (57.), 2:0 Tardelli (69.), 3:0 Altobelli (81.), 3:1 Breitner (83.)

Zuschauer: 90.000

WM 1982

Turnier in der Krise

Die WM 1982 sah erstmals die von Havelange angekündigte Ausweitung der nichteuropäischen und nicht-südamerikanischen Präsenz. Afrika, Asien und Ozeanien, Mittel- und Nordamerika mit der Karibikregion wurden nun jeweils zwei Plätze garantiert. Gleichzeitig erfuhr das Teilnehmerfeld eine Ausweitung von 16 auf 24, so dass die europäische und südamerikanische Präsenz nicht geschwächt wurde. 1978 hatte Europa zehn Nationalmannschaften in die Endrunde geschickt, nun waren es sogar 14. Südamerika war 1978 mit drei Teams vertreten und 1982 mit vier. In Prozenten ausgedrückt verringerte sich die europäisch-südamerikanische Dominanz von gut 81 % auf 75 %. Nach wie vor kamen die mit Abstand meisten Endrundenteilnehmer aus Europa. Die restliche Welt (außer Südamerika) blieb immer noch unterrepräsentiert. Nur 32 % der gemeldeten Länder kamen aus Europa, bei den Endrundenteilnehmern waren es aber gut 58 %. Afrika kam für knapp 25 % der Meldungen auf, stellte aber nur gut 8 % der Endrundenteilnehmer.

Fußball in Spanien: Regionen vorn

Historisch bot der spanische Fußball der Welt zwei Gesichter. In der Gunst der Fans standen die Vereinsmannschaften stets deutlich vor der Nationalmannschaft, was sich auch in der jeweiligen Leistungsbilanz spiegelte. Die wichtigsten Vereinsgründungen fanden in Spanien um die vorletzte Jahrhundertwende statt. 1878 entstand der Verein Recreativo de Huelva, der heute nicht mehr erstklassig ist, sich aber Spaniens ältester Fußballklub nennen darf und über viel Reputation bei spanischen Fußballkennern verfügt. Fußball wurde in der andalusischen Hafenstadt von englischen Seeleuten sowie Managern und Arbeitern der nahe gelegenen Zinn- und Zink-Minen eingeführt, die sich im Besitz des britischen Konglomerats Rio Tinto befanden. 1898 erfolgte die Gründung von Athletic Club de Bilbao. Der englische Titel des Klubs dokumentiert noch heute die englische Pionierrolle im Baskenland, eine der ersten Fußballhochburgen auf der iberischen Halbinsel. Ein Jahr später wurde der Fútbol Club Barcelona aus der Taufe gehoben. Zu den Initiatoren des Klubs gehörte der aus der Schweiz stammende Geschäftsmann Hans Kamper, der seinen Namen bald in

Joan Gamper ändern ließ. Erster Präsident wurde der Engländer William Wild. Die Mehrzahl der „Barca"-Akteure waren Ausländer, vor allem Engländer. 1902 folgte der FC Madrid, der sich der spanischen Monarchie verbunden fühlte und 1920, nachdem König Alfonso XIII die Einladung zur königlichen Patronage akzeptiert hatte, in Real Madrid umgetauft wurde.

1902 wurde ein nationaler Pokalwettbewerb eingeführt, bis zur Gründung der Liga im Jahre 1929 der einzige nationale Wettbewerb. Der nationale Fußballverband Real Federacion Espanola de Futbol wurde erst 1913, neun Jahre nach Spaniens Beitritt zur FIFA, gegründet. Zuvor existierten nur Regionalverbände, die Nationalmannschaft lief sogar erst 1920 erstmals auf.

Im Schatten der Vereinsteams

1929 gelang Spanien in Madrid ein 4:3-Sieg über England, die erste Niederlage des „Mutterlands" gegen eine nicht-britische Nation überhaupt. Trotz dieses historischen Sieges sollte die *Selección* im Schatten der führenden Vereinsmannschaften verharren, mit deren Erfolgen und Niveau sie nicht konkurrieren konnte. Für die zurückliegenden elf WM-Endrundenturniere 1930 bis 1978 konnten sich Spaniens Auswahlspieler lediglich fünfmal qualifizieren. 1934 und 1950 wurde Spanien Vierter, 1962, 1966 und 1978 scheiterte die *Selección* bereits in der Vorrunde. Der größte und einzige internationale Erfolg war der Gewinn der Europameisterschaft 1964.

Dass die spanische Auswahlelf in der Publikumsgunst eher ein stiefmütterliches Dasein führte, lag aber nur zum Teil an ihrer Mittelmäßigkeit. Die große Leidenschaft galt (und gilt) den Klubs, auch und gerade in ihrer Funktion als Repräsentanten lokaler und regionaler Identität. Die unterdurchschnittliche Identifikation der Spanier mit ihrer Nationalmannschaft war auch der ungeklärten nationalen Frage geschuldet. So kämpfen insbesondere das Baskenland und Katalonien um ihre Autonomie gegenüber Madrid. Die ablehnende Haltung gegenüber der Zentralregierung in Madrid war vor allem durch die Jahre der Franco-Diktatur (1939-1975) geprägt worden, in denen Katalonien und das Baskenland die Hauptlast des antifaschistischen Widerstands trugen. Der kastilische Zentralismus war im regionalen Bewusstsein gleichbedeutend mit Krieg und Unterdrückung, Inquisition und bürokratischer Unfähigkeit, Düsternis und Strenge. 1936 war Barcas damaliger Präsident, Joseph Sanyol, von Franco-Schergen hingerichtet worden. Regionalismus und Separatismus konnten auch durch die Einführung der parlamentarischen Demokratie 1978 und ein auf die jeweilige Region zugeschnittenes Autonomiestatut nicht befriedigt werden.

Die politischen Widersprüche manifestierten sich auch im Fußball. Real Madrid gilt noch heute bei Katalanen und Basken als Profiteur des faschistischen Franco-Regimes, denn Reals Aufstieg zur ersten Fußballadresse des Landes und europäischem Spitzenklub vollzog sich unter Franco, einem erklärten Fan der „Königlichen", der den in Madrids Nobelviertel Castellana beheimateten Klub als diplomatische Brücke für sein diskreditiertes Regime benutzte – mit Unterstützung von FIFA und UEFA. Fernando Maria de Castiella, Außenminister des Diktators, pries Real als „den besten Botschafter, den wir jemals hatten". Das Klub-Emblem des FC Barcelona dagegen vereinigt den Fußball mit den Symbolen des katalanischen Nationalismus: das Kreuz des katalanischen Nationalheiligen Sankt Jordi mit den rot-gelben Streifen der Nationalfahne. Barca wurde viel berühmter als Katalonien selbst und avancierte zur Hauptquelle des katalanischen Stolzes. In den Jahren der Diktatur wurden die Heimspiele des Klubs gegen Real Madrid zu politischen Demonstrationen des katalanischen Anti-Franco-Widerstands.

Spaniens anhaltende innere Zerstrittenheit gilt vielen Beobachtern als Grund für das geringe Leistungsvermögen der Nationalmannschaft. Spanien hat kein nationales Stadion, und die Nationalmannschaft gastiert fast nie in Bilbao, San Sebastián oder Barcelonas Nou Camp. Sofern die *Selección* in der katalanischen Metropole spielt, benutzt sie

> ### ◆ ETA-Freund hütete das spanische Tor
>
> Mangelhafte Loyalität von Basken und Katalanen im spanischen Nationaltrikot lässt sich trotz des ausgeprägten Regionalbewusstseins kaum nachweisen. José Iribar, einer der besten Keeper der WM 1966, machte keinen Hehl aus seiner Sympathie mit Herri Batasuna, einer militanten linksnationalistischen Partei, die der Untergrundorganisation ETA nahe steht. Iribar hütete immerhin 49-mal das spanische Tor. Nach eigenem Bekunden verweigerte er den 50. Einsatz, „weil es Leute gab, die der Auffassung waren, dass ich nicht dazugehören würde". Der Katalane Guardiola, lokaler Held des „Barca"-Dream-Teams der frühen 1990er sowie entschiedener Befürworter katalanischer Unabhängigkeit und einer katalanischen Nationalmannschaft („Es wäre mein größter Wunsch, irgendwann Spielführer einer autonomen katalanischen Nationalelf zu sein"), absolvierte bis zur Jahrhundertwende über 40 Länderspiele für Spanien und trug dabei sogar die Kapitänsbinde.

die Arena des Barca-Lokalrivalen Espanol, der das „spanische Element" in der Stadt repräsentiert. Katalanen und Basken verfügen sogar über eigene regionale Auswahlmannschaften, die jährlich kurz vor Weihnachten ein Freundschaftsspiel bestreiten, in der Regel gegen Teams aus Osteuropa oder Afrika. Derartige Spiele waren unter der Franco-Diktatur verboten. 1999 reichten die Katalanen bei der FIFA eine Petition ein, mit der sie um die Anerkennung als eigenständige Nationalmannschaft warben.

Die Ursachen für das relativ schwache Abschneiden der *Selección* dürften außerdem im Niveau heimischer Fußballer und der großen Zahl ausländischer Stars zu suchen sein. Einer der wenigen spanischen Kicker, die das Interesse der italienischen Liga weckten, war der in Galicien geborene Luis Suárez, der 1961 vom FC Barcelona zu Inter Mailand wechselte. 1960 war Suarez der erste und bis heute auch einzige Spanier, der als „Europäischer Fußballer des Jahres" ausgezeichnet wurde. Auch Spieler wie Gento, Zarra, Samitier oder Santillana gehörten in ihrer aktiven Zeit zum Besten, was der europäische Fußball zu bieten hatte, aber internationale Reputation erlangte Spanien vor allem als Herkunftsland großartiger Keeper wie Zamora, Iribar, Arconada und Zubizarreta. In den 1950er Jahren stieg Real Madrid zum führenden Verein Europas auf, als die „Königlichen" fünfmal in Folge (1956-1960) den Europapokal der Landesmeister gewannen. Der FC Barcelona gewann 1960 den Messepokal, einen Vorläufer des UEFA-Pokals.

Legionäre in der Nationalelf

Der Aufstieg Reals und „Barcas" zu europäischen Spitzenklubs war schon damals vor allem dem Mitwirken ausländischer Stars geschuldet. In Reals goldener Ära dominierten mit di Stéfano, Ben Barek, Puskas, Santamaria, Platko oder Kopa Spieler anderer nationaler Herkunft. „Barca" stützte sich auf das ungarische Trio Kubala, Kocsis und Czibor. Kein anderes europäisches Land hatte so früh so geringe Probleme mit ausländische Stars wie Spanien, wo diesbezüglich eine sehr pragmatische Haltung vorherrschte. Eine Reihe von Legionären bereicherte sogar die *Selección*. Di Stéfano, Puskas, Kubala und Santamaria trugen die spanischen Farben, obwohl sie zuvor bereits für ihre Herkunftsländer gespielt hatten. Mitte der 1960er Jahre wurde dies von der FIFA untersagt. Fortan durfte ein Spieler nur noch für ein Land antreten. Zuvor hatten 29 Ausländer für Spanien gespielt: 14 Argentinier, drei Brasilianer, drei Paraguyaner, zwei Ungarn, zwei Kubaner, ein Marokkaner, ein Däne, ein Philippine, ein Uruguyaer und ein Franzose. Sechs dieser Spieler bestritten mehr als zehn Länderspiele für die *Selección*, und di Stéfano (ein Argentinier italienischer Abstammung) wurde zu einem der erfolgreichsten Torschützen ihrer Geschichte.

1965 bis 1973 reduzierte der spanische Verband den Import ausländischer Spieler. Als Kicker durfte sich nun nur noch verdingen, wer mindestens einen spanischen Eltern- oder Großelternteil vorweisen konnte. Die Importe kamen nun fast nur noch aus Südamerika. Die Beschränkung fiel, nachdem Nachforschungen ergeben hatten, dass 46 von 60 der naturalisierten südamerikanischen Akteure mit falschen Dokumenten ausgestattet waren. Außerdem war die Nationalmannschaft durch den Bann nicht besser geworden, wohl aber der Vereinsfußball schlechter. Die *Selección* konnte sich weder 1970 noch 1974 für die Endrunde qualifizieren, und der letzte internationale Erfolg für eine Vereinsmannschaft war Reals sechster Gewinn des Europapokals der Landesmeister 1966 gewesen, der aber noch mit Ausländern errungen wurde. Das Ergebnis war somit, dass Spanien sich auf beiden Ebenen aus dem europäischen Spitzenfußball verabschiedete. Nach dem Fall der Beschränkung verpflichtete Barcelona die Niederländer Cruyff und Neeskens, Real die Deutschen Breitner und Netzer. Es dauerte bis 1979, bevor ein spanischer Klub in Europa wieder triumphieren konnte, als der FC Barcelona den Europapokal der Pokalsieger gewann. Auch viele der großen Trainer spanischer Klubs waren mit Johan Cruyff, Helenio Herrera, Ladislao Kubala, Fred Pentland, Leo Beenhakker oder Jupp Heynckes Ausländer.

Qualifikation: Sechs Neulinge

Um die 22 noch freien Plätze starteten im Frühjahr 1980 weltweit 105 Bewerber. Durch die Ausweitung der europäischen Präsenz war die Möglichkeit von Sensationen reduziert worden, denn in sechs der sieben europäischen Qualifikationsgruppen kam neben dem Erst- auch noch der Zweitplatzierte weiter.

Für das Team der Bundesrepublik Deutschland gestaltete sich die Qualifikation völlig problemlos. In der europäischen Qualifikationsgruppe 1 boten nur die Spiele gegen Österreich ein wenig Brisanz, galt es doch die Schande von Cordoba zu tilgen, was auch mit 2:0 in Hamburg und 3:1 in Wien gelang. Die übrigen Gegner Bulgarien, Albanien und Finnland wurden ausnahmslos besiegt, so dass das deutsche Team mit der imposanten Bilanz von 16:0 Punkten und 33:3 Toren die Tickets für Spanien buchen durfte.

Mit zwei Punkten vor Bulgarien folgte Österreich den Deutschen gen Süden. Das österreichische Team war qualifiziert, da feuerte der ÖFB den Trainer, Karl Stotz. Verbandspräsident Sekania spekulierte auf den beim Hamburger SV trainierenden Ernst Happel, einst österreichischer Auswahlspieler und zu Lebzeiten schon eine Trainerlegende. Als jedoch Anfang 1981 feststand, dass Österreich beim Turnier in einer Gruppe mit Deutschland spielen würde, verweigerte DFB-Chef Neuberger dem Happel-Wechsel seine Zustimmung. Kurzfristig führte das zu Gereiztheiten in der deutsch-österreichischen Fußballbeziehung, dann übernahm Assistenztrainer Georg Schmidt die Nationalmannschaft.

Eng wurde es in der Qualifikationsgruppe 2, in der zum dritten Mal nach 1974 und 1978 Belgien auf die Niederlande traf. Beide Male hatten sich die Niederländer durchgesetzt, doch dieses Mal drehten die Belgier den Spieß um und warfen den Nachbarn aus dem Wettbewerb, eine der wenigen nennenswerten Überraschungen in der europäischen Qualifikation. Zweiter wurde hier Frankreich, das gegenüber der punktgleichen Republik Irland das bessere Torverhältnis besaß.

Ohne Niederlage, mit vier Punkten Vorsprung und einem 20:2-Torverhältnis empfahl sich die UdSSR für Spanien. Oleg Blochin hieß Moskaus Wunderstürmer, der auch in der immer wieder brisanten Begegnung gegen die Tschechoslowakei zum 1:1-Ausgleich traf. Für die CSSR bedeutete der Punkt ebenfalls die Qualifikation. Obwohl England mit Kevin Keegan und Tony Woodcock drei Qualifikationsspiele verlor, konnte das Team von Coach Ron Greenwood in der Gruppe 4 die Spanienfahrkarte lösen. Ausschlaggebend war die letzte Partie im Wembley-Stadion gegen die bereits qualifizierten Ungarn, die die Engländer hauchdünn mit 1:0 gewannen. Nach zwölf Jahren erzwungener Abstinenz war das „Mutterland" wieder bei der WM-Endrunde vertreten.

In der Gruppe 5 holte Jugoslawien den Gruppensieg und durfte seinem siebten Endrundenturnier entgegensehen. Zweiter wurde hier Italien. Schottland setzte sich in Gruppe 6 mit einer bemerkenswerten Disziplin durch. In Argentinien 1978 waren die Schotten noch durch Drogen- und Alkoholeskapaden aufgefallen. Nun trug die schottische Mannschaft die Handschrift des legendären Glasgow-Celtic-Coaches Jock Stein, der allerdings den Zenit seines Trainerdaseins bereits überschritten hatte und an den Folgen eines schweren Autounfalls laborierte. Dass auch die Nordiren nach Spanien reisen durften, galt gemeinhin als Überraschung, weil sie in der Qualifikation die als stärker eingestuften Schweden und Portugiesen auf die Plätze verwiesen.

In der Gruppe 7, wo nur der Erste nach Spanien reisen durfte, wurde das Gastspiel der Polen im maltesischen La Valetta wegen Zuschauerausschreitungen vorzeitig abgebrochen und mit 2:0 Punkten und Toren für die Osteuropäer gewertet. Die restlichen Spiele gewannen die souverän aufspielenden Polen regulär und wurden so mit 8:0 Punkten vor der nicht qualifizierten DDR Gruppensieger.

Uruguay ist nicht dabei

In Südamerika war Brasilien gegen Bolivien und Venezuela vollkommen unterfordert. 8:0 Punkte und 11:2 Tore verrieten wenig über den tatsächlichen Leistungsstand der Mannschaft. Peru musste schon mehr aufbieten, um den Flug nach Spanien antreten zu können. Ausgerechnet in Montevideo verbauten sie dem haushohen Gruppenfavoriten, Uruguay, mit einem 2:1-Sieg die Teilnahme am Endrundenturnier. In dieser Runde spielte das kolumbianische Team, das zum ersten und letzten Male bei der WM 1962 vertreten war, keine Rolle. Bis zur WM 1986, die zu diesem Zeitpunkt noch nach Kolumbien vergeben war, musste auch sportlich noch viel geleistet werden. Chile gelang die Qualifikation gegen die Punktelieferanten Ecuador und Paraguay souverän.

Nord-, Mittelamerika und der Karibikraum ermittelten die Qualifikanten zunächst in Gruppenspielen, deren Sieger und teilweise auch Zweite ein Endturnier in Honduras bestritten. Am Ende dieses Turniers konnten schließlich El Salvador und Honduras die Koffer für Spanien packen, während „WM-Stammgast" Mexiko – mit Ausnahme von 1974 seit 1950 bei jeder WM dabei – nur den dritten Platz in der Final-Gruppe belegte.

Der gleiche Modus galt auch für Afrika, wo sich Algerien und Kamerun durchsetzen konnten, wodurch sowohl der Norden als auch Schwarzafrika bei der Endrunde vertreten waren. Ebenfalls zunächst in Gruppenausscheidungen und dann in einem Turnier spielte die Asien/Ozeanien-Region ihre zwei Vertreter aus, die Neuseeland und Kuwait hießen und als größte Endrunden-Außenseiter galten. Das neuseeländische Team, das im entscheidenden Spiel gegen China mit 2:1 die Oberhand behalten hatte, schwebte mit einem neuen Rekord in Spanien ein: 13:0 hatte man das Team der Fidschi-Inseln besiegt.

Mit Algerien, El Salvador, Honduras, Kamerun, Kuwait und Neuseeland hatte die WM-Endrunde gleich sechs Novizen.

Einen erklärten Favoriten kannte das Turnier nicht. Argentinien wurde immer noch von Cesar Luis Menotti trainiert und besaß in dem jungen Diego Maradona einen potentiellen Pelé-Nachfolger. Die Bundesrepublik Deutschland war 1980 Europameister geworden. Paul Breitner hatte seine Nationalmannschaftskarriere wieder aufgenommen, war aus der Abwehr ins Mittelfeld gerückt und zur Leitfigur des Teams aufgestiegen. Mit Karl-Heinz Rummenigge vom FC Bayern München besaß das Team einen der weltweit besten Angriffsspieler, der 1980 und 1981 zum „Europäischen Fußballer des Jahres" gekürt worden war. Allerdings musste das Team mit Bernd Schuster auf Deutschlands besten Mittelfeldspieler verzichten.

Als Gastgeber wurde auch Spanien zum Kreis der Anwärter gezählt. Schließ-

> ### ◆ Italiens Kicker in der Krise?
>
> Der italienische Fußball schien 1980 nicht nur sportlich in einer tiefen Krise zu stecken. Ein riesiger Totoskandal, in den zahlreiche Teams und Spieler verwickelt waren, hatte die heimische Liga in Misskredit gebracht. Zu den Betrügern gehörte auch Publikumsliebling Paolo Rossi, der deshalb vom italienischen Verband zunächst zu einer dreijährigen Sperre verurteilt worden war, die später auf zwei Jahre reduziert wurde. Anderenfalls wäre eine WM-Teilnahme nicht möglich gewesen. Trotzdem konnte Rossi vor der Abfahrt zur WM nur noch in drei Meisterschaftsspielen seines neuen Klubs, Juventus Turin, mitwirken.

lich waren drei der letzten vier Turniere mit England 1966, Deutschland 1974 und Argentinien 1978 von den Ausrichtern gewonnen worden.

Nicht gehandelt wurde Italien. Der WM-Vierte von 1978 wurde noch immer vom bei den Medien und vielen heimischen Fußballexperten unbeliebten Enzo Bearzot trainiert, einem Schüler des Catenaccio-Erfinders Nereo Rocco. Im Gegensatz zu seinem Mentor bevorzugte der „Schweiger aus dem Friaul" allerdings in seinen ersten Jahren als Nationaltrainer einen offeneren Stil. 1980 war Italien bei der Europameisterschaft im eigenen Land wieder zum Catenaccio zurückgekehrt und hatte in drei Vorrundenspielen lediglich ein Tor zustande gebracht, das allerdings bei null Gegentreffern zur Teilnahme am „kleinen Finale" reichte. Hier unterlag man der CSSR im Elfmeterschießen, woraufhin eine Zeitung titelte: „Basta Bearzot". Im April 1982 verlor die *Squadra Azzurra* gegen die zweitklassige DDR in Leipzig mit 0:1. Die Medien geißelten Bearzot als das „konservativste Fußballhirn in Europa" und forderten einmal mehr seinen Rücktritt. Einige verlangten sogar einen Verzicht auf die WM-Teilnahme. Insbesondere Bearzots kontinuitätsorientierte Personalpolitik stand in der Kritik. Gentile, Scirea, Tardelli und Graziani zählten bei Anpfiff der WM bereits um die 30 Jahre, Kapitän und Torhüter Dino Zoff hatte sogar seinen 40. Geburtstag gefeiert.

Der Modus sah sechs Gruppen à vier Mannschaften vor. Die beiden Bestplatzierten jeder Gruppe wurden auf vier neue Gruppen à drei Mannschaften aufgeteilt, deren Spiele komplett in Madrid und Barcelona ausgetragen wurden. Die Gruppensieger der zweiten Runde waren für das Halbfinale qualifiziert, für das Sevilla und Barcelona als Spielorte vorgesehen waren. Für die insgesamt 52 Spiele wurde die Rekordzahl von 17 Stadien bereitgestellt.

Manipulierte Auslosung?

Der spanische Kronprinz Felipe nahm am Abend des 16. Januar 1982 die Auslosung der sechs Spielgruppen vor und etablierte eine Zwei-Klassen-Gesellschaft der Zufriedenen und Zweifelnden. Italiens Chefcoach Enzo Bearzot war hochzufrieden, als seiner Mannschaft in der Gruppe 1 Polen, Peru und Kamerun zugelost wurden. Auch der deutsche Nationaltrainer, Jupp Derwall, konnte sich beruhigt zurücklehnen, denn Algerien, Chile und mal wieder Österreich waren in der Gruppe 2 schlagbare Gegner. Skeptische Gesichter hingegen bei Weltmeister Argentinien, der sich mit Vize-Europameister Belgien, Ungarn und El Salvador in der Gruppe 3 wiederfand. „Keine geringe Hürde", urteilte Luis César Menotti. In den Gruppen 4 und 6 gab es mit Brasilien, der UdSSR und Schottland bzw. England, Frankreich und der CSSR gleich jeweils drei ernsthafte Kandidaten, während Neuseeland und Kuwait hier nur die Rolle der krassen Außenseiter blieb. Am selbstbewusstesten präsentierte sich José Emilio Santamaria, Cheftrainer des der Gruppe 5 zugeordneten Gastgebers Spanien: „Für mich besteht kein Zweifel, dass wir gegen Jugoslawien, Nordirland und Honduras Erster werden. Unser Ziel heißt ganz klar Fußballweltmeisterschaft." Als Spieler war Santamaria bei der WM 1954 mit Uruguay Vierter geworden, bei der WM 1962 trug er das Trikot Spaniens.

Das Ziehungsritual wurde weltweit von 500 Millionen Zuschauern via TV verfolgt, so viele wie 1974 das WM-Endspiel am Fernseher gesehen hatten. Die spanische Zeitung *Diario 16* bezeichnete die Auslosung als „Pfuscherei". Tatsächlich war es bei der Veranstaltung zu Unregelmäßigkeiten gekommen, als die Lostrommeln ihren Dienst versagten und die Plastikkügelchen mit den Ländernamen auseinanderfielen. Das Auslosungsresultat roch nach Manipulation: Der Spielplan garantierte, dass Gastgeber Spanien sowie die vermeintlichen Favoriten Deutschland, Brasilien und Argentinien erst in einem späteren Stadium des Turniers aufeinander treffen konnten.

Drei Tage vor dem Eröffnungsspiel Argentinien gegen Belgien beherrschten noch Baukräne und Betonmischer die Szenerie. Keine der Spielstätten war rechtzeitig fertig geworden – ein Missstand, der später dem designierten Ausrichter für das Turnier 1986, Kolumbien, zum Verhängnis wurde.

Von der Eröffnungsfeier am 13. Juni 1982 in Barcelona zeigte sich dann so mancher Skeptiker positiv überrascht. Angesichts einer neuen Ära atomaren Wettrüstens schien es dem spanischen Organisationskomitee geboten, den Weltfrieden anzumahnen. 2.300 Kinder stellten Picassos Friedenstaube dar, und aus einem überdimensionalen Fußball wurde eine Taube in die Lüfte entlassen. Doch ein schlichtes Transparent auf den Rängen mit der Aufschrift: „Las Malvinas son Argentinas" erinnerte die Zuschauer daran, dass auf der anderen Seite der Welt ein blutiger Krieg zwischen den WM-Teilnehmern England und Argentinien tobte.

Auch wenn ein britischer Weltenbummler die Gruppenauslosung adelte: Sie roch nach Manipulation.

1. Finalrunde: Friedensnobelpreis in Gijon

In der Gruppe 1 begannen Italien und Polen vor 20.000 maßlos enttäuschten Zuschauern mit einem torlosen Remis. Dino Zoff, ältester Spieler dieses Turniers, verbrachte einen ruhigen Tag in seinem 100. Spiel für die *Squadra Azzurra*. Tardelli traf nur die polnische Torlatte, und Polens Mittelfeldass Zbigniew Boniek erklärte seine schwache Vorstellung mit Hemmungen gegenüber seinen zukünftigen Juventus-Turin-Kollegen. Mit einer Nullnummer startete auch Peru gegen Kuwait ins Turnier. Für die Ölmillionäre bedeutete dieses Remis einen Achtungserfolg, für die Peruaner war es ein herber Rückschlag für ihre Ambitionen.

Gruppe 1

Italien stolperte weiter durch die Gruppe. Auch gegen Peru reichte es nur zu einem Remis (1:1). Die Italiener hatten Glück, dass Schiedsrichter Eschweiler in ihrem Strafraum ein klares Foul des für seine Härte berüchtigten Claudio Gentile an Perus flinkem Flügelstürmer Oblitas übersah. „Der eine Punkt reicht zum Einzug in die zweite Finalrunde", übte sich Bearzot in provokativer Bescheidenheit, denn gegen Kamerun rechnete Bearzot fest mit einem Sieg.

Nach zwei Spieltagen bzw. vier Spielen hatte es in dieser Gruppe noch keinen Sieger gegeben und waren erst zwei Tore gefallen, denn auch das Spiel Polens gegen Kamerun endete torlos, wobei die Afrikaner dem Sieg sogar näher waren. Das änderte sich erst, als Polen die peruanische Elf mit 5:1 besiegte. Die Italiener blieben hingegen nach einem peinlichen 1:1 gegen Kamerun auch beim dritten Auftritt ohne Sieg. Trotzdem zogen sie hinter Polen in die zweite Finalrunde ein, weil sie gegenüber den punktgleichen Afrikanern bei gleicher Tordifferenz einen Treffer mehr erzielt hatten. Bei Kamerun hinterließen vor allem Keeper N'Kono, der anschließend in Spanien blieb, sowie der in Frankreich lebende und kickende Stürmer Roger Milla einen nachhaltigen Eindruck. Den Afrikanern blieb die Genugtuung, unbesiegt nach Hause fahren zu können und ihrem Namen „Unbezwingbarer Löwe" alle Ehre gemacht zu haben. Paolo Rossi war seine lange Spielpause anzumerken. Nichtsdestotrotz hielt Bearzot an ihm fest. In der italienischen Presse wurde die Behauptung kolportiert, jeder Spieler habe für das sieglose Erreichen der zweite Runde 140.000 DM eingestrichen. Tatsächlich handelte es sich dabei um die Prämie für den WM-Titel. Mit 18:4 Stimmen beschloss die *Squadra Azzurra* einen generellen Boykott der Presse. Was vielen Experten angesichts der Torarmut entgangen war: Bearzot ließ viel offensiver spielen als gewohnt.

Gruppe 2 Die Gruppe 2 begann mit dem größten Paukenschlag des Turniers, als Außenseiter Algerien den zweifachen Weltmeister und amtierenden Europameister Deutschland vor 42.000 Zuschauern in Gijon mit 2:1 bezwang. Das deutsche Team hatte zwar mehr vom Spiel und erarbeitete sich 16 Eckstöße, wirkte aber völlig indisponiert und vermochte zu keinem Zeitpunkt die Dritte-Welt-Kicker zu kontrollieren. In der 53. Minute brachte Madjer den Außenseiter in Führung. Rummenigge konnte zwar in der 87. Minute ausgleichen, aber nur zwei Minuten später markierte der exzellente Lakhder Belloumi, Afrikas Fußballer des Jahres, das 2:1 für sein Team. Bei diesem Spielstand blieb es bis zum Schlusspfiff. Die WM hatte ihre erste große Sensation, und das Ergebnis wurde in einem Atemzug mit Englands 0:2 gegen die USA 1950 und Italiens 0:1 gegen Nordkorea 1966 genannt.

Besser kamen die Österreicher ins Spiel, die die Chilenen 1:0 bezwangen. Für die Südamerikaner kam das Aus bereits im nächsten Spiel, das sie 1:4 gegen die Deutschen verloren. Auch die Höhe dieses Sieges konnte nicht kaschieren, dass das deutsche Team noch lange nicht seine Bestform gefunden hatte. Der letzte Weltmeister von 1974 im Team, Paul Breitner, war noch lange nicht das, was er sein wollte: der Kopf der Mannschaft.

Das Team Algeriens überraschte und besiegte erst Deutschland und dann Chile (hier Kourichi, rechts, im Zweikampf mit dem Chilenen Dobo). Doch dann fielen die Afrikaner dem deutsch-österreichischen Nichtangriffspakt zum Opfer.

Die Algerier konnten ihre positive sportliche Entwicklung im Spiel gegen Österreich nicht untermauern, denn sie gaben das Match mit 0:2 ab. Vor dem letzten Spieltag hatten in dieser Gruppe noch drei Mannschaften die Möglichkeit, die zweite Finalrunde zu erreichen. Zunächst traf Algerien auf die bereits gescheiterten Chilenen, deren Trainer Luis Santabanez laut über seine Demission nachdachte. Zur Halbzeit stand es bereits 3:0 für die Nordafrikaner mit dem überragenden Madjer. Nach dem Wiederanpfiff lief es besser für die Chilenen, die aber nur noch auf 2:3 verkürzen konnten und somit punktlos das Turnier verließen.

Die FIFA hatte aus der WM 1978 und dem Spiel Argentiniens gegen Peru keine Konsequenzen gezogen. Erneut fanden die letzten Spiele einer Gruppe nicht zeitgleich statt. Dies hatte zur Folge, dass Deutsche und Österreicher vor dem Anpfiff ihrer Begegnung am 25. Juni in Gijon exakt wussten, wie sie zu spielen hatten, um beiden Teams ein Weiterkommen zu garantieren – auf Kosten Algeriens. Ein Spiel war diese Partie nur bis zur 11. Minute, als Hrubesch die deutsche Mannschaft mit 1:0 in

Führung schoss. Mit diesem Ergebnis waren beide Teams in der zweiten Finalrunde – und Algerien draußen. Keine Mannschaft bemühte sich um eine Ergebniskorrektur, man hatte sich stillschweigend auf einen Nichtangriffspakt geeinigt. Für den Rest des Spiels wurde der Ball in den eigenen Reihen hin und her geschoben.

Die algerische Zeitung *Moudjahid* zürnte anschließend: „Diese beiden starken europäischen Mannschaften haben zusammen mit den Offiziellen der FIFA das Ergebnis des Spiels arrangiert." Doch nicht nur in Algerien sprach man von einem verkauften Spiel. Frankreichs *Libération* schrieb: „Wenn die Algerier heute Rassismus rufen, haben sie nicht ganz Unrecht." Frankreichs Trainer Michael Hidalgo empfahl die Verleihung des Friedensnobelpreises an Deutsche und Österreicher. Hidalgo war zum Spiel erschienen, um den kommenden Gegner Österreich zu studieren, doch auf seinem Notizblock fand sich später nicht eine Zeile. DFB-Boss und FIFA-Vizepräsident Hermann Neuberger goss zusätzliches Öl ins Feuer, als er in arroganter Manier erklärte: „Es ist das gute Recht einer Mannschaft, langsam und auf Sicherheit zu spielen, wenn es dem Erfolg dienlich ist." Immerhin hatte das Skandalspiel zur Folge, dass vier Jahre später in Mexiko die letzten Gruppenspiele zeitgleich angepfiffen wurden.

Gruppe 3 Die erste Begegnung der Gruppe 3 war mit Argentinien gegen Belgien zugleich das Eröffnungsspiel des Turniers. Vor 95.000 Zuschauern im bei Weitem nicht ausverkauften Nou Camp in Barcelona erzielte der Belgier Vandenbergh in der 63. Minute das erste Tor der Titelkämpfe. Weil dies der einzige Treffer in diesem Spiel blieb, war die erste Sensation perfekt: Der Euro-Vizemeister schlug den amtierenden Weltmeister mit seinem Megastar Diego Maradona mit 1:0. Ein Schützenfest gab es in Elche: Die Ungarn bezwangen den krassen Außenseiter El Salvador mit 10:1 und überboten damit den eigenen Torrekord von 1954, als sie in Zürich Südkorea neunmal überwanden. Der eingewechselte Kiss erzielte zwischen der 70. und 77. Minute drei Tore. Zwei gelbe Karten kassierten die Magyaren durch den aus Bahrain stammenden Schiedsrichter Youssouf Al-Doy. In sengender Hitze hatten zwei ungarische Spieler am Spielfeldrand Wasser getrunken und damit gegen FIFA-Regeln verstoßen.

Gegen die Ungarn standen die argentinischen Elitekicker um Coach Menotti bereits mit dem Rücken zur Wand. Das blamable 0:1 aus dem Eröffnungsspiel versuchten sie mit einem enormen Angriffswirbel vergessen zu machen. Mit Erfolg, denn Maradona führte seine Mannschaft zu einem überzeugenden 4:1-Sieg, zu dem er selbst zwei Tore beisteuerte. Belgien musste gegen El Salvador feststellen, dass die Mannschaftsbetreuer die Fußballschuhe im Quartier vergessen hatten. Hastig überredete man eine Streifenwagenbesatzung, das fehlende Schuhwerk zu holen. Die Polizisten fuhren tatsächlich unter Einsatzbedingungen in Richtung belgische Unterkunft, doch platzte ihnen unterwegs ein Reifen. Erst einer zweiten Streife gelang der Transport der Fußballtreter, mit denen Belgien schließlich gegen die Mittelamerikaner knapp mit 1:0 die Oberhand behielt.

Ungarn benötigte im letzten Gruppenspiel gegen Belgien noch einen Sieg zum Weiterkommen. Bis 15 Minuten vor Schluss lagen die Magyaren auch in Führung, doch dann glich Belgien zum 1:1-Endstand aus und sicherte sich mit diesem Punkt den Gruppensieg. Schwer tat sich Argentinien beim 2:0-Sieg über El Salvador, der den Einzug in die zweite Finalrunde bedeutete. Restlos überfordert war Schiedsrichter Alvarez aus Bolivien, der von den El Salvadorianern getreten und geschlagen wurde und dafür keine Sanktionen verhing.

In der Gruppe 4 erwischte England gegen Frankreich einen furiosen Start. Nach nur 29 Sekunden stand es bereits 1:0 für das „Mutterland", zu diesem Zeitpunkt das schnellste Tor der WM-Geschichte. Am Ende behielten die Angelsachsen im baskischen Bilbao mit 3:1 die Oberhand. Bilbao glich in diesen Tagen einer belagerten Stadt. Überall patrouillierte die bis an die Zähne bewaffnete Policia Nacional, weil man Anschläge der ETA befürchtete. Einem Märchen aus 1001 Nacht gleich kam für die vom Brasilianer Carlos Alberto Parreira trainierten Kuwaitis ihr 1:1-Remis gegen die Tschechoslowakei. Am Ende standen sie sogar näher an einem Sieg als der zweimalige WM-Finalist, der mittlerweile von Dr. Josef Venglos trainiert wurde.

Gruppe 4

Wie schon im Spiel gegen Frankreich mussten die Engländer gegen die CSSR ohne den verletzten Kevin Keegan antreten. Doch auch ohne „mighty mouse" gewann England mit 2:0 und hatte die zweite Runde vorzeitig erreicht. Für Frankreich galt das noch nicht, obwohl es Kuwait 4:1 besiegte. Auch in dieser Partie geriet der Schiedsrichter in die Negativ-Schlagzeilen. In der 80. Minute traf der Franzose Giresse für seine Farben zum 4:1, regulär, wie der sowjetische Schiedsrichter Stupar zunächst entschied. Aber die Kuwaitis waren damit nicht einverstanden. Die Abwehr war stehen geblieben, nachdem sie einen Pfiff vernommen hatte, der aber von den Rängen kam. Wütend stürmten sie auf Stupar ein und bedrängten ihn, dem Treffer seine Anerkennung zu verweigern. Oben auf der Tribüne erweckte Prinz Fahed Al-Ahmed, Präsident des kuwaitischen Verbandes und IOC-Mitglied, den Eindruck, als wolle er sein Team vom Spielfeld dirigieren. Die Spieler waren gerade im Begriff, dieses zu verlassen, da eilte der Prinz mit einer seiner Frauen hinunter, angeblich in der Absicht, sie zum Weiterspielen zu überreden. Der Unparteiische annullierte Giresses Treffer, woraufhin nun die Franzosen protestierten. Nur knapp konnte ein Spielabbruch verhindert werden. In der 85. Minute wurde ein Treffer Kuwaits nicht anerkannt, fünf Minuten später markierten die Franzosen das 4:1. Der Prinz gelangte unter diesen Eindrücken zu der Überzeugung, dass die Mafia nichts gegen diese FIFA sei. Stupars Vorstellung war so peinlich, dass die FIFA-Paten sehr schnell reagierten und den Schiedsrichter bis auf Weiteres suspendierten.

Im letzten Spiel gegen die CSSR benötigten die Franzosen nun noch einen Punkt zum Weiterkommen, während dem Gegner lediglich ein Sieg weiterhalf, den die Tschechen jedoch verschliefen. In der 67. Minute hatte Six Frankreich in Führung gebracht, erst in der 86. Minute gelang Panenka per Elfmeter der Ausgleich. Es folgte ein Sturmlauf auf das französische Tor, der jedoch zu spät kam. England schaffte in seinem letzten Gruppenspiel gegen Kuwait mit angezogener Handbremse einen 1:0-Sieg und wurde somit ohne Punktverlust Gruppensieger.

Gruppe 5

In der Gruppe 5 schrammte Gastgeber Spanien bereits beim ersten Auftritt gegen Honduras nur knapp an einer Blamage vorbei. Um die Führung des krassen Außenseiters auszugleichen, benötigte man ein Elfmetergeschenk. Filigrantechnik gegen Schwerathletik bekamen die Zuschauer der Partie Jugoslawien gegen Nordirland zu sehen. Der Vergleich endete torlos. Die Stimmung gegenüber der eigenen Nationalmannschaft war in Spanien nach dem blamablen Remis gegen Honduras ziemlich schlecht. Daran änderte auch die folgende Begegnung gegen Jugoslawien nichts, in der die Spanier zunächst wieder in Rückstand gerieten. Ein erneutes Elfmetergeschenk, überreicht vom dänischen Schiedsrichter Lund-Sörensen, bot den Spaniern nur zwei Minuten später die Möglichkeit zum Ausgleich. Doch Ufarte setzte das Geschenk neben das Tor. Zum Glück für die Spanier ließ Lund-Sörensen den Strafstoß kurzerhand wiederholen, da sich der Torwart zu früh bewegt habe, und Juanito machte es besser als sein Landsmann. Mitte der zweiten Halbzeit gelang Saura auch noch der Siegtreffer zum 2:1.

Gegen Nordirland kamen die Jugoslawen über ein 0:0 nicht hinaus. Mit dem 37-jährigen Pat Jennings von Arsenal hatten die Nordiren einen erfahrenen Mann zwischen den Pfosten. Im Mittelfeld gefielen Martin O'Neill und Sammy McIlroy. Die großen Überraschungen hießen Gary Armstrong und Norman Whiteside. Während sich Armstrong, der in England lediglich die Ersatzbank des Zweitligisten FC Watford drückte, als gefährlicher Rechtsaußen entpuppte, ging der kaum 17-jährige Manchester-United-Akteur Whiteside als jüngster Spieler aller Zeiten in die Geschichte der WM-Endrunden ein.

Das dritte Remis in dieser Gruppe brachte die Begegnung Honduras gegen Nordirland, die 1:1 endete. Vor dem letzten Spieltag war damit noch alles möglich. Spanien führte die Tabelle mit 3:1 Punkten vor Honduras und Nordirland (jeweils 2:2 Punkte) und Jugoslawien (1:3 Punkte) an. Jugoslawien gewann

> ◆ **Gas in des Gegners Kabine?**
>
> Nach dem verlorenen Spiel gegen Gastgeber Spanien fuhren die jugoslawischen Medien schweres Geschütz auf. Die Belgrader Zeitung *Politika Ekspres* geißelte die Benachteiligung durch den Schiedsrichter und berichtete zudem, dass in der Halbzeitpause „ein schreckliches, die Luft nehmendes Gas" in die jugoslawische Kabine gedrungen sei und berief sich dabei auf Nationalspieler Edhem Sljivo. Die Vorwürfe wurden von der FIFA nicht weiter verfolgt und konnten somit auch nicht geklärt werden. Doch nicht nur die Jugoslawen registrierten die fragwürdigen Schiedsrichterentscheidungen zu Gunsten der Gastgeber, und ein FIFA-Funktionär erläuterte vor laufender Kamera, dass Spanien im Interesse der World-Cup-Finanzen nicht ausscheiden dürfe.

Nordirland gelang ein 1:0-Sieg gegen den enttäuschenden Gastgeber Spanien. Links Whiteside, der jüngste WM-Akteur aller Zeiten, im Zusammenspiel mit dem großartigen Martin O'Neill. Rechts der Spanier Gordillo.

sein letztes Gruppenspiel gegen Honduras mit Hängen und Würgen durch einen verwandelten Elfmeter 1:0 und musste jetzt darauf hoffen, dass Spanien sein Spiel gegen Nordirland mit mindestens zwei Toren Unterschied verlor. Den Nordiren gelang tatsächlich ein Sieg über den Gastgeber, nachdem Gerry Armstrong einen Fehler des spanischen Keepers Arconada ausnutzen konnte. Aber das 1:0, mit dem Nordirland Gruppensieger wurde, war im jugoslawischen Sinne zu wenig. Spanien und Jugoslawien verfügten nach Ablauf der Gruppenspiele über die gleiche Punktzahl (3:3). Die Tordifferenz war bei beiden Teams ausgeglichen, doch hatten die Gastgeber ein Tor mehr erzielt und kassiert.

Die besten Spiele gab es in der Gruppe 6 zu sehen, wofür vor allem die Brasilianer verantwortlich waren, die gegen die UdSSR fulminant begannen. Nur vergaßen die Spieler um Kapitän Socrates und dem Liebling der Damenwelt, Eder, ein Tor zu schießen. Das gelang dafür den Sowjets zum Entsetzen der Tausenden mitgereisten brasilianischen Fans in der 34. Minute durch einen Distanzschuss von Bal, wobei Valdir Peres, der die Tradition schwacher brasilianischer Keeper fortsetzte, eine schlechte Figur machte. Bis eine Viertelstunde vor Schluss hatte

Gruppe 6

Zum dritten Mal in Folge scheiterten die Schotten bei einer WM knapp in der Vorrunde. Das 2:2 gegen die UdSSR nutzte nichts mehr. (Hier köpft Jordan vor Borovskiy.)

die sowjetische Führung Bestand, ehe Socrates mit einem sehenswerten Distanzschuss die Wende einleitete. Kurz vor dem Abpfiff gelang Eder auch noch der Siegtreffer.

Torreich ging es im Spiel Schottland gegen Neuseeland zu, das die Schotten souverän 5:2 gewannen. Gegen Brasilien, das sich immer mehr in eine Favoritenrolle spielte, unterlag die Mannschaft von Jock Stein allerdings genauso deutlich mit 1:4. Ebenfalls mit einem Abstand von drei Toren verloren die Neuseeländer gegen die UdSSR (0:3), die jetzt nur noch einen Punkt aus der Partie gegen Schottland benötigten, um die zweite Runde zu erreichen. Die Schotten mussten indes auf Sieg spielen. Bis zur 60. Minute führte Schottland in Malaga durch ein Tor von Joe Jordan aus der 15. Minute mit 1:0, doch am Ende trennten sich beide Teams unentschieden (2:2). Schottlands Torwartproblem hieß – wie bereits 1978 – Alan Rough. Kenny Dalglish, der „Beckenbauer" des schottischen Fußballs, wusste auch bei seinem dritten WM-Turnier nicht zu überzeugen. Zum dritten Mal in Folge war Schottland über die erste Runde nicht hinausgekommen, zum dritten Mal in Folge nur auf Grund der schlechteren Tordifferenz.

Lediglich statistischen Wert hatte die letzte Begegnung zwischen Brasilien und Neuseeland, die die Südamerikaner glatt mit 4:0 für sich entschieden. Die Brasilianer übten in dieser belanglosen Auseinandersetzung schon mal für die Herausforderungen der nächsten Runde, indem sie neue Spielzüge und -varianten unter Wettkampfbedingungen testeten. Zwölf Jahre nach dem Abtreten Pelés schien die Nationalmannschaft endlich wieder zu ihrem alten Selbstvertrauen gefunden zu haben. Socrates, Junior, Falcao, Eder und der als „weißer Pelé" titulierte Zico zelebrierten herrlichen Kombinations- und Offensivfußball. Nach den gescheiterten Versuchen einer „Europäisierung" des brasilianischen Spielstils in den 1970er Jahren betrieb die von Tele Santana trainierte *Selecao* nun die Rückkehr zu den besten Traditionen des „futebol arte". Mit zehn Toren erzielte Brasilien nach den ausgeschiedenen Ungarn, die dank El Salvador auf zwölf Treffer kamen, die meisten Tore in der Vorrunde. Das Herzstück des Teams war sein exzellentes Mittelfeld, das allerdings im Sturm keine Entsprechung fand. Keiner der Stürmer konnte wirklich in die Fußstapfen von Namen wie Pelé und Garrincha oder auch „nur" Tostao und Vava treten.

Katastrophale Schiedsrichterleistungen und die Erkenntnis, dass die „Underdogs" im Fußballsport näher an die Weltspitze gerückt waren, kennzeichneten den Verlauf der Gruppenspiele in Spanien. Insbesondere die beiden afrikanischen Vertreter wussten zu imponieren. Kamerun und Algerien beendeten die Gruppenspiele punktgleich mit dem späteren Weltmeister Italien und dem späteren Vizeweltmeister Deutschland. Im Falle Kameruns und Italiens war sogar die Tordifferenz identisch. Italien hatte sich gegen Kamerun mit einem Remis begnügen müssen, während die Deutschen ihr Spiel gegen Algerien sogar verloren hatten. Nur die deutsch-österreichische Intrige ließ Algerien scheitern. Honduras belegte den letzten Rang lediglich wegen eines späten Elfmeters und wäre somit um ein Haar unbesiegt geblieben. Auch Kuwait hatte nicht enttäuscht und ernsthaft mitgespielt. Lediglich Neuseeland und El Salvador wirkten überfordert und deplatziert.

2. Finalrunde: „El gran fracaso"

Für die 2. Finalrunde hatten sich zehn europäische und zwei südamerikanische Teams qualifiziert, der alte Proporz war somit wiederhergestellt. Gespielt wurde nun in vier Gruppen zu jeweils drei Mannschaften. Die Gruppe A bestand aus Polen, Belgien und der UdSSR, die Gruppe B aus Deutschland, England und Spanien, die Gruppe C aus Argentinien, Brasilien und Italien, die Gruppe D aus Frankreich, Österreich und Nordirland. Um die Spannung und natürlich auch die Einnahmen zu steigern, sah das Reglement vor, den Sieger des ersten Spiels erst am dritten Spieltag wieder auflaufen zu lassen.

In der Gruppe A trafen zum Auftakt Polen und Belgien aufeinander. **Gruppe A**
Pelé hatte vor dem Turnier die Belgier zum engeren Favoritenkreis gezählt,
doch an diesem Tag hatten sie gegen ein glänzend aufgelegtes polnisches Team nichts auszurichten. Die drückend überlegenen Polen fegten den Vize-Europameister mit

◆ Die Zuschauer blieben aus

Nicht optimal lief die Vermarktung der WM 1982. Als Gründe wurden offiziell die europaweite Rezession und der Falkland-Krieg genannt. Tatsächlich aber war das eigens für das Turnier gegründete Reisebüro „Mundiespania" schuld an der Misere. 1,3 Millionen Tickets sollte dieser Dienstleister an den Fan bringen, aber es fanden sich nur 600.000 Abnehmer, die bereit waren, das an den Tickets hängende Kompaktangebot zu bezahlen. Mit einem Zuschauerschnitt von 40.427 wurde das Turnier zu dem am schlechtesten besuchten seit 1962. Um das Missmanagement zu kaschieren, gingen die Mitarbeiter dieses Unternehmens dazu über, vor den Spielen großzügig die Tickets zu verschenken. Zuschauern, die für ihren Eintritt gezahlt hatten, stieß diese Praxis sauer auf. Erklärbar wurden dadurch die stark divergierenden Angaben zu den Zuschauerzahlen. Offiziell wurden für die Spiele El Salvadors gegen Ungarn und Belgien 23.000 bzw. 19.000 Zuschauer genannt, während die Berichterstatter übereinstimmend nur 6.000 Fans ausmachten.

3:0 vom Platz. Bei den Belgiern fehlten die Stammspieler Pfaff und Gerets verletzungsbedingt. Auf polnischer Seite kurbelte Lato in seinem 100. Einsatz für Polen das Spiel wie gewohnt an. Dreifacher Torschütze war Zbigniew Boniek. Belgien erholte sich von dieser Niederlage nicht mehr. In seinem zweiten Spiel in der zweiten Finalrunde unterlag es der UdSSR mit 0:1 und schied aus.

Am letzten Spieltag in dieser Gruppe trafen Polen und die Sowjetunion aufeinander. Mitunter trat der sportliche Charakter dieser Begegnung in den Hintergrund, wurde das Spiel zum Vehikel einer gesellschaftspolitischen Auseinandersetzung. Im Barca-Stadion Nou Camp hingen „Solidarnosc"-Transparente mit der Forderung nach Freilassung des Gewerkschaftsvorsitzenden Lech Walesa. Polnische Fans hatten vor dem Spiel Flugblätter verteilt, mit denen offen zum Kampf gegen die UdSSR aufgerufen wurde: „Unsere Mannschaft muss heute einen Kampf führen, wie wir ihn bald selbst führen müssen." Die verkrampfte Situation übertrug sich auch auf das Spiel, das mit großer Härte geführt wurde und torlos endete – was das Aus für die UdSSR bedeutete. Kein Trikottausch, holprige Kommentare und ein grußloses Auseinandergehen belegten nach Spielschluss die angespannte Situation. Lediglich Torwart Mlynarczyk sprach offen aus, was ganz Polen fühlte: „Dies ist nicht nur ein Erfolg für unsere Mannschaft, sondern auch ein Sieg für unser ganzes polnisches Volk, das von großen Sorgen gedrückt wird."

Gruppe B

Von völlig anderen Sorgen wurde der DFB-Tross gedrückt: Die Autorität des Bundestrainers tendierte gegen Null, die Spieler machten unter der Führung ihres Leithammels Paul Breitner mehr oder weniger, was sie wollten, und die Mannschaft hatte miserable Spiele abgeliefert. Die Niederlage gegen Algerien und noch mehr das Skandalspiel von Gijon hatten der Reputation des bundesdeutschen Fußballs einen schweren Schaden zugefügt. Uli Hoeneß, Weltmeister von 1974 und mittlerweile Manager des Bundesligabranchenführers FC Bayern München, ortete später im WM-Turnier den Ausgangspunkt der Krise des deutschen Fußballs und dessen Ansehens: „Es war schlecht seit 1982 bei der WM in Spanien, da hat die Mannschaft gezeigt: Man kann saufen, rauchen und trotzdem viel Geld verdienen. Das war der Anfang einer schweren Krise."

In Madrid musste die Mannschaft nun gegen England beweisen, dass sie tatsächlich für eine weitere Teilnahme am Turnier geeignet war. Eiligst herbeigeschaffte Rosen, die von den Spielern vor dem Anpfiff ins Publikum geworfen wurden, sollten die noch vom Österreich-Geschiebe empörten Fans versöhnen. Besser wäre ein begeisterndes Spiel gewesen. Stattdessen boten beide Teams Sicherheitsfußball wie aus dem Lehrbuch. Packende Zweikämpfe und Torszenen blieben Mangelware. Nach 90 langweiligen Minuten trennte man sich mit einem torlosen Remis. Die Derwall-Elf musste erkennen, dass ihre spielerischen Mittel bei Weitem nicht mehr ausreichten, um einen solchen Gegner in Verlegenheit zu bringen. Gegen Spanien besann sie sich deshalb auf Hausbackenes und kam mit Kampfkraft und Einsatzwillen zu einem 2:1-Sieg. Die damit ausgeschiedenen Hausherren verabschiedeten sich anständig: Obwohl die Engländer mit Kevin Keegan alles in Waagschale warfen, was ihnen zu Gebote stand, reichte es nur zu einem 0:0-Remis, was die deutsche Equipe ins Semifinale beförderte, während das Team von Ron Greenwood ungeschlagen (drei Siege, zwei Remis) und mit nur einem Gegentor die Heimreise antreten musste.

Die WM 1982 ging in die spanische Fußballgeschichte als „El gran fracaso" (das große Versagen) ein. In fünf Spielen hatte der Gastgeber lediglich einen Sieg einfahren können. Das Jahr 1982 geriet zum großen Tabu-Thema bei gesellschaftlichen Konversationen, aber hinter vorgehaltener Hand wurde noch Jahre später über die Ursachen spekuliert. Spaniens viel gepriesener Keeper Luis Arconada war beim Turnier unerklärlicherweise außer Form. Einige Journalisten hinterfragten Arconadas Loyalität. Zur spanischen Spielkluft gehörten schwarze Socken, doch Arconada zog die weiße Bekleidung seines baskischen Klubs Real Sociedad vor. Real Sociedad war im Jahr der WM Meister geworden und hatte fast die Hälfte seiner Spieler für das Nationalteam abgestellt. Viele Beobachter machten nun die große Zahl der Sociedad-Spieler für das Scheitern der *Selección* verantwortlich. Basken und Madrilenen hätten keine Einheit ergeben. Von größerer Bedeutung war aber wohl, dass José Santamaria den Fehler beging, der von Sociedad-Spielern dominierten Auswahl den Spielstil Real Madrids zu verordnen, obwohl der baskische Klub die Meisterschaft nicht mit Offensivfußball, sondern sturer Defensive gewonnen hatte. Doch von den Verteidigern des Meisters war niemand im Kader, wohl aber die Hälfte von Sociedads Mittelfeld und die komplette Sturmreihe. Mit der Ausnahme von López Ufarte mangelte es den Sociedad-Akteuren an internationaler Klasse.

Die Gruppe C, in der sich mit Argentinien, Italien und Brasilien der amtierende Weltmeister, der zukünftige Weltmeister und der Titelfavorit einfanden, wurde allgemein als die stärkste betrachtet, wobei den Italienern angesichts ihrer schwachen Vorrundenvorstellungen die geringsten Chancen eingeräumt wurden.

Gruppe C

„Rossi fantastico" jubelte die Presse nach Rossis furiosem Auftritt gegen Brasilien.

Seit 25 Jahren hatte Italien allerdings nicht mehr gegen Argentinien verloren. Die Serie überlebte auch das WM-Turnier. In einer überharten Partie, in deren Verlauf fünf Gelb-Verwarnungen und ein Platzverweis ausgesprochen wurden, konnte Diego Maradona seine spielerischen Möglichkeiten nicht entwickeln. Die Italiener nahmen ihn in strengste Manndeckung und zeigten sich in der Wahl ihrer Mittel nicht gerade zimperlich. Gentile streckte den argentinischen Regisseur sogar mit einem Faustschlag nieder und sah dafür vom schwachen rumänischen Schiedsrichter, Nicolae Rainea, nur Gelb. Nach einer grausamen ersten Halbzeit löste sich Italien aus seinem Catenaccio und ging durch Tardelli und Corbini mit 2:0 in Führung. Argentinien gelang zwar in der 83. Minute der Anschlusstreffer, doch zu mehr reichte es nicht mehr. Argentiniens Mittelfeldstar Osvaldo Ardiles war empört: „Es ist eine Schande, was die Italiener unter Fußball verstehen. Sie haben das Spiel mit ihrer Brutalität erwürgt." In Italien pries *La Stampa* Bearzots personellen und taktischen Konservativismus plötzlich in höchsten Tönen: „Unser großer altmodischer Fußball demütigte den Weltmeister."

Im folgenden Spiel versetzte dann Brasilien dem Weltmeister und alten Rivalen den Todesstoß. Die technisch und taktisch deutlich überlegenen Brasilianer spielten mit ihrem Gegner Katz und Maus und gewannen durch Treffer von Zico, Serginho und Junior mit 3:1. Das Turnier hatte nun einen klaren Favoriten. In der 86. Minute erlaubte sich ein frustrierter Maradona das zweitübelste Foul dieses WM-Turniers, als er Batista in den Bauch trat und dafür Rot sah.

Brasilien genügte im letzten Spiel gegen Italien ein Remis zum Einzug ins Halbfinale, während Bearzots Männer zum Siegen verdammt waren. Das Spiel geriet zur Wiederauferstehung des Paolo Rossi, der bei seinen bisherigen Auftritten nur ein Schatten früherer Tage gewesen war. Doch gegen Brasilien explodierte der viel geschmähte Rossi förmlich und erzielte alle drei Tore zum 3:2-Sieg der *Squadra*

Azzurra. „Rossi fantastico" und „Rossi furioso" jubelte daheim die Presse. Zweimal hatten die Brasilianer durch Socrates und Falcao die italienische Führung egalisieren können. Doch nach dem zweiten Ausgleich trachteten die Brasilianer unnötigerweise nach dem Siegtor, anstatt das Erreichte zu verteidigen. Ein glänzendes WM-Debüt feierte der erst 18-jährige Inter-Mailand-Verteidiger Bergomi, der ab der 34. Minute Collovati ersetzen musste und Brasiliens Sturmspitze Serginho fest im Griff hatte. Trotz der Jubelschlagzeilen in der heimischen Presse setzten Bearzots Mannen ihren Medienboykott fort. Diese rächten sich auf ihre Weise. Paolo Rossi wurde ein homosexuelles Verhältnis mit Verteidiger Antonio Cabrini untergeschoben, während Spielmacher Giancarlo Antognoni sich mit alten Nacktfotos seiner Frau konfrontiert sah.

Trotz ihres Ausscheidens ging Brasiliens *Selecao* von 1982 als eine der großartigsten Mannschaften in die WM-Geschichte ein. Zico charakterisierte das Team viele Jahre später als „eine der besten Mannschaften, die Brasilien je hervorbrachte". Doch unglücklicherweise seien die Brasilianer sehr auf das Ergebnis fixiert, eine Mentalität, die zur Folge habe, „dass das 82er Team als Verlierermannschaft angesehen wird. Im Ausland anerkennt jeder die Mannschaft als großes Team, aber in Brasilien ist dies nur bei wenigen Leuten der Fall. Ich denke, dass die Niederlage schlecht für den Weltfußball war, denn wenn Brasilien gewonnen hätte, hätte sich der Fußball verändert."

Gruppe D

Nach den Deutschen waren die Österreicher zum zweiten Buhmann des Turniers avanciert. Ein gnadenloses Pfeifkonzert empfing die Spieler um Hans Krankl, als sie in der Gruppe D gegen Frankreich starteten. Die Franzosen gingen ersatzgeschwächt in die Partie, denn der Lenker der Mannschaft, Michel Platini, hatte sich verletzt. Schon nach neun Minuten verletzte sich auch Lacombe und wurde durch Rocheteau ersetzt. Die Österreicher wussten die französischen Handicaps nicht zu nutzen und verloren durch ein Tor von Genghini aus der 40. Minute mit 0:1. Frankreichs filigraner Spielinterpretation vermochten die Österreicher nichts Entsprechendes entgegenzuhalten. Ein 2:2-Remis gegen Nordirland besiegelte dann Österreichs Abschied. Die Iren benötigten nun einen doppelten Punktgewinn gegen Frankreich zum Weiterkommen. Doch die Franzosen, bei denen Platini zurückgekehrt war, spielten die Elf von Trainer Billy Bingham locker aus und gewannen mit 4:1. Die überragenden Giresse und Rocheteau trafen jeweils zweimal.

Der Zuschauerrückgang konnte auch in der zweiten Finalrunde nicht gestoppt werden. Von deren zwölf Spielen waren nur drei ausverkauft, nämlich die Partie des Gastgebers gegen Deutschland sowie die Spiele Brasiliens gegen Argentinien und Italien.

Halbfinale: Schumachers Foul

Deutschland gegen Frankreich und Italien gegen Polen lauteten die Halbfinalbegegnungen. In Sevilla stand es zwischen den Deutschen und Franzosen vor 63.000 Zuschauern nach 90 Minuten durch Tore von Littbarski und Platini 1:1. Aufsehen erregender als die Tore war das brutalste Foul dieses Turniers, begangen von Keeper Schumacher am französischen Einwechselspieler Battiston, der sich dabei eine Gehirnerschütterung und einen Wirbelbruch zuzog sowie mehrere Zähne verlor. Als der Franzose benommen auf dem Spielfeld lag und behandelt wurde, rang sich der Deutsche nicht einmal zu einer Entschuldigung durch, sondern praktizierte Aufwärmübungen. Zynische Kommentare des Übeltäters („Unter Profis gibt es kein Mitgefühl. Sagt ihm, ich zahle ihm die Jacketkronen") taten ein Übriges zur Diskreditierung eines ohnehin schon schlecht angesehenen Teams. Die DFB-Funktionäre zogen es vor wegzuschauen. Die Angelegenheit erhielt auch eine politische Note: Der „hässliche Deutsche" war wieder in aller Munde. Die Bösewichte der Weltgeschichte waren mit diesem Spiel auch zu den Bösewichten des Weltfußballs geworden.

In die Verlängerung stürmten die Franzosen mit einem unglaublichen Elan. Nach 99 Minuten lag Frankreich durch Treffer von Tresor und Giresse völlig verdient mit 3:1 in Front. Die Deutschen schienen bezwungen zu sein, gerechte Strafe für das üble Schumacher-Foul. Doch wie die Brasilianer gegen Italien begingen auch die Franzosen gegen Deutschland den Fehler, noch mehr Tore anzustreben. In der 96. Minute hatte Derwall den angeschlagenen Rummenigge für Briegel eingewechselt, der sich in der 103. Minute mit dem Anschlusstor bedankte. Platini beschwerte sich anschließend, dass der Schiedsrichter bei der Entstehung des Tores Fouls an ihm und Giresse übersehen habe. Ein Fallrückzieher Klaus Fischers in der 108. Minute sicherte „das dramatischste Unentschieden in der Geschichte des Turniers", wie die Londoner *Times* dieses Remis bewertete.

Zum ersten Mal in der Geschichte der Weltmeisterschaft musste ein Spiel durch Elfmeterschießen entschieden werden. Nach einer kurzen Pause bat Schiedsrichter Charles Corver aus den Niederlanden die Schützen zum ominösen Punkt. Als es im Penalty-Schießen 3:2 für Frankreich stand, war es an Uli Stielike, den nächsten Elfmeter zu versenken. Doch die Nerven machten ihm einen Strich durch die Rechnung. Im Gegenzug konnte Schumacher den folgenden Schuss von Didier Six abwehren. Auch sein Landsmann Bossis vergab, während Hrubesch zum deutschen Sieg versenken konnte. Mit Schumacher wurde ein Buhmann für die Deutschen zum „Helden des Abends", was die Ablehnung des deutschen Teams lediglich verstärkte. Die Deutschen waren zum vierten Mal in ein WM-Endspiel eingezogen, aber niemals zuvor schlugen einem Finalteilnehmer so viel Ablehnung und Hass entgegen wie dem Derwall-Team. Die Franzosen verstanden die Welt nicht mehr, und Hildago ließ seinen Gefühlen freien Lauf: „Das Spiel war groß, die Enttäuschung auch. Ich frage mich, ob das noch Gerechtigkeit ist."

Klaus Fischer setzt sich gegen den Franzosen Janvion durch. Die Deutschen siegten im Halbfinale – und verloren die Sympathien der Zuschauer.

Mit Tigana, dem Visionär Platini, Rocheteau, Six und Giresse liefen die Franzosen in Spanien mit dem vielleicht besten Team ihrer bisherigen Fußballgeschichte auf, das fußballerisch eine Kombination aus Brasilien 1970 und Niederlande 1974 darstellte.

Dass weder Brasilien noch die französischen „Champagnerfußballer" das Finale erreichten, war die große Tragik dieses WM-Turniers. Ein Finale dieser beiden vom Offensivgeist beseelten und mit großartigen Individualisten besetzten Teams hätte der Entwicklung des Weltfußballs in jenen Jahren möglicherweise eine andere Richtung gegeben.

Lediglich 90 Minuten benötigte das italienische Team, um sich im zweiten Halbfinalspiel gegen Polen durchzusetzen. Mit 50.000 Zuschauern war Barcelonas Nou Camp nicht einmal zur Hälfte gefüllt. Bei den Italienern fehlte der gesperrte Gentile, während der junge Bergomi, der in Kapitän Dino Zoff einen einflussreichen Fürsprecher hatte, diesmal von Beginn an spielte. Die Polen mussten auf den nach seiner zweiten gelben Karte ebenfalls gesperrten Boniek verzichten, was sich als schweres Handicap herausstellen sollte. Ohne Boniek konnten die Polen das italienische Abwehrbollwerk nicht knacken. Selbst als Italiens Denker und Lenker im Spiel, Altobelli, verletzt ausscheiden musste, wusste das polnische Team daraus keinen Vorteil zu ziehen. Die Azzurri konnten sich erneut bei Rossi bedanken, der in einem Spiel, das von 38 Grad Wärme, großer Schwüle und 35 Kreislaufzusammenbrüchen auf den Rängen begleitet wurde, beide Treffer zum 2:0-Sieg erzielte. Auch für die Italiener bedeutete der Sieg den vierten Einzug in ein WM-Finale.

Finale: „Rossi Grandioso"

„Was ist das für ein Unterschied, Dritter oder Vierter zu sein, wenn wir die Allerbesten nicht sein können". In diesem Statement von Frankreichs Hildago zum Stellenwert des kleinen Finales drückten sich noch einmal der ganze Frust über das verlorene Semifinalspiel und seine Zweifel an der sportlichen Bedeutung des Spiels um Platz drei aus. Das französische Team wurde zur Hälfte mit Ersatzspielern gebildet, sicherlich auch, weil vielen Kickern die Nacht von Sevilla noch in den Knochen und vor allem im Kopf steckte. Ganz anders dachten die Polen, die nach 1974 zum zweiten Mal in einem kleinen Finale standen, über die Bedeutung dieser Begegnung. Das französische Ersatzteam kam unerwartet gut ins Spiel und ging in der 13. Minute durch Girads in Führung. Dann kamen die Polen auf und entschieden das Spiel zu ihren Gunsten. In der 41. Minute traf Szarmach zum Ausgleich, dem vier Minuten später Majewski die Führung folgen ließ. In der 47. Minute sorgte Kupcewicz für die Vorentscheidung. Couriol gelang nur noch der Anschlusstreffer. In einem Zeitraum von zehn Jahren hatte Polen zweimal den dritten Platz bei einer WM erreicht sowie je einmal olympisches Gold (1972) und olympisches Silber (1976) gewonnen. Ein stolzer Coach Antoni Piechniczek: „Ihr habt nicht nur für euch selbst einen großen Sieg errungen, sondern auch für unser ganzes notleidendes Volk."

Die Sympathien der Spanier waren vor dem Endspiel eindeutig verteilt. Obwohl die Italiener in Spanien historisch schon immer etwas unterkühlt aufgenommen worden waren, drückte man ihnen jetzt die Daumen. Die Deutschen, die ansonsten ein sehr freundliches Verhältnis zu Spanien pflegten, waren unten durch. Die deutschen Auswahlspieler hatten mit ihrem herrisch-arroganten Auftritt an schlimmste zurückliegende Zeiten erinnert. Das Gijon-Spiel, das Battiston-Foul und das an den spanischen Organisationskünsten herumnörgelnde Verhalten des Vorsitzenden des FIFA-Organisationskomitees, Hermann Neuberger, hatte die Sympathiewerte in den Keller stürzen lassen.

Die beiden Endspielgegner blickten auf einen durchaus ähnlichen Turnierverlauf zurück, denn beide Teams hatten nach einem schwachen Start deutlich zugelegt, wenngleich auch in unterschiedlichen Dimensionen. Mit Rossi und Rummenigge standen sich zwei Angreifer im direkten Duell gegenüber, die mit jeweils fünf Treffern um die Torjägerkrone rangen.

Unter den Augen des italienischen Staatspräsidenten, Sandro Pertini, und des deutschen Bundeskanzlers, Helmut Schmidt, pfiff der brasilianische Unparteiische Arnaldo D. C. Coelho die Partie am 11. Juli 1982 im Bernabeu-Stadion zu Madrid vor 90.000 Zuschauern an. Beide Mannschaften begannen mit großem Respekt voreinander und waren zunächst bestrebt, nicht in Rückstand zu geraten. Die Italiener mussten verletzungsbedingt auf Antognoni verzichten, während bei den Deutschen Rummenigge trotz Verletzung auflief.

Doch Rummenigges Nominierung war ein Fehler. Der offensichtlich gehandicapte deutsche Stürmer, der erst in der 70. Minute durch Hansi Müller ersetzt wurde, stellte für Bergomi keine ernsthafte Herausforderung dar. In der 25. Minute brachte Briegel den Italiener Conti im Strafraum zu Fall, doch Cabrini schoss den fälligen Elfmeter am Pfosten vorbei. Zum Ende der ersten Halbzeit kamen die Deutschen besser ins Spiel und setzten die italienische Abwehr unter Druck, die bei Schüssen von Briegel, Bernd Förster und Dremmler verwundbar erschien. Mit 0:0 wurden die Seiten gewechselt.

Rossi zum Sechsten

Den zweiten Durchgang begannen beide Mannschaften offensiver, und die Torraumszenen häuften sich jetzt hüben wie drüben. Ein schnell ausgeführter Freistoß, den Gentile in den deutschen Strafraum hob, war eine leichte Beute für Rossi, der das Leder mit dem Kopf zum 1:0 in das deutsche Tor bugsierte, sein sechster Treffer bei dieser WM. Die Italiener setzten bald das deutsche Team in der eigenen Hälfte fest und führten die Teutonen zum Gaudi der Zuschauer zeitweilig nach allen Regeln der Kunst vor. Sehr zur Freude auch ihres kleinen greisen Staatspräsidenten, der auf der Ehrentribüne immer wieder aufsprang und begeistert in die Hände klatschte.

WM-Finale 1982: Briegel verursacht gegen Conti einen Foulelfmeter, den die Italiener aber nicht verwandeln. Sie gewannen dennoch deutlich 3:1.

Zwangsläufig fiel dann auch das 2:0 durch Tardelli, der Schumacher aus 18 Metern überwand, nachdem sich die Italiener zunächst im und am Strafraum einige Male den Ball zugespielt hatten.

Die deutsche Mannschaft tauchte nun nur noch sporadisch vor Dino Zoff auf, die Italiener zogen dagegen ihr technisch versiertes Spiel auf und konnten durch Altobelli in der 81. das alles entscheidende 3:0 erzielen. Zwei Minuten später gelang Breitner noch ein sehenswertes Tor, durch das er nach Vava und Pelé zum dritten Spieler wurde, der in zwei WM-Finals traf. Doch für eine Wende war es zu spät. Mit der 1:3-Niederlage war das DFB-Team noch gut bedient. Als nach Brasilien zweites Land durfte Italien den dritten WM-Sieg feiern. Der *Corriere della Sera* schrieb: „Wir haben die Deutschen gestellt, überwältigt und übermannt."

Paolo Rossi wurde von den Tifosi in den Rang eines Nationalhelden gehoben. „Rossi Grandioso" oder „Pablito, der Göttliche" tauften ihn liebevoll die Medien. Die Spielminuten seiner erzielten Tore wurden zu Glückszahlen, Delikatessenhersteller verpflichteten sich öffentlich, den Stürmer bis an sein Lebensende kostenfrei und regelmäßig zu versorgen. Höhepunkt dieser Lobhuldigungen war der Vorschlag Pertinis, Rossi den Orden für besondere sportliche Verdienste zu verleihen. Drei Spiele genügten dem feingliedrigen Stürmer, um von Europas Fachpresse zum „Europäischen Fußballer des Jahres" gewählt zu werden. Anschließend erfolgte auch noch die Kür zum „Weltfußballer des Jahres".

Italiens zufriedenster Mensch hieß allerdings Enzo Bearzot, nun nach Vittorio Pozzo der erfolgreichste Trainer in der Geschichte der *Squadra Azzurra:* „Die Journalisten, die mich als Zweifler bezeichnet und mir eine sture Abwehrstrategie unterstellt haben, müssen jetzt mit den Tatsachen fertig werden." Bearzots überflüssiger Rachefeldzug mündete allerdings in einem harten Fall. Acht Monate nach dem Triumph von Madrid kam sein Team gegen den Fußballzwerg Zypern, der von seinen letzten 58 Länderspielen 54 verloren hatte, über ein 1:1 nicht hinaus, und selbst dieses wollte hart erkämpft sein. Die italienischen Medien hatten wieder ihren Sündenbock.

Vom italienischen Jubel abgesehen, hatte das Turnier von 1982 allerdings den Glanz der Fußballweltmeisterschaften weiter getrübt: Seit dem Turnier 1970, dem spielerischen Höhepunkt der WM-Geschichte, war es mit der Reputation des Weltfußballs bergab gegangen. Sinkende Zuschauerzahlen und unattraktive Spiele prägten die Turniere von 1978 und 1982. Vor allem schien sich bewiesen zu haben, dass mit einem ästhetischen Angriffsfußball, wie ihn die Brasilianer und Franzosen in Spanien zelebriert hatten, der WM-Cup nicht mehr zu gewinnen war.

Verdient verloren, aber dennoch frustriert: die deutschen Spieler Förster, Kaltz und Breitner (v. l.) nach dem Finale.

Die Weltmeister von 1982 (hinten v. l.): Zoff, Graziani, Bergoni, Scirea, Collovati, Gentile; (vorn v. l.) Conti, Rossi, Oriali, Cabrini, Tardelli.

◆ WM 1986

Austragungsland: Mexiko

Austragungsstädte und Spielstätten: Guadalajara (Estadio Trez de Marzo, Estadio Jalisco), Irapuato (Estadio de Irapuato), León (Estadio de León) , Mexiko-City (Estadio Azteca, Estadio Olimpico), Monterrey (Estadio Tecnológico, Estadio Universitario), Nezahualcoyotl (Estadioi Neza '86), Puebla (Estadio Cuauhtemoc), Queretaro (Estadio La Corregidora), Toluca (Estadio de Toluca)

Dauer: 31. Mai bis 29. Juni 1986

Eröffnungsspiel: Italien – Bulgarien 1:1 (1:0)
(31. Mai 1986, Estadio Azteca, Mexico City)

Qualifikationsteilnehmer: 112
Europa: 33, Südamerika: 10, Mittel- und Nordamerika: 15, Afrika: 26, Asien: 24, Ozeanien (mit Israel): 4

Endrundenteilnehmer: 24
Europa (14): Belgien, BR Deutschland, Bulgarien, Dänemark, England, Frankreich, Italien, Nordirland, Polen, Portugal, Schottland, Sowjetunion, Spanien, Ungarn
Südamerika (4): Argentinien, Brasilien, Paraguay, Uruguay
Nord- und Mittelamerika (2): Kanada, Mexiko
Afrika (2): Algerien, Marokko; *Asien* (2): Irak, Südkorea

Qualifikationsspiele: 308, **Endrundenspiele:** 52

Modus: Gruppenspiele als Punktspiele, ab Achtelfinale K.o.-System

Zuschauer: 2.390.503, Zuschauerschnitt: 45.971

Tore: 132, Torschnitt pro Spiel: 2,54

Die besten Torschützen: Gary Lineker (England), 6 Tore
Emilio Butragueno (Spanien), 5 Tore; Careca (Brasilien), 5 Tore; Diego Armando Maradona (Argentinien), 5 Tore

Finale: Argentinien – Bundesrepublik Deutschland 3:2 (1:0)
(29. Juni 1986, Estadio Azteca, Mexiko City)

Argentinien: Pumpido; Brown, Cuciuffo, Ruggeri, Olarticoechea, Giusti, Batista, Maradona, Enrique, Burruchaga, (89.Trobbiani), Valdano

Deutschland: Schumacher; Jakobs, Berthold, K.-H. Förster, Briegel, Matthäus, Brehme, Magath, (62. D. Hoeneß), Eder, Rummenigge, K. Allofs, (46. Völler)

Schiedsrichter: Romualdo Arppi Filho, Brasilien

Tore: 1:0 Brown (23.), 2:0 Valdano (56.), 2:1 Rummenigge (74.), 2:2 Völler (82.), 3:2 Burruchaga (89.)

Zuschauer: 114.590

WM 1986

Maradonas Gala

Der Beschluss der FIFA, für Weltmeisterschaften 24 statt der früheren 16 Mannschaften zuzulassen, erforderte von den Austragungsländern immense infrastrukturelle Anstrengungen. Stadien mussten modernisiert oder neu gebaut werden, außerdem Trainingsplätze, Hotels, Straßen etc. Für viele Länder der Dritten Welt, die eigentlich von der Ausweitung des Turniers profitieren sollten, wurde die Ausrichtung einer WM-Endrunde zu einer kaum zu bewältigenden Herausforderung.

Als Gastgeber des Turniers 1986 war Kolumbien auserkoren worden. Zum Zeitpunkt der Entscheidung ging das Land allerdings noch von 16 Teilnehmern aus. Hohe Arbeitslosen- und Analphabetenquote, eine unausgeglichene Handelsbilanz sowie eine hohe Pro-Kopf-Verschuldung beschrieben Kolumbien als Entwicklungsland. Schon in den 1970er Jahren war Kolumbien in die Schlagzeilen geraten, als anlässlich eines Papstbesuchs neue Prachtstraßen gegen harte Devisen gebaut wurden, die an anderer Stelle sinnvoller hätten eingesetzt werden können. Auch jetzt, als König Fußball Einlass begehrte, war klar, dass viele Millionen Dollars benötigt würden, um den von der FIFA geforderten Standard zu realisieren. Neben einer erheblichen Neuverschuldung wären deutliche Steuererhöhungen unumgänglich gewesen. Das aber hätte die Kluft zwischen Arm und Reich weiter vertieft und für zusätzlichen sozialen Sprengstoff in einem Land gesorgt, dessen Staatsgewalt sich ohnehin im Kampf mit der ältesten Guerilla Lateinamerikas befand. Eine zusätzliche Beeinträchtigung der Sicherheit bildete der Krieg der Drogenhändler.

Vor dem Hintergrund dieser Probleme und Risiken stimmte der Staatspräsident schließlich gegen die Ausrichtung der WM-Endrunde und gab diese 1982 an die FIFA zurück. Alfonso Senior, der damalige Präsident des kolumbianischen Fußballverbandes: „Der Staatspräsident wollte es einfach nicht, er sagte zu mir: ‚Alfonso. Ich habe darüber nachgedacht und ich glaube, Kolumbien sollte die WM nicht ausrichten. Es ist meine persönliche Entscheidung.' Wir sind das einzige Land der Welt, das es abgelehnt hat, Gastgeber der WM zu sein."

Brasilien, Mexiko und die USA waren bereit einzuspringen. Die US-Bewerbung wurde von dem hochkarätigen Trio Henry Kissinger, Franz Beckenbauer und Pelé unterstützt. Doch die FIFA war der Auffassung, dass der „Soccer" in den Staaten noch zu wenig Beachtung erfuhr und eine WM somit zu früh kam, was sich auf die Spiele und vor allem auf deren Vermarktung negativ ausgewirkt hätte. Auf dem FIFA-Kongress im Mai 1983 in Stockholm wurde die US-Bewerbung nicht einmal diskutiert. Überraschend erhielt Mexiko den Zuschlag, wohl auch in Erinnerung des fantastischen 1970er-Turniers, vor allem aber aufgrund glänzender geschäftlicher Beziehungen zwischen FIFA-Boss Havelange und dem mexikanischen Medienmogul Emilio Azcárraga, in dessen Privatflugzeug Havelange zum WM-Finale 1982 nach Spanien geflogen war. Der mittelamerikanische Staat wurde somit zum ersten Land, das den World Cup zweimal ausrichtete – und dies innerhalb von nur 16 Jahren.

Patriarchen und Medienmogule

Mexikos Schlüssel zum Erfolg hießen wie schon 1970 Guillermo Canedo und Televisa. Televisa, Ende des 20. Jahrhunderts eines der größten Medienunternehmen der Welt, dem 300 Fernsehstationen in Mexiko und Lateinamerika, das spanischsprachige TV-Netzwerk Univision mit Sitz in den USA, 17 Radiosender, mehrere Zeitschriften und drei Musiklabels gehörten, wurde von der Azcárraga-Familie geführt, eine der größten Dynastien der mexikanischen Geschäftswelt. Der mexikanische Fußball wiederum wurde seit Jahrzehnten vom Patriarchen Guillermo Canedo beherrscht, der ihn im Auftrag von Azcárraga zum Geschäft für Televisa machte. Als Vizepräsident von Televisa war Canedo maßgeblich am Verkauf von Fernsehrechten ins Ausland beteiligt, mit denen er Rekordsummen einfuhr.

1961 erwarb Televisa mit América seinen ersten Verein, wodurch die Gesellschaft einen Sitz in den Gremien des mexikanischen Fußballverbands und damit auch direkten Einfluss auf den Spielbetrieb erhielt. Weitere Vereine sollten folgen, was eine Manipulation des nationalen Wettbewerbs im Sinne der geschäftlichen Interessen Televisas ermöglichte. Die allgegenwärtige Fernsehgesellschaft konnte 1982 auch die meisten WM-Arenen, darunter das Azteca-Stadion, in ihr Vermarktungskonzept einbeziehen, da die Spielstätten in ihrem Besitz waren. (Nach Canedos Tod 1996 benannte Televisa das Azteca-Stadion in Guillermo-Canedo-Stadion um.)

Canedos gute Beziehungen zum FIFA-Boss Havelange gingen auf Mexikos Bewerbung für die WM 1970 zurück. Canedo bemühte sich damals um die Stimme des brasilianischen FIFA-Delegierten Havelange. Als der Brasilianer auf den Thron des FIFA-Präsidenten strebte, unterstützte Canedo zunächst den englischen Amtsinhaber Rous, wechselte dann aber noch rechtzeitig die Seiten. Unter dem neuen FIFA-Boss wurde Canedo Vizepräsident des Weltverbands und beteiligte sich mit Havelange an der WM-Vermarktungsfirma ISL, einem Kind des adidas-Bosses Dassler. Bei der WM 1986 saß Canedo – wie bereits 1970 – dem Organisationskomitee vor, obwohl er nicht mehr Präsident des mexikanischen Fußballverbandes Federación Mexicana de Fútbol Asociación (FMF) war.

Canedo machte nie einen Hehl aus seinen Machtstrukturen. Selbstverständlich wurde die Auslosung der Endrunden-Gruppen durch ein Familienmitglied vor-

Die Herren der FIFA (von links): Joao Havelange, seine Stellvertreter Hermann Neuberger und Guillermo Canedo sowie Generalsekretär Sepp Blatter.

genommen. Für die WM 1970 hatte dies seine damals zehnjährige Tochter Maria Monica besorgt. 16 Jahre später fiel diese Ehre der nächsten Canedo-Generation zu: Jetzt war es an Enkel Javier Barposo, über Wohl und Wehe der 24 WM-Teilnehmer zu entscheiden. Selbstverständlich wurde die Fernsehübertragung der Auslosung, die in den Studios der Televisa stattfand, entsprechend vermarktet. Zu Wucherpreisen gestattete man den Medien, über das Spektakel in Wort und Bild zu berichten.

Im September 1985 geriet der Austragungsort Mexiko noch einmal in Gefahr. Mexiko war von einem schweren Erdbeben der Stärke 8,1 heimgesucht worden, das das Land verwüstete und über 12.000 Menschen in den Tod riss – die größte Katastrophe in der Geschichte des Landes. Erneut wurde die Verlegung des Turniers in ein anderes Land gefordert, wobei insbesondere europäische Alternativen genannt wurden. Die Infrastruktur des Turniers war jedoch weitgehend unberührt geblieben. Von den Stadien wurde nur das in Nezahualcóyotl beschädigt. Havelange telegraphierte der Züricher FIFA-Zentrale, das Erdbeben habe den Fußball respektiert. Televisa sorgte dafür, dass nicht zu viele Bilder von zerstörten Gebäuden und Opfern über die Sender gingen, und präsentierte der Weltöffentlichkeit ein Land, das zur Normalität zurückkehre – gemäß dem Regierungs-Slogan „Mexiko ist wieder auf den Beinen".

Qualifikation: Kanadier in Mexiko

Um die 22 freien Plätze beim Endrundenturnier hatten sich zunächst 121 Länder beworben, von denen am Ende allerdings nur 113 an den Ausscheidungsspielen teilnahmen. Dennoch bedeutete dies einen neuen Rekord. Zumindest was die Qualifikation betraf, war der World Cup nun endgültig zu einem globalen Ereignis avanciert. In der Endrunde sah dies dann wieder anders aus: In Europa qualifizierten sich 44 Prozent der ursprünglich 33 Bewerber. Knapp dahinter lag Südamerika mit 40 Prozent (vier Teilnehmer bei zehn Bewerbungen). Unterrepräsentiert waren die Nord- und Mittelamerikagruppe sowie die Asienstaffel. Dort schafften nur gut sieben Prozent der angetretenen Mannschaften den Sprung in die Endrunde. Schlusslicht in dieser Liste war Afrika, wo weniger als sieben Prozent der Nationalteams weiterkamen, die in die Qualifikation gestartet waren.

In sieben Gruppen- und zusätzlichen Entscheidungsspielen ermittelte Europa seine 13 Vertreter für Mexiko. Albanien sorgte für eine große Sensation, als es in Mielec den Polen mit einem 2:2-Remis einen Punkt abknöpfte. Diese positive Entwicklung des albanischen Fußballs untermauerten die Skipetaren eindrucksvoll mit einem 2:0-Heimsieg über Belgien. Für die Qualifikation reichte es aber immer noch nicht, weil das Heimspiel gegen die Polen verloren wurde, die diese Gruppe auch gewannen.

Mit der gewohnten WM-Kontinuität gingen die Deutschen in Gruppe 2 an den Start – obwohl die Nationalmannschaft in einer ihrer tiefsten Krisen steckte und zum ersten Mal in der Geschichte des DFB ein Bundestrainer entlassen worden war: Derwall war durch die „Lichtgestalt" Franz Beckenbauer ersetzt worden. Unter dem „Kaiser" lief die Auswahlmannschaft bis zum fünften Spieltag glatt durch die Qualifikation und führte die Tabelle mit 10:0 Punkten an. Doch kaum war Mexiko gebucht, spielte sich die Elf wieder in die Krise und holte nur noch zwei Zähler aus drei Begegnungen. Gegen Portugal bezogen die Deutschen sogar eine peinliche 0:1-Niederlage, die das Ende einer imponierenden Serie bedeutete: Noch nie hatte bis dahin eine deutsche Nationalmannschaft ein Qualifikationsspiel verloren. Die Portugiesen führte der unerwartete Punktgewinn direkt nach Mexiko. Die anderen Gruppenmitglieder, Schweden, die CSSR und die punktlosen Malteser mussten daheim bleiben.

England nimmt Nordirland mit

Überraschend schlecht präsentierten sich in Gruppe 3 die Türken, die am Ende 1:15 Punkte auswiesen und in acht Spielen 24 Tore kassiert hatten. Englands Nationalmannschaft beherrschte diese Gruppe und stellte mit einem 8:0-Sieg in Istanbul eine neue Bestmarke für Auswärtssiege auf. Um den zweiten Rang konkurrierten Rumänien, das am letzten Spieltag in der Türkei anzutreten hatte, und Nordirland, das in Wembley spielen musste. Erwartungsgemäß siegten die Rumänen in Izmir. Nordirland benötigte gegen England mindestens noch einen Punkt. 22 Treffer hatten bis zu diesem Spiel Lineker und Co. erzielt, doch gegen Nordirland wollte oder sollte nichts klappen. Ein torloses Remis bugsierte die Nordiren ebenfalls nach Mexiko.

Ganz knapp scheiterte das DDR-Team von Trainer Bernd Stange in der Qualifikation. Hätten die Ostdeutschen einen besseren Start in ihrer Gruppe 4 erwischt, wären sie anstelle von Frankreich oder Bulgarien nach Mexiko gereist. Ihr Auftaktspiel verloren sie daheim gegen Jugoslawien mit 2:3, und auch in Frankreich und Bulgarien wurden sie besiegt. Ein furioser Endspurt mit vier Siegen in Folge, darunter Erfolge gegen Frankreich, Bulgarien und in Jugoslawien, kam zu spät für die DDR-Mannschaft mit dem europaweit drittbesten Sturm. Luxemburg war in dieser Gruppe der erwartete Punktelieferant.

In Gruppe 5 übernahm Zypern diese Rolle. Hier setzten sich die Ungarn deutlich durch. Die Niederlande belegten mit einem Punkt Vorsprung auf Österreich Platz 2 und wurden Gegner des Zweiten aus Gruppe 1, Belgien. In beiden Auseinandersetzungen setzten sich die Belgier mit 1:0 und 2:1 durch.

Dem deutschstämmigen und ehemaligen Werder-Bremen-Profi, Sepp Piontek, war in Dänemark eine große Trainerkarriere beschieden, als er das Nationalteam übernahm. Aus einem Haufen Namenloser hatte er ein schlagkräftiges Team geformt, das nichts und niemanden zu fürchten brauchte. In der Gruppe 6 gewannen die Dänen alle Heimspiele, darunter ein 4:2-Erfolg über die UdSSR, und konnten sich somit erstmals für eine WM-Endrunde qualifizieren.

Die Gruppe 7 begann mit einem Paukenschlag, als Island gegen Wales in Reykjavik mit 1:0 gewann. Die Waliser wurden mit dieser Niederlage zum Gespött der internationalen Fangemeinde. Aber auch Schottland und Spanien hatten in Reykjavik ihre Mühe und gewannen jeweils nur knapp mit 1:0 bzw. 2:1. Gruppensieger wurde am Ende Spanien.

In der Gruppe 1 der Südamerika-Qualifikation hieß der Sieger Argentinien, das allerdings keineswegs souverän wirkte. In Peru mussten die Mannen von Trainer Carlos Bilardo sogar eine 0:1-Niederlage hinnehmen. In den übrigen Gruppen setzten sich die Favoriten Uruguay und Brasilien durch. Der vierte südamerikanische Vertre-

◆ Island sorgt für Sensationen

Fußball ist auf Island, der Überraschungself von Gruppe 7, ausgesprochen populär, wenngleich die Nationalmannschaft erst 1946 ihren ersten Auftritt hatte und die folgenden 25 Jahre nur vergleichsweise wenige Länderspiele absolvierte. 1958 hatte Island erstmals an der WM- und 1964 erstmals an der EM-Qualifikation teilgenommen. 1975 hatte bereits das Team der DDR auf Island eine böse Überraschung erlebt, als es durch Tore von Edvaldsson und Sirgurvinsson, die sich beide später in der deutschen Bundesliga verdingten, mit 1:2 unterlag. Bis dahin hatten die Isländer fast ausschließlich gegen Länder wie die Bermudas und die Färöer Inseln gewinnen können. 1976 schlug Island die Norweger in Oslo mit 1:0 und ein Jahr später in Reykjavik mit 2:1. Die Türkei verlor 1980 und 1981 beide WM-Qualifikationsspiele gegen den Fußballzwerg (1:3 in Izmir und 0:2 in Reykjavik). Die größten Sensationen ereigneten sich allerdings Anfang der 1990er Jahre, als Spanien in der WM-Qualifikation auf Island mit 2:0 und Ungarn in Budapest mit 2:1 geschlagen wurden.

ter wurde anschließend in einer Ausscheidungsrunde der drei Zweitplatzierten und des besten Drittplatzierten ermittelt und hieß Paraguay. Zunächst hatten die Paraguayer den verhinderten WM-Ausrichter Kolumbien eliminiert und trafen dann auf Chile, das bereits Peru ausgeschaltet hatte. Die Chilenen unterlagen in Paraguay 0:3, gaben sich aber trotz dieser Vorentscheidung noch nicht auf. Aufgeputscht durch eine nationalistische und emotionalisierende Berichterstattung sowie durch überzogene Erwartungshaltungen auf chilenischer Seite kam es beim Rückspiel in Santiago zu schweren Zuschauer-Ausschreitungen, die nur unter Einsatz von Tränengasgeschossen und Gummiknüppeln eingedämmt werden konnten. Trotz dieser Begleitumstände konnte Paraguay ein 2:2-Unentschieden ertrotzen.

Lediglich vier Starter bemühten sich in der Ozeanien-Gruppe um das Ausscheidungsspiel gegen den Zweitplatzierten der Europa-Gruppe 7, Schottland. Australien, das diese Gruppe vor Israel, Neuseeland und Taiwan gewann, reiste zunächst ins schottische Glasgow und verlor dort 0:2. 14 Tage später trafen die Mannschaften in „Down under" wieder aufeinander und trennten sich 0:0. Wie 1970 war das australische Team um die halbe Welt gereist und bekam Mexiko trotzdem nicht zu Gesicht.

Im Mittleren Osten konnte sich überraschend der Irak qualifizieren, der in Syrien zunächst 0:0 spielte und das Rückspiel mit 3:1 gewann. Ein Heimspiel war diese Begegnung nicht, denn der Spielort war die saudi-arabische Stadt Taif. Sowohl der Iran als auch der Irak, die zu diesem Zeitpunkt Krieg gegeneinander führten, durften auf ihrem Territorium keine Heimspiele ausrichten. Der Iran weigerte sich, diese FIFA-Verfügung zu akzeptieren, während der Irak einwilligte und beispielsweise gegen Katar in Kalkutta antrat. Auf den Straßen Bagdads löste die gelungene Qualifikation einen Riesenjubel aus.

Im Finalspiel des Fernen Ostens standen sich Japan, das seine Gruppe ohne Niederlage gewonnen hatte, und Südkorea gegenüber. Hier konnte sich Südkorea, traditionell die stärkste Fußballmacht in der Region, durchsetzen. Die letzte Teilnahme an einer WM-Endrunde lag mit 1954 schon einige Zeit zurück.

Der afrikanische Kontinent bot 29 Nationalteams auf. Mit Algerien und Marokko blieben zwei Teams aus dem Norden übrig. Die nordafrikanischen Länder, deren Kicker die Nachbarschaft und die historischen Verbindungen zum europäischen Kontinent nutzten und sich häufig französischen oder spanischen Profiteams anschlossen, waren immer noch tonangebend.

Nord- und Mittelamerika wurde neben dem Gastgeber Mexiko noch durch Kanada vertreten, was einer Sensation gleichkam. Fußball stand dort klar im Schatten von Eishockey. Die kanadischen Soccer-Teams Vancouver Whitecaps, Edmonton Drillers und Toronto Blizzard hatten in den 1970er Jahren am Experiment der North America Soccer League (NASL) teilgenommen. Das Ende der NASL war ein schwerer Schlag für die Entwicklung des Soccers in Kanada. Die Mehrzahl der Spieler, die nun die WM-Endrunde erreicht hatten, stand einst bei NASL-Klubs unter Vertrag.

Brasilianische Sorgen und argentinischer Catenaccio

Der Modus des WM-Turniers 1982 hatte zwei Finalrunden gesehen, die in Punktspielen absolviert wurden. Ein Reglement, das viel Kritik provozierte, weshalb für Mexiko ein neues Organisationsraster erdacht wurde. Die ersten beiden Teams qualifizierten sich wie immer für die nächste Runde, die jedoch wieder im K.o.-System ausgetragen wurde. Bei sechs Gruppen wären das aber lediglich zwölf Mannschaften gewesen, vier zu wenig für ein Achtelfinale. Die vier besten Gruppendritten waren deshalb ebenfalls fürs Achtelfinale qualifiziert.

Bei den Buchmachern wurde Brasilien als Favorit gehandelt, das wieder von Tele Santana trainiert wurde. Allerdings wurden viele der brasilianischen Stars von Verletzungen geplagt. Bei Zico war es das linke Knie, bei Falcao das rechte, während Cerezos Probleme mit seinem linken Oberschenkel hatte. Auch Socrates Verfassung warf Fragen auf, Brasilien galt deshalb als verwundbar. Hinzu kamen interne Probleme. Renato Gaucho, als „Nachteule" berüchtigt, hatte die Sperrstunde ignoriert und wurde deshalb aus dem Team geworfen. Sein Flamengo-Vereinskamerad Leandro war darob so empört, dass er nicht zum gemeinsamen Abflug nach Mexiko erschien.

Das DFB-Team wurde schon aus Gewohnheit zum Anwärterkreis gezählt, während kaum jemand mit einer Titelverteidigung Italiens rechnete. Die Helden von 1982 waren müde, Bearzot mit eingeschlossen.

In Argentien schwang mittlerweile ein gewisser Carlos Bilardo das Zepter, der den bei den Militärs und Verband in Ungnade gefallenen Cesar Luis Menotti abgelöst hatte. Als Spieler hatte Bilardo die erfolgreichen Jahre von Estudiantes de la Plata miterlebt. 1968, 1969 und 1970 hatte Estudiantes die südamerikanische Vereinsmeisterschaft (Copa Libertadores) und 1970 auch noch den Weltpokal gewonnen. Beliebt war das Team seinerzeit trotzdem nicht, eher wurde es gefürchtet und gehasst. Bobby Moore über seine Erfahrungen mit den Südamerikanern: „Es war höllisch unangenehm, gegen sie zu spielen. Sie machten hässliche Dinge. Sie zogen dir an den Haaren, spuckten dich an, stachen dir in die Augen und traten dich, wenn der Ball Meilen weit entfernt war und keiner zuschaute… Ihre Einstellung war, nur nicht verlieren, koste es, was es wolle."

Bilardo als Betonstratege?

Vor allem der Mittelfeldspieler Bilardo war für seine Brutalität berüchtigt. Beim Weltpokalfinale zwischen Estudiantes und Feyenoord Rotterdam hatte Bilardo dem kurzsichtigen Niederländer Joop van Daele die Brille von der Nase gerissen und anschließend auf dem Boden zertrampelt. Wim van Hanegem wurde von Bilardo aus kurzer Distanz mitten ins Gesicht gespuckt. Estudiantes galt als Inbegriff der hässlichen Seite des argentinischen Fußballs: brutal, hinterhältig, ausgekocht. Ein dichter, beweglicher Abwehrriegel ermöglichte den gegnerischen Stürmern kein Durchkommen, daneben beherrschte das Team die Abseitsfalle in Perfektion.

Für die Militärs und argentinischen Fußballfunktionäre besaß Bilardo den Vorteil, dass er politisch konservativ dachte und erheblich weniger Geld verlangte als sein fürstlich dotierter Vorgänger. Was ihre Fußballphilosophie betraf, so konnten die Gegensätze zwischen Menotti und Bilardo zumindest in theoretischer Hinsicht nicht krasser ausfallen, weshalb die argentinische Fußballöffentlichkeit nun in zwei unversöhnliche Lager zerfiel: Menottistas und Bilardistas. Während der Schöngeist Menotti Kreativität und Ästhetik statt starrer Systeme und purem Erfolgsdenken propagierte, lauteten Bilardos Tugenden Zucht, Ordnung, Pünktlichkeit und Sieg um jeden Preis. Bilardo: „Ich möchte der Erste sein. (…) Der zweite Platz zählt nichts, Zweiter sein heißt versagen." Menotti denunzierte seinen Nachfolger als „Nichtskönner", der „das Herz unseres Fußballs mit seiner Betonstrategie" töte. Sein Trainerkollege Angel Cappa, ein Menottista, fasste die Ansichten seines Lagers über den Pragmatismus der Bilardistas wie folgt zusammen: „Sie essen nur, um zu scheißen." Prominentester Kritiker der Bilardo-Philosophie war Argentiniens Präsident Alfonsin, nach dem Ende der Diktatur das erste demokratisch gewählte Staatsoberhaupt des Landes.

Bilardo schwebte eine Ergänzung der argentinischen Spielweise um europäische Elemente vor, worunter er vor allem mannschaftliche Geschlossenheit, Disziplin, Kraft und Sicherheitsfußball verstand. „Wir können lernen, europäisch zu denken, aber die Europäer können nie die Geschicklichkeit im Umgang mit dem Ball erreichen wie die Südamerikaner." Bei aller Fragwürdigkeit seiner Philosophie, verstand Bilardo durchaus, den Finger in die argentinische Fußballwunde zu legen: „Die Vorstellung, dass Spieler geboren werden, stellte in Argentinien niemand in Frage: ‚Lasst ihn doch machen, was er will'. Das Talent des südamerikanischen Fußballs wurde schlicht als gegeben hingenommen, und der europäische Fußball wurde ignoriert. Bis sie uns 1958 bei der WM hart schockten, als sie uns fünf, sechs Tore verpassten. Ab diesem Zeitpunkt änderte sich die Mentalität Argentiniens."

Auf dem Spielfeld wurden allein Maradona Freiräume gestattet. Bilardo ließ mit einem Libero hinter der Abwehr (eine Rolle, die der zum Zeitpunkt der WM vereinslose José-Luis Brown übernahm), zwei Manndeckern und einem fünfköpfigen Mittelfeld spielen. Die im argentinischen Spiel üblichen zwei Flügelstürmer wurden für überflüssig erklärt. Stattdessen bevorzugte Bilardo das Spiel mit nur einer Spitze, ein zweiter Stürmer sollte sich ins Mittelfeld zurückfallen lassen. Ähnlich wie bei Herreras Catenaccio beinhaltete auch Bilardos Fußballphilosophie trotz ihrer Defensivität Elemente von *total voetbal*: „Ich glaube, dass der Unterschied zwischen Verteidigen und Angreifen verschwinden wird. Ich sehe die Mannschaft des 21. Jahrhundert aus einem Torwart und zehn universellen Feldspielern bestehen. Ohne feste Positionen. Ohne Spezialisten."

Auch wenn Menottis Argentinien offensiver agierte und mehr Flair besaß als das Argentinien Bilardos: In der Praxis waren „El Narigón" (Große Nase = Bilardo) und „El Flaco" (Der Hagere = Menotti) weniger weit auseinander, als dies ihre spektakulären verbalen Duelle vermuten ließen.

Eröffnungsfeier zur WM 1986 im Azteca-Stadion.

Vorrunde: Russische Gala, marokkanische Party

Wenig mitreißend gestalteten sich die Beiträge zu den Eröffnungsfeierlichkeiten. Trotzdem verfolgten weltweit eine Milliarde Fernsehzuschauer das Folklorespektakel live und wurden Zeugen des ersten großen Pfeifkonzertes dieser WM, als Mexikos Staatspräsident, Dr. Miguel de la Madrid, vor die Mikrophone trat. Die Zuschauer im Stadion machten ihn und seine Politik für die schlechte wirtschaftliche Situation im Lande verantwortlich.

In Gruppe A sah sich Titelverteidiger Italien mit Argentinien, das von den Azzurri 1982 in der zweiten Finalrunde aus dem Turnier geworfen worden war, Südkorea und Bulgarien konfrontiert. Im Eröffnungsspiel standen sich vor 95.000 Zuschauern in Mexiko Citys Azteca-Stadion Weltmeister Italien und Bulgarien gegenüber. Bis zur 85. Minute führten die Südeuropäer durch einen Treffer des Altinternationalen Altobelli, ehe Nassko Sirakow der bulgarische Ausgleich

Gruppe A

gelang. Sirakow bedankte sich auf diese Art beim bulgarischen Fußballverband, der ihn begnadigt hatte, nachdem er in einen riesigen Fußballskandal verwickelt war, in dessen Folge sogar ganze Vereine zwangsweise liquidiert wurden.

Argentinien gewann gegen den krassen Außenseiter Südkorea, für den der Eintracht-Frankfurt-Spieler Bum Kun Cha auflief, mit 3:1. Der große und elegante Valdano glänzte als zweifacher Torschütze. Ein wieselflinker und trickreicher Diego Maradona spielte mit den Asiaten Katz und Maus und bereitete alle drei Tore vor. Der 3:1-Sieg spiegelte nur in Ansätzen die drückende spielerische Überlegenheit der Südamerikaner wider.

Im nächsten Spiel trafen die Argentinier auf Italien. Der für den SSC Neapel spielende Maradona wurde von seinem Mannschaftskameraden und Freund Bagni in strengste Manndeckung genommen. Bagni hatte sich für diese Aufgabe freiwillig gemeldet. Doch ausschalten konnte der Italiener den Argentinier nicht, denn Maradona gelang der Ausgleich zum Endstand von 1:1. Altobelli hatte vorher einen Elfmeter im argentinischen Netz versenkt.

Es fehlte nicht viel, und die *Squadra Azzurra* hätte nach Nordkorea 1966 ein zweites „koreanisches Debakel" erlebt, doch dank zweier Treffer von Altobelli behielt Italien gegen Südkorea am Ende mit 3:2 die Oberhand. Die Chancenverwertung der Italiener war so mangelhaft, dass Südkorea zeitweilig sogar ein Remis halten konnte. Letztlich obsiegte die größere internationale Erfahrung der Italiener, die sich mit dem Sieg für das Achtelfinale qualifizierten. Der Gruppensieg ging allerdings an Argentinien, das gegen Bulgarien zu einem ungefährdeten 2:0-Sieg kam.

Gruppe B Der vom umtriebigen Bora Milutinovic trainierte Gastgeber Mexiko startete als Favorit in der Gruppe B. Das Auftaktspiel gegen Belgien verfolgten über 100.000 Zuschauer, von denen sich viele an den letzten mexikanischen WM-Sieg vor 16 Jahren erinnerten. Auch damals hieß der Gegner Belgien. Publikumsliebling und der absolute Star im mexikanischen Team war der ausgebildete Zahnarzt Hugo Sanchez, der bei Real Madrid seine Brötchen verdiente und zu den profiliertesten Stürmern im europäischen Fußball zählte. Sanchez wurde allgemein ein großes Turnier vorhergesagt. Beim 2:1-Sieg der Mexikaner erzielte er zwar einen Treffer, wirkte aber häufig in Zweikämpfen erschreckend unbeholfen.

Als krasser Außenseiter galt der WM-Neuling Irak, der im ersten WM-Turnierspiel seiner Verbandsgeschichte auf Paraguay traf. Vor lediglich 12.000 Zuschauern konnte der Iraker Hashem die 1:0 Führung Paraguays egalisieren, doch Schiedsrichter Picon aus Mauritius meinte, vorher zur Pause gepfiffen zu haben und verweigerte dem Treffer die Anerkennung. 1:0 hieß es auch beim Abpfiff.

Gegen Paraguay kam Mexiko über ein enttäuschendes Remis (1:1) nicht hinaus. Auch in diesem Spiel wirkte Sanchez schwach und handelte sich zu allem Überfluss auch noch seine zweite gelbe Karte ein, die ihn für das letzte Gruppenspiel zum Zuschauen verurteilte. Aber auch ohne ihn konnten sich die Mexikaner gegen den Irak

Gegen Paraguay kam Gastgeber Mexiko über ein 1:1 nicht hinaus. Hier überspringt Cabanes den Mexikaner Aguire.

durchsetzen, weil Quirates in der 54. Minute zum 1:0-Endstand traf, was zugleich den Gruppensieg bedeutete. Zweiter wurde Paraguay, das gegen Belgien zweimal führte, sich aber am Ende mit einem 2:2-Remis zufrieden geben musste.

Unerwartet schwer tat sich in der Gruppe C die französische *Équipe Tricolore* mit dem kanadischen Auswahlteam. Es dauerte bis zur 79. Minute, ehe dem kleinen Jean-Pierre Papin vom FC Brügge der französische Siegtreffer gelang. Rasant ging es im Spiel der UdSSR gegen Ungarn zu. Nach vier Minuten führten die sowjetischen Spieler bereits mit 2:0. Die Sowjets boten an diesem Tag Kombinationsfußball vom Feinsten. Dabei hatte Coach Lobanowski seine Stars Blochin, Torjäger Protassow und Libero Tschiwadse nicht berücksichtigt und stattdessen der Blockbildung vertraut, indem er acht Akteure von Dynamo Kiew auflaufen ließ. Seine Rechnung ging auf. Am Ende hatte Lobanowskis Elf sechs Treffer erzielt und Torwart Dassajew keinen Ball passieren lassen. Alle sechs Tore blieben im Stadion

Gruppe C

unbejubelt. Aus Devisenmangel waren keine sowjetischen Fans mitgereist, und auch Journalisten aus der UdSSR musste man mit der Lupe suchen.

Im Spiel der Sowjetunion gegen Frankreich sollte sich zeigen, ob die Sowjets zu Recht zu den engsten Titelanwärtern werden durfte. Doch auch nach dem Spiel war man nicht klüger. Die auf einem hohen spielerischen Niveau stehende und von Giresse und Fernandez beziehungsweise Aleijnikow und Belanow geprägte Partie endete mit einer Punkteteilung (1:1).

Kanada zahlte beim 0:2 gegen Ungarn weiter Lehrgeld. Gegen Frankreich benötigten die Magyaren mindestens einen Punkt, um ins Achtelfinale vorzustoßen. Gegen den amtierenden Europameister war aber kein Kraut gewachsen, denn die Puskas-Erben brachen mit 0:3 ein. Mit der zweiten Garnitur gewannen die Sowjets gegen Kanada 2:0 und zogen als Gruppenerster vor Frankreich ins Achtelfinale ein.

Gruppe D Langweilig ging es in der Gruppe D zu. Das interessanteste Spiel war noch die Auftaktbegegnung Spanien gegen Brasilien, die die Südamerikaner dank einem Tor von Socrates mit 1:0 für sich entschieden. Ein Treffer, der sich später als regulär darstellte, und an das Wembley-Tor der Engländer 1966 erinnerte, wurde den Spaniern nicht anerkannt. Brasiliens Coach, Tele Santana, wurde anschließend von der heimischen Presse hart attackiert. Die Schreiber forderten vehement den Einsatz des „weißen Pelé", Zico. Doch Santana blieb auch gegen Algerien stur und zog es vor, die heimischen Medien zu boykottieren. Brasilien gewann erneut nur knapp mit 1:0, stand damit aber bereits in der nächsten Runde.

Die spanische Nationalmannschaft wurde bei dieser WM stärker als vier Jahre zuvor eingeschätzt, als sie im eigenen Land ein Debakel erlebt hatte. Mit dem Weltklassespieler Emilio Santos Butragueno, genannt „El Buitre" (der Geier), der bei Real Madrid spielte, besaß sie seit längerer Zeit wieder einen Kopf. Ferner war der Madrilene, der bereits seit seiner Geburt Mitglied der „Königlichen" war, aber auch enorm torgefährlich, was er mit seinem Führungstreffer gegen Nordirland bewies. Am Ende konnte man sich auf spanischer Seite über einen 2:1-Sieg freuen.

Erwartungsgemäß verloren die Nordiren ihr Spiel gegen Brasilien mit 0:3 und konnten, da sie gegen Algerien nur einen Punkt geholt hatten, ihre Koffer packen. Begleitet vom Applaus der Zuschauer kam in der 68. Minute Zico aufs Spielfeld, sein erster Einsatz bei diesem Turnier. Der 41-jährige Keeper Pat Jennings, zu Lebzeiten schon eine Legende auf der irischen Insel, beendete mit diesem Spiel seine lange Nationalmannschaftskarriere.

Gruppe E Erst vier Tage nach der Eröffnung des Turniers griff das deutsche Team ins Geschehen ein. Die Beckenbauer-Elf musste sich gleich mit Uruguay messen, dessen Mannschaft vor allem wegen ihrer Härte und nicht selten auch ihrer Brutalität gefürchtet war. Das Interesse in Deutschland an dieser Partie war riesengroß, man schätzte etwa 23,5 Millionen TV-Zuschauer zu nachtschlafender Zeit vor den TV-Geräten. Und die waren nach fünf Minuten hellwach, als Uruguay durch Alzamendi die 1:0-Führung gelang, der in eine völlig deplazierte Rückgabe von Matthäus zu Keeper Toni Schumacher gesprintet war. Obwohl sich die Deutschen bemühten, das Spiel zu kontrollieren und sich auch brauchbare Torchancen erarbeiteten, dauerte es bis zur 85. Minute, ehe Klaus Allofs den erlösenden Ausgleich markierte.

Am gleichen Tag gelang Dänemark über Schottland ein 1:0-Sieg. Schottland, das von Alex Ferguson trainiert wurde, dem späteren Erfolgstrainer von Manchester United, war schon wieder auf dem besten Weg, in der Vorrunde zu scheitern. Zur Überraschung der Fußballöffentlichkeit hatte Ferguson den eleganten Liverpooler Abwehrspieler Alan Hansen daheim gelassen. Gegen die Deutschen hätten die Schotten vier Tage später einen Sieg einfahren müssen, um die Abreise zu verhindern. Nach 18 Minuten wähnten sie sich bereits auf dem Weg ins Achtelfinale, als Strachan

◆ **Edelkicker aus Dänemark**

Bereits bei der EM 1984 hatten die Dänen aufhorchen lassen, als sie bei der EM-Endrunde in Frankreich bis ins Halbfinale vorstießen, wo sie Spanien erst im Elfmeterschießen unterlagen. Guten Fußball spielten die Dänen bereits in den 1970er Jahren, nur nicht im Kollektiv. Allan Simonsen, der damals für Borussia Mönchengladbach und den FC Barcelona kickte, wurde 1977 zum „Europäischen Fußballer des Jahres" gewählt. Mit Michael Laudrup, Frank Arnesen, Sören Lerby, Preben Elkjaer-Larsen und Morten Olsen befanden sich im dänischen Team gleich eine Reihe von Spielern internationalen Spitzenformats, die bei renommierten ausländischen Klubs unter Vertrag standen: Laudrup bei Juventus Turin, Arnesen beim PSV Eindhoven, Lerby beim FC Bayern München, Elkjaer-Larsen bei Hellas Verona, Olsen beim RSC Anderlecht Brüssel.

die Führung gelang. Die deutsche Elf resignierte nicht, sondern erzwang mit geschicktem Kombinationsspiel die Wende. Nach einer gelungenen Stafette über Magath, Littbarski und Allofs konnte Völler in der 22. Minute ausgleichen. Ausgerechnet dem als „Weichei" verschrienen Klaus Allofs gelang in der 50. Minute der Siegtreffer, der die Deutschen so gut wie sicher in die zweite Runde brachte und Schottland das traditionelle Aus.

Mit einer Glanzleistung spielten die starken Dänen Uruguay in Grund und Boden. 6:1 hieß es am Ende einer Partie, in der Preben Elkjaer-Larsen dreimal traf. Die Härte der „Urus" wurde bereits in der 19. Minute mit einem Platzverweis für Bossio bestraft. Das Finale um den Gruppensieg gewannen die Dänen gegen die Deutschen durch Tore von Jesper Olsen und Eriksen mit 2:0. Beide Teams hatten auf einige Stammkräfte verzichtet. Das DFB-Team betrachtete die Niederlage mit einem lachenden Auge, denn als Gruppenzweiter traf man im Achtelfinale auf Marokko, während sich der Gruppenerste Dänemark mit den stärker einzuschätzenden Spaniern messen musste. Natürlich gab diese Konstellation zu Spekulationen Anlass.

Uruguay kam in der letzten Gruppenpartie gegen Schottland über ein 0:0 nicht hinaus, qualifizierte sich aber mit 2:4 Punkten und 2:7 Toren trotzdem für das Achtelfinale. Mit Batista wurde erneut ein uruguayischer Spieler vorzeitig des Feldes verwiesen, und dies bereits in der ersten Spielminute.

Gruppe F

Schläfrig begann Gruppe F, was aber auch an den Höllentemperaturen des Spielortes Monterrey lag, wo 45 Grad keine Seltenheit waren und den Spielern außerdem das hohe Gras des Spielfelds zu schaffen machte. Die Mannschaften waren deshalb bemüht, mit ihren Kräften hauszuhalten. So nahm es wenig Wunder, dass in den ersten vier Spielen ganze zwei Tore fielen. Eines davon erzielte Carlos Manuel im Spiel seiner Portugiesen gegen England, dessen für Milan spielende Hoffnungsträger Mark Hateley und Ray Wilkins blass blieben; das andere schaffte der Pole Smolarek gegen Portugal. Englands 0:1 gegen die Portugiesen, die sich von ihren Funktionären schlecht behandelt und ausgebeutet fühlten, war für das Team von Trainer Bobby Robson die erste Niederlage seit dem 9. Juni 1985, als man in Mexiko gegen Mexiko ebenfalls mit 0:1 unterlag. Von den folgenden elf Partien hatten die Engländer neun gewonnen, zwei endeten unentschieden. Robsons Team hatte diese Serie nicht zuletzt seinem ausgezeichneten Keeper Peter Shilton zu verdanken.

Die Partien Marokko gegen Polen und England gegen Marokko endeten jeweils torlos und dokumentierten, dass die Nordafrikaner im Konzert mit den Großen recht gut mithalten konnten. Gegen England waren die Marokkaner, bei denen insbesondere der Mittelfeldspieler Timoumi und der elegante Stürmer Aziz Bouderbala hervorstachen, dem Sieg näher als das „Mutterland". Aber wie so häufig, wenn vermeintliche Zwerge gegen die Erfinder des modernen Soccers antraten, zeigten auch die Marokkaner zu viel Respekt. Polen vor Portugal, Marokko und England lautete die Tabelle vor den letzten Spielen. Die Engländer hatten erst einen müden Punkt ergattert und noch nicht einmal einen Treffer erzielt. Auf der britischen Insel wurden die Spieler nach Strich und Faden verhöhnt und als der WM-Witz schlechthin gehandelt.

Gegen Polen musste man das Schlimmste befürchten, doch dann kam die Stunde von Gary Lineker, der mit einem lupenreinen Hattrick die Engländer zum 3:0-Sieg schoss. Vor dem Anpfiff hatte die Mannschaft erfolgreich gegen Robsons Taktik und Personalpolitik rebelliert, insbesondere die Zusammensetzung des Mittelfelds wurde kritisiert. Lineker galt als exzellenter Allround-Sportler. Seine ruhmreiche Karriere widersprach dem Mythos, dass erfolgreiche Sportler aggressiv sein müssen, denn Lineker wurde niemals verwarnt und verübte niemals ein Revanchefoul. Nach der WM wechselte der Torjäger für die Rekordsumme von drei Mio. Pfund zum FC Barcelona.

Der 3:1-Sieg der Marokkaner über Portugal war dagegen schon keine Sensation mehr, sondern der verdiente Lohn einer spielstarken Mannschaft über eine träge portugiesische Elf, die nun die Rückreise antreten durfte. Zweifacher Torschütze war Abderrazak Khairi. Trainer José Faria jubelte nach dem Schlusspfiff: „Eine Menge Leute haben erwartet, dass wir verlieren, und eine Menge Leute haben deshalb viel verloren. Wir sind das erste Team aus der Dritten Welt, das bei einer WM den Gruppensieg erringen konnte. Wir können jetzt nach Hause gehen. Es ist für uns eine einzige große Party. Es ist, als ob wir bereits den Titel gewonnen hätten."

Achtelfinale: „Samba-Express auf Touren"

Das schönste Tor dieser WM gelang dem Mexikaner Manuel Negrete im Achtelfinalspiel seiner Nationalmannschaft gegen Bulgarien. Mit einem akrobatischen Scherenschlag beförderte er eine Flanke von Aguirre volley ins bulgarische Netz, Torwart Michailov nahm höchstens den Luftzug des Balles wahr. 114.580 Zuschauer im Azteca-Stadion waren aus dem Häuschen und trieben ihre Mannschaft weiter nach vorne. In der 62. Minute war das mexikanische Offensivspiel erneut von Erfolg gekrönt, als Servin das 2:0 markierte – Auftakt zu einer gigantischen „Fiesta mexicana". Italiens *Corriere dello Sport* beobachtete sogar „ein Land im Delirium".

In León öffnete derweil der Himmel seine Schleusen und ließ einen Wolkenbruch über der Stadt niedergehen. Dieses Unwetter symbolisierte in etwa die Gefühlslage der sowjetischen Spieler, die soeben gegen Belgien ausgeschieden waren. Die Begegnung war die interessanteste der zweiten Runde gewesen und hatte Erinnerungen an das legendäre Halbfinale zwischen Italien und Deutschland vor 16 Jahren im selben Land geweckt. Mit 1:0 hatten die Sowjets noch zur Halbzeit durch ein Tor des Dynamo Kiew-Stürmers Igor Belanow geführt, doch Enzo Scifo gelang in der 56. Minute der Ausgleich. Noch einmal gingen die Sowjets in Führung, erneut durch Belanow, doch umgehend konnten die Belgier, diesmal durch Jan Ceulemans, den Gleichstand wie-

Im Achtel- und im Viertelfinale zeigten die Brasilianer mitreißenden Fußball. Hier besiegen sie die Polen 4:0. „Der Papst ist polnisch, aber Gott ist ein Brasilianer", jubelten die Fans.

derherstellen. In der Verlängerung drängten die Belgier nun auf die Entscheidung. Konsequent nutzten sie die Unsicherheiten und Fehler der sowjetischen Abwehr und kamen durch de Mol und Claesen zu zwei weiteren Toren. In der 111. Minute konnten die Sowjets noch durch einen Elfmeter, dem dritten Tor von Belanow, auf 3:4 verkürzen, aber zu mehr reichte es nicht. Der UdSSR blieb der weniger als schwache Trost, dass „der Schlechtere siegte", wie Spaniens *El Pais* befand.

In einer rein südamerikanischen Partie trafen die Ex-Weltmeister Argentinien und Uruguay aufeinander, die erste Begegnung der beiden Nachbarn im World Cup seit dem Finale von 1930. Das Spiel hatte sich in den beiden Ländern weit auseinander entwickelt. Uruguay zählte im Weltfußball nicht mehr zur Spitze und zehrte im Grunde von den WM-Erfolgen aus der Gründerzeit des Turniers. Virtuosität und Kreativität hatten die „Urus" schon seit langem einer latenten Brutalität geopfert, die von allen Mannschaften gefürchtet war. Auch gegen Argentinien bemühte Uruguay die Härte, insbesondere gegen Maradona. Englands *Daily Mirror* hielt die uruguayische Mannschaft für „den gemeinsten Haufen, der je auf einem Fußballfeld gesehen wurde". Doch der ausgezeichnete italienische Schiedsrichter, Luigi Agnolin, domestizierte die „Urus", und am Ende setzte sich Argentinien durch einen Treffer von Pasculli verdientermaßen durch.

„Samba Express kommt auf Touren", textete die dpa nach dem Spiel der Brasilianer gegen Polen, das die Südamerikaner mit 4:0 unerwartet deutlich gewannen. Dabei war zunächst das polnische Nationalteam tonangebend. Zweimal trafen Tarasiewicz und Karas Pfosten und Latte. Die Brasilianer taten in diesem Moment gut daran, sich auf ihre spielerischen Mittel zu besinnen. Trotzdem benötigten sie einen von Socrates verwandelten Elfmeter, um in Führung zu gehen. Ein abgefälschter Schuss von Josimar bedeutete in der 54. Minute bereits die Vorentscheidung. Die Polen steckten aber nicht auf und verpassten einige Male nur knapp das Tor, doch fehlte ihnen an diesem Tag die notwendige Fortune. Diese hatten die Brasilianer gepachtet, die durch Edinho und Careca mit seinem vierten Turniertor auf 4:0 davonzogen. Santanas Team war endlich aus seiner Lethargie erwacht. Vor der Begegnung der beiden katholischen Länder kursierte bei den brasilianischen Fans der Spruch: „Der Papst ist polnisch, aber Gott ist ein Brasilianer."

Ideenlose Italiener

Beim Spiel Italien gegen Frankreich standen sich der amtierende Weltmeister und der amtierende Europameister gegenüber. Die von Henri Michel trainierte *Onze de France* war bis in die Haarspitzen motiviert, nachdem sich Italiens Coach Bearzot herablassend über den französischen Fußball geäußert hatte: „Frankreichs Ruf ist besser als sein Spiel und seine Mannschaft." Der für Juventus Turin spielende Platini hatte vor dem Spiel tiefgestapelt, als er behauptete, dass das französische Nationalteam nach dem Gewinn der Europameisterschaft 1984 schwächer geworden sei. Er selbst war an diesem Tag in überragender Form und erzielte gegen seine Turiner Mannschaftskollegen Scirea und

In sengender Hitze lieferten sich Marokko und Deutschland ein schwaches Spiel. Hier bemüht sich Magath um einen Angriff.

Cabrini die wichtige 1:0-Führung. Wer jetzt ein Aufbäumen der Italiener erwartet hätte, der sah sich bitter getäuscht. Es ging kein Ruck durch die Mannschaft, willenlos ließ man sich das Spiel von den Franzosen diktieren. Der Knockout kam in der 58. Minute, als Stopyra das 2:0 gelang. Die Italiener, bei denen Rossi nicht mehr dabei war, wirkten in Mexiko ausgebrannt, müde und ideenlos. Nach dem Turnier gab Bearzot das Zepter weiter an seinen Assistenten Azeglio Vicini.

Die schwächste Achtelfinalbegegnung bestritten in Monterrey Deutschland und Marokko. Die Nordafrikaner spekulierten von Beginn an auf eine Verlängerung, in der sie glaubten, gegenüber den Deutschen konditionelle Vorteile zu besitzen. Die deutschen Kicker hatten lediglich das Bestreben, den marokkanischen Spielaufbau konsequent zu unterbinden. Aus beiden taktischen Strategien entwickelte sich eine wenig erbauliche Partie, die für Marokko erst in der 88. Minute scheiterte, weil Matthäus einen Freistoß an der schlecht postierten Mauer vorbei ins afrikanische Netz wuchtete. Zuvor war das DFB-Team wiederholt am starken Keeper Zali gescheitert. Insgesamt ging allerdings vom deutschen Angriff mit Rummenigge, Völler und Allofs an diesem Tag kaum Wirkung aus, was sicherlich auch an der sengenden Hitze in Monterrey lag.

Das dänische Team war nach den Gruppenspielen und besonders nach dem 2:0-Sieg über Deutschland in den Kreis der Titelaspiranten aufgestiegen. Auch gegen die Spanier gingen die Dänen zunächst durch einen von Jesper Olsen verwandelten Foulelfmeter in Führung. Spaniens Torwart Zubizarreta hatte nicht den Hauch einer Chance. Jener Olsen war es aber auch, dem eine Rückgabe zu Torwart Hoegh völlig misslang, worauf sich Butragueno den Ball erlaufen konnte und den Ausgleich markierte. Für Dänemark war dieses unnötige Tor der Knackpunkt im Spiel. Nach der Pause präsentierte sich ein völlig anderes dänisches Team. Pionteks Spieler wirkten nun völlig verunsichert. Selbst die einfachsten Spielzüge klappten nicht mehr. In der 57. Minute war es erneut Butragueno, der die Rot-Gelben in Führung brachte. Die Dänen mussten jetzt ihre Angriffsbemühungen intensivieren und lockerten ihren Abwehrverband. In der 70. Minute fiel die Vorentscheidung, als der niederländische Schiedsrichter erneut einen Elfmeter verhängte, diesmal aber gegen Dänemark nach einem Foul an Butragueno, der mit fairen Mitteln kaum zu stoppen war. Goicoechea verwandelte zum 3:1, und Butragueno schraubte mit einem Doppelschlag in der 80. und 89. Minute das Resultat sogar auf 5:1. Innerhalb von gut 30 Minuten war eines der spielstärksten Teams dieser WM zerfleddert und auf die Heimreise geschickt worden.

Englands Lineker war zum Ende der wenig erbaulichen Gruppenspiele so richtig in Fahrt gekommen. Im Achtelfinale setzte er seine Torjagd gegen die Mannschaft Paraguays fort. Zunächst aber diktierten die Südamerikaner das Spiel, in dem diesmal Canete anstelle von Romero Regie führte. Die Paraguayer kombinierten schön, trafen aber das Tor nicht. Auch hochkarätigste Chancen ließen sie ungenutzt verstreichen und durften sich nicht wundern, dass England nach einer halben Stunde durch Lineker in Führung ging. Das paraguayische Kampfspiel glitt jetzt zuweilen in unnötige Härte ab, während die Engländer kühlen Kopf bewahrten. Locker erhöhten sie den Vorsprung durch Beardsly und noch einmal Lineker auf 3:0.

Viertelfinale: Wieder ein „Jahrhundertspiel"

Jedes WM-Turnier hatte bislang sein Ausnahmespiel, das in den Medien schnell zu einem „Jahrhundertspiel" hochstilisiert wurde. Auch diese WM-Endrunde erlebte solch eine Auseinandersetzung in Guadalajara, wo im Viertelfinale Brasilien auf Frankreich traf. Das französische Team verfügte mit Tigana, Giresse und Platini über ein Mittelfeld, das ziemlich einzigartig in der Welt war und vor dem selbst die kombinationsstarken Brasilianer ihren Hut ziehen mussten. Auch in der Defensive standen die Franzosen sehr kompakt. Für die Brasilianer bedeutete diese Mannschaft einen echten Prüfstein, weil sie bislang kaum gefordert worden waren und selbst nicht so recht wussten, wo sie leistungsmäßig standen. Das Spiel begann mit einem regelrechten Schlagabtausch, taktische Winkelzüge schienen beiden Teams fremd zu sein. 40-Meter-Pässe von Platini, Flügelläufe von Josimar, fulminante Torschüsse und unglaubliche Torwartreaktionen auf beiden Seiten bestimmten den Spielverlauf.

Eine Traumkombination zwischen Muller und Junior hebelte die ansonsten sattelfeste Abwehr der Franzosen aus, so dass Careca das 1:0 für Brasilien erzielen konnte. Für Platini, der an diesem Tag seinen 31. Geburtstag feierte, und seine Mitspieler war dieser Treffer der Auftakt zu einer Offensive, die die Brasilianer streckenweise in die eigene Hälfte zurückdrängte. In der 41. Minute wurde La Grande Nation für das bravouröse Spiel ihrer Mannschaft belohnt, als Platini eine Rocheteau-Flanke zum Ausgleich verwertete und sich mit diesem Tor selbst das schönste Geburtstagsgeschenk machte. Auch in der zweiten Halbzeit sah man zwei offensiv ausgerichtete Mannschaften, die bemüht waren, die Entscheidung noch innerhalb der regulären Spielzeit zu suchen. In den Mittelpunkt des Geschehens rückte jetzt Frankreichs Nummer eins, Joel Bats, der über sich hinauswuchs und alles hielt, was auf seinen Kasten zukam. Vor Jahren hatte man Bats mitgeteilt, dass er an Krebs erkrankt sei. Doch der Keeper gab nicht auf, kämpfte gegen seine Krankheit und siegte. Es war dieser Wille zum Überleben, der ihn auch sportlich noch einmal angreifen ließ. Obwohl nicht unumstritten, weil häufiger flatterhaft, entschloss sich Trainer Michel, während des Turniers auf Bats als ersten Torwart zu setzen.

Eine Viertelstunde vor Schluss hatte aber auch Bats keine andere Abwehrmöglichkeit, als den brasilianischen Angreifer Branco im Strafraum zu foulen. Der Elfmeterpfiff war unvermeidlich. Mit dem bekannten kurzen Anlauf und einem trockenen Schuss versuchte der kurz zuvor eingewechselte Zico die Entscheidung herbeizuführen, doch Bats parierte auch diesen Schuss. In der Verlängerung trafen beide Teams nicht mehr ins Tor. Allerdings verweigerte der rumänische Schiedsrichter Igna den Franzosen kurz vor dem Abpfiff einen klaren Strafstoß. Das Elfmeterschießen wurde von Socrates eröffnet, dessen Geschoss aber von Bats mit einer reflexartigen Reaktion ent-

Krimi im Elfmeterschießen

schärft wurde. Im Gegenzug traf Stopyra für Frankreich. Gegen Brasilien schien sich alles verschworen zu haben, denn als der Franzose Bellone seinen Elfmeter an den Pfosten jagte, sprang das Leder dem brasilianischen Torwart, Carlos, auf den Rücken und trudelte von dort ins Tor. Beim Stande von 3:3 trat der angeschlagene Platini an den ominösen Punkt und vergab. Plötzlich waren die Brasilianer wieder im Geschäft und hätten mit einem Treffer alle Trümpfe in der Hand gehabt. Doch Julio Cesar donnerte den Ball nur an den Pfosten. Im Gegenzug behielt Fernandez die Nerven und traf unter dem unbeschreiblichen Jubel der französischen Fans zum 4:3-Endstand.

Das Ausscheiden der Brasilianer wurde allseits mit großem Bedauern quittiert. Das Team von Tele Santana hatte von fünf Begegnungen vier gewonnen und eine unentschieden gespielt. Außerdem hatte es lediglich ein Gegentor kassiert. Die 65.777 Zuschauer im Estadio Jalisco hatten eines jener Spiele gesehen, das keinen Verlierer verdient hatte. Selbst Henri Michel war der Meinung, das von zwei großartigen Teams die Brasilianer noch das bessere gewesen seien.

Die Deutschen mussten gegen Mexiko zum zweiten Mal in der Gluthölle Monterrey antreten. Auch gegen das DFB-Team wusste der vermeintliche Superstar Hugo Sanchez keine Akzente zu setzen, sondern fiel in erster Linie durch unsauberes Spiel und schauspielerische Einlagen auf. Spielerisch vermochten beide Teams nicht zu überzeugen. Folglich versuchte man, das Match über den Kampf zu entscheiden. Der ausgezeichnete kolumbianische Unparteiische Jesus Diaz zog zweimal „Rot" – gegen Berthold, der seinem Gegenspieler mit einer Gipsmanschette ins Gesicht schlug, sowie gegen Aguirre. Nach der regulären Spielzeit blieb auch die Verlängerung torlos. Teamchef Beckenbauer stellte sich rechtzeitig auf ein Elfmeterschießen ein und wechselte den Penalty-Spezialisten Littbarski für Eder ein. Für die nervösen Gastgeber verwandelte lediglich Negrete. Die Übrigen scheiterten am ausgezeichneten Toni Schumacher, während Allofs, Brehme, Matthäus und Littbarski zum 4:1-Endstand für das DFB-Team trafen.

Zwei völlig gleichwertige Teams standen sich mit Belgien und Spanien gegenüber. Ceulemans Führung aus der 35. Minute glich Senor spät, aber nicht zu spät in der 85. Minute aus. Auch dieses Spiel musste in die Verlängerung, auch dieses Spiel musste durch Elfmeterschießen entschieden werden, dem dritten in diesem Viertelfinale. Während auf belgischer Seite alle fünf Schützen erfolgreich waren, patzte als Einziger im spanischen Team Eloy, der sich offensichtlich vom überragenden Torwart Pfaff irritieren ließ, der immer wieder die Vorbereitungen des Schützen störte. Damit stand Belgien ein wenig überraschend im Halbfinale.

Ganz von Taktiken geprägt war das Spiel Argentinien gegen England, das in den beteiligten Ländern und dort vor allem durch die Boulevardpresse zum Falklandkrieg, Teil 2, erniedrigt wurde. Doch abgesehen vom berühmtesten Handspiel aller Zeiten, dominierten vor 114.580 Zuschauern im Azteca-Stadion Einsatz und Fairness. Unverständlicherweise hatte die FIFA die Leitung der Partie dem unerfahrenen tunesischen Referee Ali Ben Naceur übertragen. Auf argentinischer Seite nahm man die beiden englischen Angreifer Lineker und Beardsley in engste Manndeckung, während Englands Coach Bobby Robson beschloss, Maradona in Raumdeckung zu „bewachen", eine fatale Fehleinschätzung, denn „Don Diego" entschied das Spiel allein. Immer wieder bohrte sich Maradona mit seinen unnachahmlichen Sololäufen in das Zentrum der englischen Abwehr hinein.

Sechs Minuten nach dem Seitenwechsel erzielte er die argentinische 1:0-Führung. Scheinbar mit dem Kopf, doch verschiedene Kameraeinstellungen überführten das Fußballgenie des Handspiels. Aber diese Unsportlichkeit konnte nicht am Denkmal Maradona rütteln, der die Regelwidrigkeit nicht einmal leugnete, sondern einem höheren Wesen die Verantwortung dafür zuschob: „Als der Ball kam, habe ich

Das Viertelfinalspiel gegen England gewann Maradona fast im Alleingang. Hier erzielt er das 2:0, den vielleicht schönsten Treffer der WM-Geschichte.

die Augen zugemacht. Ein bisschen Gottes Hand und ein bisschen Maradonas Kopf" seien beteiligt gewesen. Dass es auch ohne Gottes Hand ging, bewies der Ausnahmespieler nur vier Minuten später,

„**Ein bisschen Gottes Hand…**"

als er noch in der eigenen Hälfte zu einem Sololauf startete, bei dem er nacheinander Stevens, Butcher und Fenwick stehen ließ und anschließend auch noch Torwart Peter Shilton umspielte, der vielleicht schönste Treffer in der WM-Geschichte: „Ein Tor, so ungewöhnlich, fast schon romantisch, dass es auch irgendein heldenhafter Schuljunge oder irgendein Corinthian aus jenen Tagen, als das Dribbeln noch eine Mode war, hätte erzielen können." Selbst der Gegner konnte seine Bewunderung nicht verbergen. Bobby Robson: „Ein Wundertor, ein phantastisches Tor. Es ist herrlich für den Fußball, dass es einen solchen Spieler gibt." Zwar gelang Lineker noch der Anschlusstreffer, doch das englische Ausscheiden war damit nicht mehr zu verhindern. Die Begegnung England gegen Argentinien war die einzige des Viertelfinales, die nicht durch Elfmeterschießen entschieden werden musste. Die Angst zu verlieren schien mittlerweiler größer zu sein als der Wunsch zu gewinnen.

Diego Maradona wurde in Argentinien inzwischen in einem Atemzug mit der legendären Evita Peron genannt, sportlich stellte man ihn mindestens auf eine Stufe mit dem Brasilianer Pelé. Was ihm in Spanien 1982 wegen seines aufbrausenden, manchmal theatralisch anmutenden Charakters noch nicht gelang, verkörperte er jetzt perfekt. Er war der Lenker und Denker im Spiel, an ihm hatten sich alle zu orientieren, ihm mussten sich die Mitspieler und manchmal auch Trainer unterordnen. Mit diesem Maradona waren die Argentinier erster Anwärter auf den Titel.

Halbfinale: Belgische Slalomstangen

Durch das Ausscheiden von Brasilien war das von einigen Experten prognostizierte südamerikanische Finale nicht mehr möglich. Stattdessen ergab sich ein Bild, das bei den kommenden WM-Turnieren zur Gewohnheit werden sollte: Im Halbfinale standen drei europäische und eine südamerikanische Mannschaft.

Argentinien setzte seine Siegesserie gegen Belgien im Halbfinale fort. Und wieder war es Maradona, der alle spielerischen Register zog und durch die gegnerischen Abwehrreihen wirbelte, als wären die Verteidiger Slalomstangen. Weder de Mol noch Grun konnten den Ballvirtuosen stoppen, weder eine konsequente Mann- noch eine ausgeklügelte Raumdeckung vermochten die Wirkung des argentinischen Regisseurs auszuschalten. Seine beiden Tore gegen Belgien in der 51. und 63. Minute bedeuteten die dritte Endspielteilnahme in der argentinischen Verbandsgeschichte. Sein zweiter Treffer war womöglich noch schöner als das Tor gegen England, als er auf engstem Raum gleich mehrere Gegenspieler austanzte.

Das andere Halbfinale war eine Neuauflage der Begegnung Deutschland gegen Frankreich von 1982 in Spanien, die damals unter dramatischen Umständen an die Deutschen ging. Die Franzosen betraten als klare Favoriten das Spielfeld. Beckenbauer bot überraschend Rolff auf, um Platini an die Leine zu legen – was auch gelang, denn die französische Nummer 10 blieb farb- und vor allem torlos. Bereits sehr früh gingen die Deutschen in Führung, nachdem Brehme, Spezialist für wichtige Tore, einen Freistoß aus 20 Metern an der Mauer vorbeizogen hatte und Bats den Ball durch die Arme rutschen ließ. Die Franzosen zogen jetzt ihr sehenswertes Kombinationsspiel auf und kamen auch zu hochkarätigen Torchancen, die aber samt und sonders von Schumacher vereitelt wurden. Viermal schnappte zudem die deutsche Abseitsfalle zu, und die Beckenbauer-Elf konnte sich beim italienischen Schiedsrichter Agnolin für sein gutes Augenmaß bedanken. Die Erlösung kam erst in der Schlussminute, als Völler den herausgelaufenen französischen Keeper mit einem eleganten Heber überwand und den Ball im leeren Tor versenken konnte. Das DFB-Team stand bereits zum fünften Male in einem WM-Finale. Viele Chancen wurden ihm diesmal nicht eingeräumt. Aber im Gegensatz zu 1982 wurde der Finaleinzug von der Fachwelt für durchaus gerechtfertigt betrachtet.

Wie schon 1982 blieb Frankreich nur das „kleine Finale". Trainer Michel ließ genau wie sein damaliger Vorgänger eine auf vielen Positionen mit Ersatzspielern bestückte Elf auflaufen, die sich in der Verlängerung jedoch gegen Belgien den dritten Platz sichern konnte.

Wieder nur im kleinen Finale: Die enttäuschten Franzosen (hier: Battiston) besiegen die Belgier (hier: Veyt) mit 4:2.

Finale: Maradona und der Rest

Die Mehrheit der 114.590 Zuschauer, die am 29. Juni 1986 im Azteca-Stadion dem Finale zwischen Argentinien und Deutschland beiwohnten, bekannte sich zu den Südamerikanern. „Maradona und zehn Mann um ihn herum", wie Frankreichs *France Soir* die argentinische Nationalmannschaft getauft hatte, trafen auf einen Gegner, der spielerisch den Argentiniern unterlegen war. Dieses Manko kompensierten die Deutschen aber mit einem ungeheuren Kampfgeist, der auch vom Motivationskünstler Beckenbauer angestachelt wurde. „Ich musste 1986 auf erfahrene Kräfte bauen. Wichtige Spieler, vor allem im Offensivbereich, waren verletzt oder angeschlagen. Alternativen in spielerischer Hinsicht gab es nicht. So musste ich auf Kampf und Routine setzen. Das war so verkehrt nicht. Wir haben zwar nicht spielerisch brilliert, sind aber Vizeweltmeister geworden." Der Kaiser stand vor dem Problem, wie sich die Gefährlichkeit von Maradona eindämmen ließ. Beckenbauer betraute Matthäus mit dieser Bewachung und nahm damit eine Schwächung der deutschen Offensive in Kauf.

Das deutsche Team wies noch einen weiteren Pluspunkt auf: Torwart Toni Schumacher war mittlerweile zum besten Keeper des Turniers avanciert. Doch ausgerechnet im Endspiel patzte der Kölner, als er eine Flanke unterlief und Brown die Gelegenheit gab, das 1:0 zu besorgen. Für den deutschen Fußball war das keine unbekannte Situation. Auch in Bern 1954 und München 1974 hatte man zunächst einem Rückstand hinterherlaufen müssen und das Spiel dann doch noch gewendet. In der Pause wechselte Beckenbauer aus, Völler kam für Allofs ins Spiel, und die Bewachung von Maradona übernahm jetzt Karl-Heinz Förster, der wie Matthäus die Aufgabe gut löste. Bilardo ließ seinen Star im Finale defensiver als gewöhnlich spielen. Maradona beschränkte sich weitgehend aufs Verteilen der Bälle und entfaltete trotzdem eine entscheidende Wirkung. Die ungeheure Reputation, die Maradona bei seinen bisherigen WM-Auftritten erworben hatte, verführte die Deutschen dazu, sich nur auf ihn zu konzentrieren. Die französische Zeitung *Libération* sprach später vom „Sieg des Maradona-Effektes". Im Finale hätten die Deutschen nur an ihn gedacht. „Die Argentinier in seinem Schatten, seine fast anonymen Partner, haben dies genützt, um das Spiel ihres Lebens zu spielen."

In der 56. Minute erzielte Valdano, an diesem Tag der beste Mann auf dem Feld, das vermeintlich vorentscheidende 2:0. Einige Minuten später wechselte Beckenbauer Magath gegen Dieter Hoeneß aus. Erneut nahm er damit keinen Abwehrspieler aus dem Spiel. Es schien, als habe sich der Teamchef mit der Niederlage abgefunden und orientiere lediglich auf Schadensbegrenzung.

Aber wieder einmal bewahrheitete sich die Weisheit, nach der eine deutsche Mannschaft erst mit dem Abpfiff besiegt ist. Karl-Heinz Rummenigge war in seiner Mannschaft heftig umstritten und wegen seines Anspruchs, auch angeschlagen spielen zu wollen, mit Schumacher über Kreuz. Doch in der 73. Minute gelang dem

Karl-Heinz Rummenigge erzielte im Azteca-Stadion den überraschenden Anschlusstreffer.

Valdano, am Finaltag der beste Mann auf dem Platz, jubelt: Argentinien holt zum zweiten Mal den Titel.

Inter-Mailand-Legionär nach einer Brehme-Ecke der Anschlusstreffer zum 1:2. Mit der zweiten Luft berannten die Deutschen nun das argentinische Tor und erzielten in der 82. Minute durch Völler sogar noch den Ausgleich. Das Unmögliche erschien plötzlich greifbar nahe. Der angeschlagene Libero Brown schleppte sich nur noch über den Platz und hätte kaum eine Verlängerung überstanden.

Im Überschwang der Gefühle verfielen die Deutschen in einen viel zu offensiven Hurra-Stil und versuchten die Argentinier endgültig aus dem Sattel zu heben. Ein verzweifelt fuchtelnder Beckenbauer, der erkannt hatte, in welche Gefahr sich seine Spieler damit brachten, erreichte die Akteure nicht mehr. Sie drängten auf die Führung und vernachlässigten die Verteidigung. So entging ihnen, dass Burruchaga einen Augenblick lang sträflich ungedeckt an der Mittellinie stand. Maradona aber hatte aufgepasst. Mit einer Maßflanke setzte er seinen Mitspieler in Szene. Schumacher versuchte noch zu retten und riskierte Kopf und Kragen, doch der Argentinier ließ ihm keine Chance. Argentinien hatte seinen zweiten Weltmeistertitel errungen. Eine mäkelnde Minderheit behauptete, Argentinien haben den Titel mit einem Genie

(Maradona), zwei exzellenten Spielern (Burrachaga und Valdano) sowie acht fleißigen „Japanern" gewonnen.

Maradona hatte mit seiner spielentscheidenden Flanke den Schlussakkord unter eine Weltmeisterschaft gesetzt, die ganz in seinem Schatten stand. Mit dem Pummelchen aus Fiorito, einem berüchtigten Vorstadtghetto von Buenos Aires, hatte das Turnier erstmals wieder seit Pelé 1970 einen überragenden Star. Zwar wurde im Vorfeld dieser Endrunde immer wieder betont, dass dieses Turnier das Forum der Regisseure würde, doch durchsetzen konnte sich nur der Argentinier. Alle anderen fielen durch das Sieb: der Deutsche Lothar Matthäus, Spaniens Butragueno, Michel Platini, Mexikos enttäuschender Hugo Sanchez und auch der Belgier Enzo Scifo.

Wende nach dem Tiefpunkt

Der Zuschauerzuspruch lag im Schnitt pro Spiel um 5.000 über dem von Spanien 1982. Mexikos fünf Auftritte wurden von 487.328 Zuschauern verfolgt, was einem Schnitt von 97.466 pro Spiel entsprach. Dass die Mexikaner die 100.000-Grenze nicht durchbrachen, lag allein daran, dass sie ihr letztes Spiel nicht im Azteca-Stadion, sondern in der kleineren Arena von Monterrey austrugen. Weltmeister Argentinien mobilisierte in seinen sieben Spielen 522.590 Zuschauer, was fast 22 % des gesamten Zuschaueraufkommens und einen Schnitt von 74.655 bedeutete. Es war aber nicht nur der Heimvorteil, der die südamerikanischen Teams zu Publikumslieblingen machte. Es waren Maradonas Kunst und Brasiliens Spielkultur, die dem Weltfußball nach dem Tiefpunkt von 1982 neue Attraktivität verliehen hatten.

Weltmeister 1986: Batista, Cuciuffo, Olarticoechea, Pumpido, Brown, Ruggeri, Maradona (hinten von links), Burruchaga, Giusti, Enrique, Valdano (vorn von links).

► **Einwurf**

Diego Armando Maradona: Goldjunge aus dem Getto

Aufgewachsen in Villa Fiorito, einer hässlichen und gesetzlosen Vorstadt von Buenos Aires, erfüllte Maradona sämtliche Klischees des klassischen Getto-Fußballers. Maradona war das fünfte von acht Kindern eines armen Hilfsarbeiters einer Mehlfabrik.

Als Neunjähriger mimte der Ballkünstler den Pausenclown bei großen Spielen, indem er eine Orange auf seinem linken Fuß jonglierte. Sein Aufstieg vollzog sich rasant. 1982 wurde Maradona im Alter von nur 21 Jahren vom FC Barcelona verpflichtet. „Barcas" damaliger Kapitän Lobo Carrasco: „Er schien noch schrecklich unschuldig und hungrig zu sein. Seine Augen waren wie zwei große Teller. Er wollte die Welt essen, und dies ängstigte mich." In der katalanischen Metropole konsumierte der Argentinier erstmals Kokain, wenngleich seine Drogengeschichte bereits viel früher begann: Maradona war sieben oder acht Jahre alt, als man sein unglaubliches Talent entdeckte. Der Junge wurde einem dubiosen Arzt mit dem Namen „Cacho" Paladino vorgestellt, der seinen Muskelaufbau mit Drogen und Vitaminen beschleunigte.

Im Sommer 1984 wechselte Maradona, dessen Großvater angeblich neapolitanischer Bauer gewesen war, zum SSC Neapel, wo er seine beste Zeit erlebte und die Fans ihn wie einen Heiligen verehrten. Der Volksmund taufte ihn „El pibe de oro" („Goldjunge").

Mit einer Ablösesumme von 8 Mio. Dollar war Maradona damals der weltweit teuerste Spieler. Der Argentinier löste in Neapel eine unglaubliche Hausse aus: Der Zuschauerschnitt stieg von 20.000 auf 77.457. Der Verein konnte seine Einnahmen innerhalb von drei Jahren mehr als verdreifachen. Stadt und Region wurden überschwemmt von Maradona-Souvenirs. 1987 wurde Neapel dank Maradona erstmals italienischer Meister.

Skandale pflasterten Maradonas Weg. Auf dem Platz fiel er wiederholt durch grobe Unsportlichkeit auf. In Spanien wurde er für drei Monate gesperrt, nachdem er nach einem verlorenen Pokalfinale eine wüste Schlägerei angezettelt hatte. In der Vorrunde der WM 1994 wurde Maradona wegen Dopings vorzeitig nach Hause geschickt. Später stellte sich heraus, dass der Argentinier drogensüchtig war. Während seiner Zeit in Neapel war Maradona in die Welt der Camorra, der Drogen und des Alkohols sowie der Prostitution abgedriftet.

Neapel, wo noch heute das Trikot mit der Nummer 10 für den Argentinier reserviert bleibt, wurde zur eigentlichen Heimat Maradonas. Hier verübelte man ihm auch nicht seine Verwicklung in Skandale, sondern betrachtete solche Vorwürfe als Teil einer Verschwörung gegen die Stadt am Vesuv.

Diego Maradona: für die Internet-Generation der Fußballer des 20. Jahrhunderts.

Bei der Wahl zum „Weltfußballer des Jahrhunderts" setzten die Experten Maradona hinter Pelé auf den zweiten Platz. Bei einer Internet-Abstimmung lag allerdings Maradona vorn, weshalb die FIFA einen vorsichtigen Kompromiss einging und beide ehrte. Seinen Internet-Sieg hatte der 20 Jahre jüngere Maradona wohl seinem höheren Bekanntheitsgrad bei der Internet-Generation zu verdanken.

Der exzentrische und mittlerweile unter Größenwahn und Realitätsverlust leidende Argentinier ließ sich daraufhin als „von den Fans gewollter" Jahrhundertfußballer feiern und widmete die Trophäe „Argentinien, meiner Familie und Fidel Castro". Letzterer hatte Maradona nach seinen Drogenproblemen in Kuba aufgenommen.

Sein ehemaliger Mitspieler Jorge Valdano: „Er war eine kapriziöse, rebellische Person – außer wenn er spielte. Auf dem Spielfeld liebten wir ihn alle. Wenn das Spiel schwierig wurde, wusste er, dass er irgendetwas Besonderes machen musste – ‚einen Maradona'."

◆ WM 1990

Austragungsland: Italien

Austragungsorte und Spielstätten: Bari (Stadio Della Vittoria), Bologna (Stadio Renato Dall'Ara), Cagliari (Stadio Sant-Elia), Florenz (Stadio Communale), Genua (Stadio Luigi Ferraris Genova), Mailand (Stadio Giuseppe Meazza), Neapel (Stadio San Paolo Fuorigrotta, Palermo (Stadio Della Favorita), Rom (Stadio Olimpico Roma), Turin (Stadio Delle Alpio Torino), Udinese (Stadio Friuli Udine), Verona (Stadio Communale Marc-Antonio Bentegodi)

Dauer: 8. Juni bis 8. Juli 1990

Eröffnungsspiel: Argentinien – Kamerun 0:1 (0:0)
(8. Juni 1990, Stadio Guiseppe Meazza, Mailand)

Gemeldete Länder: 106
Europa: 33, Südamerika: 10, Zentral- und Nordamerika: 15, Afrika: 21, Asien: 22, Ozeanien: 5

Endrundenteilnehmer: 24
Europa (14): Belgien, CSSR, Deutschland, England, Irland, Italien, Jugoslawien, Niederlande, Österreich, Rumänien, Schottland, Schweden, Spanien, UdSSR
Südamerika (4): Argentinien, Brasilien, Kolumbien, Uruguay; *Zentral- und Nordamerika (2):* USA, Costa Rica; *Asien (2):* Südkorea, VA Emirate; *Afrika (2):* Ägypten, Kamerun

Qualifikationsspiele: 313, **Endrundenspiele:** 52

Modus: Vorrunde in sechs Gruppen, jeweils die beiden Gruppenersten sowie die vier besten Gruppendritten gelangen ins Achtelfinale. Danach K.o.-System.

Zuschauer: 2.551.962, **Zuschauerschnitt:** 48.365

Tore: 115, Torschnitt pro Spiel: 2,21

Die besten Torschützen: Salvatore Schillaci (Italien): 6 Tore
Tomás Skuhravy (Tschechoslowakei): 5 Tore; Michel (Spanien), Roger Milla (Kamerun), Gary Lineker (England), Lothar Matthäus (BR Deutschland): je 4 Tore.

Finale: Bundesrepublik Deutschland – Argentinien 1:0 (0:0)
(8. Juli 1990, Stadio Olimpico, Rom)

Deutschland: Bodo Illgner; Andreas Brehme, Jürgen Kohler, Klaus Augenthaler, Guido Buchwald, Thomas Berthold (73. Stefan Reuter), Lothar Matthäus, Thomas Häßler, Pierre Littbarski, Rudi Völler, Jürgen Klinsmann

Argentinien: Sergio Javier Goycochea; Nester Gabriel Lorenzo, Roberto Nestor Sensini, José Tiburcio Serrizuela, Oscay, Ruggeri (46. Pedro Damian Monzon), Juan Ernesto Simón, José Horacio Basualdo, Jorge Burruchaga (53. Gabriel Humberto Calderón), Diego Armando Maradona, Pedro Antonio Troglio, Gustavo Abel Dezotti

Schiedsrichter: Coderal Mendez (Mexiko)
Tor: 1:0 Brehme (84., Foulelfmeter)
Zuschauer: 73.603

WM 1990

Des Kaisers zweite Krönung

Die Vergabe des WM-Turniers 1990 an Italien war auf dem FIFA-Kongress während der Olympischen Spiele 1984 in Los Angeles erfolgt. Der einzige Mitbewerber war die UdSSR gewesen, der jedoch ihr politisch motivierter Boykott der Olympiade zum Verhängnis wurde. Italien wurde somit nach Mexiko zum zweiten FIFA-Land, das das Weltturnier zum zweiten Mal austragen durfte. Italiens Regierungschef Giulio Andreotti verklärte die WM zu einer Aufgabe von nationaler Bedeutung. Für das Turnier wurden zehn bereits bestehende Stadien modernisiert. Bari und Turin erhielten neue Arenen. Einige Zeit sah es so aus, als ob eine termingerechte Fertigstellung nicht gewährleistet sei. Noch drei Monate vor dem Anpfiff der WM stöhnte FIFA-WM-Chef Hermann Neuberger nach einer Besichtigung der Baustellen: „Ihr Italiener müsst wirklich sehr tüchtig sein, wenn ihr in drei Monaten das fertig bringt, wofür wir Deutschen zwei Jahre nötig hätten."

In Palermo kosteten mangelhafte Sicherheitsvorkehrungen beim Tribünenneubau fünf Arbeitern das Leben. Beim Um- und Neubau der Stadien kam es zu Pfusch, Korruption und Verzögerungen. Die Ausrichtung des Turniers verschlang 9 Mrd. DM, deutlich mehr als ursprünglich kalkuliert. Doch am Tag der Eröffnung des Turniers war dies alles vergessen. Italien präsentierte der Weltöffentlichkeit eine perfekt organisierte WM, garniert mit der landesüblichen mediterranen Leichtigkeit und Eleganz.

Kultur und Kapital im italienischen Fußball

„Wenn es in bürgerlichen Kreisen Turins im Gespräch um den Fußballklub Juventus geht, kann es einem manchmal vorkommen, als sei man in ein geisteswissenschaftliches Seminar geraten." So der Feuilleton-Redakteur Peter Iden in seiner Betrachtung des populärsten Fußballklubs Italiens, der Fanklubs von Como bis Cantania unterhält. Ist Venedig „La Serenissima" unter Italiens Städten, so gebührt Juventus unter den Fußballklubs das Etikett „La Signora". Aber nicht nur im bourgeoisen Umfeld „Juves", traditionell der Lieblingsverein der italienischen Linksintellektuellen, sondern auch unter den Spielern selbst entdeckte Iden immer wieder Einzelne, für die die Kultur auf dem Rasen, die Spielkultur also, durchaus mit anderen kulturellen Interessen

Kultur am Spielfeldrand: Luciano Pavarotti sorgte fürs kulturelle Rahmenprogramm, Sofia Loren übernahm die Schirmherrschaft für das Turnier.

korrespondierte. So erinnert sich Iden u.a. eines Gespräches zwischen dem damaligen Juve- und Nationalkeeper Dino Zoff sowie Juves genialem französischen Spielmacher Michel Platini, geführt an einem Nebentisch im traditionsreichen, gegenüber dem Palazzo Madame gelegenen Café Torino. Die beiden Fußballer unterhielten sich über die dem Palastbau des Barock-Architekten Juvara aufgesetzten Zierfiguren und gelangten dabei zu dem Ergebnis, dass diese Raffinesse das ganze Gebäude förmlich zum Schweben brächte.

Juventus ist symptomatisch für ein Land, in dem der Fußball nie naserümpfend als minderwertige Populär- und Unterschichtskultur abgetan wurde. Fußball in Italien war in keiner Phase ein reiner Arbeitersport, sondern mobilisierte schon frühzeitig das Interesse von Kulturschaffenden, Industriekapitänen – siehe Juventus und die Agnelli-Familie – und der wirklich Mächtigen im Land. Fußball wurde schnell zu einem Bestandteil der nationalen Kultur, der alle sozialen Schichten und politischen Lager durchdrang. Anders als in England oder Deutschland, wo dem Spiel lange Zeit der Ruf eines „Proletensports" anhaftete, wurde Fußball schon frühzeitig zu einem klassenlosen Ereignis, das man in einem Atemzug mit Oper, Architektur oder Literatur erörterte. Und früher als in anderen Ländern mobilisierte der Fußball in Italien auch das Interesse von Frauen.

Das finanzielle Niveau der italienischen Liga überstieg zum Zeitpunkt der WM das der englischen First Division oder deutschen Bundesliga um Längen. Die hier gezahlten Summen waren aber nur aufgrund der absoluten Gesellschaftsfähigkeit des Fußballs möglich. Fußball wurde zum erweiterten Bereich der Kultur gezählt. Dem Fußballer gebührte das gleiche Recht, verrückte, vernünftig nicht zu begründende Gehälter zu kassieren, wie anderen Kulturschaffenden.

Italien, in Europa das Land des Sports schlechthin, bot daher gleich in vielerlei Hinsicht die ideale Bühne für die umfangreichen Renovierungsarbeiten, denen der Fußball in diesen Jahren in Europa unterzogen wurde, und avancierte so zum Leitbild für andere europäische Fußballnationen. Die WM 1990 geriet zum Wendepunkt in der Präsentation des Welt-Volkssports Nr. 1. Die italienischen Stadien waren modern und komfortabel, fürs kulturelle Begleitprogramm sorgten keine Blaskapellen, sondern die „Drei Tenöre", eine populistische Variante der elitären Opernkunst.

Die Weltturniere entwickelten sich nun vom bloßen Sportereignis zu bunten Fußball-Festivals, für die sich weit mehr Menschen interessierten, als sich normalerweise zum Fußball bekannten. Mochte der Fußball auch im normalen Alltag vielen Menschen verschlossen bleiben: Die Weltturniere präsentierten ihn in einer Form, die für jeden zugänglich war – ungeachtet des Geschlechts und des sozialen Status, ja sogar ungeachtet der Frage, ob er oder sie ein authentischer Fußballfan oder am Spiel gewöhnlich eher desinteressiert war.

Die Popularität und Kapitalkraft des italienischen Fußballs hatte schon immer ausländische Stars ins Land geholt. Seit der Aufhebung des langjährigen Importverbots für ausländische Kicker waren sie wieder zahlreich nach Italien gekommen. Der AC Milan baute auf Niederländer (Rijkaard, Gullit, van Basten), Lokalrivale Inter auf Deutsche (Rummenigge, Matthäus, Brehme, Klinsmann), Juventus Turin verpflichtete den Franzosen Michel Platini. Der spektakulärste Transfer war der des Argentiniers Diego Maradona vom CF Barcelona zum SSC Neapel, der in der Stadt am Fuße des Vesuvs einen unglaublichen Boom auslöste. In der Tradition von Orsi, Monti und

> ◆ **Neapel liebt Maradona**
>
> Für die Fans des SSC Neapel war die Ankunft Maradonas, der neapolitanische Vorfahren hatte, die Rückkehr eines verlorenen Sohnes. Nicht zuletzt dank Maradona gelang Neapel 1987 der Gewinn der Serie A – ein Triumph von politischer Tragweite, der das Selbstwertgefühl des unter der Arroganz des Nordens leidenden Südens aufpäppelte. Denn die politische und ökonomische Nord-Süd-Spaltung des Landes manifestierte sich auch im Fußball. Mit Turin und Mailand befanden sich die Zentren des italienischen Fußballs in Oberitalien, wo die Industrialisierung Italiens begonnen hatte und die Entwicklung des Fußballs flächendeckender erfolgt war. Vor 1987 war der Meistertitel überhaupt nur einmal in den Süden vergeben worden, nämlich 1970 an den sardischen Klub US Cagliari.

Co. wurde erneut ein Argentinier zum Einheimischen erklärt, diesmal allerdings nicht zum Italiener, sondern nur zum Neapolitaner.

In der zweiten Hälfte der 1980er Jahre wurde die Serie A zur stärksten und attraktivsten Liga der Welt, in der sich die Mehrheit der internationalen Top-Spieler versammelte. Forciert wurde diese Entwicklung durch den Einstieg des Medienmoguls und späteren Politikers Berlusconi, der 1986 den AC Milan übernahm und ihm zur Renaissance verhalf. Eine von Berlusconi ins Leben gerufene Partei, die rechtspopulistische „Forza Italia", taufte der PR-Profi nach dem Schlachtruf der Tifosi. Keine andere Person im europäischen Fußball verkörperte so perfekt die Symbiose zwischen Wirtschaft, Medien, Politik und Fußball wie Berlusconi. Der Fußball verschaffte seinen Sendern die notwendigen Einschaltquoten und Werbeeinnahmen, zugleich sorgten Fernsehen und Fußball für die Verbreitung seiner politischen Botschaft. Damit dieser Kreislauf von Fußball, Geld und Politik fortwährend gewährleistet war, arbeitete Berlusconi wie kein zweiter Fußballfunktionär daran, das Geschehen auf dem Rasen im Interesse einiger Großklubs berechenbarer zu gestalten.

Qualifikation: Emirate schlagen China

War die Zahl der Qualifikationsteilnehmer seit der ersten WM 1930 stetig gestiegen, so ging sie vor dem Turnier 1990 erstmals wieder zurück. Die Gründe hierfür waren die schweren wirtschaftlichen Probleme in vielen Ländern der Dritten Welt, weshalb einige Verbände sich die mit den Qualifikationsspielen verbundenen Reisekosten nicht mehr leisten konnten, sowie anhaltender Unmut über den Qualifikationsmodus. Dies betraf insbesondere den afrikanischen Kontinent, dessen Meldungen sich auf dem niedrigsten Stand seit 1970 befanden. Einige kleinere Nationalverbände wollten sich auf kein teures Abenteuer einlassen, da die Chancen für eine Refinanzierung der Investitionen durch Teilnahme an der finanziell lukrativen Endrunde mehr oder weniger gen Null tendierten. Denn Afrika und Asien durften jeweils lediglich zwei Vertreter entsenden. Ozeanien war erneut überhaupt nicht vertreten.

BRD nur durch Sonntagsschuss dabei

In Europa verlief die Qualifikation ohne große Überraschungen, sieht man einmal vom Scheitern Frankreichs an Jugoslawien und Schottland ab. Der von Michel Platini trainierte Europameister von 1984 und WM-Dritte von 1986 befand sich in einem Umbruch. In einer ähnlichen Situation waren auch die beliebten Dänen, die Rumänien den Vortritt lassen mussten und im Vergleich der Gruppenzweiten an der Bundesrepublik Deutschland scheiterten. Den späteren Weltmeister trennte nur ein Sonntagsschuss von Thomas Häßler, der ihm ein knappes 2:1 gegen eine zunächst in Führung gegangene, äußerst wehrhafte walisische Auswahl bescherte, vom vorzeitigen Ausscheiden. Rudi Völler später: „Ohne dieses Tor wären wir nie Weltmeister geworden." Mit einem Punkt Rückstand auf den Gruppensieger Niederlande durfte das DFB-Team als bester Zweitplatzierter zur WM reisen.

Die DDR, die nach dem Mauerfall und angesichts der bevorstehenden Wiedervereinigung ihre letzte WM-Qualifikation absolvierte, besaß vor dem letzten Spiel gegen Österreich in Wien noch allerbeste Chancen. Obwohl das Team von einer ungewohnt großen Anhängerschar begleitet wurde, die die neue Reisefreiheit genoss, unterlag es mit 0:3 und musste somit der Alpenrepublik und der UdSSR den Vortritt lassen. Erstmals dabei war die Republik Irland, die in ihrer Qualifikationsgruppe hinter Spanien und vor Ungarn den zweiten Platz belegt hatte. Für die Ungarn bedeutete dies, dass sie erstmals seit 1974 nicht zur WM-Endrunde fahren durften. Seit der 0:6-Schlappe gegen die UdSSR beim WM-Turnier 1986 in Mexiko war es mit dem ungarischen Fußball stetig bergab gegangen. Die einstige Fußballmacht konnte sich mehr als zwei Jahrzehnte lang für keine WM- oder EM-Endrunde qualifizieren und blieb zwischen dem 27. Oktober 1993 und 8. März 1995 gar 497 Tage ohne Sieg.

> ◆ **Staatspräsident als Teamchef**
>
> Bei der Aufstellung des Kameruner WM-Teams spielten nicht nur sportliche Gesichtspunkte eine Rolle. Keeper Joseph Antoine Bell, bei Girondins Bordeaux unter Vertrag, wurde wegen seiner Kritik an der Politik des Verbandes aus dem Tor verbannt und durch seinen für Espanol Barcelona kickenden Rivalen N'Kono ersetzt, der schon bei Kameruns WM-Premiere 1982 dabei gewesen war. Bell hatte behauptet, die Plätze, auf denen man sich in Jugoslawien auf die WM vorbereitete, seien schlechter gewesen als die Parkplätze in Bordeaux. Mit dem 38-jährigen Roger Milla stellte Kamerun den ältesten WM-Teilnehmer. Milla hatte für eine Reihe französischer Klubs gekickt, bevor er sich auf die Insel Réunion und ins Teilzeitkickertum zurückzog. Millas Berufung in den WM-Kader galt als Überraschung und erfolgte gegen den Willen von Trainer Nepomniachi. Doch das letzte Wort in Sachen Fußball hatte in Kamerun Staatspräsident Paul Biya.

Das vom Engländer und Ex-Weltmeister Jack Charlton trainierte irische Team hatte bereits bei der EM 1988 für positive Schlagzeilen gesorgt. Damals fehlten den Iren nur wenige Minuten zum Einzug ins Halbfinale. Die Republik trat nun die Nachfolge des Nordens auf der internationalen Fußballbühne an, der bis dahin stets das bessere der beiden irischen Teams gestellt hatte und auf immerhin drei WM-Teilnahmen (1958, 1982 und 1986) verweisen konnte. Charlton strapazierte extensiv die bereits seit 20 Jahren existierende „Parental Rule" und entwickelte diese zur „Granny Rule" weiter. Dies bedeutete, dass für die Republik Irland bereits spielen durfte, wer zumindest einen in Irland geborenen Großelternteil vorweisen konnte. Auf dem Spielfeld agierten die Iren englischer als die Engländer, schlicht und rückständig, aber für spielstärkere Gegner äußerst unangenehm. Man konzentrierte sich darauf, lange Bälle in den Rücken der gegnerischen Abwehr zu schlagen, um dann hinter den Richtung eigenes Tor laufenden Abwehrspielern hinterherzuhetzen und sie zu Fehlern zu zwingen.

In Südamerika setzte sich Brasilien gegen Chile und Venezuela durch. Das letzte Qualifikationsspiel zwischen dem dreifachen Weltmeister und den Chilenen musste im September 1989 in Rio nach 69 Minuten beim Stande von 1:0 für die Gastmannschaft abgebrochen werden, nachdem die chilenischen Spieler den Platz verlassen hatten. Im Maracanã-Stadion hatte ein Mädchen eine Rauchbombe in Richtung des chilenischen Torwarts Roberto Rojas gefeuert, woraufhin dieser zusammenbrach und blutend vom Platz getragen wurde. Die folgende Untersuchung enthüllte allerdings, dass Rojas überhaupt nicht getroffen worden war, sondern sich die blutende Wunde selbst beigebracht hatte. Die FIFA wertete die Begegnung mit 2:0 für Brasilien und schloss Chile von der WM 1994 aus. Gegen Chiles Verbandspräsident Sergio Stoppel, Teamarzt Daniel Rodriguez und Trainer Orlando Aravena verhängte der Weltverband längere Sperren.

Außer Titelverteidiger Argentinien und Brasilien reisten auch Uruguay und Kolumbien nach Italien. Letztere qualifizierten sich durch einen knappen 1:0-Sieg gegen den Ozeanien-Sieger Israel.

Mexiko wird disqualifiziert

In Nord- und Mittelamerika war Mexiko zunächst für die zweite Runde gesetzt, wurde dann aber von der Qualifikation ausgeschlossen, weil das Land bei der Junioren-WM mehrere Spieler eingesetzt hatte, die bereits über dem Alterslimit lagen. Hiervon profitierte Costa Rica, traditionell hinter Mexiko die zweite Kraft in der Region, das sich dann auch in der Finalrunde durchsetzen konnte. Auf dem zweiten Platz folgten punktgleich die USA, die damit erstmals seit 1950 wieder bei einer WM-Endrunde vertreten waren. Sehr zur Freude der FIFA, die die kommende WM in das Land der unbegrenzten Möglichkeiten vergeben hatte.

In Afrika konnte sich Kamerun gegenüber Tunesien durchsetzen und somit zum zweiten Mal nach 1982 qualifizieren. Trainiert wurde das Team von Valeri Nepomniachi aus Sibirien, einem Schüler des legendären Valerie Lobanowski. Der Russe sprach kein Wort Französisch. Zu seinen Spielern unterhielt er ein eher liebloses Verhältnis, im Gegensatz zum Franzosen Claude Leroy, der das Team bis 1988 erfolgreich betreut hatte. Afrikas zweiter Vertreter hieß Ägypten, das in der Finalrunde Algerien bezwungen hatte. Auch für die Nordafrikaner war dies die zweite Endrundenteilnahme. Die letzte Teilnahme lag mit 1934 – ebenfalls in Italien – allerdings schon länger zurück.

In Asien wurde Südkorea ungeschlagen Sieger der Finalrunde. Als zweiter Vertreter qualifizierte sich überraschend der Zwei-Millionen-Einwohner-Staat Vereinigte Arabische Emirate, der u.a. das 600-mal bevölkerungsreichere China mit 2:1 besiegte. Die Emirate besaßen gegenüber der Konkurrenz den Vorteil von Petro-Dollars, gediegener Infrastruktur und hervorragender Organisation.

Die Favoriten: Die Teams der Legionäre

Als Titelanwärter wurden Gastgeber Italien, Weltmeister Argentinien, Vizeweltmeister Deutschland, Europameister Niederlande sowie – wie immer – Brasilien gehandelt.

Italien hatte sich unter seinem Trainer Azeglio Vicini von den Fesseln des Catenaccio etwas befreit und verfügte über eine Reihe erstklassiger Spieler wie Baresi, Donadoni, Giannini, Baggio, Vialli, Carnevale, Bergomi oder Keeper Walter Zenga. Hinzu kam der Heimvorteil.

Weltmeister Argentinien wurde immer noch von Carlos Bilardo trainiert, der zu Hause nach wie vor umstritten war. Zu seinen Kritikern zählte auch Staatspräsident Menem. Wie viele andere verstand auch Menem nicht, warum Bilardo den Stürmer Ramon Diaz nicht berücksichtigte, der mit Inter Mailand Landesmeister geworden war und im Trikot von AS Monaco in einem Freundschaftsspiel die argentinische Abwehr nach allen Regeln der Fußballkunst auseinander genommen hatte. Es kursierte das Gerücht, dass Diaz' Nominierung am Veto Maradonas gescheitert war. Maradona und Diaz waren einst beste Freunde gewesen, bis Letzterer es gewagt hatte, den Weltstar zu kritisieren. Maradonas Sturmpartner hieß nun Claudio Caniggia, der von River Plate nach Verona gewechselt war, wo er in einen Drogenskandal verwickelt wurde.

Die Niederländer hatten 1988 in überzeugender Manier die Europameisterschaft gewonnen. Seine Renaissance hatte der Oranje-Fußball nicht zuletzt dem Mitwirken von Spielern surinamischer Herkunft wie Gullit, Rijkaard und Vandenberg zu verdanken. Bereits 1960 hatte mit Humphrey Michels erstmals ein farbiger Surinamer das niederländische Trikot getragen, doch in größerer Zahl tauchten die Boys aus Paramaribo erst in den Niederlanden auf, nachdem diese 1975 Surinam in die Unabhängig-

Dynamische Bereicherung: die Spieler surinamischer Herkunft im Team der Niederländer. Ruud Gullit zählte zu den besten Akteuren der WM 1990.

keit entlassen hatten. Tausende skeptischer Surinamer verließen daraufhin die Insel und optierten für die niederländische Staatsbürgerschaft. Das letzte Mal, dass ein rein weißes Oranje-Team die Bühne betrat, war im November 1981 gewesen, als die Niederländer in der WM-Qualifikation Frankreich mit 0:2 unterlagen. 1999 war die surinamische Hauptstadt Paramaribo die am zweithäufigsten genannte Geburtsstadt für Spieler der niederländischen Ehrendivision. Die technische Ausrichtung des niederländischen Fußballs und dessen Faible für Individualismus und Freiheit erleichterten die Integration der Surinamer in das Spiel, wenngleich gewisse Unterschiede existierten. Der niederländische Fußball war bei aller Technik und Kreativität „cool", zweckorientiert und basierte auf ausgefeilten Konzepten, während die Surinamer häufiger die Denkweise brasilianischer Strandfußballer repräsentierten, bei denen der Spaß am Spiel im Vordergrund stand. In anderer Hinsicht waren die Surinamer ihren weißen Mitspielern sehr ähnlich und in den Niederlanden bestens aufgehoben: Auch die Surinamer liebten den ausgiebigen Disput.

Herzstück des Oranje-Teams war das AC-Mailand-Trio van Basten, Gullit und Rijkaard. Van Basten war ein physisch starker, schneller und hoch intelligenter Stürmer, der große und kräftige Gullit galt als kompletter Fußballer, während Rijkaard als einer der weltweit besten Abwehrspieler firmierte. Mit dem AC Milan hatte das Trio 1989 und 1990 den Europapokal der Landesmeister gewonnen. Trainer Rinus Michels, der die Niederländer bereits 1974 ins WM-Finale geführt hatte, nahm nach der erfolgreichen Europameisterschaft 1988 seinen Hut und wurde durch Leo Beenhakker ersetzt. In Spanien hatte Beenhakker erfolgreich gearbeitet, zuletzt mit Real Madrid. Doch die kritischen niederländischen Journalisten mochten den Blonden nicht, dessen Tätigkeit zusätzlich dadurch erschwert wurde, dass Michels weiterhin beim Verband beschäftigt blieb und der Wunschkandidat der Spieler Johan Cruyff geheißen hatte.

Die noch immer von Franz Beckenbauer trainierte bundesdeutsche Elf hatte mit Kapitän Matthäus, Klinsmann, Brehme, Häßler, Berthold und Völler ebenfalls einige Italien-Legionäre in ihren Reihen. Später sollten noch Möller, Riedle und Reuter in die Serie A wechseln. Insbesondere im Mittelfeld war das DFB-Team stark besetzt. Im Tor stand der 23-jährige Bodo Illgner, der Toni Schumacher zunächst beim 1. FC Köln und später auch in der Nationalmannschaft beerbt hatte. In einer Autobiographie mit dem Titel „Anpfiff" hatte Schumacher aus dem Innenleben der Nationalmannschaft und über das Tabuthema Doping geplaudert, woraufhin der DFB zum Abpfiff seiner Nationalmannschaftskarriere blies. Für die Liberoposition reaktivierte Beckenbauer Klaus Augenthaler, der bei der WM 1986 nach nur zwei Auftritten aus der Stammformation geflogen war und dessen Nationalmannschaftskarriere seither als beendet galt. Der „Kaiser" instruierte seinen Notnagel: „Du bekommst mit Buchwald und Kohler zwei Vorstopper, die räumen dir alles weg. Den Rest spielst du mit Anzug und Krawatte, gehst mit nach vorne, bietest dich als Anspielstation an, sorgst für Ruhe."

Brasiliens Fußball erlebte unter Trainer Sebastian Lazaroni mal wieder eine Phase der Europäisierung. Lazaroni verordnete seinem Team preußische Disziplin und Zweckfußball. Um die Defensive zu stärken, wurde der Libero eingeführt. Obwohl einige Spieler über erhebliche technische Qualitäten verfügten, fehlten der Mannschaft doch die Kreativität und das Flair der brasilianischen Vertretungen bei den Turnieren 1982 und 1986. Erinnerungen an das Turnier von 1978 waren näher liegend.

Vorrunde: „Italien im Delirium"

Wie schon in Mexiko 1986 wurde in sechs Gruppen à vier Teams begonnen. Die K.o.-Phase erreichten die beiden Erstplatzierten jeder Gruppe sowie die vier besten Gruppendritten.

In der Gruppe A fiel die Entscheidung am schnellsten. Österreich und die USA hatten Italien und der Tschechoslowakei nichts entgegenzusetzen. Italien gewann seine drei Spiele und unterstrich damit seine Titelambitionen.

Gruppe A

Im Auftaktspiel gegen Österreich musste das heimische Publikum, trotz einer überzeugenden Vorstellung und drückender Überlegenheit der *Squadra Azzurra,* bis zur 78. Minute warten, bevor es durch den erst drei Minuten zuvor für den frustrierten Claudio Carnevale eingewechselten Salvatore „Toto" Schillaci erlöst wurde. „An der Seite von Stürmern, die allesamt aussehen, als seien sie im Friseursalon statt auf dem Fußballplatz tätig, wirkt Schillaci wie der einzige Proletarier dieser Zweckgemeinschaft", schrieb die *FAZ* über den kleinen Sizilianer. Auch gegen die USA, die das jüngste Team zum Turnier geschickt hatten, gewann Vicinis Team nur knapp mit 1:0, wobei die Italiener dieses Mal tatsächlich Probleme mit ihrem Gegner hatten und sich sogar bei ihrem Keeper Walter Zenga bedanken mussten. Schillaci durfte bereits in der 51. Minute das Feld betreten. Indes blieb Roberto Baggio wie bereits im ersten Spiel zum Zuschauen verdammt. Baggio hatte im Herbst 1989 beim 4:0 gegen Bulgarien mit zwei Toren ein phantastisches Länderspieldebüt gefeiert, das Italiens Presse in eine „Baggiomania" versetzte. Seit seinem Wechsel von Florenz zu Juventus Turin war der 23-Jährige der teuerste Spieler der Welt. Die ansonsten enttäuschenden US-Boys boten gegen Italien ihre beste Vorstellung bei diesem Turnier und verließen als moralische Sieger den Platz.

Die Tschechen schlugen die USA deutlich mit 5:1, wobei Caliguiri wenigstens der Trost blieb, eines der schönsten Tore des Turniers erzielt zu haben, und Österreich mit 1:0. Die von Josef Venglos, Doktor der Philosophie, trainierten Tschechen waren mit ihrer besten Elf seit dem WM-Finale von 1962 angereist. Statt kollektiver Disziplin predigte Venglos die Selbstverwirklichung jedes Einzelnen. Der Fall des „eisernen Vorhangs" und die damit verbundenen Freiheiten hatten bei Tschechen und Rumänen einen enormen Motivationsschub ausgelöst. Italien war die Bühne, auf der die Spieler Osteuropas um lukrative Verträge bei Vereinen aus dem westlichen Teil Europas werben konnten.

Toni Polster, Österreichs Stürmer-Ass, kann Italiens Giannini nicht halten. Die Gastgeber gewannen 1:0.

Der Ausrichter der WM 1994 musste schließlich nach einer 1:2-Niederlage gegen Österreich punktlos und mit einem Torverhältnis von 2:8 nach Hause fahren und blieb in den Augen der Europäer ein Fußball-Entwicklungsland. Trainer Bob Gansler, der aus der New Yorker German-American-League kam, verzichtete weitgehend auf technisch beschlagene Latinos wie Hugo Perez. Der einzige US-Akteur, der in technischer Hinsicht überzeugen konnte, war dann mit Tab Ramos bezeichnenderweise ein Latino. In den USA nahm man am Schicksal des Nationalteams kaum Anteil. Das Interesse am Turnier beschränkte sich auf einzelne ethnische Communitys und hier insbesondere die irischstämmigen Bürger, die mit dem Team der Republik Irland fieberten.

Im „Gruppenfinale" gegen die Tschechen ließ Vicini erstmals von Beginn an das Sturmpaar Baggio und Schillaci auflaufen, da Vialli verletzt war. Italien gewann mit 2:0, der erste Sieg der *Squadra Azzurra* über die Tschechen seit 37 Jahren. Die Torschützen hießen Baggio und Schillaci. „Italien mit Schillaci und Baggio im Delirium", schrieb die *Gazetta dello Sport*. Unten in Palermo trugen jubelnde Tifosi das Konterfei ihres „Totos" durch die Straßen. Doch auch im Norden, wo man mit Hochmut auf den Süden und speziell Sizilien hinunterblickte und sich ein militanter Wohlstandsregionalismus breit machte, war der ehemalige Reifenflicker aus Messina längst zum Liebling der Massen avanciert. Schillaci: „Ich habe viele Beleidigungen kassiert, die ich nicht verdient habe. Ich hoffe, die Leute realisieren nun, dass ich jemand bin, den man nicht so behandeln sollte." Die durch Schillacis Tore bewirkte Aussöhnung zwischen Norden und Süden sollte jedoch nicht lange währen, zumal der Gewinn des vierten WM-Titels ein Traum blieb.

Gruppe B

Im Eröffnungsspiel der Weltmeisterschaft hatten sich am 8. Juni 1990 vor 73.780 Zuschauern in der Mailänder Fußballoper von San Siro Weltmeister Argentinien und der krasse Außenseiter Kamerun gegenübergestanden, die beide der Gruppe B angehörten. Lediglich 18.000 registrierte Fußballer wurden in dem Zehn-Millionen-Einwohner-Land Kamerun gezählt. Die Nationalspieler standen in der Regel bei französischen Profiklubs unter Vertrag. Kameruns Abwehr agierte mit äußerster Härte. Insbesondere Maradona, den das norditalienische Publikum mit Pfiffen und Schmährufen bedachte, wurde vom Anpfiff an in die Mangel genommen. Das Mittelfeld der Afrikaner wirkte lebhaft und energisch, während man im Sturm auf seine Chance lauerte. Dieser Stil sollte sämtliche Auftritte der Afrikaner prägen. In der 62. Minute wurde Kana Biyik wegen Foulspiels gegen Caniggia, der erst nach der Halbzeitpause den argentinischen Angriff verstärkte, des Feldes verwiesen. Dennoch gelang seinem Bruder Omam Biyik, Kameruns Pelé, in der 67. Minute per Kopf die 1:0-Führung für die Afrikaner, bei der Argentiniens Keeper Pumpido eine unglückliche Figur machte. Kurz vor Schluss wurde Kameruns Team durch einen weiteren Platzverweis gegen Massing auf neun Spieler reduziert, was am Ergebnis aber nichts mehr änderte. Die WM 1990 hatte ihre erste große Sensation, und Carlos Bilardo sprach von der „schlimmsten Niederlage meines Lebens".

Die roten Karten im Eröffnungsspiel waren nur der Auftakt zu einer regelrechten Inflation von Verwarnungen und Platzverweisen. In den 52 Begegnungen dieses Turniers wurde 16-mal Rot und 163-mal Gelb gezückt. In Italien wurden doppelt so viele Platzverweise verhängt wie vier Jahre zuvor in Mexiko. Die FIFA hatte die WM-Schiedsrichter instruiert, ein Foul, das eine offensichtliche Torchance verhinderte, mit Rot zu ahnden. Zudem wurde gegen das unsägliche Zeitschinden und das unkorrekte Aufstellen der Mauer nun schärfer vorgegegangen.

Auch das folgende Spiel in der Gruppe B endete mit einer Überraschung, als Rumänien die erneut von Valerie Lobanowski trainierte UdSSR, Vizeeuropameister 1988 und vor dem Turnier mit viel Vorschusslorbeeren bedacht, mit 2:0 besiegte. Die Sowjets scheiterten einmal mehr an ihrer mangelhaften Chancenauswertung. Für Argentinien und die UdSSR ging es somit bei ihrem zweiten Auftritt schon ums Überleben. Der Weltmeister musste bereits nach zehn Minuten Keeper Neri Pumpido durch Sergio Goycochea ersetzen, der eigentlich nur als dritte Wahl nach Italien gereist war. Pumpido hatte bei einem Zusammenprall mit seinem Mannschaftskameraden Olarticoechea einen Beinbruch erlitten. In Maradonas „Heimatstadt" Neapel gewann Argentinien mit 2:0, und Goycochea sollte sich noch als Glücksgriff erweisen. Währenddessen setzte Kamerun seinen Marsch in die nächste Runde mit einem 2:1-Sieg über Rumänien fort. Beide Tore der Afrikaner gingen auf das Konto ihres Veteranen Roger Milla. Gegen Argentinien war Milla erst acht Minuten vor dem Abpfiff zum Einsatz gekommen; gegen die Rumänen betrat er bereits nach 57 Minuten das Spielfeld, was er angeblich einer Anweisung des Präsidenten seines Landes zu verdanken hatte. Mit seinen Toren wurde der Senior zum ältesten Torschützen in der WM-Geschichte.

Auch eine 0:4-Niederlage im letzten Vorrundenspiel gegen die UdSSR, die in diesem Spiel ein einziges Mal ihr wahres Potential offenbarte, konnte den Gruppensieg der Afrikaner, den ersten für ein schwarzafrikanisches Team, nicht verhindern. Den zweiten Platz belegte Argentinien, das sich von Rumänien mit einem Remis (1:1) trennte.

Gruppe C In der Gruppe C setzte sich Brasilien mit drei knappen Siegen gegen Schweden (2:1), Costa Rica (1:0) und Schottland (1:0) durch. Gegen die Schweden gewann das Team von Trainer Sebastio Lazaroni dank zweier Tore von Careca. Gegen den Fußballzwerg Costa Rica und die Schotten hieß der Schütze des goldenen Tores jeweils Muller. In beiden Spielen stand dem dreifachen Weltmeister das Glück zur Seite. Gegen Schottland fiel das Tor des Tages erst in der 81. Minute. Beim glanzlosen Arbeitssieg durfte zum ersten und einzigen Male Romario auflaufen, der allerdings seit seinem Beinbruch im März des selben Jahres nicht mehr gespielt hatte. Mario Zagalo kritisierte seinen Kollegen Lazaroni für die Entscheidung, mit einem Libero zu spielen, und bezichtigte ihn des Verrats am brasilianischen Fußball. Carlos Alberto, Kapitän der WM-Sieger von 1970, sprach gar von einer „Vergewaltigung des brasilianischen Naturells".

Die Sympathien galten in dieser Gruppe ohnehin dem vom Jugoslawen Bora Milutinovic trainierten Überraschungsteam aus Costa Rica, das durch Technik und Spielkultur gefiel. Sowohl die Schweden (1:2) wie die Schotten (0:1) mussten sich dem Fußballzwerg beugen. Das Spiel Costa Rica gegen Schweden war übrigens das einzige von 24 Vorrundenspielen, in dem jene Mannschaft, die zunächst im Rückstand lag, am Ende doch noch gewann. Costa Rica wurde Zweiter, während Schottland und Schweden mit lediglich zwei bzw. null Punkten die Heimreise antreten mussten.

Gruppe D In der Gruppe D legte die Bundesrepublik Deutschland mit einem 4:1-Sieg über Jugoslawien einen Traumstart hin. Zweifacher Torschütze auf der Galaveranstaltung war der überragende Kapitän Lothar Matthäus. Vor 74.765 Zuschauern im Stadio Giuseppe Meazza geriet die Begegnung angesichts des großen deutschen Anhangs, der die Reise über den Brenner angetreten hatte, und des Mitwirkens von Inter-Legionären zu einem Heimspiel. Auch die folgenden Spiele gegen die Vereinigten Arabischen Emirate und Kolumbien durfte das DFB-Team in der norditalienischen Modemetropole absolvieren, erneut vor jeweils über 70.000

Kamerun jubelt. Die afrikanischen Kicker besiegten in der Vorrunde erst Titelverteidiger Argentinien, dann die starken Rumänen.

Zuschauern. Gegen die Emirate kamen die Deutschen zu einem klaren 5:1-Sieg, während man gegen Kolumbien mit seinen exzentrischen Stars Higuita und Valderrama über ein Unentschieden nicht hinauskam. In der 88. Minute hatte Littbarski sein Team zunächst in Führung gebracht. Doch nur zwei Minuten später konnte Rincon für die Südamerikaner den verdienten Ausgleich erzielen. Ihre individuell besseren Spieler machten den Deutschen das Leben schwer. Für Francisco Maturana, den dunkelhäutigen Zahnarzt und Trainer der Kolumbianer, besaß der Achtungserfolg eine über den Fußball hinausgehende Bedeutung: „Der Sport muss als Katalysator für die Lösung unserer Probleme dienen." Einige Monate vor der WM hatte Maturana, der zu den wenigen integren Persönlichkeiten im von der Kokain-Mafia malträtierten Land gehörte, eine Morddrohung erhalten. Maturana reagierte mit Gelassenheit: „Einmal muss jeder Mensch sterben, heute, morgen oder etwas später." Das DFB-Team wurde mit einem Punkt Vorsprung vor Jugoslawien wie geplant Gruppenerster, was ihm auch für die nächsten beiden Spiele den Verbleib in Mailand und im Meazza-Stadion garantierte. Kolumbien kam auf den dritten Platz und konnte sich dank seiner drei Punkte ebenfalls für das Achtelfinale qualifizieren.

Gruppe E

In der Gruppe E belegten Spanien und Belgien erwartungsgemäß die ersten beiden Plätze. Die Belgier, wie bereits bei den Turnieren von 1982 und 1986 vom 70-jährigen Zigarrenraucher Guy Thys eingestellt, mit ihrem exzellenten Regisseur Enzo Scifo und den Veteranen Gerets und Ceulemans schlugen Südkorea mit 2:0 und Uruguay mit 3:1. Spanien startete mit einem torlosen Remis gegen Uruguay, kam aber gegen Südkorea dank des dreifachen Torschützen Michel zu einem 3:1-Sieg. Der Gegentreffer sollte Südkoreas einziger Torerfolg in Italien bleiben. Auch in ihrem letzten Spiel gegen Uruguay waren die insgesamt enttäuschenden Asiaten unterlegen (0:1), während die Südamerikaner mit drei Punkten den Einzug in die nächste Runde feiern durften. Das „Finale" um den Gruppensieg gewann Spanien durch einen 2:1-Sieg über Belgien.

Fußballerisch ziemlich schwach, aber nichtsdestotrotz spannend gestaltete sich der Verlauf in der auf die Insel Sardinien und nach Sizilien verbannten Gruppe F. Mit England gegen Irland und England gegen Niederlande beinhaltete der Spielplan zumindest zwei „Risikospiele", die beide in Cagliari stattfanden. Aus England und den Niederlanden hatten sich Hooligan-Gruppen angekündigt. England gegen Irland barg allein schon aufgrund der Historie beider Länder erhebliche Zündstoff. Während ein Teil der Anhängerschaft der Republik bei Spielen gegen England in das Gewand von IRA-Sympathisanten schlüpfte, wirkten auf englischer Seite mit den nordirischen Loyalisten verbündete Rechtsradikale mit.

Aussondern und isolieren hieß die Strategie für die „Risikospiele". Hierzu waren 3.200 Polizisten und Soldaten nach Sardinien eingeflogen worden. Die *FAZ* erinnerten die Straßenbilder an das Chile Pinochets, für die sich Consolato Labate vom italienischen Fußballverband mit den Worten „Repression ist unsere einzige Chance" entschuldigte. Hotels und Restaurants blieben geschlossen: Weder vor noch nach dem Spiel durfte Alkohol ausgeschenkt werden. Aus den Auslagen der Geschäfte waren Messer und Sportwaffen verschwunden.

Gruppe F

Beim Auftaktspiel der Gruppe F zwischen England und Irland sah es lange so aus, als würde den Engländern die erhoffte Revanche für die schmachvolle 0:1-Niederlage bei der EM gelingen, denn die *Three Lions* waren bereits in der 9. Minute durch Lineker in Führung gegangen. Doch in der 73. Minute gelang Sheedy der Ausgleich zum 1:1, was zugleich der Endstand war. Beide Teams präsentierten sich als Fußball-Dinosaurier, und der Ball befand sich während der 90 Minuten zumeist in der Luft. „Kein Fußball, bitte! Wir sind britisch!" titelte eine italienische Zeitung anschließend. Auch die folgenden drei Begegnungen zwischen Ägypten und den Niederlanden, England und den Niederlanden sowie Ägypten und Irland endeten unentschieden. Tore fielen nur in der letzten dieser Begegnungen (1:1). Die Nordafrikaner, die im Vorfeld der WM Schottland in Aberdeen 3:1 geschlagen hatten, boten gegen die Niederländer intelligenten und kreativen Fußball und hätten einen Sieg verdient gehabt. Doch gegen die Iren fiel das Team von Trainer El-Gohary vor allem durch Zeitschinden auf.

Höchste Sicherheitsvorkehrungen waren angesagt, wenn englische Hooligans erwartet wurden. Hier trennen Carabinieri die Fanblöcke beim Spiel England gegen Belgien.

Den einzigen Sieg in der Gruppe F konnte England mit einem 1:0 über Ägypten landen, denn auch das Spiel Niederlande gegen Irland endete mit einem Remis (1:1). Die Engländer wurden so mit 2:1 Toren und 4:2 Punkten Gruppensieger. Platz 2 musste zwischen den tor- und punktgleichen (2:2 und 3:3) Iren und Niederländern ausgelost werden. Die Iren hatten das glücklichere Ende, aber drei Punkte reichten den bis dahin zumeist enttäuschenden Oranjes dennoch zum Einzug ins Achtelfinale. Der unattraktive Fußball und das taktische Geschiebe in der Gruppe F warf Fragen nach der Sinnhaftigkeit des Modus auf. Die Mehrzahl der Vorrundenspiele waren langweilig, spielerisch mager und von Taktik geprägt.

Achtelfinale: Superspiel mit Spucke

Mit Brasilien gegen Argentinien und Deutschland gegen Niederlande kam es bereits im Achtelfinale zum direkten Aufeinandertreffen von vier Titelanwärtern.

Im Duell der beiden Topadressen Südamerikas waren die Brasilianer über weite Strecken das dominierende Team und lieferten ihre beste Vorstellung in Italien ab, aber entschieden wurde das Spiel durch ein Tor von Caniggia, der nach einem grandiosen Solo und klugem Zuspiel von Maradona zum Endstand von 1:0 verwandelte. Brasilien scheiterte hingegen wiederholt am Aluminium.

Von den südamerikanischen Teilnehmern hatte Brasilien noch am ehesten Individualität und Genialität früherer Tage erkennen lassen, wenngleich eine Annäherung an die europäische Philosophie nicht zu übersehen war: 26 weite Querpässe im Spiel gegen Schweden und lediglich vier Tore in 360 Spielminuten sprachen eine deutliche Sprache. Vom traditionsreichen risikofreudigen Angriffsspiel war kaum etwas zu sehen.

Das eindeutig beste und dramatischste Spiel einer insgesamt schwachen zweiten Runde, in der sieben der acht Begegnungen bei Halbzeit noch 0:0 standen, sahen die 74.559 Zuschauer, die am 24. Juni ins Mailänder Meazza-Stadion gekommen waren, um dem Spiel Deutschland gegen Niederlande beizuwohnen. Mit drei Inter-Akteuren auf deutscher und drei Milan-Akteuren auf niederländischer Seite war das Spiel nebenbei eine Kleinausgabe des Mailänder Stadtderbys. In der Vorrunde hatten die Niederländer enttäuscht und höchstens phasenweise an ihre großen Auftritte bei der EM 1988 erinnern können. Die Oranjes waren nur mit Glück weitergekommen, doch in Mailand mobilisierte das durch interne Querelen geschwächte Team noch einmal alle Kräfte.

Auch der kolumbianische Fan „El Cole" konnte mit seiner Anfeuerung nicht verhindern, dass die südamerikanische Elf gegen Kamerun ausschied.

Das legendäre Guiseppe-Meazza-Stadion in Mailand war fünfmal Spielstätte für den späteren Weltmeister aus Deutschland.

Die Deutschen begannen das Spiel mit einer betont defensiven Formation. In der 22. Minute schickte der schwache argentinische Schiedsrichter Loustau Völler und Rijkaard vorzeitig in die Kabine. Nach einem harmlosen Rempler zwischen dem niederländischen Keeper van Breukelen und Rudi Völler war es zu einem Wortgefecht gekommen, in das sich Rijkaard engagiert einmischte. Der Vorstopper zerrte den deutschen Stürmer an den Haaren. Unverständlicherweise zeigte Loustau beiden Spielern Rot. Beim

Rijkaards Attacke gegen Völler

Verlassen des Feldes wurde Völler von Rijkaard bespuckt – eine Szene, die im kollektiven Gedächtnis haften blieb und noch viele Jahre später die Gemüter erhitzte, wenn Deutsche und Niederländer sich auf dem Fußballfeld maßen.

Beim Personalstand zehn gegen zehn kam das DFB-Team besser ins Spiel, da dem Gegner nun der zentrale Mann in der Abwehr fehlte. In der zweiten Halbzeit schwanden die Kräfte des Europameisters, und in der 51. Minute ging das DFB-Team durch den unermüdlich rackernden und alle überragenden Klinsmann, der immer wieder in den durch den Platzverweis verwaisten Raum hineinstieß, mit 1:0 in Führung. Der Schwabe, der an diesem Abend sein bestes Spiel im Nationaltrikot absolvierte, setzte anschließend noch einen Volleyschuss an den Pfosten. In der 86. Minute gelang Brehme mit einem Kunstschuss das 2:0. Zwar erzielte Koeman wenig später noch mit einem verwandelten Elfmeter den Anschlusstreffer, doch zu mehr waren die Niederländer nicht mehr imstande. Den Deutschen war damit die Revanche für die 1:2-Niederlage im EM-Halbfinale in Hamburg gelungen. Trotz der „Spuck-Affäre" und des Ausscheidens erwiesen sich zumindest einige Niederländer als gute Verlierer. Ruud Gullit tauschte mit Klinsmann das Trikot und verabredete sich mit dem Star des Abends für die Tage nach der WM auf ein Bier.

Das Freudentänzchen an der Eckfahne: Roger Milla führte sein Team bis ins Viertelfinale.

Beim Spiel Kamerun gegen Kolumbien hieß der Held des Tages erneut Roger Milla, der in der 54. Minute ins Spiel gekommen war und wie schon gegen Rumänien beide Treffer zum 2:1-Sieg der Afrikaner erzielte. Der zweite Treffer ging auf das Konto von Keeper Higuita, der häufiger Torwart und Libero in Personalunion spielte und bei einem seiner berüchtigten Ausflüge jenseits der Strafraumlinie den Ball verloren hatte. Mit Kamerun gelang erstmals einem afrikanischen Team der Einzug ins Viertelfinale.

Die Begegnungen Jugoslawien gegen Spanien und England gegen Belgien wurden erst in der Verlängerung entschieden. Spanien konnte erneut den Erwartungen nicht genügen und unterlag den Jugoslawen mit 1:2. Allerdings hätte das Team von Trainer Luis Suarez durchaus gewinnen können, doch Vazquez und Butragueno trafen nur den Pfosten. Zweifacher Torschütze war der brillante Stojkovic. Beim Spiel England gegen Belgien fiel die Entscheidung erst in der 119. Minute, als Platt einen Freistoß von Gascoigne abgebrüht zum 1:0 vollendete.

Zwischen Irland und Rumänien bedurfte es sogar des ersten Elfmeterschießens bei diesem Turnier, um den Sieger zu ermitteln. Im Gegensatz zu den 120 torlosen Minuten zeigten beide Teams vom Elfmeterpunkt erstaunliche Treffsicherheit. Lediglich der Rumäne Timofte vergab. In England wie in Irland wurde der Viertelfinaleinzug frenetisch gefeiert. Dabei hatten die beiden Teams von den britischen Inseln wahrlich nicht überzeugt: In vier Spielen schafften die Engländer ganze drei, die Iren gar nur zwei Treffer.

Costa Ricas Vormarsch wurde durch die Tschechoslowakei gestoppt, wobei das Ergebnis mit 4:1 klarer als der Spielverlauf war. Bis zur 77. Minute führte der Favorit erst mit 2:1. Erst als Costa Rica zur Schlussoffensive blies und die Abwehr öffnete, gelangen den Tschechen noch zwei weitere Tore. Drei der tschechischen Treffer gingen auf das Konto von Tomás Skuhravi. Die Mittelamerikaner mussten auf ihren verletzten Keeper Gabelo Conejo verzichten, der durch Barrantes nicht gleichwertig ersetzt werden konnte.

Gastgeber Italien wusste gegen Uruguay zu überzeugen und gewann durch Tore von Schillaci und Serena verdient mit 2:0. 73.000 Tifosi im Olympiastadion von Rom träumten weiter vom vierten italienischen WM-Titel.

Viertelfinale: Die Löwen spielten zu lange

Die insgesamt bisher magere Torausbeute dieses WM-Turniers sollte sich fortsetzen. In den ersten drei Viertelfinalspielen fielen lediglich zwei Tore. Die Partie Argentinien gegen Jugoslawien blieb auch nach 120 Minuten torlos, so dass beide Teams zum Elfmeterpunkt schreiten mussten. Argentinien gewann dieses dank eines überragenden Sergio Goycocheas zwischen den Pfosten mit 3:2.

Das DFB-Team kam gegen die Tschechoslowakei zu einem mühevollen 1:0-Sieg. Beim bereits fünften Auftritt im Meazza-Stadion, bei dem die Beckenbauer-Elf von 40.000 angereisten deutschen Fans unterstützt wurde, kassierte die deutsche Abwehr erstmals kein Gegentor. Den entscheidenden Treffer erzielte Matthäus in der 24. Minute vom Elfmeterpunkt, nachdem Klinsmann im Strafraum zu Fall gebracht worden war. Zu den bleibenden Eindrücken vom Turnier gehören die theatralischen Einlagen zahlreicher Akteure, auf die die Schiedsrichter immer wieder hereinfielen. Insbesondere Beckenbauers Spieler erwarben sich diesbezüglich einen fragwürdigen Ruf. Trotzdem ging der Sieg des DFB-Teams völlig in Ordnung. Ein höheres Ergebnis wäre durchaus möglich gewesen, hätten Hasek und Bilek nicht zweimal für ihren bereits geschlagenen Keeper geklärt.

Auch beim Spiel Italien gegen Irland fiel die Entscheidung bereits in der ersten Halbzeit. Vor 73.303 Zuschauern im Stadio Olimpico zu Rom war es einmal mehr Toto Schillaci, der seine Farben in der 37. Minute zum Sieg schoss.

Dramatisch und torreich verlief hingegen die Begegnung England gegen Kamerun, das wohl beste Spiel des Turniers. Nach 65. Minuten sah es so aus, als würden die Afrikaner auch noch das Halbfinale schaffen. In der 61. Minute hatte Kunde Englands 1:0-Führung durch Platt vom Elfmeterpunkt aus egalisiert, nachdem Gascoigne Milla gefoult hatte. Nur 240 Sekunden nach dem Ausgleich gelang Ekeke sogar der Führungstreffer. Lediglich acht Minuten trennten Kamerun von der großen Sensation. Die Afrikaner spielten sich nun in einen Rausch, vergaßen aber vor lauter Spiellaune das Toreschießen. So wollte Omam Biyik das 3:1 per Absatzkick erzielen. In der 82.

Minute wurde Gary Lineker im Strafraum gefoult und verwandelte den fälligen Elfmeter zum Ausgleich. In der Verlängerung kam Lineker ein weiteres Mal im gegnerischen Strafraum zu Fall, als Torwart N'Kono und Massing ihn in ihre Mitte nahmen. N'Kono behauptete anschließend, den englischen Torjäger nicht einmal berührt zu haben. Lineker schritt auch in der 104. Minute selbst zur Tat und schoss den Ball zum 3:2-Siegtreffer ins Netz. Für England bedeutete der Sieg den erst zweiten Einzug in ein WM-Halbfinale.

Die Fußballlegende Pelé fand tröstende Worte für den Verlierer: „Für mich seid ihr die wahren Weltmeister." Ein Kritiker schrieb: „Die Löwen spielten zu lange mit ihrer Beute; sie vergaßen das müde Wild zu erlegen." Kameruns Defizite lagen im taktischen Bereich wie im Defensivverhalten, was erklärt, warum eine so technisch versierte und spielerisch brillante Elf am Ende des Turniers in der Foulstatistik den ersten Platz belegte. Die FIFA honorierte das Abschneiden Kameruns mit der Zusicherung eines dritten afrikanischen Endrundenplatzes für das Turnier 1994.

Halbfinale: Die Tränen des Paul Gascoigne

Auch im Halbfinale wurde das Niveau der WM nicht wesentlich besser. Bezeichnenderweise musste in beiden Spielen ein Elfmeterschießen die Entscheidung herbeiführen.

Die beiden durch Auswanderung miteinander verbundenen Länder Italien und Argentinien trafen ausgerechnet in Maradonas Wahlheimat Neapel aufeinander. Maradona appellierte an die neapolitanischen Tifosi, sich der Diskriminierung durch den Norden zu erinnern und nicht die *Squadra Azzurra,* sondern Argentinien zu unterstützen. Unverständlicherweise ließ Vicini in der Stunde der Entscheidung Baggio 73 Minuten auf der Bank schmoren, während Vialli, seit 14 Monaten im Trikot der Nationalelf ohne Torerfolg, von Beginn an spielen durfte. Argentinien, längst zur unpopulärsten Elf des Turniers avanciert, konzentrierte sich auch gegen Italien auf die Verhinderung von Gegentreffern. Trotzdem musste man dem Weltmeister zugestehen, dass er seit dem Desaster im Eröffnungsspiel besser auf Touren gekommen war. Die erfahrenen Spieler, angeführt von Maradona, hatten sich mit Trainer Bilardo und Freunden zusammengesetzt und ausgesprochen.

Italien strauchelt im Elfmeterschießen

Zwar konnte Schillaci bereits in der 17. Minute mit seinem fünften Treffer bei diesem Turnier die argentinische Taktik durchkreuzen, doch nur vorübergehend. Denn die Hausherren begingen nun den Fehler, die argentinische Spielweise zu kopieren, anstatt weiter Druck auszuüben und nachzulegen. Die Folge war, dass Caniggia in der zweiten Halbzeit nach einer Flanke von Olarticoechea zum Ausgleich einköpfen konnte, für Keeper Walter Zenga das erste Gegentor überhaupt bei dieser WM. 1:1 stand es auch nach Verlängerung, obwohl die Argentinier in der 105. Minute Giusti durch Platzverweis verloren hatten. Erneut hatten die Südamerikaner ein Elf-

Dramatik im Halbfinale: Im Spiel England gegen Deutschland kämpfen Paul Gascoigne und Thomas Berthold um den Ball.

meterschießen erreicht. Beide Teams verwandelten ihre ersten drei Elfmeter, doch dann scheiterte Donadoni an Sergio Goycochea, einen der wenigen Lichtblicke im argentinischen Team dieser WM, der an diesem Abend seinen noch jungen Ruf als Elfmetertöter famos bestätigte. Als nächstes war es Maradona, der gegen Jugoslawien noch versagt hatte, nun aber frech und genial verwandelte. Als Goycochea auch noch Serenas Schuss abwehrte, war die Entscheidung gefallen. Der unglückliche Gastgeber Italien musste sich trotz fünf Siegen, einem Remis und 8:1 Toren mit dem „kleinen Finale" begnügen.

Vicini erklärte das Scheitern seiner Elf mit Kräfteverschleiß. Die ständige Verpflichtung, offensiv zu spielen, habe an den Reserven gezehrt. Des Weiteren kritisierte Vicini das neapolitanische Publikum, das sein Team nicht ausreichend unterstützt habe. Die Stimmung im Stadion wurde durch ein Transparent dokumentiert, auf dem die Worte „Maradona in unserem Herzen, Italien in unseren Liedern" geschrieben standen. Derweil versuchte sich Maradona als Schlichter, indem er für eine Beendigung des Streits appellierte. Er sei „ein bißchen traurig, weil die Niederlage Freunde

> ◆ **Vom Unsinn des Elfmeterschießens**
>
> Argentiniens torarmer Marsch ins Finale provozierte eine Diskussion um den Sinn und Unsinn des Elfmeterschießens. In den 40 Jahren zwischen 1950 und 1970, als der „Notausgang" Elfmeterschießen noch nicht existierte, hatte nicht ein Spiel der WM-K.o.-Runden mit einem Remis geendet. In Italien 1990 mussten hingegen von den 14 K.o.-Spielen bis zu den beiden Finalbegegnungen vier per Elfmeterschießen entschieden werden, darunter beide Halbfinals. Acht der 14 Spiele bedurften einer Verlängerung. Die Einführung des „Golden Goal" sollte später einen Ausweg aus dem Dilemma weisen, bewährte sich allerdings auch nicht und wurde zur WM 2006 wieder abgeschafft. Seither gibt es wieder zweimal 15 Minuten Verlängerung mit anschließendem Elfmeterduell.

trifft, aber es war meine Pflicht, mein Bestes zu geben".

Das zweite Halbfinale, Deutschland gegen England, war eine deutlich bessere Veranstaltung. Immerhin bemühten sich beide Teams, zum Torerfolg zu kommen. Franz Beckenbauer wollte anschließend sogar das „aufregendste, dramatischste, vielleicht sogar beste Spiel der WM" gesehen haben. Brehme brachte die Deutschen im Turiner Stadio Delle Alpio in der 59. Minute in Führung. Sein abgefälschter Freistoß senkte sich hinter dem unglücklich postierten 40-jährigen Rekordnationaltorhüter Peter Shilton ins Netz. Doch die Freude währte nur bis zur 80. Minute. Dann nutzte Lineker ein Missverständnis zwischen Augenthaler und Kohler zum verdienten Ausgleich.

In der Verlängerung trafen Buchwald für die Deutschen und Waddle für die Engländer jeweils nur den Pfosten. Ein Treffer von Platt wurde vom exzellenten brasilianischen Schiedsrichter Wright wegen Abseitsposition nicht gegeben. So musste auch in Turin ein Elfmeterschießen über den Einzug ins Finale entscheiden, und auch in Turin verwandelten beide Mannschaften ihre ersten drei Elfmeter sicher. Den ersten Fehlschuss leistete sich Stewart Pearce, der Keeper Bodo Illgner mehr oder weniger anschoss. Olaf Thon traf für das DFB-Team souverän, während Chris Waddle Englands letzte Chance in die Wolken jagte. Für Gary Lineker blieb nur die bittere Erkenntnis: „Fußball ist, wenn 22 spielen, und am Ende gewinnt immer Deutschland."

In England sahen 26 Millionen Menschen das Spiel ihrer Mannschaft, beinahe so viele, wie sich an den Unterhauswahlen 1992 beteiligt hatten. Nach einer von Katastrophen geprägten Dekade war Fußball im „Mutterland" zurück in der ersten Reihe. Weltweit wurde das Spiel von mehr Frauen als Männern verfolgt. Diese sahen die Tränen des Paul Gascoigne, Englands neuem Fußballidol, nach dem unglücklichen Ausscheiden seines Teams. Die Message lautete: Wenn es um Fußball geht, weinen selbst harte Männer aus Newcastle zuweilen. „Italien zeigte eine Seite des Fußballs, die viele Frauen zuvor noch nie gesehen hatten." (Coddington 1997)

Finale: Das kleinere Übel siegt

Mit einem Triumph über Deutschland wollte Italien das Turnier in Rom als Weltmeister beenden. Stattdessen gab es einen Sieg gegen England in Bari. Im kleinen Finale behielt der Gastgeber mit 2:1 die Oberhand. In einer offensiv geführten Begegnung besorgte Schillaci die Entscheidung mit einem verwandelten Foulelfmeter. Englands Torwart Peter Shilton gab bei seinem 125. Nationalmannschaftseinsatz seinen internationalen Ausstand und durfte zur Feier des Tages die Kapitänsbinde tragen.

Für die Italiener war der dritte Platz nur ein schwacher Trost. Mit dem DFB-Team war die *Squadra Azzurra* als einziger Endrundenteilnehmer ungeschlagen geblieben. Die Bilanz beider Teams war mit sechs Siegen und einem Remis identisch. Hingegen wurde Englands vierter Platz, der erste nennenswerte internationale Erfolg der *Three Lions* seit dem WM-Sieg von 1966, daheim frenetisch gefeiert. Spielerisch hatte das Team von Trainer Bobby Robson nach einem unansehnlichen Beginn durchaus mehr als nur „Kick and Rush" geboten. Mit nur sechs gelben Karten gewannen die Kicker von der Insel sogar die FIFA-Fairplay-Wertung.

Mit Argentinien und der Bundesrepublik Deutschland standen sich am 8. Juli 1990 im Stadio Olimpico zu Rom zwei finalerfahrene Fußballnationen gegenüber. Für die Argentinier war es bereits das vierte WM-Finale, für die Deutschen sogar das sechste – und das dritte in Folge.

Argentinien war mit einer Bilanz von zwei Siegen, einer Niederlage und drei Unentschieden ins Endspiel eingezogen. Die Südamerikaner hatten in sechs Spielen nur fünf Tore erzielt und waren zweimal nur durch Elfmeterschießen weitergekommen. Ihr Finalgegner hatte immerhin 14-mal ins gegnerische Netz getroffen. Zehn dieser Treffer entfielen allerdings auf die drei Vorrundenspiele. Bilardos Team hatte den Eindruck erweckt, als würde es sich in den K.o.-Spielen von der ersten Minute an auf eine Entscheidung durch Elfmeterschießen orientieren. Um ein Haar wäre diese Rechnung auch im Finale aufgegangen, und Carlos Bilardo wäre nach Vittorio Pozzo als zweiter Trainer in die WM-Geschichte eingegangen, der den Titel zweimal gewann.

Die Argentinier gingen arg geschwächt in das Spiel. Batista, Giusti, Olarticoechea und der Maradona-Spezi Caniggia waren gesperrt. Diego Maradona betrat das Spielfeld stark angeschlagen. Beim WM-Gewinn von 1986 hatte Maradona eine zentrale Rolle gespielt, obwohl es neben ihm noch eine Reihe anderer exzellenter Spieler gab. In Italien wurde die komplette Verantwortung auf seinen Schultern abgeladen, aber der Star war nicht richtig fit und deshalb zuweilen überfordert.

Als die argentinische Nationalhymne erklang, hallte ein gnadenloses Pfeifkonzert durch die Arena. Das italienische Publikum hatte Maradonas Statement im Vorfeld des Neapel-Spiels nicht vergessen und trauerte noch immer einem Traumfinale Deutschland gegen Italien nach. Dem Kapitän der Argentinier entschlüpfte ein zorniges „Ihr

Hurensöhne". Seine Mannschaftskameraden wehrten sich gegen die deutsche Überlegenheit vor allem durch Fouls. Maradona selbst war bei dem biederen deutschen Abwehrrecken Guido Buchwald völlig abgemeldet. In einem schwachen Finale schoss die deutsche Elf 23-mal aufs gegnerische Tor, Argentinien brachte es indes nur auf einen einzigen Torschuss.

In der 65. Minute sah Monzon nach einem brutalen Foul an Klinsmann die rote Karte. Das DFB-Team kombinierte nun besser, doch Zählbares sprang erst heraus, nachdem der schwache mexikanische Schiedsrichter Coderal Mendez im argentinischen Strafraum ein Foul von Serrizuela gegen Völler gesehen hatte. Vielleicht eine Konzessionsentscheidung, denn zuvor hatte Mendez bei einer deutlich elfmeterreiferen Situation zwischen Goycochea und Augenthaler weiterspielen lassen. Teamchef Beckenbauer später: „Da hat der Rudi wohl etwas mitgeholfen." Nach Brehmes platziertem Schuss in die untere linke Ecke streckte sich der Elfmetertöter Goycochea vergeblich. In der 87. Minute musste auch noch Dezotti vorzeitig das Feld verlassen, nachdem er Kohler an die Gurgel gegangen war.

Dass die Deutschen nur durch einen Elfmeter, dazu noch einen unberechtigten, gewannen, war symptomatisch für das Spiel, über das Franz Beckenbauer anschließend urteilte: „Die Argentinier waren zu schwach, um gegen uns bestehen zu können. Schade für das Endspiel, aber wir können uns den Endspielgegner nicht aussuchen." Viele neutrale Zuschauer waren froh, dass ihnen eine Verlängerung und ein weiteres Elfmeterschießen erspart blieben. Die Deutschen waren an diesem Tag allemal das kleinere Übel, auch wenn Maradona ein Komplott vermutete: „Es ist die schlimmste Erfahrung meines Lebens, es gab eine Verschwörung gegen uns. Eine schwarze Hand hat unsere Niederlage gewollt. Der Schiedsrichter wird zufrieden sein, denn er hat die Italiener und Deutschen glücklich gemacht. Die Mächte sind stärker als Maradona. Es wäre besser gewesen, 0:4 zu verlieren als durch diesen Elfmeter. Der Strafstoß war nicht gegen Argentinien, er war gegen Maradona."

„Selbstauslöschung Südamerikas"

Doch ein Sieg der Argentinier wäre geradezu einer Bankrotterklärung gleichgekommen. Den Feuilletonisten Helmut Böttiger verleiteten die Auftritte der Bilardo-Truppe zu der Aussage: „Argentinien ist die Selbstauslöschung Südamerikas mit modernster Technologie." Die Argentinier bestätigten den Ruf, die Italiener des südamerikanischen Fußballs zu sein – ein Team, das mal durch leichtfüßige Kreativität glänzte und in anderen Jahren einer destruktiven, überharten Defensivtaktik anhing. Die Argentinier sorgten im Finale 1990 gleich in zweierlei Weise für ein Novum: Erstmals blieb das im Finale unterlegene Team ohne Torerfolg, und erstmals wurde bei einem derartigen Anlass der rote Karton gezückt – und dies gleich zweimal.

Über den gesamten Turnierverlauf besehen, stellten die Deutschen das beste Team, dessen Sieg absolut verdient war. Mit 155 Torschüssen und 15 Toren war das DFB-Team das weitaus offensivste aller 24 Endrunden-Teilnehmer. Franz Beckenbauer war

Symptomatisch für das Turnier: Im Finale entschied ein Elfmeter über den Sieg. Brehme erzielte das 1:0.

Jubel über den Titel (von links): Buchwald, Völler, Brehme, Klinsmann.

> ◆ **So wenig Tore wie noch nie**
>
> Nur 2,21 Tore pro Spiel bei der WM 1990 waren der niedrigste Schnitt seit Bestehen des Weltturniers und markierten für die FIFA einen alarmierenden Trend. Beim ersten Turnier 1930 war ein Schnitt von 3,88 Toren registriert worden. Zwischen 1934 und 1954 lag der Schnitt nie unter vier Toren mit 5,38 Toren 1954 als Rekord. 1958 war der Schnitt erstmals wieder unter die Vierer-Marke gesunken (3,6), ein Turnier später wurden sogar nur noch 2,78 gezählt. Seither blieb er unter der Dreier-Marke und gelangte nur noch 1970 mit 2,97 in deren Nähe.

ein weiterer Eintrag in den WM-Annalen sicher. Der „Kaiser" war nach Brasiliens Zagalo der Zweite, der sowohl als Trainer wie als Spieler den World Cup gewonnen hatte. Beckenbauer verabschiedete sich mit dem verhängnisvollen Satz: „Es tut mir Leid für den Rest der Welt, doch wir werden jetzt, wenn auch noch die ostdeutschen Spieler hinzukommen, in den nächsten Jahren nicht mehr zu besiegen sein." Nicht nur, dass Beckenbauer mit dieser forschen Einschätzung seinem Nachfolger Berti Vogts eine schwere Bürde auflastete: Das krasse Gegenteil sollte der Fall sein.

In spielerischer und taktischer Hinsicht war das Turnier eine einzige Enttäuschung, die Torausbeute mit 2,21 Treffern pro Spiel so niedrig wie nie zuvor, und das einzige, zudem per Elfmeter erzielte Finaltor war ebenfalls ein bezeichnendes Novum. Komplettiert wurde dieses Elend durch das eher unauffällige Agieren vermeintlicher Weltstars. So blieben schließlich mit Roger Milla und dem bis dahin international weitgehend unbekannten Toto Schillaci, der mit sechs Treffern Torschützenkönig wurde, Spieler in Erinnerung, die niemand vor Turnierbeginn auf der Rechnung hatte.

Die FIFA-Kommission gab sich anschließend ratlos. „Es triumphierte der fantasiearme, effektive Kraftfußball europäischer Prägung. (…) Die Tendenz zu einem reinen Mittelfeldspiel, arm an Torszenen und technischen Raffinessen, unterbrochen von durchschnittlich 40 bis 50 Freistößen, schreitet unerbittlich voran" (Lieske 1990). In 37 von 44 WM-Spielen ging die Mannschaft, der die 1:0-Führung gelungen war, später auch als Sieger vom Platz. Sechsmal musste das führende Team noch den Ausgleich hinnehmen, aber nur zweimal ging das Spiel noch verloren. Bezeichnenderweise war eines dieser Spiele das Match Kamerun gegen England.

Trotz allem wurde die WM 1990 zum Startschuss eines neuen Fußballbooms, wofür weniger das Geschehen auf dem Spielfeld als dessen mediengerechte Präsentation sowie das einmalige Ambiente, das Italien als Gastgeberland bot, verantwortlich waren. Die WM brach alle bis dahin gültigen Rekorde: 2,5 Millionen Eintrittskarten wurden verkauft. Über 7.000 Mitarbeiter der Massenmedien waren in Italien akkreditiert. In 118 Länder wurden Fernsehbilder von den Spielen gesendet, die dort von insgesamt ca. 25 Mrd. Menschen empfangen wurden. Das Maskottchen „Ciao" boomte und stellte alle seine Vorgänger in den Schatten. 300.000 Dollar musste jede Unternehmung berappen, die mit der Plastik werben wollte.

▶ **Einwurf**

Franz Beckenbauer: der „Kaiser"

Er interpretierte die Position des „Ausputzers" in revolutionärer Weise neu und kreierte so den modernen Libero. Franz Beckenbauer begnügte sich als Spieler nicht damit, hinten „abzuräumen", sondern schaltete sich auch ins Angriffsspiel ein und erzielte Tore. Der moderne Libero lauerte tief in der eigenen Hälfte, entzog sich der Deckung durch den Gegner, um dann im richtigen Moment das Spiel an sich zu reißen und in die gegnerische Hälfte vorzustoßen.

Sein Debüt in der DFB-Elf gab Beckenbauer 20-jährig am 20. September 1965 in Stockholm, als das Team von Trainer Helmut Schön Schweden 2:1 besiegte und damit die Fahrkarte zur WM in England einlöste. Die *Frankfurter Abendpost* titelte anschließend: „Beckenbauer war der König." Im Text hieß es: „Franz Beckenbauer beherrschte das Mittelfeld. Ihm gehört im deutschen Fußball die Zukunft."

Franz Beckenbauer als Teamchef im WM-Finale 1990.

Beckenbauer avancierte zum kreativen Kopf der Nationalmannschaft, der das deutsche Spiel leichtfüßig und mit großem taktischen Verständnis aus der Defensive heraus aufzog. 1971 wurde er Kapitän der DFB-Elf. Mit Beckenbauers Aufstieg begannen die spielästhetisch besten Jahre der bundesdeutschen Nationalmannschaft, die nun im Ausland nicht mehr nur durch „deutsche Tugenden", sondern auch durch Spielkultur von sich reden machte. Im Zeitraum 1966 bis 1976 wurde die DFB-Elf je einmal Weltmeister und Europameister sowie Vizeweltmeister und Vizeeuropameister.

Holte den WM-Titel als Spieler wie als Teamchef: Franz Beckenbauer, hier beim WM-Gewinn 1974.

Als Beckenbauer sein 100. Länderspiel bestritt – der „Kaiser" war der erste deutsche Nationalspieler, der die Hunderter-Grenze erreichte und überschritt –, schrieb Walter Jens: „Ein Rätsel dieser Beckenbauer. Der bekannteste lebende Deutsche (bekannt wie das VW-Werk) hat mit dem, was man sich gemeinhin unter einem Deutschen vorstellt, diesem Kraftmenschen, Fanatiker und einzigem Schaffer, wenig gemein. Er ist kühl, salopp, undiszipliniert, ironisch, selbstironisch sogar. (...) Während andere Athleten auf dem Rasen ihrem Job nachgehen, spielt Beckenbauer Fußball im Stil von Versailles und beweist damit, dass dieser Sport auf eine Weise betrieben werden kann, die auf den ersten Blick anachronistisch anmutet. Mit Pomp und Launenhaftigkeit, mit einem Mindestmaß an Unterordnung und einem Höchstmaß an Spontaneität."

Beckenbauer zelebrierte eine „undeutsche Spielweise", die ihm daheim nicht nur Bewunderer, sondern auch viele Neider einbrachte. *World Soccer* sah in Beckenbauer hingegen „die personifizierte Eleganz auf dem Spielfeld". Seine überragende Technik und sein fantastisches Raumverständnis ermöglichten ihm die Vermeidung von Zweikämpfen und ein nahezu körperlos anmutendes Spiel. „Ich habe Fußball nie als Arbeit empfunden. Von Arbeit habe ich eine ganz andere Auffassung."

Nach zwölf Jahren beim FC Bayern München, in denen er auf 558 Pflichtspiele und 69 Tore kam, u.a. viermal deutscher Meister wurde und dreimal den Europapokal der Landesmeister gewann, wechselte Beckenbauer 1977 in die North American Soccer League zu Cosmos New York, wo er an der Seite von Pelé kickte. Sein Wechsel trug Züge einer Flucht: Beckenbauers Ehe war gescheitert und das Finanzamt saß ihm im Nacken, was von der Boulevardpresse breit ausgeschlachtet wurde. Da der nationalkonservative DFB-Boss Hermann Neuberger keine „Vaterlandsverräter" im Nationaldress duldete, bedeutete die Emigration in die USA nach 103 Länderspielen das Ende der Nationalmannschaftskarriere Beckenbauers. Die italienische Sportzeitung *Stadio* schrieb entsetzt: „Eine deutsche Nationalmannschaft ohne Beckenbauer verliert nicht nur den Glanz, sondern auch die Eleganz. Der Verlust von Beckenbauer für den deutschen Fußball ist nicht nur enorm, sondern unerträglich. Eigentlich müssten ihn Verband, Presse und Fußballfans offen bitten, im Vaterland zu bleiben."

1984 wurde Beckenbauer Teamchef einer krisengeschüttelten Nationalmannschaft, die er 1986 ins WM-Finale und 1990 zum WM-Sieg führte. Beckenbauer ist neben dem Brasilianer Zagalo der einzige Mann im Weltfußball, der den WM-Titel sowohl als Spieler wie als Teamchef gewann. Dies festigte den Mythos von der „Lichtgestalt" Beckenbauer, der scheinbar alles gelingt, was sie anpackt. Folglich erhielt Beckenbauer den Auftrag, die WM 2006 nach Deutschland zu holen – mit Erfolg.

In Deutschland wurde Beckenbauer zum „Jahrhundertfußballer" gekürt. Europaweit musste der „Kaiser" allerdings dem Niederländer Johan Cruyff, seinem Gegenspieler im WM-Finale von 1974, den Vortritt lassen. Bei der FIFA-Wahl des „Weltfußballers des Jahrhunderts" belegte Beckenbauer den vierten Platz – hinter Pelé, Maradona und Cruyff.

♦ WM 1994

Austragungsland: USA

Austragungsstädte und Spielstätten: Boston (Foxboro Stadium), Chicago (Soldier Field), Dallas (Cotton Bowl), Detroit (Silverdome), New York (Giants Stadium), Orlando (Circus Bowl), Palo Alto (Stanford Stadium), Pasadena (Rose Bowl), Washington (JFK Memorial Stadium)

Dauer: 17. Juni bis 17. Juli 1994

Eröffnungsspiel: Deutschland – Bolivien 1:0 (0:0)
(17. Juni 1994, Soldier Field, Chicago)

Gemeldete Länder: 131
Europa: 37, Südamerika: 9, Zentral- und Nordamerika: 23, Afrika: 28, Asien: 28

Endrundenteilnehmer: 24
Europa (13): Belgien, Bulgarien, Deutschland, Griechenland, Irland, Italien, Niederlande, Norwegen, Rumänien, Russland, Schweden, Schweiz, Spanien
Südamerika (4): Argentinien, Bolivien, Brasilien, Kolumbien
Zentral- und Nordamerika (2): Mexiko, USA; *Afrika (3):* Kamerun, Marokko, Nigeria
Asien (2): Saudi-Arabien, Südkorea

Qualifikationsspiele: 492

Endrundenspiele: 52

Modus: Gruppenspiele in 6 Gruppen à 4 Mannschaften. Die beiden Erstplatzierten jeder Gruppe plus die vier besten Drittplatzierten qualifizieren sich für das Achtelfinale. Ab Achtelfinale K.o.-System.

Zuschauer: 3.567.415, Zuschauerschnitt: 68.604

Tore: 141, Torschnitt pro Spiel: 2,71

Die besten Torschützen:
Oleg Salenko (Russland): 6 Tore, Hristo Stoichkov (Bulgarien): 6 Tore, Jürgen Klinsmann (Deutschland): 5 Tore, Kennet Andersson (Schweden): 5 Tore, Roberto Baggio (Italien): 5 Tore

Finale: Brasilien – Italien 0:0 n.V., 3:2 im Elfmeterschießen
(17. Juli 1994, Rose Bowl, Pasadena)

Brasilien: Taffarel; Aldair, Marcio Santos, Mauro Silva, Jorginho (21. Cafú), Dunga, Branco, Mazinho, Zinho (106. Viola), Bebeto, Romario.

Italien: Pagliuca; Mussi (35. Apollini), Maldini, Baresi, Benarrivo, Donadoni, Albertini, D. Baggio (95. Evani), Berti, R. Baggio, Massaro

Schiedsrichter: Puhl (Ungarn)

Zuschauer: 94.949

WM 1994

Im Soccer-Entwicklungsland

Der 4. Juli 1988 wurde ein historisches Datum in der Fußball-Weltgeschichte. Erstmals vergab die FIFA ein Weltturnier nicht nach Europa oder Lateinamerika, sondern mit den USA in ein fußballerisches „Entwicklungsland", in dem keine Soccer-Begeisterung herrschte und das nicht einmal über eine nationale Liga verfügte. Die Stadien, die für das Turnier auserkoren wurden, waren keine ausgesprochenen Fußballstadien, sondern Arenen, in denen normalerweise American Football gespielt wurde.

In der „alten Welt" wurde die Entscheidung von einigen Kommentatoren als schlechter Witz interpretiert. Kritiker unterstellten der FIFA rein kommerzielle Erwägungen. Immerhin kalkulierte man dort mit einem Gesamtumsatz von einer Milliarde Dollar für das Turnier. Tatsächlich befand sich die Entscheidung der FIFA voll und ganz im Einklang mit der Havelange'schen Strategie, für seine Organisation neue Märkte zu erobern. Schon bald kursierten auch Gerüchte, die FIFA wolle altehrwürdige Spielregeln verändern, um den Soccer für das nordamerikanische Publikum attraktiver zu gestalten. Angeblich wurde darüber nachgedacht, die Tore zu vergrößern, die Anzahl der Spieler zu verringern sowie in Vierteln zu spielen. Allerdings waren nicht die USA die Wiege derartiger ketzerischer Überlegungen, die schließlich allesamt verworfen wurden, sondern die FIFA-Zentrale in Zürich.

So schlecht, wie dies die „Alte Welt" behauptete, war es um das Soccer-Interesse in der „Neuen Welt" gar nicht bestellt. Bei der Olympiade 1984 in Los Angeles gingen mehr Menschen zu den Soccer-Spielen als zu irgendeiner anderen Sportart. 1,4 Millionen sahen die 32 Spiele, was einem Schnitt von 44.426 pro Spiel entsprach. Das Finale Frankreich gegen Brasilien (2:0) im Rose Bowl zu Pasadena wurde von 101.799 Zuschauern besucht, und selbst zum Spiel um den dritten Platz zwischen Jugoslawien und Italien (2:1) fanden sich am gleichen Ort knapp über 100.000 ein.

Aufgrund der amerikanischen Vorliebe für Großereignisse war eine Pleite nicht zu befürchten. Die Organisatoren gingen davon aus, dass die WM genügend „event snobs" mobilisieren würde. Die Frage war lediglich, was nach dem Ende der WM davon übrig bleiben würde. Immerhin: Die FIFA machte zur Bedingung, dass die Veranstalter einen Teil der Einnahmen, nämlich 20 Mio. Dollar, für die Gründung einer landesweiten Soccer-Profiliga bereitstellen sollten.

Soccer in der „Neuen Welt"

Als der Association Football in den USA ankam, hatte sich dort bereits das Baseball-Spiel etabliert, dessen Wurzeln im englischen Cricket lagen und das nun zum nationalen Sport avancieren sollte. Das Spiel hatte sich in den dreißiger Jahren des 19. Jahrhunderts in Städten wie New York, Boston und Philadelphia entwickelt, dank der Förderung durch Ärzte, Bankiers, Rechtsanwälte und Geschäftsleute. 1876 wurde in den USA mit der National League (NL) die weltweit erste Profiliga gegründet, die eine Baseballliga war. Baseball eroberte sich fortan einen besonderen Status innerhalb der Arbeiterschaft, ähnlich dem von Soccer in einigen europäischen Industrieländern.

Auch die Eliteuniversitäten fielen als Transporteure des Soccers aus, denn diese orientierten sich an ihren englischen Vorbildern Oxford und Cambridge, verwarfen Soccer als „weichlich-weibisch", kurzum: unamerikanisch, und entschieden sich folglich für die Rugby-Variante. Diese wurde allerdings „amerikanisiert" – das Ergebnis war American Football. Offensichtlich war den Amerikanern daran gelegen, die ehemaligen Kolonialherren nicht einfach zu kopieren, sondern dem Spiel eine eigene nationale Note zu verleihen.

Soccer wurde vor der Jahrhundertwende nur in einigen Teilen des Landes gespielt, so in den Textilstädten New Englands und dort, wo Stahlwerke, Bergwerke und der Schiffbau eine große Nachfrage nach Arbeitskräften stellten. In dieser Phase wurde Soccer vor allem von britischen und irischen Immigranten gepflegt. Der Ruf, ein Immigrantensport zu sein, der den US-Soccer noch heute verfolgt, war der Popularisierung des Spiels abträglich, schien er doch die Behauptung vom „unamerikanischen", „fremden" Spiel zu bestätigen.

1884 wurde die American Football Association (AFA) ins Leben gerufen, die allerdings nur bis 1899 Bestand haben sollte. Die AFA begnügte sich mit dem Dasein eines Anhängsels der Verbände Englands und Schottlands, was vielen Aktiven aufstieß. 1906 erfolgte die Neugründung der AFA. 1912 wurde der Konkurrenzverband American Amateur Football Association (AAFA) aus der Taufe gehoben – ein Meilenstein in der Organisationsgeschichte des US-Soccers. Die AAFA ersuchte um Anerkennung durch die FIFA, doch dort wurden die „US-Interessen" bereits durch Frederick Wall, Sekretär der englischen FA, vertreten. Da die Engländer keine eigenständige AFA-Vertretung wollten, wurde die Aufnahme der AAFA empfohlen – allerdings mit der Einschränkung, dass diese nicht für den Profifußball in den USA zuständig sei. Die AAFA-Delegierten kehrten mit der Order heim, einen Zusammenschluss mit der AFA herbeizuführen. Doch die AFA zog sich während der Fusionsverhandlungen zurück, während die AAFA erheblich an Autorität gewann. Am 5. April 1913 erfolgte im New Yorker Astor House die Gründung der USFA (United States Football Association). 1914 wurde die USFA in die FIFA aufgenommen, woraufhin sich die AFA in die USFA auflöste. 1945 wurde aus der USFA die USSFA (United States Soccer Football Association) und 1974 schließlich die USSF (United States Soccer Federation).

Bis 1900 kamen die meisten Immigranten aus Nord- und Westeuropa. Nach der Jahrhundertwende lagen die Herkunftsländer zumeist in Süd- und Osteuropa. Die europäischen Soccer-Enthusiasten gründeten in den Städten ihre ethnischen Teams und ethnischen Ligen. So konstituierten z.B. deutschstämmige New Yorker 1920 die German-American-League. „Ethnic Soccer" entwickelte sich mit dem Wachstum der Städte und schlug vor allem Wurzeln in New York, Philadelphia, Chicago, St. Louis, Detroit, Boston und Baltimore. Kein anderer Teamsport in den USA kann auf eine derart reiche ethnische Tradition zurückblicken wie Soccer. Doch auch unter den Immigranten waren die Soccer-Enthusiasten in der Minderheit. Die meisten von ihnen waren darauf bedacht, „echte" Amerikaner zu werden, und wollten deshalb nicht als Anhänger einer nicht-heimischen Sportart betrachtet werden. „Fußball blieb so europäisch wie die Sozialdemokratie, und Baseball und Football blieben amerikanisch." (Markovits 1994)

> ### ◆ Die Odyssee des Dr. Manning
>
> Die Odyssee eines US-Soccer-Pioniers hat der Bonner Historiker Heiner Gillmeister verfolgt. Gustav Rudolf Manning war ein Sohn des in Frankfurt/M. geborenen jüdischen Kaufmanns Gustav Rudolf Mannheimer, den geschäftliche Gründe nach London verschlugen, wo er seinen Namen zu „Manning" anglisierte. Gustav Rudolph Manning wurde am 3. Dezember 1873 im Londoner Vorort Lewisham geboren. 1884 kehrte die Familie nach Deutschland zurück, wo sie sich im Berliner Vorort Pankow niederließ. Sohn Gustav Rudolph ging später nach Freiburg, um Medizin zu studieren. Im Dezember 1897 gehörte Manning zu den Gründungsmitgliedern des Freiburger FC. Auch zur DFB-Gründung (1900) leistete Manning seinen Beitrag. 1905 emigrierte er nach New York, und aus Gustav Rudolph Manning wurde Gus Randolph Manning. Der Internist wurde nun zur treibenden Kraft des US-Soccers, den er schließlich auch in der FIFA-Exekutive vertrat. Nicht zuletzt seinem Einfluss hatten die Deutschen 1950 ihre Wiederaufnahme in die FIFA zu verdanken.

Eine wichtige Rolle gebührte den jüdischen Immigranten. Zu den Pionieren des US-Soccers gehört Nathan Agar, der das Spiel 1904 in New York einführte und an der Gründung der USFA beteiligt war. 1911 wurde Gus Manning, ein aus Deutschland eingewanderter jüdischer Mediziner, erster Präsident der AAFA, 1913 erster Präsident der USFA. 1948 gelangte Manning als erster US-Amerikaner in das FIFA-Exekutivkomitee. Der in Deutschland geborene Kurt Lamm, ebenfalls ein jüdischer Immigrant, wurde in den USA als „roving ambassador" tituliert. Als Spieler war Lamm in seinem Geburtsland für den FC Schmalnau und Borussia Fulda am Ball, in den USA u.a. für Hakoah New York und das deutsch-amerikanische Team „Eintracht". Als Trainer gewann Lamm mit dem Hakoah-Team dreimal in Folge die American Soccer League (ASL) und wurde zum „Manager of the Year" gekürt. Anschließend war Lamm Verwaltungsdirektor sowie Generalsekretär der USSF (1971-87).

Zu den Gründern des exklusiv-jüdischen New Yorker Hakoah Klubs gehörte der ungarische Nationalspieler Erno Schwarz, der 1926 mit dem berühmten SK Hakoah Wien nach New York gekommen war. 1925 waren die Kicker mit dem Davidstern auf der Brust österreichischer Fußballmeister geworden. Hakoah avancierte in der „Neuen Welt" zum Publikumsmagneten. So sahen 46.000 Zuschauer, unter ihnen der fußballbegeisterte New Yorker Bürgermeister Walker, einen souveränen 4:0-Sieg der Wiener über eine ASL-Auswahl. Die Kulisse bedeutete über 40 Jahre Zuschauerrekord für ein Soccer-Spiel in den USA. 15 Wiener Akteure, unter ihnen auch Schwarz und ein gewisser Bela Guttmann, später einer der erfolgreichsten Trainer in der europäischen Fußballgeschichte, blieben anschließend in den USA, abgeworben von den Unternehmern der ASL. 1927 und 1936 tourte ein Maccabi-Team aus Palästina durch die USA. Das berühmte Budapester MTK-Team, in dem viele Juden spielten, absolvierte 1930 acht Auftritte auf der anderen Seite des großen Teichs.

„Ethnic Soccer" dominiert

In den 1950er Jahren entfielen immer noch 68% der Immigranten auf Europa und Kanada. Nach 1980 kamen hingegen vier Fünftel aus Lateinamerika, der Karibik und Asien, wodurch das ethnische Muster des US-Soccers eine Erweiterung erfuhr. Nun entstanden in einigen Gegenden auch „salvadorianische" und „koreanische" Ligen. Im Südwesten wurden die Ligen Jahr um Jahr mit mexikanischen Spielern aufgefüllt. „Ethnic Soccer" blieb über viele Dekaden hinweg der einflussreichste Faktor im US-Fußball.

In den Jahren 1970 bis 1975 wuchs das Interesse an professionellem Soccer in den USA. 1968 war die North American Soccer League (NASL) gegründet worden. 1971 gründeten die türkisch-amerikanischen Brüder Nesuti und Ahmet Ertegun Cosmos New York. Die Brüder waren fanatische Fußballfans und dank ihrer Kontrolle von Warner Communications steinreich. Der Durchbruch kam mit der Verpflichtung von Pelé, der von Cosmos mit einem Drei-Jahres-Vertrag ausgestattet wurde. Darin wurde dem dreifachen Weltmeister ein Salär von 4,5 Mio. Dollar garantiert. Pelé hatte allerdings nicht nur zu kicken, sondern musste auch PR-Arbeit betreiben. Dem Jahrhundertfußballer folgten weitere ausländische Stars wie Georgio Chaniglia, Franz Beckenbauer, George Best und Gerd Müller, die hier zum Ende ihrer Karriere noch hübsche Summen verdienen konnten. Insbesondere die Ankunft Pelés trug erheblich zur Glaubwürdigkeit und zum Ansehen von Soccer bei und veränderte die Haltung von Öffentlichkeit und Medien. Soccer wurde nun zu einem Phänomen der Mittelschichten in den Vorstädten.

Alle NASL-Klubs waren allerdings von ausländischen Akteuren abhängig. Die Mehrzahl der Spieler waren „Leihgaben" englischer League-Klubs. 1978 waren lediglich 20% der NASL-Akteure in den USA geboren. Die Zuschauerzahlen stiegen zunächst dramatisch. In Pelés letzter Saison mit Cosmos (1974/75) verzeichneten die New Yorker einen Zuschauerschnitt von 47.856.

Das Ende kam, als die großen Namen das Land verließen. Cosmos' Zuschauerzuspruch sank auf 8.000 (1981) und 4.000 (1982). 1984 wurde die NASL aus finanziellen

Stadionkultur made in USA: Das Soldier Field in Chicago, Schauplatz des Eröffnungsspiels zwischen Deutschland und Bolivien.

Gründen eingestellt. In ihrem letzten Jahr betrugen die Verluste 20 bis 25 Mio. Dollar. Profi-Soccer wurde nun de facto zu Grabe getragen.

Als sich die USA für die Ausrichtung der WM 1986 bewarben, bestand die US-Delegation bezeichnenderweise aus dem Deutschen Franz Beckenbauer, dem Brasilianer Pelé sowie dem US-Bürger deutsch-jüdischer Herkunft Henry Kissinger. Der in Fürth geborene Kissinger hatte in seinen jungen Jahren für den New Yorker Maccabi-Klub gekickt.

Qualifikation: Geheimfavorit Kolumbien

In Europa hatte der Zusammenbruch der ehemaligen Sowjetunion zur Folge, dass sich mit Litauen, Lettland und Estland neue, politisch und fußballerisch eigenständige Länder für die Endrundenteilnahme bewarben. Allein in Europa waren 182 Qualifikationsspiele zu bestreiten. Die WM-Qualifikation verlief hier nicht ohne Überraschungen. England scheiterte an Norwegen, das in dieser Qualifikationsgruppe sensationell Sieger wurde, und den Niederlanden. Frankreich musste den Schweden und Bulgaren den Vortritt lassen, nachdem es seine beiden letzten Heimspiele in der Qualifikation gegen Israel (!), das erstmals an der europäischen Ausscheidungsrunde teilnahm, und Bulgarien verloren hatte. Europameister Dänemark scheiterte an der Republik Irland und Spanien.

◆ **Zona-System statt Catenaccio**

Im italienischen Nationalteam war der Catenaccio inzwischen abgelöst worden durch das zona-System des ehemaligen Parma- und AC-Milan-Trainers Arrigo Sacchi, der nun auch die *Squadra Azzurra* betreute. Als Milan-Trainer war Sacchi die Aufgabe zugefallen, die TV-Sender des Medienmoguls und Milan-Besitzers Silvio Berlusconi mit nicht nur erfolgreichem, sondern auch unterhaltsamem Fußball zu beglücken. Für die Inszenierung des Fußballs als Show-Event schien der rein ergebnisorientierte Catenaccio nicht attraktiv genug.

Kernstück des *zona*-Systems war das rigorose Mittelfeld-Pressing. Für Sacchi mussten die Spieler ins System passen und nicht umgekehrt, was ihm durch Enzo Bearzot den Vorwurf einbrachte, er degradiere die Spieler zu Robotern. Sacchis System habe mit richtigem Fußball nichts zu tun, sondern sei „virtueller Fußball", der auf einem „geometrischen Schema" basiere.

In den 1980er und frühen 1990er Jahren war auch der Aufstieg des *mezzopunta* erfolgt, des Kreativspielers zwischen Mittelfeld und Angriffsspitzen, der wohl nicht zufällig mit der Ankunft Maradonas in Neapel einsetzte. In den Neunzigern hießen die italienischen *mezzopuntas* Mancini, Baggio und Zola.

Afrika wurde für seinen Auftritt 1990 in Italien mit drei Endrundenplätzen belohnt, die an Marokko, Kamerun und Nigeria fielen. Letztere hatten im Jahr der WM den African Cup of Nations gewonnen. Asien wurde zum dritten Mal in Folge durch Südkorea vertreten. Der zweite Platz ging an Saudi-Arabien, das zum ersten Mal dabei war.

Südamerika wurde durch Argentinien, Brasilien und Kolumbien, die bereits in Italien dabei gewesen waren, sowie Bolivien vertreten. Argentinien konnte sich allerdings nur mit Nachsitzen und viel Glück qualifizieren. Als Zweiter ihrer Qualifikationsgruppe mussten die Argentinier zwei Entscheidungsspiele gegen den Sieger der Ausscheidung Nord-/Mittelamerika/Ozeanien bestreiten. Dieser hieß Australien, das Kanada im Elfmeterschießen bezwungen hatte. Die erste Begegnung in Sydney endete mit einem Remis (1:1). In Buenos Aires behielt der zweifache Weltmeister und amtierende Vizeweltmeister dann mit 1:0 knapp die Oberhand. Bolivien hatte sich als vierter Vertreter überraschend gegen Uruguay durchsetzen können. Brasilien erlitt gegen Bolivien seine erste Niederlage in einer WM-Qualifikation überhaupt, als der dreifache Weltmeister in der Höhenluft von La Paz mit 0:2 unterlag.

Brasilien spielt „europäisch"

Zu den Titelanwärtern gehörte Brasilien dennoch, auch wenn die Gelb-Grünen seit nunmehr fast 25 Jahren kein WM-Finale erreicht hatten und Pelé vor dem Turnier warnte: „Wir haben glänzende Individualisten, aber keine Organisation im Team." Trainiert wurden die Ballkünstler vom Zuckerhut von Carlos Alberto Parreira, der – wie bereits sein Vorgänger Claudio Coutinho – eine „Europäisierung" des brasilianischen Spielstils versprach. Parreira: „Wir werden die Art von Fußball spielen, die heute verlangt wird: Magie und Träume gehören im Fußball der Vergangenheit an. Wir müssen Technik und Effizienz miteinander kombinieren." In der Praxis bedeutete dies, dass die

Brasilianer nun weniger die Initiative an sich rissen, sondern häufiger eher abwartend agierten und ihre Defensive stärkten. Als Brasiliens Qualifikation nach der Niederlage in La Paz und vor dem letzten Spiel gegen Uruguay auf Messers Schneide stand, holte Parreira den von ihm bis dahin verschmähten Romario ins Team zurück. Der Stürmer vom PSV Eindhoven schoss prompt beide Tore zum 2:0-Sieg der Brasilianer, so dass Parreira die Schmach erspart blieb, als erster Nationaltrainer seines Landes bereits in der WM-Qualifikation zu scheitern.

Die Deutschen mussten als typische Turniermannschaft grundsätzlich zu den Anwärtern gezählt werden, obwohl der Substanzverlust, den der Titelverteidiger seit 1990 zu beklagen hatte, unübersehbar war. Hinzu kam die mangelhafte Autorität des Nationaltrainers Berti Vogts, über dessen kleiner Gestalt der lange Schatten Beckenbauers lag.

Gewalt und Drogen in Kolumbiens Fußball

Die Rolle des Geheimfavoriten wurde vor allem Kolumbien angetragen. Für Pelé waren die Kolumbianer das beste Team Südamerikas und der zukünftige Weltmeister. Die Kolumbianer hatten in der Qualifikation zweimal Argentinien besiegt, in Buenos Aires sogar mit 5:0, wobei insbesondere der junge Stürmer Timo Asprilla und der Mittelfeldspieler Fredy Rincon brillierten. Im Frühjahr 1995 tauchten allerdings erstmals Gerüchte auf, denen zufolge das malaysische Wettspielkartell auf den Ausgang des Spiels Einfluss genommen hätte.

Kolumbiens Fußball wurde längst von den beiden Hauptproblemen des Landes durchdrungen: Gewalt und Drogen. Bereits 1984 hatte der damalige Justizminister erklärt: „Die Mafia hat Kolumbiens Fußball übernommen." Der Minister wurde später ermordet. In den 1970er und 1980er Jahren bereinigten eine Reihe von Fußballklubs ihre finanziellen Probleme mit Einnahmen aus Drogengeschäften. 1984 wurde Botero Moreno, Präsident des in Medellin, der Hauptstadt des Drogenkartells, beheimateten Atletico Nacional und ein enger Verbündeter von Drogengangster Pablo Escobar, an die USA ausgeliefert. Moreno wurde vorgeworfen, Einnahmen aus dem Drogenhandel „gewaschen" zu haben. Auch eine Reihe von Nationalspielern pflegte gute Beziehungen zu den Drogenbaronen. So u.a. der exzentrische Keeper Jose-René Higuita, der zum Freundeskreis von Pablo Escobar zählte. Escobar war ein Fußballenthusiast, der die Armenviertel mit Fußballplätzen ausstattete sowie Fluchtlichtanlagen und anderes Equipment finanzierte. 1989 wurde der Schiedsrichter Daniel Ortega von Killern des Drogenkartells erschossen, nachdem er ein Spiel korrekt gepfiffen hatte. Das Kartell hatte große Summen auf ein anderes Resultat gesetzt.

Im September 1990 wurde Kolumbien von der CONMEBOL für ein Jahr die Austragung internationaler Spiele untersagt, nachdem beim Copa-Libertadores-Spiel zwischen dem Rio-Klub Vasco da Gama und Atletico Nacional sechs bewaffnete Männer vom Schiedsrichter verlangt hatten, das Spiel zugunsten der Kolumbianer zu entscheiden.

Trotz dieser Umstände hatte der kolumbianische Fußball einen steten Aufstieg erfahren. 1989 hatte Nacional FC den Copa Libertadores gewonnen. Im anschließenden Spiel um den Weltpokal der Vereinsmannschaften unterlag man dem europäischen Repräsentanten AC Milan erst in der letzten Minute der Verlängerung. Vor dem Anpfiff der WM 1994 hatten die Kolumbianer in 41 Spielen nur eine Niederlage erlitten.

Gastgeber USA galt als krasser Außenseiter. Nach der WM 1990 hatte die USSF einen Trainerwechsel vollzogen. Anstelle von Bob Gansler übernahm nun Bora Milutinovic die Verantwortung für das US-Team. Der aus dem jugoslawischen Vielvölkerstaat stammende Weltenbummler schien für den Job wie geboren. Mit seinem professionellen Auftreten betrieb Milutinovic eine Imageverbesserung für den US-Soccer. Auch die neue Spielweise, die Milutinovic seinem Team verordnete, erwies sich diesbezüglich als hilfreich. Unter dem in Ungarn geborenen Gansler hatten die USA einen langweiligen, körperbetonten Defensivfußball praktiziert. Mit Milutinovic, der sehr viel Wert auf Technik legte, wurde das US-Spiel nun attraktiver und kreativer. 1991 gewannen die USA den erstmals ausgespielten „Gold Cup", das CONCACAF-Äquivalent zur Europameisterschaft. Im Semifinale gelang den US-Boys ein historischer 2:0-Sieg über Mexiko. Für den Jugoslawen war das Turnier in den USA bereits der dritte WM-Auftritt. Zuvor hatte er Mexiko (1986) und Costa Rica (1990) erfolgreich betreut.

Neue Regeln für mehr Tore

Gegenüber dem Turnier von 1990 mit seiner schwachen Torausbeute gab es eine Reihe von gewichtigen Veränderungen, die die international gültigen Fußballregeln modifizierten. Eine neue Rückpassregel untersagte dem Torwart, einen vom Mitspieler zugepassten Ball mit den Händen aufzunehmen, eine Maßnahme wider das Zeitschinden. Die Regel sollte weitreichende Folgen haben, da sie das Torwartspiel um eine Feldspielerkomponente erweiterte und Abwehrspieler erforderte, die auch unter Druck ballsicher agierten. Die Abseitsregel wurde dahingehend modifiziert, dass „gleiche Höhe" nicht mehr als Abseits galt. Um den Offensivgeist zu fördern, wurde erstmals nach der Dreipunkteregelung verfahren. Für einen Sieg gab es nicht mehr nur zwei, sondern drei Zähler, für ein Remis weiterhin nur einen. (Offensiver wurde allerdings trotzdem nicht gespielt. In den K.o.-Runden sollten deutlich mehr Tore pro Spiel erzielt werden als in den Gruppenspielen: 3,0 gegenüber 2,58. Nach der alten Zwei-Punkte-Regel hätten alle Teams in ihren Gruppen exakt den gleichen Platz belegt.)

Um das Spiel flüssiger zu machen, wurde dem Zeitschinden der Kampf angesagt. Lag ein Spieler am Boden, wurde er umgehend mit einem „Minikrankenwagen" vom Spielfeld transportiert und das Spiel ohne längere Unterbrechung fortgesetzt. Außerdem wurden die Schiedsrichter angehalten, das Foulspiel von hinten, insbesondere das Hineingrätschen, rigoros zu unterbinden. Die letzten beiden Maßnahmen zeigten durchaus Wirkung: Die Gruppenspiele verliefen in der Regel recht flüssig und fair.

Um die europäischen Fernsehanstalten zu befriedigen, wurden die Spiele zu einem für Europa günstigen Zeitpunkt angepfiffen. Als Folge musste häufig in sengender Mittagshitze gespielt werden, worunter das Niveau der Spiele deutlich litt. Der Flüssigkeitsverlust eines Spielers betrug zuweilen fünf Liter pro Match.

Vorrunde: Tödliches Eigentor

Gruppe A

Der Guppe A gehörten Kolumbien, Rumänien, die Schweiz und der Gastgeber USA an. Die Kolumbianer wurden als klarer Favorit auf den Gruppensieg gehandelt. Die Ambitionen der *Equipo de Columbia* erhielten bereits im ersten Spiel einen argen Dämpfer. Rumänien, geführt vom überragenden Spielmacher Gheorghe Hagi, gewann vor über 90.000 Zuschauern im Rose Bowl zu Pasadena sensationell mit 3:1, wobei Kolumbiens Keeper Cordoba kräftig mithalf. Schwache Torhüterleistungen sollten zum Kennzeichen dieser WM werden. Einige Experten machten hierfür den neuen, von adidas entwickelten Ball namens „Questra" verantwortlich, der bei Distanzschüssen heftig flatterte. Auch die Stürmer hatten mit dem Spielgerät Probleme. Nur wenige Flankenbälle und Flugbälle aus dem Mittelfeld erreichten ihre Adressaten.

Der erste Auftritt der US-Boys endete mit einem 1:1-Remis gegen die Schweiz, die im folgenden Spiel die so stark gestarteten Rumänen überraschend deutlich mit 4:1 besiegte. Insbesondere der Rumäne Ion Vladoiu erlebte einen rabenschwarzen Tag. In der 71. Minute eingewechselt, wurde er nur vier Minuten später wegen eines

Kraftvoller Einsatz des US-Amerikaners Tom Dooley gegen den Schweizer Quentin. Das Spiel der beiden Außenseiter endete 1:1.

> ◆ **Pelé kontra Havelange**
>
> Die Auslosung der Vorrundengruppen in Las Vegas wurde von einem Eklat begleitet. Pelé, das Gewissen des brasilianischen Fußballs, hatte FIFA-Boss Havelange und dessen dubiosen Schwiegersohn Ricardo Texeira der Korruption bezichtigt. Texeira, Chef des brasilianischen Fußballverbands, war ohnehin permanent in Betrugsskandale verstrickt. Ihm warf Pelé sogar die Erpressung von Schmiergeldern für die Vergabe von TV-Rechten vor. Der FIFA-Patriarch lud seinen Landsmann Pelé daraufhin kurzerhand von der WM-Auslosung aus. Dabei stand Pelé mit seinen Vorwürfen keineswegs allein. Rios Generalstaatsanwalt äußerte die Überzeugung, Havelange erhalte Geld aus dem illegalen Glücksspiel. Auch mit der kolumbianischen Drogenmafia wurde Havelange in Verbindung gebracht.

brutalen Fouls des Feldes verwiesen. Als er anschließend auch noch seinen Trainer Angel Jordanecu beleidigte, schickten ihn die Verantwortlichen nach Hause. Die größte Überraschung in dieser Gruppe war aber zweifellos der 2:1-Sieg der USA über Kolumbien. Die 1:0-Führung der US-Boys resultierte aus einem Eigentor des Kolumbianers Andrés Escobar, vielleicht das folgenreichste in der Geschichte des Weltfußballs. Denn der populäre Fußballer bezahlte den Fauxpas nach der Rückkehr in die Heimat mit seinem Leben. Escobars Mörder gehörten möglicherweise einem Wettkartell an, das viel Geld auf ein Weiterkommen der Kolumbianer gesetzt hatte. Einer seiner Mörder rief dem Opfer zu: „Danke für das Eigentor."

Am letzten Spieltag unterlagen die USA durch einen Fehler ihres Keepers Meola den Rumänen mit 0:1, die damit den Gruppensieg errangen. Die Kolumbianer kamen zwar gegen die Schweiz zu ihrem ersten Sieg, der jedoch das vorzeitige Ausscheiden von Valderama und Co. nicht mehr verhindern konnte. Das schwache Abschneiden des vermeintlichen Titelanwärters war die größte Überraschung der Vorrundenspiele.

Gruppe B

In der Gruppe B hieß der Favorit Brasilien, zumal sich Russland durch einen Streit zwischen Trainer Pavel Sadyrin und dem russischen Verband auf der einen Seite sowie den Spielern auf der anderen selbst geschwächt hatte. Fast die Hälfte der Leistungsträger – unter ihnen Spieler wie Kanchelski, Kolyvanov, Kiriakov und Shalimov – hatte ihren WM-Verzicht erklärt. Auslöser der Meuterei war das Qualifikationsspiel in Griechenland gewesen, bei dem die Spieler in einem drittklassigen Athener Hotel untergebracht worden waren.

Das vom Franzosen Henry Michel trainierte Team Kameruns war nur noch ein blasser Abklatsch des Ensembles von 1990. Komplettiert wurde die Gruppe durch Schweden, das bei der EM 1992 bis ins Halbfinale vorgedrungen war und in dessen Reihen einige in Italien und Deutschland erprobte Profis standen. Bereits in den Gruppenspielen präsentierten die Brasilianer eine Mischung aus südamerikanischer Fußballkunst und europäischer Sachlichkeit. Mit dem 28-jährigen kleinen, leichtfüßigen und trickreichen Romario verfügte die *Selecao Brasileira* über einen zuverlässigen Spielmacher und Torjäger, der zudem mit Bebeto einen kongenialen Sturmpartner besaß. Gegen Russland und Kamerun gewannen die Südamerikaner mit 2:0 bzw. 3:0, woraufhin Trainer Parreira verkündete: „Wir sind die einzige Mannschaft bei dieser WM, die den Ball das ganze Spiel über in den eigenen Reihen halten könnte."

Gegen die kompakten, aber auch spielerisch durchaus ansehnlichen Schweden kamen Romario und Co. allerdings über ein 1:1 nicht hinaus, wobei die Skandinavier sogar durch Kennet Andersson in Führung gegangen waren. Die Asse der Skandinavier waren der bereits 35-jährige Keeper Thomas Ravelli, der so manchen Schnitzer seiner nicht immer sattelfesten Abwehr ausbügelte, der Italien-Legionär und Spielgestalter Tomas Brolin sowie die Stürmer Martin Dahlin (Borussia Mönchengladbach) und Kennet Andersson. Das Remis reichte den Brasilianern zum Gruppensieg. Zweiter wurden die Schweden, die Russland mit 3:1 geschlagen hatten. Kamerun endete mit nur einem Punkt, erzielt durch ein 2:2 gegen Schweden, und einem Torverhältnis von 3:11 auf dem letzten Platz. Gegen die Russen hatten die Afrikaner mit 1:6 verloren. Beim Rekordsieg dieses Turniers traf der für den spanischen Klub Logrones spielende Oleg Salenko gleich fünfmal.

Den Ehrentreffer für Kamerun erzielte der mittlerweile 42-jährige Roger Milla, Afrikas Fußballheld von 1990, der in den USA jedoch insgesamt nur 70 Minuten spielte. Er konnte das Debakel ebenso wenig verhindern wie der neue Keeper Songo'o, der den 39-jährigen Joseph-Antoine Bell zwischen den Pfosten abgelöst hatte. Bell war nach den ersten beiden Spielen zum Sündenbock erklärt worden und hatte daraufhin das Turnier verlassen. In seiner afrikanischen Heimat brannten ihm Fanatiker sein Haus ab.

Obwohl die Deutschen seit 1990 an Spielstärke eingebüßt hatten, galten sie in der Gruppe C gegenüber Spanien, Bolivien und Südkorea als Favoriten. Bundestrainer Berti Vogts sah sich als Titelverteidiger mit einem enormen Erfolgsdruck konfrontiert und setzte deshalb auf bewährte Kräfte. Mit Andreas Brehme und Rudi Völler kehrten zwei Spieler ins Team zurück, die sich bereits aus der Nationalmannschaft verabschiedet hatten. In den 41 Testspielen seit dem Titelgewinn 1990 hatten zwar 24 Spieler debütiert, aber zwölf Spieler des DFB-Kaders in den USA waren bereits in Italien dabei gewesen.

Gruppe C

Der Gruppensieg gelang den Deutschen nur mit viel Glück. In keinem der drei Spiele war die Vogts-Elf das spielerisch bessere Team gewesen. Die erste Begegnung gegen Bolivien, zugleich Eröffnungsspiel des Turniers, endete vor 63.177 Zuschauern im Soldier Field zu Chicago mit einem knappen 1:0-Sieg. Gegen Spanien kam man am gleichen Ort über ein 1:1-Remis nicht hinaus.

Deutsche Arroganz wurde durch die dürftigen Vorstellungen nicht gedämpft. Im Gegenteil: Auf einer Pressekonferenz vor dem letzten Gruppenspiel gegen Südkorea weigerte sich Trainerassistent Rainer Bonhof, die gegnerischen Spieler beim Namen zu nennen, sondern beschränkte sich auf deren Rückennummern. Zur Halbzeit führten die Deutschen gegen die Koreaner zwar durch Tore von Klinsmann, der

> ◆ **Effenbergs „Stinkefinger"**
>
> Für Stefan Effenberg, der zu den wenigen technisch begabten Spielern im DFB-Team zählte, bedeutete das letzte Gruppenspiel der Deutschen gegen Südkorea das „Aus": Effenberg hatte dem pöbelnden deutschen Publikum den „Stinkefinger" gereckt. Die DFB-Führung um den Moralapostel Egidius Braun hielt dies für weitaus schlimmer als die arg unter die Gürtellinie zielenden persönlichen Beleidigungen der Zuschauer und reagierte mit Ausschluss vom Turnier und aus der Nationalmannschaft.

in diesem Spiel bereits seine Treffer drei und vier erzielte, und dessen Sturmpartner Riedle klar mit 3:0, doch die zweite Hälfte gehörte allein dem Außenseiter, der das Vogts-Team spielerisch vorführte und noch auf 2:3 verkürzen konnte. Ein äußerst glücklicher Sieg, denn während Südkoreas Keeper Young Choi, der bei seinem Verein Hyundai Honrangi FC Ulsan seit einem halben Jahr nur die Ersatzbank gedrückt hatte, bei zwei deutschen Treffern ziemlich schlecht aussah, scheiterten die kombinationssicheren Asiaten auf der anderen Seite an mangelhafter Chancenauswertung. Gegen Spanien, das hinter dem DFB-Team Gruppenzweiter wurde, und Bolivien gelang den Südkoreanern, die sich intensiv auf das Turnier vorbereitet hatten und zu den besten der vorzeitig ausgeschiedenen Teilnehmern zählten, jeweils ein Remis (2:2 bzw. 0:0).

Gruppe D

In der Gruppe D wurden Afrikameister Nigeria und Vizeweltmeister Argentinien als Favoriten betrachtet. Beide starteten mit klaren Siegen. Nigeria, das den modernsten Fußball aller afrikanischen Nationen spielte und bei diesem Turnier die Nachfolge Kameruns anzutreten schien, besiegte Bulgarien mit 3:0, womit die Balkankicker noch gut bedient waren. Die *Green Eagles,* deren Akteure fast ausnahmslos bei westeuropäischen Profiklubs unter Vertrag standen, wurden die „Brasilianer Afrikas" getauft. Mit Rashidi Yekini und Daniel Amokachi verfügte Nigerias niederländischer Trainer Clemens Westerhof über zwei kraftvoll agierende Stürmer, die auf der linken Seite durch den jungen Emmanuel Amunike unterstützt wurden. Im Mittelfeld führte Sunday Oliseh Regie. Ein Handicap waren allerdings die Zwistigkeiten der Spieler mit den korrupten Funktionären des nigerianischen Fußballverbands sowie einem Trainer, der seine Spieler für charakterlich minderwertig betrachtete und daraus in der Öffentlichkeit auch keinen Hehl machte.

Argentinien behielt gegen Griechenland sogar mit 4:0 die Oberhand. Bei den Argentiniern wirkten wieder die beiden Drogen-Sünder Diego Maradona und Claudio Caniggia mit. 1992 war Maradona, damals noch für den SSC Neapel am Ball, von der FIFA wegen Kokain-Konsums gesperrt worden. Der mittlerweile 34-jährige Maradona, der sein Körpergewicht binnen kürzester Zeit und pünktlich zur WM erheblich reduziert hatte, spielte plötzlich wieder wie zu seinen besten Tagen. Als Argentinien die Nigerianer im Topspiel der Gruppe durch zwei Treffer von Caniggia mit 2:1 besiegte, schien alles auf einen argentinischen Gruppensieg hinzudeuten. Maradona hatte erneut eine starke Leistung gezeigt – allerdings mit Hilfe eines Doping-Cocktails.

Der Absturz des Diego Maradona: Der argentinische Kapitän wurde des Dopings überführt und gesperrt.

Der Höhenflug der *Green Eagles:* Die Nigerianer freuten sich nach dem 2:0 gegen Griechenland über ihren Gruppensieg.

Nicht weniger als fünf verbotene Substanzen, darunter das stimulierende Ephedrin, wurden in seinem Urin entdeckt. Maradona wurde von der FIFA umgehend gesperrt und vom argentinischen Verband aus dem Kader ausgeschlossen.

Der Ausfall Maradonas und später auch noch Caniggias brachte die argentinischen Titelträume zum Platzen. Maradonas Abhängigkeit von aufputschenden Medikamenten hätte dem argentinischen Verband bereits vor der WM auffallen müssen. Doch die Asociacion del Futbol Argentino (AFA) zog es vor, das Problem zu ignorieren. Dass die FIFA später lediglich den Spieler, nicht aber dessen Verband bestrafte, lag wohl darin begründet, dass AFA-Präsident Julio Grondona zugleich Vizepräsident des Weltverbands war. Maradona kam mit einer Sperre von 15 Monaten relativ milde davon. Die FIFA stellte wohl in Rechnung, dass der Spieler aufgrund der zahlreichen brutalen Fouls, mit denen ihn seine zumeist technisch weit unterlegenen Gegenspieler viele Jahre allwöchentlich traktiert hatten, nicht mehr schmerzlos spielen konnte und deshalb auf Medikamente angewiesen war.

Im letzten Gruppenspiel gegen Bulgarien boten die Argentinier ohne Maradona und ab der 27. Minute auch den verletzten Caniggia kaum mehr Mittelmaß und unterlagen mit 0:2. Zuvor hatten die Bulgaren Griechenland mit 4:0 besiegt, der erste Sieg der Südosteuropäer bei einer WM-Endrunde überhaupt. Nigeria gewann gegen Griechenland erwartungsgemäß mit 2:0 und wurde Gruppensieger. Punktgleich, aber mit einem um einen Treffer schlechteren Torverhältnis folgten Bulgarien und Argentinien auf den Plätzen zwei und drei. Sowohl nach dem Torverhältnis wie nach Anzahl der erzielten Treffer waren beide gleichauf, so dass der Ausgang des direkten Duells über die Platzierung zugunsten Bulgariens entschied. Griechenland, der einzige Totalausfall dieses Turniers, endete punkt- und torlos auf dem letzten Platz.

Gruppe E
Die Gruppe E, in der es mit Italien, Irland, Norwegen und Mexiko keinen ausgesprochenen Favoriten gab, sollte sich auch in der Praxis als die ausgeglichenste erweisen und wurde deshalb pathetisch als „Gruppe des Todes" apostrophiert. Am Ende der Gruppenspiele verfügten alle Teams über die gleiche Anzahl von Punkten (4) und ein ausgeglichenes Torverhältnis. Die Spiele begannen mit überraschenden 1:0-Siegen Irlands über Italien und Norwegens über Mexiko. Die Italiener kamen gegen Norwegen zu einem Sieg (1:0) und gegen Mexiko zu einem Remis (1:1). Gegen Norwegen musste die Elf von Trainer Arrigo Sacchi ab der 22. Minute auf ihren Keeper Pagliuca verzichten, der sich eine rote Karte eingehandelt hatte. Um einen anderen Torhüter einzuwechseln, musste Sacchi einen Feldspieler herausnehmen. Zum Erstaunen von Zuschauern und Spielern fiel die Wahl auf den amtierenden Weltfußballer Roberto Baggio. Das Ergebnis sollte allerdings Sacchi Recht geben. Gegen den italienischen Defensivblock gab es für die Norweger kein Durchkommen.

Mexiko besiegte Irland mit 2:1, das sich von Norwegen torlos trennte. Iren und Norweger praktizierten eine ähnliche Spielweise, deren hervorstechendstes Merkmal die Reaktivierung urenglischer Tugenden war. Im Vordergrund standen Kampfkraft und Teamgeist. Technisch überlegene Mannschaften wurden mit der Zerstörung ihres Spielaufbaus und langen Bällen in den Rücken der eigenen Abwehr malträtiert. In Europa schien sich diese Spielweise als geeignetes Rezept für kleinere Fußballnationen zu etablieren. Da die Mexikaner ein Tor mehr als die Iren erzielt hatten, wurden sie vor diesen Gruppensieger. Gleiches Glück war auch den Italienern gegenüber den Norwegern beschieden. Mit genauso vielen Punkten wie der Gruppensieger und nur einem Gegentor im Gepäck mussten die Skandinaver die Heimreise antreten. Das italienische Star-Ensemble musste nach seinem letzten Spiel gegen Mexiko dreieinhalb Stunden zittern, bevor es aus San Francisco die erlösende Nachricht vom Sieg der Russen über Kamerun in Gruppe B hörte. Im Falle eines Sieges der Afrikaner hätte der spätere Vizeweltmeister bereits nach der Vorrunde die Koffer packen müssen.

Der Gruppe F gehörten neben den beiden Benelux-Ländern und alten Rivalen Niederlande und Belgien noch Marokko und Saudi-Arabien an. Die Niederländer waren sportlich geschwächt zum Turnier gereist. Mit Marco van Basten und Ruud Gullit waren zwei Spieler, die den niederländischen Fußball seit den späten 1980er Jahren ganz wesentlich geprägt hatten, nicht dabei. Van Basten hatte sich einer Operation nach der anderen unterziehen müssen, während sich Gullit mit Bondscoach Dick Advocaat über dessen taktisches Konzept zerstritten hatte, das ihm als zu offensiv erschien. Eine andere Interpretation der Gullit-Verweigerung lautete, dass sich der Milan-Akteur von der Übermacht der Ajax-Akteure erdrückt fühle.

Gruppe F

Wie alle niederländischen Nationaltrainer – mit der Ausnahme von Rinus Michels – hatte auch Advocaat einen schweren Stand. Neben der schon traditionellen Aufmüpfigkeit seiner Spieler machte ihm zu schaffen, dass die niederländische Öffentlichkeit nicht ihn, sondern Johan Cruyff für die Idealbesetzung hielt. Der KNVB bemühte sich um ein Engagement Cruyffs für das WM-Turnier, konnte aber mit der Legende keine Übereinkunft erzielen. So durfte Advocaat mit dem Team in die USA reisen, blieb aber im Bewusstsein der Funktionäre, Spieler und Fans nur die zweitbeste Lösung.

Am ersten Spieltag konnten Niederländer und Belgier knappe Siege erringen. Belgien schlug Marokko mit 1:0, während die Niederlande gegen Saudi-Arabien mit 2:1 die Oberhand behielten. Dabei waren die Saudis sogar zunächst durch Amin in Führung gegangen. Der Siegtreffer der Oranjes durch Taument fiel erst in der 86. Minute. Im Benelux-Derby gingen die Belgier als Sieger vom Platz, wobei sie das knappe 1:0 vor allem ihrem glänzend aufgelegten Keeper Michel Preud'homme zu verdanken hatten, der die stürmenden Oranjes mit seinen fantastischen Paraden schier zur Verzweiflung brachte, sowie dem Regisseur Enzo Scifo, der in diesem Spiel eine Weltklasseleistung bot. Durch ein 2:1 gegen Marokko wurden die Niederländer dann doch noch Gruppensieger, denn Belgien unterlag Saudi-Arabien sensationell mit 0:1. Das Tor des Tages – und wohl auch des Turniers – erzielte Said-

Al-Owairan, der nach nur fünf Minuten ein Solo über gute 70 Meter hinlegte, an dessen Ende der Ball im belgischen Tor lag.

In den sechs Spielen dieser Gruppe hatte es ebenso viele Siege gegegeben, allerdings stets mit einem Unterschied von nur einem Tor. Die Niederländer wurden lediglich auf Grund des Ausgangs des direkten Duells vor den Saudis Gruppensieger, die ihrerseits die ebenfalls punktgleichen Belgier dank der höheren Zahl erzielter Tore auf den dritten Platz verwiesen. Die Marokkaner endeten etwas unter ihrem eigentlichen Wert. Die Nordafrikaner boten guten Kombinationsfußball, scheiterten jedoch an mangelhafter Chancenauswertung und einem unsicheren Torhüter Khali Azmil.

Bereits die Gruppenspiele offenbarten eine Entwicklung, die der weitere Verlauf des Turnieres bestätigen sollte: Die Kluft zwischen den „Großen" und vermeintlich „Kleinen" hatte sich verringert, ohne dass das Niveau des Fußballs sich deshalb verbessert hatte. Vielmehr war das Gegenteil der Fall: Die „Kleinen" waren besser geworden und hatten aufgeholt. Wohl auch deshalb, weil die „Großen" stagnierten oder sich verschlechtert hatten. In der Hälfte der Gruppen verfügten drei Teams nach Abschluss der Vorrundenspiele über eine identische Punktzahl.

Achtelfinale: Der Absturz der *Green Eagles*

Mit Belgien, Bulgarien, Deutschland, Irland, Italien, Niederlande, Rumänien, Schweden, Schweiz und Spanien stellte Europa zehn der 16 Achtelfinalteilnehmer. Nord- und Mittelamerika hatte mit Mexiko und USA beide Teilnehmer durchgebracht, Südamerika wurde noch durch Argentinien und Brasilien vertreten. Von den afrikanischen Vertretern war Nigeria, von den asiatischen Saudi-Arabien übrig geblieben.

Mühevoll, aber nicht unverdient gestaltete sich der 1:0-Sieg Brasiliens über die USA. Erstmals in der Geschichte des US-Soccers wurde ein Auftritt seiner Nationalmannschaft zu einem nationalen Ereignis, und mit dem Fußball spielenden Rockmusiker Alexis Lalas besaß der US-Soccer erstmals ein einheimisches Idol. Vor 84.147 Zuschauern im Standford Stadium zu Palo Alto wehrten sich die Gastgeber gegen Brasiliens spielerische Überlegenheit nach Kräften. Die Entscheidung fiel im Mittelfeld, wo die US-Boys den Südamerikanern nichts entgegenzusetzen hatten. Trotzdem dauerte es 74 Minuten, bis Bebeto nach Vorarbeit von Romario der Siegtreffer gelang.

Die Begegnung Belgien gegen Deutschland war zumindest in den ersten 45 Minuten ein gutes Spiel, insbesondere seitens der Deutschen, die bei Halbzeitpfiff mit 3:1 in Führung lagen. Die belgische Abwehr bekam die gut harmonierenden Sturmspitzen Klinsmann und Völler nie in den Griff, auf deren Konto auch alle drei Tore gingen. Hinzu kam, dass Spielmacher Enzo Scifo bei Matthias Sammer bestens aufgehoben war. Der Anschlusstreffer der Belgier in der 90. Minute konnte das Spiel nicht mehr kippen. Die Elf von Trainer Paul van Himst haderte mit dem Schweizer Schiedsrichter Röthlisberger, der den Belgiern einen klaren Elfmeter verweigerte und Helmer

Erstmals in der nordamerikanischen Soccergeschichte standen sie im Mittelpunkt der heimischen Medien: das US-Nationalteam um den kickenden Rockmusiker Alexi Lalas (hinten, 3.v.l.).

den (wegen einer Notbremse) verdienten Platzverweis ersparte. Nichtsdestotrotz war der deutsche Sieg aufgrund der besseren spielerischen Leistung durchaus verdient. Es sollte die einzige ansehnliche Vorstellung des DFB-Teams bei diesem Turnier bleiben.

Keine Probleme hatten die Spanier und Niederländer mit ihren Gegnern. Spanien besiegte die Schweiz mit 3:0, während die Niederlande gegenüber den spielerisch klar unterlegenen Iren mit 2:0 die Oberhand behielten. Saudi-Arabien wusste gegen Schweden erneut durch Ballsicherheit und technische Eleganz zu überzeugen. Die Orientalen spielten nahezu körperlos, was ihnen allerdings gegen die robusten und zweikampfstarken Schweden zum Verhängnis wurde. Die Skandinavier gewannen mit 3:1, wobei dem langen Rotschopf Kennet Andersson in der zweiten Halbzeit zwei schöne Tore gelangen.

Argentinien begann gegen Rumänien druckvoll, scheiterte aber immer wieder an der gut eingestellten gegnerischen Abwehr. Zur Halbzeit lagen die Rumänen, die blitzartig von Abwehr auf Angriff umstellten, durch zwei Treffer ihres Torjägers Dumitrescu mit 2:1 in Front. Nach dem

Argentinien ohne Moral

Wiederanpfiff erhöhten die Südamerikaner den Druck, doch ein Treffer des überragenden Gheorghe Hagi, vielleicht der beste Regisseur dieses Turniers, bedeutete das „Aus" für den zweifachen Weltmeister und amtierenden Vizeweltmeister, dessen Trainer Alfio Basile anschließend resümierte: „Maradonas Sperre hat unsere Moral gebrochen."

Die Begegnung Mexiko gegen Bulgarien wurde erst durch Elfmeterschießen entschieden, nachdem es hier nach 120 größtenteils schwachen Minuten 1:1 gestanden hatte. Die beiden Keeper Jorge Campos und Borislav Mihaylov erwiesen sich als Elfmetertöter, so dass nur vier der zehn Schüsse ins Netz gelangten. Das bessere Ende hatten die Bulgaren, die das Elfmeterschießen mit 3:1 gewannen.

Vor der Begegnung Nigeria gegen Italien brodelte es bei den Afrikanern heftig. Eine Gruppe von Spielern plante eine Rebellion gegen den ungeliebten Trainer. Zu den Anführern zählte auch der für Eintracht Frankfurt spielende „Jay Jay" Okocha, dem Westerhoff bis dahin nur zwei Kurzeinsätze gegönnt hatte. Gegen Italien durfte Okocha dann von Anfang an mitwirken. Mit Emmanuel Amunike, Sunday Oliseh, Finidi George und Daniel Amokachi bildete der Bundesliga-Legionär ein „magisches Fünfeck", das die italienischen Reihen durcheinanderwirbelte.

In der 27. Minute brachte Amunike die *Green Eagles* in Führung. Acht Minuten später musste Amokachi verletzungsbedingt ausscheiden, was dem nigerianischen Kombinationsspiel etwas von seiner Sicherheit raubte. Dennoch sahen die Afrikaner bis zur 89. Minute wie die sicheren Sieger aus, zumal der Gegner in der 76. Minute Zola durch Platzverweis verloren hatte. Die Nigerianer führten die Italiener nun geradezu vor, übertrieben es allerdings mit ihrer Arroganz. Eine Minute vor Schluss der regulären Spielzeit gelang dem bis dahin völlig untergegangenen Roberto Baggio der Ausgleichstreffer. In der Verlängerung wurde die *Squadra Azzurra* durch eine Verletzung von Roberto Mussi de facto auf neuneinhalb Spieler reduziert. Trotzdem gelang ihnen per Elfmeter die Führung. Zum zweiten Mal bei diesem Turnier hatten die taktisch klug agierenden Italiener ein Spiel trotz Unterzahl für sich entscheiden können. Afrikas Vormarsch wurde durch das Ausscheiden Nigerias jäh gestoppt. Die *Green Eagles* suchten und fanden den Schuldigen im vermeintlichen „Entwicklungshelfer" Clemens Westerhof, der ihnen taktisch nichts vermittelt habe.

Viertelfinale: Abschied für den Titelverteidiger

Sieben europäische Mannschaften standen unter den letzten Acht. Von den nichteuropäischen Teilnehmern hatte lediglich Brasilien die bis dahin 44 Spiele überlebt. Doch täuschte dieses Bild ein wenig, da Nigeria, Mexiko und Argentinien nur knapp gescheitert waren.

Die Deutschen praktizierten gegen die Bulgaren Fußball der biederen Art. Ihre leichte Überlegenheit brachte die umsichtige bulgarische Abwehr kaum in Bedrängnis. Dass das DFB-Team in der 49. Minute trotzdem in Führung ging, hatte es einem von Matthäus verwandelten Elfmetergeschenk zu verdanken. Die Deutschen spielten nun besser, während die Bulgaren weiterhin das Spiel verschleppten, als handele es sich dabei

Matthäus am Boden – und mit ihm die deutsche Fußballgemeinde. Bulgarien (hier: Sirakov) schoss den Titelverteidiger vorzeitig aus dem Turnier.

lediglich um ein Freundschaftsspiel. Doch 15 Minuten vor dem Schlusspfiff explodierten die Balkankicker. Binnen vier Minuten verwandelten Hristo Stoichkov, der eigentliche Chef des Teams, dem Trainer Dimitar Penew keinerlei Anweisungen zu erteilen wagte, und der für den Hamburger SV kickende Yordan Letchkov den 0:1-Rückstand in eine 2:1-Führung, bei der es dann auch blieb. Der Weltmeister war ausgeschieden, gescheitert an Selbstüberschätzung und einem hoffnungslos überalterten Fußball.

Das Duell der Außenseiter Rumänien und Schweden konnten Letztere per Elfmeterschießen für sich entscheiden, wobei der schwedische Keeper Thomas Ravelli mit zwei gehaltenen Elfmetern zum Helden wurde. Nach 120 Minuten hatte es 2:2 gestanden. Die Skandinavier hatten durch Geradlinigkeit und Effizienz überzeugt, während die Südosteuropäer den eleganteren Stil pflegten. Für Schweden bedeutete der Sieg den nach 1950 und 1958 dritten Einzug unter die letzten Vier.

Für die Spanier wurde es hingegen wieder nichts mit dem Halbfinale. Im romanischen Duell behielt Italien knapp mit 2:1 die Oberhand. Der Siegtreffer fiel erst in der 88. Minute. Wie schon gegen Nigeria hieß der Matchwinner Roberto Baggio. Das Spiel verlief „typisch italienisch". Die Spanier spielten über weite Strecken den besseren Fußball und hätten an diesem Tag den Sieg verdient gehabt, scheiterten aber an der italienischen Defensivabteilung. Baggios Siegtreffer war zugleich die einzige echte Torchance der Italiener in der zweiten Halbzeit. In der Nachspielzeit kam es noch zu einigen unschönen Szenen. Bei einer der Tätlichkeiten wurde dem spanischen Linksaußen Luis Enrique von Mauro Tassotti das Nasenbein zertrümmert.

Die Begegnung zwischen Brasilien und den Niederlanden verlief in den ersten 45 Minuten tor- und ereignislos. Beide Teams beschränkten sich auf Sicherheitsfußball. Doch nach dem Wiederanpfiff zelebrierten Brasilianer wie Niederländer im Cotton Bowl zu Dallas Offensivfußball vom Feinsten. Taktik zählte plötzlich nichts mehr. Die glänzend aufgelegten Bebeto und Romario brachten ihr Team mit 2:0 in Führung, doch Bergkamp und Winter konnten ausgleichen. Die Oranjes schienen anschließend einem dritten Treffer sogar näher zu sein als die Südamerikaner. Doch mitten in der niederländischen Schlussoffensive gelang Branco mit einem seiner wegen ihrer Wucht und Präzision gefürchteten Freistöße der Siegtreffer für den dreifachen Weltmeister.

Halbfinale: Wieder zweimal Baggio

Die Halbfinalpaarungen lauteten Italien gegen Bulgarien und Brasilien gegen Schweden. Bei den Italienern hatte Roberto Baggio rechtzeitig wieder zu seiner Form gefunden. Gegen die Bulgaren lieferte der Weltfußballer sein bestes Spiel bei diesem Turnier. Nach 26 Minuten führte die *Squadra Azzurra* durch zwei Baggio-Tore bereits mit 2:0. Hätte Demetrio Albertini nicht nur den Pfosten getroffen, wäre die italienische Führung noch höher ausgefallen. Als sich das Spiel dem Halbzeitpfiff näherte, fingen sich die Bulgaren wieder. In der 44. Minute verkürzte Stoichkov vom Elfmeterpunkt auf 1:2, nachdem der dribbelstarke Sirakov nur durch ein Foul gestoppt werden konnte. Nach dem Wiederanpfiff drängten die Bulgaren auf den Ausgleich und waren auch das bessere Team. Insbesondere Yordan Letchkov trieb seine Elf immer wieder nach vorne. Doch das Glück stand einmal mehr auf Seiten der Italiener. Ein klares Handspiel von Maldini im eigenen Strafraum blieb folgenlos. Die Sacchi-Elf stand nach vier knappen Siegen, einer Niederlage und einem Remis im Finale, ohne auch nur einmal überzeugen zu können.

Aber auch die Brasilianer glänzten in diesem Turnier nicht unbedingt durch Torhunger und klare Resultate. In technischer Hinsicht waren die Südamerikaner ihrem Gegner klar überlegen. Die Skandinavier spielten einen ziemlich schlichten, auf Teamgeist und Kampfkraft basierenden Fußball, verhielten sich aber taktisch klug. Zudem wussten die Brasilianer ihre Chancen nicht zu nutzen. Je länger das Spiel dauerte und torlos blieb, desto selbstbewusster wurden die Schweden und brachten damit ihren Gegner zusehends in die Bedrouille. In der 63. Minute wurde der schwedische Mann-

Im Halbfinale gegen Bulgarien lieferte der italienische Superstar Roberto Baggio sein bestes Spiel und schoss beide Tore zum 2:1-Sieg.

schaftskapitän Jonas Thern nach einem Revanchefoul des Platzes verwiesen. Das Spiel erlahmte nun. Die Entscheidung fiel erst neun Minuten vor dem Ende, als Romario eine Bilderbuchflanke von Jorginho per Kopf zum 1:0 verwandelte.

Im Spiel um den dritten Platz standen sich mit Schweden und Bulgarien zwei Teams gegenüber, mit deren Einzug unter die letzten Vier niemand gerechnet hatte. Die 83.716 Zuschauer im Rose Bowl, Pasadena, sahen in den ersten 45 Minuten eine lockere und unterhaltsame Partie, in der der schwedische Regisseur Tomas Brolin eine glänzende Vorstellung gab. Brolin war es dann auch, der den schwedischen Torreigen eröffnete. Beim Halbzeitpfiff führten die Skandinavier bereits mit 4:0. Dies war auch der Endstand.

Finale: Entscheidung im Elfmeterschießen

Einen Tag später wurden 94.949 Zuschauer an gleicher Stelle Zeugen eines erneut schwachen WM-Finales. Was Brasilien und Italien im Rose Bowl von Pasadena boten, war phasenweise eine Zumutung und übertraf noch das unansehnliche Endspiel von 1990. Italien beschränkte sich weitgehend auf die Bildung eines massiven Abwehrriegels und die Neutralisierung der Sturmspitzen Romario und Bebeto. Das 15. WM-Finale wurde zum ersten in der Geschichte des Turniers, das torlos endete. So mussten beide Teams in die Verlängerung. Als darin ebenfalls kein Treffer fiel, musste erstmals in der Geschichte des Turniers ein Elfmeterschießen über den neuen Weltmeister entscheiden.

In den vorausgegangenen Spielen hatten die Italiener wiederholt das Glück gepachtet und sich mehr oder weniger ins Finale gemogelt. In sechs Begegnungen hatten sie es auf lediglich acht Treffer gebracht. Keines der von ihnen gewonnenen Spiele wurde mit mehr als einem Tor Differenz entschieden. Dass das Glück diesmal mit den Brasilianern war, erschien vielen somit als das kleinere Übel und ausgleichende Gerechtigkeit, zumal die Südamerikaner mehr Initiative als ihr Gegner zeigten. Als nach Baresi auch noch Roberto Baggio seinen Elfmeter vergab, indem er den Ball geradezu amateurhaft über das Gehäuse schickte, hieß der neue Weltmeister Brasilien, das damit als erstes Land den Titel zum vierten Male gewonnen hatte. Ausgerechnet der Spieler, der Italien bei den drei vorausgegangenen Spielen gerettet und dadurch in seiner Heimat eine „Baggiomanie" ausgelöst hatte, wurde zur tragischen Gestalt des Finales.

Alles in allem war der brasilianische Turniersieg verdient. Doch der Weltmeister 1994 war ein anderer als der von 1958, 1962 und 1970. Fußballerisch passten die Sieger von 1994 nicht einmal in die Schuhe der Verlierer von 1982, in deren Reihen so brillante Kicker wie Zico und Socrates gestanden hatten. Brasilien 1994 war ein funktionales Team, das weniger auf Angriff denn auf eine stabile Defensive setzte. Von sieben Spielen beendete Brasilien fünf „zu null". Keeper Taffarel musste nur dreimal hinter sich greifen und wurde nur zwölfmal zum ernsthafteren Eingreifen genötigt. War der Gegner am Ball, versammelten sich nicht weniger als neun Brasilianer hinter dem Spielgerät. Die 1980er und frühen 1990er Jahre hatten einen Kampf zwischen Fußballkünstlern und Fußballtechnokraten gesehen. Dieses brasilianische Team schien zu bestätigen, dass Letztere, selbst in der Heimat der Fußballkunst, gesiegt hatten. „Fitness und Kraft haben Geschick und Raffinesse abgelöst", lautete Johan Cruyffs Diagnose. Letztlich war dies eine Konsequenz aus dem Turnier von 1990, wo sich nicht die fußballerisch besten, sondern taktisch geschicktesten und physisch stärksten Teams durchgesetzt hatten. Südamerikaner wie Afrikaner hatten von Europa „gelernt" – sehr zum Leidwesen der fußballerischen Ästheten.

Finale 1994: Im dichten Abwehrriegel der Italiener blieb auch Romario immer wieder hängen – notfalls durch ein Foul gestoppt.

Bei aller Begeisterung, mit der der Weltmeister in der Heimat empfangen wurde: Die Haltung der brasilianischen Öffentlichkeit gegenüber ihrem Team hatte sich seit 1970 verändert. Als beispielsweise 1970 die Spieler aus Mexiko heimkehrten, durften sie ihre Geschenke zollfrei einführen. 1994 bestanden die Zollbeamten darauf, dass die Spieler für die zwölf Tonnen Hightech-Waren, die sie einführen wollten, Zoll bezahlten. Der Disput dauerte fast fünf Stunden und konnte erst nach Intervention des Finanzministers beendet werden. Bei einer anschließenden Umfrage äußerten sich 70 % gegen eine Sonderbehandlung der Spieler durch die brasilianischen Behörden.

Als Juventus Turin sich 1960 um den für den FC Santos spielenden Pelé bemühte, hieß es, der Spieler sei „ein nicht exportierbarer nationaler Schatz". Auch das hatte sich gründlich geändert: Korruption im brasilianischen Fußball sowie Kommerzialisierung des internationalen Fußballs trieben nun mehr und mehr Brasilianer auf den europäischen Markt. Nach der WM 1994 setzte ein Exodus ein, zumal 98 % der brasilianischen Fußballer daheim nicht mehr als 90 britische Pfund pro Monat verdienen konnten. 700 Fußballer verließen Jahr für Jahr das Land, bereicherten nicht nur die besseren Ligen des wohlhabenden Europas, sondern landeten auch in „Fußballhochburgen" wie Island, Indien oder Indonesien. In der Saison 2000/2001 spielten in der europäischen Champions League mehr Brasilianer (41) als Engländer (40).

Nachspiel in den USA

Vom Niveau her stellte die WM 1994 gegenüber Italien 1990 keine nennenswerte Verbesserung dar, wenngleich sich der Torquotient von 2,21 pro Spiel auf 2,71 erhöhte. Einige Kritiker vertraten gar die Auffassung, die Turniere von 1990 und 1994 hätten das Niveau derer von 1962 und 1982 noch unterboten. Die großen Medien thematisierten diesen Qualitätsverlust nur wenig. Warum auch – schließlich hatten sie sich von Berichterstattern zu den faktischen Organisatoren des Turniers entwickelt, die einerseits Unsummen für die Übertragungsrechte zahlen mussten, andererseits dafür erheblichen Einfluss auf den Ablauf der WM nehmen konnten. Sie wirkten kräftig daran mit, die Sportveranstaltung in ein buntes Show-Event zu verwandeln – und das amerikanische Publikum spielte mit.

Die 52 Spiele wurden von 3,5 Millionen Zuschauern besucht, was neuen Rekord und rund eine Million mehr als in Italien bedeutete. Soccer war in den USA wieder zum Ereignis geworden, und so gab es erneut Versuche, in den Staaten einen Spielbetrieb aufzuziehen.

1996 erfolgte der Startschuss zur neuen US-Profiliga, womit zwölf profifußballlose Jahre ein Ende fanden. Die neue Profiliga nannte sich selbstbewusst – in Anlehnung an die Major League Baseball – Major League Soccer (MLS). Europäer spielten in dieser Liga nur in beschränktem Maße eine Rolle. Stattdessen setzte man auf Alt-Stars aus Mittel- und Südamerika wie Carlos Valderama oder Hugo Sanchez. Der Zuschauerschnitt betrug zunächst ca. 20.000 und lag damit über den Erwartungen. Hochburgen waren Los Angeles, New York, Dallas – vor allem also dort, wo viele mexikanische Einwanderer lebten. Nach nur einer Saison hatte sich die MSL einen festen Platz in der Berichterstattung der Medien erobert, obschon nicht vergleichbar mit dem Raum, der Baseball, Football und Basketball gewidmet wurde.

Bereits 1990 betrieben in den USA mehr junge Menschen – Jungen wie Mädchen – Soccer als irgendein anderes Ballspiel, mit der Ausnahme des in den schwarzen Gettos so populären Basketballs. 1998 spielten 17 Millionen US-Bürger Soccer. Begeisterung herrschte insbesondere bei Jugendlichen und Frauen. Acht Millionen der US-Kicker spielten in Jugendteams. Waren es im Baseball und Football die Väter, die ihre Kinder mit dem Spiel vertraut machten, so führten im Soccer die Kids ihre Eltern an das Importprodukt heran. Allerdings fehlte unverändert ein Vorbild und Idol für die Jugendlichen in den urbanen Gettos, das eine ähnliche Funktion hätte ausüben können wie seinerzeit Michael Jordan im US-Basketball. Die einzige Ikone des US-Soccers war mit Mia Hamm eine weiße Frau, deren Werbeeinkünfte die ihrer Kollegen im Herrenteam um ein Vielfaches übertraf. Das Merchandising des nationalen Verbandes beschränkte sich weitgehend auf das Frauenteam, das 1991 und 1999 Weltmeister wurde.

Brasiliens Kapitän Carlos Dunga (mit Pokal) und seine Mitspieler jubeln über den knappen Finalsieg. (Ganz rechts der 18-jährige Ronaldo, dessen Stern erst nach der WM aufging.)

In den High Schools gewann das Spiel an Popularität, ebenfalls unter Jungen wie Mädchen. In den weiterführenden Colleges hatten Baseball, Football und Basketball indes weiterhin deutlich die Nase vorn. So fehlte dem Soccer unverändert jenes System, das die anderen drei Spiele auszeichnet und stark macht: die Verzahnung von College-Teams mit dem Profibetrieb.

Dennoch könnte Soccer zur nationalen Sportart Nr. 4 werden, zumal die Herkunft der Aktiven eine dramatische Veränderung erfahren hat: Über 90 % der kickenden Jugendlichen sind in den USA geboren. Die Hochburgen des US-Soccers befinden sich allerdings noch immer dort, wo Immigranten ihre kulturelle Eigenständigkeit bewahrt haben und Kontakte in die Heimat pflegen.

◆ WM 1998

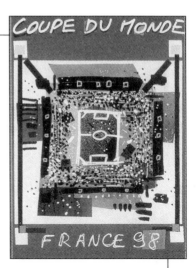

Austragungsland: Frankreich

Austragungsorte und Spielstätten: Bordeaux (Parc Lescure), Lens (Stade Felix Bollaert), Lyon (Stade Gerland), Montpellier (Stade de la Mosson), Nantes (Stade de la Beaujoire), Marseille (Stade Vélodrome), Paris (Parc des Princes, Stade de France), Saint-Étienne (Stade Geoffrey Guichard), Toulouse (Le Stadium)

Dauer: 10. Juni bis 12. Juli 1998

Eröffnungsspiel: Brasilien – Schottland 2:1 (1:1) (10. Juni 1998, Stade de France, Paris)

Gemeldete Länder: 172

Endrundenteilnehmer: 32
Europa (15): Belgien, Bulgarien, Dänemark, Deutschland, England, Frankreich, Italien, Jugoslawien, Kroatien, Niederlande, Norwegen, Österreich, Rumänien, Schottland, Spanien
Südamerika (5): Argentinien, Brasilien, Chile, Kolumbien, Paraguay
Nord- und Mittelamerika (3): Jamaika, Mexiko, USA
Afrika (5): Kamerun, Marokko, Nigeria, Südafrika, Tunesien
Asien (4): Iran, Japan, Saudi-Arabien, Südkorea

Qualifikationsspiele: 643, **Endrundenspiele:** 64

Modus: Acht Vorrundengruppen à vier Mannschaften (Punktspiele). Die beiden Erstplatzierten jeder Gruppe qualifizieren sich für das Achtelfinale. Danach K.o.-System.

Tore: 171, Torschnitt pro Spiel: 2,67

Zuschauer: 2.987.668

Zuschauerschnitt: 46.682

Die besten Torschützen: Davor Suker (Kroatien): 6 Tore; Batistuta (Argentinien), Vieri (Italien): 5 Tore; Ronaldo (Brasilien), Salas (Chile), Hernandez (Mexiko): 4 Tore

Finale: Frankreich – Brasilien 3:0 (2:0) (Stade de France, Paris, 12. Juli 1998)

Frankreich: Barthez; Thuram, Leboeuf, Desailly, Lizarazu, Karembeu (57. Boghossian), Deschamps, Petit, Zidane, Djorkaeff (76. Vieira), Guivarc'h (66. Dugarry)

Brasilien: Taffarel; Cafú, Junior Baiano, Aldair, Roberto Carlos, Cesar Sampaio (74. Edmundo), Dunga, Leonardo (46. Denilson), Rivaldo, Ronaldo, Bebeto

Schiedsrichter: Belqola (Marokko)

Tore: 1:0, 2:0 Zidane (25., 45.),3:0 Petit (90.)

Gelb-rote Karte: Desailly (68.)

Zuschauer: 80.000

WM 1998

Triumph der Farben

Von Havelange zu Blatter

Bevor Frankreich 1998 zum zweiten Mal das WM-Turnier austragen durfte, kam die Ära Havelange zu ihrem offiziellen Ende. Als der Patriarch die FIFA-Zentrale nach 24 Jahren verließ, hatte sich die Welt des Fußballs entscheidend verändert. Der globale Umsatz der Kicker-Branche wurde auf 250 Mrd. Dollar jährlich beziffert und lag somit um ca. 80 Mrd. Dollar über dem von General Motors. Beim Amtsantritt des Brasilianers zählte die FIFA weniger als 100 Mitglieder. Zur Jahrtausendwende waren es 203 – mehr als die UNO Mitgliedsstaaten hatte. Zu den ersten souveränen Akten neuer Staaten gehörte meist der Beitritt zum Weltfußballverband. Die Aufnahme in die FIFA wurde als ein klares Signal für die Anerkennung der nationalstaatlichen Souveränität eines Landes durch die internationale Gemeinschaft verstanden.

1974 gab es nur den World Cup. 1998 organisierte die FIFA elf Wettbewerbe, darunter Weltmeisterschaften für Junioren und Frauen. 1974 fand die Endrunde mit 16 Ländern statt, von denen nur zwei aus Afrika und Asien/Ozeanien kamen. Bis 1998 verdoppelte sich die Zahl der Endrundenteilnehmer auf 32 Länder. Beim WM-Turnier 1998 kamen immerhin neun der 32 Teilnehmer oder gut 28 % aus Regionen außerhalb der traditionellen FIFA-Hochburgen Europa und Lateinamerika.

Von 1930 bis 1990 fand der World Cup ausschließlich in Europa und Lateinamerika statt, achtmal in Europa (Italien, Frankreich, Schweiz, Schweden, England, Deutschland, Spanien und erneut Italien), viermal in Südamerika (Uruguay, Brasilien, Chile und Argentinien) und zweimal in Mittelamerika (jeweils Mexiko). Es dauerte bis 1994, bevor die Veranstaltung mit den USA erstmals in ein Land außerhalb Europas und Lateinamerikas vergeben wurde. 2002 war erstmals Asien mit Japan und Südkorea an der Reihe. Zu den Bewerbern für die WM 2006 gehörte auch Südafrika. Erst in der Ära Havelange wurde der World Cup zu einem globalen Ereignis.

Auch in politischer Hinsicht verwies Havelange auf eine Erfolgsbilanz: Durch den Fußball sei das lange Zeit in Isolation und Selbstisolation verharrende China zurück ins globale ökonomische und politische Netzwerk gebracht worden. Die gemeinsame Austragung eines Turniers durch Südkorea und Japan verstand der Patriarch als Bei-

◆ **Das teuerste Stadion der Welt**

Im Pariser Vorort Saint-Denis, im ärmlichsten Department Frankreichs gelesen, entstand zur WM 1998 mit dem Stade de France das teuerste Stadion der Welt. Etwa 850 Mio. DM verschlang die wie ein UFO aussehende 80.000 Zuschauer fassende neue Arena mit ihrem freischwebenden Dach und ausfahrbaren Tribünen. Das Stade de France löste den Parc des Princes als Nationalstadion für Fußball, Rugby und andere Sportarten sowie für Popkonzerte ab. Der Parc des Princes war erst 1972 neu erbaut worden und 1984 Schauplatz des EM-Finales gewesen. Das neue Stade de France wurde zu 53 % vom privaten Sektor und zu 47 % vom Staat finanziert. Jeder französische Bürger trug mit 20 Francs zum Bau des Nationalstadions bei.

trag zur Aussöhnung in Südostasien. Zu seinen letzten Ambitionen gehörte die Organisation eines Freundschaftsspiels zwischen Israel und einer Vertretung Palästinas in New York, dem Sitz der Vereinten Nationen. Havelange wollte der Welt beweisen, „dass Fußball erfolgreich sein kann, wo die Politik dies nicht ist". 1998 wurde Palästina Voll-Mitglied der FIFA, ohne dass die Palästinenser bereits über einen wirklich souveränen Staat verfügten. Zuweilen eilte Havelanges FIFA der politischen Entwicklung voraus.

Neuer FIFA-Präsident wurde der Schweizer Sepp Blatter, seit 1981 Generalsekretär des Weltverbands. Blatter war ein Vertrauter Havelanges, der dem Brasilianer einst von adidas-Chef Horst Dassler empfohlen worden war. Wie Havelange war auch Blatter ein Quereinsteiger in Sachen Fußball. Blatter konnte sich nach einem knochenharten Wahlkampf gegen den schwedischen UEFA-Präsidenten Lennart Johannson durchsetzen. 111 der Delegierten votierten für den Schweizer, der sich nun stolz zum „Premierminister des größten Landes der Welt"

Neue Führung bei der FIFA

kürte, 80 für den Schweden. Schnell machten Witze über die Eitelkeit des neuen FIFA-Bosses die Runde: „Was ist der Unterschied zwischen Gott und Sepp Blatter? Gott hält sich nicht für Blatter." Blatters Wahl wurde von Bestechungsgerüchten begleitet. 15 bis 20 Delegierte Afrikas und Asiens sollen Briefumschläge mit je 50.000 Dollar von dem Schweizer erhalten haben. Blatter wies die Vorwürfe zurück und deklarierte die Gaben zu vorher vereinbarten Unterstützungen für finanziell schwache Verbände.

Johannson hatte für den Fall seiner Wahl einen „Demokratisierungsprozess der FIFA" versprochen. Mit der Wahl Blatters entschieden sich die Delegierten jedoch für die Fortsetzung der Havelange-Politik, einer Mischung aus Expansionismus und Vetternwirtschaft. Eine Reihe von Dritte-Welt-Ländern sah in Johannson einen Vertreter des Eurozentrismus. Wenig hilfreich war auch ein Interview, das Johannson dem Stockholmer *Aftonbladet* gegeben hatte und das ihm den Vorwurf des Rassismus einbrachte. Dort hatte er seine Teilnahme an einer Tagung in Johannesburg (Südafrika) geschildert: „Der Saal war voll von Schwarzen. Wenn so viele von denen zusammen sind, wird es ja verflucht dunkel. Außerdem ist es nicht mehr so lustig, wenn die in Rage geraten."

Das neue Stade de France im Pariser Vorort Saint-Denis.

Endgültig ein globales Ereignis

Mit 32 Teilnehmern war die WM-Endrunde in Frankreich so groß wie noch nie. 172 Verbände hatten sich ursprünglich gemeldet, wodurch 643 Qualifikationsspiele nötig wurden. 1938 waren es erst 21 gewesen, 1954 deren 56 und 1966 nicht mehr als 127. Von den 32 Teilnehmern kamen 15 aus Europa und fünf aus Südamerika. Der Anteil der alten FIFA-Säulen war damit auf 62,5 % gesunken, und erstmals seit dem Turnier von 1950 befanden sich die europäischen Teilnehmer in der Minderheit, ohne dass dies eine Verringerung der europäischen Teilnehmerzahl bedeutete, die vielmehr gegenüber 1994 von 13 auf 15 zulegte. Die Präsenz Afrikas und Asiens erhöhte sich durch die neuerliche Ausweitung des Teilnehmerfeldes gegenüber 1994 von fünf auf acht. Der World Cup war endgültig zu einem globalen Ereignis geworden. Nicht nur aufgrund des Drängens der Länder Asiens und Afrikas, sondern auch bedingt durch ökonomische Interessen.

Ohnehin war die „Kern-Ökonomie" der FIFA weiterhin Europa. Zwar gehörten nur ca. 25 % aller FIFA-Mitglieder der UEFA an, aber diese kamen für 80 % der FIFA-Einkünfte auf. Und von den 704 Spielern, die in Frankreich an den Start gingen, standen 436 (oder 62 %) bei europäischen Klubs unter Vertrag. 122 dieser Kicker spielten für Länder anderer Regionalverbände. Anders sah es dagegen im Geltungsbereich von CONMEBOL aus: Nach einem Akteur einer nicht-südamerikanischen Nationalelf suchte man bei den südamerikanischen Klubs vergeblich. Die Mehrzahl der Fußballmigranten – nämlich 270 – spielte in den Ligen Englands, Italiens, Spaniens oder Deutschlands.

Mit England, Spanien, Japan, Mexiko und Saudi-Arabien rekrutierten nur fünf Endrundenteilnehmer ihr Team ausschließlich aus Spielern, die in der Heimat kickten. Hingegen hatte Nigeria nicht einen einzigen Spieler heimischer Klubs im Kader.

Von den 110 Spielern der CONMEBOL-Länder beim WM Turnier 1998 kickten 41 (oder 37,3 %) für Klubs außerhalb ihrer Region. 83 % davon „arbeiteten" in UEFA-Ländern. Von den ebenfalls 110 Spielern der afrikanischen CAF-Teilnehmer standen 74 (oder 67,3 %) außerhalb Afrikas unter Vertrag, 96 % von ihnen in UEFA-Ländern. Favorisiert wurden hier mit Frankreich, Italien, Spanien, Griechenland und der Türkei die Staaten der Mittelmeerküste, mit Frankreich (19 %) und Spanien (18 %) als Spitzenreiter. Mitte der 1990er Jahre wurde die Zahl der aus Afrika stammenden Kicker in den ersten und zweiten Ligen Europas auf über 350 geschätzt. Bis zur Jahrtausendwende stieg ihre Zahl auf 770.

Qualifikation: Russland scheitert

Die Erhöhung des Teilnehmerfeldes hatte zur Folge, dass nur wenige der Großen in der Qualifikation hängen blieben. In Europa erwischte es das von schweren wirtschaftlichen Problemen geplagte Russland. Auch die ehemaligen Vizeweltmeister Ungarn und Tschechoslowakei mussten zu Hause bleiben, ebenso der WM-Dritte von 1994 Schweden. Das deutsche Team wurde in seiner Gruppe zwar Erster, musste jedoch bis zum Abpfiff des letzten Spieltags zittern, als man den vermeintlichen Fußballzwerg Albanien nur knapp mit 4:3 bezwang. Im Falle einer Niederlage hätte sogar ein Abrutschen auf den dritten Platz und damit das „Aus" gedroht. Schon frühzeitig deutete sich an, dass der deutsche Sieg bei der EM 1996 nur ein Intermezzo gewesen war, weshalb die Deutschen auch nicht zum engeren Kreis der Titelanwärter gezählt wurden. Der EM-Triumph erschwerte eine tiefer gehende Aufarbeitung der Ursachen für das Scheitern 1994 in den USA, wodurch der deutsche Fußball wertvolle Zeit und den Anschluss an die internationale Entwicklung verlor.

Aus Südamerika kamen außer Weltmeister Brasilien noch Argentinien, Paraguay, Kolumbien und Chile. Nord- und Mittelamerika stellten drei Teilnehmer. Neben dem Fast-Stammgast Mexiko waren dies noch die USA, zum dritten Mal in Folge, und überraschend Jamaika. Einige der *Reggae Boyz* hatten in der englischen Premier League Erfahrung gesammelt. Afrika wurde durch Kamerun, Marokko, Tunesien, Nigeria und Südafrika vertreten. Abgesehen von Südafrika, das sich endlich der Apartheid entledigt und 1996 im eigenen Land erstmals den Afrika-Cup gewonnen hatte, waren alle afrikanischen Vertreter „alte Bekannte". Für Marokko und Kamerun war es bereits die jeweils vierte WM-Teilnahme.

In Asien konnten sich Südkorea, Saudi-Arabien, Iran und erstmals Japan qualifizieren. Im iranischen „Gottesstaat" wurde die Nationalmannschaft, zuletzt bei der WM 1978 vertreten, zum Focus eines stärker säkularen Nationalgefühls. In der Begeisterung für die Elf manifestierte sich auch ein Wille zur Modernisierung und Demokratisierung. Als die Mannschaft nach dem entscheidenden Sieg in Australien in die Heimat zurückkehrte, strömten einige tausend Frauen ins Teheraner Stadion Azadi, wo die Helden gefeiert wurden. Dabei hatten die Medien den weiblichen Teil der Gesellschaft aufgefordert, zu Hause zu bleiben und sich mit Fernsehbildern zu begnügen.

Équipe Tricolore: Ein Team, viele Farben

Als Favoriten wurden Brasilien, die Niederlande und Gastgeber Frankreich gehandelt, wenngleich die französische Öffentlichkeit nur geringe Hoffnungen auf ihr Team setzte, das – dank der automatischen Qualifikation – erstmals seit 1986 wieder dabei war.

Die Stars des französischen Fußballs spielten im Ausland. Die heimische Liga stieß auf nur geringes Interesse. In der Saison vor dem WM-Turnier wurden bei den Ligaspielen durchschnittlich 17.000 Zuschauer gezählt, was sogar der beste Zuschauerzuspruch seit Jahren war. Eine Reihe ausländischer Journalisten vertrat die Auffassung, Frankreich sei auf Grund der Schwäche seiner heimischen Fußballkultur für die Austragung einer WM nicht geeignet. Ausnahmen in der französischen Klubszene waren Olympique Marseille und Paris-St.Germain (PSG). Marseille hatte 1993 den Europapokal der Landesmeister gewonnen, war aber anschließend in Korruptionsskandalen versunken. PSG, erst 1970 von einem Business-Konsortium gegründet, um die nationale Fußballlandkarte um einen starken Hauptstadtklub zu bereichern, war 1991 von der Stadt Paris und der TV-Anstalt Canal Plus, Europas ältestem Abo-Kanal, vor dem Bankrott gerettet worden. PSGs Aufstieg aus dem Nichts firmierte als Musterbeispiel für den wachsenden Einfluss von Business und Sponsorship im Fußball. 1993 bis 1997 gelang PSG fünfmal in Folge der Einzug in ein europäisches Halbfinale, 1996 gewannen die Pariser den Pokalsiegerwettbewerb. Mit Opel hatte PSG den gleichen Trikotsponsor wie der FC Bayern und der AC Milan. Aber da auf dem heimischen Markt nur geringe Summen zu machen waren, befand man sich mit den Großen aus Spanien, Italien, England und Deutschland nicht auf einer Ebene. 1996 belegte PSG in einer europäischen Budget-Rangliste nur Platz 22. Bemühungen, heimische Stars wie Zidane, Karembeu und Vieira in die Hauptstadt zu holen, scheiterten.

**Aimé Jacquet,
der französische Trainer.**

Trainer Aimé Jacquet, der 1994 Gérard Houllier beerbt hatte, war wegen seiner flairlosen Fußballphilosophie permanent umstritten. Bei der EM 1996 war man im Halbfinale gegen Tschechien nach Elfmeterschießen ausgeschieden. Im September 1997 hatte das Team bei der „Mini-WM" versagt. Die Pariser Presse wurde mit dem „Provinzler" Jacquet nicht warm. Der Sohn einer Metzgerfamilie, der sich vor seiner Profikarriere als Werkzeugmaschinenarbeiter verdingt hatte, verkörperte die einfachen Werte und Ideale der französischen Provinz: Redlichkeit und harte Arbeit.

Einen großen Einfluss auf die französische Stilentwicklung hatte der Fußball Uruguays ausgeübt. Bei der Olympiade 1924 verlor Gastgeber Frankreich gegen den späteren Sieger Uruguay im Halbfinale mit 1:5. Diese Lektion inspirierte französische Bewunderung für die südamerikanischen Fußballartisten, die durch Uruguays Auftritte bei der Olympiade 1928 und der WM 1930 weiter bestärkt wurde. Die Dialektik des uruguayischen Fußballs begleitete nun die *Équipe Tricolore* über Dekaden. Mal wurde eine solide und effiziente Spielweise propagiert, dann standen wieder Finesse, Flexibilität und Risikobereitschaft im Vordergrund. Albert Batteux, Trainer des großen Stade-Reims-Teams und der *Équipe Tricolore* bei der WM 1958, sowie Michel Hidalgo, der Frankreich 1984 zur Europameisterschaft geführt hatte, waren Fürsprecher eines offenen Angriffsfußballs, der auf individualistischer Brillanz beruhte. Hingegen befürwortete Georges Boulogne, Frankreichs Nationaltrainer in den 1970er Jahren, einen „gearbeiteten Fußball". Doch unter Boulogne hatte sich die *Équipe Tricolore* weder 1970 noch 1974 für das WM-Turnier qualifizieren können.

Disziplin oder Individualität?

Beide Konzeptionen hatten ihre Basis in einer Interpretation des französischen Nationalcharakters als undiszipliniert und individualistisch. Batteux und Hidalgo betrachten dies als positiv und formten aus diesen „Defiziten" eine Tugend, während Boulogne derartige Eigenschaften seinen Teams austreiben wollte. Boulognes autoritäre Grundhaltung schien die gaullistische Ideologie früherer Zeiten zu reflektieren. Hingegen korrespondierte der Ansatz von Hidalgo und Co. mit den liberaleren Traditionen der französischen Gesellschaft: mit der Nach-1968-Ära sowie der Präsidentschaft von Francois Mitterand, als in kleinen Schritten einige der autoritären institutionellen und mentalen Strukturen der gaullistischen Ära abgebaut wurden.

Bei der WM 1998 präsentierte Frankreich beide Denkrichtungen. Auf der einen Seite Michel Platini, der große Star des Europameisters von 1984, der sich als Co-Direktor des Organisationskomitees ein 33-tägiges Fußballfest wünschte – in der Tradition von Batteux, Hidalgo und des „Champagnerfußballs". Auf der anderen Seite Trainer Aimé Jacquet, der notorisch undisziplinierte Spieler wie Ginola und Cantona unberücksichtigt ließ und die Spontanität seines Teams zugunsten von Fehlervermeidung einschränkte. Der akribische Arbeiter versah jeden einzelnen Spieler mit detaillierten Instruktionen. Jacquets offensichtliche Nähe zu Boulognes Philosophie eines „modernen Fußballs" wurde vor und zu Beginn der WM von einem Teil der Öffentlichkeit, der der romantischen Vergangenheit des französischen Fußballs nachtrauerte, heftig kritisiert. Namentlich *L'Équipe* forderte vehement die Nominierung von Cantona und Ginola.

Während der EM 1996 hatte der französische Rechtsextremist Jean Marie Le Pen die „rassische Zusammensetzung" des Nationalteams problematisiert. Das Team sei "künstlichen Charakters". Spieler wie Lamouchi, Zidane, Djorkaeff, Lizarazu, Pedros, Angloma, Karembeu und Lama wurden von Le Pen als „Ausländer" bezeichnet. Sie hätten die französische Nationalität nur gewählt, um international Fußball zu spielen. Einige von ihnen würden nicht die Marseillaise singen oder deren Text sichtlich nicht kennen.

Tradition der Immigranten

Das Mitwirken von Immigranten war nichts wirklich Neues für den französischen Nationalmannschaftsfußball. Nur deren Herkunft und Zahl hatte sich verändert. In den 1950er Jahren hießen die französischen Immigrantenfußballer Kopa, Cisowski, Ruminiski, Gianessi und Piantoni und kamen nicht aus den ehemaligen afrikanischen Kolonien oder den Übersee-Departments, sondern waren polnischer oder italienischer Herkunft. Bis zum Beginn dieser Dekade kam der französische Profi eher aus den Mittelschichten. Anders als in England war Professionalismus in Frankreich kein Projekt der Arbeiterschaft. Dies änderte sich erst in den 1950er Jahren, vor allem aufgrund des Einzugs von Immigranten in den französischen Fußball. Fußball in Fankreich war mehr ein Symbol sozialer Integration als eine Demonstration der Zugehörigkeit zu einer bestimmten sozialen Klasse oder Region.

Kopa, der eigentlich Kopazewski hieß, avancierte zu Frankreichs berühmtestem Spieler dieser Dekade. Nach dem Scheitern bei der WM 1954 stand Kopa im Zentrum der Kritik und sah sich rassistischen Schmähungen wie „Kopa, retourne à la mine!" („Kopa, zurück ins Bergwerk") ausgesetzt. An Kopa schieden sich die Geister: Bei den Journalisten der den Kommunisten nahe stehenden Publikationen *Miroir-Sprint* und *Miroir de Football* genoss er allergrößte Popularität. Hier saßen die Anhänger eines Fußballs, der für Kicker wie Zuschauer Festivalcharakter hatte und die Ästhetik groß schrieb. Die Befürworter eines Effizienz und Teamwork betonenden „modernen Fußballs" versammelten sich dagegen bei den Zeitungen *L'Équipe* und *France Football*. Sie brandmarkten Kopas Spielweise als „zu individualistisch" und problematisierten die Heldenverehrung seiner Person.

Vor der WM 1958 wurde dem heterogenen Team von Gabriel Hanot, dem Fußballchef von *L'Équipe*, zu viel „Individualismus" und „Inkonsistenz" vorgehalten. Dem französischen Fußball mangele

♦ Ben Bella for President

Der erste Afrikaner im französischen Nationaldress war in den späten 1930ern der Marokkaner Larbi Ben Barek gewesen, der bei einem Spiel gegen die französische B-Nationalmannschaft entdeckt wurde. Ben Barek wechselte nach Marseille und trug 17-mal das blaue Trikot. Bereits 1938 wurden in der ersten und zweiten Liga Frankreichs 147 Kicker aus den französischen Kolonien in Afrika gezählt. Als Olympique Marseille, das stets einem kosmopolitischen Verständnis frönte, 1940 im französischen Cup-Finale gegen den Racing Club de Paris verlor, hieß einer der Olympique-Akteure Ahmed Ben Bella. 20 Jahre später wurde Ben Bella Präsident der Republik Algerien.

Seine Eltern sind Berber aus Marokko: Zinedine Zidane.

es an Stabilität. Hanot war kein Gegner von Immigranten im Nationaldress. Vielmehr betrachtete er die damalige Politik der Fußballfunktionäre, „Fremde" auszuschließen, als kontraproduktiv. Die notorische Schwäche des französischen Teams war eine Heterogenität der Stile. Hierfür waren keineswegs nur die Immigranten verantwortlich, sondern auch die regionalen Stilunterschiede innerhalb Frankreichs. In Schweden, wo die Franzosen 1958 in der Endabrechnung Dritter wurden, bildete Kopa dann mit einem anderen Immigrantenkind eine erfolgreiche Sturmpartnerschaft: Just Fontaine. Der Torschützenkönig der WM 1958 wurde in Marrakesch als Sohn einer spanischen Mutter geboren. Rachid Mekloufi und Mustafa Zitouni verabschiedeten sich hingegen vor der WM aus dem Kader, um sich stattdessen einem von den algerischen FLN-Guerilleros gegründeten Team anzuschließen. Auch beim WM-Turnier 1984 war der Star der Franzosen mit dem italienstämmigen Michel Platini ein Immigrant.

Das Team, mit dem Frankreich nun das WM-Turnier 1998 bestritt, war das bis dahin wohl ethnisch differenzierteste und multikulturellste der WM-Geschichte: Lama wurde in Guyana geboren, Angloma in Guadeloupe, Karembeu in Neu-Kaledonien, Desailly in Ghana und Vieira im Senegal. Thuram kam zwar in Frankreich zur Welt, seine Mutter stammte aber aus Guadeloupe. Zidanes Eltern waren Berber aus Marokko. Djorkaeffs Mutter kam aus Armenien, sein Vater gehörte der Kalmouk-Minderheit in der ehemaligen UdSSR an. Barthez hatte eine spanische Großmutter, Lizarazu drei spanisch-baskische Großeltern. Die Eltern von Henry und Diomède kamen aus Guadeloupe. Boghossian war armenischer Herkunft, Trezeguet hatte einen argentinischen Vater.

Vorrunde: „Mutter aller Spiele"

Wie gewohnt wurde die erste Runde in Gruppen ausgespielt. Bei 32 Teilnehmern erforderte dies 48 Vorrundenspiele. Erst nach 17 Tagen trennte sich die Spreu vom Weizen. Neu war, dass einige Mannschaften nicht an einem Ort gesetzt wurden und und dort auch blieben, sondern alle Teams reisen mussten. Sehr zum Leidwesen ihrer Fans, für die das Turnier damit zu einer teuren Angelegenheit wurde. Organisationschef Michel Platini wollte auf diese Weise seinen Franzosen ermöglichen, „möglichst viele Mannschaften zu sehen".

Gruppe A

Als am 10. Juni im Stade de France mit der Partie Brasilien gegen Schottland das Eröffnungsspiel des Turniers angepfiffen wurde, erlebten die 80.000 Zuschauer eine positive Überraschung. Bei den zurückliegenden acht Turnieren hatte es zum Auftakt fünfmal ein Remis gegeben, und vier Premieren hatten torlos geendet. In acht Begegnungen waren nur fünf Tore gefallen. Die Begegnung zwischen dem Weltmeister, der wie schon beim Turnier von 1970 von Mario Zagalo betreut wurde, und den Schotten war hingegen ein viel versprechender Appetizer für den weiteren Turnierverlauf. Die Schotten blieben ihrer WM-Geschichte treu und unterlagen durch ein Eigentor von Boyd unglücklich mit 1:2. Noch vor dem ersten Spiel hatte Zagalo Romario nach Hause geschickt. Der Star der WM 1994 hatte sich vor dem Turnier verletzt und war nicht mehr rechtzeitig fit geworden, was wohl auch an seinem Lebenswandel lag.

Auch die zweite Begegnung des Turniers und der Gruppe A, in der sich am Abend des Eröffnungstages Norwegen und Marokko unentschieden trennten (2:2), hinterließ einen guten Eindruck. Bei den Nordafrikanern überragte Regisseur El Hadji, der beim spanischen Erstligisten Deportivo La Coruna unter Vertrag stand, während Keeper Driss Benezekri einen rabenschwarzen Tag erwischte. Gruppensieger wurde – wie erwartet – Brasilien, das sich allerdings im letzten Spiel gegen Norwegen einen Ausrutscher leistete (1:2), wodurch die Skandinavier Marokko, das zeitgleich die Schotten nach einer beeindruckenden Vorstellung besiegte (3:0), noch vom zweiten Platz schubsten. Marokkos französischer Trainer Henri Michel wurde trotzdem anschließend von König Hassan II. zum Ritter geschlagen.

Gruppe B

In der Gruppe B gewann Italien scheinbar souverän vor Chile und Österreich. Beim 2:2 gegen die Chilenen fiel der Ausgleich für die Italiener allerdings erst fünf Minuten vor dem Abpfiff, als der reaktivierte Roberto Baggio einen unberechtigten Handelfmeter verwandelte und damit ein Trauma besiegte. „Als ich anlief, habe ich an meinen Fehlschuss von 1994 gedacht. Aber jetzt habe ich keine Angst mehr." Daheim tobte die Debatte, ob Del Pierro oder Roberto Baggio spielen sollten oder beide. Auch Ministerpräsident Prodi meldete sich zu Wort, was Nationaltrainer Cesare Maldini, Vater von Nationalspieler Paolo Maldini, süffisant mit den Worten kommentierte: „Ich glaube, dass Premier Prodi ein großer Bewunderer des Radsports ist."

Den Chilenen genügten drei Punkte bzw. drei Unentschieden zum Weiterkommen. Die Österreicher konnten nur ein Kuriosum vermelden: Ihre drei Treffer bei dieser WM fielen allesamt in der Nachspielzeit. Eine herbe Enttäuschung war erneut Kamerun, das in dieser Gruppe nur den letzten Platz belegte und über das Günter Netzer in einer WM-Vorschau geschrieben hatte: „Sie sind verspielt wie junge Hunde und vergessen dabei das Siegen." Beim 1:1 gegen Chile haderten die Afrikaner mit Schiedsrichter Vagner, der mit Song und Etame zwei Kameruner vom Platz stellte und zwei Treffern des Veteranen Oman-Biyik die Anerkennung verweigerte. Song war damit der erste Spieler in der WM-Geschichte, der bei zwei Turnieren jeweils eine rote Karte sah. Kameruns französischer Trainer Claude Le Roy war tief enttäuscht: „Diese Weltmeisterschaft ist beschmutzt." In Kameruns Hauptstadt Yaounda eröffneten jugendliche Banden die Jagd auf Weiße.

Gruppe C

Die Gruppe C wurde souverän vom Gastgeber beherrscht. Drei Siege aus drei Spielen – ein Erfolg, der dem Team noch bei keiner WM gelungen war – bedeuteten für *Les Bleus* einen Vorsprung von fünf Punkten vor den zweitplatzierten Dänen. Nichtsdestotrotz hatte Aimé Jacquet bei den heimischen Medien unverändert einen schweren Stand. Vor dem Auftaktspiel gegen Südafrika (3:0) war seine Aufstellungspolitik unter Beschuss geraten. Die Medien nahmen ihm auch übel, dass er die *Équipe Tricolore* im Ausland – genauer: Marokko und Finnland – versteckt hielt, als die anderen Teams bereits eingetroffen waren.

Im zweiten Spiel gegen Saudi-Arabien verloren die Gastgeber ihren Star Zidane nach einer rüden Grätsche durch Platzverweis. Die französischen Kommentatoren bezichtigten den späteren WM-Star der „Dummheit", Mitspieler kritisierten seinen Jähzorn. *Les Bleus* kamen auch ohne Zidane zu einem klaren 4:0-Sieg, was Saudi-Arabiens brasilianischen Coach Carlos Alberto Parreira zu der nüchternen Erkenntnis veranlasste: „Heute ist der Unterschied zwischen Europa und Asien aufgezeigt worden. Wer den geleugnet hat, war weltfremd." Beim Duell gegen die Dänen ließ Jacquet, dessen Team bereits die nächste Runde erreicht hatte, nur sein „B-Team" auflaufen, das jedoch stark genug war, um die Skandinavier mit 2:1 zu besiegen.

Südafrika konnte nur zwei Remis verbuchen. Nach dem Gewinn des Afrika-Cups 1996 kriselte das Team. Erst seit dem Frühjahr 1998, als der Titelverteidiger im Afrika-Cup erst im Finale Ägypten unterlag, wurde wieder besserer Fußball gespielt. Nationaltrainer Philippe Troussier wurde bei der Rückkehr nach Johannesburg von 500 frustrierten Fans der *Bafana, Bafana* mit „Troussier raus!"-Transparenten begrüßt. Troussier kritisierte den mangelnden Professionalismus seines Teams: „Ich bin mir vorgekommen wie in einem Schullandheim. Selbst ein Zweitligist bereitet sich gewissenhafter vor. Ich musste hier nur den Aufpasser spielen." Saudi-Arabien, das in den USA noch für Furore gesorgt hatte, schnitt mit nur einem Punkt im Gepäck noch schlechter ab. Kronprinz Feisal erkannte den Schuldigen in Trainer Parreira. Nur vier Jahre zuvor hatte Parreira Brasilien zum Titelgewinn geführt. Nun ging er als erster Trainer in die WM-Geschichte ein, der noch während des Turniers gefeuert wurde.

Südafrika, mit großen Hoffnungen angereist, scheiterte in der Vorrunde. Gegen Frankreich kassierte *Bafana Bafana* (hier mit John Moshoeu) eine 0:3-Niederlage.

Gruppe D

In der Gruppe D gewann Nigeria, Olympiasieger 1996 und von einigen Experten vor dem WM-Anpfiff zum Geheimfavoriten erkoren. DFB-Trainer Berti Vogts war sogar noch weiter gegangen: „Nigeria ist eine multinationale Truppe, über die ganze Welt verstreut. Wenn diese Profis zueinander finden, ist Nigeria mit Brasilien Topfavorit für die WM." Trainiert wurden die Afrikaner von Bora Milutinovic, der damit bei vier WM-Turnieren vier verschiedene Teams betreute. Bei den Spielern war der Weltenbummler jedoch eher unbeliebt. Stattdessen trauerten sie Olympia-Trainer Jo Bonfrere nach.

Zu den besten Spielen des Turniers gehörte die Begegnung der *Super Eagles* gegen Spanien, in der Spaniens Torwartlegende Zubizaretta ein Eigentor unterlief. Nigeria gewann mit 3:2 und bereitete den Spaniern damit die erst zweite Niederlage seit der WM 1994. Den Siegtreffer markierte der in Deutschland kickende Sunday Oliseh. Die spanische Fußballöffentlichkeit war maßlos enttäuscht.

Paraguay, das Nigeria mit 3:1 besiegte, wurde mit einem Punkt Abstand auf die Afrikaner und einem Punkt Vorsprung vor Spanien Zweiter, während die ausgebrannt wirkenden und von Intrigen geplagten Bulgaren um Hristo Stoichkov nur den letzten Platz belegten. Beim müden Kick zwischen Paraguay und Bulgarien (0:0) wäre Paraguays Chilavert beinahe als erster Keeper in die Geschichte der WM-Endrunden eingegangen, der ein Tor erzielte. Doch sein Freistoß traf nur die Latte des bulgarischen Tores. Vor der WM hatte Chilavert bereits vier Tore für sein Land erzielt, und am Ende wurde er zum besten Torhüter des Turniers gewählt.

Die Spanier witterten nicht zu Unrecht Wettbewerbsverzerrung. Während Spanien sein letztes Spiel gegen Bulgarien mit 6:1 gewann, der höchste Sieg bei dieser WM überhaupt, unterlagen die bereits vor dem Anpfiff als Gruppensieger feststehenden Nigerianer Paraguay überraschend mit 1:3. Hätte diese Begegnung mit einem Sieg Nigerias oder auch nur einem Remis geendet, wäre Spanien anstelle der Südamerikaner weiter gewesen. Der Sieg Paraguays wurde dadurch erleichtert, dass Bora Milutinovic auf sieben Stammspieler verzichtete und mit seinen Gedanken bereits beim Achtelfinale war. Die Spanier mussten so etwas befürchtet haben. Jedenfalls hatten ihre Verbandsdelegierten den *Super Eagles* einen Millionenbetrag für eine ernsthafte Vorstellung versprochen.

Gruppe E

In der Gruppe E kam es zu einem Kopf-an-Kopf-Rennen zwischen den Niederlanden und Mexiko. Das direkte Duell der beiden Länder endete unentschieden (2:2), und bei Abschluss der Gruppenspiele verfügten die Niederlande und Mexiko über jeweils fünf Punkte. Doch dank eines glatten 5:0-Sieges über den späteren Gruppenletzten Südkorea verbuchten die Oranjes das bessere Torverhältnis und gingen als Gruppensieger ins Achtelfinale. Belgien, das kompakten Defensivfußball mit gefährlichen Kontern praktizierte, blieb zwar mit drei Unentschieden unbesiegt, musste aber trotzdem seine Koffer packen. Bei Mexikos 3:1-Sieg über Südkorea wurden die Zuschauer Zeugen eines neuen Stürmertricks. Mit zwei Gegenspielern konfrontiert, klemmte Mexikos Cuauhtemoc Blanco das Spielgerät kurzentschlossen zwischen die Füße und sprang mit dem Ball im hohen Bogen zwischen den beiden Südkoreanern hindurch in den Strafraum. Nach der erfolgreichen Qualifikation hatten südkoreanische Kommentatoren Trainer Bum-Kun Cha, einen ehemaliger Bundesligaspieler, für das Amt des Ministerpräsidenten vorgeschlagen. Daraus wurde nun nichts. Stattdessen wurde Bum-Kun Cha als Trainer entlassen.

Gruppe F

In der Gruppe F konnten die favorisierten Teams Jugoslawien und Deutschland zum Auftakt jeweils Siege verbuchen. Jugoslawien besiegte im „Spiel der Parias" (AFP) den Iran mit 1:0, Deutschland die USA mit 2:0. Bereits in dieser Begegnung wurde deutlich, dass den Deutschen eine Kreativabteilung fehlte. Stefan Effenberg war seit der „Stinkefinger"-Affäre von 1994 eine persona non grata für den DFB. Matthias Sammer, bei der EM 1996 zur neuen Leitfigur aufgestiegen, war verletzt. Das „ewige Talent" Mehmet Scholl war in Vogts Personalplanung nur die Nr. 23 und musste folglich zu Hause bleiben. Auch Mario Basler blieb unberücksichtigt.

Im Spiel gegen Bertis Mannen lagen die Jugoslawen nach 54 Minuten bereits mit 2:0 vorn, doch binnen sieben Minuten gelang den Deutschen noch der unverdiente Ausgleich. Lothar Matthäus konnte sogar einen persönlichen Titelgewinn vermelden. Der sportlich wie charakterlich umstrittene 37-Jährige, der erst kurz vor Meldeschluss in den Kader gerutscht war und beim WM-Auftakt gefehlt hatte, war zur zweiten Halbzeit ins Spiel gekommen und wurde mit seinem 22. Einsatz zum Rekordspieler bei WM-Endrunden. In England schrieb der *Daily Telegraph* anschließend: „Wenn die FIFA gleiche Voraussetzungen für alle will, sollte sie Deutschlands unerschöpfliches Reservoir an Entschlossenheit verbieten und nicht nur Tacklings von hinten. Es ist einfach nicht fair." Deutschland, das am Ende gegenüber den punktgleichen Jugoslawen die bessere Tordifferenz aufwies, wurde Gruppensieger.

Die Begegnung zwischen Iran und den USA in Lyon wurde aufgrund der jüngeren Geschichte in den Beziehungen der beiden Länder von US-Verbandssekretär Hank Steinbrecher zur „Mutter aller Spiele" (in Anlehnung an die „Mutter aller Schlachten") hochstilisiert. Die Akteure beider Seiten übten sich hingegen diesbezüglich in wohltuender Zurückhaltung. Irans Nationaltrainer Jalal Talebi: „Wenn das Spiel in guter Atmosphäre stattfindet, ist es auch gut für unser Land." Vor dem Anpfiff erhielten die US-Kicker von ihren iranischen Kollegen weiße Rosen „zum Zeichen des Friedens" (Talebi) überreicht. Der Iran gewann verdient mit 2:1. Die Siegprämie bestand aus 11.000 DM sowie einer Einladung zur Pilgerreise nach Mekka, die Ehefrauen mit inbegriffen. In Teheran bekamen die TV-Zuschauer die Spiele etwas anders vorgesetzt als im Rest der Welt. Die Spiele wurden zehn Sekunden zeitversetzt ausgestrahlt, was der iranischen Regie die Möglichkeit gab, Szenen auszusortieren, die für die politische und sonstige Moral „schädlich" sein könnten: beispielsweise oppositionelle Regimegegner oder leicht bekleidete Frauen auf den Rängen.

♦ Deutsche Hools schlagen zu

Beim Spiel Deutschland gegen Jugoslawien in der nordfranzösischen Kleinstadt Lens kam es zu schweren Ausschreitungen deutscher Hooligans, bei denen der französische Polizist Daniel Nivel durch Tritte schwerste Kopfverletzungen erlitt. Auf deutscher Seite erwog man ernsthaft einen Rückzug vom Turnier, dem Berti Vogts jedoch vehement widersprach. Anlässlich der Begegnung England gegen Tunesien hatten sich bereits einige Tage zuvor in Marseille englische Hooligans und nordafrikanische Jugendliche Straßenschlachten geliefert, in deren Folge 102 Beteiligte vor einem Schnellgericht angeklagt wurden. Die Organisatoren erließen nun für alle Städte, in denen Deutschland und England spielten, ein striktes Alkoholverbot.

Gruppe G In der Gruppe G blieb Rumänien, dessen Verband für die WM-Expedition einen Kredit bei der Außenhandelsbank aufnehmen musste, als einziges Team unbesiegt und wurde mit einem Punkt Vorsprung vor England Gruppensieger. Im direkten Duell hatten die Rumänen mit 2:1 die Oberhand behalten. Die Kolumbianer, bei denen erneut Valderrama mitwirkte, kamen nur gegen den Gruppenletzten Tunesien zu einem Sieg. Bevor Valderrama die Reise nach Frankreich antreten konnte, musste er eine Steuerschuld in Höhe von 54.000 DM begleichen.

Gruppe H In der Gruppe H gewann Argentinien ohne Punktverlust und Gegentor. Trainiert wurde das Team vom in der Heimat vielfach unbeliebten Daniel Passarella, Libero des Weltmeisters von 1978. Der autoritäre Passarella, der den Diktatoren als fußballerisches Aushängeschild gedient hatte, verordnete dem Post-Maradona-Team vor allem taktische Disziplin. Auch bei den Spielern war Passarella nicht sonderlich beliebt, zumal nachdem er ein Verbot für lange Haare und Ohrschmuck erlassen hatte. Spieler, die dagegen opponierten, wie Real Madrids Mittelfeldstar und Frauenschwarm Fernando Redondo, wurden nicht berücksichtigt. Torjäger Batistuta kam erst wieder zum Zuge, nachdem er seine Löwenmähne um einige Zentimeter gekürzt hatte. Beim 5:0 gegen Jamaika traf er dann gleich dreimal.

Gruppenzweiter wurde Kroatien, das den Argentiniern mit 0:1 unterlag. Japan, Mitausrichter der folgenden WM, konnte für den Fußball in seiner Heimat keine Werbung betreiben. Mit den USA waren die Japaner das einzige Team, das die Heimreise punktlos antreten musste.

Von den seit 1990 hoch gehandelten Afrikanern überstand nur Nigeria die Vorrunde, allerdings ohne überzeugen zu können. Daneben konnte nur noch Marokko, das beste aller nach der Vorrunde ausgeschiedenen Teams, mit der Konkurrenz mithalten. Die fünf afrikanischen Vertreter kamen in ihren 15 Vorrundenspielen auf lediglich 15 (von 45 möglichen) Punkten.

Der erwartete Durchbruch der Afrikaner blieb somit aus. Und diesmal sollte bereits das Achtelfinale für den besten afrikanischen Vertreter Endstation sein. Die Gründe, warum der ganz große Sprung in die Weltspitze weiter auf sich warten ließ, waren vielfältig. Die lange Zeit der kolo-

> ◆ **Turnier der Platzverweise**
>
> In der Vorrunde der WM 1998 wurden nicht weniger als 16 Platzverweise ausgesprochen, davon drei allein in der Begegnung Südafrika gegen Dänemark, womit ein bereits 44 Jahre alter Rekord eingestellt wurde. Denn zuletzt hatten drei Spieler bei der WM 1954 das Feld verlassen müssen, als sich Brasilien und Ungarn gegenüberstanden. Sepp Blatter war an dieser Entwicklung alles andere als schuldlos. Blatter bemängelte, die Schiedsrichter verfolgten nicht konsequent genug die neue Anordnung, nach der das Grätschen von hinten in die Beine rigoros mit „Rot" zu bestrafen sei. Doch anstatt das Ende der Vorrunde abzuwarten, meldete sich der neue FIFA-Boss noch während der Spiele zu Wort, wodurch die Schiedsrichterzunft erheblich verunsichert wurde. Die Folge bestand in einer Reihe ungerechtfertigter Platzverweise.

Von den afrikanischen Teams überstand nur Nigeria die Vorrunde. Jay-Jay Okocha gehörte dort zu den auffälligsten Akteuren.

nialistischen Unterdrückung erforderte einen erheblichen Nachholbedarf. Insbesondere bei der Organisation des Spiels und der systematischen (taktischen) Ausbildung der Kicker existierten noch viele Defizite. In der Regel waren es eher mittelmäßige europäische „Entwicklungshelfer", die die Teams betreuten und sich dabei häufiger wie Kolonialherren gebärdeten. Kaum ein europäischer Toptrainer fand den Weg in die Region. Korrupte Verbandsfürsten trugen ebenfalls nicht zur Entwicklung des Spiels bei. Hinzu kam der hohe Grad an nationaler Zersplitterung auf dem afrikanischen Kontinent bei einer verhältnismäßig geringen Zahl registrierter Kicker.

Achtelfinale: Establishment unter sich

Im Achtelfinale waren die alten Mächte wieder fast unter sich. Von den 16 Qualifikanten kamen mit Dänemark, Deutschland, England, Frankreich, Italien, Jugoslawien, Kroatien, Niederlande, Norwegen, Rumänien zehn aus Europa. Lateinamerika stellte mit Argentinien, Brasilien, Chile, Mexiko und Paraguay fünf Teilnehmer. Der Rest der Welt wurde nur noch durch Nigeria vertreten.

Äußerst unattraktiv gestaltete sich das Aufeinandertreffen von Italien und Norwegen. Cesare Maldinis Team praktizierte klassischen Betonfußball, gegen den die Norweger mit der untauglichen Taktik von nur einer Spitze vorgingen. In der 18. Minute gelang der *Squadra Azzurra* durch ein Tor von Vieri die Führung. Für den Rest des Spiels beschränkte man sich auf die Verteidigung des Vorsprungs. Trotz des Sieges wurden die *Squadra Azzurra* und ihr Trainer von den italienischen Fans mit einem Pfeifkonzert bedacht. Für Norwegen bedeutete das 0:1 die erste Niederlage nach 20 ungeschlagenen Spielen.

Frankreich musste sich gegen die defensiven Paraguayer lange in Geduld üben. Erstmals fiel die Entscheidung in einem WM-Endrundenspiel durch ein „Golden Goal", erzielt in Minute 114 durch Laurent Blanc.

Einen Blitzstart erwischte Dänemark gegen Nigeria, das die Skandinavier sichtlich unterschätzt hatte. Bereits nach zwölf Minuten führte das Team um die überragenden Brüder Michael und Brian Laudrup, der eine Weinhändler, der andere Kunstsammler, gegen einen völlig indisponierten Gegner mit 2:0. Als Ebbe Sand nach dem Wiederanpfiff auf 3:0 erhöhte, war die Entscheidung bereits gefallen. Am Ende stand ein 4:1-Sieg für die Dänen, die eines der spielfreudigsten Teams bei dieser WM stellten. Die Begegnung war symptomatisch für die Schwächen der Afrikaner, die im taktischen Bereich noch immer den führenden Teams deutlich hinterhinkten und außerdem unfähig waren, sich über ein komplettes Spiel zu konzentrieren. Konzentrationsmängel hatten bereits vier Jahre zuvor zum Ausscheiden geführt.

Die Deutschen befanden sich gegen Mexiko bereits auf der Verliererstraße, nachdem Hernandez in der 47. Minute die Führung für die Mittelamerikaner erzielt hatte. In der Vorrunde waren die Mexikaner dreimal in Rückstand geraten, hatten aber jeweils ausgleichen können. Gegen die Deutschen waren sie nun erstmals bei diesem Turnier in Führung gegangen, verloren aber das Spiel durch Tore von Klinsmann und Bierhoff in der 76. bzw. 87. Minute noch mit 1:2. Berti Vogts: „Nur über den Kampf haben wir es wieder geschafft, im Wettbewerb zu bleiben." Das DFB-Team qualifizierte sich damit zum 13. Mal in Folge für ein WM-Viertelfinale.

Die Niederlande besiegten Jugoslawien nach einem hektischen Spiel mit 2:1. Beim Stande von 1:1 vergab der Jugoslawe Pedrag Mijatovic einen Elfmeter und damit den fast sicheren Sieg für sein Team. Der Siegtreffer für die Oranjes fiel erst Sekunden vor Schluss durch Edgar Davids.

Schick gestylt, aber im Achtelfinale ausgeschieden: die Kicker aus Mexiko.

Nach ihrem Sieg gegen England (2:1) in der Vorrunde hatten sich die rumänischen Spieler die Haare blond gefärbt. Seither lief es nicht mehr gut für die Balkantechniker. Gegen Tunesien war man nicht über ein mageres Remis (1:1) hinausgekommen, gegen die Kroaten setzte es nun sogar eine Niederlage. Das Tor des Tages erzielte in einem wenig beachteten Spiel Davor Suker vom Elfmeterpunkt.

Keine Probleme hatte Brasilien mit den Chilenen. Zur Halbzeit lag der Weltmeister bereits mit 3:0 in Front. Superstar Ronaldo steuerte zum 4:1-Sieg zwei Tore bei. Bei zwei weiteren möglichen Treffern stand ihm der Pfosten im Wege.

Zum besten aller Achtelfinalspiele und bis dahin besten Spiel des Turniers überhaupt geriet die Begegnung zwischen Argentinien und England. Mit Glen Hoddle hatte die FA für ihre Auswahl einen Trainer verpflichtet, der im englischen Fußball – als Aktiver wie Trainer – für Spielkultur stand. Auch gegen die Argentinier spielten die *Three Lions* mit dem Techniker David Beckham und dem Torjäger Alan Shearer höchst ansehnlichen Fußball. Zwar gingen die favorisierten Südamerikaner bereits in der 6. Minute durch einen von Batistuta verwandelten Elfmeter in Führung, doch nur zwölf Minuten später stand es

Beckham als Sündenbock

durch Treffer von Alan Shearer (ebenfalls Elfmeter) und den erst 18-jährigen Liverpooler Michael Owen 2:1 für England. Jorge Valdano, Weltmeister mit Argentinien 1986, Trainer und kulturbeflissener Autor über den Schützen des zweiten Tores: „Die Sicherheit eines Chirurgen in jeder Bewegung, die Hochgeschwindigkeitspräzision eines Computers bei jeder Ballberührung und die Entschlossenheit eines Diebes beim Abschluss." Kurz vor dem Seitenwechsel gelang Zanetti mit einem raffinierten Freistoß der Ausgleich. England schwächte sich selbst, als Beckham in der 47. Minute vom Platz flog. Keinen Meter von Schiedsrichter Nielsen entfernt, trat der Spielmacher gegen Diego Simeone leicht nach. Die Argentinier wussten die Überzahl weder in der regulären Spielzeit noch in der Verlängerung zu nutzen. Auch nach 120 Minuten stand es immer noch 2:2, so dass erstmals bei diesem Turnier ein Elfmeterschießen über den Sieger entscheiden musste. Wie schon bei der WM 1990 und der EM 1996 scheiterten die Briten. In England wurde Beckham von Teilen der Öffentlichkeit zum Sündenbock gestempelt. Für die Gegner von Manchester United, Beckhams wohlhabenden und erfolgreichen Arbeitgeber, der mindestens ebensoviele Neider wie Fans mobilisierte, geriet der Superstar endgültig zur Hassfigur. Für Argentiniens Trainer Daniel Passarella war „die Engländer nach Hause schicken das Schönste überhaupt".

Viertelfinale: Franzosen im Glück

Für das Viertelfinale konnten sich sechs europäische und zwei südamerikanische Teams qualifizieren. Nach Afrika und Asien war auch – wie schon gewohnt – Mittelamerika auf der Strecke geblieben.

Wie schon vier Jahre zuvor, kam für die erfolgsverwöhnten Deutschen das „Aus" bereits im Viertelfinale. Zum ersten Mal in seiner Nachkriegsgeschichte war das DFB-Team damit zweimal hintereinander frühzeitig ausgeschieden, was auf eine tiefere Krise des deutschen Fußballs hindeutete. Gegen Kroatien lieferten die Deutschen zwar 40 Minuten ihre beste Vorstellung bei diesem Turnier ab, doch ein (vertretbarer) Platzverweis von Wörns nach einem Foul an Davor Suker leitete die Wende ein. Noch vor dem Halbzeitpfiff musste die nun unsortierte deutsche Abwehr die kroatische Führung hinnehmen. In der zweiten Halbzeit demonstrierten die Kroaten technische wie spielerische Überlegenheit. In der Schlussphase des Spiels zog das Team von Trainer Miroslav Blazevic auf 3:0 davon. Das Ergebnis war die höchste Niederlage einer deutschen Nationalmannschaft seit dem WM-Turnier von 1958, als man gegen Frankreich mit 3:6 unterlag.

Namentlich Berti Vogts erwies sich als schlechter Verlierer, indem er peinliche Verschwörungstheorien bemühte: „Vielleicht ist der deutsche Fußball zu erfolgreich. Die anderen können kratzen, beißen, spucken – gegen uns werden die Karten gezogen. Ich weiß nicht, ob es eine Anordnung gibt." Derweil pries Kroatiens kriegslüsterner Staatspräsident Franjo Tudjmann seine Kicker als „kroatische Ritter". In Miroslav Bla-

Mal wieder zu spät: Deutschlands glückloser Goalgetter Oliver Bierhoff scheitert an Torhüter Ladic und Verteidiger Bilic. Das kroatische Team siegte im Viertelfinale 3:0.

zevic hatte Tudjmann einen treuen Gesinnungsgenossen. Fußball war für den Trainer „wie Krieg". „Die Fußballer sollen das wiederholen, was die Soldaten im Feld erreicht haben." Mit den Deutschen war zugleich auch das älteste Team ausgeschieden, von den französischen Medien „Jurassic Park" tituliert. Beim Spiel gegen den Iran betrug der Altersdurchschnitt des Teams stramme 31,55 Jahre.

Für Italiens Cesare Maldini war Frankreichs *Équipe Tricolore* nur „eine italienische Auswahl, verstärkt mit ein paar Spielern aus dem Ausland". Tatsächlich standen sieben Spieler aus dem französischen Kader bei Klubs der Serie A unter Vertrag. Am Tag des Viertelfinales neutralisierten sich beide Teams mehr oder weniger gegenseitig. Zidane, der nach seiner Sperre erstmals wieder dabei war, befand sich bei seinem Turiner Mannschaftskollegen Pessotto in guten Händen. Nach 90 Minuten war immer noch kein Tor gefallen, obwohl die *Équipe Tricolore* die besseren und jüngeren Fußballer in ihren Reihen hatte, so dass die Franzosen zum zweiten Mal in Folge die Verlängerung bemühen mussten. Da auch diese torlos verlief, hing das Weiterkommen des Gastgebers am seidenen Faden. Doch dank Gigi di Baggio, der seinen Elfmeter gegen die Torlatte schoss, durften Zidane und Co. dann doch noch den Einzug ins Halbfinale feiern. Die Italiener waren damit nach 1990 und 1994 bereits zum dritten Mal in Folge bei einem WM-Turnier im Elfmeterschießen gescheitert.

Zu einer hochklassigen Angelegenheit entwickelte sich die Partie Brasilien gegen Dänemark, in der beide Teams ihr Heil in der Offensive suchten. Die Dänen, denen Mario Zagalo einen ähnlichen Stil wie dem eigenen Team attestierte, gingen bereits nach zwei Minuten durch Jörgensen in Führung. Bebeto und der überragende Rivaldo verwandelten den Rückstand bis zum Halbzeitpfiff in eine 2:1-Führung. In der 50. Minute konnte Brian Laudrup für die Dänen ausgleichen. Zehn Minuten später war es erneut Rivaldo, der den 3:2-Endstand erzielte.

Dramatisch ging es bei der Begegnung Niederlande gegen Argentinien zu, einer Neuauflage des Finales von 1978. Kluivert hatte seine Farben in der 12. Minute in Führung gebracht, Lopez nur sechs Minuten später ausgeglichen. Die Niederländer agierten offensiv und scheuten kein Risiko. In der 72. Minute musste der Niederländer Numan nach Gelb-Rot den Platz verlassen. In der 88. Minute verübte Ortega im niederländischen Strafraum eine „Schwalbe", woraufhin Keeper van der Saar den kleinen Argentinier empört zur Rede stellte. Beim Aufstehen stieß Ortega den Niederländer mit dem Kopf am Kinn, der sich nun theatralisch fallen ließ, was der mexikanische Schiedsrichter Brizio mit der roten Karte für den Argentinier quittierte. Van der Saars Mannschaftskamerad Frank de Boer anschließend: „Normalerweise tut man so etwas nicht, aber gegen Argentinien hat man sonst keine Chance." Nur wenig später gelang Dennis Bergkamp mit einem Schuss in das linke Toreck der Siegtreffer für sein Team, zugleich einer der schönsten Treffer des Turniers.

Halbfinale: Aus für die „Meister des Balles"

Mit Brasilien, Frankreich und den Niederlanden hatten alle drei Titelanwärter das Halbfinale erreicht, das durch den Außenseiter Kroatien komplettiert wurde.

Wie bereits vier Jahre zuvor entwickelte sich die Begegnung Brasilien gegen die Niederlande zur besten Partie des Turniers, die eigentlich zwei Sieger verdient hätte. Die Brasilianer verfügten über die etwas besseren Einzelspieler, während die Niederländer die vielleicht kompletteste Mannschaft bei diesem Turnier stellten. Guus Hiddink musste seine Abwehr umstellen, da neben dem gesperrten Numan auch noch Bogarde, der im Training einen Beinbruch erlitten hatte, ausfiel. Die vakante Defensivposition wurde mit Philip Cocu besetzt, der bis dahin nur im Mittelfeld und Sturm gekickt hatte. Vor 60.000 Zuschauern im Stade Vélodrome zu Marseille brachte Ronaldo den Titelverteidiger in der 46. Minute mit 1:0 in Führung, als er Ersatzmann Cocu düpierte. Zwar gelang Kluivert vier Minuten vor dem Abpfiff noch der Ausgleich, doch das lange Zeit vergebliche Anrennen der Niederländer hatte viel Kraft gekostet. In der fälligen Verlängerung hatten die Oranjes dem Weltmeister nicht mehr viel entgegenzusetzen. Aber auch Brasilien brachte kein Tor mehr zustande, so dass die beiden Teams zum Elfmeterpunkt schreiten mussten. Als sowohl Cocu wie Ronald de Boer für die Oranjes vergaben, hatte Brasilien zum sechsten Male das WM-Finale erreicht.

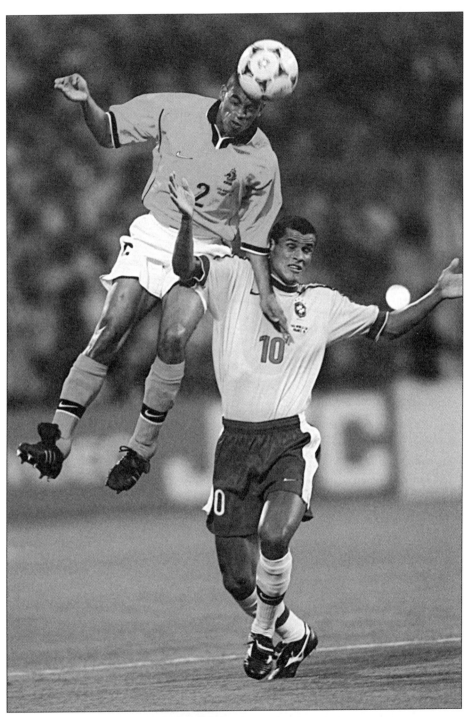

Im besten Spiel der WM 1998 besiegte Brasilien die Niederlande im Elfmeterschießen. Hier Rivaldo (rechts) und Reiziger im Zweikampf.

♦ Holländischer Elfmeter-Horror

Elfmeterschießen hatte sich nicht nur beim '98er Turnier zum Horror für die Niederlande entwickelt. Auch bei den vergangenen EM-Turnieren war man jeweils im Elfmeterschießen gescheitert, 1992 an Dänemark (Halbfinale) und 1996 an Frankreich (Viertelfinale). Trotz dieser negativen Erfahrungen schien man bei den Oranjes Elfmeterschießen für eine Angelegenheit zu halten, die unter der eigenen Würde lag. Dass sie brillanten Fußball gespielt hatten, schien den Spielern und der niederländischen Öffentlichkeit von fast größerer Bedeutung zu sein als die Frage des Weiterkommens. Der Penalty-Horror hatte mit der WM 1998 allerdings kein Ende. Nur zwei Jahre später sollten die Niederlande bei der EM mit einem großartigen Team erneut im Elfmeterschießen scheitern, doch diesmal verfiel das Land in eine tiefe Depression.

Die von Jorge Valdano zu „Meister(n) des Balles" erkorenen Niederländer überzeugten während des Turniers durch sicheren Spielaufbau mit ununterbrochenen Ballpassagen vom eigenen Torwart bis in den gegnerischen Strafraum. Die Zuschauer erhielten zuweilen den Eindruck, als habe Trainer Guus Hiddink seinen Spielern die Anweisung erteilt, nur mit zwei Ballkontakten zu agieren: stoppen und weiterleiten. Der Nachteil dieser Spielweise war, dass häufig nur wenig Raumgewinn erzielt wurde, wodurch dem Gegner ermöglicht wurde, sich in der Abwehr zu formieren. Mit Edgar Davids, der bei der EM 1996 noch aus dem Team geflogen war, nachdem er Guus Hiddink vorgeworfen hatte, bei den weißen Mitspielern seinen Kopf allzu tief ins Hinterteil zu stecken, stellten die Niederländer den neben Zidane überragenden Spieler des Turniers.

Frankreich hatte gegen Kroatien vor 80.000 Zuschauern im Stade de France zunächst einige Probleme. In der ersten Halbzeit war es den Kroaten gelungen, die Dynamik aus dem Spiel von *Les Bleus* zu nehmen. Dem Team waren die Strapazen der überlangen Auseinandersetzungen mit Paraguay und Italien anzumerken. Unmittelbar nach dem Wiederanpfiff gerieten die Gastgeber gar durch einen Treffer von Suker in Rückstand, nachdem Thuram die Abseitsfalle aufgehoben hatte. Doch nur eine Minute später gelang dem Unglücksraben zur eigenen Erleichterung der Ausgleich. Boban hatte den Ball am Strafraum unnötig verländelt und an Thuram verloren, der nach Doppelpass mit Djorkaeff einschoss. Plötzlich kam wieder Leben in die „Blauen", die das Heft nun in die Hand nahmen. In der 70. Minute war es erneut Thuram, der für seine Farben traf. Erneut resultierte der Treffer aus einem völlig unnötigen Ballverlust. Dass ein Abwehrspieler beide Tore besorgte, war symptomatisch für das französische Spiel.

Vier Minuten nach dem Führungstreffer verloren die Franzosen Laurent Blanc durch Platzverweis, nachdem dieser im Gerangel Slaven Bilic mit der flachen Hand ins Gesicht geschlagen hatte. Doch die Kroaten wussten die numerische Überlegenheit in der verbleibenden Zeit nicht zu nutzen. Die 17. Fußballweltmeisterschaft hatte mit Frankreich gegen Brasilien ihr Traumfinale. Kroatien, das sich im kleinen Finale mit 2:1 gegen die frustrierten Niederländer durchsetzte, war damit seit 1966, als Portugal Dritter wurde, der beste WM-Neuling eines Turniers.

Finale: Das Spiel des Zinedine Zidane

Als die Pressevertreter am 12. Juli im Stade de France die Spielberichtsbögen in Empfang nahmen, suchten sie vergeblich nach dem Namen Ronaldo. Der Star lief schließlich doch noch auf, wirkte allerdings gesundheitlich geschwächt und apathisch. Mit dem Marokkaner Belqola leitete übrigens erstmals ein Afrikaner ein WM-Finale.

Zinedine Zidane hatte im gesamten Turnier noch nicht getroffen, doch im Finale gelangen dem Superstar die wichtigsten Tore seiner Karriere. Zunächst köpfte er in der 27. Minute einen Eckball von Emmanuel Petit aus sechs Metern Entfernung in die Maschen. Brasiliens Keeper Taffarael besaß keine Chance zur Abwehr. Nach 454 Minuten hatte Frankreichs Offensivabteilung endlich wieder getroffen. In der Nachspielzeit der ersten Halbzeit war es erneut Zidane, der mit dem Kopf zur Stelle war und das 2:0 markierte. Von seinem Gegenüber Ronaldo war bis zu diesem Zeitpunkt kaum etwas zu sehen. Nach dem Wiederanpfiff übten die bis dahin abwesend wirkenden Brasilianer, die ihre Gegenspieler kaum bedrängten, mehr Druck aus, und Ronaldo kam zu seiner ersten Chance, die der glatzköpfige französische Keeper Barthez jedoch vereiteln konnte. Auf der Gegenseite hätte Guivarc'h bereits alles klar machen können.

Fangsicher und spektakulär: Frankreichs Torwart Fabien Barthez.

Dramatik kam nur noch auf, als in der 68. Minute Desailly vom Platz flog, der bereits dritte Platzverweis gegen den Gastgeber in diesem Turnier. Da Blanc gesperrt war, musste Aimé Jacquet nun den Rest des Spieles ohne seinen Defensivblock auskommen. Doch die *Équipe Tricolore* überstand die numerische Überlegenheit des Gegners auch ein drittes Mal schadlos. In der Schlussminute schloss Petit einen Konter gar mit dem 3:0 ab. Die Franzosen boten im Finale ihre beste Leistung während des Turniers.

Paris sah die größte Freudenkundgebung seit der Befreiung von der deutschen Besatzung. Rund 1,7 Millionen Menschen jubelten auf den Straßen der Hauptstadt und feierten ausgelassen die ganze Nacht hindurch.

Frankreich gewann den Titel mit einer Mischung aus Pragmatismus und Genialität, Jacquet plus Platini. Die Basis für den Triumph wurde schon Jahre zuvor mit einem beispielhaften Ausbildungsmodell gelegt, in das die Spieler der Platini-Generation involviert waren. Der Weltmeister bestand aus technisch brillanten Fußballern, die Jacquet zu einem diszipliniert agierenden Kollektiv formte. Das Team beeindruckte durch ein hohes Maß an taktischer Flexibilität, exzellente Technik sowie Einsatzwillen und gewann das Turnier völlig verdient. Dabei kamen die Franzosen ohne echte Stürmer aus, erzielten aber dennoch die meisten Treffer (15) des Turniers.

Jacquet setzte auf personelle Kontinuität. Die Stammelf der WM 1998 unterschied sich nur geringfügig von der Formation, die bei der EM 1996 ihr Glück versucht hatte. Das Team verfügte über ein erhebliches Maß an internationaler Erfahrung: Acht der elf Spieler der Stammformation waren im französischen Klubfußball groß geworden, bevor sie zu international renommierten Adressen im Ausland wechselten. Zidane und Deschamps kickten für Juventus Turin, Djorkaeff für Inter Mailand, Lizarazu für Bayern München, Petit für Arsenal Lodon, Thuram für Parma, Karembeu für Real Madrid. In der Mannschaft existierte ein hervorragender Teamgeist („le collectif"). Sogar der Star Djorkaeff war sich für Defensivaufgaben nicht zu schade.

„Wiedergeburt unserer selbst"

So wie große Vereinsmannschaften eine gewisse ethnische Vielfalt als Merkmal haben, so auch der Weltmeister von 1998. Der Sieg des Multikulti-Teams geriet zum Schlag ins Gesicht von Le Pen und seinen Rechtsradikalen. Aus den Nationalfarben „bleu-blanc-rouge" (blau-weiß-rot) wurde über Nacht „black-blanc-beur" – schwarz, weiß und die dunkle Tönung der maghrebinischen Einwanderer, der „beurs". Zidane erklärte den Titel zur „schönsten Botschaft, die wir schicken konnten", wobei er als Adressaten Le Pen meinte. Das bunte französische Team demonstrierte der ganzen Welt, „dass Rassenvielfalt ein nationales Guthaben sein kann, wenn alle gemeinsam ein Ziel verfolgen" *(Spiegel),* und dass der Fußball unverändert eine wichtige Funktion als Immigrantensport erfüllt.

Die siegreiche *Équipe Tricolore* wurde zum Symbol eines neuen Republikanismus und der Überlegenheit republikanischer Werte. Für Staatspräsident Chirac hatte

Multikultureller Jubel: *Les Bleus* versetzten ihre Nation in einen Freudentaumel.

„Frankreich seine Seele wiedergefunden". Der Philosoph Pascal Bruckner sah sein Land aus einer „Depression" heraustreten, die Frankreich zehn Jahre niedergedrückt habe. „Der Sieg wird wahrgenommen wie eine Wiedergeburt unserer selbst nach einer Periode der Finsternis." Der Schriftsteller Jean d'Ormesson von der Académie française kam zu der Erkenntnis, der Fußball sei das „konstitutive Element – vielleicht das einzige – eines neuen Gesellschaftsvertrags".

In spielerischer Hinsicht sah das Turnier die internationale Ausbreitung des Kurzpassspieles. Zu den auffälligsten Akteuren zählten offensiv agierende Abwehrspieler wie die Franzosen Thuram und Lizarazu oder der Niederländer Frank de Boer. Eine Reihe von Teams agierte außerdem mit gleich zwei offensiven Mittelfeldspielern hinter den Spitzen. Viele der Topspieler zeichnete ein hohes Maß an Flexibilität aus. Immer mehr Teams versuchten sich am Verschieben innerhalb der Mannschaft, was die Niederländer am besten beherrschten. Außerdem sah das Turnier häufiger Teams im Vorteil, deren Torwart mitspielte. Hier glänzten insbesondere der niederländische Keeper van der Saar und das paraguayische Idol Chilavert.

Die FIFA-Expertenkomission kam zu dem Ergebnis, dass sich gegenüber der WM 1994 nicht nur die Athletik der Spieler verbessert habe, sondern auch das technische Niveau über dem aller vorherigen Turniere liege. Der deutlichste Unterschied zur WM 1994 sei das völlige Verschwinden des Pressings.

Buntes Fest mit hässlichen Flecken

Trotz der negativen Schlagzeilen, für die deutsche Hooligans zu Beginn des Turniers sorgten, repräsentierte die WM 1998 eher einen anderen Trend: die Entwicklung des Fußballs „hin zu einem Familienereignis und weg von kriegerischen Männlichkeitsritualen", wie Josef Kelnberger in der *Frankfurter Rundschau* schrieb.

Wenngleich das Turnier als buntes Familienfest daherkam, waren die hässlichen Seiten des nun völlig durchkommerzialisierten Ereignisses nicht zu übersehen. Hierzu zählte auch die korrupte Vergabe von Tickets. Dem Angebot von insgesamt 2,648 Mio. Plätzen für 64 Spiele stand eine Ticketnachfrage von ca. 30 Mio. gegenüber. Für den normalsterblichen Fan waren die Chancen, eines der begehrten Tickets zu erheischen, durch die übermäßige Begünstigung von Sponsoren und das illegale Verschieben von mindestens 100.000 Tickets stark gesunken. Nur 1,1 Mio. Tickets, d.h. 41,5 %, gingen an das Publikum. Der *Kicker* kommentierte: „Die WM geht in den französischen Stadien weitestgehend am Volk vorbei."

Den Sponsoren dagegen wurden die Tickets als Dankeschön für ihre „Großzügigkeit" gleich bündelweise hinterhergeschmissen. Jeder FIFA-Sponsor hatte das Vorkaufsrecht auf 20.000 Eintrittskarten gleich automatisch mit erworben. Die *Neue Zürcher Zeitung* sah in all dem „eine Konsequenz des Fußballgeschäfts", in dem mit Mitteln gearbeitet werde, „welche die wohl formulierten Grundsätze der FIFA konterkarieren". Beim Finale nahmen 20.000 der 72.000 Zuschauer auf Sitzen Platz, für die sie nicht bezahlen mussten. Frankreichs Keeper, Fabien Barthez, schimpfte: „Das ist die WM der VIP's." Sein Mannschaftskamerad Didier Deschamps kritisierte: „Die Leute gehen ins Stadion wie ins Theater. Wenn ich auf den Rasen komme, sehe ich auf

Aus „bleu-blanc-rouge" wurde „black-blanc-beur": ein französischer Fan feiert seinen Triumph.

der Tribüne gegenüber Typen in schwarzen Anzügen, als ob sie zur Beerdigung kommen." Auch Jürgen Klinsmann sparte nicht mit Kritik: „Ich habe das Gefühl, Fußball entwickelt sich zu dem, was Tennis früher war. Ein Snob-Sport, ein elitärer Sport. (...) Es zählt nicht mehr das eigentliche Ereignis. Es zählt nicht mehr die Atmosphäre, die die Spieler in sich aufsaugen können. Es wird nur noch versucht, das Spektakel Fußball über das Fernsehen zu verkaufen. Das ist teilweise schon erdrückend für das Spiel. Nicht mehr das Spiel steht im Vordergrund, sondern die Business-Maschinerie."

Der Gesamtumsatz der WM erreichte neue Rekordhöhen: Die TV-Rechte wurden für 54 Mio. Pfund verhökert, die Einnahmen aus Ticketverkauf und Merchandising betrugen 236 Mio. Pfund, die aus dem weltweiten Merchandising 750 Mio. Pfund.

Mit 2.987.668 Zuschauern lag der direkte Zuspruch in den Stadien um über eine halbe Million unter dem in den USA 1994, obwohl es eine höhere Anzahl von Spielen gab. Im Schnitt kamen über 20.000 Zuschauer weniger zu den Begegnungen als noch vier Jahre zuvor. Allerdings lag dies nicht etwa an einem abnehmenden Zuschauerinteresse, sondern vornehmlich daran, dass die Arenen in Frankreich kleiner waren als in den USA. Bemerkenswert war, dass in der Vorrunde der Zuschauerzuspruch von Gruppe zu Gruppe nur gering variierte. Er schwankte zwischen 224.325 (Gruppe D) und 290.200 (Gruppe A). Es gab praktisch keine Spiele mehr, die auf ein ausgesprochenes Desinteresse stießen. Das Turnier war vom ersten bis zum letzten Spiel zum Ereignis geworden.

Die WM 1998 wurde als „Vollversammlung der Menschheit" bezeichnet. Statistisch gesehen schaltete sich jeder der 5,7 Mrd. Bewohner des Globus sechsmal in die TV-Berichterstattung über die WM 1998 ein. Das Turnier mobilisierte weltweit fast 49 Mrd. Menschen vor die TV-Geräte, doppelt so viele wie die Olympischen Spiele 1996. 1,7 Mrd. entfielen auf das Eröffnungsspiel, 2,2 Mrd. auf das Finale. Als es in Bangladesh bei laufenden TV-Übertragungen zu Stromausfällen kam, weil die Stromaggregate durch die hohe Zahl der eingeschalteten Fernsehgeräte hoffnungslos überlastet waren, wurden diese mit schweren Krawallen beantwortet. Die Regierung stellte 30.000 Polizisten zur Bewachung der insgesamt 300 Elektrizitätswerke im ganzen Land ab.

„Vollversammlung der Menschheit"

Allerdings fiel das Interesse an dem Turnier von Region zu Region unterschiedlich aus: Die stärkste Beachtung fand es in den traditionellen Fußball-Hochburgen Europa und Südamerika. In Nordamerika und Australien, aber auch in Afrika und Asien fiel die Anteilnahme deutlich geringer aus. Für manch ärmere oder abgelegene Regionen mag dabei ein Mangel an TV-Geräten oder Satellitensendern eine Rolle gespielt haben, doch als alleinige Erklärung reicht das nicht aus. Denn auch in Japan, einem hochmodernen und hochgradig sportinteressierten Industrieland, reagierte man auf den World Cup eher zurückhaltend.

Höchste Zeit für die FIFA und das Weltturnier, zu neuen Ufern aufzubrechen: nach Asien.

▶ **Einwurf**

Zinedine Zidane:
„Die weiße Katze" aus der Vorstadt

Thomas Kilchenstein, Redakteur der *Frankfurter Rundschau*, schrieb anlässlich der EM 2000 über den Franzosen: „Bei Zidane beginnt der Ball sich wohl zu fühlen, selbst, wenn der Riese aus Algerien fest dagegen tritt. Aber meist streicht der große Mann mit der kleinen Tonsur mit der Sohle über den Ball, hält ihn so lange, bis der Mitspieler in Position gelaufen ist. Oft hat es den Anschein, als gucke Zidane gar nicht richtig, wohin er den Ball spielt. Doch mit traumwandlerischer Sicherheit erreicht jeder Pass sein Ziel. Zidanes Ballbehandlung ist einmalig, er kann selbst schwierigste Bälle besser mit dem Fuß stoppen als andere mit den Händen fangen. Sogar, als er einmal zu Boden geht, hat er im Sitzen die Kugel jederzeit im Griff, sie gehorcht ihm einfach, wie ein braver deutscher Schäferhund seinem Herrchen."

Der *Spiegel* charakterisierte ihn einmal als „den Feinmechaniker im Fußballgeschäft, den Mann, der den Ball behandelt wie der Vogelfreund das rohe Straußenei". Für den *Kicker*-Redakteur Hardy Hasselbruch repräsentierte Zidanes Auftritt beim EM-Turnier 2000 „eine selten erlebte Symbiose aus brillanter, unberechenbarer Technik, fulminanter Schusskraft, strategischen Fähigkeiten, eines ausgeprägten Gefühls für den Rhythmuswechsel" und „immenser Willenskraft". Zidane sei kurzum eine „filigrane Kampfmaschine".

Zidane ist der Sohn algerischer Einwanderer. Vater und Mutter sind Kabylen, Berber aus der schroffen Gebirgslandschaft im Norden Algeriens, die in den 1960er Jahren im Industriegürtel um Paris eintrafen. 1970 zog die Familie nach Marseille. Dort wuchs „Zizou" („weiße Katze"), wie ihn seine Fans nennen, im Einwandererviertel Cité Castellane auf, einem sozialen Brandherd und Zielscheibe der rassistischen Demagogie der Rechtsradikalen um Jean-Marie Le Pen. Das nach nordafrikanischen Wertvorstellungen erzogene Idol der Vorstädte über seine Jugend: „Wir haben nie geraucht. Wir haben nie gestohlen, außer vielleicht einen Apfel aus dem Regal. Ich werde dieses bescheidene Leben nie verleugnen."

Im Alter von 14 Jahren wurde er zum Sichtungslehrgang in Aix-en-Provence nicht zugelassen, weil „er nicht aussieht wie ein Franzose". Vor der WM 1998 haftete ihm eher das Image eines Verlierers an, nachdem er dreimal hintereinander in einem Europapokalfinale nicht gewinnen konnte: 1996 im UEFA-Cup-Finale mit Bordeaux, 1997 und 1998 in der Champions League mit Juventus Turin. Bei der EM 1996 war

Zidane eine so große Enttäuschung, dass ihn das Magazin World Soccer „French Flop" taufte. Allerdings laborierte Zidane noch an den Folgen eines Autounfalls, den er vor dem Turnier erlitten hatte.

Auch das Weltturnier in Frankreich lief für den Star zunächst nicht nach Wunsch. Im zweiten Vorrundenspiel gegen Saudi-Arabien wurde Zidane nach einer rüden „Blutgrätsche" des Feldes verwiesen. Solche Unbeherrschtheiten auf dem Platz verfolgten den ansonsten zurückhaltenden Zidane allerdings des öfteren und sollten im WM-Finale von 2006 auch seinen Abschied überschatten.

Einer, der stets an „Zizou" glaubte, war der in Frankreich arbeitende deutsche Trainer Gernot Rohr, der ihn noch aus gemeinsamen Tagen bei Girondins Bordeaux kannte: Wie die meisten Kabylen sei

Zinedine „Zizou" Zidane.

Zidane ein gewissenhafter Arbeiter, bei dem Fleiß und Ballbegabung eine traumhafte Mischung eingingen. „Er kann jedes Spiel herumreißen."

Und „Zizou" kam 1998 wieder, führte Frankreich ins Finale, wo er mit zwei Toren am 3:0-Sieg beteiligt war. Nicht der Brasilianer Ronaldo, sondern der Franzose afrikanischer Abstammung Zinedine Zidane wurde zum großen Helden des Turniers.

In Castellane avancierte Zidane nun endgültig zur Identifikationsfigur der Beurs, der Nachfahren arabischer Einwanderer der zweiten und dritten Generation. Auf den Champs Elysées demonstrierten junge Beurs ihre doppelte kulturelle Identität, indem sie die algerische Fahne und die Tricolore schwenkten, und hell- wie dunkelhäutige Verehrer skandierten „Zizou président". Die offizielle Politik hievte Zidane zur Ikone einer gelungenen republikanischen Integrationspolitik. Ein Fußballspieler wurde zum Symbol für ein neues „multirassisches" Frankreich, ein Kabyle zum weltweit bekanntesten Franzosen.

1996 wurde Zidane zu Frankreichs Fußballer des Jahres gewählt. 1998 folgte die Wahl zum Europäischen Fußballer des Jahres, 1998, 2000 und 2003 zum Weltfußballer des Jahres. Als Frankreich in der Qualifikation zur WM 2006 zu scheitern drohte, wurde der aus dem Nationalteam bereits verabschiedete Star noch einmal zum Comeback überredet, das auch dank seiner starken Leistungen erst mit dem Finale endete. Danach hörte er endgültig auf. Zidane über seine Karriere: „Es ist mir bewusst, dass mein Leben ohne den Erfolg im Fußball höchstwahrscheinlich schlimm verlaufen wäre. Darum genieße ich jeden Tag und jedes einzelne Spiel." ∎

◆ WM 2002

Austragungsländer: Japan und Südkorea

Austragungsstädte und Spielstätten:
Korea: Pusan (Pusan Main Stadium), Incheon (Incheon Munhak Stadium), Gwangju (Yomyu Stadium), Daejon (Hanbat Stadium), Ulsan (Ulsan Football Stadium), Suwon (Suwon Stadium), Jeonju (Onguel Football Stadium), Seogwipo (Seogwipo Football Stadium), Seoul (World Cup Stadium), Daegu (Daegu Football Stadium)
Japan: Yokohama (Yokohama International Stadium), Sapporo (Sapporo Dom), Miyagi (Miyagi Prefectural), Niigata (Niigata Prefectural Stadium), Ibaraki (Kashima Football Stadium), Saitama (Saitama Prefectural Stadium), Shizuoka (Ogasayama Sports Park), Osaka (Nagai Stadium), Kobe (Kobe Universiade Memorial Stadium), Oita (Oita Stadium)

Dauer: 31. Mai bis 30. Juni 2002

Eröffnungsspiel: Frankreich – Senegal 0:1 (0:1) (31. Mai 2002, World Cup Stadium, Seoul)

Gemeldete Teilnehmer: 198 – Europa: 51, Südamerika: 10, Nord- und Mittelamerika: 35, Afrika: 50, Asien: 42, Ozeanien: 10

Endrundenteilnehmer: 32 – *Europa* (15): Belgien, Dänemark, Deutschland, England, Frankreich (Titelverteidiger), Irland, Italien, Kroatien, Polen, Portugal, Russland, Slowenien, Spanien, Schweden, Türkei; *Afrika* (5): Kamerun, Nigeria, Senegal, Südafrika, Tunesien; *Asien* (4): China, Japan (Gastgeber), Saudi-Arabien, Südkorea (Gastgeber); *Nord- und Mittelamerika* (3): Costa Rica, Mexiko, USA; *Südamerika* (5): Argentinien, Brasilien, Ecuador, Uruguay, Venezuela

Qualifikationsspiele: 588, **Endrundenspiele:** 64

Modus: Acht Vorrundengruppen à vier Mannschaften (Punktspiele). Die beiden Erstplatzierten jeder Gruppe qualifizieren sich für das Achtelfinale. Danach K.o.-System.

Zuschauer: 2.705.197, Zuschauerschnitt: 42.269 (Korea: 39.580; Japan: 44.957)
Tore: 155, Torschnitt: 2,437

Die besten Torschützen: Ronaldo (Brasilien): 8 Tore; Rivaldo (Brasilien), Miroslav Klose (Deutschland): 5 Tore; Jon Dahl Tomasson (Dänemark), Christian Vieri (Italien): 4 Tore

Finale: Brasilien – Deutschland 2:0 (0:0)
(30. Juni 2002, Yokohama International Stadium)

Brasilien: Marcos; Cafú, Lucio, Edmilson, Roque Junior; Kleberson, Gilberto Silva, Roberto Carlos; Rivaldo; Ronaldinho; Ronaldo (90. Denilson)
Deutschland: Kahn; Linke, Ramelow, Metzelder; Frings, Hamann, Schneider, Jeremies (77. Asamoah); Bode (84. Ziege); Neuville, Klose (74. Bierhoff)

Schiedsrichter: Collina (Italien)
Tore: 1:0 Ronaldo (67.), 2:0 Ronaldo (79.)
Zuschauer: 72.370

WM 2002

Premiere in Asien

Der 31. Mai 1996 war gleich in zweifacher Hinsicht ein historischer Tag für den Weltfußball. Erstmals wurde das Weltturnier nach Asien vergeben, und erstmals wurden mit Japan und Südkorea gleich zwei Länder mit dessen Austragung betraut.

Eine salomonische Entscheidung, die alles andere als risikofrei war, denn eine historisch begründete Freundschaft existiert zwischen beiden Ländern nicht. Im Gegenteil: Zwischen 1910 und 1945 hatte Korea unter japanischer Herrschaft gestanden. Bevor die FIFA für beide Länder votierte, hatten sich Japan und Korea über viele Jahre einen erbitterten und kostspieligen Bewerbungskampf geliefert.

Japan und Südkorea erhielten den Zuschlag, nachdem sich FIFA-Boss João Havelange überraschend für die asiatischen Bewerber ausgesprochen hatte. Kritiker des FIFA-Bosses führten dessen Gesinnungswandel darauf zurück, dass seinem Schwiegersohn Texeira, Chef des brasilianischen Verbandes, die Generalvertretung des südkoreanischen Autoherstellers Hyundai in Rio de Janeiro übertragen worden war. Südkoreas Fußballboss hieß seit 1993 Chung Mong-Joon und war ein Sohn der Besitzerfamilie des Konzerns. Später stieg Chung Mong-Joon auch noch zum FIFA-Vizepräsidenten auf.

Noch im gleichen Jahr wurden einige strittige Punkte geklärt, u.a. die paritätische Verteilung der Begegnungen – das Eröffnungsspiel sollte in der südkoreanischen Hauptstadt Seoul, das Finale im japanischen Yokohama stattfinden – und der offizielle Titel des Turniers.

Genau 500 Tage vor dem Eröffnungsspiel in Seoul kam es dennoch zu einem heftigen Konflikt zwischen den Gastgeberländern. Die Südkoreaner warfen den japanischen Kollegen Vertragsbruch vor, da deren Organisationskomitee JAWOC versucht habe, die Bedeutung des Mitveranstalters durch eine Bezeichnungsänderung des WM-Turniers herabzusetzen. Dabei ging es um die Reihenfolge der Namensnennung auf den Eintrittskarten. Laut einer Übereinkunft aus dem Jahre 1996 sollte das WM-Turnier offiziell „2002 FIFA World Cup Korea/Japan" heißen. Doch zur Empörung des südkoreanischen Organisationskomitees KOWOC hatten die Japaner versucht, bei Spielen in Japan den eigenen Namen nach vorne zu schieben und die Tickets entsprechend zu bedrucken. KOWOC drohte mit einer Neudiskussion des Endspielorts.

Asiatische Fußball-Historie

Fußball in Asien ist überwiegend ein Nachkriegsphänomen, wenngleich das erste offizielle internationale Spiel auf asiatischem Boden bereits 1913 stattfand. Im Rahmen der Fernost-Spiele standen sich damals in Manila die Philippinen und China gegenüber. Die Insulaner gewannen mit 2:1. Eingeführt wurde der Fußball von englischen wie französischen Kolonialisten. In Indien waren vor allem Missionare und Militärs am Werke. Wo immer in Afrika und Asien die britische Fahne eingepflanzt wurde, folgte die Bibel mit einem Ball zur Unterstützung. Die ersten Spiele wurden von britischen Offizieren und Zivilangestellten betrieben. Nachdem auch Einheimische hinzugestoßen waren, wurden die ersten Klubs und Ligen ins Leben gerufen. 1888 entstand die Indian Football Association (IFA). 1898 wurde im indischen Kalkutta erstmals eine Liga gegründet. In China wurde der Fußball von den Briten über die Hafenstädte importiert. Die ersten Klubs entstanden hier um die Jahrhundertwende. Der bekannteste von ihnen war der South China Athletic Club. Viele Spiele endeten in Ausschreitungen und Angriffen auf die Schiedsrichter, zuweilen angestachelt von der Stimmung gegen die europäischen Fremden im Land.

In Japan sollen es 1873 britische Marineangehörige gewesen sein, die das Spiel einführten. In Korea wurden diesbezüglich europäische Techniker und Missionare tätig, und das erste Spiel auf koreanischem Boden wurde von der Besatzung eines britischen Kriegsschiffes bestritten, das im Hafen von Jemulpo (heute Incheon) angelegt hatte.

Der Fußball sah sich in weiten Teilen Asiens der Konkurrenz anderer Sportarten ausgesetzt. Auf dem englisch beeinflussten indischen Subkontinent hatten sich bereits Cricket und Hockey als populäre Sportarten etabliert. Im amerikanisch beeinflussten Fernen Osten, namentlich in Japan, Taiwan, Korea und auf den Philippinen, mobilisierte bereits Baseball große Massen.

Am 8. Mai 1954 gründeten die 13 Länder Afghanistan, Burma, Hongkong, Indien,

---

◆ Japans Fußball-Erfolge

1921 wurde die Japan Football Association gegründet, 1929 trat sie der FIFA bei. 1930 gelang Japan im Finale der Fernost-Spiele ein 3:3 gegen China, woraufhin sich die beiden Länder den Titel teilten. In Europa machte der japanische Fußball erstmals bei der Olympiade 1936 auf sich aufmerksam, als man in Berlin das Team Schwedens mit 3:2 schlug. Bei der Olympiade 1968 in Mexiko errang Japan sogar die Bronzemedaille. 1992 gewann Japan durch einen 1:0-Sieg über Saudi-Arabien vor 40.000 Zuschauern in Hiroshima erstmals den Asian Cup. 1993 erfolgte der Anpfiff zur professionellen J-League, die 1999 mit der J2-Division einen Unterbau erhielt. Ebenfalls 1999 gewann Japans U-20-Team bei der FIFA World Youth Championship die Silbermedaille. 2000 wurde Japan zum zweiten Mal Asian-Cup-Sieger. Bei der WM-Endrunde war Japan vor 2002 nur einmal vertreten. Die WM 1998 beendete das Team mit null Punkten und 1:4-Toren.

Indonesien, Japan, Südkorea, Malaysia, Pakistan, Philippinen, Singapur, Taiwan und Südvietnam in Manila die Asian Football Confederation (AFC), die am 21. Juni des gleichen Jahres der FIFA beitrat. Anders als bei der UEFA ging es nicht nur um die Bildung eines Dachverbands nationaler Verbände, der der Region mehr Gewicht gegenüber den anderen Regionen im Weltfußball verleihen sollte. Mit der Förderung des Fußballs in Asien postulierte die AFC auch einen entwicklungspolitischen Auftrag. Im Jahr 2000 zählte die AFC 45 Mitglieder, und ihr Verwaltungsbereich erstreckte sich vom Libanon im Westen bis zum winzigen US-Protektorat Guam im Pazifischen Ozean im Osten und von Korea im Norden bis Indonesien im Süden. Die Mitgliedsstaaten vereinigten über die Hälfte der Weltbevölkerung.

1956 wurde in Hongkong erstmals der Asian Cup ausgespielt, ein Äquivalent zur Europameisterschaft und dem Copa América. Die erste Fußballmacht Asiens hieß Südkorea, Asian-Cup-Sieger 1956 und 1960. 1972, 1980 und 1988 wurde das Land jeweils Zweiter. Der südkoreanischen Vorherrschaft folgte die des Irans, der als bis heute einziges Land den Asian Cup dreimal in Folge gewann (1968, 1972 und 1976). In diesem Zeitraum verlor der Iran nicht ein einziges Spiel in diesem Wettbewerb. 1978 konnte sich der Iran auch für das WM-Turnier qualifizieren. Durch die dem Sturz des Schah-Regimes folgenden Revolutionswirren wurde die iranische Fußballherrlichkeit vorübergehend unterbrochen. Stattdessen avancierten die öldollarreichen Golfstaaten zu neuen Hochburgen, die über genügend finanzielle Ressourcen und Infrastruktur verfügten und sich überdies ausländische Trainer leisten konnten. 1980 hieß der Asian-Cup-Sieger Kuwait, 1984, 1988 und 1996 Saudi-Arabien, neben dem Iran somit das einzige Land, das den Pokal dreimal holen konnte.

> ◆ **Südkoreas Fußball-Erfolge**
>
> Am 22. Mai 1928 wurde mit der Joseon Football Judges Association der erste Fußballverband Koreas gegründet. Am 19. September 1933 wurde aus dieser die Joseon Football Association, die jedoch 1938 von den japanischen Besatzern aufgelöst wurde. Ein neuer Fußballverband stand unter der Kontrolle Japans und trat 1940 der FIFA bei. Nach dem Ende des Zweiten Weltkriegs und der Besatzung wurde die Joseon Football Association rekonstruiert. Am 4. September 1948 wurde daraus die Korea Football Association (KFA).
> Mit fünf Teilnahmen an der WM-Endrunde (1954, 1986, 1990, 1994 und 1998) war Südkorea bereits vor der WM 2002 mit Abstand das erfolgreichste Team Asiens. Seit 1986 war Südkorea Stammgast beim World Cup. Die Bilanz aus den Endrundenspielen vor 2002 war allerdings eher ernüchternd: null Siege, vier Unentschieden, zehn Niederlagen.

Die WM-Geschichte der asiatischen Länder begann spät und verlief bis zur Jahrtausendwende wenig erfolgreich. 1938 meldete sich mit Dutch East Indies, später Indonesien, erstmals ein asiatisches Land für den World Cup an, bestritt dann aber kein Spiel. 1950 war Indien qualifiziert, verzichtete aber auf eine Teilnahme, weil die FIFA das Tragen von Schuhwerk vorschrieb. Die Inder wollten nur in Bandagen antreten.

Inder wollten ohne Schuhe spielen

Fußball im Kopf: südkoreanischer Fan.

1954 nahm dann mit Südkorea erstmals ein asiatisches Land an der WM-Endrunde teil. Die nächste asiatische Teilnahme fand erst zwölf Jahre später statt, als Nordkorea den bis zur WM 2002 größten Erfolg Asiens im World Cup feiern durfte. Das Team scheiterte 1966 in England erst im Viertelfinale. 1970 und 1974 waren die Vertreter Asiens mit Israel und Australien zwei nicht-asiatische Länder, 1978 war der Iran dabei, 1982 Kuwait, 1986 Südkorea und Irak, 1990 Vereinigte Arabische Emirate und Südkorea, 1994 Südkorea und Saudi-Arabien. Beim WM-Turnier 1998 waren mit Iran, Südkorea, Saudi-Arabien und Japan erstmals vier Länder vertreten. Mit fünf Teilnahmen (1954, 1986, 1990, 1994 und 1998) war Südkorea einsamer Spitzenreiter Asiens, allerdings ohne auch nur ein einziges Endrundenspiel gewinnen zu können. Zehn Niederlagen und vier Remis lautete die traurige Bilanz.

Mittlerweile hatten mehr und mehr Länder Asiens den Profifußball sowie Profiligen eingeführt. Pionier war hier Südkorea, das 1983 mit der Super League startete. 1980 war mit dem Hallelujah Soccer Team erstmals eine koreanische Mannschaft zum Profifußball übergegangen. Das Team bestand aus evangelischen Christen, die über den Sport das Wort Gottes verbreiten wollten. Auch der Fußball blieb von den starken amerikanischen Einflüssen in Korea nicht frei. Die Teams, die 1983 die Profiliga gründeten, hießen u.a. Bulls, Dolphins, Tigers, Elephants und Royals. Obwohl Südkorea die führende Fußballmacht Asiens war, fiel der Zuschauerzuspruch für Fußball in den späten 1970er Jahren hinter dem für Baseball zurück, wohl vor allem eine Folge des bereits erwähnten „Amerikanismus" im Land.

In Europa erregte insbesondere die 1993 gestartete japanische „J-League" Aufmerksamkeit, zumal sich dort eine Reihe von europäischen und südamerikanischen „Altstars" (Buchwald, Littbarski, Lineker, Zico) verdingten. Die neue Liga ordnete die Werkteams, die die feinsten Adressen der japanischen Wirtschaft repräsentierten, nun nach europäischem Muster den Städten zu. So wurden z.B. aus den „Mitsubishi Motors" die „Urawa Red Diamonds". Die Liga erfreute sich zunächst eines Booms; in den ersten drei Spielzeiten betrug der Zuschauerschnitt 18.000 bis 19.000 Zuschauer. Die Ausweitung der Liga und wirtschaftliche Probleme im Land führten dann zu einer Verringerung des Zuschauerzuspruchs auf 13.000. Der japanische Profifußball sah sich durch eine finanzielle Krise in seiner Existenz bedroht und reagierte mit einem Kurswechsel. Hoch bezahlte ausländische Stars wichen nun mehr und mehr einheimischen Talenten.

In den ostasiatischen Industrieländern und den orientalischen Ölstaaten verfügt der Fußball über bessere wirtschaftliche Voraussetzungen als in Afrika. Hinzu kommt die große Zahl der Kicker. 1990 hatte Asien bei der FIFA 54 Mio. Fußballer gemeldet, was ungefähr der Hälfte aller registrierten Fußballspieler weltweit entsprach. Gemessen an der Zahl seiner Fußballer fielen die internationalen Erfolge Asiens allerdings noch immer bescheiden aus. Die Bilanz aus 33 WM-Endrundenspielen zwischen 1954 und 1998: vier Siege, sieben Unentschieden, 22 Niederlagen und 28:87 Tore. Die vier Siege entfielen mit Nordkorea (1966), Saudi-Arabien (zweimal 1994) und Iran (1998) auf drei Teams.

Die Schwäche der Asiaten gab vielen Beobachtern ein Rätsel auf. Als ein möglicher Grund wurde das relativ geringe Interesse am Spiel in den beiden bevölkerungsreichsten Ländern Asiens, China und Indien, genannt. In China, wo der Fußball lange Zeit auch bedingt durch die Selbstisolation des Landes stagnierte und das aus politischen Gründen erst 1974 der AFA und 1979 der FIFA beitrat, änderte sich dies allerdings. 1990 waren in China ca. 21 Mio. Kicker registriert. Die Regierung investierte erhebliche Summen in den Fußball. Um die Jahrtausendwende verfolgten in China mehr Menschen das Spiel als in jedem anderen Land auf dem Erdball.

Schwächen des asiatischen Fußballs

Andere Hindernisse waren finanzielle Probleme, religiöse Sitten, politische Konflikte, Korruption und administrative Inkompetenz. Allerdings existieren viele dieser Probleme auch in anderen Regionen der Welt, so dass sie als Erklärung für die Schwäche des asiatischen Fußballs nicht recht taugen.

Während sich in den europäischen Profiligen mittlerweile zahlreiche Afrikaner tummelten, waren Asiaten hier immer noch eher Exoten. Teilweise war dies mit dem hohen Lebensstandard in einigen asiatischen Ländern zu erklären. Der Reiz, nach Europa auszuwandern und eine Profikarriere einzuschlagen, war hier deutlich geringer ausgeprägt als in Afrika. Aber auch aus den armen Ländern Asiens war kaum Zuzug zu registrieren. Bernd Trautmann, der als Trainer in Afrika und Asien arbeitete, machte die Erfahrung, dass die jungen Kicker Afrikas es kaum abwarten könnten, nach Europa auszuwandern, und begierig seien, mehr über das Leben auf dem Kontinent zu erfahren. Ihre asiatischen Altersgenossen seien nicht weniger fußballbegeistert, an Europa aber kaum interessiert. Nach der WM 1998 wurden südkoreanische Hoffnungsträger vom nationalen Fußballverband zum Wechsel in die europäischen Ligen ermuntert, um sie für den Auftritt beim Turnier im eigenen Land fit zu machen.

Der berühmteste Koreaner im europäischen Fußball war Bum-Kun Cha, der zwischen 1979 und 1989 308 Bundesligaspiele für Eintracht Frankfurt und Bayer Leverkusen bestritt und dabei 98 Tore schoss. 1986 nahm der 28-malige Nationalspieler mit Südkorea an der WM-Endrunde teil. In Italien gewann der AS Rom in der Saison 2000/01 mit dem japanischen Nationalspieler Hidetoshi Nakata die Landesmeisterschaft. Nakatas Aufstieg zum nationalen Fußballhelden Japans begann 1997, als

Hidetoshi Nakata, hier bei der WM 1998 gegen Kroatien, war der Star im japanischen Fußball.

er im entscheidenden Qualifikationsspiel gegen den Iran für den Altstar Kazuyoshi Miura eingewechselt wurde und das Siegtor schoss, das die Fahrkarte nach Frankreich bedeutete. Nach der WM 1998 wechselte Nakata, bis dahin bei Bellmare Hiratsuka unter Vertrag, zum italienischen Serie A-Klub AC Perugia. Der Spielmacher der japanischen Nationalelf, den der *Corriere dello Sport* bei den zehn besten Mittelfeldspielern der Liga einordnete, löste eine „Nakata-Mania" aus und avancierte zur Kultfigur der japanischen Jugend. Noch während der Saison 1999/2000 wurde Nakata für 40 Mio. DM vom AS Rom verpflichtet.

Ein notorischer Schwachpunkt des japanischen Fußballs blieb die „physische Schwäche" seiner Akteure, die von diesbezüglich überlegenen Teams schonungslos offengelegt wurde. Nationaltrainer Philippe Troussier: „Inamoto von Arsenal London und Ono von Feyenoord Rotterdam sitzen bei ihren Vereinen regelmäßig auf der Bank – nicht aufgrund mangelhafter technischer Qualitäten, sondern weil sie körperlich nicht stark genug sind."

Beim Confederations Cup im Sommer 2001, der so genannten „Mini-WM" und Testlauf für das Turnier 2002, schied Südkorea nach der Vorrunde aus. In der Konkurrenz der Erdteilmeister gelangte Japan dagegen ins Finale, wo es vor 65.335 Zuschauern in Yokohama Weltmeister Frankreich mit 0:1 unterlag. Im Schnitt sahen 35.000 Zuschauer die Spiele in Korea und Japan, von denen kein einziges ausverkauft war; bemerkenswert waren die erheblichen Verkehrsprobleme.

Qualifikation: So viele Teilnehmer wie nie zuvor

Mit 198 gemeldeten Nationalmannschaften verzeichnete der World Cup einen neuen Rekord. Von den 203 FIFA-Mitgliedern hatten lediglich Nordkorea, Papua-Neuguinea, Burundi, Niger und Afghanistan nicht gemeldet. Weltmeister Frankreich, das zwei Jahre nach der WM auch noch Europameister geworden war – was zuvor keinem anderen europäischen Weltmeister gelungen war –, sowie die Gastgeber Japan und Südkorea waren für das Turnier direkt qualifiziert. Die verbleibenden 195 Länder mussten 778 Spiele bestreiten, um die noch freien 29 Endrundenplätze zu besetzen. Mit 92 Ländern stellten Afrika und Asien zwar 46,5 % aller Bewerber, aber nur 28 % aller Endrundenteilnehmer. Es dominierte weiterhin Europa, das in Japan/Korea 47 % der Teams stellte.

Die beiden noch freien asiatischen Endrundenplätze eroberten sich Saudi-Arabien sowie China. Das „Reich der Mitte" konnte sich damit im siebten Anlauf erstmals qualifizieren. Die chinesische Fußball-Liga hatte seit dem 15. Juli pausiert, damit die Spieler sich im Sommer 2001 auf die Qualifikation konzentrieren konnten. Das entscheidende Spiel gegen den Oman (1:0) wurde vor dem Fernseher von 500 Millionen Menschen verfolgt. Die 50.000 Karten für das Spiel im Stadion waren restlos vergriffen, und der Schwarzmarkt gebar astronomische Preise. Trainiert wurden die Chinesen vom WM-Stammgast Bora Milutinovic, der damit seinen Rekord weiter verbesserte. Nach Mexiko (1986), Costa Rica (1990), USA (1994) und Nigeria (1998) war China das fünfte Land, mit dem der Weltenbummler ein WM-Turnier besuchte.

Asien: China auf dem Sprung

Besonders exotisch gestaltete sich die Qualifikation in Ozeanien sowie Nord- und Mittelamerika, an der u.a. die Nationalmannschaften Fidschis, Tongas, Am. Samoas, Vanuatus, der Cook Islands, St. Vincents, der US- und der Brit. Jungferninseln, St. Kitts/Nevis und Montserrats teilnahmen. In der Ozeanien-Gruppe 1 unterlag Tonga zwar Gruppensieger Australien mit 0:22, durfte aber trotzdem noch sechs Punkte und einen dritten Platz verbuchen, da es anderen noch schlechter erging. So unterlag Am. Samoa den Australiern mit 0:31, was einen neuen Rekord in der WM-Geschichte bedeutete. Australien gewann auch die Entscheidungsspiele gegen den Sieger der zweiten Ozeanien-Gruppe Neuseeland (2:0 und 4:1) und qualifizierte sich somit für ein Entscheidungsspiel gegen den Fünften der Südamerikagruppe.

In Nord- und Mittelamerika setzte sich als erstes Land Costa Rica durch. Die weiteren Asien-Tickets lösten Mexiko und die USA, die punktgleich die Plätze zwei und drei belegten. Costa Rica gelang das Kunststück, den Mexikanern in deren 52. Qualifikationsspiel im Azteken-Stadion die erste Niederlage beizufügen. Für Mexiko bedeutete die Qualifikation bereits die zwölfte Endrundenteilnahme.

Derweil wurde der Fußball Südamerikas einmal mehr vom Chaos heimgesucht. Im Sommer 2001 sollte die Copa América erstmals in Kolumbien stattfinden. Drei

Chaos in Südamerika

Wochen vor dem Anpfiff wurde der Vizepräsident des kolumbianischen Fußballverbandes, Hernan Mejia Campuzano, von Guerillas entführt. Daraufhin entzog CONMEBOL dem Andenstaat die Austragung der Copa América. Campuzano wurde nur wenige Tage später wieder freigelassen. Offenbar waren seine Entführer über die Folgen ihrer Tat irritiert. Auf einer Sondersitzung in Buenos Aires revidierte CONMEBOL daraufhin seine Entscheidung.

In den WM-Qualifikationsrunden glänzte vor allem die argentinische Mannschaft, die sich in einer aus sämtlichen CONMEBOL-Teams bestehenden Mammutgruppe als erste qualifizierte. Die Elf mit der Achse German Burgos (Tor), Roberto Ayala (Libero), Juan Sebastian Veron (Mittelfeld) und Gabriel Batistuta (Sturm) kassierte in den 18 Qualifikationsspielen nur eine Niederlage. Trainiert wurden die Argentinier von Marcelo Bielsa, der aus einer prominenten, politisch links stehenden Familie in Rosario stammte. Unter Bielsa überwand Argentinien die destruktive Bilardo-Ära, die bei der WM 1990 ihren Höhepunkt erreicht hatte und mit dazu beitrug, dass die FIFA anschließend ihr Regelwerk reformierte.

Zwei weitere Plätze, die zur direkten Endrundenteilnahme berechtigten, belegten Paraguay und Ecuador. Der vierfache Weltmeister Brasilien musste bis zum letzten Spieltag zittern. Nationaltrainer Luis Felipe Scolari war bereits der vierte Coach der *Selecao* seit der WM 1998 und ein Exponent des „neuen brasilianischen Stils". Anstelle von Ballartisten vom Schlage Pelés wurde das Team zunehmend von „Dunga-Typen" geprägt. Scolari gehörte zu jener neuen Trainer-Generation, die die Zerstörung des gegnerischen Spiels vor die Entwicklung des eigenen stellte. Erst im letzten Spiel vor 75.000 Zuschauern in St. Louis gegen Venezuela, aus dem Brasilien drei Punkte benötigte, legte die *Selecao* ihre unansehnliche Defensivtaktik ab und wurde dafür mit einem 3:0-Sieg belohnt, der den dritten Platz vor Ecuador und damit ebenfalls die direkte Qualifikation bedeutete.

Als fünftes südamerikanisches Land qualifizierte sich Uruguay, das allerdings noch zwei Relegationsspiele gegen den Ozeanien-Sieger Australien bestreiten musste. Das Hinspiel verloren die „Urus" mit 1:0, doch im Rückspiel siegte der zweifache Weltmeister vor über 60.000 Zuschauern im ehrwürdigen Centenario-Stadion zu Montevideo mit 3:0. In den Straßen Montevideos sangen die Fans: „Soy celeste" („Ich bin himmelblau").

Panik in Afrika

Als erste Teams überhaupt konnten Afrikas Fußball-Großmächte Kamerun und Südafrika die Qualifikation feiern. Für Kamerun, Sieger des Olympischen Fußball-Turniers in Sydney 2000, war es die nach 1982, 1990, 1994 und 1998 fünfte Teilnahme, womit das Land Afrikas WM-Rekordstarter war. Mit Patrick Mboma vom italienischen Serie A-Klub AC Parma hatten die *Lions indomptable* (die unzähmbaren Löwen), wie das Nationalteam in seiner Heimat gerufen wurde, Afrikas Fußballer des Jahres 2000 in ihren Reihen. Anfang 2002 gewann Kamerun zum vierten Mal den Afrika-Cup. Die „Löwen" wurden inzwischen vom deutschen Coach Winfried Schäfer trainiert, den man ausdrücklich mit dem Auftrag geholt hatte, den afrikanischen Spielern deutsche Disziplin und Erfolgsorientierung einzutrichtern.

In Südafrikas Gruppe wurde Guinea ausgeschlossen, nachdem die Regierung im Handstreich die Führung des Fußballverbands abgesetzt hatte. Für die südafrikanische *Bafana, Bafana*, trainiert vom Portugiesen Carlos Queiroz, war es die zweite Qualifikation in Folge. Beim ersten Qualifikationsspiel gegen Simbabwe in Harare löste ein Tor des für den Bundesligisten VfL Bochum kickenden Linksaußen Delron Buckley eine Massenpanik im Stadion aus, bei der 43 Zuschauer ums Leben kamen.

Nigeria qualifizierte sich nur knapp vor Liberia. Tunesien, trainiert vom deutschen Weltenbummler Eckhard Krautzun, wurde souverän Gruppensieger vor der Elfenbeinküste. Stützen des Teams waren Torwart-Routinier Chokri El Quaer sowie Zoubaier Baya von Besiktas Istanbul und Adel Sellimi vom SC Freiburg.

Als fünftes afrikanisches Nationalteam konnte sich erstmalig Senegal für die Endrunde qualifizieren, dank des besseren Torverhältnisses gegenüber Marokko. Fast alle Spieler des vom Franzosen Bruno Metsu trainierten jungen senegalesischen Nationalteams – die Mehrheit der Spieler war jünger als 25 Jahre – verdingten sich im französischen Profifußball.

In Europa wurde die Qualifikation in neun Gruppen gespielt, deren Erstplatzierte das WM-Ticket direkt lösten, während die Zweitplatzierten in die Relegation mussten. Die größte Sensation war das Ausscheiden der vom Ex-Ajax- und Barcelona-Trainer Louis van Gaal trainierten Niederländer in der Qualifikationsgruppe 2, die hier Portugal und Irland den Vortritt lassen mussten.

Sensation in Europa

In Gruppe 1 setzte sich souverän Russland durch, ebenso Schweden in Gruppe 4, Polen in Gruppe 5 und Spanien in Gruppe 7. Kroatien erreichte in Gruppe 6 mit seinem Legionärs-Team nur knapp gegen Belgien und Schottland die direkte Qualifikation. Italien, das mit Dino Zoff 2000 Vize-Europameister geworden war, nun aber von der Trainerlegende Giovanni Trapattoni betreut wurde, qualifizierte sich in der Gruppe 8 vor Rumänien. In der Gruppe 3 machte überraschend Dänemark vor Tschechien das Rennen.

In der Gruppe 9 hießen die Favoriten Deutschland und England. In Deutschland hatte nach der EM 2000, bei der man als Titelverteidiger bereits in der Vorrunde kläglich gescheitert war, das Duo Rudi Völler und Michael Skibbe das Kommando über die Nationalmannschaft übernommen und dieser neues Leben eingehaucht. Die Versäumnisse vergangener Jahre setzten dem Wirken des populären Ex-Weltmeisters und des Trainertalents allerdings Grenzen. Beim Hinspiel im Wembley-Stadion behielten die Deutschen durch ein Tor des England-Legionärs Dietmar Hamann mit 1:0 die Oberhand. Die Begegnung gegen den „Erzfeind" war zugleich der letzte Auftritt der englischen Nationalelf in der ehrwürdigen, aber gealterten Arena. Wembley,

England contra Deutschland

1:5 verlor Deutschland im September 2001 sein Qualifikationsspiel gegen England. Hier „tunnelt" der überragende englische Stürmerstar Michael Owen den Deutschen Christian Wörns.

nach Maracanã wohl das berühmteste und mythenträchtigste Fußballstadion weltweit, wurde anschließend der Abrissbirne ausgeliefert. Die Niederlage bedeutete das „Aus" für den glücklosen England-Coach Kevin Keegan, der das durchaus respektable Kicker-Potential nicht abrufen konnte.

England befand sich in höchster Not und ersuchte um Hilfe im Ausland. Die Wahl fiel auf den Schweden Sven-Göran Eriksson, was eine heftige Debatte auslöste, obwohl dessen Vorstellungen vom Fußball durchaus „englisch" geprägt waren. Die Kritiker sollten bald verstummen.

Im Rückspiel hätte den Deutschen bereits ein Remis gegen die Engländer zur direkten Qualifikation genügt. Die Begegnung fand im Münchner Olympiastadion statt, das bei dieser Gelegenheit wohl ebenfalls sein letztes Länderspiel erlebte. Statt des erwarteten Festes sahen die 63.000 Zuschauer einen rabenschwarzen Tag für den deutschen Fußball. Dem Eriksson-Team mit Kapitän David Beckham sowie dem Liverpooler Sturm-Duo Michael Owen und Heskey gelang der höchste Sieg über die „Krauts" seit dem Zweiten Weltkrieg. 5:1 hieß es am Ende für die Gäste, zugleich die höchste Heimniederlage der DFB-Elf seit 1939, als man den Ungarn mit dem gleichen Ergebnis unterlag, außerdem im 61. WM-Qualifikationsspiel erst die zweite Niederlage. (Die erste Niederlage hatte man 1985 gegen Portugal kassiert.) England wurde Gruppensieger und qualifizierte sich direkt, während das DFB-Team, seit 1954 WM-Stammgast, nachsitzen musste. In der Relegation gelang gegen die Ukraine beim Rückspiel (nach 1:1 in Kiew) in Dortmund ein überzeugender 4:1-Sieg, der die geschundene deutsche Fußballseele halbwegs versöhnte.

In der Relegation konnte sich auch die Türkei nach zwei aufeinanderfolgenden EM-Teilnahmen und dem Sieg von Galatasaray Istanbul im UEFA-Cup 2000 wieder für die WM-Endrunde qualifizieren, wo sie das letzte Mal 1954 vertreten war. Die Play-Offs gegen Österreich wurden 1:0 und 5:0 gewonnen. Slowenien schaltete in der Relegation überraschend die Rumänen (1:1, 2:1) aus und übernahm damit hinter Nordirland den zweiten Platz in der Rangliste der kleinsten Endrundenteilnehmer. Auch Belgien nahm die Hürde der Play-Offs, indem es die Tschechen bezwang (1:0, 1:0).

Querelen um Blatter

Bevor in Fernost der Ball rollte, kam es zu Querelen innerhalb der FIFA um die Wahl ihres Präsidenten. Amtsinhaber Sepp Blatter hatten seit seiner Kür vom 8.Juni 1998 Vorwürfe der Korruption, Misswirtschaft, Selbstherrlichkeit und Mauschelei begleitet. Die Bilanz des Schweizers sah alles andere als rosig aus: Der sprunghafte FIFA-Boss hatte die Fußballwelt mit unausgegorenen Vorschlägen wie eine Vereins-WM oder einen Zwei-Jahres-Rhythmus beim Weltturnier irritiert. Beide Vorschläge waren von der Absicht geprägt, Blatters angeschlagene Hegemonie über die Organisation des Weltfußballs zu rekonstruieren und die UEFA in ihre Schranken zu weisen. Die UEFA hatte mit der Champions League ein global vermarktbares Produkt geschaffen, unter deren hervorragender Bedeutung die FIFA litt. Doch Blatters Vereins-WM geriet zum Desaster. Bereits die zweite Auflage musste abgesagt werden. Im Mai 2001 war die hauseigene Rechte-Agentur ISL Pleite gegangen. Blatter behauptete Verluste in Höhe von ca. 30 Mio. Dollar, doch die Buchprüfer von Deloitte & Touche bezifferten den Schaden auf das Zehnfache. Eine vom FIFA-Exekutivkomitee installierte interne Prüfungskommission wurde von Blatter kurzerhand abgesetzt, als diese den FIFA-Finanzdirektor Urs Linsi vernehmen wollte. Die Kritiker beschuldigten Blatter völliger Inkompetenz; bereits als Generalsekretär habe er miserabel gewirtschaftet. So seien die Übertragungsrechte für die Turniere 1990, 1994 und 1998 für insgesamt lächerliche 340 Mio. Dollar verkauft worden. Des Weiteren machten diverse Bestechungsgeschichten die Runde. Als Kronzeuge gegen Blatter fungierte mit dem FIFA-Generalsekretär Michel Zen-Ruffinen ein ehemaliges Ziehkind und enger Vertrauter des FIFA-Bosses.

Erstmals waren Korruptionsvorwürfe auch innerhalb der FIFA-Spitze ein Thema. Elf Mitglieder des 24-köpfigen Exekutivkomitees, darunter auch Chung Mong-Joon, FIFA-Vizepräsident, Präsident des südkoreanischen Verbandes und Chef des WM-

Organisationskomitees seines Landes, reichten gegen Blatter sogar eine Klage wegen Amtsmissbrauchs und Misswirtschaft ein. Mit dem Kameruner Issa Hayatou, Präsident des CAF und aus einer der reichsten Familien seines Landes stammend, stand ein Gegenkandidat parat, der in seinem Programm mit dem Titel „Im Dienste des Fußballs" hehre Ziele wie „globale Brüderlichkeit", „Transparenz", „praktizierte Demokratie" und „Modernisierung" verkündete.

Hayatou chancenlos gegen Blatter

Wie schon bei seinem Vorgänger Havelange, bestand auch Blatters Machtbasis aus den kleinen, schwachen und bereits mit relativ geringen finanziellen Summen leicht beeinflussbaren Verbänden außerhalb Europas. So verfügte die vom Blatter-Freund Jack Warner aus Trinidad und Tobago geführte CONCACAF über 39 Stimmen, darunter auch die einiger Kleinststaaten. In Europa erhielt Blatter vor allem Unterstützung vom ebenfalls im System des FIFA-Präsidenten tief verstrickten DFB. Gegen Blatters bis in die Herrschaftsbereiche seiner Gegner geflochtenes Unterstützernetz, das vor allem auf einer globalen Verteilung von Geldgeschenken und allerlei Versprechungen beruhte, hatte Hayatou beim FIFA-Kongress in Seoul keine Chance. Bereits vor der WM hatte Blatter den Endrundenteilnehmern Prämien in Höhe von 135 Mio. Euro versprochen, 51 % mehr als in Frankreich 1998. Für den Fall seiner Wiederwahl kündigte der FIFA-Boss die Auszahlung von einer Mio. Dollar für jeden der 204 FIFA-Mitgliedsverbände an, die Kontinentalverbände sollten jeweils zehn Mio. Dollar zusätzlich erhalten.

Hayatou scheiterte aber auch an seinen eigenen Schwächen. Das vom Kandidaten strapazierte Image eines moralischen Erneuerers wies eine Reihe von Kratzern auf. Zu Hayatous Lobbyisten gehörten ehemalige ISL-Manager und Strategen aus der Blatter-Seilschaft. Auch seine Verbindungen mit dem Sportrechtehändler Jean-Claude Darmon, der sein Unternehmen mit der deutschen Ufa Sports und der französischen Sport Plus zum Branchenriesen Sportfive verschmolzen hatte, warf Fragen nach der Unabhängigkeit des Kandidaten auf. Henry Kissinger schrieb im Anschluss an das Turnier: „Der Weltverband hat sich zu einem gigantischen, global operierenden Geschäftsbetrieb entwickelt. Seine Struktur ist zu feudalistisch und zu undurchsichtig angelegt. Eines Tages könnten die Querelen in eine Krise münden, die ein Unternehmen zerstört, das Menschen rund um den Erdball so viel Freude schenkt. Eine unabhängige Untersuchung könnte mehr Transparenz schaffen. Und sie könnte die FIFA befähigen, auch künftig die Leidenschaften und Hoffnungen zu entfachen, die der Welt einen Monat voller Aufregung und Einheit beschert haben."

Die Favoriten

Das französische Fußballvolk und viele Experten erwarteten von der *Équipe Tricolore* die Titelverteidigung. Nach der WM 1998 war die Verantwortung für das Team des Weltmeisters an Roger Lemerre übergegangen, den das Image eines Apparatschiks verfolgte, der sich im Verband hochgedient hatte. Unter Lemerre war die *Équipe Tricolore* 2000 als erster amtierender Weltmeister auch Europameister geworden. *Les Bleus* waren zu „Stars der Werbung, Figuren des Jetset und Lieblingen der Politik" *(Der Spiegel)* avanciert.

Top-Teams: Frankreich und Argentinien

So mancher mutmaßte allerdings schon vor WM-Beginn, dass die Mannschaft ihren Zenit überschritten habe. Die Defensive war mit Barthez (30), Desailly (33), Lizarazu (32), Leboeuf (34) und Thuram (30) veraltet und wirkte häufig zu langsam. Als Pluspunkt gegenüber 1998 wurde indes die Offensive betrachtet. 1998 hatte Frankreich „stürmerlos" den WM-Titel errungen. 2002 standen der Mannschaft mit David Trezeguet (Juventus Turin) und Thierry Henry (Arsenal London) die Torschützenkönige der italienischen Serie A und der englischen Premier League zur Verfügung.

Noch häufiger als der amtierende Weltmeister wurde Argentinien als Titelanwärter genannt. 20 der 23 Kicker spielten für europäische Klubs, davon acht in der spanischen Primera División und neun in der italienischen Serie A. Von den Qualifikationsspielen abgesehen, trat Argentinien deshalb vorwiegend in Europa an. Die starke Präsenz der Legionäre war auch eine Folge der ökonomischen Krise des argentinischen Fußballs. Die Elf fuhr mit der Last des letzten nationalen Hoffnungsträgers nach Fernost. Seit 1978 hatte Argentinien 20 Wirtschaftsminister verschlissen, doch nur fünf Nationaltrainer eingestellt. Fußball schien die einzige Konstante im argentinischen Leben zu sein.

Argentiniens Trainer Marcelo Bielsa war zwar kein Menotti, aber doch ein Mann mit Visionen: „Wir suchen den Erfolg in der Schönheit des Spiels. Sicher ist das Resultat das Wichtigste, aber was haben wir schon von einem Erfolg, wenn er nicht schön anzusehen ist." Der Kolumnist Bonifacio del Carril über Bielsa: „Er scheint die Gehirnsubstanz Menottis mit der fanatischen Ausdauer eines Bilardo zu kombinieren." Dem Ansinnen des argentinischen Verbandes, Maradonas Nr. 10 in Anerkennung seiner historischen Verdienste nicht mehr zu vergeben, machte die FIFA einen Strich durch die Rechnung. Sie ging an Ariel Ortega von River Plate, einen der drei einheimischen Spieler.

Die spieltechnische Entwicklung im Weltfußball schien die Favoritenrolle der Franzosen und Argentinier zu unterstreichen. Durch das von nahezu allen Topteams praktizierte „Zustellen von Räumen" und „ballorientierte Verschieben" war das Spielfeld „enger" geworden. Sehr zum Unwillen des einen oder anderen Fußballästheten – dennoch hatte diese Situation die technische Entwicklung durchaus geför-

Juan S. Veron (rechts) und Gabriel Batistuta zählten zu den Stars im argentinischen Team.

dert. Gefragt waren Spieler, die den Ball in „jeder Lebenslage" beherrschten, die ihn nach seiner Eroberung nicht einfach wegpöhlten, sondern auch auf engstem Raum zum präzisen Kurzpassspiel in der Lage waren. Solche Spieler schienen insbesondere Frankreich und Argentinien zu besitzen. Im Vergleich zu den Franzosen war das Spiel der Argentinier von einem größeren Sicherheitsdenken und aggressiverem Zweikampfverhalten geprägt. Seine besten Repräsentanten hatte das Team vielleicht in Kapitän Juan Sebastian Veron von Manchester United, der nicht nur durch Technik und Spielintelligenz brillierte, sondern auch durch Kampfgeist.

Die üblichen Verdächtigen: Brasilien, England, Italien, Deutschland

Auch England fand bei den Titelkandidaten Erwähnung. Mit der Einführung der Premier League hatte die Zahl ausländischer Spieler im englischen Fußball erheblich zugenommen. Hinzu kamen ausländische Trainer wie Arsène Wenger, Gerard Houllier oder Ruud Gullit. Die Ausländer sollten sich als Segen für den englischen Fußball erweisen, der durch ihr Mitwirken methodisch und taktisch an Professionalität gewann. Nach Vereinsmannschaften wie Manchester United, Liverpool FC und Arsenal hatte diese Entwicklung nun auch die Nationalmannschaft erreicht, nicht zuletzt dank Sven-Göran Eriksson.

Englands Optimismus wurde durch eine schwere Verletzung David Beckhams getrübt. Am 10. April 2002 hatte sich Beckham beim Champions-League-Spiel Manchester United gegen La Coruna nach einem üblen Foul des Argentiniers Aldo Duscher den Mittelfußknochen gebrochen. Der Vorfall war Wasser auf die Mühlen anti-argentinischer Ressentiments. Manche vermuteten dahinter eine bewusste Attacke, um den Gruppengegner England zu schwächen. Die Einsatzfähigkeit der wohl größten Pop-Ikone in der Geschichte des englischen Fußballs seit George Best war lange Zeit fraglich. „Becks" Fuß wurde zum Dauerthema der Medien. Sogar die Queen nahm Anteil am Schicksal des Stars.

Bei den Brasilianern war der 36-jährige Romario, Weltfußballer von 1994, trotz Bittens, Bettelns und öffentlich vergossener Tränen nicht dabei. Auch die Fürsprachen des Staatspräsidenten und Mario Zagalos sowie Demonstrationen von Romario-Fans konnten Trainer Luiz Felipe Scolari nicht erweichen. Der bei den Fans und den Medien wegen seiner Ablehnung eines „Samba-Fußballs" und rüden Umgangs mit Kritikern unpopuläre Trainer erhielt sogar Morddrohungen. Ein Romario auf der Bank, so Scolaris Überlegung, würde nur für Theater im Team und daheim sorgen. Ohnehin war für Scolari das Team der Star, und es zählte allein „das Ergebnis, sonst nichts". Flair und Finesse hielt er für nebensächlich. Statt „Samba-Fußballern" bevorzugte Scolari ein arbeitsames und diszipliniertes Team. Als taktisches Konzept verschrieb er der *Selecao* die „kontrollierte Offensive".

Zu den Nominierten zählte überraschenderweise auch Ronaldo, der seit dem WM-Finale von 1998 vorrangig durch schwerste Verletzungen und missratene Comeback-Versuche von sich reden gemacht hatte. Erst im März 2002 konnte der Weltfußballer von 1996 und 1997 sein Comeback in der *Selecao* feiern. Viele brasilianische Fans äußerten Zweifel am Sinn der Nominierung Ronaldos. Doch der Weltstar verkündete selbstbewusst: „Ich will Weltmeister und ich will Torschützenkönig werden."

Der EM-Zweite Italien reiste mit zehn Spielern an, die schon 1998 dabei waren. Mit Giovanni Trapattoni, der nach der EM 2000 Dino Zoff abgelöst hatte, wurde das Team von einem der weltweit erfahrensten und erfolgreichsten Trainer betreut. In taktischer Hinsicht galten die Italiener als das am besten geschulte Team, und in allen Mannschaftsteilen verfügten sie über Weltklassespieler.

Was die Deutschen anbetraf, Stammgast unter den „üblichen Verdächtigen", so war nach den Pleiten von 1994 und 1998 selbst der Mythos von der „Turniermannschaft" stark beschädigt. Das DFB-Team galt weithin als nur noch zweitklassig. Die heimischen Fußballsachverständigen erklärten bereits das Erreichen des Viertelfinales zum großen Erfolg. Tatsächlich war das Team besser als sein Ruf. Teamchef Rudi Völler, der sich stets schützend vor sein Team stellte, hatte Frankreich, Argentinien und Brasilien als Favoriten genannt. Danach räumte er noch Italien, Portugal, „vielleicht England" Chancen ein. „Aber danach kommen wir schon mit vielen anderen, vor denen wir uns nicht zu verstecken brauchen."

Das World Cup Stadium auf dem offiziellen WM-Plakat von Seoul.

Zwischen den Pfosten stand mit „Welttorhüter" Oliver Kahn von Bayern München der einzige anerkannte Weltklassespieler des deutschen Fußballs. Mit Scholl und dem jungen Deisler, dem Hoffnungsträger des deutschen Fußballs schlechthin, blieben zwei Kreativspieler verletzungsbedingt daheim. Fast noch schwerer schien der Ausfall von Abwehrchef Nowotny zu wiegen, der aus gleichen Gründen passen musste. Auch Christian Wörns erteilte Völler eine Absage. „Kahlschlag um Kahn", schrieb der *Kicker*. Völler schien die gewachsene Hierarchie weggebrochen zu sein. Die „Generation 2006", zu denen vor allem die Spieler Metzelder (21), Kehl (22), Klose (23) und Frings (25) zählten, musste somit früher in die Verantwortung als geplant, was der deutschen Turnierteilnahme noch mehr den Charakter einer Weiterbildungsreise und Vorbereitung auf 2006 verlieh. Nur sechs Spieler des Kaders verfügten über WM-Erfahrungen. Und diese kamen auch nur auf insgesamt 17 Spiele.

Mit erheblicher Verspätung manifestierte sich nun auch im DFB-Team die Tatsache der Einwanderungsgesellschaft, wenngleich noch recht zaghaft: Mit Gerald Asamoah reiste Deutschland erstmals mit einem schwarzen und in Afrika geborenen Spieler zu einem großen Turnier. Aber auch Namen wie Thomas Brdaric, Miroslav Klose oder Oliver Neuville standen für eine pluralistischere Komposition.

Vorrunde: Ein Weltmeister wird gedemütigt

Gruppe A: Frankreich, Senegal, Uruguay, Dänemark

Das Eröffnungsspiel zwischen Frankreich und Senegal am 31. Mai in Seoul stand im Zeichen der Globalisierung und demonstrierte zugleich den mittlerweile recht großen französischen Einfluss im internationalen Fußball: Senegals komplette Startformation, trainiert vom langmähnigen Franzosen Bruno Metsu, verdingte sich im französischen Profifußball. Vom 23-köpfigen WM-Kader hatten 21 Spieler einen französischen Arbeitgeber. Viele der Nationalspieler hatten Frankreichs Fußballinternate durchlaufen. Mit ihrem Gegner kannten sich die Senegalesen somit bestens aus.

Umgekehrt stand bei den Franzosen nur der bereits 34-jährige Frank Leboeuf von Olympique Marseille bei einem heimischen Verein unter Vertrag. Sieben Akteure der Startformation des Weltmeisters kickten in der englischen Premier League, der lukrativsten nationalen Liga der Welt, zwei in Italiens Serie A und einer in der deutschen Bundesliga. Zum Entsetzen der französischen Fans hatte sich Superstar Zinedine Zidane bei einem WM-Vorbereitungsspiel verletzt und fiel für den WM-Auftakt aus.

62.561 Zuschauer im World Cup Stadium zu Seoul wurden Zeugen der ersten Sensation dieser WM. Der Weltmeister unterlag den technisch versierten Senegalesen mit 0:1. Spieler des Tages war der exzentrische, blond gefärbte El Hadji Diouf vom RC Lens, Afrikas Fußballer des Jahres 2001, der die langsame französische Abwehr wiederholt düpierte. Nach dem Spiel unterzeichnete der in seiner Heimat aufgrund seiner acht Treffer in der WM-Qualifikation „Serienkiller" gerufene 21-jährige Torjäger, der einst die Reputation eines Schlägers besaß, beim FC Liverpool einen Fünf-Jahres-Vertrag. Liverpool ließ sich den Transfer 10 Mio. Pfund kosten, eine der höchsten Transfersummen, die in diesem Sommer auf dem durch sinkende TV-Einkünfte in die Krise geratenen europäischen Transfermarkt gezahlt wurden. Daheim im Senegal erklärte Staatspräsident Abdoulaye Wada den 31. Mai spontan zum Nationalfeiertag.

Sensation im Eröffnungsspiel: Senegal schlägt Titelverteidiger Frankreich 1:0. Hier setzt sich El Hadji Diouf gegen Frank Leboeuf durch.

Auch bei seinem zweiten Auftritt blieb dem amtierenden Weltmeister ein Torerfolg versagt. Beim Spiel Frankreich gegen Uruguay ging es bereits für beide Teams um „alles oder nichts", denn die Südamerikaner hatten zuvor gegen Dänemark 1:2 verloren. Bei den Franzosen fehlte erneut Zidane. Ab der 25. Minute musste der Weltmeister aufgrund eines Platzverweises auch noch auf Sturmstar Thierry Henry verzichten. Auch in Unterzahl waren die Franzosen das bessere Team. Trotzdem blieb es bei einem torlosen Remis, für das vor allem die beiden starken Keeper Barthez und Carini verantwortlich waren.

Das Remis verhinderte lediglich den sofortigen Untergang der beiden Teams. Da sich Dänemark und Senegal ebenfalls unentschieden (1:1) trennten, musste die *Équipe Tricolore* ihr letztes Gruppenspiel gegen die Skandinavier mit zwei Toren Unterschied gewinnen, wollte sie ihr Weiterkommen aus eigener Kraft sichern. Doch nicht der Weltmeister, sondern die Dänen schossen zwei Tore mehr. Die französische Elf wirkte erneut ausgepumpt und kam erst zu großen Chancen, als die Dänen bereits mit 2:0 in Führung lagen und die Partie so gut wie entschieden war. Der nur halbfit ins Team zurückgekehrte Hoffnungsträger Zidane mühte sich redlich und war Frankreichs auffälligster Mann, was aber vor allem etwas über die Schwäche seines Team aussagte.

Nach 1950 (Italien) und 1966 (Brasilien) schied damit zum dritten Mal ein amtierender Weltmeister bereits in der Vorrunde aus. Aber noch nie hatte ein ausgeschiedener Champion eine derart schlechte Bilanz aufzuweisen: ein Punkt und 0:3 Tore bedeuteten den letzten Platz in der Gruppe A. Lemerres Abschottungsstrategie war genauso nach hinten losgegangen wie seine Spieltaktik. Der Weltmeister hatte nicht gemerkt, wie sein Entwicklungsvorsprung Stück für Stück aufgezehrt wurde.

In den späten 1980er und frühen 1990ern hatten die Dänen mit „Danish Dynamite" begeistert: Fußball aus dem Bauch heraus, herzerfrischend. In Fernost agierte das Team von Morten Olson geradezu unterkühlt. Die Skandinavier erreichten den Gruppensieg durch eine klar strukturierte und durchdachte Spielweise. Auch „Frankreich B" durfte das Weiterkommen feiern. Gegen Uruguay führten die Senegalesen zur Halbzeit bereits mit 3:0, bevor die „Urus" zur Aufholjagd bliesen, traditionelle afrikanische Schwächen aufdeckten und die Überraschungsmannschaft noch kräftig zittern ließen. Zwei Minuten vor Ende der regulären Spielzeit gelang den Südamerikanern vom Elfmeterpunkt der Ausgleich zum 3:3, was zugleich der Endstand war.

Gruppe B: Paraguay, Südafrika, Spanien, Slowenien

In der Gruppe B gelang Spanien mit einem 3:1 über Slowenien erstmals wieder seit 52 Jahren ein Sieg zum WM-Auftakt. Paraguay musste im ersten Spiel gegen Südafrika auf seine Torwartlegende Chilavert verzichten. Noch vor dem Halbzeitpfiff brachte der für Bayern München spielende Mädchenschwarm Roque Santa Cruz seine Farben in Front. Nach 55 Minuten stand es sogar 2:0, doch ein Eigentor und ein vom Ersatzkeeper Tavarelli verschuldeter Elfmeter in der letzten Spielminute kosteten den bereits sicher geglaubten Sieg.

Beim zweiten Auftritt Paraguays war Chilavert wieder dabei, ohne sein Team zu verstärken. Im Gegenteil: Der mollig gewordene Keeper geriet zur Lachnummer und trug eine erhebliche Mitschuld an Paraguays 1:3-Niederlage gegen Spanien, die den Iberern als erstem Teilnehmerland die Qualifikation für das Achtelfinale sicherte.

Nach der Auftaktniederlage hatte Sloweniens Trainer Srecko Katanec seinen Star Zlatko Zahovic, mit 32 Toren und 65 Länderspielen erfolgreichster Nationalspieler seines Landes, nach Hause geschickt. Nach seiner Auswechslung hatte Zahovic Katenec übel beschimpft, und nach dem Schlusspfiff war es in der Kabine sogar zu Handgreiflichkeiten zwischen den beiden gekommen. Ein Spiel später durfte sich das komplette Team des kleinsten WM-Teilnehmers auf die Heimreise vorbereiten. Gegen Südafrika, das technisch ansprechenden Fußball vortrug, kassierte Slowenien eine 0:1-Niederlage. Des einen Leid, des anderen Freud: Siyabonga Nomvetes Tor aus der 4. Minute bedeutete den ersten WM-Sieg in der Geschichte des von Jomo Sono trainierten *Bafana-Bafana*-Teams. Den Südafrikanern hätte im letzten Spiel gegen Spanien ein Unentschieden gereicht. Doch auch gegen ein spanisches „B-Team", in dessen Startformation nur drei Stammspieler standen, kassierten sie eine 2:3-Niederlage. Parallel besiegte Paraguay die Slowenen mit 3:1. Der dritte Treffer der Südamerikaner, der erst in der 84. Minute durch den eingewechselten Cuevas gelang, entschied das Fernduell mit Südafrika. Beide Teams verfügten nach dem Abpfiff des letzten Gruppenspiels über die gleiche Anzahl von Punkten (4) und ein ausgeglichenes Torverhältnis. Doch da Paraguay (6:6) ein Tor mehr geschossen hatte als Südafrika, hatten die Südamerikaner am Ende die Nase vorne. Für Paraguay war es bei der fünften WM-Teilnahme die zweite Qualifikation fürs Achtelfinale. Souveräner Gruppensieger wurde Spanien, dessen Vorsprung auf den Zweiten bei drei Siegen fünf Punkte betrug.

Vor ihrem ersten Auftritt in der Gruppe C ereilte Brasiliens *Selecao* eine Hiobsbotschaft. Ihr Star Emerson hatte sich beim Training die Schulter verrenkt, als er spaßeshalber einen Torwart mimte. Die Verletzung hatte einen heftigen Streit zwischen Scolari und Emersons Vereinstrainer Capello (AS Rom) zur Folge.

Gruppe C: Brasilien, Türkei, China, Costa Rica

Im Auftaktspiel gegen die Türkei durfte sich der Rekord-Weltmeister beim schwachen südkoreanischen Schiedsrichter Young-Joo Kim bedanken, der in der 87. Minute ein Foul an Luizao in den Strafraum verlegte und folglich mit einem Strafstoß bedachte. Rivaldo verwandelte zum 2:1-Sieg. Übeltäter Alpay musste das Spielfeld ebenso verlassen wie später sein Landsmann Unsal, der Rivaldo vor Ausführung eines Eckstoßes gegen den Oberschenkel schoss, woraufhin dieser theatralisch zusammenbrach. Die FIFA belegte Rivaldo anschließend für seine Schauspielleistung mit einer lächerlichen Geldstrafe von 10.000 Franken, die noch unter der Tageseinnahme des Weltstars lag. Rivaldo zeigte keinerlei Anzeichen von Reue: „Ich habe überzogen reagiert, damit er die Rote Karte bekommt." Kurz vor der Halbzeit hatte Hasan Sas die

Keine Chance hatte China bei seinem WM-Debüt gegen Brasilien. Nicht nur Roberto Carlos (rechts) war seinem Gegenspieler Yunlong Xu überlegen.

Türken in Führung gebracht, die Ronaldo in der 50. Minute mit seinem ersten Tor für die *Selecao* seit der WM 1998 egalisieren konnte.

China unterlag bei seiner WM-Premiere Costa Rica mit 0:2. Gegen Brasilien wurde es für die Chinesen erwartungsgemäß nicht besser, obwohl 20.000 Chinesen unter den 36.750 Zuschauern im auf der Insel Jeju gelegenen World Cup Stadium von Seogwipos die Partie in ein Heimspiel für ihr Team verwandelten. Eine glanzlose Vorstellung reichte den Brasilianern zu einem deutlichen 4:0-Sieg, der daheim Hunderttausende auf die Straßen trieb, die die „Wiedergeburt der *Selecao*" feierten. In Peking hingegen schaltete die chinesische Polizei die Großleinwandübertragung ab, woraufhin es zu wütenden Protesten, Ausschreitungen und Festnahmen kam.

Die Türkei musste sich gegen Costa Rica mit einem mageren 1:1 begnügen. Trainer Senol Günes war nicht der erste seiner Zunft, der die Müdigkeit seiner Akteure beklagte. Wie schon gegen Brasilien kassierten die Türken den entscheidenden Gegentreffer erst wenige Minuten vor Spielschluss.

Vor dem letzten Spieltag stand Brasilien bereits als Achtelfinalteilnehmer fest. Platz zwei wurde im Fernduell zwischen Costa Rica und der Türkei ermittelt. In einem von Offensivgeist geprägten Spiel zweier Mannschaften, lagen die Mittelamerikaner gegen Brasilien nach 38 Minuten bereits mit 0:3 zurück, arbeiteten sich jedoch bis zur 56. Minute auf ein 2:3 heran. Als der *Selecao* der Ausgleich drohte, zog sie wieder an und kam noch zu einem klaren 5:2-Sieg. Die Türken schlugen China 3:0, ihr erster WM-Sieg seit dem 20. Juni 1954, als man in Genf Südkorea mit 7:0 besiegt hatte. Aufgrund des besseren Torverhältnisses (4:3 gegenüber 5:6) durfte die Türkei bei ihrer zweiten WM-Teilnahme erstmals den Einzug unter die letzten 16 feiern. Für China dagegen endete der erste WM-Ausflug deprimierend: null Punkte und 0:9 lautete die Bilanz des Teams von Bora Milutinovic.

In Gruppe D spielte mit Südkorea einer der beiden Gastgeber. Noch wenige Wochen zuvor hatte die südkoreanische Öffentlichkeit von dem bevorstehenden WM-Turnier kaum Notiz genommen: Das Eröffnungsspiel mit Titelverteidiger Frankreich hatte man höflich-reserviert verfolgt. Doch binnen Stunden änderte sich alles. Als das Spiel Südkorea gegen Polen abgepfiffen worden war und die Gastgeber mit einem 2:0 ihren ersten Sieg bei einem WM-Turnier verbucht hatten, feierten Millionen in den Großstädten und machten die Nacht zum Tag; die Einschaltquoten beim Fernsehen schnellten auf über 75 %. Jetzt war die Weltmeisterschaft im Austragungsland tatsächlich angekommen.

Gruppe D: Südkorea, Polen, USA, Portugal

Für die zweite Überraschung in Gruppe D sorgten die USA, die gegen Portugal mit 3:2 gewannen. Aus Sicht der Portugiesen war das Ergebnis sogar noch schmeichelhaft. Gegenüber den müden und ideenlosen Figo und Co. erwiesen sich die US-Boys, fußballerisch eher Repräsentanten eines gehobenen Mittelmaßes, physisch haushoch überlegen. In den ersten 30 Minuten wurden die Portugiesen von Trainer Bruce Arenas gelungener Mischung aus hungrigen, jungen Kickern und Routiniers förmlich überrannt. Die USA zelebrierten einfachen Fußball. Bereits nach 39 Minuten stand es 3:0 für die US-Boys, die in Frankreich 1998 noch mit null Punkten das schlechteste Team gestellt hatten.

Vor der Begegnung Südkorea gegen die USA in Daegu warnten die FIFA-Sicherheitsexperten vor Ausschreitungen und einer anti-amerikanischen Stimmung. Präsident Kim Dae-Jung erwog, der Partie fernzubleiben, aus Angst vor diplomatischen Irritationen. In Südkorea wurde ein wachsender Antiamerikanismus registriert, der sich aus vielen Quellen speiste: aus sportlichen Disputen – bei der Winter-Olympiade in Salt Lake City war Südkoreas Shorttrack-Star Kim Dong-Sung nach seinem Finalsieg disqualifiziert worden, zugunsten des US-Skaters Apolo Anton Ohno –, aus dem „Klau" eines schon sicher geglaubten Rüstungsauftrags durch die US-Rüstungsindustrie sowie aus der unerbittlichen Haltung der Bush-Administration gegenüber dem Nachbarn Nordkorea. Beim Spiel waren 10.000 Polizisten und 900 Soldaten im Einsatz, die jedoch nicht eingreifen mussten.

Die USA gingen in der 24. Minute durch Mathis in Führung. In der 41. Minute konnte der ausgezeichnete US-Keeper Brad Friedel als erster seines Fachs bei dieser

WM einen Strafstoß abwehren. In der 78. Minute war dann aber auch der Mann vom englischen Premier-League-Klub Blackburn Rovers machtlos, als Südkoreas pausenloses Anrennen doch noch mit dem Ausgleich durch Jung-Hwan Ahn belohnt wurde. Dieser feierte seinen Treffer, indem er die Bewegungen eines Shorttrackers mimte.

Für Portugal und Polen ging es im zweiten Spiel bereits um alles oder nichts. Die Partie geriet zum Pauleta-Festival. Der Stürmer von Girondins Bordeaux erzielte drei Treffer zum klaren 4:0-Sieg der Portugiesen, der das „Aus" für die Polen bedeutete. Am letzen Spieltag deuteten die Polen dann doch noch ihr wahres Potential an. Ein schwaches US-Team wurde mit 3:1 besiegt. Dass die USA trotzdem den Einzug ins Achtelfinale feiern durften, hatten sie den Südkoreanern zu verdanken. Denn diese besiegten Portugal mit 1:0 und beendeten die Vorrunde als Gruppensieger. Als Parl Ji-Sung in der 70. Minute den Siegtreffer erzielte, standen die Portugiesen nach Platzverweisen gegen Joao Pinto und Beto nur noch mit neun Mann auf dem Feld.

Deutsches Team, neu geboren

Gruppe E: Irland, Kamerun, Deutschland, Saudi-Arabien

In ihrem ersten Spiel gegen das als „Brasilianer des Orients" hochgejazzte Team Saudi-Arabiens gewannen die Deutschen mit 8:0, dem höchsten WM-Sieg in der Geschichte der deutschen Nationalelf. Wie schon in den Testspielen gegen die zweit- und drittklassigen Fußballnationen Israel (7:1), Kuwait (7:0) und Österreich (6:2) zerlegten die Deutschen den körperlich unterlegenen Gegner durch Balleroberung im zentralen Mittelfeld, von wo aus das Spielgerät schnell auf die Flügel geschlagen wurde und von dort mit harter Flanke vor das gegnerische Tor. Dem Kaiserslauterner Miroslav Klose gelangen drei Kopfballtreffer. Nach Morlock (1954), Müller (1970 und 1974) und Rummenigge (1982) war Klose damit der vierte deutsche Spieler, der drei Treffer in einem WM-Spiel erzielte. Für den im polnischen Oppeln geborenen ehemaligen Bezirksklassenkicker war es bereits der dritte Dreier im 13. Länderspiel.

Irlands Chancen schienen vor der ersten Begegnung gegen das hoch gehandelte Kamerun auf den Nullpunkt gesunken zu sein. Nach Ausfällen gegen Trainer Mick McCarthy war Irlands einziger Weltklasse- und Champions-League-Spieler, Roy Keane von Manchester United, nach Hause geschickt worden. Seine Teamkameraden sprachen sich für den Trainer und gegen ihren Kapitän aus. Was nach der Abreise des ehemaligen Amateurboxers aus Cork übrig blieb, war größtenteils bessere Durchschnittsware. Doch wie schon bei den Turnieren 1990 und 1994, wusste „Irish Spirit" dies zunächst zu kompensieren. Und außerdem waren da ja noch die irischen Fans, die neben den Engländern das größte europäische Fan-Kontingent stellten. Eine 1:0-Führung der Afrikaner durch Patrick Mboma konnte ausgerechnet Keane-Ersatz Matt Holland, der gerade mit Ipswich Town aus der englischen Premier League abge-

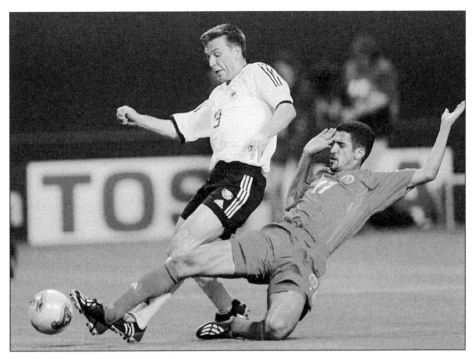

Beim historischen 8:0 über Saudi-Arabien sorgte neben dem dreifachen Torschützen Klose auch Bernd Schneider für spielerische Glanzlichter.

stiegen war, ausgleichen. Die Iren feierten das Remis wie einen Sieg. Die Fans skandierten: „Siehst du das, Roy Keane?"

Gegen Irland wurden die Deutschen wieder auf den Boden der Tatsachen zurückgeholt. Zwar ging das DFB-Team nach 19 Minuten durch einen Treffer von Klose in Führung, doch fortan zeigten die Iren das bessere Spiel. Dominierte zu Charltons Zeiten der lange Ball in den Rücken der gegnerischen Abwehrspieler, so zeigten die Iren nun einen ansehnlichen Kombinationsfußball und besaßen in Damien Duff einen vielversprechenden und kreativen Offensivspieler. In der Nachspielzeit konnte auch der starke Kahn den völlig verdienten Ausgleich durch Robbie Keane nicht verhindern.

Um das Achtelfinale aus eigener Kraft zu erreichen, musste Irland gegen Saudi-Arabien, das auch gegen Kamerun 0:1 verloren hatte und damit bereits ausgeschieden war, ein „Rekord-Ergebnis" erzielen. „Rekord" meinte allerdings lediglich einen 2:0-Sieg. 1.020 Minuten hatten die Iren bis dahin bei drei WM-Turnieren gespielt, aber nur klägliche sechs Tore erzielt. Noch nie war den Iren in einem WM-Spiel mehr als ein Tor gelungen. Gegen die Saudis wurden es dann sogar deren drei. Dabei boten die Kicker von der „grünen Insel" eine schwache Vorstellung und gewährten den Saudis mehr Spielanteile. Doch mit einem 3:0-Sieg qualifizierte sich Irland bei der dritten

WM-Teilnahme zum dritten Mal für das Achtelfinale. Mit null Punkten und 0:12 Toren war Saudi-Arabien das schlechteste Team dieser WM.

Sieger in Gruppe E wurde Deutschland, das in seinem letzten Spiel Kamerun mit 2:0 bezwang. Ein eher glücklicher Sieg, denn in der ersten Hälfte gaben die schnellen und wendigen, aber konditionsschwachen Afrikaner gegenüber den häufig langsamen und ungelenken Deutschen den Ton an, scheiterten aber an Kahn und mangelhafter Präzision im Abschluss. In der 38. Minute wurde Carsten Ramelow, nachdem er binnen zwei Minuten den schnellen Samuel Eto'o zweimal gefoult hatte, mit Gelb-Rot des Feldes verwiesen.

Obwohl in Unterzahl, gelang den Deutschen in der 50. Minute durch den eingewechselten Marco Bode nach herrlicher Vorarbeit von Miroslav Klose die Führung. Mit der Einwechslung Bodes und der Umstellung auf eine Viererkette hatte Völler goldrichtig gelegen. In der 79. Minute war es Klose selbst, der für die Entscheidung sorgte. Das Spiel geriet zu einem Markstein in der deutschen WM-Kampagne. Völler, der die Spieler in der Pause „bei der Ehre gepackt hatte", bemerkte anschließend: „So werden neue Mannschaften geboren." Und Michael Ballack: „Das sind so Momente während eines Turniers, in denen du merkst: Man kann schwierige Situationen überstehen, uns muss erst mal jemand schlagen." Miroslav Klose stellte einen neuen WM-Rekord auf: Sämtliche seiner fünf Treffer wurden mit dem Kopf erzielt. Ins Rekordbuch fand aber auch der überaus kleinliche und zur Selbstdarstellung neigende spanische Schiedsrichter Lopez Nieto. In einer Partie, die keineswegs besonders hart geführt wurde, verteilte der Referee nicht weniger als zwölf gelbe und zwei gelb-rote Karten. Neben Ramelow musste später auch noch der Kameruner Suffo den Platz verlassen.

Gruppe F: Argentinien, Nigeria, England, Schweden

Vor dem ersten Auftritt des englischen Teams in der als „Todesgruppe" apostrophierten Gruppe F mischte sich im Fußball-Mutterland die WM-Euphorie mit den Feierlichkeiten zum 50. Thronjubiläum von Queen Elizabeth. Allein die Supermarktkette Sainsbury verkaufte über 100.000 der Fahnen mit dem Andreaskreuz.

Die erste Begegnung gegen Schweden bezog schon allein daraus ihre Brisanz, dass mit Sven-Göran Eriksson ein Schwede die Engländer trainierte, während im Kader der Schweden acht Akteure ihr Geld bei englischen (6) oder schottischen (2) Profiklubs verdienten. Gegen die Skandinavier liefen die Engländer mit Beckham auf, kombinierten eine Halbzeit äußerst gefällig, offenbarten ihr nicht unbeträchtliches Potential und zugleich ihre alte Krankheit fehlender Konstanz. Am Ende einer schwachen zweiten Hälfte stand ein aus englischer Sicht glückliches Remis. Schwedens Serie von 34 Jahren ohne Niederlage gegen England hatte gehalten.

Argentinien kam bei seinem ersten Auftritt gegen Nigeria zu einem 1:0-Sieg. Das Tor des Tages fiel per Kopf nach einem von Argentiniens zahlreichen gefährlichen Eckstößen. Der Treffer bewies, wie akribisch das Team von Trainer Bielsa Standardsituation einstudiert hatte. Der Schütze hieß Gabriel Batistuta, der damit bereits nach 1994 und 1998 zum dritten Male den ersten Treffer der „Argies" bei einem WM-Turnier erzielte. Bielsa hatte „Batigol" den Vorzug vor dem jüngeren und erfolgreicheren Hernan Crespo gegeben.

Für Nigeria war in den USA und in Frankreich das Achtelfinale jeweils Endstation gewesen. Anschließend hatte Missmanagement erhebliche Turbulenzen und einen tiefen Absturz bewirkt. Nigerias Präsident Olusegun Obasanjo hatte die Mannschaft um Jay Jay Okocha schon vor der Abreise wissen lassen, dass er nichts akzeptiere, „was schlechter als das Viertelfinale ist". Doch das „Aus" für die *Super Eagles* kam bereits im zweiten Vorrundenspiel gegen Schweden. Zwei Tore von Henrik Larsson sorgten für einen 2:1-Sieg der Skandinavier.

Englands letzter WM-Sieg gegen Argentinien lag bereits 36 Jahre zurück. Seit dem Viertelfinale 1966 gehörte die Begegnung zu den international brisantesten Duellen. Mit dem Falklandkrieg von 1982 avancierte sie sogar zum führenden interkontinentalen Polit-Klassiker des Weltfußballs. Nach der 2:3-Niederlage im Achtelfinale 1998 hatte der britische Boulevard David Beckham als Hauptschuldigen ausgemacht. Ein dummer, aber letztlich harmloser Tritt gegen das Schienbein von Diegoi Simeone (Simeone: „Beckham trat mich, und ich habe die Situation ausgenutzt") war mit einer Roten Karte quittiert worden. Vier Jahre später geriet eben jener Beckham zum Mann des Tages, als er

Beckham (Mitte) wurde zum Helden beim 1:0-Sieg der Engländer über den gestrauchelten Favoriten Argentinien (links Diego Placente).

einen an Michael Owen verschuldeten Elfmeter zum Tor des Tages ins gegnerische Netz beförderte. Dabei trennten Triumph und Tragödie nur wenige Zentimeter. Beckham feuerte flach auf die Mitte des Tores, erwischte den Torwart aber auf dem falschen Fuß. Unverdient war der Sieg der Engländer indes nicht. Mit dem kreativen Scholes im zentralen Mittelfeld bot das Team von Sven-Göran Eriksson eine taktische Meisterleistung.

Nur einen Tag nach Frankreichs vorzeitigem Ausscheiden blieb auch Argentinien auf der Strecke. Gegen Schweden reichte es nur zu einem 1:1. Bis zur 88. Minute lagen die Argentinier sogar im Rückstand. Lediglich zwei Tore brachte der Topfavorit in seinen Gruppenspielen zustande. Eines davon war irregulär, denn gegen die Skandinavier war Crespo bei seinem Nachschuss nach einem versiebten Strafstoß zu früh in den Strafraum gelaufen. Die 37-Millionen-Nation trug Trauer. Der Boom, der in den ersten Tagen der WM eingesetzt hatte, war heftig, blieb aber kurz. Die Spieler waren in der Absicht nach Fernost gereist, dem verwundeten Volk daheim Glücksgefühle zu vermitteln. Doch der damit verbundene Druck erwies sich als zu groß. Fußballer sind halt keine Politiker.

Schweden wurde Gruppensieger, denn zeitgleich trennten sich England und Nigeria in einer trostlosen Begegnung torlos. Sowohl Schweden wie England verbuchten fünf Punkte auf ihrem Konto. Auch die Tordifferenz war identisch, doch hatten die Schweden mit vier gegenüber zwei Treffern in dieser torarmen Gruppe häufiger getroffen.

**Gruppe G:
Kroatien, Mexiko,
Italien, Ecuador**

In der Gruppe G genügte Italien beim ersten Auftritt gegen Ecuador eine gute Halbzeit zum 2:0-Sieg über den WM-Neuling. Beide Treffer gingen auf das Konto von Christian Vieri. Mexiko gewann gegen eine kroatische Mannschaft, die sich deutlich jenseits ihres Zenits zu bewegen schien, durch einen verwandelten Elfmeter mit 1:0. Trainer Micko Jozic reagierte, indem er die beiden Altstars Davor Suker und Robert Prosinecki, die sich nur noch mit Standfußball begnügten, im nächsten Spiel auf die Bank verbannte. Die Maßnahme zeitigte Erfolg: Kroatien gewann gegen Italien völlig überraschend mit 2:1. Die Italiener fanden ihren Sündenbock im dänischen Linienrichter Jens Larsson, der beim Spielstand von 0:0 einem in der Tat regulären Treffer von Vieri die Anerkennung verweigert hatte. Die Vorlage zu Vieris Einschuss war ein Rückpass, womit kein Abseits vorlag. Ein Tor von Inzaghi wurde wegen angeblichen Foulspiels nicht gegeben. Der *Corriere della Serra* schrieb von einem „dänischen Alptraum", während sich Vieri zu der Aussage hinreißen ließ: „Man hätte ihn erschießen sollen." Verbandspräsident Franco Carraro gab sich nüchterner: „Schiedsrichter machen Fehler – aber weniger als die Spieler."

Mexiko behielt auch bei seinem zweiten Auftritt die Oberhand, das erste Mal, dass den Mittelamerikanern dies bei einem WM-Turnier außerhalb des eigenen Landes gelang. Dem Freudentaumel nach dem mexikanischen 2:1-Sieg über Ecuador mochte sich Mexikos Starspieler Cuauhtemoc Blanco nicht anschließen. Seine Auswechselung in der Nachspielzeit empfand der „Kopf" des Teams als Beleidigung. Im

Tor der Mexikaner stand mit dem nur 171 Zentimeter großen Oscar Perez, genannt „El conejo" (das Kaninchen), der kleinste Keeper des Turniers. Ein sicherer Rückhalt, dessen Stärken vor allem in der Spieleröffnung und auf der Linie lagen, während sich seine Arme schon mal als zu kurz erwiesen.

Vor dem letzten Spieltag der Gruppe G drohte mit Italien bereits dem dritten Titelanwärter das vorzeitige „Aus". Gegen den Tabellenführer Mexiko lagen die Azzurri nach 34 Minuten durch einen Kopfballtreffer von Javier Borgetti 0:1 zurück. In der 85. Minute gelang dem kurz zuvor eingewechselten Edel-Reservisten Alessandro del Piero dann doch noch der erlösende Ausgleich. Da die vor dem Anpfiff punktgleichen Kroaten mit einer peinlichen Vorstellung dem WM-Neuling Ecuador zu seinem ersten Sieg verhalfen (1:0), wären die Italiener freilich selbst im Falle einer Niederlage weitergekommen. Trapattonis Mannen feierten ihren Einzug ins Achtelfinale wie einen Titelgewinn. Der erschöpfte Maestro, der das Spiel wild gestikulierend, hypernervös und mit einem Fläschchen Weihwasser in der Tasche verfolgt hatte: „Wir sind gestolpert, aber nicht gefallen."

In der Gruppe H feierte mit Japan auch der zweite WM-Gastgeber einen beeindruckenden Start. Zum Auftakt gab es ein 2:2 gegen Belgien, und in der folgenden Begegnung durfte nach Südkorea auch Japan den ersten WM-Sieg seiner Fußballgeschichte feiern. Beim 1:0-Sieg über die Russen, dem fünften WM-Auftritt der Japaner, hieß der Matchwinner Junichi Inamoto. Der 22-jährige Mittelfeldspieler und Reservist von Arsenal London bot eine Weltklasseleistung und erzielte seinen bereits zweiten Turniertreffer. 66.108 Zuschauer in Yokohama waren schier aus dem Häuschen und feierten die Mannen von Philippe Troussier wie Nationalhelden. *Nikkan Sports* schrieb: „Der rechte Fuß von Ina hat die Geschichte verändert." Die Russen hingegen haderten mit dem deutschen Schiedsrichter Merk, der ihnen einen Strafstoß verweigert hatte.

Gruppe H: Japan, Belgien, Russland, Tunesien

Im belgischen Team brach nach einem weiteren Unentschieden, einem schwachen 1:1 gegen Tunesien, ein Streit über die zurückhaltende Taktik von Trainer Robert Waseige aus. Marc Wilmots, Kapitän des Teams und Fürsprecher des Trainers, schien bei seinen Mannschaftskameraden isoliert. Doch gegen die Russen raufte sich die Mannschaft zusammen und kam zu einem 3:2-Sieg, der Platz zwei und das Achtelfinale bedeutete.

Gruppenerster wurde der Gastgeber. Am letzten Spieltag schlug Japan im Nagai Stadium zu Osaka Tunesien durch Tore von Morishima und Nakata mit 2:0 und kam somit zu zwei Siegen und einem Remis. Am Fernsehen wurde das Spiel von 63% der japanischen Haushalte verfolgt. Seit Beginn der WM hatte der Sportartikelhersteller adidas über eine Million der blauen japanischen Trikots verkauft.

Anders als in Südkorea war die Begeisterung in Japan nicht primär durch Nationalstolz geprägt. Insbesondere Japans Jugend, die die WM zu einer Bühne des öffentlichen Widerstands gegen die autoritären Strukturen und erzkonservativen Traditionen ihres Landes nutzte, feierte ausgelassen den größten Erfolg in der japanischen Fußballgeschichte. Ihre Idole Hidetoshi Nakata, Junichi Inamoto und Takayuki Suzuki stellten allein schon mit ihrem individualistischen Outfit die kollektivistischen Grundwerte der uniformen japanischen Gesellschaft in Frage. Der japanische Sprachwissenschaftler und Fußballfan Mario Kumekawa: „Fußball ist für Nippons Jugend weit mehr als bloß Sport. Fußball lieferte Außenseitern in unserer Gruppengesellschaft schon immer eine Art Nische. Auch darin unterscheidet er sich vom Baseball. Wenn Jungen in der Schule Baseball spielen, müssen sie ein brutal hartes Training auf sich nehmen und sich die Köpfe kahl scheren. Wer strebsam ist, fügt sich diesem Ritual. Aber wer sich für cool hält oder sich gegen Lehrer und Eltern auflehnen möchte, spielt Fußball, färbt sich die Haare blond und trägt Ohrringe." Vor dem Anpfiff des Turniers hatte die Furcht der japanischen Autoritäten den europäischen, namentlich englischen Hooligans gegolten. Nun sah sich das Establishment durch das Treiben der eigenen Jugend bedroht. „Die Fußball-WM hat dem deprimierten Japan Temperament und Inspiration verliehen", hieß es in einem Leitartikel der *Asahi*-Zeitung.

Bilanz der Gruppenspiele

In den zwei Wochen der Gruppenspiele war die globale Hierarchie des Fußballs scheinbar aus den Fugen geraten, waren die Topfavoriten Frankreich und Argentinien ausgeschieden und die Fußballwelt weiter zusammengerückt. In den meisten Gruppen fiel die Entscheidung um Platz zwei äußerst knapp aus. Zweimal musste das Torverhältnis (Paraguay / Südafrika, Türkei / Costa Rica) entscheiden, viermal (Irland / Kamerun, England / Argentinien, Italien / Kroatien, USA / Portugal) trennte den Zweiten vom Dritten nur ein Punkt.

Europas Präsenz wurde durch die Vorrunde von 15 auf neun (minus 40 %) reduziert, Südamerikas von fünf auf zwei (minus 60 %), Nord- und Mittelamerika von drei auf zwei (minus 33,3 %) und Asiens von vier auf zwei (minus 50 %), wobei Südkorea und Japan kein einziges Spiel verloren und Gruppensieger wurden. Von den ehemals fünf hoffnungsvollen afrikanischen Vertretern überlebte nur der krasse Außenseiter Senegal die Vorrunde (minus 80 %). Der Fußballfan verfolgte die Entwicklung zwiespältig. Der Begeisterung über das Weiterkommen einiger Außenseiter stand die Trauer darüber gegenüber, dass einige der weltweit besten Fußballspieler bereits nach den Gruppenspielen nicht mehr zu sehen waren.

Achtelfinale: Italienisches Trauma

Deutschland lieferte gegen die wahlweise als „Deutsche" oder „Italiener" Südamerikas etikettierten Paraguayer eine katastrophale erste Halbzeit ab. Die durch das Fehlen einiger Akteure notwendigen Umstellungen gingen zunächst zu Lasten des deutschen Spiels. Beide Mannschaften begnügten sich damit, die Bälle in die gegnerische Hälfte zu hauen. Nach der Pause wurden die Deutschen besser, auch durch die Umstellung von der Vierer- auf die Dreierkette und die Hereinnahme des Dortmunders Sebastian Kehl, der nun das Spiel von hinten öffnete. Als eine Verlängerung als unvermeidlich erschien, gelang den von Kahn nach vorne gepeitschten Deutschen durch den kleinen Leverkusener Oliver Neuville die 1:0-Führung. Der Kapitän hatte erkannt, dass der Gegner mit seinen Kräften am Ende war.

England schlug die in der Vorrunde so stark gestarteten Dänen mit 3:0. Wenngleich der Sieg auch nach Ansicht von Trainer Eriksson „zu hoch" ausfiel, schienen die *Three Lions* immer mehr in die Rolle eines Titelanwärters zu wachsen. Die Abwehr mit dem 38-jährigen David Seaman im Tor und der Viererkette Mills, Ferdinand, Campbell und Cole hatte nach nun vier Spielen erst ein Tor kassiert. Tore von Owen und Heskey sorgten außerdem für ein Ende der Diskussion über die schwache Torausbeute der Engländer, die vor dem Achtelfinale erst ein Tor aus dem Spiel heraus erzielt hatten, für das mit Campbell ein Verteidiger verantwortlich zeichnete. Auch gegen die Dänen ging der erste Treffer auf das Konto eines Abwehrakteurs. Rio Ferdinand, einer der herausragenden Akteure des Turniers, traf bereits nach fünf Minuten. Auf der Tribüne herrschte bei den zahlreichen englischen Fans bereits eine halbe Stunde vor dem Abpfiff Endspielstimmung.

Senegal schlug die favorisierten Schweden durch ein Golden Goal von Henri Camara in der 104. Minute mit 2:1 und qualifizierte sich damit als erst zweites afrikanisches Land nach Kamerun 1990 für das Viertelfinale. Camaras Golden Goal war erst das zweite in der WM-Geschichte. „Das war kein Glück, wir sehen die Geburtsstunde einer großartigen Mannschaft", sprach Trainer Bruno Metsu.

Im Spiel der Spanier gegen die Iren gingen die Iberer bereits in der 8. Minute durch Morientes in Führung. In der 63. Minute vergab Harte leichtfertig die Chance zum Ausgleich, als er mit einem Foulelfmeter an Spaniens Keeper Casillas scheiterte. In der 90. Minute

Die Iren im Elfmeter-Pech

erhielten die Iren eine zweite Chance, als Schiedsrichter Anders Frisk erneut auf den Elfmeterpunkt zeigte. Diesmal trat Robbie Keane an, der mit seinem dritten Turniertreffer die Verlängerung erzwang. Die Spanier spielten nun in Unterzahl. Trainer Camacho hatte das Auswechselkontingent bereits in der regulären Spielzeit voll ausgeschöpft und konnte den verletzten Adelba somit nicht ersetzen. Mit neun Mann retteten sich die Spanier ins Elfmeterschießen, das sie dank ihres Keepers Casillas, der hier zwei weitere Elfmeter parierte, mit 3:2 gewannen. Die *Seleccion* stand zum fünf-

Tapfer schlugen sich die Iren (hier Breen und Staunton) gegen die Spanier (hier Raul Gonzales).

ten Male nach 1934, 1950, 1986 und 1994 im Viertelfinale. Aber auch die Iren, die mit drei verschossenen Elfmetern in einem Spiel das Erbe der abwesenden Niederländer antraten, durften erhobenen Hauptes den Platz verlassen. In Dublin bereiteten über 100.000 Menschen dem Team von Mick McCarthy einen begeisterten Empfang.

Vor dem Anpfiff des amerikanischen Nachbarschaftsduells zwischen den USA und Mexiko galt Mexiko als leicht favorisiert. In den bis dahin 46 Begegnungen zwischen dem Fußballland und den Lehrlingen waren die Mexikaner 28-mal als Sieger vom Platz gegangen. Nicht nur in Lateinamerika, sondern auch im Westen der USA, wo Mexikaner und andere Hispanos einen großen Teil der Bevölkerung stellten, drückte man dem Team von Javier Aguirre gegen die „Gringos" die Daumen. Doch die Mexikaner, die bis dahin guten Fußball geboten hatten, agierten überraschend harmlos und fanden kein Mittel gegen die Defensivstrategie der US-Boys. Die USA, die im gesamten Spiel nur zu drei Chancen kamen, durften nach einer alles andere als ansehnlichen, aber kompakten Mannschaftsleistung einen historischen 2:0-Sieg feiern. In den USA war die Resonanz auf den Einzug ins Viertelfinale für dortige Soccer-Verhältnisse enorm. Der Soziologe und Fußballfan Andrei S. Markovits: „Plötzlich höre ich zum ersten Mal in meinem Leben Diskussionen über Fußball in den allmächtigen Sports-Talk-Radiosendungen, die die Sportkultur der USA bestimmen und auch widerspiegeln.

Brasilien war in Japan bei den Einheimischen der populärste Gast, folglich das blau-gelbe Trikot der Selecao ein viel verkaufter Merchandisingartikel. Beim Spiel der Brasilianer gegen Belgien standen über 90 % der 42.000 Zuschauer im Stadion von Kobe wie eine gelbe Wand hinter den Südamerikanern. Die Selecao kam zu einem glücklichen 2:0-Sieg über die von der brasilianischen Presse als „Fußball-Bürokraten" verspotteten Belgier, die sich als überraschend stark erwiesen und das Spiel über weite Strecken dominierten. Die Sieger profitierten von einer Fehlentscheidung des aus Jamaika stammenden Schiedsrichters Peter Prendergast, der einem Kopfballtreffer von Marc Wilmots wegen angeblichen Foulspiels die Anerkennung verweigerte.

Vor der Begegnung Italien gegen Südkorea erinnerte man sich in Italien des schwärzesten Tags seiner Fußballgeschichte: Am 19. Juli 1966 war die *Squadra Azzurra* beim WM-Turnier in England nach einer 0:1-Niederlage gegen Nordkorea vorzeitig ausgeschieden. Am 17. Juni 2002, 36 Jahre nach der Schmach von Middlesborough, wurde Korea endgültig zum Trauma des italienischen Fußballs. Angefeuert von 40.000 rot gekleideten Menschen besiegte Südkorea Italien durch ein Golden Goal des für den italienischen Erstligisten Perugia kickenden Ahn Jung-Hwan in der 117. Minute mit 2:1 und durfte nach Nordkorea als zweites asiatisches Land den Einzug ins Viertelfinale feiern. In der 4. Minute war Ahn noch mit einem Strafstoß an Keeper Gianluigi Buffon gescheitert. In der 18. Minute hatte Vieri mit seinem bereits vierten WM-Treffer die Italiener in Führung gebracht. Die leidenschaftlich kämpfenden Koreaner mussten bis zur 88. Minute warten, bevor sie mit dem Ausgleich durch Seol Ki-Hyeon belohnt wurden. Über drei Millionen Koreaner hatten das Spiel vor 226 im ganzen Land aufgestellten Großleinwänden oder vor den unzähligen am Straßenrand und in Schaufenstern aufgestellten Fernsehgeräten verfolgt.

> „Italien ist Opfer eines Komplotts"

Italien haderte einmal mehr mit dem Schiedsrichter. In der 103. Minute hatte Byron Moreno aus Ecuador Francesco Totti wegen einer angeblichen Schwalbe mit Gelb-Rot bestraft. Für ein Novum in der globalisierten Fußballwelt sorgte der Präsident des AC Perugia, Arbeitgeber des Golden-Goal-Schützen. Aus „patriotischen Gründen" sah sich der Boss des AC Perugia nicht in der Lage, den Vertrag mit Ahn zu verlängern. Der Südkoreaner habe „den italienischen Fußball ruiniert".

Für den zweiten Gastgeber war das Achtelfinale indes Endstation. Japan unterlag der Türkei durch ein Tor des für den AC Mailand stürmenden Ümit Davala mit 0:1. Nach den mäßigen Gruppenspielen hatte die türkische Presse die eigene Mannschaft noch verspottet. Gegen Japan zeigte sich das Team von Trainer Senol Günes stark verbessert. Die Japaner erspielten sich zwar deutliche Feldvorteile, aber gegen die starke türkische Abwehr mangelte es ihnen an Durchschlagskraft. Nach dem Abpfiff versank der Hexenkessel Miyagi Stadium in Grabesstille. Das „blaue Wunder" war ausgeblieben.

Mit Italien war nach Argentinien, Frankreich und Portugal bereits das vierte hoch gehandelte Team gescheitert. Südamerika war nur noch durch Brasilien vertreten, Europa immerhin noch durch Spanien, Türkei, Deutschland und England. Allerdings befand sich unter den europäischen Viertelfinalisten keiner der EM-Halbfinalisten von 2000 (Frankreich, Italien, Portugal und Niederlande). Mit den USA, Senegal und Südkorea hatten drei Außenseiter den Sprung ins Viertelfinale geschafft. Erstmals waren sowohl ein asiatisches wie ein afrikanisches Land in dieser Runde vertreten.

Viertelfinale: Koreanischer Jubel

Als Top-Begegnung galt das Spiel England gegen Brasilien, bei dem sich nach Auffassung von Pelé das „beste Team" mit den „besten Spielern" maß. Für Rivaldo war es ein Duell „beste Abwehr gegen besten Sturm". Das erste Tor erzielte die „beste Abwehr": In der 23. Minute nutze Michael Owen einen Lapsus von Lucio zur 1:0-Führung für die *Three Lions*. Kurz vor dem Pausentee gelang Rivaldo der Ausgleich – nach einem tollen Solo Ronaldinhos. Der feingliederige 22-jährige Jungstar von Paris St. Germain war es auch, der die *Selecao* in der 50. Minute auf die Siegerstraße brachte, unter Mithilfe von Englands David Seaman. Ronaldinho überraschte den weit vor seinem Tor postierten 38-jährigen Torwart-Veteran mit einem frechen Freistoß-Heber. Nur sieben Minuten nach seinem Geniestreich stand Ronaldinho erneut im Mittelpunkt: Ein gestreckter Fuß gegen den Knöchel des Engländers Dany Mills kostete den „kleinen Ronaldo" die Halbfinalteilnahme. Denn England wusste seine numerische Überlegenheit nicht zu nutzen. Brasilien zeigte erstmals auch im defensiven Bereich Stabilität. Der in der Heimat von den Medien weiterhin heftig kritisierte Scolari: „Ich respektiere alle brasilianischen Spieler der Geschichte, aber ich habe noch nie eine solche Gruppe von charakterstarken und von Teamgeist beseelten Spielern gesehen."

„Fußball aus dem Aktenschrank"

In den USA war vor der Begegnung mit den Deutschen die Meinung zu hören, die Elf des Gegners sei nicht „global" genug. Das multikulturelle Team des klassischen Einwanderungslandes USA müsse dem unikulturellen der Deutschen überlegen sein, zumal der Verzicht auf starre stilistische Identität im modernen Fußball ein Mittel zum Erfolg sei. Doch in der Realität siegte „Fußball aus dem Aktenschrank", wie die *Frankfurter Rundschau* ihren Bericht über die erneut dürftige, aber von Erfolg gekrönte Vorstellung der Deutschen überschrieb. Guten Fußball spielte das DFB-Team lediglich in den 15 Minuten vor dem Halbzeitpfiff. Den Rest des Spiels bestimmten die engagierteren und lauffreudigen US-Boys, die jedoch wiederholt am überragenden Oliver Kahn scheiterten, der in seinem 50. Länderspiel seine beste Leistung beim WM-Turnier bot. Das Tor des Tages erzielte Ballack per Kopf nach einer Standardsituation. Kurz vor dem Halbzeitpfiff wäre auch Kahn geschlagen gewesen, doch der Ball sprang dem auf der Torlinie postierten Frings an die Hand. Der schottische Schiedsrichter

Thomas Linke zählte zu den zuverlässigsten Spielern im deutschen Team. Hier stoppt er den US-Stürmer Donovan.

Hugh Dallas ließ weiterspielen. Die Deutschen wirkten nur bei Eck- und bei Freistößen gefährlich. Franz Beckenbauer zürnte anschließend: „Auf die Dauer können wir uns nicht nur auf Oliver Kahn verlassen. Im WM-Halbfinale müssen wir uns deutlich steigern." Die angesehene *Washington Post,* in der vor dem Turnier ein Kommentator noch Fußball als „Osama bin Ladens Spiel" denunziert hatte, feierte die Verlierer mit den Worten: „Gestoppt, aber weiter auf dem Vormarsch. (…) Die Amerikaner können jetzt zum ersten Mal behaupten, dass sie auf ein und dasselbe Feld mit der Weltelite des Fußballs gehören."

52 Jahre war es bereits her, dass Spanien letztmalig ein WM-Halbfinale erreichte. Die Spanier mussten weiter warten, denn Südkorea konnte auch gegen das zweite Team von der iberischen Halbinsel seinen Vormarsch fortsetzen. Wenngleich die wenigen spielerischen Akzente von den Spaniern gesetzt wurden, die allerdings den letzten Willen zum Sieg vermissen ließen. Camacho musste verletzungsbedingt auf Stürmerstar Raul verzichten. Das Weiterkommen des Gastgeberlandes wurde erneut durch schiedsrichterliche Fehlentscheidungen begünstigt. Kurz vor der Pause fand ein Eigentor von Kim Tae-young keine Anerkennung, weil Schiedsrichter Al Ghandour aus Ägypten ein Foul von Ivan Helguera erkannt haben wollte.

Nach torlosen 90 Minuten musste die Partie in die Verlängerung. Als diese gerade zwei Minuten alt war, köpfte Fernando Morientes eine Flanke von Joaquin Sanchez ein. Doch anstatt auf Golden Goal zu entscheiden, zeigte Al Ghandour auf Abstoß, da sein Assistent Michael Ragoonath aus Trinidad den Ball vor der Hereingabe im Toraus gesehen haben wollte. Eine krasse Fehlentscheidung, wie die Fernsehbilder enthüllten. Wenig später scheiterte Morientes am Pfosten. Die Entscheidung fiel im Elfmeterschießen, als Südkoreas Keeper einen schwachen Schuss des jungen Joaquin abwehren konnte. Erfahrene Hasen wie Nadal und Luis Enrique hatten gekniffen. Wie vor ihnen bereits ihre italienischen Kollegen sprachen nun auch die Spanier von einem Komplott. „Diese WM ist widerlich", schrieb tags darauf *Marca*. 42.114 Zuschauer wohnten der Partie in Gwangju bei, weitere 400.000 Fans waren in Vorahnung auf den historischen Sieg zum Spielort gepilgert.

Türkei schaltet Senegal aus

Begeisterung herrschte auch in der Türkei, wo nach dem 1:0-Sieg von Bastürk und Co. gegen Senegal das öffentliche Leben zusammenbrach. „Lauf, Senegal, lauf in die Geschichte", hatte noch am Spieltag die *Daily Nation*, größte Tageszeitung des afrikanischen Landes, getitelt. Doch mit zunehmender Spieldauer wurde es den Senegalesen des Laufens zu viel, wodurch die Türken Spielraum bekamen. Auch wirkten die Afrikaner häufig zu umständlich, zumal vor dem gegnerischen Tor. Die Türken setzten ihre Raffinesse zielgerichteter ein. Das Duell zweier technisch starker Mannschaften, die beide zahlreiche Chancen ausließen, gewannen die Türken durch ein Golden Goal ihres im deutschen Kempten geborenen „Jokers" Ilhan Mansiz. Der Torschütze war einer von vier Spielern seines Teams, die in Deutschland aufgewachsen waren. Auch Davala, Bastürk und Havütcü waren „Deutschtürken". Der türkische Verband unterhielt in Dortmund ein „Europabüro", von dem aus fünf hauptamtliche Talentsucher und 15 nebenberufliche Scouts die Jugendteams in Deutschland, den Niederlanden und den skandinavischen Ländern nach Emigrantenkindern abgrasten, die für die türkischen Auswahlteams interessant sein könnten. Die fußballerische Sozialisation fern der Heimat wurde als großer Vorteil betrachtet, da, so Europa-Büroleiter Hakan Eseroglu, die „deutschtürkischen" Akteure „disziplinierter und pflichtbewusster" seien. „Sie machen das, was der Trainer ihnen sagt."

Halbfinale: „Eine WM-Verschwörung"

„Italien oder Spanien werden den Deutschen ihre Grenzen aufzeigen", lautete eine gängige Einschätzung nach dem Gruppensieg der DFB-Elf. Spätestens das Halbfinale sei Endstation für die Deutschen. Doch mit einem unglaublichen Kraftaufwand hatten die Koreaner diese beiden höher als die Deutschen eingeschätzten Gegner aus dem Weg geräumt und damit gewissermaßen den Weg für das DFB-Team bereitet. Den Preis hierfür zahlten sie nun im Halbfinale. Ihre bisher eindrucksvollen Stärken

Tempo und Aggressivität demonstrierten die müde wirkenden Asiaten nur phasenweise. Die Deutschen stellten geschickt die Räume zu, agierten ruhig und souverän und gewannen erneut durch ein Tor von Michael Ballack in der 75. Minute verdient mit 1:0, ihr dritter 1:0-Sieg in Folge. Das Tor war eine Kombination des Leverkusener Trios Schneider, Neuville, Ballack. Schneider hatte nach einem Fehlpass von Kim Tae Young den Ball blitzschnell zu Neuville weitergeleitet. Dessen Pass in die Mitte wurde vom aus dem Rückraum anrauschenden Ballack aufs koreanische Tor gedroschen. Den ersten Versuch konnte Keeper Lee noch abwehren, doch im Nachsetzen ließ Ballack dem Koreaner keine Chance. Der Mann des Tages fand sich nach dem Schluss in der Rolle des tragischen Helden wieder, denn die zweite gelbe Karte für Ballack bedeutete seinen Ausschluss vom Finale.

Die Deutschen begleitete sicherlich viel Glück auf dem Weg ins Finale. Um nach Yokohama zu gelangen, mussten sie sich mit keiner der anwesenden Topadressen messen – nicht mit Frankreich, Argentinien, Spanien, Italien, Portugal, England oder Brasilien. Gemäß der FIFA-Rangliste war Deutschlands stärkster Gegner die USA, die dort als Nr. 13 geführt wurden. Trotzdem war der Finaleinzug alles andere als ein Zufall. Von der internationalen Öffentlichkeit lange Zeit nicht ernst genommen, hat-

Matchwinner und tragischer Held im Halbfinale gegen Südkorea: Michael Ballack.

ten Völler und seine Mannschaft stets an ihre Chance geglaubt. In Japan hatte man mit den Deutschen gefiebert und gab sich erleichtert über das koreanische Ausscheiden: Die befürchtete „rote Invasion" des Endspielorts Yokohama blieb aus.

Im zweiten Halbfinale lieferten die Türken den Brasilianern zwar einen tapferen Kampf, doch auch beim zweiten Aufeinandertreffen behielt die *Selecao* die Oberhand. Diesmal bedurften die Brasilianer nicht der Hilfe des Schiedsrichters. Matchwinner war der wiedererstarkte Ronaldo, der mit seinem Tor zum 1:0-Sieg allen türkischen Titelträumen ein Ende bereitete. In der 49. Minute nahm „das Phänomen" ein Zuspiel von Roque Junior auf, umkurvte drei türkische Abwehrspieler und spitzelte den Ball mit der rechten Fußspitze ins lange Eck des türkischen Tores. Der Kopf des lange gehemmten Langzeitverletzten schien wieder frei zu sein. „Der Albtraum ist vorbei. Jedes Tor ist ein Geschenk, bei dem ich große Glücksgefühle habe."

Beim Spiel um den dritten Platz zwischen Südkorea und der Türkei wurden 63.500 Zuschauer in Deagu Zeugen eines Fußballfestes. Senol Günes ließ erstmals Hakan Sükür und Illhan Mansiz als Sturmduo auflaufen. Nicht nur in der Türkei fragten sich viele, warum der Trainer die beiden gefährlichsten Stürmer erst gemeinsam spielen ließ, als bereits alles entschieden war. Dem brillanten Sükür, der allerdings bis zum „kleinen Finale" zu den großen Enttäuschungen des Turniers gezählt hatte, gelang nach handgestoppten 10,6 Sekunden das schnellste Tor der WM-Geschichte. Südkorea konnte zwar bereits in der 9. Minute durch Lee Eul-Young ausgleichen, aber zwei Treffer von Mansiz bedeuteten eine komfortable 3:1-Halbzeitführung für die Türkei. In der 90. Minute gelang Song Chong-Gug der Anschlusstreffer zum 2:3, was zugleich der Endstand war. Nach dem Schlusspfiff gingen die beiden Teams gemeinsam in die Kurven, wobei die Türken die koreanische Fahne zeigten und sich für die Fairness des Publikums bedankten.

Finale: Kahn als tragischer Held

Die Endspielpaarung Brasilien gegen Deutschland galt vielen Journalisten nun als „Traumfinale" und „Jahrhundertspiel". Für diese Superlative sprach zumindest die Statistik: In Yokohama standen sich die beiden traditionsreichsten WM-Länder gegenüber. Für Brasilien war es das sechste WM-Finale, für Deutschland sogar bereits das siebte. Bis auf eine Ausnahme (1978) hatte seit dem Zweiten Weltkrieg immer entweder eine brasilianische oder eine deutsche Elf im Turnierfinale gestanden. Als einziges Land der Erde war Brasilien bei allen 17 Endrunden seit 1930 dabei. Die Deutschen hatten nur zweimal (1930 und 1950) gefehlt. Trotzdem war das Finale 2002 die erste WM-Begegnung zwischen den beiden Erfolgsteams in der 72-jährigen WM-Geschichte.

Ihren Reiz bezog die Begegnung aber auch daraus, dass sich hier der beste Sturm des Turniers mit der besten Abwehr maß. 16 Tore hatten die Brasilianer bis zum Finale

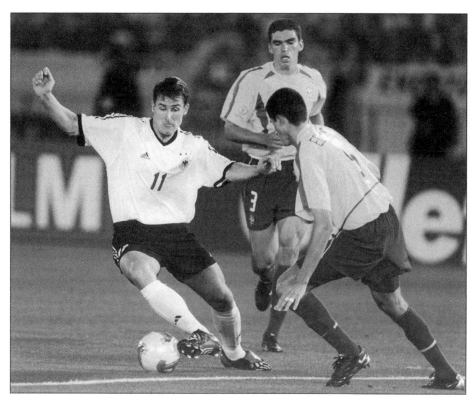

Nach der Vorrunde bekam Miroslav Klose Ladehemmung. Auch gegen die brasilianischen Verteidiger Edmilson und Lucio konnte er sich nicht durchsetzen.

geschossen. Dank des Kantersiegs gegen Saudi-Arabien standen auf dem deutschen Konto allerdings auch nur zwei Treffer weniger. Die deutsche Abwehr, vor dem Abflug nach Fernost noch als Sorgenkind identifiziert, hatte lediglich ein Gegentor kassiert, und dies auch erst in der Nachspielzeit. Von den Medien wurde das Duell auf die Personen Ronaldo und Kahn reduziert. Historisch betrachtet war es sicherlich korrekt, das Duell Brasilien gegen Deutschland als Wettstreit zwischen Spielkultur und Pragmatismus zu charakterisieren. Im Finale von Yokohama wurde dies allerdings kaum sichtbar. Brasiliens Stärke bestand vornehmlich darin, dass es über einige überragende Individualisten verfügte, die mit urplötzlichen Einzelleistungen ein Spiel entscheiden konnten.

Bester Sturm gegen beste Abwehr

Die Deutschen lieferten ihr bestes Spiel bei diesem Turnier ab und trugen erheblich dazu bei, dass die 72.370 Zuschauer im Yokohama International Stadium und etwa weltweit 1,5 Milliarden Menschen vor den Fernsehern ein ansehnliches und unterhaltsames Finale sahen, das von seinem Niveau sämtliche bis dahin ausgetragenen 63 Spiele des Turniers übertraf. Einige Male „zauberten" Schneider, Neuville

Kahns tragischer Moment: Ronaldo erzielt das 1:0.

Strahlende WM-Sieger: Kapitän Cafú (mit Pokal) und seine Mannen.

und Co. geradezu brasilianisch, und die erste Chance gehörte dann auch den Deutschen: Schneider schlug den Ball in die Mitte, doch Edmilson rettete im letzten Moment vor Klose. In der 19. Minute tauchte Ronaldo erstmals frei vor Kahn auf, schob den Ball jedoch am langen Pfosten vorbei. Elf Minuten später ergab sich die nächste Chance für den Torjäger, doch der Brasilianer traf den Ball nicht richtig, so dass Kahn retten konnte. Die Deutschen gerieten nun immer mehr unter Druck. In der 45. Minute hämmerte Kleberson den Ball an die Latte des deutschen Tores. In der Nachspielzeit konnte Kahn mit einer Fußabwehr einen Schuss von Ronaldo klären. Dank des deutschen Keepers ging es torlos in die Kabinen.

Nach dem Wiederanpfiff hatten die Deutschen zunächst ihre stärkste Phase. Neuvilles fulminanten Freistoß aus 30 Metern Entfernung konnte Marcos gerade noch mit den Fingerspitzen an den Pfosten lenken. Hamann zielte aus 23 Metern übers Tor, Neuville trat an einem wunderschönen Pass von Schneider vorbei. In der 67. Minute ereilte das DFB-Team dann die kalte Dusche. Der ansonsten zuverlässige Hamann verlor den Ball, den folgenden Schuss von Rivaldo konnte Kahn nicht festhalten. Ronaldo war zur Stelle und brachte die *Selecao* mit 1:0 in Führung. Ausgerechnet Oliver Kahn, der Mann, dem die Deutschen zum großen Teil ihre Finalteilnahme zu verdanken hatten, geriet zum tragischen Helden.

In der 79. Minute dann die Vorentscheidung: Rivaldo ließ einen Querpass von Kleberson geschickt durch die Beine laufen. Der Ball kam zu Ronaldo, der plat-

◆ „Goldener Ball" für Kahn

Der „Goldene Ball" wird durch Befragung von Sportjournalisten seit 1982 verliehen. Die bisherigen Preisträger hießen Paolo Rossi (1982), Diego Maradona (1986), Toto Schillaci (1990), Romario (1994) und Ronaldo (1998). 2002 gewann erstmals ein Deutscher und ein Torwart den Titel. 147 der 592 Medienvertreter stimmten für Kahn, 126 für Ronaldo. Dritter wurde Südkoreas Mannschaftskapitän Hong Myung Bo. Insbesondere in Brasilien bemängelte man, dass das Votum bereits vor dem Finale eingeholt worden war und somit die Tatsache nicht berücksichtigen konnte, dass Kahn von Ronaldo zweimal bezwungen wurde. Verdientermaßen wurde Kahn allerdings auch zum besten Torhüter des Turniers gekürt.

Enttäuschter Kahn nach dem WM-Finale.

ziert zum 2:0 einschoss. Dieses Mal war Kahn machtlos. Der eingewechselte Bierhoff und der mittlerweile ebenfalls stürmende Metzelder, die WM-Entdeckung im deutschen Team, hatten noch zwei große Chancen, scheiterten aber knapp. Es blieb beim 2:0.

Brasilien gewann letztlich verdient und war zum fünften Male Weltmeister. Mit einer Bilanz von sieben Siegen in sieben Spielen. Der letzte Weltmeister, der sämtliche Endrundenspiele gewann, war 1970 ebenfalls Brasilien gewesen. Die *Selecao* erzielte zwar die meisten Tore (18) bei diesem Turnier, von denen 15 auf die drei „Rs" entfielen: Ronaldo (8), Rivaldo (5) und Ronaldinho (2). Doch wurde der Sieg über Deutschland keineswegs mit grandiosen Dribblings und verwirrendem Kombinationsfußball errungen. Die Elf profitierte von individuellen Fehlern des Gegners.

Nach dem Schlusspfiff kannten Jubel und Optimismus keine Grenzen. Carlo Alberto Parreira, Weltmeister-Coach von 1994: „Mit etwas mehr Organisation werden wir zur NBA des Fußballs, wir werden unschlagbar." Pelé verband seine Zukunftsprognose mit Kritik am brasilianischen Fußballverband: „Mit einigen Reformen und weniger Chaos können wir künftig alle WM-Endspiele erreichen und die meisten gewinnen."

„Globalisierung", „Teamwork", „Spirit"

„Globalisierung" war eines der am häufigsten strapazierten Schlagwörter bei dieser WM. Oliver Kahn interpretierte das Turnier als „Zeichen unserer Zeit, dass die Welt zusammenwächst". 361 der 736 für die WM gemeldeten Kicker verdienten ihr Geld bei ausländischen Arbeitgebern, die in der Regel in Europa beheimatet waren. Von den 32 teilnehmenden Mannschaften kamen zwar nur 15 aus Europa, aber 31 von ihnen hatten in Europa kickende Nationalspieler an Bord. Die einzige Ausnahme bildete Saudi-Arabien.

Von den Top-Adressen außerhalb Europas setzte am stärksten Argentinien (20 von 23) auf in europäischen Ligen kickende Legionäre. Unter den europäischen Top-Nationen war hier unverändert Frankreich führend (18 von 23). Hingegen gab es in den Teams Englands und Spaniens nur jeweils einen Legionär, Ausdruck der starken heimischen Ligen. Italien kam sogar ganz ohne Legionäre aus. Auch die Deutschen zählten nur drei Legionäre, was in ihrem Falle allerdings nicht nur dem finanziellen Niveau der Bundesliga, sondern auch dem bis zum WM-Turnier nicht besonders ausgeprägten Interesse spanischer, italienischer oder englischer Klubs an deutschen Nationalspielern geschuldet war. Im Finale war Deutschlands einziger Legionär Dietmar Hamann vom FC Liverpool, während in der Anfangsformation der *Selecao* nur drei Spieler aus der heimischen Liga standen. Die Globalisierung des Spielermarktes war mit ein Grund, warum sich der Unterschied zwischen den „Großen" und den „Kleinen" verringert hatte. Auch bei den Trainern gaben nicht nur Einheimische den Ton an. Neun der 32 Teams wurden von Ausländern trainiert.

Dass von den afrikanischen Teams Senegal am besten abschnitt, war so überraschend nicht. Gegenüber den anderen afrikanischen Mannschaften besaß Senegal einen logistischen Vorteil. Um seine Spieler zu beobachten und zu betreuen, musste Trainer Bruno Metsu nicht quer durch Europa reisen oder zwischen Europa und Afrika pendeln, sondern durfte sich mit seiner französischen Heimat begnügen. Dass die Spieler zum überwiegenden Teil im französischen Profifußball kickten, förderte die Homogenität und Spielidentität. Von den Problemen des Fußballs auf dem afrikanischen Kontinent konnten sich die Senegalesen zumindest partiell abkoppeln. Senegal war ein afrikanisches Team, das unter europäischen Bedingungen arbeitete. Von den Senegalesen abgesehen, verlief das Turnier für die Afrikaner eher enttäuschend. Roger Milla machte hierfür die „Mängel in der Infrastruktur der afrikanischen Verbände" verantwortlich. „Zu häufig werden Entscheidungsträger einfach ausgetauscht, wenn sie den Politikern nicht mehr genehm sind."

Afrika ist enttäuscht

Trotz des frühzeitigen Ausscheidens Frankreichs und anderer namhafter europäischer Vertreter konnte Europa seine Führungsrolle behaupten. Der alte Kontinent hatte dies weniger spielerischer Überlegenheit zu verdanken als den unveränderten organisatorischen Missständen in anderen Teilen der Welt und dem schlechten Abschneiden Südamerikas. Mit Argentinien, Uruguay und Ecuador schieden drei der fünf CONMEBOL-Vertreter bereits in der Vorrunde aus. Paraguay folgte im Achtelfinale. Von Brasilien abgesehen, war das Weltturnier für die Südamerikaner ein Desaster.

In spielerischer Hinsicht gehörte das Turnier denn auch zu den schlechteren der WM-Historie. Mit 155 Toren bzw. einem Schnitt von 2,43 Toren schien der positive Trend der Turniere von 1994 (2,71) und 1998 (2,67) gestoppt zu sein. Ohne das deutsche „Scheibenschießen" gegen Saudi Arabien und das „Freundschaftsspiel" Brasilien gegen Costa Rica – diese beiden Begegnungen kamen addiert für 15 Tore und damit fast 10 % aller geschossenen Tore auf – wäre die Bilanz noch magerer ausgefallen.

Die WM erlebte eine Renaissance des Teams, weshalb die *Korean Times* ihr Resümee enthusiastisch mit „The Team World Cup" überschrieb. Ein Trend, der durch die Müdigkeit zahlreicher Stars und das frühe Ausscheiden ihrer Mannschaften noch verstärkt wurde. Fast alle Trainer predigten die Bedeutung des Kollektivs. Individualisten hatten bei dieser WM einen schweren Stand.

Müde Stars, starke Teams

Zudem bezog das Turnier seine eigene Faszination aus einer bis dahin noch nie dagewesenen Serie von Favoritenstürzen. Das Aufholen der „Kleinen", insbesondere in taktischer Hinsicht, war dabei nur ein Grund für die Verflachung der Hierarchien. Verstärkt wurde dieser Prozess durch die offensichtliche Müdigkeit einiger Teams und Weltstars, während einige der „Kleinen" eine erstaunliche Physis und Fitness demonstrierten, mit der sie die verbliebenen technischen und taktischen Differenzen mehr als kompensieren konnten. Insbesondere die Vorrunde wurde durch müde Stars geprägt, denen ihr Engagement für ihren Klub noch in den Knochen steckte. Die Zidanes, Figos, Beckhams und Co. hatten alle Mühe, mit technisch eher mittelprächtigen, aber physisch und psychisch topfiten Akteuren mitzuhalten. Die durch die Regenzeit bedingte frühe Ansetzung des Turniers hatte keine Regeneration zugelassen. Zwischen dem Finale der Champions League (15. Mai) und dem ersten WM-Spiel (30. Mai) lagen nur 15 Tage. Pelé erinnerte daran, dass sich der brasilianische Weltmeister von 1970 fünf Monate in einem Trainingslager auf das Turnier in Mexiko vorbereitet habe. Diese Situation begünstigte Teams, die über eine ausgeprägte körperliche Fitness besaßen, sich auf das Turnier fast wie Vereinsmannschaften vorbereiten konnten und über ein gehöriges Maß an „Spirit" verfügten.

Was ebenfalls so deutlich wurde wie niemals zuvor bei einer Weltmeisterschaft, war die schlichte Erkenntnis: Turniere unterliegen anderen Gesetzen als eine sich über die ganze Saison erstreckende Meisterschaft. Von daher wäre es sicherlich angemessener, von einem Weltturnier anstatt einer Weltmeisterschaft zu sprechen. Es sind nicht immer die besten Teams und Fußballer, die am Ende eines Turniers übrig bleiben. In der alljährlichen Endphase der europäischen Champions League wird meist besserer Fußball geboten als beim WM-Turnier. Allerdings lassen sich Nationalmannschaften nur selten mit den gleichen Kriterien beurteilen wie Vereinsmannschaften à la Real Madrid oder Manchester United, die sich tagtäglich sehen und deren Akteure auf einem globalen Spielermarkt zusammengekauft werden.

Die große Zahl der Endrunden-Teilnehmer bedingte auch eine relativ große Zahl zweitklassiger Akteure. 45 WM-Teilnehmer kickten für Zweitligisten. Am stärksten waren diese in den Teams Kameruns und Irlands vertreten. Hinzu kam eine größere Zahl von Spielern, die sich in den eher niveauarmen Ligen Japans, Koreas, Chinas, Saudi-Arabiens und der USA verdingten. Von den afrikanischen Spielern kickten noch 25 für heimische Klubs und damit de facto als Amateurfußballer. Senegals dritter Tormann Kalidou Cissoko strich in der 1. Liga seines Landes monatlich 250 Euro ein. Das Finale sollte allerdings eine rein erstklassige Angelegenheit sein: In den Anfangsformationen Brasiliens und Deutschlands waren die nationalen Ligen wie folgt vertreten: Bundesliga: 11; Serie A (Italien): 3; Primera División (Spanien): 2; Premier League (England): 1; Französische Liga: 2, Brasilianische Liga: 3.

Erholung von der Globalisierung

Trotz der häufig bescheidenen fußballerischen Darbietungen konnte die WM ihren Status als *das* globale Fußballereignis schlechthin verteidigen. Finanzielle Mechanismen scheinen diesbezüglich eine relativ geringe Rolle zu spielen. Für viele Akteure blieb die WM die „ultimative Leistungsschau", bei der man nicht fehlen mochte, auch wenn der Verein als Arbeitgeber um die körperliche Unversehrtheit bangte. Im öffentlichen Bewusstsein bildeten die WM und die Nationalmannschaft eine Erholung vom Globalisierungsprozess. Der World Cup, so das US-Magazin *Time,* sei vielleicht das einzige Medium, „in dem Nationalstolz unverhohlen ausgelebt" werden dürfe.

Der überragende Spieler des WM-Finales: Ronaldo, hier auf den Schultern von Ersatzspieler Vampeta.

► **Einwurf**

„Mini-WM" – der FIFA Confederations Cup

Der Confederations Cup, inzwischen in den Medien auch „Mini-WM" getauft, hatte 1992 in Saudi-Arabien als King Fahd Cup begonnen. Bei seiner dritten Auflage im Dezember 1997 wurde der interkontinentale Wettbewerb der FIFA unterstellt und zum FIFA Confederations Cup. Der Wettbewerb wird seither alle zwei Jahre ausgetragen. Teilnahmeberechtigt sind die Meister der sechs Kontinentalverbände, der Gastgeber, der Titelverteidiger sowie eventuell ein weiteres Land vom gastgebenden Kontinent.

1992 waren mit Gastgeber Saudi-Arabien, Argentinien, USA und Elfenbeinküste vier Länder am Start, die vier Kontinentalverbände repräsentierten. Sieger wurde Argentinien. Der Zuschauerschnitt betrug 42.375. Auch 1995 und 1997 hieß der Ausrichter Saudi-Arabien. 1995 war mit EM-Titelträger Dänemark erstmals Europa vertreten; die Dänen gewannen dann auch den Cup.

1997 war auch Ozeanien erstmals dabei, vertreten durch Australien, das sich mit Saudi-Arabien, Brasilien, Mexiko, Tschechien, Südafrika, Uruguay und den Vereinigten Arabischen Emiraten maß. Die Spiele des ersten „echten" Confederations Cups wurden im Schnitt von 18.344 Zuschauern gesehen. Sieger wurde Weltmeister Brasilien.

1999 fand der Wettbewerb mit Mexiko erstmals außerhalb Saudi-Arabiens statt. Als amtierender Europameister reiste zum ersten Male auch das DFB-Team an, aus Südamerika Titelverteidiger Brasilien. Nord- und Mittelamerika wurden neben Gastgeber Mexiko noch von Bolivien und den USA vertreten. Afrika wurde von Ägypten repräsentiert, Ozeanien von Neuseeland. Der Zuschauerzuspruch war mit einem Schnitt von 60.625 WM-reif. Das Finale zwischen Mexiko und Brasilien (4:3) wurde im Azteken-Stadion von 115.000 Menschen gesehen.

Der Confederations Cup 2001 in Korea/Japan diente dann als Testlauf für das wenig später folgende erste WM-Turnier in Asien. Neben den beiden Gastgebern und Titelverteidiger Mexiko nahmen Kanada, Frankreich, Australien, Brasilien und Kamerun teil. Sieger wurde Weltmeister Frankreich, der Zuschauerschnitt betrug 34.795.

Mit dem Turnier 2003 gewann der Cup erheblich an Renomee, vor allem, weil er in Frankreich und damit erstmals in Europa stattfand. Neben dem Gastgeber und amtierenden Europameister Frankreich, Weltmeister Brasilien und dem WM-Dritten Türkei waren die Kontinentalmeister aus Asien (Japan), Afrika (Kamerun), Ozeanien

(Neuseeland), Nord- und Mittelamerika (USA) und Südamerika (Kolumbien) vertreten.

Obwohl das Turnier auf einem Kontinent stattfand, der als „fußball-übersättigt" galt und dessen fußballerische Führungsmächte dem Confed-Cup bis dahin ablehnend gegenüberstanden, pilgerten im Schnitt 30.731 zu den Spielen. Dabei reisten die Nationalteams keineswegs in stärkster Besetzung an; insbesondere Brasilien und Frankreich traten mehr oder weniger mit dem „zweiten Anzug" an. Dennoch war Kameruns 1:0-Sieg über den Weltmeister eine Sensation, zumal die Afrikaner mit einem stark verjüngten Team anreisten. Das Team von Trainer Winfried Schäfer konnte sich in Frankreich für sein vorzeitiges WM-Aus rehabilitieren. Im Halbfinale besiegte Kamerun Kolumbien in Lyon mit 1:0. Die Spieler feierten nach dem Schlusspfiff tanzend ihren Sieg, als sie die Kunde vom Tod ihres Mitspielers Marc-Vivien Foé ereilte. In der 71. Spielminute war der „Marathon-Mann" der „unzähmbaren Löwen", 1,90 Meter groß, 80 Kilo schwer, im Mittelkreis zusammengebrochen. In der Erste-Hilfe-Station hörte Foés Herz zu schlagen auf, 45 Minuten Reanimation brachten keine Reaktion.

◆ **Die Endspiele des Confederations Cups**

1992 (Saudi-Arabien):
    Argentinien - Saudi-Arabien 3:1
1995 (Saudi-Arabien):
    Dänemark - Argentinien 2:0
1997 (Saudi-Arabien):
    Brasilien - Australien 6:0
1999 (Mexiko):
    Mexiko - Brasilien 4:3
2001 (Südkorea/Japan):
    Frankreich - Japan 1:0
2003 (Frankreich):
    Frankreich - Kamerun 1:0
2005 (Deutschland):
    Brasilien - Argentinien 4:1

Die FIFA musste sich fragen lassen, wie sinnvoll es war, den Fußballern nach einer langen Saison ein Turnier zuzumuten, bei dem die Finalisten innerhalb von nur zehn Tagen fünf Spiele bestreiten mussten. Allerdings war Foé im dritten Gruppenspiel geschont worden und hatte deshalb vor seinem Zusammenbruch „lediglich" 224 Spielminuten binnen einer Woche absolviert. FIFA-Boss Blatter versprach, sich für längere Pausen beim Confederations Cup einzusetzen: „Bei allen FIFA-Wettbewerben gibt es mindestens zwei Ruhetage zwischen den Spielen, nur hier nicht. Das ist nicht zu akzeptieren."

Das Finale zwischen Frankreich und Kamerun geriet zu einer würdigen und bewegenden Hommage an Marc-Vivien Foé. Vor dem Anpfiff scharten sich beide Mannschaften um ein riesiges Foto ihres verstorbenen Kollegen und gedachten seiner Arm in Arm, mit ernsten Gesichtern und gesenkten Häuptern. Auf einem Plakat der Kamerun-Fans hieß es: „Ein Löwe stirbt nicht. Er schläft." Die Spieler Kameruns trugen Foés Namen auf ihrem Trikot. Winfried Schäfer sprach anschließend von einer „Werbung für den Fußball an einem sehr traurigen Tag". Vor 52.000 Zuschauern im Stade de France gewannen *Les Bleus* durch ein Tor von Thierry Henry, dem einzigen Super-Star im französischen Team, mit 1:0. Der Schütze des goldenen Tores: „Es war das erste Mal, dass es mir egal war, ob wir gewinnen oder verlieren."

Wie bei manch anderen Themen, so gerieten auch beim Confederations Cup die Dachverbände FIFA und UEFA aneinander. Aus der Sicht der UEFA und der großen europäischen Klubs, den in der „G14"-Gruppe organisierten neuen machtvollen Stadtstaaten des Weltfußballs, war dieser Cup eine lästige und überflüssige Veranstaltung. Für die Soccer-Fans in der Türkei, Japan, Neuseeland, USA oder Kamerun war der Wettbewerb indes ein bedeutendes Event. Neuseeland ermöglichte der Confederations Cup 1999 und 2003 die ersten Teilnahmen an einem wichtigen Turnier seit der WM 1982. In Kamerun kamen 2003 nicht weniger als 75.000 zum Abschlusstraining der Afrikaner vor ihrer Abreise nach Frankreich. Bei allem Verständnis für das Gestöhne der Klubs über Ereignisse wie den Confederations Cup, die ihre Akteure zusätzlich strapazierten: Die Zahl der interkontinentalen Fußballbegegnungen ist unverändert gering, zumal gemessen an den verkehrstechnischen Möglichkeiten, die zu Beginn des 21. Jahrhunderts zur Verfügung stehen.

FIFA und UEFA stehen für unterschiedliche Globalisierungskonzepte. In den Augen der UEFA und der „G14"-Mitglieder sind Afrika und Asien vor allem als Zuschauer und Konsumenten erwünscht. Globalisierung bedeutet für sie eine globale Vermarktung europäischer Kreationen wie die Champions League sowie die Konzentration der weltweit besten Balltreter in Europa. Doch auch wenn in der Endphase der Champions League durch zusammengekaufte All-Star-Teams wie Real Madrid, FC Barcelona, FC Chelsea oder Arsenal meist besserer Fußball geboten wird als beim WM-Turnier – das größte und einzig wahrhaft globale Fußballfest bleibt der World Cup.

2005: Testlauf für Deutschland

2005 fungierte Deutschland, der Gastgeber der folgenden WM, als Austragungsort des Confed-Cup, und erneut konnte der Wettbewerb neue Freunde gewinnen. Neben dem DFB-Team nahmen Brasilien, Argentinien, Mexiko, Japan, Griechenland, Tunesien und Australien teil. Insgesamt 575.000 Zuschauer – durchschnittlich fast 36.000 pro Spiel – sahen teilweise hochklassigen, begeisternden, ja atemberaubenden Fußball. Mit 56 Toren in 16 Spielen, davon allein zwölf im „kleinen" und „großen" Finale, geriet das Turnier zu einem Torfestival. Für Holger Osieck, Leiter der technischen Kommission der FIFA, war dies ein Beleg dafür, „dass man heute mit rein destruktivem Fußball nicht mehr weit kommt". Dem spielerischen Niveau kam sicherlich zugute, dass die Teams unter weitaus geringerem Druck agierten als bei einem WM-Turnier. Nochmals Holger Osieck: „Der Confed-Cup hat ein sehr hohes Niveau gehabt. Bei der WM werden nicht alle Teams die Standards erfüllen."

Das deutsche Team, dem der neue Nationaltrainer Jürgen Klinsmann eine offensive Ausrichtung verordnet hatte, begeisterte die Zuschauer mit zuweilen schön herausgespielten Toren, zeigte aber in der Abwehr Schwächen. Beides trug maßgeblich

Im Finale des Confederations Cups 2006 besiegte Brasilien den Rivalen aus Argentinien 4:1. Hier erzielt Kaka einen Treffer.

zur Torflut des Turniers bei. Die Ergebnisse lauteten: 4:3 gegen Australien, 3:0 gegen Tunesien, 2:2 gegen Argentinien, 2:3 im Halbfinale gegen Brasilien und 4:3 gegen Mexiko im Spiel um den dritten Platz.

Das Finale bestritten zwei Teams, die auch für 2006 als Favoriten gehandelt wurden: Brasilien und Argentinien. Der Rekord-Weltmeister gewann nach einer starken Vorstellung mit 4:1. In der *Frankfurter Rundschau* geriet Thomas Kilchenstein ins Schwärmen: Die *Selecao* habe die *Albiceleste* „federleicht, elegant, wunderschön in Einzelteile zerlegt. Sie bot eine Zauber-Show. Es waren Kombinationen von selten gesehener Perfektion dabei."

◆ WM 2006

Austragungsland: Bundesrepublik Deutschland

Austragungsstädte und Spielstätten: Berlin (Olympiastadion), Dortmund (Signal-Iduna-Park), Frankfurt (Commerzbank-Arena), Gelsenkirchen (Veltins Arena), Hamburg (AOL-Arena), Hannover (AWD-Arena), Kaiserslautern (Fritz-Walter-Stadion), Köln (RheinEnergie-Stadion), Leipzig (Zentralstadion), München (Allianz-Arena), Nürnberg (Frankenstadion), Stuttgart (Gottlieb-Daimler-Stadion). Die Stadien, die Sponsorennamen tragen, erhielten während des WM-Turniers einheitliche neutrale Bezeichnungen, z.B. FIFA-WM-Stadion Hamburg.

Dauer: 9. Juni bis 9. Juli 2006

Eröffnungsspiel: Deutschland - Costa Rica (9. Juni 2006, München)

Gemeldete Länder: 198

Europa: 52, Südamerika: 10, Nord-, Mittelamerika & Karibik-Zone: 34, Afrika: 51, Asien: 39, Ozeanien: 12

Endrundenteilnehmer: 32

Europa (14): Deutschland, England, Frankreich, Niederlande, Italien, Kroatien, Polen, Portugal, Serbien-Montenegro, Schweden, Ukraine, Schweiz, Tschechien, Spanien;
Südamerika (4): Argentinien, Brasilien, Ecuador, Paraguay;
Nord-, Mittelamerika & Karibik (4): Costa Rica, Mexiko, USA, Trinidad&Tobago;
Asien (4): Iran, Japan, Republik Korea, Saudi-Arabien;
Afrika (5): Angola, Elfenbeinküste, Ghana, Togo, Tunesien;
Ozeanien (1): Australien

Endrundenspiele: 64

Modus: Acht Vorrundengruppen à vier Mannschaften (Punktspiele). Die beiden Erstplatzierten jeder Gruppe qualifizieren sich für das Achtelfinale. Danach K.o.-System.

Zuschauer: 3.353.655, Zuschauerschnitt: 52.401

Tore: 147, Torschnitt: 2,30

Die besten Torschützen: Miroslav Klose (Deutschland): 5 Tore; Crespo, Maxi Rodriguez (Argentinien), Ronaldo (Brasilien), Podolski (Deutschland), Henry, Zidane (Frankreich), Fernando Torres, Villa (Spanien): je 3 Tore

Finale: Italien - Frankreich 1:1 n.V., 5:3 im Elfmeterschießen
(9. Juli 2006, Olympiastadion Berlin)

Italien: Buffon, Zambrotta, Materazzi, Cannavaro, Grosso, Perrotta (61. Iaquinta), Pirlo, Gattuso, Camoranesi (86. del Piero), Totti (61. de Rossi), Toni

Frankreich: Barthez, Sagnol, Thuram, Gallas, Abidal, Vieira (57. Diarra), Makelele, Ribéry (99. Trezeguet), Zidane, Malouda, Henry (107. Wiltord)

Schiedsrichter: Horacio Elizondo (Argentinien)

Tore: 0:1 Zidane (7. Foulelfmeter), 1:1 Materazzi (19.)

Zuschauer: 69.000 (ausverkauft)

WM 2006

Ein globales Fest

Die Bewerbung: Knappes Votum für Deutschland

Beinahe hätte das große Fußballfest gar nicht in Deutschland stattgefunden. Denn ob die Deutschen mit der Austragung der WM 2006 beauftragt würden, war innerhalb der FIFA bis zuletzt umstritten. Neben der Bundesrepublik gab es noch Südafrika, England und Marokko als ernsthafte und chancenreiche Bewerber. Der eigentliche Favorit hieß Südafrika. Eine afrikanische WM-Premiere war ganz im Sinne der Expansionsstrategie von Sepp Blatter; der FIFA-Boss stand ohnehin bei den Afrikanern im Wort. Südafrika konnte sich zudem die Unterstützung Südamerikas sichern. Das ebenfalls interessierte Brasilien verzichtete auf eine eigene Bewerbung und erhielt dafür im Gegenzug die Zusage einer afrikanischen Unterstützung für 2010.

Mit seinem Ansinnen, die WM nach Deutschland zu holen, rannte der DFB bei der rot-grünen Regierung in Berlin mit den Fußballfans Gerhard Schröder und Joschka Fischer an der Spitze offene Türen ein. Schröder sah im Turnier eine Bühne für die globale Präsentation seiner „Berliner Republik" und des angeschlagenen Wirtschaftsstandorts Deutschland.

Auf der Suche nach Stimmen für die deutsche Bewerbung wurde Franz Beckenbauer wie ein Außenminister rund um den Globus geschickt. Beckenbauer später: Zunächst galt es den europäischen Konkurrenten England aus dem Feld zu schlagen, was auch gelang, obwohl – so Beckenbauer – überall, wo die Deutschen hinkamen, „die Engländer schon dreimal gewesen waren. Vielleicht waren die aber zu penetrant aufgetreten. Unsere Basis war dann, dass die acht Europäer in der FIFA-Exekutive zu uns standen."

Die außereuropäische Welt war in der Bewerberfrage gespalten. Südamerika und Afrika bemühten sich um die Einbeziehung Asiens in einen anti-europäischen Pakt, hatten aber diesbezüglich die Rechnung ohne die Deutschen gemacht. Eine konzertierte Aktion aus Politik, Wirtschaft und DFB („Deutschland AG") sorgte dafür, dass Asien zum mächtigsten außereuropäischen Verbündeten der Deutschen wurde.

Blatter für Südafrika

Dennoch wurde es in der Abstimmung eng. Bei 24 Wahlmännern benötigte der Sieger 13 Stimmen. Europa besaß neun Stimmen, darunter die von Blatter, der Südafrika befürwortete. Afrika und Asien verfügten jeweils über vier Stimmen, Nord- und Mittelamerika sowie Südamerika über jeweils drei, Ozeanien über eine. Afrika und die amerikanischen Verbände stimmten geschlossen für Südafrika, ebenso Blatter. Diesen elf Stimmen standen acht europäische und vier asiatische gegenüber. Den Ausschlag gab letztlich das Verhalten des ozeanischen Delegierten. Der Neuseeländer Charles J. Dempsey votierte im dritten und entscheidenden Wahlgang nicht, wie erwartet, für Südafrika, sondern enthielt sich der Stimme. Nach dem Votum kam es zu diplomatischen Verstimmungen zwischen Neuseeland und Südafrika. Die neuseeländische Regierung entschuldigte sich sogar offiziell, weil das von Regierungschefin Helen Clark (!) gegebene Wahlversprechen für Südafrika nicht eingelöst worden war.

FIFA-Boss Blatter gab sich tief enttäuscht: „Wir haben es versäumt, eine neue Seite der Sportgeschichte aufzuschlagen. Wo bleibt die Solidarität, eine gewisse Gerechtigkeit?" Bei seiner ersten Wahl zum FIFA-Präsidenten 1998 hatte sich Blatter die Unterstützung der afrikanischen Wahlmänner mit dem Versprechen gesichert, Südafrika mit der Ausrichtung des Turniers 2006 zu beauftragen. Als Konsequenz aus dem Gefeilsche schlug der FIFA-Boss nun vor, die WM künftig durch die Einführung des Rotationsprinzips nur alle 16 Jahre auf dem gleichen Kontinent auszutragen.

Deutschland wurde nach Italien (1934 und 1990), Mexiko (1970 und 1986) und Frankreich (1938 und 1998) das vierte Land, in dem das Turnier ein zweites Mal aus-

FIFA-Boss Blatter, hier zusammen mit Nelson Mandela, war bei den Südafrikanern im Wort. Sein Versprechen für das WM-Turnier 2006 konnte er aber nicht einlösen.

gerichtet wurde. Trotz der hohen Zahl der FIFA-Mitglieder blieb der Kreis der einigermaßen aussichtsreichen Kandidaten äußerst beschränkt. Dies lag schon an den infrastrukturellen Herausforderungen, die ein Turnier mit mittlerweile 32 Teilnehmern bedeutete. Unter diesem Aspekt konnte wohl auch Blatter mit der Entscheidung für Deutschland bestens leben. Denn in Sachen Infrastruktur hätte Südafrika mit Deutschland bis 2006 nicht annähernd gleichziehen können. Die Arbeitsbedingungen für die so wichtigen Medien waren in Deutschland weitaus besser als in Südafrika. Und auch die FIFA-Sponsoren bevorzugten eher ein Land, das im Herzen des weltweit zweitgrößten Konsumenten-Marktes lag.

Die Qualifikation in Europa

198 Länder waren für die WM 2006 gemeldet, 197 von ihnen mussten in über 900 Qualifikationsspielen um 31 Endrundenplätze kämpfen. Erstmals war allein der Gastgeber qualifiziert, während der amtierende Weltmeister das übliche Qualifikationsverfahren durchlaufen musste. Die Auslosung der Qualifikationsgruppen am 5. Dezember 2003 in Frankfurt wurde als TV-Event inszeniert und in über 100 Länder übertragen.

Beim Startschuss der Spiele waren von den 205 FIFA-Mitgliedern neben Gastgeber Deutschland nur die fünf asiatischen Mitglieder Kambodscha, Philippinen, Bhutan, Brunei Darussalem und Myanmar (ausgeschlossen) sowie Dschibuti (Afrika) und Puerto Rico (Mittelamerika) nicht dabei. Später sollten noch die Zentralafrikanische Republik, Nepal und Guam den Rückzug antreten. Länder, die sich nicht für die WM angemeldet hatten, bildeten also inzwischen schiere Ausnahmen. Und Staaten ohne FIFA-Mitgliedschaft existierten kaum. Im September 2005 durfte die FIFA mit den Komoren und Osttimor die Mitgliedsländer Nr. 206 und 207 bekannt geben. Matthias Klappenbach im *Tagesspiegel:* „Fußball ist das Tor zur Welt, durch das immer mehr Nationen wollen."

Europa standen für die WM-Endrunde 14 Startplätze zur Verfügung. Da einer für den Gastgeber reserviert war, rangen in acht Qualifikationsgruppen 51 Teams um 13 Plätze. Die Sieger der acht Qualifikationsgruppen und die zwei besten Zweitplatzierten waren direkt qualifiziert, die verbleibenden drei Plätze spielten die übrigen Gruppenzweiten in Play Offs aus.

In der Gruppe 1 hieß der souveräne Sieger Niederlande. Mit 32 Punkten wiesen die Oranjes am Ende auch das beste Punktekonto aller europäischen Teilnehmer auf. Trainer des zweifachen Vize-Weltmeister war der ehemalige Weltklassestürmer Marco van Basten. Geradlinig führte er ein junges Team, das sich, anders als bei den WM-Turnieren zuvor, größtenteils aus Spielern der niederländischen Liga rekrutierte und einmal mehr die ausgezeichnete Nachwuchsarbeit des Landes demonstrierte. Van Basten baute die KNVB-

Gruppe 1: Niederlande

Ruud van Nistelrooy zählt zu den wenigen Altstars in den Reihen der Niederländer. Hier setzt er sich beim 4:0-Sieg im WM-Qualifikationsspiel gegen Finnland durch.

Auswahl radikal um. Altgediente Legionäre und Primadonnen wie Seedorf, Kluivert, Hasselbaink, Zenden und Davids blieben unberücksichtigt oder verloren den Anschluss. Die einzigen Weltstars im Team waren die für Manchester United kickenden Routiniers Edwin van der Sar und Ruud van Nistelrooy sowie der junge Stürmer Arjen Robben, der ebenfalls in der Premier League – beim FC Chelsea – unter Vertrag stand.

Bei den WM-Turnieren der 1990er Jahre wurden die fußballerischen Fähigkeiten der Niederländer wiederholt durch Zwistigkeiten zwischen Team und Trainer oder innerhalb des Teams beeinträchtigt. Häufig gab es Querelen zwischen weißen und farbigen Akteuren. Van Basten, als Spieler 1990 dabei, hatte daraus seine Konsequenzen gezogen. Der Novize legte großen Wert auf Teambuilding und stellte das Kollektiv in den Vordergrund.

Obwohl unverändert der Tradition des Offensivgeistes verpflichtet, betrieb van Basten die Abkehr von der „reinen Cruyff'schen Lehre", die nach dem WM-Finale 1974 in der Aussage gegipfelt hatte: „Die Menschen auf der ganzen Welt werden uns in bester Erinnerung behalten. Vielleicht ist dies wichtiger als der Sieg." Van Basten siedelte seine Philosophie in der Mitte zwischen „schönem und spektakulärem" und „ergebnisorientiertem" Fußball. Der neue Bondscoach, der zuvor lediglich die Jugend von Ajax Amsterdam trainiert hatte, bereicherte die niederländische Fußballphilosophie um Erkenntnisse, die er als Spieler des AC Milan in der italienischen Serie A unter den Trainern Sacchi und Capello gewonnen hatte. Das viele Jahre unumstößliche Dogma des 4-3-3-Systems wich taktischer Flexibilität, die sich auch schon mal in einem lupenreinen 4-4-2 äußern konnte.

Zweiter in der Gruppe 1 wurde EM-Halbfinalist Tschechien mit dem charismatischen Trainer Karel Brückner und Spielmacher Tomas Rosicky von Borussia Dortmund. Weltstar Pavel Nedved von Juventus Turin, Europas Fußballer des Jahres 2003, war zunächst nicht dabei, sondern dachte aufgrund langwieriger Verletzungen sogar über ein Karriereende nach.

Als erstes europäisches Land überhaupt konnte sich in der Gruppe 2 die Ukraine qualifizieren – was zwischen Lwiw und Donetzk von Hunderttausenden auf den Straßen gefeiert wurde. Im Vorfeld der WM-Turniere 1998 und 2002 war das seit 1992 unabhängige Land jeweils in den Play Offs gescheitert. Dabei hatte der Fußball im zweitgrößten Flächenstaat Europas mit allerlei Widrigkeiten zu kämpfen. Klubs wie Dynamo Kiew wurden nach dem Auseinanderbrechen der UdSSR in der schwachen heimischen Liga kaum gefordert. Und so mancher Spieler entschied sich aus Karrieregründen für die Nationalmannschaft Russlands, die – im Gegensatz zu den anderen Nachfolgerepubliken des auseinandergebrochenen sowjetischen Staates – bereits an der Qualifikation für die WM 1994 teilnehmen durfte. So u.a. Oleg Salenko, der beim Turnier in den USA Torschützenkönig wurde. Ukraines Coach Oleg Blochin, Star des sowjetischen Teams, das 1988 Vize-Europameister wurde, setzte vor allem auf Geschlossenheit, Teamgeist und taktische Disziplin.

Gruppe 2: Ukraine

In der Gruppe 3 machte Portugal das Rennen vor der Slowakei. Seit Januar 2003 wurden die Portugiesen von einem amtierenden Weltmeister trainiert: Felipe Scolari, der Brasilien 2002 zur „Penta", dem fünften WM-Titel geführt hatte. Bei der EM 2004 musste der Brasilianer mit Gastgeber Portugal erst im Finale die Segel streichen. Bei diesem Turnier war der Stern des für Manchester United kickenden Wunderkindes Cristiano Ronaldo aufgegangen. Weitere Leistungsträger im portugiesischen Team waren neben „Alt-Star" Luis Figo noch Regisseur Deco, ein für den FC Barcelona kickender „nationalisierter" Brasilianer, sowie Torjäger Pauleta von Paris St. Germain. Mit 35 Toren war Portugal das torhungrigste Team der europäischen Qualifikation. Pauleta wurde mit elf Treffern erfolgreichster Torschütze der Europa-Qualifikation und überflügelte in der „ewigen Torschützenliste" des portugiesischen Nationalteams die Legende Eusebio.

Gruppe 3: Portugal

Von den europäischen Führungsmächten schien Frankreich mit der Gruppe 4 das leichteste Los gezogen haben. Nach der für die Franzosen enttäuschenden EM hatten Zidane und andere Größen ihren „unwider-

Gruppe 4: Frankreich

ruflichen" Rücktritt aus der *Équipe Tricolore* erkärt. Das neue Team begann holperig, und zunächst sprach einiges für ein Scheitern Frankreichs; Trainer Raymond Domenech war in der Öffentlichkeit bald umstritten. Begleitet von einer Kampagne der Medien, kehrte zum Schlussspurt Zinedine Zidane in das Team zurück, ebenso seine einstigen Mitspieler Claude Makelele und Lilian Thuram. Um die Qualifikation nicht zu gefährden, wurde der von Domenech mit jungen Leuten eingeleitete Umbruchprozess gestoppt. Es war auch nicht der Trainer, sondern Patrick Viera, der die bewährten Kämpen zum Comeback überredet hatte. Domenech befehligte nun ein Team, das nicht mehr das seine war.

Mit der Rückkehr der Alten gelang dann doch noch die Qualifikation. Im wichtigen Auswärtsspiel gegen die Republik Irland in Dublin gewann Frankreich mit 1:0. Am Ende wurde die *Équipe Tricolore* mit 20 Punkten Gruppensieger, der niedrigsten Punktzahl aller europäischen Direktqualifikanten. 14 Tore in zehn Spielen waren ebenfalls Minusrekord.

Aufgrund ihrer Ausgeglichenheit geriet die Gruppe 4 zur „Todesgruppe". Von den zwölf Begegnungen, in denen sich die vier Favoriten Frankreich, Schweiz, Israel und Republik Irland gegenüberstanden, endeten elf mit einem Remis. Zweiter wurde schließlich die Schweiz, die seit einigen Jahren einen bemerkenswerten Aufschwung erlebte – im Nationalmannschafts- wie im Vereinsfußball, wo sich der FC Basel und der FC Thun für die Champions League qualifizieren konnten.

Schweiz

Die Grundlagen für diese Entwicklung wurden Mitte der 1990er Jahre gelegt, unter Führung des nationalen Verbandes (SFV), der in den Klubs eine professionelle Nachwuchsarbeit verankerte. 2002 gewann die U-17 der Schweiz die Europameisterschaft. Hinzu kam der Einfluss der „Secondos", wie die Kinder der Immigranten bezeichnet wurden, die in den Nachwuchs-Nationalmannschaften mittlerweile die Hälfte der Kicker stellten und auch in die erste Auswahl, die *Nati*, drängten. Mit den sehr leistungsorientierten „Secondos", die aus Ländern kamen, in denen der Fußball einen höheren Stellenwert besaß als in der Schweiz, zog eine andere Mentalität ein.

Gruppe 5: Italien

Bei der EM 2004 war Italien bereits in der Vorrunde ausgeschieden, allerdings ungeschlagen. Der enttäuschende Turnierverlauf bedeutete das Ende der Ära Giovanni Trapattoni. Nun übernahm Marcello Lippi die Azzurri. Vom 29. Trainer in der Geschichte der Nationalmannschaft erhofften sich Verband und Fans eine Renaissance des italienischen „Calcio". Die *Gazzetta dello Sport* schrieb: „Nach den Enttäuschungen von 2002 und 2004 muss Marcello Lippi die Nationalmannschaft neu gründen." Lippi baute kräftig um, unter den in der Qualifikation eingesetzten Spielern befanden sich elf Debütanten, darunter „Namenlose" von Provinzklubs. Gespielt wurde ein funktionales 4-3-1-2-System. Die *Squadra Azzurra* beendete die Qualifikation als souveräner Gruppensieger, und nach einem 2:1-Sieg über den Gruppenzweiten Norwegen schrieb Dirk Schümer in der

Frankfurter Allgemeinen Zeitung: „Mit ungewohnter Freude am Risiko legte die verjüngte italienische Mannschaft mit zuweilen sieben Spielern den Vorwärtsgang ein. (...) Bei der ebenso leicht vergötterten wie verdammten Nationalmannschaft kann ihm (Lippi) die Revolution vielleicht abermals gelingen."

Gruppe 6: England

In der Gruppe 6 befand sich England auf sicherem Qualifikationskurs, da ereilte das „Mutterland" beim achten Auftritt im Belfaster Windsor Park eine ebenso überraschende wie historische 0:1-Niederlage gegen eine hart und engagiert kickende nordirische Elf, die zu diesem Zeitpunkt in der FIFA-Rangliste Platz 116 bekleidete – 99 Ränge hinter England. Für die Engländer war es die erste Niederlage in Belfast – die *Sun* sprach anschließend von „Hellfast" – seit 1927, und seit 25 Jahren hatte Nordirland gegen die Führungsmacht des Vereinigten Königreichs kein Tor mehr erzielen können. Für Trainer Sven-Göran Eriksson war es die erste Niederlage im 22. Qualifikationsspiel als Chef der *Three Lions*.

David Beckham sah als erster Kapitän der *Three Lions* die rote Karte.

Dank eines mühseligen 1:0-Sieges über Österreich und eines überzeugenden 2:1-Sieges über den Hauptwidersacher Polen, an dem man auf dem Weg zur WM 1974 spektakulär gescheitert war, gelang dann aber doch noch die direkte Qualifikation. Im Spiel gegen die Österreicher wurde David Beckham als erster Kapitän in der 133-jährigen Länderspielgeschichte des Platzes verwiesen.

Polen mit seinen beiden gefährlichen Angreifern Zurawski und Frankowski sowie den Bundesliga-Legionären Jacek Kryznowek und „Ebi" Smolarek qualifizierte sich als einer der beiden besten Zweitplatzierten direkt. Das torhungrige Team beeindruckte mit seinem Vorwärtsdrang.

Gruppe 7: Serbien-Montenegro

In der Gruppe 7 gewann Serbien-Montenegro. Im letzten Spiel der Gruppe kam es in Belgrad zum Duell mit Bosnien-Herzegowina, das zu diesem Zeitpunkt auch noch Chancen auf die WM-Qualifikation besaß. Das Ende des jugoslawischen Krieges war erst sechs Jahre her, und in Sarajewo waren die Serben mit einem Transparent begrüßt worden: „Wir haben 250.000 Gründe, um euch zu hassen." Das Rückspiel verlief erstaunlich fair und friedlich. Der Gastgeber gewann mit 1:0. Das Team von Trainer Ilija Petkovic kassierte in den zehn Qualifikationsspielen nur ein Tor. Statistisch besehen reiste Serbien-Montenegro mit der besten Abwehr aller 32 Teilnehmer zur WM-Endrunde.

Zweiter wurde Spanien, das damit zum dritten Mal in Folge in die Relegation musste. Die Iberer hatten lange Zeit große Mühe und konnten in den ersten acht Spielen nur 14 Punkte holen.

Gruppe 8: Kroatien

In der Gruppe 8 lieferten sich Schweden und Kroatien ein Kopf-an-Kopf-Rennen um Platz 1, bei dem der Rest – u.a. Ungarn und Bulgarien – nur die Rolle des Zuschauers spielte. Im direkten Duell setzten sich die Kroaten zweimal mit 1:0 durch und konnten sich so zum dritten Mal in Folge für die Endrunde qualifizieren. Die WM-Qualifikation rief noch einmal die Qualität des Fußballs im ehemaligen Jugoslawien in Erinnerung, das schon in den 1960ern die Ligen anderer europäischer Länder – namentlich die deutsche Bundesliga – mit Spielern versorgt hatte. Mit Serbien-Montenegro und Kroatien konnten sich gleich zwei Nachfolgestaaten des ehemaligen Vielvölkerstaats für Deutschland qualifizieren, und Slowenien und Bosnien-Herzegowina hinterließen in der Qualifikation ebenfalls einen ordentlichen Eindruck.

Schweden

Die Schweden mussten nicht trauern: Als einer der beiden besten Gruppenzweiten war das Team mit den drei internationalen Klassestürmern Henrik Larsson (FC Barcelona), Zlatan Ibrahimovic (Juventus Turin) und Fredrik Ljungberg (Arsenal London) ebenfalls direkt qualifiziert, und dies bereits zum zehnten Male, womit die Schweden ihre Position als skandinavischer Rekord-WM-Teilnehmer ausbauen konnten.

Die Relegation: Prügelei in Istanbul

Mit Serbien-Montenegro, Kroatien, der Ukraine und Tschechien konnten sich vier Staaten für die Endrunde qualifizieren, die zum Zeitpunkt der WM 1990 noch gar nicht existierten. Dänemarks Trainer Morten Olsen, der sich in seiner Gruppe gleich mit drei Nachfolgestaaten der ehemaligen Sowjetunion herumschlagen musste, meinte zum Aufstieg der „Neuen", das Auseinanderbrechen der Sowjetunion und Jugoslawiens sowie das Verschwinden der Mauer habe für die westlichen Länderteams einen ähnlichen Effekt gezeigt wie das Bosman-Urteil für die Klubs: „Es gibt viel mehr Länder, und es gibt kaum noch einfache Spiele." Die neu entstandenen Nationen hätten ihre anfänglichen infrastrukturellen Probleme rasch überwunden, außerdem seien viele gute Einzelspieler in die großen Profiligen Westeuropas und Südeuropas gewechselt, was die Schlagkraft ihrer Nationalmannschaften erhöht habe.

Mit der Slowakei stand ein weiterer dieser Staaten in den Relegationsspielen, wo er auf Spanien traf. Außerdem trafen in der Relegation die Schweiz und die Türkei sowie Norwegen und Tschechien aufeinander.

Bei den eidgenössischen Auftritten gegen die Türkei fehlten mit den türkischstämmigen Brüdern Murat und Hakan Yakin zwei Führungskräfte auf eigenen Wunsch: „Das Spiel hat für die Türkei eine riesengroße Bedeutung. Deshalb ist es einfach besser, wenn wir nicht spielen." Trotzdem gewann die Schweiz die erste Begegnung im Berner Stade de Suisse, das den Platz des legendären Wankdorfstadions eingenommen hatte, souverän mit 2:0. Der türkische Trainer Fatih Terim legte über die schwache Vorstellung seines Teams den Mantel des Schweigens. Stattdessen wurden Verschwörungstheorien strapaziert, die die Stimmung vor dem Rückspiel in Istanbul anheizten.

Jubel in der Schweiz: Die Fahrkarte nach Deutschland ist gelöst.

Nicht zum ersten Mal versuchten die Türken ihren Gegner durch Einschüchterung und Gewalt zu schwächen. Bereits auf dem Flughafen wurden die Gäste von den kontrollierenden Beamten wie Kriminelle behandelt. Auf dem Spielfeld gingen die Eidgenossen zwar bereits in der 2. Minute durch Torjäger Alexander Frei in Führung, doch 50 Minuten später stand es nach Treffern von Tuncay (2) und Necati 3:1 für die Türken, und die Schweizer mussten zittern. In der 84. Minute erlöste Marco Streller die Gäste mit seinem Tor zum 2:3, den Türken gelang eine Minute vor Ablauf der regulären Spielzeit erneut durch Tuncay noch das 4:2, doch aufgrund der auswärts erzielten Tore war die Schweiz qualifiziert. Nach dem Abpfiff wurden die Schweizer Spieler von ihren türkischen „Kollegen" und Sicherheitsleuten tätlich angegriffen. Die FIFA erließ ein hartes Urteil: Ihre nächsten sechs Heimpunktspiele hatte die Türkei unter Ausschluss der Öffentlichkeit und auf neutralem Boden auszutragen. Der Spielort musste ein Mitgliedsland der UEFA sein und mindestens 500 km von der türkischen Grenze entfernt liegen.

Spanien machte bereits im Hinspiel alles klar. Im hässlichen Stadion Vicente Calderón von Atlético Madrid, wohin man gezogen war, weil die Nationalmannschaft dort noch nie verloren hatte, wurden die Slowaken mit 5:1 abgefertigt.

Bei den Tschechen kehrte pünktlich zu den Relegationsspielen Pavel Nedved nach 492 Tagen ins Nationalteam zurück. Im Osloer Ullevaal-Stadion führte der Star geschickt Regie und bereitete auch den Siegtreffer zum 1:0 durch Smicer vor. Das Rückspiel gewannen die Tschechen mit dem gleichen Ergebnis.

Südamerika: Argentinien vor Brasilien

In Südamerika, wo zehn Teams um vier bis fünf Plätze stritten, gelang **Argentinien** mit einem 3:1-Sieg über Weltmeister Brasilien als erstem Teilnehmer die Qualifikation. Im Monumental-Stadion von Buenos Aires verzückte Argentinien die 65.000 Zuschauer mit Traumfußball. In beiden Formationen stand beim Anpfiff nur jeweils ein Spieler, der in der heimischen Liga kickte. Mit dem Sieg gegen die *Selecao* untermauerte die *Albiceleste* ihren Ruf als Anwärter auf den WM-Titel.

Der Architekt des argentinischen Teams hieß José Pekerman und war mit der U-20-Auswahl seines Landes 1995, 1997 und 2001 Weltmeister geworden. Die Titel wurden nicht mit der berüchtigten argentinischen Härte erkämpft, vielmehr gewannen Pekermans Nachwuchskicker stets auch noch den Fairness-Pokal. Als Trainer der A-Nationalelf setzte Pekerman nicht auf große Namen. Einige etablierte Stars wie Juan Sebastian Veron wurden von ihm völlig ignoriert. Die WM-Qualifikation betrieb der ehemalige Gelegenheitsarbeiter und Taxifahrer mit ständig wechselndem Personal und dem jüngsten Kader in der Geschichte der argentinischen Nationalelf.

José Pekermann gilt als Vater des jungen argentinischen Teams.

Brasilien wurde wieder einmal von Carlos Alberto Parreira trainiert, der seit seinem Amtsantritt im Januar 2003 die „behutsame Erneuerung" der *Selecao* betrieb. Das von Scolari favorisierte 3-5-2-System wurde durch ein höchst effektives 4-4-2 mit Mittelfeld-Quadrat ersetzt. Das Team war eine Mischung aus „Altstars" wie Carlos Alberto, dem Rekordnationalspieler und Kapitän Cafú, dem Rückkehrer Emerson sowie dem dreimaligen Weltfußballer Ronaldo. Hinzu kamen die „Jungstars" mit dem amtierenden Weltfußballer Ronaldinho, Adriano sowie dem jüngsten Stern am brasilianischen Fußballhimmel, Robinho.

Dritter der Südamerika-Qualifikation wurde **Ecuador,** das allerdings 23 seiner 28 Punkte in der Höhenluft des 2.850 Meter über dem Meer gelegenen Quito erobert hatte – darunter auch ein historischer 1:0-Sieg über Brasilien. Eine Reihe von Akteuren, darunter der Nationalheld Augustin Delgado, 2002 Schütze des ersten ecuadorianischen WM-Tores, entstammte dem Vale del Chota, einem im Norden des Landes gelegenen wüstenähnlichen Tal mit acht Dörfern. Das Vale del Chota gehörte zu den hauptsächlichen Siedlungsgebieten der Afro-Ecuadorianer und ärmsten Regionen des südamerikanischen Staates. Die Menschen vegetierten in heruntergekommenen Häusern und ohne fließend Wasser. Laut dem sozial engagierten Delgado besaßen die Kinder und Jugendlichen im Vale del Chota „keine andere Chance als den Fußball", der auf steinharten und staubigen Plätzen gespielt wurde, was sowohl Technik wie Härte förderte.

Den vierten südamerikanischen Platz sicherte sich **Paraguay** mit dem in der Bundesliga kickenden Stürmerduo Roque Santa Cruz (Bayern München) und Nelson Valdez (Werder Bremen). Damit hatten sich die gleichen Länder wie 2002 direkt qualifiziert. Auch über Platz fünf gab es nichts Neues zu berichten: Ihn belegte Uruguay, das sich nun in zwei Play-Off-Spiele mit dem Ozeanien-Sieger begeben musste. Und dieser hieß – ebenfalls wie 2002 – Australien.

Nord- und Mittelamerika: Sensation in der Karibik

In Nord- und Mittelamerika bewarben sich 34 Teams um drei bis vier Plätze. Als erstes Land lösten die **USA**, die 2005 den CONCACAF-Gold-Cup gewonnen hatten, nach sieben von zehn Spielen die WM-Fahrkarte, durch einen 2:0-Sieg über den Erzrivalen und ärgsten Widersacher **Mexiko**.

Die Mexikaner warteten nun schon seit 33 Jahren auf einen Sieg beim großen nördlichen Nachbarn in der WM-Qualifikation, konnten aber dennoch problemlos den Flug nach Deutschland buchen. Der 3. Platz ging an **Costa Rica**, das einen brasilianisch angehauchten Fußball spielte – erfolgreich allerdings meist nur daheim auf dem Kunstrasen des Saprissa-Stadions. Im Kampf um Platz vier, der zu Play Offs gegen einen Asien-Vertreter berechtigte, konnte sich überraschend **Trinidad&Tobago** gegen Guatemala durchsetzen. Und der Karibikstaat setzte noch einen drauf: Im Hinspiel der beiden Relegationsspiele gegen den Asien-Vertreter Bahrain musste man sich zwar im heimischen Port of Spain zunächst mit einem 1:1-Remis begnügen, doch das Rückspiel gewann Trinidad&Tobago glücklich mit 1:0. Auf Trinidad&Tobago herrschte anschließend Ausnahmezustand. Verantwortlich für die Sensation war nicht zuletzt der erfahrene niederländische Trainer Leo Beenhakker, der das Team erst im April 2005 übernommen hatte. Trinidad&Tobago war nach Kuba (1938), Haiti (1974) und Jamaika (1998) das vierte Karibik-Land, das an einer WM-Endrunde teilnehmen durfte.

Afrika: Machtwechsel

In Afrika kämpften 51 Teams um fünf Plätze. Die Qualifikation endete mit einem regionalen Machtwechsel. Mit den westafrikanischen Ländern Togo, Ghana und Elfenbeinküste sowie dem südafrikanischen Angola schickte der Kontinent gleich vier WM-Neulinge nach Deutschland. Keines der vier Länder konnte sich für den Africa Cup 2004 qualifizieren, keines von ihnen befand sich unter den ersten Acht der aktuellen Afrika-Rangliste. Von den Etablierten gelang nur dem amtierenden Afrika-Meister Tunesien die Qualifikation, während Kamerun – seit 1986 WM-Stammgast –, Nigeria, Senegal, Marokko und Südafrika scheiterten.

In der Gruppe 1 ließ **Togo** mit Senegal die Überraschungsmannschaft der WM 2002 hinter sich, nicht zuletzt dank Torjäger Emmanuel Adebayor. Der Stürmer von Arsenal London markierte die Hälfte der 20 Tore seines Teams. Nach dem letzten Qualifikationsspiel erklärte Präsident Faure Gnassingbe den folgenden Montag zum nationalen Feiertag.

In der Gruppe 2 sorgte **Ghana** für eine längst überfällige Korrektur. Das englischsprachige westafrikanische Land zählte viele Jahre zu den führenden Fußballnationen des Kontinents. 1963, 1965, 1978 und 1982 hatte Ghana den African Cup of Nations gewonnen, 1992 war man der Elfenbeinküste im Finale erst nach Elfmeterschießen unterlegen gewesen. 1991 und 1995 war Ghana U17-Weltmeister geworden, von den Olympischen Spielen 1992 kehrten die Afrikaner mit der Bronzemedaille zurück. Das Land hatte den europäischen Fußball mit so exzellenten Kickern wie Abedi Pélé, Anthony Yeboah, Opoku Nti, Abdul Razak und Charles Akonor beglückt, aber in der WM-Qualifikation war man stets gescheitert. 2005 war es nun endlich so weit. Die Stars des Teams waren Michael Essien (FC Chelsea), Kapitän Stephen Appiah (Fenerbahce Istanbul) sowie der als Supertalent gehandelte Sulley Muntari (Udinese Calcio). Die Kicker von der „Goldküste", auch „Brasilianer Afrikas" genannt, ließen u.a. Südafrika hinter sich. In beiden Aufeinandertreffen hatte Ghana über *Bafana, Bafana* mit 2:0 (in Johannesburg) und 3:0 (in Accra) die Oberhand behalten.

In der Gruppe 3 lieferte sich die seit 2002 durch einen Bürgerkrieg gespaltene **Elfenbeinküste** ein dramatisches Rennen mit Kamerun. Am vorletzten Spieltag empfingen die vom Franzosen Henry Michel trainierten „Elefanten", wegen ihrer offensiven Spielweise und orangefarbenen Trikots auch „die Holländer Afrikas" genannt, die „unbezähmbaren Löwen" aus Kamerun. Der größte der „Elefanten" war Didier Drogba. Der Stürmer verdiente sein Geld beim Londoner Nobelklub Chelsea FC. Dessen russischen Mäzen Abramowitsch war die Verpflichtung Drogbas von Olympique Marseille 37 Mio. Euro wert gewesen. Eine Reihe von „Elefanten" entstammte der Fußballakademie des Hauptstadtklubs ASEC Abidjan, eine der wenigen Nachwuchseinrichtungen auf dem schwarzen Kontinent. 1999 hatte der ASEC mit einer sehr jungen Mannschaft – einige Spieler hatten noch nicht das 18. Lebensjahr erreicht – überraschend den afrikanischen Supercup gewonnen.

„Fußball kann Frieden bringen"

Die Nationalelf firmierte als Symbol für Toleranz. Didier Drogba: „Die Mannschaft ist so, wie die Elfenbeinküste einmal war und sein sollte. Bei uns spielen die verschiedenen Volksgruppen problemlos zusammen."

In der Gruppe 4 verwies **Angola** die etablierte kontinentale Fußballmacht Nigeria auf Platz zwei. Eine Reihe von Spielern der Palanca Negras (=schwarze Antilopen) waren Profis aus der ehemaligen Kolonialmacht Portugal, die auf eine angolanische Herkunft verweisen konnten. Andere verdienten ihr Geld in Frankreich, Ägypten oder Katar, einige sogar bei heimischen Vereinen. Dank der Ölvorkommen und Bodenschätze war der heimische Vereinsfußball für afrikanische Verhältnisse finanziell gut ausgestattet.

In der Gruppe 5 lieferten sich die alten nordafrikanischen Rivalen **Tunesien** und Marokko bis zuletzt ein dramatisches Rennen. Am letzten Spieltag genügte den Tunesiern daheim ein 2:2 gegen die Marokkaner, um sich mit einem Punkt Vorsprung die dritte WM-Teilnahme in Folge zu sichern. Trainiert wurden die „Adler von Karthago" vom Franzosen Roger Lemerre, der vier Jahre zuvor mit der *Équipe Tricolore* in der Vorrunde kläglich gescheitert war.

Viele Jahre wurden die afrikanischen Teams von „weißen Entwicklungshelfern" aus Europa trainiert. Im Vorfeld der WM 2006

Mit 0:3 unterlag WM-Neuling Elfenbeinküste (hier mit Mittelfeldakteur Gilles Yapi-Yapo, hinten) in einem Testspiel gegen Frankreich – vielleicht auch deshalb, weil dessen Star Zidane in diesem Spiel sein Comeback als Nationalspieler feierte.

stellte sich scheinbar ein neuer Trend ein. Angola wie Togo gelang die Qualifikation mit einem einheimischen Übungsleiter. Angolas Coach Lluis Oliveira Concalves: „Afrikanische Trainer kommen mit der Mentalität der afrikanischen Spieler natürlich besser zurecht als ausländische Trainer. Das ist eine grundlegende Tatsache."

Togos Funktionäre waren hiervon allerdings nicht überzeugt: Nach einem enttäuschenden Abschneiden bei der Afrikameisterschaft wurde Keshi zu Beginn des WM-Jahres geschasst und durch den 68-jährigen Deutschen Otto Pfister ersetzt, der 1991 Ghana zur U17-Weltmeisterschaft geführt hatte. So kam Pfister, der sich 1998 mit Saudi-Arabien für die Endrunde qualifiziert hatte, vor deren Beginn aber wegen Differenzen mit den Verbandsoberen entlassen und von Carlos Alberto Parreira abgelöst wurde, doch noch zu seiner WM-Premiere.

Ozeanien: Australien im Aufwind

In Ozeanien, wo zwölf Teams um ein Qualifikationsspiel gegen den Südamerika-Fünften rangen, setzte sich erwartungsgemäß Australien durch.

Die australischen *Socceroos* wurden nach dem Confederations Cup vom niederländischen Erfolgscoach Guus Hiddink übernommen, hauptamtlich für den PSV Eindhoven tätig. Vor der Relegation gegen Uruguay hatten die frustrierten Australier den Antrag gestellt, ihre WM-Qualifikationsspiele künftig im asiatischen Kontinentalverband bestreiten zu dürfen. Denn bisher hatte man in den Relegationsspielen gegen Vertreter anderer Kontinente regelmäßig den Kürzeren gezogen: 1985 scheiterte man an Schottland, 1993 an Argentinien, 1997 am Iran und 2001 an Uruguay. Gleichzeitig fehlten in der eigenen Region ernsthafte Konkurrenten. Die *Socceroos* gewannen ihre Qualifikationsspiele häufiger zweistellig, lediglich gegen Neuseeland war es manchmal etwas anstrengender. Der Mangel an Wettkampfpraxis auf höherem Niveau machte sich dann in den Relegationsspielen gegen Europäer, Südamerikaner und Asiaten negativ bemerkbar.

Die FIFA gab dem Ansinnen statt. Und ausgerechnet beim letzten Anlauf behielt Australien erstmals die Oberhand. In Montevideo gewann Uruguay zunächst durch ein Tor des Bundesliga-Legionärs Dario Rodriguez von Schalke 04 mit 1:0. Beim Rückspiel egalisierten die *Socceroos* durch ein Tor von Marco Bresciano vom FC Parma. Sein 1:0 hatte auch nach Verlängerung Bestand, doch im Elfmeterschießen waren die Gastgeber dank ihres deutschstämmigen Keepers Mark Schwarzer vom FC Middlesborough erfolgreicher.

Der australische Zuschauersport Nr. 1 war zwar nach wie vor Australian Rules Football („Aussie Rules"), schneller als Rugby, härter als American Football und mit dem irischen Gaelic Football vergleichbar; es folgten auf der Beliebtheitsskala

---

◆ Krieg der Klamotten

Adidas kontra Nike hieß es auch bei dieser WM wieder. Bei den Fußball-Utensilien war der mit der FIFA verbandelte Adidas-Konzern mit mehr als 900 Mio. Euro Jahresumsatz Spitze. Auch stellte Adidas erneut den Spielball, „Teamgeist" getauft. Nach eigenen Angaben kontrollierte das Unternehmen aus dem fränkischen Herzogenaurach im WM-Jahr 35 % des globalen Fußballgeschäfts, Nike wurden 25 % eingeräumt. Doch in der Qualifikation waren eine Reihe von Adidas-Teams gescheitert, sodass nur sechs der Endrundenteilnehmer mit den drei Streifen aufliefen: Die prominentesten waren Argentinien, Frankreich und der Gastgeber. Außerdem rüstete der Turnier-Sponsor Adidas die Schiedsrichter, Offiziellen und Balljungen aus. Nike kam auf acht Teilnehmer, darunter das Flaggschiff Brasilien, das sich der US-Konzern jährlich 40 Mio. Euro kosten ließ, sowie Portugal. Die meisten Teams bekleidete allerdings die Nummer drei unter den weltweit größten Sportartiklern: Zwölf der 32 Nationen kickten in Puma-Klamotten, darunter sämtliche fünf afrikanischen Vertreter. Prominentestes Puma-Team war Italien.

noch Rugby und Cricket. Doch in den vergangenen Jahrzehnten hatte Fußball mit der Zunahme der nicht-britischen Einwanderung – vornehmlich aus dem südeuropäischen Raum – eine Popularisierung und Qualitätsverbesserung erfahren. Die Spieler, die Australien die Fahrkarte nach Deutschland sicherten, waren die Nachkommen von Immigranten, die in den 1950ern und 1960ern ins Land gekommen waren.

Elf der 23 Spieler des WM-Kaders kickten für englische Profivereine. Zwei spielten noch in der heimischen Profiliga, die nach ihrer Neugründung im Jahr 2005 aus sieben australischen und einem neuseeländischen Verein bestand, im Schnitt immerhin ca. 10.000 Zuschauer mobilisierte und deren Klubs mittlerweile ihre ethnischen Nischen verlassen hatten.

Mit Mark Schwarzer und Co. jubelten nicht nur 83.000 Zuschauer im Olympiastadion von Sydney, sondern ein komplettes Land, das die öffentlichen Plätze in ein einziges gelb-grünes Fahnenmeer verwandelte. Ozeanien war damit erstmals seit 1982 (Neuseeland) wieder beim WM-Turnier vertreten. Für Australien war es die zweite Teilnahme seit 1974, als das Austragungsland ebenfalls Deutschland hieß. Und für Guus Hiddink, den Vater des Erfolgs, bedeutete Australiens Qualifikation die dritte WM-Teilnahme in Folge – wieder mit einem neuen Land. 1998 und 2002 war Hiddink mit den Niederlanden bzw. Südkorea jeweils Vierter geworden.

Der Australier Mark Viduka im Relegationsspiel gegen Uruguay.

Asien: China im Abseits

In Asien, wo sich 34 Teams für vier bis fünf Plätze bewarben, qualifizierten sich Saudi-Arabien, Südkorea, Japan und der Iran direkt für die Reise nach Deutschland. Für **Saudi-Arabien**, trainiert vom ehemaligen argentinischen Nationalspieler Gabriel Calderon, dem 13. Übungsleiter der Auswahl seit 1994, bedeutete dies die vierte WM-Teilnahme. Bei den Leistungsträgern des vom Kroaten Branko Ivankovic trainierten **Iran** handelte es sich mit Vahid Hashemi, Ali Karimi, Mehdi Mahdavikia und Fereydoon Zandi vornehmlich um Bundesligaspieler. Erfolgreichster Torschütze in der Asien-Qualifikation war der 35-jährige Ali Daei, der einst für Arminia Bielefeld, Bayern München und Hertha BSC Berlin gekickt hatte. Im Sommer 2002 war Daei in die heimatliche Region zurückgekehrt. Im Qualifikationsspiel gegen Laos gelang ihm sein 100. Länderspieltor.

Anders als Südkorea hatte **Japan** sein 2002 erreichtes Niveau halten können. Nach der WM hatte der Brasilianer Zico den Franzosen Philippe Troussier als Nationaltrainer abgelöst. Das japanische Team um Spielmacher Shunsuke Nakamura und Superstar Hidetoshi Nakata von den italienischen Serie-A-Klubs Reggina Calcio bzw. AC Florenz durfte als Kontinentalmeister zum Confed-Cup 2005, wo es Europameister Griechenland mit 1:0 besiegte und gegen Brasilien ein mehr als respektables 2:2-Remis erzwang.

Und China, von dem Bora Milutinovic nach der WM 2002 verkündet hatte, es würde keine 50 Jahre dauern, bis das Riesenreich Weltmeister würde? Die Chinesen schieden bei den Qualifikationsspielen bereits in der ersten Runde aus. Von der Euphorie und Aufbruchstimmung, die noch die erste WM-Teilnahme begleitet hatten, war kaum etwas zu spüren. Die moralischen Defizite eines Staates, dessen Nomenklatura sich noch immer mit dem Etikett des „Kommunismus" legitimierte, in der aber längst ein jegliche Werte ignorierender Brutalo-Kapitalismus herrschte, manifestierten sich auch im Fußball, der beliebtesten Ballsportart im Milliardenreich. Die Entwicklung eines schlagkräftigen Nationalteams wurde durch Korruption, Wettskandale, Spielabsprachen und Bürokratismus gehemmt. Sponsoren wie Siemens zogen sich zurück, und das zentrale Staatsfernsehen CCTV zeigte die Liga nicht mehr live.

Die Favoriten

Brasiliens „Professor"

Zum Favoritenkreis für die WM-Krone 2006 zählten zu allererst die „üblichen Verdächtigen". Am meisten wurde Brasilien genannt. *Selecao*-Coach Carlos Parreira sah sich weniger als Trainer denn als „Verwalter von Begabung". Andere Teams hätten Mühe, 20 gute Spieler zu finden, er müsse 40 gute ausschließen. Im Gegensatz zu seinem Vorgänger Scolari, führte Parreira sein Team an der langen Leine, was von manchen als Problem betrachtet wurde.

Zwei Stars im brasilianischen Team, die wesentlich zum Gewinn des Confederations Cups 2005 beigetragen hatten: Robinho (links) und Ronaldinho.

Mit Nelson de Jesus Silva vom AC Mailand, genannt Dida, stand erstmals seit 56 Jahren wieder ein Dunkelhäutiger bei einer WM im Tor der *Selecao*. „Endlich hat Brasilien eine echte Nummer eins", schwärmte Parreira. Letztmalig hatte ein Farbiger beim WM-Finale 1950 zwischen den Pfosten gestanden: Moacir Barbosa, der anschließend als Hauptschuldiger für die nationale Tragödie einer 1:2-Niederlage gegen Uruguay ausgemacht wurde – zu Unrecht. Seither war der Torwartjob in Brasilien diskreditiert, weshalb das Land auch keine Torwart-Tradition ähnlich der vieler europäischer Länder entwickeln konnte. Aber auch vor der „Urkatastrophe" von 1950 waren Keeper in Brasilien und Südamerika nicht sonderlich beliebt. Im Gegensatz zu Europa, wo der Tscheche Planicka oder der Spanier Zamora bereits vor dem Zweiten Weltkrieg zu WM-Helden avancierten und sich auch intellektuelle Kreise für den Job des „letzten Mannes" interessierten.

Pekermans Argentinien traute man nach fulminanten Auftritten in der Südamerika-Qualifikation ebenfalls einiges zu. Argentinien wurde bereits seit dem Olympischen Fußballturnier 2004 als heißer Titelkandidat gehandelt, wo man mit einer Tordifferenz von 17:0 Gold gewonnen hatte. Der fußballerische Vortrag von Athen wurde als „Zukunft des Fußballs" betrachtet.

Englands Schock

Was die europäischen Kandidaten anbetraf, so fiel hier immer wieder der Name England, nicht zuletzt aufgrund des starken Mittelfelds der *Three Lions* mit David Beckham (Real Madrid), Steven Gerrard (FC Liverpool)und Frank Lampard (FC Chelsea). Am 29. April 2006 erhielten die WM-Ambitionen allerdings einen herben Rückschlag, als sich der 20-jährige Stürmer Wayne Rooney von Manchester United, die Entdeckung der EM 2004, den Mittelfußknochen brach. Experten und Fans diskutierten fieberhaft, zu welchem Zeitpunkt der Hoffnungsträger schlechthin wieder auf dem Platz stehen könnte. Das Resultat: Bei optimalem Heilungsverlauf frühestens im Achtelfinale. Eriksson gab sich optimistisch. „Wir werden Weltmeister." Seit Alf Ramsey, verantwortlich für den bislang einzigen WM-Gewinn 1966, hatte sich kein England-Coach mehr derartig forsch geäußert.

Italien im Sumpf

Unter Marcello Lippi schien die italienische Nationalmannschaft wieder zu genesen. Der dreifache Weltmeister war noch bei fast jedem Turnier zu den Titelanwärtern gezählt worden, doch der letzte WM-Triumph lag bereits 24 Jahre zurück. Nichtsdestotrotz drängten sich Parallelen zu 1982 auf. Anders als bei den Turnieren seither, wo die *Squadra Azzurra* häufig von Eifersüchteleien und anderen Unstimmigkeiten geplagt wurde, kommandierte Lippi eine intakte Gruppe, eine gute Mischung aus Altgedienten wie Superstar Francesco Totti und Alessandro Nesta sowie Neuen wie Torjäger Luca Toni, Alberto Gilardino oder Fabio Grosso. Giuseppe Bergomi aus der WM-Elf von 1982: „Die Chemie im Team erinnert schon ein wenig an uns."

Zwei Ereignisse trübten die italienischen Erwartungen. Zunächst brach sich Lippis Schlüsselspieler Totti am 19. Februar 2006 das Wadenbein. Nur 81 Tage später kehrte der für Pelé „derzeit beste Spieler der Welt" aufs Spielfeld zurück. Doch blieb abzuwarten, wie schnell Totti nach fast drei Monaten ohne Spielpraxis zur alten Form finden würde. Noch schwerer drückte der vielleicht größte Manipulationsskandal in der an Manipulationen nicht gerade armen italienischen Fußballgeschichte, der während der Vorbereitung aufflog. „Juves" Alessandro del Piero sah Italien „an einem dramatischen Wendepunkt angelangt" und sich und seine Mitspieler mit der Herausforderung konfrontiert, „dem italienischen Fußball wieder ein neues, ein gutes Image zu geben".

Frankreichs Ü-30

Im Falle Frankreichs sprachen gleich mehrere Gründe gegen eine Favoritenrolle. Zwar betrieb das Land unverändert eine der besten Nachwuchsförderungen der Welt und produzierte zahlreiche Talente; über 300 Franzosen verdingten sich als Profis im Ausland. Und die französische Liga genoss mittlerweile einen besseren Ruf als die deutsche Bundesliga. Doch auf die *Équipe Tricolore* hatte dies kaum Auswirkungen. Dem von Trainer

Raymond Domenech zunächst begonnenen Umbruch mangelte es an einem klaren Konzept, und die Rückkehr der „Alten" wirkte wie eine Panikaktion. Der eigensinnige und eitle Übungsleiter schickte ein Team zur Endrunde, dessen Durchschnittsalter satte 29 Jahre betrug. Den Kern der Mannschaft bildeten mit Keeper Fabien Barthez (35), Lilian Thuram (34) und Zinedine Zidane (34) noch immer drei Weltmeister von 1998, die auch das Sagen hatten. Pascal Ferré, Redaktionsleiter von *France Football*, zog Parallelen zur Situation nach dem Gewinn der EM 1984 durch die Generation Platini: „Wir warten immer, bis die Alten von sich aus in Rente gehen."

Spanien mit Trainerproblem

Von den Namen her besaßen die Spanier bereits seit Jahren ein exzellentes Team – Fußballer, die in den Jahren 1995 bis 2004 im Bereich der Altersklassen U-18 bis U-21 vier Europameisterschaften und eine Weltmeisterschaft, 1992 olympisches Gold und 2000 Silber gewonnen hatten und in ihren Vereinen Leistungsträger waren. Doch im Trikot der *Selección* blieben sie in unschöner Regelmäßigkeit unter ihren Möglichkeiten. Die Fans und einige Spieler bevorzugten eine offensivere Spielweise, doch der für seine rüpelhaften Ausfälle berüchtigte Trainer Luis Aragones setzte auf ein defensiveres 4-4-2-System. Wozu das Team in der Lage war, wenn es von dem 67-jährigen Haudegen Aragones nicht allzu sehr gegängelt wurde, hatte es in der Relegation gegen die Slowaken bewiesen.

Experten bewerteten Spaniens WM-Aufgebot als bestes aller Zeiten. Die 23 Spieler kickten samt und sonders in den beiden besten Ligen der Welt – Spaniens Primera Division (18) und der englischen Premier League (5). Das Mitwirken von Spielern, die in der englischen Premier League kickten, hatte sich als ausgesprochen hilfreich erwiesen. Durch diese Spieler erhielt das Team mehr Wettkampfhärte. 13 Spieler waren 25 und jünger – Resultat der exzellenten Jugendarbeit der Vereine wie der Begeisterung und des Erfolgshungers vieler spanischer Straßenkicker, die hier noch stärker vorzufinden waren als in vielen anderen europäischen Ländern.

Viele Experten betrachteten jedoch immer noch den ausgeprägten Regionalismus in Spanien als erfolgshemmenden Faktor. Im Vorfeld der WM stritt das Land, de facto ein Föderalstaat aus 17 „autonomen Gemeinschaften", über neue Regionalstatute, und hier insbesondere das katalanische. Der Regionalismus hatte stets auch den Teamgeist der *Selección* beeinträchtigt, auch von außen – und hier vor allem von der Presse – geschürt. So fehlte häufig die „letzte Power". Hinzu kamen die unterschiedlichen und schwer zu versöhnenden Spielstile in den einzelnen Landesteilen.

Der Regionalismus und die internationalen Erfolge von Adressen wie Real Madrid und FC Barcelona, zugleich auch Repräsentanten von politischen und sozialen Strömungen, bedingten, dass die ungleich weniger erfolgreiche Nationalelf für viele Fans nicht die höchste Priorität besaß. Und dann gab es noch eine Reihe teils selbst ernannter „Geheimfavoriten" wie Schweden, Tschechien, Mexiko – und mit der Elfenbeinküste auch erstmals ein afrikanisches Land.

Deutschland: Die Revolution des Jürgen Klinsmann

Lächelte freundlich, handelte entschlossen: Jürgen Klinsmann.

Und der Gastgeber? Nach der für die Deutschen geradezu sensationell verlaufenen WM 2002 war man bei der EM 2004 wieder barsch auf den Boden der Tatsachen geholt worden: Das Aus kam bereits in der Vorrunde. Vom exzellenten Fußball, der bei diesem Turnier gespielt wurde, war das DFB-Team meilenweit entfernt. Das Trainerduo Völler / Skibbe demissionierte, die Wunschkandidaten für die Nachfolge sagten samt und sonders ab.

Neuer Bundestrainer wurde schließlich der in Kalifornien lebende Jürgen Klinsmann. Was folgte, war die größte Revolution, die der DFB seit seiner Gründung erlebt hatte. Klinsmann gab sich nicht damit zufrieden, die Nationalmannschaft zu verwalten, sondern revolutionierte Strukturen, Trainingsinhalte und Spielweise. Klinsmann trat mit dem Ziel an, „eine Spielphilosophie zu entwickeln, die nach vorn gerichtet ist". Seine Schlagworte waren Offensive, Tempo, Aggressivität. Als Vorbild schwebte ihm der offensive Hochgeschwindigkeitsfußball vor, wie ihn eine Reihe von Klubs in der Champions League und englischen Premier League betreiben.

Der „amerikanisierte" Schwabe schaute nicht nur über die Grenzen seines Heimatlandes, sondern auch die des Fußballs hinaus und adaptierte Erkenntnisse aus anderen Sportarten. So wurden amerikanische Fitnessexperten und ein Mentaltrainer verpflichtet.

Der Bundestrainer betrieb einen radikalen Umbau des Teams, dessen Altersdurchschnitt nun kräftig sank. Bis zum Start der WM setzte Klinsmann in 27 Länderspielen 39 Spieler ein, darunter zwölf Debütanten. Mit Ballack, Metzelder, Klose und Schneider befanden sich in Klinsmanns Grundformation dann aber – trotz der zahlreichen Debütanten – fünf Spieler, die bereits 2002 zu den Leistungsträgern zählten.

Klinsmanns Radikalkur forderte personelle Opfer. Altgediente DFB-Funktionsträger wurden von Klinsmann aussortiert und durch Leute seines Vertrauens ersetzt. Co-Trainer wurde Joachim „Jogi" Löw; als Torwarttrainer ersetzte Andreas Köpke nun Sepp Maier. Mit Oliver Bierhoff erhielt die Nationalmannschaft erstmals einen Manager, mit dessen Hilfe nun das Team vom trägen und konservativen Verband partiell entkoppelt wurde. Auch Keeper Oliver Kahn, der „Titan" von 2002, musste seinen Platz räumen – zunächst als Mannschaftskapitän, dann als Nr. 1 zwischen den Pfosten. In Klinsmanns Spielphilosophie war kein Platz für einen „Reaktions-Torhüter". Stattdessen erhielt Jens Lehmann von Arsenal London den Vorzug, der dem Ideal des „Antizipations-Torhüters" näher kam.

„Poldi" und „Schweini" beim Torjubel: Die eng befreundeten Jungkicker Lukas Podolski und Bastian Schweinsteiger verkörperten die Aufbruchstimmung im deutschen Team.

„Wir wollen Weltmeister werden", verkündete Klinsmann forsch und versuchte damit, eine Lethargie im Land aufzubrechen, die längst auch den Fußball erfasst hatte. Vor Klinsmanns Amtsantritt erschien es so, als wollte sich die Bundesrepublik mit der Rolle eines guten Gastgebers begnügen, der nur bescheidene eigene sportliche Ambitionen hegte.

Zum ersten Mal seit Sepp Herberger besaß der DFB einen Bundestrainer, der dem Anspruch eines „obersten Übungsleiters" tatsächlich gerecht wurde und in Sachen Inhalte und Methodik vielen Vereinstrainern weit voraus war. Den vielen Traditionalisten im deutschen Fußball war Klinsmann schlicht „zu modern".

Widerstand aus der Bundesliga

Nach einem starken und begeisternden Auftritt beim Confed-Cup, der die Kritiker vorübergehend verstummen ließ, geriet Klinsmanns personeller Umbau und spieltechnische Neuausrichtung in eine Krise, die bis kurz vor Beginn des WM-Turniers anhalten sollte. Der Tiefpunkt war im März 2006 eine 1:4-Niederlage in Italien, bei der die Nationalmannschaft regelrecht vorgeführt wurde. Klinsmanns Sympathiewerte erreichten anschließend einen Tiefpunkt. Kaum jemand traute Klinsmann und seinen Mitstreitern noch zu, in den Wochen zwischen dem Abpfiff der Bundesliga und der WM eine schlagkräftige Truppe zusammenzubauen und die eklatanten taktischen Defizite abzustellen. Im Mittelfeld und Angriff war die deutsche Mannschaft besser besetzt als 2002; in der Verteidigung, seit vielen Jahren Garant deutscher Erfolge, indes schwächer. Vor allem schien die Abwehr nicht dazu in der Lage zu sein, Klinsmanns Offensivstrategie abzusichern.

Die DFB-Elf schien sich in einer völlig verfahrenen Situation zu befinden: zum „neuen Fußball" Klinsmann'scher Prägung noch nicht, zum „defensiven Verwaltungsfußball" der Jahre 1998 bis 2004 nicht mehr fähig. Eine Mannschaft irgendwo im Nirgendwo. Die Stimmung besserte sich ein wenig, als Klinsmanns Elf im drittletzten Vorbereitungsspiel in Freiburg das drittklassige Luxemburg mit 7:0 abfertigte. Der Spielort war gut gewählt, denn im nahe der Grenze zu Frankreich gelegenen Freiburg, wo seit vielen Jahren der Fußballtrainer Volker Finke wirkte und das Verständnis von Fußball prägte, war man für modernen Offensivfußball mit allen seinen Risiken empfänglicher als in anderen Teilen der Republik. Entsprechend wurden Klinsmann und seine Akteure gefeiert. Dennoch wirkte die Zuversicht, die der Bundestrainer am Vorabend des Mega-Events verbreitete, ein wenig aufgesetzt.

Erst ein Jahr vor dem WM-Turnier war Bayern Münchens neue Allianz Arena eröffnet worden. Sie bildete damit die modernste der zwölf deutschen WM-Spielstätten und war Schauplatz des Eröffnungsspiels. Die futuristisch anmutende Arena repräsentierte am radikalsten den Typus eines modernen Fußballtempels, der sich von den weitläufigen Leichtathletikstadien der 74er WM erheblich unterschied.

Die Endrunde

Vorrundengruppe A: Deutschland / Ecuador / Polen / Costa Rica

Gastgeber Deutschland schien bei der Gruppenauslosung wieder einmal vom Glück begünstigt. Zusammen mit Polen, Costa Rica und Ecuador bildeten die Deutschen die vielleicht schwächste der acht Gruppen – zumal auch das DFB-Team selbst nicht mehr zu den Topadressen des Weltfußballs zählte.

Im Eröffnungsspiel gegen Costa Rica verzichtete Klinsmann auf seinen angeschlagenen Kapitän Ballack, sehr zu dessen Unwillen. In der natürlich ausverkauften Münchener Arena siegten die Deutschen nach einem spielerisch zwar nur mittelmäßigen, aber sehr engagierten Vortrag mit 4:2. Im torreichsten Eröffnungsspiel der WM-Geschichte musste Klinsmanns Truppe allerdings gegen die höchstens zweitklassigen Mittelamerikaner bis zur 87. Minute zittern. Schuld war die schlecht disponierte Abwehr, die gegen einen spielerisch und technisch schwachen Gegner bei drei Chancen zwei Tore kassierte. Der auf heimischem Geläuf stark aufspielende Linksverteidiger Philipp Lahm von Bayern München hatte das DFB-Team bereits in der 6. Minute mit einem herrlichen Treffer in Führung gebracht, als er den Ball von links kommend mit dem rechten Fuß ins rechte Toreck schlenzte. Doch die deutsche Abwehrreihe gestattete den Mittelamerikanern zunächst den Ausgleich und später den Anschlusstreffer zum 2:3. Beide Male war der Torschütze Costa Ricas Volksheld Paulo Wanchope. Erst ein gewaltiger 25-Meter-Schuss von Torsten Frings brachte die Erlösung.

Abwehrschwächen im Eröffnungsspiel

Das Auftaktspiel rief Erinnerungen an den Confed-Cup wach, als man ebenfalls munter und mutig nach vorne spielte und viele Tore schoss, eine wackelige Abwehr aber auch deutlich mehr Tore zuließ, als man bis dahin von einer deutschen Elf gewohnt war. Klinsmann: „Wir wollten die Zuschauer mitreißen und ein attraktives Spiel abliefern." Innenverteidiger Christoph Metzelder ergänzte: „Wir pflegen einen Spielstil, den man so von deutschen Mannschaften nicht kennt." In der Öffentlichkeit machte man sich trotzdem Sorgen über die Defensivabteilung.

Die Vorwärts-Strategie des Teams korrespondierte schon beim ersten Spiel mit einer massenhaften Euphorie der Zuschauer im Stadion und an den zahlreichen „Public-Viewing-Plätzen", wo das Spiel auf Großbildleinwänden übertragen wurde. Dort begann sich eine Stimmung anzubahnen, wie man sie in Fußball-Deutschland noch nicht erlebt hatte.

Die deutsche Stammelf im WM-Turnier. Stehend von links: Miroslav Klose, Christoph Metzelder, Jens Lehmann, Arne Friedrich, Per Mertesacker, Michael Ballack. Vorn, von links: Bernd Schneider, Torsten Frings, Philipp Lahm, Lukas Podolski, Bastian Schweinsteiger.

In der Qualifikation hatten Polens Stürmer Maciej Zurawski (Celtic Glasgow) und Tomasz Frankowski (Wolverhampton Wanderers) jeweils sieben der immerhin 27 Qualifikationstreffer erzielt. Doch der Egozentriker Frankowski passte nicht in das Konzept des sturköpfigen Trainers Pawel Janes und musste ebenso daheim bleiben wie der populäre Keeper Jerzy Dudek vom FC Liverpool. Die Sportzeitung *Przeglad* empfand einige der Nominierungen „einfach schockierend", um zugleich die Hoffnung zu äußern: „Aber vielleicht steckt in diesem Wahnsinn Methode." Offenbar nicht: Gegen Ecuador kam ein spielerisch limitiertes polnisches Team nur zu zwei Aluminiumtreffern und unterlag den taktisch klug agierenden und Tempofußball spielenden Südamerikanern mit 0:2.

Somit standen die Polen vor dem Spiel gegen Deutschland bereits mit dem Rücken zur Wand. Spielort war Dortmund, für die deutsche Mannschaft ein gutes Omen. Denn in der Revierstadt hatte die deutsche Nationalelf noch nie ein Länderspiel verloren. Im Vorfeld der WM 2002 und EM 2004 hatte sich das mächtige und enge Fußballstadion für die DFB-Elf als idealer Austragungsort für die wichtigsten Spiele erwiesen. In keinem anderen Stadion der Republik war die Stimmung bei Heimauftritten der DFB-Elf so großartig wie im ehemaligen Westfalenstadion.

In einem rasanten Spiel vor einer auch dieses Mal leidenschaftlich mitgehenden Kulisse konnten die Deutschen ihre „Dortmunder Serie" fortsetzen. Doch war gegen die ab der 75. Minute in Unterzahl agierenden Polen – Sobolewski sah nach wiederholtem Foulspiel Gelb-Rot – ein gehöriges Maß an Geduld notwendig, denn das Tor des Abends durch den eingewechselten Neuville fiel erst in der Nachspielzeit. Die Vorarbeit kam vom ebenfalls eingewechselten David Odonkor, dessen Flanke Neuville an Keeper Boruc vorbei ins Netz drückte.

Als Klinsmann den pfeilschnellen, aber technisch schwachen und torungefährlichen Rechtsaußen von Borussia Dortmund, der bis dahin noch kein Länderspiel absolviert hatte, in seinen WM-Kader berief, rieben sich selbst eingefleischte Borussen-Fans verwundert die Augen. Klinsmann erhoffte sich vom Überraschungsgast überraschende Effekte in stagnierenden Spielen. Michael Ballack sprang seinem Trainer zur Seite: „Mit ihm haben wir die Option, dass wir die Bälle blind in den Raum spielen können, der nimmt ja gerne die Bälle steil." Odonkor hatte sich lediglich an der rechten Außenlinie zu postieren, um dann lange Bälle zu erlaufen und vor das Tor zu flanken. Gegen Polen leistete Odonkor in den 27 Minuten seines Mitwirkens exakt, was sich Klinsmann von seiner Nominierung erhofft hatte. Als Sieger des „Zu-Null-Sieges" durfte sich vor allem die nach dem Auftaktspiel so stark gescholtene Vierer-Abwehrkette sehen, insbesondere die Innenverteidiger Mertesacker und Metzelder.

Dass die Deutschen nun hinten sicherer standen, hatte aber auch einen taktischen Grund. Gegen Costa Rica war Michael Ballack nicht dabei gewesen. Vor dem WM-Start hatte der Kapitän eine defensivere Orientierung gefordert, was als Meinungsverschiedenheit zwischen ihm und der sportlichen Leitung interpretiert wurde.

Explosion der Begeisterung

In Wirklichkeit ging es um Ballacks Spielposition. Klinsmann hoffte auf die Torgefährlichkeit des Kapitäns. Ballack hingegen vertraute den torgefährlichen Spitzen Klose und Podolski und wollte der deutschen Abwehr mehr Stabilität verleihen. Auf einer Linie mit Torsten Frings agierend, konnte er tatsächlich sein strategisches Potential wesentlich effektiver einbringen als auf einer offensiveren Position.

Das Siegtor in der buchstäblich letzten Minute ließ die Begeisterung auf den Rängen und im ganzen Land explodieren. Die *Frankfurter Rundschau* schrieb: „Vielleicht ist es nie zuvor in der über hundertjährigen DFB-Historie in einem deutschen Fußballstadion lauter gewesen als an diesem 14. Juni 2006. Als die Spieler schon längst in den Kabinen verschwunden waren, haben die Menschen in der gewaltigen Dortmunder Arena immer noch das Letzte aus ihren Stimmbändern herausgeholt. (…) Tatsächlich hat eine deutsche Nationalmannschaft seit Steinzeiten nicht mehr so geschlossen und konstruktiv Fußball gespielt wie an diesem Abend." Die von Klinsmann erhoffte Euphorie, auf der er sein Team durch das Land getragen sehen wollte, war nun allenthalben spürbar.

Ekstatischer Jubel: Gegen Polen hat Klinsmanns Team in der Nachspielzeit das Siegtor geschossen.

Da Ecuador Costa Rica souverän mit 3:0 schlug, standen Deutschland und die Südamerikaner bereits nach zwei Begegnungen im Achtelfinale. Für die *Tri* bedeutete der dritte Sieg im erst fünften WM-Spiel den erstmaligen Einzug unter die letzten 16, der in der Heimat frenetisch gefeiert wurde. Staatspräsident Alfredo Palacio ließ „seine" Fußballer per Telefon wissen: „Ihr habt unserem Volk gezeigt, was man erreichen kann, wenn man zusammenhält und gemeinsam auf ein Ziel hinarbeitet."

In Costa Rica standen dagegen die Zeichen auf Sturm. Bei der Zeitung *La Nacion* gingen mehrere tausend E-Mails ein, in denen für den Fall einer weiteren Pleite sogar dazu aufgerufen wurde, das Gebäude des Verbands niederzubrennen. Die Pleite kam im letzten Gruppenspiel, mit einer 1:2-Niederlage gegen Polen. Doch auch die Osteuropäer – und insbesondere ihre 35.000 mitgereisten Fans – fuhren maßlos enttäuscht nach Hause.

Deutschland gegen Ecuador in Spiellaune

Am letzten Spieltag der Gruppe A hätte Ecuador gegen Deutschland ein Remis zum Gruppensieg genügt, doch mit dem Achtelfinale hatte das Team sein Ziel bereits erreicht. Trainer Luis Fernando Suarez veränderte seine Elf auf fünf Positionen. Abwehrchef Ivan Hurtado war ebenso nicht dabei wie Sturmstar Agustin Delgado. Klinsmann verzichtete lediglich auf den mit Gelb vorbelasteten Metzelder, für den Premier-League-Legionär Robert Huth in die Innenverteidigung rückte. Hingegen musste der ebenfalls mit der Bürde einer gelben Karte herumlaufende Ballack über die volle Distanz spielen. Die Deutschen ließen vom Anpfiff an keinen Zweifel darüber aufkommen, dass sie den Gruppensieg wollten. Vor 72.000 Zuschauern im Berliner Olympiastadion gewannen Ballack und Co. gegen schwache Südamerikaner hochverdient mit 3:0. Dem vor Selbstvertrauen und Spiellaune sprühenden Miroslav Klose, der vor Beginn des Turniers angekündigt hatte, „das wird meine WM", gelang sein zweiter „Doppelpack". Tor Nummer drei markierte sein in die Kritik geratener Sturmpartner Lukas Podolski.

Teammanager Oliver Bierhoff und Bundestrainer Klinsmann mochten die beste Gruppenspielbilanz seit der WM 1970 nicht überbewerten. Wenngleich die Deutschen sich mit keinem „Großen" messen mussten, waren Veränderungen gegenüber der WM 2002 und EM 2004 unübersehbar. Bereits seit vielen Jahren hatte eine deutsche Mannschaft den Ball nicht mehr so schnell nach vorne gespielt. Cesar Luis Menotti, der Prediger des Offensivfußballs schlechthin und traditionell ein harscher Kritiker des deutschen Kicks, geriet geradezu ins Schwärmen: „Was ich gesehen habe, ist eine wahre historische Revolution. Es ist unglaublich, wie sehr die deutsche Mannschaft das Bild in so kurzer Zeit geändert hat – und dieser Eindruck wird bleiben."

Miroslav Klose, Deutschlands gefährlichster Angreifer, erzielte auch gegen Ecuador zwei Treffer.

Vorrundengruppe B:
England / Schweden / Paraguay / Trinidad&Tobago

In der Gruppe B hießen die Favoriten England und Schweden. England schlug zum Auftakt Paraguay nach einem eher mäßigen Spiel mit 1:0. Für das Tor des Tages sorgte bereits in der 3. Minute Paraguays Kapitän Carlos Gamarra, der einen Freistoß David Beckhams ins eigene Tor lenkte. Nur zwei Minuten später verletzte sich Keeper Villar bei einer Rettungsaktion vor der Strafraumgrenze und wurde durch Bobadilla ersetzt. Die Statistiker registrierten den schnellsten Torwartwechsel in der WM-Geschichte. Die *Three Lions* konnten nur im ersten Durchgang durch sehenswerte Ballstafetten überzeugen. Je länger das Spiel dauerte, desto mehr verlegte man sich auf eine destruktive Verteidigung des knappen Vorsprungs. Die englischen Fans feierten trotzdem. 65.000 Engländer waren nach Fankfurt gekommen, die meisten von ihnen ohne Karte.

Überraschung durch Karibik-Kicker

Für die erste Überraschung des Turniers sorgte Trinidad & Tobago, das Schweden ein torloses Remis abtrotzte, obwohl die *Soccer Warriors* ab der 46. Minute mit einem Mann weniger auf dem Feld waren. Als erster Spieler des Turniers war Avery John vom Feld geschickt worden. Die Skandinavier dominierten die Partie und erarbeiteten sich eine Reihe guter Einschussmöglichkeiten. Zum „Spieler des Tages" wurde der als Ausputzer vor der Abwehr agierende 35-jährige ehemalige ManU-Stürmer Dwight Yorke gekürt. „Held des Tages" war indes der 37-jährige karibische Keeper Shaka Hislop, der Ibrahimovic, Larsson und Co. schier zur Verzweiflung brachte. Dabei war der Mann von West Ham United nur als Ersatz zum Turnier mitgefahren, doch Stammkeeper Kelvin Jack plagten beim Aufwärmen muskuläre Probleme. In Schweden stöhnte der *Expressen:* „Das darf nicht wahr sein. 0:0 gegen ein Land, das weniger Einwohner als Stockholm hat."

Der krasse Außenseiter wusste auch gegen England zu überzeugen, während der Titelaspirant sich erneut mit einer über weite Strecken faden Vorstellung begnügte. Bis zur 83. Minute durften die Karibik-Kicker auf eine erneute Sensation hoffen, dann traf der lange Peter Crouch per Kopf zum 1:0 für die *Three Lions*. Ein regelwidriges Tor, wie die TV-Bilder enthüllten. In der Nachspielzeit erhöhte Steven Gerrad auf 2:0. In der 58. Minute hatte Wayne Rooney für den erneut enttäuschenden Michael Owen das Feld betreten, zwei Spiele früher als vorgesehen. Der *Spiegel* verglich Trainer Eriksson daher mit „einem Zocker, der schon früh seinen letzten Trumpf zieht". Dass Rooneys Comeback bereits gegen den Underdog für notwendig erachtet wurde, sprach in der Tat Bände. Allerdings sicherte dieser zweite Sieg England bereits den Einzug ins Achtelfinale.

Ungefähr 50.000 Fans der Schweden wurden im Berliner Olympiastadion beim Spiel gegen Paraguay gezählt. Dank eines späten Tores von Ljungberg (89.)

geriet die Zusammenkunft „zur größten schwedischen Party außerhalb der Landesgrenzen" *(Frankfurter Rundschau)*. Niemals zuvor hatten so viele schwedische Fans ihre Mannschaft zu einem Spiel im Ausland begleitet. Schwedens 1:0-Sieg bedeutete das erste „Aus" für eine Mannschaft aus Südamerika.

Starker Auftritt der Schweden

Die Schweden benötigten nun – um ganz sicher zu gehen – noch einen Punkt fürs Achtelfinale. Denn Trinidad&Tobago besaß im Falle eines Sieges mit zwei Toren Differenz über Paraguay zumindest noch statistisch eine Chance. Die Partie England gegen Schweden erhielt zusätzliche Brisanz, nachdem feststand, dass es der Zweite der Gruppe B im Achtelfinale mit dem in Fahrt geratenen Gastgeber Deutschland aufzunehmen hatte. Englands letzter Sieg über Schweden lag schon 38 Jahre zurück. Am 22. Mai 1968 hatte man die Skandinavier in London mit 3:1 geschlagen. In Köln dominierten die *Three Lions* im Durchgang eins und gingen auch in der 34. Minute durch einen Weit- und Sonntagsschuss von Joe Cole in Führung. Doch die Schweden kamen wie verwandelt aus der Kabine, zeigten zum ersten – und wie sich später herausstellte: auch zum letzten Male – bei dieser WM, wozu sie tatsächlich imstande waren. Bereits in der 51. Minute gelang Markus Allbäck mit einem wunderschönen Kopfball ins lange Eck der Ausgleich. Es war zugleich das 2.000. Tor der WM-Geschichte. Wenig später trafen Kapitän Olf Mellberg und Christian Wilhelmsson jeweils nur die Querlatte. Auf der Bank der Engländer reagierte Landsmann Eriksson mit Auswechslungen. Wichtiger als die Schonung seines Mittelfeldmotors Steven Gerrard war dem Trainer offensichtlich, den Deutschen aus dem Weg zu gehen. Hierzu brauchte er zumindest ein Remis. Vier Minuten vor Spielende erzielte der eingewechselte Gerrard per Kopf die erneute Führung. Doch aus dem ersten Sieg nach 38 Jahren wurde nichts, denn in der 90. Minute gelang Hendrik Larsson der mehr als verdiente Ausgleich zum Endstand von 2:2.

Paraguay enttäuschte auch im dritten und letzten Gruppenspiel, kam aber gegen Trinidad & Tobago trotzdem zu einem 2:0-Sieg. In Paraguay forderten Medien und Fans ein schnelles Verschwinden des uruguayischen Übungsleiters Anibal Ruiz. Auch die Spieler sparten nicht mit Kritik am Coach und dessen zurückhaltender Taktik. Roque Santa Cruz: „Ich glaube, dass wir gegen England und Schweden nicht das riskiert haben, was nötig gewesen wäre." Ganz anders die Stimmung bei den unterlegenen Karibik-Kickern, die eine couragierte zweite Halbzeit abgeliefert hatten und denen die Sympathien der 46.000 Zuschauer auf dem Kaiserslauterner Betzenberg gehörten.

Vorrundengruppe C:
Argentinien / Niederlande / Elfenbeinküste / Serbien-Montenegro

Als „Hammer-Gruppe" schlechthin galt die Gruppe C mit den starken Teams aus Argentinien, Niederlande und der Elfenbeinküste. Folglich war die Begegnung zwischen den Südamerikanern und den Ivorern das erste Topspiel des Turniers, das diesen Ansprüchen auch über weite Strecken gerecht wurde. Argentinien führte bereits nach 38 Minuten gegen die mutig und temporeich agierenden Ivorer dank einer kaltschnäuzigen Chancenverwertung durch Tore von Hernan Crespo und Javier Saviola mit 2:0. Argentiniens Keeper Roberto Abbondanzieri erwies sich dabei als Meister der sogenannten „Seitbolztechnik", bei der der Abschlag aus der Hand relativ flach nach vorne geschossen wird, blitzschnell bei den Stürmern landet und die gegnerische Abwehr überrascht. Der Führung der Argentinier ging ein solcher Abschlag voraus. Trotz der klaren Führung steckten die physisch starken Ivorer nicht auf. In der zweiten Hälfte wirkte die *Albiceleste* weniger zielstrebig, aber die „Elefanten" kamen gegen die sichere argentinische Abwehr mit Keeper Abbondanzieri und den Innenverteidigern Roberto Ayala und Gabriel Heinze nur noch zum Anschlusstreffer durch Drogba (82.).

Die Begegnung Niederlande gegen Serbien-Montenegro wurde als Aufeinandertreffen unterschiedlicher Systeme angekündigt. Stand die *Elftal* – trotz van Bastens Pragmatismus – eher für Offensivgeist, so war das Spiel des Teams von Trainer Petkovic stark defensiv geprägt. Die Niederländer begannen stark und gingen in der 18. Minute durch ein Tor des überragenden Arjen Robben mit 1:0 in Führung. Anschließend schleppte sich van Bastens Team eher durch die Partie, ohne jedoch die Spielkontrolle zu verlieren.

Argentinisches Schützenfest: 6:0

Argentiniern gelang beim zweiten Auftritt eine weitere Leistungssteigerung. Serbien-Montenegro ging im Angriffswirbel der *Albiceleste* unter und wurde mit 6:0 abgefertigt. Für Argentinien war es der höchste WM-Sieg seit 28 Jahren. Trainer Pekerman wechselte erstmals bei diesem Turnier die auf ihren Einsatz drängenden Jungstars Carlos Alberto Tevez und Lionel Messi ein, die dann auch prompt die Treffer fünf und sechs markierten. Auf der Tribüne sang und tanzte auch Diego Maradona, der am liebsten Trainer der *Albiceleste* gewesen wäre. Da dieser aber Pekerman hieß, musste sich Maradona überall selbst hinschleppen: ins Trainingsquartier, zum Mannschaftsessen, ja sogar in die Kabine, wo er vor den Spielen feurige Ansprachen hielt. Die Verantwortlichen ließen ihn gewähren. Schließlich war Maradona noch immer der Fußballgott der Gauchos, von dessen Anwesenheit ein gewisser Zauber ausging.

Da auch die Niederlande die Elfenbeinküste mit 2:1 besiegten, war die „Todesgruppe" bereits nach vier Spielen entschieden. Wie schon gegen Argentinien gerieten

Sechs Tore erzielte Argentinien gegen Serbien-Montenegro. Hier ist Lionel Messi zum 6:0 an der Reihe.

die Ivorer zunächst mit 0:2 in Rückstand. Der Anschlusstreffer fiel dieses Mal noch vor dem Halbzeitpfiff. Die erneut starken Afrikaner waren im zweiten Durchgang die bessere Mannschaft, doch die reifer wirkende *Elftal* brachte den Vorsprung über die Zeit. Einmal musste der exzellente Rechtsaußen und Torschütze Robin van Persie auf der eigenen Torlinie gegen Didier Drogbar retten – symptomatisch für den „neuen Stil" der Niederländer.

Argentiniern wie Niederländern war es ziemlich egal, ob sie im Achtelfinale auf Portugal oder Mexiko treffen würden. So geriet die Begegnung dieser beiden Topteams zum Duell der „Bankspieler". Pekerman verzichtete u.a. auf Javier Saviola und Hernan Crespo, für die der Nachwuchssturm Lionel Messi / Carlos Tevez zum Einsatz kam. Da die Bank der Argentinier noch besser besetzt war als die der Niederländer, bei denen u.a. Arjen Robben und Mark van Bommel draußen saßen, blieb es den Südamerikanern vorbehalten, die Zuschauer wenigstens phasenweise mit schönen Kombinationen und Torraumszenen zu verwöhnen. Zählbares sprang dabei nicht heraus, weshalb sich beide Teams mit einem torlosen Remis trennten, was für die *Albiceleste* den Gruppensieg bedeutete.

Beim Spiel Serbien-Montenegro gegen die Elfenbeinküste sah es zunächst danach aus, dass die gegen Argentinien und die Niederlande überzeugenden Ivorer die ohnehin schon bittere Rückreise ohne Punkt im Gepäck antreten müssten. Bei ihrem dritten Auftritt gerieten die „Elefanten" erneut mit 0:2 in Rückstand, dies-

Sein WM-Traum war schon nach zwei Spielen vorbei: der afrikanische Superstar Didier Drogba.

mal bereits nach 20 Minuten. In der 37. Minute gelang der Elfenbeinküste, die auf den gelbgesperrten Didier Drogba verzichten musste, durch Aruna Dindane per Handelfmeter der Anschlusstreffer. Eine halbe Stunde später köpfte derselbe Spieler zum Ausgleich ein. In der 86. Minute markierte Boneventura Kalou auch noch den Siegtreffer zum 3:2, womit den Afrikanern wenigstens ein wenig Gerechtigkeit geschah. Trainer Henry Michel zog ein selbstkritisches Resümee: „Wir waren noch nicht gut genug für die höchsten Ansprüche. Um dahin zu kommen, muss die Defensive stabiler und die Offensive effektiver werden." Didier Drogbar diagnostizierte einen Mangel an Konstanz und Kampfgeist: „Wir brauchen noch mehr Krieger."

Da die Bevölkerung von Montenegro vor dem Anpfiff des WM-Turniers für eine Trennung von den Serben votiert hatte, war dies der letzte Auftritt des ohnehin serbisch dominierten Teams unter diesem Namen. Serbien-Montenegro verließ die Fußballbühne als statistisch besehen schlechtestes Vorrundenteam mit null Punkten und 2:10 Toren sang- und klanglos.

Vorrundengruppe D: Portugal / Mexiko / Angola / Iran

In den Monaten vor der WM hatte Irans islamistischer Präsident Mahmud Ahmadinedschad die Weltöffentlichkeit mit atomaren Ambitionen, düsteren Drohungen in Richtung Israel und weiteren antisemitischen Hasstiraden aufgeschreckt. Ahmadinedschad kündigte für den Fall des Erreichens des Achtelfinales einen Besuch Deutschlands an, und die Politiker des Gastgeberlandes hofften darauf, dass sich diese politische wie moralische Herausforderung sportlich erledigen würde. Im Auftaktspiel schlug das spieltechnisch klar überlegene Mexiko den Iran mit 3:1. Die schwache iranische Defensive versprach ein baldiges Ende von Ahmadinedschads Reisevorbereitungen. Auffälligster Mexikaner war der zweifache Torschütze Omar

Bravo. Auf Seiten des Irans wirkten mit Vahid Hashemian (Hannover 96), Ali Karimi (Bayern München) und Mehdi Mahdavikia (Hamburger SV) drei Bundesliga-Legionäre mit. Ebenfalls über Deutschland-Erfahrungen verfügte der mittlerweile 37-jährige Ali Daei, der einst für Arminia Bielfeld, Hertha BSC Berlin und Bayern München gekickt und seinen Zenit unübersehbar überschritten hatte.

Aufgrund der kolonialen Geschichte versprach die Begegnung Portugal gegen Angola gewisse Brisanz. Portugals Trainer Felipe Scolari prognostizierte ein „aus sportlichen und kulturellen Gründen sehr schweres Spiel". Seit der Unabhängigkeit Angolas (1975) waren die beiden Nationalmannschaften erst zweimal aufeinandergetroffen, beide Begegnungen endeten aus Sicht der Afrikaner mit einem Desaster: 1989 unterlagen die *Palanca Negras* mit 0:6. 2001 wurde eine Begegnung in Lissabon bereits 20 Minuten vor dem Ende der regulären Spielzeit beim Spielstand von 5:1 für den Gastgeber abgebrochen, nachdem der Schiedsrichter vier Angolaner wegen bösen Foulspiels oder übler Beschimpfungen des Platzes verwiesen hatte.

Ahmadinedschad bleibt zu Hause

Dieses Mal hielt sich die Niederlage für die Afrikaner in Grenzen. Zwar ging Portugal bereits nach vier Minuten durch ein Tor von Pauleta mit 1:0 in Führung, doch trotz eines deutlichen Klassenunterschiedes blieb es bei diesem Spielstand. Spieler des Tages war der 33-jährige Luis Figo, der im zentralen Mittelfeld anstelle des angeschlagenen und von Scolari geschonten Deco die Fäden zog und auch die Vorarbeitet zum Tor des Tages leistete. Für Portugal war es der 15. Sieg in Folge – Rekord in der Geschichte der Nationalelf.

Gegen den Iran war Deco wieder dabei und markierte nach einem starken Solo von Figo in der 63. Minute die zu diesem Zeitpunkt längst überfällige Führung für Portugal. In der 80. Minute traf Christiano Ronaldo vom Elfmeterpunkt zum 2:0, nachdem Irans Kapitän Yaha Golmohammadi den lauffreudigen Figo von den Beinen geholt hatte. Im Stadion befand sich auch Fähnchen schwenkend Ahmadinedschads Stellvertreter Mohammad Aliabadi. Der

Altstar Luis Figo zeigte überraschend starke Leistungen.

Besuch des Chefs war indes mit der zweiten Niederlage im zweiten Spiel gestorben – Deutschlands Politiker atmeten auf.

Während Portugal damit fürs Achtelfinale qualifiziert war, musste Mexiko noch einen Spieltag warten. Gegen die mit viel Hingabe verteidigenden Angolaner half auch die Brechstange nicht, sodass sich der selbst ernannte Titelanwärter mit einem torlosen Remis begnügen musste, was den Afrikanern die theoretische Chance aufs Weiterkommen offenhielt und für den letzten Gruppenspieltag Spannung versprach.

Das erste Tor für Angola

Um das Duell Portugal gegen Mexiko live am TV zu verfolgen, hatten Portugals Parlamentarier bereits Wochen zuvor beschlossen, die Debatte über die Militärreform zeitlich zu verlegen. Scolari verzichtete u.a. auf seine gelbbelasteten bisherigen Torschützen Deco, Ronaldo und Pauleta. Trotzdem hieß es nach nur 24 Minuten bereits 2:0 für die Iberer, für die Maniche (6.) und Simao (24./Handelfmeter) trafen. Francisco Fonseca konnte fünf Minuten später auf 1:2 verkürzen. Mexiko dominierte die Begegnung und bestritt die letzte halbe Stunde sogar in Überzahl, nachdem Perez – zu Unrecht – Gelb-Rot kassiert hatte. Trotzdem blieb es beim 1:2, da Bravo einen Handelfmeter übers Tor donnerte, Portugals Keeper Ricardo eine starke Vorstellung bot, die Mexikaner Abschlussschwächen zeigten und der slowakische Schiedsrichter Michel, der schlechteste Mann auf dem Platz, den Mittelamerikanern nach einem Foul an Bravo einen Strafstoß versagte.

Über immerhin zwei Unentschieden freuten sich die Fans von Angola.

Mexiko hatte das Achtelfinale trotzdem erreicht, denn zeitgleich trennten sich der Iran und Angola unentschieden (1:1). Nach 60 Minuten waren die Ostafrikaner zunächst durch Flavio in Führung gegangen, das erste Tor in der Geschichte des WM-Debütanten. Nur eine Minute später besaß Mendonca sogar die Chance zum 2:0. Mit zwei Remis und einer Niederlage konnte der krasse Außenseiter erhobenen Hauptes gen Heimat fahren.

Nicht so der Iran. Nur eine Stunde nach dem Schlusspfiff wurde Verbandspräsident Mohammed Dadkan per Regierungsdekret entlassen. Auf Druck des Parlaments veranlasste Staatspräsident Mahmud Ahmadinedschad einen offenen Brief, in dem stand: „Wir entschuldigen uns bei der iranischen Nation dafür, dass ihr Stolz verletzt wurde." Die Sportmedien bezichtigten den Verbandspräsidenten und Trainer, „aus der besten iranischen Mannschaft aller Zeiten die schlechteste der Gruppe" gemacht zu haben.

Vorrundengruppe E: Italien / Ghana / Tschechien / USA

Zum Auftakt traf der eindeutige Gruppenfavorit Italien auf den WM-Neuling Ghana. Mit dabei Francesco Totti, der seinen Wadenbeinbruch gerade erst auskuriert hatte. Entsprechend zögerlich ging er in die Zweikämpfe. 2:0 gewannen die Italiener schließlich ein holpriges Spiel, weil Andrea Pirlo und Vincenzo Iaquinta trafen.

Überzeugender die Tschechen. Sie schlugen die USA nach einer spielerisch souveränen Vorstellung mit 3:0 und untermauerten damit ihre Rolle als Geheimfavorit. Die Torschützen hießen Jan Koller und Tomas Rosicky (2), die bis zur WM fünf Jahre für Borussia Dortmund gekickt hatten. Vor allem der zu Arsenal London wechselnde Rosicky hatte unter den Augen des tschechischen Staatspräsidenten Vaclav Klaus einen sehr guten Tag erwischt. Vor dem Spiel hatte US-Präsident George W. Bush seinen kickenden Landsleuten telefonisch Mut zugesprochen, dabei aber offensichtlich wenig Eindruck hinterlassen. Ein Pfostenschuss Mitte der ersten Halbzeit war die einzig erwähnenswerte Aktion der Amerikaner.

In Anbetracht dieser bescheidenen Vorstellung gingen die Italiener wohl davon aus, das Ticket für das Achtelfinale bereits in der zweiten Begegnung gegen die USA lösen zu können. Auf die Begegnung gegen Italien bereitete sich das Team von Trainer Bruce Arena auf der US-Air-Base in Ramstein vor. Auf dem Betzenberg begannen die US-Boys knüppelhart. Zwingende Torchancen konnten sie aber nicht verwerten. Völlig überraschend fiel dann in der 22. Minute nach einer Standardsituation das 1:0 für die *Squadra Azzurra*. Alberto Girladino traf per Kopf nach einem Freistoß. Mittlerweile hatten die Italiener sich dem US-Kampfspiel angepasst und teilten ebenfalls kräftig aus. Daniele de Rossi schlug seinem Gegenpart Brian McBride den Ellenbogen ins Gesicht, sodass dieser vorübergehend blutüberströmt ausschied. Rot für den Italie-

Blutige Szenen bei Italien–USA

Voller Leidenschaft: Fans der *Squadra Azzurra*.

ner war die Folge. Kurz vor dieser Attacke musste Italien den Ausgleich hinnehmen. In der 27. Minute verschätzte sich Cristian Zaccardo und beförderte den Ball nach einem Freistoß des Amerikaners Bobby Convey ins eigene Tor. Wenig später grätschte US-Verteidiger Pablo Mastroeni seinem Gegenspieler Andrea Pirlo in die Hacken. Auch er sah Rot. Abgerundet wurde dieses Kartenspiel mit dem gelb-roten Karton für den Amerikaner Eddie Pope nach einem rüden Foul zu Beginn der zweiten Halbzeit. Sportlich blieb es beim 1:1. Kritisch kommentierte Italiens *La Stampa:* „Wir sind auf das Niveau des Wrestling gesunken." Martialisch dagegen die *New York Post:* „Blutig gehauen, aber nicht geschlagen." In der WM-Geschichte war dies die vierte Partie, in der es drei Platzverweise gab. Und es sollte noch „besser" kommen.

Ausgerechnet WM-Debütant Ghana gelang es, die bis dahin magere Bilanz afrikanischer Teams durch einen 2:0-Erfolg über das favorisierte Tschechien aufzupolieren. Mit Jan Koller und Milan Baros waren allerdings die beiden stärksten tschechischen Stürmer verletzungsbedingt ausgefallen, und Tomas Rosicky konnte die Rolle eines Regisseurs diesmal nicht ausfüllen. Ghana hingegen legte einen Blitzstart hin und ging bereits nach einer guten Minute durch Asamoah Gyan in Führung. Es war der gleiche Spieler, der Mitte des zweiten Durchganges an einer kuriosen Szene beteiligt war. Nach einem Foulspiel entschied der argentinische Referee Elizonda völlig richtig auf Elfmeter für Ghana, den Asamoah Gyan verwandelte. Doch der Ball war noch nicht freigegeben. Asamoah Gyan hatte einen Publikumspfiff für das entsprechende Schiedsrichtersignal gehalten. Jetzt sah er Gelb, obwohl der tschechische Torwart dem Unparteischen den Irrtum erläuterte. Noch völlig verdutzt, setzte Asamoah Gyan in der Wiederholung den Ball an den Pfosten. Bis zur 82. Minute dauerte es, ehe Muntari das für Ghana erlösende 2:0 gelang. Nur der tschechische Weltklassekeeper Petr

Cech von Chelsea London verhinderte ein Debakel.

Somit stand im letzten Gruppenspiel gegen Italien der angebliche Geheimfavorit Tschechien mit dem Rücken zur Wand. Nur ein Sieg konnte weiterhelfen. Koller fiel verletzungsbedingt weiterhin aus, dafür erwachte endlich der vor der WM in die Nationalelf zurückgekehrte Juventus-Turin-Star Pavel Nedved, der mit platzierten Distanzschüssen Italiens Torwart Gianluigi Buffon prüfte. Zählbares kam aber nicht dabei heraus. Anders die Italiener, die in der 26. Minute durch den eingewechselten Marco Materazzi in Führung gingen. Der 1,93 Meter lange Abwehrrecke von Inter Mailand köpfte eine Totti-Ecke in die Maschen. Hilflos versuchten die Tschechen das unfassbare WM-Aus noch abzuwenden und ließen sich dabei zu überflüssigen Fouls hinreißen. In der Nachspielzeit der ersten Halbzeit bekam Jan Polak Gelb-Rot präsentiert. Von diesem Platzverweis erholte sich Tschechien im zweiten Durchgang nicht mehr. Drei Minuten vor dem Abpfiff besiegelte Filippo Inzaghi mit seinem Tor zum 2:0 das Ende der Ära Karel Brückner.

> ◆ **Trainer-„Legionäre"**
>
> Brasilien ist längst nicht mehr nur Exporteur von Spielern. Fünf der 32 Teilnehmer wurden von einem brasilianischen Übungsleiter betreut. Neben Brasilien (Carlos Alberto Parreira) noch Portugal (Luiz Felipe Scolari), Japan (Zico), Costa Rica (Alexandre Guimaraes, in Brasilien geboren, aber bereits als Spieler für Costa Rica aktiv) und Saudi-Arabien (Marcos Paquéta). Paquéta durfte allerdings auf keine lange Amtszeit hoffen. Der Brasilianer war bereits der 15. Coach der Saudis seit 1994. Niederländische Trainer schwangen bei vier Teams das Zepter, außer bei den Niederländern selbst (van Basten) noch bei Trinidad&Tobago (Leo Beenhakker), Australien (Guus Hiddink) und Südkorea (Dick Advocaat). Insgesamt beauftragten 17 Teilnehmer einen Ausländer mit der Betreuung ihres Teams.

Zeitgleich besiegte Ghana die USA. Ausgerechnet US-Kapitän Claudio Reyna patzte in der 22. Minute. Haminu Draman nutzte den Fehler und erzielte das 1:0 für die *Black Stars*. Die US-Boys steckten den Rückstand überraschend gut weg, kamen zurück ins Spiel, und in der 43. Minute markierte Clint Dempsey den verdienten Ausgleich. Als die Spieler gedanklich schon beim Pausentee waren, befand Schiedsrichter Markus Merk eine Rangelei im amerikanischen Strafraum für elfmeterwürdig. Den Strafstoß verwandelte Ghanas Kapitän Stephen Appiah zum 2:1. Die USA versuchten in der zweiten Halbzeit das Spiel noch einmal zu drehen, trafen aber auf einen abgeklärt agierenden Gegner, der das 2:1 über die Zeit rettete.

Strahlende *Black Stars* aus Ghana

Ghana stand im Achtelfinale, und zu den ersten Gratulanten gehörte der berühmteste Bürger des Landes: UN-Generalsekretär Kofi Annan. Er ließ verlauten: „Ich bin stolz auf meine Jungs." In den USA herrschte derweil Ernüchterung. „Wir sind noch immer nur eine kleine Fußballnation", resümierte die *Washington Post* nüchtern.

Gruppe F: Brasilien / Australien / Kroatien / Japan

In der Gruppe F galt Australien eher als Außenseiter. Der Ozeanien-Vertreter diktierte gegen Japan zunächst das Geschehen, aber das erste Tor erzielten in der 26. Minute die Kicker aus Fernost durch Shunsuke Nakamura. Doch bei den Japanern reichten Kraft und Konzentration nicht für 90 Minuten, weshalb den Australiern noch die Wende gelang. Zweimal Tim Cahill vom FC Everton in der 84. und 89. Minute sowie John Aloisi vom spanischen Erstligisten Deportivo Alaves in der Nachspielzeit sicherten den *Socceroos* bei der zweiten WM-Teilnahme ihren ersten Sieg. Coach Guus Hiddink über seine Spieler: „Was immer passiert, diese Jungs geben nie auf." Die *Frankfurter Allgemeine Zeitung* sprach später anerkennend von australischem „Eroberungsfußball".

Ganz müde spulte dagegen Titelverteidiger Brasilien seine Partie in Berlin gegen Kroatien herunter. Das „magische Quartett" Ronaldinho, Ronaldo, Kaka und Adriano konnte bei weitem nicht halten, was man sich vor der WM von ihm versprochen hatte. Der übergewichtige Ronaldo spielte wie eine Karikatur auf sich selbst, Ronaldinho wirkte angespannt und gehemmt; Kaka war nur wenig spritziger; ihm gelang in der 44. Minute immerhin das 1:0. Unterstützt von 25.000 kroatischen Fans, drängten Robert Kovac und Co. verzweifelt auf einen Ausgleich, doch Treffer wollten nicht gelingen.

Kroatien und Japan standen nach ihren Auftaktniederlagen im zweiten Spiel bereits gehörig unter Druck. Beide Teams durften kein zweites Mal verlieren, weshalb sie zunächst ihre Abwehrreihen organisierten. Die Kroaten waren in den Zweikämpfen etwas druckvoller, die Japaner blieben bei Distanzschüssen gefährlich. Nach 90 Minuten trennte man sich schließlich 0:0, womit keinem Team so richtig geholfen war.

Ronaldos Bäuchlein als Staatsaffäre

Nach dem Auftaktmatch der brasilianischen *Selecao* hatte ein Thema die internationalen Sportmedien beherrscht: der Auftritt und besonders der Körperumfang von Ronaldo. Mindestens acht Kilo Übergewicht wurden diagnostiziert, Folge u.a. einer sechswöchigen Verletzungspause vor der WM und eines eher mäßigen Trainingseifers. Selbst Staatspräsident Lula da Silva problematisierte die Speckröllchen von „o Fenomeno", womit dessen Gewicht zur Staatsaffäre geriet. Der *Spiegel* schrieb: „Dicksein ist die größte Arroganz im Profifußball." Und Arroganz sei „ein Problem der ganzen Mannschaft geworden". Zwar konnte Ronaldo auch bei seinem zweiten Auftritt gegen Australien nicht überzeugen. Aber immerhin war er mit einem technisch brillanten Kurzpass auf Adriano an der brasilianischen 1:0-Führung beteiligt. Die Australier brachten den fünffachen Weltmeister mit Kontern in ärgste Bedrängnis. Dreimal passte die *Selecao* ganz „unbrasilianisch" aus dem Mittelfeld zum eigenen Torwart zurück. In der 72. Minute wurde Ronaldo ausgewechselt. Für ihn kam mit dem jungen Robinho ein anderer Angestellter von Real Madrid. Nicht nur wegen seiner Vorarbeit zum 2:0 – Fred staubte seinen Pfostenschuss ab – bewies Robinho, dass er mehr war als nur Ronaldo-Ersatz.

Brasilien war mit diesem Sieg vorzeitig für das Achtelfinale qualifiziert. Trainer Parreira ließ nach dem zweiten enttäuschenden Auftritt seines Teams durch den brasilianischen Verband CBF eine Erklärung verbreiten, deren Kernaussage lautete: „Bei einer WM heißt die Show: Siegen." Parreira sah sich in seiner Einschätzung bestätigt, dass sich gegen den großen Favoriten die Gegner hinten reinstellen würden. Ronaldinho wies auf das Problem hin, dass „wir in der *Selecao* auf anderen Positionen spielen als in unseren Vereinen. Wir müssen uns erst eingewöhnen."

Da kaum davon auszugehen war, dass Japan die Brasilianer besiegen würde, genügte Australiens *Socceroos* aus der letzten Begegnung mit Kroatien ein Remis zum Weiterkommen. Kroatien musste indes gewinnen. Spannung und Dramatik waren somit vorprogrammiert. Den glücklicheren Beginn hatten die Kroaten, die schon nach 180 Sekunden in Führung gingen: Darijo Srna hämmerte einen Freistoß aus über 20 Metern Entfernung in den australischen Kasten. Als der englische Schiedsrichter Poll in der 39. Minute auf Handelfmeter für das Team vom fünften Kontinent entschied, ließ sich Craig Moore diese Chance nicht entgehen und verwandelte zum 1:1. In der zweiten Halbzeit ging Kroatien erneut in Führung, wobei Australiens Keeper Zeljko Kalac, den Guus Hiddink so überraschend wie überflüssigerweise für den soliden Mark Schwarzer zwischen die Pfosten gestellt hatte, kräftig mithalf. Kalac entglitt ein Schüsschen von Nico Kovac, so dass der Ball noch ins Tor rollte. Doch die Australier zeigten Moral und wurden dafür elf Minuten vor dem Abpfiff mit dem Ausgleich durch Harry Kewell vom FC Liverpool belohnt. Die Schlussphase war von Hektik gekennzeichnet. In den letzten fünf Minuten gab es drei gelb-rote Karten, wobei Graham Poll die Übersicht verlor. Dem Kroaten Josip Simunic zeigte er dreimal Gelb und verwies ihn erst in der Nachspielzeit des Platzes. Beim Schlusspfiff stand es immer noch 2:2, und die *Socceroos* waren ins Achtelfinale eingezogen. Die *Frankfurter Allgemeine Zeitung* kürte Coach Guus Hiddink, der vier Jahre zuvor Südkorea ins Halbfinale geführt hatte, zum „Spezialisten für Fußball-Kunststücke".

Derweil nahm in Dortmund vor 65.000 Zuschauer der brasilianische Samba-Express an Fahrt auf. Gegen Japan erfüllte die *Selecao* endlich die Erwartungen der Fußballwelt. Bezeichnenderweise mit fünf neuen Spielern: Es pausierten u.a. der 36-jährige Cafú und der 33-jährige Roberto Carlos. Die Neuen senkten nicht nur das Durchschnittsalter der *Selecao,* sondern sorgten auch für frischen Wind. Cicinho und der für Hertha BSC Berlin kickende Gilberto gefielen auf den Außenpositionen, Juninho und Gilberto Silva im Mittelfeld, und Robinho bot sich als Alternative zu Adriano an. Die Japaner konnten sich bei ihrem Keeper Yoshikatsu Kawaguchi bedanken, dass nicht schon nach 45 Minuten das halbe Dutzend voll war. Um so überraschender fiel dann in der 34. Minute das 1:0 für die Asiaten, die sich auf Konter beschränken mussten. Einen davon schloss Keiji Tamada erfolgreich ab. Aber in der Nachspielzeit des ersten Durchgangs konnte Ronaldo per Kopf ausgleichen. Der gleiche Spieler, der seit

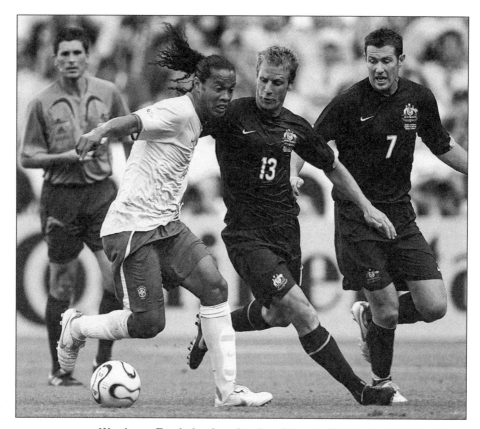

Wurde vor Turnierbeginn als „derzeit bester Spieler der Welt" gelobt, blieb im WM-Turnier aber weitgehend blass: Ronaldinho, hier attackiert von den Australiern Vincenzo Grella und Brett Emerton (rechts).

seinem ersten Auftritt bei dieser WM mit Häme und Spott überschüttet worden war, setzte auch den Schlusspunkt in einer einseitigen Partie. Mit einem Schuss aus knapp 20 Metern traf er in der 81. Minute zum 4:1-Endstand, der auch in dieser Höhe verdient war. Ronaldos zweites Tor war zugleich sein 14. Treffer bei einem WM-Turnier, womit er den bis dahin alleinigen Rekordtorschützen Gerd Müller eingeholt hatte. Trainer Parreira sah sich in seinem Festhalten an Ronaldo bestätigt. Der Spieler sei „einer für die wirklich wichtigen Momente".

Vorrundengruppe G: Schweiz / Frankreich / Südkorea / Togo

Mitfavorit Frankreich wäre beinahe schon im ersten Spiel in Stuttgart k.o. gegangen. 0:0 spielte die „Grande Nation" gegen die Schweiz. Dabei mussten die Franzosen ihren Gegner sehr genau kennen, denn als einzigem WM-Teilnehmer wurde ihnen der Konkurrent aus der WM-Qualifikationsgruppe erneut zugelost. Zwar setzte der

Gegen den späteren WM-Finalisten Frankreich holte die schweizerische *Nati* ein ehrenvolles Unentschieden. Hier Ricardo Cabanas im Zweikampf mit dem französischen Jungstar Franck Ribéry.

antrittsstarke junge Franck Ribéry von Olympique Marseille die Schweizer Defensivabteilung unter Druck. Ernsthaft in Verlegenheit geriet der Abwehrriegel aber nicht.

„Togowabohu" – so eine deutsche Zeitung über den Zustand der togolesischen Delegation. Gemeint war vor allem das Chaos um den deutschen Trainer Otto Pfister, mit 68 Jahren der älteste Übungsleiter beim WM-Turnier. Rücktritt, dann Rücktritt vom Rücktritt – erst mit dem Anpfiff des Spiels der Togolesen in Frankfurt gegen Südkorea war klar, wer das Auswahlteam von Togo betreuen würde: Otto Pfister. Unter der Woche war der Rheinländer aus dem Togo-Quartier abgereist, weil zwischen der Mannschaft und Togos Fußballverband ein Prämienstreit tobte. Die Kicker, die fünf Tage das Training boykottierten, wurden von Emmanuel Adebayor angeführt, dem einzigen Spieler Togos, der in einer der europäischen Topligen spielte. Der baumlange Stürmer von Arsenal London war bereits maßgeblich am Rauswurf von Pfisters Vorgänger Stephen Keshi beteiligt gewesen.

„Togowabohu" um Trainer Pfister

Gegen Südkorea saß Pfister also wieder auf der Bank, die Spielanweisungen erteilte allerdings Assistent Manuewa, der im allgemeinen Chaos seine Chance witterte. Die Togolesen spielten zunächst munter drauf los und gingen in der 31. Minute sogar durch Mohamed Kader in Führung. Die Wende im Spiel war die 53. Minute. Togos Yaovi Abalo, schon mit Gelb verwarnt, bekam vom englischen Schiedsrichter Graham Poll Gelb-Rot unter die Nase gehalten – zu Unrecht, wie sich später herausstellte. Nur eine Minute später konnte Chun-Soo Lee ausgleichen. Jung-Hwan Ahn gelang dann noch der glückliche Siegtreffer für die von Dick Advocaat betreuten Südkoreaner. Ausschlaggebend war, dass den Togolesen – wohl auch aufgrund ihres Trainingsrückstandes – mit fortschreitender Spieldauer die Beine schwerer wurden.

Vor dem Spiel gegen die Schweiz eskalierte der Prämienstreit im togolesischen Lager, und erstmals in der Geschichte der WM drohte ein Spielausfall. Die „Sperber" bestiegen das Flugzeug, das sie zum Spielort Dortmund bringen sollte, erst mit zweistündiger Verspätung. Vorausgegangen war ein mehrstündiger Streik, denn die Spieler hatten immer noch nichts von dem Geld gesehen, das der Verband für die Endrundenteilnahme von der FIFA erhalten hatte. Otto Pfister äußerte Verständnis für seine Kicker, die immer wieder vertröstet worden seien. Erst eine Intervention der FIFA sorgte für Entspannung.

Im Westfalenstadion kassierte Togo dann noch einmal – allerdings eine Niederlage. Für den Schweizer Alexander Frei war Dortmund dagegen ein gutes Pflaster. Mit einem Schuss aus kurzer Distanz brachte er die Eidgenossen in seiner Wunschheimat früh in Front. Beruhigend wirkte sich die Führung aber nicht auf das Schweizer Spiel aus, das durch ungenaues Passspiel, zu langsame Vorwärtsbewegung und nur wenige taktische Finessen geprägt war. Erst kurz vor dem Abpfiff dieser bescheidenen Begegnung besorgte Tranquillo Barnetta das Schweizer 2:0. Für Togo bedeutete diese Niederlage das vorzeitige Aus.

Derweil war auch rund um die französische Nationalmannschaft die Stimmung nicht zum Besten. Die französische *L'Equipe:* „Zinedine Zidane und seine Kollegen haben Frankreichs WM vermasselt." Im zweiten Spiel traf die Équipe Tricolore in Leipzig auf Südkorea, das mit einem weiteren Sieg vorzeitig ins Achtelfinale vorgedrungen wäre. Doch in Führung gingen neun Minuten nach dem Anpfiff die Franzosen. Torschütze war Arsenal-London-Star Thierry Henry, der mit diesem Treffer einen Fluch bannte, der auf *Les Bleus* lastete. Seit dem WM-Endspiel 1998 war den Franzosen kein Tor mehr bei einer Weltmeisterschaft geglückt. Die Südkoreaner stemmten sich tapfer gegen die drohende Niederlage. Ungefähr 15.000 mitgereiste Fans inszenierten auf den Rängen zur Unterstützung ihrer Idole ein riesiges Gesangs- und Musikfestival (u.a. Beethovens „Freude schöner Götterfunken" in einer interessant rhythmisierten Version). Doch mehr als der Ausgleich neun Minuten vor dem Ende der regulären Spielzeit durch Park Ji Sung kam dabei nicht heraus. Die Franzosen haderten mit dem mexikanischen Schiedsrichter Archundia, dem in der 32. Minute entgangen war, dass ein Kopfball von Patrick Viera die Torlinie überschritten hatte. Ein 2:1-Sieg hätte den vorzeitigen Einzug in die nächste Runde bedeutet. So musste die *Équipe Tricolore* nun das letzte Spiel unbedingt gewinnen. Zidane konnte nicht dabei helfen, da er seine zweite gelbe Karte kassierte und deshalb zuschauen musste.

Die eher kärglichen Auftritte der Franzosen ließen zu Hause die Medienschelte anschwellen, insbesondere gegenüber Trainer Domenech. Just Fontaine, WM-Teilnehmer und Torschützenkönig 1958 in Schweden, rief die Spieler sogar zum Aufstand gegen den ungeliebten Coach auf. Aber die *Équipe Tricolore* verhielt sich professionell und ging konzentriert in die letzte Begegnung. Bis zur 55. Minute dauerte es, ehe der überragende Patrick Viera, der anstelle Zidanes die Kapitänsbinde trug, das überfällige 1:0 für seine Farben markierte. Die Franzosen taten sich schwer gegen eine afrikanische Mannschaft, die an diesem Tage höchstens Zweitliganiveau erreichte und dessen bester Akteur Keeper Kossi Agassa vom FC Metz war. Für die Entscheidung sorgte schließlich Thierry Henry, der in der 61. Minute zum 2:0 traf und seinem Team das Achtelfinale sicherte. Es war der erste Sieg der Franzosen bei einem WM-Turnier seit dem Finale von 1998. Dazwischen lagen fünf Spiele mit drei Unentschieden, zwei Niederlagen und 1:4 Toren.

Medienschelte in Frankreich

Südkorea verspielte hingegen die Chance, sich mit einem Sieg gegen die Schweizer *Nati* noch zu qualifizieren. Auch die Eidgenossen konnten sich noch nicht sicher im Achtelfinale wähnen. Entsprechend beherzt spielten sie auf und suchten eine frühe Entscheidung. In der 23. Minute gelang Philippe Senderos das Führungstor. Die südkoreanische Mannschaft, die sich nicht nur wehrte, sondern auch mitspielte, konnte bis zur 77. Minute an ihren Erfolg glauben. Ein Treffer von Frei zerstörte dann die Hoffnungen. Südkorea schied als bestes Team mit vier Punkten aus. Die Schweiz stand dagegen zum ersten Mal nach 1994 wieder in einem Achtelfinale. Dieses musste die *Nati* allerdings ohne seinen Leistungsträger Philippe Senderos bestreiten, denn der Klasseverteidiger von Arsenal London kugelte sich die Schulter aus.

Vorrundengruppe H: Spanien / Ukraine / Tunesien / Saudi-Arabien

Fiesta Espana bei 33 Grad Sommerhitze in Leipzig: Mit einem 4:0-Sieg kanzelte in der Gruppe H das spanische Nationalteam die Ukraine ab. Das ukrainische Team um seinen Superstar Andrej Shevchenko war bei seinem WM-Debüt den Iberern in allen Mannschaftsteilen deutlich unterlegen. Verloren war für die Ukrainer das Spiel schon in der ersten Halbzeit, nachdem Xabi Alonso und David Villa ihre Farben 2:0 in Front gebracht hatten. Schlüsselszene war die 47. Minute, als sich der Ukrainer Vladislav Vashchuk nur mit einer Notbremse zu helfen wusste. Die erste rote Karte dieses Turniers und ein verwandelter Foulelfmeter (erneut Villa) waren die Folgen. Spaniens

Kronprinz Felipe und seine Gattin Letizia hatten ihre weite Anreise nach Ostdeutschland nicht bereuen müssen: Sie sahen Spaniens höchsten WM-Auftaktsieg in seiner Fußballgeschichte.

In München standen sich mit Saudi-Arabien und Tunesien zwei Mannschaften gegenüber, die schon seit Jahren auf ein neues Erfolgserlebnis beim WM-Turnier warteten: die Saudis seit dem überraschenden 1:0-Sieg in der Vorrunde 1994 gegen Belgien, Tunesien seit einem 3:1 in der Vorrunde 1978 gegen Mexiko. Zunächst sah es gut aus für die „Adler von Karthago", denn in der 23. Minute ging Tunesien 1:0 in Führung. Doch Saudi-Arabien wusste das Spiel zu drehen. Yaser Al-Kahtani in der 57. Minute und Sami Al-Jaber in der 84. Minute brachten die Saudis auf die Gewinnerstraße. Tunesien indes gab sich nicht verloren. In der dritten Minute der Nachspielzeit erzielte der in England für Bolton Wanderers aktive Rahdi Jaidi den Ausgleich.

Mit Raul kam die Wende

Auch gegen Spanien konnten die Tunesier zunächst ein Tor vorlegen. In der 8. Minute erzielte der für den 1. FC Nürnberg spielende Jawhar Mnari das 1:0, das bis zur Halbzeit Bestand hatte. Trainer Luis Aragones reagierte auf die iberische Harmlosigkeit und brachte Raul. Der Goalgetter von Real Madrid war zu Beginn der WM zum Reservistendasein verurteilt. Sehr zum Leidwesen der spanischen Fans, die vehement seinen Einsatz forderten. Raul bedankte sich für das Vertrauen. In der 71. Minute schaffte er den spanischen Ausgleich. Der junge Fernando Torres markierte dann mit zwei weiteren Toren den 3:1-Endstand.

Derweil brannten die Mannen um Coach Oleg Blochin nach der 0:4-Auftaktpleite auf Wiedergutmachung gegen Saudi-Arabien. Unterstützt wurden die Ukrainer von den Klitschko-Brüdern, die zusammen mit 50.000 Zuschauern der Partie in Hamburg beiwohnten. Schon nach vier Minuten schlug es zum ersten Mal im Kasten der Saudis ein, die in diesem Spiel völlig überfordert wirkten. Torschütze war Andrej Rusol. Noch vor der Pause erhöhte Sergej Rebrow auf 2:0. Unmittelbar nach dem Wiederanpfiff machte Shevchenko mit einem Kopfballtor alles klar, und in der 84. Minute konnte Maksim Kalinitschenko sogar noch auf 4:0 erhöhen. Da die Saudis auch im abschließenden Gruppenspiel gegen die zweite spanische Garnitur chancenlos blieben (0:1), kam das Aus für sie verdientermaßen.

Im Spiel der Ukraine gegen Tunesien ging es für beide Teams ums Weiterkommen. Entsprechend engagiert gingen die Mannschaften in Berlin zu Werke. Doch auch diese Begegnung stand auf einem bescheidenem Niveau. In der 45. Minute sah der Tunesier Zied Jaziri nach wiederholtem Foulspiel die gelb-rote Karte. Bis zur 70. Minute dauerte es, ehe Andrej Shevchenko gegen die dezimierten Nordafrikaner einen Foulelfmeter verwandeln konnte und damit die Ukraine ins Achtelfinale schoss.

Achtelfinale 1: Deutschland – Schweden 2:0

Vorrundengruppe und Spielplan waren dem DFB-Team bisher auf den Leib geschneidert. Die Mannschaft konnte sich unter eher moderaten Wettkampfbedingungen einspielen und zu ihrer Stammformation finden. Vor dem Anpfiff des Achtelfinales legte Jürgen Klinsmann dann die Messlatte extrem hoch, indem er nicht nur das Erreichen des Viertelfinales, sondern auch des Halbfinales zum „Muss" erklärte. Alles andere sei für einen Gastgeber eine „Katastrophe".

In München wartete das DFB-Team mit einer weiteren Leistungssteigerung auf. Zum dritten Male seit Beginn des Turniers gingen die Deutschen schon früh in Führung. In der 5. Minute erzielte Lukas Podolski das 1:0, nur sieben Minuten später konnte derselbe Spieler auf 2:0 erhöhen. Beide Male war der Vorbereiter der erneut exzellente Miroslav Klose, der zuweilen eine Ballbehandlung zeigte, die man vergeblich von den Brasilianern erhofft hatte. Bis zum Halbzeitpfiff hätte der unaufhörlich attackierende Gastgeber seine Führung gut und gerne auf 4:0 oder 5:0 ausbauen können, scheiterte

Schnelle Tore durch Podolski

Lukas Podolski jubelt mit Bernd Schneider über seine frühen Tore gegen Schweden.

aber wiederholt am besten Schweden, Keeper Andreas Isaksson. Die 66.000 Zuschauer sahen in der ersten Halbzeit im wichtigsten Länderspiel seit zwei Jahren die beste Vorstellung einer deutschen Nationalmannschaft seit der EM 1996.

In der 35. Minute verloren die Schweden Teddy Lucic wegen wiederholten Foulspiels. Als Hendrik Larsson in der 53. Minute auch noch einen Foulelfmeter über das deutsche Tor drosch, war das Spiel gelaufen. Neben dem Sturmduo Podolski/Klose wusste vor allem Kapitän Michael Ballack zu gefallen, der ständig anspielbereit war und allein neun Distanzschüsse auf den schwedischen Kasten abfeuerte. Einen davon konnte Isaksson gerade noch an den Pfosten lenken. Obwohl erstmals mit einem Sturm von internationaler Klasse konfrontiert, blieb das deutsche Sorgenkind, die Abwehrreihe, bereits zum dritten Mal in Folge ohne Gegentor. Schwedens *Aftonbladet* schrieb nach der deutschen Galavorstellung: „Nie zuvor ist eine schwedische Nationalmannschaft dermaßen überfahren, verprügelt und in Grund und Boden gespielt worden." Auch die „Erzfeinde" zollten dem neuen deutschen Fußball allerhöchste Anerkennung. In England schwärmte die *Sunday Times:* „Hier ist ein neues Deutschland: vibrierend, jung, anarchisch, brillant." In den Niederlanden fühlte sich *De Volkskrant* gar beim Anblick der Klinsmann-Deutschen an die Generation Cruyff erinnert: „Deutschland ist im eigenen Land nicht wiederzuerkennen. Die Mannschaft spielt offensiv, manchmal mit sieben Mann nach vorne. Es wird attackiert in der alten Forechecking-Tradition des totaal voetbal. Nicht von ungefähr wird in diesen Tagen immer der Vergleich angestellt mit den Niederlanden der früheren WM-Turniere. (…) Die Welt schaut atemlos angesichts so viel Drangs." Und in Spanien konstatierte *El Pais* eine Erhebung „gegen ein Spielsystem, das eine versteinerte Macht repräsentierte. Die Neuerung geht so weit, das man von einer Neugründung des deutschen Fußballs sprechen muss. (…) Deutschland hat die Revolution ausgerufen."

Achtelfinale 2: Argentinien – Mexiko 2:1 n.V.

Mexikos exzentrischer Trainer Ricardo La Volpe stand bei den heimischen Medien unter Dauerbeschuss. Der Trainer hatte es sich geleistet, Superstar Cuauhtemoc Blanco zu Hause zu lassen, für einige Experten Mexikos bester Spieler der Gegenwart. Grund waren alte Animositäten zwischen La Volpe und Blanco aus Vereinszeiten. Außerdem pflegte der Kettenraucher sein Team vor jedem WM-Spiel kräftig durcheinanderzuwirbeln, was daheim vor allem die Fußball-Legende Hugo Sanchez auf die Barrikaden trieb. Mit seinen ständigen Wechseln würde der Trainer die Spieler verunsichern. Auch gegen Argentinien baute La Volpe kräftig um.

Dennoch lieferten die Mexikaner ihre beste Turnierleistung ab. Bereits in der 6. Minute wurde die Anfangsoffensive der Mittelamerikaner mit der 1:0-Führung durch Rafael Marquez vom FC Barcelona belohnt. Nur drei Minuten später konnte Hernan Crespo ausgleichen. Anschließend erlebten die 43.000 Zuschauer in Leipzig ein rassiges Spiel, indem sich beide Teams auf Augenhöhe begegneten. Argentinien hatte seine beste Phase zu Beginn der zweiten Halbzeit, als Riquelme, Saviola und Rodriguez One-touch-Fußball zelebrierten und den Gegner laufen ließen. Mit der Zeit wurden die leidenschaftlich agierenden Mexikaner müde. Argentiniens Trainer Pekerman besaß indes mit den Jungstars Messi und Tevez, die für Saviola und Crespo kamen, noch zwei Asse von Weltklasse im Ärmel. Die Entscheidung fiel erst in der Verlängerung. In der 98. Minute drosch Maxi Rodriguez den Ball volley vom rechten Strafraumeck in den linken oberen Torwinkel. Ein Ball, von dem der Schütze anschließend sagte, „das er im Normalfall auf die Tribüne geht". Mexiko war damit zum vierten Mal in Folge im Achtelfinale ausgeschieden. Aufgrund der gelungenen Vorstellungen konnte man trotzdem erhobenen Hauptes nach Hause fahren.

Achtelfinale 3: England – Ecuador 1:0

Matchwinner war David Beckham durch sein Freistoßtor der Marke „Kunstschuss" in der 60. Minute. Der Kapitän, der sich kurz vor dem Abpfiff erschöpft und dehydriert auf dem Rasen erbrach, war auch der beste Akteur im Team der insgesamt erneut enttäuschenden Engländer. Das Team des nicht gerade zum Risiko neigenden Sven Göran-Eriksson wirkte lethargisch und einfallslos, operierte zumeist mit langen

Mit Müh und Not überstand England das Achtelfinale gegen Ecuador. Einer der besten Engländer war der bei Bayern München kickende Owen Hargreaves (oben mit Carlos Tenorio).

Bällen und präsentierte sich, wie die *Frankfurter Rundschau* treffend schrieb, „als die neuen Deutschen". Zum schwachen Spiel trug auch bei, dass der Schwede mit Rooney nur einen Ein-Mann-Sturm aufgeboten hatte.

In der tempoarmen Partie, die auch unter den im Stuttgarter Gottlieb-Daimler-Stadion herrschenden schwülen Temperaturen litt, waren die insgesamt harmlosen Ecuadorianer das taktisch und spielerisch bessere Team und mussten sich anschließend fragen lassen, ob man nicht leichtfertig eine große Chance vertan hatte. Denn diese Engländer wären zu packen gewesen. Doch selbst in der Schlussphase erweckte das Team von Trainer Luis Fernando Suarez den Eindruck, als wäre man mit der knappen 0:1-Niederlage gegen einen erklärten Titelanwärter eigentlich zufrieden. Bis zum Abpfiff blieb die Viererkette komplett, und auch die Auswechslungen signalisierten keine Bereitschaft zur bedingungslosen Schlussoffensive. Entsprechend fiel das Resümee des Trainers aus: „Unser Ziel war, die zweite Runde zu erreichen. Das haben wir geschafft, das macht uns zufrieden." England hatte somit sein Weiterkommen auch ecuadorianischer Selbstgenügsamkeit zu verdanken.

Achtelfinale 4: Portugal – Niederlande 1:0

Bei der EM 2004 hatten sich Portugal und die Niederlande ein packendes Halbfinale geliefert, bei dem die Iberer am Ende mit 2:1 die Oberhand behielten. Auch in Nürnberg sahen die 41.000 Zuschauer eine packende Partie, wenngleich weniger in spielerischer Hinsicht. Der russische Schiedsrichter Ivanow bekam die Begegnung nicht in Griff, verwies vier Spieler des Platzes (Niederlande: Boulahrouz, van Bronckhorst, Portugal: Costinha, Deco) und zückte nicht weniger als 20-mal die Verwarnungskarte.

„Krieg mit sportlichem Rahmenprogramm"

Den Auftakt zu der Holzerei machte der Niederländer Khalid Boulahrouz. Er trat Portugals Cristiano Ronaldo bereits in der Anfangsphase mit solcher Wucht gegen den Oberschenkel, dass dieser verletzt ausschied. Die rote Karte blieb aus, was die folgende Eskalation möglicherweise beförderte. Als die Niederländer entgegen internatio-

> ◆ **Zweifelhafter WM-Rekord**
>
> Vier gelb-rote Karten beim WM-Spiel Portugal gegen Niederlande waren neuer Rekord in der WM-Geschichte. Die alte „Bestmarke" stand bei drei Platzverweisen, erstmals erreicht bei der WM 1938 im Match zwischen Brasilien und der damaligen Tschechoslowakei. Auch bei den Begegnungen Ungarn gegen Brasilien (1954) und Dänemark gegen Südafrika (1998) wurden jeweils drei Platzverweise ausgesprochen.
> Im Spiel Portugal gegen Niederlande zückte der russische Schiedsrichter Ivanow insgesamt 20-mal eine Karte, was ebenfalls neuer Rekord war. Den alten Rekord hielt der Spanier Lopez Nieto, der 2002 beim Spiel Deutschland gegen Kamerun zweimal Gelb-Rot und zwölfmal Gelb zeigte, in der Summe demnach 18 Karten.

Skandalspiel zwischen Portugal und Niederlande. Luis Figo liegt mal wieder am Boden, Edwin van der Saar (rechts) ist sauer, Portugals Trainer Scolari (links) scheint ratlos, und Schiedsrichter Ivanow hält gelbe und rote Karten schon in der Hand. Viermal sollte er diese Farbkombination zücken.

ler Gepflogenheiten einen Schiedsrichterball nach der Behandlung eines Portugiesen nicht zurückgaben, holte der erzürnte Deco den mit dem Spielgerät vorwärts stürmenden John Heitenga von den Beinen, was ebenfalls rotwürdig war. Boulahrouz und Deco mussten aber erst später vom Platz. Boulahrouz, nachdem er Luis Figo in einem Laufduell unabsichtlich berührt hatte, woraufhin sich dieser theatralisch fallen ließ.

Deco sah Gelb-Rot wegen Spielverzögerung. Figo ließ sich zu einem Kopfstoß gegen van Bommel hinreißen, sah dafür aber nur Gelb.

Luiz Felipe Scolari fühlte sich an Partien der Copa Libertadores in seiner südamerikanischen Heimat erinnert: „Das ist wie Krieg mit sportlichem Rahmenprogramm. Das Spiel war ein bisschen wie in Südamerika." Überhaupt schien der Coach der Portugiesen an der Treterei deutlich mehr Gefallen zu finden als sein Gegenüber Marco van Basten. Das Verhalten seines Kapitäns kommentierte Scolari mit den Worten: „Jesus Christus sagt: Haltet die zweite Wange hin. Aber Figo ist nicht Jesus Christus." Der Brasilianer, der schon mal Fouls als „in gewissen Situationen notwendiges Hilfsmittel" propagiert hatte und die Auffassung vertrat, „Banditen gehören zum Fußball, Engelchen in den Himmel", hatte an diesem Abend sogar „großen Fußball" gesehen.

Die niederländische Zeitung *De Volkskrant* bezichtigte anschließend beide Teams, mit einer „makabren Parodie auf den Fußball dem Sport eine Schande bereitet" zu haben. In Portugal charakterisierte *Diario Noticas* die Begegnung als „Schlacht von Nürnberg".

Wie schon zwei Jahre zuvor hatten die Portugiesen auch dieses Mal das glücklichere Ende. Das Tor des Abends zum knappen 1:0-Sieg markierte in der 23. Minute Maniche nach Vorarbeit von Pauleta, womit Portugal erstmals seit 1966 das Viertelfinale einer WM erreicht hatte.

Die Niederlande waren zwar das bessere Team, doch wirkten ihre Angriffsbemühungen in der zweiten Halbzeit häufig zu durchsichtig und am Ende ratlos. In der Schlussphase war durch die zahlreichen Fouls und Karten ein einigermaßen planvolles Spiel ohnehin nicht mehr möglich. „Sie sind abgezockt, sie kennen alle Tricks", klagte van Basten anschließend über den siegreichen Gegner. „Der Ball war im zweiten Abschnitt vielleicht 20 Minuten im Spiel. Wir durften zu wenig Fußball spielen." Für den Bondscoach war es erst die zweite Niederlage in seiner Amtszeit. Nicht zum Einsatz kam der formschwache Ruud van Nistelrooy, den van Basten zugunsten des ungelenken Dirk Kuyt auf der Bank schmoren ließ. Der Stürmerstar hatte von seiner Nichtnominierung zuerst durch befreundete Reporter erfahren, woraufhin im Quartier der Niederländer die Fetzen geflogen waren. Van Basten war mit den Darbietungen von „Van the Man", der in fünf Jahren für Manchester United beachtliche 188 Tore erzielt hatte, höchst unzufrieden. So bekam die *Elftal* dann auch bei dieser WM noch ihren obligatorischen Hauskrach.

Achtelfinale 5: Italien – Australien 1:0

Zehn Sekunden fehlten den Australiern noch bis zur Verlängerung ihres Achtelfinales gegen Italien in Kaiserslautern. Da entschied Schiedsrichter Luis Medina Cantalejo aus Spanien auf Elfmeter für die Südeuropäer. Bis dahin hatte die *Squadra Azzurra* ihre liebe Mühe mit den „Aussis". Vor allem in der zweiten Halbzeit suchte der Außenseiter keck die Entscheidung. Ab der 50. Minute musste Italien mit dem Handicap eines Platzverweises für Marco Materazzi leben, der wegen Foulspiels Rot gesehen hatte. Aber die Australier rannten sich ein ums andere Mal in der von Kapitän Fabio Cannavaro exzellent organisierten Viererabwehrkette der Italiener fest. Zwei gute Chancen von Scott Chipperfield wurden von Keeper Gianluigi Buffon glänzend pariert.

Bei Kontern tauchte die *Squadra Azzurra* wiederholt gefährlich vor dem australischen Tor auf. So auch in der letzten Minute der Nachspielzeit, als Fabio Grosso von links in den Strafraum eindrang. Lucas Neill legte sich vor dem Italiener quer, wodurch dieser etwas aus dem Tritt kam und sich fallen ließ. Cantalejo deutete auf den Elfmeterpunkt. Eine umstrittene Entscheidung, die auch einer gewissen Unerfahrenheit des australischen Spielers geschuldet war, denn Neill hätte seinen Gegenspieler lediglich stellen müssen. Der erst in der 75. Minute für den restlos enttäuschenden Alessandro del Piero eingewechselte Francesco Totti verwandelte zum Endstand von 1:0. Cantalejo, der mit diesem Strafstoß in der 95. Minute den spätesten Elfmeter in der WM-Historie verhängt hatte, pfiff das Spiel nicht mehr an. In Italien hielt sich die Begeisterung über den Einzug ins Viertelfinale in Grenzen. Nicht nur aufgrund des Korruptionsskandals, sondern auch wegen der als zu defensiv empfundenen Spielweise von Marcello Lippis Team.

Für Guus Hiddink bedeutete das unglückliche Ausscheiden auch das Ende seiner Australien-Mission. Der „ambulante Ein-Mann-Hilfsdienst des Weltfußballs" *(Frankfurter Rundschau)* hinterließ in der vormaligen Soccer-Diaspora in den elf Monaten seines Wirkens viele positive Spuren und konnte mit berechtigtem Stolz vermelden: „Der Fußball ist dort dabei, sich unter den Top-Sportarten zu etablieren." Man müsse nun den Rückenwind durch die WM „auch für bessere Strukturen im australischen Fußball nutzen".

Achtelfinale 6: Schweiz – Ukraine 0:3 n.E.

Mit einer makellosen Abwehrbilanz stand die Schweiz im Achtelfinale. Keeper Pascal Zuberbühler hatte in der Vorrunde keinen einzigen Gegentreffer kassiert. Mit einem Sieg gegen die Ukraine hätten die Eidgenossen erstmals seit 1954 wieder ein Viertelfinale erreicht. Beide Teams begannen verhalten und setzten auf ihre Abwehrreihen. So entwickelte sich ein langatmiges Spiel, dem die Torraumszenen fehlten. Hüben wie drüben ein Lattenkracher, so lautete die magere Bilanz nach 90 Minuten.

Auch in der Verlängerung änderte sich nichts am grausamen Spiel und der doppelten Null. Ein gellendes Pfeifkonzert begleitete die Akteure ins Elfmeterschießen. Es begann, wie die Verlängerung geendet hatte: torlos, denn die beiden ersten Schützen – Andrej Shevchenko für die Ukraine und Marco Streller für die Schweiz – vergaben. Erst dem Ukrainer Milewski gelang das 1:0.

Wilhelm Tell traf aus enormer Entfernung einen Apfel, seine Nachfahren verfehlten aus elf Metern ein 2,44 mal 7,32 Meter großes Rechteck: Barnetta zielte am Tor vorbei, den Penalty von Cabanas konnte Ukraines Torwart Alexander Schowkowskij parieren. Auf der anderen Seite verwandelten Sergej Rebrow und Oleg Gusijew zum 3:0-Endstand. Niemals zuvor in der WM-Geschichte wurden in einem Elfmeterschießen weniger Tore erzielt.

Die Schweiz schied somit aus, ohne aus dem Spiel heraus ein Gegentor kassiert zu haben – auch das ein Novum in der WM-Geschichte. Keeper Zuberbühler hatte seinen Kasten insgesamt 390 Minuten sauber gehalten. Dennoch ging das Ausscheiden des Teams von „Köbi" Kuhn in Ordnung, denn in spielerischer Hinsicht waren seine Vorstellungen über weite Strecken enttäuschend.

Achtelfinale 7: Brasilien – Ghana 3:0

Zum zweiten Mal hintereinander konnte die brasilianische *Selecao* in Dortmund auflaufen und traf nun auf Ghana. Die *Black Stars* mussten mit dem gelbgesperrten Michael Essien auf ihren hellsten Stern verzichten. Schon während der Gruppenspiele glänzten die Ghanaer durch technisch versierte Auftritte, versagten aber häufig im Abschluss. Das gleiche Bild bot sich auch in Dortmund. Die Ghanaer machten das Spiel, kombinierten flüssig, überbrückten schnell das Mittelfeld, während sich die Südamerikaner auf die Verteidigung und sporadische Gegenangriffe konzentrierten. Wie zufällig, aber trotzdem nicht unerwartet hatte auf die Zuschauer das 1:0 durch Ronaldo in der 5. Minute gewirkt. Es war zugleich sein 15. WM-Treffer, womit die Turniergeschichte einen neuen Rekordtorschützen besaß und Ronaldo zumindest seine eigene Mission erfüllt hatte.

„Steht auf, wenn ihr für Ghana seid"

Ghana erholte sich erstaunlich schnell von diesem Rückschlag und ging in die Offensive. Doch zu häufig versuchte man durch die brasilianische Innenverteidigung zu schlüpfen. Selbst wenn diese Versuche von Erfolg gekrönt waren, schossen Asamoah Gyan, Sulley Muntari oder Matthew Amoah den Ball prompt neben das Tor. Zudem köpfte Gyan aus fünf Metern Distanz nur Brasiliens Schlussmann Dida an. Michael Essien später: „Wir müssen vor dem Tor viel kaltschnäuziger werden, auch mal aus drei Chancen ein Tor machen." Anstelle des hoch verdienten Ausgleichs fiel in der Nachspielzeit des ersten Durchgangs das 2:0 für Brasilien durch Adriano. Vorausgegangen war eine sehenswerte Kombination, doch das Tor fiel aus abseitsverdächtiger Position. Ghanas Trainer Ratomir Dujkovic echauffierte sich über die Entscheidung des slowakischen Schiedsrichters Michel und herrschte den Referee an: „Zieh' doch gleich das gelbe Trikot an!" Der Coach wurde auf die Tribüne verbannt.

Der zweite Durchgang war geprägt durch Minimalistenfußball der Brasilianer, bei denen Ronaldinho einen ganz schwachen Tag hatte. In der 81. Minute kassierte

Trotz Bäuchleins und Bewegungsarmut – mit seinem Treffer gegen Ghana übertrumpfte Ronaldo Gerd Müller und wurde erfolgreichster Torschütze in der Geschichte der Fußballweltmeisterschaft.

Gyan nach einer Schwalbe Gelb-Rot, drei Minuten später traf Bayern Münchens Zé Roberto zum Endstand von 3:0. Die Statistiker notierten einen häufigeren Ballbesitz der *Black Stars* sowie 18 Torschüsse Ghanas gegenüber nur elf Brasiliens.

Schon während des Spiels feierte das Dortmunder Publikum den letzten afrikanischen WM-Teilnehmer frenetisch und sang: „Steht auf, wenn ihr für Ghana seid." Beim Abpfiff erhoben sich noch einmal alle Zuschauer, um die afrikanischen Kicker mit Ovationen zu verabschieden. Ghanas Staatspräsident John Agyekum Kufuor in einer Dankesrede: „Ihr habt mit Mut und Brillanz gezeigt, dass ihr zu Siegern in der Niederlage wurdet. Ihr seid unsere Helden, wie lieben euch alle." UNO-Generalsekretär Kofi Annan rief aus: „Weint nicht um Ghana!"

Achtelfinale 8: Spanien – Frankreich 1:3

In Frankreich hatte die Diskussion um Trainer Raymond Domenech an Heftigkeit zugenommen. Der französische Staatspräsident sah sich genötigt, in einer Fernsehansprache an die Nation auch auf dieses Thema einzugehen. Jacques Chirac zeigte sich schockiert, wie mit dieser Mannschaft umgesprungen wurde und stellte sich demonstrativ vor Zidane und seine Teamkollegen. Mit diesem hochkarätigen Solidaritätsbeweis zogen die Franzosen ins Achtelfinale gegen Spanien. Freilich hatten die Kicker aus dem Nachbarland aufgrund der bisherigen Vorstellungen eine Favoritenrolle.

Domenech provozierte weitere Gereiztheiten, weil er erneut Thierry Henry als einzige Spitze aufbot. Im Gegensatz zum Spiel gegen Togo und gegen Zidanes Ratschläge blieb Trezeguet in Hannover auf der Bank. Die erste halbe Stunde gehörte den Spaniern, die in der 28. Minute in Führung gingen. Villa nutzte einen Foulelfmeter zum 1:0. Die *Équipe Tricolore* verdaute den anfänglichen Schock schnell und fand zurück ins Spiel. Noch vor dem Seitenwechsel gelang dem erneut starken Franck Ribéry der Ausgleich. Der mit einem Raketenantritt und guter Technik ausgestattete kleine Instinktfußballer war als letzter Spieler in den Kader von Domenech gerutscht. Zu diesem Zeitpunkt hatte Ribéry, dem der Ruf eines Rüpels anhaftete und der als Juniorenspieler von der Fußballakademie in Lille geflogen war, noch keinen einzigen Einsatz im Nationaltrikot absolviert.

„Zizou" macht sein Tor

Im zweiten Durchgang erhöhten die Franzosen ihren Druck, dank einer strategisch und technisch gekonnten Vorstellung von Zinedine Zidane. Nicht besonders schnell, aber kreativ setzte er ein ums andere Mal seine Mitspieler in Szene. Der anschließend zum „Man of the Match" gekürte Vieira nutzte schließlich in der 82. Minute eines dieser Anspiele zur französischen 2:1-Führung. Zidane selbst ließ in der Nachspielzeit die Kritiker „seiner" Nationalelf verstummen. Ein schönes Solo schloss er mit dem Treffer zum 3:1-Endstand ab.

Nach schwachem Turnierstart befand sich die bereits totgesagte *Équipe Tricolore* unerwartet im Viertelfinale. *France Soir* feierte die „Wiederauferstehung der Rentner". Und ein sichtlich aufgeräumter Raymond Domenech konstatierte: „Wir entwickeln uns von Spiel zu Spiel, und wir können noch besser werden." Für Spanien galt hingegen erneut: „Business as usual." Wieder war man mit großen Ambitionen gestartet, und wieder war man kläglich gescheitert.

Nach dem Achtelfinale befanden sich Europäer und Südamerikaner unter sich; mit Mexiko, Australien und Ghana waren die letzten Vertreter anderer Kontinente ausgeschieden. Die alte Hierarchie im Weltfußball schien wiederhergestellt. Sechs der acht Viertelfinalisten waren ehemalige Weltmeister; von den bisherigen sieben Champions fehlte lediglich das seit langem fußballerisch zweitklassige Uruguay. Die größte Überraschung waren die überzeugenden Darbietungen der deutschen Elf, die neben Argentinien den besten Fußball des bisherigen Turniers geboten hatte. Und ausgerechnet diese beiden Teams, die zwei WM-Finale (1986, 1990) gegeneinander bestritten hatten, trafen nun bereits im Viertelfinale aufeinander.

Viertelfinale 1: Deutschland – Argentinien 4:2 n.E.

Der letzte deutsche Sieg gegen einen „Großen" des Weltfußballs datierte vom 7. Oktober 2001, als England in der Qualifikation zur WM 2002 im Londoner Wembley-Stadion mit 1:0 besiegt wurde. Es folgte eine Serie von 18 Spielen ohne Sieg gegen Frankreich, England, Argentinien, Italien, Brasilien, Spanien, die Niederlande und Tschechien. Jürgen Klinsmann verkündete vor der Begegnung: „Für eine Nation wie Deutschland als dreifacher Weltmeister und WM-Gastgeber kann nach einem Viertelfinale nicht Ende sein – und es wird nicht Schluss sein. (…) Es ist an der Zeit, dass wir einen Großen des Weltfußballs schlagen." Klinsmanns argentinischer Kollege Pekerman zeigte großen Respekt vor den „neuen Deutschen": „Es ist in den vergangenen zwei Jahren unter Jürgen Klinsmann viel passiert." Deutschland spiele nun „einen schönen Fußball. Immer nach vorne, fast so wie wir."

Schreck in der 49. Minute: Argentinien erzielt das 1:0. Frings und Ballack wirken geschockt, Juan Pablo Sorin (rechts) jubelt.

◆ Elfmeterschießen: eine deutsche Erfindung

Der „Erfinder" des Elfmeterschießens ist ein Deutscher. 1970 schlug der 1916 in Frankfurt/M. geborene und im oberbayerischen Penzberg lebende Bergarbeiter und Referee Karl Wald dem Bayerischen Fußballverband die Abschaffung des Losentscheids oder Münzwurfs zugunsten eines Elfmeterschießens vor. Nur so könne es einen einwandfreien sportlichen Sieger geben. Walds Vorschlag wurde vom Verbandstag angenommen – gegen den Willen der Verbandsführung. Wenig später übernahm auch der DFB die Neuerung aus dem Freistaat. Es folgten die UEFA und die FIFA. Erstmals wurde das Elfmeterschießen bei der EM 1976 angewandt. Bei der WM erfolgte die Premiere 1982.

Bislang wurden 22 WM-Spiele durch Elfmeterschießen entschieden, darunter zwei Finale (1994: Brasilien - Italien 3:2 sowie 2006: Italien - Frankreich 6:4) und vier Halbfinale: 1982 Deutschland - Frankreich 5:4; 1990 Argentinien - Italien 4:3, Deutschland - England 4:3; 1998 Brasilien - Niederlande 4:3. Größter Pechvogel in Sachen Elfmeterschießen ist England, das bislang dreimal antrat und dreimal unterlag. Die Siegerliste hingegen führt Deutschland an, mit vier gewonnenen Elfmeterschießen vor Argentinien (3), Frankreich und Brasilien (2). So mag es eine gewisse Logik haben, wenn die portugiesische Zeitung *Publico* nach dem Viertelfinale Deutschland gegen Argentinien stöhnte: „Gott mag ein Brasilianer sein. Aber der Teufel vermachte den Deutschen das Geheimnis des Elfmeterschießens."

In Berlin war allerdings davon zunächst nicht viel zu sehen. In der ersten Halbzeit wirkten die Deutschen nervös, Ballack produzierte viele Fehlpässe, zwischen Abwehr und Angriff klaffte ein großes Loch. Auch Manager Oliver Bierhoff bekannte später, „dass die Mannschaft in der ersten Halbzeit nicht so gespielt hat, wie wir das gewohnt waren". Man habe ein paar Dinge gesehen, „die die Spieler nicht so umgesetzt haben, wie es die Trainer haben wollten".

Dass Ballack und Co. defensiver agierten als bislang im Turnier, war allerdings durchaus gewollt. Klinsmann-Assistent Joachim Löw: „Es wäre fatal gewesen, wenn wir von Anfang an Pressing gespielt hätten. Das kann man gegen einen solchen Gegner nicht 120 Minuten durchstehen."

In der 49. Minute mussten die Deutschen erstmals in diesem Turnier einen Rückstand hinnehmen, als Ayala nach einem Eckstoß von Riquelme zum 1:0 für die *Albiceleste* einköpfte. Klose hatte zu spät reagiert. Der Treffer war allerdings symptomatisch für die Probleme der Argentinier. Aus dem Spiel heraus ließen die Deutschen keine Torchance zu. Die Abwehr agierte sehr sicher, auch der bis dahin als Schwachpunkt betrachtete Arne Friedrich spielte eine überzeugende Partie und nahm Argentiniens „Wunderstürmer" Carlos Alberto Tevez weitgehend aus dem Spiel. Im defensiven Mittelfeld raubte Torsten Frings, bester deutscher Spieler an diesem Tag, Spielmacher Riquelme den letzten Nerv. Dennoch stellten sich nicht wenige die Frage, ob die Mannschaft wirklich stark genug sei, diesen Rückstand gegen einen „Großen", vielleicht „den Größten" bei diesem Turnier, noch zu drehen.

Angeführt von Michael Ballack entwickelte ein willens- und konditionsstarkes DFB-Team nun mehr Druck in Richtung gegnerisches Tor. In der 62. Minute kam die „Geheimwaffe" David Odonkor für Bernd Schneider aufs Feld, zwölf Minuten später löste Tim Borowski Sebastian Schweinsteiger ab. Die Auswechslungen machten sich wieder einmal bezahlt, denn in der 80. Minute verlängerte Borowski eine kluge Flanke von Ballack per Kopf zum bis dahin weitgehend wirkungslosen Miroslav Klose, der seinerseits den Ball zum Ausgleich einköpfte. Argentiniens zweiter Keeper Leo Franco war chancenlos. In der 71. Minute hatte Roberto Abbondanzieri nach einem Foul von Klose seinen Platz zwischen den Pfosten räumen müssen. Die Nummer eins von Boca Juniors galt als „Elfmetertöter".

Entscheidender für den weiteren Verlauf dieses Viertelfinales war aber wohl, dass Pekerman – offenbar in der Absicht, den knappen Vorsprung zu verteidigen – in der 72. Minute den müde wirkenden Riquelme vom Platz genommen hatte. Und zwei Minuten vor dem Ausgleich hatte der Coach nicht Messi oder Saviola für den blassen Crespo in den Sturm geschickt, sondern Julian Ricardo Cruz, der sich als völlig überfordert erwies. Damit hatte Pekerman seine Auswechselmöglichkeiten erschöpft und konnte folglich nach Kloses Ausgleich nicht mehr reagieren.

In der Verlängerung gehörte die erste Halbzeit den Deutschen, die zweite den Argentiniern. Michael Ballack musste sich schon während der regulären Spielzeit immer wieder an der verletzten Wade behandeln lassen. In der Verlängerung kamen noch Krämpfe hinzu, doch der Kapitän hielt durch. Da es nach 120 Minuten noch 1:1 stand, musste ein Elfmeterschießen entscheiden. Für Deutsche wie Argentinier war es bereits ihr viertes in der WM-Geschichte. So häufig war kein anderer der bisherigen WM-Teilnehmer zum Elfmeterpunkt gerufen worden. Und beide hatten die vorausgegangenen drei Duelle gewonnen. Das DFB-Team 1982 – das erste Elfmeterschießen bei einer WM überhaupt – gegen Frankreich, 1986 gegen Mexiko und 1990 gegen England; Argentinien 1990 gegen Jugoslawien und Italien und 1998 gegen England. Somit standen sich in Berlin die erfolgreichsten Nationen in Sachen Elfmeterschießen gegenüber.

Im Duell der „Elfmeter-Giganten" behielten die Deutschen die Oberhand. Neuville, Ballack, Podolski und Borowski verwandelten souverän. Frings musste nicht mehr antreten, denn Jens Lehmann parierte die Schüsse von Ayala und Cambiasso großartig. Der Keeper, **Lehmann als Elfmetertöter** der sich bis dahin im Turnier noch nicht auszeichnen konnte, geriet zum Helden des Tages. Lehmann hatte sich auf ein Elfmeterschießen akribisch vorbereitet. In seinem rechten Stutzen steckte ein Spickzettel, auf dem notiert war, wohin welcher argentinische Elfmeterschütze gewöhnlich schoss. Vor Cambiassos Schuss holte Lehmann den Zettel nochmals aus seinem Stutzen heraus, um einen Blick darauf zu werfen. Gemäß der schriftlichen Anweisungen warf er sich in die richtige Ecke. Italiens *Corriere della Sera* attestierte Lehmanns Paraden über die WM hinausweisende Folgen: „Als Jens

Herr Lehmann tötet einen Elfer, diesmal den von Esteban Cambiasso.

Lehmann den Elfmeter von Cambiasso hielt, öffnete er nicht nur die Tore ins Halbfinale, sondern besiegelte auch die deutsche Revolution."

„Wir haben nicht gut gespielt, aber sehr, sehr clever", resümierte Michael Ballack die 120 Minuten von Berlin. Und genau dies hatte man dem Team am allerwenigsten zugetraut. Manager Oliver Bierhoff sprach von einer erfolgreichen „Reifeprüfung".

Wie frustriert die Argentinier über das von ihnen nicht erwartete Ausscheiden waren, dokumentierte der wuchtige Tritt, den Ersatzspieler Leandro Cufre nach dem Ende des Elfmeterschießens dem Deutschen Per Mertesacker in den Unterleib versetzte, wofür er vom guten slowakischen Schiedsrichter Lubos Michel die rote Karte erhielt. Im folgenden Tumult stürzte sich Maxi Rodriguez auf Bastian Schweinsteiger und schlug ihm auf den Kopf. Gabriel Heinze konnte nur von herbeigeeilten DFB-Funktionären – allen voran Manager Oliver Bierhoff – von Schlägen gegen deutsche Spieler abgehalten werden. José Pekerman, der Argentinien nicht nur mit einer neuen Spielkultur, sondern auch mit einer neuen moralischen Haltung gegenüber dem Spiel beglückt hatte, zeigte sich wohl auch aufgrund dieser Szenen resigniert und erklärte unmittelbar nach der Partie seinen Rücktritt.

Viertelfinale 2: Italien – Ukraine 3:0

Vor dem Spiel lobten ukrainische Industriebosse acht Mio. Dollar für den Einzug der *Sbirna* unter die letzten Vier aus. Derweil erreichte die Italiener die Nachricht vom Selbstmordversuch des einstigen Nationalspielers Gianluca Pessoto, der sich vom Dach des Turiner Klubhauses gestürzt und dabei lebensgefährlich verletzt hatte. Pessoto war als Juventus-Teammanager der Nachfolger von Luciano Moggi, den man wegen seiner zentralen Rolle im Korruptionsskandal geschasst hatte. Fünf Spieler der *Squadra Azzurra* – del Piero, Cannavaro, Zambrotta, Camoranesi und Buffon – hatten noch vor einem Jahr gemeinsam mit Pessotto für Juve gespielt. Sie zeigten sich geschockt, doch die „Vaterfigur" Marcello Lippi benutzte den Korruptionsskandal wie die Schlagzeilen um Pessotto, um sein Team weiter zusammenzuschweißen. Gianluigi Buffon kündigte an: „In Hamburg spielen wir für Pessotto!" Lippis Team trug längst auch eine politische Mission in ihrem Gepäck. Zum Spiel gegen die UkrainΩe kam Giovanna Melandri, Staatssekretärin für den Sport, angereist. Die Politikerin äußerte die Hoffnung, dass „für unseren Lieblingssport mit diesem Turnier ein sauberer Neuanfang ausgeht".

Mit Italien und Ukraine trafen zwei Teams aufeinander, die mehr als alle anderen Teilnehmer dieser WM bisher einen puren „Ergebnisfußballs" gezeigt hatten. Marcello Lippi, der in den Jahren vor der WM eine Öffnung zu einem offensiveren Stil gewagt hatte, bei der WM aber eher „traditionell italienisch" spielen ließ: „Jede Nation hat ihren Stil, wir werden nie spielen wie die Brasilianer." Sein ukrainischer Kollege Oleg Blochin beklagte: „Niemand mag den Fußball, den wir spielen." Vom Spiel gegen Saudi-Arabien abgesehen, waren die Ukrainer bei ihren Auftritten stets mit Pfiffen verabschiedet worden.

Weder Lippi noch Blochin wichen im Viertelfinale von ihrer Linie ab. Lippi wechselte in Hamburg zwei Verteidiger für zwei Mittelfeldspieler ein. Blochin bot für den verletzten Stürmer Andrej Woronin einen zusätzlichen Verteidiger auf.

Doch die Italiener zeigten in Hamburg ihr bis dahin bestes Spiel und gingen bereits in der 6. Minute durch Gianluca Zambrotta in Führung. Der Sieg der Italiener geriet nur wenige Minuten in Gefahr, als Gusew und Kalinitschenko in der 58. Minute Großchancen vergaben. Einmal rette die Querlatte, einmal stand Buffon im Wege. Nur eine Minute später beendete Luca Toni, mit für den italienischen Fußball unglaublichen 31 Treffern Torschützenkönig der Serie A, mit seinem ersten Tor bei diesem Turnier die kurze Sturm- und Drangphase der Ukrainer. In der 69. Minute erhöhte derselbe Spieler auf 3:0, was auch der Endstand war.

Squadra Azzurra taktisch perfekt

Italien präsentierte sich als taktisch perfektes und in allen Mannschaftsteilen gut besetztes Team, wobei die Abwehr einmal mehr das Prunkstück war: mit Weltklassekeeper Buffon, der bis zum Halbfinale nur durch ein Eigentor seines Mannschaftskameraden Christian Zaccardo bezwungen wurde, und mit Fabio Cannavaro, dem wohl technisch und spielerisch besten Verteidiger des Turniers. Das riesige Potential, das Italien bei den Defensivkräften besaß, wurde auch daraus ersichtlich, dass Marcello Lippi gegen die Ukraine auf den defensiven Mittelfeldspieler Daniele de Rossi (Rotsperre), Marco Materazzi (ebenfalls gesperrt) und Alessandro Nesta (verletzt) verzichten musste. Der Coach pries nach dem Schlusspfiff den „großartigen Teamgeist" und „unglaublichen Charakter" seines Teams.

Den Ukrainern wurde der Abschied mit einer prächtigen Pro-Kopf-Prämie von 267.000 Euro versüßt. Außerdem konnte man einen politischen Erfolg verbuchen, denn sowohl im national-patriotisch gesinnten Westen des Landes wie in dessen Zentrum und Osten, wo die Nationalspieler herkamen und mehr russisch als ukrainisch gesprochen wurde, fieberte man mit der *Sbirna*. „Dank des Fußballs werden wir Patrioten", konstatierte die *Ukrainska Prwada*. Und Verteidiger Vladislav Vashuk: „Wir Fußballer haben das Land geeint."

Viertelfinale 3: Frankreich – Brasilien 1:0

„Allez les Vieux", besser und treffender hätte die Abwandlung des französischen Anfeuerungsrufes „Allez les Bleus" nicht sein können. Abgeklärt und ruhig gingen in Frankfurt die Franzosen in ihre Viertelfinalbegegnung gegen Brasilien. Den wirklichen Standort der *Selecao* konnte man nach vier Auftritten immer noch nicht bestimmen. Vielfach herrschte das Gefühl, die Brasilianer hätten bislang nur mit angezogener Handbremse gespielt und würden ihr wahres Potential erst ab dem Viertelfinale zur Entfaltung bringen. Die *Équipe Tricolore* hatte sich indes bereits peu à peu gesteigert und gegen Spanien dokumentiert, wozu sie fähig war.

Ein überragender Zinedine Zidane

Das Wiedersehen der Finalgegner von 1998 fand unter den Augen des französischen Staatspräsidenten Jacques Chirac statt, der den Ausflug auf die andere Seite des Rheins nicht bereuen sollte. Zunächst überraschte Brasiliens Coach Parreira mit seiner Aufstellung nicht nur den Gegner. Adriano und Robinho blieben draußen. Ronaldinho rückte weiter nach vorne, fast neben Ronaldo. Das alles war augenscheinlich keine gute Idee. Während Brasilien kaum Spielverständnis entwickelte, spielte „La Grande Nation" kombinationssicher und gefährlich auf. Es war die beste Vorstellung der Franzosen seit der EM 2000. Das Spiel weckte gleich in zweifacher Hinsicht Erinnerungen an das WM-Finale von 1998. Ronaldo kroch über den Platz wie vor acht Jahren, und bei den Franzosen war es wie damals ein überragender Zinedine Zidane, der die Fäden zog. Ein derartige Leistung hatte man dem 34-Jährigen nicht mehr zugetraut. Die *Frankfurter Rundschau* schrieb anschließend: „Zinedine Zidane machte genau da weiter, wo er vor acht Jahren im Finale der Weltmeisterschaft gegen Brasilien im Stade de France in Paris aufgehört hatte, er zelebrierte anmutigen, wunderschönen Fußball, er erhob das Ballspiel mit seinen Füßen zur Kunst. Er trumpfte auf, als sei er am Abend vor dem Spiel in einen Jungbrunnen gefallen."

Immer wieder setzte „Zizou" mit klugem Passspiel seine Mitspieler in Szene. Die *Selecao* wurde schonungslos auseinandergespielt. Für die spanische Zeitung *El Mundo* war Zidane an diesem Abend „der wahre Brasilianer". Carlos Alberto Parreira schwärmte von einer „wundervollen Vorstellung, die man gar nicht in Worte fassen kann", und selbst der eigene Coach, Raymond Domenech, kam nicht umhin, den von

Der Moment, der Brasilien aus dem Turnier wirft: Thierry Henry drischt das Leder ins Tor der *Selecao*.

ihm ungeliebten Star mit demonstrativem Applaus zu verabschieden. Was Frankreich an diesem Abend demonstrierte, war die bis dahin spielerisch, technisch und taktisch perfekteste Vorstellung eines Teams bei diesem Turnier. Neben Zidane verdiente sich Patrick Vieira im defensiven Mittelfeld erneut das Prädikat Weltklasse. Hinter ihm agierten souverän die Innenverteidiger Lilian Thuram und William Gallas. Auf den Flügeln holten Florent Malouda und Franck Ribéry permanent zu Attacken aus, und auch Thierry Henry zeigte sich verbessert.

Der Stürmer von Arsenal London war es dann auch, der das Tor des Abends erzielte. In der 57. Minute hatte Zidane – natürlich – einen Freistoß in den Strafraum der Brasilianer und über deren Abwehr geschlenzt, wo der frei stehende Henry den Ball direkt in die Maschen drosch.

Auch nach diesem Rückstand änderte sich nichts im brasilianischen Spiel. Kein Raumgewinn, keine zwingende Torchance. Das konnten auch die doch noch eingewechselten Adriano und Robinho nicht mehr richten. Symbolisch für

Ein enttäuschender Ronaldinho

das brasilianische Spiel war zum Spielende ein Freistoß in aussichtsreicher Position, den Ronaldinho ausführte. Er verfehlte das Tor um mehrere Meter. Vor dem Turnier wurde gemeinhin vermutet, der Brasilianer würde zum großen Star der WM avancieren. Doch das Turnier lief an Ronaldinho vorbei. Er wurde freilich auch ein Opfer von Parreiras Sicherheitstaktik. Der Coach ließ den Weltfußballer der Jahre 2004 und 2005 weiter hinten agieren als bei seinem Stammverein FC Barcelona. Dadurch konnte

Ronaldinho seine Offensivqualitäten nicht ausspielen; die Wege nach vorn wurden für ihn länger und der Spielaufbau der *Selecao* langsamer.

Zum ersten Mal seit 16 Jahren war Brasilien – Endspielteilnehmer 1994, 1998 und 2002 – wieder in einem Viertelfinale gescheitert. De facto hatte sich das von seinem Personal her weltbeste Ensemble selbst geschlagen. Das Scheitern Brasiliens war eine Mischung aus Überheblichkeit, schlechter Vorbereitung und eines versäumten personellen Umbruchs. Der beeindruckende Gewinn des Confed-Cup 2005 wie die unglaubliche Bewunderung, die dem Fußballland Brasilien weltweit zuteil wurde, hatte Illusionen geschürt. Brasilien, so glaubte man, müsse in Deutschland lediglich antreten, um ein sechstes Mal zu triumphieren.

Die Brasilianer fuhren als letzte Nichteuropäer nach Hause, wo man nicht gerade zimperlich mit ihnen verfuhr: „Eine Mannschaft zum Vergessen", meinte *Estado de Sao Paulo*. „Apathisch und ohne Angriffspower", beschrieb *Fohla de Sao Paulo* die brasilianischen Leistungen. Carlos Alberto Parreira richtete den Blick nach vorne: „Lasst uns die Leiche mit Anstand begraben und aus der Asche stärker zurückkehren als je zuvor." Derweil schwenkte Frankreichs Presse, die zuvor *Les Bleus* in Grund und Boden geschrieben hatte, abrupt um. *L'Equipe* urteilte nun: „Wie in einem Traum. Eine phantastische Leistung, die die anfängliche Untergangsstimmung einer einzigartigen Mannschaft in ein goldenes Licht taucht." *Le Figaro* plädierte gar dafür, dem zuvor so geschmähten Trainer Raymond Domenech einen Platz im Panthéon zu reservieren. Doch die lautesten und schönsten Lobeshymnen wurden auf Zidane gesungen.

Viertelfinale 4: England – Portugal 1:3 n.E.

Mit Portugal und England trafen zwei Teams aufeinander, die sich bereits im Viertelfinale der EM 2004 begegnet waren. Damals gewann Portugal im Elfmeterschießen, und der Held des Spiels war Keeper Ricardo. Vor dem 13. Elfmeter hatte sich Ricardo die Handschuhe ausgezogen. Der Engländer Darius Vasall schoss, und der Portugiese parierte mit bloßen Fäusten. Anschließend trat Ricardo selbst zum Elfmeterschießen an, traf – und Portugal stand im Halbfinale.

Englands Wayne Rooney hatte das EM-Viertelfinale aber nicht nur deshalb in schlechter Erinnerung. Der Shooting Star der EM 2004 erlitt damals nach einem Foul des portugiesischen Abwehrspielers Jorge Andrade einen Mittelfußbruch. Und als sich Rooney im April 2006 beim Meisterschaftsspiel von Manchester United bei Chelsea London ein zweites Mal den Mittelfuß brach, war der Verursacher mit dem mächtig grätschenden Paulo Ferreira erneut ein Portugiese gewesen.

Das WM-Viertelfinale zwischen den beiden Ländern geriet nun zu einem Déjà-vu-Erlebnis der besonderen Art – insbesondere für Rooney und Ricardo. Die Engländer gingen optimistisch in das Spiel, nicht zuletzt aufgrund der atemberaubend schnellen Genesung von Rooney. Sein Mannschaftskamerad Steven Gerrard: „Waynes

Wayne Rooney wird sauer. Ein verlorener Zweikampf erregt ihn so sehr, dass er Sekunden später seinem Gegner Ricardo Carvalho (links) in den Unterleib tritt.

Rückkehr hat einen psychologischen Effekt auf das Team. Er kann gegen Portugal unser Schlüsselspieler sein." Und in gewisser Weise wurde er es dann auch.

In der englischen Turniermannschaft passte auch an diesem Tag nur wenig zusammen, obwohl Portugal auf Spielmacher Deco und Balleroberer Costinha verzichten musste, die wegen ihrer gelb-roten-Karten aus dem Achtelfinale gesperrt waren. Der vor dem Turnier hochgelobte Frank Lampard von Chelsea London konnte erneut nicht seine eigentliche Leistungsstärke abrufen. Bester Engländer war noch Owen Hargreaves, von den englischen Medien lange Zeit nicht wahrgenommen oder verhöhnt. Das Laufwunder von Bayern München wurde später zum „Man of the Match" gekürt.

In der 62. Minute ließ sich Wayne Rooney zu einem Frustfoul gegen Carvalho hinreißen, dem er während eines Zweikampfgetümmels in die Weichteile trat. Der argentinische Schiedsrichter Elizondo stand direkt am Tatort, zögerte nicht eine Sekunde und zückte Rot. „Er hat den Fitness-Test bestanden, nicht aber den Gentleman-Test", lautete der trockene Kommentar des BBC-Reporters. Englische Spieler berichteten anschließend, der Schiedsrichter habe auf Zuruf von Portugals Cristiano Ronaldo reagiert, einem Mitspieler von Rooney bei Manchester United. Rooney tobte und versuchte nach Schluss der Begegnung, Ronaldo an den Kragen zu gehen, woran ihn aber seine Mannschaftskameraden hinderten. „Ich werde ihn in zwei Stü-

**Wayne Rooney:
Ein Mann sieht Rot**

cke schlagen", wurde er von der *Sun* zitiert. In der Kabine ließ Rooney verlauten: „Ich kann nie mehr mit ihm zusammenspielen. Ich werde dafür sorgen, dass er rausfliegt." Und später auf die Frage nach einer Versöhnung: Die einzige Art, das Kriegsbeil zu begraben, sei für ihn, „das Beil in Ronaldos Kopf zu begraben".

Völlig von Sinnen war einmal mehr der englische Boulevard: „Lasst ihn nie wieder in unser Land einreisen", forderte etwa der *Sunday Mirror* und erklärte Ronaldo zum „meist gehassten Mann Englands". Der ehemalige Torjäger Alan Shearer, designierter Co-Trainer der *Three Lions,* steuerte noch einen ganz praktischen Vorschlag bei: „Ich denke, Wayne sollte Ronaldo im Training bei Manchester niedertreten."

Die Portugiesen konnten nach Rooneys Abgang offensiver spielen, aber aus ihrem Überzahlspiel vermochten sie kein Kapital zu schlagen. Mittlerweile hatte David Beckham für Aaron Lennon Platz gemacht, und der baumlange und kopfballstarke Peter Crouch den Platz von Joe Cole eingenommen. Besser wurde das Spiel dadurch auch nicht. Nach 90 Minuten ging es torlos in die Verlängerung, die ebenfalls keine Treffer und somit keine Entscheidung brachte.

Ricardo meistert drei Elfmeter

Nun musste – wie zwei Jahre zuvor in Portugal – ein Elfmeterschießen über den Einzug ins Halbfinale entscheiden. Aufgrund der negativen Erfahrungen mit dem Showdown hatten die Engländer hierfür akribisch geübt – nur gebracht hatte es nichts, wie die gesamte WM-Vorbreitung der Engländer. Portugals Simao eröffnete und ließ dem englischen Keeper Paul Robinson keine Chance. Lampard sollte antworten, scheiterte aber an Ricardo und krönte mit diesem Fehlschuss seinen mageren WM-Beitrag. Noch einmal konnten die Engländer Hoffnung schöpfen, als Viana am linken Pfosten scheiterte und Hargreaves anschließend traf. Doch der englische Absturz kam rasch. Nach einem weiteren Pfostentreffer durch Petit parierte Ricardo erneut, diesmal gegen Gerrard. Im Gegenzug konnte Postiga, er war in der zweiten Halbzeit für Figo eingewechselt worden, auf 2:1 für Portugal erhöhen. Held des Abends wurde aber Ricardo, der gegen Carragher seinen dritten Elfmeter hielt, was neuer WM-Rekord war. Ricardo: „Wenn die Engländer mich sehen, denken sie wohl, ich sei der Teufel." Den Schlusspunkt setzte Portugals Jungstar Cristiano Ronaldo, der souverän zum 3:1-Endstand traf, was seine Sympathiewerte auf der britischen Insel nicht gerade erhöhte.

Für England war es nach der WM 1990, EM 1996, WM 1998 und EM 2004 bereits das fünfte Scheitern bei einem großen Turnier im Elfmeterschießen. Aber ein Weiterkommen der *Three Lions* wäre auch nicht verdient gewesen. Das hoch gehandelte Team war eine einzige Enttäuschung. Sven Göran-Eriksson verabschiedete sich von der WM und seinem England-Job mit den dürren, aber zutreffenden Worten: „Wir haben versagt!"

Halbfinale 1: Deutschland–Italien 0:2 n.V.

Zum ersten Mal seit 1982 war das Halbfinale wieder eine rein europäische Angelegenheit. Mit der Paarung Deutschland gegen Italien stand erneut ein „vorweg genommenes Endspiel" auf dem Programm, denn die Deutschen hatten sich mit dem Sieg über Argentinien endgültig zum ernsthaften Titelkandidaten gemausert.

Nach dem Eklat im Anschluss an das deutsch-argentinische Elfmeterschießen hatte die FIFA-Disziplinarkommission gegen die Argentinier Cufré und Rodriguez Disziplinarmaßnahmen eingeleitet. Obwohl noch nicht alle Bilder ausgewertet waren, erklärte die Kommission den Fall zunächst für abgeschlossen und versicherte, deutsche Spieler seien von den Ermittlungen nicht betroffen. 48 Stunden nach dem Elfmeterschießen geriet doch noch ein deutscher Spieler ins Visier der Ermittler: Torsten Frings. TV-Bilder suggerierten eine Tätlichkeit des Bremers gegen Julio Cruz. Die Bilder waren vom italienischen Privatsender Sky Sport Italia aufgenommen und in Italien bereits am Tag nach dem Spiel ausgestrahlt worden. Im Rahmen des allgemein üblichen Austausches von Impressionen zwischen den TV-Sendern waren sie dann in die Hände von ARD und ZDF gelangt. Frings bestritt ein Vergehen: „Ich habe mich in einem Pulk befunden, in dem alle wild um sich geschlagen haben. Ich habe selber zwei Schläge abbekommen. Da habe ich zu meinem Schutz die Hände nach vorne gestreckt, mehr war nicht." Auch das vermeintliche Opfer entlastete

Frings wird gesperrt

Philipp Lahm, hier im Zweikampf mit Gianluca Zambrotta, war auch gegen Italien einer der besten deutschen Spieler.

Frings. So erklärte Cruz: „Ich bin nicht geschlagen worden oder habe es zumindest nicht bemerkt." Die FIFA zeigte sich hiervon unbeeindruckt. Die 19-köpfige, aber nicht vollständig anwesende Disziplinarkommission verurteilte Frings zu einer Sperre von einem Spiel. Ein weiteres wurde unter Bewährung gestellt. Doch hielt man sich im deutschen Lager nicht lange mit dem Vorfall auf, zumal man mit dem Dortmunder Sebastian Kehl einen guten Frings-Ersatz im Kader hatte. Man strotzte vor Optimismus – trotz des erst einige Monate zurückliegenden 1:4-Debakels gegen denselben Gegner.

Obwohl Marcello Lippi nominell mit nur einer Spitze antrat (Luca Toni), überraschte der Taktik-Fuchs die Deutschen zunächst mit einer aktiven und offensiven Spielweise. Deutsche Angriffsbemühungen gerieten zunächst recht behäbig und wurden zumeist vor dem italienischen Strafraum erstickt. Die Spitzen Klose und Podolski waren bei Materazzi und dem erneut überragenden Cannavaro gut aufgehoben. Das Kopfballspiel des nur 1,75 Meter großen Innenverteidigers von Juventus Turin besaß sensationelle Dimensionen. So kam im ersten Durchgang lediglich Bernd Schneider zu einer Chance, zog den Ball aber über das Tor. Die *Squadra Azzurra* gefiel durch schnelle kurze Pässe. Doch in den Strafraum gespielte Bälle wurden von dem sehr gut mitspielenden Jens Lehmann immer wieder aus dem Spiel geholt.

Knockout in der Verlängerung: Fabio Grosso schlenzt den Ball an Kehl (links) und Ballack vorbei ins deutsche Tor.

Nach dem Wiederanpfiff fand das DFB-Team besser ins Spiel, agierte aggressiver und erarbeitete sich auch Chancen durch Klose und Podolski. Das torlose Remis nach 90 Minuten entsprach nun dem Spielverlauf.

Lippi hatte noch vor Ablauf der regulären Spielzeit den wendigen Alberto Gilardino (für den eher statisch wirkenden Toni) und Vicenzo Iaquinta (für Camoranesi) in die Partie gebracht. Die Einwechslung der beiden Offensivkräfte wirkte wie eine Frischzellenkur. In der Verlängerung war die *Squadra Azzurra* das dominierende Team, während den Deutschen die Strapazen der nur vier Tage zurückliegenden 120 Minuten gegen Argentinien nun deutlich anzumerken waren. Die Italiener schalteten einen Gang

Der Traum vom Finale ist dahin. Gerald Asamoah tröstet den weinenden David Odonkor.

höher und besaßen mit Latten- und Pfostenschüssen durch Gilardino und Zambrotta eindeutig die hochkarätigeren Chancen. Allerdings verpasste auch Podolski zweimal nur knapp einen Torerfolg. Italien blieb am Drücker; offensichtlich wollte man ein Elfmeterschießen vermeiden, zumal die Bilanzen der beiden Nationen in dieser Disziplin höchst unterschiedlich ausfielen.

Eine Minute vor dem Ende der Partie geschah es dann. Nach einem Eckball düpierte Andrea Pirlo mit einem genialen Pass in den Strafraum gleich vier deutsche Akteure, Fabio Grosso nahm den Ball auf und überwand Lehmann mit einem technisch perfekten Schlenzer ins lange Eck. Beim ermüdeten DFB-Team hatte die Konzentration merklich nachgelassen, und einige Spieler waren mit den Gedanken bereits beim Elfmeterschießen. Per Mertesacker bekannte nach dem Abpfiff: „Vielleicht haben wir uns schon zu sehr auf das Elfmeterschießen gefreut."

Zwar versuchte die deutsche Elf noch hektisch, den Ausgleich zu schaffen, und rückte entsprechend weit auf. Doch stattdessen gelang dem mittlerweile eingewechselten Alessandro del Piero in der Nachspielzeit auch noch das 2:0. Die Ausführung erfolgte nicht minder fabelhaft wie beim ersten Treffer der Italiener. Die Art und Weise, wie die *Squadra Azzurra* ihre Tore erzielte, dokumentierte den kleinen, aber feinen Unterschied zwischen den beiden Teams. Italien war individuell besser besetzt und verfügte über größere Erfahrung – im Schnitt war die Mannschaft fast drei Jahre älter als das DFB-Team. Die technische Überlegenheit und Souveränität der italienischen Spieler manifestierte sich nicht zuletzt im Torabschluss, wo das DFB-Team bei diesem

♦ Rekord am TV-Bildschirm

Das Halbfinalspiel Deutschland - Italien sorgte für einen neuen absoluten Einschaltrekord im deutschen Fernsehen. Durchschnittlich 29,66 Mio. Menschen, davon ziemlich genau die Hälfte Frauen, sahen das Spiel; in der Verlängerung waren es sogar 31,31 Mio. Das entsprach einem Marktanteil von bis zu 91,2 Prozent. Den bisherigen Zuschauerrekord hielt das Finale von 1990 zwischen Deutschland und Argentinien mit 28,66 Mio. Zuschauern in den alten Bundesländern.

Aufgrund der vielen öffentlichen Live-Übertragungen in Kneipen und auf Public-Viewing-Plätzen lag die tatsächliche Zuschauerzahl 2006 noch wesentlich höher; die Schätzungen gingen auf 50 Mio. Auch das Spiel um den dritten Platz sowie das Viertelfinale gegen Argentinien wurden in der offiziellen Zählweise von mehr als 20 Mio. Fernsehzuschauern verfolgt.

Turnier – neben den Standards Ecken und Freistöße, die in der Regel verschenkt wurden – die größten Probleme plagten. Aus den Chancen, die Schneider und Podolski in diesem Spiel vergaben, hätten Lippis Akteure vermutlich mehr gemacht.

So ging Italiens Sieg ingesamt in Ordnung – wenngleich die beiden Last-Minute-Treffer aus deutscher Sicht ein grausames Ende bedeuteten. Italien stand zum fünften Mal in einem WM-Finale. „Der längste Tag des italienischen Fußballs ist mit einem Triumph zu Ende gegangen. Aus dem Hexenkessel des Westfalenstadions ist die Nationalmannschaft wie in Dantes Dichtung durch das Fegefeuer einer langen und schwierigen Partie aufgestiegen ins Finale in Berlin", schrieb Italiens *La Repubblica* und spielte damit auf den größten Korruptionsprozess der Geschichte des italienischen Fußballs an.

Derweil wurde der Verlierer mit Lob überschüttet. Noch im Stadion wurden die niedergeschlagenen Spieler frenetisch gefeiert. Binnen von nur zwölf Stunden trafen beim DFB 2.100 Glückwunsch-Mails aus der ganzen Welt ein. Die spanische Zeitung *Marca* sprach von einer „Huldigung an den Fußball. 120 Minuten Leidenschaft, Spannung, Athletik und Qualität." Doch das größte Lob kam aus dem Land eines Erzfeindes. So resümierte Englands *Times*: „Die deutsche Nationalmannschaft ist als ein Team mit Angriffslust neu aufgestellt worden und das Land ist ein fröhlicheres geworden, das seine Flagge wiedergewonnen hat." Und auch der *Daily Mail* lobte Trainer Klinsmann: „Er hat Deutschland neu erfunden, ihnen beigebracht, besser zu spielen, als sie es für ihre Klubs tun."

Halbfinale 2: Portugal – Frankreich 0:1

„Zidane gibt einem ganzen Volk die Hoffnung zurück", hatte die Schlagzeile der Tageszeitung *Le Parisien* nach der Rückkehr der „weißen Katze" in die Nationalmannschaft gelautet. Bereits vor dem Beginn der WM war klar, dass Zidane mit diesem Turnier seine aktive Karriere beenden würde. Bei Real Madrid war er zum Ende der Saison ausgeschieden und somit seit dem 1. Juli 2006 vereinslos. Wie viele Spiele „Zizou" noch machen würde, hing somit vom Fortkommen der *Équipe Tricolore* ab.

Zunächst gab es Zweifel, ob die mit der Rückkehr Zidanes verbundenen Hoffnungen berechtigt waren. Für Zidane begann das Turnier ähnlich holperig wie 1998. Schwache Darbietungen in den ersten beiden Spielen, zweite gelbe Karte im zweiten Vorrundenspiel gegen Südkorea und vom Trainer vorzeitig vom Platz genommen. Eine Demütigung, die der Star mit einem kräftigen Tritt gegen die Kabinentür des Leipziger Stadions quittiert haben soll. Gelbsperre im folgenden Spiel gegen Togo und die Gefahr, dass es bei dieser unrühmlichen Bilanz bleiben sollte. Anschließend wurde nur noch gezählt wie bei einem Countdown: Abschied im Achtelfinale? Oder doch erst im Viertelfinale? Mit einer beachtlichen Leistungssteigerung und mit der Renaissance des Teamgeistes (Coach Raymond Domenech: „Einer opfert sich für den anderen, diese Mannschaft treibt ein unbändiger Willen an") sorgten Team und Spielmacher dafür, dass es ein langer Abschied wurde.

Portugals Trainer Felipe Scolari war nach dem Ausscheiden der *Selecao* der letzte Brasilianer im Turnier und hatte im Halbfinale gegen Frankreich eine Serie zu verteidigen. Zwölfmal hatte der Coach bis dahin bei einem WM-Spiel an der Linie gestanden, zwölfmal kehrte er als Sieger in die Katakomben zurück. Siebenmal war Scolari mit Brasilien erfolgreich gewesen, fünfmal mit Portugal.

Zinedine Zidane als Motor des Spiels

Torjäger Pauleta kündige vor dem Anpfiff an: „Wir spielen mit dem Mut der alten Seefahrer, wir haben vor niemandem Angst." Ein Versprechen, das die Portugiesen nur in der Anfangsphase halten konnten, als sich ein munteres Spiel mit guten Szenen vor beiden Toren entwickelte. Mit der Zeit bekamen die robuster wirkenden, flexibler agierenden und präziser spielenden Franzosen Oberwasser. Dreh- und Angelpunkt des französischen Spiels war Zinedine Zidane. In der 33. Minute wurde Thierry Henry nach einer schönen Einzelleistung im portugiesischen Strafraum durch Ricardo Carvalho zu Fall gebracht. Zidane bezwang Elfmetertöter Ricardo, und Frankreich führte 1:0.

Die *Équipe Tricolore* begann die zweite Halbzeit stürmisch und war sichtlich auf eine Entscheidung erpicht, um dann nach nur wenigen Minuten und zwei Chancen von Ribéry und Henry sämtliche Offensivbemühungen einzustellen. Zidane war nicht mehr zu sehen, was aber zu verkraften war, weil auf der anderen Seite Deco über die volle Distanz nicht auftauchte. Jungstar Cristiano Ronaldo, der sich aus dem Publikum Pfiffe anhören musste, blieb uneffektiv und erweckte nicht zum ersten Mal bei diesem Turnier den Eindruck, primär für sich allein zu spielen und dabei ständig in einen Spiegel zu schauen. Altstar Figo bemühte sich redlich; Pauleta präsentierte sich unbeweglich und erarbeitete sich lediglich eine Chance, die er ans Außennetz setzte. Probleme bekam die französische Defensive nur einmal, als Keeper Barthez, der einzige Unsicherheitsfaktor in der exzellenten Defensivabteilung, einen Freistoß von Ronaldo nicht zu fassen bekam und ihn wie ein Volleyballspieler schaufelte. Figo aber köpfte das Geschenk aus maximal vier Metern Entfernung über das Tor.

Die Franzosen verwalteten den Vorsprung erfolgreich, auch weil die „Seefahrer" zu zaghaft gegen die „Wand der Meister" vorgingen, wie der *Kicker* Frankreichs Viererkette etikettierte. Abidal (Olympique Lyon), Sagnol (Bayern München), Gallas (FC Chelsea) und der überragende Thuram (Juventus Turin) waren vor der WM mit ihren Vereinen Landesmeister geworden. Die *Équipe Tricolore* stand somit zum zweiten Mal in ihrer Geschichte in einem WM-Finale. Zidanes Traum („Ich will noch einmal Weltmeister werden") lebte weiter. Für Portugals Coach Scolari wurde die „13" zur verflixten Zahl. Für sein Team war die Niederlage gegen den Angstgegner Frankreich, den man nun seit bereits 31 Jahren nicht mehr bezwingen konnte, die erste nach 19 Spielen.

Vom „ältlichen Entlein" zum „strahlenden Hahn"

Die *Neue Zürcher Zeitung* sah eine Wandlung der französischen Mannschaft von einem „ältliche Entlein" zu einem „strahlenden Hahn". In Portugal haderte *Jornal de Noticius* mit einem vermeintlichen Schicksal: „Portugal hatte mehr verdient. Aber es fehlte das Quäntchen Glück. Das große Herz der Portugiesen hat nicht ausgereicht gegen die Kälte der Franzosen."

Das Halbfinale in München hatte bei weitem nicht die Klasse und Rasanz der Begegnung zwischen Italien und Deutschland in Dortmund. Entsprechend ruhig war es über weite Strecken im mit 66.000 Zuschauern natürlich ausverkauften Stadion.

Spiel um den 3. Platz: Deutschland – Portugal 3:1

Der sportliche Stellenwert des Spiels um den 3. Platz war bei früheren Weltmeisterschaften eher umstritten gewesen. Nicht so dieses Mal – vor allem, weil der Gastgeber beteiligt war. Das DFB-Team wollte sich einen guten Abgang verschaffen. 52.000 Zuschauer im ausverkauften Stuttgarter Gottlieb-Daimler-Stadion sorgten schon vor dem Anpfiff für eine Stimmung, die eines „großen Finales" würdig war.

Bundestrainer Jürgen Klinsmann musste gegen die Portugiesen auf einige Stammkräfte verzichten: Per Mertesacker, Kapitän Michael Ballack und Arne Friedrich fielen verletzungsbedingt aus; Robert Huth und Tim Borowski als potentielle Ersatzkräfte ebenfalls. Klinsmann sah sich deshalb zu einer defensiven Aufstellung genötigt, in der der 32-jährige Jens Nowotny in der Innenverteidigung den Platz von Mertesacker einnahm, der erst 20-jährige Marcell Jansen auf der linken Abwehrseite sein WM-Debüt feierte und Sebastian Kehl neben dem zurückgekehrten Torsten Frings das zentrale Mittelfeld stellte. Im Tor verzichtete Jens Lehmann zu Gunsten von Oliver Kahn. Für Kahn war die Nominierung auch der Lohn für seine solidarische Haltung, zu der er sich während des Turniers gegenüber seinem

Fröhliche Rivalität zwischen deutschen und portugiesischen Fans in Stuttgart.

Bastian Schweinsteiger wurde mit seinen Toren zum Helden im Spiel um den dritten Platz.

Konkurrenten durchgerungen hatte. Der Held der WM 2002, für den die Verbannung ins zweite Glied die schmerzhafteste Stunde seiner Karriere gewesen war, hatte sich in den Dienst der Mannschaft und der gemeinsamen Sache gestellt. Der Wendepunkt war wohl das Achtelfinale gegen Schweden gewesen, als die Nummer zwei nach dem Abpfiff minutenlang den jubelnden deutschen Fans zugesehen hatte. Zu den beeindruckenden Bildern des Turniers gehörten der Handschlag und die Umarmung, mit der Kahn vor dem Elfmeterschießen gegen Argentinien seinen Rivalen Lehmann aufmunterte. Die Aufregung in manchen Medien über diese Szene kam allerdings zuweilen arg hysterisch daher, denn Kahns Geste sollte eigentlich zur Grundausstattung eines Mannschaftssportlers zählen. Merkwürdiger wäre es gewesen, wenn Kahn darauf verzichtet hätte.

Schweinsteigers Dreierpack

Portugals Coach Felipe Scolari beklagte vor dem Anpfiff Motivationsprobleme seines Teams. Davon war allerdings zunächst nichts zu spüren, denn nicht nur die Deutschen, sondern auch die Portugiesen spielten munter drauf los. Das erste Tor fiel allerdings erst in der 56. Minute, als Bastian Schweinsteiger einen Schuss auf die Mitte des portugiesischen Tores abfeuerte, den Keeper Ricardo über seinen Kopf ins Netz fliegen ließ. Nur sechs Minuten später legte derselbe Spieler nach, als er einen Freistoß knallhart vors Tor schoss, wo der Portugiese Petit den Ball mit dem Fuß so unglücklich erwischte, dass er im eigenen Tor landete – quasi ein erzwungenes Eigentor. Auch das 3:0 ging auf das Konto des 21-jährigen Dribbelkünstlers, der in der 78. Minute erneut aus der Distanz traf. Schweinsteigers 20-Meter-Schuss landete unhaltbar im rechten oberen Torwinkel und war wohl einer der schönsten Treffer des Turniers. Den Portugiesen, deren Willen längst gebrochen war, gelang nur noch der Anschlusstreffer durch Nuno Gomes, der eine scharf geschossene Flanke des erst in der 77. Minute eingewechselten Figo im Flug einköpfte (88.). Bei den Deutschen wirkten mittlerweile auch Mike Hanke und Thomas Hitzlsperger mit, so dass sämtliche nominellen Feldspieler des DFB-Teams beim Turnier zum Einsatz kamen. Der 3:1-Sieg war der Lohn

Versöhnlicher Abschluss für Oliver Kahn. Nach großem Spiel erklärte er seinen Rücktritt von der Nationalmannschaft und verabschiedete sich von den Fans.

für einen erneut mit großer Leidenschaft vorgetragenen Offensivfußball, der die Zuschauer in Begeisterung versetze.

Deutschlands Bester stand bei diesem Spiel im Tor. Bei Chancen von Pauleta (15.), Deco (63.) und Ronaldo (83.) durfte Oliver Kahn, der als dienstältester deutscher Spieler für Ballack die Kapitänsbinde trug und von den deutschen Fans das gesamte Spiel über gefeiert wurde, noch einmal seine große Klasse beweisen. Unmittelbar nach Spielschluss erklärte der Keeper nach 86 nationalen Einsätzen seinen Abschied aus dem DFB-Team. Auf der Gegenseite war Luis Figo der prominenteste Akteur, der dieses Spiel nach 127 Auftritten im weinroten Trikot der Portugiesen zum Anlass seines Rücktritts nahm.

Zum dritten Mal in der WM-Geschichte war Deutschland Dritter geworden. Es war ein Spiel, das zum Schwärmen einlud. Felipe Scolari sprach von „einem tollen Spiel". Jürgen Klinsmann attestierte seinen Jungs, sie hätten „wie aus einem Guss gespielt". FIFA-Boss Sepp Blatter hatte in der zweiten Halbzeit „Fußball vom Besten" gesehen.

Die Fans skandierten „Stuttgart ist viel schöner als Berlin", blieben noch lange im Stadion und feierten das deutsche Team wie einen Weltmeister. Die Euphorie übertraf sogar die Begeisterung bei den Titelgewinnen von 1974 und 1990. Auf den Straßen und Plätzen der deutschen Städte zelebrierten an diesem Abend Millionen ein fröhliches Fest. Einen Tag später ging es weiter. Als Dankeschön an die Fans kehrte die Mannschaft noch einmal nach Berlin zurück, wo sie auf der „Fanmeile" von 500.000 Menschen bejubelt wurde.

Lobeshymnen und „Klinsmania"

In sieben Spielen hatte das DFB-Team, das jüngste seit der WM 1966, 14 Treffer erzielt, was einen Schnitt von 2,0 pro Spiel bedeutete – mehr als Weltmeister Italien (12 / 1,71), Vize-Weltmeister Frankreich (9 / 1,28) und der WM-Vierte Portugal (7 / 1,0). Sechs Siege (einschließlich des Elfmeterschießens gegen Argentinien) und eine Niederlage (erst in der Verlängerung) waren eine Bilanz, die sich sehen lassen konnte. Über die reguläre Spielzeit von 90 Minuten blieben die Deutschen mit fünf Siegen und zwei Unentschieden ungeschlagen. Die Spiele gegen Schweden, Italien und Portugal gehörten zu den besten des Turniers. Kein anderes Team wurde mit so vielen Lobeshymnen bedacht wie das deutsche, das mit seiner Spielweise zu den wenigen Überraschungen des Turniers zählte.

Nicht nur in spieltechnischer Hinsicht, auch vom puren Resultat her hatten Klinsmann und sein Team die Erwartungen von Experten und Öffentlichkeit weit übertroffen. Noch Anfang März 2006 hatte die *Bild*-Zeitung die Ablösung Klinsmanns gefordert: „Der verantwortliche DFB-Präsident Theo Zwanziger muss jetzt sogar darüber nachdenken, ob die Krise des deutschen Fußballs nur noch mit einem Auswechseln des Bundestrainers zu beheben ist. Klinsmann hat mit seinem unprofessionellen Verhalten inzwischen für so viel Unruhe gesorgt, dass eine erfolgreiche WM mit ihm als Bundestrainer kaum noch möglich ist." Nun betrieb das opportunistische Boulevard-Blatt eine „Klinsmania", die in der „größten Unterschriftenaktion aller Zeiten" gipfelte, die den zuvor Geschmähten zum Weitermachen animieren sollte.

Dennoch gab es beim jungen deutschen Team auch Defizite zu konstatieren, die von Fehlern in der Nachwuchsarbeit zeugen: Da Klinsmann mit den Spielern einen Crash-Kurs in Sachen Fitness und Taktik absolvieren musste, blieben andere Trainingseinheiten wie die so genannten Standards vernachlässigt – entsprechend dilettantisch wurden Ecken getreten und Freistöße geschossen. Balltechnische Probleme, die sich nicht in wenigen Wochen ausbügeln ließen, wurden mit Fitness übertüncht, kosteten dadurch aber auch Kraft und erschwerten gegen starke Gegner einen schnellen Spielaufbau. Deutlich wurde dies insbesondere in der Begegnung gegen Italien.

Unübersehbar war auch, dass die deutsche Elf durch die Begeisterung in den Stadien zu Leistungen getrieben wurde, die sie auf ausländischem Boden vermutlich so nicht erbracht hätte. Doch das war ein Doppelpass: Klinsmanns Team profitierte von einer Begeisterung, die es durch seine mutige und leidenschaftliche Spielweise selbst entfacht hatte.

Wenige Tage nach der WM erklärte Jürgen Klinsmann, dass er seinen Vertrag nicht verlängern werde. Der mittlerweile im In- wie Ausland beliebteste Deutsche begründete seine Entscheidung, die so manche Träne fließen ließ, mit einem „Burnout". Tatsächlich dürften aber auch die Angriffe des Boulevards während seiner zweijährigen Amtszeit sowie die Querelen mit DFB-Funktionären – unter ihnen auch Beckenbauer – eine Rolle gespielt haben. Vermutlich betrachtete Klinsmann eine weitere Zusammenarbeit mit dem DFB als schwierig und zu strapaziös. Die Revolution, die der deutsche Fußball unter Klinsmann erfahren hatte, fraß ihren Anstifter und Anführer. Klinsmann hinterließ aber ein bestelltes Feld: Sein Nachfolger wurde der bisherige Assistent Joachim Löw.

Wie hier auf der Fanmeile in Berlin jubelten in ganz Deutschland Millionen Menschen vor den Großbildleinwänden.

Finale: Italien – Frankreich 1:1 n.V., 5:3 i.E.

Das Finale am 9. Juli im Berliner Olympiastadion brachte in spielerischer Hinsicht wenig Aufregendes. Umso intensiver wurde über Skandale diskutiert: im Vorfeld über die Schiedsrichter-Affäre in Italien, in Nachhinein über Zinedine Zindanes Kopfstoß gegen den Italiener Materazzi.

Vor dem Spiel schrieb der englische *Daily Mirror* über die *Squadra Azzurra*: „Sie kamen als die Parias der Welt, die Männer, die alles repräsentierten, was der Fußballsport gern vergessen möchte. Doch am Sonntag ist es Italien, das erhobenen Hauptes und mit stolz geschwellter Brust im Berliner Olympiastadion aufmarschieren wird, die Ehre wiederhergestellt, den Mut belohnt." Der Skandal in der Heimat hatte das Team zusammengeschweißt, in dem zwölf Spieler standen, deren Klubs vom Zwangsabstieg bedroht waren. Der Skandal bedeutete aber zugleich Motivation: Angesichts der ungewissen Zukunft ihrer Klubs bot die WM den Azzurri eine Bühne, auf der sie sich für neue Arbeit- und Geldgeber empfehlen konnten.

Frankreichs abtretende Ikone Zinedine Zidane war vor dem Finale mit Elogen nur so überschüttet worden. „Wenn er den Ball hat, lacht der Ball. Bei mir hat er immer nur geweint", bemerkte Felipe Scolari. „Es ist unmöglich, ihn nicht zu lieben", bekannte dessen Kollege Marcello Lippi. „Er ist wie ein Gott, und er spielt Fußball mit der Grazie einer Ballerina", beobachtete David Beckham. Und selbst TV-Kritiker Günter Netzer hielt einen Ritterschlag parat: „Er ist der genialste Spielmacher der Neuzeit."

Materazzi – Zidane 1:1   Zunächst sah tatsächlich alles nach einem Zidane-Festival aus. In der 7. Minute kam der Franzose Malouda nach einem Körperkontakt mit Materazzi im Strafraum zu Fall. Der argentinische Schiedsrichter Horacio Elizondo zeigte auf den Elfmeterpunkt, eine harte Entscheidung. Wie schon gegen Portugal verwandelte Zidane zum 1:0 für die ganz in Weiß angetretenen *Les Bleus*. Für die *Squadra Azzurra* war es das erste Gegentor seit 459 Minuten.

Die frühe französische Führung war gut für das Spiel, denn nun konnte sich Italien nicht länger mit abwartendem Rasenschach begnügen, sondern musste aktiver und offensiver werden. Die Italiener zeigten sich nur kurz geschockt, während sich die Franzosen mit dem Verwalten ihrer Führung begnügten. Eine Fehleinschätzung, die bestraft wurde, denn in der 19. Minute erzielte Marco Materazzi nach Vorarbeit von Andrea Pirlo per Kopf den Ausgleich. Allerdings war der Einsatz des Torschützen gegen Viera nicht ganz sauber. Die italienische Dominanz hielt bis zum Halbzeitpfiff. In der 36. Minute hatte Luca Toni sogar die Chance zur Führung, als er eine Pirlo-Ecke nur an die Querlatte köpfte.

Aus der Kabine kamen die Franzosen wie verwandelt. Zidane und Co. nahmen nun das Heft in die Hand und kamen auch ab und an gefährlich vor das gegnerische Tor, obwohl Trainer Raymond Domenech mit Thierry Henry, der sein bestes Spiel

Im Finale bewies der Italiener Fabio Cannavaro einmal mehr seine Klasse als Defensivspieler. Hier setzt er sich gegen Franck Ribéry durch.

während des Turniers zeigte, nur eine Sturmspitze aufgeboten hatte. Italien begnügte sich mit seinen Defensivqualitäten.

Da es bis zum Schlusspfiff beim 1:1 blieb, musste zum fünften Mal in der WM-Geschichte das Finale in die Verlängerung. Frankreich war erneut zunächst das bestimmende Team. Im Halbfinale hatte Marcello Lippi mit Mut und taktischem Geschick das gefürchtete Elfmeterschießen verhindert. Dort war der Gegner allerdings der „Shoot-out-Weltmeister" Deutschland. Im Finale hingegen erweckten die Italiener nun den Eindruck, als würden sie lediglich auf ein Elfmeterschießen hinarbeiten. Doch auch Raymond Domenech fehlte der rechte Mut. Obwohl die Italiener nach dem kräftezehrenden Halbfinale über 120 Minuten offensichtlich Verschleißerscheinungen plagten, bot er neben Thierry Henry erneut keine zweite Spitze auf. Henry hing deshalb häufig in der Luft und konnte sein volles Potential nicht entfalten.

In der 103. Minute wäre die Strategie der Italiener trotzdem um ein Haar gescheitert. Willy Sagnol hatte den Ball präzise vor das italienische Tor geschlagen, wo sich Zinedine Zidane hochschraubte und das Spielgerät per Kopf Richtung Gianluigi Buffon wuchtete. Doch der ansonsten wenig geprüfte Weltklassekeeper parierte prächtig. Was wäre dies für eine Geschichte gewesen: Der 34-jährige

In sechs Minuten vom Helden zum Parias

Zinedine Zidane schießt in seinem letzten Länderspiel für Frankreich die *Équipe Tricolore* zum WM-Titel – wie acht Jahre zuvor gegen Brasilien in Paris, als Zidane ebenfalls den Unterschied machte und zwei Tore erzielte.

Noch kurz vor dem Finale hatte Gernot Rohr, der deutsche Entdecker des sensiblen, still und introvertiert wirkenden Mannes, über Zidane gesagt: „Ab und an kommt sein Jähzorn durch. Dann ist er nicht mehr er selbst." Prophetische Worte. Denn das Finale in Berlin bewies nun einmal mehr, wie eng im Fußball Triumph und Tragödie beieinander liegen. In diesem Falle ganze sechs Minuten, dann flog Zidane vom Platz und reduzierte die Chancen seines Teams, das italienische Bollwerk doch noch im Spiel bzw. vor dem Elfmeterschießen zu bezwingen. Zidane und Materazzi waren verbal aneinander geraten. Zidane trabte davon, Materazzi rief ihm etwas hinterher, Zidane machte kehrt, ballte die rechte Faust, nahm die Haltung eines Stiers an und rammte seinen kahlen Schädel gegen die Brust des Italieners.

Bis zur roten Karte dauerte es allerdings noch einige Minuten, denn vom Schiedsrichtergespann hatte niemand den Vorfall bemerkt, da sich Ball und Spiel in der anderen Hälfte des Platzes befanden. Auf dem Spielfeld war nur Gianluigi Buffon die Szene nicht entgangen, der nun zum Schiedsrichterassistenten rannte und gestenreich protestierte. Das Spiel wurde erst auf Intervention des vierten Schiedsrichters unterbrochen. Ob dieser, Luis Medina Cantalejo, etwas gesehen hatte, wie er anschließend behauptete, wurde allerdings weithin bezweifelt. Vermutlich bezog er seine Erkennt-

Zidanes Kopfstoß gegen Materazzi blieb das prägende Bild des Endspiels 2006.

nis erst nach dem Vorfall und durch einen Monitor am Rande des Spielfelds – womit de facto der Videobeweis strapaziert worden wäre. Dies hätte einen klaren Verstoß gegen die FIFA-Regeln bedeutet.

Für Zidane war es bereits die 14. rote Karte in seiner Karriere. Als Elizondo ihn des Feldes verwies, wirkte der Kapitän völlig abwesend. Er schlich mit gesenktem Haupt vom Platz, und als er auf dem Weg in die Katakomben die WM-Trophäe passierte, schien es so, als würde der große Mann weinen. Der Siegerehrung blieb „Zizou" fern. In die fassungslose Verurteilung seiner brutalen Tätlichkeit mischte sich auch Mitleid. Einen derartigen Abgang hatte Zidane niemand gewünscht.

Vor allem in Frankreich hielt man dem nationalen Fußball-Denkmal zugute, Materazzi müsse etwas Furchtbares zu ihm gesagt haben. Der Italiener gestand einen Tag später eine Beleidigung ein, verschwieg allerdings deren Inhalt. Der auch in der heimischen Liga nicht gerade beliebte, heftig tätowierte „grobschlächtige Rammbock" *(Frankfurter Rundschau)* rechtfertigte seine Beleidigung vielmehr damit, Zidane habe sich „unverschämt" verhalten. Nachdem der Franzose von ihm kurz am Trikot gezupft worden sei, habe er von oben herab gesagt: „Wenn du mein Trikot willst, bekommst du es nachher." Daraufhin habe er, Materazzi, den französischen Kapitän zwar beschimpft, aber nur Wörter benutzt, „die auf einem Fußballplatz ständig zu hören sind".

Zidane selbst meldete sich erst drei Tage nach dem Finale öffentlich zu Wort. Er entschuldigte sich für seinen Kopfstoß gegen Materazzi, rechtfertigte seinen Ausraster aber zugleich. Materazzi habe seine Mutter und seine Schwester beleidigt: „Er sagte sehr persönliche Dinge über sie. Er wiederholte sie mehrmals mit harten Worten, das hat mich tief getroffen." Lieber hätte er einen Schlag ins Gesicht bekommen, als das zu hören. Nichtsdestotrotz sei die Tätlichkeit nicht zu rechtfertigen. „Ich entschuldige mich bei allen Kindern, die das gesehen haben. Ich entschuldige mich auch bei den Menschen und Erziehern, die versuchen, die Kindern zu lehren, was gut ist und was schlecht ist. Aber ich kann meine Handlung nicht bedauern. Ich kann nicht, ich kann nicht, ich kann das nicht sagen. Würde ich das sagen, würde das heißen, dass Materazzi Grund hatte, das zu sagen. Aber er hatte kein Recht dazu."

Nach dem Platzverweis in der 111. Minute wirkten beide Teams wie gelähmt und brachten kaum noch zusammenhängende Aktionen zustande. So musste zum zweiten Mal in der WM-Geschichte ein Finale durch Elfmeterschießen entschieden werden.

Entscheidung im Elfmeterschießen

Und wie 1994 waren die Italiener beteiligt, dieses Mal allerdings mit dem glücklicheren Ende. Andrea Pirlo legte für die *Squadra Azzurra* vor. Sylvain Wiltord glich aus. Marco Materazzi brachte seine Farben erneut in Führung, womit er an sämtlichen Schlüsselszenen des Spiels beteiligt war. Dann setzte David Trezeguet den Ball nur an die Unterkante der Latte. Die Italiener ließen sich die Führung nun nicht mehr nehmen, denn Daniele de Rossi, Alessandro del Piero und Fabio Grosso ließen Frankreichs Keeper Fabian Barthez keine Chance.

Italien war zum vierten Male Weltmeister und damit – gemessen an der Titelzahl – vor den Deutschen auf Platz zwei der „ewigen WM-Rangliste" gerückt. Mittelfeldarbeiter Gennaro Gattuso jubelte: „Ohne den Fußballskandal wären wir nie Weltmeister geworden." Die 69.000 Zuschauer im Olympiastadion hatten kein hochklassiges Finale gesehen, wohl aber ein intensives und spannendes Spiel zwischen zwei Teams, die mit ihrer defensiven Grundeinstellung perfekt den Trend der WM repräsentierten. Der neue Weltmeister hatte in 120 Minuten lediglich dreimal aufs gegnerische Tor geschossen, der neue Vize-Weltmeister verzeichnete auch nur zwei Torschüsse mehr. Italien kassierte in sieben Spielen mit zwei Verlängerungen (also 690 Minuten) lediglich zwei Gegentore, was zuvor nur Frankreich 1998 gelungen war. Aus dem Spiel heraus blieb Lippis Team sogar ohne Gegentreffer eines gegne-

Aus dem Sumpf des Skandals auf den Gipfel des Ruhms: Die *Squadra Azzurra* feiert ihren WM-Titel.

Mit Gianluigi Buffon besaß Italien den besten Torwart des Turniers. Zusammen mit Cannavaro (knapp hinter Zidane bei der Wahl zum wertvollsten Spieler) symbolisierte er die Defensivstärke des neuen Weltmeisters.

rischen Spielers. Denn beim ersten Gegentor wurde Buffon, später zum besten Torwart der WM gewählt, vom eigenen Spieler bezwungen, beim zweiten per Elfmeter. Mehr war gegen die italienische Abwehr um den überragenden Fabio Cannavaro nicht drin. Gesiegt hatte das Team, das über das gesamte Turnier hinweg die wenigsten Fehler beging und den „abgezocktesten" Eindruck hinterließ – eine geradezu klassische Turniermannschaft.

Das Finale in Berlin war für Marcello Lippi und sein Team das 25. Spiel in Folge ohne Niederlage. Mit dem WM-Triumph sah der Toskaner, der während des Turniers zum eigentlichen Superstar der *Squadra Azzurra* avancierte, seine Mission erfüllt, trat zurück und begab sich auf sein Segelboot. Lippi war vom heimischen Fußballskandal und dem hysterischen Medienrummel in seiner Heimat angewidert. Im Vorfeld des Turniers war der Trainer wegen der Verwicklung seines Sohnes Davide in den Manipulationsskandal an den Rand eines Rücktritts getrieben worden.

Für den großen Zinedine Zidane blieb nur ein schwaches Trostpflaster: Die internationalen Journalisten wählten ihn zum „wertvollsten Spieler des Turniers". Allerdings hatten die meisten von ihnen ihr Votum bereits vor dem Finale abgegeben. Und Frankreichs Staatspräsident Jacques Chirac würdigte ihn bei der Heimkehr als „Virtuosen, ein Genie des Weltfußballs". Zidane sei aber auch „ein Mann des Herzens, des Engagements und der Überzeugung. Dafür bewundert Sie Frankreich – und liebt Sie."

Resümee: Wenig Tore, große Begeisterung

Nur in der Vorrunde lagen die sportlichen Darbietungen qualitätsmäßig über denen von 2002. Denn anders als in Asien, wo Frankreich, Argentinien und Portugal samt ihren Stars schon nach den ersten drei Partien die Segel streichen mussten, blieben dieses Mal die Großen ausnahmslos im Rennen, was den Ausnahmecharakter der WM 2002 ebenso bestätigte wie das komplette Vorrunden-Ausscheiden der asiatischen Vertreter, die vier Jahre zuvor noch für Furore gesorgt hatten. Hatten die Asiaten 2002 noch in der Vorrunde im Schnitt 1,17 Punkte pro Spiel geholt, so halbierte sich diese Quote 2006 auf 0,58. Hingegen steigerten sich Europa und Südamerika von 1,42 auf 1,88 bzw. 1,47 auf 2,08. Im Falle Asiens, dem kickerreichsten Kontinent, klafften einmal mehr Anspruch und Wirklichkeit auseinander.

Die asiatischen Teams, insbesondere Japan, befolgten extrem diszipliniert die taktischen Vorgaben ihrer Trainer, doch fehlt vielen Spielern schon traditionell der Willen und die Fähigkeit zu eigenständigen Handlungen, weshalb es dem Spielaufbau häufig an Flexibilität mangelte. Das Spiel wurde meist ohne Tempowechsel vorgetragen. Vor dem Tor wirkten die asiatischen Stürmer oft hektisch. Individuelle Klasse war rar gesät. Hinzu kam das traditionelle Problem unzureichender physischer Stärke. Die ökonomische Basis des asiatischen Fußballs war zwar erheblich stärker als des afrikanischen, aber selbst Ligen wie die etablierte japanische J-League waren zu schwach, um Fußballer von internationaler Spitzenklasse zu erzeugen. Von den 92 asiatischen Kickern beim WM-Turnier kickten nur 16 in Europa; davon waren lediglich fünf bei Topadressen unter Vertrag. Der Wille zur Emigration nach Europa war noch immer recht schwach ausgeprägt. Und das Interesse europäischer Topadressen an asiatischen Akteuren hatte häufig weniger sportliche, denn vermarktungsstrategische Gründe. Asiaten in europäischen Ligen fungierten als Schlüssel zum asiatischen Markt.

Enttäuschte Teams aus Afrika

Im Falle Afrikas waren entsprechende Zahlen erheblich höher: Von 115 Spielern trugen 85 das Trikot europäischer Vereine, darunter befanden sich Akteure wie Essien und Drogba (Chelsea), Appiah (Fehnerbahce Istanbul) und Adebayor (Arsenal). Bezeichnenderweise stand Afrikas stärkstes Team, die Elfenbeinküste, komplett bei europäischen Vereinen unter Vertrag, u.a. bei so gediegenen Adressen wie Chelsea, Arsenal, Olympique Marseille, Paris St. Germain, AJ Auxerre.

Von den afrikanischen Teilnehmern überstand mit Ghana zwar erneut nur ein Team der Vorrunde. Doch hätte auch die Elfenbeinküste, das Argentinien und den Niederlanden in den Gruppenspielen auf einer Augenhöhe begegnete, einen Platz unter den letzen 16 verdient gehabt und diesen bei einer anderen Auslosung wohl auch erreicht. Togo und Angola zählten von vornherein zu den krassen Außenseitern des Turniers. Lediglich Tunesien blieb hinter den Erwartungen.

Das Beispiel Togo demonstrierte einmal mehr die Probleme vieler afrikanischer Länder: Vetternwirtschaft, Chaos und das Fehlen einer professionellen Organisation. Mit Ghana kam bezeichnenderweise ein Land weiter, das seinen Verband modernisiert und ein professionell arbeitendes technisches Team installiert hatte. Zugleich war Ghana auch in taktischer Hinsicht das professionellste Team, wenngleich Defizite unübersehbar waren. Diese manifestierten sich auch in der hohen Zahl der Fouls afrikanischer Teams, allen voran Ghana und Angola. Noch mehr als Asien beklagte Afrika eine mangelhafte Chancenverwertung, die auch in einer gewissen Verspieltheit begründet lag. Als nachteilig für die Entwicklung des Fußballs in Asien und Afrika dürften sich zudem die häufigen Trainerwechsel erwiesen haben, die eine kontinuierliche Entwicklung erschweren.

In der Vorrunde betrug die Torquote 2,437 pro Spiel. Nicht ohne Auswirkungen blieb die Hitze, die einige Nachmittagsspiele beeinträchtigte. So entstand beim laufintensiven Pressing so manches Loch im Netz der „pressenden" Teams. Obwohl sich zu diesem Zeitpunkt auch noch die „Kleinen" im Turnier befanden, war die Torquote nicht besonders hoch. Hohe Siege waren längst die Ausnahme bei WM-Turnieren. In taktischer Hinsicht hatten die „Kleinen" zumindest so weit aufgeholt, dass sie wussten, wie sich hohe Niederlagen vermeiden ließen. Deutlich wird dies, wenn man das Abschneiden der „Kleinen" bei der WM 2006 mit dem bei der WM 1974 – ebenfalls in Deutschland – vergleicht. Damals lautete die Bilanz der WM-Neulinge Australien, Zaire und Haiti nach neun Gruppenspielen: nur ein Punkt und 2:32 Tore. Die Bilanz von Angola, Togo und Trinidad&Tobago, WM-Neulinge und die „Kleinsten der Kleinen", gestaltete sich 2006, vor allem beim Torverhältnis, deutlich besser: 3 Punkte, 2:12 Tore. Gegenüber 1974 wurde die Zahl der Gegentore um satte 20 reduziert.

Torarmut in den K.o.-Spielen

Das Achtelfinale brachte trotz seiner prominenten Besetzung nicht den erhofften und vielfach prognostizierten Qualitätssprung. Mit Spanien und Mexiko schieden nach Tschechien und Elfenbeinküste zwei weitere Geheimfavoriten aus. Die Torquote lag mit 1,875 deutlich unter dem Vorrunden-Wert. Im Viertelfinale kam dann auch für drei Teams, die zum Kreis der ernsthaftesten Titelanwärter gezählt worden waren, das Aus. Im Falle von England und Brasilien völlig zu Recht. Bedauerlich war – gemessen an dem gebotenen Fußball – lediglich das Ausscheiden Argentiniens, denn das Team von José Pekerman war das vielleicht beste des Turniers. Kein anderes Team spielte so variantenreich wie die *Albiceleste*: Mal ging es über Flügel, mal durch die Mitte; mal wurde das Spiel verlangsamt, mal beschleunigt. Die Argentinier demonstrierten am überzeugendsten, was man heute unter „modernem Fußball" versteht.

In diesem Stadium des Turniers spielten Erfahrung und Defensivqualitäten eine immer größere Rolle. Nicht von ungefähr standen sich später im Finale mit Italien und Frankreich zwei Teams gegenüber, die zwar durchschnittlich (Italien) bzw.

schwach (Frankreich) ins Turnier gestartet waren, deren Spieler aber über sehr große Erfahrung verfügten und deren Defensivabteilungen die besten des Turniers waren. Im Viertelfinale sank die Torquote auf 1,5 pro Spiel, ein Wert, der im Halbfinale bestätigt wurde. In den 64 Spielen fielen insgesamt 147 Tore, was 2,296 Tore pro Spiel und nach Italien 1990 die zweitschlechteste Ausbeute in der Geschichte der WM bedeutete.

Dreifache Laufleistung wie beim Turnier 1974

Hierfür gab es Gründe, in erster Linie im taktischen Bereich, wo mittlerweile alle Teams – gleich ob sie aus Europa, Südamerika, Asien oder Afrika kamen – das Verschieben der Dreier- und Viererketten in den Raum einigermaßen bis perfekt beherrschten. Der heutige Spieler ist größer und physisch fitter als noch vor 40 Jahren. Allein von der WM 1974 bis 2006 nahm die durchschnittliche Größe der Akteure um fünf Zentimeter zu. Vor allem aber läuft der Spieler mehr. Bei der WM 1954 absolvierten die Spieler in 90 Minuten etwa vier Kilometer, im Jahr 2006 waren es ungefähr zwölf, also dreimal so viel. Dadurch entstand ein dichtes (defensives) Netz auf dem Spielfeld, in dem viele Angriffe hängen blieben. Dem Spiel fehlte es somit an Raum. In der taktischen Entwicklung ist die Defensive dem Angriff deutlich voraus.

Das Turnier bestätigte eine bereits 2002 getätigte Beobachtung, dass die WM nicht die Veranstaltung ist, bei der der beste Fußball geboten wird und neue Trends formuliert werden. Der beste und modernste Fußball wurde längst in der Champions League gespielt, deren Teams nicht nur international, sondern häufig auch interkontinental komponiert waren.

Wolfgang Hettfleisch in der *Frankfurter Rundschau*: „Die multinationalen Ensembles der Großklubs aus Barcelona, Mailand und London wären wohl allesamt in der Lage, den neuen Weltmeister in die Schranken zu verweisen. Sie sind taktisch auf dem Niveau der italienischen und französischen Nationalelf, konnten ihr Spielsystem aber logischerweise viel feiner auf die großen Individualisten in ihren Reihen abstimmen. Wer den wahren Ronaldinho, den wahren Lampard sehen will, sollte sich um Tickets für Champions-League-Auftritte des FC Barcelona und FC Chelsea bemühen."

Der klassische Spielmacher mit der Nr. 10 war bei diesem Turnier kaum noch zu sehen; bei den Topteams kamen lediglich der Franzose Zidane und der Argentinier Riquelme dieser Funktion nahe. Stattdessen zogen die „Männer vor der Abwehr" wie im Falle Italiens Andrea Pirlo oder Frankreichs Patrick Vieira die Fäden. Noch einmal Wolfgang Hettfleisch: „Sie sind Quarterback und Mastermind des modernen Fußballs, agieren so, wie es einem Günter Netzer nachgesagt wurde – aus der Tiefe des Raums. Sie verstehen ein Spiel auch deshalb so umfassend zu inszenieren und zu lenken, weil die Optionen dank ihrer zurückgezogenen Position bei der Balleroberung wie ein ausgebreiteter Fächer vor ihnen liegen. Die Sättigungsbeilage aus Übersteigern und Pirouetten ist dem Auftrag dieser Schachspieler eher hinderlich. Ihre Kunst liegt darin, in Sekundenbruchteilen die nächsten Züge zu durchdenken und die richtige

Der Traum ist nur vertagt: Schon im Spiel um den dritten Platz nahmen die deutschen Fans den Titel 2010 ins Visier. Auch die „Sportfreunde Stiller", die den Hit zur WM lieferten, korrigierten rasch die Jahreszahl in ihrem Song.

Entscheidung zu treffen. Dass sie das fußballerische Rüstzeug besitzen, sie auch in die Tat umzusetzen, versteht sich von selbst."

Und Armin Lehmann im *Tagesspiegel*: „Der Spieler im defensiven Mittelfeld ist der Schlüssel zum modernen und erfolgreichen Spiel. Der traditionelle Spielgestalter trägt also im traditionellen Sinne nicht mehr die ‚Zehn', sondern die ‚Sechs'." Eine Entwicklung, die der *Spiegel* bedauerte, denn die „Sechser" seien vor allem „Dauerläufer und Alleskönner". Sie dominierten das Spiel, „ohne dass sie groß auffallen. Ihr Hauptbestreben ist Sicherung, nicht Spektakel. (…) Sie werden respektiert, aber kaum geliebt. Es sind nicht ihre Namen, die man auf den Trikots der Fans liest. Dort stehen Namen wie Totti, Cristiano Ronaldo oder Ronaldinho, die Spektakelspieler." Aber auch diese Tendenz war mitnichten neu, sondern hatte sich zuvor bereits in der Champions League gezeigt.

In seinem Fazit sah der *Spiegel* eine „laute, bunte und lustige WM, aber auch eine mäßige. (…) Es war eine WM der zwei Ebenen, es gab die Ebene des Spiels, und dort herrschte eine Menge Langeweile. Und es gab eine Ebene des Publikums, und dort herrschte eine Menge Begeisterung."

◆ WM 2010

Austragungsland: Südafrika

Austragungsstädte und Spielstätten: Johannesburg (Soccer City Stadium, Ellis Park), Kapstadt (Green Point Stadium), Durban (Moses Mabhida Stadium), Port Elizabeth (Nelson Mandela Bay Stadium), Pretoria (Loftus Versfeld Stadium), Bloemfontein (Free State Stadium), Polokwane (Peter Mokaba Stadium), Phokeng (Royal Bakofeng Stadium), Nelspruit (Mbomela Stadium)

Dauer: 11. Juni bis 11. Juli 2010

Eröffnungsspiel: Südafrika – Mexiko 1:1
(11. Juni 2010, Soccer City Stadium, Johannisburg)

Gemeldete Länder: 200
Europa: 53, Südamerika: 10, Nord-, Mittelamerika & Karibik-Zone 35, Afrika: 48, Asien: 43, Ozeanien: 11

Endrundenteilnehmer: 32
Europa (13): Dänemark, Deutschland, England, Frankreich, Griechenland, Italien, Niederlande, Portugal, Spanien, Schweiz, Serbien, Slowakei, Slowenien;
Südamerika (5): Argentinien, Brasilien, Chile, Paraguay, Uruguay;
Nord- und Mittelamerika (3): Honduras, Mexiko, USA;
Afrika (6): Algerien, Elfenbeinküste, Ghana, Kamerun, Nigeria, Südafrika;
Asien (4): Australien, Japan, Nordkorea, Südkorea;
Ozeanien (1): Neuseeland

Qualifikationsspiele: 861, **Endrundenspiele:** 64

Modus: Acht Vorrundengruppen à vier Mannschaften (Punktspiele). Die beiden Erstplatzierten jeder Gruppe qualifizieren sich für das Achtelfinale. Danach K.o.-System.

Zuschauer: 3.178.856, Zuschauerschnitt: 49.670

Tore: 145, Torschnitt: 2,27

Die besten Torschützen: jeweils 5 Tore: Thomas Müller (Deutschland; plus 3 Vorlagen), Wesley Sneijder (Niederlande; plus 1 Vorlage), David Villa (Spanien; plus 1 Vorlage); Diego Forlán (Uruguay; plus 1 Vorlage)

Spieler des Turniers: Diego Forlán (Uruguay)

Finale: Niederlande – Spanien 0:1 (0:0, 0:0, 0:0, 0:1)
(Soccer City Stadium, Johannisburg, 11. Juli 2010)
Niederlande: Stekelenburg; van der Wiel, Heitinga, Mathijsen, van Bronckhorst; van Bommel, de Jong (99. van der Vaart); Robben, Sneijder, Kuyt; van Persie
Spanien: Casillas; Sergio Ramos, Piqué, Puyol, Capdevila; Busquets, Xabi Alonso (87. Fàbregas); Iniesta, Xavi, Pedro (60. Navas); Villa (106. Torres)

Schiedsrichter: Webb (England)
Tor: 0:1 Iniesta (116.)
Gelb-rote Karte: Heitinga (109.)
Zuschauer: 84.490

WM 2010

„Cruyffismo" am Kap

Das fußballbegeisterte Afrika war der letzte Kontinent (außer Australien), auf dem noch kein WM-Endrundenturnier stattgefunden hatte, und die Vergabe dorthin war überfällig. Als Austragungsland hatten sich zunächst Südafrika, Marokko, Ägypten, Tunesien und Libyen beworben. Tunesien und Libyen verabschiedeten sich vorzeitig aus dem Rennen. Ägypten erhielt vom 24-köpfigen FIFA-Exekutivkomitee keine einzige Stimme.

Die Entscheidung fiel somit am 15. April 2004 in Zürich zwischen Südafrika und Marokko. Mit 14:10 Stimmen entschied das Gremium zugunsten der Republik am Kap, die im FIFA-Hauptquartier mit gleich drei Friedensnobelpreisträgern auflief: Nelson Mandela, Erzbischof Desmond Tutu und Frederick de Klerk, letzter weißer Staatspräsident des ehemaligen Apartheidstaates. Es war wohl auch diese „moralische Übermacht", die den Ausschlag gab. Der 85-jährige Mandela fühlte sich anschließend „wie ein kleiner Junge mit 15 Jahren".

Staatspräsident Thabo Mbeki pries die Entscheidung pro Südafrika als einen großen Tag für den gesamten Kontinent und seine 700 Mio. Menschen.

Spiel der Schwarzen

Wie auf dem gesamten Kontinent war auch in Südafrika der Fußball von britischen Siedlern eingeführt worden. Da weiße und schwarze Bevölkerung zwar getrennt voneinander, aber in enger Nachbarschaft zueinander lebten, schwappte das „weiße Spiel" bald in die Townships über. Mit dem Entstehen einer schwarzen städtischen Arbeiterschaft Mitte des 20. Jahrhunderts wurde der Fußball mehr und mehr zum Spiel der Schwarzen. Insbesondere das Johannesburger Ghetto Soweto avancierte zum schwarzen Soccer-Mekka. Soccer wurde zum „black sport", während die weiße Bevölkerung das elitärere Rugby vorzog. Die *Springboks*, Südafrikas Rugby-Auswahl, dienten dem rassistischen Apartheid-Regime viele Jahre als sportliches Aushängeschild, und staatliche Mittel flossen primär in die „Sports" der Weißen: Cricket und Rugby.

Mit dem Ende der Apartheid hatten sich diese Verhältnisse grundlegend gewandelt. Südafrikas Regierung war nun darum bemüht, die Fußball-WM noch stärker als

Misstrauisch verfolgten die Europäer den Baufortschritt für die südafrikanischen WM-Stadien – hier das große Soccer City am Rande von Soweto.

den Rugby World Cup 1995 für das „Nation Building" in einer gespaltenen Gesellschaft zu nutzen. Mandela hatte damals dem Sport der weißen Minderheit und Oberschicht seinen Respekt gezollt und sich in der Öffentlichkeit als euphorischer Fan der *Springboks* gezeigt. Gleichzeitig verlangte er von den Rugby-Spielern, sich als Repräsentanten des neuen Südafrikas bzw. der „Rainbow Nation" zu verstehen und auch die schwarze Mehrheit am Spektakel teilhaben zu lassen. Das Team gab sich multikulturell, wenngleich mit Chester Williams nur ein Spieler schwarz war. Der Gewinn des World Cups wurde als Sieg der „Rainbow Nation" gefeiert, und zumindest einen Moment lang hatte es den Anschein, als würde die Nation zusammenwachsen und ein „freundlicher Nationalismus" über die Rassenspaltung dominieren.

Mit dem FIFA World Cup 2010 verbanden sich nun ähnliche Erwartungen. Analog zum *Springbok*-Team von 1995 stand mit Matthew Booth nur ein Weißer in der *Bafana, Bafana*, Südafrikas Fußball-Nationalmannschaft. Als Schüler war Booth in seiner „weißen" Schule – so wörtlich – mit „Rugby und Cricket regelrecht zwangsernährt" worden.

Die erstmals beim WM-Turnier 1998 praktizierte Ausweitung der Endrunde von 24 auf 32 Teilnehmer hatte den Zweck verfolgt, Asien und Afrika mehr Startplätze zu garantieren und sie stärker in das Weltfußballsystem zu integrieren. Der Nachteil dieser Ausweitung war, dass Länder aus der Dritten Welt für die Austragung des nun gigantischen Turniers kaum noch in Betracht kamen, da ihnen hierfür die erforderli-

che Infrastruktur fehlte. Sofern man überhaupt einem afrikanischen Land die Austragung des WM-Turniers zutraute, dann den nordafrikanischen Staaten und Südafrika.

Als einziges afrikanisches Land südlich der Sahara verfügte Südafrika über eine international wettbewerbsfähige Industrie und trug fast ein Drittel zum gesamten Bruttoinlandsprodukt Afrikas bei. Südafrika war – ähnlich wie Brasilien, das Austragungsland der WM 2014 – Erste und Dritte Welt zugleich.

Die Vormachtstellung und der Führungsanspruch Südafrikas wurden vom Rest des Kontinents mit Argwohn betrachtet. Die Identität des Landes wurde diskutiert, von dem man sich nicht sicher war, ob es wirklich ein afrikanischer Staat sei oder nur ein „Lakai" der führenden westlichen Industriestaaten. Noch Mitte der 1990er Jahre hatte der damalige nigerianische Außenminister Südafrika als „ein weißes Land mit einem schwarzen Präsidenten" charakterisiert. Bei der Wahl in Zürich hatten die vier Afrikaner im FIFA-Exekutivkomitee geschlossen gegen die Republik am Kap gestimmt.

Afrikaner stimmen gegen den Nachbarn

In Europa betrachtete man Südafrika hingegen durch die Brille des Afrika-Pessimismus. Lange Zeit wurde angezweifelt, ob die WM 2010 tatsächlich in Afrika stattfinden könnte. Die Medien berichteten permanent von Problemen mit der Infrastruktur, Verzögerungen beim Bau der Stadien, Aids und Kriminalität. Zwar musste die Zahl der WM-Arenen von ursprünglich vorgesehenen 13 auf zehn reduziert werden. Aber als das Turnier angepfiffen wurde, wartete Südafrika mit einer der weltweit schönsten und beeindruckendsten Stadienlandschaften auf. Und auch die größten Skeptiker mussten zugeben, dass das Land seine Hausaufgaben erledigt hatte.

Afrika und Europa

Anders als die meisten afrikanischen Fußballnationen verfügte Südafrika über eine einigermaßen funktionierende Profiliga. Die Premier Soccer League (PSL) war 1995 ins Leben gerufen worden, um die Abwanderung talentierter Spieler zu stoppen. Die Liga zog auch Spieler aus Nachbarländern hat. Laut *Guardian* besaß die PSL den weltweit siebtbesten TV-Vertrag, aber das Geld landete nicht an der Basis des heimischen Fußballs. Auch in Südafrika waren viele Funktionäre vor allem an der Entwicklung ihres privaten Bankkontos interessiert. Nur wenige Klubs unterhielten Nachwuchsteams.

Dennoch sahen die einheimischen Spieler dank der PSL die Möglichkeit, sich ihren Lebensunterhalt zu verdienen, ohne ins Ausland wechseln zu müssen. Die meisten afrikanischen Staaten hingegen verzeichneten einen Exodus ihrer Talente gen Europa.

Einst hatten die Europäer den schwarzen Kontinent erobert, nun „eroberten" afrikanische Fußballer die europäischen Fußballligen. Symmetrisch waren die Beziehungen zwischen Afrika und Europa indes noch lange nicht.

Afrikanische Kicker galten nicht nur als talentiert, sondern auch zunächst einmal als preiswert. Teuer wurden sie erst in Europa. Der ehemalige französische Nationalspieler Jean-Marc Guillou, einer der Hauptbetreiber von Fußballakademien in Afrika: „Ich habe mich für Afrika entschieden, weil es hier ein unerschöpfliches Potenzial gibt. Vergleichbar mit Südamerika. Ich komme nicht mit Geld wie ein russischer Milliardär, ich komme mit guten Spielern, die den Verein nichts kosten und viel Geld wert sind."

Die professionelle Suche nach „Rohdiamanten" in Projekten, wie sie euro-

---

♦ **Das „Soweto-Derby": Orlando Pirates und Kaizer Chiefs**

Südafrikas populärste Klubs sind die Orlando Pirates und die Kaizer Chiefs. Beide Klubs sind im fußballverrückten Johannesburger Stadtteil Soweto beheimatet. Die 1937 gegründeten Orlando Pirates sind der älteste der „schwarzen" Klubs Südafrikas. Spielstätte der Pirates ist das Ellis-Park-Stadion.
Die Kaizer Chiefs sind gewissermaßen eine Abspaltung der Orlando Pirates. 1970 gründeten Orlando-Abtrünnige ein eigenständiges Profiteam, das sich nach dem südafrikanischen Fußballidol Kaizer Motaung und seinem amerikanischen Arbeitgeber Atlanta Chiefs benannte. Spielstätte der Kaizer Chiefs ist das am Rande Sowetos gelegene FNB-Stadion, auch Soccer City genannt. Nelson Mandela hielt hier die erste Rede nach seiner Freilassung. Zur WM 2010 wurde Soccer City mit einer Kapazität von 94.700 Sitzplätzen zum größten Stadion Afrikas ausgebaut.
Das „Soweto-Derby" Orlando Pirates gegen Kaizer Chiefs ist das berühmteste auf dem afrikanischen Kontinent und eines der berühmtesten weltweit. Am 11. April 2001 war der Andrang so groß, dass es im Ellis Park zu einer Massenpanik kam, bei der 43 Fans zu Tode getrampelt oder zwischen Gittern und an Wänden zerquetscht wurden.

päische Klubs wie Ajax Amsterdam betreiben, findet aber auch Kritiker. Der englische Soziologe Paul Darby sieht darin „neokoloniale Ausbeutung"; den Vereinen gehe es einzig um die „Beschaffung, Veredelung und den Export von Rohmaterialien, in diesem Fall Fußballer".

Den besten afrikanischen Fußball und die besten afrikanischen Fußballer gab es nicht in Afrika, sondern in Europa zu sehen. Daran hatten auch Dekolonialisierung und Unabhängigkeit nichts geändert. Denn das ökonomische Zentrum des Weltfußballs lag mehr denn jemals zuvor in Europa, wo afrikanische Kicker mit dem Versprechen antraten: „Ich werde rennen wie ein Schwarzer, um zu leben wie ein Weißer." So Kamerun- und Inter-Mailand-Star Samuel Eto'o. Mit der Champions League, die auch von afrikanischen Darstellern lebte, betrieb die UEFA eine global vermarktete Weltliga.

Kameruns Star Samuel Eto'o.

Afrikanische Kicker waren im europäischen Spitzenfußball längst unverzichtbar. So auch in der als weltweit beste Fußballliga apostrophierten englischen Premier League, mit deren hohem Tempo die Afrikaner besser zurechtkamen als die andernorts hoch gehandelten, in England aber rar gesäten Brasilianer. Am 23. März 2008 waren beim London-Derby zwischen Arsenal London und dem FC Chelsea, dem „afrikanischsten" Team der Premier League, 13 der 28 eingesetzten Spieler afrikanischer Herkunft, sechs von ihnen waren französische Staatsbürger. In den Halbfinalspielen der Champions League 2008/09 standen in den Startformationen von Manchester United, Arsenal, Chelsea und des FC Barcelona neun Westafrikaner und acht Franzosen mit afrikanischem Hintergrund. In der Vergangenheit hatte man afrikanische Importe in der Regel nur als Offensivkräfte geholt, weil man Aufgaben, die „Zuverlässigkeit", „Härte", „Führungsqualitäten" und „strategisches Denken" erforderten, europäischen bzw. weißen Fußballern vorbehalten hatte. Doch mittlerweile spielten Afrikaner – mit der Ausnahme des Torwarts – auf allen Positionen, einschließlich der strategisch wichtigsten wie der „Sechser"-Position.

Im WM-Jahr 2010 stellten Afrikaner 23,1 Prozent aller Spieler bei Erstligaklubs in 36 europäischen Ländern. Von den 138 afrikanischen Spielern bei der WM 2010 standen 105 in Europa unter Vertrag. Nur 25 Spieler kickten für afrikanische Vereine. Eine Ausnahme davon bildete WM-Gastgeber Südafrika: 16 Spieler seines Kaders spielten in der heimischen Liga, von den übrigen fünf afrikanischen WM-Teilnehmerländern also gerade einmal neun.

Die Qualifikation: 31 aus 199

Europa: Niederlande und Spanien ohne Punktverlust

Als erstes europäisches Land konnten sich die **Niederlande** qualifizieren. Bei der EM 2008 war die *Elftal* das Team der Vorrunde gewesen, scheiterte dann aber im Viertelfinale erschöpft an den vom Landsmann Guus Hiddink trainierten Russen. Anschließend wurde Bert van Marwijk neuer Bondscoach, auch für Johan Cruyff „eine gute Wahl". Unter van Marwijk stürmte die *Elftal* ohne Punktverlust durch eine einfache Gruppe mit nur fünf Mannschaften.

Auch Europameister **Spanien** beendete die Qualifikation mit optimaler Punktzahl. Nach der EM hatte Vicente del Bosque das Traineramt von Luis Aragonés übernommen. Del Bosque änderte wenig: „Was nicht kaputt ist, muss man auch nicht reparieren." Nur an einigen wenigen Stellen ergänzte der Coach das Spiel der *Selección* um eigene Akzente.

Probleme hatte indes der WM-Vierte **Portugal**. Platz eins bzw. die direkte Qualifikation ging an **Dänemark**, das in Portugal mit 3:2 gewann. Erst am letzten Spieltag sicherten sich die *Seleccao* mit einem 4:0-Sieg über Malta vor den Schweden wenigstens Platz zwei. In den Play-offs der acht besten Gruppenzweiten konnten Ronaldo und Co. dann mit zwei 1:0-Siegen gegen Bosnien-Herzogewina das WM-Ticket lösen.

England, das in der Qualifikation zur EM 2008 an Kroatien gescheitert war, nahm hierfür heftig Revanche. Nach der EM hatte der Italiener Fabio Capello das Kommando vom unglücklichen Steve McClaren übernommen. In Kroatien gewannen die Engländer mit 4:1. Star des Abends in Zagreb war der 19-jährige Theo Walcott von Arsenal London, der dreimal traf. Die *Times* hatte im Maksimir-Stadion einen „Urknall" gehört. Wie sein Vorgänger Eriksson verkaufte auch Capello den Engländern ihr ureigenes 4-4-2 als hochmodern (zwei Sechser, zwei Flügelspieler, eine hängende Spitze und ein statischer Stürmer). Eine Formation, welche die traditionell taktisch unflexiblen Engländer nicht überforderte und zugleich einen Rahmen für spontane Einzelaktionen schuf. Zumindest in den Qualifikationsspielen hatte Capello Erfolg damit: In London besiegte England Kroatien sogar mit 5:1; schließlich wurden die *Three Lions* mit sechs Punkten Vorsprung vor der Ukraine Gruppensieger.

Holperig lief es zunächst für die **Schweiz,** die nun vom deutschen Erfolgscoach Ottmar Hitzfeld trainiert wurde, dessen Trainerkarriere einst bei eidgenössischen Klubs begonnen hatte. Einem Remis in Israel (2:2) folgte eine peinliche 1:2-Heimniederlage gegen Luxemburg, das zuvor 55 Spiele in Folge verloren hatte. Doch in den verbleibenden acht Spielen blieb die *Nati* ungeschlagen, holte 20 Punkte und schaffte

Gegen Luxemburg tat sich die Schweiz überaus schwer. Zu Hause verlor man sensationell 1:2, in Luxemburg erreichte man ein 3:0. Hier setzt sich der für Hertha BSC spielende Steve von Bergen durch.

die Wende. Zweiter wurde **Griechenland,** dass sich dann in den Play-offs gegen die Ukraine mit einem torlosen Remis in Athen und einem 1:0-Sieg in Kiew durchsetzte.

Deutschlands härtester Gegner hieß Russland, das bei der EM erst im Halbfinale am späteren Europameister Spanien gescheitert war. In Dortmund schlug das DFB-Team die *Sbornaja* nach einem großen Spiel durch Tore von Lukas Podolski und Michael Ballack bei einem Gegentreffer von Superstar Andrej Arschawin mit 2:1. Sowohl Bundestrainer Joachim „Jogi" Löw wie sein Gegenüber Guus Hiddink hatten das offensive, direkte, schnelle Spiel zur obersten Maxime erhoben. Vor dem Rückspiel, dem zweitletzten Auftritt beider Teams, führten die Deutschen vor den Russen mit lediglich einem Punkt Vorsprung. Doch in Moskau machte Löws Team mit einem 1:0-Sieg (Torschütze: Miroslav Klose) alles klar. Nebenbei verteidigte man auch noch eine „weiße Weste", denn noch niemals in ihrer Geschichte hatte die Nationalelf in der WM-Qualifikation auswärts verloren. Bester Deutscher war Torwart René Adler, der schon im Hinspiel in Dortmund souverän gehalten hatte und sich damit die Nr.1 für Südafrika sicherte.

Mit einem 1:0-Auswärtserfolg in Moskau sicherte sich die deutsche Elf ihre Fahrkarte nach Südafrika. Hier attackiert Michael Ballack sein russisches Pendant Andrej Arschawin.

Osteuropa wurde bei der WM nur durch die **Slowakei** vertreten, das in seiner Gruppe u.a. die regionalen Konkurrenten Tschechien und Polen hinter sich ließ. Seit der Auflösung der Tschechoslowakei hatten die Slowaken fußballerisch bisher stets im Schatten der Tschechen gestanden. Zweiter dieser Gruppe wurde **Slowenien,** das dann in den Play-offs Russland bezwang (1:2, 1:0), die wohl größte Überraschung der Europa-Qualifikation.

Italien gewann seine recht einfache Gruppe souverän vor Irland. Nach der für die *Squadra Azzurra* enttäuschenden EM war Weltmeistercoach Marcello Lippi zurückgekehrt, die Iren wurden von seinem Landsmann Giovanni Trapattoni betreut.

Serbien konnte sich vor Frankreich qualifizieren. Der Vizeweltmeister hatte nach einem desaströsen EM-Auftritt mit nur einem Punkt aus drei Vorrundenspielen erheblich an Sympathien eingebüßt, was insbesondere für Coach Raymond Domenech galt. Beim ersten Heimspiel gegen Serbien (2:1) – vorausgegangen war eine 1:3-Niederlage beim 101. der FIFA-Rangliste, Österreich – war das Stade de France erstmals seit seiner Eröffnung bei einem Auftritt der *Équipe Tricolore* nicht gefüllt.

Der Oberrang wurde erst gar nicht geöffnet. Doch Frankreichs Verbandschef Jean-Pierre Escalettes hielt am unbeliebten Coach fest, weil er sich von den Weltmeistern von 1998, die einen der Ihren auf dem Chefposten sehen wollten, nicht unter Druck setzen lassen wollte.

Dass sich **Frankreich** in den Play-offs doch noch durchsetzte, hatte die *Équipe Tricolore* einer krassen Fehlentscheidung des schwedischen Referees Martin Hansson zu verdanken, die einen Vorgeschmack auf die WM-Endrunde lieferte. In Dublin hatten die Franzosen mit 1:0 gewonnen. In Paris lagen nun die Iren nach 90 Minuten mit 1:0 vorn, sodass die Partie in die Verlängerung musste. In der 103. Minute gelang William Gallas der Ausgleich zum 1:1, aber Mitspieler Thierry Henry hatte den Treffer mit einem klaren Handspiel vorbereitet. Die BBC sprach von der „grausamsten aller möglichen Arten auszuscheiden".

Südamerika: Argentinien fast gescheitert

Nach der für **Brasilien** enttäuschenden WM 2006 hatte Carlos Dunga die *Selecao* übernommen. Als Brasilien im Oktober 2007 in der WM-Qualifikation Ekuador empfing und 5:0 abfertigte, war dies für Dunga im 22. Spiel als Nationaltrainer sein Heimdebüt. Der brasilianische Fußballverband war mittlerweile dazu übergegangen, seine Freundschaftsspiele meistbietend zu verkaufen, weshalb man die *Selecao* häufiger in Schweden als in Brasilien sah.

Brasilien gewann die Marathon-Qualifikation, nur einen Punkt dahinter folgte auf Platz 2 **Chile,** das durch eine quirlige und torfreudige Offensive gefiel. Coach von *La Roja* war der Argentinier Marcelo Bielsa, der die Chilenen erstmals seit zwölf Jahren wieder zu einer WM führte. Die Fans schlugen ihn anschließend für das Amt des Staatspräsidenten vor. Bielsa erntete die Früchte einer guten Nachwuchsarbeit. Bei der U20-WM 2007 war Chile mit den Spielern Alexis Sanchez, Carlos Carmona, Gary Medel und dem für Bayer Leverkusen spielenden Arturo Vidal Dritter geworden. Vidal sprach vom „stärksten Team Chiles seit 1962".

Dritter wurde **Paraguay,** das mit den Bundesligalegionären Lucas Barrios und Nelson Valdez (Borussia Dortmund) sowie dem Ex-Münchner und nun für Manchester City spielenden Roque Santa Cruz nach Südafrika fuhr. Hart zu kämpfen hatte der zweifache Weltmeister **Argentinien.** Im Oktober 2008 hatte Diego Maradona die *Albiceleste* übernommen, obwohl die argentinische Legende kaum über Trainererfahrung verfügte. Bis zur WM 2010 berief Maradona 107 Spieler in sein Team. Lange Zeit drohte die erste WM-Abstinenz seit 1970. Der *Albiceleste* gelang die Qualifikation erst am letzten Spieltag mit einem 1:0-Sieg in Uruguay.

Uruguay, trainiert vom Linksintellektuellen und Che-Guevara-Fan Oscar Washington Tabárez, musste als Fünfter in Play-offs gegen Costa Rica, den Vierten der Nord- und Mittelamerika-Qualifikation. In San José gewann die *Celeste* durch ein

Tor ihres Abwehrspielers Diego Lugano mit 1:0. Im Rückspiel in Montevideo genügte so ein 1:1-Remis, um in Südafrika dabei zu sein. Im Kader Uruguays standen Spieler aus zwölf verschiedenen Ligen – von der Türkei bis Schweden.

Nord- und Mittelamerika: US-Visite in Kuba

In Nord- und Mittelamerika eroberten die ersten beiden Qualifikationsplätze erwartungsgemäß die **USA** und **Mexiko**. In der Vorrunde kam es zum ersten Aufeinandertreffen zwischen Kuba und den USA seit dem 20. Juli 1947; damals siegten die Karibik-Kicker mit 5:2. 62 Jahre später gelang den USA vor 17.000 Zuschauern in Havanna mit 1:0 die Revanche. Es war seit der Revolution durch Fidel Castro und der Kuba-Krise von 1962 das erste sportliche Kräftemessen beider Länder überhaupt.

Laut Gesetz war es US-Bürgern verboten, auf die Insel zu reisen. Nur Team-Angehörige und US-Journalisten erhielten eine Sondergenehmigung. Ein Dutzend US-Anhänger schaffte es trotzdem, getarnt mit Baseballkappen und rot-weiß-blauer Gesichtsbemalung, um nicht mit Hilfe laufender Kameras identifiziert zu werden.

Das Rückspiel gewannen die USA mit 6:1. Zwei kubanische Spieler, Reynier Alcantara und Pedro Faifa, nutzten die Visite, um sich abzusetzen. Das staatliche

Mit 6:1 gewannen die USA ihr Qualifikationsspiel gegen Kuba auf heimischem Boden. Hier jubeln (v.l.) Freddy Adu, Jozy Altidore und der für den FC Fulham kickende Clint Dempsey.

kubanische Fernsehen zieh die Spieler des Vaterlandsverrats: „Sie haben ihre Mannschaft betrogen, weil sie den Anreizen des westlichen Geldes erlegen sind."

Das dritte Nord- und Mittelamerika-Ticket ging an **Honduras**, das vermutlich fußballverrückteste Land Mittelamerikas und Produzent einiger der besten Kicker der Region – so die für Tottenham Hotspur bzw. FC Genua spielenden Wilson Palacios und David Suazo. Der entscheidende 1:0-Sieg über El Salvador ereignete sich zu einem Zeitpunkt, als das Land nach einem Putsch gegen Präsident Manuel Zelaya am Rande eines Bürgerkriegs stand. Das Tor des 36-jährigen Carlos Pavón, genannt „der Heilige", ließ für einen Moment die blutige und tiefe Spaltung des Landes vergessen. Auch im Team herrschten unterschiedliche Meinungen über den Staatsstreich, weshalb dem kolumbianischen Trainer Reynaldo Rueda zusätzlich die Aufgabe eines Diplomaten zufiel.

Asien und Ozeanien: Afghanen im Exil

Afghanistans Qualifikationsspiel gegen Syrien konnte wegen der Gefahr von Terroranschlägen nicht daheim ausgetragen werden, wo nur das 60.000 Zuschauer fassende Olympiastadion in Kabul zur Verfügung gestanden hätte – der einzige Rasenplatz in Afghanistan, der aber einem Acker glich, da hier fast alle Ligaspiele ausgetragen wurden. So zog man ins Zentralstadion der tadschikischen Hauptstadt Duschanbe um, wo zur Mittagszeit gespielt wurde, da die Flutlichtanlage nicht den FIFA-Auflagen entsprach. Als der Spieler Karimi aus dem deutschen Norderstedt, einer von vier in Deutschland lebenden Exilanten im afghanischen Team, in der 15. Minute die Führung erzielte, war dies das erste Pflichtspieltor einer afghanischen Nationalelf seit dem Einmarsch sowjetischer Truppen 1979. Im Krieg hatte es keinen organisierten Fußball gegeben, und die Taliban drohten jedem sporttreibenden Bürger mit einer Gefängnisstrafe. Erst mit der Demokratisierung 2003 war das Spiel nach Afghanistan zurückgekehrt. Am Ende siegte Syrien mit 2:1, was aber nebensächlich war. Im Stadion wurden nur 2.000 Zuschauer Zeugen des historischen Ereignisses, doch der afghanische Kanal „Ariana TV" übertrug das Spiel in 41 Länder. In Afghanistan fieberten rund zehn Millionen Bürger vor dem Bildschirm mit.

Australien qualifizierte sich als Sieger der Endrundengruppe A erstmals über die asiatische Schiene, den zweiten Platz – und damit ebenfalls qualifiziert – belegte **Japan**. In der Endrundengruppe B setzte sich **Südkorea** vor **Nordkorea** durch.

Für das steinzeitkommunistische Nordkorea war es die erste WM-Teilnahme seit 1966. 1993 hatte Nordkoreas Diktator Kim Jong II seinen Fußballern für einige Jahre die Teilnahme an internationalen Wettbewerben untersagt – als Strafe für eine Niederlage gegen den Staatsfeind Nr. 1, Südkorea. Der „Geliebte Führer" galt als großer Fußballfan. In Südafrika sollten *Chollima* („Fliegende Pferde"), laut *Spiegel* „das letzte Rätsel des Weltfußballs", Nordkoreas miserables internationales Image aufpolieren. Star des Teams war der stämmige Mittelstürmer Jong Tae-Se, auch „Rooney von Asien" genannt.

Hauptsächlicher Profiteur des australischen Wechsels nach Asien war **Neuseeland,** das in der Ozeanien-Gruppe nun ohne ernsthaften Gegner dastand. Lediglich am letzten Spieltag, als ihm der erste Platz bereits nicht mehr zu nehmen war, verlor man 0:2 gegen Fidschi.

In Südafrika waren die *Kiwis* damit aber noch nicht, zunächst waren noch zwei Play-offs gegen Bahrein zu bestreiten, das sich im Duell der Drittplatzierten der beiden Asien-Gruppen gegen Saudi-Arabien durchgesetzt hatte – bei zwei Remis dank der höheren Zahl auswärts erzielter Tore. In Bahrein trennten sich die Teams torlos, das Rückspiel in Wellington gewann Neuseeland durch ein Tor von Rory Fallon vom späteren englischen Zweitligaabsteiger Plymouth Argyle mit 1:0 und war damit erstmals seit 1982 wieder bei einer WM vertreten.

Afrika: Die Etablierten vorne

Als Austragungskontinent standen Afrika erstmals sechs Endrundenplätze zu. **Südafrika** war als Ausrichter automatisch qualifiziert, zum Glück für die *Bafana, Bafana.* Denn auf dem sportlichen Weg hätten es Südafrikas Kicker nicht geschafft. Da der afrikanische Verband die Qualifikation für die WM und den Africa Cup of Nations zusammenlegte, nahm auch Südafrika teil und wurde in einer von insgesamt zwölf Qualifikationsgruppen nur Zweiter – mit nur sieben Punkten aus sechs Spielen. Zehn der zwölf Zweitplatzierten konnten mehr Punkte sammeln als *Bafana, Bafana.* Mit **Kamerun** und **Nigeria** kehrten die „alten" Fußballmächte zurück in die Endrunde, die sich vier Jahre zuvor eine Auszeit genommen hatten. Wobei sich Nigerias *Super Eagles* der harten Konkurrenz Tunesiens erwehren mussten. Auch **Ghana** und die **Elfenbeinküste** konnten sich (erwartungsgemäß) qualifizieren.

Äußerst hitzig verlief das Rennen um den sechsten Platz, wo sich mit Algerien und Ägypten zwei alte nordafrikanische Rivalen gegenüberstanden. Am letzten Spieltag besiegte Ägypten Spitzenreiter Algerien mit 2:0 – beide Länder waren nun nach Punkten und Torverhältnis gleichauf. Ägyptens zweiter Treffer fiel erst in der fünften Minute der Nachspielzeit, eine 0:1-Niederlage hätte den Algeriern für Südafrika gereicht. Auf der Fahrt vom Flughafen zum Hotel war der Mannschafsbus Algeriens mit Steinen beworfen worden, wobei zwei Spieler Kopfverletzungen erlitten.

Die Entscheidung musste nun auf neutralem Boden fallen. In Khartoum (Sudan) verwandelte man das Stadion in einen Hochsicherheitstrakt, die Regierung setzte 15.000 Polizisten und Soldaten ein. **Algerien** gewann dank eines Gewaltschusses des Abwehrspielers Anthar Yahia vom VfL Bochum mit 1:0 und war damit zum vierten Mal nach 1970, 1980 und 1986 für die WM-Endrunde qualifiziert.

Die Favoriten: Spaniens „cruyffismo"

Größter Titelfavorit war **Spanien,** vielleicht der größte seit Ungarn 1954. Obwohl die WM-Geschichte gegen die Iberer sprach: Nur einmal – 1950 in Brasilien – hatte es die *Selección* unter die besten Vier geschafft. Aber bei der EM 2008 hatte Spanien mit attraktivem Fußball den Rest Europas in Grund und Boden gespielt. Im Finale besiegten die Spanier Deutschland mit 1:0, für die Unterlegenen ein schmeichelhaftes Resultat.

Hatte man sich in der Vergangenheit wiederholt um den rechten Stil gestritten, so bildete sich seit der WM 2006 eine homogenere Spielweise in Richtung des FC Barcelona heraus. Diese war vor allem vom Niederländer Johan Cruyff während seiner Amtszeit als Trainer der Katalanen (1988-1996) geprägt worden. Auch einige seiner Nachfolger wie Frank Rijkaard und Pep Guardiola wandelten in Cruyffs Spuren. Die *Barça*-Philosophie lautete: „Ballbesitz ist die beste Verteidigung." Neun Spieler des spanischen WM-Kaders entstammten *Barças* berühmter Nachwuchsakademie „La Masia", in der ein permanentes und rasantes Kurzpassspiel gepflegt wurde, das

Carles Pujol, Xavi Hernandez, Lionel Messi und Andreas Iniesta, die 2009 mit dem FC Barcelona die Champions League gewannen, waren allesamt Eigengewächse der „La Masia".

◆ Barcelonas Talentschmiede

„La Masia", die berühmte Jugendakademie des FC Barcelona, ist seit 1979 in einem alten katalanischen Bauernhaus („Masia") untergebracht. Das 1702 errichtete Gebäude befindet sich in der Nähe des Stadion Camp Nou. Unter Trainer Johan Cruyff (1988-1996) wurde „La Masia" zu einer nie versiegenden Quelle von exzellenten Technikern. Im Zentrum der Ausbildung stehen das schnelle und präzise Kurzpassspiel einschließlich Positionswechsel, Spielintelligenz und Kreativität. Albert Capella, einer der beiden Jugendkoordinatoren des Klubs: „Schnelle Denker sind uns wichtiger als schnelle Spieler." Bis zum 16. Lebensjahr sehen die Kicker keinen Kraftraum und absolvieren keinen Dauerlauf, das Training ist extrem ballorientiert.

Bekannte „La Masia"-Schüler sind Lionel Messi, Guillermo Amor, Sergi Bajuán, Iván de la Pena, Josep Guardiola, Bojan Krkic, Giovanni dos Santos, Jonathan Dos Santos, Roger García, José Manuel Reina, Gabri und die 2010-Weltmeister Carles Pujol, Xavi Hernandez, Andrés Iniesta, Gerard Piqué, Sergio Busquets, Ces Fàbregas und Victor Valdés.

---

man in Spanien nach seinem Lehrmeister „el cruyffismo" nannte. Barças klein gewachsene Mittelfeldasse Xavi Hernández und Andrés Iniesta waren Herz (Xavi) und Lunge (Iniesta) der *Selección*. Mit Xabi Alonso und Sergio Busquets bildeten die beiden das ballsicherste und am besten aufeinander abgestimmte Mittelfeld aller Nationalmannschaften.

In Spaniens Anfangsformation standen gewöhnlich mit Busquets, Iniesta und Xavi sowie den Abwehrspielern Carles Puyol und Gerard Piqué fünf *Barça*-Akteure; mit dem Stürmer Pedro waren es manchmal sogar deren sechs. Real Madrid war mit drei Spielern dabei, von denen aber nur der Torwart und Kapitän Iker Casillas ein echter Madrilene war. Bei den „Galaktischen" bürgte Casillas, der schon als Jugendlicher zu den „Königlichen" fand, für Bodenständigkeit. Den Titel eines „Galaktischen" hatte er stets brüsk von sich gewiesen – er sei nur „ein Mann aus Móstoles". Der rechte Außenverteidiger Sergio Ramos, der zuweilen wie ein Stürmer auftrat, kam aus der Provinz Sevilla, Mittelfeldspieler Xabi Alonso war einer von drei Basken im Kader. Auf der linken Abwehrseite verteidigte der Katalane Joan Capdevila, der bei Villareal unter Vertrag stand. Den Sturm bildeten David Villa von FC Valencia, der nach der WM zum FC Barcelona wechselte, und Fernando Torres vom FC Liverpool. Torres war einer der herausragenden Spieler der EM 2008 gewesen, schwächelte aber nach zwei Knieoperationen.

Der 59-jährige Coach Vicente del Bosque stand zwar viele Jahre auf der Lohnliste Real Madrids, als Spieler, Nachwuchskoordinator und Trainer, passte aber mit seinem stets ruhigen und bescheidenen Auftreten bestens zu diesem katalanisch geprägten Team. Sein Motto: „Nur der gewinnt, der intelligent und bescheiden ist." Bei Real war del Bosque der Letzte gewesen, der es verstanden hatte, aus einer Ansammlung von eitlen Superstars und Spielern aus dem eigenen Nachwuchs ein schlagkräftiges Team zu formen, das 2000 und 2002 die Champions League gewann. Del Bosque wurde aber trotzdem geschasst, da er den Klub-Bossen nicht glamourös genug war. In den letzten Jahren hatte der Schnauzbartträger, ein Befürworter von Ausbildung und Nachwuchsförderung, wiederholt Real-Präsident Florentino Pérez für dessen wilde und sündhaft teure Einkaufspolitik kritisiert.

Und noch etwas verband den Kastilier aus Salamanca mit den Katalanen: Auch der Trainer besaß einen erlesenen Fußballgeschmack. Sein Ziel war es, „das grundsätzlich Schöne mit dem gelegentlich Praktischen zu mischen".

Auch Sportdirektor Fernando Hierro war ein ehemaliger Real-Mann. Im Sommer 2003 musste der Kapitän nach 439 Spielen für die „Königlichen" auf Geheiß von Pérez gehen, nachdem er kritisiert hatte, dass sich alles um den Transfer von David Beckham drehe und das Spiel nur noch bloße Nebensache sei.

Die alten regionalen Konflikte spielten in dieser *Selección* keine Rolle: Die europäisch sozialisierte Generation der Xavi, Iniesta und Co. sah keinen Widerspruch darin, sich mit der katalanischen Region zu identifizieren und zugleich für Spanien aufzulaufen.

Nach den Spaniern wurde vor allem Rekordweltmeister **Brasilien** als ernsthafter Titelanwärter gehandelt. Trainer Carlos Dunga war Kapitän der Weltmeisterelf von 1994 gewesen, der man in Brasilien aufgrund ihrer langweiligen pragmatischen Spielweise kaum huldigte. Der defensive Mittelfeldspieler Dunga präferierte das Ackern und Grätschen und handelte sich den Spitznamen „o alemao" (der Deutsche) ein. Gemeint war damit seine Spielphilosophie, doch tatsächlich hat Dunga deutsche Großeltern.

2006 war Brasilien an seiner Dekadenz gescheitert. Unter Dunga zog nun eiserne Disziplin ein. Mätzchen wurden nicht mehr geduldet. Für labile Künstler wie Ronaldinho war kein Platz im WM-Aufgebot, trotz der Fürsprache von Staatspräsident Lula. Auch Adriano, dem aus einer Favela stammenden und trotz (oder wegen) seiner zahlreicher Verfehlungen populärsten Kicker Brasiliens, fand keine Berücksichtigung.

Dungas *Selecao* war defensiver ausgerichtet als alle brasilianischen WM-Teams vor ihr. Sehr zum Unwillen vieler Landsleute und ehemaliger nationaler Fußballgrößen. Pelé schimpfte über ein „bürokratisches Mittelfeld", Tostao betrauerte, „dass Brasilien für immer wie Italien spielt". Für Dunga war „das Gerede vom schönen Spiel doch alles nur Philosophie. Im Fußball geht es nicht um Kunst, sondern um Resultate." Immerhin hatte die *Selecao* mit dieser Einstellung 2007 die Copa América und 2009 den Confederations Cup gewonnen.

Das Prunkstück der Brasilianer war bezeichnenderweise eine starke Abwehr mit Torwart Julio César, Maicon und Lucio, samt und sonders beim Champions-League-Gewinner Inter Mailand unter Vertrag, dem seit den Tagen von Helenio Herrera der Ruf anhing, der Verfechter des Defensivfußballs schlechthin zu sein. Als einziger Weltstar blieb Kaká von Real Madrid im Team. Für „jogo bonito", den brasilianischen Zauberfußball, stand nur noch Robinho von Manchester City.

Star des argentinischen Teams war und blieb sein Trainer – Diego Maradona.

Argentinien hatte sich zwar nur mit Mühe qualifizieren können, verfügte aber mit dem amtierenden Weltfußballer Lionel Messi (FC Barcelona), mit Gonzalo Higuaín (Real Madrid), Carlos Tévez (Manchester City) und Diego Milito (Inter Mailand) über die wohl beste Offensivabteilung aller WM-Teilnehmer. Carles Rexach, der Messi für den FC Barcelona entdeckte: „Nicht mal Maradona hat das Spiel so gut interpretiert. Messi sehen sogar die Blinden."

Die Defensive wirkte dagegen hausbacken, schaltete sich nur wenig ins Angriffsspiel ein, sondern beschränkte sich vorwiegend aufs Verteidigen. Umgekehrt kam die Offensivabteilung bei gegnerischem Ballbesitz nicht hinter den Ball. Die Spielweise der *Albiceleste* war eher altmodisch.

Ein Fragezeichen stand hinter dem Trainer. Würden der Mythos Maradona, seine Leidenschaft, seine Motivationskünste und seine reichhaltigen Turniererfahrungen als Spieler ausreichen, um der Mannschaft ein modernes Konzept zu geben, sie über sieben Spiele zu bringen und zu ihrem dritten WM-Titel zu führen? Pelé, sein ewiger Widersacher im Streit um die Frage, wer denn nun der beste Spieler des 20. Jahrhunderts gewesen sei, lästerte: „Maradona ist Trainer der argentinischen Nationalmannschaft geworden, weil er einen Job und Geld brauchte."

Der als Wiedergänger Maradonas gefeierte, aber doch völlig anders gestrickte Lionel Messi und sein Trainer konnten anfangs nicht so recht miteinander. Messis Auftrittte in der *Albiceleste* blieben deutlich hinter denen bei *Barça,* wo er sich offensichtlich wohler fühlte und das Spiel ihm auf den Leib geschneidert war. Aber Maradona verfolgte eine Spielanlage, die seinem eigenen Spielertyp auf den Leib geschneidert gewesen wäre: ein Star, der alle Freiheiten genoss: „Wenn er (Messi) sich nicht amüsiert, dann amüsieren wir uns alle nicht." Maradona suchte Messi in Barcelona auf. „Ich wollte nie einen Messi, der sklavisch an eine Position gebunden ist. (…) Ich bin zu Messi gegangen und erzählte ihm, dass mir nie jemand vorgeschrieben hatte, wo ich spielen sollte. Also muss er auch entscheiden, wo er spielen will. Er ist Manns genug, sich den Ball zu schnappen und zu sagen: ‚Dieser Ball gehört mir, und niemand liest das Spiel so gut wie ich.'"

Maradonas Stärke war, dass er die Spieler in den Vordergrund stellte, was viele von ihnen goutierten: „Die Zauberer sind die mit den kurzen Hosen. Natürlich gibt es die Guardiolas, Mourinhos, Menottis, Bilardos und Basiles – Trainer, die einiges erreicht haben – aber durch ihre Spieler." Noch blieb es sein Geheimnis, ob dieses demonstrative Vertrauen in die Spieler nicht nur das Fehlen eines taktischen Konzepts kaschierte.

Schwer einzuschätzen waren die **Niederlande,** die bei der EM 2008 zunächst wie keine andere Mannschaft aufgetrumpft hatten, im Viertelfinale aber ausgeschieden waren. Der verschlossen wirkende Bondscoach Bert van Marwijk war ein akribischer Arbeiter, der großen Wert auf Disziplin, Teamgeist und eine gute Spielorganisation legte.

Mit Raphael van der Vaart (Real Madrid), Dirk Kuyt (FC Liverpool), Robbie van Persie (FC Arsenal), Jan Klas Huntelaar (AC Mailand), Arjen Robben (Bayern München) und Eljero Elia (Hamburger SV) besaß die *Elftal* ein Offensivpotenzial wie kein anderer europäischer Vertreter. Hingegen galt die Abwehr als international nur durchschnittlich. Im Tor hatte Maarten Stekelenburg von Ajax Amsterdam den nach der EM zurückgetretenen Edwin van der Sar beerbt.

Neu war der gute Teamgeist der *Elftal,* die in der Vergangenheit wiederholt auch an Selbstzerfleischung und Selbstüberschätzung gescheitert war. Dirk Kuyt: „Wir haben einen großen Zusammenhalt, gehen durch dick und dünn. Das ist die große Stärke dieser Mannschaft, unser Mehrwert." Seit den Tagen von Rinus Michels hatte kein Bondscoach seine Mannschaft so fest im Griff wie van Marwijk.

Rinus Michels hatte den *totaal voetbal* einst entworfen, um auch mauernde Gegner zu bezwingen. Ziel von System und Philosophie war in erster Linie der Sieg, nicht das attraktive Spiel. Doch mit der Final-Niederlage von 1974 verselbstständigte sich der ästhetische Inhalt des *totaal voetbal*. Viele Niederländer suchten fortan Zuflucht in der Selbstversicherung, dass ihr Land den besseren Fußball gespielt habe, und redeten sich nun ein, das schöne Spiel sei wichtiger als der Sieg.

Bert van Marwijk sah dies anders und wollte es ändern. Sein Ziel war einzig und allein der WM-Titel. „Wir haben eine Mission. Wir wollen Weltmeister werden." Der Bondscoach wurde dafür ausgelacht und der Arroganz bezichtigt. Anders als Johan Cruyff unterschied van Marwijk zwischen „attraktivem Fußball" und „gutem Fußball". Ein Spiel „mit Toren ist immer attraktiver als ein Spiel ohne Tore. Wir möchten wirklich gut spielen, aber es kann nicht immer attraktiv sein."

totaal voetbal nicht gefragt

Ein Schlüsselerlebnis war für van Marwijk ein Freundschaftsspiel zwischen den Niederlanden und Deutschland im August 2005 in Rotterdam, das trotz drückender Überlegenheit der Gastgeber nur mit einem Remis endete: „Alle, sogar die Deutschen selbst, haben uns hinterher für unser tolles Spiel gelobt. Doch das Endergebnis lautete 2:2. Es gibt mehrere solcher Beispiele in unserer Geschichte."

Anstelle eines 4-3-3, in Stein gemeißeltes Dogma des niederländischen Fußballs, ließ van Marwijk ein 4-2-3-1 spielen, das mehr den Möglichkeiten seines Kaders und den Entwicklungen im internationalen Fußball entsprach. Die Umstellung erfolgte relativ geräuschlos, auch weil die *Elftal* souverän durch die Qualifikation ging. Abweichungen von einem starren 4-3-3 hatte es allerdings auch schon vorher gegeben. Ihren einzigen internationalen Titel, die Europameisterschaft 1988, hatten die Niederlande im 4-4-2 gewonnen. Trainer war damals Rinus Michels, der Vater des *totaal voetbal*.

Auf dem Feld verkörperte vor allem van Marwijks Schwiegersohn Mark van Bommel die neue Philosophie: „Erste Priorität hat das Resultat. Wir Holländer konnten schon immer spielen und gewinnen, nun haben wir gelernt zu gewinnen, auch wenn wir einen schlechten Tag haben." Der Kapitän des FC Bayern war ein geborener Leader, besaß eine überragende Spielintelligenz und ein gutes Gefühl für Rhythmus und Entwicklung eines Spiels. In den Niederlanden firmierte van Bommel auch als „der Deutsche". Wohl nicht zufällig standen im Kader der *Elftal* acht Spieler, die in der Bundesliga spielten oder gespielt hatten. Van Marwijk selbst hatte zweieinhalb Jahre Borussia Dortmund trainiert.

Deutschland flog mit dem jüngsten WM-Kader seit 1934 nach Südafrika. Mit 24,96 Jahren war Joachim „Jogi" Löws Ensemble das drittjüngste des Turniers, was vom Bundestrainer durchaus gewollt war.

Einige Wochen vor dem WM-Start hatte Fußball-Deutschland eine Hiobsbotschaft ereilt. Kapitän Michael Ballack (33), torgefährlichster Mittelfeldspieler in der Geschichte der Nationalelf, war schwer verletzt und fiel für die WM aus. Beim FA-Cup-Finale zwischen Ballacks FC Chelsea und dem FC Portsmouth war der turniererfahrene 98-fache Nationalspieler vom ehemaligen deutschen

Ballack fällt aus

Junioreninternationalen, nun aber für Ghana spielenden Kevin Prince Boateng übel gefoult worden. Da die Deutschen ein Vorrundengegner Ghanas waren, vermutete mancher hinter Boatengs Tritt ein Kalkül. Besonders schwierig war diese Situation für seinen Halbbruder Jerome, der weiterhin für den DFB spielte und zum deutschen WM-Aufgebot gehörte. Auch der als Nr. 1 gesetzte Leverkusener Torwart René Adler musste verletzt absagen. Für ihn wurde der 24-jährige Schalker Manuel Neuer zwischen die Pfosten gestellt. Wie kein anderer deutscher Keeper verkörperte Neuer das moderne Torwartspiel. Mit dem Berliner Arne Friedrich, mit Hertha BSC soeben aus der Bundesliga abgestiegen, und Miroslav Klose von Bayern München standen nur zwei Spieler im Kader, die noch in den 1970er Jahren geboren wurden.

Nach dem Tod von Robert Enke und der Verletzung von René Adler wurde der junge Schalker Manuel Neuer die Nr. 1 im deutschen Tor. Vor dem WM-Turnier hatte er erst drei Länderspieleinsätze absolviert.

Nach Ballacks Ausfall rekrutierte sich der deutsche WM-Kader erstmals seit dem Turnier von 1978 ausschließlich aus Akteuren der eigenen Bundesliga. Was Jahre zuvor noch als Indiz für die mangelhafte Qualität der deutschen Spieler galt, war nun eher Ausdruck einer neuen Stärke der Liga, deren Branchenführer Bayern München das Finale der Champions League erreicht hatte.

Elf der 23 Akteure besaßen einen Migrationshintergrund. Philipp Lahm, der von Ballack die Kapitänsbinde übernahm: Man habe viele Spieler dabei, die nicht mehr „typisch deutsch" spielten, „sondern eher kleine, flinke Wirbler sind. Unsere deutschen Fähigkeiten haben wir nach wie vor, und dann kommen jetzt diese neuen Möglichkeiten." Lahms optimistisches Resümee: Es sei „die beste Mannschaft, die die meiste Qualität hat von allen Nationalmannschaften, in denen ich bisher gespielt habe".

Angesichts des jungen Kaders begleiteten die Nationalelf dennoch geringe Erwartungen nach Südafrika. Doch so unerfahren war das Team gar nicht. Einige der Mitt-Zwanziger – Schweinsteiger, Podolski, Lahm, Mertesacker – hatten bereits eine erkleckliche Zahl von Länderspielen auf ihrem Buckel. Addiert brachten es die

◆ **Nachwuchs made in Germany**

Nach dem deutschen EM-Desaster von 2000 hatte der DFB damit begonnen, die Nachwuchsarbeit zu reformieren. Das neue Stützpunktsystem des Verbandes und die Leistungszentren der Profivereine warfen inzwischen erste Früchte ab. 2009 wurde der DFB von der UEFA für seine Nachwuchsarbeit prämiert, nachdem U17, U19 und U21 allesamt den EM-Titel gewonnen hatten. Bundestrainer Löws Youngster waren somit nicht nur technisch und taktisch gut ausgebildet, sondern häufig auch reif, reflektiert und turniererfahren.

Kapitän und Trainer: Philipp Lahm neben Joachim Löw.

vier auf stattliche 274 Einsätze. Youngster wie Holger Badstuber und Thomas Müller hatten vor WM-Beginn zwar erst jeder zwei Länderspiele absolviert, aber mit dem FC Bayern als Stammkräfte das „Double" errungen und eine komplette Champions-League-Kampagne gespielt. Manuel Neuer, Sami Khedira, der Ballack im defensiven Mittelfeld ersetzte, Jerome Boateng und die technisch starke Offensivkraft Mesut Özil gehörten 2009 zu den Leistungsträgern des deutschen U21-Teams, das Europameister wurde, und verfügten somit zumindest über Erfahrung mit Länderturnieren.

Mit Ballacks Ausfall kehrte eine flachere Hierarchie ins Team ein. Ein diplomatisch veranlagter Philipp Lahm als Kapitän und ein zum „emotionalen Leader" erkorener Bastian Schweinsteiger teilten sich die Führungsrolle konfliktfrei. Während der WM sollte es Spiele geben, in denen man Ballack vermisste. Und noch mehr Spiele, in denen man den Eindruck gewann, dass der deutsche Kader und das deutsche Spiel den Leader überholt hatten.

Nach einer EM, die trotz eines zweiten Platzes spielerisch enttäuschend war, hatte Löw die Fäden jenes Kulturbruchs wieder aufgenommen, den Klinsmann und er selbst im Vorfeld der WM 2006 vollzogen hatten. Löw: „Ich bin vor allem ein ästhetischer Trainer, der guten Fußball sehen will, der Fußballkultur mag und über Kampf und Einsatz nur am Rande spricht." Auch im Zweikampfverhalten forderte der Coach Ästhetik: Viele Bälle zu gewinnen, ohne Foul zu spielen, „das ist die hohe Kunst, die Ästhetik der Defensive".

Der Bundestrainer propagierte „attraktiven Kombinationsfußball" und pries das Spiel der Spanier. Und wie Bayern Münchens niederländischer Coach Louis van Gaal legte Löw größten Wert auf eine taktisch gelungene Raumaufteilung in Defensive wie Offensive. Thomas Müller, einer von sieben Bayern-Spielern im Kader: „Wir spielen hier wie Louis van Löw." 2010 standen deutlich mehr Spieler als noch bei den Turnieren von 2006 und 2008 zur Verfügung, die die Philosophie des Bundestrainers fußballtechnisch und gedanklich umsetzen konnten.

Zum erweiterten Anwärterkreis gehörte wie immer auch **England**, seit nunmehr 44 Jahren titellos. Unter Fabio Capello entwickelten sich die *Three Lions* zunächst taktisch weiter. Ein Problem stellte das Zusammenspiel der zu ähnlich gelagerten Mittelfeldpersönlichkeiten Frank Lampard von FC Chelsea und Steven Gerrard vom FC Liverpool dar. Im Angriff war England stark von Manchester Uniteds Wayne Rooney abhängig, der sich aber in der Endphase einer ohnehin strapaziösen Saison verletzt hatte und nicht im Vollbesitz seiner Kräfte zur WM fuhr. Das Innenverteidigerduo John Terry (Chelsea) und Rio Ferdinand (Manchester United) zählte zwar zur absoluten Weltspitze, aber Ferdinand musste seine Reise nach Südafrika verletzungsbedingt stornieren. Außerdem fuhren die *Three Lions* auch dieses Mal ohne einen Keeper von internationalem Format zur WM.

Auch der Weltmeister **Italien** und Vizeweltmeister **Frankreich** zählten nur zum erweiterten Kreis. Marcello Lippi baute im starken Maße auf die Helden von 2006, das Durchschnittsalter der *Squadra Azzurra* betrug satte 31,2 Jahre. Dafür ließ Lippi die begabten Offensivkräfte Antonio Cassano (Sampdoria Genua), Mario Balotelli (Inter Mailand) und Fabrizio Miccoli (Palermo) daheim. Kritisiert wurde auch Lippis Bevorzugung von *Juve*-Akteuren wie Fabio Cannavaro, Fabio Grosso und Mauro Camoranesi, die den Zenit ihres Könnens längst überschritten hatten. Bei der EM 2008 war Italien im Viertelfinale gescheitert. Der Confederations Cup 2009 geriet mit Niederlagen gegen Brasilien (0:3) und Ägypten (0:1) zum Desaster.

Auch Frankreich und sein Coach Raymond Domenech hatten den Umbruch verpasst. Sven Goldmann im *Tagesspiegel*: „Frankreich sonnt sich lieber in den Erfolgen der späten Neunziger und reklamiert den Status als Weltmacht ähnlich rechthaberisch wie die Fünfte Republik ihr Kolonialreich in der Nachkriegszeit." Die *Équipe Tricolore* fuhr mit einem Übungsleiter zur WM, den niemand mehr wollte: die Fans nicht, die Medien nicht und auch nicht die in konkurrierende Clans zerfallende Mannschaft. Mit Weltmeister Laurent Blanc stand der Nachfolger bereits fest.

Die Chancen Afrikas

Afrikas Talente verdienten ihr Geld zumeist in Europa, doch ihre Nationalmannschaften profitierten von diesem Lernen und Spielen in Europa nur in bescheidenem Maße. Die Leistungsfähigkeit der afrikanischen Teams stand in einem scharfen Kontrast zur gewachsenen Bedeutung afrikanischer Kicker im europäischen Spitzenfußball, was nach wie vor organisatorischen Defiziten, einer zu geringen finanziellen Ausstattung und der Korruption zugeschrieben wurde.

In sportlicher Hinsicht kam das Turnier zu früh für Afrika. Obwohl die WM auf heimischem Terrain ausgespielt wurde, glaubte niemand an einen afrikanischen Weltmeister. Als größter Hoffnungsträger galt noch die **Elfenbeinküste**. Mit Emmanuel Eboué (FC Arsenal), Kole Touré (Manchester City), Yaya Touré (FC Barcelona), Salomon Kalou und Didier Drogba (beide FC Chelsea) konnten die Ivorer von allen afrikanischen Teilnehmern mit den meisten international bekannten Stars aufwarten. Das Offensivpotenzial der „Elefanten" war enorm, aber auch das defensive Mittelfeld versammelte viel Klasse. Mit Sven Göran Eriksson besaß das Team auch den prominentesten Trainer aller Afrikaner. Allerdings hatte der Schwede die Elfenbeinküste erst im März 2010 übernommen, nach einer eher zufälligen Begegnung mit dem ivorischen Verbandspräsidenten Jacques Anouma.

Beim letzten Test vor dem WM-Start gegen Japan brach sich Didier Drogba den Ellenbogen. Der Einsatz des prominentesten Kickers Afrikas, den das US-amerikanische Magazin *Times* auch aufgrund seines politischen und sozialen Engagements für den Kontinent für einen der „hundert einflussreichsten Menschen der Welt" hielt, blieb bis zum Turnierstart fraglich.

Nigerias vierte WM-Teilnahme sollte zu einer „historischen Mission" werden. Der Staatspräsident wollte nicht weniger als das Halbfinale. Beim Africa Cup waren die *Super Eagles* zwar Dritter geworden, hatten aber das erhoffte Offensivspektakel vermissen lassen, weshalb Trainer Shaibu Amodu gehen musste. Auch Nigeria ersuchte bei einem Schweden um Hilfe. Im März 2010 verpflichtete der Verband mit dem WM-erprobten Lars Lagerbäck den bereits fünften Trainer innerhalb von fünf Jahren. Wie sein Landsmann Eriksson übernahm Lagerbäck ein Team, das er nicht kannte und mit dem ihm kaum Zeit für die Turniervorbereitung blieb. Außerdem mussten die *Super Eagles* mit dem verletzten John Obi Mikel vom FC Chelsea auf ihren besten Mann verzichten.

Bei **Ghana** fehlte der ebenfalls verletzte und wie Drogba und Mikel beim englischen Champion FC Chelsea engagierte Ausnahmespieler Michael Essien. Der Ausfall des Kraftpakets und Mittelfeldmotors war ein schwerer Schlag für das Team des serbischen Trainers Milovan Rajevac. Dafür konnte der Serbe, der für die Kommunikation mit seinem Team die Hilfe eines Dolmetschers benötigte, auf einige Akteure zurückgreifen, die 2009 sensationell U20-Weltmeister geworden waren.

Kevin-Prince Boateng wurde in Deutschland angefeindet, weil sein Foul Michael Ballacks WM-Aus bedeutete. Nach dem Ausfall von Ghanas Starspieler Michael Essien rückte Boateng an dessen Stelle.

Kamerun, das mit seinem Auftreten bei der WM 1990 eine riesige Euphorie und großartige Prognosen bezüglich der fußballerischen Zukunft Afrikas ausgelöst hatte, litt unter einer miserablen Stimmung, nachdem die nationale und kontinentale Fußballlegende Roger Milla den Superstar und Kapitän Samuel Eto'o scharf kritisiert hatte. Milla bemängelte, Eto'o habe „viel für Barcelona und Inter, aber nie irgendetwas für Kamerun geleistet". Der Gescholtene erwog daraufhin einen WM-Verzicht. Beim Africa Cup 2010 hatte sich das vom Franzosen Paul Le Guen trainierte Team seelen- und identitätslos präsentiert, auch bedingt durch die unverständliche Personalpolitik ihres Übungsleiters.

Algerien war das einzige Team Afrikas, das mit einem einheimischen Chefcoach anreiste. Der ehemalige Nationalverteidiger Rabah Saadane gehörte bereits bei der WM 1982 dem Trainerstab an und führte die Nordafrikaner vier Jahre später als Cheftrainer zur Endrunde nach Mexiko. Saadane setzte auf viele Spieler, die in den Fußballinternaten Frankreichs ausgebildet wurden.

Die niedrigsten Erwartungen begleiteten ausgerechnet das Austragungsland **Südafrika.** Nach der Vergabe der WM 2010 war es mit Südafrikas *Bafana, Bafana* stetig bergab gegangen. Prominentester Akteur der *Bafana, Bafana* war noch Regisseur Steven Pienaar vom englischen Premier-League-Klub FC Everton. Trainiert wurde das Team (zum zweiten Mal) vom Brasilianer Carlos Alberto Parreira, Südafrikas 16. Nationalcoach seit 1992. Zwei Monate vor dem WM-Start belegte *Bafana, Bafana* in der FIFA-Weltrangliste Platz 88, die mit Abstand schlechteste Platzierung aller WM-Teilnehmer und die mit Abstand schlechteste Ausgangsposition aller Gastgeber in der 80-jährigen Geschichte des World Cups.

Soccer City in Johannesburg: Das größte Fußballstadion Afrikas war u. a. Schauplatz des Eröffnungsspiels und Finales. Hier stimmen sich holländische Fans auf das Finale gegen Spanien ein.

Die Vorrunde (I):
Der Gastgeber scheidet aus

Gruppe A: Südafrika, Mexiko, Uruguay, Frankreich

Das erste WM-Thema waren die für nicht-afrikanische Ohren ungewohnten Vuvuzelas, deren monotoner, vom Geschehen auf dem Spielfeld scheinbar unabhängiger Lärm einem Hornissenschwarm ähnelte. TV-Anstalten beschwerten sich, ebenso einige Spieler, die die Kommunikation untereinander gestört sahen.

84.490 Zuschauer im Soccer City Stadium in Soweto/Johannisburg sahen eine beeindruckende Eröffnungszeremonie und Südafrikas Zeitung *The Star* „all die Schwarzmaler widerlegt." Elfenbeinküstes *L'Intelligent D'Abidjan* schrieb: „Die Stunde Afrikas ist gekommen. Für die ‚Wiege der Menschheit' ist es eine Herausforderung zu zeigen, dass der Kontinent für ein Ereignis dieser Größenordnung bereit ist."

Schock für Mandela Der 92-jährige Nelson Mandela blieb der Eröffnungszeremonie und dem folgenden Eröffnungsspiel zwischen dem Gastgeber und Mexiko fern, da seine Urenkelin bei einem Autounfall ums Leben gekommen war. Dem großen Versöhner war damit sein „vielleicht letzter großer Traum verloren gegangen" *(Frankfurter Rundschau)*.

Bafana, Bafana begann seine Premiere nervös. Zunächst gaben die Mexikaner den Ton an, doch nach einer Viertelstunde bissen sich die Südafrikaner immer besser ins Spiel, wofür vor allem die Mittelfeldstrategen Steven Pienaar und Siphiwe Tshabalala vom Soweto-Klub Kaizer Chiefs verantwortlich waren.

In der 55. Minute setzte sich Tshabalala auf der linken Seite durch und markierte mit einem wuchtigen und präzisen Schuss die frenetisch bejubelte Führung. In der 66. Minute vergab „Teko" Modise die Riesenchance zum 2:0. Wenig später wurde Modise im Strafraum elfmeterreif umgerissen, doch der usbekische Schiedsrichter Ravshan Irmatov ließ weiterspielen. Die Euphorie der südafrikanischen Fans wurde arg gedämpft, als Mexiko in der 79. Minute der Ausgleich gelang: *Bafana*-Kapitän Aaron Mokoena verschätzte sich bei einer Flanke, und Mexikos Rafael Marquez drosch die Kugel zum 1:1 ins Netz. Steven Pienaar sprach von „einem guten Punkt, der einhergeht mit Enttäuschung".

Anschließend sorgten Frankreich und Uruguay für den ersten großen Langweiler dieses Turniers, der passend torlos endete. Frankreichs Coach Raymond Domenech ging vom eingeübten offensiven 4-3-3 auf das vorsichtigere 4-2-3-1 zurück, sein Kollege Carlos Washington Tabárez tat auch nichts für die Unterhaltung.

Vuvuzelas und kreative Outfits: Fans der südamerikanischen Nationalmannschaft.

Thierry Henry, als erster Franzose zum vierten Mal bei einer WM dabei, wurde erst in der 71. Minute eingewechselt. Florent Malouda, beim FC Chelsea von seinen Kollegen zum „Spieler der Saison" gewählt und stärkste Offensivkraft im Kader der Franzosen, musste noch vier Minuten länger warten. Spielmacher Yoann Gourcuff von Girondins Bordeaux wurde von den anderen Offensivkräften, vor allem vom nur für sich selbst spielenden Nicolas Anelka, ignoriert.

Im französischen Camp ging es drunter und drüber, wobei vier Fraktionen auszumachen waren: die in Frankreich spielenden Akteure Hugo Lloris, Jeremy Toulalan und Gourcuff, ein sensibler und intellektuell beschlagener, deshalb aber bei einigen Kollegen unbeliebter Bildungsbürgersohn; die Banlieu-Kicker wie Anelka und Ribéry; Altgediente wie Henry; schließlich Freigeister wie Malouda. Einigkeit herrschte nur in der Ablehnung des Trainers.

Nach *Bafana, Bafanas* gelungenem Auftakt fieberte das Gastgeberland euphorisch der folgenden Partie gegen Uruguay entgegen, doch nach 90 Minuten waren Team und Fans zurück auf dem harten Boden der Tatsachen. Vor 42.858 Zuschauern im nicht vollends gefüllten Loftus Versfeld Stadium in Pretoria siegte eine in allen Belangen überlegene uruguayische *Celeste* mit 3:0. Nach dem tristen Auftakt gegen Frankreich hatte Uruguays Coach Tabárez seine Offensive um einen dritten Stürmer verstärkt. Mann des Spiels war der 31-jährige Diego Forlán von Atletico Madrid, der zwei Tore erzielte und das dritte mit vorbereitete.

> ◆ **Südafrikas „Tag der Jugend"**
>
> Die Begegnung Südafrika gegen Uruguay fiel mit dem Nationalfeiertag „Tag der Jugend" zusammen. Am 16. Juni 1976 hatten rund 15.000 Schüler in Soweto gegen die Bildungspolitik des Apartheid-Regimes protestiert. Die Polizei schlug den Aufstand nieder und richtete dabei ein Blutbad an. Der Soweto-Aufstand wurde zum Fanal des Kampfes gegen die Apartheid. Steven Pienaar vor dem WM-Spiel: „Das ist ein besonderer Tag für uns. Hoffentlich holen wir drei Punkte und schenken der Nation eine riesige Feier."

Vor dem zweiten Treffer, einem von Forlán verwandelten Elfmeter, verlor Südafrika auch noch Torwart Itomeleng Khune, nachdem dieser Luis Suárez von den Beinen geholt hatte. Tausende von *Bafana, Bafana*-Fans hatten das Stadion zu diesem Zeitpunkt bereits fluchtartig verlassen.

Mexiko schlug Frankreich mit 2:0. Bis zur Halbzeit blieb die Partie torlos, dann brachten zwei Personalien die Wende. Als Domenech Anelka in der Kabine bestimmt, aber höflich zu etwas mehr Engagement aufforderte, murmelte dieser: „Lass dich ficken, du dreckiger Hurensohn." Domenech ließ den Stürmer daraufhin draußen, während sein mexikanischer Kollege Javier Aguirre zehn Minuten nach dem Wiederanpfiff den 22-jährigen Javier Hernandez einwechselte, der nach dem Turnier zu Manchester United ging. In der 64. Minute spielte Kapitän Rafael Marquez, auch der „Beckenbauer Mexikos" genannt, einen Zuckerpass in die Schnittstelle der Abwehrreihe, den Hernandez zum 1:0 vollendete. Das 2:0 markierte Cuauhtémoc Blanco vom Elfmeterpunkt. In Frankreich fluchte *Le Parisien:* „Diese Blauen haben in Südafrika nichts zu suchen." *Le Figaro* zeigte sich wenig überrascht: „Zwischen Arroganz, Leugnung der offensichtlichen Realität und Missverständnissen graben die Tricolores seit zwei Jahren systematisch ihr Grab."

Zwei Tage nach dem Spiel titelte *L'Equipe* mit Anelkas unflätigem Statement. Erst jetzt wurde der Spieler vom Verband gesperrt. Philosoph Alain Finkielkraut sprach von einem „schrecklichen Spiegelbild", das die Mannschaft der Nation vorhalte. Die Mannschaft boykottierte das öffentliche Training und ließ ausgerechnet Domenech eine Erklärung verlesen, in der sie sich über den Maulwurf in ihren Reihen empörte und den Ausschluss Anelkas als „schweres Unrecht" kritisierte. Alt-Weltmeister Lizarazu, einer der Charakterstarken aus dem Teams von 1998 und 2000: „Ich komme mir vor wie in einem Irrenhaus."

Domenech war nur ein Teil des Problems. Der Rest war die Mannschaft, der es an charakterstarken Führungskräften mangelte. Spieler wie Ribéry und Anelka konnten einem Zinedine Zidane oder Liliam Thuram nicht das Wasser reichen. Die Banlieu-Kicker von 2010 verströmten nur den Charme prolliger Neureicher. Ihre geringe Identifikation mit der *Équipe Tricolore* war aber auch Folge gesellschaftlicher Versäumnisse: Seit dem Gewinn der WM 1998 hatten sich weder die Situation in den Banlieus noch das Verhältnis zwischen den Migranten und dem französischen Staat verbessert. „Les Miserables", wie das Team nun getauft wurde, waren auch Ausdruck einer Krise der multikulturellen Gesellschaft.

Vor dem letzten Gruppenspiel waren Südafrikas Chancen auf ein Weiterkommen nur noch minimal. Ein deutlicher Sieg gegen Frankreich musste her, bei einer gleichzeitigen Niederlage Mexikos gegen Uruguay. *El Tri* unterlag der *Celeste* in einem attraktiven Spiel tatsächlich mit 0:1, nachdem Luis Suárez in der 43. Minute mit einem sehenswerten Kopfball getroffen hatte. Uruguay feierte mit null Gegentoren den Gruppensieg.

Gegen Südafrika setzte Frankreichs Raymond Domenech Kapitän und „Rebell" Patrice Evra auf die Bank. Mit Alou Diarra trug ein Spieler die Binde, der bis dahin bei diesem Turnier noch keine Sekunde gespielt hatte. Südafrika schlug erneut desolate Franzosen mit 2:1. Zu wenig zum Weiterkommen, aber ein starker Abgang.

In der 20. Minute hatte Khumalo seine Farben in Führung gebracht. Sechs Minuten später flog Frankreichs Spielmacher Gourcuff fälschlicherweise wegen angeblich groben Foulspiels vom Platz. Der starke Katlego Mphela erhöhte in der 37. Minute auf 2:0. Als die Kunde vom uruguayischen Führungstor Bloemfontein erreichte, durften *Bafana, Bafana* und ihr Anhang noch auf ein Wunder hoffen. In der 51. Minute traf Mphela nach einem Zuspiel vom Tshabalala, dem besten Mann auf dem Platz, mit einem Schlenzer nur den Pfosten, sieben Minuten später konnte Frankreichs Keeper Lloris nur mit Mühe einen 25-Meter-Schuss von Mphela entschärfen. *Bafana, Bafana* setzten nun alles auf eine Karte, doch in der 70. Minute zerstörte ein von Malouda erfolgreich abgeschlossener Konter alle südafrikanischen Hoffnungen. Nach nur zwölf Tagen war das Turnier für Südafrikas Kicker beendet.

Erstmals in der Geschichte der WM war der Gastgeber bereits in der Vorrunde ausgeschieden, aber wenigstens nicht sieglos. Vizeweltmeister Frankreich trat die Heimreise mit nur einem Punkt und einem Tor im Gepäck an, und *L'Equipe* konstatierte „das Ende einer Welt". Staatspräsident Nicolas Sarkozy berief eine Kabinettssitzung ein, und Sportministerin Roselyne Bachelot bezeichnete „Les Miserables" als „psychisches, technisches und moralisches Trümmerfeld". Für den französischen Startrainer Arsène Wenger war die Aufregung um Frankreichs Fußballer nur ein Beleg dafür, dass der Fußball sich zu einem „Monster" entwickelt habe.

Gruppe B: Argentinien, Nigeria, Südkorea, Griechenland

Beim Anpfiff der Begegnung Griechenland gegen Südkorea war Griechen-Coach Otto Rehhagel mit 71 Jahren und 306 Tagen der älteste Trainer der WM-Geschichte. Offiziell war die Begegnung ausverkauft, doch viele der Sitze in Port Elizabeth blieben leer – ein erster Hinweis auf die verfehlte Preispolitik der FIFA und ihrer Ticketingagentur „Match", die in einem viel zu starken Maße auf ein zahlungskräftiges ausländisches Publikum gesetzt hatten. Doch das blieb zu einem erheblichen Teil aus.

**Altmodisch:
Rehhagels Griechen**

Flinke Südkoreaner besiegten altmodische Griechen hochverdient mit 2:0. Dem Siegtreffer schickte Torschütze Ji-Sung Park, bei Manchester United unter Vertrag, Kapitän der Auswahl und Nationalheld in der Heimat, einen schönen Sololauf voraus, bei dem er zwei Gegenspieler abschüttelte.

Du-Ri Cha, in Frankfurt geboren und Sohn von Bum-Kun Cha, dem unvergessenen ersten Koreaner in der Bundesliga: „Wir sind körperlich nicht die Besten, dann muss man etwas anderes aufbieten, um die Gegner zu besiegen: Bei uns sind das Schnelligkeit und Laufstärke."

Argentinien schlug Nigeria verdient mit 1:0, nachdem Außenverteidiger Gabriel Heinze bereits in der 6. Minute einen Eckball von Oldie Juan Veron mit einem spektakulären Flugkopfball vom Elfmeterpunkt in den Winkel befördert hatte. Weltfußballer Messi spielte stark und war nur durch Fouls und den fantastischen Keeper Vincent Enyeama von Hapoel Tel Aviv zu stoppen. Maradona verfolgte das Spiel im grauen Zweireiher, der ihn wie einen „neapolitanischen Nachtklubbesitzer" *(Frankfurter Rundschau)* aussehen ließ.

Griechenland geriet gegen Nigeria zunächst mit 0:1 in Rückstand, nachdem Ikechukwu Uche in der 16. Minute mit einem Freistoß aus 30 Metern Distanz Keeper Alexandros Tzorvas bezwungen hatte. In der 33. Minute sah *Super Eagle* Sani Kaita nach einer versuchten Tätlichkeit „Rot". In einem für ihn seltenen Anflug von Offensivgeist wechselte Rehhagel nun mit Georgios Samaras einen weiteren Stürmer ein, und das Spiel nahm eine Wende. Kurz vor der Pause erzielte Dimitrios Salpingidis den Ausgleich. Nigerias Chinedu Obasi von 1899 Hoffenheim konnte nach einer knappen Stunde den Ball nicht im leeren Griechen-Tor unterbringen. In der 71. Minute hielt *Super Eagle*-Schlussmann Enyeama einen Schuss des Ex-Bremers Alexandros Tziolis nicht fest, und Vassilis Torosidis staubte zum 2:1 ab. Was nicht nur der Endstand war, sondern – nach vier gescheiterten Versuchen mit null Toren – auch der erste Sieg Griechenlands bei einer WM überhaupt.

Argentinien kam auch im zweiten Spiel problemlos zu drei Punkten. Südkorea wurde mit 4:1 vom Platz gefegt. Maradona ließ Diego Milito erneut draußen, der bevorzugte Gonzalo Higuain traf dreimal. In ihrem letzten Gruppenspiel besiegte die *Albiceleste* nun wieder betonierende Griechen durch späte Tore von Martin Demichelis (77.) und dem 36-jährigen Oldie Martin Palermo (89.) mit 2:0 und errang souverän den Gruppensieg. Maradona ließ seinen „zweiten Anzug" auflaufen, allerdings mit Messi, der erstmals die Kapitänsbinde tragen durfte. Auch als längst klar war, dass die Griechen Tore schießen mussten, um eine Chance zu behalten, machte Rehhagel keinerlei Anstalten, seine Offensive zu verstärken. Der Trainer-Senior habe „alle Positionen außer der Abwehr abgeschafft", befanden die griechischen Medien. Für Rehhagel war es der letzte Auftritt als Nationaltrainer der Griechen, die er 2004 sensationell zum EM-Titel geführt hatte. Bei aller Kritik hatten die Griechen nicht vergessen, was

Keine Chance – Griechenlands Angriffsbemühungen gegen Argentinien scheiterten meist schon in der eigenen Hälfte. Hier läuft sich Sokratis Papastathopoulos gegen Juan Veron fest; im Hintergrund schaut Lionel Messi zu.

sie dem deutschen Coach zu verdanken hatten. Die Zeitung *Sportday:* „Danke, Otto! Mit dir haben wir Griechen gelernt, wozu wir fähig sind."

Südkorea und Nigeria trennten sich 2:2, womit die Asiaten erstmals auch außerhalb des eigenen Kontinents das Achtelfinale einer WM erreichten. Afrikas bevölkerungs- und kickerreichstes sowie fußballverrücktestes Land musste indes die Segel streichen. „Bruchlandung der Adler" titelte daheim die Zeitschrift *Next*. Wie schon gegen Griechenland brachte sich der lange Zeit gut kombinierende Olympiasieger von 1996 durch Abschlussschwäche und eklatante Abwehrfehler selbst um den Erfolg.

Nigerias Staatspräsident Goodluck Jonathan verfügte die sofortige Auflösung der Nationalmannschaft sowie des notorisch chaotischen und korrupten nationalen Fußballverbandes, den Rückzug aus allen FIFA-Turnieren für zwei Jahre sowie eine Buchprüfung. Die FIFA verbat sich eine Einmischung der Politik und drohte mit einem Ausschluss des Landes, woraufhin die Regierung den Rückzug antrat.

◆ Fußballfreund Obama

Im Gegensatz zu seinem konservativen Vorgänger George Bush, der ein erklärter Baseball-Fan war, hegte US-Präsident Barack Obama eine große Wertschätzung für Soccer. Mit 24,5 Millionen registrierten Kickern zählten die USA mittlerweile die weltweit größte Soccer-Community. Bei Kindern unter zwölf Jahren kamen Baseball, Football und Basketball, die drei „nationale" Ballspiele, nicht einmal addiert auf die Zahlen von Soccer. Obamas demokratische Wählerbasis war deutlich Soccer-freundlicher als die der Republikaner.

Vor dem Abflug nach Südafrika wurden Team und Trainerstab im Weißen Haus empfangen. Obama, dessen Töchter selbst Fußball spielten: „Ihr werdet jemandem im Oval Office haben, der ESPN sehen wird, um sicherzugehen, dass alles in Ordnung ist." Der Sportsender ESPN wollte die WM nutzen, um den amerikanischen Soccer-Markt aufzubrechen, und schickte 300 Mitarbeiter nach Johannesburg. Einer von ihnen war Jürgen Klinsman: „Der Fußball wächst in den USA enorm schnell, es wird immer dominanter, und auch das Medieninteresse nimmt zu."

Gruppe C: England, USA, Algerien, Slowenien

Die USA wurden von Bob Bradley trainiert, einem akribischen Arbeiter und Sportlehrer der alten Schule. Beim Confederation Cup 2009 hatte sein Team Spanien die erste Niederlage seit 35 Spielen beigebracht und im Finale den Brasilianern einen tollen Fight geliefert. Vor dem Auftaktspiel gegen England erinnerte Bradley daher selbstbewusst an die legendäre 0:1-Niederlage des „Fußball-Mutterlandes" gegen die US-Boys 60 Jahre zuvor beim Turnier in Brasilien: „Es ist nicht mehr so, dass wir in ein Spiel gegen England gehen und sagen: Oh, diese große Mannschaft."

England begann vielversprechend. Bereits in der 4. Minute schoss Steven Gerrard, der von Ferdinand die Kapitänsbinde übernommen hatte, die *Three Lions* in Führung. Doch kurz vor dem Halbzeitpfiff ließ Keeper Robert Green einen hoppelnden Distanzschuss zum 1:1 durch seine Hände gleiten. Da sein Gegenüber Tim Howard eine starke Leistung bot, die Engländer jeglichen Spielwitz vermissen ließen und die Stars Wayne Rooney und Paul Lampert wirkungslos blieben, war dies zugleich der Endstand. Die Amerikaner besaßen sogar die Chance zum Siegtreffer, doch mit viel Glück konnte Green den Schuss von Jozy Altidore an den Pfosten lenken. „Was für ein Elend" jammerte die *Mail on Sunday*.

In den USA verfolgten 13 Millionen Bürger das Spiel am Fernsehen. Die konservative Rechte sah amerikanische Werte gefährdet und blies zur Offensive gegen das „un-amerikanische Spiel". In den *Fox News* brüllte Moderator Glenn Beck: „Ich hasse Soccer! Der Rest der Welt mag Barack Obamas Politik – wir nicht! Wir mögen kein Soccer, wir wollen damit nichts zu tun haben!"

Slowenien schlug Algerien mit 1:0. Elf Minuten vor dem Abpfiff der extrem langweiligen Partie ließ Algeriens Keeper Faouzi Chaouchi einen harmlosen Fernschuss des Slowenen Robert Koren passieren. Nur einen kurzen Auftritt hatte der algeri-

Wieder mal zu spät: Wayne Rooney hatte – trotz unfairen Einsatzes – auch gegen den Algerier Madjid Bougherra das Nachsehen.

sche Stürmer Abdelkader Ghezzal. Nach knapp einer Stunde eingewechselt, flog er 15 Minuten später mit Gelb-Rot vom Platz.

Über die peinlichen Torwart-Patzer wurde in den Medien reichlich gelästert. In die Begegnung England gegen Algerien gingen beide Teams prompt mit neuen Männern zwischen den Pfosten. Bei England war dies David James, mit 39 Jahren und 321 Tagen der älteste Spieler des Turniers und älteste Debütant der WM-Geschichte. Auch James besaß nicht den besten Ruf, in der Heimat firmierte er aufgrund zahlreicher Aussetzer in seiner langen Karriere auch als „Calamity James". Gegen Algerien hielt James seinen Kasten sauber, sein Gegenüber Rais M'Bohli gegen erneut einfallslose Engländer ebenfalls. Wayne Rooney war wieder nur ein Schatten jenes Rooney, der Manchester United in der zurückliegenden Saison mit 34 Pflichtspieltoren beglückt hatte. So musste sich Fabio Capello an seinem 64. Geburtstag mit einem torlosen Remis begnügen. Der Italiener war sichtlich resigniert: „Es fühlt sich an, als wären die letzten zwei Jahre Zeitverschwendung gewesen. Ich habe keine Ahnung, wie oder warum die Spieler an diesem Punkt angekommen sind. Die Angst stoppt ihre Beine, stoppt ihr Gehirn, stoppt einfach alles."

Zurück im Quartier, stellte Ex-Kapitän John Terry vor versammelter Presse die Autorität des Hardliners in Frage und versuchte einen Aufstand. Doch die anderen Stars wollten weder einen Aufstand noch einen selbsternannten Spielertrainer Terry.

John Terry als Revoluzzer

Eine riesige Portion Moral bewiesen die US-Boys gegen die Slowenen. Im Duell zwischen dem bevölkerungsmäßig größten und kleinsten Teilnehmerland führte Letzteres zur Halbzeit durch Tore von Valter Birsa (13.) und Zlatan Ljubijankic (40.) mit 2:0 und wähnte sich bereits im Achtelfinale. Doch die Amerikaner ließen einem schwachen ersten einen bärenstarken zweiten Durchgang folgen. Ex-Bayern-Profi Landon Donovan (48.) und der Mönchengladbacher Trainer-Sohn Michael Bradley (82.) sicherten den USA gegen nun unkonzentrierte Slowenen noch ein hochverdientes 2:2. In der 85. Minute traf auch noch Maurice Edu ins slowenische Tor, aber Schiedsrichter Koman Coulibaly, Finanzbeamter aus Bamako/Mali, verweigerte dem Treffer unverständlicherweise die Anerkennung. Die drei New Yorker Zeitungen titelten einheitlich: „Diebstahl". Die *Chicago Times:* „Die Amerikaner werden immer behaupten können, sie hätten 3:2 gewonnen."

England lief gegen Tabellenführer Slowenien erstmals seit der WM 1962 ganz in Rot auf. Die *Three Lions* zeigten sich gegenüber den ersten Auftritten stark verbessert und schlugen die Slowenen mit 1:0. Das „Tor des Tages" war eine Ko-Produktion der neu ins Team gekommenen Jermain Defoe von den Tottenham Hotspurs und David James Milner von Aston Villa. In der 23. Minute bugsierte Defoe mit dem Schienbein eine scharfe Hereingabe Milners aus kurzer Distanz und direkt auf den slowenischen Keeper Samir Handanovic. Der Mann von Udinese Calcio bekam den Ball nicht zu fassen, und England führte mit 1:0. Ein erleichterter Fabio Capello: „Ich habe die Mannschaft wiedergefunden, die ich kenne."

Die USA erarbeiteten sich gegen Algerien eine Menge Chancen. In der 21. Minute wurde ein Tor von Clint Dempsey wegen Abseitsstellung nicht anerkannt – eine Fehlentscheidung. In der 57. Minute traf Dempsey nur den Innenpfosten. Bis zur 91. Minute blieb die Partie torlos, und wäre es dabei geblieben, dann hätten die US-Boys wegen zweier „geklauter Tore" vorzeitig nach Hause fahren müssen. In der zweiten Minute der Nachspielzeit starteten die USA einen letzten, verzweifelten Angriff. Altidore brachte den Ball scharf vor das algerische Tor, Keeper M'Bohli warf sich in die Hereingabe, konnte den Ball aber nicht festhalten, und Donovan vollstreckte zum 1:0. Die USA wurden so – punktgleich mit den zweitplatzierten Engländern, aber mit der höheren Zahl geschossener Tore – Gruppensieger. Unter den Zuschauern im Loftus Versfeld Stadium in Südafrikas Hauptstadt Pretoria weilte auch der ehemalige US-Präsident Bill Clinton.

Die Vorrunde (II): Özils Prachtschuss

Gruppe D: Deutschland, Australien, Serbien, Ghana

Beim vierten Auftritt einer afrikanischen Mannschaft durfte der schwarze Kontinent endlich seinen ersten Sieg feiern. In Pretoria schlug Ghana behäbige Serben mit 1:0. Asamoah Gyan verwandelte in der 84. Minute einen Elfmeter, dem ein unbeabsichtigtes, aber ahndungswürdiges Handspiel des Stuttgarters Zdravko Kuzmanovic vorausgegangen war. Die Vuvuzelas tröteten durch die Nacht, als hätte Gastgeber Südafrika gewonnen.

Die Rolle des verletzten Weltstars Michael Essien hatte Kevin Prince Boateng übernommen, der sich in dieser Rolle überraschend schnell zurechtfand.

Für ein Novum in der 80-jährigen WM-Geschichte sorgte Serbiens Kapitän Dejan Stankovic. Für den Mittelfeldspieler von Inter Mailand war es die dritte WM-Teilnahme mit der dritten Nationalmannschaft. 1998 war Stankovic für Jugoslawien aufgelaufen, 2006 für Serbien-Montenegro.

Vor dem ersten Spiel Deutschlands gegen Australien drehten sich die Diskussionen vor allem darum, wie die massive Defensive der Australier zu knacken sei. In seinen letzten 27 Länderspielen hatte das Team von Coach Pim Verbeek (ein Niederländer, aber alles andere als ein „Cruyffist") 17-mal „zu null" gespielt. Von einem Geduldsspiel war die Rede, von einem „Abnutzungskampf" anstatt eines Spektakels.

Zur Überraschung der Deutschen begannen die „Aussies" offensiv und hatten auch die erste Torchance des Spiels. Aber nach nur acht Minuten konnte Lukas Podolski – nach exzellenter Vorarbeit der überragenden Mesut Özil und Thomas Müller – die legendäre Defensive erstmals knacken. Die verbleibenden 82 Minuten gerieten zu einem Spektakel, bei dem allerdings nur die Deutschen für Unterhaltung sorgten. Der Korrespondent des *Tagesspiegel* sah ein Spiel, „wie es die Welt schon lange nicht mehr

Erinnerungen an die 1972er Elf

gesehen hat von einer deutschen Elf: herrlich schönen Offensiv- und Kombinationsfußball". Das „Sechser-Duo" Schweinsteiger und Khedira ließ Ballack vergessen. Müller und Özil erspielten den Deutschen im Mittelfeld eine Dominanz, die manchen Beobachter an die „Wunderelf" von 1972 erinnerte.

Nach einem Fehler von „Aussie"-Keeper Mark Schwarzer in der 26. Minute erhöhte der in den Tagen vor dem WM-Start umstrittene Klose per Kopf zum 2:0. In der 56. Minute flog Australiens Routinier Tim Cahill vom FC Everton nach einem überflüssigen Foul an Schweinsteiger vom Platz. Müller (68.) und Cacao (70.) erzielten die Treffen zum 4:0-Endstand, womit Australien noch gut bedient war.

Über die gesamte Spielzeit blieb unklar, was die *Socceroos* an diesem Abend eigentlich spielen wollten. In Sydney titelte der *Daily Telegraph:* „Unser schlechtestes Spiel aller Zeiten."

Derweil überschlug sich die ausländische Presse in ihren Lobeshymnen auf das DFB-Team. „Das multikulturelle Deutschland beeindruckt. Jugend und Technik besiegen die australischen Opas", schrieb Italiens *Tuttosport.* Und die Kollegen vom *Corriere dello Sport:* „Dieses Deutschland hat wirklich nichts mit den bisherigen Mannschaften zu tun." Spaniens *Marca* geriet an den Rand zur Fassungslosigkeit: „Das neue Deutschland ist der Wahnsinn. Diese Mannschaft ist anders, sie will den Ball und streichelt ihn. Sie spielt Fußball mit Eleganz."

Doch gegen die Serben, für die es im zweiten Spiel bereits ums Weiterkommen ging, erhielt die Euphorie um die Deutschen zunächst einmal einen Dämpfer. Serben-Coach Radomir Antic hatte seine Aufstellung gegenüber dem ersten Spiel auf einigen Positionen geändert. In der Anfangsformation standen elf Spieler, die bei elf Vereinen spielten – samt und sonders im Ausland. Darunter mit Nemanja Vidic von Manchester United einer der weltbesten Innenverteidiger und mit dem 2,02 m messenden Stürmer Nikola Zigic der größte Spieler des Turniers.

Mit dem Spanier Alberto Undiano leitete ein Unparteiischer de Partie, der in der heimischen *Primera Division* mit 815 Verwarnungen in 170 Spielen einsamer Rekordhalter war. Im U20-WM-Finale 2007 hatte Undiano gleich zehnmal den gelben Karton gezückt. In Port Elizabeth brachte es der Spanier nun in einer völlig normalen, ja geradezu harmlosen Partie auf neunmal Gelb. Miroslav Klose musste in der 35. Minute mit Gelb-Rot vom Platz, wobei sein erstes Foul mitnichten gelbwürdig gewesen war. Zwei Minuten später kassierten die Deutschen über die linke Seite, wo der junge Holger Badstuber mit dem schnellen und technisch starken Milos Krasic von ZSKA Moskau überfordert war, das 0:1. Eine Flanke von Krasic landete auf dem Kopf des Riesen Nikola Zigic. Per Mertesacker, mit 1,98 m Deutschlands längster Spieler, und der kleine Kapitän Philipp Lahm verloren das Duell, und Milan Jovanovic hatte keine Mühe, die Kopfballvorlage am herausstürzenden Neuer vorbei im deutschen Kasten unterzubringen.

Die Deutschen behielten die Initiative und waren mehrfach dem Ausgleich nahe, so als kurz vor dem Halbzeitpfiff Sami Khedira nur die Querlatte traf. Die ersten 15 Minuten des zweiten Durchgangs waren die besten des DFB-Teams, allein der aufdrehende Podolski besaß drei sehr gute Einschussmöglichkeiten, von denen die dritte die zwingendste war. Im serbischen Strafraum hatte Vidic nach einer harmlosen Flanke ein überflüssiges Handspiel begangen, nahezu eine Kopie der Missetat seines Mannschaftskameraden Kuzmanovic einige Tage zuvor. Den fälligen Elfmeter schoss Podolski so schwach, dass Serbiens Keeper Stojkovic, eigentlich die Achillesferse seines Teams, glänzen konnte. Ausgerechnet der deutsche Spieler mit der besten Schusstechnik geriet zur tragischen Figur des Spiels. Der letzte deutsche Spieler,

Schon bei seinem ersten WM-Auftritt gegen Australien konnte Thomas Müller beeindruckende Akzente setzen. Hier erzielt er das 3:0.

der bei einem WM-Turnier einen Elfmeter verschossen hatte, war 1974 Uli Hoeneß gewesen. Anschließend brachten die Deutschen nichts mehr zustande, trotz der Einwechselung von Marin, Cacau und Gomez. Für das DFB-Team war es die erste WM-Vorrunden-Niederlage seit 24 Jahren.

Fast schwerer als diese Niederlage wog, dass mit Lahm, Schweinsteiger, Khedira, Özil und Cacau gleich fünf Spieler gelbbelastet ins letzte Gruppenspiel gegen Ghana gingen und Klose sogar gesperrt war.

Ghana erfreute sich gegen Australien fast 70 Minuten lang einer Überzahl, kam aber gegen einen fantastisch kämpfenden Gegner über ein 1:1-Remis nicht hinaus. In der 24. Minute war Harry Kewell von Galatasaray Istanbul, der noch gegen Deutschland pausiert hatte, des Platzes verwiesen worden, nachdem ihm auf der eigenen Torlinie ein Schuss von John Mensah unglücklich an den Oberarm geprallt war. Wie schon gegen Deutschland waren die „Aussies" früh dezimiert, und wie schon gegen Serbien verwandelte Gyan den fälligen Elfmeter für Ghana. Zuvor hatte Brett Holmann (11.) Australien in Führung gebracht. Kopf der Ghanaer war erneut der „deutsch-effektiv" spielende Kevin Prince Boateng.

Vor dem letzten Gruppenspiel führte Ghana in der Tabelle mit einem Punkt Vorsprung vor den punktgleichen Deutschen und Serben. Wollte das DFB-Team nicht zum erstenmal in der Geschichte deutscher WM-Teilnahmen bereits nach der Vorrunde die Segel streichen, musste ein Sieg gegen die Afrikaner her, die ihrerseits die letzte Hoffnung des schwarzen Kontinents waren. Schiedsrichter der Begegnung war der Brasilianer Carlos Simon, den der heimische Verband ein Jahr zuvor „wegen Inkompetenz und Korruption" für sechs Wochen gesperrt hatte. Doch mit dem noch korrupteren Verbandschef Ricardo Texeira, Schwiegersohn des ehemaligen FIFA-Präsidenten Joao Havelange, besaß Simon einen starken Fürsprecher, der für seine Rückkehr auf die große Fußballbühne sorgte.

Boateng gegen Boateng

Da Löw auf der linken Abwehrseite Jerome Boateng anstelle von Badstuber aufbot, kam es zu einem Wiedersehen der beiden Boateng-Brüder. Dem jungen DFB-Team war der Druck anzumerken, vor allem die Angst, in Rückstand zu geraten. In der 25. Minute vergab Mesut Özil, als er frei auf Ghanas Keeper Richard Kingson zulief, die große Chance zur Führung. Diese hätte aber auch auf der anderen Seite fallen können, wo Lahm (auf der Linie), Schweinsteiger und Neuer dreimal gegen Gyan retteten. Einen rabenschwarzen Tag hatte Deutschlands Innenverteidiger Mertesacker, der sich einen Schnitzer nach dem andern leistete. Zum Glück für die Deutschen spielte dessen Nebenmann Arne Friedrich, vor dem Turnier noch als einer der Schwachpunkte des DFB-Teams ausgemacht, eine überragende Partie – und dies nicht nur gegen Ghana.

Torlos ging es in die Pause, torlos war zu diesem Zeitpunkt auch noch die Begegnung zwischen den Australiern und den Serben. In der 51. Minute bewahrte Neuer sein Team in einer 1:1-Situation (gegen Asamoah Gyan) vor dem Rückstand. Nach einer Stunde erlöste Mesut Özil die Deutschen mit einem Prachtschuss aus 18 Metern ins linke Eck. Die *Black Stars* gaben sich nicht geschlagen, kamen zu weiteren Chancen, doch stets war irgendein deutsches Bein dazwischen.

Deutschland schlug Ghana mit 1:0, ein glücklicher Sieg nach dem bis dahin schwächsten Auftritt beim Turnier. Schiedsrichter Simon pfiff ordentlich, und bis auf den nicht vorbelasteten Müller kassierte kein deutscher Akteur eine gelbe Karte.

Auch die Afrikaner durften jubeln, denn Australiens *Socceroos* schlugen Serbien überraschend mit 2:1 und verhalfen Ghana somit ebenfalls zum Einzug ins Halbfinale. In der 69. Minute hatte Tim Cahill die Australier in Führung gebracht, Brett Holmann erhöhte vier Minuten später auf 2:0. Marko Pantelic (84) gelang nur noch der Anschlusstreffer.

Gruppe E: Niederlande, Dänemark, Japan, Kamerun

Was die Niederlande gegen Dänemark im Soccer City Stadium boten, konnte den anwesenden Johan Cruyff kaum befriedigen. In den ersten 45 Minuten ließen die Dänen der niederländischen Angriffsraute nur wenig Platz. Kurz nach dem Wiederanpfiff ging die *Elftal* in Führung – durch einen kuriosen Treffer: Eine Flanke von Robin van Persie wurde vom in der Nähe des langen Pfostens postierten Dänen Simon Poulsen mit dem Hinterkopf in Richtung kurzer Pfosten befördert, wo der Ball vom gebeugten Rücken seines Mitspielers Daniel Agger an den Innenpfosten und von dort ins Tor sprang. In der 85. Minute erhöhte Dirk Kuyt für die aktiveren Niederländer auf 2:0.

Kamerun ging in das Turnier mit dem Ballast von sieben sieglosen Spielen in Folge. Gegen Japan wurde die Serie nahtlos fortgesetzt. Im Duell zweier defensiv ausgerichteter Teams behielten die Japaner, deren ordnende Hand der Bundesligalegionär Makoto Hasebe vom VfL Wolfsburg war, durch ein Tor von Keisuke Honda aus der 39. Minute mit 1:0 die Oberhand – der erste WM-Sieg der Asiaten außerhalb des eigenen Landes. Kameruns Star Samuel Eto'o von Inter Mailand bemühte sich vergeblich, das Spiel seines Teams auf dem Flügel anzukurbeln.

Nach der Auftaktniederlage der *Indomptable Lions* rebellierten Superstar Eto'o und Achille Emana gegen den französischen Coach Paul Le Guen. Eto'o war sauer, weil er auf dem Flügel statt zentral spielen musste („Ich bin der erfolgreichste Torschütze in der Geschichte Kameruns geworden, weil ich zentral gespielt habe"), Emana hatte wie die anderen Routiniers keine Lust, mit den beiden jungen Bundesligalegionären Eric-Maxim Choupo-Moting (1. FC Nürnberg) und Joel Matip (Schalke 04) zu spielen.

Gegen Dänemark saßen die beiden Youngster auf der Bank. Trotzdem folgte die nächste Niederlage, obwohl die Kameruner zunächst in der 10. Minute durch Eto'o in Führung gegangen waren und das Spiel dominierten. Der Knackpunkt des Spiels war der Platzverweis für Sani Kaita wegen versuchter Tätlichkeit in der 33. Minute. Das Spiel kippte nun zu Gunsten der Dänen, für die Arsenal-Star Nicklas Bendtner und der zuvor von den heimischen Medien heftig gescholtene, gegen Kamerun aber überragende Dennis Rommedahl zum 2:1-Sieg trafen. Eto'o erwischte in der 42. Minute nur den Pfosten und klagte nach dem Schlusspfiff: „Gott hat uns verlassen." Das laut FIFA-Rangliste beste Team Afrikas durfte bereits nach zwei Auftritten seine Rückreise vorbereiten. Kameruns *Sunday Times* verspottete die „unzähmbaren Löwen" als „Schmusetiger". Obwohl sich Kaita bei seinen Landsleuten für seine Dummheit intensiv entschuldigte, erhielt er Morddrohungen.

Als erster der 32 WM-Teilnehmer erreichten die Niederlande das Achtelfinale. Gegen Japan gewann die *Elftal* durch ein Tor von Wesley Sneijder (53.) mit 1:0. Sneijders Flatterschuss aus rund 20 Metern Distanz wurde von Keeper Eiji Kawashima

> ◆ **Niederlande:
> Kritik trotz Erfolgen**
>
> Trotz der erfolgreichen Vorrunde hagelte es aus den Niederlanden Kritik am neuen Ergebnisfußball der Elftal, der so gar nichts mit dem *totaal voetbal* zu tun hatte. Bert van Marwijk konterte mit einem Verweis auf die schmerzhaften EM-Erfahrungen: „Wir haben sechs Punkte. Alle wollen immer nur tollen Fußball von uns sehen und ein 5:0 zur Halbzeit. Wir sind hierher gekommen, um was zu gewinnen. Wir wollen Weltmeister werden. Auch ich liebe es, mit wunderschönen Spielen zu gewinnen. Aber manchmal ist dafür kein Platz und man braucht Geduld, besonders gegen einen defensiv gut organisierten Gegner." Auch Joris Mathijsen zeigte sich „total genervt" von der Debatte in der Heimat. „In Holland können sie schreiben, was sie wollen. Das ist uns egal. Wir haben auf dem Platz das Gefühl, dass wir nicht verlieren können. Das ist wichtiger als schöner Fußball."

mit einer verunglückten Faustabwehr ins eigene Tor bugsiert. In puncto Ballbesitz kamen die Niederländer zeitweise an die 80 Prozent heran, verwalteten aber zu sehr das Spiel. Die Asiaten besaßen eine Reihe von Torchancen und entlarvten mit ihrem schnellen Kombinationsspiel die Problemzone der *Elftal*, die in der Innenverteidigung mit Joris Mathijsen und Johnny Heitinga lag.

Die Begegnung zwischen den bereits qualifizierten Niederländern und den bereits ausgeschiedenen Kamerunern verlief unterhaltsam. In der 36. Minute brachte der starke van Persie nach einem feinen Doppelpass mit Raphael van der Vaart die *Elftal* in Führung, wobei der Torschütze Kameruns Keeper Hamidou Souleymanou „tunnelte". Eto'o erzielte in der 64. Minute per Handelfmeter den Ausgleich. In der 73. Minute betrat unter großem Jubel erstmals Arjen Robben das Feld, den van Marwijk bis dahin geschont hatte. Einige Tage vor dem WM-Start hatte sich der wieselflinke und technisch überragende Flügelstürmer vom FC Bayern München beim Test gegen Ungarn eine Muskelverletzung zugezogen, die seine WM-Teilnahme in Frage stellte.

Neun Minuten nach seiner Einwechselung leitete Robben *Oranjes* Siegtreffer ein. Nach einem Traumpass von Wesley Sneijder ließ er Rigobert Song stehen und zirkelte den Ball aus 17 Metern an den Innenpfosten. Klas-Jan Huntelaar staubte mühelos zum 2:1 ab, und Kameruns zehnte Niederlage in Folge war perfekt.

Platz zwei in der Gruppe sicherte sich Japan, das Dänemark nach einem flotten Spiel mit tollen Toren 3:1 besiegte. In der 17. Minute brachte Keisuke Honda das Team von Coach Takeshi Okada mit einem meisterhaft getretenen 30-Meter-Freistoß in Führung. Yasuhito Endo erhöhte nach einer halben Stunde auf 2:0, ebenfalls per Freistoß, nun aus 25 Metern und in die andere Ecke. In der 81. Minute konnte John Dahl Tomasson von Ajax Amsterdam im Nachschuss auf 1:2 verkürzen, nachdem Japans Tormann Kawashima seinen Foulelfmeter zunächst pariert hatte. Nach einem weiteren genialen Freistoß von Yasuhito Endo, den Tomas Sörensen nur an den Pfosten lenken konnte, staubte Shinji Okazaki zum 3:1 ab.

Gruppe F: Italien, Paraguay, Neuseeland, Slowakei

Titelverteidiger Italien geriet gegen die Defensivkünstler aus Paraguay zunächst in der 39. Minute in Rückstand. Beim Tor von Antolin Alcaraz wurde deutlich, dass die besten Tage des 36-jährigen Kapitäns Fabio Cannavaro vorbei waren. Daniele de Rossi gelang in der 63. Minute noch der Ausgleich zum 1:1, und Maestro Marcello Lippi zeigte sich „sehr zufrieden".

Für Italiens Torwartlegende Gianluigi Buffon war das Turnier bereits nach 45 Minuten wegen eines Bandscheibenschadens beendet. Für ihn rückte Federico Marchetti von Cagliari Calcio zwischen die Pfosten, der Buffon noch im Spätsommer 2006 in einem Turiner Restaurant schüchtern um ein Autogramm gebeten hatte.

Neuseeland verbuchte gegen die Slowakei einen Punkt. Stanislav Sestak vom VfL Bochum hatte die Slowaken in der 50. Minute per Kopf in Führung gebracht, allerdings aus knapper Abseitsposition. In der letzten Minute der Nachspielzeit gelang Winston Reid nach schöner Flanke ebenfalls per Kopf der Ausgleich für die *Kiwis*. Der Jubel über Neuseelands erstes WM-Tor und ersten WM-Punkt war riesengroß. Tor-

Robert Vittek erzielte gegen Italien zwei Tore – die Slowakei war im Achtelfinale, die *Squadra Azzurra* ausgeschieden.

schütze Reid vom dänischen Erstligisten FC Midtjylland sprach vom „wichtigsten Tor meines Lebens". Reid, der als Zehnjähriger mit seiner Mutter und seinem dänischen Vater nach Dänemark gezogen war, wo er verschiedene Junioren-Nationalteams durchlief, hatte sich erst drei Monate vor der WM für sein Geburtsland entschieden.

Paraguay schlug die Slowaken vor nur 26.643 Zuschauern im Free State Stadium zu Bloemfontein hochverdient mit 2:0. Die Südamerikaner stürmten mit den Dortmundern Lucas Barrios und Nelson Valdez, die Tore erzielten aber die Mittelfeldspieler Enrique Vera (27.) und Cristian Riveros (86.). Roque Santa Cruz: „Das ist die stärkste Mannschaft, die wir in Paraguay je hatten." Bei Slowaken-Coach Vladimir Weiss lagen dagegen die Nerven blank. Journalisten wurden als „verfickte Schwuchteln" beschimpft. In der Heimat forderte man die Ablösung des Trainers.

„Verfickte Schwuchteln"

Neuseeland, die Mannschaft mit den schlechtesten Wettquoten aller Teilnehmer, hamsterte gegen ein zwar deutlich überlegenes, aber erneut inspirationsloses Italien seinen zweiten WM-Punkt. Bereits in der 7. Minute hatte der in Göttingen geborene Shane Smeltz vom australischen Klub Gold Coast United den 78. der FIFA-Weltrangliste in Führung gebracht, allerdings stand der Schütze im Abseits. In der 29. Minute verwandelte Vincenzo Iaquinta einen Elfmeter zum 1:1. Daniele de Rossi war nach einem Trikotzupfer von Tommy Smith im Fünfmeterraum theatralisch zu Boden gegangen. Die *Gazetta dello Sport* war verzweifelt: „Wir Meister des Fußballs mit unseren vier WM-Titeln sind von den Rugby-Meistern besiegt worden."

Im letzten Gruppenspiel gegen die Slowaken würde der *Squadra Azzurra* ein Remis zum Weiterkommen genügen. Marcello Lippi hatte die Kritiker vor der Begegnung daran erinnert, dass Italien 1982 nach drei Unentschieden in der Vorrunde noch Weltmeister geworden sei. Weder das eine noch das andere wiederholte sich.

Nach 80 Minuten lagen die Italiener durch einen Doppelpack des Ex-Nürnbergers Robert Vittek (25., 73.) mit 0:2 hinten. Die letzte Viertelstunde – Schiedsrichter Howard Webb ließ 96 Minuten spielen – bot Dramatik pur. In der 81. Minute scheiterte Fabio Quagliarella vom SSC Neapel nach einem sehenswerten Spielzug zunächst an Keeper Jan Mucha, doch Antonio di Natale konnte zum 1:2 abstauben. Für den Torschützenkönig der Serie A war es das erste Tor für sein Land seit fast zwei Jahren. Wenig später erzielte Quagliarella sogar den vermeintlichen Ausgleich, doch Howard Webb erkannte korrekt auf Abseits. In der 89. Minute stellte der gerade erst eingewechselte Kamil Kopunek mit seinem Tor zum 3:1 den alten Abstand wieder her, aber das Spiel war damit noch immer nicht gelaufen. In der 92. Minute düpierte Quagliarella den zu weit vor seinem Kasten postierten Mucha mit einem Lupfer. Und drei Minuten später vergab Simone Pepe die Riesenchance zum Ausgleich. Der Weltmeister war raus, die Slowakei im Achtelfinale. Doppeltorschütze Robert Vittek: „Wir haben die Grenzen der Slowakei neu gesetzt."

Für Italien war es die erste WM-Niederlage seit neun Spielen (1:2 gegen Südkorea 2002), und erstmals seit der WM 1974 schied die *Squadra Azzurra* bereits in der Vorrunde aus. Seit Beginn des Jahres 2010 hatte der Weltmeister nicht einen einzigen Sieg erringen können. Italien war gerade dort schwach, wo traditionell seine Stärke lag: In den drei Gruppenspielen kassierte man fünf Gegentore, im gesamten Turnier 2006 mit seinen sieben Spielen waren es nur zwei gewesen.

Gruppensieger wurde Paraguay, dem dafür ein torloses Remis gegen Neuseeland reichte. Der krasse Außenseiter, der in den Farben seines berühmten Rugby-Teams *All Blacks* auflief, setzte erneut auf Torsicherung. Trainer Ricki Herbert ließ vor Keeper Mark Paston fünf Hünen auf einer Linie agieren, darunter Kapitän Ryan Nelson von den Blackburn Rovers. Das Land, das insgesamt nur 25 Profis zählte, blieb in Südafrika unbesiegt, landete in der Schlussabrechnung vor den Italienern und konnte erhobenen Hauptes die Heimreise antreten.

Gruppe G: Brasilien, Nordkorea, Elfenbeinküste, Portugal

Gruppe G firmierte vor Turnierbeginn als „Hammergruppe", da drei der vier Teilnehmer – Brasilien, Elfenbeinküste, Portugal – zumindest als Halbfinal-Kandidaten galten. Portugal hatte in den letzten Jahren allerdings viel spielerische Substanz verloren. Der 95-Mio.-Mann Cristiano Ronaldo, Weltfußballer des Jahres 2008, traf zwar für Real Madrid, nicht jedoch für die *Seleccao*. Sein letztes Tor im Nationaltrikot lag beim WM-Start 16 Monate zurück.

Trotzdem wurden an das erste Gruppenspiel zwischen den Portugiesen und der Elfenbeinküste hohe Erwartungen geknüpft. Für Sven-Göran Eriksson war es das dritte Zusammentreffen mit den Portugiesen auf einem Turnier. Mit England hatte er bei der EM 2004 und der WM 2006 jeweils im Viertelfinale und jeweils nach Elfmeterschießen den Kürzeren gezogen. Didier Drogba war dank einer Spezialmanschette einsatzfähig, doch Eriksson schonte seinen Star zunächst.

Die Partie begann verheißungsvoll, nach elf Minuten traf Ronaldo aus 25 Metern nur den Pfosten. Doch der nächste Höhepunkt ereignete sich erst 55 Minuten später, als die Zuschauer mal für einige Sekunden ihre Vuvuzelas von den Lippen nahmen, um der Einwechselung von Didier Drogba zu applaudieren.

Die Ivorer waren in der zweiten Halbzeit zwar das etwas aktivere Team, aber echte Torchancen erarbeiteten auch sie sich nicht. Die Begegnung war geprägt von versprungenen Bällen, Fehlpässen und Fouls. 0:0 hieß folgerichtig das Resultat.

Eine klare Angelegenheit schien das Spiel des fünffachen Weltmeisters Brasilien gegen die Nordkoreaner zu sein. Bei der Zusammenstellung ihres WM-Kaders hatten die Asiaten zu tricksen versucht. Als dritter Torwart wurde der FIFA ein Stürmer genannt. Da Nordkoreas Bürger nicht ausreisen durften, köderte man mit 1.000 Freikarten Bürger aus dem „kommunistischen Bruderland" China als Unterstützer.

Brasilianer mit Handschuhen

In Johannesburg herrschten Temperaturen um den Gefrierpunkt, einige Brasilianer trugen Handschuhe, ein Novum in der WM-Geschichte. Warm liefen sich im ersten Durchgang nur die furchtlosen Asiaten, die sich keineswegs aufs Verteidigen beschränkten und wesentlich schneller von Abwehr auf Angriff schalteten als die *Selecao*. Gegen einen ordnungsliebenden Gegner machte sich der Verzicht auf das „schöne Spiel" eher negativ bemerkbar. Brasilien trabte ideenlos über das Feld, schob den Ball mehr quer, als dass man ihn nach vorne dribbelte.

Im zweiten Durchgang wurde es etwas besser. In der 55. Minute bediente Elano mit einem Pass den aufgerückten Außenverteidiger Maicon. Nordkoreas Keeper Myong-Guk Ri erwartete eine Hereingabe, aber Maicon drosch den Ball aus spitzem Winkel aufs Tor zum 1:0. Der Außenseiter verlegte sich anschließend auf Schadensbegrenzung, nach vorne lief kaum noch etwas. In der 72. Minute vollendete Elano ein perfektes Zuspiel von Robinho nicht minder perfekt zum 2:0. In der 89. Minute, die *Selecao* hatte mit ihrem Auftaktspiel bereits abgeschlossen, gelang Yong-Hak An vom Klub „25. April" noch der Anschlusstreffer, den die Asiaten wie einen Sieg bejubelten.

Gegen die Elfenbeinküste gewann Brasilien mit einem überragenden Kapitän Lucio, einem verbesserten Kaká und einem wieder torgefährlichen Luis Fabiano mit 3:1. Schönen Fußball bot Dungas Team auch diesmal nur in einigen Szenen, deutete aber an, wozu es im Prinzip imstande war. Warf die *Selecao* ihr technisches Potenzial in die Waagschale und ließ ein wenig vom alten Wahnsinn aufblitzen, dann lag der Ball anschließend im gegnerischen Tor. In der 25. Minute einer ansonsten sterbenslangweiligen ersten Halbzeit erzielte Fabiano nach einem brillanten „Gassenpass" von Kaká das 1:0. Der nächste Torschuss der Brasilianer wurde erst in der 50. Minute notiert, mündete aber im 2:0. Ein schönes Tor mit zwei Schönheitsfehlern, denn als Torschütze Fabiano den Ball durch den Strafraum jonglierte, beging er gleich zweimal ein Handspiel. Der Torschütze: „Der Ball springt mir erst an die Hand, dann an die Schulter – ein herrlicher Treffer, wenn ich das so sagen darf. Das war die heilige Hand, die Hand Gottes."

Erst anschließend nahm die Partie an Fahrt auf. In der 62. Minute erhöhte Elano auf 3:0, nachdem sich Kaká auf der linken Seite durchgesetzt hatte. Wenig später musste der Torschütze nach einem bösen, aber nicht geahndeten Foul vom Platz getragen werden. Drogba, der von Beginn an spielte, dem aber offensichtlich die Sicherheit fehlte, konnte in der 78. Minute auf 1:3 verkürzen. Der Rest des Spiels bestand vorwiegend aus Gehacke und Geschubse, bei dem die Ivorer eine gelb-rote Karte gegen Kaká provozierten.

Brasilien hatte sich mit dem Sieg als erstes südamerikanisches Land für das Achtelfinale qualifiziert, während das Leiden der Afrikaner weiterging. Da die Portugiesen am nächsten Tag gegen die Nordkoreaner einiges für ihr Torverhältnis tun konnten, sanken die Chancen auf ein Weiterkommen der Elfenbeinküste gegen null.

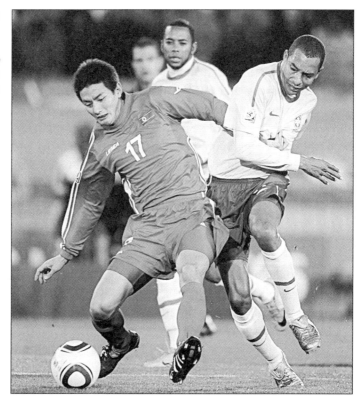

Gegen Nordkoreas No-Names (hier: Yong-Hak An, der spätere Torschütze zum 1:2) taten sich die brasilianischen Stars (hier: Gilberto Silva) überraschend schwer.

Mit dem Spiel Nordkora gegen Portugal kam es zur Neuauflage des legendären Viertelfinales von 1966, als die Europäer nach 0:3-Rückstand nur knapp einer Blamage entgangen waren. Im fußballbegeisterten Nordkorea war die Vorfreude aber nicht nur deshalb groß. Erstmals sollte ein Spiel der eigenen Nationalelf live übertragen werden. Die Begegnung gegen Brasilien war noch mit 17 Stunden Verspätung gezeigt worden. Auf die Auslosung der WM-Endrunde hatten die Nordkoreaner sogar einige Wochen warten müssen.

Gegen Portugal erwartete der kleine Diktator Kim Jong-Il einen Propagandacoup. 45 Minuten lang schlugen sich die Asiaten tapfer, versuchten gar, die Portugiesen zu überrennen, kassierten dabei aber ein Tor von Raul Meireles (29.). Am buddhistischen Bong-Edun-Sa-Tempel beteten und sangen derweil einige tausend Südkoreaner für ihre Brüder im Norden, konnten aber nicht verhindern, dass bei diesen im zweiten Durchgang alle Dämme brachen. Der bedauernswerte Keeper Myong-Guk Ri kassierte von Simao (53.), Tiago (60., 89.), Hugo Almeida (56.), Liedson (81.) und Ronaldo (87.) noch ein halbes Dutzend Tore, und Portugal gewann mit 7:0, der höchste Sieg einer Mannschaft bei dieser WM.

Schonungslos zeigten die Portugiesen auf, dass es den Kickern aus dem abgeschotteten Staat an internationaler Erfahrung fehlte und ihr Diktator vom Fußball keine Ahnung hatte. In Nordkorea verstummte der TV-Kommentator nach dem 4:0 der Portugiesen für den Rest des Spiels.

In der letzten Spielrunde musste die Elfenbeinküste gegenüber Portugal nun also neun Tore wettmachen und zudem auf eine portugiesische Niederlage gegen Brasilien hoffen. Drogba und Co. begannen gegen Nordkorea diese Aufholjagd vielversprechend; nach 20 Minuten führte ihr Team durch Treffer von Barcelonas Yaya Touré und Romac mit 2:0. Doch der Sturmlauf der Ivorer gebar nur noch ein weiteres Tor. In der 82. Minute gelang Salomon Kalou das 3:0, was auch der Endstand war.

Spekulationen um Nordkorea
Nordkorea fuhr mit der schlechtesten Bilanz aller WM-Teilnehmer nach Hause: null Punkte, 1:12 Tore. Spitze war man nur in der Fairness-Tabelle – Nordkorea beging nur 8,67 Fouls pro Spiel. Die westlichen Medien spekulierten – wie schon 1966 – darüber, was die geschlagenen Kicker nach ihrer Heimreise erwarte. Von Arbeitslager und Bergwerk war die Rede. Die FIFA kündigte an, sie wolle die Sache im Auge behalten.

Das „Bruderduell" Brasilien gegen Portugal hatte es bei einer WM erst einmal gegeben, 1966 in England. Die Neuauflage *Selecao* gegen *Seleccao* wurde nach der Auslosung der WM 2010 als eine der attraktivsten Vorrundenpartien gehandelt.

Doch die Ausgangslage vor dem letzten Endrundenspieltag machte den hohen Erwartungen einen Strich durch die Rechnung. Brasilien war bereits qualifiziert, Portugal das Achtelfinale kaum noch zu nehmen. Statt Feinschmeckermenü gab es Magerkost. Beide Teams boten nur mehr oder weniger Rasenschach – mit dem fast schon zwangsläufigen Resultat eines torloses Remis. Die Brasilianer wurden so – seit der WM 1982 zum achten Mal in Folge – Erster ihrer Vorrundengruppe, die Portugiesen Zweiter. Lucio, mit Kaká und Gilberto Silva einer von drei verbliebenen Weltmeistern von 2002, hatte nun 15 WM-Spiele auf dem Schlappen und damit eines mehr als Pelé.

Gruppe H: Spanien, Schweiz, Honduras, Chile

Chile besiegte Honduras mit 1:0 – angeführt vom überragenden Defensiv-Allrounder und Powerpaket Arturo Vidal, der in den Slums von Santiago aufgewachsen war. *La Roja*, das körperlich kleinste Team der WM, spielte die Mittelamerikaner mit hoher Laufbereitschaft und schönen, schnellen Kombinationen phasenweise an die Wand, bedurfte aber beim entscheidenden Treffer der Mithilfe des Gegners. In der 34. Minute grätschte Sergio Mendoza eine Hereingabe von Rechtsverteidiger Mauricio Isla an den Oberschenkel von Honduras Beausejour, von wo der Ball ins Tor hoppelte. Von hohem Unterhaltungswert waren die Sololäufe des 21-jährigen Alexis Sánchez, der dabei aber des Öfteren seine Mitspieler vergaß. Mangelhafte Chancenauswertung und ein starker Keeper Noel Valladares verhinderten einen höheren Sieg der Chilenen.

Piqué und Torhüter Casillas können das Unheil nicht aufhalten: Gelson Fernandes stochert den Ball für die Schweiz ins Tor.

Nach dem 16. und letzten Spiel der ersten Gruppenphasen-Runde hatte die WM ihre erste echte Sensation. Europameister Spanien unterlag den von Ottmar Hitzfeld hervorragend eingestellten Schweizern mit 0:1. Spanien kombinierte gewohnt souverän, verzeichnete 63 Prozent Ballbesitz und schoss 24-mal aufs Tor – dreimal häufiger als die *Nati*, aber nur selten präzise. Kam der Ball tatsächlich auf den Schweizer Kasten, stand der überragende Keeper Diego Benaglio vom VfL Wolfsburg im Wege. In der 52. Minute nahm der für AS Etienne spielende und von den Kapverdischen Inseln stammende Gelson Fernandes einen langen Ball von Benaglio auf, leitete ihn blitzschnell zu Eron Derdiyok weiter, den Hitzfeld zur zweiten Halbzeit als zweiten Stürmer gebracht hatte. Derdiyoks Torschuss wurde zunächst geblockt. Der Ball kam zurück zu Fernandes, der gegen die verzweifelten Klärungsversuche von Gerard Piqué und Keeper Iker Casillas im zweiten Versuch vollstreckte. Die englische *Times* behauptete, Casillas sei von seiner direkt hinter dem Tor stehenden schönen Freundin Sara Carbonero abgelenkt worden, die das Spiel für das spanische Fernsehen kommentierte. Vincent del Bosque schickte mit Fernando Torres, der nach seiner Knieverletzung eigentlich noch geschont werden sollte, und Pedro frische Offensivkräfte auf den Platz. In der 70. Minute traf Spaniens Xabi Alonso mit einem fulminanten Schuss nur die Unterkante der Latte, auf der Gegenseite scheiterte Derdiyok vier Minuten später am Pfosten. Es blieb beim 0:1 – für die *Selección* die zweite Niederlage in den letzten 48 Spielen, für die *Nati* im 19. Spiel gegen die Iberer der erste Sieg überhaupt.

Gegen Honduras stand Spanien damit bereits gehörig unter Druck, und die Pleite gegen die Schweiz warf Fragen nach ihrem Spielstil auf. Doch Vicente del Bosque verteidigte das „Tiki-Taka" genannte direkte flache Kombinationsspiel aus Ballkontrolle und Ballzirkulation: „Ich habe meinen Spielern gesagt, sie sollen an das System glauben, das ihnen so viel Erfolge beschert hat." Fernando Torres martialisch: „Wenn wir sterben, dann sterben wir mit unseren Ideen."

Spanien blieb lebendig und gewann durch zwei Tore von David Villa (17., 51.) mit 2:0. Bei etwas mehr Konsequenz vor dem gegnerischen Tor hätte der Sieg der auch *Furia Roja* genannten Spanier höher ausfallen können. Eine klare Tätlichkeit von Villa gegen Izaguirre wurde zum Glück für die Iberer übersehen und hatte auch anschließend keine Konsequenzen.

Nati-Coach Ottmar Hitzfeld ging gegen das offensivfreudige Chile mit seinem gegen Spanien bewährten Defensivkonzept. Erneut wurde das Spiel von einem schwachen Schiedsrichter geprägt, worunter insbesondere die Schweizer litten. In der 31. Minute flog der Schweizer Valon Behrami nach einem Zweikampf mit Arturo Vidal wegen einer angeblichen Tätlichkeit vom Platz. In der 75. Minute schoss Mark Gonzales *La Roja* in Führung, allerdings stand der Torschütze im Abseits. Seit der WM 1994 waren die Schweizer 559 reguläre WM-Minuten lang ohne Gegentor geblieben und hatten damit die alte Bestmarke der Italiener (550) geknackt. In der Schlussminute vergab Eron Derdiyok freistehend die große Chance zum Ausgleich für die *Nati*.

Die Partie war intensiv, aber nicht übermäßig hart. Trotzdem gelang es dem so kleinlichen wie in seiner Kleinlichkeit inkonsequenten Schiedsrichter Khalil Al Ghamdi aus Saudi-Arabien mit neun gelben und einer roten Karte die bis dahin gültige „Bestmarke" des Kollegen Undiano aus der Begegnung Deutschland gegen Serbien noch zu toppen.

Der letzte Spieltag der Gruppe H versprach Dramatik pur. Europameister und Turnierfavorit Spanien musste gegen Tabellenführer Chile gewinnen. Kapitän Iker Casillas: „Chile ist unser Finale!" Nur bei einer Niederlage der Schweiz gegen Honduras reichte auch ein Remis. Für die Schweizer gestaltete sich die Situation genauso. Auch Chile konnte noch aus dem Turnier fliegen – bei Siegen der Spanier *und* der Schweizer.

Doch die Schweiz und Honduras trennten sich torlos, und ein maßlos enttäuschter Ottmar Hitzfeld musste die Heimreise antreten. Chile war trotz seiner abschließenden Niederlage weiter. Marcelo Bielsas Team hatte zunächst versucht, den Spaniern mit Härte zu begegnen, und nahm dabei auch gelbe Karten in Kauf.

In der 20. Minute musste Chiles Keeper Claudio Bravo weit außerhalb seines Strafraumes gegen Torres klären. Der Ball kam zu David Villa, der aus über 30 Metern den Ball im verwaisten Kasten versenkte. In der 37. Minute erhöhte Andrés Iniesta auf 2:0, und Chiles Marco Estrada flog mit Gelb-Rot vom Platz.

Als die Spanier zur zweiten Halbzeit etwas zu sorglos auf das Spielfeld zurückkehrten, konnte Rodrigo Millar in der 47. Minute mit einem von Piqué noch abgefälschten 18-Meter-Schuss auf 1:2 verkürzen. Doch erfahrene Spanier schaukelten den Vorsprung über die Runden, wobei sie erneut beim Abschluss die notwendige Konsequenz vermissen ließen.

Bilanz der Vorrunde: Wenig Tore, müde Stars, enttäuschende Afrikaner

Nach den 48 Vorrundenspielen fiel die Zwischenbilanz mager aus. In der ersten Spielrunde waren in 16 Begegnungen nur 25 Tore (= 1,56 pro Spiel) gefallen, was die schlechteste Ausbeute seit der Ausweitung des Turniers auf 32 Teilnehmer bedeutete. Nach der gesamten Vorrunde waren es immerhin 101 (= 2,1 pro Spiel). Die schwachen Darbietungen der „Großen" weckten Erinnerungen an die WM 2002, als überspielte Favoriten reihenweise stolperten und ihre Stars im Nationalteam deutlich schlechtere Vorstellungen boten als in ihrer Vereinsmannschaft.

Manchester Uniteds Alex Ferguson führte als Grund die lange, schwere Saison der in Europa spielenden Akteure an – auf dem alten Kontinent kickte schließlich die Mehrzahl der WM-Teilnehmer. Dies gelte insbesondere für die Spieler aus der kräftezehrenden englischen *Premier League,* während sich die Winterpause in Deutschland für die DFB-Elf auszahle. Deshalb würden die deutschen Kicker bei Weltmeisterschaften stets besser abschneiden als erwartet. Generell bleibe den Teams für die WM-Vorbereitung nur wenig Zeit. Für die Nationaltrainer sei es schwer, die gleiche Harmonie wie in Vereinsmannschaften herzustellen, da man mit ihnen nicht jeden Tag arbeiten würde.

Ausgerechnet bei der ersten WM auf dem afrikanischen Kontinent erlebte Afrikas WM-Geschichte einen Tiefpunkt. Lediglich Gastgeber Südafrika überraschte positiv, doch war *Bafana, Bafana* insgesamt zu leistungsschwach für ein solches Turnier. Die Bilanz aller 18 Vorrundenspiele der afrikanischen Teams: zehn Niederlagen, fünf Remis und drei Siege. Von 54 möglichen Punkten holten die Afrikaner lediglich 14. Einzig Ghana überstand die Vorrunde. Mit nur zwei geschossenen Toren, beide erzielt vom Elfmeterpunkt. Algerien war ohne Torerfolg ausgeschieden. Die sechs afrikanischen Teams schossen addiert nur 16 Tore bzw. 0,88 pro Spiel.

Zehn Niederlagen für Afrika

Die Gründe für Afrikas Schwäche waren die alten: Otto Pfister, der in seiner langen Karriere auf dem schwarzen Kontinent die Nationalmannschaften Senegals, Togos, Ghanas, Ruandas und Kameruns trainiert hatte: „Meine Afrikaner kommen sinngemäß vier Tage vor der WM zusammen – wenn alle pünktlich sind! –, checken im Mittelklassehotel ein, weil nicht so viel Geld da ist. Wir trainieren auf einem Dorfplatz. Und freuen uns aufs Turnier mit den Besten der Welt." Für die in Europa kickenden Stars waren diese unprofessionellen Bedingungen ungewohnt und wenig stimulierend. Dies führte dazu, dass die Stars aus Europa immer wieder querschossen.

Hinzu kam die Unfähigkeit vieler Funktionäre. Pfister: „Die afrikanischen Teilnehmer sind nicht dazu in der Lage, langfristig zu arbeiten. Die afrikanischen Länder haben Weltklassespieler überall, aber die Funktionäre zerfleischen sich untereinander.

Und die Funktionäre sind nicht wegen ihrer Fachkompetenz im Amt, sondern aus politischen Gründen. (…) Der Fußball hat so viel Macht in Afrika, dass selbst Staatspräsidenten bei Misserfolgen ihrer Mannschaft um ihren Job fürchten müssen."

In den nationalen Verbänden herrschten häufig Klientelwirtschaft und Korruption. Eine systematische nationale Nachwuchsförderung war in den meisten Ländern unbekannt.

Fast alle afrikanischen Teams lagen auch mit ihren Trainern überkreuz. Denn viele afrikanische Verbände suchten unverändert den kurzfristigen Erfolg – mit Hilfe mehr oder weniger abgehalfterter europäischer und südamerikanischer Trainer mit geringer Verweildauer. Diese verschrieben sich häufig der Aufgabe, „den Spielern das sogenannte Afrikanische auszutreiben und den Schwerpunkt auf europäische Defensivorganisation zu legen" (der Journalist Matti Lieske). So wurden die Teams ihrer Stärken beraubt, ohne eine andere Identität überzeugend zu zelebrieren. Das Ergebnis war weder Fisch noch Fleisch. Der Elfenbeinküste, so Matti Lieske, hätte jegliche „kreative Inspiration" gefehlt. Von Kameruns Performance eines eleganten, geschmeidigen und angriffslustigen Fußballs 1990 in Italien hätten die afrikanischen Teams „lediglich den Torjubel in der Nachfolge des kamerunischen Torjägers Roger Milla herübergerettet". Ex-Bundesligaprofi Anthony Baffoe: „Ich finde, es ist höchste Zeit, dass mehr Ex-Spieler ins Geschehen eingreifen, die auch eine internationale Erfahrung haben."

Ghana, das auch schon beim WM-Turnier 2006 als einziges afrikanisches Land die Vorrunde überstanden hatte, präsentierte sich bezeichnenderweise kompakt und schmucklos. Die *Black Stars* zeichneten Organisation und Disziplin aus – nicht nur auf dem Platz, sondern auch daneben. Milovan Rajevac hatte dem Team Kontrolle, Ordnung und eine ökonomische Spielweise beigebracht. Anthony Baffoe: „Man hat gelernt, auf Details zu achten." Rund um Ghanas Team herrschte ein höheres Maß an Professionalität als bei den anderen afrikanischen Teilnehmern. Dazu gehörte auch die Prämienfrage, die – im Gegensatz zu vorherigen Turnieren – schon vor dem WM-Start geklärt war. Ghana fehlten die Superstars wie Drogba oder Eto'o, aber dafür herrschte bei den *Black Stars* ein stärkerer Teamgeist als bei den Ivorern, Nigeria oder Kamerun. Und im Gegensatz zu den Trainern anderer afrikanischer Teams vertraute Rajevac seinen Youngstern.

Der Sieger der Vorrunde hieß Südamerika. In 15 Spielen verließen die Südamerikaner den Platz nur einmal als Verlierer. Hingegen beklagte Europa mit Italien und Frankreich das Ausscheiden des amtierenden Welt- und des Vizeweltmeisters.

Achtelfinale (I): Jubel um Jogis Team

Achtelfinale 1: Südkorea – Uruguay 1:2

Die *Celeste* schlug Südkorea durch zwei Treffer von Luis Suárez (8., 80.) mit 2:1 und bewies, dass ihre Offensivabteilung nicht nur aus Diego Forlán bestand. Zwischenzeitlich konnte Lee Chung-Yong (68.) für die Südkoreaner den Ausgleich erzielen.

Oscar Washington Tabárez pries die Auslandserfahrung seiner Jungstars, „die ein unglaublich hohes Level" ins Nationalteam einbrächten. In der abgelaufenen Saison war der für Ajax Amsterdam stürmende 23-jährige Suárez mit 35 Treffern Torschützenkönig der niederländischen *Eredivisie* geworden und hatte auch noch die Wahl zum „Fußballer des Jahres" gewonnen.

Tabárez: „Wir sind ein sehr spezielles Volk. Für ein Land, das finanziell und wirtschaftlich von größeren Nationen abhängig ist, bedeutet solch ein Erfolg im Fußball sehr, sehr viel."

Achtelfinale 2: Ghana – USA 2:1 n.V.

Nach der Vorrunden-Niederlage gegen Deutschland hatten die Ghanaer mit der Nationalflagge in der Hand eine Ehrenrunde im Soccer City Stadium gedreht. Als einziges verbliebenes afrikanisches Team hoffte man auf Unterstützung der heimischen Bevölkerung. Kevin Prince Boateng: „Ab sofort spielen wir für ganz Afrika. Ghana vertritt diesen ganzen Kontinent." Milovan Rajevac: „Die Mehrheit der Südafrikaner wird uns unterstützen. Ich hoffe, dass wir von der massiven Unterstützung hier in Südafrika profitieren werden."

Gegen die US-Boys, die im Stadion erneut von Ex-Präsident Bill Clinton unterstützt wurden, ging Ghana bereits nach fünf Minuten durch den erneut starken Kevin Prince Boateng in Führung, das erste Tor der *Black Stars* bei dieser WM aus dem Spiel heraus. In der 62. Minute gelang Landon Donovan vom Elfmeterpunkt der Ausgleich für die USA, nachdem Jonathan Mensah gegen Benny Feilhaber zu hart eingestiegen war.

Die Partie musste in die Verlängerung. Boateng hatte mittlerweile mit einer Oberschenkelzerrung den Platz verlassen, für ihn kam Steven Apiah vom FC Bologna, dessen letztes Vereinsspiel bereits Monate zurücklag. In der 93. Minute jagte Asamoah Gyan einem langen Ball des überragenden André Ayew, einem Sohn von Abédi Pelé, des besten afrikanischen Fußballers aller Zeiten, hinterher, setzte sich im Strafraum gegen gleich zwei US-Boys durch und versenkte die Plastikkugel über den herausstürzenden Torwart Tim Howard hinweg zum 2:1. Den USA fehlten nun die Kraft und die spielerischen Mittel, um Ghana noch einmal ernsthaft in Verlegenheit zu bringen. Über die gesamten 120 Minuten betrachtet, besaßen die USA zwar mehr Torchancen, aber Ghana hatte die besseren Fußballer in seinen Reihen. Ein starkes Spiel zeigte erneut Ghanas Keeper Richard Kingson, der beim englischen Premier-League-Absteiger Wigan Athletic nur die Bank drückte und folglich kaum Spielpraxis besaß. Besonders die Fausteinsätze des nicht gerade hochgewachsenen Keepers bei Flanken waren sehenswert.

Südafrikas Regierungspartei ANC verbreitete anschließend eine Glückwunschbotschaft: „Der ANC möchte Ghana dafür danken, das Image unseres Kontinents bei diesem Turnier gerettet zu haben. Wir sind stolz auf euch. Ihr seid der Stolz dieses Kontinents und damit auch Südafrikas. Wir sind zuversichtlich, dass ihr das Finale auf unserem Boden erreichen könnt."

Achtelfinale 3: Deutschland – England 4:1

Von den Medien wurde die Begegnung im Vorfeld als „WM-Klassiker" ordentlich aufgeheizt. Viermal waren Deutschland und England bislang in der K.o.-Phase großer Turniere aufeinandergetroffen, viermal wurde die Begegnung erst in der Verlängerung bzw. im Elfmeterschießen entschieden. Nicht so in Südafrika, wo den Deutschen die reguläre Spielzeit ausreichte, um den Engländern die höchste Niederlage ihrer WM-Geschichte beizubringen.

In der 20. Minute nahm Miroslav Klose einen weiten Abschlag von Manuel Neuer auf, setzte sich gegen den drängenden und hakelnden Matt Upson durch und lenkte den Ball am herausstürzenden David James zum 1:0 ins Netz. Manuel Neuer ergatterte als erster Keeper bei dieser WM einen Scorer-Punkt, was bei seiner Spielweise nicht überraschte. In der 32. Minute erhöhte Podolski nach einer wunderbaren Kombination über Özil, Klose und Müller auf 2:0. Der Kölner schoss den Ball knallhart durch die Beine von James ins lange Eck. Bis dahin hatten die Deutschen spielerisch wie taktisch eine Galavorstellung geboten. Doch in der 37. Minute konnte Matt

> ♦ **Deutsch-englische Turnier-Duelle**
>
> Die bisherigen Begegnungen der Nationalmannschaften Deutschlands und Englands bei Welt- oder Europameisterschaften:
> 30.7.1966, WM-Finale in London: 2:4 n.V.
> 14.6.1970, WM-Viertelfinale in León: 3:2 n.V.
> 29.4.1972, EM-Viertelfinal-Hinspiel in London: 3:1
> 13.5.1972, EM-Viertelfinal-Rückspiel in Berlin: 0:0
> 29.6.1982, WM, 2. Finalrunde in Madrid: 0:0
> 04.7.1990, WM-Halbfinale in Turin, 1:1 n.V., 4:3 i.E.
> 26.6.1996, EM-Halbfinale in London: 1:1 n.V., 6:5 i.E.
> 17.6.2000, EM-Vorrunde in Charleroi: 0:1
> (Alle Ergebnisse aus deutscher Sicht)

Miroslav Klose nahm einen Abschlag von Manuel Neuer auf und verwandelte ihn direkt zum 1:0. Englands Keeper David James war chancenlos.

Der deutsche Sieg über England galt den Medien als „Match für die Geschichtsbücher". Wesentlich daran mitgewirkt hatte Mesut Özil, der bei der WM seinen internationalen Durchbruch schaffte.

Upson nach einem Freistoß von Steven Gerrard mit dem Kopf auf 1:2 verkürzen, wobei Jerome Boateng schlecht und der ansonsten starke Neuer nicht gut aussahen. Nur eine Minute später setzte Frank Lampard einen knallharten Schuss an die Lattenunterkante des deutschen Tores. Fast sämtliche Zuschauer im Stadion und vor dem Fernsehen sahen den zurückprallenden Ball hinter der Torlinie aufkommen, nur das uruguayische Schiedsrichtergespann um Jorge Larrionda nicht. „Wiedergutmachung für Wembley", dachten viele in Deutschland, nur dass es einen erheblichen Unterschied zwischen beiden Ereignissen gab. Anders als Geoffrey Hurst 1966 hatte Frank Lampard 44 Jahre später ein eindeutig reguläres Tor erzielt. In Wembley war der Ball wohl nicht hinter Linie, wurde aber als Tor gewertet. In Bloemfontein war er mit Sicherheit drin, aber kein Tor. „Die Partie wäre nach einem 2:2 eindeutig anders gelaufen", schimpfte Fabio Capello später.

„Wiedergutmachung für Wembley"

Ein 2:2 lag auch anschließend noch in der Luft, so traf Lampard in der 52. Minute mit einem Freistoß aus gut 34 Metern nur die Latte. Erst als Thomas Müller in der 67. Minute einen Konter zum 3:1 abschloss, kehrte das deutsche Team in sicherere Gewässer zurück. Vier Minuten später erhöhte der junge Münchener nach feiner Vorarbeit von Özil auf 4:1, was auch der Endstand war.

„Ein Match für die Geschichtsbücher", schwärmte die *Neue Zürcher Zeitung*. Die „deutschen Youngster" hätten in nahezu jeder Phase des Spiels „die Behäbigkeit des englischen Schwergewichts entblößt". Für Spaniens *El Mundo* hatte das DFB-Team den Engländern „im bislang besten Spiel der WM eine Lektion erteilt". Und die *New York Times*: „New German Volk. Das multiethnische Team und seine Fans sind ein Ergebnis gelungener Vergangenheitsbewältigung."

Die „goldene Generation" um Lampard, Terry, Gerrard und Rooney, die mit ihren Klubs fast alles gewonnen hatte, stand im Nationaldress mit leeren Händen da. Englands Stars wirkten bei Turnieren nach einer harten Saison häufig überspielt, oder es fehlten ihnen im Trikot der *Three Lions* die adäquaten Mitspieler, da viele Schlüsselpositionen in der Premier League mit Ausländern besetzt waren.

Auf den Rängen des Free State Stadium sahen sich 2.000 bis 3.000 Deutsche mit 15.000 Engländern konfrontiert. Lange Zeit waren die Gesänge der deutschen Fans nicht zu hören, während die der Engländer eine willkommene Abwechslung zur Eintönigkeit der Vuvuzelas boten. Englands Fans zeigten sich deutlich attraktiver als ihr Team und sorgten für eine friedliche und gute Stimmung. Einige Hoteliers waren voll des Lobes: „Ohne sie wäre hier die ganze WM tote Hose gewesen."

Achtelfinale (II): Ronaldo bleibt blass

Achtelfinale 4: Argentinien – Mexiko 3:1

Mexiko ging zwar als Außenseiter in die Begegnung, setzte aber zunächst die Akzente. Bis der italienische Schiedsrichter Roberto Rosetti eingriff. In der 26. Minute erzielte Carlos Tévez aus klarer Abseitsposition die 1:0-Führung für die *Albiceleste*. Fortan dominierte der Favorit. In der 33. Minute rollte dem technisch feinen mexikanischen Verteidiger Ricardo Osario der Ball weg, direkt in den Lauf des herbeieilenden Gonzalo Higuaín, der das Spielgerät an Keeper Oscar Perez vorbei zog und zum 2:0 einnetzte. Als Tévez in der 51. Minute den Ball aus 21 Metern und mit einer Geschwindigkeit von 109 km/h zum 3:0 in die obere rechte Torecke hämmerte, war die Entscheidung gefallen. Den Mexikanern gelang nur noch das 1:3 durch Hernandez.

Achtelfinale 5: Niederlande – Slowakei 2:1

Bondscoach Bert van Marwijk ließ Arjen Robben erstmals von Anfang an auflaufen.

Mit Robbens Rückkehr musste einer von den „fantastischen Vier" in vorderster Front weichen. Es traf die Kreativkraft Raphael van der Vaart – und nicht, wie von manchen erwartet, den Kämpfer und Arbeiter Dirk Kuyt.

Der aus dem Bade- und Fischerort Katwijk stammende und für den FC Liverpool spielende Kuyt war einer von van Marwijks Lieblingsspielern. Noch drei Jahre vor der WM hatte Vater Kuyt seinem Sohn empfohlen, mangels fußballerischen Talents doch besser den Beruf eines Fischers zu erlernen. Für van Marwijk war der 1,84 m große blonde Stürmer „das Beispiel schlechthin für einen Teamplayer". Im Spiel legte Dirk Kuyt regelmäßig um die elf Kilometer zurück, eine beträchtliche Strecke für einen Stürmer.

Gegen die Slowaken sorgte Robben bereits nach 18 Minuten für eine Vorentscheidung. Wesley Sneijder hatte ihn mit einem 50-Meter-Pass auf die Reise geschickt. Was folgte, war ein typisches Robben-Tor. Der flinke Flügelstürmer ging an drei Abwehrspielern vorbei, bewegte sich nach innen und zog aus 17 Metern ab – diesmal ausnahmsweise ins kurze Eck, wo er Slowaken-Keeper Mucha auf dem falschen Fuß erwischte. Für den Rest der Spielzeit begnügten sich die Niederländer gegen biedere Slowaken damit, die Führung zu verwalten. Nur für wenige Minuten geriet die *Elftal* ins Wanken, als Maarten Stekelenburg in der 67. Minute einen strammen Schuss von Miroslav Stoch entschärfen und wenig später gegen den frei vor ihm auftauchenden Robert Vittek retten musste. In der 84. Minute erhöhte der starke und umsichtige Regisseur Sneijder auf 2:0. In der 94. Minute verwandelte Vittek einen (unberechtigten) Elfmeter zum 1:2, was aber nur noch statistische Bedeutung besaß.

Achtelfinale 6: Paraguay – Japan 0:0 n.V., 5:3 i.E.

Den Südamerikanern wie den Asiaten winkte die erste Teilnahme an einem WM-Viertelfinale. Anders als bei den meisten anderen südamerikanischen Teams stand bei Paraguay traditionell die Torsicherung im Vordergrund. Mit seinem taktischen Spiel und seiner Defensivorientierung erinnerte man an die Italiener.

Da auch Japan eine defensive Spielweise bevorzugte, war das langweiligste und chancenärmste Achtelfinale programmiert. Lässt man Wohlwollen walten, verbuchte jede Seite zwei Möglichkeiten. Japans Daisuke Matsui traf nur die Latte (22.), auf Seiten der Südamerikaner vergab Nelson Valdez (97.) die größte Möglichkeit.

Spannung kam erst im Anschluss des öden Herumgestochers auf: Nach 120 torlosen Minuten stand das erste Elfmeterschießen dieser WM auf dem Programm. Da Paraguay alle fünf Versuche verwandelte, bei den Japanern Yuchi Komano indes nur die Latte traf, erreichten die Südamerikaner erstmals das Viertelfinale.

Achtelfinale 7: Spanien – Portugal 1:0

Spanien startete furios. Portugals bis dahin noch unbezwungener Torwart Eduardo von Sporting Braga musste in den ersten sieben Minuten gleich dreimal gegen Torres (1.), und Villa (3., 7.) parieren, aber anschließend verfingen sich die von Xavi und Iniesta inszenierten Angriffe in der dicht gestaffelten Defensive der Portugiesen. Die *Seleccao* machte die Räume eng, und die spanische Kombinationsmaschine produzierte ungewohnt viele Fehlpässe und Stockfehler. 45 Minuten lang war der iberische Gipfel ein laues Lüftchen. Auf der anderen Seite wurde einmal mehr deutlich, dass Portugals abwartendes Spiel für Ronaldo nichts war. Portugals Star war bei Gerard Piqué bestens aufgehoben und blieb erneut blass.

Im zweiten Durchgang wurde das spanische Spiel besser, auch durch die Hereinnahme des Basken Fernando Llorente von Athletic Bilbao für den erneut enttäuschenden Torres. Dass die *Selección* im Duell „initiativ" gegen „defensiv" schließlich die Oberhand behielt, war einer weiteren Fehlentscheidung der Schiedsrichter zu verdanken. In der 63. Minute verlängerte Xavi einen Pass von Iniesta mit der Hacke in den Lauf von David Villa, der zunächst an Eduardo scheiterte, im zweiten Versuch aber traf. Der Schütze stand knapp im Abseits, es war das bereits fünfte gegebene Abseitstor.

Die Spanier kombinierten nun sicherer, während die Portugiesen kaum noch an den Ball kamen. Nur in den Schlussminuten wurde es noch einmal etwas brenzlig vor dem Tor von Iker Casillas. Trotz des irregulären Treffers: Der Sieg der Spanier ging in Ordnung, wie auch *Seleccao*-Coach Carlos Querez befand.

In vier Spielen hatte Portugal, dass seinen stärksten WM-Akteur in Keeper Eduardo hatte, nur ein Tor kassiert. Geschossen hatten die Portugiesen sieben, allerdings alle in einem Spiel. Dreimal waren Ronaldo und Co. torlos geblieben.

Gegen die starken Chilenen setzte sich Brasilien mit 3:0 durch. Hier umspielt Luis Fabiano den chilenischen Keeper Claudio Bravo und erzielt den zweiten Treffer.

Achtelfinale 8: Brasilien – Chile 3:0

Johan Cruyff hatte die angriffslustigen Chilenen zum besten Team der Vorrunde gekürt. Die ultraoffensive Ausrichtung der Südamerikaner war ganz nach dem Geschmack des Niederländers, doch gegen den fünffachen Weltmeister fehlte der jungen *La Roja* die notwendige Reife.

Brasilien landete einen weiteren humorlosen Pflichtsieg, wenngleich die *Selecao* ihre bis dahin spielerisch beste Vorstellung ablieferte, den Ball gut laufen ließ, offensiver spielte und drei sehenswerte Tore erzielte. Eine gute halbe Stunde lang konnte Chile dem Titelanwärter Paroli bieten. Das Team von Marcelo Bielsa fuhr einige schnelle Konter und wirkte in den Zweikämpfen bissiger. Aber als Brasiliens aufgerückter Innenverteidiger Juan nach einem Eckstoß des Abwehrkollegen Maicon mit einem wuchtigen Kopfball ins Tor der Chilenen traf (34.) und nur knappe vier Minuten später Fabiano nach einem Pass von Kaká auf 2:0 (38.) erhöhte, war das Spiel gelaufen. In der 59. Minute erzielte Robinho mit einem 16-Meter-Schlenzer sein erstes WM-Tor überhaupt, das Zuspiel hatte Ramires geliefert. 3:0 war auch der Endstand einer insgesamt einseitigen Partie,

Symptomatisch für den Paradigmenwechsel im Spiel der Brasilianer war Lucios Statement nach dem Abpfiff: „Wir haben heute gut verteidigt. Das war das Wichtigste." Dungas Brasilien hatte nun in 53 Länderspielen nur 30 Tore kassiert. Die brasilianische Sportzeitung *Globo Esporto* konstatierte etwas, was Jahre zuvor als Blasphemie gegolten hätte: „Verteidigung ist der beste Angriff."

Viertelfinalspiele: Der letzte Afrikaner

Mit Argentinien, Brasilien, Paraguay und Uruguay stellte Südamerika erstmals vier bzw. die Hälfte der Viertelfinalisten. Europa kam mit Deutschland, den Niederlanden und Spanien auf drei, Afrika mit Ghana auf einen Teilnehmer. Asien und Nord- und Mittelamerika hatten komplett die Segel streichen müssen, Ozeanien war bereits seit der Vorrunde nicht mehr vertreten.

So mancher las daraus einen Trend zugunsten Südamerikas, aber die europäische Präsenz hatte vor allem dadurch gelitten, dass sechs europäische Vertreter im Achtelfinale direkte Gegner waren. Den drei europäischen Duellen stand nur ein südamerikanisches gegenüber. Argentinien und Brasilien waren allein schon aufgrund ihres fußballerischen Potenzials fürs Viertelfinale stets gesetzt (Argentinien war seit 1974 nur 1994 und 2002 nicht dabei gewesen, Brasilien hatte den Einzug unter die letzten Acht letztmalig 1966 verfehlt), Uruguay und Paraguay profitierten auch von leichteren Gegnern bzw. dem Losglück.

Viertelfinale 1: Niederlande – Brasilien 2:1

„Wenn wir gegen große Nationen spielen, werden wir richtig Fußball spielen", versprach Wesley Sneijder vor dem Duell der „neuen Pragmatiker des Fußballs" *(Tagesspiegel)*. Vor dem Anpfiff übte Johan Cruyff harsche Kritik an Dungas Brasilianern: „Sie verfügen über talentierte Spieler, aber spielen Fußball in einer defensiven und uninteressanten Manier. Es ist eine Schande für die Fans und das Turnier. Wo ist bloß der brasilianische Zauber geblieben?" Bert van Marwijk musste sich damit auch angesprochen fühlen und sprang seinem bedrängten Kollegen zur Seite. „In Holland haben wir ein wenig dasselbe Problem. Vor 30 Jahren hatten wir den totalen Fußball. Aber der Sport ändert sich und der Fußball ebenso. Heute sind alle fitter und organisierter. Wenn du so spielst, wie wir es früher taten, wird es schwieriger, den World Cup zu gewinnen."

In einem Turnier, in dem bis dahin jeder fünfte Treffer als Torwartfehler identifiziert wurde, standen sich nun mit Maarten Stekelenburg und Julio Cesar die bis dahin sichersten Torhüter gegenüber. Der 1,86 m großen Julio Cesar war in der Saison 2009/10 zum besten Keeper der Serie A gekürt worden. Und der acht Zentimeter größere Maarten Stekelenburg hatte sich mit jedem WM-Spiel ein Stückchen mehr aus dem langen Schatten Edwin van der Sars befreit.

Wenige Minuten vor dem Anpfiff musste van Marwijk seine Innenverteidigung umstellen. Joris Mathijsen verletzte sich beim Aufwärmen, für ihn kam Veteran André Ooijer in die Mannschaft. Brasilien begann stark und ließ dabei auch Ansätze des schönen Spiels erkennen. Bereits in der 8. Minute lag der Ball erstmals im Netz der Niederländer, doch bei Robinhos Treffer aus kurzer Distanz stand Vorlagengeber Dani Alves leicht im Abseits.

Zwei Minuten später spielte Felipe Melo von der Mittellinie aus einen schnurgeraden Pass in die Nahtstelle der niederländischen Abwehrkette, wo eine riesige Lücke zwischen John Heitinga und seinem neuen Partner Ooijer klaffte. Der enteilte Robinho drosch den Ball direkt aus vollem Lauf am herausstürzenden Stekelenburg vorbei ins Tor. Für Stekelenburg war es der erste Gegentreffer bei diesem Turnier aus dem Spiel heraus, zuvor hatte er lediglich zwei Strafstöße passieren lassen. Und erstmals bei dieser WM rannten die Niederländer einem Rückstand hinterher, was sie sichtlich verunsicherte. Bis zum Halbzeitpfiff dominierten die Brasilianer das Geschehen, während die niederländische Abwehr mit dem schnellen Kombinationsspiel durch die Mitte große Probleme hatte. Stekelenburg hielt seine Mannschaft im Spiel, als er in der 31. Minute einen herrlichen Schlenzer von Kaká, den viele schon im Tor sahen, mit einer fantastischen Parade aus dem rechten Torwinkel fischte. Bert van Marwijk später: „Vor der Pause waren wir nicht wir selbst. Wir spielten vorsichtig."

***Elftal* schafft die Wende**

Im zweiten Durchgang traf eine andere *Elftal* auf eine andere *Selecao*. Van Bommel und Co. standen nun näher bei ihren Gegnern, störten frühzeitig den brasilianischen Spielaufbau und wirkten deutlich entschlossener als die Brasilianer. In der 53. Minute schlug Sneijder eine Flanke diagonal in den Strafraum. Julio Cesar kam aus seinem Kasten, aber mit der Faust nicht an den Ball. Der Keeper und sein Mitspieler Felipe Melo behinderten sich gegenseitig, Melo touchierte den Ball noch, der nun neben dem langen Pfosten zum 1:1 ins Tor flog. Es wäre im 97. WM-Spiel Brasiliens erstes Eigentor gewesen, hätte nicht die FIFA einen Tag später den Treffer nachträglich Wesley Sneijder zugeschrieben.

Das Tor war wie ein weiterer Weckruf für die *Elftal*, die nun deutlich mehr Siegeswillen erkennen ließ als ihr Gegner. In der 68. Minute wurde ein von Robben scharf hineingetretener Ball von Kuyt per Kopf auf den Kopf des nur 1,70 m großen Snejder verlängert, von wo der Ball aus kurzer Distanz unhaltbar ins linke Toreck zum 2:1 landete.

Die Partie gewann nun an Hektik, und in der 73. Minute sah Melo nach einem Tritt gegen den am Boden liegenden Robben völlig zu Recht „Rot". Die *Selecao* drängte nun in Unterzahl auf den Ausgleich. Stürmer Kuyt musste nach einer Ecke einmal auf der Torlinie klären (81.), auf der anderen Seite vergaben Robben und Kuyt beste Chancen zur möglichen Vorentscheidung.

In Rückstand geraten, waren die „defensivierten" Brasilianer nicht mehr in der Lage, auf totale Offensive umzuschalten. Team und Trainer wirkten orientierungslos. Erst 13 Minuten vor dem Abpfiff brachte Dunga einen neuen Stürmer – einen neuen, keinen weiteren, denn für Nilmar verließ Fabiano den Platz. Carlos Dunga hatte Brasiliens Spiel zum Preis eines heftigen Kollateralschadens reformiert: Die *Selecao* hatte die

Fähigkeit zur Improvisation verloren. Tostao bemängelte anschließend, Brasilien habe zwar „immer noch gute Fußballer, aber dieser Stil der Fantasie wird nicht mehr gepflegt".

In den Niederlanden jubelte *De Volkskrant:* „Die alten Werte des niederländischen Fußballs – Angriffskraft und Mut – kamen zusammen mit den neuen Normen von guter Organisation und mentaler Wehrhaftigkeit. Das ist die WM von *Oranje*." Bert van Marwijk: „Ich habe vom ersten Tag an gesagt: Wir haben eine Mission – Weltmeister werden."

Gegen Brasilien kombinierte die *Elftal* gute Technik und Taktik mit Geduld, Selbstbewusstsein und einer „deutschen" mentalen Kraft. Leithammel Mark van Bommel: „Wir spielen deutscher als die Deutschen früher. Nicht schön, aber effektiv." Ein Fiasko wie bei der WM 2006, wo man gegen Portugal mit zwei roten Karten rausflog, passierte diesem Team nicht. Dirk Kuyt: „Bei der WM in Deutschland ist uns gegen Portugal alles außer Kontrolle geraten. Mittlerweile ist die Mannschaft mental aber viel stärker." Und van Marwijks Assistent Frank de Boer: „Dieses Team ist reif, es hat ein System verinnerlicht. Wir können jetzt auch ein Spiel schlecht beginnen und doch siegen."

Mit dem Sieg über Brasilien kam die Kritik am neuen Stil der *Elftal* weitgehend zum Verstummen. Auch viele derjenigen, die zunächst Verrat an der nationalen Fußball-Doktrin gewittert hatten, zollten van Marwijk nun ihre Hochachtung. Die Niederländer wurden zu einem Volk von van-Marwijk-Fans, das in orangenen Bertje-T-Shirts herumlief.

Viertelfinale 2: Uruguay – Ghana 1:1 n.V., 4:2 i.E.

Der ausgeschiedene Gastgeber Südafrika versammelte sich hinter Ghana und taufte die *Black Stars* „Baghana, Baghana". Die südafrikanischen Behörden verteilten ghanaische Flaggen, und auch das südafrikanische Organisationskomitee machte keinen Hehl daraus, wen es im Halbfinale sehen wollte.

Vor 84.000 Zuschauern im Soccer City Stadium gingen die *Black Stars* in der Nachspielzeit des ersten Durchgangs mit 1:0 in Führung, als Sulley Ali Muntari von Inter Mailand mit einem Flachschuss aus 30 Metern den zu weit in der linken Ecke seines Tores postierten Keeper Muslera bezwang. Die Vuvuzelas auf den Rängen wurden merklich leiser, als in der 55. Minute Diego Forlán mit einem direkt verwandelten Freistoß der Ausgleich gelang.

In der Verlängerung war Ghana das bessere Team. Die Partie stand kurz vor dem Abpfiff, da köpfte Dominic Adiyiah aus kurzer Distanz aufs Tor. Der auf der Linie stehende Luis Suárez riss beide Hände hoch und verhinderte in Torwartmanier den totsicheren Siegtreffer für die Westafrikaner. Schiedsrichter Olegario Benquerenca zog sofort die Rote Karte und zeigte auf den Elfmeterpunkt.

Ghanas Einzug ins Halbfinale, als erstes afrikanisches Land in der WM-Geschichte überhaupt, erschien jetzt nur noch als Formsache. Aber der bis dahin so sichere Elfmeterschütze Asamoah Gyan setzte den Ball an die Torlatte.

Getümmel vor dem Tor Uruguays. Luis Suárez verhindert per Hand das sichere Tor – und weil Ghana danach diverse Elfmeter verschießt, ist Uruguay weiter.

Suárez' Handspiel rettete die *Celeste* ins Elfmeterschießen, bei dem ausgerechnet Gyan für die Ghanesen als Erster antrat. Diesmal verwandelte er souverän. Nicht so seine Teamkollegen Mensah und Adiyiah, deren schlampig geschossene Elfmeter Muslera parieren konnte. Uruguays Schützen versagten nur einmal, weshalb die *Celeste* erstmals seit 40 Jahren wieder in einem WM-Halbfinale stand.

Für die „Urus" war Luis Suárez nun ein Held, für den Rest der Welt der Bösewicht des Turniers schlechthin. Suárez: „Ich musste es tun. Ich habe es getan, damit meine Mitspieler das Elfmeterschießen gewinnen konnten. Das war es wert, herausgestellt zu werden." Und in Anspielung auf Maradonas berühmtes Handspiel 1986 gegen England: „Am Ende ist die Hand Gottes jetzt meine." Die südafrikanische *Sunday Times* sah allerdings „die Hand des Teufels" am Werke. Ghanas Coach Milovan Rajevac sprach von einer „sportlichen Ungerechtigkeit".

Bei aller berechtigten Empörung über den Übeltäter Suárez und dessen Mangel an Fair Play: Dass Ghana nicht ins Halbfinale einzog, hatten die *Black Stars* bei drei verschossenen Elfmetern auch sich selbst zuzuschreiben. Nelson Mandela spendete Trost: „Sie haben den Kontinent gut vertreten und können mit erhobenem Haupt nach Hause fahren."

Viertelfinale 3: Deutschland – Argentinien 4:0

Das Team von Diego Maradona ging nach vier Siegen und mit einem Torverhältnis von 10:2 als Favorit in die Neuauflage des Viertelfinales von 2006, das die Deutschen damals glücklich nach Elfmeterschießen gewonnen hatten. Die *Albiceleste* 2010 wurde als stärker eingeschätzt als die von 2006. Aber auch das DFB-Team hatte sich gegenüber 2006 weiterentwickelt.

Gegen Argentinien waren die Deutschen nun zu einer weiteren Leistungssteigerung in der Lage und gewannen mit 4:0. Das letzte Mal, dass Argentinien bei einer WM mit diesem Ergebnis unterging, war 36 Jahre zuvor in Gelsenkirchen gewesen, als die *Albiceleste* von den Niederlanden nach allen Regeln des „totalen Fußballs" auseinandergenommen wurde.

Die DFB-Elf begann im Greenpoint Stadium zu Kapstadt im Stile einer selbstbewussten Klassemannschaft, konzentriert und offensiv. In der 3. Minute bekam sie auf der linken Seite einen Freistoß zugesprochen. Schweinsteiger drehte den Ball vors Tor, Müller löste sich aus dem Spielerpulk, geriet vor Otamendi an den Ball, veränderte dessen Flugrichtung leicht. Vom Fuß des irritierten Keeper Sergio Romero sprang das Spielgerät zur deutschen Führung ins Netz..

Die Argentinier waren konsterniert. Die ersten 30 Minuten dieses Viertelfinales gingen klar an das deutsche Team. In der 24. Minute vergab Klose die große Chance zum 2:0, nachdem Müller mit dem Ball am Fuß in den Strafraum gestürmt war und diesen quer legte, anstatt selbst zu schießen. Erst in der 35. Minute kamen auch die Argentinier zum ersten erwähnenswerten Torschuss, aber Manuel Neuer war bei Higuaíns Versuch auf dem Posten.

Nach der Pause verstärkten die Argentinier den Druck aufs deutsche Tor, doch die deutsche Abwehr stand besser als gegen England. Allen voran der in den Spielen zuvor schwächelnde Per Mertesacker, der mit dem erneut starken Arne Friedrich eine hellwache Innenverteidigung bildete.

In der 48. Minute verfehlte De Maria knapp den deutschen Kasten. Mertesacker rettete mit dem Kopf gegen Tévez (53.), Lahm per Grätschschritt gegen Messi (54.), und zweimal (63., 65.) zeigte sich Neuer auf dem Posten. Nicht Manndeckung zog Messi den Zahn, sondern das geschickte kollektive Zusperren der Passwege. Zugleich verstand es die Mannschaft immer wieder, sich aus der Umklammerung des Gegners mit spielerischen Mitteln zu lösen und mit präzisen Zuspielen Gegenangriffe zu starten.

Ein solch schneller Angriff führte in der 67. Minute zu Thomas Müller. Mit dem Rücken zum Tor wurde er in Strafraumnähe von seinem Münchner Vereinskameraden Martin Demichelis gelegt. Anstatt über den ausbleibenden Pfiff des Schiedsrichters zu lamentieren, lenkte Müller auf dem Boden liegend den Ball mit seinen Spargelbeinen auf den durchlaufenden Podolski, der den in der Mitte nachrückenden

Weltfußballer Lionel Messi konnte im Viertelfinale keine entscheidenden Impulse geben, während Arne Friedrich erneut eine bärenstarke Leistung zeigte.

Der „emotionale Leader" Bastian Schweinsteiger spielte auch gegen Argentinien eine überragend Partie. Hier jubelt er nach dem 3:0, das er durch eine geniale Aktion vorbereitet hatte.

Klose in dessen 100. Länderspiel so mustergültig bediente, dass dieser mühelos zum 51. Mal für die Nationalelf einlochen konnte.

Maradonas Argentinien war eine zweigeteilte Mannschaft, die sich als Kollektiv wenig bewegte. Während sich der eine Teil fast ausschließlich um die Offensive kümmerte, beschränkte sich der andere auf die Defensive. Auch nach dem 0:2-Rückstand blieb die räumliche Distanz zwischen Angriff und Abwehr groß und verweilten die Argentinier mit zu vielen Spieler in ihrer eigenen Hälfte. So hing das Weltklassetrio Messi/Tévez/Higuaín häufig in der Luft und vergaß seinerseits, in der Defensive auszuhelfen.

In der 74. Minute sorgte Arne Friedrich mit seinem ersten Länderspieltor im 77. Länderspiel für die Entscheidung. Vorausgegangen war eine schöne Einzelaktion des besten Spielers auf dem Platz: Bastian Schweinsteiger spielte auf der linken Seite drei Argentinier aus und passte von der Grundlinie zurück auf den aufgerückten Innenverteidiger, der den Ball mit links ins Tor grätschte. In der 88. Minute dann die Demütigung für Maradonas Elf: Von links – an diesem Nachmittag fielen alle Tore über die linke Seite – bediente Özil mit einer Flanke Klose, der den Ball gefühlvoll volley in die linke Ecke setzte.

„Auf einem anderen Planeten"

Daheim wie im Ausland geriet man über die „neuen Deutschen" ins Schwärmen. Die *Frankfurter Allgemeine Sonntagszeitung:* „Man muss schon lange zurückdenken, wann eine deutsche Mannschaft zuletzt Spielkontrolle über eine Weltklassemannschaft erreichte. Und gleich zwei Spitzenteams hintereinander vom Platz fegte. Vielleicht gab es das noch nie. In den vergangenen Jahren mussten sich deutsche Teams bei solchen Gelegenheiten auf Kampfkraft, Willensstärke und Spielglück verlassen. Diesmal reichten die fußballerische Qualität und die Extraklasse des Bundestrainers für einen fast unglaublichen Triumph. Deutschland hat gegen Argentinien bewiesen, dass diese junge Mannschaft eine Weltklassemannschaft ist." In Frankreich wähnte *Le Parisien* die Deutschen „auf einem anderen Planeten. Ihre Spielweise schlägt alle Fußball-Liebhaber in ihren Bann." Und der schwedische *Expressen:* „Diese herrliche deutsche Mannschaft lässt das Schwere kinderleicht aussehen."

Die Deutschen zwangen den Trainer Diego Maradona zum Offenbarungseid. Mit dem Ergebnis, dass der Kaiser splitternackt war. „Spielkultur ist ohne Ordnung und Organisation nicht möglich. Man muss eine klare Strategie haben, wenn man offensiv spielen will. Sonst ist es ein völliges Durcheinander und endet im Chaos. Also: Ohne Ordnung keine Kreativität." So Maradonas Gegenüber Jogi Löw am Tag vor dem Argentinien-Spiel. Dies war genau der Unterschied zwischen den beiden Teams. Argentinien wirkte völlig unorganisiert, und bei der Positionierung seiner Spieler ließ sich Maradona mehr von Intuition denn Analyse leiten. So stellte er den Innenverteidiger Gabriel Heinze auf die linke Abwehrseite, wo seine Schnelligkeitsdefizite nicht zu kaschieren waren. „Weltfußballer" Lionel Messi sollte in Maradonas „System" eine hängende Spitze spielen, doch fehlten ihm Zuspieler wie Iniesta und Xavi bei Barcelona. Um sich Bälle zu holen, musste ein mit der Zeit frustrierter Messi in die eigene Hälfte rennen, wo ihn die Deutschen zu zweit oder zu dritt risikolos und fair attackieren konnten. Lionel Messi spielte ein ordentliches Turnier, aber halt nicht so gut wie im Trikot des FC Barcelona. Und mehr als eine „Alle Bälle zu Messi"-Strategie plus Stoßgebete gen Himmel hatte Maradona nicht zu bieten.

Die argentinische Tageszeitung *Clarin* kam zu dem Schluss, in Südafrika hätten die Spieler den Glauben an den Weihnachtsmann verloren: „Sie haben erlebt, dass Maradona keine göttliche Gestalt ist, sondern ein Mensch aus Fleisch und Knochen. Einer, der keinen Plan vom Spiel hat, keine Philosophie, keine Überzeugungen und keine Botschaften, um die Weltmeisterschaft zu gewinnen." Und *Olé*: „Die Weltmeisterschaft von Maradona und Messi endet mit einer Tracht Prügel. Es wird Jahre dauern, das zu vergessen. 20 Jahre, ohne unter die letzten Vier zu kommen. Und nun eine der schlimmsten Niederlagen der Geschichte."

Doch nicht wenige Argentinier wollten weiterhin an Maradona glauben: Zehntausende empfingen die Mannschaft am Flughafen von Buenos Aires, feierten Maradona und forderten ihn zum Weitermachen auf. Vergeblich: Gut drei Wochen nach dem schmählichen Aus wurde der Nationalheld entlassen.

Viertelfinale 4: Paraguay – Spanien 1:0

Der Europameister schlug Paraguay mit einer gewissen Portion Glück 1:0. Mehrfach verpassten die Südamerikaner die Chance zur Führung. In der 41. Minute wurde ein regelkonformer Treffer von Valdez wegen Abseits aberkannt. In der 59. Minute bekam Paraguay einen Strafstoß zugesprochen, doch Iker Casillas parierte den Schuss von Oscar Cardozo. Fast im Gegenzug holte David Villa einen Strafstoß für die *Selección* heraus. Xabi Alonso hämmerte den Ball in die Maschen, aber da seine Mitspieler zu früh in den Strafraum gelaufen waren, musste er noch einmal antreten – und scheiterte an Paraguays Keeper Justo Villar. So sahen die Zuschauer im Johannisburger Ellis Park zwar drei Elfmeter binnen drei Minuten, aber keinen Treffer. Dabei hätte Schiedsrichter Carlos Batres aus Guatemala sogar noch einen vierten Elfer geben können, denn nachdem Villar Alonsos Schuss pariert hatte, holte er Fàbregas regelwidrig von den Beinen.

Erst in der 83. Minute fiel die Entscheidung. Iniesta brach aus dem Kurzpassspiel aus, spurtete mit dem Ball am Fuß über den halben Platz und übergab an den eingewechselten Pedro, der zunächst den linken Pfosten traf. Von dort kam der Ball zu David Villa, der nun den rechten Pfosten malträtierte, von wo der Ball wieder zum linken Pfosten flog und schließlich ins Tor.

So richtig überzeugend war es nicht, was der Europameister bot – wohl aber ausreichend. Vicente del Bosque: „Das Beste an diesem Spiel war das Resultat."

Die Halbfinalspiele: Europa setzt sich durch

Halbfinale 1: Niederlande – Uruguay 3:2

Nach dem Viertelfinale war von den vier Südamerikanern nur noch Uruguay übrig geblieben. Wie schon 2006 fand das Halbfinale ohne die Fußballmächte Argentinien und Brasilien statt.

Das erste Halbfinale wurde in Kapstadt angepfiffen, wo am 6. April 1652 der Kommandant Jan van Riebeeck die holländische Besiedlung begonnen hatte.

Zehntausende *Oranjes* waren in der Tafelbucht gekommen, KNVB-Chef Henk Kesler erklärte ganz Kapstadt zum „Oranje Square". Ein Teil der Fans skandierte: „Die Kaap is Hollands vanaand" („Das Kap befindet sich in holländischer Hand"), ein uralter Song, der auf die burische Landnahme zurückging.

Die Niederlande waren die europäische Mannschaft mit dem größten Anhang in Südafrika. Dank der „Afrikaaner", der holländisch-stämmigen weißen Bürger des Landes, die nach dem Ausscheiden der *Bafana, Bafana* ihre Sympathien der *Elftal* schenkten – sofern sie dies nicht schon vorher getan hatten. Nadine Gordimer, Südafrikas weltweit bekannteste Schriftstellerin: „Vielleicht leben einige ihre Nostalgie im Fußball aus. Aber die meisten fühlen sich den Holländen einfach nahe, weil sie deren Sprache verstehen und das Team so erfolgreich ist."

Bert van Marwijk musste auf die gelbgesperrten de Jong und van der Wiel verzichten, Carlos Washington Tabárez auf den rotgesperrten „Aushilfstorwart" Suárez, womit Diego Forlán sein kongenialer Sturmpartner fehlte.

Vor 62.429 Zuschauern im tatsächlich ausverkauften Green Point Stadium brachte *Oranje*-Kapitän Giovanni van Bronkhorst sein Team in der 18. Minute mit einem Traumschuss aus knapp 38 Metern in Führung. Die Niederländer kontrollierten das Spiel, taten dabei aber nicht mehr als nötig. Was sich rächte, denn einige Minuten vor dem Halbzeitpfiff gelang den „Urus" der überraschende Ausgleich, als der bis dahin völlig abgemeldete Forlán mit einem Hammer aus 25 Metern Stekelenburg bezwang, wobei der Torwart zum ersten Mal bei diesem Turnier keine gute Figur machte.

Zur zweiten Halbzeit verstärkte van Marwijk seine Offensive durch die Hereinnahme von Raphael van der Vaart für den defensiven de Zeeuw. Doch zunächst setzte die *Celeste* ein Zeichen. Einen 28-Meter-Freistoß von Forlán konnte Stekelenburg noch gerade aus dem unteren Eck fischen. Fast im Gegenzug scheiterte van der Vaart an Muslera.

Ein Doppelschlag der *Oranje*-Superstars Sneijder (70.) und Robben (73.) brachte die *Elftal* erneut auf die Siegerstraße. Bei Sneijders abgefälschtem Schuss zum 2:1 stand van Persie mit einem Bein im Abseits und irritierte dadurch wohl Keeper Muslera. Die Bank der Niederländer feierte bereits den Finaleinzug, da jagte Pereira der *Elftal* und ihrem Anhang in der zweiten Minute der Nachspielzeit noch einmal einen gehörigen Schrecken ein, als sein verdeckter Schuss Stekelenburg zum 2:3-Anschlusstreffer passierte. Drei Minuten waren angezeigt, doch Schiedsrichter Ravshan Irmatov ließ deren fünf nachspielen, in denen Oranje noch mächtig ins Schwimmen geriet, bevor man den ersten Einzug ins WM-Finale seit 32 Jahren feiern durfte.

In einem insgesamt wenig überzeugenden Spiel präsentierten sich die Niederlande deutlich schwächer als in der zweiten Halbzeit gegen Brasilien. Mark van Bommel: „Es war heute nicht alles super, aber wir stehen im Finale." Daheim schrieb *De Volkskrant:* „Optimale Belohnung für Resultat-Fußball. Die niederländische Elftal hat den Resultat-Fußball zu einer bizarren Form moderner Kunst erhoben. Das Oranje-Team von Bert van Marwijk ist ein wunderbares Potpourri aus Marotten, individueller Klasse, Flauten, unvergleichlichen Toren, Fehlern, Ärgernissen und Kampfeslust. Schöner Fußball ist aber offensichtlich nicht mehr nötig, um ins WM-Finale zu kommen."

◆ **Fußballstaat Uruguay**

Gemessen an seiner Einwohnerzahl (3,5 Millionen) ist die WM-Bilanz des kleinsten spanischsprachigen Staates Südamerikas beachtlich: Von 19 WM-Turnieren bestritt Uruguay elf. Zweimal (1934, 1938) verzichtete Uruguay auf eine Teilnahme, sechsmal verfehlte man die Qualifikation. Fünfmal, also bei nahezu jeder zweiten Teilnahme, kam die *Celeste* unter die letzten Vier. 1930 und 1950 wurde sie Weltmeister; 1954, 1970 und 2010 jeweils Vierter. In Lateinamerika können nur Rekordweltmeister Brasilien und Argentinien eine bessere WM-Bilanz aufweisen.

Das *Celeste*-Trikot schmücken vier Sterne: zwei für die beiden WM-Titel und zwei für die Siege bei den Olympischen Fußballturnieren in Paris 1924 und Amsterdam 1928.

Da damals noch keine WM ausgetragen wurde, weist der uruguayische Fußballverband den beiden Olympiasiegen denselben Stellenwert zu wie WM-Titeln.

Halbfinale 2: Deutschland – Spanien 0:1

„Das wird eine sehr schöne Schlacht." So prophezeite es Spaniens Andrés Iniesta vor der Neuauflage des EM-Finales von 2008. Dass der geniale Passspieler eine *schöne* Schlacht erwartete, war ein Kompliment an das DFB-Team. In Durban trafen die beiden Teams aufeinander, die bis dahin den offensivsten und schönsten Fußball gespielt hatten. So grandios wie bei der EM 2008 hatte der Europameister in Südafrika allerdings noch nicht aufgespielt. Doch gegen die Deutschen sollte sich dies ändern. Die

Selección, die mit gleich sechs Spielern des FC Barcelona auflief (Pedro erhielt den Vorzug gegenüber Torres), zeigte ihr bestes Spiel bei diesem Turnier, gewann verdient mit 1:0 und zog erstmals in das Finale einer WM ein.

Im DFB-Team musste der Hamburger Piotr Trochowski den gesperrten Thomas Müller ersetzen. Der deutsche Shooting-Star hatte gegen Argentinien eine völlig unberechtigte gelb-rote Karte kassiert, als ihm der Ball aus kurzer Distanz an den Arm gesprungen war.

Eingeschüchtert von den schnell spürbaren spanischen Qualitäten, zogen sich die Deutschen fast komplett in die eigene Hälfte zurück. Die Spanier kombinierten nach Herzenslust, aber echte Torchancen blieben Mangelware. In der 7. Minute tauchte David Villa frei vor dem deutschen Tor auf, scheiterte aber am rechtzeitig herauslaufenden Manuel Neuer. Sieben Minuten später setzte Abwehrrecke Carles Puyol einen Kopfball übers deutsche Tor. Spanien war zwar deutlich überlegen, aber die Deutschen verteidigten gut und sauber, wodurch sie gegnerische Freistöße vermieden. Nach vorne lief allerdings kaum etwas. Unter dem Druck des dominanten spanischen Mittelfelds fiel das DFB-Team in alte Muster zurück, spielte mehr quer als steil und – entgegen der ursprünglichen Ankündigung – defensiv. Trotzdem musste Cassilas etwas öfter eingreifen als sein Gegenüber Neuer. In der 32. Minute parierte der Keeper einen strammen 20-Meter-Schuss Trochowskis zur Ecke. Kurz vor dem Halbzeitpfiff hatte Mesut Özil freie Bahn auf Spaniens Tor, wurde aber von Sergio Ramos noch gestoppt. Die deutsche Bank forderte einen Strafstoß, doch der ungarische Unparteiische Viktor Kassai entschied auf „Weiterspielen" und lag damit richtig.

Torlos ging es in die Kabinen. Nach dem Wiederanpfiff suchten die Spanier schneller den Abschluss. Doch Xavi, Alonso und Villa zielten daneben, ein von Iniesta quer vor das Tor gespielter Ball wurde von Villa knapp verpasst, und Pedro und Iniesta fanden im guten Manuel Neuer ihren Meister.

Seit der 52. Minute stand Marcel Jansen für Boateng auf dem Platz, wodurch das deutsche Spiel auf der linken Seite, wo Podolski bis dahin kaum Unterstützung erhalten hatte, etwas lebendiger geworden war. Auch Toni Kroos, in der 69. Minute für Trochowski gekommen, belebte das Spiel und erhielt bald die größte Chance der Deutschen im gesamten Spiel. Von Podolski mustergültig bedient, scheiterte er mit seiner Direktabnahme am großartig parierenden Iker Casillas.

Das Siegtor fiel nicht „spanisch", sondern „alt-deutsch". In der 73. Minute schlug Xavi einen Eckball vors deutsche Tor. Aus dem Rückraum kam der robuste Carles Puyol angeflogen und wuchtete den Ball aus elf Metern per Kopf ins deutsche Tor – für Neuer gab es nichts zu halten. Die Spanier zogen sich nun zurück und setzten auf schnelle Konter. Den besten vertändelte Pedro frei vor Neuer, woraufhin del Bosque den kleinen Barça-Stürmer vorzeitig zum Duschen schickte. Die Deutschen warfen nun alles nach vorne, brachten mit dem spanischstämmigen Gomez einen weiteren Stürmer, doch so richtig in Gefahr geriet Spaniens Abwehr nicht mehr.

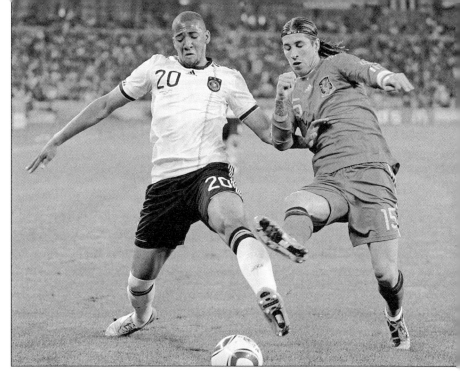

Im Halbfinale hatten die Deutschen dem spanischen Kurzpass-Wirbel wenig entgegenzusetzen. Jerome Boatengs Miene drückt es aus: wieder einmal (hier gegen Sergio Ramos) zu spät gekommen …

Trost für den Untröstlichen: Carles Puyol versucht nach dem Match, Bastian Schweinsteiger aufzurichten.

„Deutschland war unterlegener, als wir das alle erwartet haben", befand Vicente del Bosque. Fußballromantiker Xavi, mit Partner Iniesta der überragende Mann auf dem Platz, erinnerte daran, was diese *Selección* neben ihren Siegen noch auszeichnete: ästhetischer Fußball. „Wenn man auf diese Art und Weise gewinnt, ist die Freude am Ende umso größer."

Trotz der drückenden Überlegenheit der Spanier: Gegenüber der EM 2008 waren die Deutschen ihrem erklärten Vorbild Spanien ein kleines Stückchen näher gekommen.

„Kleines Finale": Deutschland als „Sympathie-Weltmeister"

Als Uruguay letztmals unter die letzten Vier einzog, 1970 in Mexiko, hieß sein Gegner ebenfalls Deutschland. Damals gewannen die Deutschen mit 1:0. 40 Jahre später wollte es die *Celeste* besser machen. Beim DFB-Team saß der Frust über die Halbfinalniederlage extrem tief – was in Anbetracht der geringen Erwartungen, die die Spieler nach Südafrika begleitet hatten, ein wenig überraschte. Angesichts der großartigen Vorstellungen gegen England und Argentinien waren der Ehrgeiz und das Selbstbewusstsein des Teams allerdings deutlich gewachsen. Dennoch motivierte man sich noch einmal für den letzten Auftritt in Südafrika, und dadurch wurde das kleine Finale eines der unterhaltsamsten Spiele dieser WM.

Für Manuel Neuer stand der 36-jährige Jörg Butt im Tor. Miroslav Klose musste ebenso pausieren wie Philipp Lahm, für den Bastian Schweinsteiger die Kapitänsbinde trug. Zurück im Team war Thomas Müller. Bei Uruguay stürmte Luis Suárez wieder neben Diego Forlán.

In der 19. Minute konnte Müller zum 1:0 für die Deutschen abstauben, nachdem der schwache Fernando Muslera einen Fernschuss Schweinsteigers nur abklatschen ließ. In einem seiner wenigen schwachen Momente verlor Schweinsteiger neun Minuten später im Mittelfeld den Ball. Den folgenden schnellen Konter schloss Edinson Cavani zum 1:1 ab.

Nach der Pause wurde das Spiel offener, beide Teams legten nun endgültig ihre taktischen Fesseln ab. In der 51. Minute setzte sich Arévalo Ríos auf der rechten Seite durch. Seine Flanke wurde von Forlán volley genommen, und der hohe Aufsetzer flog zum 2:1 ins Netz. Doch das DFB-Team bewies auch in diesem scheinbar bedeutungslosen Spiel Willen, Moral und Kampfkraft. Nur fünf Minuten nach der uruguayischen Führung gelang Marcel Jansen per Kopf der Ausgleich, nachdem Muslera an einer Flanke Boatengs vorbeigesegelt war. In der 63. Minute parierte Butt einen 20-Meter-Schuss des umtriebigen und kaum zu greifenden Suárez – es war nicht die einzige Glanztat des Torwart-Oldies. Die Deutschen setzten nun die zusehends müder wirkende *Celeste* unter Druck. Insbesondere der eingewechselte Stefan Kießling sorgte immer wieder für Gefahr vor dem Tor von Muslera. In der 82. Minute köpfte Khedira einen Querschläger überlegt über Uruguays Keeper hinweg zum 3:2 ins lange Eck. Als der später zum besten Spieler des Turniers gekürte Diego Forlán in der 93. Minute mit einem Freistoß nur die Latte traf, war die Bronzemedaille für das DFB-Team perfekt. Das schwedische *Aftonbladet* kürte die deutschen Kicker zu „Sympathie-Weltmeistern." Der WM-Dritte von 2010 war zweifelsohne stärker als der von 2006.

Diego Forlán, der später zum Spieler des Turniers gewählt wurde, spielte auch im „kleinen Finale" eine starke Partie. Hier wird er verfolgt von Sami Khedira und Bastian Schweinsteiger.

Gelungener Abschluss eines Turniers, bei dem ein junges deutsches Team die Fußballwelt begeisterte: Nach dem Erreichen des dritten Platzes wird gefeiert.

Das Finale: „Johan Cruyffs Evangelium"

Es war, als hätten höhere Mächte dieses Aufeinandertreffen arrangiert. Als Dank an Johan Cruyff, den König des Spiels, der sowohl die Fußballkultur Spaniens wie die der Niederlande maßgeblich beeinflusst hatte. Für das Magazin *11 Freunde* war Cruyff der „Übervater der WM" und „Trainer aller Trainer". Dem niederländischen Schriftsteller Cees Nooteboom fiel auf, „dass die drei besten Mannschaften dieser WM, also Deutschland, Spanien und die Niederlande, allesamt eine Schule repräsentieren. Ich nenne das Johan Cruyffs Evangelium."

Im Kader von *Selección* und *Elftal* standen insgesamt 20 Spieler, die in den Akademien von Ajax Amsterdam („De Toekomst") oder des FC Barcelona („La Masia"), den beiden „Universitäten des Passspiels" (Simon Kuper), ausgebildet wurden. Beide Einrichtungen gingen auf Johan Cruyff zurück. Die *Frankfurter Allgemeine Zeitung* in ihrer Vorschau auf das Finale: „Es wird erstmals ein Land belohnt, das durch Bildung triumphiert: durch Stilbildung und Ausbildung. Die Fußballschulen von Amsterdam und Barcelona haben im Vergleich zur Bevölkerungszahl ihrer Länder die weltweit höchste Zahl an Weltklassefußballern hervorgebracht."

Als Final-Motto wählten die Spanier einen Ausspruch Cruyffs, mit dem dieser als Trainer von Ajax Amsterdam sein Team vor einem Spiel gegen einen als schwächer geltenden Gegner gewarnt hatte: „Die können gegen uns nicht gewinnen, aber wir können gegen sie verlieren."

Der Vielzitierte selbst äußerte sich vor dem Endspiel diplomatisch: „Ich kann um kein attraktiveres Finale bitten. Wie es auch immer ausgeht, ich gewinne, weil ich Holländer bin und weil ich auf der anderen Seite in Spanien einen ähnlichen Fußball sehe, wie wir ihn spielten, den Fußball von 1974, den danach Barça kopiert hat, der den Ball zum Freund hat und die Maxime, ihn immer zu verteidigen, damit ihn nicht der Gegner bekommen kann." „König Johan" machte aber keinen Hehl daraus, für wen sein Herz schlug: „Ich bin Niederländer, aber ich unterstütze den Fußball, den Spanien spielt. Diese Kopie Barcelonas namens Spanien ist die beste Werbung für den Fußball."

Es folgte ein Streit ums Urheberrecht. Fernando Hierro, Andalusier und Sportdirektor des Verbandes, bemühte sich, den Stil der *Selección* als „spanischen" zu verkaufen. Hierro wollte damit unterstreichen, dass die einst zerstrittene „Vielvölker-Nationalelf" zu einer Einheit zusammengewachsen sei. Cruyff: „Ich will nicht polemisieren, schon gar nicht gegen Fernando Hierro. Aber so leid es mir tut, der Stil von Spanien ist der von Barcelona." Womit er zwar Recht hatte, aber ein gewisser Einfluss Madrids und Valencias, der den „Barça-Stil" mit einem Schuss Pragmatismus versah, war auch nicht zu leugnen.

Im Finale attackierten die Niederlande überhart gegen die spanischen Ballkünstler – auch gegen Iniesta, der im gesamten Turnier der am meisten gefoulte Spieler war. Obwohl der englische Referee Howard Webb mindestens zweimal die eigentlich fällige Rote Karte stecken ließ, beschwerten sich Wesley Sneijder und Joris Mathijsen vehement über die Schiedsrichterentscheidungen.

„Gewinnen – egal, wie"

„Das Ding muss gewonnen werden, egal wie", verkündete Mark van Bommel vor dem Anpfiff. Entsprechend ging die *Elftal* zur Sache. Aus Deutschlands Halbfinal-Niederlage hatte man vor allem die Lehre gezogen, den Spaniern „körperlicher" zu begegnen. Das Spiel der Niederländer, die deutlich weniger tief standen als das DFB-Team gegen Spanien, war primär darauf angelegt, den spanischen Spielfluss zu zerstören. Dabei hatte man wohl darauf spekuliert, dass mit dem Engländer Howard Webb ein Mann das Spiel pfiff, der aus dem englischen Fußball einiges an „Zweikampfhärte" gewohnt war und das Spiel eher laufen ließ.

Doch auch Webb kam nicht umhin, das Spiel in 120 Minuten 47-mal zu unterbrechen und 14 Verwarnungen auszusprechen – Rekord für ein WM-Finale. Dabei war der Engländer sogar noch zu milde: Als Mark van Bommel sein Gegenüber Andrés Iniesta im Tiefflug niedermähte, wäre dies eine rote Karte wert gewesen; Nigel de Jongs Kung-Fu-Tritt gegen Xabi Alonsos Brust war sogar „tiefrot". Bei den Niederländern hatten am Ende acht Spieler den gelben Karton gesehen, Heitinga gleich zweimal. Die Spanier ließen sich anstecken und kassierten fünfmal „Gelb", zumeist allerdings für vergleichsweise harmlosere Fouls.

Fußball wurde auch noch gespielt. Die erste große Chance besaß Spaniens offensiver Rechtsverteidiger Sergio Ramos, der in der 5. Minute mit einem Kopfball aus kurzer Distanz am glänzend parierenden Stekelenburg scheiterte. Die Spanier machten in der Anfangsphase mächtig Dampf, bis die Niederländer dazwischendroschen und diejenigen, die eigentlich wollten, nicht mehr konnten.

Torlos ging es in die Pause. Nach dem Wiederanpfiff bot sich zunächst das gleiche Bild. Die *Selección* versuchte ihr Spiel aufzuziehen, die *Elftal* begnügte sich mit dessen Zerstörung: statt „voetbal totaal" „voetbal brutaal". Spanien besaß zwar mehr Spielanteile und Ballbesitz, wurde aber nur selten torgefährlich – was ihm fast zum Verhängnis wurde. In der 61. Minute hebelte Wesley Sneijder mit einem Steilpass die an diesem Tag anfällige spanische Defensive aus. Arjen Robben rannte mit dem Ball aufs Tor zu, doch Iker Casillas rettete mit dem Fuß. Der Kapitän, der zu Beginn des Turniers einige Unsicherheiten erkennen ließ, hatte sich von Spiel zu Spiel gesteigert und war seit dem Viertelfinale ein großer Rückhalt für sein Team.

In der 70. Minute vergab Villa auf der anderen Seite eine große Chance. In der Schlussphase strebte Robben erneut dem spanischen Tor zu. Pujol zerrte den pfeilschnellen Niederländer noch vor der Strafraumgrenze am Trikot, und hätte sich der Attackierte fallen lassen, wäre der „notbremsende" Katalane möglicherweise vom Platz geflogen. Doch Robben hielt sich auf den Beinen, taumelte Casillas entgegen, der ihm den Ball wegschnappte. Beinahe wäre in der Nachspielzeit noch die Entscheidung gefallen, doch in der 92. Minute versagte Webb den Spaniern nach einem Foul Heitingas gegen Xavi einen Strafstoß.

So musste die Begegnung in die Verlängerung. Weiterhin dominierten die Iberer, nun auch in puncto Torgefahr. Dank Cesc Fàbregas, der in der 87. Minute für

Arjen Robben, einer der Besten der Elftal, scheitert am überragenden spanischen Torhüter Iker Casillas.

Xabi Alonso hereingekommen war – als siebter Absolvent von Barcelonas „La Masia". Fàbregas besaß auch die erste Großchance. In der 109. Minute kassierte Heitinga nach wiederholtem Foulspiel Gelb-Rot. Sieben Minuten später erlöste Iniesta endlich die Spanier und wohl auch die meisten der Milliarden Zuschauer weltweit: Nach Vorarbeit von Fàbregas überwand er Stekelenburg mit einem Rechtsschuss ins lange Eck.

Iniestas Tor zerstörte van Marwijks Hoffnung, sich in ein Elfmeterschießen zu retten („Ich hatte das Gefühl, dass wir es im Elfmeterschießen mit einem fantastischen Torwart schaffen"). Der Bondscoach bestätigte damit nur, dass die „neuen Niederlande" viel vom „alten Deutschland" hatten.

Die Niederländer hatten erstmals seit 25 Spielen und zehn Siegen in Folge wieder verloren. Die Unterlegenen haderten mit dem Schiedsrichter, der u.a. Pujols Attacke gegen Robben und bereits kurz zuvor einen Rempler Iniestas gegen van Bommel übersehen hätte, vergaßen dabei aber die noch weitaus rotwürdigeren Vergehen ihres Sechser-Duos van Bommel und de Jong. Auch hatte Webb ein vermeintliches Foul an Elia nicht geahndet und der *Elftal* einen klaren Eckstoß verweigert. Der ansonsten so nüchterne van Marwijk verstieg sich gar zu der Behauptung: „Der Mann war auf Spaniens Seite." Für Webb, der in der Tat keinen guten Tag erwischt hatte, beinhaltete das Spiel „die schwersten Momente meiner Laufbahn, die man am besten mit einem Höllenritt beschreiben kann, der zwei Stunden dauerte".

Am Ende zeigten die Verlierer doch noch Größe: Als die Spanier mit der Goldmedaille um den Hals von der Tribüne aufs Feld zurückkehrten, bildeten Spieler, Trainer und der medizinische Betreuungsstab ein Spalier für die Sieger.

„Visca Espanya"

Der neutrale Beobachter durfte gottfroh sein, dass der Sieger Spanien hieß. In England seufzte die *Times* erleichtert: „Der Abend, an dem der gute Name des niederländischen Fußballs von einem Rüpel-Auftritt beschmutzt wurde, ging gerecht aus." Im *Tagesspiegel* schrieb Stefan Hermanns über den Auftritt der *Elftal*, zum ersten Mal sei die „Sehnsucht nach Erfolg größer als der Stolz auf das eigene Erbe" gewesen; im Finale habe diese Sehnsucht dann „ihre endgültige Pervertierung" erfahren.

Gut für den Fußball war es allemal, dass das offensivere, kreativere und spielfreudigere Team gewonnen hatte. Die *Elftal* erfuhr eine Umkehrung des Finales von 1974 – erneut zu ihren Ungunsten. *De Telegraaf*: „1974 waren wir die Besten. 1978 waren wir die Besseren. 2010 waren wir nicht gut genug."

De Volkskrant mokierte sich über eine Mannschaft, „die zu selten das Angriffsspiel sehen ließ, auf das Holland das Patentrezept besitzt." Und gab zugleich die Zerrissenheit der niederländischen Seele preis: Der Bondscoach könne zwar stolz auf sein Werk sein, möge aber bitte „zu einer reineren Form des Fußballs" zurückkehren. Das *NRC Handesblad* diagnostizierte, der niederländische Fußball habe bei der WM „einen Imageschaden verursacht. Brutales Spiel ist Anti-Reklame für Oranje."

Und natürlich meldete sich auch „König Johan" zu Wort. Aus Katalonien ließ er über sein Hausblatt *El Periodico* wissen, das Spiel seiner Landsleute sei „hässlich, vulgär, hart, destruktiv und unansehnlich" gewesen. Es täte ihm leid, „dass Holland diesen Weg gewählt hat, ich hasse diese Art von Fußball."

Die teilweise heftigen Reaktionen – ein Blogger taufte Mark van Rommel sogar Mark van Rommel – dokumentierten, wie sehr der „schöne und attraktive Fußball" seit den Tagen des Spielers Johan Cruyff Teil der niederländischen Identität geworden war – auch und gerade in Abgrenzung zum großen deutschen Nachbar. So ganz gerecht wurde die Kritik van Marwik und seiner *Elftal* nicht, und viele *Oranje*-Fans sahen es auch nicht so streng: Zwei Tage nach dem Finale wurde der Vizeweltmeister in Amsterdam von mehr als einer Million Menschen gefeiert.

Mit Spanien gewann erstmals ein europäisches Land den WM-Titel auf einem fremden Kontinent. Auch wenn die Spanier das Turnier mit einer (unverdienten) Niederlage begannen – als erster Weltmeister überhaupt in der WM-Geschichte – und

Verdiente Sieger: Spanien feiert den WM-Gewinn 2010.

nicht immer überzeugten: Den Titel eines Weltmeisters hatte sich diese Mannschaft mehr als verdient. Seit dem 2. Februar 2007 hatte Spanien von 55 Länderspielen nur zwei verloren. 51-mal verließ die *Selección* als Sieger den Platz.

Obwohl der neue Weltmeister die Offensive suchte, kam er in sieben Spielen auf lediglich acht Tore, ließ aber auch nur zwei zu. Niemals zuvor war eine Mannschaft mit so wenigen Toren Weltmeister geworden, und nur zweimal hatte ein Weltmeister genauso wenig Tore kassiert (Frankreich 1998, Italien 2006). 1,14 geschossene Tore pro Spiel bedeuteten einen neuen Negativrekord für einen Weltmeister, den bis dahin Brasilien (1994: 1,57) gehalten hatte. Der Gruppenphase ließ Spanien vier 1:0-Siege zum Titel folgen. Deutschland, die positivste Überraschung des Turniers, hatte mit 16 Treffern doppelt so viele erzielt wie der neue Champion.

Trotzdem war der neue Weltmeister keine abwartend und defensiv agierende Mannschaft, obwohl die famose Abwehrarbeit der *Selección*, die es ebenfalls nicht an Ästhetik vermissen ließ, ein Garant ihres Erfolges war. Die geringe Torausbeute war nicht nur der defensiven Einstellung vieler Gegner geschuldet. Die *Selección* erweckte zuweilen den Eindruck, als sei ihr der pure Ballbesitz wichtiger als der erfolgreiche Torabschluss. Zur mageren spanischen Torausbeute passte, dass mit nur 2,27 Toren pro WM-Spiel insgesamt ein neuer Minusrekord aufgestellt wurde. Über 90 Minuten gut verteidigen konnten mittlerweile auch die „Kleinen", wie insbesondere das Beispiel Neuseeland demonstrierte.

Respekt für den Gegner

Dennoch konnte man sich an weniger attraktive und defensiver geprägte WM-Turniere erinnern. Und am Ende triumphierte der schönere und attraktivere Fußball. Dies lag vielleicht auch am Charakter der *Selección*. Zu deren Tugenden zählten Demut und Bescheidenheit. Das Team begegnete seinen Gegnern zwar furchtlos, aber niemals überheblich, sondern mit Respekt. Spieler wie Xavi oder Iniesta repräsentierten ein starkes Kontrastprogramm zu den Glamour-Boys à la Ronaldo. Eine der Erkenntnisse der WM lautete, dass die Ausnahmekönner bei diesem Turnier nur dann reüssieren können, wenn sie Teil einer stabilen Teamstruktur sind.

Innerspanisch war der Titelgewinn eine Ohrfeige für Real Madrid und Florentino Perez. Nicht wegen des starken katalanischen Inputs – von den 14 im Finale eingesetzten Spielern waren sieben in Katalonien geboren, und acht waren aktuelle, ehemalige oder zukünftige Barça-Akteure. Sondern weil der Erfolg dieser *Selección* (wie der des FC Barcelona) auf einer guten Ausbildung basierte.

Spanien bereitete seiner Selección einen rauschenden Empfang. „Willkommen in einem glücklicheren Land", hieß es auf einem Transparent, das die Spieler am Flughafen in Madrid begrüßte. In der Hauptstadt selbst säumten zweieinhalb Millionen Menschen die Straßen beim Triumphzug des Teams.

Dass Pujol und Xavi im Soccer City Stadium ihre Ehrenrunde mit der Fahne Kataloniens gedreht hatten, nur einen Tag, nachdem in Barcelona Hunderttausende unter dem Motto „Adieu Espanya" für katalanische Unabhängigkeit demonstriert hatten, wurde von Madrids Presse ungewohnt gelassen kommentiert – wenn überhaupt. Die rechtskonservative Tageszeitung *ABC* sah kein Problem im Nebeneinander von spanischer Fahne und *Senyera*: „Das hat sich bei dieser Weltmeisterschaft gezeigt. Nie war Spanien so geeint." Schon nach dem Halbfinale hatte Madrids Presse bis dahin unbekannte Sympathien für die Katalanen erkennen lassen: „Visca Espana" titelte die Sportzeitung *As,* nachdem der Katalane und Barça-Kapitän Carles Puyol die *Selección* ins Finale geköpft hatte. „Visca" ist die katalanische Version von „Viva".

In Barcelona, wo das Interesse an der *Selección* bei vergangenen Turnieren eher gering war, hatte die Stadtverwaltung erstmals anlässlich eines Spiels der Nationalelf eine Großleinwand aufstellen lassen. Von vielen Balkonen hing sowohl die spanische wie die katalanische Fahne herunter. Und durch die Straßen hallte es wie eine Kompromissformel: „Visca Espanya, Catalunya i el Barça!"

Stimmungsvoller Abschluss eines insgesamt gelungenen Turniers, das bewiesen hatte: Afrika ist in der Lage, ein globales Sportereignis zu organisieren. Man sieht sich wieder – 2014 in Brasilien.

Ein komischer Ball, schwache Schiedsrichter und ein Sieg des „schönen Spiels"

Als Sieger durfte sich auch Gastgeber Südafrika fühlen. Allen Unkenrufen zum Trotz hatte sich das Land der Austragung des Turniers als absolut würdig erwiesen.

Für die Defizite dieser WM waren nicht die Gastgeber verantwortlich, sondern die FIFA. Dies begann mit der Politik der Ticketingagentur „Match", deren überteuerte Preispolitik in den Stadien viele leere Sitze hinterließ. Der offizielle WM-Ball „Jabulana" des FIFA-Partners Adidas sollte wohl für mehr Tore sorgen, bewirkte aber das Gegenteil. Auffällig viele Freistöße und Distanzschüsse landeten im Nirwana. Die Feldspieler hatten mit dem eigenwilligen Spielgerät noch größere Probleme als die Torhüter.

In negativer Erinnerung blieben aber vor allem die schwachen und uneinheitlichen Leistungen der Schiedsrichter in zu vielen der 64 Spiele. Christof Siemes in der *Zeit*: „Wahrhaft Geschichte schreibst bei dieser WM eine andere Spezies: die der Schiedsrichter. Natürlich gab es auch bei früheren Turnieren kapitale Fehlentscheidungen, aber nie haben sie derart die Atmosphäre einer WM bestimmt."

Noch nie hatten die Leistungen der kleinen und der großen Mannschaften so dicht beieinander gelegen. Die Teams neutralisierten sich, weshalb „eine einzige Fehlentscheidung des Schiedsrichters ein ausgeglichenes Spiel unwiderruflich kippt. In diese Hochgeschwindigkeitsphilosophie schickt die FIFA ihre Unparteiischen nur mit einer Pfeife bewaffnet. Dabei überfordert die Perfektion, mit der ganze Mannschaftsteile in Sekundenbruchteilen synchron die Position wechseln, selbst die im ‚peripheren Sehen' eigens geschulten Referees. Technische Hilfsmittel wie der Videobeweis sind jedoch nach wie vor verboten, während der Fernsehzuschauer jeden Regelverstoß in exzessiven Zeitlupen nachgereicht bekommt. So macht der Weltfußballverband seine Schiedsrichter vor einem Milliardenpublikum zu Deppen. (…) Wenn das so weitergeht, pfeift die zweitgrößte Sportveranstaltung der Welt bald auf dem letzten Loch."

In taktischer Hinsicht fiel bei dieser WM vor allem die Hinwendung zur „Doppelsechs" ins Auge, zu zwei zentralen Mittelfeldspielern, die auf einer Höhe operierten und defensive wie offensive Aufgaben wahrnahmen. Bei den Deutschen waren dies Schweinsteiger und Khedira, bei den Niederländern de Jong und van Bommel. Spanien entschied sich für eine mittlere Lösung. Die EM 2008 hatte man noch mit nur einem Sechser gewonnen (Senna), bei der WM spielten nun Busquets und Alonso wie „einenhalb Sechser". Auch bedingt durch die Spielweise Xavis, der sich häufig die Bälle „tiefer" holte und somit wie eine „Sechs" agierte. In der Offensive war eine Tendenz zum „Großraumstürmer" zu beobachten, der im 4-2-3-1 im linken oder rechten Mittelfeld begann, beim Angriff dieses System in ein 4-3-3 verwandelte und von der Außenbahn nach innen drängte.

Trotz eines schwachen Starts war es alles in allem eine ordentliche und erinnerungswürdige WM. Die beste Message des Turniers formulierte Albert Benaiges, Jugendkoordinator des FC Barcelona, so: „Ich habe durch die WM die Hoffnung, dass sich in Zukunft ein kreativer und anmutiger Fußball durchsetzen wird. Ein Fußball, der die Zuschauer ins Stadion lockt und nicht auf das pure Resultat aus ist. Barcelona, Spanien und auch Deutschland haben gezeigt, dass man auch mit schönem Spiel erfolgreich sein kann. Die vorherrschende Meinung war ja immer, dass man nur mit einer knallharten Defensive die großen Titel gewinnen kann. Zum Glück ist diese These nun widerlegt."

◆ **Spieler des Turniers**

Zum besten Spieler des Turniers („Goldener Ball") wurde Uruguays Star Diego Forlán gewählt. Den „Goldenen Schuh" für den besten Torschützen erhielt Thomas Müller, der wie Forlán, Wesley Sneijder und David Villa fünf Tore erzielt, aber mehr Vorlagen gegeben hatte. Der Deutsche wurde auch zum besten Nachwuchsspieler des Turniers gewählt. Zum WM-Titel erhielt das spanische Team auch noch das Prädikat der fairsten Mannschaft des Turniers (das sie sich 2006 noch mit Brasilien geteilt hatte). Dazu passte, dass Iniesta der mit Abstand am meisten gefoulte Spieler des Turniers war. 26-mal wurde er unfair angegangen.

Anhang: Namen & Daten

Vier Treffer bei der WM 2010: Mit insgesamt 14 Toren teilt sich Klose nun Platz zwei mit Gerd Müller in der Rangliste der erfolgreichsten WM-Torschützen, einen Treffer hinter Ronaldo.

WM-Lexikon

Stichtag: 31.7.2010

Spieler, Trainer, Funktionäre

Ademir (geb. 8.11.1922)
„Das Kinn", wie der hochgewachsene und athletische Spieler auch genannt wurde, war der herausragende Stürmer des WM-Turniers 1950. Der Brasilianer, dessen eigentlicher Name Marques de Menezes lautet, dürfte zu dieser Zeit auch der teuerste Kicker Südamerikas gewesen sein. Sein monatliches Einkommen bei Vasco da Gama wurde auf 50.000 Cruzeiros geschätzt. Seine Stärken waren Schnelligkeit, überragende Technik, ein ausgeprägter Torinstinkt und eine ausgefeilte Schusstechnik. Ademir stammte aus Recife und spielte später für Pernambuco, Fluminense und Vasco da Gama. Nach Beendigung seiner Karriere arbeitete er als Journalist.
◆ 39 Länderspiele (32 Tore) für Brasilien. WM-Teilnehmer 1950. Vize-Weltmeister 1950. WM-Torschützenkönig 1950 (9 Treffer).

Andrade, José Leandro
(geb. 20.11.1898, gest. 5.10.1957)
Der Ballartist begann seine Karriere bei Bella Vista. Anschließend spielte er für die beiden großen Montevideo-Klubs Nacional und Penarol. Mit seiner gewandten und durchtriebenen Spielweise wurde  Andrade zum Regisseur der Nationalmannschaft Uruguays, die 1924 und 1928 olympisches Gold sowie 1930 den ersten World Cup holte. Andrade wurde in diesen Jahren für die Europäer zum Repräsentanten des südamerikanischen Fußballs schlechthin. Den Europäern erzählte er, die Uruguayer würden Dribblings trainieren, indem sie im Zickzack flüchtenden Hühnern nachjagten, was die faszinierte Sportpresse des alten Kontinents glatt glaubte. Andrade war außerdem Kopf einer Musik- und Tanzgruppe mit dem Namen „Die armen Neger Kubas". Der gelernte Musiker und Tango-Tänzer trat während und nach seiner Karriere u.a. in Pariser Nachtclubs und Varietés auf, wo er ebenso gefeiert wurde wie im Stadion. 1957 verstarb Andrade mittellos in einem Armenhaus von Montevideo.
◆ 31 Länderspiele für Uruguay, WM-Teilnehmer 1930, Weltmeister 1930.

Ardiles, Osvaldo Carlos (geb. 3.8.1952)
Der aus dem argentinischen Tetezca stammende Mittelfeldspieler war eine der wichtigsten Größen im Weltmeisterteam von 1978. Nach der WM 1978 verdingte er sich bei verschiedenen europäischen Klubs, so u.a. Tottenham Hotspur und Paris St. Germain. Ardiles brach sich während seiner Spielerkarriere dreimal das rechte Bein.
◆ 42 Länderspiele (12 Tore) für Argentinien. WM-Teilnehmer 1978 und 1982. Weltmeister 1978.

Ballack, Michael (geb. 26.9.1976)
Der einige Jahre einzige deutsche Weltklassekicker spielte eine Schlüsselrolle bei den WM-Turnieren 2002 und 2006, bei denen das DFB-Team Zweiter bzw. Dritter wurde. Bei den Finalspielen war Ballack allerdings jeweils nicht

LEXIKON ⊕ 623

dabei: 2002 wegen einer Gelbsperre, 2006 aufgrund einer Verletzung. Der hochaufgeschossene Mittelfeldspieler gilt als torgefährlich und kopfballstark und erzielte beim WM-Turnier 2002 sowohl im Viertel- wie im Halbfinale den entscheidenden Treffer für das DFB-Team. Bei der WM 2006 spielte Ballack einen defensiveren Part. Der gebürtige Görlitzer begann als Jugendlicher noch zu DDR-Zeiten bei BSG Motor Karl-Marx-Stadt, später FC Chemnitz. 1998 erfolgte der Wechsel zum 1. FC Kaiserslautern, 2000 zu Leverkusen, nach der WM 2002 zu Bayern München, wo er sofort zum Führungsspieler wurde. Der Kapitän der deutschen Nationalelf wird wegen seiner exzellenten Ballbehandlung auch „der kleine Kaiser" genannt („Von allen Spielern, die mit mir verglichen werden, kommt er mir am nächsten", sagte Beckenbauer). Wie den „großen Kaiser" zeichnet auch den „kleinen" eine gewisse „undeutsche" Leichtigkeit des Seins aus. Der *Spiegel* schrieb über ihn: „Michael Ballack weckt das Verlangen nach der Schönheit des Spiels." 2002 und 2003 zum deutschen Fußballer des Jahres gewählt. Nach der WM 2006 wechselte Ballack in die englische Premier League zum FC Chelsea, mit dem er 2008 das Champions-League-Finale erreichte und 2010 Meister wurde.

Für die WM 2010 war Ballack gesetzt, doch ein Foul von Ghanas Kevin-Prince Boateng im FA-Cup-Finale gegen den FC Portsmouth machte ihm einen Strich durch die Rechnung. Zur Saison 2010/11 kehrte der mittlerweile fast 34-Jährige in die Bundesliga zu Bayer Leverkusen zurück.

◆ 98 Länderspiele (42 Tore) für Deutschland, WM-Teilnehmer 2002 und 2006. Vize-Weltmeister 2002, WM-Dritter 2006.

Banks, Gordon (geb. 30.12.1937)
Sein erster Auftritt als Torwart erfolgte in normaler Straßenkleidung, als er bei seiner Werksmannschaft zwischen den Pfosten aushelfen musste. Banks bestach durch seine sachliche Interpretation der Torwart-Rolle und durch Nervenstärke. Mitspieler und Fans verliehen ihm den Spitznamen „Banks of England".
◆ 73 Länderspiele für England. WM-Teilnehmer 1966 und 1970. Weltmeister 1966.

Baresi, Franco (geb. 8.5.1960)
Als Italien 1982 den WM-Titel gewann, gehörte Baresi zwar zum Aufgebot, kam jedoch nicht zum Einsatz. Die Spielweise des Liberos, insbesondere seine Art, Pässe zu schlagen, erinnerte an Franz Beckenbauer. Bei der WM 1990 musste die von Baresi dirigierte italienische Abwehr zwar nur zwei Tore hinnehmen, doch zum Finaleinzug reichte es trotzdem nicht. Im WM-Finale 1994 stand Baresi 120 Minuten auf dem Platz, obwohl er sich nur drei Wochen vorher bzw. kurz nach Beginn des Turniers einer Meniskusoperation unterziehen musste. Baresi, der mit dem AC Mailand dreimal den Europapokal der Landesmeister / Champions League und zweimal den Weltpokal gewann, gilt nach Beckenbauer als bester Libero der Fußballgeschichte.
◆ 81 Länderspiele (1 Tor) für Italien. WM-Teilnehmer 1982, 1986, 1990 und 1994. Weltmeister 1982, Vize-Weltmeister 1994, WM-Dritter 1990.

Batistuta, Gabriel (geb. 1.2.1969)
Mit 10 Treffern war Batistuta, von den Fans „Batigol" gerufen, Argentiniens erfolgreichster WM-Torschütze in den Jahren 1994 bis 2002. Der dreimalige WM-Teilnehmer schoss bei drei Turnieren hintereinander jeweils das erste Tor für seine Farben und ist mit 57 Treffern der Rekordtorschütze seines Landes. Gegen Jamaika (1998) erzielte der Argentinier drei Treffer binnen von nur zehn Minuten, der schnellste Hattrick in der Geschichte des Turniers. 1991, 1993 und 2001 wurde Batistuta mit Argentinien Südamerikameister. 1991 und 1998 wurde der Torjäger zum Fußballer des Jahres in Südamerika gewählt. Batistuta kickte viele Jahre in der italienischen Serie A, wo er zu einem der erfolgreichsten Torschützen aufstieg. Für den AC Florenz (1991-2000) schoss er in 243 Erstligaspielen 152 Tore. Mit einem Jahressalär von 10,1 Mio. Euro war der mittlerweile den AS Rom spielende langmähnige Stürmer in der Saison 2001/02 einer der weltweit teuersten Spieler.
◆ 78 Länderspiele (57 Tore) für Argentinien. WM-Teilnehmer 1994, 1998 und 2002.

Bearzot, Enzo (geb. 29.6.1927)
Der „Schweiger aus dem Friaul" war Italiens Nationaltrainer 1977 bis 1986. Bearzot, begann

seine Trainerlaufbahn beim AC Turin als Assistent des Catenaccio-Erfinders Nereo Rocco, pflegte aber einen etwas offensiveren Stil, eine Art Mischung aus italienischer Mauertaktik und niederländischem Tempofußball. Dino Zoff, der in seiner langen Spielerkarriere einige Trainer erlebt hat, sagte kürzlich über den Mann, unter dessen Leitung er 1982 Weltmeister wurde: „Ich glaube, er war der Beste, zumindest menschlich. Wegen seiner ruhigen Art wurde er leider unterschätzt. Der würde auch heute mit Italien eine Weltmeisterschaft gewinnen. Nur ihm würde ich dies immer noch zutrauen."
◆ Als Trainer WM-Teilnehmer 1978, 1982 und 1986, Weltmeister 1982, WM-Vierter 1978.

Beckenbauer, Franz (geb. 11.9.1945)
Die „Kaiser" getaufte „Lichtgestalt" des deutschen Fußballs wurde sowohl als Spieler (1974) wie als Team-Manager (1990) Weltmeister. Beckenbauer trug 50-mal die Kapitänsbinde der DFB-Elf.
◆ 103 Länderspiele (14 Tore) für Deutschland. WM-Teilnahme 1966, 1970, 1974 (als Spieler) sowie 1986 und 1990 (als Teamchef). Als Spieler: Weltmeister 1974, Vize-Weltmeister 1966 und WM Dritter 1970. Als Team-Chef: Weltmeister 1990 und Vize-Weltmeister 1986.
(▶ Porträt siehe Seite 347)

Beckham, David Robert Joseph (2.5.1975)
Der Kapitän der englischen Nationalelf avancierte Ende der 1990er zum größten Popstar der Fußball-Geschichte, wozu auch seine Heirat mit Victoria Adams, ein Mitglied der Popgruppe „Spice Girls", beitrug.

Bei der WM 1998 geriet Beckham daheim zum Sündenbock des englischen Scheiterns, nachdem er im Achtelfinale gegen Argentinien nach einem dummen Foul gegen Diego Simeone vom Platz geflogen war. England unterlag später im Elfmeterschießen, und die *Sun* titelte: „Zehn Helden und ein Idiot." Die Wiedergutmachung folgte vier Jahre später, als er bei der WM in Asien gegen Argentinien vom Elfmeterpunkt das Siegtor zum 1:0 schoss – der erste Sieg der *Three Lions* über die *Albiceleste* seit 36 Jahren.
Auf dem Platz ist der Mittelfeldspieler keine Diva, sondern agiert eher mannschaftsdienlich. Beckham spielte 1992 - 2003 für Manchester United und gewann mit den „Reds" u.a. die Champions League (1999) und den Weltpokal (1999). Im Sommer 2003 wechselte er für 35 Mio. Euro zu Real Madrid. Bei der WM 2006 gehörte Beckham noch zu den auffälligsten Spielern im insgesamt enttäuschenden England-Team, das vor dem Turnier zu den Mitfavoriten zählte, dann aber im Viertelfinale ausschied. Ein frustrierter Beckham gab anschließend die Kapitänsbinde ab.
◆ 94 Länderspiele (17 Tore) für England. WM-Teilnehmer 1998, 2002 und 2006.

Bilardo, Carlos (geb.16.3.1939)
Als Spieler war Bilardo ein knallharter Verteidiger, der wiederholt die Grenze zur Brutalität überschritt und auf die Gesundheit seiner Gegenspieler nicht die geringste Rücksicht nahm. Als Trainer verfolgte der studierte Mediziner eine extrem ergebnisorientierte Strategie, die, entgegen den Traditionen des südamerikanischen Fußballs, auf Geschlossenheit, Disziplin, Kraft und Sicherheitsdenken basierte. Nur seinem Ass Maradona räumte der Nationaltrainer nennenswerte Freiheiten ein. Bilardo: „Ich verfolge diese Art zu spielen schon seit 1970, als ich selbst noch aktiv war. Ich wurde deshalb zwar immer kritisiert, aber ich bin damit immer Erster oder Zweiter geworden." Bilardo beerbte seinen Gegenspieler Luis Cesar Menotti 1983 und führte die Nationalmannschaft Argentiniens bis 1992.
◆ Als Trainer WM-Teilnehmer 1986 und 1990. Weltmeister 1986, Vize-Weltmeister 1990.

Blatter, Joseph S. (geb. 10.3.1936)
Der Schweizer wurde 1998 Nachfolger von Joao Havelange im Amt des FIFA-Präsidenten. Zur FIFA stieß der „Quereinsteiger" 1975, nachdem er zuvor in den Diensten der Tourismus-Union im Wallis und der Eishockeyliga gestanden hatte. Als Blatter bei der FIFA begann, stand er auch noch auf der Gehaltsliste des adidas-Sportartikel-Konzerns. 1977 wurde Blatter Technischer Direktor, 1981 Generalsekretär der FIFA.

Vor der WM 1994 in den USA fiel Blatter durch diverse Vorschläge zur Änderung der Fußballregeln auf, die das Spiel für Sponsoren und die amerikanische Öffentlichkeit attraktiver machen sollten, jedoch als „abstrus" verworfen wurden. Seine Wahl zum FIFA-Präsidenten wurde von Korruptionsgerüchten begleitet. So soll der Schweizer 20 Umschläge mit je 50.000 Dollar an wankelmütige FIFA-Delegierte verteilt haben. Blatter behauptete, es habe sich dabei um vorher vereinbarte Unterstützung für finanziell schwache Verbände gehandelt.

Der umtriebige Blatter, von Kritikern als „Chamäleon" charakterisiert, schreckte die Fußballöffentlichkeit mit allerlei Gedankenspielen wie die Austragung der WM im Zwei-Jahres-Rhythmus und die Einführung einer Vereins-WM auf. Letztere geriet zum Desaster. In Asien verlor Blatter Unterstützung, nachdem er den Asiaten beim FIFA-Kongress 1999 in Los Angeles einen fünften Starterplatz für die WM-Endrunde 2002 verweigert hatte. Auch in Afrika büßte Blatter an Ansehen ein, nachdem er sich – entgegen dem Gebot der Neutralität – für Südafrika als Austragungsort der WM 2006 ausgesprochen hatte, diese Entscheidung jedoch im Exekutivkomitee nicht durchsetzen konnte. Auch die Pleite des Marketingpartners ISL/ISMM, für die FIFA mit erheblichen finanziellen Verlusten verbunden, wurde Blatter angelastet. Anfang Mai 2002 erhob FIFA-Generalsekretär Michel Zen-Ruffinen in einem Dossier schwere Vorwürfe gegen seinen Boss: Betrug, Kumpanei, Statutenbruch, finanzielle Drahtseilakte, Schmiergeldzahlungen, Machtmissbrauch und Kompetenzüberschreitungen lauteten die Beschuldigungen des einstigen Ziehsohnes des FIFA-Präsidenten. Fünf der sieben FIFA-Vizepräsidenten forderten daraufhin den Rücktritt Blatters. Doch der Schweizer überlebte die Palastrevolution und wurde nur wenige Wochen später auf dem FIFA-Kongress in Seoul wiedergewählt.

Boniek, Zbigniew (geb. 3.3.1956)

Der Mittelfeldspieler stand in einer Elf mit Kazimierz Deyna, Robert Gadocha, Grzegorsz Lato, der vielleicht besten Auswahlmannschaft der polnischen Fußballgeschichte. Bei den Olympischen Spielen 1976 unterlag das Team erst im Finale der DDR. 1978 und 1980 wurde Boniek zum Fußballer des Jahres in Polen gewählt. Nach der WM 1982 verließ Boniek Widzew Lodz und wechselte ins italienische Liraparadies, wo er für Juventus Turin – mit Michael Platini, Claudio Gentile und Paolo Rossi – und AS Rom gegen den Ball trat. Mit „Juve" gewann er 1985 den Europapokal der Landesmeister. Lato ist Polens Jahrhundertfußballer.

◆ 80 Länderspiele (24 Tore) für Polen. WM-Teilnehmer 1978, 1982 und 1986. WM-Dritter 1982.

Breitner, Paul (geb. 5.9.1951)

Der offensive Außenverteidiger vom FC Bayern München debütierte 19-jährig im DFB-Team. Zwölf Monate später war er Europameister. Ein von ihm verwandelter Elfmeter sorgte für die Wende im WM-Finale 1974. Nach der WM 1974 wechselte Breitner zu Real Madrid und zog sich aus der Nationalmannschaft zurück. Sein Comeback erfolgte 1981. Ein Jahr später führte er die DFB-Elf als Mittelfeldregisseur bei der WM in Spanien ins Finale. Breitner haftete der Ruf eines Rebellen an, der sich immer wieder mit der Verbandshierarchie anlegte.

◆ 48 Länderspiele (10 Tore) für Deutschland. WM-Teilnehmer 1974 und 1982, Weltmeister 1974, Vize-Weltmeister 1982.

Buffon, Gianluigi (geb. 28.1.1982)

Der teuerste Torwart aller Zeiten – Juventus Turin bezahlte 2001 für seinen Wechsel vom AC Parma 52 Mio. Euro – wurde bei der WM 2006 zum besten Keeper gewählt. Buffon zeichnen großartige Reflexe, eine souveräne Lässigkeit und ein zuweilen halsbrecherischer Mut aus. Außerdem ist Buffon auch am Fuße technisch versiert und somit ein guter Mitspieler. Bei der WM 2006 konnte Buffon nur zweimal bezwungen werden – einmal durch das Eigentor eines Mannschaftskameraden, einmal durch einen von Zinedine Zidane verwandelten Elfmeter. Bei der WM 2010 kam für Buffon das Aus bereits im ersten Spiel gegen Paraguay, als er eine Bandscheibenverletzung erlitt.

◆ 102 Länderspiele (0 Tore) für Italien. WM-Teilnehmer 1998, 2002, 2006 und 2010. Weltmeister 2006.

Cafú (geb. 19.6.1970)
Mit bürgerlichem Namen heißt der Kapitän der brasilianischen Weltmeistermannschaft von 2002 Marcos Evangelista de Moreas. Seine Freunde und Fußballkollegen nannten ihn jedoch Cafú, da er sie an einen Spieler namens Cafúringa erinnerte. Der Stürmer Cafúringa war in den 1970er Jahren bei Fluminense und Atletíco Mineiro ein Publikumsliebling. Cafú begann seine Karriere beim AC Itaquaquetuba, von wo er zunächst zum FC Sao Paulo wechselte. Mit 20 feierte er sein Debüt in der *Selecao*.
Zum Zeitpunkt der WM 2002 stand Cafú beim AS Rom unter Vertrag. In Asien spielte Cafú mit seinem Kollegen Roberto Carlos nach dem Motto „Angriff ist die beste Verteidigung" und wurde deshalb auch „Angriffsverteidiger" tituliert. Cafú erhielt die Kapitänsbinde, nachdem sich der eigentliche Spielführer Emerson im Training verletzt hatte. Im Laufe des WM-Turniers wandelte sich sein Trainer Scolari vom Kritiker zum Fan des zurückhaltenden und extrem zuverlässigen Verteidigers: „Was er zur Teamleistung beiträgt, ist außerordentlich. Er sorgt dafür, das alle meine Instruktionen auf dem Spielfeld umgesetzt werden. Und auch außerhalb des Platzes macht er einen wundervollen Job. Seine Opfer und seine Arbeit sind den anderen ein Vorbild." Bei der WM 2006 kam Cafú auf vier Einsätze und wurde damit der Brasilianer mit den meisten WM-Einsätzen überhaupt (20). Außerdem ist der zweimalige Weltmeister und Rekordnationalspieler der *Selecao* der erste Spieler, der drei WM-Finals hintereinander bestritt. Cafú unterhält eine eigene Stiftung, die in Sao Paulos Armenviertel Capao Redondo Kinder in den Bereichen Sport, Schule, Erziehung und Ausbildung unterstützt.
◆ 142 Länderspiele (5 Tore) für Brasilien. WM-Teilnehmer 1994, 1998 2002 und 2006. Weltmeister 1994 und 2002, Vize-Weltmeister 1998.

Cannavaro, Fabio (geb. 13.9.1973)
Der in Neapel geborene Cannavaro betätigte sich in Kindertagen als Balljunge beim SSC Neapel, wo er u.a. dem großen Diego Maradona das Spielgerät zuwarf. Der Innenverteidiger begann dann auch seine Profikarriere beim SSC. Anschließend beim AC Parma, Inter Mailand und Juventus Turin unter Vertrag. Cannararo verließ „Juve" nach dem Zwangsabstieg des Klubs im Sommer 2006, um die die brüchige Abwehr von Real Madrid zu verstärken.

Bei der WM 2006 war Cannavaro, dessen Stärken Schnelligkeit, ein ungeheues Antizipationsvermögen und – trotz einer Körpergröße von nur 1,75 Metern – ein geniales Kopfballspiel sind, der beste Verteidiger und wurde zum „zweitwertvollsten" Spieler gewählt. Wobei nicht wenige Experten der Auffassung waren, dass der Spieler des Turniers nicht Zidane, sondern Cannavaro hieß. Die *Welt* charakterisierte ihn als eine „Einerkette" der Italiener: „Er wird zur Not auch alleine dicht machen."
Nach der WM 2010, bei der sich der nun fast 37-Jährige sichtlich überfordert zeigte, beendete Cannavaro seine Nationalmannschaftskarriere.
◆ 136 Länderspiele (2 Tore), WM-Teilnehmer 2002, 2006, 2010. Weltmeister 2006.

Casillas, Iker (geb. 20.5.1981)
Der aus dem Madrider Vorort Móstoles stammende Keeper war zu Beginn seiner Karriere nicht unumstritten. Mit 1,85 m (einige Quellen sprechen nur von 1,82 m) war Casillas für einen Torwart nicht gerade

groß und zeigte anfangs Schwächen bei Flanken. Bei Real Madrid spielte er bereits seit 1989 bzw. seit seinem achten Lebensjahr, und sein Debüt in der Primera División gab er 18-jährig. Erstmals im Tor der *Selección* stand der Keeper, der schon kurzärmelig spielte, als die meisten seiner Kollegen nur das Langarm-Trikot kannten, 19-jährig am 3. Juni 2000 gegen Schweden.

In der Saison 2001/02 verlor Casillas seinen Stammplatz bei den „Königlichen" und konnte diesen erst im letzten Spiel der Saison und dank einer Verletzung seines Konkurrenten zurückerobern. Im Champions-League-Finale gegen Bayer Leverkusen wurde er in der 69. Minute eingewechselt und sicherte mit einigen Glanzparaden Reals knappen 2:1-Sieg. Auch in den folgenden Jahren parierte er scheinbar „unhaltbare" Bälle, weshalb ihn die Medien „San Iker" und „El santo de Móstoles" tauften. Casillas große Stärken sind blitzschnelle Reaktionen in „Eins-gegen-eins"-Situationen und eine gute Antizipation.

2008 führte Casillas die *Selección* als Kapitän zum Gewinn der Europameisterschaft und wurde anschließend zum „Welttorhüter" gewählt. Eine Auszeichnung, die er 2009 erneut erhielt. Auch bei der WM 2010 war er Kapitän seines Landes und wurde zum besten Keeper des Turniers gekürt. Seinen stärksten Auftritt hatte Casillas im Finale, als er zweimal in höchster Not gegen Arjen Robben rettete.

◆ 112 Länderspiele (0 Tore) für Spanien. WM-Teilnehmer 2002, 2006 und 2010. Weltmeister 2010.

Carbajal, Antonio (geb. 7.6.1929)
Der Mexikaner brachte es auf fünf WM-Teilnahmen, was außer ihm bis heute nur noch Lothar Matthäus gelang. Den Torwart zeichnete eine einzigartige Sprungkraft, eine gute Strafraumbeherrschung und eine starke Faust-abwehr aus. Als Carbajal nach der WM 1966 trotz zahlreicher Proteste seine Karriere für beendet erklärte, wurde er im eigenen Land zum Volkshelden gekürt. 1992 wurde Carbajal mit dem FIFA-Orden geehrt. Mexikos „Jahrhunderttorhüter".

◆ 86 Länderspiele für Mexiko. WM-Teilnehmer 1950, 1954, 1958, 1962 und 1966.

Charlton, Bobby (geb. 11.10.1937)
Der Neffe des legendären Jackie Milburn wuchs im Kohlerevier des englischen Nordostens auf. Der zweikampf-, schuss- und dribbelstarke Charlton war eine Entdeckung Matt Busbys, der ihn 14-jährig zu Manchester United holte. 1958 gehörte Charlton zu den Überlebenden des Flugzeugunglücks der „Busby Babes". Zehn Jahre später gewann er mit United den europäischen Landesmeistercup, der erste Sieg eines englischen Teams in diesem Wettbewerb. Charlton, der im Mittelfeld und Angriff zum Einsatz kam, wurde zur „Drehscheibe" des englischen Weltmeisterteams von 1966. Charlton, heute einer der Direktoren von Manchester United, hält Englands Länderspielrekord bei den Feldspielern.

◆ 106 Länderspiele (49 Tore) für England. WM-Teilnehmer 1958, 1962, 1966 und 1970. Weltmeister 1966.

Collina, Pierluigi (geb. 13.2.1960)
Zum Schiedsrichterjob überredete ihn ein Mitschüler. Als Spieler war „Pigi", wie ihn seine Freunde riefen, ein eher mittelmäßiger und zuweilen etwas rüde einsteigender Verteidiger. Seine ersten Spiele pfiff Collina Anfang der 1980er Jahre auf besseren Bolzplätzen in Bologna und Umgebung. Der glatzköpfige Schiedsrichter mit dem durchdringenden Blick, im italienischen Viareggio (Toskana) geboren und Finanzberater von Beruf, avancierte zu einer Kultfigur unter den Referees und war vermutlich der erste Showstar seiner Zunft – trotz seiner eher unitalienisch unterkühlten Art. Auch die Werbeindustrie zeigte Interesse am charismatischen wie exzellenten Schiedsrichter: So posierte Collina vor der WM 2002 mit dem offiziellen WM-Ball für dessen Hersteller adidas. Der Italiener pfiff bei vier großen internationalen Turnieren: Olympische Spiele 1996, WM 1998, EM 2000 und WM 2002. Sein erstes Länderspiel leitete er am 24.4.1996 mit der Partie Niederlande gegen Deutschland. In der italienischen Serie zeichnete Collina für den ordnungsgemäßen Ablauf von 167 Spielen verantwortlich. Vor der WM 2002 rangierte der hagere Charakterkopf vier Jahre lang in der weltweiten Rangliste der Schiedsrichter auf dem ersten Platz. Collina über seinen Beruf: „Ein guter Schiedsrichter muss alles über die beiden Teams wissen. Ihre Taktik und die Eigenschaften all ihrer Spieler. Nur so kann man halbwegs sicher sein, richtig zu reagieren."

Für den deutschen Fußball war Collina allerdings alles andere als ein Glücksbringer: Collina pfiff sowohl das 1:5-Debakel des DFB-Teams gegen England in der WM-Qualifikation 2002 wie die 0:2-Niederlage gegen Brasilien im Finale des Turniers (mit dem Collina seine internationale Karriere beendete). Außerdem war er Schiedsrichter bei Bayern Münchens tragischer 1:2-Niederlage im Champions-League-Finale 1999, das für Collina zu den schönsten Erinnerungen seiner Karriere zählt.

◆ WM-Teilnehmer 1998 und 2002

Combi, Gianpiero
(geb. 18.12.1902, gest. 13.8.1956)
Das Debüt des Torhüters und Kapitäns der italienischen Weltmeisterelf von 1934 geriet zum Desaster. Bei seinem ersten Länderspieleinsatz gegen Ungarn musste Combi siebenmal den Ball aus dem eigenen Netz holen. Der Keeper von Juventus Turin war berühmt für seine ungewöhnlichen Reflexe und wusste seine Abwehr von der Torlinie aus meisterhaft zu dirigieren. Bis Dino Zoff kam, war Combi Italiens Rekordnationaltorhüter.

◆ 47 Länderspiele für Italien. WM-Teilnehmer 1934. Weltmeister 1934.

Cruyff, Johan (geb. 25.4.1947)

Der schmächtige Cruyff wuchs im Amsterdamer Osten auf, wo auch Ajax zu Hause war. Als der Vater starb, begann die Mutter als Putzfrau zu arbeiten, auch bei Ajax. Fortan führte der Weg des damals zwölfjährigen Cruyff jun. direkt von der Schule zum Klub vom Middenweg. Karl-Heinz Huba: „Cruyff ist wahrscheinlich einer der wenigen, die Fußball gelernt haben, die darin aufgewachsen sind wie Bauernsöhne im Stall oder Fischerjungen auf dem Boot." Cruyff brach mit 13 Jahren die Schule ab und nahm Gelegenheitsarbeiten an. Mit 19 Jahren debütierte er in der ersten Mannschaft von Ajax. Cruyffs Stärken waren eine exzellente Ballkontrolle, präzises Passspiel, ein schneller Antritt sowie eine Spielintelligenz, wie sie vor und nach ihm kaum ein anderer Spieler erreichte. Cruyff war Vorbereiter und Vollstrecker zugleich. Viele seiner Tore bereitete er selbst im Mittelfeld vor. Für die niederländische Nationalmannschaft war Cruyff von noch größerer Bedeutung als Beckenbauer für die deutsche. Auf dem Platz war er der alleinige Herrscher. Seine Mitspieler mussten konditionsstark, schnell sowie mit einer hohen Auffassungsgabe ausgestattet sein. Mit Vorliebe provozierte Cruyff das Fußball-Establishment, dessen Rückständigkeit er anprangerte. Obwohl der KNVB einen Vertrag mit adidas abgeschlossen hatte, spielte Cruyff in Schuhen der Puma-Konkurrenz. Bei der WM 1974 lief Cruyff im eigenen Trikot auf, das anstatt der drei adidas-Streifen nur zwei aufwies. Und mit der „Nummer 14" begründete er einen eigenen Mythos. Auf dem Fußballfeld repräsentierte Cruyff wie kein anderer das Programm der Sechziger, die Verbindung von kreativem Individualismus mit Kollektivismus. Hubert Smeets, ein Zeitgenosse Cruyffs : „Die Holländer sind dann am besten, wenn sie System mit kreativem Individualismus kombinieren. Johan Cruyff ist der hauptsächliche Repräsentant davon. Er prägte das Land nach dem Krieg. Ich denke, er war der einzige, der die 1960er Jahre wirklich verstand."
Sein letztes Länderspiel absolvierte Cruyff im September 1977. Die Kapitänsbinde der *Oranjes* trug er 33-mal. Der Fußball machte Cruyff zum weltweit bekanntesten Niederländer. Nicht wenige erblicken in ihm sogar den bedeutendsten Niederländer des 20. Jahrhunderts. Von Königin Juliane wurde Cruyff zum „Ritter der Ehrenlegion" geschlagen.
Nicht nur in den Niederlanden, sondern auch in Israel erfreut sich Cruyff, des Hebräischen mächtig und an den Problemen des jüdischen Staats interessiert, großer Popularität. Cruyffs Wiege stand in einem Amsterdamer Viertel, in dem auch viele Juden wohnten. Cruyff ist zwar selbst kein Jude, zählt aber mehr jüdische Freunde und Verwandte als mancher Amsterdamer Jude. Für viele niederländische Juden avancierte Cruyff zu einer Art Patron.
Cruyff erhielt als erster Spieler dreimal die Auszeichnung als Europas Fußballer des Jahres. 2000 wurde Cruyff auch zum „Jahrhundertfußballer" Europas gekürt.

◆ 48 Länderspiele (33 Tore) für die Niederlande. WM-Teilnehmer 1974. Vize-Weltmeister 1974.

Cubillas, Teofilo (geb. 8.3.1949)
Der Peruaner erzielte bei den WM-Turnieren 1970 und 1978 jeweils fünf Tore für das Andenland und zählt somit zu den erfolgreichsten Torschützen der WM-Geschichte. Cubillas zeichneten Schnelligkeit, Schusskraft und eine exzellente Ballführung aus. 1972 wurde Cubillas zum Fußballer des Jahres in Südamerika gewählt. Ein Jahr später wechselte Cubillas nach Europa, wo er für den FC Basel und FC Porto spielte. 1975 gewann er mit Peru die Südamerikameisterschaft. Zur WM 1978 holte ihn sein alter Klub Alianza Lima für 500.000 Dollar in die Heimat zurück, damit er an der WM-Vorbereitung teilnehmen konnte. Die Rückholaktion war nur mit Hilfe der Regierung möglich.
◆ 88 Länderspiele (38 Tore) für Peru. WM-Teilnehmer 1970, 1978 und 1982.

Deschamps, Didier (geb. 15.10.1968)
Der Kapitän der französischen *Équipe Tricolore* agierte bei der WM 1998 als „Wasserträger" für Zinedine Zidane, dem er im Mittelfeld den Rücken freihielt. Deschamps stammte aus der berühmten Jugendschule des FC Nantes. Ende der 1980er Jahre wechselte er zu Olympique Marseille und anschließend in die italienische Serie A zu Juventus Turin. Deschamps beendete seine Nationalspielerkarriere nach dem Gewinn der Europameisterschaft 2000.
◆ 116 Länderspiele für Frankreich. WM-Teilnehmer 1998. Weltmeister 1998.

Dienst, Gottfried (geb. 9.9.1919)
Während seiner 20-jährigen Referee-Tätigkeit leitete der Schweizer 1.224 Spiele, 1.083 in der Schweiz und 141 im Ausland. Das denkwürdigste dieser Spiele blieb das WM-Finale von 1966 zwischen England und Deutschland mit dem umstrittensten Tor der Fußball-Weltgeschichte. Dienst galt als eher autoritärer Schiedsrichter.
◆ Als Schiedsrichter 28 A-Länderspiele. WM-Teilnehmer 1962 und 1966.

Didi (geb. 8.10.1928, gest. 12.5.2001)
Mit richtigem Namen hieß der große, schlanke dunkelhäutige Spieler Valdir Pereira. Den genialen Regisseur des von den Brasilianern kreierten 4-2-4-Systems zeichnete eine extrem elegante Spielweise aus. Der schweigsame Didi meldete sich nur dann zu Wort, wenn dies wirklich nötig war. So bei der WM 1958, als er Brasiliens Nationalcoach Vicente Feola dazu überredete, den erst 17-jährigen Pelé in die Stammformation zu holen. Pelé bezeichnete Didi als seinen „Lehrmeister" und „großen Bruder". Erst Didi habe Brasilien gezeigt, „dass der Kunstfußball auch erfolgreich sein kann." Didi war die Schaltzentrale der Weltmeistermannschaften von 1958 und 1962. Spieler wie Pelé und Garrincha lebten von seinen genialen Pässen. Sein Markenzeichen war die „Folhar seca" (das trockene Blatt), ein mit viel Effet getretener Ball, der ins Tor hinabsegelte wie ein welkes Blatt im Wind. Im Jahr 2000 wurde Didi in seinem Heimatland neben Pelé, Zico und Garrincha als einer der vier besten Fußballer der brasilianischen Fußballgeschichte geehrt.

Didi spielte für die Rio-Klubs Fluminense und Botafago, bevor er 1958 zu Real Madrid wechselte. Dort wurde er allerdings laut Aussagen brasilianischer Medien von Kollegen boykottiert. Nach seiner Rückkehr in die Heimat (1960) schloss sich Didi zunächst erneut Botafago und anschließend dem FC Sao Paulo an. Als Trainer betreute er u.a. die Nationalmannschaft Perus, mit der er bei der WM 1970 bis ins Viertelfinale gelang. Als Didi im Mai 2001 an Leberkrebs starb, verkündete Rio de Janeiros Bürgermeister, dass das Viertel um das Maracanã-Stadion künftig den Namen des Fußballers tragen solle.
◆ 74 A-Länderspiele (20 Tore) für Brasilien. WM-Teilnehmer 1954, 1958 und 1962. Weltmeister 1958 und 1962.

Djalma, Santos (geb. 27.2.1929)
Der rechte Verteidiger des brasilianischen Nationalteams überzeugte nicht nur in der Defensive, sondern kurbelte auch das Angriffsspiel seiner Mannschaft an und erzielte Tore. Santos zeich-

neten Wendigkeit, Ballsicherheit und Schnelligkeit aus. Sein erstes Länderspiel bestritt Santos im April 1952 gegen Peru (0:0), sein letztes im Juni 1968 gegen Uruguay (2:0). Einer der besten Außenverteidiger aller Zeiten.
◆ 98 Länderspiele (4 Tore) für Brasilien. WM-Teilnehmer 1954, 1958, 1962 und 1966. Weltmeister 1958 und 1962.

Dunga, Carlos (geb. 31.10.1963)
Kapitän der brasilianischen Weltmeisterelf 1994. Mit Jorginho und Romario das unumstrittene Herz des Weltmeisters und zugleich verlängerter Arm seines Trainer Parreira. Ein Computer des finnischen Sportinstituts für Olympische Sportarten kam zu dem Ergebnis, Dunga sei der Schlüssel zum Erfolg gewesen. Auch bei der WM 1998 Chef der *Selecao*. Das verlorene Finale war der letzte Auftritt des Mittelfeldspielers im Trikot Brasiliens.
Dunga galt als Repräsentant eines „europäisierten" Spielstils der *Selecao*, weshalb die „Ära" Dunga in seiner Heimat umstritten ist. Mit Brasilien Südamerikameister 1989 und 1997.
Zur WM 2010 fuhr Dunga als Trainer der *Selecao*. Die von ihm verordnete kontrollierte und für brasilianische Verhältnisse defensive Spielweise stieß in der Heimat auf wenig Gegenliebe. Nach dem Scheitern seines Teams im Viertelfinale erklärte Dunga seinen Rücktritt.
◆ 90 Länderspiele für Brasilien. WM-Teilnehmer 1990, 1994, 1998 (Spieler) und 2010 (Trainer). Weltmeister 1994, Vize-Weltmeister 1998.

Eklind, Ivan
(geb. 15.10.1905, gest. 23.7.1981)
Zumindest für die Österreicher war der Schwede aus Stockholm der „Skandalschiedsrichter" der WM 1934. In Italien leitete Eklind drei Begegnungen, darunter auch das WM-Finale Italien gegen Tschechoslowakei, das ihm den Beinamen „der Gott von Rom" einbrachte. Eklind war ein enorm schneller Sprinter. Sein Motto lautete: „Wo der Ball ist, werde ich auch sein." Eklind führte eine neue Schiedsrichterbekleidung ein, indem er die bis dahin üblichen langen Hosen und Jacken gegen eine normale Sportlerbekleidung auswechselte.
◆ FIFA-Referee 1931-1952. WM-Teilnehmer 1934, 1938 und 1950. 31 A-Länderspiele.

Eusebio Ferreira da Silva
(geb. 25.1.1942)
Der in Mosambik geborene Stürmer wurde bei der WM 1966 mit neun Treffern Torschützenkönig. Beim 5:3-Sieg Portugals gegen Nordkorea im Viertelfinale erzielte Eusebio vier Tore und bereitete das fünfte vor. Am 3:1-Sieg gegen den Titelverteidiger Brasilien war er mit zwei Treffern beteiligt. Eusebio wurde dreimal für die Weltelf und fünfmal für die Europaauswahl nominiert. 1965 wurde Eusebio zum Fußballer des Jahres in Europa gewählt. Mit seinem Klub Benfica Lissabon entthronte er 1962 Real Madrid als Champion Europas.
◆ 67 Länderspiele (40 Tore) für Portugal. WM-Teilnehmer 1966. WM-Dritter 1966.

Feola, Vicente
(geb. 1.11.1909, gest. 6.11.1975)
Der korpulente Trainer, von Beruf Sportlehrer, wurde zunächst 1950 Assistent des damaligen brasilianischen Nationaltrainers Flávio Costa. 1958 wurde Feola zum Cheftrainer ernannt. Feola entwickelte ein neues Spielsystem und formierte eines der besten Teams der Fußballgeschichte, doch die heimische Presse mochte ihn nicht. Fast jede personelle und taktische Entscheidung wurde harsch kritisiert, insbesondere der Einsatz des Abwehrspielers Nilton Santos. Dabei ging es nicht nur um Fußball, sondern auch um die „Rassenfrage". Feola wurde vorgeworfen, zu stark auf schwarze und farbige Spieler zu setzen. Nach der für Brasilien enttäuschenden WM 1966, bei der Feola Aimoré Moreira assistierte, beendete Feola seine Trainerkarriere.
◆ Brasilianischer Nationaltrainer 1958-1961. WM-Teilnehmer 1958. Weltmeister 1958.

Facchetti, Giacinto (geb. 18.2.1942)
Facchetti war ein stürmender Verteidiger, schnell, schuss- und kopfballstark, aber mit Schwächen bei der Ballführung. Der Lombarde, der 18 Jahre (1960 bis 1978) bei Inter Mailand spielte, war eine wichtige Säule in Helenio Herreras Catenaccio-Strategie. Mit Inter gewann er 1964 und 1965 jeweils den europäischen Landesmeistercup und den Weltpokal. Facchetti trug 70-mal die Kapitänsbinde der *Squadra Azzurra*.

◆ 94 Länderspiele (3 Tore) für Italien. WM-Teilnehmer 1966, 1970 und 1974. Vize-Weltmeister 1970.

Fontaine, Just (geb. 18.8.1933)
Der in Marrakesch geborene Sohn eines Franzosen und einer Spanierin wurde bei der WM 1958 mit 13 Treffern Torschützenkönig. Ein Rekord, der noch heute Bestand hat. Fontaine hatte das Glück, dass sich der etatmäßige Mittelstürmer René Bliard verletzt hatte. Im Spiel um den dritten Platz bezwang Fontaine den deutschen Keeper Kwiatkowski gleich viermal. Von 1951 bis 1953 kickte Fontaine für U.S.M. Casablanca. Anschließend wechselte der Mittelstürmer in die französische Liga und wurde mit OGZ Nizza und später Stade de Reims mehrfach Meister. Anfang der Sechziger musste Fontaine seine Karriere nach zwei schweren Beinbrüchen beenden. 1967 war er kurze Zeit Trainer der *Équipe tricolore*. Als Marokko sich für die Austragung der WM 2006 bewarb, stellte sich Fontaine als Botschafter für das afrikanische Land zur Verfügung.
◆ 20 Länderspiele (30 Tore) für Frankreich. WM-Teilnehmer 1958. WM-Dritter 1958.

Forlán, Diego (geb. 19.5.1979)
Der Gewinner des „Goldenen Balls" der WM 2010 stammt aus einer Fußballerfamilie. Schon sein Vater Pablo Forlán war uruguayischer Nationalspieler. Großvater Juan Carlos Corazzo und die Onkel José Pastoriza und Ruicardo Bochini spielten als Profis in Argentinien bei CA Independiente Buenos Aires. Diego Forlán schwang zunächst erfolgreich den Tennisschläger. Seine Fußballkarriere begann er als Jugendspieler bei Penarol Montevideo. 1998 Wechsel ins Nachbarland Argentinien, wo er nun die Familientradition bei CA Independiente Buenos Aires fortsetzte. Nach 37 Toren in 80 Spielen wurden Alex Ferguson und Manchester United auf den Torjäger aufmerksam. Im Januar 2002 wechselte er für 6,9 Mio. Pfund zu den „Red Devils", wo er aber deutlich hinter den Erwartungen blieb. In 63 Spielen traf der Uruguayer nur zehnmal. Uniteds Fan-Kurve verhöhnte ihn mit T-Shirts, auf denen stand: „Ich war dabei, als Forlán ein Tor schoss."

Forlán ging einen Schritt zurück und schloss sich dem spanischen FC Villarreal an. Mit 25 Toren in 38 Spielen wurde er auf Anhieb Torschützenkönig der Primera División und gewann auch – gemeinsam mit Thierry Henry – den „Goldenen Schuh" als bester Torjäger Europas. 2007 sicherte sich Atlético Madrid für die Ablöse von 21 Mio. Euro seine Dienste. 2008/09 wurde Forlán mit 32 Toren zum zweiten Mal Torschützenkönig der Primera División und gewann auch erneut den „Goldenen Schuh". In der Saison 2009/10 schoss er beide Tore beim 2:1-Sieg Atléticos über den FC Fulham im Finale der Europa League.
Forlán kommt häufig aus dem Mittelfeld und ist eine Mischung aus Spielmacher und Torjäger. Bei der WM 2010 brillierte er mit dynamischen Dribblings und kraftvollen Pässen. Gefürchtet waren auch seine Freistöße, die er aus verschiedenen Zonen des Feldes mit dem Spann in den Strafraum drosch. „Sie sind weder Flanke noch Schuss – und doch Schuss und Flanke in einem" („Zeit Online").
◆ 69 Länderspiele (29 Tore) für Uruguay. WM-Teilnehmer 2002 und 2010. WM-Vierter 2010. „Bester Spieler" des Turniers 2010.

Garrincha (geb. 28.10.1933, gest. 20.1.1983)
Noch mehr als Pelé gilt Garrincha, dessen eigentlicher Name Manuel Francisco dos Santos lautet und der aus ärmlichsten Verhältnissen stammte, als der Straßen- und Strandfußballer par excellence. Das linke Bein des vielleicht besten Dribblers und Rechtsaußen der WM-Geschichte war um sechs Zentimeter kürzer als sein rechtes, was ihm bei seinen Körpertäuschungen durchaus hilfreich war. Als Säugling musste sich Garrincha einem riskanten chirurgischen Eingriff unterziehen, um später überhaupt laufen zu können. Den Namen „Garrincha" verdankte der Spieler seinem an einen brasilianischen Paradiesvogel erinnernden schaukelnden Gang. Für Trainer war Garrincha ein Alptraum, da er deren Taktik ignorierte. Bei der WM 1962 in Chile wurde er zum besten Spieler des Turniers

gekrönt. Im Halbfinale war Garrincha von peruanischen Schiedsrichter des Feldes verwiesen worden. Doch Perus Staatspräsident mochte sich ein Finale ohne den Dribbelkönig nicht vorstellen und intervenierte beim Unparteiischen, woraufhin dieser Garrincha nicht belastete.

1966 musste Garrincha seine internationale Karriere nach einer Meniskusoperartion beenden. Seine Sehnen und Gelenke waren hoffnungslos überstrapaziert. Garrincha verfiel zusehens dem Alkohol. Eine Wohlfahrtsorganisation beauftragte ihn mit der Suche nach begabten Kickern in den Slums von Rio. Garrincha verstarb im Alter von nur 49 Jahren, nachdem ihn die Behörden bereits vier Jahre vorher für tot erklärt hatten. Das Idol des brasilianischen Fußballs hinterließ aus seinen drei Ehen insgesamt 18 Kinder, davon sechs adoptierte. Sein ehemaliger Mitspieler Zagalo über den „Chaplin des Rasens" (*Frankfurter Allgemeine Zeitung*): „So wie Garrincha wird nie mehr jemand dribbeln können."
◆ 57 Länderspiele (15 Tore) für Brasilien. WM-Teilnehmer 1958, 1962 und 1966. Weltmeister 1958 und 1962.

Ghiggia, Alcides (geb. 22.12.1926)
In seiner Heimat Uruguay wurde der pfeilschnelle Rechtsaußen und Dribbelkünstler als „Held des Maracaná" gefeiert. Sein Tor in der 79. Minute der Begegnung Uruguay gegen Brasilien brachte den „Urus" überraschend den zweiten WM-Titel, fast 200.000 Zuschauer im weltgrößten Stadion zum Schweigen und das brasilianische Volk zum Weinen. Auch in den WM-Spielen zuvor hatte Ghiggia für sein Land jeweils getroffen.
Das Fußball-Handwerk erlernte der nur 1,68 m große und schmächtige Volksheld auf der Straße. Ghiggia debütierte 17-jährig in der „Ersten" von Penarol Montevideo und wenig später auch in der „Celeste". 1953 wechselte er von in die italienische Liga zum AS Rom, für den er bis 1961 kickte. 1961 Wechsel zum AC Milan, 1964 dann Rückkehr in die Heimat zu Danubio und Sudamérica, wo er 1969 42-jährig seine Karriere beendete. Ghiggia: „Rauchen und Alkohol waren für mich tabu, zudem war ich konditionell stets in einer Topverfassung. Ich hätte in Italien noch einige Jahre anhängen können. Es lagen mir mehrere Angebote vor, doch ich hatte Sehnsucht nach Uruguay." Ghiggias Italien-Engagement hatte das Ende seiner Nationalspielerkarriere mit Uruguay bedeutet, da ihm die Reisen zu den Länderspielen in Südamerika zu weit waren. Stattdessen trug Ghiggia, der auf Wurzeln im Piemont verweisen konnte, noch einige Male das Trikot Italiens.
Ghiggia über seinen legendäres Tor im Maracaná: „Es wird immer wieder behauptet, dass ich den Ball nicht richtig getroffen habe, was nicht stimmt. Nachdem ich meinem Bewacher Bigode abgeschüttelt hatte, konnte ich allein auf das brasilianische Tor ziehen. Statt wie beim 1:1 in die Mitte zu Schiaffino zu passen, zog ich selber ab und traf haargenau ins Eck. Der Treffer war alles andere als Zufall, da ich gesehen hatte, dass der brasilianische Torhüter auf eine Flanke spekulierte und deshalb die Ecke nicht ausreichend abdeckte. Der ansonsten überragende Barbosa hätte eigentlich gewarnt sein müssen, denn nach diesem Muster traf ich bereits gegen Spanien und Italien."
In Brasilien hat man den Ghiggia-Treffer bis heute nicht verwunden, und sein Name ist selbst Menschen, die zum Zeitpunkt des Dramas von Maracaná noch nicht das Licht der Welt erblickt hatten, ein Begriff. Als Ghiggia 50 Jahre nach dem „Finale" einen Laden in Rio de Janeiro betrat, wurde er von einer jungen Verkäuferin erkannt. Die Verkäuferin begann zu weinen. Ghiggia: „Ich wollte sie mit der Bemerkung, dass das alles Schnee von gestern sei, trösten, doch es half nichts. Der Schmerz über die damalige Niederlage sitzt bei allen Brasilianern, einschließlich Pelé, nach wie vor tief – denn mit unserem Sieg haben wir die Hoffnungen einer gesamten Nation zunichte gemacht."
◆ 13 Länderspiele (9 Tore) für Uruguay, 5 Länderspiele (1 Tor) für Italien. WM-Teilnehmer 1950. Weltmeister 1950.

Gilmar dos Santos Neves (geb. 22.8.1930)
Der populäre Keeper vom FC Santos, der mit richtigem Namen Neves dos Santos heißt, galt als Spezialist für Strafstöße, von denen er in seiner Nationalspielerkarriere 13 parierte. Gilmar war reaktionsschnell und katzengewandt und wurde auch „Jaschin Südamerikas" genannt. Vermutlich der beste der wenigen Klassekeeper in der Geschichte der brasilianischen Nationalmannschaft. Bis heute der einzige Torhüter, der zweimal Weltmeister wurde. Bei der WM 1966 wurde ihm allerdings das Ausscheiden seines Teams angelastet. Trotzdem wurde er in Brasilien zum „Jahrhunderttorhüter" gewählt.
◆ 95 Länderspiele für Brasilien. WM-Teilnehmer 1958, 1962 und 1966. Weltmeister 1958 und 1962.

Havelange, Jean Marie Faustin Godefroid „Joao" (geb. 8.9.1916)
Havelanges Wahl zum FIFA-Präsidenten erfolgte 1974 auf dem Kongress des Weltverbandes in Frankfurt/M. Dem IOC gehörte der Brasilianer bereits seit 1963 an. Der Sohn eines belgischen Industriellen und Waffenhändlers, der nach Brasilien auswanderte, wurde schon als Jugendlicher in der Firma seines Vaters aktiv. Havelange arbeitete und studierte nebenbei: „Ich verdiente nicht sehr viel, aber ich lernte etwas fürs Leben."
Nach sechs Jahren Angestelltendasein ging er zum Boss seiner Firma, reichte die Kündigung ein und teilte ihm mit, dass er niemals mehr in seinem Leben für einen Boss arbeiten würde. „Ich hatte nun keinen anderen Boss mehr in meinem Leben, mit der Ausnahme meiner Frau." Als Jugendlicher kickte Havelange in Rio de Janeiro für den „aristokratischen" Amateurklub Fluminense, das soziale Gegenstück zum Favelas-Klub Flamengo. Bei Fluminense konnte nur Mitglied werden, wer zu den führenden Familien gehörte und „weiß" war. Für den Profifußball nicht gut genug, konzentrierte er sich auf den Schwimmsport. Als Mitglied des brasilianischen Wasserballteams nahm Havelange an den Olympiaden 1936 (Berlin) und 1952 (Helsinki) teil. Insbesondere die Nazi-Olympiade hatte es ihm angetan. Der Brasilianer lobte die perfekte Organisation sowie die Gastfreundschaft des NS-Regimes.

In seiner brasilianischen Herkunft sah Havelange eine natürliche Qualifikation für den Job des FIFA-Bosses: Seit seiner frühesten Jugend habe er mit den verschiedenen Rassen zusammengelebt und deren Mentalität kennen gelernt. Das multirassische Umfeld der FIFA sei deshalb nichts Neues für ihn. „In Sao Paulo und Rio gibt es Straßen, in denen Araber auf der einen Seite und Juden auf der anderen Seite wohnen – und sie leben in denselben Straßen in perfekter Harmonie zusammen." Brasilien, die achtgrößte Industrienation, würde mit Sao Paulo, das sich von deutschen Städten kaum unterscheide, und dem Afrika ähnelnden Norden des Landes den Mittelpunkt und Mikrokosmos der Welt bilden. Mit seiner „Eine-Welt"-Philosophie gelang es Havelange, sich sowohl als Vertreter der „Ersten" wie der „Dritten Welt" zu positionieren.
Im Zuge der ökonomischen Modernisierung des Schwellenlandes Brasilien sowie durch dubiose Geschäfte mit einem aus Portugal geflüchteten Minister des faschistischen Salazar-Regimes war Havelange zu einem der reichsten Männer des Landes aufgestiegen. Das geschäftliche Engagement des Multimillionärs galt vornehmlich der Transport- und Finanzbranche. Daneben unterhielt er noch eine Schmiede für Kleinwaffen, aus der er u.a. den bolivianischen Diktator Hugo Banzer bediente. Während seiner Amtszeit als Präsident des brasilianischen Sportverbandes CBD verschwanden 20 Mio. Dollar aus der Verbandskasse. Einflussreiche Kräfte in Brasilia wollten ihm deshalb die Bürgerrechte entziehen. Doch Brasiliens damaliger Juntachef, Ernest Geisel, verhinderte einen Prozess. Brasilianische Journalisten behaupten seit vielen Jahren, Havelange sei in den Waffen- und Drogenhandel verstrickt.
Havelange, der fließend portugiesisch, französisch, spanisch, englisch und italienisch spricht sowie gebrochen deutsch, schmiedete aus der maroden FIFA ein Wirtschaftsimperium. Während seiner 24-jährigen Amtszeit bereiste er fast alle FIFA-Mitgliedsländer. Seine Expansionsprogramme finanzierte er durch Sponsorenverträge mit Großkonzernen wie Coca Cola, die im Windschatten der FIFA neue Märkte erschlossen. Unter seiner Ägide wurde die FIFA selbst zu einem global operierenden Unternehmen, das sich der Durchdringung neuer Märkte

wie Nordamerika, Asien und Afrika verschrieb. Demokratische Spielregeln interessierten Havelange nicht. Zu seinem schärfsten Kritiker avancierte Landsmann Pelé, der den Patriarchen und dessen Schwiegersohn Texeira für die Korruption im brasilianischen Fußball verantwortlich machte.

Herberger, Josef
(geb. 28.3.1897, gest. 28.4.1977)
Herberger, der es als Aktiver auf „nur" drei Länderspiele brachte, wurde 1930 Assistent des Reichstrainers Dr. Otto Nerz und 1936 dessen Nachfolger. Bei der WM 1938 war er mit der „deutsch-österreichischen Auswahl" betraut. Der Krieg unterbrach Herbergers Bundestrainerkarriere. 1950 wurde Herberger vom DFB neu eingestellt und mit dem Aufbau einer neuen Nationalmannschaft beauftragt. Vier Jahre später wurde das DFB-Team erstmals Weltmeister. Herbergers Bilanz als Bundestrainer: 167 Spiele, 94 Siege, 27 Unentschieden und 46 Niederlagen.

♦ Reichstrainer 1936 bis 1945, Bundestrainer 1950 bis 1964. WM-Teilnehmer 1938, 1954, 1958 und 1962. Weltmeister 1954, WM-Vierter 1958.

Hidegkuti, Nandor (geb. 3.3.1922)
Spielte als Erster einen „hängenden" oder „wandernden" Stürmer. Beim legendären 6:3-Sieg der Ungarn gegen England in Wembley (1953) schoss der Stürmer von MTK Budapest drei Tore. Bei der Olympiade 1952 gewann Hidegkuti mit den Magyaren die Goldmedaille. Zur Hochform lief Hidegkuti erst jenseits der 30 auf, weshalb man ihn auch den „Alten" nannte. Sein letztes Länderspiel bestritt er mit 36 Jahren. Hidegkuti konnte wie kaum ein anderer Spieler seiner Generation das Spiel lesen und kommende Spielzüge erahnen. Außerdem war er ein großer Organisator im Spiel.

♦ 68 Länderspiele (39 Tore) für Ungarn. WM-Teilnehmer 1954 und 1958. Vize-Weltmeister 1954.

Hiddink, Gus (geb. 8.11.1956)
Als Trainer der *Oranjes* verlangte Hiddink von seinen Spielern nicht nur die Beherrschung der klassischen niederländischen Fußballschule, sondern auch leidenschaftlichen Einsatz. Bei der WM 1998 erreichte sein Team mit Zauberfußball das Halbfinale, wo es sich gegen Brasilien nach einem der besten Spiele der WM-Geschichte erst nach Elfmeterschießen geschlagen geben musste. Bei der WM 2002 schrieb Hiddink als Trainer des Gastgeberlandes Südkorea ein Fußballmärchen. Angefeuert von einem fanatischen Publikum, fiel sein Team über die Gegner wie ein Haufen wild gewordener Wespen her, rannte sie müde und drang bis ins Halbfinale vor. Dort verließen die Südkoreaner selbst die Kräfte. 2005 wurde Hiddink Nationaltrainer Australiens und führte die *Socceros* zum zweiten Mal in ihrer Geschichte in die WM-Endrunde, wie schon 1974 nach Deutschland. Diesmal gelang Hiddink der Einzug ins Achtelfinale, wo man Italien erst in der Nachspielzeit und durch einen fragwürdigen Elfmeter unterlag. Nach der WM wurde der Niederländer Nationaltrainer Russlands. Da die Russen aber in der Relegation sensationell an Slowenien scheiterten, wurde aus einer vierten WM-Teilnahme mit dem vierten Land nichts.
Auch als Vereinstrainer war Hiddink erfolgreich, vor allem mit dem PSV Eindhoven (1988 Europapokal der Landesmeister).
♦ WM-Teilnehmer (als Trainer) 1998, 2002, 2006. WM-Vierter 1998, 2002.

Hurst, Geoffrey (geb. 8.12.1941)
Der Stürmer von West Ham United erzielte im WM-Finale 1966 drei Tore, darunter auch das berühmte, weil umstrittene „Wembley-Tor", und wurde so zum „Matchwinner". Sein Debüt im Nationaldress hatte er erst im April des gleichen Jahres gegeben, als er für den verletzten Jimmy Greaves zum Einsatz kam.
♦ 49 Länderspiele (24 Tore) für England. WM-Teilnehmer 1966 und 1970. Weltmeister 1966.

Iniesta, Andrés (geb. 11.4.1984)
Der offensive Mittelfeldspieler, der die (meist linke) Außenposition sucht, wurde zwölfjährig von Scouts des FC Barcelona entdeckt und in die Barça-Schule „La Masia" geschleust. Coach Louis van Gaal holte ihn 18-jährig in den Kader der 1. Mannschaft. Zur festen Größe des Barça-Spiels wurde der blasse, schüchterne und nur 1,70 m große Iniesta in der Saison 2004/05.

Im Juli 2007 bot Real Madrid 60 Mio. Euro für Iniesta, doch Barça-Präsident Joan Laporta erklärte ihn für unverkäuflich: „Er gehört zum Herz des FC Barcelona."
Mit Xavi Hernández und dem Argentinier Lionel Messi verkörpert Iniesta die Spielphilosophie des Klubs. Und dies im wahrsten Sinne des Wortes, denn das Spiel der Katalanen ist den drei „Kleinen" geradezu auf den Leib geschneidert. Iniesta: „Im Zweikampf siegt fast immer der körperlich Stärkere. Also müssen wir abspielen, bevor der Gegner da ist. Kurz passen, nachrücken, weiterpassen. Das ist die Kultur, in der ich aufgewachsen bin."
In der Saison 2009/10 rettete er sein Team mit einem Last-Second-Goal beim FC Chelsea in das Finale der Champions League, das Barça dann gegen Manchester United mit 2:0 gewann – auch dank einer starken Vorstellung Iniestas.
Aufgrund von Verletzungen lief er bei der WM 2010 erst spät zur Hochform auf, erzielte ein Tor im letzten Gruppenspiel gegen Chile und war an den Siegtoren im Achtelfinale gegen Portugal und Viertelfinale gegen Paraguay beteiligt. Die Krönung erfolgte im Finale gegen die Niederlande, wo er in der 116. Minute den einzigen Treffer markierte. Iniesta, der gemeinsam mit seinem Vereinskameraden Xavi das Herz des Mittelfelds der *Selección* bildete, wurde in drei WM-Spielen – gegen Chile, Paraguay und die Niederlande – zum „Man of the Match" gekürt. Sein ehemaliger Barça-Teamkollege Samuel Eto'o: „Iniesta ist einer der wenigen Fußballer, denen alles Schwierige leichthin gelingt."

◆ 49 Länderspiele (8 Tore) für Spanien. WM-Teilnehmer 2006 und 2010. Weltmeister 2010.

Jacquet, Aimé (geb. 27.11.1941)
Als Spieler wurde Jacquet mit St. Etienne fünfmal französischer Meister und zweimal Pokalsieger. Als Trainer und Sportdirektor von Girondins Bordeaux durfte er drei nationale Meisterschaften und zwei Pokalsiege feiern. Sein größter Triumph als Trainer war jedoch der Gewinn der Weltmeisterschaft 1998. 1992 bis 1993 war Jacquet Assistent von Nationaltrainer Gérard Houlier bei der *Équipe tricolore.* 1994 wurde Jacquet selber Chef des Nationalteams, nachdem dieses die WM-Qualifikation verpasst hatte. Sehr zum Unwillen der Pariser Presse, die in ihm einen farb- und visionslosen Repräsentanten der Provinz erblickte. Bis zum Anpfiff der WM 1998 bemühten sich vor allem die großen Fachorgane *France Football* und *L'Equipe* um eine Ablösung des ungeliebten Trainers. Jacquet betreute die *Équipe tricolore* in 53 Länderspielen, von denen nur drei verloren gingen.
◆ Als Trainer WM-Teilnehmer 1998. Weltmeister 1998.

Jaschin, Lew
(geb. 22.10.1929, gest. 20.3.1990)
Der „schwarze Panther" begann bei einer Werksmannschaft in Tuschina. Bei Dynamo Moskau spielte er zunächst nicht nur im Fußballtor, sondern hütete im Winter auch das Gehäuse des Eishockeyteams. Jaschin hielt während seiner langen Karriere über 150 Strafstöße. 1963 wurde Jaschin als erster Torhüter überhaupt Europas Fußballer des Jahres. Im gleichen Jahr hatte er in 27 Pflichtspielen nur sechs Tore kassiert. 1956 hatte Jaschin mit der UdSSR olympisches Gold und 1960 den Europapokal der Nationen gewonnen. Die Torwartlegende wurde zweimal in die Welt- und einmal in die Europaauswahl berufen. 1985 musste sich Jaschin einer Unterschenkelamputation unterziehen.
◆ 78 Länderspiele für die UdSSR. WM-Teilnehmer 1958, 1962, 1966 und 1970 (nicht eingesetzt). WM-Vierter 1966.

Jennings, Pat (geb. 12.6.1945)
Der nordirische Keeper absolvierte während seiner langen Laufbahn über 1.100 Pflichtspie-

le, die meisten davon für Tottenham Hotspur und Arsenal London. Sein Debüt im Dress der Nationalmannschaft gab er am selben Tag wie George Best. Sein letztes Länderspiel bestritt Jennings 41-jährig 1986 gegen Brasilien (0:3).
◆ 119 Länderspiele für Nordirland. WM-Teilnehmer 1982 und 1986.

Kahn, Oliver (geb. 15.6.1969)

Die WM 2002 war bereits die dritte für den Weltklassekeeper vom FC Bayern München. Doch 1994 und 1998 hatte Kahn jeweils nur die Bank gedrückt. In Asien, wo Kahn seinen 33. Geburtstag feierte, war der ehrgeizige und intelligente Keeper nicht nur die unumstrittene Nr. 1 zwischen den Pfosten, sondern auch Kapitän seines Teams. Oliver Kahn ist das typische Beispiel des Fußballers, der sich seinen Erfolg hart erarbeiten musste. Rainer Ulrich, der beim Karlsruher SC den A-Jugendlichen Kahn betreute: „Wir hatten zwei Torhüter. Ollie war vom Talent her nicht so gut, aber er hat sich an dem anderen vorbeigearbeitet." Schon damals hätte Kahn „nie verlieren" können. „Hat er ein Tor gekriegt, hat er den Ball über die Tribüne geschossen." Kahns Torwarttrainer Sepp Maier, einst selbst ein Weltklassekeeper: „Er trainiert immer über 100 Prozent. Ich kenne keinen, der so willensstark ist. Er will immer gewinnen."
Als Maier seinem Schüler acht Jahre vor der WM 2002 erstmals begegnete, sei dieser „in sich gekehrt, schüchtern" und als Keeper „stocksteif" gewesen. Maier: „Ich sah seine ungemeine Reichweite, aber er war nicht beweglich. Ich sagte ihm: Lass' den Kraftraum weg. Wir brauchen keine Gewichtheber im Tor. Oder hast du schon gelenkige Gewichtheber gesehen."
Bei der WM 2002 hatte Kahn großen Anteil daran, dass das Team des DFB bis ins Finale gelangte. Dort geriet er allerdings zum tragischen Helden, als er einen Schuss von Rivaldo nicht festhalten konnte und damit Ronaldo die Gelegenheit zum Führungstreffer gab. Popularität und Marktwert tat dies keinen Abbruch.

Im Anschluss an die WM wurde Kahn als erster deutscher Spieler und erster Torwart mit dem „Goldenen Ball" für den besten Spieler des Turniers ausgezeichnet. Nach der WM 2002 schwächelte Kahn zunächst und machte durch private Eskapaden von sich reden. Vor der WM 2006 verlor er seinen Platz als Nummer eins im deutschen Tor an Jens Lehmann, dem größere fußballerische Qualitäten attestiert wurden. Im Spiel um Platz drei kam Kahn dann aber doch noch zu einem Einsatz und hielt fantastisch. Anschließend erklärte er seinen Rücktritt aus der Nationalmannschaft.
◆ 86 Länderspiele (0 Tore) für Deutschland, WM-Teilnehmer 1994, 1998, 2002, 2006. Vize-Weltmeister 2002, WM-Dritter 2006.

Kempes, Mario (geb. 15.2.1954)
Als der langmähnige Stürmer vor der WM 1978 zum FC Valencia wechseln wollte, bedurfte es erst der mehrheitlichen Zustimmung der 40.000 Mitglieder seines Klubs Rosario Central. Für den Fall eines negativen Votums hatte Kempes mit dem Karriereende gedroht. Den Spaniern war der Argentinier die Rekordsumme von 1,1 Mio. DM wert. Bei der WM war er dann der einzige Legionär im argentinischen Aufgebot. Im Finale befand sich Kempes in Hochform, erzielte zwei Tore und wurde anschließend zum Fußballer des Jahres in Südamerika gewählt. Mit insgesamt sechs Treffern wurde Kempes Torschützenkönig des Turniers.
◆ 45 Länderspiele (20 Tore) für Argentinien. WM-Teilnehmer 1974, 1978 und 1982. Weltmeister 1978.

Klinsmann, Jürgen (geb. 30.7.1964)
Der polyglotte Profi war stets ein Vorbild in Sachen Einsatz. Sein wohl bestes WM-Spiel im Dress der deutschen Nationalmannschaft bestritt Klinsmann im Achtelfinale der WM 1990 gegen die Niederlande. Der 2:1-Sieg war ein wichtiger Markstein auf dem Weg zum dritten deutschen WM-Triumph. Der erfolgreichste deutsche Nationalmannschaftsstürmer der 1990er Jahre trug 37-mal die Kapitänsbinde des DFB-Teams. Als Kapitän führte er 1996 die Nationalmannschaft bei der Europameisterschaft in England zum Titelgewinn.
Profifußball spielte der Schwabe für Kickers

Stuttgart, VfB Stuttgart, Inter Mailand, Tottenham Hotspurs, FC Bayern und Sampdoria Genua. In England wurde Klinsmann 1995 zum Fußballer des Jahres gewählt, als zweiter Deutscher nach dem legendären Keeper Bernd Trautmann und erst dritter Ausländer überhaupt. Die englische Art, Fußball zu spielen, war dem kämpferisch starken und torhungrigen Stürmer geradezu auf den Leib geschneidert. In einem Land, das zu diesem Zeitpunkt den kontinentalen Fußball noch immer mit großer Skepsis betrachtet, wurde Klinsmann nach einem Jahr mit Nachrufen verabschiedet, wie sie normalerweise nur verstorbenen Fußball-Legenden zuteil werden. Seine Erfolgsstory öffnete die Türen für weitere Profis vom Kontinent.

Der Profi Klinsmann gehörte zu den wenigen seiner Zunft, die auch über den Tellerrand des Fußballgeschäfts hinausblicken. So engagierte sich Klinsmann u.a. – gemeinsam mit seinem Freund Ruud Gullit – gegen Rassismus und die Apartheid in Südafrika. Nach dem Ende seiner Karriere zog Klinsmann mit seiner Familie nach Kalifornien.

Nach der Pleite der DFB-Auswahl bei der EM 2004 wurde Klinsmann neuer Bundestrainer und leitete einen umfassenden Reformprozess ein. Er verordnete dem Team eine offensivere Spielweise und baute eine Reihe junger Spieler ein. Bei der WM 2006 spielte die deutsche Nationalmannschaft begeisternden Fußball und erreichte den 3. Platz. Klinsmann demissionierte anschließend.

◆ 108 Länderspiele (47 Tore) für Deutschland. WM-Teilnehmer 1990, 1994, 1998 (Spieler) und 2006 (Trainer). Weltmeister 1990.

Klose, Miroslav (geb. 9.7.1978)
Der im polnischen Oppeln geborene Torjäger hätte auch für Polen spielen können. Als Klose acht Jahre alt war, wanderten die Eltern nach Deutschland aus. Der Fußball erleichterte seine Integration in der neuen Heimat. Klose: „Mich hat man auf dem Bolzplatz immer als Erster in die Mannschaft gewählt." Der deutschen Sprache nicht mächtig, wurde Klose auf eigenen Wunsch von der vierten in die zweite Klasse zurückgestuft.

Klose war ein „Spätzünder", der im Seniorenalter zunächst noch für den Bezirksligisten SG Blaubach-Diedelkopf kickte.  Seinen ersten Einsatz als Profi feierte er mit 21 Jahren in der Saison 1999/00 beim 1.FC Kaiserslautern, wo er jedoch zunächst noch als Amateur geführt wurde. Sein erstes Länderspiel absolvierte er nur eine Saison später, im März 2001 gegen Albanien. Bei der WM 2002 gelangen ihm gegen Saudi-Arabien drei Kopfballtore. Klose wurde mit fünf Treffern zweitbester Torschütze des Turniers. Bei der WM 2006 traf der technisch starke Stürmer erneut fünfmal, was für die Torjägerkrone reichte, bei der WM 2010 viermal. Mit insgesamt 14 Toren liegt Klose gemeinsam mit Gerd Müller einen Treffer hinter Ronaldo auf Platz zwei der Rangliste der erfolgreichsten WM-Torschützen.

◆ 101 Länderspiele (52 Tore). WM-Teilnehmer 2002, 2006, 2010. Vize-Weltmeister 2002, WM-Dritter 2006, 2010.

Kocsis, Sándor
(geb. 23.9.1929, gest. 22.7.1979)
Der Halbstürmer von Honved Budapest wurde bei der WM 1954 mit elf Treffern Torschützenkönig.  1952 war Kocsis mit den Magyaren Olympiasieger geworden. Ein letztes Mal trug Kocsis das ungarische Trikot bei den Olympischen Spielen in Melbourne. Kocsis entzog sich den Unruhen in der Heimat, indem er im Wes-ten blieb. Nach einem Intermezzo bei Young Fellows Zürich wechselte der Kopfballspezialist zum FC Barcelona, bei dem er 1966 seine Karriere beendete. Kocsis beging 1979 Selbsttötung.

◆ 68 Spiele (75 Tore) für Ungarn. WM-Teilnehmer 1954. Vize-Weltmeister 1954.

Kopa, Raymond (geb. 13.10.1931)
Kopa wuchs in der französischen Bergbaugemeinde Noeux-les-Mines auf und hieß zunächst „Kopaszewski". In seiner Autobiographie beschrieb der Sohn polnischer Immigranten, wie er bei einem Flug über Polen registriert habe, dass dieses Land für ihn Ausland sei.
In den 1950er Jahren avancierte Kopa zum besten Fußballer Frankreichs und zu einem internationalen Star. Im ersten Europapokalfinale 1956 trug der Flügelstürmer noch das Trikot von Stade Reims, das Real Madrid mit 4:3 unterlag. Anschließend wechselte Kopa zu den Madrilenen, wo er an der Seite von di Stéfano, Gento und Santamaria spielte. Mit Real gewann der Franzose 1957, 1958 und 1959 den Europapokal der Landesmeister. 1958 wurde er Europas Fußballer des Jahres. Kopa erfreute sich besonderer Verehrung bei den französischen Linksintellektuellen.
♦ 45 A-Länderspiele (18 Tore) für Frankreich. WM-Teilnehmer 1954 und 1958.

Krankl, Hans (geb. 14.2.1953)
Der Wiener zählte Ende der 1970er/Anfang der 1980er Jahre zu den erfolgreichsten Stürmern im europäischen Fußball. Bei der WM 1978 schoss Krankl beim sensationellen 3:2-Sieg über das DFB-Team zwei Tore. Im Anschluss an das Turnier wechselte der von vielen ausländischen Klubs umworbene Rapid-Wien-Stürmer zum FC Barcelona.
♦ 69 Länderspiele (39 Tore) für Österreich. WM-Teilnehmer 1978 und 1982.

Langenus, Jan
(geb. 8.12.1891, gest. 1.10.1952)
Der in Antwerpen geborene Belgier war Schiedsrichter des ersten WM-Finales 1930 in Montevideo. Von den 18 Endrundenspielen pfiff Langenus nicht weniger als vier. Auch bei den Turnieren 1934 und 1938 war  Langenus im Einsatz. Außerdem war er Referee der berühmten Partie zwischen England und dem österreichischen „Wunderteam" 1932 im Londoner Wembley-Stadion. Vor 1940 war Langenus der einzige Schiedsrichter vom Kontinent, der auch in Schottland Spiele leitete. Die Gesamtzahl seiner internationalen Einsätze beträgt 85, davon 64 Länderspiele. Langenus trug auf dem Spielfeld stets Schildmütze, Knickerbocker, Samtweste und Krawatte. Das Ehrenmitglied des belgischen Fußballverbandes, dem ein gewisser akademischer Dünkel nachgesagt wurde, veröffentlichte mehrere Bücher. Seine Kommunikation mit den Spielern wurde durch die Beherrschung mehrerer Sprachen erleichtert. Langenus sprach fließend flämisch-niederländisch, französisch, englisch, deutsch und spanisch sowie etwas italienisch.
Von Beruf Beamter, wurde Langenus 1938 Gouverneur-Kabinettschef der Provinz Antwerpen. 1912-1944 Schiedsrichter in der 1. Division Belgiens, 1924- 1939 FIFA-Schiedsrichter. 85 internationale Einsätze, davon 64 A-Länderspiele.
♦ Als Schiedsrichter WM-Teilnehmer 1930, 1934 und 1938.

Lato, Grzegorz Boleslaw (geb. 8.4.1950)
Der Rechtsaußen wurde bei der WM 1974 mit sieben Treffern Torschützenkönig. 1974, 1977 und 1981 wurde Polens Rekordinternationaler in seiner Heimat zum Fußballer des Jahres gewählt. Lato ist der erfolgreichste Fußballer Polens: Olympiasieger 1972, Olympiazweiter 1976 und zweimal WM-Dritter. Mit 20 WM-Einsätzen hält Lato außerdem den WM-Rekord seines Landes.
♦ 104 Länderspiele (46 Tore) für Polen. WM-Teilnehmer 1974, 1978 und 1982. WM-Dritter 1974 und 1982.

Laudrup, Michael (geb.15.6.1964)
Eine der herausragenden Persönlichkeiten der dänischen Fußballgeschichte und einer der besten Spielmacher der Welt. Wechselte 1983 von Bröndby IF Kopenhagen in die italienische Serie A, wo er bis 1989 für Lazio Rom und Juventus Turin kickte. Anschließend ging Laudrup nach Spanien zum FC Barcelona und Real Madrid. Mit „Juve" 1985 Weltpokalsieger, mit dem FC Barcelona 1992 Sieger im Europapokal der Landesmeister. 1982 und 1985 wurde Laudrup zum Fußballer des Jahres in Dänemark gewählt; 1982

hatte er nur 16-jährig im Nationaldress debütiert. 1990 erklärte der als Stürmer wie als Spielmacher im Mittelfeld eingesetzte Laudrup seinen Rücktritt aus der Nationalmannschaft, nachdem er sich mit Trainer Richard Möller-Nielsen überworfen hatte. Beim größten Triumph des dänischen Fußballs, dem Gewinn der EM 1992, war Dänemarks bester Fußballer nicht dabei. 1995 kehrte Laudrup ins Team zurück. Zwölf Jahre nach seiner ersten WM-Teilnahme 1986 war Laudrup 34-jährig auch in Frankreich 1998 im Einsatz und nahm dort gegen Brasilien seinen Abschied. Vier Jahre später saß er bei der WM 2002 neben seinem früheren Nationalteam-Kollegen Morten Olsen auf der Trainerbank der Dänen und erreichte mit ihr das Achtelfinale.

◆ 104 Länderspiele (37 Tore) für Dänemark. WM-Teilnehmer 1986 und 1998. Als Co-Trainer WM-Teilnehmer 2002.

Leonidos da Silva (geb. 1913)

Der auch „Schlangenmensch" und „schwarzer Diamant" getaufte Supertechniker und Torschützenkönig der WM 1938 (sechs Treffer) erblickte in Rio de Janeiros Armenviertel Boncusesso das Licht der Welt. Als Jugendlicher spielte er in einem Vorortverein. 1932 wurde Leonidas von Nacional Montevideo verpflichtet. Ein Jahr später kehrte er nach Rio zurück, wo er bis 1936 für Vasco da Gama und anschließend für Flamengo spielte. 1943 schloss sich Leonidas dem FC Sao Paulo an, bei dem er 1950 37-jährig seine Karriere beendete. Leonidas, „quasi der Vorgänger des großen Pelé" *(Kicker)*, vereinte Schnelligkeit mit Geschmeidigkeit und Ballfertigkeit. Seine Spezialität waren Fallrückzieher. „Leonidas war so eine Art Michelangelo des Fußballs. Er formte das Spiel mit dem runden Leder, gab ihm durch seinen Spielwitz neue Impulse und erreichte durch seine geniale Technik eine Popularität wie wohl kein zweiter Kicker vor dem Zweiten Weltkrieg." (Karl-Heinz Huba)

Beim ersten „Jahrhundertspiel" in der Geschichte der WM schoss der Brasilianer 1938 gegen Polen vier Tore und die *Selecao* gewann 6:5 n.V. Beim Siegtor schnappte sich Leonidas den Ball im Anstoßkreis und ließ anschließend drei Polen aussteigen. Das WM-Turnier 1938 spülte einiges an Geld in die Taschen des Stürmers und seiner Mutter. Seine Bilder füllten ganzseitig die Illustrierten, der Kicker kassierte für Zahnpasta-Anzeigen, Ladeneröffnungen, die er mit seiner Anwesenheit schmückte, und Vorträgen.

◆ 25 Länderspiele (25 Tore) für Brasilien. WM-Teilnehmer 1938. WM-Dritter 1938.

Lineker, Gary (geb. 30.11.1960)

Nach Bobby Charlton der erfolgreichste Stürmer der englischen Nationalmannschaftsgeschichte. Bei der WM 1986 in Mexiko erzielte Lineker gegen Polen einen Hattrick und insgesamt sechs Tore, womit er zum besten Torschützen des Turniers wurde. Anschließend wechselte er vom FC Everton zum FC Barcelona. 1989 kehrte der Torjäger nach England zu Tottenham Hotspur zurück. 1988 und 1992 Fußballer des Jahres in England. 1992 unterschrieb Lineker zum Ende seiner Karriere beim japanischen „J-League"-Klub Grampus Eight Nagoya. Lineker wurde während seiner Laufbahn nie verwarnt oder des Feldes verwiesen.

◆ 80 Länderspiele (48 Tore) für England. WM-Teilnehmer 1986 und 1990. WM-Vierter 1990.

Maier, Josef (28.2.1944)

Torwart der deutschen Nationalmannschaft in deren goldener Ära. Der Keeper des FC Bayern München, auch „Katze von Anzing" genannt, bildete mit seinen Vereinskollegen Franz Beckenbauer und Gerd Müller die zentrale Achse des Teams. Maier glänzte vor allem durch seine Strafraumbeherrschung. 1975, 1977 und 1978 wurde Maier zum Fußballer des Jahres in Deutschland gewählt. Mit dem FC Bayern gewann er u.a. dreimal den Europapokal der Landesmeister. 1979 musste Maier seine Karriere nach einem Autounfall beenden. Später fungierte er als Torwarttrainer beim FC Bayern und für die deutsche Nationalelf.

◆ 95 Länderspiele für Deutschland. WM-Teilnehmer 1966 (nicht eingesetzt), 1970, 1974 und 1978. Weltmeister 1974, Vize-Weltmeister 1966, WM-Dritter 1970.

Maldini, Paolo (geb. 26.6.1968)

Der italienische Rekordnationalspieler hatte stets zwei Trainer: seinen Klubtrainer beim AC Mailand sowie seinen Vater Cesare, der selbst Nationalspieler und WM-Teilnehmer gewesen war und bei der WM 1998 als Trainer der *Squadra Azzurra* seinen Sohn auch offiziell betreute. Maldini: „Mein Vater lehrte mich alles. Von dem Moment an, als ich das Bild sah, wie er den Europacup in die Höhe hält, wollte ich es ihm gleichtun." Arrigo Sacchi bezeichnete Maldini als „Prototypen eines modernen Profis". Statt durch „italienische Härte" bestach der Linksverteidiger durch Technik, Eleganz, eine glänzende Ballbehandlung und taktische Reife. Bei der WM 1994 in den USA wurde der Beau zum Spieler „mit dem meisten Sex-Appeal" gewählt, 1996 in England zum „schönsten Mann der EM". Sportlich wurde Maldini bei seinen WM-Auftritten indes vom Pech verfolgt: Dreimal scheiterte Maldini mit Italien im Elfmeterschießen (1990: Halbfinale, 1994: Finale, 1998: Viertelfinale), einmal durch „Golden Goal" (2002: Achtelfinale). Erfolgreicher war Maldini mit dem AC Mailand: Europapokalsieger der Landesmeister 1989 und 1990, Champions League-Sieger 1994 und 2003 sowie Weltpokalsieger 1989 und 1990.

Mit 23 Einsätzen ist der vierfache WM-Teilnehmer nach Lothar Matthäus der Spieler mit den meisten WM-Auftritten.

◆ 126 Länderspiele (7 Tore) für Italien. WM-Teilnehmer 1990, 1994, 1998 und 2002. Vize-Weltmeister 1994, WM-Dritter 1990.

Maradona, Diego Armando (geb. 30.10.1960)

Das argentinische Idol konkurriert mit Pelé um den Ruf des besten Fußballers aller Zeiten.

◆ 91 A-Länderspiele (34 Tore) für Argentinien. WM-Teilnehmer 1982, 1986, 1990 und 1994. Weltmeister 1986, Vize-Weltmeister 1990.

(▶ Porträt siehe Seite 318)

Masopust, Josef (geb. 9.2.1931)

Der Sohn eines Bergmannes aus dem kleinen böhmischen Ort Strimice zählt zu den größten Spielern der tschechoslowakischen Fußballgeschichte. Der Mittelfeldspieler vom Armeeklub Dukla Prag wurde 1962 zu Europas Fußballer des Jahres gewählt. 1963 wurde Masopust in die Weltauswahl, 1964 in die Europaauswahl (als Kapitän) berufen. Zum Ende seiner Karriere wechselte Masopust zum belgischen Klub Racing Molenbeek.

◆ 63 Länderspiele (11 Tore) für die Tschechoslowakei. WM-Teilnehmer 1958 und 1962. Vize-Weltmeister 1962.

Matthäus, Lothar (geb. 21.3.1961)

Als Kapitän führte der Rekordnationalspieler das DFB-Team 1990 zu seinem dritten WM-Titel. 1980 gehörte er als 18-Jähriger bereits zum EM-Aufgebot. Matthäus, der die meisten Jahre seiner aktiven Zeit bei Bayern München und Inter Mailand verbrachte, erlitt während seiner Karriere mehrere schwere Verletzungen, doch stets feierte er ein erfolgreiches Comeback. 1990 und 1991 wurde der Mittelfeldspieler und Libero zu Europas Fußballer des Jahres gewählt, 1990 auch noch zum Weltsportler des Jahres. Mit 150 A-Länderspielen hält Matthäus den weltweiten Rekord, ebenso mit seinen 25 Einsätzen bei fünf WM-Endrundenturnieren.

◆ 150 Länderspiele (23 Tore) für Deutschland. WM-Teilnehmer 1982, 1986, 1990, 1994 und 1998. Weltmeister 1990, Vize-Weltmeister 1986.

Meazza, Giuseppe (geb. 23.8.1910, gest. 21.8.1979)

Als 13-Jähriger gründete Meazza mit dem „Constanza AS" einen eigenen wilden Verein. Wenig später klopfte er beim AC Milan an, der den „Peppino" jedoch für zu schmächtig hielt. Der Verschmähte trat daraufhin verärgert dem Lokalrivalen Inter bei, für den er von 1927 bis 1940 kickte. Anschließend noch zwei Jahre beim AC.

Mit 19 Jahren wurde Meazza erstmals italienischer Torschützenkönig. Auch 1936 und 1938 führte er die Torjägerliste an. Meazza konnte in Fußballschuhen und mit dem Ball am Fuß die 100 Meter in 12 Sekunden laufen, was für die damalige  Zeit außergewöhnlich schnell war. Der Weltklassestürmer war einer von drei italienischen Spielern, die in der Weltmeisterelf sowohl von 1934 wie 1938 standen. Bei gegnerischen Abwehrreihen war Meazza für seine noch in der eigenen Hälfte beginnenden Sololäufe gefürchtet. Tore dieser Art werden noch heute von der italienischen Sportpresse als „gol à la Meazza" bezeichnet. Meazza verkörperte eine perfekte Mischung von taktischem Geschick, Spielintelligenz, balltechnischem Können, Spielmacherqualitäten und Torhunger. Hält noch immer Inters Vereinsrekord von 287 Toren in der Serie A. Nach seinem Tod wirde das Mailänder San Siro-Stadion, wo Inter wie AC zu Hause sind, in Estadio Giuseppe Meazza umgetauft.

◆ 54 Länderspiele (33 Tore) für Italien. WM-Teilnehmer 1934 und 1938. Weltmeister 1934 und 1938.

Menotti, Cesar Luis (geb. 5.11.1938)
„El Flaco" („Der Dünne"), wie Menotti auch genannt wurde, war der Linksintellektuelle und Schöngeist unter den WM-Trainern. Menotti übernahm die argentinische Nationalmannschaft nach der WM 1974, gewann mit ihr den World Cup 1978 und führte sie bis 1982. Seine Bilanz: 84 Spiele, 45 Siege, 21 Unentschieden und 18 Niederlagen. In seiner Amtszeit legte er sich wiederholt mit der argentinischen Militärdiktatur an. Als General Videla ihm nach dem Finale 1978 den Pokal überreichte, verweigerte Menotti den Handschlag. Menotti propagierte „Fußball als ein fröhliches Fest, an dem die Menschen teilhaben, das ihre Gefühle ausdrückt und Lebensfreude vermittelt." Als Stil befürwortete er eine Melange aus südamerikanischer Eleganz und europäischer Nüchternheit.

◆ Als Trainer WM-Teilnehmer 1978 und 1982. Weltmeister 1978.

Milla, Roger (geb. 20.5.1952)
Bei seinem ersten WM-Auftritt 1982 war Milla bereits 30 Jahre alt. Zum WM-Star wurde er allerdings erst 38-jährig 1990. Zuvor war Milla fast im Indischen Ozean „verschollen". Auf der Ferieninsel Reunion hatte Milla „ein bisschen für Zeitungen geschrieben, sich einen schönen Tag gemacht, nebenbei mit seinem Verein Jeunesse Sportive Saint-Pierose die Inselmeisterschaft gewonnen und den Pokal". *(FAZ)* Als die WM 1990 näher rückte, erinnerte man sich in seiner Heimat seiner Torjägerqualitäten. Insbesondere Staatspräsident Paul Biya machte sich für den Routinier stark. Aufgrund seines Alters bestritt Milla in Italien zwar kein Spiel über die volle Distanz, erzielte aber vier der insgesamt sieben Tore Kameruns und trug maßgeblich dazu bei, dass den *Lions* als erstem Team Afrikas der Einzug in ein WM-Viertelfinale gelang. Auch bei der WM 1994 war Milla 42-jährig dabei und löste damit Dino Zoff als ältesten WM-Star ab. Im Gruppenspiel gegen Russland (1:6) erzielte Milla für Kamerun den Ehrentreffer. 1976 und 1990 wurde Milla in Afrika zum Fußballer des Jahres gekürt. Hinter dem Liberianer George Weah zum zweitbesten Spieler Afrikas aller Zeiten gewählt. 1984 und 1988 mit Kamerun Afrikameister. Miller verbrachte den Großteil seiner Profikarriere (1977 bis 1989) in Frankreich, wo er 422 Erstligaspiele (220 Tore) und 92 Zweitligaspiele (49 Tore) bestritt.

◆ WM-Teilnehmer 1982, 1990 und 1994.

Monti, Luisito
(geb. 15.1.1901, gest. 1983)
Der argentinische Stopper ist der einzige Spieler der World-Cup-Geschichte, der für zwei verschiedene Nationen im WM-Finale stand. 1930 wurde Monti mit Argentinien Vize-Weltmeister, 1934 mit Italien Weltmeister.
Nach der WM 1930 war Monti seinem argenti-

nischen Landsmann Orsi zu Juventus Turin gefolgt. Zuvor kickte er für Huracans San Lorenzo. Wie Orsi wurde auch Monti, dessen Eltern 1918 nach Argentinien ausgewandert waren, von den italienischen Behörden „naturalisiert". Monti besaß den Ruf eines knüppelharten Spielers, bei dem die Grenzen zur Brutalität häufig verwischten.

◆ 17 Länderspiele (2 Tore) für Argentinien, 18 Länderspiele (1 Tor) für Italien. WM-Teilnehmer 1930 (Argentinien) und 1934 (Italien). Weltmeister 1934 (Italien), Vize-Weltmeister 1930 (Argentinien).

Moore, Robert Francis
(geb. 12.4.1941, gest. 24.2.1993)
Der Kapitän und Abwehrchef des englischen Weltmeisterteams galt als „Gentleman" auf dem Spielfeld. Moore kickte 16 Jahre für den Londoner Klub West Ham United, mit dem er 1965 den Europapokal der Pokalsieger gewann. Moore, der danach noch für den FC Fulham und in den USA kickte, bestritt 999 Ligaspiele. 91-mal war Moore Spielführer Englands. 1968 wurde er zu Englands Fußballer des Jahres gewählt.

◆ 108 Länderspiele (2 Tore) für England. WM-Teilnehmer 1962, 1966 und 1970. Weltmeister 1966.

Müller, Gerd (geb. 3.11.1945)

Der untersetzte Torjäger mit den voluminösen Oberschenkeln war ein typischer Strafraumspieler, der selbst hart -bedrängt und auf engstem Raum zum Torerfolg kam. Sein Mitspieler Franz Beckenbauer: „Er ist ein Phänomen. Ich sehe auf der ganzen Welt keinen, der in seine Fußstapfen treten könnte." In einem internationalen Vergleich kommt der Ungar Kocsis auf den gleichen Torquotienten (1,10 Tore pro Länderspiel) wie Müller. Bei zwei WM-Turnieren schoss Müller insgesamt 14 Treffer und liegt damit in der Gesamtwertung vor Just Fontaine (13) und Pelé (12) auf Platz eins. 1970 wurde er mit zehn Toren WM-Torschützenkönig. Allein in der Vorrunde erzielte er sieben der insgesamt zehn deutschen Tore. Müller kickte für den FC Bayern München, mit dem er viermal Deutscher Meister (1969, 1972, 1973 und 1974) und viermal DFB-Pokalsieger (1966, 1967, 1969 und 1971) wurde sowie einmal den Europapokal der Pokalsieger (1967) und dreimal in Folge den Europapokal der Landesmeister (1974, 1975 und 1976) gewann. Deutschlands erfolgreichster Mittelstürmer aller Zeiten wurde sechsmal Torschützenkönig der Bundesliga (1967, 1969, 1970, 1972, 1973 und 1974). Seine 40 Tore aus der Saison 1971/72 bleiben bis heute Rekord. In 585 Pflichtspielen für den FC Bayern schoss Müller 533 Tore. 1967 und 1969 wurde Müller zu Deutschlands Fußballer des Jahres gekürt. 1970 wurde Müller als erster Deutscher Fußballer des Jahres für Europa. Ebenfalls 1970 und 1972 wurde er Torschützenkönig in Europa.

◆ 62 Länderspiele (68 Tore) für Deutschland. WM-Teilnehmer 1970 und 1974. Weltmeister 1974, WM-Dritter 1970.

Müller, Thomas (geb. 13.9.1989)

Der Shooting-Star der WM 2010 hatte noch ein Jahr zuvor mit der U23-Mannschaft des FC Bayern München in der 3. Liga gespielt. Seinen Aufstieg zu einer festen Größe in der 1. Mannschaft des deutschen Rekordmeisters und damit auch seine WM-Teilnahme hatte Müller dem niederländischen Coach Luis van Gaal und dessen Vorliebe für junge, unverbrauchte Talente zu verdanken. Sein Debüt in der A-Nationalelf gab Müller am 3. März 2010 gegen Argentinien, wo er nach 67 Minuten und mit der Spielnote 4,5 vom Platz musste. Mit nur zwei Länderspielen im Gepäck – seinen zweiten Einsatz hatte er in einem Testspiel gegen Bosnien-Herzegowina (Spielnote: 2,5) – fuhr Müller nach Südafrika, stand aber im Auftaktspiel gegen Australien in der Startformation. Müller trug das Trikot mit der Nr. 13, wie schon vor ihm sein berühmter Namensvetter Gerd Müller bei den Turnieren 1970 und 1974.

Der 20-Jährige war bei sechs WM-Spielen dabei, nur im Halbfinale gegen Spanien musste er wegen einer Gelbsperre passen. In den Spielen gegen England (Achtelfinale) und Uruguay („kleines Finale") wurde Müller zum „Man of the Match" gewählt. Mit fünf Toren und drei Torverlagen wurde Müller Torschützenkönig der WM – als dritter deutscher Spieler nach Gerd Müller (1970) und Miroslav Klose (2006). Außerdem wurde er als „bester junger Spieler" ausgezeichnet.

Müllers Spielweise ist so unkonventionell wie unspektakulär, aber enorm effektiv. Der Oberbayer ist ein stürmender Mittelfeldspieler, der sich blitzschnell von einem Spieler auf der Außenposition im Mittelfeld in einen Mittelstürmer verwandeln kann.

◆ 8 Länderspiele (5 Tore) für Deutschland. WM-Teilnehmer 2010. WM-Dritter 2010. WM-Torschützenkönig 2010.

Nejedly, Oldrich
(geb. 24.12.1909, gest. 11.6.1990)
Der Tschechoslowake wurde bei der WM 1934 mit fünf Toren in vier Spielen Torschützenkönig. Im Halbfinale gegen Deutschland schoss der Stürmer von Sparta Prag sein Team mit drei Treffern fast alleine ins Finale. Körperlich

eher schmächtig, verfügte Nejedly über eine brillante Ballbehandlung und war eine Arbeitsbiene. „Seine Tore waren keine Bomben, sondern das Produkt von einzigartigem Stellungsspiel, vollendeter Körperbeherrschung und feinfühligster Ballbehandlung." (Karl-Heinz Huba) Bei der WM 1938 brach sich Nejedly beim Spiel gegen Brasilien das Bein. Für Sparta Prag traf er in 421 Spielen 391-mal ins gegnerische Tor. Nejedly blieb bis zu seinem 48. Lebensjahr aktiv und beendete seine Karriere erst nach einem neuerlichen Beinbruch.

◆ 43 Länderspiele (29 Tore) für Tschechoslowakei. WM-Teilnehmer 1934 und 1938. Vize-Weltmeister 1934.

Nilton Santos (geb. 16.5.1926)
Der Stopper und Linksverteidiger des brasilianischen Teams musste vor Beginn seiner Karriere beim Rio-Klub Botafago zunächst eine Haftstrafe wegen Kriegsdienstverweigerung absitzen. Sein Entdecker war der Kommandant des Gefängnisses. Nilton Santos galt als kluger Taktiker. Bei der WM 1958 der erste offensiv – d.h. auch jenseits der Mittellinie – agierende Abwehrspieler

◆ 83 Länderspiele (3 Tore) für Brasilien. WM-Teilnehmer 1950, 1954, 1958 und 1962. Weltmeister 1958 und 1962.

Orsi, Raimundo
(geb. 2.12.1901, gest. 6.4.1986)
Der Linksaußen, der nur mit dem rechten Fuß schießen konnte, war einer von drei gebürtigen Argentiniern im italienischen Weltmeisterteam von 1934. Bevor Orsi, dessen Eltern 1918 nach Argentinien ausgewandert waren, mit Hilfe des faschistischen Diktators Mussolini Italiener wurde, trug er das Trikot Argentiniens. Bei der Olympiade 1928 gewann er mit den Südamerikanern Silber. Orsi spielte zu dieser Zeit für Independiente Buenos Aires, deren Star er war. 1929 schloss sich Orsi Juventus Turin an. Die faschistischen Behörden Italiens erklärten den Fußballlegionär zum „oriundo" und italienisierten seinen Vornamen in „Raimondo". Orsis Eltern waren italienischer Herkunft und 1918 nach Argentinien ausgewandert. Im Dezember 1929 gab der Flügelstürmer sein Debüt im italienischen Nationaltrikot. Um seiner Einberufung zum Militär zu entgehen, kehrte Orsi im Sommer 1935 in seine Heimat zurück. Der Spieler wechselte erneut das Nationaltrikot: Am 9. August 1936 bestritt Orsi sein letztes Länderspiel – gegen Uruguay und für Argentinien. Nach dem Ende seiner Karriere widmete sich Orsi verstärkt seiner Geige und trat sogar einem Orchester bei.

◆ 15 Länderspiele (3 Tore) für Argentinien, 35 Länderspiele (13 Tore) für Italien. WM-Teilnehmer 1930 und 1934. Weltmeister 1934.

Overath, Wolfgang (geb. 29.9.1943)
Der Kölner war lange Jahre Regisseur der deutschen Nationalelf und auf diesem Posten der letztlich glücklichere Konkurrent von Günter

Netzer, den er insbesondere bei der WM 1974 aus der Stammelf verdrängte. Overath, der seine Profikarriere komplett beim 1. FC Köln absolvierte, beendete seine Nationalspielerlaufbahn 1974. 14-mal war er Kapitän des DFB-Teams. 1968 wurde Overath, der für seine weiten, präzisen Pässe berühmt war, in die Weltauswahl berufen.
◆ 81 Länderspiele (17 Tore) für Deutschland. WM-Teilnehmer 1966, 1970 und 1974. Weltmeister 1974, Vize-Weltmeister 1966 und WM-Dritter 1970.

Parreira, Carlos Alberto Gomes
(geb. 25.3.1943)
Seine Karriere bei der *Selecao* begann mit der WM 1970. Damals wurde Parreira, der zuvor u.a. ein dreimonatiges Praktikum beim niedersächsischen Fußballverband absolviert hatte, als Fitness-Trainer für Pelé und Co. nach Mexiko mitgenommen. Vier Jahre später, beim WM-Turnier in der BRD, war der gelernte Sport- und Fußballlehrer, der selbst nie professionell kickte, als Assistenztrainer dabei. 1983 wurde er erstmals Cheftrainer der *Selecao*, konnte sich auf diesem Schleudersitz aber nur ein Jahr halten. 1991 erfolgte die erneute Inthronisierung, und drei Jahre später holte Brasilien mit dem Cheftrainer Parreira den vierten WM-Titel. Brasilien war nicht das einzige Land, das Parreira zur WM führte: Auch die WM-Debütanten Kuwait (1982), Vereinigte Arabische Emirate (1990) und Saudi-Arabien (1998) erfreuten sich seiner Betreuung.
Bei der WM 2006 war er dann wieder Cheftrainer der brasilianischen Auswahl. Während er noch beim Confed-Cup 2005 mit seiner *Selecao* brilliert hatte, enttäuschte das Team ein Jahr später auf ganzer Linie und schied bereits im Viertelfinale aus. Der Trainer hatte einen rechtzeitigen Umbruch im Team versäumt. Mit seinen „Alten" ließ er unansehnlichen Ergebnisfußball spielen, bei dem Talente wie Robinho oder der Spielwitz von Ronaldinho nicht zum Zuge kamen.
◆ Als Trainer WM-Teilnehmer 1970, 1974, 1982, 1990, 1994, 1998, 2006. Weltmeister 1970 (Fitnesstrainer) und 1994 (Cheftrainer).

Pelé, Edson Arantes do Nascimento
(geb. 23.10.1940)
Der Spieler des 20. Jahrhunderts.
◆ 92 Länderspiele (77 Tore) für Brasilien. WM-Teilnehmer 1958, 1962, 1966 und 1970. Weltmeister 1958, 1962 und 1970.
(▶ Porträt siehe Seite 147)

Plánicka, Frantisek
(geb. 2.7.1904, gest. 20.7.1996)
Der Tscheche war der herausragende Keeper des WM-Turniers 1934. Plánicka maß nur 1,79 Meter und war damit für einen Torwart relativ klein. Er glich dieses Manko durch eine enorme Sprungkraft, die ihm den Namen „die Katze von Prag" einbrachte, sowie durch mutiges Zweikampfverhalten aus. Seine draufgängerische Spielweise bezahlte er mit Gehirnerschütterungen, Kopfverletzungen, zwei Armbrüchen, mehreren Rippenbrüchen, einem Schlüsselbeinbruch und mehreren Fingerverletzungen. Nach dem Spanier Zamora gilt Plánicka als bester Torhüter der ersten Hälfte des 20. Jahrhunderts.
◆ 73 Länderspiele für die Tschechoslowakei. WM-Teilnehmer 1934 und 1938. Vize-Weltmeister 1934.

Platini, Michel (geb. 21.6.1955)
Der in Lothringen aufgewachsene Nachfahre italienischer Gastarbeiter stand im Zentrum des französischen „Champagner-Fußballs" der frühen 1980er Jahre. Sein größter Erfolg mit der *Équipe tricolore*  war der Gewinn der Europa-meisterschaft 1984. Nach der WM 1982 wechselte Platini zu Juventus Turin, wo ihm ein jährliches Festgehalt von 850.000 DM garantiert wurde. Nach anfänglichen Problemen wurde der Franzose dreimal in Folge Torschützenkönig der Serie A. Ebenfalls dreimal in Folge wurde Platini zu Europas Fußballer des Jahres (1983, 1984 und 1985) gewählt. 1984 und 1985 erfolgte auch noch die Krönung zum Weltfußballer des Jahres. Ende der Achtziger wurde Platini bei einer Umfrage unter 20

Nationaltrainern zum Spieler des Jahrzehnts gewählt. Von Staatspräsident Mitterand wurde Platini 1985 zum „Ritter der Ehrenlegion" ernannt. 1988 wurde Platini Teamchef der *Équipe Tricolore,* scheiterte aber in der Qualifikation für die WM 1990. Bei der WM 1998 in Frankreich war Platini Organisationschef. Seit 2007 ist Frankreichs Fußballidol Präsident der UEFA.
◆ 72 Länderspiele (41 Tore) für Frankreich. WM-Teilnehmer 1978, 1982 und 1986. WM-Dritter 1986, WM-Vierter 1982.

Piola, Silvio, Dr. h.c. (geb. 29.9.1913)
Der Mittelstürmer, der seine Karriere beim Provinzklub Pro Vercelli begann, war bei der WM 1938 mit fünf Toren der erfolgreichste Torschütze des Weltmeisters Italien. Piola verfügte über eine enorme Durchsetzungskraft. Einmal am Ball, war er vom Leder kaum zu trennen. Piola, der noch für Lazio Rom, Juventus Turin und Novara spielte und zweimal Torschützenkönig der Serie A (1937 und 1943) wurde, trug neunmal die Kapitänsbinde der Nationalmannschaft.
◆ 34 Länderspiele (30 Tore) für Italien. WM-Teilnehmer 1938. Weltmeister 1938.

Pirlo, Andrea (geb. 19.5.1979)
Der defensive Mittelfeldmann avancierte bei der WM 2006 zum Regisseur des italienischen Weltmeisterteams. Aufgrund seiner Position und Spielweise wurde er auch „der leise Staubsauger" genannt. Nationaltrainer Marcello Lippi damals: „Pirlo ist unser leiser Führer. Er lässt seine Füße für sich sprechen." Sein eher grobschlächtiger Mitspieler Gattuso bekannte: „Wenn ich sehe, was Andrea am Ball kann, muss ich mich fragen, ob ich ein Fußballer bin." Auch der häufig extrem kritische „König" Johan Cruyff geriet ins Schwärmen: „Er ist der Zico vor der Abwehr. Er ist ein Genie. Der Ball gehorcht ihm." Pirlo wurde während des Turniers zweimal zum „Man of the Match" gekürt (gegen Ghana und nach dem Halbfinale gegen Deutschland) und später auch ins „All-Star-Team" gewählt. Den vielleicht komplettesten Spieler auf der Position vor der Abwehr zeichneten Technik, Übersicht und Spielintelligenz aus. Seinen ersten Erfolg im Trikot der *Squadra Azzurra* verbuchte Pirlo im Jahr 2000 mit dem Gewinn der U-21-Europameisterschaft. Der internationale Durchbruch gelang ihm allerdings erst, nachdem er von Inter Mailand zum Stadtrivalen AC gewechselt war, mit dem er 2003 die Champions League gewann. Bei der WM 2010 kam Pirlo verletzungsbedingt nur im letzten Gruppenspiel gegen die Slowakei für 44 Minuten zum Einsatz.
◆ 67 Länderspiele (8 Tore) für Italien. WM-Teilnehmer 2006, 2010. Weltmeister 2006.

Pozzo, Vittorio
(geb. 12.3.1886, gest. 21.12.1968)
Italienischer Nationaltrainer 1912, 1914 und 1929-1948. Neben zwei WM-Titeln fiel in diese Zeit auch der Sieg bei den Olympischen Spielen 1936 in Berlin. Für Sepp Herberger war der gebürtige Turiner „der Welt größter Fußballtrainer", andere nannten ihn den „Bismarck des Fußballs". Pozzo arbeitete nicht nur als Trainer, sondern auch als Journalist, zuweilen sogar zeitgleich. Sein publizistisches Organ war vor allem die angesehene Turiner Zeitung *La Stampa*.
◆ Als Trainer WM-Teilnehmer 1934 und 1938. Weltmeister 1934 und 1938.

Puskas, Ferenc
(geb. 7.4.1927, gest. 17.11.2006)
In den 1950ern und frühen 1960ern gehörte der Ungar zu den weltweit besten Fußballspielern. Puskas Team war der vom Verteidigungsministerium protegierte Armeeklub Honved (vormals Kispest), bei dem viele der besten Fußballer Ungarns konzentriert waren. Während  seiner Jahre mit Honved wurde Puskas 1948, 1949, 1950 und 1953 ungarischer Torschützen-könig. Sein Debüt im Nationaltrikot gab er 18-jährig im August 1945 gegen Österreich (4:2). 1952 gewann er mit Ungarn bei den Olympischen Spielen in Helsinki Gold. Sein letztes Spiel für Ungarn bestritt er im Oktober 1956, erneut gegen Österreich (2:0). Nach dem Ungarn-Aufstand und dem Einmarsch der Roten Armee (Herbst 1956) beschloss der Armeemajor Puskas, der sich gerade mit Honved auf einer Aus-

landstournee befand, im Westen zu bleiben. Im Wiener Exil legte der zur Untätigkeit Verdammte erheblich an Gewicht zu. Bei einer Größe von nur 1,59 Meter wog er bald über 80 Kilo. Zur eigenen Überraschung erhielt der Übergewichtige ein Angebot von Real Madrid. Die restliche Sperre der FIFA nutzte Puskas, um die überflüssigen Pfunde abzutrainieren.

Zur Überraschung vieler Fußballexperten gelang Puskas tatsächlich die zweite Karriere. Mit Real Madrid gewann er zwischen 1958 und 1960 dreimal hintereinander den Europapokal der Landesmeister. Beim 7:3-Sieg über Eintracht Frankfurt im Finale von 1960 schoss Puskas im Glasgower Hampden Park vier Tore. Sein letztes Europapokalfinale bestritt Puskas 1964 gegen Inter Mailand, im Alter von bereits 37 Jahren. 1960, 1961, 1963 und 1964 wurde er Torschützenkönig der spanischen Liga. In seinen acht Jahren bei Real absolvierte Puskas 372 Spiele für die „Königlichen", in denen er 324 Tore schoss. Insgesamt kam der Torjäger auf 1.176 Ligatore und gewann mit Honved und Real neun Meistertitel. Puskas, der als 14-Jähriger die Schule verließ, beherrschte vier Sprachen und hatte die spanische Staatsbürgerschaft erworben, was ihm Einsätze in der spanischen Nationalelf ermöglichte. Im November 1961 trug Puskas erstmalig das spanische Nationaltrikot, beim Länderspiel gegen Marokko (1:0) in Casablanca. 1963 wurde Puskas in die Weltauswahl berufen, 1965 war er beim Abschiedsspiel für Sir Stanley Matthews dabei. Das Idol über sein Leben und den Fußball: „Mein Leben als Fußballer würde ich als eine Love Story aufschreiben. Es begann mit meiner großen Liebe zum Fußball, und so wird es auch enden."

◆ 84 Länderspiele (83 Tore) für Ungarn, 4 Länderspiele (2 Tore) für Spanien. WM-Teilnehmer 1954 (Ungarn) und 1962 (Spanien). Vize-Weltmeister 1954.

Ramsey, Alf
(geb. 22.1.1920, gest. 28.4.1999)
Der Nachfolger von Walter Winterbottom als englischer Nationaltrainer kam von Ipswich Town. Ramsey schuf aus dem Manko, dass England damals keine Flügelstürmer besaß, das „wingless wonder". Kritiker warfen ihm eine schrecklich funktionelle Spielweise vor. Ramsey setzte auf traditionelle „urenglische" Eigenschaften wie Laufbereitschaft, Kondition und Zweikampfstärke. Nach dem Scheitern in der Qualifikation zur WM 1974 wurde Ramsey von den FA-Funktionären, zu denen er stets ein gespanntes Verhältnis unterhielt, entlassen. Schon 1966 hatte der Verband den ungeliebten Manager schnöde übergangen: Ramsey, bis heute der einzige englische Nationaltrainer, der die *Three Lions* zu einem internationalen Titel führte, erhielt nie eine Siegermedaille. Weltmeister Bobby Charlton: „Sir Alf Ramsey war der größte Manager, den England je hatte. Er gab uns unseren stolzesten Moment, den wir je im Fußball hatten. Ohne ihn hätte England 1966 nicht die WM gewonnen."

◆ Als Trainer WM-Teilnehmer 1966 und 1970. Weltmeister 1966.

Rensenbrink, Nicolaus Robert
(geb. 3.7.1947)
Bei der WM 1978 war der Niederländer mit fünf Treffern der zweitbeste Torschütze und erzielte außerdem das 1000. Endrundentor. Rob Rensenbrink verbrachte die meiste Zeit seiner Profilaufbahn in Belgien (RSC Anderlecht), wo er 1976 zum Fußballer des Jahres gewählt wurde, sowie in Frankreich (FC Toulouse).

◆ 46 Länderspiele (14 Tore) für die Niederlande. WM-Teilnehmer 1974 und 1978. Vize-Weltmeister 1974 und 1978.

Rep, Nicolas Johannes (geb. 25.11.1951)
Der Rechtsaußen ist mit sieben Treffern der erfolgreichste Torschütze der niederländischen WM-Geschichte. Mit Ajax Amsterdam gewann Rep dreimal den Europapokal der Landesmeister (1971, 1972 und 1973) und einmal den Weltpokal für Vereinsmannschaften (1972).

◆ 42 Länderspiele (12 Tore) für die Niederlande. WM-Teilnehmer 1974 und 1978. Vize-Weltmeister 1974 und 1978.

Rijkaard, Frank (geb. 30.9.1962)
Der in Amsterdam geborene Sohn surinamischer Eltern zählte in den Achtzigern und Neunzigern zu den besten Abwehrspielern der Welt. Rijkaard und seine niederländischen Kollegen Ruud Gullit und Marco van Basten hatten erheblichen Anteil daran, dass der AC Mailand

Ende der Achtziger wieder zu einer europäischen Topadresse aufstieg. Rijkaard gewann dreimal den Europapokal der Landesmeister: 1989 und 1990 mit AC Mailand, 1985 mit Ajax Amsterdam.

Sein größter Triumph mit der niederländischen Nationalmannschaft war der Gewinn der Europameisterschaft 1988. Bei der WM 1990 wurde er im Achtelfinale vom Platz gestellt, gemeinsam mit dem Deutschen Rudi Völler. Im Herbst 1998 wurde Rijkaard neuer Bondscoach. Nach dem unglücklichen Ausscheiden im Halbfinale der EM 2000 gab Rijkaard das Amt wieder ab.
◆ 73 Länderspiele (10 Tore) für die Niederlande. WM-Teilnehmer 1990 und 1994.

Rimet, Jules
(geb. 24.10.1873, gest. 16.10.1956)
Rimet wurde im nordfranzösischen Dorf Theuley geboren. Die Eltern verfügten über einen bescheidenen Wohlstand. Als sie Opfer der Agrarkrise wurden, die dem französisch-deutschen Krieg folgte, zogen sie nach Paris um. Rimet folgte ihnen im Alter von elf Jahren. In seinen Jugendjahren engagierte sich Rimet in der sozial-katholischen Bewegung Le Sillon von Marc Sagnier. Als Rimet in der Politik scheiterte, widmete er sich ganz dem Fußball. Als Katholik ergriff er Partei für die Verbände FGSPF und CFI. Rimet gehörte zu den Gründern von Red Star Paris (1897). Der Klub, dessen Präsident Rimet 1904 wurde, stieg zu einer der berühmtesten Adressen der französischen Fußballgeschichte auf. Insbesondere in den 1920ern sorgte Red Star für Furore.
1910 gab Rimet das Präsidentenamt ab, um sich nun verstärkt der Beendigung der Fraktionskämpfe im französischen Fußball und dem Aufbau eines nationalen Fußballverbands zu widmen. 1919 wurde er erster Präsident der Féderacion Francaise de Football Association (FFFA, später FFF) und blieb dies bis 1949. 1921 wurde Rimet zum FIFA-Präsidenten gewählt, obwohl er nur seine Landessprache beherrschte.

Seine christliche Einstellung prägte auch sein Wirken für den Weltfußball. Rimets Vision war die einer auf christlichen Prinzipien basierenden globalen Fußballfamilie. Wie sein Landsmann Pierre Coubertin, Vater der modernen Olympischen Spiele, sah Rimet im Sport eine Kraft für das Gute. Fußball könne Menschen und Nationen zusammenbringen, die Verständigung zwischen den „Rassen" fördern, physischen und moralischen Fortschritt bewirken sowie in gesunder Weise für Vergnügen sorgen. Während des Zweiten Weltkriegs zog sich Rimet vorübergehend vom Chefposten im französischen Fußball zurück. Er opponierte gegen die Nationalisierung des Spiels durch das mit den Nazis kollaborierende Vichy-Regime.
Rimet war ein Gegner der Existenz von Regionalverbänden wie der UEFA, die seine Vision von der „globalen Fußballfamilie" und deren Einheit störten. Deshalb plädierte er für eine direkte Mitgliedschaft der einzelnen Länder im Weltverband.
1954 legte der mittlerweile 80-jährige Rimet auf dem FIFA-Kongress in Bern sein Amt nieder. Rimets letzte Amtshandlung bestand in der Überreichung des Weltpokals, der seit 1946 den Beinamen Coupe de Jules Rimet trug, an Weltmeister Deutschland. Rimet wurde zum ersten FIFA-Ehrenpräsidenten ernannt. Sein Vermächtnis hinterließ der Franzose in dem Buch „L'Histoire merveilleuse de la coupe du Monde".

Rivaldo (geb. 19.4.1972)
Der schlacksige Brasilianer mit der Nummer 10 auf dem Trikot, der mit richtigem Namen Victor Borba Ferreira heißt, stand bei der WM 1998 zunächst im Schatten seines Mannschaftskameraden mit der Nummer 9. Denn das Medieninteresse galt dem vermeintlichen Superstar Ronaldo. Nach einer schwachen Vorstellung beim olympischen Fußballturnier in Atlanta 1996 wollte Brasiliens Coach Zagalo zunächst auf den torgefährlichen Mittelfeldspieler vom FC Barcelona verzichten. Auch die gelb-grüne Fangemeinde erblickte damals in Rivaldo den Sündenbock, wegen eines im Mittelfeld verlorenen Balles. Statt des erhofften Goldes brachte die Nationalmannschaft nur Bronze mit nach Hause. Dass Rivaldo dann in Frankreich doch noch

dabei war, hatte er dem Zagalo-Assistenten Zico zu verdanken. Rivaldo wurde zur Schaltzentrale des brasilianischen Spiels und war der beste Mann der *Selecao* beim Turnier. Dass Brasilien bis ins Finale vordrang, hatte es maßgeblich Rivaldo zu verdanken. Rivaldo zeichneten eine grandiose Ballbehandlung, Tempodribblings, exzellente Schusstechnik und Torinstinkt aus. 1999 wurde Rivaldo zum Weltfußballer des Jahres gewählt. Im gleichen Jahr war er mit neun Toren der erfolgreichste Torschütze der Selecao und wurde bei der Copa America Torschützenkönig. Als Rivaldo im Sommer 2001 auf seiner Internetseite die Absicht erklärte, Barca zu verlassen, sollte er nicht die versprochene Gehaltserhöhung von 9 Mio. DM erhalten, brach bei den Anhängern ein Sturm der Entrüstung aus, und Präsident Gaspart zahlte sofort. Sein Jahresgehalt soll anschließend 12 Mio. Euro betragen haben. Bei der WM 2002 schoss der laufaule Mittelfeldspieler bis zum Halbfinale in jedem Spiel ein Tor.

◆ 74 Länderspiele (34 Tore) für Brasilien. WM-Teilnehmer 1998 und 2002. Weltmeister 2002, Vize-Weltmeister 1998.

Rivelino, Roberto (geb. 1.1.1946)

Seine extrem hart geschlagenen, präzisen Freistöße und Distanzschüsse waren berüchtigt. Laut Hans Blickensdörfer ist Rivelino Schütze des schnellsten Tores der Fußballgeschichte, erzielt bei einem brasilianischen Meisterschaftsspiel: „Als der Schiedsrichter das Spiel anpfiff, ließ er sich den Ball von seinem Mittelstürmer um 50 cm vorlegen und pfefferte ihn mit seinem linken Hammer dahin, wo er normalerweise nur mit den vereinten Anstrengungen vieler Beine gebracht werden kann: genau ins Tor."

Die *Selecao*-Experten Gerd Fischer und Jürgen Roth über den dreifachen WM-Teilnehmer: „Dieser lässige Hund, der mit seinen langen Haaren und dem Seehundschnauzer aussah wie ein Rocker auf Brautschau, gehörte wie Netzer und Overath einer untergegangenen Epoche von technisch brillanten Mittelfeldstrategen an, die in der Lage waren, den einen genialen, spielentscheidenden Pass zu schlagen."

◆ 94 Länderspiele (26 Tore) für Brasilien. WM-Teilnehmer 1970, 1974, 1978. Weltmeister 1970, WM-Dritter 1978.

Rivera, Giovanni (18.8.1943)

Der Halbstürmer und viermalige WM-Teilnehmer wurde 1969 als erster Italiener zum besten Spieler Europas gekürt. Zuvor war Rivera mit Italien Europameister geworden und hatte mit dem AC Milan zum zweiten Male den Europapokal der Landesmeister gewonnen. Seine Spielkunst brachte ihm den Beinamen „Goldjunge" ein. Ihn zeichneten eine ausgeprägte Spielintelligenz, geniale Ballbehandlung, präzise Pässe und ein eleganter Laufstil aus. Rivera war ein vehementer Kritiker des vom Stadtrivalen Inter praktizierten Catenaccios.

Beim WM-Turnier 1970 lag Rivera mit Trainer Valcareggi über Kreuz, da dieser ihn und Inter-Star Sandro Mazzola nicht gemeinsam spielen lassen wollte. Valcareggis „Staffel-Strategie" sah vor, dass beide Stars nur jeweils eine Halbzeit absolvierten. Im Halbfinale gegen Deutschland erzielte Rivera den Siegtreffer zum 4:3, durfte aber im Finale gegen Brasilien nur sechs Minuten mitwirken.

Rivera beendete seine Karriere nach der Saison 1978/79, nachdem er den AC Milan 37-jährig zum Meistertitel geführt hatte. Später wurde er Vize-Präsident des Klubs, überwarf sich aber mit Silvio Berlusconi und verließ die Rot-Schwarzen 1987. Das Idol stieg in die Politik ein, wo er es bis zum stellvertretenden Verteidigungsminister brachte.

◆ 60 Länderspiele (14 Tore) für Italien. WM-Teilnehmer 1962, 1966, 1970, 1974. Vize-Weltmeister 1970

Romario de Souza Faria (geb. 29.1.1966)

Als Jugendlicher litt er unter Atemnot. 1979 wurde er von Vasco da Gama entdeckt, aber für zu klein befunden, weshalb er bei einem anderen Klub namens Olario landete. Romario sollte aber schließlich doch noch für Vasco da Gama auflaufen. Die folgenden Stationen lauteten PSV Eindhoven, FC Barcelona und Valencia, bevor er wieder nach Brasilen zum Rio-Klub Flamengo und erneut zu Vasco da Gama zurückkehrte. Bei der WM 1994 wurde er zum besten Spieler des Turniers gekürt. Mit fünf Toren hatte er wesentlich zum Finaleinzug der Selecao beigetragen, wobei er von seinem Nebenmann Bebeto profitierte. Vier Jahre später blieb er unberücksichtigt, weil Coach Zagalo ihn nicht für fit hielt. Sehr zum Leidwesen von Ronaldo: „Romario fehlt mir." Romario wurde Weltfußballer 1994 und ist mit 64 Toren (Stand: August 2001) nach Pelé und Zico der erfolgreichste Torschütze in der Geschichte der *Selecao*.

◆ 70 Länderspiele (55 Tore) für Brasilien, WM-Teilnehmer 1990 und 1994, Weltmeister 1994.

Ronaldinho (geb. 21.3.1980)

Ronaldo de Assis Moreira, kurz „Ronaldinho", begann seine Profikarriere 1997 beim Heimatverein Gremio Porto Alegre. Nur ein Jahr später erhielt der exzellente Techniker zweistellige Millionenangebote von europäischen Topklubs, darunter angeblich ein 75-Mio.-Euro-Angebot von Leeds United. Doch Gremio wollte nicht verkaufen, spekulierte auf noch mehr Geld – und verkalkulierte sich. Anfang 2001 war Ronaldinhos Vertrag abgelaufen, und der 20-Jährige, der 1997 mit Brasiliens die U-17-WM gewonnen hatte, wechselte zu Paris St. Germain. Dank des speziellen brasilianischen Transferrechts kassierte Gremio noch 5 Mio. Euro.

In Paris hatte Ronaldinho Probleme mit Trainer Luis Fernandez, der den Stürmer zeitweise gar nicht oder nur auf einer Defensivposition spielen ließ. Hinzu kam, dass der Hauptstadtverein nur im französischen Mittelmaß dümpelte. Der internationale Durchbruch erfolgte bei der WM 2002 in Japan/Korea. Trainer Felipe Scolari ließ Romario zu Hause, sehr zum Unwillen von Fans und Medien, die ein „Ro-Ro"-Duo – Romario und Ronaldo – wollten. Beim Confederations Cup hatte Jungspund Ronaldinho 6 Tore erzielt, in der Qualifikation für die Olympischen Spiele in Sydney sogar 9. Die WM geriet zur Geburtsstunde eines neuen „Ro-Ro"-Traumgespanns: Ronaldo und Ronaldinho. Brasilien wurde Weltmeister, und Ronaldinho avancierte zu einem der ganz großen Stars des Turniers. Im Viertelfinale bezwang er Englands Keeper Seaman mit einem stark angeschnittenen Freistoß aus großer Distanz.

Zur Saison 2003/04 wechselte Ronaldinho für ca. 25 Mio. Euro zum FC Barcelona. Mit dem Brasilianer wurde „Barca" 2004 – nach einer grandiosen Aufholjagd – Vizemeister und 2005 sowie 2006 Meister. In der Champions League gelang Ronaldinho gegen den FC Chelsea ein weiteres „unmögliches" Tor, als er den Ball aus 17 Metern Entfernung aus dem Stand mit der Picke durch eine winzige Lücke ins Tor jagte. Ronaldinho wurde zum Weltfußballer 2004 und 2005 gewählt, 2005 zu Europas Fußballer des Jahres. Nach glänzenden Leistungen im Barca-Trikot sowie beim Confed-Cup 2005 stellten ihn manche Journalisten bereits auf eine Stufe mit Pelé und Maradona. Vor der WM 2006 prophezeiten viele Experten, Ronaldinho würde der Spieler des Turniers werden. Doch Ronaldinho, der wenige Wochen zuvor mit Barca die Champions League gewonnen hatte, wurde dieser Rolle nicht gerecht. Bereits im Viertelfinale war Schluss für Brasilien und Ronaldinho, der auch damit nicht klarkam, dass er in der *Selecao* eine andere Rolle spielen musste als bei Barcelona.

Im Sommer 2008 wurde Ronaldinho, dem eine unprofessionelle Lebensweise vorgeworfen wurde, für 25 Mio. Euro an den AC Mailand verkauft, wo er jährlich 19,6 Mio. Euro einstrich (einschließlich Werbeeinnahmen). Zur WM 2010 nahm ihn Trainer Carlos Dunga nicht mit – trotz deutlicher Leistungssteigerung in der Saison 2009/10 und vehementer Fürsprache von Pelé und Staatspräsident Lula da Silva.

◆ 87 Länderspiele (32 Tore) für Brasilien, WM-Teilnehmer 2002 und 2006, Weltmeister 2002.

Ronaldo Luiz Nazario de Lima
(geb. 22.9.1976)

Ronaldo, dessen Vorbild Zico ist und der in seiner Heimat „Il Fenomeno" genannt wird, wurde bereits 1990 Profi. Der Stürmer wurde für das größte Talent des brasilianischen Fußballs seit Pelé gehalten. 1994 wechselte das Kraftpaket vom brasilianischen Klub Cruzeiro zum PSV

Eindhoven. Im März des gleichen Jahres bestritt er gegen Argentinien (2:1) sein erstes Länderspiel für Brasilien. Für Eindhoven schoss Ronaldo in 56 Spielen 55 Tore. 1996 wechselte er zum FC Barcelona (49 Spiele, 47 Tore), 1997 zu Inter Mailand, 2002 zu Real Madrid, mit dem er ein Jahr später spanischer Meister wurde. 1997 und 1998 wurde Ronaldo zu Europas Fußballer des Jahres gekürt. 1997 folgte auch noch die Wahl zum Weltfußballer des Jahres. Mittlerweile war Ronaldo zum bestbezahlten Fußballer aller Zeiten aufgestiegen. Im Finale der WM 1998 stand der gesundheitlich angeschlagene Ronaldo allerdings klar im Schatten des Franzosen Zinedine Zidane. In der brasilianischen Öffentlichkeit wurde der Sport-Gigant Nike, Sponsor der *Selecao* wie Ronaldos, die Hauptschuld am Final-Kollaps von „Il Fenomeno" zugeschoben. Ronaldos Vater Nélio beschuldigte Verbandspräsident Texeira, die Gesundheit seines Sohnes leichtfertig aufs Spiel gesetzt zu haben. Der Star der Nike-Kampagne hatte am Vorabend des Finales epilepsieartige Anfälle erlitten, musste aber trotzdem am nächsten Tag auflaufen. Der Fall beschäftigte auch das brasilianische Parlament, konnte aber nie ganz aufgeklärt werden.

Anschließend kam Ronaldo Luiz Nazario de Lima, wie der Brasilianer mit bürgerlichem Namen heißt, fast vier Jahre lang nicht mehr richtig auf die Beine. Zweimal rissen Bänder und Sehnen des rechten Knies. Erst im März 2002, knapp drei Monate vor der WM, feierte der nun endlich schmerzfreie Weltfußballer der Jahre 1996 und 1997 sein Comeback in der *Selecao*. Am 30. Juni 2002 hielt das Phänomen den Weltcup in seinen Händen und wurde mit acht Treffern, darunter beide Tore beim 2:0-Sieg im Finale gegen Deutschland, Torschützenkönig des Turniers.
Die WM 2006 sah einen übergewichtigen Ronaldo, der zwar drei Tore erzielte, ansonsten aber genauso enttäuschte wie sein Team. Immerhin durfte „Il Fenomeno" als neuer Spitzenreiter in der ewigen WM-Torschützenliste nach Hause fahren. Mit 15 Treffern löste er Gerd Müller (14) ab.
◆ 97 Länderspiele (62 Tore). WM-Teilnehmer 1994, 1998, 2002 und 2006. Weltmeister 1994 (ohne Einsatz) und 2002, Vize-Weltmeister 1998.

Rossi, Paolo (geb. 23.9.1956)
Der Toskaner begann seine Nationalspielerkarriere als Zweitligaspieler. Rossi kickte für Lanerossi Vicenza, als ihn Nationaltrainer Bearzot in den Kader für die WM 1978 berief. In Argentinien erzielte der schmächtige Stürmer, für Italien die Entdeckung des Turniers, vier Tore, doch am Ende reichte es für die *Squadra Azzurra* nur zum vierten Platz. 1980 war Rossi in einen Wettskandal verwickelt, in Folge dessen die Traditionsvereine AC Milan und Lazio Rom in die Zweitklassigkeit verbannt wurden. Rossi selbst wurde zu einer dreijährigen Sperre verurteilt, die später auf zwei Jahre reduziert wurde. 1982 wurde Rossi mit Italien Weltmeister sowie mit sechs Treffern Torschützenkönig des Turniers. Auch bei der WM 1986 zählte Rossi zum italienischen Kader, wurde aber nicht eingesetzt. 1978 wurde Rossi Italiens Fußballer des Jahres, 1982 Europas Fußballer des Jahres.

◆ 48 Länderspiele (20 Tore) für Italien. WM-Teilnehmer 1978, 1982 und 1986. Weltmeister 1982.

Rummenigge, Karl-Heinz (geb. 25.9.1955)
Beckenbauer war von seinem Talent nicht überzeugt: „Das wird nie einer." Doch der „Kaiser" sollte sich täuschen. Der dynamische und technisch beschlagene Außenstürmer vom FC Bayern München debütierte in der DFB-Elf 1976. 1984 wechselte Rummenigge vom FC Bayern zu Inter Mailand. Nach der WM 1986 erklärte er seinen Rücktritt von der Nationalmannschaft. 1980 wurde Rummenigge Fußballer des Jahres in Deutschland, ebenfalls 1980 und 1981 Euro-

pas Fußballer des Jahres. Sein größter Erfolg mit der Nationalmannschaft war der Gewinn der Europameisterschaft 1980.
◆ 95 Länderspiele (45 Tore) für Deutschland. WM-Teilnehmer 1978, 1982 und 1986. Vize-Weltmeister 1982 und 1986.

Sárosi, György, Dr. (geb. 5.8.1912)
Der Akademiker war von Haus aus eigentlich ein „Stopper", aber nichtsdestotrotz enorm torgefährlich. In 383 Ligaspielen erzielte Sárosi, dessen Stammklub Ferencváros Budapest war, 349 Tore und wurde 1936, 1940 und 1941 Torschützenkönig in Ungarn. Sárosi galt als glänzender Techniker.
◆ 61 Länderspiele (42 Tore) für Ungarn. WM-Teilnehmer 1934 und 1938. Vize-Weltmeister 1938.

Schiaffino, Juan Alberto
(geb. 28.7.1925)
Der Regisseur der uruguayischen Weltmeisterelf von 1950 wurde von Helenio Herrera wegen seines faszinierenden Stils, seiner Intelligenz und Spielübersicht gepriesen. Seine vier Tore beim 8:0-Sieg über Bolivien sind Rekord für ein WM-Endrundenspiel. Schiaffino spielte zunächst für Penárol Montevideo. Nach der WM 1950 wechselte „Pepe" nach Italien, wo er für den AC Mailand und AS Rom spielte. Weil die Familie aus Genua stammte, konnte er eingebürgert werden und noch für Italien spielen.
◆ 25 Länderspiele (11 Tore) für Uruguay, vier Länderspiele für Italien. WM-Teilnehmer 1950 und 1954. Weltmeister 1950.

Schnellinger, Karl-Heinz (geb. 31.3.1939)
Als der blonde Verteidiger zur WM 1958 reiste, war er gerade 19 Jahre alt. 1963 gehörte Schnellinger zu den ersten deutschen Italien-Legionären. Über Mantua und den AS Rom kam Schnellinger zum AC Mailand, wo er von 1965 bis 1974 spielte. Als Nationalspieler erzielte er nur ein Tor, das jedoch unvergessen blieb. Bei

der WM 1970 erzielte er im als „Jahrhundertspiel" in die Annalen eingegangenen Halbfinale gegen Italien kurz vor Ende der regulären Spielzeit den Ausgleich. 1962 wurde Schnellinger Fußballer des Jahres in Deutschland.
◆ 47 Länderspiele (1 Tor) für Deutschland. WM-Teilnehmer 1958, 1962, 1966 und 1970. Vize-Weltmeister 1966, WM-Dritter 1970, WM-Vierter 1958.

Schön, Helmut
(geb. 15.9.1915, gest. 22.2.1996)
Der „Mann mit der Mütze", wie Schön genannt wurde, ist Deutschlands erfolgreichster Bundestrainer aller Zeiten. Die Nationalmannschaft übernahm Schön 1964. Seinen Spielern räumte er viele Freiräume und Mitspracherechte ein.

Als Schön 1978 von seinem Amt zurücktrat, war er der seinerzeit erfolgreichste Nationaltrainer der Welt. Die Schön-Elf, die 1972 Europameister wurde, gilt von ihrer Spielkultur her als die beste deutsche Nationalmannschaft nach dem Kriege. Schöns Bilanz: 139 Spiele, 87 Siege, 31 Unentschieden und 21 Niederlagen. 1984 wurde Schön mit dem FIFA-Orden geehrt. Als Spieler trug Schön selbst das Nationaltrikot und absolvierte 16 Länderspiele (17 Tore).
◆ Als Trainer WM-Teilnehmer 1966, 1970, 1974 und 1978. Weltmeister 1974, Vize-Weltmeister 1966, WM-Dritter 1970.

Schumacher, Harald (geb. 6.3.1954)
Der Torhüter beerbte Sepp Maier im Kasten der deutschen Nationalelf. Bei der WM 1982 sorgte er durch ein rüdes Foul an dem Franzosen Battiston für negative Schlagzeilen. Nachdem er in seinem Buch „Anpfiff" über Doping im deutschen Profifußball berichtet hatte, wurde er aus dem DFB-Team ausgeschlossen. Schumacher war 14-mal Kapitän der Nationalmannschaft. 1984 und 1986 wurde er zum Fußballer des Jahres in Deutschland, bei der WM 1986 zum besten Torhüter des Turniers gewählt.

◆ 76 Länderspiele für Deutschland. WM-Teilnehmer 1982 und 1986. Vize-Weltmeister 1982 und 1986.

Scifo, Vincenco (geb. 19.2.1966)
Der Sohn italienischer Einwanderer war viele Jahre Belgiens international bekanntester Fußballer. Die Nationalmannschaftskarriere des Mittelfeldspielers erstreckte sich über 14 Jahre. Beim WM-Turnier 1998 war „Enzo" Belgiens Kapitän. Belgiens Fußballer des Jahres 1984 und 1990 spielte u.a. für Anderlecht Brüssel (1983-87, 1977-2000), AC Turin (1991-93) und den AS Monaco (1993-97).
◆ 84 Länderspiele (5 Tore) für Belgien. WM-Teilnehmer 1986, 1990, 1994 und 1998.

Scolari, Felipe (geb. 9.11.1948)
In den 1990er Jahren galt Scolari als erfolgreichster Vereinstrainer Lateinamerikas. Der Analytiker und Anhänger eines athletischen Kraftfußballs propagierte Defensive und Disziplin als Erfolgsrezept. Scolari: „Ich arbeite nach dem Prinzip: erst das Ergebnis, dann die Schönheit. Schön zu spielen kann kein Ziel sein, denn es ist unproduktiv."
2002 führte Scolari Brasiliens *Selecao* zur fünften WM-Titel. Anschließend übernahm er die Nationalmannschaft Portugals, mit der er bei der EM 2004 bis ins Finale vordrang und bei der WM 2006 Vierter wurde – die zweitbeste WM-Platzierung in der Geschichte des Landes.
◆ Als Trainer WM-Teilnehmer 2002 und 2006. Weltmeister 2002.

Seeler, Uwe (geb. 5.11.1936)

Sein Debüt in der Nationalelf gab der Mittelstürmer vom Hamburger SV 18-jährig im Oktober 1954. Der populäre, bodenständige Torjäger wurde 1960, 1964 und 1970 in Deutsch-land zum Fußballer des Jahres gewählt. Seeler verabschiedete sich aus der Nationalmannschaft 1970 im Alter von 34 Jahren. Als erster Fußballer wurde „uns Uwe", der 40-mal als Kapitän des DFB-Teams fungierte, mit dem Bundesverdienstkreuz ausgezeichnet. 1963 wurde Seeler für die Weltauswahl und 1964 für die Europaauswahl nominiert. Mit 21 WM-Spielen war Seeler zeitweise internationaler Rekordhalter.
◆ 72 Länderspiele (43 Tore) für Deutschland. WM-Teilnehmer 1958, 1962, 1966 und 1970. Vize-Weltmeister 1966, WM-Dritter 1970 und WM-Vierter 1958.

Shilton, Peter (geb. 18.9.1949)
Der im Wachsfigurenkabinett von Madame Tussaud verewigte Keeper ist ein Mann der Rekorde: 17 WM-Einsätze ist Shilton Englands WM-Rekordspieler, mit 125 Länderspielen Englands Rekordnationalspieler. Und 1.005 Ligaspiele sind ebenfalls nationale Bestmarke. Blieb bei WM-Spielen 502 Minuten unbezwungen. Bei seinem letzten WM-Auftritt 1990 war Shilton 40 Jahre und 293 Tage alt.
◆ 125 Länderspiele (1 Tor) für England. WM-Teilnehmer 1982, 1986 und 1990. WM-Vierter 1990.

Sindelar, Matthias
(geb. 10.2.1903, gest. 23.1.1939):
Der „Papierene", wie Sindelar aufgrund seiner schmächtigen Gestalt genannt wurde, war Mittelstürmer und die zentrale Figur des berühmten österreichischen „Wunderteams". Mit seinem geschmeidigen, fast körperlos anmutenden Spiel stellte das Arbeiterkind aus dem Wiener Stadtteil Favoriten gegnerische Abwehrreihen immer wieder vor unlösbare Probleme. Körperlich weit überlegene Gegner ließ Sindelar mit geradezu spielerischer Leichtigkeit aussteigen. Sindelar wurde zum Synonym für die so genannte „Wiener Schule", de facto ein Gegenentwurf zum mehr auf Kraft, Kondition und Athletik orientierenden „preußisch-deutschen" Fußballverständnis. Der „Papierene" galt als „denkender Fußballer", der spielerische Intelligenz und Technik dem kraftvollen Einsatz vorzog. Sein Verein war die für ihr „intellektuelles Spiel" berühmte Wiener Austria.
Seinen letzten großen Auftritt hatte Sindelar im April 1938 beim so genannten „Anschlussspiel", das offiziell als „Deutschösterreich gegen Altreich" angesetzt wurde und kurz vor der

„Volksabstimmung" über den „Anschluss" Österreichs an Nazi-Deutschland stattfand. Die Österreicher gewannen mit 2:0. Einer der beiden Torschützen war Sindelar, der anschließend vor der mit Nazigrößen gefüllten Ehrentribüne wahre Freudentänze aufführte. Sepp Herberger bemühte sich vergeblich, Sindelar für seine „großdeutsche Auswahl" bzw. die WM 1938 zu gewinnen. Sindelar und seine „halbjüdische" Freundin Camilla Castagnola starben unter mysteriösen Umständen. Im Polizeibericht war von „Tod durch Kohlendioxyd" die Rede, hervorgerufen durch einen verstopften Abzug eines Ofens, der das tödliche Gas nicht entweichen ließ. Die Spekulationen schwankten zwischen „Unglück", „Selbstmord" und „Mord". Der Beerdigung des „Mozart des Fußballs" wohnten 15.000 Menschen bei.
◆ 43 Länderspiele (25 Tore) für Österreich. WM-Teilnehmer 1934. WM-Vierter 1934.

Skoglund, Lennart (geb. 24.12.1929)
Der blonde Halblinke, dessen Aufstieg bei der WM 1950 begann, verfügte über eine exzellente Ballkontrolle. Nach dem WM-Turnier wechselte „Nacka", wie Skoglund genannt wurde, vom AIK Stockholm nach Italien, wo er für Inter Mailand, Sampdoria Genua und den SSC Neapel spielte und stets zu den Leistungsträgern zählte. Bei der WM 1954 war der Publikumsliebling nicht dabei, weil der schwedische Verband keine Legionäre duldete. Schweden scheiterte daraufhin bereits in der Qualifikation. 1958 drang Schweden dann im eigenen Land mit den Legionären bis ins Finale vor.
◆ 11 Länderspiele für Schweden. WM-Teilnehmer 1950 und 1958. Vize-Weltmeister 1958.

Socrates (geb. 19.2.1954)
Sein richtiger Name lautet Sampaio de Souza Vieira de Oliveira Socrates Brasileiro. Der Sohn eines Arztes erlernte ebenfalls den Arztberuf, obwohl er bereits 15-jährig als Profi beim FC Botafago anheuerte. Als Nationalspieler debütierte Socrates 1979 gegen Paraguay. 1980 war er bereits Kapitän der *Selecao*. Obwohl einer der besten Spieler in der Geschichte des brasilianischen Fußballs, blieb ihm der WM-Titel verwehrt, woran er nicht ganz unschuldig war. Zur WM 1986 schickte Brasilien eines der besten

Teams der brasilianischen Fußballgeschichte, scheiterte aber im Viertelfinale an Frankreich, nachdem Socrates im Elfmeterschießen versagte. Nach seinem Abschied vom Fußball (1988) ließ sich Socrates als Mediziner nieder und stieg in die Politik ein. Hier kandidierte er für die linksgerichtete Arbeiterpartei Brasiliens. Sein jüngerer Bruder Rai wurde 1994 in den USA mit der *Selecao* Weltmeister.
◆ 63 Länderspiele (17 Tore) für Brasilien. WM-Teilnehmer 1982 und 1986.

Stábile, Guillermo
(geb. 17.1.1906, gest. 26.12.1966)
Der Argentinier war Torschützenkönig der ersten WM 1930 und erzielte beim 6:3 gegen Mexiko als erster WM-Teilnehmer einen Hattrick. Der pfeilschnelle Stürmer, der die 100 Meter in elf Sekunden lief, begann als Leichtathlet und kam relativ spät zum Fußball. Seine Stärke war, in eine von seinen Mitspielern geöffnete Gasse zu sprinten, wo er dann bedient wurde und präzise vollstreckte. Nach der WM 1930 wechselte Stábile nach Italien zum FC Genuar 93, wo er schnell zu einem lokalen Star avancierte. Sein Vater war in Italien geboren, seine Mutter hatte italienische Eltern.
Von 1941 bis 1958 Trainer der argentinischen Nationalmanschaft, mit der er fünfmal Südamerikameister wurde. Bei der WM 1958 in Schweden schied seine zuvor hochgelobte *Albiceleste* allerdings bereits in der Vorrunde aus.
◆ 31 Länderspiele für Argentinien. WM-Teilnehmer 1930 (Spieler) und 1958 (Trainer). Vize-Weltmeister 1930.

Thuram, Lilian (geb. 1.1.1972)
Der geniale Verteidiger der *Équipe Tricolore* wuchs in Guadeloupe auf. Er begann seine Profikarriere 1990 beim AS Monaco. 1996 erfolgte der Wechsel in die italienische Serie A, zunächst zum AC Parma, 2001 zu Juventus Turin. Mit einer Ablöse von 35 Mio. Euro war Thuram damals der teuerste Abwehrspieler der Welt. Nach

dem Zwangsabstieg von „Juve" 2006 verließ der mittlerweile 34-Jährige Italien und schloss sich dem FC Barcelona an. Seine einzigen beiden Länderspieltore erzielte Frankreichs Rekordnationalspieler und Fußballer  des Jahres 1997 im Halbfinale der WM 1998, als die *Équipe Tricolore* Kroatien mit 2:1 besiegte. Anschließend wurde Thuram in das „All-Star-Team" gewählt.

In seiner Brache ist Thuram der Vorkämpfer gegen den Rassismus schlechthin. Die französische Regierung berief ihn in den Integrationsrat, wo er aus seiner Meinung keinen Hehl machte. Als 2005 in den Pariser Banlieues schwere Unruhen ausbrachen, avancierte Thuram zum lautstärksten und populärsten Gegenspieler des autoritären konservativen Innenministers Nicolas Sarkozy, der die rebellierenden Jugendlichen als „Gesindel" und „Taugenichtse" denunziert hatte. Thuram: „Wenn Sie diese Menschen als Gesindel bezeichnen, fühle ich mich auch angesprochen, da ich auch aus einem Banlieu komme."

♦ 121 Länderspiele (2 Tore) für Frankreich. WM-Teilnehmer 1998, 2002 und 2006. Weltmeister 1998, Vize-Weltmeister 2006.

Turek, Toni (geb. 18.1.1919, gest. 11.5.1984)
Sein Nachfolger Fritz Herkenrath, wie Turek ein Meister des Stellungsspiels, über den deutschen WM-Keeper von 1954: „Er wirkte unheimlich gelassen und strahlte eine fast beängstigende Ruhe aus." Und Mannschaftskapitän Fritz Walter: „Der guckt die Bälle weg." So auch in der 88. Minute des WM-Finales von 1954, als der Ungar Kocsis beim Stande von 3:2 für Deutschland frei auf Tureks Tor zulief: „Er kam immer näher. Als er ganz frei vor meinem Tor stand, hatte ich ihn schon ein bisschen entnervt. Er verstand nicht, dass ich auf der Linie stehen blieb und ihn nur ansah. Ich war kein Torwart, der hin- und herläuft. Ich beobachtete die Augen des Gegners und seinen Fuß. Als der Ball kam, faustete ich ihn mit beiden Händen weg."

Auch bedingt durch den Zweiten Weltkrieg war Turek, der im November 1950 erstmals das deutsche Tor gehütet hatte, nur eine kurze Nationalspielerkarriere beschieden. Nach dem WM-Finale von Bern, Tureks 19. Länderspiel, erfolgte nur noch eine Berufung in die DFB-Elf. Mit 35 Jahren war Turek der älteste Spieler im Weltmeisterteam von 1954.

♦ 20 Länderspiele für Deutschland. WM-Teilnehmer 1954. Weltmeister 1954.

Valderrama, Carlos Alberto
(geb. 2.9.1961)
Kolumbiens Kinder nennen ihn „el pibe" (kleiner Junge). Mit seiner Löwenmähne und brillanten Technik gehörte der Spielmacher der kolumbianischen Nationalmannschaft zu den auffälligsten Spielerpersönlichkeiten bei den Weltturnieren der 1990er Jahre. Bei allen WM-Auftritten auch Kapitän Kolumbiens. Valderrama, der seine Nationalspielerkarriere 1998 nach 13 Jahren im Nationaltrikot beendete, ist kolumbianischer Rekordnationalspieler und wurde zum „Jahrhundertfußballer Kolumbiens" gewählt. Vor dem Eingang des Stadions seiner Heimatstadt Santa Mara wurde für „el pibe" ein 7,5 Meter hohes Bronzedenkmal errichtet.

♦ 111 Länderspiele für Kolumbien, WM-Teilnehmer 1990, 1994 und 1998.

Varela, Obdulio
Der Mittelfeldspieler war der erste farbige Kapitän in der Geschichte der Nationalmannschaft Uruguays sowie der erste Farbige, der als Kapitän die WM-Trophäe in Empfang nehmen durfte. Varela, der auf die Spitznamen „Der schwarze Boss" und „El Caudillo" hörte, zählte zur politischen Linken seines Landes. 1948 führte er einen Streik der uruguayischen Fußballer an. Varela pflegte sich vor Spielen mit Wein zu „dopen", weshalb man ihn auch „Zechbruder" nannte.

♦ 53 Länderspiele für Uruguay, WM-Teilnehmer 1950 und 1954. Weltmeister 1950.

Völler, Rudi (geb. 13.4.1960)
Der „grauer Wolf" und „Tante Käthe" genannte grauhaarige Publikumsliebling stürmte in der Bundesliga für 1860 München, vor allem aber den SV Werder Bremen. 1983 wurde Völler Tor-

schützenkönig und Fußballer des Jahres. 1987 wechselte er zum AS Rom, 1992 schließlich zu Olympique Marseille. Mit den Franzosen gewann er 1993 den Europapokal der Landesmeister. Sein größter Erfolg war  jedoch der Gewinn des WM-Titels 1990. 1992 verabschiedete sich Völler aus der Nationalmannschaft, wurde aber für das WM-Turnier 1994 noch einmal reaktiviert. Nach der EM 2000, die einen Tiefpunkt der Nationalmannschaft markierte, wurde Völler, mittlerweile Sportdirektor bei Bayer Leverkusen, neuer Teamchef. Gemeinsam mit seinem Coach Michael Skibbe hauchte Völler der in der Öffentlichkeit völlig diskreditierten und am Boden liegenden Nationalmannschaft wieder Teamgeist ein, rüstete die „EM-Versager" moralisch auf und verjüngte den Kader Schritt für Schritt. Auch in taktischer Hinsicht legte das Team zu. Der ehemalige Torjäger war auch als Trainer ein absoluter Glücksgriff: Bei der WM 2002 drang das DFB-Team zur Überraschung vieler Experten bis ins Finale vor. Schönen Fußball spielte das DFB-Team zwar noch immer nur selten, aber zumindest stimmte die Einstellung. Und im Gegensatz zu seinen Vorgängern Vogts und Ribbeck quälte Völler nicht die Weltöffentlichkeit mit Elogen auf die „deutschen Tugenden". Völler demissionierte nach einer für die DFB-Elf enttäuschenden EM 2004.
◆ Als Spieler: 90 Länderspiele (47 Tore) für Deutschland. WM-Teilnehmer 1986, 1990 und 1994. Weltmeister 1990, Vize-Weltmeister 1986. Als Trainer: Vize-Weltmeister 2002.

Vogts, Hans Hubert (geb. 30.12.1946)
Der kleine „Terrier" von Borussia Mönchengladbach schaltete im WM-Finale von 1974 den Spielmacher der Niederlande, Johan Cruyff, aus und ebnete so den Weg zum deutschen Titelgewinn. Bei der WM 1978 war er Kapitän des DFB-Teams. 1990 beerbte Vogts seinen ehemaligen Mitspieler Franz Beckenbauer als Bundestrainer. Seine WM-Bilanz als Trainer las sich weniger erfolgreich: 1994 und 1998 schied das DFB-Team jeweils bereits im Viertelfinale aus.
◆ 96 Länderspiele (1 Tor) für Deutschland. Als Spieler: WM-Teilnehmer 1970, 1974 1978. Weltmeister 1974, WM-Dritter 1970. Als Trainer: WM-Teilnehmer 1994 und 1998.

Walter, Fritz (geb. 31.10.1920)
In Deutschland ist Walter, auch „der alte Fritz" genannt, Synonym für eine Spielergeneration, die nach dem Kriegsende wieder die Massen in die Stadien mobilisierte. Auf dem Feld war der Lauterer Torschütze, Regisseur und „ver-  längerter Arm" von Sepp Herberger. Als Kopf und Ideengeber der Mannschaft setzte er die Vorstellungen des Bundestrainers perfekt um. Mit seinem Klub 1. FC Kaiserslautern stand Walter in fünf Endspielen um die Deutsche Meisterschaft und gewann zweimal die „Schale". Später wurde der Kapitän der Weltmeisterelf von 1954 erster „Ehrenspielführer" in der Geschichte der Nationalmannschaft. 1956 erzielte Walter im Leipziger Zentralstadion ein legendär gewordenes Tor, als er beim Spiel seiner Lauterer gegen den SC Wismut Karl-Marx-Stadt den Ball im Hechtflug mit der Hacke ins Netz beförderte. Walter trug 30-mal die Kapitänsbinde des DFB-Teams. Anlässlich seines 65. Geburtstages 1985 wurde das Stadion des 1. FC Kaiserslautern in „Fritz-Walter-Stadion" umbenannt. Walter starb am 7.7.2002 im Alter von 81 Jahren.
◆ 61 Länderspiele für Deutschland (33 Tore). WM-Teilnehmer 1954 und 1958. Weltmeister 1954, WM-Vierter 1958.

Xavi Hernández (geb. 25.1.1980)
Der ballsicherste und fleißigste Passspieler in der Geschichte des Fußballs misst nur 1,68 m. Xavi behauptet den Ball durch Körpertäuschungen und geschicktes Abschirmen so lange, bis seine Mitspieler in die vorgesehenen Räume geeilt sind, wo er sie mit langen, präzisen Pässen bedient. Als vielseitiger Mittelfeldspieler kann der „Tempobestimmer" des spanischen Spiels

sowohl offensiv wie defensiv agieren. Xavi ist ein genialer Vorbereiter, was seine fehlende Torgefährlichkeit ausgleicht. Schon sein Vater erkannte: „Alle Jungs wollten nach vorne stürmen und selbst ein Tor schießen – mit Ausnahme von Xavi. Der hat aus der zweiten Reihe die Zuspiele geliefert und die Gegenangriffe schon weit vorne gestoppt." Xavi selbst: „Ich müsste mehr Tore erzielen. Aber wenn ich an den Strafraum komme, entscheide ich mich fast immer für ein Zuspiel und nicht für einen Torschuss."

Für den FC Barcelona spielt Xavi seit dem zwölften Lebensjahr. Sein Debüt in der Primera División gab er 19-jährig am 3. Oktober 1998 in Valencia. In den folgenden Jahren beerbte er seinen heutigen Vereinstrainer Pep Guardiola in der Rolle des Spielmachers. Im April 1999 wurde Xavi mit Spanien in Nigeria Junioren-Weltmeister, sein erstes Länderspiel für die A-Elf bestritt der Katalane am 15. November 2000 – ausgerechnet gegen die Niederlande (2:1).

Die Spielzeiten 2007/08 bis 2009/10 waren die bislang erfolgreichsten seiner Karriere: Xavi gewann mit Barça die Champions League, die Klub-Weltmeisterschaft (jeweils 2009) und zweimal die spanische Meisterschaft (2009, 2010), mit der *Selección* wurde er Europameister (2008) und Weltmeister (2010). Außerdem kürte ihn die UEFA 2009 zum besten Mittelfeldspieler der Champions League. Bei der Wahl zu Europas Fußballer des Jahres 2009 und zum Weltfußballer des Jahres 2009 wurde er jeweils Dritter. Xavi spielt nicht nur für Spaniens *Selección*, sondern auch für Kataloniens *Selecció Catalana de Futbol*.

◆ 95 Länderspiele (8 Tore) für Spanien. WM-Teilnehmer 2002, 2006 und 2010. Weltmeister 2010.

Zagalo, Mario Jorge Lobo
(geb. 10.3.1928)
In der brasilianischen Nationalmannschaft bekleidete er die Position des Linksaußen. Der Brasilianer war der erste Mann, der sowohl als Spieler wie als Trainer Weltmeister wurde. Nach ihm gelang dies bislang nur noch Franz Beckenbauer. 1992 wurde Zagalo mit dem FIFA-Orden in Gold geehrt.

◆ 43 Länderspiele (4 Tore) für Brasilien. Als Spieler: WM-Teilnehmer 1958, 1962 und 1966. Weltmeister 1958 und 1962. Als Trainer: WM-Teilnehmer 1970, 1974 und 1998. Weltmeister 1970, Vize-Weltmeister 1998.

Zamora, Martinez Ricardo
(geb. 21.1.1901, gest. 18.9.1978)
Sein Markenzeichen war eine eigenartige Ellbogenabwehr („Zamorana"). In Spanien wurde Zamora „El Divino", der Göttliche, getauft. Zamora hütete 16 Jahre das Tor der spanischen Nationalmannschaft, von 1920 bis 1936. In diesen Jahren brachte er die gegnerischen Stürmer so häufig zur Verzweiflung, dass den wenigen, die ihn überwanden, zuweilen Geschenke überreicht wurden. Der Keeper besaß Sinn für die Show. Mit spektakulären Paraden und auffälliger Kleidung (schwarzer Pullover, weiße Knieschoner, gelbe Handschuhe) stieg Zamora zu einem der ersten Superstars der internationalen Fußballgeschichte auf. Die Ära Zamora korrespondierte mit der erfolgreichsten Dekade des spanischen Nationalmannschaftsfußballs. Beim olympischen Fußballturnier 1920 gewann Spanien mit Zamora Silber, 1929 war Zamora dabei, als England bezwungen wurde (4:3), die erste Niederlage für das „Mutterland" außerhalb der britischen Insel.

◆ 46 Länderspiele für Spanien. WM-Teilnehmer 1934.

Zico (geb. 3.3.1953)
Der Carioca aus Rios armer Zona Norte, der mit richtigem Namen Arthur Antunes Coimbra heißt, wurde auch „der weiße Pelé" genannt. Zico spielte 1967-83 für den Rio-Klub Flamengo. 1983 wechselte er zum italienischen Klub Udinese. 1985 erfolgte die Rückkehr nach Brasilien, wo er bis 1990 erneut für Fla-

mengo kickte. Zicos Heimat war das Maracanã-Stadion, Spielstätte von gleich vier Rio-Klubs. „Für mich war es immer einfacher, vor 150.000 Menschen zu spielen als vor 1.500." Mit anderen Fußballlegenden wie Cruyff, Eusebio und Platini teilt Zico das Schicksal, nie Weltmeister geworden zu sein. Zico wurde 1977, 1982 und 1986 zum Fußballer des Jahres in Südamerika gewählt. Anfang der 1990er Jahre war Zico für kurze Zeit Sportminister Brasiliens.

◆ 89 Länderspiele (66 Tore) für Brasilien. WM-Teilnehmer 1978, 1982 und 1986. Brasilianischer Torschützenkönig 1978, 1979 und 1982. Südamerikas Fußballer des Jahres 1977, 1982 und 1986.

Zidane, Zinedine „Zizou" (geb. 23.6.1972)
Zidane blieb auch nach seinem „Kopfstoß-Finale" 2006 am Ende einer langen Karriere in Frankreich ein Nationalheld.
◆ 108 Länderspiele (31 Tore) für Frankreich. WM-Teilnehmer 1998, 2002 und 2006. Weltmeister 1998, Vizeweltmeister 2006. Weltfußballer der Jahre 1998, 2000 und 2003.
(▶ Porträt siehe Seite 404)

Zoff, Dino (geb. 28.2.1942)

„Ich wollte immer nur ins Tor, schon als vierjähriges Kind. Ich denke, es war eine Berufung, denn ich wollte nie ein Stürmer oder Mittelfeldspieler sein. Mit 14 machte ich mein erstes Probetraining, aber man hat mich nach Hause geschickt. Ich war zu dünn und zu klein, nur 142 Zentimeter groß. Meine Oma Adelaide hat die Sache in die Hand genommen. Ich musste ab sofort jeden Tag Eier essen, bis zu acht Stück am Tag. Ich kann heute keine Eier mehr sehen." Zoff begann seine Karriere 1957 beim US Udinese, wo er bis 1963 das Tor hütete. Seine weiteren Stationen: 1963-67 AC Mantua, 1967-72 SSC Neapel, 1972-83 Juventus Turin. Insgesamt bestritt Zoff 570 Punktspiele in der italienischen Liga. Für Juventus stand er 332-mal ohne Unterbrechung zwischen den Pfosten. „Dino Nazionale", der 1982 mit der italienischen Nationalmannschaft 40-jährig Weltmeister wurde, blieb über 1.142 Länderspielminuten ohne Gegentor. 59-mal trug Zoff die Kapitänsbinde der *Squadra Azzurra*.

„Ich wollte immer nur Spieler sein." Tatsächlich wurde Zoff wie Franz Beckenbauer – in seiner Karriere fast alles: nicht nur Torwart, sondern auch Vereins- und Nationaltrainer, ja sogar Klubpräsident. Nach Beendigung seiner aktiven Karriere arbeitete Zoff zunächst als Assistenztrainer der Nationalmannschaft Italiens (1984-1986). Anschließend war „Dino Nazionale" hauptverantwortlich für die Olympiaauswahl (1986-88), Juventus Turin (1988-90), Lazio Rom (1990-93) sowie erneut die Nationalmannschaft (1998-2000). 1994-1998 saß Zoff auf dem Präsidentenstuhl von Lazio Rom. Er ist Träger des goldenen FIFA-Ordens.
◆ 112 Länderspiele für Italien. WM-Teilnehmer 1974, 1978 und 1982. Weltmeister 1982.

Zubizarreta, Andoni Urreta
(geb. 23.10.1961)
Der Keeper aus dem Baskenland war über zehn Jahre Spaniens Nr. 1. Hütete in insgesamt 619 Erstligaspielen und 84 Europapokalspielen das Tor, für Athletic Bilbao (1981-86), FC Barcelona (1986-94) und FC Valencia (1994-98). Zubizarreta, ein „ruhiger Typ mit großer Ausstrahlung" (Christoph Bausenwein), ist Spaniens Rekordnationalspieler. Der Baske interessierte sich schon zu Spielerzeiten für Natur- und Literaturwissenschaften und galt in Spanien als Experte in Sachen Heinrich Böll.
◆ 126 Länderspiele für Spanien. WM-Teilnehmer 1986, 1990, 1994, 1998.

Endlich Weltmeister: Spanien holte sich beim Turnier 2010 erstmals den WM-Cup.

Die Weltmeisterschaften in der Statistik

1930 in Uruguay

13. - 30. Juli 1930

Vorrunde

Gruppe 1:
Frankreich - Mexiko 4:1, Argentinien - Chile 3:1,
Frankreich - Chile 0:1, Mexiko - Argentinien 3:6.
Frankreich - Argentinien 0:1, Mexiko - Chile 0:3.
Qualifiziert: Argentinien.

Gruppe 2:
Jugoslawien - Brasilien 2:1, Jugoslawien - Bolivien 4:0,
Brasilien - Bolivien 4:0.
Qualifiziert: Jugoslawien.

Gruppe 3:
Rumänien - Peru 3:1, Uruguay - Peru 1:0,
Uruguay - Rumänien 4:0.
Qualifiziert: Uruguay.

Gruppe 4:
USA - Belgien 3:0, USA - Paraguay 3:0,
Paraguay - Belgien 1:0.
Qualifiziert: USA.

Halbfinale:
Argentinien - USA 6:1, Uruguay - Jugoslawien 6:1.

Finale:
Uruguay - Argentinien 4:2 (Montevideo).

Weltmeister 1930: Uruguay

1934 in Italien

Qualifikation

Gruppe 1:
Haiti - Kuba 1:3, Haiti - Kuba 1:1, Haiti - Kuba 0:6,
Mexiko - Kuba 3:2, Mexiko - Kuba 5:0, Mexiko - Kuba 4:1.
Qualifiziert: Mexiko.

Gruppe 2:
Peru trat nicht an.
Qualifiziert: Brasilien.

Gruppe 3:
Chile trat nicht an.
Qualifiziert: Argentinien.

Gruppe 4:
Ägypten - Palästina 7:1, Palästina - Ägypten 1:4.
Türkei trat nicht an.
Qualifiziert: Ägypten.

Gruppe 5:
Schweden - Estland 6:2, Litauen - Schweden 0:2.
Qualifiziert: Schweden.

Gruppe 6:
Spanien - Portugal 9:0, Portugal - Spanien 1:2.
Qualifiziert: Spanien.

Gruppe 7:
Italien - Griechenland 4:0.
Qualifiziert: Italien.

Gruppe 8:
Bulgarien - Ungarn 1:4, Österreich - Bulgarien 6:1,
Ungarn - Bulgarien 4:1.
Qualifiziert: Ungarn und Österreich.

Gruppe 9:
Polen - Tschechoslowakei 1:2, 0:2.
Qualifiziert: Tschechoslowakei.

Gruppe 10:
Jugoslawien - Schweiz 2:2, Schweiz - Rumänien 2:2
(für Schweiz 2:0 als gewonnen gewertet),
Rumänien - Jugoslawien 2:1.
Qualifiziert: Rumänien und Schweiz.

Gruppe 11:
Irland - Belgien 4:4, Holland - Irland 5:2,
Belgien - Holland 2:4.
Qualifiziert: Holland und Belgien.

Gruppe 12:
Luxemburg - Deutschland 1:9,
Luxemburg - Frankreich 1:6.
Qualifiziert: Deutschland und Frankreich.

Endrunde 27. Mai - 10. Juni 1934

zusätzliche Qualifikation: USA - Mexiko 4:2 (Rom).

Achtelfinale:
Österreich - Frankreich 3:2 n. V. (Turin), Ungarn - Ägypten 4:2 (Neapel), Brasilien - Spanien 1:3 (Genua), Italien - USA 7:1 (Rom), Deutschland - Belgien 5:2 (Florenz), Argentinien - Schweden 2:3 (Bologna), Holland - Schweiz 2:3 (Mailand), Tschechoslowakei - Rumänien 2:1 (Triest).

Viertelfinale:
Österreich - Ungarn 2:1 (Bologna),

Spanien - Italien 1:1 n. V. und 0:1 (Florenz),
Deutschland - Schweden 2:1 (Mailand),
Schweiz - Tschechoslowakei 2:3 (Turin).

Halbfinale:
Österreich - Italien 0:1 (Mailand),
Deutschland - Tschechoslowakei 1:3 (Rom).

Dritter Platz:
Deutschland - Österreich 3:2 (Neapel).

Finale:
Italien - Tschechoslowakei 2:1 n.V. (Rom).

Weltmeister 1934: Italien

1938 in Frankreich

Qualifikation

Gruppe 1:
Schweden - Finnland 4:0. Schweden - Estland 7:2,
Finnland - Deutschland 0:2, Finnland - Estland 0:1,
Deutschland - Estland 4:1, Deutschland - Schweden 5:0.
Qualifiziert: Deutschland und Schweden.

Gruppe 2:
Polen - Jugoslawien 4:0, Jugoslawien - Polen 1:0,
Norwegen - Irland 3:2, Irland - Norwegen 3:3.
Qualifiziert: Polen und Norwegen.

Gruppe 3:
Ägypten trat nicht an.
Qualifiziert: Rumänien.

Gruppe 4:
Schweiz - Portugal 2:1.
Qualifiziert: Schweiz.

Gruppe 5:
Palästina - Griechenland 1:3,
Griechenland - Palästina 1:0,
Ungarn - Griechenland 11:1.
Qualifiziert: Ungarn.

Gruppe 6:
Bulgarien -Tschechoslowakei 1: 1,
Tschechoslowakei - Bulgarien 6:0.
Qualifiziert: Tschechoslowakei.

Gruppe 7:
Lettland - Litauen 4:2, Litauen - Lettland 1:5,
Österreich - Lettland 2:1.
Qualifiziert: Österreich.

Gruppe 8:
Holland - Luxemburg 4:0, Luxemburg - Belgien 2:3,
Belgien - Holland 1:1.
Qualifiziert: Holland und Belgien.

Gruppe 9:
Argentinien und USA verzichteten.
Qualifiziert: Brasilien und Kuba.

Gruppe 10:
Japan trat nicht an.
Qualifiziert: Niederländisch-Indien.

Frankreich als Veranstalter und Italien als Weltmeister direkt qualifiziert; Österreich trat in der Endrunde nicht an.

Endrunde 4. - 19. Juni 1938

Achtelfinale:
Italien - Norwegen 2:1 n. V. (Marseille), Frankreich - Belgien 3:1 (Paris), Brasilien - Polen 6:5 n. V. (Straßburg), Tschechoslowakei - Holland 3:0 n. V. (Le Havre), Deutschland - Schweiz 1:1 n. V. und 2:4 (Paris), Ungarn - Niederländisch - Indien 6:0 (Reims), Kuba - Rumänien 3:3 n. V. und 2:1 (Toulouse).

Viertelfinale:
Frankreich - Italien 1:3 (Paris),
Brasilien - Tschechoslowakei 1:1 n. V. und 2:1 (Bordeaux),
Schweiz - Ungarn 0:2 (Lille),
Schweden - Kuba 8:0 (Antibes).

Halbfinale:
Italien - Brasilien 2:1 (Marseille),
Ungarn - Schweden 5:1 (Paris).

Dritter Platz:
Brasilien - Schweden 4:2 (Bordeaux).

Finale:
Italien - Ungarn 4:2 (Paris).

Weltmeister 1938: Italien

1950 in Brasilien

Qualifikation

Europa

Gruppe 1:
Türkei - Syrien 7:0; Österreich trat nicht gegen die Türkei an.
Qualifiziert: keiner.

Gruppe 2:
Jugoslawien - Israel 6:0, Israel - Jugoslawien 2:5,
Frankreich - Jugoslawien 1:1, Jugoslawien - Frankreich 1:1,
Jugoslawien - Frankreich 3:2 n. V..
Qualifiziert: Jugoslawien.

Gruppe 3:
Schweiz - Luxemburg 5:2, Luxemburg - Schweiz 2:3.
Belgien verzichtete gegen die Schweiz.
Qualifiziert: Schweiz.

Gruppe 4:
Irland - Finnland 3:0, Finnland - Irland 1:1,
Schweden - Irland 3:1, Irland - Schweden 1:3.
Qualifiziert: Schweden.

Gruppe 5:
Spanien - Portugal 5:1, Portugal - Spanien 2:2.
Qualifiziert: Spanien.

Gruppe 6:
Schottland - England 0:1, Wales - Nordirland 0:0,
Wales - England 1:4, Nordirland - Schottland 2:8,
England - Nordirland 9:2, Schottland - Wales 2:0.
Qualifiziert: England.

Amerika

Gruppe Südamerika 1: Argentinien trat nicht an.
Qualifiziert: Chile und Bolivien.

Gruppe Südamerika 2: Ecuador und Peru traten nicht an.
Qualifiziert: Uruguay und Paraguay.

Gruppe Mittelamerika:
USA - Mexiko 0:6, Mexiko - USA 6:2, Kuba - USA 1:1,
USA - Kuba 5:2, Kuba - Mexiko 0:3, Mexiko - Kuba 2:0.
Qualifiziert: USA und Mexiko.

Brasilien als Veranstalter und Italien als Weltmeister direkt qualifiziert.

Endrunde 24. Juni - 16. Juli 1950

Vorrunde

Gruppe 1:
Brasilien - Mexiko 4:0, Jugoslawien - Schweiz 3:0,
Brasilien - Jugoslawien 2:0, Mexiko - Schweiz 1:2,
Brasilien - Schweiz 2:2, Mexiko - Jugoslawien 1:4.
Qualifiziert: Brasilien.

Gruppe 2:
Chile - England 0:2, USA - Spanien 1:3, USA - England 1:0,
Chile - Spanien 0:2, England - Spanien 0:1, Chile - USA 5:2.
Qualifiziert: Spanien.

Gruppe 3:
Schweden - Italien 3:2, Paraguay - Italien 0:2,
Paraguay - Schweden 2:2.
Qualifiziert: Schweden.

Gruppe 4:
Uruguay - Bolivien 8:0.
Qualifiziert: Uruguay.

Endrunde

Brasilien - Schweden 7:1 (Rio de Janeiro), Uruguay - Spanien 2:2 (Sao Paulo), Brasilien - Spanien 6:1 (Rio), Uruguay - Schweden 3:2 (Sao Paulo), Schweden - Spanien 3:1 (Sao Paulo), Brasilien - Uruguay 1:2 (Rio).

Weltmeister 1950: Uruguay

1954 in der Schweiz

Qualifikation

Europa

Gruppe 1:
Norwegen - Saar 2:3, Saar - Norwegen 0:0,
BR Deutschland - Saar 3:0, Saar - BR Deutschland 1:3,
Norwegen - BR Deutschland 1:1,
BR Deutschland - Norwegen 5:1.
Qualifiziert: BR Deutschland.

Gruppe 2:
Finnland - Belgien 2:4, Belgien - Finnland 2:2,
Schweden - Belgien 2:3, Belgien - Schweden 2:0,
Finnland - Schweden 3:3, Schweden - Finnland 4:0.
Qualifiziert: Belgien.

Gruppe 3:
Nordirland - Schottland 1:3, Wales - England 1:4,
Schottland - Wales 3:3, England - Nordirland 3:1,
Wales - Nordirland 1:2, Schottland - England 2:4.
Qualifiziert: England und Schottland.

Gruppe 4:
Luxemburg - Frankreich 1:6, Frankreich - Luxemburg 8:0,
Irland - Luxemburg 4:0, Luxemburg - Irland 0:1,
Frankreich - Irland 1:0, Irland - Frankreich 3:5.
Qualifiziert: Frankreich.

Gruppe 5:
Österreich - Portugal 9:1, Portugal - Österreich 0:0.
Qualifiziert: Österreich.

Gruppe 6:
Spanien - Türkei 4:1, Türkei - Spanien 1:0,
Türkei - Spanien 2:2 n.V.. Losentscheid zugunsten der Türkei.
Qualifiziert: Türkei.

Gruppe 7:
Polen trat nicht an.
Qualifiziert: Ungarn.

Gruppe 8:
Tschechoslowakei - Rumänien 2:0, Rumänien - Tschechoslowakei 0:1, Tschechoslowakei - Bulgarien 0:0, Bulgarien - Tschechoslowakei 1:2, Rumänien - Bulgarien 3:1, Bulgarien - Rumänien 1:2.
Qualifiziert: Tschechoslowakei.

Gruppe 9:
Ägypten - Italien 1:2, Italien - Ägypten 4:1
Qualifiziert: Italien.

Gruppe 10:
Israel - Jugoslawien 0:1, Jugoslawien - Israel 1:0, Jugoslawien - Griechenland 1:0, Griechenland - Jugoslawien 0:1, Israel - Griechenland 0:2, Griechenland - Israel 1:0.
Qualifiziert: Jugoslawien.

Amerika

Gruppe 11:
Mexiko - Haiti 8:0, Haiti - Mexiko 0:4, Mexiko - USA 3:1,
USA - Mexiko 0:4, Haiti - USA 2:3, USA - Haiti 3:0.
Qualifiziert: Mexiko.

Gruppe 12:
Paraguay - Chile 4:0, Chile - Paraguay 1:3, Brasilien - Chile 1:0,
Chile - Brasilien 0:2, Brasilien - Paraguay 4:1,
Paraguay - Brasilien 0:1.
Qualifiziert: Brasilien.

Asien

Gruppe 13:
Japan - Südkorea 1:6, Südkorea - Japan 2:2.
VR China verzichtete.
Qualifiziert: Südkorea.

Schweiz als Veranstalter und Uruguay als Weltmeister direkt qualifiziert.

Endrunde 16. Juni - 4. Juli 1954

Vorrunde

Gruppe 1:
Jugoslawien - Frankreich 1:0 (Lausanne),
Brasilien - Mexiko 5:0 (Genf), Frankreich - Mexiko 3:2 (Genf),
Brasilien - Jugoslawien 1:1 n. V. (Lausanne).
Qualifiziert: Brasilien und Jugoslawien.

Gruppe 2:
Ungarn - Südkorea 9:0 (Zürich), BR Deutschland -Türkei 4:1 (Bern), Ungarn - BR Deutschland 8:3 (Basel), Türkei - Südkorea 7:0 (Genf), Entscheidungsspiel: BR Deutschland - Türkei 7:2 (Zürich).
Qualifiziert: Ungarn und BR Deutschland.

Gruppe 3: Uruguay - Tschechoslowakei 2:0 (Bern), Österreich - Schottland 1:0 (Zürich), Uruguay - Schottland 7:0 (Ba-

sel), Österreich - Tschechoslowakei 5:0 (Zürich).
Qualifiziert: Uruguay und Österreich.

Gruppe 4:
England - Belgien 4:4 n. V. (Basel), Schweiz - Italien 2:1 (Lausanne), Schweiz - England 0:2 (Bern), Italien - Belgien 4:1 (Lugano). Entscheidungsspiel: Schweiz - Italien 4:1 (Basel).
Qualifiziert: England und Schweiz.

Viertelfinale:
Uruguay - England 4:2 (Basel),
Schweiz - Österreich 5:7 (Lausanne),
BR Deutschland - Jugoslawien 2:0 (Genf),
Ungarn - Brasilien 4:2 (Bern).

Halbfinale:
BR Deutschland - Österreich 6:1 (Basel),
Ungarn - Uruguay 4:2 n. V. (Lausanne).

Dritter Platz:
Österreich - Uruguay 3:1 (Zürich).

Finale:
BR Deutschland - Ungarn 3:2 (2:2).

Weltmeister 1954: Bundesrepublik Deutschland.

1958 in Schweden

Qualifikation

Europa

Europa 1:
Irland - Dänemark 2:1, England - Dänemark 5:2,
England - Irland 5:1, Dänemark - England 1:4,
Irland - England 1:1, Dänemark - Irland 0:2.
Qualifiziert: England.

Europa 2:
Frankreich - Belgien 6:3, Frankreich - Island 8:0,
Belgien - Island 8:3, Island - Frankreich 1:5,
Island - Belgien 2:5, Belgien - Frankreich 0:0.
Qualifiziert: Frankreich.

Europa 3:
Norwegen - Bulgarien 1:2, Norwegen - Ungarn 2:1,
Ungarn - Bulgarien 4:1, Bulgarien - Ungarn 1:2,
Bulgarien - Norwegen 7:0, Ungarn - Norwegen 5:0.
Qualifiziert: Ungarn.

Europa 4:
Wales - Tschechoslowakei 1:0, DDR - Wales 2:1.
Tschechoslowakei - Wales 2:0, Tschechoslowakei - DDR 3:1,
Wales - DDR 4:1, DDR - Tschechoslowakei 1:4.
Qualifiziert: Tschechoslowakei.

Europa 5:
Österreich - Luxemburg 7:0, Holland - Luxemburg 4:1,
Österreich - Holland 3:2, Luxemburg - Holland 2:5,
Holland - Österreich 1:1, Luxemburg - Österreich 0:3.
Qualifiziert: Österreich.

Europa 6:
UdSSR - Polen 3:0, Finnland - Polen 1:3, UdSSR - Finnland 2:1,
Finnland - UdSSR 0:10, Polen - UdSSR 2:1,
Polen - Finnland 4:0; Entscheidungsspiel: UdSSR - Polen 2:0.
Qualifiziert: UdSSR.

Europa 7:
Griechenland - Jugoslawien 0:0, Griechenland - Rumänien 1:2,
Rumänien - Jugoslawien 1:1, Rumänien - Griechenland 3:0,
Jugoslawien - Griechenland 4:1, Jugoslawien - Rumänien 2:0.
Qualifiziert: Jugoslawien.

Europa 8:
Portugal - Nordirland 1:1, Italien - Nordirland 1:0,
Nordirland - Portugal 3:0, Portugal - Italien 3:0,
Italien - Portugal 3:0, Nordirland - Italien 2:1.
Qualifiziert: Nordirland.

Europa 9:
Spanien - Schweiz 2:2, Schottland - Spanien 4:2,
Schweiz - Schottland 1:2, Spanien - Schottland 4:1,
Schottland - Schweiz 3:2, Schweiz - Spanien 1:4.
Qualifiziert: Schottland.

Südamerika

Südamerika 1:
Peru - Brasilien 1:1, Brasilien - Peru 1:0.
Venezuela verzichtete.
Qualifiziert: Brasilien.

Südamerika 2:
Chile - Bolivien 2:1, Bolivien - Chile 3:0, Bolivien - Argentinien 2:0, Chile - Argentinien 0:2, Argentinien - Chile 4:0,
Argentinien - Bolivien 4:0.
Qualifiziert: Argentinien.

Südamerika 3:
Kolumbien - Uruguay 1:1, Kolumbien - Paraguay 2:3,
Uruguay - Kolumbien 1:0, Paraguay - Kolumbien 3:0,
Paraguay - Uruguay 5:0, Uruguay - Paraguay 2:0.
Qualifiziert: Paraguay.

Nord- und Mittelamerika

Untergruppe 1:
Guatemala - Costa Rica 2:6, Costa Rica - Guatemala 3:1,
Costa Rica - Curacao 4:0, Guatemala - Curacao 1:3,
Curacao - Costa Rica 1:2
Guatemala trat zum Rückspiel nicht an.

Untergruppe 2:
Mexiko - USA 6:0, USA - Mexiko 2:7, Kanada - USA 5:1,
Mexiko - Kanada 3:0, Kanada - Mexiko 0:2, USA - Kanada 2:3.

Entscheidungsspiele der Gruppensieger:
Mexiko - Costa Rica 2:0, Costa Rica - Mexiko 1:1,
Qualifiziert: Mexiko.

Asien und Afrika

Untergruppe 1:
Indonesien - VR China 2:0, VR China - Indonesien 4:3,
Entscheidungsspiel, Indonesien - VR China 0:0 n. V. (durch besseres Torverhältnis Indonesien Gruppensieger).

Untergruppe 2:
Türkei trat gegen Israel nicht an.

Untergruppe 3:
Zypern erhielt von den britischen Behörden keine Reiseerlaubnis und musste auf die Spiele gegen Ägypten verzichten.

Untergruppe 4:
Sudan - Syrien 1:0, Syrien - Sudan 1:1.

Entscheidungsspiele: Wegen des politisch motivierten Boykotts durch die übrigen Gruppenersten wurde Israel zum Sieger der Asien/Afrika-Gruppe ernannt, hatte aber zu Qualifika-

tionsspielen gegen Wales (durch Los aus den europäischen Gruppenzweiten ermittelt) anzutreten.
Israel - Wales 0:2, Wales - Israel 2:0.
Qualifiziert: Wales.

Schweden als Veranstalter und BR Deutschland als Weltmeister direkt qualifiziert.

Endrunde 8. - 29. Juni 1958
Vorrunde

Gruppe 1:
BR Deutschland - Argentinien 3:1 (Malmö), BR Deutschland - Tschechoslowakei 2:2 (Hälsingborg), BR Deutschland - Nordirland 2:2 (Malmö), Nordirland - Tschechoslowakei 1:0 (Halmstad), Nordirland - Argentinien 1:3 (Halmstad), Tschechoslowakei - Argentinien 6:1 (Hälsingborg); Entscheidungsspiel um Platz 2: Nordirland - Tschechoslowakei 2:1 n. V. (Malmö).
Qualifiziert: BR Deutschland und Nordirland.

Gruppe 2:
Frankreich - Jugoslawien 2:3 (Västeras), Frankreich - Paraguay 7:3 (Norrköping), Frankreich - Schottland 2:1 (Orebro), Jugoslawien - Paraguay 3:3 (Eskilstuna), Jugoslawien - Schottland 1:1 (Västeras), Paraguay - Schottland 3:2 (Norrköping).
Qualifiziert: Frankreich und Jugoslawien.

Gruppe 3:
Schweden - Wales 0:0 (Stockholm), Schweden - Ungarn 2:1 (Stockholm), Schweden - Mexiko 3:0 (Stockholm), Wales - Ungarn 1:1 (Sandviken), Wales - Mexiko 1:1 (Stockholm), Ungarn - Mexiko 4:0 (Sandviken); Entscheidungsspiel um Platz 2: Wales - Ungarn 2:1 (Stockholm).
Qualifiziert: Schweden und Wales.

Gruppe 4:
Brasilien - UdSSR 2:0 (Göteborg), Brasilien - England 0:0 (Göteborg), Brasilien - Österreich 3:0 (Uddevalla), UdSSR - England 2:2 (Göteborg), UdSSR - Österreich 2:0 (Boras), England - Österreich 2:2 (Boras); Entscheidungsspiel um Platz 2: UdSSR - England 1:0 (Göteborg).
Qualifiziert: Brasilien und UdSSR.

Viertelfinale:
BR Deutschland - Jugoslawien 1:0 (Malmö),
Schweden - UdSSR 2:0 (Stockholm),
Frankreich - Nordirland 4:0 (Norrköping),
Brasilien - Wales 1:0 (Göteborg).

Halbfinale:
Schweden - BR Deutschland 3:1 (Göteborg),
Brasilien - Frankreich 5:2 (Stockholm).

Dritter Platz:
Frankreich - BR Deutschland 6:3 (Göteborg).

Finale:
Schweden - Brasilien 2:5 (Stockholm).

Weltmeister 1958: Brasilien

1962 in Chile

Qualifikation

Europa

Europa 1:
Schweden - Belgien 2:0, Belgien - Schweiz 2:4, Schweiz - Belgien 2:1, Schweden - Schweiz 4:0, Belgien - Schweden 0:2, Schweiz - Schweden 3:2.
Entscheidungsspiel: Schweiz - Schweden 2:1.
Qualifiziert: Schweiz.

Europa 2:
Finnland - Frankreich 1:2, Frankreich - Bulgarien 3:0, Finnland - Bulgarien 0:2, Frankreich - Finnland 5:1, Bulgarien - Finnland 3:1, Bulgarien - Frankreich 1:0.
Entscheidungsspiel: Bulgarien - Frankreich 1:0.
Qualifiziert: Bulgarien.

Europa 3:
Nordirland - BR Deutschland 3:4, Griechenland - BR Deutschland 0:3, Griechenland - Nordirland 2:1, BR Deutschland - Nordirland 2:1, Nordirland - Griechenland 2:0, BR Deutschland - Griechenland 2:1.
Qualifiziert: BR Deutschland.

Europa 4:
Ungarn - DDR 2:0, Holland - Ungarn 0:3, DDR - Holland 1:1, DDR - Ungarn 2:3, Ungarn - Holland 3:3; Rückspiel Holland - DDR fiel wegen Visumschwierigkeiten aus.
Qualifiziert: Ungarn.

Europa 5:
Norwegen - Türkei 0:1, UdSSR - Türkei 1:0, UdSSR - Norwegen 5:2, Norwegen - UdSSR 0:3, Türkei - Norwegen 2:1, Türkei - UdSSR 1:2.
Qualifiziert: UdSSR.

Europa 6:
Luxemburg - England 0:9, Portugal - Luxemburg 6:0, Portugal - England 1:1, England - Luxemburg 4:1, Luxemburg - Portugal 4:2, England - Portugal 2:0.
Qualifiziert: England.

Europa 7/Naher Osten:
Israel - Italien 2:4, Italien - Israel 6:0.
Rumänien verzichtete.
Qualifiziert: Italien.

Europa 8:
Schottland - Irland 4:1, Irland - Schottland 0:3, Tschechoslowakei - Schottland 4:0, Schottland - Tschechoslowakei 3:2, Irland - Tschechoslowakei 1:3, Tschechoslowakei - Irland 7:1.
Entscheidungsspiel: Tschechoslowakei - Schottland 4:2 n. V..
Qualifiziert: Tschechoslowakei.

Europa 9/Afrika:
Wales - Spanien 1:2, Spanien - Wales 1:1,
Spanien musste gegen Sieger Afrika antreten:
Marokko - Spanien 0:1, Spanien - Marokko 3:2.
Qualifiziert: Spanien.

Europa 10/Asien:
Jugoslawien - Polen 2:1, Polen - Jugoslawien 1:1, Jugoslawien musste gegen Sieger Asien antreten:
Jugoslawien - Südkorea 5:1, Südkorea - Jugoslawien 1:3.
Qualifiziert: Jugoslawien.

Südamerika

Südamerika 1:
Ecuador - Argentinien 3:6, Argentinien - Ecuador 5:0.
Qualifiziert: Argentinien.

Südamerika 2:
Bolivien - Uruguay 1:1, Uruguay - Bolivien 2:1.
Qualifiziert: Uruguay.

Südamerika 3:
Kolumbien - Peru 1:0, Peru - Kolumbien 1:1.
Qualifiziert: Kolumbien.

Südamerika 4:
Paraguay war gesetzt, als Sieger der Untergruppe Nord- und Mittelamerika kam Mexiko hinzu. Mexiko - Paraguay 1:0, Paraguay - Mexiko 0:0.
Qualifiziert: Mexiko.

Nord- und Mittelamerika

Untergruppe 1:
USA - Mexiko 3:3, Mexiko - USA 3:0. Kanada verzichtete.
Untergruppe 2:
Costa Rica - Honduras 5:0, Guatemala - Costa Rica 4:4, Honduras - Costa Rica 2:1, Costa Rica - Guatemala 3:2, Honduras - Guatemala 1:1, Guatemala - Honduras 0:2 (abgebrochen). Entscheidungsspiel: Honduras - Costa Rica 0:1.
Untergruppe 3:
Surinam - Niederl. Antillen 1:2, Niederl. Antillen - Surinam 0:0.
Endrunde der Untergruppensieger:
Costa Rica - Mexiko 1:0, Costa Rica - Niederl. Antillen 6:0, Mexiko - Niederl. Antillen 7:0, Mexiko - Costa Rica 4:1, Niederl. Antillen - Costa Rica 2:0, Niederl. Antillen - Mexiko 0:0. Mexiko qualifiziert sich für die Südamerikagruppe 4.

Naher Osten/Afrika

Zypern - Israel 1: 1, Israel - Zypern 6: 1, Israel - Äthiopien 1:0 und 3:2.
Qualifiziert: Israel.

Afrika

Untergruppe 1:
Sudan und Ägypten zogen ihre Meldungen zurück.
Untergruppe 2:
Marokko - Tunesien 2:1, Tunesien - Marokko 2:1.
Entscheidungsspiel: Marokko - Tunesien 1:1 n. V..
Los für Marokko.
Untergruppe 3:
Ghana - Nigeria 4:1, Nigeria - Ghana 2:2.
Endrunde der Untergruppensieger: Ghana - Marokko 0:0, Marokko - Ghana 1:0.
Qualifiziert: Marokko

Asien

Südkorea - Japan 2: 1, Japan - Südkorea 0:2.
Indonesien verzichtete.
Qualifiziert: Südkorea.

Chile als Veranstalter und Brasilien als Weltmeister direkt qualifiziert.

Endrunde 30. Mai - 17. Juni 1962

Vorrunde

Gruppe A (Arica):
Uruguay - Kolumbien 2:1, UdSSR - Jugoslawien 2:0, Uruguay - Jugoslawien 1:3, Kolumbien - UdSSR 4:4, Uruguay - UdSSR 1:2, Kolumbien - Jugoslawien 0:5.
Qualifiziert: UdSSR und Jugoslawien.

Gruppe B (Santiago):
Chile - Schweiz 3:1, BR Deutschland - Italien 0:0, Chile - Italien 2:0, BR Deutschland - Schweiz 2:1, BR Deutschland - Chile 2:0, Schweiz - Italien 0:3.
Qualifiziert: BR Deutschland und Chile.

Gruppe C (Vina del Mar):
Brasilien - Mexiko 2:0, Spanien - Tschechoslowakei 0:1, Brasilien - Tschechoslowakei 0:0, Mexiko - Spanien 0:1, Brasilien - Spanien 2:1, Mexiko -Tschechoslowakei 3:1.
Qualifiziert: Brasilien und Tschechoslowakei.

Gruppe D (Rancagua):
Argentinien - Bulgarien 1:0, Ungarn - England 2:1, Argentinien - England 1:3, Bulgarien - Ungarn 1:6, Argentinien - Ungarn 0:0, Bulgarien - England 0:0.
Qualifiziert: Ungarn und England.

Viertelfinale:
Chile - UdSSR 2:1 (Arica),
BR Deutschland - Jugoslawien 0:1 (Santiago),
Brasilien - England 3:1 (Vina del Mar),
Ungarn - Tschechoslowakei 0:1 (Rancagua).

Halbfinale:
Chile - Brasilien 2:4 (Santiago),
Tschechoslowakei - Jugoslawien 3:1 (Vina del Mar).

Dritter Platz:
Chile - Jugoslawien 1:0 (Santiago).

Finale:
Brasilien -Tschechoslowakei 3:1 (Santiago).

Weltmeister 1962: Brasilien

1966 in England

Qualifikation

Europa

Europa 1:
Belgien - Israel 1:0, Bulgarien - Israel 4:0, Bulgarien - Belgien 3:0, Belgien - Bulgarien 5:0, Israel - Belgien 0:5, Israel - Bulgarien 1:2; Entscheidungsspiel: Bulgarien - Belgien 2:1.
Qualifiziert: Bulgarien.

Europa 2:
BR Deutschland - Schweden 1:1, BR Deutschland - Zypern 5:0, Schweden - Zypern 3:0, Schweden - BR Deutschland 1:2, Zypern - Schweden 0:5, Zypern - BR Deutschland 0:6.
Qualifiziert: BR Deutschland.

Europa 3:
Jugoslawien - Luxemburg 3:1, Luxemburg - Frankreich 0:2, Luxemburg - Norwegen 0:2, Frankreich - Norwegen 1:0, Jugoslawien - Frankreich 1:0, Norwegen - Luxemburg 4:2, Norwegen - Jugoslawien 3:0, Norwegen - Frankreich 0:1, Luxemburg - Jugoslawien 2:5, Frankreich - Jugoslawien 1:0, Frankreich - Luxemburg 4:1, Jugoslawien - Norwegen 1:1.
Qualifiziert: Frankreich.

Europa 4:
Portugal - Türkei 5:1, Türkei - Portugal 0:1, Tschechoslowakei - Portugal 0:1, Rumänien -Türkei 3:0, Rumänien - Tschechoslo-

wakei 1:0, Portugal - Rumänien 2:1, Tschechoslowakei - Rumänien 3:1, Türkei - Tschechoslowakei 0:6, Türkei - Rumänien 2:1, Portugal - Tschechoslowakei 0:0, Tschechoslowakei - Türkei 3:1, Rumänien - Portugal 2:0.
Qualifiziert: Portugal.

Europa 5:
Holland - Albanien 2:0, Nordirland - Schweiz 1:0, Albanien - Holland 0:2, Schweiz - Nordirland 2:1, Nordirland - Holland 2:1, Holland - Nordirland 0:0, Schweiz - Albanien 1:0, Albanien - Schweiz 0:2, Schweiz - Albanien 1:0, Nordirland - Albanien 4:1, Holland - Schweiz 0:0, Schweiz - Holland 2:1, Albanien - Nordirland 1:1.
Qualifiziert: Schweiz.

Europa 6:
Österreich - DDR 1:1, DDR - Ungarn 1:1, Österreich - Ungarn 0:1, Ungarn - Österreich 3:0, Ungarn - DDR 3:2, DDR - Österreich 1:0.
Qualifiziert: Ungarn.

Europa 7:
Dänemark - Wales 1:0, Griechenland - Dänemark 4:2, Griechenland - Wales 2:0, Wales - Griechenland 4:1, UdSSR - Griechenland 3:1, UdSSR - Wales 2:1, UdSSR - Dänemark 6:0, Dänemark - UdSSR 1:4, Dänemark - Wales 1:3, Dänemark - Griechenland 1:1, Wales - UdSSR 2:1, Wales - Dänemark 4:2.
Qualifiziert: UdSSR.

Europa 8:
Schottland - Finnland 3:1, Italien - Finnland 6:1, Polen - Italien 0:0, Polen - Schottland 1:1, Finnland - Schottland 1:2, Finnland - Italien 0:2, Finnland - Polen 2:0, Schottland - Polen 1:2, Polen - Finnland 7:0, Italien - Polen 6:1, Schottland - Italien 1:0, Italien - Schottland 3:0.
Qualifiziert: Italien.

Europa 9:
Irland - Spanien 1:0, Spanien - Irland 4:1; Entscheidungsspiel: Spanien - Irland 1:0.
Qualifiziert: Spanien.

Südamerika

Südamerika 1:
Peru - Venezuela 1:0, Uruguay - Venezuela 5:0, Venezuela - Uruguay 1:3, Venezuela - Peru 3:6, Peru - Uruguay 0:1, Uruguay - Peru 2:1.
Qualifiziert: Uruguay.

Südamerika 2:
Kolumbien - Ecuador 0:1, Ecuador - Kolumbien 2:0, Chile - Kolumbien 7:2, Kolumbien - Chile 2:0, Ecuador - Chile 2:2, Chile - Ecuador 3:1; Entscheidungsspiel: Chile - Ecuador 2:1.
Qualifiziert: Chile.

Südamerika 3:
Paraguay - Bolivien 2:0, Argentinien - Paraguay 3:0, Paraguay - Argentinien 0:0, Argentinien - Bolivien 4:1, Bolivien - Paraguay 2:1, Bolivien - Argentinien 1:2.
Qualifiziert: Argentinien.

Nord- und Mittelamerika

Untergruppe 1:
Jamaica - Kuba 2:0, Kuba - Niederl. Antillen 0:1, Jamaica - Niederl. Antillen 2:0, Niederl. Antillen - Kuba 1:1, Niederl. Antillen - Jamaica 0:0, Kuba - Jamaica 2:1.
Untergruppe 2:
Trinidad - Surinam 4:1, Costa Rica - Surinam 1:0, Costa Rica - Trinidad 4:0, Surinam - Costa Rica 1:3, Trinidad - Costa Rica 0:1, Surinam - Trinidad 6:1.
Untergruppe 3:
Honduras - Mexiko 0:1, Mexiko - Honduras 3:0, USA - Mexiko 2:2, Mexiko - USA 2:0, Honduras - USA 0:1, USA - Honduras 1:1.
Endrunde der Untergruppensieger:
Costa Rica - Mexiko 0:0, Jamaica - Mexiko 2:3, Mexiko - Jamaica 8:0, Costa Rica - Jamaica 7:0, Mexiko - Costa Rica 1:0, Jamaica - Costa Rica 1:1.
Qualifiziert: Mexiko.

Asien und Afrika

Alle 15 afrikanischen Verbände, die gemeldet hatten, zogen ihre Meldungen zurück, ebenso Südkorea. Südafrika wurde von der FIFA suspendiert. Die beiden verbliebenen Länder, Nordkorea und Australien, ermittelten in zwei Spielen auf neutralem Boden in Pnom Penh (Kambodscha) den Vertreter der Gruppe Asien/Afrika.
Nordkorea - Australien 6:1 und 3:1.
Qualifiziert: Nordkorea.

England als Veranstalter und Brasilien als Weltmeister direkt qualifiziert.

Endrunde 11. - 30. Juli 1966

Vorrunde

Gruppe A (London):
England - Uruguay 0:0, Frankreich - Mexiko 1:1, Uruguay - Frankreich 2:1, England - Mexiko 2:0, Mexiko - Uruguay 0:0, England - Frankreich 2:0.
Qualifiziert: England und Uruguay.

Gruppe B (Birmingham und Sheffield):
BR Deutschland - Schweiz 5:0, Argentinien - Spanien 2:1, Spanien - Schweiz 2:1, Argentinien - BR Deutschland 0:0, Argentinien - Schweiz 2:0, BR Deutschland - Spanien 2:1.
Qualifiziert: BR Deutschland und Argentinien.

Gruppe C (Liverpool und Manchester):
Brasilien - Bulgarien 2:0, Portugal - Ungarn 3:1, Ungarn - Brasilien 3:1, Portugal - Bulgarien 3:0, Portugal - Brasilien 3:1, Ungarn - Bulgarien 3:1.
Qualifiziert: Portugal und Ungarn.

Gruppe D (Middlesbrough und Sunderland):
UdSSR - Nordkorea 3:0, Italien - Chile 2:0, Nordkorea - Chile 1:1, UdSSR - Italien 1:0, Nordkorea - Italien 1:0, UdSSR - Chile 2:1.
Qualifiziert: UdSSR und Nordkorea.

Viertelfinale:
England - Argentinien 1:0 (London),
BR Deutschland - Uruguay 4:0 (Sheffield),
Portugal - Nordkorea 5:3 (Liverpool),
UdSSR - Ungarn 2:1 (Sunderland).

Halbfinale:
BR Deutschland - UdSSR 2:1 (Liverpool),
England - Portugal 2:1 (London).

Dritter Platz:
Portugal - UdSSR 2:1 (London).

Finale:
England - BR Deutschland 4:2 n. V. (London).

Weltmeister 1966: England.

1970 in Mexiko

Qualifikation

Europa

Europa 1:
Schweiz - Griechenland 1:0, Portugal - Rumänien 3:0, Rumänien - Schweiz 2:0, Griechenland - Portugal 4:2, Portugal - Schweiz 0:2, Griechenland - Rumänien 2:2, Portugal - Griechenland 2:2, Schweiz - Rumänien 0:1, Rumänien - Portugal 1:0, Griechenland - Schweiz 4:1, Schweiz - Portugal 1:1, Rumänien - Griechenland 1:1.
Qualifiziert: Rumänien.

Europa 2:
Dänemark - Tschechoslowakei 0:3, Tschechoslowakei - Dänemark 1:0, Irland - Tschechoslowakei 1:2, Ungarn - Tschechoslowakei 2:0, Dänemark - Irland 2:0, Irland - Ungarn 1:2, Dänemark - Ungarn 3:3, Tschechoslowakei - Ungarn 3:3, Tschechoslowakei - Irland 3:0, Irland - Dänemark 1:1, Ungarn - Dänemark 3:0, Ungarn - Irland 4:0;
Entscheidungsspiel: Tschechoslowakei - Ungarn 4:1.
Qualifiziert: Tschechoslowakei.

Europa 3:
Wales - Italien 0:1, DDR - Italien 2:2, DDR - Wales 2:1, Wales - DDR 1:3, Italien - Wales 4:1, Italien - DDR 3:0.
Qualifiziert: Italien.

Europa 4:
Nordirland -Türkei 4:1, Türkei - Nordirland 0:3, Nordirland - UdSSR 0:0, UdSSR - Türkei 3:0, UdSSR - Nordirland 2:0, Türkei - UdSSR 1:3.
Qualifiziert: UdSSR.

Europa 5:
Schweden - Norwegen 5:0, Frankreich - Norwegen 0:1, Norwegen - Schweden 2:5, Norwegen - Frankreich 1:3, Schweden - Frankreich 2:0, Frankreich - Schweden 3:0.
Qualifiziert: Schweden.

Europa 6:
Finnland - Belgien 1:2, Jugoslawien - Finnland 9:1, Belgien - Finnland 6:1, Belgien - Jugoslawien 3:0, Jugoslawien - Spanien 0:0, Spanien - Belgien 1:1, Belgien - Spanien 2:1, Spanien - Jugoslawien 2:1, Finnland - Jugoslawien 1:5, Finnland - Spanien 2:0, Spanien - Finnland 6:0, Jugoslawien - Belgien 4:0.
Qualifiziert: Belgien.

Europa 7:
Österreich - Zypern 7:1, Österreich - BR Deutschland 0:2, Schottland - Österreich 2:1, Zypern - BR Deutschland 0:1, Zypern - Schottland 0:5, Schottland - BR Deutschland 1:1, Zypern - Österreich 1:2, BR Deutschland - Österreich 1:0, Schottland - Zypern 8:0, BR Deutschland - Zypern 12:0, BR Deutschland - Schottland 3:2, Österreich - Schottland 2:0.
Qualifiziert: BR Deutschland.

Europa 8:
Luxemburg - Holland 0:2, Bulgarien - Holland 2:0, Holland - Luxemburg 4:0, Polen - Luxemburg 8:1, Bulgarien - Luxemburg 2:1, Holland - Polen 1:0, Bulgarien - Polen 4:1, Polen - Holland 2:1, Luxemburg - Polen 1:6, Holland - Bulgarien 1:1, Polen - Bulgarien 3:0, Luxemburg - Bulgarien 1:3.
Qualifiziert: Bulgarien.

Südamerika

Südamerika 1:
Bolivien - Argentinien 3:1, Peru - Argentinien 1:0, Bolivien - Peru 2:1, Peru - Bolivien 3:0, Argentinien - Bolivien 1:0, Argentinien - Peru 2:2.
Qualifiziert: Peru.

Südamerika 2:
Kolumbien - Venezuela 3:0, Venezuela - Kolumbien 1:1, Venezuela - Paraguay 0:2, Kolumbien - Brasilien 0:2, Venezuela - Brasilien 0:5, Kolumbien - Paraguay 0:1, Paraguay - Brasilien 0:3, Brasilien - Kolumbien 6:2, Paraguay - Venezuela 1:0, Paraguay - Kolumbien 2:1, Brasilien - Venezuela 6:0, Brasilien - Paraguay 1:0.
Qualifiziert: Brasilien.

Südamerika 3:
Ecuador - Uruguay 0:2, Chile - Uruguay 0:0, Uruguay - Ecuador 1:1, Chile - Ecuador 4:1, Ecuador - Chile 1:1, Uruguay - Chile 2:0.
Qualifiziert: Uruguay.

Nord- und Mittelamerika

Untergruppe A:
Costa Rica - Jamaica 3:0, Jamaica - Costa Rica 1:3, Honduras - Jamaica 3:1, Jamaica - Honduras 0:2, Honduras - Costa Rica 1:0, Costa Rica - Honduras 1:1.
Untergruppe B:
Guatemala - Trinidad 4:0, Trinidad - Guatemala 0:0, Trinidad - Haiti 0:4, Haiti - Trinidad 2:4, Haiti - Guatemala 2:0, Guatemala - Haiti 1:1.
Untergruppe C:
Surinam - Niederl. Antillen 6:0, El Salvador - Surinam 6:0, Niederl. Antillen - Surinam 2:0, El Salvador - Niederl. Antillen 1:0, Niederl. Antillen - El Salvador 1:2, Surinam - El Salvador 4:1.
Untergruppe D:
Kanada - Bermudas 4:0, Kanada - USA 4:2, Bermudas - Kanada 0:0, USA - Kanada 1:0, USA - Bermudas 6:2, Bermudas - USA 0:2.

Halbfinalspiele: Haiti - USA 2:0 und 1:0; Honduras - El Salvador 1:0 und 0:3. Entscheidungsspiel: El Salvador - Honduras 3:2 n.V.
Endspiele: Haiti - El Salvador 1:2 und 3:0.
Entscheidungsspiel: El Salvador - Haiti 1:0 n. V.
Qualifiziert: El Salvador.

Asien und Ozeanien

Turnier in Seoul: Japan - Australien 1:3 und 1:1; Südkorea - Japan 2:2 und 2:0; Südkorea - Australien 1:2 und 1:1. Qualifikation in Laurenco Marques: Australien - Rhodesien 1:1, 0:0 und 3:1. Turnier in Tel Aviv: Israel - Neuseeland 4:0 und 2:0.
Endspiele: Israel - Australien 1:0 und 1:1.
Qualifiziert: Israel.

Afrika

Untergruppe A: Algerien - Tunesien 1:2 und 0:0.
Untergruppe B: Marokko - Senegal 1:0 und 1:2.
Entscheidungsspiel: Marokko - Senegal 2:0.
Untergruppe C: Libyen - Äthiopien 2:0 und 1:5.
Untergruppe D: Zambia - Sudan 4:2 und 2:4 n. V., Sudan weiter, weil es im zweiten Spiel mehr Tore erzielte.
Untergruppe E: Nigeria - Kamerun 1:1 und 3:2.
Untergruppe F: Ghana (Freilos).

Halbfinalspiele:

Tunesien - Marokko 0:0 und 0:0, Entscheidungsspiel 2:2 n. V., Los für Marokko; Äthiopien - Sudan 1:1 und 1:2; Nigeria - Ghana 2:1 und 1:1.

Endrunde:
Nigeria - Sudan 2:2, Marokko - Nigeria 2:1, Sudan - Nigeria 3:3, Sudan - Marokko 0:0, Marokko - Sudan 3:0, Nigeria - Marokko 2:0.
Qualifiziert: Marokko.

Mexiko als Veranstalter und England als Weltmeister direkt qualifiziert.

Endrunde 31. Mai - 21. Juni 1970
Vorrunde

Gruppe 1 (Mexico City):
UdSSR - Mexiko 0:0, Belgien - El Salvador 3:0,
UdSSR - Belgien 4:1, Mexiko - El Salvador 4:0,
UdSSR - El Salvador 2:0, Mexiko - Belgien 1:0.
Qualifiziert: UdSSR und Mexiko.

Gruppe 2 (Puebla und Toluca):
Uruguay - Israel 2:0, Italien - Schweden 1:0,
Uruguay - Italien 0:0, Schweden - Israel 1:1,
Uruguay - Schweden 0:1, Italien - Israel 0:0.
Qualifiziert: Italien und Uruguay.

Gruppe 3 (Guadalajara):
Rumänien - England 0:1, Tschechoslowakei - Brasilien 1:4,
Rumänien - Tschechoslowakei 2:1,. England - Brasilien 0:1,
Rumänien - Brasilien 2:3, England - Tschechoslowakei 1:0.
Qualifiziert: Brasilien und England.

Gruppe 4 (Leon):
Peru - Bulgarien 3:2, Marokko - BR Deutschland 1:2,
Peru - Marokko 3:0, Bulgarien - BR Deutschland 2:5,
Peru - BR Deutschland 1:3, Bulgarien - Marokko 1:1.
Qualifiziert: BR Deutschland und Peru.

Viertelfinale:
UdSSR - Uruguay 0:1 n. V. (Mexico City),
Italien - Mexiko 4:1 (Toluca),
Brasilien - Peru 4:2 (Guadalajara),
BR Deutschland - England 3:2 n. V. (Leon).

Halbfinale:
BR Deutschland - Italien 3:4 n. V. (Mexico City),
Brasilien - Uruguay 3:1 (Guadalajara).

Dritter Platz:
BR Deutschland - Uruguay 1:0 (Mexico City).

Finale:
Brasilien - Italien 4:1 (Mexico City).

Weltmeister 1970: Brasilien

1974 in der Bundesrepublik Deutschland
Qualifikation
Europa

Europa 1:
Malta - Ungarn 0:2, Österreich - Malta 4:0, Ungarn - Malta 3:0, Schweden - Ungarn 0:0, Österreich - Schweden 2:0, Österreich - Ungarn 2:2, Schweden - Malta 7:0, Malta - Österreich 0:2, Ungarn - Österreich 2:2, Schweden - Österreich 3:2, Ungarn - Schweden 3:3, Malta - Schweden 1:2;
Entscheidungsspiel: Schweden - Österreich 2:1.
Qualifiziert: Schweden.

Europa 2:
Luxemburg - Italien 0:4, Schweiz - Italien 0:0, Luxemburg - Türkei 2:0, Türkei - Luxemburg 3:0, Italien - Türkei 0:0, Türkei - Italien 0:1, Italien - Luxemburg 5:0, Luxemburg - Schweiz 0:1, Schweiz - Türkei 0:0, Schweiz - Luxemburg 1:0, Italien - Schweiz 2:0, Türkei - Schweiz 2:0.
Qualifiziert: Italien.

Europa 3:
Belgien - Island 4:0, Island - Belgien 0:4, Norwegen - Island 4:1, Norwegen - Belgien 0:2, Holland - Norwegen 9:0, Belgien Holland 0:0, Island - Norwegen 0:4, Holland - Island 8:1, Island - Holland 0:5, Norwegen - Holland 1:2, Belgien - Norwegen 2:0, Holland - Belgien 0:0.
Qualifiziert: Holland.

Europa 4:
Finnland - Albanien 1:0, Finnland - Rumänien 1:1, DDR - Finnland 5:0, Rumänien - Albanien 2:0, DDR - Albanien 2:0, Albanien - Rumänien 1:4, Rumänien - DDR 1:0, Finnland - DDR 1:5, DDR - Rumänien 2:0, Albanien - Finnland 1:0, Rumänien - Finnland 9:0, Albanien - DDR 1:4.
Qualifiziert: DDR.

Europa 5:
Wales - England 0:1, England - Wales 1:1, Wales - Polen 2:0, Polen - England 2:0, Polen - Wales 3:0, England - Polen 1:1.
Qualifiziert: Polen.

Europa 6:
Portugal - Zypern 4:0, Zypern - Portugal 0:1, Bulgarien - Nordirland 3:0, Zypern - Bulgarien 0:4, Zypern - Nordirland 1:0, Nordirland - Portugal 1:1, Bulgarien - Portugal 2:1, Nordirland - Zypern 3:0, Nordirland - Bulgarien 0:0, Portugal - Bulgarien 2:2, Portugal - Nordirland 1:1, Bulgarien - Zypern 2:0.
Qualifiziert: Bulgarien.

Europa 7:
Spanien - Jugoslawien 2:2, Jugoslawien - Griechenland 1:0, Griechenland - Spanien 2:3, Spanien - Griechenland 3:1, Jugoslawien - Spanien 0:0, Griechenland - Jugoslawien 2:4;
Entscheidungsspiel: Jugoslawien - Spanien 1:0.
Qualifiziert: Jugoslawien.

Europa 8:
Dänemark - Schottland 1:4, Schottland - Dänemark 2:0, Dänemark - Tschechoslowakei 1:1, Tschechoslowakei - Dänemark 6:0, Schottland - Tschechoslowakei 2:1, Tschechoslowakei - Schottland 1:0.
Qualifiziert: Schottland.

Europa 9:
Frankreich - UdSSR 1:0, Irland - UdSSR 1:2, Irland - Frankreich 2:1, UdSSR - Irland 1:0, Frankreich - Irland 1:1, UdSSR - Frankreich 2:0.

Entscheidungsspiele Europa 9 - Südamerika 3:
UdSSR - Chile 0:0, Chile - UdSSR (UdSSR nicht angetreten).
Qualifiziert: Chile.

Südamerika

Südamerika 1:
Kolumbien - Ecuador 1:1, Kolumbien - Uruguay 0:0, Ecuador - Kolumbien 1:1, Ecuador - Uruguay 1:2, Uruguay - Kolumbien 0:1, Uruguay - Ecuador 4:0.
Qualifiziert: Uruguay.

Südamerika 2:
Bolivien - Paraguay 1:2, Argentinien - Bolivien 4:0, Paraguay - Argentinien 1:1, Bolivien - Argentinien 0:1, Paraguay - Bolivien 4:1, Argentinien - Paraguay 3:1.
Qualifiziert: Argentinien.

Südamerika 3:
Peru - Chile 2:0, Chile - Peru 2:0;
Entscheidungsspiel: Chile - Peru 2:1.
Chile für das Ausscheidungsspiel gegen den Sieger von Europa 9 qualifiziert (s.o.).

Nord- und Mittelamerika

Untergruppe 1:
Kanada - USA 3:2, Kanada - Mexiko 0:1, USA - Kanada 2:2, Mexiko - USA 3:1, Mexiko - Kanada 2:1, USA - Mexiko 1:2.
Untergruppe 2: Guatemala - El Salvador 1:0, El Salvador - Guatemala 0:1.
Untergruppe 3: Honduras - Costa Rica 2:1, Costa Rica - Honduras 3:3.
Untergruppe 4: Niederländische Antillen für weitere Ausscheidung qualifiziert (Jamaica verzichtete.).
Untergruppe 5: Haiti - Puerto Rico 7:0, Puerto Rico - Haiti 0:5.
Untergruppe 6: Trinidad - Antigua 11:1, Antigua - Trinidad 1:2, Surinam - Trinidad 1:2, Trinidad - Surinam 1:1, Antigua Surinam 0:6, Surinam - Antigua 3:1.

Endrundenspiele der Gruppensieger in Port-au-Prince/Haiti:
Honduras - Trinidad 2: 1, Mexiko - Guatemala 0:0, Haiti - Niederländisch Antillen 3:0, Honduras - Mexiko 1:1, Haiti - Trinidad 2:1, Niederländisch Antillen - Guatemala 2:2, Haiti - Honduras 1:0, Mexiko - Niederländisch Antillen 8:0, Trinidad - Guatemala 1:0, Honduras - Niederländisch Antillen 2:2, Haiti - Guatemala 2:1, Trinidad - Mexiko 4:0, Honduras - Guatemala 1:1, Trinidad - Niederländisch Antillen 4:0, Haiti - Mexiko 0:1.
Qualifiziert: Haiti.

Asien und Ozeanien

Untergruppe A1 (Turnier in Seoul):
Japan - Südvietnam 4:0, Hongkong - Japan 1:0, Hongkong - Südvietnam 1:0.
Untergruppe A2 (Turnier in Seoul):
Südkorea - Thailand 4:0, Israel - Malaysia 3:0, Südkorea - Malaysia 0:0, Israel - Thailand 6:0, Südkorea - Israel 0:0, Malaysia - Thailand 2:0.
Halbfinale:
Südkorea - Hongkong 3:1, Israel - Japan 1:0 n. V.
Endspiel der Untergruppe A: Südkorea - Israel 1:0 n. V.

Untergruppe B1 (Turnier in Australien):
Neuseeland - Australien 1:1, Australien - Irak 3:1, Neuseeland - Indonesien 1:1, Australien - Indonesien 2:1, Irak - Neuseeland 2:0, Australien - Neuseeland 3:3, Irak - Indonesien 1:1, Australien - Irak 0:1, Indonesien - Neuseeland 1:0, Irak - Indonesien 3:2, Australien - Indonesien 6:0, Irak - Neuseeland 4:0. Ceylon verzichtete.

Gruppe B2 (Turnier in Teheran):
Iran - Nordkorea 0:0, Syrien - Kuwait 2:1, Iran - Kuwait 2:1, Nordkorea - Syrien 1:1, Nordkorea - Kuwait 0:0, Iran - Syrien 1:0, Iran - Nordkorea 2:1, Syrien - Kuwait 2:0, Iran - Kuwait 2:0, Nordkorea - Syrien 3:0, Syrien - Iran 1:0, Kuwait - Nordkorea 2:0. Indien verzichtete.

Endspiele der Untergruppe B:
Australien - Iran 3:0, Iran - Australien 2:0.
Endspiele: Australien - Südkorea 0:0,
Südkorea - Australien 2:2.
Entscheidungsspiel Australien - Südkorea 1:0.
Qualifiziert: Australien.

Afrika

Vorrunde:
Gruppe 1: Marokko - Senegal 0:0 und 2:1.
Gruppe 2: Algerien - Guinea 1:0 und 1:5.
Gruppe 3: Ägypten - Tunesien 2:1 und 0:2.
Gruppe 4: Sierra Leone - Elfenbeinküste 0:1 und 0:2.
Gruppe 5: Kenia - Sudan 2:0 und 0:1.
Gruppe 6: Madagaskar verzichtete gegen Mauritius.
Gruppe 7: Äthiopien - Tansania 0:0, 1:1 und 3:0.
Gruppe 8: Lesotho - Zambia 0:0 und 1:6.
Gruppe 9: Nigeria - Kongo 2:1 und 1:1.
Gruppe 10: Dahomey - Ghana 0:5 und 1:5.
Gruppe 11: Togo - Zaire 0:0 und 0:4.
Gruppe 12: Gabun verzichtete gegen Kamerun.

Zwischenrunde:
Gruppe 1: Guinea - Marokko 1:1 und 0:2.
Gruppe 2: Tunesien - Elfenbeinküste 1:1 und 1:2.
Gruppe 3: Mauritius - Kenia 1:3 und 2:2.
Gruppe 4: Äthiopien - Zambia 0:0 und 2:4.
Gruppe 5: Nigeria - Ghana 2:3 abgebrochen (wurde mit 2:0 Toren für Ghana gewertet) und 0:0.
Gruppe 6: Kamerun - Zaire 0:1, 1:0 und 0:2.

Vorschlussrunde:
Gruppe 1: Elfenbeinküste - Marokko 1:1 und 1:4.
Gruppe 2: Zambia - Kenia 2:0 und 2:2.
Gruppe 3: Ghana - Zaire 1:0 und 1:4.

Endrunde:
Zambia - Marokko 4:0, Zambia - Zaire 0:2,
Zaire - Zambia 2:1, Marokko - Zambia 2:0,
Zaire - Marokko 3:0, Marokko - Zaire
(Marokko verzichtete, Spiel wurde mit 2:0 Toren für Zaire gewertet).
Qualifiziert: Zaire.

BR Deutschland als Veranstalter und Brasilien als Weltmeister direkt qualifiziert.

Endrunde 13. Juni - 7. Juli 1974

1. Finalrunde:

Gruppe 1 (Berlin und Hamburg):
BR Deutschland - Chile 1:0, DDR - Australien 2:0,
Chile - DDR 1:1, Australien - BR Deutschland 0:3,
Australien - Chile 0:0, DDR - BR Deutschland 1:0.
Qualifiziert: DDR und BR Deutschland.

Gruppe 2 (Frankfurt, Dortmund und Gelsenkirchen):
Brasilien - Jugoslawien 0:0, Zaire - Schottland 0:2,
Jugoslawien - Zaire 9:0, Schottland - Brasilien 0:0,
Zaire - Brasilien 0:3, Schottland - Jugoslawien 1:1.
Qualifiziert: Jugoslawien und Brasilien.

Gruppe 3 (Düsseldorf, Hannover und Dortmund):
Schweden - Bulgarien 0:0, Uruguay - Holland 0:2,
Holland - Schweden 0:0, Bulgarien - Uruguay 1:1,
Bulgarien - Holland 1:4, Schweden - Uruguay 3:0.
Qualifiziert: Holland und Schweden.

Gruppe 4 (München und Stuttgart):
Italien - Haiti 3:1, Polen - Argentinien 3:2, Haiti - Polen 0:7,
Argentinien - Italien 1:1, Argentinien - Haiti 4:1,
Polen - Italien 2:1.
Qualifiziert: Polen und Argentinien.

2. Finalrunde:

Gruppe A (Gelsenkirchen, Hannover und Dortmund):
Holland - Argentinien 4:0, Brasilien - DDR 1:0,
DDR - Holland 0:2, Argentinien - Brasilien 1:2,
Holland - Brasilien 2:0, Argentinien - DDR 1:1.
Qualifiziert: Holland.

Gruppe B (Düsseldorf, Stuttgart und Frankfurt):
Jugoslawien - BR Deutschland 0:2, Schweden - Polen 0:1,
Polen - Jugoslawien 2:1, BR Deutschland - Schweden 4:2,
Polen - BR Deutschland 0:1, Schweden - Jugoslawien 2:1.
Qualifiziert: BR Deutschland.

Dritter Platz:
Polen - Brasilien 1:0 (München).

Finale:
BR Deutschland - Holland 2:1 (München).

Weltmeister 1974: Bundesrepublik Deutschland

1978 in Argentinien

Qualifikation

Europa

Europa 1:
Zypern - Dänemark 1:5, Portugal - Polen 0:2,
Dänemark - Zypern 5:0, Polen - Zypern 5:0,
Portugal - Dänemark 1:0, Zypern - Portugal 1:2,
Dänemark - Polen 1:2, Zypern - Polen 1:3,
Polen - Dänemark 4:1, Dänemark - Portugal 2:4,
Polen - Portugal 1:1, Portugal - Zypern 4:0.
Qualifiziert: Polen.

Europa 2:
Finnland - England 1:4, Finnland - Luxemburg 7:1,
England - Finnland 2:1, Luxemburg - Italien 1:4,
Italien - England 2:0, England - Luxemburg 5:0,
Luxemburg - Finnland 0:1, Finnland - Italien 0:3,
Luxemburg - England 0:2, Italien - Finnland 6:1,
England - Italien 2:0, Italien - Luxemburg 3:0.
Qualifiziert: Italien.

Europa 3:
Türkei - Malta 4:0, DDR - Türkei 1:1, Malta - Österreich 0:1,
Malta - DDR 0:1, Österreich - Türkei 1:0, Österreich - Malta
9:0, Österreich - DDR 1:1, DDR - Österreich 1:1, DDR - Malta
9:0, Türkei - Österreich 0:1, Türkei - DDR 1:2, Malta - Türkei 0:3.
Qualifiziert: Österreich.

Europa 4:
Island - Belgien 0:1, Island - Holland 0:1, Holland - Nordirland
2:2, Belgien - Nordirland 2:0, Belgien - Holland 0:2, Island -

Nordirland 1:0, Holland - Island 4:1, Belgien - Island 4:0, Nordirland - Island 2:0, Nordirland - Holland 0:1, Holland - Belgien
1:0, Nordirland - Belgien 3:0.
Qualifiziert: Holland.

Europa 5:
Bulgarien - Frankreich 2:2, Frankreich - Irland 2:0, Irland -
Frankreich 1:0, Bulgarien - Irland 2:1, Irland - Bulgarien 0:0,
Frankreich - Bulgarien 3:1.
Qualifiziert: Frankreich.

Europa 6:
Schweden - Norwegen 2:0, Norwegen - Schweiz 1:0,
Schweiz - Schweden 1:2, Schweden - Schweiz 2:1, Norwegen - Schweden 2:1, Schweiz - Norwegen 1:0.
Qualifiziert: Schweden.

Europa 7:
Tschechoslowakei - Schottland 2:0, Schottland - Wales 1:0,
Wales - Tschechoslowakei 3:0, Schottland - Tschechoslowakei 3:1, Wales - Schottland 0:2, Tschechoslowakei - Wales 1:0.
Qualifiziert: Schottland.

Europa 8:
Spanien - Jugoslawien 1:0, Rumänien - Spanien 1:0, Jugoslawien - Rumänien 0:2,
Spanien - Rumänien 2:0, Rumänien - Jugoslawien 4:6, Jugoslawien - Spanien 0:1.
Qualifiziert: Spanien.

Europa 9:
Griechenland - Ungarn 1:1, UdSSR - Griechenland 2:0,
Ungarn - UdSSR 2:1, Griechenland - UdSSR 1:0, UdSSR -
Ungarn 2:0, Ungarn - Griechenland 3:0.
Entscheidungsspiel Europa 9 - Südamerika 3
Ungarn - Bolivien 6:0, Bolivien - Ungarn 2:3.
Qualifiziert: Ungarn.

Südamerika

Südamerika 1:
Kolumbien - Brasilien 0:0, Kolumbien - Paraguay 0:1,
Paraguay - Kolumbien 1:1, Brasilien - Kolumbien 6:0,
Paraguay - Brasilien 0:1, Brasilien - Paraguay 1:1.

Südamerika 2:
Venezuela - Uruguay 1:1, Bolivien - Uruguay 1:0,
Venezuela - Bolivien 1:3, Bolivien - Venezuela 2:0,
Uruguay - Venezuela 2:0, Uruguay - Bolivien 2:2.

Südamerika 3:
Ecuador - Peru 1:1, Ecuador - Chile 0:1, Chile - Peru 1:1,
Peru - Ecuador 4:0, Chile - Ecuador 3:0, Peru - Chile 2:0.

Südamerika, Endrunde in Cali/Kolumbien:
Brasilien - Peru 1:0, Brasilien - Bolivien 8:0,
Peru - Bolivien 5:0.
Qualifiziert: Brasilien und Peru.

Nord-, Mittelamerika und Karibik

Gruppe 1 (Nordamerika):
Kanada - USA 1:1, USA - Mexiko 0:0, Kanada - Mexiko 1:0,
Mexiko - USA 3:0, USA - Kanada 2:0, Mexiko - Kanada 0:0;
Entscheidungsspiel: Kanada - USA 3:0.

Gruppe 2 (Zentralamerika):
Panama - Costa Rica 3:2, Panama - El Salvador 1:1, Costa
Rica - Panama 3:0, El Salvador - Panama 4:1, Panama - Guatemala 2:4, Guatemala - Panama 7:0, El Salvador - Costa Rica

1:1, Costa Rica - Guatemala 0:0, Guatemala - El Salvador 3:1, Guatemala - Costa Rica 1:1, Costa Rica - El Salvador 1:1, El Salvador - Guatemala 2:0. Honduras verzichtete.

Gruppe 3 (Karibik):
1. Runde:
Gruppe 1: Guyana - Surinam 2:0 und 0:3.
Gruppe 2: Barbados - Trinidad 2:1, 0:1 und 1:3.
Gruppe 3: Niederl. Antillen - Haiti 1:2 und 0:7.
Gruppe 4: Jamaika - Kuba 1:3 und 0:2.
2. Runde:
Gruppe 1: Surinam - Trinidad 1:1, 2:2 und 3:2 n. V.
Gruppe 2: Kuba - Haiti 1:1, 1:1 und 0:2.

Endrunde in Mexiko:
Guatemala - Surinam 3:2, El Salvador - Kanada 2:1, Mexiko - Haiti 4:1, Mexiko - El Salvador 3:1, Kanada - Surinam 2:1, Guatemala - Haiti 2:1, Mexiko - Surinam 8:1, Haiti - El Salvador 1:0, Kanada - Guatemala 2:1, Mexiko - Guatemala 2:1, El Salvador - Surinam 3:2, Kanada - Haiti 1:1, Mexiko - Kanada 3:1, Haiti - Surinam 1:0, Guatemala - El Salvador 2:2.
Qualifiziert: Mexiko.

Asien und Ozeanien

Gruppe 1 (Turnier in Singapur):
Singapur - Thailand 2:0, Hongkong - Indonesien 4:1, Malaysia - Thailand 6:4, Singapur - Hongkong 2:2, Indonesien - Malaysia 0:0, Hongkong - Thailand 2:1, Singapur - Malaysia 1:0, Thailand - Indonesien 3:2, Hongkong - Malaysia 1:1, Singapur - Indonesien 0:4, Entscheidungsspiel: Hongkong - Singapur 1:0. Sri Lanka verzichtete.

Gruppe 2:
Israel - Südkorea 0:0, Israel - Japan 2:0 und 2:0, beide in Tel Aviv, Südkorea - Israel 3:1, Japan - Südkorea 0:0, Südkorea - Japan 1:0. Nordkorea verzichtete. .

Gruppe 3:
Saudi-Arabien - Syrien 2:0, Syrien - Saudi-Arabien 2:1, Saudi-Arabien - Iran 0:3, Syrien - Iran 0:1, Iran - Syrien (kampflos 2:0), Iran Saudi-Arabien 2:0. Irak verzichtete.

Gruppe 4 (Turnier in Dohe/Katar):
Kuwait - Bahrain 2:0, Katar - Bahrain 2:0, Katar - Kuwait 0:2, Kuwait - Bahrain 2:1, Katar - Bahrain 0:3, Katar - Kuwait 1:4. VA Emirate verzichteten.

Ozeanien:
Australien - Taiwan 3:0, Taiwan - Australien 1:2, Neuseeland - Taiwan 6:0 und 6:0, Australien -Neuseeland 3:1, Neuseeland - Australien 1:1.

Endrunde:
Hongkong - Iran 0:2, Hongkong - Südkorea 0:1, Südkorea - Iran 0:0, Australien - Hongkong 3:0, Australien - Iran 0:1, Australien - Südkorea 2:1, Hongkong - Kuwait 1:3, Südkorea - Kuwait 1:0, Australien - Kuwait 1:2, Südkorea - Australien 0:0, Iran - Kuwait 1:0, Hongkong - Australien 2:5, Kuwait - Südkorea 2:2, Iran - Südkorea 2:2, Kuwait - Hongkong 4:0, Iran -Hongkong 3:0, Kuwait - Südkorea - Australien 1:0, Iran - Australien 1:0, Kuwait - Iran 1:2, Südkorea - Hongkong 5:2.
Qualifiziert: Iran.

Afrika

1. Runde:
Gruppe 1: Algerien - Libyen 1:0 und 0:0.
Gruppe 2: Marokko - Tunesien 1:1, 1:1 n. V. (Elfmeterschießen 4:2 für Tunesien).

Gruppe 3: Togo - Senegal 1:0 und 1:1.
Gruppe 4: Ghana - Guinea 2:1,1:2 und 0:2.
Gruppe 5: Zaire kampflos Sieger gegen Zentralafrika.
Gruppe 6: Sierra Leone - Nigeria 0:0 und 2:6.
Gruppe 7: Kongo - Kamerun 2:2 und 2:1 abgebrochen (Kongo zum 2:0-Sieger erklärt).
Gruppe 8: Obervolta - Elfenbeinküste 1:1 und 0:2.
Gruppe 9: Ägypten - Äthiopien 3:0 und 2:1.
Gruppe 10: Kenia kampflos Sieger gegen Sudan.
Gruppe 11: Uganda kampflos Sieger gegen Tansania.
Gruppe 12: Sambia - Malawi 4:0 und 1:0.
2. Runde:
Gruppe 1: Tunesien - Algerien 2:0 und 1:1.
Gruppe 2: Togo - Guinea 0:2 und 1:2.
Gruppe 3: Nigeria kampflos Sieger gegen Zaire.
Gruppe 4: Elfenbeinküste - Kongo 3:2 und 3:1.
Gruppe 5: Kenia - Ägypten 0:0 und 0:1.
Gruppe 6: Uganda - Sambia 1:0 und 2:4 n. V.
3. Runde:
Gruppe 1: Guinea - Tunesien 1:0 und 1:3.
Gruppe 2: Nigeria - Elfenbeinküste 4:0 und 2:2.
Gruppe 3: Ägypten - Sambia 2:0 und 0:0.
Endrunde:
Tunesien - Nigeria 0:0, Nigeria - Ägypten 4:0, Ägypten - Nigeria 3:1, Nigeria - Tunesien 0:1, Ägypten -Tunesien 3:2, Tunesien - Ägypten 4:1.
Qualifiziert: Tunesien.

Argentinien als Veranstalter und BR Deutschland als Weltmeister direkt qualifiziert.

Endrunde 1.Juni - 25. Juni 1978

1. Finalrunde:

Gruppe 1 (in Mar del Plata und Buenos Aires):
Italien - Frankreich 2:1, Argentinien - Ungarn 2:1, Italien - Ungarn 3:1, Argentinien - Frankreich 2:1, Frankreich - Ungarn 3:1, Argentinien - Italien 0:1.
Qualifiziert: Italien und Argentinien.

Gruppe 2 (in Rosario, Cordoba und Buenos Aires):
BR Deutschland - Polen 0:0, Tunesien - Mexiko 3:1, Polen - Tunesien 1:0, BR Deutschland - Mexiko 6:0, Polen - Mexiko 3:1, BR Deutschland - Tunesien 0:0.
Qualifiziert: Polen und BR Deutschland.

Gruppe 3 (in Buenos Aires und Mar del Plata):
Österreich - Spanien 2:1, Brasilien - Schweden 1:1, Österreich - Schweden 1:0, Brasilien - Spanien 0:0, Spanien - Schweden 1:0, Brasilien - Österreich 1:0.
Qualifiziert: Österreich und Brasilien.

Gruppe 4 (in Cordoba und Mendoza):
Peru - Schottland 3:1, Holland - Iran 3:0, Schottland - Iran 1:1, Peru - Holland 0:0, Peru - Iran 4:1, Schottland - Holland 3:2.
Qualifiziert: Peru und Holland.

2. Finalrunde:

Gruppe A (in Buenos Aires und Cordoba):
BR Deutschland - Italien 0:0, Holland - Österreich 5:1, BR Deutschland - Holland 2:2, Italien - Österreich 1:0, Holland - Italien 2:1, Österreich - BR Deutschland 3:2.
Qualifiziert: Holland.

Gruppe B (in Mendoza und Rosario):
Brasilien - Peru 3:0, Argentinien - Polen 2:0, Polen - Peru 1:0,

Argentinien - Brasilien 0:0, Brasilien - Polen 3:1, Argentinien - Peru 6:0.
Qualifiziert: Argentinien.

Dritter Platz:
Brasilien - Italien 2:1 (Buenos Aires).

Finale:
Argentinien - Holland 3:1 n. V. (Buenos Aires).

Weltmeister 1978: Argentinien

1982 in Spanien

Qualifikation

Europa

Europa 1:
BR Deutschland - Österreich 2:0, 3:1; BR Deutschland - Bulgarien 4:0, 3:1; BR Deutschland - Albanien 8:0, 2:0; BR Deutschland - Finnland 7:1, 4:0; Österreich - Bulgarien 2:0, 0:0; Österreich - Albanien 5:0, 1:0; Österreich - Finnland 5:1, 2:0; Bulgarien - Albanien 2:1, 2:0; Bulgarien - Finnland 4:0, 2:0; Albanien - Finnland 2:0, 1:2.
Qualifiziert: BR Deutschland und Österreich.

Europa 2:
Belgien - Frankreich 2:0, 2:3; Belgien - Irland 1:0, 1:1; Belgien - Holland 1:0, 0:3; Belgien - Zypern 3:2, 2:0; Frankreich - Irland 2:0, 2:3; Frankreich - Holland 2:0, 0:1; Frankreich - Zypern 4:0, 7:0; Irland - Holland 2:1, 2:2; Irland - Zypern 6:0, 3:2; Holland - Zypern 3:0, 1:0.
Qualifiziert: Belgien und Frankreich.

Europa 3:
UdSSR - Tschechoslowakei 2:0, 1:1; UdSSR - Wales 3:0, 0:0; UdSSR - Island 5:0, 2:1; UdSSR - Türkei 4:0, 3:0; Tschechoslowakei - Wales 2:0, 1:0; Tschechoslowakei - Island 6:1, 1:1; Tschechoslowakei - Türkei 2:0, 3:0; Wales - Island 2:2, 4:0; Wales - Türkei 4:0, 1:0; Island - Türkei 2:0, 3:1.
Qualifiziert: UdSSR und Tschechoslowakei.

Europa 4:
Ungarn - England 1:3, 0:1, Ungarn - Rumänien 1:0, 0:0; Ungarn - Schweiz 3:0, 2:2; Ungarn - Norwegen 4:1, 2:1; England - Rumänien 0:0, 1:2; England - Schweiz 2:1, 1:2; England - Norwegen 4:0, 1:2; Rumänien - Schweiz 1:2, 0:0; Rumänien - Norwegen 1:0, 1:1; Schweiz - Norwegen 1:2, 1:1.
Qualifiziert: Ungarn und England.

Europa 5:
Jugoslawien - Italien 1:1, 0:2; Jugoslawien - Dänemark 2:1, 2:1; Jugoslawien - Griechenland 5:1, 2:1; Jugoslawien - Luxemburg 5:0, 5:0; Italien - Dänemark 2:0, 1:3; Italien - Griechenland 1:1, 2:0; Italien - Luxemburg 1:0, 2:0; Dänemark - Griechenland 0:1, 3:2; Dänemark - Luxemburg 4:0, 2:1; Griechenland - Luxemburg 2:0, 2:0.
Qualifiziert: Jugoslawien und Italien.

Europa 6:
Schottland - Nordirland 1:1, 0:0; Schottland - Schweden 2:0, 1:0; Schottland - Portugal 0:0, 1:2; Schottland - Israel 3:1, 1:0; Nordirland - Schweden 3:0, 0:1; Nordirland - Portugal 1:0, 0:1; Nordirland - Israel 1:0, 0:0; Schweden - Portugal 3:0, 2:1; Schweden - Israel 1:1, 0:0; Portugal - Israel 3:0, 1:4.
Qualifiziert: Schottland und Nordirland.

Europa 7:
Polen - DDR 1:0, 3:2; Polen - Malta 6:0, 2:0 abgebr., mit 2:0 gewertet; DDR - Malta 5:1, 2:1.
Qualifiziert: Polen.

Südamerika

Südamerika 1:
Brasilien - Bolivien 3:1, 2:1; Brasilien - Venezuela 5:0, 1:0; Bolivien - Venezuela 3:0, 0:1.
Qualifiziert: Brasilien.

Südamerika 2:
Kolumbien - Peru 1:1, Uruguay - Kolumbien 3:2, Peru - Kolumbien 2:0, Uruguay - Peru 1:2, Peru - Uruguay 0:0, Kolumbien - Uruguay 1:1.
Qualifiziert: Peru.

Südamerika 3:
Chile - Ecuador 2:0, 0:0, Chile - Paraguay 3:0, 1:0; Ecuador - Paraguay 1:0, 1:3.
Qualifiziert: Chile.

Nord- und Mittelamerika

Nordzone:
Kanada - Mexiko 1:1, 1:1; Kanada - USA 2:1, 0:0; Mexiko - USA 5:1, 1:2.

Karibikzone:
Gruppe A:
Kuba - Surinam 3:0, 0:0; Kuba - Guyana 1:0, 3:0; Surinam - Guyana 4:0, 1:0.
Gruppe B:
Haiti - Trinidad 2:0, 0:1; Haiti - Niederl. Antillen 1:0, 1:1; Trinidad - Niederl. Antillen 0:0, 0:0.

Zentralzone: Honduras - El Salvador 2:0,1:2; Honduras - Guatemala 0:0, 1:0; Honduras - Costa Rica 1:1, 3:2; Honduras - Panama 5:0, 2:0; El Salvador - Guatemala 1:0, 0:0; El Salvador - Costa Rica 2:0, da Costa Rica nicht angetreten, 0:0; El Salvador - Panama 4:1, 3:1; Guatemala Costa Rica 0:0, 3:0; Guatemala - Panama 5:0, 2:0; Costa Rica - Panama 2:0, 1:1.

Endrunde (Turnier in Honduras):
Honduras - El Salvador 0:0, Honduras - Mexiko. 0:0, Honduras - Kanada 2: 1, Honduras - Kuba 2:0, Honduras - Haiti 4:0, El Salvador - Mexiko 1:0, El Salvador - Kanada 0:1, El Salvador - Kuba 0:0, El Salvador - Haiti 1:0, Mexiko - Kanada 1:1, Mexiko - Kuba 4:0, Mexiko - Haiti 1:1, Kanada - Kuba 2:2, Kanada - Haiti 1:1, Kuba - Haiti 2:0.
Qualifiziert: Honduras und El Salvador.

Afrika

1. Runde:
Libyen - Gambia 2:1, 0:0; Äthiopien - Sambia 0:0, 0:4; Sierra Leone - Algerien 2:2, 1:3; Senegal - Marokko 0:1, 0:0; Guinea - Lesotho 3:1, 1:1; Kamerun - Malawi 3:0, 1:1; Tunesien - Nigeria 2:0, 0:2 n. V., Nigeria 4:3-Sieger im Elfmeterschießen; Kenia - Tansania 3:1, 0:5; Zaire - Mosambik 5:2, 2:1; Niger - Somalia 0:0, 1:1; Ghana verzichtete gegen Ägypten, Uganda verzichtete gegen Madagaskar; Freilose: Sudan, Liberia, Togo und Zimbabwe, Zentralafrika verzichtete.

2. Runde:
Kamerun - Zimbabwe 2:0, 0:1; Marokko - Sambia 2:0, 0:2; Marokko 5:4-Sieger im Elfmeterschießen; Madagaskar - Zaire 1:1, 2:3; Nigeria - Tansania 1:1, 2:0; Liberia - Guinea 0:0, 0:1; Algerien - Sudan 2:0,1:1; Niger - Togo 0:1, 2:1; Libyen verzichtete gegen Ägypten.

3. Runde:
Algerien - Niger 4:0, 0:1; Guinea - Nigeria 1:1, 0:1; Marokko - Ägypten 1:0, 0:0; Zaire - Kamerun 1:0, 1:6.

4. Runde:
Nigeria - Algerien 0:2,1:2; Marokko - Kamerun 0:2,1:2.
Qualifiziert: Algerien und Kamerun.

Asien und Ozeanien

Gruppe 1:
Neuseeland - Australien 3:3, 2:0; Neuseeland - Indonesien 5:0, 2:0; Neuseeland - Taiwan 2:0, 0:0; Neuseeland - Fidschi 13:0, 4:0; Australien - Fidschi 10:0, 4:1; Australien - Taiwan 3:2, 0:0; Australien - Indonesien 2:0, 0:1; Indonesien - Taiwan 1:0, 0:2; Indonesien - Fidschi 3:3, 0:0; Taiwan - Fidschi 0:0, 1:2.

Gruppe 2 (Turnier in Riad/Saudi-Arabien):
Katar - Irak 0:1, Syrien - Bahrain 0:1, Irak - Saudi-Arabien 0:1, Katar - Bahrain 3:0, Syrien - Saudi-Arabien 0:2, Irak - Bahrain 2:0, Katar - Syrien 2:1, Bahrain - Saudi-Arabien 0:1, Irak - Syrien 2:1, Katar - Saudi-Arabien 0:1.

Gruppe 3 (Turnier in Kuwait):
Malaysia - Südkorea 1:2, Kuwait - Thailand 6:0, Südkorea - Thailand 5:1, Kuwait - Malaysia 4:0, Malaysia - Thailand 2:2, Kuwait - Südkorea 2:0, Iran verzichtete.

Gruppe 4 (Turnier in Hongkong):
Gruppe A: China - Macao 3:0, China - Japan 1:0, Japan - Macao 3:0.
Gruppe B: Hongkong - Singapur 1:1, Hongkong - Nordkorea 2:2, Nordkorea - Singapur 1:0.
Halbfinale: China - Hongkong 0:0 n. V., China 5:4-Sieger im Elfmeterschießen, Nordkorea - Japan 1:0 n. V.
Endspiel: China - Nordkorea 4:2 n. V..

Endrunde:
China - Neuseeland 0:0, 0:1, Neuseeland - Kuwait 1:2 und 2:2, China - Kuwait 3:0, 0:1, Saudi-Arabien - Kuwait 0:1, 0:2, Saudi-Arabien - China 2:4, 0:2, beide in Kuala Lumpur, Neuseeland - Saudi-Arabien 2:2, 5:0.
Entscheidungsspiel: Neuseeland - China 2:1.
Qualifiziert: Kuwait und Neuseeland.

Spanien als Veranstalter und Argentinien als Weltmeister direkt qualifiziert.

Endrunde 13. Juni - 11. Juli 1982

1. Finalrunde:

Gruppe 1 (in Vigo und La Coruna):
Italien - Polen 0:0, Polen - Kamerun 0:0, Peru - Kamerun 0:0, Italien - Peru 1:1, Polen - Peru 5:1, Italien - Kamerun 1:1.
Qualifiziert: Polen und Italien.

Gruppe 2 (in Gijon und Ovido):
BR Deutschland - Algerien 1:2 Chile - Österreich 0:1, BR Deutschland - Chile 4:1, Algerien - Österreich 0:2, Algerien - Chile 3:2, BR Deutschland - Österreich 1:0.
Qualifiziert: BR Deutschland und Österreich.

Gruppe 3 (in Barcelona, Elche, Alicante):
Argentinien - Belgien 0:1, Ungarn - El Salvador 10:1, Argentinien - Ungarn 4:1, Belgien - El Salvador 1:0, Belgien - Ungarn 1:1, Argentinien - El Salvador 2:0.
Qualifiziert: Belgien und Argentinien.

Gruppe 4 (in Bilbao und Valladolid):
England - Frankreich 3:1, Tschechoslowakei - Kuwait 1:1, England - Tschechoslowakei 2:0, Frankreich - Kuwait 4:1, Frankreich - Tschechoslowakei 1:1, England - Kuwait 1:0.
Qualifiziert: England und Frankreich.

Gruppe 5 (in Valencia und Saragossa):
Spanien - Honduras 1:1, Jugoslawien - Nordirland 0:0, Spanien - Jugoslawien 2:1, Honduras - Nordirland 1:1, Honduras - Jugoslawien 0:1, Spanien - Nordirland 0:1.
Qualifiziert: Nordirland und Spanien.

Gruppe 6 (in Sevilla und Malaga):
Brasilien - UdSSR 2:1, Schottland - Neuseeland 5:2, Brasilien - Schottland 4:1, UdSSR - Neuseeland 3:0, UdSSR - Schottland 2:2, Brasilien - Neuseeland 4:0.
Qualifiziert: Brasilien und UdSSR.

2. Finalrunde:

Gruppe A (Barcelona):
Polen - Belgien 3:0, Belgien - UdSSR 0:1, Polen - UdSSR 0:0.
Qualifiziert: Polen.

Gruppe B (Madrid):
BR Deutschland - England 0:0, BR Deutschland - Spanien 2:1, England - Spanien 0:0.
Qualifiziert: BR Deutschland.

Gruppe C (Barcelona):
Italien - Argentinien 2:1, Brasilien - Argentinien 3:1, Italien - Brasilien 3:2.
Qualifiziert: Italien.

Gruppe D (Madrid):
Österreich - Frankreich 0:1, Nordirland - Österreich 2:2, Nordirland - Frankreich 1:4.
Qualifiziert: Frankreich.

Halbfinale:
Polen - Italien 0:2 (Barcelona),
BR Deutschland - Frankreich 3:3 n. V., BR Deutschland 5:4-Sieger im Elfmeterschießen (Sevilla).

Dritter Platz:
Frankreich - Polen 2:3 (Alicante).

Finale:
Italien - BR Deutschland 3:1 (Madrid).

Weltmeister 1982: Italien

1986 in Mexiko

Qualifikation

Europa

Europa 1:
Polen - Belgien 0:0, 0:2; Polen - Albanien 2:2, 1:0; Polen - Griechenland 3:1, 4:1; Belgien - Albanien 3:1, 0:2; Belgien - Griechenland 2:0, 0:0; Albanien - Griechenland 1:1, 0:2.
Qualifiziert: Polen.

Europa 2:
BR Deutschland - Portugal 0:1, 2:1; BR Deutschland - Schweden 2:0, 2:2; BR Deutschland -Tschechoslowakei 2:2, 5:1; BR Deutschland - Malta 6:0, 3:2; Portugal - Schweden 1:3, 1:0; Portugal - Tschechoslowakei 2:1, 0:1; Portugal - Malta 3:2, 3:1; Schweden - Tschechoslowakei 2:0, 1:2; Schweden - Malta 4:0, 2:1; Tschechoslowakei - Malta 4:0, 0:0.
Qualifiziert: BR Deutschland und Portugal.

Europa 3:
England - Nordirland 0:0, 1:0; England - Rumänien 1:1, 0:0; England - Finnland 5:0, 1:1; England - Türkei 5:0, 8:0; Nordirland - Rumänien 3:2, 1:0; Nordirland - Finnland 2:1, 0:1; Nordirland - Türkei 2:0, 0:0; Rumänien - Finnland 2:0, 1:1; Rumänien - Türkei 3:0, 3:1; Finnland Türkei 1:0, 2:1.
Qualifiziert: England und Nordirland.

Europa 4:
Frankreich - Bulgarien 1:0, 0:2; Frankreich - DDR 2:0, 0:2; Frankreich - Jugoslawien 2:0, 0:0; Frankreich - Luxemburg 6:0, 4:0; Bulgarien - DDR 1:0, 1:2; Bulgarien - Jugoslawien 2:1, 0:0; Bulgarien - Luxemburg 4:0, 3:1 DDR - Jugoslawien 2:3, 2:1; DDR - Luxemburg 3:1, 5:0; Jugoslawien - Luxemburg 1:0, 1:0.
Qualifiziert: Frankreich und Bulgarien.

Europa 5:
Ungarn - Holland 0:1, 2:1; Ungarn - Österreich 3:1, 3:0; Ungarn - Zypern 2:0, 2:1; Holland - Österreich 1:1, 0:1; Holland - Zypern 7:1, 1:0; Österreich - Zypern 4:0, 2:1.
Qualifiziert: Ungarn.

Europa 6:
Dänemark - UdSSR 4:2, 0:1; Dänemark - Schweiz 0:0, 0:1; Dänemark - Irland 3:0, 4:1; Dänemark - Norwegen 1:0, 5:1; UdSSR - Schweiz 4:0, 2:2; UdSSR - Irland 2:0, 0:1; UdSSR - Norwegen 1:0, 1:1; Schweiz - Irland 0:0, 0:3; Schweiz - Norwegen 1:1, 1:0; Irland - Norwegen 0:0, 0:1.
Qualifiziert: Dänemark und UdSSR.

Europa 7:
Spanien - Schottland 1:0, 1:3; Spanien - Wales 3:0, 0:3; Spanien - Island 2:1, 2:1; Schottland - Wales 0:1, 1:1; Schottland - Island 3:0, 1:0; Wales - Island 2:1, 0:1.
Qualifiziert: Spanien.

Zusätzliche Qualifikation: Belgien (Zweiter Europa 1) - Holland (Zweiter Europa 5) 1:0, 1:2; Schottland (Zweiter Europa 7) - Australien (Sieger Ozeanien Gruppe) 2:0, 0:0.
Qualifiziert: Belgien und Schottland.

Südamerika

Südamerika 1:
Argentinien - Peru 2:2, 0:1; Argentinien - Kolumbien 1:0, 3:1; Argentinien - Venezuela 3:0, 3:2; Peru - Kolumbien 0:0, 0:1; Peru - Venezuela 4:1, 1:0; Kolumbien - Venezuela 2:0, 2:2.
Qualifiziert: Argentinien.

Südamerika 2:
Uruguay - Chile 2:1; 0:2; Uruguay - Ecuador 2:1, 2:0; Chile - Ecuador 6:2.
Qualifiziert: Uruguay.

Südamerika 3:
Brasilien-Paraguay 1:1, 2:0; Brasilien-Bolivien 1:1, 2:0; Paraguay-Bolivien 3:0, 1:1.
Qualifiziert: Brasilien.
Qualifikation um den vierten Endrundenteilnehmer:
Halbfinale: Paraguay - Kolumbien 3:0, 1:2; Chile - Peru 4:2, 1:0; Endspiele: Paraguay - Chile 3:0, 2:2.
Qualifiziert: Paraguay.

Nord- und Mittelamerika

1. Runde:
El Salvador - Puerto Rico 5:0, 3:0; USA - Niederl. Antillen 4:0, 0:0; Honduras - Panama 1:0, 3:0; Haiti - Antigua 1:2, 4:0; Surinam - Guayana 1:0, 1:1; Jamaika verzichtete gegen Kanada; Grenada verzichtete gegen Trinidad/Tobago; Barbados verzichtete gegen Costa Rica; Guatemala mit Freilos.

2. Runde:
Gruppe 1: Honduras - El Salvador 0:0, 2:1; Honduras - Surinam 2:1, 1:1; El Saivador - Surinam 3:0, 3:0.
Gruppe 2: Kanada - Guatemala 2:1, 1:1; Kanada - Haiti 2:0, 2:0; Guatemala - Haiti 4:0, 1:0.
Gruppe 3: Costa Rica - USA 1:1, 1:0; Costa Rica - Trinidad/Tobago 1:1, 3:0; USA - Trinidad/Tobago 1:0, 2:1.

Endrunde:
Kanada - Honduras 2:1, 1:0; Kanada - Costa Rica 1:1, 0:0; Honduras - Costa Rica 3:1, 2:2.
Qualifiziert: Kanada.

Ozeanien

Australien - Israel 1:1, 2:1; Australien - Neuseeland 2:0, 0:0; Australien - Taiwan 7:0, 8:0; Israel - Neuseeland 3:0,1:2; Israel - Taiwan 6:0, 5:0; Neuseeland - Taiwan 5:1, 5:0.
Australien qualifiziert für Ausscheidungsspiel gegen Schottland (s.o.).

Afrika

1. Runde:
Ägypten - Simbabwe 1:0, 1:1; Kenia - Äthiopien 2:1, 3:3; Mauritius - Malawi 0:1, 0:4; Sambia - Uganda 3:0, 0:1; Tansania - Sudan 1:1, 0:0; Sierra Leone - Marokko 0:1, 0:4; Benin - Tunesien 0:2, 0:4; Elfenbeinküste - Gambia 4:0, 2:3; Nigeria - Liberia 3:0, 1:0; Angola - Senegal 0:0, 0:1 n. V., Angola 4:3-Sieger im Elfmeterschießen; Lesotho verzichtete gegen Madagaskar; Niger verzichtete gegen Libyen; Togo verzichtete gegen Guinea. Direkt eine Runde weiter: Algerien, Kamerun (beide WM-Teilnehmer 1982) und Ghana (Afrika-Meister).

2. Runde:
Sambia - Kamerun 4:1, 1:1; Marokko - Malawi 2:0. 0:0; Angola - Algerien 0:0, 2:3; Kenia - Nigeria 0:3, 1:2; Ägypten - Madagaskar 1:0, 0:1 n. V., Ägypten 4:2-Sieger im Elfmeterschießen; Guinea - Tunesien 1:0, 0:2; Sudan - Libyen 0:0, 0:4; Elfenbeinküste - Ghana 0:0, 0:2.

3. Runde:
Algerien - Sambia 2:0, 1:0; Nigeria - Tunesien 1:0, 0:2; Ghana - Libyen 0:0, 0:2; Ägypten - Marokko 0:0, 0:2.

4. Runde:
Tunesien - Algerien 1:4, 0:3; Marokko - Libyen 3:0, 0:1.
Qualifiziert: Marokko und Algerien.

Asien

1. Runde:
Gruppe 1:
Untergruppe 1 A: Saudi-Arabien - VA Emirate 0:0, 0:1; Oman verzichtete.
Untergruppe 1 B: Irak - Katar 2:1, 0:3; Irak - Jordanien 2:0, 3:2; Katar - Jordanien 2:0, 0:1; Libanon verzichtete gegen Jordanien nach 0:6, 0:6 gegen Irak und 0:8, 0:7 gegen Katar; Spiele annulliert.
Gruppe 2:
Untergruppe 2 A: Syrien - Kuwait 1:0, 0:0; Syrien - Nordjemen 3:0, 1:0; Kuwait - Nordjemen 5:0, 3:1.
Untergruppe 2 B: Südjemen - Bahrain 1:4, 3:3; Iran wurde wegen der Weigerung, seine Heimspiele auf neutralen Plätzen auszutragen, disqualifiziert.
Gruppe 3:
Untergruppe 3 A: Südkorea - Malaysia 2:0, 0:1; Südkorea - Nepal 4:0, 2:0; Malaysia - Nepal 5:0, 0:0.
Untergruppe 3 B: Indonesien - Indien 2:1, 1:1; Indonesien - Thailand 1:0, 1:0; Indonesien - Bangladesch 2:0, 1:2; Indien - Thailand 1:1, 0:0; Indien - Bangladesch 2:1, 2:1; Thailand - Bangladesch 3:0, 0:1.
Gruppe 4:
Untergruppe 4 A: Hongkong - China 0:0, 2:1; Hongkong - Macao 2:0, 2:0; Hongkong - Brunei 8:0, 5:1; China - Macao 6:0, 4:0; China - Brunei 8:0, 4:0; Macao - Brunei 2:0, 2:1.
Untergruppe 4 B: Japan - Nordkorea 1:0, 0:0; Japan - Singapur 5:0, 3:1; Nordkorea - Singapur 2:0, 1:1.

2. Runde:
VA Emirate - Irak 2:3, 2:1; Bahrain - Syrien 1:1, 0:1; Südkorea - Indonesien 2:0, 4:1; Japan - Hongkong 3:0, 2:1.

3. Runde:
Syrien - Irak 0:0, 1:3; Japan - Südkorea 1:2, 0:1; Irak absolvierte alle Heimspiele auf neutralen Plätzen.
Qualifiziert: Südkorea und Japan.

Mexiko als Veranstalter und Italien als Weltmeister direkt qualifiziert.

Endrunde 31. Mai - 29. Juni 1986

Vorrunde

Es qualifizierten sich die beiden Gruppenersten sowie die vier besten Gruppen-Dritten.

Gruppe A (Mexiko City, Puebla):
Bulgarien - Italien 1:1, Argentinien - Südkorea 3:1,
Italien - Argentinien 1:1, Südkorea - Bulgarien 1:1,
Südkorea - Italien 2:3, Argentinien - Bulgarien 2:0.
Qualifiziert: Argentinien, Italien und Bulgarien.

Gruppe B (Mexiko City, Toluca):
Belgien - Mexiko 1:2, Paraguay - Irak 1:0,
Mexiko - Paraguay 1:1, Irak - Belgien 1:2,
Irak - Mexiko 0:1, Paraguay - Belgien 2:2.
Qualifiziert: Mexiko, Paraguay und Belgien.

Gruppe C (Leon, Irapuato):
Kanada - Frankreich 0:1, UdSSR - Ungarn 6:0, Frankreich - UdSSR 1:1, Ungarn - Kanada 2:0, Ungarn - Frankreich 0:3, UdSSR - Kanada 2:0.
Qualifiziert: UdSSR und Frankreich.

Gruppe D (Guadalajara, Monterrey):
Spanien - Brasilien 0:1, Algerien - Nordirland 1:1,
Brasilien - Algerien 1:0, Nordirland - Spanien 1:2,
Nordirland - Brasilien 0:3, Algerien - Spanien 0:3.
Qualifiziert: Brasilien und Spanien.

Gruppe E (Queretaro, Nezahualcoyotl):
Uruguay - BR Deutschland 1:1, Schottland - Dänemark 0:1,
BR Deutschland - Schottland 2:1, Dänemark - Uruguay 6:1,
Dänemark - BR Deutschland 2:0, Schottland - Uruguay 0:0.
Qualifiziert: Dänemark, BR Deutschland und Uruguay.

Gruppe F (Monterrey, Guadalajara):
Marokko - Polen 0:0, Portugal - England 1:0,
England - Marokko 0:0, Polen - Portugal 1:0,
Portugal - Marokko 1:3, England - Polen 3:0.
Qualifiziert: Marokko, England und Polen.

Achtelfinale:
Mexiko - Bulgarien 2:0 (Mexiko City),
UdSSR - Belgien 3:4 n. V. (Leon),
Brasilien - Polen 4:0 (Guadalajara),
Argentinien - Uruguay 1:0 (Puebla),
Italien - Frankreich 0:2 (Mexiko City),
Marokko - BR Deutschland 0:1 (Monterrey),
England - Paraguay 3:0 (Mexiko City),
Dänemark - Spanien 1:5 (Queretaro).

Viertelfinale:
Brasilien - Frankreich 1:1 n. V., 3:4 im Elfmeterschießen (Guadalajara),
BR Deutschland - Mexiko 0:0 n. V., 4:1 im Elfmeterschießen (Monterrey),
Argentinien - England 2:1 (Mexiko City),
Spanien - Belgien 1:1 n. V., 4:5 im Elfmeterschießen (Puebla).

Halbfinale:
Frankreich - BR Deutschland 0:2 (Guadalajara),
Argentinien - Belgien 2:0 (Mexiko City).

Dritter Platz:
Frankreich - Belgien 4:2 n. V. (Puebla).

Finale:
Argentinien - BR Deutschland 3:2 (Mexiko City).

Weltmeister 1986: Argentinien

1990 in Italien

Qualifikation

Europa

Europa 1:
Rumänien - Dänemark 3:1, 0:3; Rumänien - Griechenland 3:0, 0:0; Rumänien - Bulgarien 1:0, 3:1; Dänemark - Griechenland 7:1, 1:1; Dänemark - Bulgarien 1:1, 2:0; Griechenland - Bulgarien 1:0, 0:4.
Qualifiziert: Rumänien.

Europa 2:
Schweden - England 0:0, 0:0; Schweden - Polen 2:1, 2:0; Schweden - Albanien 3:1, 2:1; England - Polen 3:0, 0:0; England - Albanien 5:0, 2:0; Polen - Albanien 1:0, 2:1.
Qualifiziert: Schweden und England.

Europa 3:
UdSSR - Österreich 2:0, 0:0; UdSSR - Türkei 2:0, 1:0; UdSSR - DDR 3:0, 1:2; UdSSR - Island 1:1, 1:1; Österreich - Türkei 3:2, 0:3; Österreich - DDR 3:0, 1:1; Österreich - Island 2:1, 0:0; Türkei - DDR 3:1, 2:0; Türkei - Island 1:1, 1:2; DDR - Island 2:0, 3:0.
Qualifiziert: UdSSR und Österreich.

Europa 4:
Holland - BR Deutschland 1:1, 0:0; Holland - Finnland 3:0, 1:0; Holland - Wales 1:0, 2:1;
BR Deutschland - Finnland 6:1, 4:0; BR Deutschland - Wales 2:1, 0:0; Finnland - Wales 1:0, 2:2.
Qualifiziert: Holland und BR Deutschland.

Europa 5:
Jugoslawien - Schottland 3:1, 1:1; Jugoslawien - Frankreich 3:2, 0:0; Jugoslawien - Norwegen 1:0, 2:1; Jugoslawien - Zypern 4:0, 2:1; Schottland - Frankreich 2:0, 0:3; Schottland - Norwegen 1:1, 2:1; Schottland - Zypern 2:1, 3:2; Frankreich - Norwegen 1:0, 1:1; Frankreich - Zypern 2:0, 1:1; Norwegen - Zypern 3:1, 3:0.
Qualifiziert: Jugoslawien und Schottland.

Europa 6:
Spanien - Irland 2:0, 0:1; Spanien - Ungarn 4:0, 2:2; Spanien - Nordirland 4:0, 2:0; Spanien - Malta 4:0, 2:0; Irland - Ungarn 2:0, 0:0; Irland - Nordirland 3:0, 0:0; Irland - Malta 2:0, 2:0; Ungarn - Nordirland 1:0, 2:1; Ungarn - Malta 1:1, 2:2; Nordirland - Malta 3:0, 2:0.
Qualifiziert: Spanien und Irland.

Europa 7:
Belgien - Tschechoslowakei 2:1, 0:0; Belgien - Portugal 3:0, 1:1; Belgien - Schweiz 1:0, 2:2; Belgien - Luxemburg 1:1, 5:0; Tschechoslowakei - Portugal 2:1, 0:0; Tschechoslowakei - Schweiz 3:0, 1:0; Tschechoslowakei - Luxemburg 4:0, 2:0; Portugal - Schweiz 3:1, 2:1; Portugal - Luxemburg 1:0, 3:0; Schweiz - Luxemburg 2:1, 4:1.
Qualifiziert: Belgien und Tschechoslowakei.

Südamerika

Südamerika 1:
Uruguay - Bolivien 2:0, 1:2; Uruguay - Peru 2:0, 2:0; Bolivien - Peru 2:1, 2:1.
Qualifiziert: Uruguay.

Südamerika 2:
Kolumbien - Paraguay 2:1, 1:2; Kolumbien - Ecuador 2:0, 0:0; Paraguay - Ecuador 2:1, 1:3.
Kolumbien qualifiziert für das Entscheidungsspiel gegen Sieger Ozeanien (s.u.).

Südamerika 3:
Brasilien - Chile 1:0 abgebrochen, Wertung 2:0, 1:1; Brasilien - Venezuela 6:0, 4:0; Chile - Venezuela 5:0, 3:1.
Qualifiziert: Brasilien.

Nord- und Mittelamerika

1. Runde:
Trinidad/Tobago - Guyana 1:0, 4:0; Guatemala - Kuba 1:1, 1:0; Jamaika - Puerto Rico 1:0, 2:1; Niederl. Antillen - Antigua 3:1 n. V., 1:0; Costa Rica - Panama 1:1, 2:0.
Freilos: Kanada, Honduras, El Salvador, USA.
Mexiko disqualifiziert.

2. Runde:
El Salvador - Niederl. Antillen 5:0, 1:0; USA - Jamaika 5:1, 0:0; Trinidad/Tobago - Honduras 0:0, 1:1, Guatemala - Kanada 1:0, 2:3; Costa Rica kampflos weiter.

Endrunde:
Costa Rica - USA 1:0, 0:1; Costa Rica - Trinidad/Tobago 1:0, 1:1; Costa Rica - Guatemala 2:1, 0:1; Costa Rica - El Salvador 1:0, 4:2 abgebrochen (wurde 4:2 gewertet); USA - Trinidad/Tobago 1:1, 1:0; USA - Guatemala 2:1, 0:0; USA - El Salvador 0:0, 1:0; Trinidad/Tobago - Guatemala 2:1, 1:0; Trinidad/Tobago - El Salvador 2:0, 0:0.
Qualifiziert: Costa Rica und USA.

Ozeanien

1. Runde:
Neuseeland - Taiwan 4:1, 4:0. Australien - Fidschi 5:1, 0:1; Israel Freilos.

Endrunde:
Israel - Australien 1:1, 1:1; Israel - Neuseeland 1:0, 2:2; Australien - Neuseeland 4:1, 0:2.
Zusätzliche Qualifikation: Kolumbien (Sieger Südamerika 2) - Israel (Sieger Ozeanien) 1:0, 0:0.
Qualifiziert: Kolumbien.

Afrika

1. Runde:
Angola - Sudan 0:0, 2:1; Lesotho verzichtete gegen Zimbabwe; Ruanda verzichtete gegen Sambia; Malawi - Uganda 3:1, 0:1; Libyen - Burkina Faso 3:0, 0:2; Liberia - Ghana 2:0, 0:0; Tunesien - Guinea 5:0, 0:2; Togo verzichtete gegen Gabun. Freilos: Algerien, Kamerun, Ägypten, Kenia, Marokko, Elfenbeinküste, Nigeria, Zaire.

2. Runde:
Gruppe A: Algerien - Elfenbeinküste 1:0, 0:0; Algerien - Zimbabwe 3:0, 2:1; Elfenbeinküste - Zimbabwe 5:0, 0:0; Libyen verzichtete.
Gruppe B: Ägypten - Liberia 2:0, 0:1; Ägypten - Malawi 1:0, 1:1; Ägypten - Kenia 2:0, 0:0; Liberia - Malawi 1:0, 0:0; Liberia - Kenia 0:0, 0:1; Malawi - Kenia 1:0, 1:1.
Gruppe C: Kamerun - Nigeria 1:0, 0:2; Kamerun - Angola 1:1, 2:1; Kamerun - Gabun 2:1, 3:1; Nigeria - Angola 1:0, 2:2; Nigeria - Gabun 1:0, 1:2; Angola - Gabun 2:0, 0:1.
Gruppe D: Tunesien - Sambia 1:0, 0:1; Tunesien - Zaire 1:0, 1:3; Tunesien - Marokko 2:1, 0:0; Sambia - Zaire 4:2, 0:1; Sambia - Marokko 2:1, 0:1; Zaire - Marokko 0:0, 1:1.

Endrunde:
Ägypten - Algerien 1:0, 0:0; Kamerun - Tunesien 2:0, 1:0.
Qualifiziert: Ägypten und Kamerun.

Asien

Gruppe 1:
Katar - Irak 1:0, 2:2; Katar - Jordanien 1:0, 1:1; Katar - Oman 3:0, 0:0; Irak - Jordanien 4:0, 1:0; Irak - Oman 3:1, 1:1; Jordanien - Oman 2:0, 2:0.
Gruppe 2:
Saudi-Arabien - Syrien 5:4, 0:0; Saudi-Arabien - Nordjemen 1:0, 1:0; Syrien - Nordjemen 2:0, 1:0. Bahrain verzichtete.
Gruppe 3:
VA Emirate - Kuwait 1:0, 2:3; VA Emirate - Pakistan 5:0, 4:1; Kuwait - Pakistan 2:0, 1:0; Volksrepublik Jemen verzichtete.
Gruppe 4:
Südkorea - Malaysia 3:0, 3:0; Südkorea - Singapur 3:0, 3:0; Südkorea - Nepal 9:0, 4:0; Malaysia - Singapur 1:0, 2:2; Malaysia - Nepal 2:0, 3:0; Singapur - Nepal 3:0, 7:0. Indien verzichtete.
Gruppe 5:
China - Iran 2:0, 2:2; China - Bangladesch 2:0, 2:0; China - Thailand 2:0, 3:0; Iran - Bangladesch 1:0, 2:1; Iran - Thailand 3:0, 3:0; Bangladesch - Thailand 3:1, 0:1.
Gruppe 6:
Nordkorea - Japan 2:0, 1:2; Nordkorea - Indonesien 2:1, 0:0; Nordkorea - Hongkong 4:1, 2:1; Japan - Indonesien 5:0, 0:0; Japan - Hongkong 0:0, 0:0; Indonesien - Hongkong 3:2, 1:1.

Endrunde (Turnier in Singapur):
Südkorea - VA Emirate 1:1; Südkorea - Katar 0:0; Südkorea - China 1:0; Südkorea - Saudi-Arabien 2:0; Südkorea - Nordkorea 1:0; VA Emirate - Katar 1:1; VA Emirate - China 2:1; VA Emirate - Saudi-Arabien 0:0; VA Emirate - Nordkorea 0:0; Katar - China 2:1; Katar - Saudi-Arabien 1:1; Katar - Nordkorea 0:2; China - Saudi-Arabien 2:1; China - Nordkorea 1:0; Saudi-Arabien - Nordkorea 2:0.
Qualifiziert: Südkorea und VA Emirate.

Italien als Veranstalter und Argentinien als Weltmeister direkt qualifiziert.

Endrunde 8. Juni - 8. Juli 1990

Vorrunde

Es qualifizierten sich die beiden Gruppenersten sowie die vier besten Gruppen-Dritten.

Gruppe A (Rom, Florenz):
USA - Tschechoslowakei 1:5, Italien - Österreich 1:0, Italien - USA 1:0, Österreich - Tschechoslowakei 0:1, Italien - Tschechoslowakei 2:0, Österreich - USA 2:1.
Qualifiziert: Italien und Tschechoslowakei.

Gruppe B (Mailand, Neapel, Bari):
Argentinien - Kamerun 0:1, UdSSR - Rumänien 0:2, Argentinien - UdSSR 2:0,
Kamerun - Rumänien 2:1, Argentinien - Rumänien 1:1, Kamerun UdSSR 0:4.
Qualifiziert: Kamerun, Rumänien und Argentinien.

Gruppe C (Turin, Genua):
Brasilien - Schweden 2:1, Costa Rica - Schottland 1:0, Brasilien - Costa Rica 1:0, Schweden - Schottland 1:2, Brasilien - Schottland 1:0, Schweden - Costa Rica 1:2.
Qualifiziert: Brasilien und Costa Rica.

Gruppe D (Mailand, Bologna):
VA Emirate - Kolumbien 0:2, BR Deutschland - Jugoslawien 4:1, Jugoslawien - Kolumbien 1:0, BR Deutschland - VA Emirate 5:1, BR Deutschland - Kolumbien 1:1, Jugoslawien - VA Emirate 4:1.
Qualifiziert: BR Deutschland, Jugoslawien und Kolumbien.

Gruppe E (Verona, Udine):
Belgien - Südkorea 2:0, Uruguay - Spanien 0:0, Belgien - Uruguay 3:1, Südkorea - Spanien 1:3, Belgien - Spanien 1:2, Südkorea - Uruguay 0:1.
Qualifiziert: Spanien, Belgien und Uruguay.

Gruppe F (Palermo, Cagliari):
England - Irland 1:1, Holland - Ägypten 1:1, England - Holland 0:0, Irland - Ägypten 0:0, Irland - Holland 1:1, England - Ägypten 1:0.
Qualifiziert: England, Irland und Holland.

Achtelfinale:
Kamerun - Kolumbien 2:1 n.V. (Neapel),
Tschechoslowakei - Costa Rica 4:1 (Bari),
Brasilien - Argentinien 0:1 (Turin),
BR Deutschland - Holland 2:1 (Mailand),
Irland - Rumänien 0:0 n. V., 5:4 im Elfmeterschießen (Genua),
Italien - Uruguay 2:0 (Rom),
Spanien - Jugoslawien 1:2 n. V. (Verona),
England - Belgien 1:2 n. V. (Bologna).

Viertelfinale:
Tschechoslowakei - BR Deutschland 0:1 (Mailand),
Kamerun - England 2:3 n. V. (Neapel),
Irland - Italien 0:1 (Rom),
Argentinien - Jugoslawien 0:0 n. V., 3:2 im Elfmeterschießen (Florenz).

Halbfinale:
BR Deutschland - England 1:1 n. V., 4:3 im Elfmeterschießen (Turin),
Argentinien - Italien 1:1 n. V., 4:3 im Elfmeterschießen (Neapel).

Dritter Platz:
Italien - England 2:1 (Bari).

Finale:
BR Deutschland - Argentinien 1:0 (Rom).

Weltmeister 1990: Bundesrepublik Deutschland

1994 in den USA

Qualifikation

Europa

Europa 1:
Italien - Schweiz 2:2, 0:1; Italien - Portugal 1:0, 3:1; Italien - Schottland 3:1, 0:0; Italien - Malta 6:1, 2:1; Italien - Estland 2:0, 3:0; Schweiz - Portugal 1:1, 0:1; Schweiz - Schottland 3:1, 1:1; Schweiz - Malta 3:0, 2:0; Schweiz - Estland 4:0, 6:0; Portugal - Schottland 5:0, 0:0; Portugal - Malta 4:0, 1:0; Portugal - Estland 3:0, 2:0; Schottland - Malta 3:0, 2:0; Schottland - Estland 3:0, 3:1, Malta - Estland 0:0, 1:0.
Qualifiziert: Italien und Schweiz.

Europa 2:
Norwegen - Holland 2:1, 0:0; Norwegen - England 2:0, 1:1; Norwegen - Polen 1:0, 3:0; Norwegen - Türkei 3:1, 1:2; Norwegen - San Marino 10:0, 2:0; Holland - England 2:0, 2:2; Holland - Polen 2:2, 3:1; Holland - Türkei 3:1, 3:1; Holland - San Marino 6:0, 7:0; England - Polen 3:0, 1:1; England - Türkei 4:0, 2:0; Eng-

land - San Marino 6:0, 7:1; Polen - Türkei 1:0, 1:2; Polen - San Marino 1:0, 3:0; Türkei - San Marino 4:1, 0:0.
Qualifiziert: Norwegen und Holland.

Europa 3:
Spanien - Irland 0:0, 3:1; Spanien - Dänemark 1:0, 0:1; Spanien - Nordirland 3:1, 0:0; Spanien - Litauen 5:0, 2:0; Spanien - Lettland 5:0, 0:0; Spanien - Albanien 3:0, 5:1; Irland - Dänemark 1:1, 0:0; Irland - Nordirland 3:0, 1:1; Irland - Litauen 2:0, 1:0; Irland - Lettland 4:0, 2:0; Irland - Albanien 2:0, 2:1; Dänemark - Nordirland 1:0, 1:0; Dänemark - Litauen 4:0, 0:0; Dänemark - Lettland 2:0, 0:0; Dänemark - Albanien 4:0, 1:0; Nordirland - Litauen 2:2, 1:0; Nordirland - Lettland 2:0, 2:1; Nordirland - Albanien 3:0, 2:1; Litauen - Lettland 1:1, 2:1; Litauen - Albanien 3:1, 0:1; Lettland - Albanien 0:0, 1:1.
Qualifiziert: Spanien und Irland.

Europa 4:
Rumänien - Belgien 2:1, 0:1; Rumänien - Tschechoslowakei 1:1, 2:5; Rumänien - Wales 5:1, 2:1; Rumänien - Zypern 2:1, 4:1; Rumänien - Färöer 7:0, 4:0; Belgien- Tschechoslowakei 0:0, 2:1; Belgien - Wales 2:0, 0:2, Belgien - Zypern 1:0, 3:0; Belgien - Färöer 3:0, 3:0; Tschechoslowakei - Wales 1:1, 2:2; Tschechoslowakei - Zypern 3:0, 1:1; Tschechoslowakei - Färöer 4:0, 3:0; Wales - Zypern 2:0, 1:0; Wales - Färöer 6:0, 3:0; Zypern - Färöer 3:1, 2:0.
Qualifiziert: Rumänien und Belgien.

Europa 5:
Griechenland - Russland 1:0, 1:1; Griechenland - Island 1:0, 1:0; Griechenland - Ungarn 0:0, 1:0; Griechenland - Luxemburg 2:0, 3:1; Russland - Island 1:0, 1:1; Russland - Ungarn 3:0, 3:1; Russland - Luxemburg 2:0, 4:0; Island - Ungarn 2:0, 2:1; Island - Luxemburg 1:0, 1:1; Ungarn - Luxemburg 1:0, 3:0; Jugoslawien wurde ausgeschlossen.
Qualifiziert: Griechenland und Russland.

Europa 6:
Schweden - Bulgarien 2:0, 1:1; Schweden - Frankreich 1:1, 1:2; Schweden - Österreich 1:0, 0:1; Schweden - Finnland 3:2, 1:0; Schweden - Israel 6:0, 3:1; Bulgarien - Frankreich 2:0, 2:1; Bulgarien - Österreich 4:1, 1:3; Bulgarien - Finnland 2:0, 3:0; Bulgarien - Israel 2:2, 2:0; Frankreich - Österreich 2:0, 1:0; Frankreich - Finnland 2:1, 2:0; Frankreich - Israel 2:3, 4:0; Österreich - Finnland 3:0, 1:3; Österreich - Israel 5:2, 1:1; Finnland - Israel 0:0, 3:1.
Qualifiziert: Schweden und Bulgarien.

Südamerika

Südamerika 1:
Kolumbien - Argentinien 2:1, 5:0; Kolumbien - Paraguay 0:0, 1:1; Kolumbien - Peru 4:0, 1:0; Argentinien - Paraguay 0:0, 3:1; Argentinien - Peru 2:1, 1:0; Paraguay - Peru 2:1, 2:2.
Qualifiziert: Kolumbien.

Südamerika 2:
Brasilien - Bolivien 6:0, 0:2; Brasilien - Uruguay 2:0, 1:1; Brasilien - Ecuador 2:0, 0:0; Brasilien - Venezuela 4:0, 5:1; Bolivien - Uruguay 3:1, 1:2; Bolivien - Ecuador 1:0, 1:1; Bolivien - Venezuela 7:0, 7:1; Uruguay - Ecuador 0:0, 1:0; Uruguay - Venezuela 4:0, 1:0; Ecuador - Venezuela 5:0, 1:2.
Qualifiziert: Brasilien und Bolivien.

Entscheidungsspiel: Argentinien (Zweiter Südamerika 1) - Australien (Sieger Ozeanien) 1:0, 1:1.
Qualifiziert: Argentinien.

Nord- und Mittelamerika

Vorrunde:
Bermuda - Haiti 1:0, 1:2; Jamaika - Puerto Rico 2:1, 1:0; Niederl. Antillen - Antigua 1:1, 0:3; Guayana - Surinam 1:2, 1:1; Barbados - Trinidad/Tobago 1:2, 0:3. Kuba verzichtete.

1. Runde:
Zentral-Zone: Guatemala - Honduras 0:0, 0:2; Panama - Costa Rica 1:0, 1:5; Nicaragua - El Salvador 0:5, 1:5.
Karibik-Zone: Surinam - St. Vincent 0:0, 1:2; Antigua - Bermuda 0:3, 1:2; Trinidad/Tobago - Jamaika 1:2, 1:1. Freilose: Mexiko, Kanada.

2. Runde:
Gruppe A: Mexiko - Honduras 2:0, 1:1; Mexiko - Costa Rica 4:0, 0:2; Mexiko - St. Vincent 11:0, 4:0; Honduras - Costa Rica 2:1, 3:2; Honduras - St. Vincent 4:0, 4:0; Costa Rica - St. Vincent 5:0, 1:0.
Gruppe B: El Salvador - Kanada 1:1, 3:2; El Salvador - Jamaika 2:1, 2:0; El Salvador - Bermuda 4:1, 0:1; Kanada - Jamaika 1:0, 1:1; Kanada - Bermuda 4:2, 0:0; Jamaika - Bermuda 3:2, 1:1.

Endrunde:
Mexiko - Kanada 4:0, 2:1; Mexiko - El Salvador 3:1,1:2; Mexiko - Honduras 3:0, 4:1; Kanada - El Salvador 2:0, 2:1; Kanada - Honduras 3:1, 2:2; El Saivador - Honduras 2:1, 0:2.
Qualifiziert: Mexiko.
Kanada qualifiziert für Ausscheidungsspiel gegen Australien (s.u.).

Ozeanien

Gruppe 1:
Australien - Tahiti 2:0, 3:0; Australien - Solomonen 6:1, 2:1; Tahiti - Solomonen 4:2, 1:1; West-Samoa verzichtete.
Gruppe 2:
Neuseeland - Fidschi 3:0, 0:0; Neuseeland - Vanuatu 8:0, 4:1; Fidschi - Vanuatu 3:0, 3:0.
Endspiele: Australien - Neuseeland 3:0, 1:0.
Zusatzqualifikation:
Kanada - Australien 2:1, 1:2 n. V. (1:4 im Elfmeterschießen).
Australien qualifiziert für Entscheidungsspiel gegen Argentinien (s.o.).

Afrika

Gruppe A:
Algerien - Ghana 2:1, 0:2; Algerien - Burundi 3:1, 0:0; Ghana - Burundi 1:0, 0:1. Uganda verzichtete.
Gruppe B:
Kamerun - Swasiland 5:0, 0:0; Kamerun - Zaire 0:0, 2:1; Swasiland - Zaire 1:0 (2. Spiel nicht ausgetragen); Liberia nach 2:4 gegen Zaire zurückgezogen.
Gruppe C:
Zimbabwe - Ägypten 2:1 (1:2 wg. Steinwürfen annulliert), 0:0; Zimbabwe - Angola 2:1, 1:1; Zimbabwe - Togo 1:0, 2:1; Ägypten - Angola 1:0, 0:0; Ägypten - Togo 3:0, 4:1; Angola - Togo (nicht ausgetragen), 1:0.
Gruppe D:
Nigeria - Südafrika 4:0, 0:0; Nigeria - Kongo 2:0, 1:0; Südafrika - Kongo 1:0, 1:0.
Gruppe E:
Elfenbeinküste - Niger 1:0, 0:0; Elfenbeinküste - Botswana 6:0, 0:0; Niger - Botswana 2:1, 1:0; Sudan verzichtete.
Gruppe F:
Marokko - Tunesien 0:0, 1:1; Marokko - Äthiopien 5:0, 1:0;

Marokko - Benin 5:0, 1:0; Tunesien - Äthiopien 3:0, 0:0; Tunesien - Benin 5:1, 5:0; Äthiopien - Benin 3:1, 0:1.
Gruppe G:
Senegal - Gabun 1:0, 2:3; Senegal - Mosambik 6:1, 1:0; Gabun - Mosambik 3:1, 1:1; Mauretanien verzichtete.
Gruppe H:
Sambia - Madagaskar 3:1, 0:2; Sambia - Namibia 4:0, 4:0; Madagaskar - Namibia 3:0, 1:0; Tansania hat nach 4 Spielen zurückgezogen. Burkina Faso verzichtete. Namibia nachgemeldet.
Gruppe I:
Guinea - Kenia 4:0, 0:2; Gambia und Mali haben verzichtet.
Endrunde:
Gruppe A:
Nigeria - Elfenbeinküste 4:1, 1:2; Nigeria- Algerien 4:1, 1:1; Elfenbeinküste - Algerien 1:0, 1:1.
Gruppe B:
Marokko - Sambia 1:0, 1:2; Marokko - Senegal 1:0, 3:1; Sambia - Senegal 4:0, 0:0 in Abidjan/Elfenbeinküste, da Platzsperre für Senegal nach Ausschreitungen.
Gruppe C:
Kamerun - Zimbabwe 3:1, 0:1; Kamerun - Guinea 3:1, 1:0; Zimbabwe - Guinea 1:0, 0:3.
Qualifiziert: Nigeria, Marokko und Kamerun.

Asien

Gruppe A:
Turniere in Jordanien und China: Irak - China 1:0, 1:2; Irak - Jemen 6:1, 3:0; Irak - Jordanien 1:1, 4:0; Irak - Pakistan 8:0, 4:0; Jemen - China 1:0, 0:1; Jemen - Jordanien 1:1, 1:1; Jemen - Pakistan 5:1, 3:0; China - Jordanien 3:0, 4:1; China - Pakistan 5:0, 3:0; Jordanien - Pakistan 3:1, 5:0.
Gruppe B:
Turniere im Iran und Syrien: Iran - Syrien 1:1, 1:1; Iran - Oman 0:0, 1:0; Iran - Taiwan 6:0, 6:0; Syrien - Oman 0:0, 2:1; Syrien - Taiwan 2:0, 8:1; Oman - Taiwan 2:1, 7:1.
Gruppe C:
Turniere in Katar und Singapur: Nordkorea - Katar 2:1, 2:2; Nordkorea - Singapur 2:1, 3:1; Nordkorea - Indonesien 4:0, 2:1; Nordkorea - Vietnam 3:0, 1:0; Katar - Singapur 4:1, 0:1; Katar -Indonesien 3:1, 4:1; Katar - Vietnam 4:0, 4:0; Singapur - Indonesien 2:0, 2:1; Singapur - Vietnam 3:2, 1:0; Indonesien - Vietnam 0:1, 2:1.
Gruppe D:
Turniere im Libanon und Südkorea: Südkorea - Bahrain 0:0, 3:0; Südkorea - Libanon 1:0, 2:0; Südkorea - Hongkong 3:0, 4:1; Südkorea - Indien 3:0, 7:0; Bahrain - Libanon 0:0, 0:0; Bahrain - Hongkong 1:2, 3:0; Bahrain - Indien 2:1, 3:0; Libanon - Hongkong 2:2, 2:1; Libanon - Indien 2:2, 2:1; Hongkong - Indien 2:1, 1:3.
Gruppe E:
Turniere in Malaysia und Saudi-Arabien: Saudi-Arabien - Kuwait 0:0, 2:0; Saudi-Arabien - Malaysia 1:1, 3:0; Saudi-Arabien - Macao 6:0, 8:0; Kuwait - Malaysia 1:1, 2:0; Kuwait - Macao 10:1, 8:0; Malaysia - Macao 9:0, 5:0.
Gruppe F:
Turniere in Japan und VA Emirate: Japan - VA Emirate 2:0, 1:1; Japan - Thailand 1:0, 1:0; Japan - Bangladesch 8:0, 4:1; Japan - Sri Lanka 5:0, 6:0; VA Emirate -Thailand 1:0, 2:1; VA Emirate - Bangladesch 1:0, 7:0; VA Emirate - Sri Lanka 4:0, 3:0; Thailand - Bangladesch 4:1, 4:1 Thailand - Sri Lanka 1:0, 3:0; Bangladesch - Sri Lanka 1:0, 3:0.

Endrunde:
Turnier in Katar: Saudi-Arabien - Südkorea 1:1; Saudi-Arabien - Japan 0:0; Saudi-Arabien - Irak 1:1; Saudi-Arabien - Iran 4:3; Saudi-Arabien - Nordkorea 2:1; Südkorea - Japan 0:1; Südkorea - Irak 2:2; Südkorea - Iran 3:0; Südkorea - Nordkorea 3:0; Japan - Irak 2:2; Japan - Iran 1:2; Japan - Nordkorea 3:0; Irak - Iran 2:1; Irak - Nordkorea 2:3; Iran - Nordkorea 2:1.
Qualifiziert: Saudi-Arabien und Südkorea.

USA als Veranstalter und Deutschland als Weltmeister direkt qualifiziert.

Endrunde 17. Juni - 17. Juli 1994

Es qualifizierten sich die beiden Gruppenersten sowie die vier besten Gruppendritten.

Vorrunde

Gruppe A (Detroit, Los Angeles, San Francisco):
USA - Schweiz 1:1, Kolumbien - Rumänien 1:3,
Rumänien - Schweiz 1:4, USA - Kolumbien 2:1,
USA - Rumänien 0:1, Schweiz - Kolumbien 0:2.
Qualifiziert: Rumänien, Schweiz und USA.

Gruppe B (Los Angeles, San Francisco, Detroit):
Kamerun - Schweden 2:2, Brasilien - Russland 2:0,
Brasilien - Kamerun 3:0, Schweden - Russland 3:1,
Russland - Kamerun 6:1, Brasilien - Schweden 1:1.
Qualifiziert: Brasilien und Schweden.

Gruppe C (Chicago, Dallas, Boston):
Deutschland - Bolivien 1:0, Spanien - Südkorea 2:2,
Deutschland - Spanien 1:1, Südkorea - Bolivien 0:0,
Bolivien - Spanien 1:3, Deutschland - Südkorea 3:2.
Qualifiziert: Deutschland und Spanien.

Gruppe D (Chicago, Dallas, Boston):
Argentinien - Griechenland 4:0, Nigeria - Bulgarien 3:0,
Argentinien - Nigeria 2:1, Bulgarien - Griechenland 4:0,
Griechenland - Nigeria 0:2, Argentinien - Bulgarien 0:2.
Qualifiziert: Nigeria, Bulgarien und Argentinien.

Gruppe E (New York, Washington, Orlando):
Italien - Irland 0:1, Norwegen - Mexiko 1:0,
Italien - Norwegen 1:0, Mexiko - Irland 2:1,
Irland - Norwegen 0:0, Italien - Mexiko 1:1.
Qualifiziert: Mexiko, Irland und Italien.

Gruppe F (New York, Washington, Orlando):
Belgien - Marokko 1:0, Holland - Saudi-Arabien 2:1,
Belgien - Holland 1:0, Saudi-Arabien - Marokko 2:1,
Marokko - Holland 1:2, Belgien - Saudi-Arabien 0:1.
Qualifiziert: Holland, Saudi-Arabien und Belgien.

Achtelfinale:
Deutschland - Belgien 3:2 (Chicago),
Schweiz - Spanien 0:3 (Washington),
Saudi-Arabien - Schweden 1:3 (Dallas),
Rumänien - Argentinien 3:2 (Los Angeles),
Holland - Irland 2:0 (Orlando),
Brasilien - USA 1:0 (San Francisco),
Nigeria - Italien 1:2 n. V. (Boston),
Mexiko - Bulgarien 1:1 n. V., 1:3 im Elfmeterschießen (New York).

Viertelfinale:
Italien - Spanien 2:1 (Boston),
Holland - Brasilien 2:3 (Dallas),
Bulgarien - Deutschland 2:1 (New York),
Rumänien - Schweden 2:2 n. V., 4:5 im Elfmeterschießen (San Francisco).

Halbfinale:
Bulgarien - Italien 1:2 (New York),
Schweden - Brasilien 0:1 (Los Angeles).

Dritter Platz:
Schweden - Bulgarien 4:0 (Los Angeles).

Finale:
Brasilien - Italien 0:0 n.V., 3:2 im Elfmeterschießen (Pasadena)

Weltmeister 1994: Brasilien

1998 in Frankreich

Qualifikation

Europa

Europa 1: Dänemark - Kroatien 3:1, 1:1; Dänemark - Griechenland 2:1, 0:0; Dänemark - Bosnien 2:0, 0:2; Dänemark - Slowenien 4:0, 2:0; Kroatien - Griechenland 1:1, 0:1; Kroatien - Bosnien 3:2, 4:1; Kroatien - Slowenien 3:3, 3:1; Griechenland - Bosnien 3:0, 1:0; Griechenland - Slowenien 2:0, 3:0; Bosnien - Slowenien 1:0, 2:1.
Qualifiziert: Dänemark.

Europa 2:
England - Italien 0:1, 0:0; England - Polen 2:1, 2:0; England - Georgien 2:0, 2:0; England - Moldawien 4:0, 3:0; Italien - Polen 3:0, 0:0; Italien - Georgien 1:0, 0:0; Italien - Moldawien 3:0, 3:1; Polen - Georgien 4:1, 0:3; Polen - Moldawien 2:1, 3:0; Georgien - Moldawien 2:0, 1:0.
Qualifiziert: England.

Europa 3:
Norwegen - Ungarn 3:0, 1:1; Norwegen - Finnland 1:1, 4:0; Norwegen - Schweiz 5:0, 1:0; Norwegen - Aserbaidschan 5:0, 1:0; Ungarn - Finnland 1:0, 1:1, Ungarn - Schweiz 1:1, 0:1; Ungarn - Aserbaidschan 3:1, 3:0; Finnland - Schweiz 2:3, 2:1; Finnland - Aserbaidschan 3:0, 2:1; Schweiz - Aserbaidschan 5:0, 0:1.
Qualifiziert: Norwegen.

Europa 4:
Österreich - Schottland 0:0, 0:2; Österreich - Schweden 1:0, 1:0; Österreich - Lettland 2:1, 3:1; Österreich - Estland 2:0, 3:0; Österreich - Weißrussland 4:0, 1:0; Schottland - Schweden 1:0, 1:2; Schottland - Lettland 2:0, 2:0; Schottland - Estland 2:0, 0:0; Schottland - Weißrussland 4:1, 1:0; Schweden - Lettland 1:0, 2:1; Schweden - Estland 1:0, 3:2; Schweden - Weißrussland 5:1, 2:1; Lettland - Estland 1:0, 3:1; Lettland - Weißrussland 2:0, 1:1; Estland - Weißrussland 1:0, 0:1.
Qualifiziert: Österreich und Schottland.

Europa 5:
Bulgarien - Russland 1:0, 2:4; Bulgarien - Israel 1:0, 1:2; Bulgarien - Zypern 4:1, 3:1; Bulgarien - Luxemburg 4:0, 2:1; Russland - Israel 2:0, 1:1; Russland - Zypern 4:0, 1:1; Russland - Luxemburg 3:0, 4:0; Israel - Zypern 2:0, 0:2; Israel - Luxemburg 1:0, 3:0; Zypern - Luxemburg 2:0, 3:1.
Qualifiziert: Bulgarien.

Europa 6: Spanien - Jugoslawien 2:0, 1:1; Spanien - Tschechien 1:0, 0:0; Spanien - Slowakei 4:1, 2:1; Spanien - Färöer 2:1, 6:2; Spanien - Malta 4:0, 3:0; Jugoslawien - Tschechien 1:0, 2:1; Jugoslawien - Slowakei 2:0, 1:1; Jugoslawien - Färöer 3:1, 8:1; Jugoslawien - Malta 6:0, 5:0; Slowakei - Tschechien 2:1, 0:3; Slowakei - Färöer 3:0, 2:1; Slowakei - Malta 6:0, 2:0; Tschechien - Färöer 2:0, 2:0; Tschechien - Malta 6:0, 1:0; Färöer - Malta 2:1, 2:1.
Qualifiziert: Spanien.

Europa 7:
Holland - Belgien 3:1, 3:0; Holland - Türkei 0:0, 0:1; Holland - Wales 7:1, 3:1; Holland - San Marino 4:0, 6:0, Belgien - Türkei 2:1, 3:1; Belgien - Wales 3:2, 2:1; Belgien - San Marino 6:0, 3:0; Türkei - Wales 6:4, 0:0; Türkei - San Marino 7:0, 5:0; Wales - San Marino 6:0, 5:0.
Qualifiziert: Holland.

Europa 8:
Rumänien - Irland 1:0, 1:1; Rumänien - Litauen 3:0, 1:0; Rumänien - Mazedonien 4:2, 3:0; Rumänien - Island 4:0, 4:0; Rumänien - Liechtenstein 8:0, 8:1; Irland - Litauen 0:0, 2:1; Irland - Mazedonien 3:0, 2:3; Irland - Island 0:0, 4:2; Irland - Liechtenstein 5:0, 5:0; Litauen - Mazedonien 2:0, 2:1; Litauen - Island 2:0, 0:0; Litauen - Liechtenstein 2:1, 2:0; Mazedonien - Island 1:0, 1:1, Mazedonien - Liechtenstein 3:0, 1:1; Island - Liechtenstein 4:0, 4:0.
Qualifiziert: Rumänien.

Europa 9:
Deutschland - Ukraine 2:0, 0:0; Deutschland - Portugal 1:1, 0:0; Deutschland - Armenien 4:0, 5:1; Deutschland - Nordirland 1:1, 3:1; Deutschland - Albanien 4:3, 3:2; Ukraine - Portugal 2:1, 0:1; Ukraine - Armenien 1:1, 2:0; Ukraine - Nordirland 2:1, 1:0; Ukraine - Albanien 1:0, 0:1; Portugal - Armenien 3:1, 0:0; Portugal - Nordirland 1:0, 0:0; Portugal - Albanien 2:0, 3:0, Armenien - Nordirland 0:0, 1:1; Armenien - Albanien 3:0, 1:1; Nordirland - Albanien 2:0, 0:1.
Qualifiziert: Deutschland.

Qualifikation der Gruppenzweiten: Kroatien - Ukraine 2:0, 1:1; Italien - Russland 1:0, 1:1; Jugoslawien - Ungarn 7:1, 5:0; Belgien - Irland 2:1, 1:1.
Qualifiziert: Kroatien, Italien, Jugoslawien und Belgien.

Südamerika

Südamerika:
Argentinien - Paraguay 1:1, 2:1; Argentinien - Kolumbien 1:1, 1:0; Argentinien - Chile 1:1, 2:1; Argentinien - Peru 2:0, 0:0; Argentinien - Ecuador 2:1, 0:2; Argentinien - Uruguay 0:0, 0:0; Argentinien - Bolivien 3:1, 1:2; Argentinien - Venezuela 2:0, 5:2; Paraguay - Kolumbien 2:1, 0:1; Paraguay - Chile 2:1, 1:2; Paraguay - Peru 2:1, 0:1; Paraguay - Ecuador 1:0, 1:2; Paraguay - Uruguay 3:1, 2:0; Paraguay - Bolivien 2:1, 0:0; Paraguay - Venezuela 1:0, 2:0; Kolumbien - Chile 4:1, 1:4; Kolumbien - Peru 0:1, 1:1; Kolumbien - Ecuador 1:0, 1:0; Kolumbien - Uruguay 3:1, 1:0; Kolumbien - Bolivien 3:0, 2:2; Kolumbien - Venezuela 1:0, 2:0; Chile - Ecuador 4:1, 1:1; Chile - Uruguay 1:0, 0:1; Chile - Bolivien 3:0, 1:1; Chile - Venezuela 6:0, 1:1; Peru - Ecuador 1:1, 1:4; Peru - Uruguay 2:1, 0:2; Peru - Bolivien 2:1, 0:0; Peru - Venezuela 4:1, 3:0; Ecuador - Uruguay 4:0, 3:5; Ecuador - Bolivien 1:0, 0:2; Ecuador - Venezuela 1:0, 1:1; Uruguay - Bolivien 1:0, 0:1; Uruguay - Venezuela 3:1, 2:0; Bolivien - Venezuela 6:1, 1:1.
Qualifiziert: Argentinien, Paraguay, Kolumbien, Chile und Peru.

Nord- und Mittelamerika

Karibik
1. Runde:
Dominikanische Republik - Antigua 3:3, 3:1; Dominikanische Republik - Aruba 3:2, 3:1; Grenada - Guyana 6:0, 2:1; St. Kitts-Nevis - Bahamas (Bahamas verzichtete).

2. Runde:
Jamaika - Surinam 1:0, 1:0; St. Vincent - Puerto Rico 7:0, 2:1; Dominikanische Republik - Niederl. Antillen 2:1, 0:0; St. Kitts-Nevis - St. Lucia 5:1, 1:0; Kuba - Cayman Islands 5:0, 1:0; Haiti - Grenada 6:1, 1:0; Barbados - Dominicia 1:0, 1:0; Trinidad/Tobago - Bermuda (Bermuda verzichtete).
3. Runde:
Kuba - Haiti 6:1, 1:1; Trinidad/Tobago - Dominikanische Republik 8:0, 4:1; St. Vincent - St. Kitts-Nevis 0:0, 2:2; Jamaika - Barbados 2:0, 1:0.

Zentral-Zone
Gruppe 1:
USA - Costa Rica 2:1, 1:2; USA - Guatemala 2:0, 2:2; USA - Trinidad/Tobago 2:0, 1:0; Costa Rica - Guatemala 3:0, 0:1; Costa Rica - Trinidad/Tobago 2:1, 1:0; Guatemala - Trinidad/Tobago 2:1, 1:1.
Gruppe 2:
Kanada - El Salvador 1:0, 2:0; Kanada - Panama 3:1, 0:0; Kanada - Kuba 2:0, 2:0; El Salvador - Panama 3:2, 1:1; El Salvador - Kuba 3:0, 5:0; Panama - Kuba 3:1, 1:3.
Gruppe 3:
Jamaika - Mexiko 1:0, 1:2; Jamaika - Honduras 3:0, 0:0; Jamaika - St. Vincent 5:0, 2:1; Mexiko - Honduras 3:1, 1:2; Mexiko - St. Vincent 5:1, 3:0; Honduras - St. Vincent 11:3, 4:1.

Endrunde:
Mexiko - USA 0:0, 2:2; Mexiko - Jamaika 6:0, 0:0; Mexiko - El Salvador 5:0, 1:0; Mexiko - Costa Rica 3:3, 0:0; Mexiko - Kanada 4:0, 2:2; USA Jamaika 1:1, 0:0; USA - El Salvador 4:2, 1:1; USA - Costa Rica 1:0, 2:3; USA - Kanada 3:0, 3:0; Jamaika - El Salvador 1:1, 2:2; Jamaika - Costa Rica 1:0, 1:3; Jamaika - Kanada 1:0, 0:0; El Salvador - Costa Rica 2:1, 0:0; El Salvador - Kanada 4:1, 0:0; Costa Rica - Kanada 3:1, 0:1.
Qualifiziert: Mexiko, USA und Jamaika.

Afrika

Vorausscheidung (K.o.-System):
Burkina Faso - Mauretanien 2:0, 0:0; Liberia - Gambia 4:0, 1:2; Südafrika - Malawi 3:0, 1:0; Angola - Uganda 3:1, 2:0; Guinea - Guinea-Bissau 3:1, 2:3; Namibia - Mosambik 1:0, 1:0; Burundi - Sierra Leone 1:0, 1:0 (Burundi verzichtete wegen Bürgerkrieg); Kongo - Elfenbeinküste 2:0, 1:1; Kenia - Algerien 3:1, 0:1; Zimbabwe - Madagaskar 2:2, 2:1; Zaire - Mauritius 2:0, 5:1; Tunesien - Ruanda 2:0, 3:1; Sambia - Sudan 3:0, 0:2; Gabun - Swasiland 2:0, 1:0; Togo - Senegal 2:1, 1:1; Ghana - Tansania 2:1, 0:0.
Freilose: Nigeria, Kamerun, Marokko, Ägypten.

Gruppe 1:
Nigeria - Guinea 2:1, 0:1; Nigeria - Kenia 3:0, 1:1; Nigeria - Burkina Faso 2:0, 2:1; Guinea - Kenia 3:1, 0:1; Guinea - Burkina Faso 3:1, 2:0; Kenia - Burkina Faso 4:3, 4:2.
Qualifiziert: Nigeria.

Gruppe 2:
Tunesien - Ägypten 1:0, 0:0; Tunesien - Liberia 2:0, 1:0; Tunesien - Namibia 4:0, 2:1; Ägypten - Liberia 6:0, 0:1; Ägypten - Namibia 7:1, 3:2; Liberia - Namibia 1:2, 0:0.
Qualifiziert: Tunesien.

Gruppe 3:
Südafrika - Kongo 1:0, 0:2; Südafrika - Sambia 3:0, 0:0; Südafrika - Zaire 1:0, 2:1; Kongo - Sambia 1:0, 0:3; Kongo - Zaire 1:0, 1:1; Sambia - Zaire 2:0, 2:2.
Qualifiziert: Südafrika.

Gruppe 4:
Kamerun - Angola 0:0, 1:1; Kamerun - Zimbabwe 1:0, 2:1; Kamerun - Togo 2:0, 4:2; Angola - Zimbabwe 2:1, 0:0; Angola - Togo 3:1, 1:1; Zimbabwe - Togo 3:0, 1:2.
Qualifiziert: Kamerun.

Gruppe 5:
Marokko - Ghana 1:0, 2:2; Marokko - Sierra Leone 4:0, 1:0; Marokko - Gabun 2:0, 4:0; Ghana - Sierra Leone 0:2, 1:1; Ghana - Gabun 3:0, 1:1; Sierra Leone - Gabun 1:0, nicht mehr ausgetragen.
Qualifiziert: Marokko.

Asien

1. Runde:
Gruppe 1:
Saudi-Arabien - Malaysia 3:0, 0:0; Saudi-Arabien - Taiwan 6:0, 2:0; Saudi-Arabien - Bangladesch 3:0, 4:1; Malaysia - Taiwan 2:0, 0:0; Malaysia - Bangladesch 2:0, 1:0; Taiwan - Bangladesch 1:2, 3:1.
Gruppe 2:
Iran - Kirgistan 3:1, 7:0; Iran - Syrien 2:2, 1:0; Iran - Malediven 9:0, 17:0; Kirgistan - Syrien 2:1, (0:3, Syrien nicht angetreten); Kirgistan - Malediven 3:0, 6:0; Syrien - Malediven 12:0, 12:0.
Gruppe 3:
VA Emirate - Jordanien 2:0, 0:0; VA Emirate - Bahrain 3:0, 2:1; Jordanien - Bahrain 4:1, 0:1. Gruppe 4:
Japan - Oman 1:1, 1:0; Japan - Macao 10:0, 10:0; Japan - Nepal 3:0, 6:0; Oman - Macao 4:0, 2:0; Oman - Nepal 1:0, 6:0; Macao - Nepal 2:1, 1:1.
Gruppe 5:
Usbekistan - Jemen nicht ausgetragen, 1:0; Usbekistan - Indonesien 3:0, 1:1; Usbekistan - Kambodscha 6:0, 4:1; Jemen - Indonesien 1:1, 0:0; Jemen - Kambodscha 7:0, 1:0; Indonesien - Kambodscha 8:0, 1:1.
Gruppe 6:
Südkorea - Thailand 0:0, 3:1; Südkorea - Hongkong 4:0, 2:0; Thailand - Hongkong 2:0, 2:3. Gruppe 7:
Kuwait - Libanon 2:0, 3:1; Kuwait Singapur 4:0, 1:0; Libanon - Singapur 1:1, 2:1.
Gruppe 8:
China - Tadschikistan 0:0,1:0; China - Turkmenistan 1:0, 4:1; China -Vietnam 4:0, 3:1; Tadschikistan - Turkmenistan 5:0, 2:1; Tadschikistan - Vietnam 4:0, 4:0; Turkmenistan - Vietnam 2:1, 4:0.
Gruppe 9:
Kasachstan - Irak 3:1, 2:1; Kasachstan - Pakistan 3:0, 7:0; Irak - Pakistan 6:1, 6:2.
Gruppe 10:
Katar - Sri Lanka 3:0; Katar - Indien 6:0; Katar - Philippinen 5:0; Sri Lanka - Indien 1:1; Sri Lanka - Philippinen 3:0; Indien - Philippinen 2:0.

2. Runde:
Gruppe A:
Saudi-Arabien - Iran 1:0, 1:1; Saudi-Arabien - China 1:1, 0:1; Saudi-Arabien - Katar 1:0, 1:0; Saudi-Arabien - Kuwait 2:1, 1:2; Iran - China 4:1, 4:2; Iran Katar 3:0, 0:2; Iran - Kuwait 0:0, 1:1; China - Katar 2:3, 1:1; China - Kuwait 1:0, 2:1; Katar - Kuwait 0:2, 1:0.
Gruppe B:
Südkorea - Japan 0:2, 2:1; Südkorea - VA Emirate 3:0, 3:1; Südkorea - Usbekistan 2:1, 5:1; Südkorea - Kasachstan 3:0, 1:1; Japan - VA Emirate 1:1, 0:0; Japan - Usbekistan 6:3, 1:1; Japan - Kasachstan 5:1, 1:1; VA Emirate - Usbekistan 0:0,

3:2; VA Emirate - Kasachstan 4:0, 0:3; Usbekistan - Kasachstan 4:0, 1:1.

Entscheidungsspiel der Gruppenzweiten (in Malaysia):
Japan - Iran 3:2 n. V.
Qualifiziert: Saudi-Arabien, Südkorea und Japan.
Iran qualifiziert für Ausscheidungsspiel gegen Australien (s.u.).

Ozeanien

1. Runde:
Gruppe Melanesien (Turnier in Neuguinea):
Papua-Neuguinea-Solomonen 1:1; Solomonen - Vanuatu 1:1; Papua - Vanuatu 2:1.
Gruppe Polynesien (Turnier in Tonga):
Tonga - Cook Islands 2:0; Westsamoa - Cook Islands 2:1; Tonga - Westsamoa 1:0.
Entscheidungsspiele: Tonga - Solomonen 9:0, 4:0.

2. Runde:
Gruppe 1 (Turnier in Australien):
Australien - Solomonen 13:0, 6:2; Australien - Tahiti 5:0, 2:0; Solomonen - Tahiti 4:1, 1:1.
Gruppe 2:
Neuseeland - Fidschi 5:0, 1:0; Neuseeland - Papua-Neuguinea 7:0, 0:1; Fidschi - Papua Neuguinea 3:1, 1:0.

Endrunde: Australien - Neuseeland 3:0, 2:0.
Entscheidungsspiele gegen den Vierten aus Asien: Iran - Australien 1:1, 2:2.
Qualifiziert: Iran.

Frankreich als Veranstalter und Brasilien als Weltmeister direkt qualifiziert.

Endrunde 10. Juni - 12. Juli 1998

Vorrunde

Es qualifizierten sich die beiden Gruppenersten.

Gruppe A (Stade de France, Montpellier, Bordeaux, Nantes, St. Etienne, Marseille):
Brasilien - Schottland 2:1, Marokko - Norwegen 2:2, Schottland - Norwegen 1:1, Brasilien - Marokko 3:0, Schottland - Marokko 0:3, Brasilien - Norwegen 1:2.
Qualifiziert: Brasilien und Norwegen.

Gruppe B (Bordeaux, Toulouse, St. Etienne, Montpellier, Stade de France, Nantes):
Italien - Chile 2:2, Kamerun - Österreich 1:1, Chile - Österreich 1:1, Italien - Kamerun 3:0, Italien - Österreich 2:1, Chile - Kamerun 1:1.
Qualifiziert: Italien und Chile.

Gruppe C (Lens, Marseille, Toulouse, Stade de France, Lyon, Bordeaux):
Saudi-Arabien - Dänemark 0:1, Frankreich - Südafrika 3:0, Südafrika - Dänemark 1:1, Frankreich - Saudi-Arabien 4:0, Frankreich - Dänemark 2:1, Südafrika - Saudi-Arabien 2:2.
Qualifiziert: Frankreich und Dänemark.

Gruppe D (Montpellier, Nantes, Parc des Princes Paris, St. Etienne, Lens, Toulouse):
Paraguay - Bulgarien 0:0, Spanien - Nigeria 2:3, Nigeria - Bulgarien 1:0, Spanien - Paraguay 0:0, Spanien - Bulgarien 6:1, Nigeria - Paraguay 1:3.
Qualifiziert: Nigeria und Paraguay.

Gruppe E (Lyon, Stade de France, Bordeaux, Marseille, Parc des Princes Paris, St. Etienne):
Südkorea - Mexiko 1:3, Holland - Belgien 0:0, Belgien - Mexiko 2:2, Holland - Südkorea 5:0, Belgien - Südkorea 1:1, Holland - Mexiko 2:2.
Qualifiziert: Holland und Mexiko.

Gruppe F (St. Etienne, Parc des Princes Paris, Lens, Lyon, Montpellier, Nantes):
Jugoslawien - Iran 1:0, Deutschland - USA 2:0, Deutschland - Jugoslawien 2:2, USA - Iran 1:2, Deutschland - Iran 2:0, USA - Jugoslawien 0:1.
Qualifiziert: Deutschland und Jugoslawien.

Gruppe G (Marseille, Lyon, Montpellier, Toulouse, Lens, Stade de France):
England - Tunesien 2:0, Rumänien - Kolumbien 1:0, Kolumbien - Tunesien 1:0, Rumänien - England 2:1, Rumänien - Tunesien 1:1, Kolumbien - England 0:2.
Qualifiziert: Rumänien und England.

Gruppe H (Toulouse, Lens, Nantes, Parc des Princes, Lyon, Bordeaux):
Argentinien - Japan 1:0, Jamaika - Kroatien 1:3, Japan - Kroatien 0:1, Argentinien - Jamaika 5:0, Japan - Jamaika 1:2, Argentinien - Kroatien 1:0.
Qualifiziert: Argentinien und Kroatien.

Achtelfinale:
Deutschland - Mexiko 2:1 (Montpellier),
Holland - Jugoslawien 2:1 (Toulouse),
Rumänien - Kroatien 0:1, (Bordeaux),
Italien - Norwegen 1:0 (Marseille),
Brasilien - Chile 4:1 (Parc des Princes),
Frankreich - Paraguay 1:0 n. V. (Lens),
Nigeria - Dänemark 1:4 (Paris, Stade de France),
Argentinien - England 2:2 n. V., 4:3 im Elfmeterschießen (St. Etienne).

Viertelfinale:
Deutschland - Kroatien 0:3 (Lyon),
Holland - Argentinien 2:1 (Marseille),
Brasilien - Dänemark 3:2 (Nantes),
Italien - Frankreich 0:0 n. V., 3:4 im Elfmeterschießen (Stade de France).

Halbfinale:
Brasilien - Holland 1:1 n. V., 4:2 im Elfmeterschießen (Marseille),
Frankreich - Kroatien 2:1 (Paris, Stade de France).

Dritter Platz:
Holland - Kroatien 1:2 (Paris, Parc des Princes).

Finale:
Brasilien - Frankreich 0:3 (Paris, Stade de France).

Weltmeister 1998: Frankreich

2002 in Südkorea und Japan

Qualifikation

Europa

Gruppe 1: Schweiz - Russland 0:1, 0:4; Färöer Inseln - Slowenien 2:2, 0:3; Luxemburg - Jugoslawien 0:2, 2:6; Luxemburg - Slowenien 1:2, 0:2; Schweiz - Färöer Inseln 5:1, 1:0; Russland - Luxemburg 3:0, 2:1; Slowenien - Schweiz 2:2, 1:0; Luxemburg - Färöer Inseln 0:2, 0:1; Russland - Slowenien 1:1, 1:2; Jugoslawien - Schweiz 1:1, 2:1; Russland - Färöer Inseln 1:0, 3:0; Slowenien - Jugoslawien 1:1, 1:1; Schweiz - Luxemburg 5:0, 3:0; Jugoslawien - Russland 0:1, 1:1; Färöer Inseln - Jugoslawien 0:6, 0:2
Qualifiziert: Russland, Slowenien (n. Releg.)

Gruppe 2: Estland - Andorra 1:0, 2:1; Andorra - Zypern 2:3, 0:5; Holland - Irland 2:2, 0:1; Estland - Portugal 1:3, 0:5; Zypern - Holland 0:4, 0:4; Portugal - Irland 1:1, 1:1; Holland - Portugal 0:2, 2:2; Irland - Estland 2:0, 2:0; Portugal - Andorra 3:0, 7:1; Andorra - Holland 0:5, 0:4; Zypern - Irland 0:4, 0:4; Andorra - Irland 0:3, 1:3; Zypern - Estland 2:2, 2:2; Estland - Holland 2:4, 0:5; Portugal - Zypern 6:0, 3:1
Qualifiziert: Portugal, Irland (n. Releg.)

Gruppe 3: Bulgarien - Tschechien 0:1, 0:6; Island - Dänemark 1:2, 0:6; Nordirland - Malta 1:0, 1:0; Bulgarien - Malta 3:0, 2:0; Tschechien - Island 4:0, 1:3; Nordirland - Dänemark 1:1, 1:1; Dänemark - Bulgarien 1:1, 2:0; Island - Nordirland 1:0, 0:3; Malta - Tschechien 0:0, 0:3; Bulgarien - Island 2:1, 1:1; Malta - Dänemark 0:5, 1:2; Nordirland - Tschechien 1:1, 1:3; Bulgarien - Nordirland 4:3, 1:0; Tschechien - Dänemark 0:0, 1:2; Malta - Island 1:4, 0:3
Qualifiziert: Dänemark

Gruppe 4: Aserbaidschan - Schweden 0:1, 0:3; Türkei - Moldawien 2:0, 3:0; Slowakei - Mazedonien 2:0, 5:0; Mazedonien - Aserbaidschan 3:0, 1:1; Moldawien - Slowakei 0:1, 2:4; Schweden - Türkei 1:1, 1:2; Aserbaidschan - Türkei 0:1, 0:3; Moldawien - Mazedonien 0:0, 2:2; Slowakei - Schweden 0:0, 0:2; Aserbaidschan - Moldawien 0:0, 0:2; Schweden - Mazedonien 1:0, 2:1; Türkei - Slowakei 1:1, 1:0; Mazedonien - Türkei 1:2, 3:3; Moldawien - Schweden 0:2, 0:6; Slowakei - Aserbaidschan 3:1, 0:2
Qualifiziert: Schweden, Türkei (n. Releg.)

Gruppe 5: Weißrussland - Wales 2:1, 0:1; Norwegen - Armenien 0:0, 4:1; Ukraine - Polen 1:3, 1:1; Armenien - Ukraine 2:3, 0:3; Polen - Weißrussland 3:1, 1:4; Wales - Norwegen 1:1, 2:3; Weißrussland - Armenien 2:1, 0:0; Norwegen - Ukraine 0:1, 0:0; Polen - Wales 0:0, 2:1; Armenien - Wales 2:2, 0:0; Norwegen - Polen 2:3, 0:3; Ukraine - Weißrussland 0:0, 2:0; Weißrussland - Norwegen 2:1, 1:1; Polen - Armenien 4:0, 1:1; Wales - Ukraine 1:1, 1:1
Qualifiziert: Polen

Gruppe 6: Belgien - Kroatien 0:0, 0:1; Lettland - Schottland 0:1, 1:2; Lettland - Belgien 0:4, 1:3; San Marino - Schottland 0:2, 0:4; Kroatien - Schottland 1:1, 0:0; San Marino - Lettland 0:1, 1:1; Belgien - San Marino 10:1, 4:1; Kroatien - Lettland 4:1, 1:0; Schottland - Belgien 2:2, 0:2; Kroatien - San Marino 4:0, 4:0
Qualifiziert: Kroatien, Belgien (n. Releg.)

Gruppe 7: Bosnien-Herzegowina - Spanien 1:2, 1:4; Israel - Liechtenstein 2:0, 3:0; Liechtenstein - Österreich 0:1, 0:2; Spanien - Israel 2:0, 1:1; Österreich - Spanien 1:1, 0:4; Israel - Bosnien-Herzegowina 3:1, 0:0; Bosnien-Herzegowina - Österreich 1:1, 0:2; Spanien - Liechtenstein 5:0, 2:0; Österreich - Israel 2:1, 1:1; Liechtenstein - Bosnien-Herzegowina 0:3, 0:5
Qualifiziert: Spanien

Gruppe 8: Ungarn - Italien 2:2, 0:1; Rumänien - Litauen 1:0, 2:1; Italien - Rumänien 3:0, 2:0; Litauen - Georgien 0:4, 0:2; Italien - Georgien 2:0, 2:1; Litauen - Ungarn 1:6, 1:1; Georgien - Rumänien 0:2, 1:1; Italien - Litauen 4:0, 0:0; Rumänien - Ungarn 2:0, 2:0; Ungarn - Georgien 4:1, 1:3
Qualifiziert: Italien

Gruppe 9: Finnland - Albanien 2:1, 2:0; Deutschland - Griechenland 2:0, 4:2; England - Deutschland 0:1, 5:1; Griechenland - Finnland 1:0, 1:5; Albanien - Griechenland 2:0, 0:1; Finnland - England 0:0, 1:2; Deutschland - Albanien 2:1, 2:0; Albanien - England 1:3, 0:2; Finnland - Deutschland 2:2, 0:0; Griechenland - England 0:2, 2:2
Qualifiziert: England, Deutschland (n. Releg.)

Relegationsspiele
Belgien - Tschechien 1:0, 1:0
Ukraine - Deutschland 1:1, 1:4
Österreich - Türkei 0:1, 0:5
Slowenien - Rumänien 2:1, 1:1
Irland - Iran 2:0, 0:1

Südamerika

Kolumbien - Brasilien 0:0, 0:1; Argentinien - Chile 4:1, 2:0; Ecuador - Venezuela 2:0, 2:1; Peru - Paraguay 2:0, 1:5; Uruguay - Bolivien 1:0, 0:0; Bolivien - Kolumbien 1:1, 0:2; Brasilien - Ecuador 3:2, 0:1; Chile - Peru 1:1, 1:3; Paraguay - Uruguay 1:0, 1:0; Venezuela - Argentinien 0:4, 0:5; Paraguay - Ecuador 3:1, 1:2; Uruguay - Chile 2:1, 1:0; Argentinien - Bolivien 1:0, 3:3; Kolumbien - Venezuela 3:0, 2:2; Peru - Brasilien 0:1, 1:1; Brasilien - Uruguay 1:1, 0:1; Venezuela - Bolivien 4:2, 0:5; Chile - Paraguay 3:1, 0:1; Kolumbien - Argentinien 1:3, 0:3; Ecuador - Peru 2:1, 2:1; Paraguay - Brasilien 2:1, 0:2; Uruguay - Venezuela 3:1, 0:2; Argentinien - Ecuador 2:0, 2:0; Bolivien - Chile 1:0, 2:2; Peru - Kolumbien 0:1, 1:0; Ecuador - Kolumbien 0:0, 0:0; Venezuela - Chile 0:2, 2:0; Brasilien - Argentinien 3:1, 1:2; Uruguay - Peru 0:0, 2:0; Bolivien - Paraguay 0:0, 1:5; Chile - Brasilien 3:0, 0:2; Kolumbien - Uruguay 1:0, 1:1; Argentinien - Paraguay 1:1, 2:2; Ecuador - Bolivien 2:0, 5:1; Peru - Venezuela 1:0, 0:3; Chile - Kolumbien 0:1, 1:3; Paraguay - Venezuela 3:0, 1:3; Brasilien - Bolivien 5:0, 1:3; Peru - Argentinien 1:2, 0:2; Uruguay - Ecuador 4:0, 1:1; Kolumbien - Paraguay 0:2, 4:0; Argentinien - Uruguay 2:1, 1:1; Bolivien - Peru 1:0, 1:1; Ecuador - Chile 1:0, 0:0; Venezuela - Brasilien 0:6, 0:3
Qualifiziert: Argentinien, Ecuador, Brasilien, Paraguay, Uruguay (n. Play-Off gegen Sieger Ozeaniens)

Nord- und Mittelamerika

Vorrunde
Zentralamerika/Gruppe A: El Salvador - Belize 5:0, 3:1; Belize - Guatemala 1:2, 0:0; Guatemala - El Salvador 1:1, 1:1
Zentralamerika/Gruppe B: Honduras - Nicaragua 3:0, 1:0; Nicaragua - Panama 0:2, 0:4; Panama - Honduras 1:0, 1:3

Karibik – 1. Runde
Gruppe 1: Kuba - Cayman-Inseln 4:0, 0:0; Saint Lucia - Surinam 1:0, 0:1/1:3 n.E.; Barbados - Grenada 2:2, 3:2; Aruba - Puerto Rico 4:2, 2:2
Gruppe 2: St. Vincent&Grenadinen - Amerikanische Jungferninseln 9:0, 5:1; Britische Jungferninseln - Bermudas 1:5, 0:9; St. Kitts-Nevis - Turks-und Caicosinseln 8:0, 6:0; Guyana -

Antigua/Barbuda: FIFA suspendierte Guyana, Antigua/Barbuda kommen in die 2. Runde
Gruppe 3: Trinidad&Tobago - Niederländisch Antillen 5:0, 1:1; Anguilla - Bahamas 1:3, 1:2; Dominikanische Republik - Montserrat 3:0, 3:1; Haiti - Dominica 4:0, 3:1

2. Runde
Gruppe 1: Aruba - Barbados 1:3, 0:4; Kuba - Surinam 1:0, 0:0
Gruppe 2: Antigua&Barbuda - Bermudas 0:0, 1:1; St. Vincent&Grenadinen - St. Kitts-Nevis 1:0, 2:1
Gruppe 3: Haiti - Bahamas 9:0, 4:0; Trinidad&Tobago - Dominikanische Republik 3:0, 1:0

Karibik/Finale
Gruppe 1: Kuba - Barbados 1:1, 1:1, Barbados gewinnt 5:4 i.E.
Gruppe 2: Antigua&Barbuda - St. Vincent&Grenadinen 2:1, 0:4
Gruppe 3: Trinidad&Tobago - Haiti 3:1, 1:1

Zusatzqualifikation zum Halbfinale
Kuba - Kanada 0:1, 0:0; Antigua&Barbuda - Guatemala 0:1, 1:8; Honduras - Haiti 4:0, 3:1

Halbfinal-Runde
Gruppe C:
Kanada - Trinidad&Tobago 0:2, 0:4; Panama - Mexiko 0:1, 1:7; Panama - Kanada 0:0, 0:1; Trinidad&Tobago - Mexiko 1:0, 0:7; Mexiko - Kanada 2:0, 0:0; Trinidad&Tobago - Panama 6:0, 1:0
Trinidad&Tobago und Mexiko für Finalrunde qualifiziert.

Gruppe D:
El Salvador - Honduras 2:5, 0:5; St. Vincent&Grenadinen - Jamaika 0:1, 0:2; El Salvador - St. Vincent&Grenadinen 7:1, 2:1; Jamaika - Honduras 3:1, 0:1; Honduras - St. Vincent&Grenadinen 6:0, 7:0; Jamaika - El Salvador 1:0, 0:2
Honduras und Jamaika für Finalrunde qualifiziert.

Gruppe E:
Barbados - Costa Rica 2:1, 0:3; Guatemala - USA 1:1, 0:1; Guatemala - Barbados 2:0, 3:1; Costa Rica - USA 2:1, 0:0; Costa Rica - Guatemala 2:1, 1:2; USA - Barbados 7:0, 4:0
Play-Off: Costa Rica - Guatemala 5:2
USA und Costa Rica für Finalrunde qualifiziert.

Finalrunde
Costa Rica - Honduras 2:2, 3:2; Jamaika - Trinidad&Tobago 1:0, 2:1; USA - Mexiko 2:0, 0:1; Mexiko - Jamaika 4:0, 2:1; Costa Rica - Trinidad&Tobago 3:0, 2:0; Honduras - USA 1:2, 3:2; Jamaika - Honduras 1:1, 0:1; Trinidad&Tobago - Mexiko 1:1, 0:3; USA - Costa Rica 1:0, 0:2; Jamaika - USA 0:0, 1:2; Mexiko - Costa Rica 1:2, 0:0; Trinidad&Tobago - Honduras 2:4, 1:0; Costa Rica - Jamaika 2:1, 1:0; Honduras - Mexiko 3:1, 0:3; USA - Trinidad&Tobago 2:0, 0:0
Qualifiziert: Costa Rica, Mexiko, USA

Ozeanien

(Turnier in Australien)
Gruppe 1: Samoa - Tonga 0:1; Fidschi - Amerikan. Samoa 13:0; Tonga - Australien 0:22; Amerikan. Samoa - Samoa 0:8; Samoa - Fidschi 1:6; Australien - Amerikan. Samoa 31:0; Fidschi - Australien 0:2; Amerikan. Samoa - Tonga 0:5; Australien - Samoa 11:0; Tonga - Fidschi 1:8

(Turnier in Neuseeland)
Gruppe 2: Vanuatu - Tahiti 1:6; Salomonen - Cook Islands 9:1; Tahiti - Neuseeland 0:5; Cook Islands - Vanuatu 1:8; Vanuatu - Salomonen 2:7; Neuseeland - Cook Islands 2:0; Salomonen - Neuseeland 1:5; Cook Islands - Tahiti 0:6; Neuseeland - Vanuatu 7:0; Tahiti - Salomonen 2:0

Finale: Neuseeland - Australien 0:2, 1:4
Play Off Ozeanien/Südamerika: Australien - Uruguay 1:0, 0:3
Qualifiziert: Uruguay

Afrika

Vorrunde (K.o.-System):
Dschibuti - DR Kongo 1:1, 1:9; Mauretanien - Tunesien 1:2, 0:3; Botswana - Sambia 0:1, 0:1; Guinea-Bissau - Togo 0:0, 0:3; Madagaskar - Gabun 2:0, 0:1; Malawi - Kenia 2:0, 0:0; São Tomé e Príncipe - Sierra Leone 2:0, 0:4; Seychellen - Namibia 1:1, 0:3; Tansania - Ghana 0:1, 2:3; Uganda - Guinea 4:4, 0:3; Benin - Senegal 1:1, 0:1; Kap Verde - Algerien 0:0, 0:2; Zentralafrika - Simbabwe 0:1, 1:3; Tschad - Liberia 0:1, 0:0; Äquatorial-Guinea - Kongo 1:3, 1:2; Eritrea - Nigeria 0:0, 0:4; Äthiopien - Burkina Faso 2:1, 0:3; Gambia - Marokko 0:1, 0:2; Lesotho - Südafrika 0:2, 0:1; Libyen - Mali 3:0, 1:3; Ruanda - Côte d'Ivoire 2:2, 0:2; Sudan - Mosambik 1:0, 1:2; Swasiland - Angola 0:1, 1:7; Somalia - Kamerun 0:3, 0:3; Mauritius - Ägypten 0:2, 2:4

2. Runde
Gruppe A
Angola - Sambia 2:1, 1:1; Libyen - Kamerun 0:3, 0:1; Sambia - Togo 2:0, 2:3; Kamerun - Angola 3:0, 0:2; Angola - Libyen 3:1, 1:1; Togo - Kamerun 0:2, 0:2; Libyen - Togo 3:3, 0:2; Kamerun - Sambia 1:0, 2:2; Sambia - Libyen 2:0, 4:2; Togo - Angola 1:1, 1:1
Qualifiziert: Kamerun

Gruppe B
Nigeria - Sierra Leone 2:0, 0:1; Sudan - Liberia 2:0, 0:2; Ghana - Sierra Leone 5:0, 1:1; Liberia - Nigeria 2:1, 0:2; Nigeria - Sudan 3:0, 4:0; Ghana - Liberia 1:3, 2:1; Liberia - Sierra Leone 1:0, 1:0; Sudan - Ghana 1:0, 0:1; Ghana - Nigeria 0:0, 0:3; Sierra Leone - Sudan 0:2, 0:3
Qualifiziert: Nigeria

Gruppe C
Algerien - Senegal 1:1, 0:3; Namibia - Marokko 0:0, 0:3; Marokko - Algerien 2:1, 2:1; Senegal - Ägypten 0:0, 0:1; Algerien - Namibia 1:0, 4:0; Ägypten - Marokko 0:0, 0:1; Marokko - Senegal 0:0, 0:1; Namibia - Ägypten 1:1, 2:8; Senegal - Namibia 4:0, 5:0; Ägypten - Algerien 5:2, 1:1
Qualifiziert: Senegal

Gruppe D
Côte d'Ivoire - Tunesien 2:2, 1:1; Madagaskar - DR Kongo 3:0, 0:1; Tunesien - Madagaskar 1:0, 2:0; DR Kongo - Kongo 2:0, 1:1; Kongo - Tunesien 1:2, 0:6; Madagaskar - Côte d'Ivoire 1:3, 0:6; Tunesien - DR Kongo 6:0, 3:0; DR Kongo - Côte d'Ivoire 1:2, 2:1; Côte d'Ivoire - Kongo 2:0, 1:1; Kongo - Madagaskar 2:0, 0:1
Qualifiziert: Tunesien

Gruppe E
Malawi - Burkina Faso 1:1, 2:4; Guinea - Simbabwe 3:0 (annulliert); Burkina Faso - Guinea 2:3 (annulliert); Simbabwe - Südafrika 0:2, 1:2; Südafrika - Burkina Faso 1:0, 1:1; Guinea - Malawi 1:1 (annulliert); Burkina Faso - Simbabwe 1:2, 0:1; Malawi - Südafrika 1:2, 0:2; Zimbabwe - Malawi 2:0, 1:0
Qualifiziert: Südafrika

Asien

1. Runde
Gruppe 1:
Oman - Laos 12:0, 7:0; Syrien - Philippinen 12:0, 5:1; Oman - Philippinen 7:0, 2:0; Syrien - Laos 11:0, 9:0; Syrien - Oman 3:3, 0:2; Laos - Philippinen 2:0, 1:1

Gruppe 2 (Turnier im Iran):
Iran - Guam 19:0; Tadschikistan - Guam 16:0; Iran - Tadschikistan 2:0
Gruppe 3 (Turnier in Hongkong und Katar):
Katar - Malaysia 5:1, 0:0; Hongkong - Palästina 1:1, 0:1; Palästina - Katar 1:2, 1:2; Malaysia - Hongkong 2:0, 1:2; Palästina - Malaysia 1:0, 3:4; Katar - Hongkong 2:0, 3:0
Gruppe 4 (Turnier in Singapur und Kuwait):
Bahrain - Kuwait 1:2, 1:0; Singapur - Kirgistan 0:1, 1:1; Bahrain - Kirgistan 1:0, 2:1; Kuwait - Singapur 1:1, 1:0; Kirgistan - Kuwait 0:3, 0:2; Singapur - Bahrain 1:2, 0:2
Gruppe 5 (Turnier in Libanon und Thailand):
Thailand - Sri Lanka 4:2, 3:0; Libanon - Pakistan 6:0, 8:1; Thailand - Pakistan 3:0, 6:0; Libanon - Sri Lanka 4:0, 5:0; Pakistan - Sri Lanka 3:3, 1:3; Libanon - Thailand 1:2, 2:2
Gruppe 6 (Turnier in Irak und Kaschstan):
Nepal - Kasachstan 0:6, 0:4; Irak - Macao 8:0, 5:0; Kasachstan - Macao 3:0, 5:0; Nepal - Irak 1:9, 2:4; Nepal - Macao 4:1, 6:1; Kasachstan - Irak 1:1, 1:1
Gruppe 7 (Turnier in Usbekistan und Jordanien):
Turkmenistan - Jordanien 2:0, 2:1; Usbekistan - Taiwan 7:0, 4:0; Taiwan - Jordanien 0:2, 0:6; Usbekistan - Turkmenistan 1:0, 5:2; Taiwan - Turkmenistan 0:5, 0:1; Usbekistan - Jordanien 2:2, 1:1
Gruppe 8:
Brunei - Jemen 0:5, 0:1; Indien - Vereinigte Arabische Emirate 1:0, 0:1; Brunei - Vereinigte Arabische Emirate 0:12, 0:4; Indien - Jemen 1:1, 3:3; Jemen - Vereinigte Arabische Emirate 2:1, 2:3; Brunei - Indien 0:1, 0:5
Gruppe 9:
Malediven - Kambodscha 6:0, 1:1; Indonesien - Malediven 5:0, 2:0; China - Malediven 10:1, 1:0; Indonesien - Kambodscha 6:0, 2:0; Kambodscha - China 0:4, 1:3; China - Indonesien 5:1, 2:0
Gruppe 10 (Turnier in Saudi-Arabien):
Vietnam - Bangladesh 0:0, 4:0; Saudi Arabien - Mongolei 6:0, 6:0; Mongolei - Vietnam 0:1, 0:4; Bangladesh - Saudi Arabien 0:3, 0:6; Mongolei - Bangladesh 0:3, 2:2; Saudi Arabien - Vietnam 5:0, 4:0

2. Runde (der Gruppensieger)
Gruppe A
Irak - Thailand 4:0, 1:1; Saudi Arabien - Bahrain 1:1, 4:0; Bahrain - Irak 2:0, 0:1; Iran - Saudi Arabien 2:0, 2:2; Saudi Arabien - Irak 1:0, 2:1; Thailand - Iran 0:0, 0:1; Bahrain - Thailand 1:1, 1:1; Irak - Iran 1:2, 1:2; Thailand - Saudi Arabien 1:3, 1:4
Qualifiziert: Saudi Arabien

Gruppe B
Katar - Oman 0:0, 3:0; Vereinigte Arabische Emirate - Usbekistan 4:1, 1:0; China - Vereinigte Arabische Emirate 3:0, 1:0; Usbekistan - Katar 2:1, 2:2; Vereinigte Arabische Emirate - Katar 0:2, 2:1; Oman - China 0:2, 0:1; Katar - China 1:1, 0:3; Usbekistan - Oman 5:0, 2:4; Oman - Vereinigte Arabische Emirate 1:1, 2:2; China - Usbekistan 2:0, 0:1
Qualifiziert: China
Play-Off: Iran - Vereinigte Arabische Emirate 1:0, 3:0. Iran geht in die Relegation gegen Irland (s. Europa).

Japan und Südkorea als Veranstalter sowie Frankreich als Weltmeister automatisch qualifiziert.

Endrunde 31. Mai - 30. Juni 2002

Vorrunde

Es qualifizierten sich die beiden Gruppenersten.

Gruppe A (in Südkorea):
Frankreich - Senegal 0:1, Uruguay - Dänemark 1:2, Dänemark - Senegal 1:1, Frankreich - Uruguay 0:0, Dänemark - Frankreich 2:0, Senegal - Uruguay 3:3

1. Dänemark	3	5:2	7
2. Senegal	3	5:4	5
3. Uruguay	3	4:5	2
4. Frankreich	3	0:3	1

Gruppe B (in Südkorea):
Paraguay - Südafrika 2:2, Spanien - Slowenien 3:1, Spanien - Paraguay 3:1, Südafrika - Slowenien 1:0, Südafrika - Spanien 2:3, Slowenien - Paraguay 1:3

1. Spanien	3	9:4	9
2. Paraguay	3	6:6	4
3. Südafrika	3	5:5	4
4. Slowenien	3	2:7	0

Gruppe C (in Südkorea):
Brasilien - Türkei 2:1, China - Costa Rica 0:2, Brasilien - China 4:0, Costa Rica - Türkei 1:1, Costa Rica - Brasilien 2:5, Türkei - China 3:0

1. Brasilien	3	11:3	9
2. Türkei	3	5:3	4
3. Costa Rica	3	5:6	4
4. China	3	0:9	0

Gruppe D (in Südkorea):
Südkorea - Polen 2:0, USA - Portugal 3:2, Südkorea - USA 1:1, Portugal - Polen 4:0, Portugal - Südkorea 0:1, Polen - USA 3:1

1. Südkorea	3	4:1	7
2. USA	3	5:6	4
3. Portugal	3	6:4	3
4. Polen	3	3:7	3

Gruppe E (in Japan):
Irland - Kamerun 1:1, Deutschland - Saudi-Arabien 8:0, Deutschland - Irland 1:1, Kamerun - Saudi-Arabien 1:0, Kamerun - Deutschland 0:2, Saudi-Arabien - Irland 0:3

1. Deutschland	3	11:1	7
2. Irland	3	5:2	5
3. Kamerun	3	2:3	4
4. Saudi-Arabien	3	0:12	0

Gruppe F (in Japan):
Argentinien - Nigeria 1:0, England - Schweden 1:1, Schweden - Nigeria 2:1, Argentinien - England 0:1, Schweden - Argentinien 1:1, Nigeria - England 0:0

1. Schweden	3	4:3	5
2. England	3	2:1	5
3. Argentinien	3	2:2	4
4. Nigeria	3	1:3	1

Gruppe G (in Japan):
Kroatien - Mexiko 0:1, Italien - Ecuador 2:0, Italien - Kroatien 1:2, Mexiko - Ecuador 2:1, Mexiko - Italien 1:1, Ecuador - Kroatien 1:0

1. Mexiko	3	4:2	7
2. Italien	3	4:3	4
3. Kroatien	3	2:3	3
4. Ecuador	3	2:4	3

Gruppe H (in Japan):
Japan - Belgien 2:2, Russland - Tunesien 2:0, Japan - Russland 1:0, Tunesien - Belgien 1:1, Tunesien - Japan 0:2, Belgien - Russland 3:2

1. Japan	3	5:2	7
2. Belgien	3	6:5	5
3. Russland	3	4:4	3
4. Tunesien	3	1:5	1

Achtelfinale:
Deutschland - Paraguay 1:0 (Seogwipo, Südkorea)
Mexiko - USA 0:2 (Jeonju, Südkorea)
Spanien - Irland 1:1 n.V., 3:2 n.E. (Suwon, Südkorea)
Südkorea - Italien 2:1 n.V. (Daejeon, Südkorea)
Schweden - Senegal 1:2 n.V. (Oita, Japan)
Japan - Türkei 0:1 (Miyagi, Japan)
Dänemark - England 0:3 (Niigita, Japan)
Brasilien - Belgien 2:0 (Kobe, Japan)

Viertelfinale:
Deutschland - USA 1:0 (Ulsan, Südkorea)
Spanien - Südkorea 0:0 n.V., 3:5 n.E. (Gwangju, Südkorea)
Senegal - Türkei 0:1 n.V. (Osaka, Japan)
England - Brasilien 1:2 (Shizuoka, Japan)

Halbfinale:
Deutschland - Südkorea 1:0 (Seoul, Südkorea)
Brasilien - Türkei 1:0 (Saitama, Japan)

Dritter Platz:
Südkorea - Türkei 2:3 (Daegu, Südkorea)

Finale:
Deutschland - Brasilien 0:2 (Yokohama, Japan)

Weltmeister 2002: Brasilien

Miroslav Kloses Freudensprung bei der WM 2002.

2006 in Deutschland

Qualifikation

Europa

Gruppe 1:
Niederlande - Tschechien 2:0, 2:0; Niederlande - Rumänien 2:0, 2:0; Niederlande - Finnland 3:1, 4:0; Niederlande - Mazedonien 0:0, 2:2; Niederlande - Armenien 2:0, 1:0; Niederlande - Andorra 4:0, 3:0 (in Spanien); Tschechien - Rumänien 1:0, 0:2; Tschechien - Finnland 4:3, 3:0; Tschechien - Mazedonien 6:1, 2:0; Tschechien - Armenien 4:1, 3:0; Tschechien - Andorra 8:1, 4:0; Rumänien - Finnland 2:1, 1:0; Rumänien - Mazedonien 2:1, 2:1; Rumänien - Armenien 3:0, 1:1; Rumänien - Andorra 2:0, 5:1; Finnland - Mazedonien 5:1, 3:0; Finnland - Armenien 3:1, 2:0; Finnland - Andorra 3:0, 0:0; Mazedonien - Armenien 3:0, 2:1; Mazedonien - Andorra 0:0, 0:1; Armenien - Andorra 2:1, 3:0.
Qualifiziert: Niederlande und Tschechien

Gruppe 2:
Ukraine - Türkei 0:1, 3:0; Ukraine - Dänemark 1:0, 1:1; Ukraine - Griechenland 1:1, 1:0; Ukraine - Albanien 2:2, 2:0; Ukraine - Georgien 2:0, 1:1; Ukraine - Kasachstan 2:0, 2:1; Türkei - Dänemark 2:2, 1:1; Türkei - Griechenland 0:0, 0:0; Türkei - Albanien 2:0, 1:0; Türkei - Georgien 1:1, 5:2; Türkei - Kasachstan 4:0, 6:0; Dänemark - Griechenland 1:0, 1:2; Dänemark - Albanien 3:1, 2:0; Dänemark - Georgien 6:1, 2:2; Dänemark - Kasachstan 3:0, 2:1; Griechenland - Albanien 2:0, 1:2; Griechenland - Georgien 1:0, 3:1; Griechenland - Kasachstan 3:1, 2:1; Albanien - Georgien 3:2, 0:2; Albanien - Kasachstan 2:1,1:0; Georgien - Kasachstan 0:0, 2:1.
Qualifiziert: Ukraine und Türkei

Gruppe 3:
Portugal - Slowakei 2:0, 1:1; Portugal - Russland 7:1, 0:0; Portugal - Estland 4:0, 1:0; Portugal - Lettland 3:0, 2:0; Portugal - Liechtenstein 2:1, 2:2; Portugal - Luxemburg 6:0, 5:0; Slowakei - Russland 0:0, 1:1; Slowakei - Estland 1:0, 2:1; Slowakei - Lettland 4:1, 1:1; Slowakei - Liechtenstein 7:0, 0:0; Slowakei - Luxemburg 3:1, 4:0; Russland - Estland 4:0, 1:1; Russland - Lettland 2:0, 1:1; Russland - Liechtenstein 2:0, 2:1; Russland - Luxemburg 5:1, 4:0; Estland - Lettland 2:1, 2:2; Estland - Liechtenstein 2:0, 2:1; Estland - Luxemburg 4:0, 2:0; Lettland - Liechtenstein 1:0, 3:1; Lettland - Luxemburg 4:0, 4:3; Liechtenstein - Luxemburg 3:0, 4:0.
Qualifiziert: Portugal und Slowakei

Gruppe 4:
Frankreich - Schweiz 0:0, 1:1; Frankreich - Israel 0:0, 1:1; Frankreich - Irland 0:0, 1:0; Frankreich - Zypern 4:0, 2:0; Frankreich - Färöer 3:0, 2:0; Schweiz - Israel 1:1, 2:2; Schweiz - Irland 1:1, 0:0; Schweiz - Zypern 1:0, 3:1; Schweiz - Färöer 6:0, 3:1; Israel - Irland 1:1, 2:2; Israel - Zypern 2:1, 2:1; Israel - Färöer 2:1, 2:0; Irland - Zypern 3:0, 1:0; Irland - Färöer 2:0, 2:0; Zypern - Färöer 2:2, 3:0.
Qualifiziert: Frankreich und Schweiz

Gruppe 5:
Italien - Norwegen 2:1, 0:0; Italien - Schottland 2:0, 1:1; Italien - Slowenien 1:0, 0:1; Italien - Weißrussland 4:3, 4:1; Italien - Moldawien 2:1, 1:0; Norwegen - Schottland 1:2, 1:0; Norwegen - Slowenien 3:0, 3:2; Norwegen - Weißrussland 1:1, 1:0; Norwegen - Moldawien 1:0, 0:0; Schottland - Slowenien 0:0, 3:0; Schottland - Weißrussland 0:1, 0:0; Schottland - Moldawien 2:0, 1:1; Slowenien - Weißrussland 1:1, 1:1; Slowenien - Moldawien 3:0, 2:1; Weißrussland - Moldawien 4:0, 0:2.
Qualifiziert: Italien und Norwegen

Gruppe 6:
England - Polen 2:1, 2:1; England - Österreich 1:0, 2:2; England - Nordirland 4:0, 0:1; England - Wales 2:0, 1:0; England - Aserbaidschan 2:0, 1:0; Polen - Österreich 3:2, 3:1; Polen - Nordirland 1:0, 3:0; Polen - Wales 1:0, 3:2; Polen - Aserbaidschan 8:0, 3:0; Österreich - Nordirland 2:0, 3:3; Österreich - Wales 1:0, 2:0; Österreich - Aserbaidschan 2:0, 0:0; Nordirland - Wales 2:3, 2:2; Nordirland - Aserbaidschan 2:0, 0:0; Wales - Aserbaidschan 2:0, 1:1.
Qualifiziert: England und Polen

Gruppe 7:
Serbien-Montenegro - Spanien 0:0, 1:1; Serbien-Montenegro - Bosnien-Herzegowina 1:0, 0:0; Serbien-Montenegro - Belgien 0:0, 2:0; Serbien-Montenegro - Litauen 2:0, 2:0; Serbien-Montenegro - San Marino 5:0, 3:0; Spanien - Bosnien-Herzegowina 1:1, 1:1; Spanien - Belgien 2:0, 2:0; Spanien - Litauen 1:0, 0:0; Spanien - San Marino 5:0, 6:0; Bosnien-Herzegowina - Belgien 1:0,1:4; Bosnien-Herzegowina - Litauen 1:1, 1:0; Bosnien-Herzegowina - San Marino 3:0, 3:1; Belgien - Litauen 1:1,1:1; Belgien - San Marino 8:0, 2:1; Litauen - San Marino 4:0,1:0.
Qualifiziert: Serbien-Montenegro und Spanien

Gruppe 8:
Kroatien - Schweden 1:0, 1:0; Kroatien - Bulgarien 2:2, 3:1; Kroatien - Ungarn 3:0, 0:0; Kroatien - Island 4:0, 3:1; Kroatien - Malta 3:0,1:1; Schweden - Bulgarien 3:0, 3:0; Schweden - Ungarn 3:0,1:0; Schweden - Island 3:1, 4:1; Schweden - Malta 6:0, 7:0; Bulgarien - Ungarn 2:0, 1:1; Bulgarien - Island 3:2, 3:1; Bulgarien - Malta 4:1,1:1; Ungarn - Island 3:2, 3:2; Ungarn - Malta 4:0, 2:0; Island - Malta 4:1, 0:0.
Qualifiziert: Kroatien und Schweden

Europa, Qualifikation der Gruppenzweiten:
Schweden und Polen als beste Gruppenzweite direkt qualifiziert.
Norwegen - Tschechien 0:1, 0:1; Schweiz - Türkei 2:0, 2:4; Spanien - Slowakei 5:1, 1:1.

Deutschland als Veranstalter automatisch qualifiziert.

Afrika

Vorrunde (K.-o.-System)
Guinea-Bissau - Mali 1:2, 0:2; Niger - Algerien 0:1, 0:6; Tansania - Kenia 0:0, 0:3; Seychellen - Sambia 0:4, 1:1; Uganda - Mauritius 3:0, 1:3 n.V.; Madagaskar - Benin 1:1, 2:3; Äquatorialguinea - Togo 1:0, 0:2; São Tomé e Príncipe - Libyen 0:1, 0:8; Botswana - Lesotho 4:1, 0:0; Simbabwe - Mauretanien 3:0, 1:2; Äthiopien - Malawi 1:3, 0:0; Burundi - Gabun 0:0, 1:4; Ruanda - Namibia 3:0, 1:1; Kongo - Sierra Leone 1:0, 1:1; Gambia - Liberia 2:0, 0:3; Sudan - Eritrea 3:0, 0:0; Tschad - Angola 3:1, 0:2; Guinea - Mosambik 1:0, 4:3; Swasiland - Kap Verde 1:1, 0:3; Somalia - Ghana 0:5, 0:2 (beide Spiele in Ghana).
Die Zentralafrikanische Republik verzichtete gegen Burkina Faso.
Freilose: Ägypten, Elfenbeinküste, Kamerun, DR Kongo, Marokko, Nigeria, Senegal, Südafrika, Tunesien.

2. Runde

Gruppe 1:
Togo - Senegal 3:1, 2:2; Togo - Sambia 4:1, 0:1; Togo - Kongo 2:0, 3:2; Togo - Mali 1:0, 2:1; Togo - Liberia 3:0, 0:0; Senegal - Sambia 1:0, 1:0; Senegal - Kongo 2:0, 0:0; Senegal - Mali 3:0, 2:2; Senegal - Liberia 6:1, 3:0; Sambia - Kongo 2:0, 3:2; Sambia - Mali 2:1, 1:1; Sambia - Liberia 1:0, 5:0; Kongo - Mali 1:0, 0:2; Kongo - Liberia 3:0, 2:0; Mali - Liberia 4:1, 0:1.
Qualifiziert: Togo

Gruppe 2:
Ghana - DR Kongo 0:0, 1:1; Ghana - Südafrika 3:0, 2:0; Ghana - Burkina Faso 2:1, 0:1; Ghana - Kap Verde 2:0, 4:0; Ghana - Uganda 2:0, 1:1; DR Kongo - Südafrika 1:0, 2:2; DR Kongo - Burkina Faso 3:2, 0:2; DR Kongo - Kap Verde 2:1, 1:1; DR Kongo - Uganda 4:0, 0:1; Südafrika - Burkina Faso 2:0, 1:3; Südafrika - Kap Verde 2:1, 2:1; Südafrika - Uganda 2:1, 1:0; Burkina Faso - Kap Verde 1:2, 0:1; Burkina Faso - Uganda 2:0, 2:2; Kap Verde - Uganda 1:0, 0:1.
Qualifiziert: Ghana

Gruppe 3:
Elfenbeinküste - Kamerun 2:3, 0:2; Elfenbeinküste - Ägypten 2:0, 2:1; Elfenbeinküste - Libyen 2:0, 0:0; Elfenbeinküste - Sudan 5:0, 3:1; Elfenbeinküste - Benin 3:0, 1:0; Kamerun - Ägypten 1:1, 2:3; Kamerun - Libyen 1:0, 0:0; Kamerun - Sudan 2:1,1:1; Kamerun - Benin 2:1, 4:1; Ägypten - Libyen 4:1,1:2; Ägypten - Sudan 6:1, 3:0; Ägypten - Benin 4:1, 3:3; Libyen - Sudan 0:0, 1:0; Libyen - Benin 4:1, 0:1; Sudan - Benin 1:0, 1:1.
Qualifiziert: Elfenbeinküste

Gruppe 4:
Angola - Nigeria 1:0, 1:1; Angola - Simbabwe 1:0, 0:2; Angola - Gabun 3:0, 2:2; Angola - Algerien 2:1, 0:0; Angola - Ruanda 1:0, 1:0; Nigeria - Simbabwe 5:1, 3:0; Nigeria - Gabun 2:0,1:1; Nigeria - Algerien 1:0, 5:2; Nigeria - Ruanda 2:0, 1:1; Simbabwe - Gabun 1:0, 1:1; Simbabwe - Algerien 1: 1, 2:2; Simbabwe - Ruanda 3:1, 2:0; Gabun - Algerien 0:0, 3:0; Gabun - Ruanda 3:0, 1:3; Algerien - Ruanda 1:0, 1:1.
Qualifiziert: Angola

Gruppe 5:
Tunesien - Marokko 2:2, 1:1; Tunesien - Guinea 2:0, 1:2; Tunesien - Kenia 1:0, 2:0; Tunesien - Botswana 4:1, 3:1; Tunesien - Malawi 7:0, 2:2; Marokko - Guinea 1:0, 1:1; Marokko - Kenia 5:1, 0:0; Marokko - Botswana 1:0,1:0; Marokko - Malawi 4:1,1:1; Guinea - Kenia 1:0, 1:2; Guinea - Botswana 4:0, 2:1; Guinea - Malawi 3:1, 1:1; Kenia - Botswana 1:0, 1:2; Kenia - Malawi 3:2, 0:3; Botswana - Malawi 2:0, 3:1.
Qualifiziert: Tunesien

Südamerika

Brasilien - Argentinien 3:1, 1:3; Brasilien - Ecuador 1:0, 0:1; Brasilien - Paraguay 4:1, 0:0; Brasilien - Uruguay 3:3, 1:1; Brasilien - Kolumbien 0:0, 2:1; Brasilien - Chile 5:0, 1:1; Brasilien - Venezuela 3:0, 5:2; Brasilien - Peru 1:0, 1:1; Brasilien - Bolivien 3:1,1:1; Argentinien - Ecuador 1:0, 0:2; Argentinien - Paraguay 0:0, 0:1; Argentinien - Uruguay 4:2, 0:1; Argentinien - Kolumbien 1:0, 1:1; Argentinien - Chile 2:2, 0:0; Argentinien - Venezuela 3:2, 3:0; Argentinien - Peru 2:0, 3:1; Argentinien - Bolivien 3:0, 2:1; Ecuador - Uruguay 0:0, 0:1; Ecuador - Paraguay 5:2, 1:2; Ecuador - Kolumbien 2:1, 0:3; Ecuador - Chile 2:0, 0:0; Ecuador - Venezuela 2:0, 1:3; Ecuador - Peru 0:0, 2:2; Ecuador - Bolivien 3:2, 2:1; Paraguay - Uruguay 4:1, 0:1; Paraguay - Kolumbien 0:1, 1:1; Paraguay - Chile 2:1, 1:0; Paraguay - Venezuela 1:0, 1:0; Paraguay - Peru 1:1, 1:4; Paraguay - Bolivien 4:1, 1:2; Uruguay - Kolumbien 3:2, 0:5; Uruguay - Chile 2:1, 1:1; Uruguay - Venezuela 0:3, 1:1; Uruguay - Peru 1:3, 0:0; Uruguay - Bolivien 5:0, 0:0; Kolumbien - Chile 1:1, 0:0; Kolumbien - Venezuela 0:1, 0:0; Kolumbien - Peru 5:0, 2:0; Kolumbien - Bolivien 1:0, 0:4; Chile - Peru 2:1, 1:2; Chile - Venezuela 2:1, 1:0; Chile - Bolivien 3:1, 2:0; Venezuela - Peru 4:1, 0:0; Venezuela - Bolivien 2:1, 1:3; Peru - Bolivien 4:1, 0:1.
Qualifiziert: Brasilien, Argentinien, Ecuador, Paraguay und Uruguay

Entscheidungsspiele gegen den Ozeanien-Sieger:
Uruguay - Australien 1:0, 0:1 n.V., 2:4 n.E.

Ozeanien

1. Runde
Gruppe 1:
Salomonen - Tahiti 1:1; Salomonen - Neukaledonien 2:0; Salomonen - Tonga 6:0; Salomonen - Cook Islands 5:0; Tahiti - Neukaledonien 0:0; Tahiti - Tonga 2:0; Tahiti - Cook Islands 2:0; Neukaledonien - Tonga 8:0; Neukaledonien - Cook Islands 8:0; Tonga - Cook Islands 2:1.
Qualifiziert für Runde 2: Salomonen und Tahiti

Gruppe 2:
Vanuatu - Fidschi 3:0; Vanuatu - Papua-Neuguinea 1: 1; Vanuatu - Samoa 3:0; Vanuatu - Amerikan. Samoa 9:1; Fidschi - Papua-Neuguinea 4:2; Fidschi - Samoa 4:0; Fidschi - Amerikan. Samoa 11:0; Papua-Neuguinea - Samoa 4:1; Papua-Neuguinea - Amerikan. Samoa 10:0; Samoa - Amerikan. Samoa 4:0.
Qualifiziert für Runde 2: Vanuatu und Fidschi

Australien und Neuseeland hatten in der 1. Runde ein Freilos.

2. Runde
Australien - Salomonen 2:2; Australien - Neuseeland 1:0; Australien - Fidschi 6:1; Australien - Tahiti 9:0; Australien - Vanuatu 3:0; Salomonen - Neuseeland 0:3; Salomonen - Fidschi 2:1; Salomonen - Tahiti 4:0; Salomonen - Vanuatu 1:0; Neuseeland - Fidschi 2:0; Neuseeland - Tahiti 10:0; Neuseeland - Vanuatu 2:4; Fidschi - Tahiti 0:0; Fidschi - Vanuatu 1:0; Tahiti - Vanuatu 2:1.
Qualifiziert für die Endspiele: Australien und Salomonen

Endspiele: Australien - Salomonen 7:0, 2:1.

Entscheidungsspiele gegen den Südamerika-Fünften:
Uruguay - Australien 1:0, 0:1 n.V., 2:4 n.E.

Nord- und Mittelamerika

1. Runde
Gruppe 1:
Grenada - Guyana 5:0, 3:1; USA - Grenada 3:0, 3:2.
Qualifiziert für Runde 2: USA

Gruppe 2:
Bermuda - Montserrat 13:0, 7:0; El Salvador - Bermuda 2:1, 2:2.
Qualifiziert für Runde 2: El Salvador

Gruppe 3:
Haiti - Turks- und Caicosinseln 5:0, 2:0 (beide Spiele in den USA); Haiti - Jamaika 1:1 (in den USA), 0:3.
Qualifiziert für Runde 2: Jamaika

Gruppe 4:
Brit. Jungferninseln - St. Lucia 0:1, 0:9; Panama - St. Lucia 4:0, 3:0.
Qualifiziert für Runde 2: Panama

Gruppe 5:
Cayman-Inseln - Kuba 1:2, 0:3; Kuba - Costa Rica 2:2, 1:1.
Qualifiziert für Runde 2: Costa Rica

Gruppe 6:
Aruba - Surinam 1:2, 1:8; Surinam - Guatemala 1:1, 1:3.
Qualifiziert für Runde 2: Guatemala

Gruppe 7:
Antigua & Barbuda - Niederl. Antillen 2:0, 0:3; Niederl. Antillen - Honduras 1:2, 0:4.
Qualifiziert für Runde 2: Honduras

Gruppe 8:
Kanada - Belize 4:0, 4:0 (beide Spiele in Kanada).
Qualifiziert für Runde 2: Kanada

Gruppe 9:
Dominica - Bahamas 1:1, 3:1 (beide Spiele auf den Bahamas); Dominica - Mexiko 0:10 (in den USA), 0:8.
Qualifiziert für Runde 2: Mexiko

Gruppe 10:
Amerik. Jungferninseln - St. Kitts & Nevis 0:4, 0:7; Barbados - St. Kitts & Nevis 0:2, 2:3.
Qualifiziert für Runde 2: St. Kitts & Nevis

Gruppe 11:
Dom. Rep. - Anguilla 0:0, 6:0 (beide Spiele in der Dom. Rep.); Dom. Rep. - Trinidad & Tobago 0:2, 0:4.
Qualifiziert für Runde 2: Trinidad & Tobago

Gruppe 12:
Nicaragua - St. Vincent/Gren. 2:2, 1:4.
Qualifiziert für Runde 2: St. Vincent/Gren.

2. Runde
Gruppe A:
USA - Panama 6:0, 1:1; USA - Jamaika 1:1, 1:1; USA - El Salvador 2:0, 2:0; Panama - Jamaika 1:1, 2:1; Panama - El Salvador 3:0, 1:2; Jamaika - El Salvador 0:0, 3:0.
Qualifiziert für Runde 3: USA und Panama

Gruppe B:
Costa Rica - Honduras 2:5, 0:0; Costa Rica - Guatemala 5:0, 1:2; Costa Rica - Kanada 1:0, 3:1; Guatemala - Honduras 1:0, 2:2; Guatemala - Kanada 0:1, 2:0; Honduras - Kanada 1:1, 1:1.
Qualifiziert für Runde 3: Costa Rica und Guatemala

Gruppe C:
Mexiko - Trinidad & Tobago 3:0, 3:1; Mexiko - St. Vincent/Gren. 7:0, 1:0; Mexiko - St. Kitts & Nevis 8:0, 5:0 (in den USA); Trinidad & Tobago - St. Vincent/Gren. 2:1, 2:0; Trinidad & Tobago - St. Kitts & Nevis 5:1, 2:1; St. Vincent/Gren. - St. Kitts & Nevis 1:0, 3:0.
Qualifiziert für Runde 3: Mexiko und Trinidad & Tobago

3. Runde
USA - Mexiko 2:0, 1:2; USA - Costa Rica 3:0, 0:3; USA - Trinidad & Tobago 1:0, 2:1; USA - Guatemala 2:0, 0:0; USA - Panama 2:0, 3:0; Mexiko - Costa Rica 2:0, 2:1; Mexiko - Trinidad & Tobago 2:0, 1:2; Mexiko - Guatemala 5:2, 2:0; Mexiko - Panama 5:0, 1:1; Costa Rica - Trinidad & Tobago 2:0, 0:0; Costa Rica - Guatemala 3:2, 1:3; Costa Rica - Panama 2:1, 3:1; Trinidad & Tobago - Guatemala 3:2, 1:5; Trinidad & Tobago - Panama 2:0, 1:0; Guatemala - Panama 2:1, 0:0.
Qualifiziert: USA, Mexiko, Costa Rica und Trinidad & Tobago

Entscheidungsspiele gegen den Asien-Fünften:
Trinidad & Tobago - Bahrain 1:1, 1:0.

Asien

Vorrunde (K.-o.-System)
Turkmenistan - Afghanistan 1:0, 2:0, Taiwan - Macao 3:0, 3:1; Bangladesch - Tadschikistan 0:2, 0:2; Laos - Sri Lanka 0:0,0:3; Mongolei - Malediven 0:1, 0:12; Pakistan - Kirgistan 0:2, 0:4.
Da Nepal und Guam zurückzogen, kam Laos in die 1. Runde.

1. Runde
Gruppe 1:
Iran - Jordanien 0:1, 2:0; Iran - Katar 3:1, 3:2; Iran - Laos 7:0, 7:0; Jordanien - Katar 1:0, 0:2; Jordanien - Laos 5:0, 3:2; Katar - Laos 5:0, 6:1.
Qualifiziert für Runde 2: Iran

Gruppe 2:
Usbekistan - Irak 1:1, 2:1 (in Jordanien); Usbekistan - Palästina 3:0, 3:0 (in Katar); Usbekistan - Taiwan 6:1,1:0; Irak - Palästina 4:1, 1:1 (beide Spiele in Katar); Irak - Taiwan 6:1 (in Jordanien), 4:1; Palästina - Taiwan 8:0 (in Katar), 1:0.
Qualifiziert für Runde 2: Usbekistan

Gruppe 3:
Japan - Oman 1:0, 1:0; Japan - Indien 7:0, 4:0; Japan - Singapur 1:0, 2:1; Oman - Indien 0:0, 5:1; Oman - Singapur 7:0, 2:0; Indien - Singapur 1:0, 0:2.
Qualifiziert für Runde 2: Japan

Gruppe 4:
Kuwait - China 1:0, 0:1; Kuwait - Hongkong 4:0, 2:0; Kuwait - Malaysia 6:1, 2:0; China - Hongkong 7:0, 1:0; China - Malaysia 4:0, 1:0; Hongkong - Malaysia 2:0, 3:1.
Qualifiziert für Runde 2: Kuwait

Gruppe 5:
Nordkorea - Ver. Arab. Emirate 0:0, 0:1; Nordkorea - Thailand 4:1, 4:1; Nordkorea - Jemen 2:1, 1:1; Ver. Arabi. Emirate - Thailand 1:0, 0:3; Ver. Arab. Emirate - Jemen 3:0, 1:3; Thailand - Jemen 1:1, 3:0.
Qualifiziert für Runde 2: Nordkorea

Gruppe 6:
Bahrain - Syrien 2:1, 2:2; Bahrain - Tadschikistan 4:0, 0:0; Bahrain - Kirgistan 5:0, 2:1; Syrien - Tadschikistan 2:1, 1:0; Syrien - Kirgistan 0:1, 1:1; Tadschikistan - Kirgistan 2:1, 2:1.
Qualifiziert für Runde 2: Bahrain

Gruppe 7:
Südkorea - Libanon 2:0, 1:1; Südkorea - Vietnam 2:0, 2:1; Südkorea - Malediven 2:0, 0:0; Libanon - Vietnam 0:0, 2:0; Libanon - Malediven 3:0, 5:2; Vietnam - Malediven 4:0, 0:3.
Qualifiziert für Runde 2: Südkorea

Gruppe 8:
Saudi-Arabien - Turkmenistan 3:0, 1:0; Saudi-Arabien - Indonesien 3:0, 3:1; Saudi-Arabien - Sri Lanka 3:0, 1:0; Turkmenistan - Indonesien 3:1, 1:3; Turkmenistan - Sri Lanka 2:0, 2:2; Indonesien - Sri Lanka 1:0, 2:2.
Qualifiziert für Runde 2: Saudi-Arabien

2. Runde
Gruppe A:
Saudi-Arabien - Südkorea 2:0, 1:0; Saudi-Arabien - Usbekistan 3:0, 1:1; Saudi-Arabien - Kuwait 3:0, 0:0; Südkorea - Usbekistan 2:1, 1:1; Südkorea - Kuwait 2:0, 4:0; Usbekistan - Kuwait 3:2, 1:2.
Qualifiziert: Saudi-Arabien, Südkorea

Gruppe B:
Japan - Iran 2:1, 1:2; Japan - Bahrain 1:0, 1:0; Japan - Nordkorea 2:1, 2:0 (in Thailand); Iran - Bahrain 1:0, 0:0; Iran - Nordkorea 1:0, 2:0; Bahrain - Nordkorea 2:3, 2:1.
Qualifiziert: Japan, Iran

Entscheidungsspiele der Gruppendritten:
Usbekistan - Bahrain 1:0 (nach einem Regelverstoß des Schiedsrichters annulliert, Wiederholung 1:1), 0:0.

Entscheidungsspiele gegen den Nord- und Mittelamerika-Vierten: Trinidad & Tobago - Bahrain 1:1, 1:0.

Endrunde 9. Juni – 9. Juli 2006

Vorrunde

Es qualifizieren sich die beiden Gruppenersten.

Gruppe A:
Deutschland - Costa Rica	4:2	(München)
Polen - Ecuador	0:2	(Gelsenkirchen)
Deutschland - Polen	1:0	(Dortmund)
Ecuador - Costa Rica	3:0	(Hamburg)
Ecuador - Deutschland	0:3	(Berlin)
Costa Rica - Polen	1:2	(Hannover)

1. Deutschland	3	8:2	9
2. Ecuador	3	5:3	6
3. Polen	3	2:4	3
4. Costa Rica	3	3:9	0

Gruppe B:
England - Paraguay	1:0	(Frankfurt)
Trinidad & Tobago - Schweden	0:0	(Dortmund)
England - Trinidad & Tobago	2:0	(Nürnberg)
Schweden - Paraguay	1:0	(Berlin)
Schweden - England	2:2	(Köln)
Paraguay - Trinidad & Tobago	2:0	(Kaiserslautern)

1. England	3	5:2	7
2. Schweden	3	3:2	5
3. Paraguay	3	2:2	3
4. Trinidad und Tobago	3	0:4	1

Gruppe C:
Argentinien - Elfenbeinküste	2:1	(Hamburg)
Serbien-Montenegro - Niederlande	0:1	(Leipzig)
Argentinien - Serbien-Montenegro	6:0	(Gelsenkirchen)
Niederlande - Elfenbeinküste	2:1	(Stuttgart)
Niederlande - Argentinien	0:0	(Frankfurt)
Elfenbeinküste - Serbien-Montenegro	3:2	(München)

1. Argentinien	3	8:1	7
2. Niederlande	3	3:1	7
3. Elfenbeinküste	3	5:6	3
4. Serbien-Montenegro	3	2:10	0

Gruppe D:
Mexiko - Iran	3:1	(Nürnberg)
Angola - Portugal	0:1	(Köln)
Mexiko - Angola	0:0	(Hannover)
Portugal - Iran	2:0	(Frankfurt)
Portugal - Mexiko	2:1	(Gelsenkirchen)
Iran - Angola	1:1	(Leipzig)

1. Portugal	3	5:1	9
2. Mexiko	3	4:3	4
3. Angola	3	1:2	2
4. Iran	3	2:6	1

Gruppe E:
USA - Tschechien	0:3	(Gelsenkirchen)
Italien - Ghana	2:0	(Hannover)
Tschechien - Ghana	0:2	(Köln)
Italien - USA	1:1	(Kaiserslautern)
Tschechien - Italien	0:2	(Hamburg)
Ghana - USA	2:1	(Nürnberg)

1. Italien	3	5:1	7
2. Ghana	3	4:3	6
3. Tschechien	3	3:4	3
4. USA	3	2:6	1

Gruppe F:
Australien - Japan	3:1	(Kaiserslautern)
Brasilien - Kroatien	1:0	(Berlin)
Japan - Kroatien	0:0	(Nürnberg)
Brasilien - Australien	2:0	(München)
Japan - Brasilien	1:4	(Dortmund)
Kroatien - Australien	2:2	(Stuttgart)

1. Brasilien	3	7:1	9
2. Australien	3	5:5	4
3. Kroatien	3	2:3	2
4. Japan	3	2:7	1

Gruppe G:
Südkorea - Togo	2:1	(Frankfurt)
Frankreich - Schweiz	0:0	(Stuttgart)
Frankreich - Südkorea	1:1	(Leipzig)
Togo - Schweiz	0:2	(Dortmund)
Togo - Frankreich	0:2	(Köln)
Schweiz - Südkorea	2:0	(Hannover)

1. Schweiz	3	4:0	7
2. Frankreich	3	3:1	5
3. Südkorea	3	3:4	4
4. Togo	3	1:6	0

Gruppe H:
Spanien - Ukraine	4:0	Leipzig)
Tunesien - Saudi-Arabien	2:2	(München)
Saudi-Arabien - Ukraine	0:4	(Hamburg)
Spanien - Tunesien	3:1	(Stuttgart)
Saudi-Arabien - Spanien	0:1	(Kaiserslautern)
Ukraine - Tunesien	1:0	(Berlin)

1. Spanien	3	8:1	9
2. Ukraine	3	5:4	6
3. Tunesien	3	3:6	1
4. Saudi-Arabien	3	2:7	1

Achtelfinale:
Deutschland - Schweden	2:0	(München)
Argentinien - Mexiko	2:1 n.V.	(Leipzig)
Italien - Australien	1:0	(Kaiserslautern)
Schweiz - Ukraine	0:0 n.V., 0:3 n.E	(Köln)
England - Ecuador	1:0	(Stuttgart)
Portugal - Niederlande	1:0	(Nürnberg)
Brasilien - Ghana	3:0	(Dortmund)
Spanien - Frankreich	1:3	(Hannover)

Viertelfinale:
Deutschland - Argentinien	1:1n.V., 4:2 n.E.	(Berlin)
Italien - Ukraine	3:0	(Hamburg)
England - Portugal	0:0 n.V., 1:3 n.E.	(Gelsenkirchen)
Brasilien - Frankreich	0:1	(Frankfurt)

Halbfinale:
Deutschland - Italien	0:2 n.V.	(Dortmund)
Portugal - Frankreich	0: 1	(München)

Dritter Platz:
Deutschland - Portugal	3:1	(Stuttgart).

Finale:
Italien - Frankreich	1:1 n.V., 5:3 n.E.	(Berlin)

Weltmeister 2006: Italien

2010 in Südafrika

Qualifikation

Europa

Gruppe 1:
Albanien - Schweden 0:0, 1:4; Ungarn - Dänemark 0:0, 1:0; Malta - Portugal 0:4, 0:4; Schweden - Ungarn 2:1, 2:1; Albanien - Malta 3:0, 0:0; Portugal - Dänemark 2:3, 1:1; Ungarn - Albanien 2:0, 1:0; Dänemark - Malta 3:0, 3:0; Schweden - Portugal 0:0, 0:0; Malta - Ungarn 0:1, 0:3; Portugal - Albanien 0:0, 2:1; Dänemark - Albanien 3:0, 1:1; Schweden - Dänemark 0:1, 0:1; Schweden - Malta 4:0, 1:0; Ungarn - Portugal 0:1, 0:3.
Qualifiziert: Dänemark, Portugal (n. Releg.)

Gruppe 2:
Moldawien - Lettland 1:2, 2:3; Israel - Schweiz 2:2, 0:0; Luxemburg - Griechenland 0:3, 1:2; Moldawien - Israel 1:2, 1:3; Lettland - Griechenland 0:2, 2:5; Schweiz - Luxemburg 1:2, 3:0; Schweiz - Lettland 2:1, 2:2; Griechenland - Moldawien 3:0, 1:1; Luxemburg - Israel 1:3, 0:7; Lettland - Israel 1:1, 1:0; Luxemburg - Moldawien 0:0, 0:0; Griechenland - Schweiz 1:2, 0:2; Luxemburg - Lettland 0:4, 0:2; Moldawien - Schweiz 0:2, 0:2; Israel - Griechenland 1:1, 1:2.
Qualifiziert: Schweiz, Griechenland (n. Releg.)

Gruppe 3:
Polen - Slowenien 1:1, 0:3; Slowakei - Nordirland 2:1, 2:0; San Marino - Polen 0:2, 0:10; Nordirland - Tschechien 0:0, 0:0; Slowenien - Slowakei 2:1, 2:0; San Marino - Slowakei 1:3, 0:7; Polen - Tschechien 2:1, 0:2; Slowenien - Nordirland 2:0, 0:1; Tschechien - Slowenien 1:0, 0:0; Slowakei - Polen 2:1, 1:0; Nordirland - San Marino 4:0, 3:0; San Marino - Tschechien 0:3, 0:7; Nordirland - Polen 3:2, 1:1; Tschechien - Slowakei 1:2, 2:2; Slowenien - San Marino 5:0, 3:0.
Qualifiziert: Slowakei, Slowenien (n. Releg.)

Gruppe 4:
Wales - Aserbaidschan 1:0, 1:0; Liechtenstein - Deutschland 0:6, 0:4; Russland - Wales 2:1, 3:1; Aserbaidschan - Liechtenstein 0:0, 2:0; Finnland - Deutschland 3:3, 1:1; Finnland - Aserbaidschan 1:0, 2:1; Wales - Liechtenstein 2:0, 2:0; Deutschland - Russland 2:1, 1:0; Russland - Finnland 3:0, 3:0; Deutschland - Wales 1:0, 2:0; Russland - Aserbaidschan 2:0, 1:1; Wales - Finnland 0:2, 1:2; Liechtenstein - Russland 0:1, 0:3; Finnland - Liechtenstein 2:1, 1:1; Aserbaidschan - Deutschland 0:2, 0:4.
Qualifiziert: Deutschland

Gruppe 5:
Armenien - Türkei 0:2, 0:2; Belgien - Estland 3:2, 0:2; Spanien - Bosnien-Herzegowina 1:0, 5:2; Türkei - Belgien 1:1, 0:2; Bosnien-Herzegowina - Estland 7:0, 2:0; Spanien - Armenien 4:0, 2:1; Türkei - Bosnien-Herzegowina 2:1, 1:1; Belgien - Armenien 2:0, 1:2; Estland - Spanien 0:3, 0:2; Bosnien-Herzegowina - Armenien 4:1, 2:0; Estland - Türkei 0:0, 2:4; Estland - Spanien 1:2, 0:5; Armenien - Estland 2:2, 0:1; Belgien - Bosnien-Herzegowina 2:4, 1:2; Spanien - Türkei 1:0, 1:2.
Qualifiziert: Spanien

Gruppe 6:
Kasachstan - Andorra 3:0, 3:1; Ukraine - Weißrussland 1:0, 0:0; Andorra - England 0:2, 0:6; Kroatien - Kasachstan 3:0, 2:1;

Kasachstan - Ukraine 1:3, 1:2; Andorra - Weißrussland 1:3, 1:5; Kroatien - England 1:4, 1:5; England - Kasachstan 5:1, 4:0; Ukraine - Kroatien 0:0, 2:2; Kroatien - Andorra 4:0, 2:0; Weißrussland - England 1:3, 0:3; Kasachstan - Weißrussland 1:5, 0:4; England - Ukraine 2:1, 0:1; Weißrussland - Kroatien 1:3, 0:1; Ukraine - Andorra 5:0, 6:0.
Qualifiziert: England

Gruppe 7:
Rumänien - Litauen 0:3, 1:0; Serbien - Färöer 2:0, 2:0; Österreich - Frankreich 3:1, 1:3; Färöer - Rumänien 0:1, 1:3; Litauen - Österreich 2:0, 1:2; Frankreich - Serbien 2:1, 1:1; Färöer - Österreich 1:1, 1:3; Serbien - Litauen 3:0, 1:2; Rumänien - Frankreich 2:2, 1:1; Litauen - Färöer 1:0, 1:2; Österreich - Serbien 1:3, 0:1; Rumänien - Serbien 2:3, 0:5; Litauen - Frankreich 0:1, 0:1; Österreich - Rumänien 2:1, 1:1; Färöer - Frankreich 0:1, 0:5.
Qualifiziert: Serbien, Frankreich (n. Releg.)

Gruppe 8:
Georgien - Irland 1:2, 1:2; Montenegro - Bulgarien 2:2, 1:4; Zypern - Italien 1:2, 2:3; Montenegro - Irland 0:0, 0:0; Italien - Georgien 2:0, 2:0; Georgien - Zypern 1:1, 1:2; Bulgarien - Italien 0:0, 0:2; Georgien - Bulgarien 0:0, 2:6; Irland - Zypern 1:0, 2:1; Italien - Montenegro 2:1, 2:0; Irland - Bulgarien 1:1, 1:1; Bulgarien - Zypern 2:0, 1:4; Georgien - Montenegro 0:0, 1:2; Italien - Irland 1:1, 2:2; Zypern - Montenegro 2:2, 1:1.
Qualifiziert: Italien

Gruppe 9
Mazedonien - Schottland 1:0, 0:2; Norwegen - Island 2:2, 1:1; Mazedonien - Niederlande 1:2, 0:4; Island - Schottland 1:2, 1:2; Schottland - Norwegen 0:0, 0:4; Niederlande - Island 2:0, 2:1; Norwegen - Niederlande 0:1, 0:2; Island - Mazedonien 1:0, 0:2; Niederlande - Schottland 3:0, 1:0; Mazedonien - Norwegen 0:0, 1:2.
Qualifiziert: Niederlande

Relegationsspiele
Griechenland - Ukraine 0:0, 1:0
Portugal - Bosnien und Herzegowina 1:0, 1:0
Irland - Frankreich 0:1, 1:1 n.V.
Russland - Slowenien 2:1, 0:1

Afrika

1. Runde (K.-o.-System)
Madagaskar - Komoren 6:2, 4:0; Sierra Leone - Guinea-Bissau 1:0, 0:0; Dschibuti - Somalia 1:0 (Hinspiel in Somalia wurde abgesagt).

2. Runde
Gruppe 1:
Tansania - Mauritius 1:1, 4:1; Kamerun - Kap Verde 2:0, 2:1; Kap Verde - Tansania 1:0, 1:3; Mauritius - Kamerun 0:3, 0:5; Tansania - Kamerun 0:0, 1:2; Mauritius - Kap Verde 0:1, 1:3.
Qualifiziert für Runde 3: Kamerun

Gruppe 2:
Namibia - Kenia 2:1, 0:1; Guinea - Simbabwe 0:0, 0:0; Kenia - Guinea 2:0, 2:3; Simbabwe - Namibia 2:0, 2:4; Kenia - Simbabwe 2:0, 0:0; Namibia - Guinea 1:2, 0:4.
Qualifiziert für Runde 3: Guinea, Kenia

Gruppe 3:
Uganda - Niger 1:0, 1:3; Angola - Benin 3:0, 2:3; Benin - Uganda 4:1, 1:2; Niger - Angola 1:2, 1:3; Uganda - Angola 3:1, 0:0; Niger - Benin 0:2, 0:2.
Qualifiziert für Runde 3: Benin

Gruppe 4:
Äquatorialguinea - Sierra Leone 2:0, 1:2; Nigeria - Südafrika* 2:0, 1:0; Südafrika - Äquatorialguinea 4:1, 1:0; Sierra Leone - Nigeria 0:1, 1:4; Sierra Leone - Südafrika 1:0, 0:0; Äquatorialguinea - Nigeria 0:1, 0:2.
*Südafrika war als Gastgeber automatisch qualifiziert, nahm aber an der Qualifikation teil, da diese gleichzeitig als Qualifikationsturnier für den Africa Cup 2010 diente.
Qualifiziert für Runde 3: Nigeria

Gruppe 5:
Ghana - Libyen 3:0, 0:1; Libyen - Gabun 1:0, 0:1; Lesotho - Ghana 2:3, 0:3; Gabun - Ghana 2:0, 0:0; Lesotho - Libyen 0:1, 0:4; Gabun - Lesotho 2:0, 3:0.
Qualifiziert für Runde 3: Ghana, Gabun

Gruppe 6:
Senegal - Algerien 1:0, 2:3; Liberia - Gambia 1:1, 0:3; Algerien - Liberia 3:0, 0:0; Gambia - Senegal 0:0, 1:1; Gambia - Algerien 1:0, 0:1; Liberia - Senegal 2:2, 1:3.
Qualifiziert für Runde 3: Algerien

Gruppe 7:
Botswana - Madagaskar 0:0, 0:1; Elfenbeinküste - Mosambik 1:0, 1:1; Madagaskar - Elfenbeinküste 0:0, 0:3; Mosambik - Botswana 1:2, 1:0; Botswana - Elfenbeinküste 1:1, 0:4; Madagaskar - Mosambik 1:1, 0:3.
Qualifiziert für Runde 3: Elfenbeinküste, Mosambik

Gruppe 8:
Ruanda - Mauretanien 3:0, 1:0; Mauretanien - Marokko 1:4, 1:4; Ruanda - Marokko 3:1, 0:2.
Äthiopien wurde von der FIFA am 12.9.2008 aus der Vorrunde ausgeschlossen und alle bis dahin bestrittenen Partien aus der Wertung genommen.
Qualifiziert für Runde 3: Marokko, Ruanda

Gruppe 9:
Burundi - Seychellen 1:0, 2:1; Tunesien - Burkina Faso 1:2, 0:0; Seychellen - Tunesien 0:2, 0:5; Burkina Faso - Burundi 2:0, 3:1; Seychellen - Burkina Faso 2:3, 1:4; Burundi - Tunesien 0:1, 1:2.
Qualifiziert für Runde 3: Burkina Faso, Tunesien

Gruppe 10:
Mali - Kongo 4:2, 0:1; Tschad - Mali 1:2, 1:2; Kongo - Sudan 1:0, 0:2; Tschad - Kongo 2:1, 0:2; Sudan - Mali 3:2, 0:3; Sudan - Tschad 1:2, 3:1.
Qualifiziert für Runde 3: Mali, Sudan

Gruppe 11:
Togo - Sambia 1:0, 0:1; Swasiland - Togo 2:1, 0:6; Swasiland - Sambia 0:0, 0:1.
Eritrea zog die Mannschaft aus der Qualifikation zurück.
Qualifiziert für Runde 3: Sambia, Togo

Gruppe 12:
Malawi - Dschibuti 8:1, 3:0; Ägypten - DR Kongo 2:1, 1:0; Dschibuti - Ägypten 0:4, 0:4; DR Kongo - Malawi 1:0, 1:2; Dschibuti - DR Kongo 0:6, 1:5; Malawi - Ägypten 1:0, 0:2.
Qualifiziert für Runde 3: Ägypten, Malawi

3. Runde
Gruppe A:
Togo - Kamerun 1:0, 0:3; Marokko - Gabun 1:2, 1:3; Gabun - Togo 3:0, 0:1; Kamerun - Marokko 0:0, 2:0; Marokko - Togo 0:0, 1:1; Gabun - Kamerun 0:2, 1:2.
Qualifiziert: Kamerun

Gruppe B:
Kenia - Tunesien 1:2, 0:1; Mosambik - Nigeria 0:0, 0:1; Tunesien - Mosambik 2:0, 0:1; Nigeria - Kenia 3:0, 3:2; Kenia - Mosambik 2:1, 0:1; Tunesien - Nigeria 0:0, 2:2.
Qualifiziert: Nigeria

Gruppe C:
Ruanda - Algerien 0:0, 1:3; Ägypten - Sambia 1:1, 1:0; Sambia - Ruanda 1:0, 0:0; Algerien - Ägypten 3:1, 0:2; Sambia - Algerien 0:2, 0:1; Ägypten - Ruanda 3:0, 1:0.
Entscheidungsspiel Algerien - Ägypten: 1:0
Qualifiziert: Algerien

Gruppe D:
Sudan - Mali 1:1, 0:1; Ghana - Benin 1:0, 0:1; Benin - Sudan 1:0, 2:1; Mali - Ghana 0:2, 2:2; Sudan - Ghana 0:2, 0:2; Mali - Benin 3:1, 1:1.
Qualifiziert: Ghana

Gruppe E:
Burkina Faso - Guinea 4:2, 2:1; Elfenbeinküste - Malawi 5:0, 1:1; Malawi - Burkina Faso 0:1, 0:1; Guinea - Elfenbeinküste 1:2, 0:3; Burkina Faso - Elfenbeinküste 2:3, 0:5; Guinea - Malawi 2:1, 1:2.
Qualifiziert: Elfenbeinküste

Asien

1. Runde (K.-o.-System)
Bangladesch - Tadschikistan 1:1, 0:5; Thailand - Macao 6:1, 7:1; Vietnam - Ver. Arab. Emirate 0:1, 0:5; Oman - Nepal 2:0, 2:0; Syrien - Afghanistan 3:0, 2:1; Palästina - Singapur 0:4, 0:3; Libanon - Indien 4:1, 2:2; Jemen - Malediven 3:0, 0:2; Kambodscha - Turkmenistan 0:1, 1:4; Usbekistan - Taiwan 9:0, 2:0; Kirgisien - Jordanien 2:0, 0:2 n.V.; 5:6 n.E.; Mongolei - Nordkorea 1:4, 1:5; Osttimor - Hong Kong 2:3, 1:8; Sri Lanka - Katar 0:1, 0:5; China - Myanmar 7:0, 4:0; Bahrain - Malaysia 4:1, 0:0; Pakistan - Irak 0:7, 0:0.
Australien, Südkorea, Saudi-Arabien, Japan und Iran hatten als die fünf Bestplatzierten der asiatischen Rangliste ein Freilos bis in die 3. Runde.

2. Runde (K.-o.-System)
Singapur - Tadschikistan 2:0, 1:1; Indonesien - Syrien 1:4, 0:7; Jemen - Thailand 1:1, 0:1; Hong Kong - Turkmenistan 0:0, 0:3.

3. Runde
Gruppe 1:
Australien - Katar 3:0, 3:1; Irak - China 1:1, 2:1; China - Australien 0:0, 1:0; Katar - Irak 2:0, 1:0; Australien - Irak 1:0, 0:1; Katar - China 0:0, 1:0.
Qualifiziert für Runde 4: Australien, Katar

Gruppe 2:
Japan - Thailand 4:1, 3:0; Oman - Bahrain 0:1, 1:1; Thailand - Oman 0:1, 1:2; Bahrain - Japan 1:0, 0:1; Japan - Oman 3:0, 1:1; Thailand - Bahrain 2:3, 1:1.
Qualifiziert für Runde 4: Japan, Bahrain

Gruppe 3:
Südkorea - Turkmenistan 4:0, 3:1; Jordanien - Nordkorea 0:1, 0:2; Nordkorea - Südkorea 0:0, 0:0; Turkmenistan - Jordanien 0:2, 0:2; Südkorea - Jordanien 2:2, 1:0; Turkmenistan - Nordkorea 0:0, 0:1.
Qualifiziert für Runde 4: Südkorea, Nordkorea

Gruppe 4:
Libanon - Usbekistan 0:1, 0:3; Saudi-Arabien - Singapur 2:0, 2:0; Usbekistan - Saudi-Arabien 3:0, 0:4; Singapur - Libanon 2:0, 2:1; Singapur - Usbekistan 3:7, 0:1; Saudi-Arabien - Libanon 4:1, 2:1.
Qualifiziert für Runde 4: Saudi-Arabien, Usbekistan

Gruppe 5:
Iran - Syrien 0:0, 2:0; Ver. Arab. Emirate - Kuwait 2:0, 3:2; Syrien - Ver. Arab. Emirate 1:1, 3:1; Kuwait - Iran 2:2, 0:2; Iran - Ver. Arab. Emirate 0:0, 1:0; Syrien - Kuwait 1:0, 2:4.
Qualifiziert für Runde 4: Iran, Ver. Arab. Emirate

4. Runde
Gruppe A:
Bahrain - Japan 2:3, 0:1; Katar - Usbekistan 3:0, 0:4; Usbekistan - Australien 0:1, 0:2; Katar - Bahrain 1:1, 0:1; Australien - Katar 4:0, 0:0; Japan - Usbekistan 1:1, 1:0; Bahrain - Australien 0:1, 0:2; Katar - Japan 0:3, 1:1; Japan - Australien 0:0, 1:2; Usbekistan - Bahrain 0:1, 0:1.
Qualifiziert: Australien, Japan

Gruppe B:
Ver. Arab. Emirate - Nordkorea 1:2, 0:2; Saudi-Arabien - Iran 1:1, 2:1; Nordkorea - Südkorea 1:1, 0:1; Ver. Arab. Emirate - Saudi-Arabien 1:2, 2:3; Südkorea - Ver. Arab. Emirate 4:1, 2:0; Iran - Nordkorea 2:1, 0:0; Ver. Arab. Emirate - Iran 1:1, 0:1; Saudi-Arabien - Südkorea 0:2, 0:0; Nordkorea - Saudi-Arabien 1:0, 0:0; Iran - Südkorea 1:1, 0:0.
Qualifiziert: Südkorea, Nordkorea

Qualifikation für Asien/Ozeanien-Playoff
Bahrain - Saudi-Arabien 0:0, 2:2.

Asien/Ozeanien-Playoff
Bahrain - Neuseeland 0:0, 0:1.

Ozeanien

1. Runde
Gruppe A:
Tahiti - Neukaledonien 0:1; Fidschi - Tuvalu 16:0; Fidschi - Cook Islands 4:0; Tuvalu - Neukaledonien 0:1; Neukaledonien - Cook Islands 3:0; Tuvalu - Tahiti 1:1; Tahiti - Fidschi 0:4; Cook Islands - Tuvalu 4:1; Neukaledonien - Fidschi 1:1; Cook Islands - Tahiti 0:1.
Qualifiziert für das Halbfinale: Fidschi, Neukaledonien

Gruppe B:
Vanuatu - Samoa 4:0; Salomonen - Amerikan. Samoa 12:1; Amerikan. Samoa - Samoa 0:7; Salomonen - Samoa 4:0; Samoa - Tonga 2:1; Amerikan. Samoa - Vanuatu 0:15; Vanuatu - Salomonen 0:2; Tonga - Amerikan. Samoa 4:0; Samoa - Salomonen 0:3; Tonga - Vanuatu 1:4.
Qualifiziert für das Halbfinale: Salomonen, Vanuatu

Halbfinale
Fidschi - Vanuatu 3:0; Salomonen - Neukaledonien 2:3.
Spiel um den 3. Platz
Salomonen - Vanuatu 0:2

Finale
Neukaledonien - Fidschi 1:0

2. Runde
Fidschi - Neuseeland 0:2, 2:0; Vanuatu - Neuseeland 1:2, 1:4; Fidschi - Neukaledonien 3:3, 0:4; Vanuatu - Neukaledonien 1:1, 0:3; Fidschi - Vanuatu 2:0, 1:2; Neukaledonien - Neuseeland 1:3, 0:3.
Qualifiziert für Asien/Ozeanien-Playoff: Neuseeland

Asien/Ozeanien-Playoff
Bahrain - Neuseeland 0:0, 0:1.

Nord- und Mittelamerika

1. Runde (K.-o.-System)
Bermudas - Kaimanen 1:1, 3:1; Belize - St. Kitts und Nevis 3:1, 1:1; Nicaragua - Niederländische Antillen 0:1, 0:2; Dom. Republik - Puerto Rico -:- *, 0:1 n.V.; Amerik. Jungferninseln - Grenada -:-*, 0:10; Surinam - Montserrat -:-*, 7:1; Dominica - Barbados 1:1, 0:1; Aruba - Antigua und Barbuda 0:3, 0:1; Turks- und Caicosinseln - St. Lucia 2:1, 0:2; El Salvador - Anguilla 12:0, 4:0; Bahamas - Brit. Jungferninseln 1:1, 2:2.
* nicht gespielt

2. Runde (K.-o.-System)
Honduras - Puerto Rico 4:0, 2:2; Surinam - Guyana 1:0, 2:1; Grenada - Costa Rica 2:2, 0:3; Guatemala - St. Lucia 6:0, 3:1; St. Vincent/Gren. - Kanada 0:3, 1:4; Haiti - Niederländische Antillen 0:0, 1:0; Belize - Mexiko 0:2, 0:7; USA - Barbados 8:0, 1:0; Panama - El Salvador 1:0, 1:3; Trinidad & Tobago - Bermudas 1:2, 2:0; Jamaika - Bahamas 7:0, 6:0; Antigua und Barbuda - Kuba 3:4, 0:4.

3. Runde
Gruppe A:
Kuba - Trinidad & Tobago 1:3, 0:3; Guatemala - USA 0:1, 0:2; Trinidad & Tobago - Guatemala 1:1, 0:0; Kuba - USA 0:1, 1:6; USA - Trinidad & Tobago 3:0, 1:2; Guatemala - Kuba 4:1, 1:2.
Qualifiziert für Runde 4: USA, Trinidad & Tobago

Gruppe B:
Kanada - Jamaika 1:1, 0:3; Mexiko - Honduras 2:1, 0:1; Mexiko - Jamaika 3:0, 0:1; Kanada - Honduras 1:2, 1:3; Mexiko - Kanada 2:1, 2:2; Honduras - Jamaika 2:0, 0:1.
Qualifiziert für Runde 4: Honduras, Mexiko

Gruppe C:
Haiti - Surinam 2:2, 1:1; Costa Rica - El Salvador 1:0, 3:1; Costa Rica - Surinam 7:0, 4:1; El Salvador - Haiti 5:0, 0:0; Surinam - El Salvador 0:2, 0:3; Haiti - Costa Rica 1:3, 0:2.
Qualifiziert für Runde 4: Costa Rica, El Salvador

4. Runde
USA - Mexiko 2:0, 1:2; El Salvador - Trinidad & Tobago 2:2, 0:1; Costa Rica - Honduras 2:0, 0:4; Mexiko - Costa Rica 2:0, 3:0; El Salvador - USA 2:2, 1:2; Trinidad & Tobago - Honduras 1:1, 1:4; USA - Trinidad & Tobago 3:0, 1:0; Honduras - Mexiko 3:1, 0:1; Costa Rica - El Salvador 1:0, 0:1; Costa Rica - USA 3:1, 2:2; Trinidad & Tobago - Costa Rica 2:3, 0:4; USA - Honduras 2:1, 3:2; El Salvador - Mexiko 2:1, 1:4; Honduras - El Salvador 1:0, 1:0; Mexiko - Trinidad & Tobago 2:1, 2:2.
Qualifiziert: USA, Mexiko, Honduras

Nord- und Mittelamerika/Südamerika-Playoff:
Costa Rica - Uruguay 0:1, 1:1

Südamerika

Uruguay - Bolivien 5:0, 2:2; Argentinien - Chile 2:0, 0:1; Ecuador - Venezuela 0:1, 1:3; Peru - Paraguay 0:0, 0:1; Kolumbien - Brasilien 0:0, 0:0; Venezuela - Argentinien 0:2, 0:4; Bolivien - Kolumbien 0:0, 0:2; Chile - Peru 2:0, 3:1; Paraguay - Uruguay 1:0, 0:2; Brasilien - Ecuador 5:0, 1:1; Argentinien - Bolivien 3:0, 1:6; Kolumbien - Venezuela 1:0, 0:2; Paraguay - Ecuador 5:1, 1:1; Uruguay - Chile 2:2, 0:0; Peru - Brasilien 1:1, 0:3; Venezuela - Bolivien 5:3, 1:0; Kolumbien - Argentinien 2:1, 0:1; Ecuador - Peru 5:1, 2:1; Brasilien - Uruguay 2:1, 4:0; Chile - Paraguay 0:3, 2:0; Uruguay - Venezuela 1:1, 2:2; Peru - Kolumbien 1:1, 0:1; Paraguay - Brasilien 2:0, 1:2; Argentinien - Ecuador 1:1, 0:2; Bolivien - Chile 0:2, 0:4; Uruguay - Peru 6:0, 0:1; Bolivien - Paraguay 4:2, 0:1; Ecuador - Kolumbien 0:0, 0:2; Brasilien - Argentinien 0:0, 3:1; Venezuela - Chile 2:3, 2:2; Argentinien - Paraguay 1:1, 0:1; Ecuador - Bolivien 3:1, 3:1; Kolumbien - Uruguay 0:1, 1:3; Peru - Venezuela 1:0, 1:3; Chile - Brasilien 0:3, 2:4; Paraguay - Venezuela 2:0, 2:1; Uruguay - Ecuador 0:0, 2:1; Chile - Kolumbien 4:0, 4:2; Brasilien - Bolivien 0:0, 1:2; Peru - Argentinien 1:1, 1:2; Bolivien - Peru 3:0, 0:1; Argentinien - Uruguay 2:1, 1:0; Kolumbien - Paraguay 0:1, 2:0; Venezuela - Brasilien 0:4, 0:0; Ecuador - Chile 1:0, 0:1.
Qualifiziert: Brasilien, Chile, Paraguay, Argentinien

Nord- und Mittelamerika/Südamerika Playoff
Costa Rica - Uruguay 0:1, 1:1

Endrunde 11. Juni - 11. Juli 2010

Vorrunde

Es qualifizieren sich die beiden Gruppenersten.

Gruppe A:
Südafrika - Mexiko	1:1	(Johannesburg, SoccerCity)
Uruguay - Frankreich	0:0	(Kapstadt)
Südafrika - Uruguay	0:3	(Pretoria)
Frankreich - Mexiko	0:2	(Polokwane)
Mexiko - Uruguay	0:1	(Rustenburg)
Frankreich - Südafrika	1:2	(Bloemfontein)

1. Uruguay	3	4:0	7
2. Mexiko	3	3:2	4
3. Südafrika	3	3:5	4
4. Frankreich	3	1:4	1

Gruppe B:
Südkorea - Griechenland	2:0	(Port Elizabeth)
Argentinien - Nigeria	1:0	(Johannesburg, Ellis Park)
Argentinien - Südkorea	4:1	(Johannesburg, SoccerCity)
Griechenland - Nigeria	2:1	(Bloemfontein)
Nigeria - Südkorea	2:2	(Durban)
Griechenland - Argentinien	0:2	(Polokwane)

1. Argentinien	3	7:1	9
2. Südkorea	3	5:6	4

3. Griechenland	3	2:5	3
4. Nigeria	3	3:5	1

Gruppe C:
England - USA	1:1	(Rustenburg)
Algerien - Slowenien	0:1	(Polokwane)
Slowenien - USA	2:2	(Johannesburg, Ellis Park)
England - Algerien	0:0	(Kapstadt)
USA - Algerien	1:0	(Pretoria)
Slowenien - England	0:1	(Port Elizabeth)

1. USA	3	4:3	5
2. England	3	2:1	5
3. Slowenien	3	3:3	4
4. Algerien	3	0:2	1

Gruppe D:
Serbien - Ghana	0:1	(Pretoria)
Deutschland - Australien	4:0	(Durban)
Deutschland - Serbien	0:1	(Port Elizabeth)
Ghana - Australien	1:1	(Rustenburg)
Australien - Serbien	2:1	(Nelspruit)
Ghana - Deutschland	0:1	(Johannesburg,SoccerCity)

1. Deutschland	3	5:1	6
2. Ghana	3	2:2	4
3. Australien	3	3:6	4
4. Serbien	3	2:3	3

Gruppe E:
Niederlande - Dänemark	2:0	(Johannesburg,SoccerCity)
Japan - Kamerun	1:0	(Bloemfontein)
Niederlande - Japan	1:0	(Durban)
Kamerun - Dänemark	1:2	(Pretoria)
Dänemark - Japan	1:3	(Rustenburg)
Kamerun - Niederlande	1:2	(Kapstadt)

1. Niederlande	3	5:1	9
2. Japan	3	4:2	6
3. Dänemark	3	3:6	3
4. Kamerun	3	2:5	0

Gruppe F:
Italien - Paraguay	1:1	(Kapstadt)
Neuseeland - Slowakei	1:1	(Rustenburg)
Slowakei - Paraguay	0:2	(Bloemfontein)
Italien - Neuseeland	1:1	(Nelspruit)
Slowakei - Italien	3:2	(Johannesburg, Ellis Park)
Paraguay - Neuseeland	0:0	(Polokwane)

1. Paraguay	3	3:1	5
2. Slowakei	3	4:5	4
3. Neuseeland	3	2:2	3
4. Italien	3	4:5	2

Gruppe G:
Elfenbeinküste - Portugal	0:0	(Port Elizabeth)
Brasilien - Nordkorea	2:1	(Johannesburg, Ellis Park)
Brasilien - Elfenbeinküste	3:1	(Johannesburg,SoccerCity)
Portugal - Nordkorea	7:0	(Kapstadt)
Portugal - Brasilien	0:0	(Durban)
Nordkorea - Elfenbeinküste	0:3	(Nelspruit)

1. Brasilien	3	5:2	7
2. Portugal	3	7:0	5
3. Elfenbeinküste	3	4:3	4
4. Nordkorea	3	1:12	0

Gruppe H:
Honduras - Chile	0:1	(Nelspruit)
Spanien - Schweiz	0:1	(Durban)
Chile - Schweiz	1:0	(Port Elizabeth)
Spanien - Honduras	2:0	(Johannesburg, Ellis Park)
Chile - Spanien	1:2	(Pretoria)
Schweiz - Honduras	0:0	(Bloemfontein)

1. Spanien	3	4:2	6
2. Chile	3	3:2	6
3. Schweiz	3	1:1	4
4. Honduras	3	0:3	1

Achtelfinale:
Uruguay - Südkorea	2:1	(Port Elizabeth)
Vereinigte Staaten - Ghana	1:2 n.V.	(Rustenburg)
Deutschland - England	4:1	(Bloemfontein)
Argentinien - Mexiko	3:1	(Johannesburg,SoccerCity)
Niederlande - Slowakei	2:1	(Durban)
Brasilien - Chile	3:0	(Johannesburg, Ellis Park)
Paraguay - Japan	0:0 n.V., 5:3 n.E.	(Pretoria)
Spanien - Portugal	1:0	(Kapstadt)

Viertelfinale:
Niederlande - Brasilien	2:1	(Port Elizabeth)
Uruguay - Ghana	1:1 n.V., 4:2 n.E.	(Johannesburg,SoccerCity)
Argentinien - Deutschland	0:4	(Kapstadt)
Paraguay - Spanien	0:1	(Johannesburg, Ellis Park)

Halbfinale:
Uruguay - Niederlande	2:3	(Kapstadt)
Deutschland - Spanien	0:1	(Durban)

Dritter Platz:
Uruguay - Deutschland	2:3	(Port Elizabeth)

Finale:
Niederlande - Spanien 0:1 n.V.
(Johannesburg,SoccerCity)

Weltmeister 2010: Spanien

Quellen: Kicker Fußball-Almanach, Copress-Verlag
Fußball-WM-Almanach, Agon-Sportverlag
Zeitschriften, Internet

Die WM-Endrunden im Überblick

Jahr	Veranstalter	Spiele	Tore	Schnitt	Zuschauer	Schnitt	Weltmeister	Torschützenkönig	Tore
1930	Uruguay	18	70	3,89	434.500	24.139	Uruguay	Stabile (Argentinien)	8
1934	Italien	17	70	4,12	395.000	23.235	Italien	Nejedly (Tschechoslowakei)	5
1938	Frankreich	18	84	4,67	483.000	26.833	Italien	Leonidas (Brasilien)	8
1950	Brasilien	22	88	4,00	1.337.000	60.773	Uruguay	Ademir (Brasilien)	9
1954	Schweiz	26	140	5,38	943.000	36.269	Deutschland	Kocsis (Ungarn)	11
1958	Schweden	35	126	3,60	868.000	24.800	Brasilien	Fontaine (Frankreich)	13
1962	Chile	32	89	2,78	776.000	24.250	Brasilien	Sechs Spieler*	je 4
1966	England	32	89	2,78	1.614.677	50.459	England	Eusebio (Portugal)	9
1970	Mexiko	32	95	2,97	1.673.975	52.312	Brasilien	Müller (Deutschland)	10
1974	Deutschland	38	97	2,55	1.744.022	46.685	Deutschland	Lato (Polen)	7
1978	Argentinien	38	102	2,68	1.610.215	42.374	Argentinien	Kempes (Argentinien)	6
1982	Spanien	52	146	2,80	1.856.277	35.698	Italien	Rossi (Italien)	6
1986	Mexiko	52	132	2,54	2.407.431	46.297	Argentinien	Lineker (England)	6
1990	Italien	52	115	2,21	2.517.348	48.411	Deutschland	Schillaci (Italien)	6
1994	USA	52	141	2,71	3.587.538	68.991	Brasilien	Salenko (Russland) Stoitchkov (Bulgarien)	je 6
1998	Frankreich	64	171	2,67	2.775.400	43.366	Frankreich	Suker (Kroatien)	6
2002	Südkorea/Japan	64	161	2,52	2.705.566	42.274	Brasilien	Ronaldo (Brasilien)	8
2006	Deutschland	64	147	2,30	3.353.655	52.401	Italien	Klose (Deutschland)	5
2010	Südafrika	64	145	2,27	3.178.856	49.670	Spanien	Müller (Deutschland)**	5

*) Garrincha, Vava (Brasilien), Sanchez (Chile), Jerkovic (Jugoslawien), Iwanow (UdSSR), Albert (Ungarn)
**) Aufgrund der höheren Anzahl an Torvorlagen. Auch Villa (Spanien), Sneijder (Niederlande) und Forlán (Uruguay) hatten fünf Treffer erzielt.
Zusammenstellung: *Kicker-Sportmagazin.* Die Angaben des *Kicker* über Zuschauerzahlen weichen von denen im vorderen Teil des Buches ab, die auf eigenen Berechnungen beruhen.

Die meisten WM-Einsätze

25	Matthäus (Deutschland)	1982 (2), 86 (7), 90 (7), 94 (5), 98 (4)
23	Paolo Maldini (Italien)	1990 (7), 94 (7), 98 (5), 2002 (4)
21	Seeler (Deutschland)	1958 (5), 62 (4), 66 (6), 70 (6)
	Zmuda (Polen)	1974 (7), 78 (6), 82 (7), 86 (1)
	Maradona (Argentinien)	1982 (6), 86 (7), 90 (7), 94 (1)
20	Lato (Polen)	1974 (7), 78 (6), 82 (7)
	Cafú (Brasilien)	1994 (3), 98 (7), 2002 (6), 06 (4)
19	Overath (Deutschland)	1966 (6), 70 (6), 74 (7)
	Vogts (Deutschland)	1970 (6), 74 (7), 78 (6)
	Rummenigge (Deutschland)	1978 (5), 82 (7), 86 (7)
	Ronaldo (Brasilien)	1998 (7), 2002 (7), 2006 (5)
	Klose (Deutschland)	2002 (7), 2006 (7), 2010 (5)

Die besten Torschützen pro Turnier

13 Tore:	Fontaine (Frankreich)	1958
11 Tore:	Kocsis (Ungarn)	1954
10 Tore:	G. Müller (Deutschland)	1970
9 Tore:	Ademir (Brasilien)	1950
	Eusebio (Portugal)	1966
8 Tore:	Stabile (Argentinien)	1930
	Leonidas (Brasilien)	1938
	Ronaldo (Brasilien)	2002
7 Tore:	Zsengeller (Ungarn)	1938
	Lato (Polen)	1974
	Jairzinho (Brasilien)	1970
6 Tore:	Morlock (Deutschland)	1954
	Hügi (Schweiz)	1954
	H. Rahn (Deutschland)	1958
	Pelé (Brasilien)	1958
	Haller (Deutschland)	1966
	Kempes (Argentinien)	1978
	Rossi (Italien)	1982
	Lineker (England)	1986
	Schillaci (Italien)	1990
	Salenko (Russland)	1994
	Stoichkov (Bulgarien)	1994
	Suker (Kroatien)	1998

Die „ewige" WM-Torschützenliste

15 Tore:	Ronaldo (Brasilien)	1998 (4), 2002 (8), 06 (3)
14 Tore:	G. Müller (Deutschland)	1970 (10), 74 (4)
	M. Klose (Deutschland)	2002 (5), 06 (5), 10 (4)
13 Tore:	Fontaine (Frankreich)	1958 (13)
12 Tore:	Pelé (Brasilien)	1958 (6), 62 (1), 66 (1), 70 (4)
11 Tore:	Kocsis (Ungarn)	1954 (11)
	Klinsmann (Deutschland)	1990 (5), 94 (3), 98 (3)
10 Tore:	H. Rahn (Deutschland)	1954 (4), 58 (6)
	Cubillas (Peru)	1970 (5), 78 (5)
	Lato (Polen)	1974 (7), 78 (2), 82 (1)
	Lineker (England)	1986 (6), 90 (4)
	Batistuta (Argentinien)	1994 (4), 98 (5), 2002 (1)
9 Tore:	Leonidas (Brasilien)	1934 (1), 38 (8)
	Vava (Brasilien)	1950 (9)
	Seeler (Deutschland)	1958 (5), 62 (4)
	Eusebio (Portugal)	1958 (2), 62 (2), 66 (2), 70 (3)
	Jairzinho (Brasilien)	1966 (9)
	Rossi (Italien)	1970 (7), 74 (2)
	Rummenigge (Deutschland)	1978 (3), 82 (6)
	R. Baggio (Italien)	1978 (3), 82 (6), 86 (1)
	Vieri (Italien)	1990 (2), 94 (5), 98 (2)
8 Tore:	Stabile (Argentinien)	1998 (5), 2002 (4)
	Maradona (Argentinien)	1982 (2), 86 (5), 94 (5)
	Miguez (Uruguay)	1950 (5), 54 (3)
	Völler (Deutschland)	1986 (3), 90 (3), 94 (2)
	Villa (Spanien)	2006 (3), 10 (5)

Erdteilvergleich der Endrundenteilnehmer I

	Spiele	Siege	Unentschieden	Niederlagen	Punkte	Punkte pro Spiel
Europa	908	389	205	314	1.372	1,61
Südamerika	311	148	62	101	506	1,63
Nord- und Mittelamerika	115	24	24	67	96	0,92
Afrika	110	23	32	55	101	0,92
Asien	84	13	17	54	56	0,67
Ozeanien	16	2	6	8	12	0,75

(Europa inkl. Türkei und Israel. Berücksichtigt wurden sämtliche Endrundenspiele von 1930 bis 2010.)

Erdteilvergleich der Endrundenteilnehmer II

	Zahl der Länder	Endr.-Teilnahmen	Viertelfinale*	Halbfinale*	Finale/Titel
Europa	33	218	105	54	25/10
Südamerika	9	223	109	55	13/9
Nord- und Mittelamerika	10	35	5	1	–
Afrika	13	34	3	–	–
Asien	14	22	2	1	–
Ozeanien	2	5	–	–	–

* bzw. Platz unter den besten Acht/Vier.

Die Länder-Rangliste der Endrunden-Teilnehmer 1930 - 2010

Land	Sp.	S	U	N	Tore	Pkte.	1930	1934	1938	1950	1954	1958	1962	1966	1970	1974	1978	1982	1986	1990	1994	1998	2002	2006	2010
1. Brasilien	97	67	15	15	210:88	216	6.	14.	3.	2.	5.	1.	1.	11.	1.	4.	3.	5.	5.	9.	1.	2.	1.	5.	6.
2. Deutschland	99	60	19	20	206:119	199	–	3.	10.	–	1.	4.	7.	2.	3.	1.	6.	2.	2.	1.	5.	7.	2.	3.	3.
3. Italien	80	44	21	15	126:74	153	–	1.	1.	7.	10.	–	9.	9.	2.	–	4.	1.	12.	3.	2.	5.	15.	1.	26.
4. Argentinien	70	37	13	20	123:80	124	2.	9.	–	–	–	13.	10.	5.	–	8.	1.	1.	2.	4.	10.	6.	18.	6.	5.
5. England	59	26	19	14	77:52	97	–	–	–	8.	6.	11.	8.	1.	8.	–	–	–	6.	10.	8.	9.	5.	7.	13.
6. Spanien	56	28	12	16	88:59	96	–	5.	–	4.	–	–	13.	10.	–	–	–	10.	12.	3.	7.	17.	6.	5.	9.	1.
7. Frankreich	54	25	11	18	96:68	86	7.	9.	6.	–	–	3.	–	–	–	–	–	12.	4.	16.	3.	–	4.	1.	28.	29.
8. Niederlande	43	22	10	11	71:44	76	–	9.	14.	–	–	–	–	–	–	–	2.	–	–	15.	7.	–	4.	26.	11.	2.
9. Uruguay	47	18	12	17	76:65	66	1.	–	–	1.	4.	–	12.	7.	4.	13.	–	–	16.	16.	3.	–	–	–	–	4.
10. Schweden	46	16	13	17	74:69	61	–	8.	4.	3.	–	2.	6.	–	–	5.	13.	7.	10.	21.	18.	15.	3.	–	14.	–
11. Russland*	37	17	6	14	64:44	57	–	–	–	–	–	7.	4.	4.	9.	–	7.	16.	–	17.	–	–	22.	13.	–	1.
12. Jugoslawien	37	16	8	13	60:46	56	4.	–	–	5.	7.	5.	–	–	5.	3.	–	3.	–	5.	–	18.	–	–	–	–
13. Polen	31	15	5	11	44:40	50	–	–	11.	–	–	–	–	–	–	–	3.	–	14.	3.	–	–	10.	25.	21.	17.
14. Mexiko	49	12	13	24	52:89	49	13.	–	–	12.	13.	16.	11.	12.	6.	–	11.	–	6.	–	–	13.	25.	11.	15.	–
15. Ungarn	32	15	3	14	87:57	48	–	6.	2.	–	2.	10.	5.	6.	15.	–	–	–	–	18.	–	–	–	–	–	–
16. Tschechien**	33	12	5	16	47:49	41	–	2.	5.	–	14.	9.	2.	–	15.	–	–	14.	19.	6.	–	–	23.	–	20.	17.
17. Österreich	29	12	4	13	43:47	40	–	4.	–	3.	3.	15.	–	–	–	–	–	7.	8.	–	18.	–	–	–	–	–
18. Portugal	23	12	2	9	39:22	39	–	–	–	–	–	–	–	3.	–	–	–	–	17.	–	–	–	–	21.	4.	11.
19. Belgien	36	10	9	17	46:63	39	11.	15.	13.	–	12.	–	3.	13.	–	11.	–	10.	4.	11.	15.	19.	14.	–	–	–
20. Chile	29	9	6	14	34:45	33	5.	7.	–	9.	–	–	16.	13.	10.	–	–	22.	–	–	–	16.	–	–	10.	10.
21. Schweiz	29	9	6	14	38:52	33	–	7.	–	6.	8.	–	–	16.	–	–	–	–	–	22.	–	–	16.	–	10.	16.
22. Paraguay	27	7	10	10	30:38	31	9.	–	–	11.	–	–	–	–	–	–	–	–	13.	12.	–	–	11.	–	18.	9.
23. Rumänien	21	8	5	8	30:32	29	8.	12.	9.	–	–	–	–	–	–	10.	–	–	–	23.	6.	8.	10.	–	–	–
24. Dänemark	16	8	2	6	27:24	26	–	–	–	–	–	–	–	–	–	–	–	20.	–	–	14.	32.	–	–	–	24.
25. USA	29	7	5	17	32:56	26	3.	16.	–	10.	–	–	–	–	–	–	–	–	–	–	20.	30.	8.	25.	12.
26. Südkorea	28	5	8	15	28:61	23	–	–	–	–	–	–	–	–	–	–	–	–	20.	–	23.	–	4.	–	17.	18.
27. Kroatien	13	6	2	5	15:11	20	–	–	–	–	–	–	–	–	–	–	–	–	–	–	–	3.	23.	22.	–
28. Schottland	23	4	7	12	25:41	19	–	–	–	–	16.	14.	–	–	–	9.	11.	15.	19.	18.	14.	27.	20.	–	–	–
29. Kamerun	20	4	7	9	17:34	19	–	–	–	–	–	–	–	–	–	12.	–	17.	–	7.	22.	25.	–	–	–	31.
30. Bulgarien	26	3	8	15	22:53	17	–	–	–	–	–	–	15.	15.	13.	–	–	–	15.	–	4.	29.	–	–	–	–
31. Türkei	10	5	1	4	20:17	16	–	–	–	9.	–	–	–	–	–	–	–	–	–	–	–	–	3.	–	–	–
32. Japan	14	4	4	6	12:16	16	–	–	–	–	–	–	–	–	7.	–	8.	–	–	8.	–	31.	9.	27.	8.	–
33. Peru	15	4	3	8	19:31	15	10.	–	–	–	–	–	–	–	–	–	–	–	–	–	16.	–	12.	–	–	–
34. Irland	13	1	8	3	10:10	15	–	–	–	–	–	–	–	–	–	–	–	–	–	–	9.	–	–	–	13.	–
35. Ghana	9	4	2	8	9:10	14	–	–	–	–	–	–	–	–	–	–	–	–	–	–	–	12.	–	–	7.	7.
36. Nigeria	14	4	2	8	17:21	14	–	–	–	–	–	–	–	–	–	–	–	–	–	–	9.	–	–	–	–	27.
37. Nordirland	13	3	5	5	13:23	14	–	–	–	–	–	–	–	–	–	–	–	9.	21.	14.	19.	–	–	–	–	–
38. Kolumbien	13	3	2	8	14:23	11	–	–	–	–	–	–	14.	–	–	–	–	–	–	–	–	21.	14.	–	–	–
39. Südafrika	9	2	4	3	11:16	10	–	–	–	–	–	–	–	–	–	–	–	–	–	–	–	24.	17.	–	–	20.

Land	Sp.	S	U	N	Tore	Pkte.	1930	1934	1938	1950	1954	1958	1962	1966	1970	1974	1978	1982	1986	1990	1994	1998	2002	2006	2010
40. Marokko	13	2	4	7	12:18	10	–	–	–	–	–	–	–	–	–	–	–	11.	–	–	23.	18.	–	–	–
41. Costa Rica	10	3	1	6	12:21	10	–	–	–	–	–	–	–	–	–	–	–	–	–	13.	–	–	19.	31.	–
42. Norwegen	8	2	3	3	7:8	9	–	–	12.	–	–	–	–	–	–	–	–	–	–	–	17.	15.	–	–	–
43. Ecuador	7	3	0	4	7:8	9	–	–	–	–	–	–	–	–	–	–	–	–	–	–	–	–	24.	12.	21.
44. Australien	10	2	3	5	8:17	9	–	–	–	–	–	–	–	–	–	14.	–	–	–	–	–	–	–	16.	–
45. Senegal	5	2	2	1	7:6	8	–	–	–	–	–	–	–	–	–	–	–	–	–	–	–	–	7.	–	–
46. DDR	6	2	2	2	5:5	8	–	–	–	–	–	–	–	–	–	6.	–	–	–	–	–	–	–	–	–
47. Algerien	9	2	2	5	6:12	8	–	–	–	–	–	–	–	–	–	–	–	13.	22.	–	12.	–	–	–	28.
48. Saudi-Arabien	13	2	2	9	9:32	8	–	–	–	–	–	–	–	–	–	–	–	–	–	–	–	28.	32.	27.	–
49. Elfenbeinküste	6	2	1	3	9:9	7	–	–	–	–	–	–	–	–	–	–	–	–	–	–	–	–	–	19.	14.
50. Ukraine	5	2	1	2	5:7	7	–	–	–	–	–	–	–	–	–	–	–	–	–	–	–	–	–	8.	–
51. Tunesien	12	1	4	7	8:17	7	–	–	–	–	–	–	–	–	–	–	13.	–	–	–	–	26.	29.	24.	–
52. Wales	5	1	3	1	4:4	6	–	–	–	–	–	6.	–	–	–	–	–	–	–	–	–	–	–	–	–
53. Iran	9	1	2	6	6:18	5	–	–	–	–	–	–	–	–	–	14.	–	–	–	–	–	20.	–	25.	–
54. Slowakei	3	1	1	1	5:7	4	–	–	–	–	–	–	–	–	–	–	–	–	–	–	–	–	–	–	19.
55. Slowenien	6	1	1	4	5:10	4	–	–	–	–	–	–	–	–	–	–	–	–	–	–	–	–	30.	–	15.
56. Kuba	3	1	1	1	5:12	4	–	–	8.	–	–	–	–	–	–	–	–	–	–	–	–	–	–	–	–
57. Nordkorea	7	1	1	5	6:21	4	–	–	–	–	–	–	–	8.	–	–	–	–	–	–	–	–	–	–	32.
58. Honduras	6	0	3	3	2:6	3	–	–	–	–	–	–	–	–	–	–	–	18.	–	–	–	–	–	–	30.
59. Jamaika	3	1	0	2	3:9	3	–	–	–	–	–	–	–	–	–	–	–	–	–	–	–	22.	–	–	–
60. Serbien***	6	1	0	5	4:13	3	–	–	–	–	–	–	–	–	–	–	–	–	–	–	–	–	–	32.	23.
61. Neuseeland	6	0	3	3	4:14	3	–	–	–	–	–	–	–	–	–	–	–	23.	–	–	–	–	–	–	22.
62. Griechenland	6	1	0	5	2:15	3	–	–	–	–	–	–	–	–	–	–	–	–	–	–	24.	–	–	–	25.
63. Angola	3	0	2	1	1:2	2	–	–	–	–	–	–	–	–	–	–	–	–	–	–	–	–	–	23.	–
64. Israel	3	0	2	1	1:3	2	–	–	–	–	–	–	–	–	12.	–	–	–	–	–	–	–	–	–	–
65. Ägypten	4	0	2	2	3:6	2	–	–	13.	–	–	–	–	–	–	–	–	–	–	20.	–	–	–	–	–
66. Kuwait	3	0	1	2	2:6	1	–	–	–	–	–	–	–	–	–	–	–	21.	–	–	–	–	–	–	–
67. Trinid.&Tobago	3	0	1	2	0:4	1	–	–	–	–	–	–	–	–	–	–	–	–	–	–	–	–	–	29.	–
68. Bolivien	6	0	1	5	1:20	1	12.	–	–	13.	–	–	–	–	–	–	–	–	–	–	21.	–	–	–	–
69. Irak	3	0	0	3	1:4	0	–	–	–	–	–	–	–	–	–	–	–	–	23.	–	–	–	–	–	–
70. Togo	3	0	0	3	1:6	0	–	–	–	–	–	–	–	–	–	–	–	–	–	–	–	–	–	30.	–
71. Kanada	3	0	0	3	0:5	0	–	–	–	–	–	–	–	–	–	–	–	–	24.	–	–	–	–	–	–
72. Niederl. Indien	1	0	0	1	0:6	0	–	–	15.	–	–	–	–	–	–	–	–	–	–	–	–	–	–	–	–
73. Ver. Ar. Emirate	3	0	0	3	2:11	0	–	–	–	–	–	–	–	–	–	–	–	–	–	24.	–	–	–	–	–
74. China	3	0	0	3	0:9	0	–	–	–	–	–	–	–	–	–	–	–	–	–	–	–	–	31.	–	–
75. Haiti	3	0	0	3	2:14	0	–	–	–	–	–	–	–	–	–	15.	–	–	–	–	–	–	–	–	–
76. Zaire	3	0	0	3	0:14	0	–	–	–	–	–	–	–	–	–	16.	–	–	–	–	–	–	–	–	–
77. El Salvador	6	0	0	6	1:22	0	–	–	–	–	–	–	–	–	16.	–	–	24.	–	–	–	–	–	–	–

Zusammenstellung nach: *Kicker-Sportmagazin* und eigene Berechnungen. Pro Sieg drei Punkte, pro Unentschieden einen Punkt. Spiele, die im Elfmeterschießen entschieden wurden, gelten als Unentschieden.
* Russland: bis 1990 UdSSR; ** Tschechien: bis 1990 Tschechoslowakei; *** 4.2.2003–3.6.2006: Serbien-Montenegro

Literatur

Christoph Albrecht-Heider: Pelé lässt Dichter schwärmen und Glocken läuten, in: Frankfurter Rundschau v. 30.7.1999
Roger Allaway: Soccer in the United States, 1900 - 1920
Eva Apraku / Markus Hesselmann: Schwarze Sterne und Pharaonen. Der Aufstieg des afrikanischen Fußballs, Göttingen 1998
Gary Armstrong / Richard Giulianotti (Hg.): Football Cultures and Identities, London 1999
Oliver Associates: Cultural Implications of the Soccer Phenomenon in America, in: Bernard Mergen (Hg.): Cultural Dimension of Play, Games and Sport, Washington DC 1986
Phil Ball: Morbo. The Story of Spanish Football, London 2001
Frits Barend / Henk van Dorp: Ajax, Barcelona, Cruyff – The ABC Of An Obstinate Maestro, London 1998
Alex Bellos: Futbol. The Brazilian Way of Life, London 2002
Bertelsmann Sportredaktion (Hg.): VIII. Fußball-Weltmeisterschaft: England 1966, Gütersloh 1966
Christoph Biermann / Ulrich Fuchs: Der Ball ist rund, damit das Spiel die Richtung ändern kann. Wie moderner Fußball funktioniert, Köln 1999
Christoph Biermann: Fußball ist ein Spiel für 22 Leute, und am Ende gewinnt immer Deutschland. Außer manchmal. Ein WM-Tagebuch, Göttingen 1998
Hans Blickensdörfer: Ein Ball fliegt um die Welt, Stuttgart 1965
Jonathan Birchall: Ultra Nippon. How Japan Reinvented Football, London 2000
Jimmy Burns: Barça. A People's Passion, London 1999
Jack Charlton: The Autobiography, London 1996
Anne Coddington: One of The Lads. Women Who Follow Football, London 1997
Paul Darby: Africa, Football and FIFA. Politics, Colonialism and Resistance, New York 2002
Paul Darby: Football, Dependency and International Politics. Africa's Place in FIFA's Global Order, Essex 2000
Paul Darby: The New Scramble for Africa: The African Football Labour Migration to Europe, in: J.A. Magan (Hg.): Europe, Sport, World – Shaping Global Societies, London 2001
Hugh Dauncey / Geoff Hare (Hg.): France and the 1998 World Cup. The National Impact of a World Sporting Event, Essex 1999
David Downing: The Best of Enemies: England v Germany, London 2000
Jaques Ducret: Das goldene Buch des Schweizer Fußballs, Lausanne 1994
Christiane Eisenberg: „English Sports" und deutsche Bürger. Eine Gesellschaftsgeschichte. 1800-1939, Paderborn 1999
Michel Fanizadeh / Gerald Hödl / Wolfgang Manzenreiter (Hg.): Global Players. Kultur, Ökonomie und Politik des Fußballs, Frankfurt/M. 2002
Gerd Fischer / Jürgen Roth: BallHunger. Vom Mythos des brasilianischen Fußballs, Göttingen 2005
John Foot: Winning At All Costs. A Scandalous History Of Italian Soccer, New York 2006
Robert Franta: IV. Fußball-Weltmeisterschaft 1950 in Brasilien, Kassel 1994
Heiner Gillmeister: The Tale of Little Franz and Big Franz. On the Foundation of Bayern Munich FC, in: Soccer and Society
Richard Giulianotti: Football. A Sociology of the Global Game, Cambridge/Oxford 1999
Brian Glanville: The Story of the World Cup, London 2001
Takeo Goto: Nationale Fußball-Historie: Japan, in: Fußball-Weltzeitschrift (Hg.: IFFSH), No. 15, November/Dezember 1988
Josef Hackforth (Hg.): Sport im Fernsehen, Münster 1975
Bert Hiddema: Cruyff! Van Jopie Tot Johan. De opkomst van de beste voetballer aller tijden, Amsterdam 1996
B.F. Hoffmann: Die legendären WM-Torhüter. Ein Lexikon, Göttingen 2005
Michael Horn: Lexikon der internationalen Fußballstars, Göttingen 2004
Karl-Heinz Huba (Hg.): 1930-1978. Die Geschichte der Fußball-WM. Stories, Daten, Hintergründe, München 1978
Karl-Heinz Huba: Fußball-Weltgeschichte, München 1998
Karl-Heinz Huba: Lexikon berühmter Fußballspieler, München 1987
Michael John: Sports in Austrian Society 1890s-1930s: The Example of Viennese Football, in: Susan Zimmermann (Hg.): Urban Space And Identity in the European City 1890-1930s (CEU History Department, Working Paper Series 3), Budapest 1995
R. Keifu: I. Fußballweltmeisterschaft 1930 in Uruguay, Kassel 1993
R. Keifu: Fußball-WM-Almanach. Daten, Fakten, Bilder, Kassel 1998
Ma Kejian: Nationale Fußball-Historie: China, in: Fußball-Weltzeitschrift (Hg. IFFSH), No. 15, Nov./ Dez. 1988
Kicker-Fußball-Allmanach 2006, München 2005
Richard Kirn / Friederich Hack: Fußballweltmeisterschaft 1962, Gütersloh 1962
Helmut Kuhn: Fußball in den USA, Bremen 1994
Simon Kuiper: Ajax, de Joden, Nederland, Amsterdam 2000
Pierre Lanfranchi: Frankreich und Italien, in: Christiane Eisenberg: Fußball, soccer, calcio. Ein englischer Sport auf seinem Weg um die Welt, München 1997

Pierre Lanfranchi / Matthew Taylor: Moving with the Ball. The Migration of Professional Footballers, Oxford / New York 2001

Matthias Lieske: Der Tiger mit dem Goldfuß. Arthur Friedenreich durchbrach die Rassenschranken in Brasiliens Fußball und ist als Torjäger unerreicht, in: die tageszeitung v. 27.12.1999

Matthias Lieske: Der Fußball am Scheideweg, in: die tageszeitung v. 9.7.1990

Andrei S. Markovits / Steven L. Hellermann: USA, in: Christiane Eisenberg (Hg.): Fußball, soccer. calcio. Ein englischer Sport auf seinem Weg um die Welt, München 1997

Andrei S. Markovits / Steven L. Hellermann: Im Abseits. Fußball in der amerikanischen Sportkultur, Hamburg 2002

„Warum ist Fußball in den Vereinigten Staaten nicht populär, Mister Markovits?" Ein Interview von Michael Freund, in: FAZ-Magazin, Frankfurt/Main 1994

Matthias Marschik: Vom Nutzen der Unterhaltung. Der Wiener Fußball in der NS-Zeit: Zwischen Vereinnahmung und Resistenz, Wien 1998

Tony Mason: Passion of the People? Football in South America, London 1995

Matthias Matussek: Tor zum Himmel, Maul zur Hölle, in: Der Spiegel, Ausgabe 30 / 2000

Heribert Meisl: Fußball 1962, München 1962

Willy Meisl: Soccer Revolution, London 1955

Bill Murray: Football. A History Of the World Game, Aldershot 1994

Guy Oliver: The Guiness Record Of World Soccer. The History Of The Game In Over 150 Countries, London 1992

Mark Perryman (Hg.): Going Oriental. Football after World Cup 2002, Edinburgh 2002

Alfredo W. Pöge u.a.m.: Weltmeisterschaft 1994, in: Libero International (Hg. IFFHS), No. 16, IV. Quartal 1994

Keith Radnege: The Complete Encyclopedia Of Football, London 1998

Bernd Rohr / Günter Simon: Fußball-Lexikon, München 1993

Paul Rowan: The Team That Jack Built, Edinburgh 1995

Christov Rühn: Foot. The Legends Of French Football, London 2000

Leo Schidrowitz: Geschichte des Fußballsports in Österreich, Wien 1951

Ulfert Schröder: Stars für Millionen. Informationen, Schlaglichter, Hintergründe, Bayreuth 1974

Ludger Schulze: Trainer. Die großen Fußballstrategen. München 1989

Dietrich Schulze-Marmeling (Hg.): Die Geschichte der Fußball-Nationalmannschaft, Göttingen 2004

Dietrich Schulze-Marmeling: Fußball. Zur Geschichte eines globalen Sports, Göttingen 2000

Dietrich Schulze-Marmeling (Hg.): Strategen des Spiels. Die legendären Fußballtrainer, Göttingen 2005

Joachim Schweer: Der Sieg von Bern. V. Fußballweltmeisterschaft 1954, Kassel 1994

Werner Skrentny: Das große Buch der deutschen Fußballstadien, Göttingen 2000

John Sugden / Alan Tomlinson: FIFA And The Contest For World Football. Who rules the peoples' game?, Cambridge / Oxford 1998

John Sugden / Alan Tomlinson: Great Balls Of Fire. How Big Money Is Hijacking World Football, Edinburgh 1999

Chris Taylor: Samba, Coca und das runde Leder. Streifzüge durch das Lateinamerika des Fußballs, Stuttgart 1998

Jacques Thibet / Jean Philippe Rethacker: La Fabuleuse Histoire du Football, Paris 1996

Hennes Weisweiler: Der Fußball. Taktik, Training, Mannschaft, Schorndorf bei Stuttgart 1974

Hennes Weisweiler: Mexiko 1970, Gütersloh 1970

John Williams / Stephan Wagg (Hg.): British Football and Social Change. Getting into Europe, Leicester 1991

David Winner: Brilliant Orange. The Neurotic Genius Of Dutch Football, London 2000

David Yallop: Wie das Spiel verlorenging. Die korrupten Geschäfte zwischen FIFA und Medien, München-Düsseldorf 1998

Zeitungen, Zeitschriften, Magazine: 11Freunde, Ballesterer, Frankfurter Allgemeine Zeitung, Frankfurter Allgemeine Sonntagszeitung, Frankfurter Rundschau, Guardian, Kicker-Sportmagazin, Libero - Die Fußball-Weltzeitschrift (IFFHS), New York Times, Observer, Der Spiegel, Süddeutsche Zeitung, Tagesspiegel, die tageszeitung, Die Welt, Die Welt am Sonntag, When Saturday Comes, World Soccer, Die Zeit.

Fotonachweis

Umschlagfotos: dpa/picture alliance, Horst Müller

Agentur Horst Müller: 7, 117, 119 (o), 126, 133, 137, 141, 142, 145, 148, 153, 159, 163, 167, 171, 181, 187, 189, 193 (o), 194, 199, 202, 205, 209, 211, 213, 215, 225, 227, 229, 234, 237, 241, 247, 249, 251, 255, 257, 259, 260, 271, 273, 277, 278, 282, 285, 287, 289 (2), 293, 299, 301, 305, 307, 311, 313, 315, 319, 322, 327, 330, 333, 335, 336, 337, 338, 341, 345, 347, 348, 355, 359, 363, 367, 369, 371, 373, 375, 381, 384, 387, 391, 393, 395, 399, 401, 405, 416, 426, 429, 431, 436, 439, 441, 443, 445, 449, 476, 478, 480, 481, 485, 486, 487, 488, 490, 494, 495, 501, 503, 507, 509, 512, 515, 517, 520, 521, 525 (2), 526, 531, 534, 535, 539, 559, 563, 567, 571, 577, 578, 581, 585, 593, 597, 601, 603, 609, 613 (o), 615, 617, 623 (r), 625, 626, 627 (u), 632, 633, 636, 637, 640, 641, 643, 645, 650, 651 (l), 656 (l), 657, 659, 686

dpa/picture alliance: 193 (u), 453, 458, 463, 464, 467, 469, 471, 475, 499, 519, 529, 532, 545, 547, 548, 550, 553, 556, 560, 564/65, 573, 587, 611, 613 (u), 619

Schirner Sportfoto: 103, 113, 119 (u)

Thilo Thielke: 542/43

Agentur Bongarts: 397, 402, 412, 420, 423, 444

Agentur Sportimage: 456

Archiv der Autoren und des Verlages.

FUSSBALLBÜCHER AUS DEM VERLAG DIE WERKSTATT

Bausenweins faszinierende Spurensuche durch die großen Fußball-Arenen der Welt, aber auch zum Raufballspiel im alten England und in die große Zeit des Arbeiterfußballs.
„Dieses Buch ist wahrscheinlich das beste, das je über Fußball geschrieben wurde." (Hessischer Rundfunk)
„Schlicht und einfach das beste aller Fußballbücher!"
(Lesezeichen, Bayerischer Rundfunk)
„Verfasst mit Esprit und Sinn fürs schöne Detail." (Stuttgarter Zeitung)

Christoph Bausenwein
Geheimnis Fußball – Auf den Spuren eines Phänomens
576 S., Fotos, Paperback, ISBN 3-89533-516-9, € 16,90
2., vollständig überarbeitete Auflage

76 international bedeutsame Trainer werden porträtiert: vom österreichischen Pionier Hugo Meisl über Bill Shankley, Cesar Menotti bis hin zu aktuellen Größen wie Alex Ferguson, José Pekerman, José Mourinho oder Jürgen Klinsmann.
„Ein informatives, gründlich gearbeitetes Buch." (rund)

Dietrich Schulze-Marmeling (Hrsg.)
Strategen des Spiels – Die legendären Fußballtrainer
416 S., Fotos, gebunden, ISBN 3-89533-475-8, € 21,90

www.werkstatt-verlag.de

FUSSBALLBÜCHER AUS DEM VERLAG DIE WERKSTATT

Hardy Grüne
Weltfußball Enzyklopädie
Band 1: Europa & Asien
448 S., A 4, Hardcover
ISBN 978-3-89533-576-1
€ 39,90

Hardy Grüne
Weltfußball Enzyklopädie
Band 2: Amerika, Afrika, Ozeanien
472 S., A 4, Hardcover
ISBN 978-3-89533-640-9
€ 39,90

Erstmals gibt es ein Nachschlagewerk, das für sich in Anspruch nehmen kann, alles Wichtige über den „Globus Fußball" zu dokumentieren. Hardy Grünes zweibändige Enzyklopädie behandelt über 200 Länder dieser Erde: ihre Fußballgeschichte, ihre wichtigsten Spieler und Vereine, ihre bisherigen Meister und internationalen Erfolge. Große Kickernationen wie England, Deutschland oder Brasilien werden ebenso berücksichtigt wie „exotische" Fußballzwerge, etwa die Färöer oder das Sultanat Brunei. Das Werk ist Resultat jahrelanger Forschungsarbeit und besticht bei allem Faktenreichtum durch gute Lesbarkeit und übersichtliches Layout.

„Ein Mammutwerk, das dem Leser schon aufgrund seines Umfangs den Atem stocken lässt." *(11Freunde)*

www.werkstatt-verlag.de